PRÉCIS

DE LA

GÉOGRAPHIE

UNIVERSELLE.

TOME III.

PARIS. — IMPRIMERIE DE BOURGOGNE ET MARTINET,
rue Jacob, 30.

PRÉCIS
DE LA
GÉOGRAPHIE
UNIVERSELLE

OU

DESCRIPTION DE TOUTES LES PARTIES DU MONDE

SUR UN PLAN NOUVEAU

D'APRÈS LES GRANDES DIVISIONS NATURELLES DU GLOBE;

PRÉCÉDÉE

DE L'HISTOIRE DE LA GÉOGRAPHIE CHEZ LES PEUPLES ANCIENS ET MODERNES,
ET D'UNE THÉORIE GÉNÉRALE DE LA GÉOGRAPHIE MATHÉMATIQUE,
PHYSIQUE ET POLITIQUE;

ACCOMPAGNÉE

DE CARTES, DE TABLEAUX ANALYTIQUES, SYNOPTIQUES, STATISTIQUES ET ÉLÉMENTAIRES,
ET D'UNE TABLE ALPHABÉTIQUE DES NOMS DE LIEUX, DE MONTAGNES,
DE RIVIÈRES, ETC.;

PAR MALTE-BRUN.

CINQUIÈME ÉDITION

REVUE, CORRIGÉE, MISE DANS UN NOUVEL ORDRE, ET AUGMENTÉE
DE TOUTES LES NOUVELLES DÉCOUVERTES,

PAR M. J.-J.-N. HUOT,

Membre de plusieurs Sociétés savantes
nationales et étrangères; continuateur de cet ouvrage, et l'un des collaborateurs
de l'Encyclopédie méthodique et de l'Encyclopédie moderne, etc.

TOME TROISIÈME.

DESCRIPTION DE L'EUROPE.

PARIS

AU BUREAU DES PUBLICATIONS ILLUSTRÉES,

RUE DU BATTOIR SAINT-ANDRÉ-DES-ARTS, 19.

1845.

PRÉCIS DE LA GÉOGRAPHIE UNIVERSELLE.

LIVRE SOIXANTE-SEPTIÈME.

Suite de la Description de l'Europe. — Description de l'Allemagne. — Troisième section. — Description du grand-duché d'Oldenbourg et de la seigneurie de Kniphausen.

Nous avons donné une description générale de l'Allemagne sous le point de vue physique ; trois petites républiques commerçantes ont passé successivement sous nos yeux : une seule, celle de Francfort, nous reste encore à décrire ; parcourons les États monarchiques allemands. Dans la tâche que nous allons entreprendre nous ne pourrons suivre une marche régulière : la circonscription des bassins et des plateaux, le cours des fleuves et des rivières, les principes même de la science ethnographique ne pourront guider nos pas ; nous serons obligés de nous astreindre rigoureusement aux limites tracées par la politique des rois, limites d'autant plus incommodes, que le système des enclaves, qui distribue certaines portions de territoire d'un même État au milieu des possessions d'un autre, s'étend sur toute la superficie du grand corps germanique qu'il énerve en le morcelant. Commençons par la contrée que traversent le Weser et l'Elbe dans la partie inférieure de leur cours.

Le grand-duché de *Holstein-Oldenbourg*, ou simplement d'*Oldenbourg*, se compose de trois parties distinctes, dont la principale, ou l'Oldenbourg proprement dit, est bornée au nord par la mer d'Allemagne ou du Nord, et sur tous les autres points par le royaume de Hanovre, à l'exception d'une frontière de quatre lieues de longueur, qui à l'est la sépare du territoire de la ville libre de Brême. Sa longueur, du nord au sud, est d'environ 30 lieues, et sa plus grande largeur, de l'ouest à l'est, de 17 lieues. Depuis ses limites avec le pays de Brême jusqu'à la mer, le cours du bas Weser sépare du royaume de Hanovre cette partie importante du grand-duché. La seconde partie de l'Oldenbourg consiste en douze petites enclaves formant la *principauté d'Eutin* ou *de Lubeck*, et situées vers les extrémités orientale et méridionale du duché danois de Holstein ; la troisième est la *principauté de Birkenfeld*, comprise entre la province prussienne du Bas-Rhin et la principauté de Lichtenberg, appartenant au duché de Saxe-Cobourg-Gotha.

Les trois parties réunies du grand-duché d'Oldenbourg renferment une population de 258,700 habitants, répartis sur une superficie de 341 lieues carrées ; et comme les deux petites principautés sont proportionnellement plus peuplées que l'Oldenbourg proprement dit, elles contribuent à donner pour terme moyen de la population de tout le grand-duché, 758 habitants par lieue carrée.

Tout ce que l'on sait sur les premiers habitants du pays d'Oldenbourg, c'est qu'ils appartenaient à la branche cimbro-saxonne qui, avant le quatrième siècle de notre ère, occupait les contrées voisines du cours de l'Elbe, de celui du Rhin, et de la mer du Nord. On donne le nom de *Chemi* au peuple qui habitait la plus grande partie des terres qui forment aujourd'hui le grand-duché d'Oldenbourg. A l'époque reculée dont il s'agit, ce pays, beaucoup plus marécageux qu'aujourd'hui, devait renfermer peu de terrains habitables. C'est à l'embouchure du Weser et sur les bords de la Iahde que ces antiques peuplades, qui vivaient de la pêche et de la chasse, résidaient.

Suivant quelques auteurs (¹), l'ancien comté d'Oldenbourg comptait parmi ses princes Sigefroi I*er*, l'un des descendants en sixième ligne de Witikind-le-Grand. Ce qu'il y a de certain, c'est qu'au douzième siècle un *Christian* ou *Christiern* fut le premier comte d'Oldenbourg. Il fonda la ville de ce nom, et eut pour successeur son fils *Théodoric* ou *Thierry*, surnommé *le Fortuné*, probablement parce que son mariage avec *Hedwige*, héritière du Sleswig et du Holstein, lui valut la possession de ces deux comtés. Ce prince donna le jour à Christian I*er*, qui régna en Danemark, et à *Gérhard*, qui fut comte d'Oldenbourg. On surnomma ce dernier *le Belliqueux*, parce qu'il fut constamment à guerroyer, principalement contre son frère, dont il ne put obtenir la possession de l'héritage de sa mère. Enfin ce prince, dont l'histoire a flétri la conduite tyrannique, fut vaincu et fait prisonnier, non par un guerrier de profession, mais par Henri de Schwartzenbourg, archevêque de Brême et évêque de Munster, qui contribua à le faire exiler et à hâter le terme de ses jours : il mourut en France l'an 1500. A cette époque, l'Eglise offrait bien d'autres sujets de scandale que celui de laisser des prélats se souiller de sang sur les champs de bataille. Christian, fils aîné de Thierry, hérita du Sleswig et du Holstein, et devint roi de Danemark en 1448 : l'un de ses deux fils, Jean, régna sur ce dernier pays, et Frédéric sur le Sleswig et le Holstein; mais appelé au trône danois après la déposition de Christian II, il laissa ce trône à son fils aîné Christian III, tandis que son autre fils, Adolphe, devenait le chef de la maison de Holstein-Gottorp. Les descendants de Gérhard possédèrent successivement l'Oldenbourg ; mais Antoine *Gunther* ou *Gonthier*, le dernier de ces princes, étant mort sans enfants, le comté passa en 1667 à la couronne de Danemark. Vers cette époque, la ligne de la maison de Holstein-Gottorp monta sur le trône de Russie, et le Danemark échangea avec elle l'Oldenbourg contre le Holstein. En 1773, le grand-duc Paul en fut investi, et c'est à cette occasion que cet ancien comté fut érigé en duché. En 1785, Paul en fit la cession à son cousin *Paul-Frédéric-Auguste*, évêque de Lubeck, et membre de la branche ducale de Holstein-Gottorp. En 1803, ce prince reçut une augmentation considérable de territoire dans l'évêché de Lubeck ; on lui donna les bailliages de Vechte et de Kloppenbourg dans l'évêché de Munster, ainsi que le bailliage de Wildeshausen dans le Hanovre. En 1808, il entra dans la confédération du Rhin, formée sous le protectorat de Napoléon ; mais en 1810, le duché fut anéanti par la formation des deux départements français des *Bouches-du-Weser* et des *Bouches-de-l'Elbe*. Il ne lui resta que le pays de Lubeck. Trois ans après, les événements politiques permirent au prince de rentrer dans ses Etats ; enfin, en 1815, le congrès de Vienne lui conféra la dignité de grand-duc, et lui céda la principauté de Birkenfeld, dont nous avons parlé plus haut, et l'empereur de Russie lui abandonna la seigneurie de *Jever*.

L'Oldenbourg proprement dit est un pays plat, que quelques élévations qui s'étendent le long de ses côtes garantissent des inondations de la mer. Après le bas Weser, qui le baigne à l'est, ses principaux cours d'eau sont la *Hunte*, affluent de ce fleuve, l'*Iahde*, l'*Iumme*, la *Vehne*, la *Soeste*, la *Leda* et la *Haase*. La première de ces rivières a 45 lieues d'étendue : elle n'est navigable qu'à partir de quelques lieues avant de se jeter dans le Weser; elle forme, sur une longueur d'un peu plus de 3 lieues, la limite entre ce pays et le Hanovre. La seconde, qui n'a que 5 à 6 lieues de longueur, se jette dans la mer du Nord, en donnant son nom à une baie longue de 8 lieues et large de 4, au nord de laquelle s'étend la petite île de *Wanger-oge*, qui appartient au grand-duché. Les cinq autres rivières vont se joindre à l'Ems, dans le royaume de Hanovre.

L'Oldenbourg renferme un grand nombre de lacs, dont les principaux sont le *Zwischenahn* et le *Dummer*, et plusieurs marais,

---

(¹) *J. Elverrell*, de Nobil. et Urbib. Holsatiæ. — *Petersen*, Chron. Holsat.

dont les plus considérables s'étendent vers le sud-est du pays, au nord et au sud-ouest du lac Dümmer, qui, sur une longueur d'une lieue, sépare l'Oldenbourg du Hanovre. De nombreuses écluses, construites dans le but de disperser les eaux intérieures et de les conduire hors du pays, sont entretenues à grands frais. Dans la partie méridionale s'étend une grande plaine nommée *Gumling*.

Le territoire de la principauté de Lubeck présente aussi une surface plate arrosée par la Trave et la Schwartau, et dans laquelle on remarque les lacs d'Eutin, de Kell, de Plön et d'Ukley.

La principauté de Birkenfeld appartient physiquement à la région montagneuse du Hundsrück : sa principale rivière est la Nahe.

Sur les bords des rivières de l'Oldenbourg, le terrain est gras et très fertile ; mais dans le reste du pays il est sablonneux, et conséquemment peu productif. Les sables dont nous parlons reposent sur un dépôt de craie. Il en est de même du terrain de la principauté de Lubeck. Quant à celle de Birkenfeld, la nature de son sol et de ses roches est, sous plusieurs rapports, beaucoup plus intéressante. On sait quelle quantité prodigieuse d'agates, de jaspes, de calcédoines, on recueille aux environs du village d'Oberstein ; on sait aussi tout le parti que l'industrie de ce petit pays retire de cette richesse naturelle dont nous ferons connaître l'importance lorsqu'il en sera temps ; ce qui doit nous arrêter en ce moment, ce sont les conjectures tout-à-fait opposées que quelques géologues ont faites sur l'origine des roches d'où l'on tire toutes ces agates. Elles constituent des collines assez étendues : elles sont dures, noirâtres et difficiles à casser ; elles paraissent être analogues à celles qu'Haüy désigne sous le nom d'*aphanite*. Si l'on consulte un géologue belge [1], ces collines sont le produit des eaux, et appartiennent à une époque géologique que l'on appelle intermédiaire, et qui est celle qui a succédé à la formation des terrains granitiques. Si l'on s'en rapporte à l'opinion de M. de Humboldt [2], elles seraient d'une époque plus récente, et appartiendraient à des dépôts contemporains de ces grès rouges et de ces porphyres qui accompagnent les vastes amas de houille. Enfin, si l'on veut se ranger du côté de Faujas [1] et de M. Cordier, les roches d'Oberstein seraient des produits volcaniques. Il nous semble également que l'analogie qu'ont ces roches avec quelques dépôts ignés doit porter à leur attribuer une commune origine.

Dans la principauté de Birkenfeld, on n'exploite pas seulement les matières siliceuses connues sous les noms d'agates, de sardoines, de calcédoines, de jaspes, etc. ; les mines de fer y offrent aussi un aliment à l'industrie des habitants.

Quant à l'Oldenbourg proprement dit et à la principauté de Lubeck, on n'y connaît aucune substance métallique digne d'être mise en exploitation ; mais dans le premier de ces deux pays il existe un grand nombre de tourbières, dont le produit est assez considérable pour fournir à des exportations importantes, et des argiles utilisées par les nombreuses tuileries du pays.

Certaines parties du duché d'Oldenbourg sont fertiles en pâturages ; on y élève de nombreux troupeaux, beaucoup de bêtes à cornes, mais principalement des chevaux presque aussi estimés que ceux du Mecklenbourg. Tous ces animaux sont compris parmi les objets que ce pays exporte. Les paysans engraissent beaucoup de porcs ; ils élèvent aussi des oies dont la plume est un objet d'exportation ; enfin les abeilles réussissent assez bien. Aussi le beurre, le fromage, les viandes salées et fumées, les cuirs, les peaux et la cire y sont-ils autant de branches de commerce.

Ce n'est que dans certaines parties que l'habitant peut exercer son industrie sur les produits des animaux domestiques. L'intérieur du pays renferme peu de terrains propres à l'agriculture ; c'est là qu'on rencontre fréquemment des marais et des landes. Lorsqu'on parcourt surtout le sud-ouest de cette contrée, on est quelquefois plusieurs heures sans apercevoir un seul arbre, une seule habitation ; de là vient que les grains récoltés dans ce duché ne suffisent point à la consommation de ses habitants. Les forêts y sont peu considérables, et sans les tourbières dont nous venons de parler, la classe peu aisée manquerait souvent de combustible. Les principaux végétaux utiles que l'on y cultive sont le houblon et le lin ; le premier est nécessaire dans un pays où sont éta-

[1] M. d'Omalius d'Halloy, Journal des mines, t. XXIV, p. 136 à 141. — [2] Voyages, t. I, pag. 343.

[1] Voyage géologique à Oberstein

blics de nombreuses brasseries ; le second alimente des fabriques considérables de toiles. On y récolte aussi du chanvre, qu'emploient les tisserands du pays, et beaucoup de colza, qui alimente un grand nombre de moulins à huile. Nous avons dit que les bêtes à laine y constituent une des richesses territoriales ; mais il est bon d'ajouter que leur toison ne sert point seulement à fabriquer des draps, elle est principalement employée à une si grande fabrication de bas, que dans les seuls cantons de Kloppenbourg et de Vechte le commerce intérieur et d'exportation de cette branche d'industrie s'élève à une valeur de plus de 100,000 écus par an. Dans le Humling, plaine la plus élevée de tout le pays, et qui forme une lande sablonneuse assez riche cependant en végétaux pour que de nombreux troupeaux puissent y trouver leur pâture, les habitants n'ont d'autres richesses que leurs moutons et leurs abeilles ; ces moutons fournissent une laine assez grossière ; mais les abeilles produisent une grande quantité de miel, grâce aux soins de ces paysans. Au printemps ils quittent cette lande élevée, et transportent leurs ruches au nord dans des plaines basses où l'on cultive de la navette ; lorsque la récolte de cette plante est faite, ils se dirigent avec leurs ruches dans les terrains marécageux employés à la culture du blé-sarrasin ; ils y restent jusqu'à ce que les landes qu'ils ont quittées soient couvertes de bruyères en fleurs. L'industrie et les mœurs de ce petit peuple nomade rappellent en quelque sorte ces tribus errantes dont nous parle la Bible.

La pêche maritime et celle des rivières est très productive dans le pays d'Oldenbourg ; elle occupe et nourrit un grand nombre d'individus. Les rivières et les côtes sont très poissonneuses.

Quant au commerce, il est favorisé par les embouchures du Weser et de l'Iahde, et surtout par celle de cette dernière, parce que la marée qui s'y élève à 14 pieds permet aux navires d'approcher jusqu'à l'écluse de Varel. Les *syhles* qui bordent la côte sont autant de petits ports d'où les marchandises sont facilement transportées dans l'intérieur du pays par des canaux ou par le Weser et l'Iahde.

La partie la plus septentrionale du duché d'Oldenbourg est exposée à un air froid et humide, dû à la proximité de la mer, et surtout à la configuration de la baie de l'Iahde, qui s'enfonce de plus de 5 lieues dans les terres, et qui doit son nom à la petite rivière qui s'y jette. Les terres qui entourent cette baie se ressentent de l'influence des vents du nord ; les froids s'y prolongent beaucoup plus long-temps que dans le reste de la contrée, où, en général, le printemps et l'été sont plus tardifs que dans les autres parties de l'Allemagne placées sous le même parallèle. Dans les plus grandes chaleurs de l'été, les soirées et les nuits sont souvent très froides ; si l'on ne prend de grandes précautions, le changement subit de température fait naître des maladies dangereuses.

Les Oldenbourgeois parlent la langue allemande, mais leurs expressions ont peu d'élégance, et, comme le disent les puristes allemands, leur prononciation a surtout le défaut d'être plate. La plupart des habitants sont attachés à la communion luthérienne ; on y compte cependant un grand nombre de catholiques, beaucoup de réformés et quelques juifs ; tous professent leur culte avec la plus grande liberté. Les églises luthériennes sont au nombre de 101, placées sous la juridiction de trois surintendants et d'un intendant-général ; les réformés ont quatre temples, et pour chef religieux un surintendant ; enfin le nombre des paroisses catholiques est de 37, sous l'inspection d'un doyen-général. Tout ce qui concerne le culte protestant est soumis à la décision d'un consistoire, dont les attributions ne s'étendent que sur ce qui regarde la religion, les maisons d'éducation et la célébration des mariages. Une commission spéciale s'occupe de ce qui concerne la communion catholique.

Le gouvernement d'Oldenbourg a pour chef le grand-duc, dont le pouvoir n'est pas limité par les États du pays : ceux-ci ne se rassemblent que pour voter l'impôt. Le prince préside le conseil suprême, dans lequel on discute les affaires importantes ; toutes les branches de l'administration sont soumises à un autre conseil, que préside le ministre dirigeant (*oberlanddrost*). Un conseil de finances est chargé de tout ce qui a rapport aux revenus et aux dépenses du pays. Le nombre des employés et des fonctionnaires est très limité : la plus sévère économie règne dans toutes les branches du service public. L'administration de la justice se compose de baillis, de magistrats, d'une chancellerie et d'une cour supérieure. Le grand-duché est divisé en districts, en bailliages et en paroisses. Le magistrat de chaque paroisse et les baillis relèvent de la justice cantonale du district; les magistrats du district jugent en première instance; la chancellerie tient lieu de cour d'appel; et enfin la cour de justice, tribunal suprême, juge en dernier ressort.

Oldenbourg, capitale de tout le duché, et la ville la plus importante par sa population, que l'on évalue à 7,000 habitants, est située au confluent du Haren et de la Hunte, rivière peu importante, mais navigable, qui y forme un port accessible pour de petits bâtiments et entouré de plantations agréables. La ville, qui est fortifiée, fermée par cinq portes et entourée de deux faubourgs, se divise en vieille et nouvelle. Cette dernière est assez bien bâtie : on y remarque quelques maisons élégantes. Le *château ducal*, nouvellement construit, est orné de tableaux de Fischbein et de Strack; un autre édifice, le *palais du prince (prinzen palast)*, n'est pas moins digne d'attention. Parmi les trois églises, dont deux appartiennent à la communion luthérienne et une au culte catholique, nous citerons celle de Saint-Lambert, qui porte le titre de cathédrale, et qui renferme un caveau où sont déposées les cendres des anciens princes de la maison régnante : aujourd'hui la sépulture ducale est établie dans le cimetière situé près de la porte de Saint-Veit. Trois hôpitaux, un observatoire, un gymnase qui jouit d'une grande réputation, un séminaire pour les maîtres d'école, une bibliothèque publique de plus de 45,000 volumes, placée dans l'ancienne maison de correction, et comprenant une galerie de tableaux et une collection de plâtres d'après l'antique, sont les établissements utiles de cette capitale. Une manufacture de tabac, des raffineries de sucre, des tanneries, une fabrique de savon et une de draps, sont ses principaux établissements industriels. Oldenbourg possède une société littéraire : cette ville est la patrie de Lubin, écrivain d'une vaste érudition, qui mourut en 1621, après avoir publié des notes fort curieuses sur Anacréon, Perse et Juvénal, ainsi qu'un traité en latin sur la nature et l'origine du mal, ouvrages qui firent beaucoup de bruit lorsqu'ils parurent, mais qui ne sont plus consultés que par quelques érudits. Elle a vu naître aussi l'historien Wolfmann. Le grand-duc a sa résidence habituelle à *Rastède*, petite ville de 4,000 âmes, à 2 lieues et demie d'Oldenbourg.

Delmenhorst, sur la Delme, renferme 2,000 habitants; on y fabrique du cuir à la façon anglaise, et l'on y fait un grand commerce de chevaux. *Wildeshausen*, ville qui contient 600 habitants de plus que la précédente, est située sur les bords de la Hunte, et possède des fabriques considérables de draps et des tanneries.

Nous ne devons point passer sous silence le canton de *Saterland*, placé au milieu d'une contrée marécageuse, et dont les habitants, Frisons d'origine, ont conservé la langue et les mœurs de leurs ancêtres. Depuis l'âge de cinq ans jusque dans la vieillesse la plus avancée, dit Stein, les deux sexes s'occupent à tricoter des bas de laine avec une ardeur et une activité sans exemple. Leur sol se compose de marais couverts d'un gazon que vendent les habitants; ceux-ci, au nombre d'environ 2,000, habitent les trois paroisses de *Ramesloh*, *Scharrel* et *Strücklingen*.

La petite ville de *Vechta* ou *Vechte* doit son nom à la rivière de Vechte. Entourée de murs et de fossés, elle passe pour une place forte. On y compte 1,600 à 1,800 habitants. C'est le chef-lieu d'un des cercles les plus peuplés du grand-duché. Le bourg de *Varel*, situé à l'embouchure de l'Iahde, a un bon port défendu par le fort Christianbourg, un palais des anciens comtes de Bentinck qui présente une belle façade, des marchés de chevaux et de bœufs, un gymnase catholique, une population de 2,600 habitants. Son commerce est considérable : le flux facilite l'entrée des navires dans ses murs. Dans le cercle de Kloppenbourg nous mentionnerons la petite ville de *Frysoita* ou *Friesoite*, où se tiennent chaque année quatre grands marchés aux chevaux et aux bestiaux.

Le cercle ou la seigneurie de *Jever*, situé dans la partie septentrionale du grand-duché, comprend les petits pays d'*Ostringen*, de *Rustringen* et de *Wangerland*. Cette seigneurie échut en 1663 à la maison d'Anhalt-Zerbst ; en 1793, elle passa par héritage à l'impératrice Catherine II; en 1807, l'empereur Alexandre la céda, par le traité de Tilsit, au roi de Hollande Louis-Napoléon ; en 1814, elle fut donnée au grand-duc d'Oldenbourg. *Jever*, son chef-lieu, est environné d'un fossé et de remparts qui servent de promenades. On y voit un vaste château, une église luthérienne et une catholique, une synagogue, une maison d'orphelins, un hospice de charité, un gymnase et une inspection-générale des pauvres. Ses établissements industriels consistent principalement en distilleries d'eau-de-vie de grains et en tanneries. Il s'y tient chaque année douze foires pour les bestiaux.

Telles sont les principales villes du grand-duché d'Oldenbourg.

Nous avons dit que ce duché possède deux petites principautés : celle de Lubeck et celle de Birkenfeld. La *principauté de Lubeck* ne comprend point, ainsi qu'on pourrait le croire, le territoire de cette ville dont nous avons déjà parlé ; elle devrait plutôt porter le nom d'*Eutin* ou *Utina*, sa capitale. Cette principauté, qui se compose de douze enclaves situées dans le duché danois de Holstein, formait autrefois un évêché luthérien, dont le siége avait été fixé à Lubeck, mais dont le titulaire, qui avait le rang de prince de l'empire, résidait à Eutin. La maison de Holstein ayant rendu pendant une époque de troubles d'importants services à cet évêché, il fut convenu, en 1647, que le chapitre choisirait ses évêques parmi les princes de cette maison. En 1802, l'évêché de Lubeck, érigé en principauté, fut donné au grand-duc d'Oldenbourg ; en 1810, il fut compris dans le département français des Bouches-de-l'Elbe ; mais en 1814 il fut réuni de nouveau au duché d'Oldenbourg.

Les deux principales enclaves dont il se compose sont celles d'Eutin et de Kaltenhof, ou de Schwartau. *Eutin* est une petite ville bien bâtie, située à 3 lieues de la mer du Nord, sur le bord d'un petit lac très poissonneux. Sa population est de 3,000 habitants ; elle est le siége d'une chancellerie, d'un consistoire, d'une chambre fiscale, d'un tribunal civil et d'une direction générale des hospices de la principauté. Elle possède un château, un palais moderne avec de beaux jardins, une église luthérienne, un hôpital, un établissement de charité, un gymnase et une école d'industrie. L'un de ses établissements industriels les plus remarquables est une brasserie considérable.

Le *territoire de Birkenfeld*, qui faisait autrefois partie du département français de la Sarre, et qui depuis a été érigé en principauté, ne renferme point de villes dignes de ce dom. *Birkenfeld*, située sur la Nahe, est plutôt un bourg ; sa population ne s'élève pas à 1,400 habitants ; on y remarque un château et deux établissements de forges assez importants. Un autre bourg, plus intéressant par son industrie, est celui d'*Oberstein*, situé dans une petite vallée sur la Nahe. Vingt moulins à tailler et à polir divers meubles et bijoux en agate, en calcédoine, en cornaline, en jaspe, en lapis et en d'autres pierres dures ; de nombreux ateliers, dans lesquels des hommes, des femmes et des enfants sont constamment occupés aux détails que nécessitent la préparation et le fini de la taille de ces pierres et de beaucoup d'autres qu'on y envoie de diverses parties de l'Europe, où nulle part on ne peut faire les mêmes travaux aussi bien et à un prix aussi modique, font jeter un regard d'intérêt sur cette population active. On fabrique par an, à Oberstein, pour plus de 300,000 fr. de boutons, d'anneaux, de boucles d'oreilles, de cachets, de croix, de chaînes, de coupes, de tabatières, de chandeliers et d'autres objets qu'il serait trop long d'énumérer. Une description de la manière dont on travaille les pierres dures dans ce bourg industrieux ne sera peut-être point déplacée ici. Le savant géologue Faujas [1] nous fournira quelques renseignements précis sur ce genre d'industrie. Presque toute la population d'Oberstein est employée à exploiter, à tailler, à creuser et à polir les agates. Leur exploitation n'a rien d'intéressant ; ce qui l'est beaucoup plus, c'est le travail qu'elles exigent. Un moulin à tailler se compose d'un arbre portant plusieurs grandes meules qu'un cours d'eau fait mouvoir au moyen d'une grande roue et de plusieurs roues d'engrenage ; un ouvrier, couché à plat ventre sur une planche horizontale, appuie fortement, à l'aide d'un bâton court, l'agate sur la meule, qui tourne rapidement et qu'un filet d'eau humecte sans cesse. Ces meules sont faites d'un grès rouge fort dur ; on a soin de pratiquer sur leur épaisseur des cannelures qui, ainsi que les angles, sont employées avec beaucoup de dextérité par l'ouvrier pour exécuter des ouvrages délicats ou compliqués. Les deux extrémités de l'ar-

[1] Voyage géologique à Oberstein. — Annales du Muséum, t. VI, p. 53.

bre qui porte les meules font mouvoir, à l'aide de fortes lanières, des roues et des cylindres en bois tendre au moyen desquels on donne le fini et le poli aux ouvrages. Ce sont ordinairement des femmes qui sont chargées de ce soin. Cependant des roues et des cylindres en bois tendre ne pourraient servir à polir les matières siliceuses que l'on façonne sur des meules d'un grain très serré, si on ne les couvrait point d'un enduit fin, mais fait avec une substance dure. Les ouvriers d'Oberstein se gardent bien de dire d'où ils tirent cette matière, dont la couleur rouge violâtre semble être le résultat d'un amalgame, d'une composition; car c'est à la facilité qu'elle leur procure pour donner un bel éclat à leurs ouvrages qu'ils doivent l'avantage de pouvoir les vendre à un prix modique. A force de recherches, Faujas est pourtant parvenu à découvrir dans les montagnes des environs le gisement de cette espèce d'argile, qui n'est que le résultat de la décomposition d'un porphyre. Ainsi cette matière est principalement du feldspath, qui a subi, par l'action des eaux et de l'atmosphère, une altération analogue à celle qui change la même substance en une argile blanche, employée sous le nom de kaolin dans la fabrication de la porcelaine. On aura peut-être de la peine à concevoir que les belles coupes, les mortiers et les tabatières d'Oberstein puissent être creusés à l'aide de meules d'un diamètre ordinairement considérable; mais lorsqu'on veut parvenir à ce but, on taille des morceaux de grès en forme de cônes, de différents diamètres, que l'on substitue aux petites meules en bois dont nous avons parlé, et sur ces cônes, qui tournent avec rapidité, on creuse facilement des agates d'un volume considérable.

Le grand-duché de Holstein-Oldenbourg entretient un corps de troupes de 2,500 hommes, composé d'un régiment d'infanterie et d'une brigade de dragons; son contingent à l'armée fédérale se compose de 2,178 hommes; ses revenus s'élèvent à 3,800,000 fr., et sa dette publique à 15 ou 18,000,000 millions. Conjointement avec les trois duchés d'Anhalt et les deux principautés de Schwartzbourg, il occupe la quinzième place à l'assemblée ordinaire de la confédération germanique, et y possède une voix; mais, à l'assemblée générale, il a une voix à lui seul.

Sur la côte occidentale de la baie de Iahde, s'étend un territoire appelé la *seigneurie de Kniphausen*. C'est le plus petit des États de l'Europe; sa superficie n'est que de 2 lieues, et sa population d'à peine 3,000 individus. En 1807, il fut réuni à la couronne de Hollande, et compris dans le département de l'Ost-Frise; en 1810, il fit partie du département français de l'Ems-Oriental; en 1813, le grand-duc d'Oldenbourg s'en empara, malgré la protestation de son possesseur, le comte de Bentinck. Le congrès de Vienne ne décida rien relativement à cette contestation; mais la diète germanique, par un acte du 9 mars 1826, reconnut cette seigneurie comme Etat indépendant faisant partie de la confédération, à laquelle il fournit un contingent de 28 hommes.

La capitale de cette petite principauté est *Kniphausen*, assez joli château fortifié comprenant une cinquantaine d'habitants; mais le prince réside ordinairement à Varel, enclave dans le grand-duché d'Oldenbourg.

Tableau *statistique du grand-duché de Holstein-Oldenbourg et de la seigneurie de Kniphausen.*

GRAND-DUCHÉ DE HOLSTEIN-OLDENBOURG.

Superficie en lieues	Population absolue en 1838	Population par lieue carrée
341.	262,000.	768.

A. *Oldenbourg proprement dit.*

| 293. | 211,312. | 755. |

(9 villes. — 10 bourgs. — 776 villages et hameaux.)

Cercles.	Chefs-lieux (¹).	Population.
Delmenhorst... (4 bailliages.)	Delmenhorst, v.	2,000
	Berne, b.	500
	Ganderkesa, b.	600
	Wildeshausen, v.	2,600
Jever.... (3 bailliages.)	Jever, v.	3,600
	Minsen, vill.	160
	Tettens, vill.	200
Kloppenbourg.. (3 bailliages.)	Kloppenbourg, v.	900
	Friesoite, v.	900
	Löningen, b.	1,000
Neuenbourg... (4 bailliages.)	Neuenbourg, vill.	400
	Bockhorn, vill.	500
	Rastède, v.	4,000
	Westerstède, b.	800
	Varel, b.	2,600
Oldenbourg.. (3 bailliages.)	OLDENBOURG, v.	7,000
	Elsfleth, v.	1,600
	Zwischenahn, b.	900

(¹) Les abréviations v., b. et vill. signifient *ville, bourg* et *village*.

Cercles.	Chefs-lieux.	Population.
Ovelgönne. (5 bailliages.)	Ovelgönne, b.	800
	Abbehausen, vill.	300
	Braake., b.	1,000
	Burhave, vill.	500
	Wührden, b.	700
Vechta ou Vechte. (4 bailliages.)	Vechte, v.	1,800
	Steinfeld, vill.	400
	Damme, vill.	1,000
	Dinklage, vill.	900

B. *Principauté de Lubeck* ou *d'Eutin*.

Superficie en lieues. Population absolue. Population par lieue carrée.
25. 23,760. 950.

Divisions.	Chefs-lieux.	Population.
Eutin (juridiction urbaine). Eutin (bailliage). Kaltenhof (bailliage) 3 justiciariats qui ne renferment que des villages.	Eutin, v.	3,000
	Kaltenhof, b.	800

C. *Principauté de Birkenfeld*.

(1 ville. — 1 bourg. — 62 villages.)

Superficie en lieues. Population absolue. Population par lieue carrée.
23. 26,928. 1,171.

Bailliages.	Chefs-lieux.	Population.
Oberstein.	Oberstein, b.	1,500
Birkenfeld.	Birkenfeld, v.	1,350
Hohefelden.	Hohefelden, b.	900

Revenus. Dette publique. Armée. Contingent.
3,800,000 fr. 16,000,000 fr.? 2,500. 2,178.

Chevaux. Bêtes à cornes. Bêtes à laines. Porcs.
35,000. 140,000. 200,000. 32,000.

SEIGNEURIE DE KNIPHAUSEN.

Superficie en lieues. Population absolue. Population par lieue carrée.
2 1/4. 2,900. 1,288.

Revenus. Contingent.
40,000 fr. 28 [1].

[1] Ce contingent est fourni non à la Confédération germanique, mais au duché d'Oldenbourg.

LIVRE SOIXANTE-HUITIÈME.

Suite de la Description de l'Europe. — Description de l'Allemagne. — Quatrième section. — Description du royaume de Hanovre.

Le Hanovre est une des contrées du nord de l'Europe d'où sortirent au cinquième siècle ces Saxons qui envahirent l'Angleterre. Le Hanovrien, peuple jadis grossier, entreprenant, est maintenant paisiblement soumis au pays que ses ancêtres ont conquis ; jadis guerrier féroce et dévastateur, une vie errante et aventureuse avait pour lui des charmes; aujourd'hui civilisé, bienfaisant, attaché au sol qui l'a vu naître, il semble n'avoir conservé de son antique origine que la bravoure dans les combats et l'amour d'une sage liberté; enfin autrefois il adorait des divinités sanguinaires, aujourd'hui il pratique la plus douce de toutes les religions, le christianisme réformé. Ce peuple, appartenant à la branche *Cimbro-saxonne*, se divisait en plusieurs peuplades ou tribus. Les *Vinili* qui, sortis de la Skandinavie, reçurent ensuite le nom de *Longobardi* ou *Langobardi*, à cause de leur longue barbe, occupaient les deux rives de l'Elbe ; les *Angli* habitaient plus du nord sur la rive gauche du fleuve, et les *Petits-Chauci* sur la même rive près de son embouchure; les *Chemi*, comme nous l'avons dit en parlant du duché d'Oldenbourg, habitaient à l'embouchure du Weser; les *Fusi* ou *Fosi* se tenaient dans le pays qui comprend aujourd'hui le territoire d'Hildesheim; les *Bructeri* occupaient les bords de l'Ems; enfin les *Chamavi* et les *Cherusci*, qui se mêlèrent plus tard aux Francs, vivaient près des forêts du Harz.

Lors de la grande invasion des nations slaves, une peuplade wende, appelée les *Polabres*, c'est-à-dire habitants des campagnes, s'établit dans les environs de Lunebourg.

Les noms de quelques montagnes et ceux de différents lieux du Hanovre conservent encore des traces des anciennes divinités qu'on y adorait. *Sonnenberg* signifie montagne du soleil; peut-être même, comme on l'a dit [1], la terminaison *horn* (corne), que l'on remarque dans plusieurs noms, rappelle-t-elle le culte de la lune, qui, personnifiée, avait pour attributs les *cornes* du croissant; le mot *biel*, qui était le nom du dieu de la végétation chez les peuples du nord, et du protecteur spécial de la forêt Hercynie, se retrouve aussi dans plusieurs noms de lieux; enfin la plupart des Allemands de nos jours, qui appellent *Ostern* le

[1] Voyez *Mangourit*, Voyage en Hanovre; in-8°; 1805.

jour de Pâques, ne se doutent point de l'origine de ce nom : sa racine *ost*, orient, ne retrace-t-elle pas le souvenir d'une fête planétaire que la fête chrétienne aura remplacée? On ne sera point étonné que le culte druidique, dont on retrouverait les traces sur presque toute la surface de la terre, s'il fallait s'en rapporter aux idées systématiques de quelques antiquaires qui lui attribuent toutes les pierres bizarrement groupées ou singulièrement disposées, ait laissé de pareils monuments sur la cime du mont Brocken.

« Les Hanovriens ou Bas-Saxons ont, plus que les habitants de la Haute-Saxe, conservé cette franchise, cette simplicité, cette hospitalité, et en général toutes ces antiques vertus qui, selon Tacite, composaient le caractère des anciens Germains. C'est surtout parmi les habitants des Landes que l'isolement et la pauvreté ont empêché la corruption de s'introduire. Dans les cantons maritimes appelés *Marschland*, il règne, à côté de la simplicité et de la rusticité, un luxe très grand qui cependant ne s'attache qu'aux objets solides, comme bijoux d'or et d'argent, bons meubles, bons lits ; ou à des denrées qui flattent directement les sens, comme café, thé, vins de France ou bières fortes. Ce luxe, suite naturelle de la liberté et de la richesse de ces pays sans navigateurs et de leurs relations avec les Anglais et les Hambourgeois, ne les empêche pas de rester aussi entreprenants, aussi industrieux que leurs ancêtres, dont ils conservent religieusement le costume. Dans les villes hanovriennes, et surtout dans la capitale, on remarque en plusieurs points une imitation assez heureuse des mœurs et des manières anglaises. La noblesse est fort attachée à ses préjugés de naissance. Les mêmes hommes s'appuient des principes de la philosophie moderne pour s'opposer à l'agrandissement du pouvoir exécutif, et des principes de l'aristocratie féodale pour maintenir entre eux et la bourgeoisie une distance respectueuse. C'est précisément le même esprit que la noblesse du Holstein.

» Tout ce qui forme aujourd'hui le Hanovre, soumis d'abord au grand-duché ou royaume des Saxons, tomba sous la domination de Charlemagne et continua d'être gouverné par les ducs de Saxe, de la famille de Witikind, et ensuite de celle de Billung. Cet ancien et véritable duché de Saxe était divisé en *West-phalen*, à l'ouest du Weser, et *Ost-phalen* entre le Weser, l'Elbe et le Harz ([1])

» Au commencement du douzième siècle, un mariage avec une princesse de la dynastie billungienne donna à Henri-le-Noir, duc de Bavière et fils de Welf ou Guelf, la possession de la principauté de Lunebourg ([2]).

» Henri-le-Lion réunit sous sa domination la Bavière, le duché de Saxe et d'Engern (alors borné à une partie de la Westphalie), les principautés ou comtés de Brunswick, Gœttingue, Nordheim et autres. Ces pays avaient déjà été acquis par le père de Henri-le-Lion; mais ce grand prince, après avoir, au moyen d'une négociation longue et difficile, réalisé ses droits sur des domaines si vastes, attaqua les Slaves et Vandales et conquit de grandes possessions au nord de l'Elbe. La jalousie qu'il inspira à l'empereur lui attira, en 1179, le ban de l'Empire et une guerre terrible de la part de tous ses voisins ou vassaux. Henri-le-Lion ne sauva de toutes ses possessions que ce qui forme aujourd'hui l'électorat de Hanovre proprement dit ([3]). »

La branche électorale de Hanovre a sa souche dans l'ancienne maison de Brunswick. Ernest-Auguste, le dernier des fils de George, duc de Brunswick, fut le premier rejeton de cette branche. Ce prince qui, en 1662, commença par être évêque d'Osnabrück, devint, en 1680, duc de Hanovre après la mort de celui de ses frères qui était titulaire de cette principauté. Il fut bientôt un guerrier intrépide et rendit de si grands services à l'Empire que, bien qu'il fût protestant, l'empereur Léopold, en 1692, créa en sa faveur un neuvième électorat, transmissible de mâle en mâle dans sa famille. Son fils, George-Louis, fut proclamé roi d'Angleterre en 1714, après la mort de la reine Anne. Ainsi ce prince,

([1]) Ces deux mots sont susceptibles d'être expliqués différemment ; ils peuvent signifier *le pays à l'ouest et à l'est de la limite de séparation*, car *pfahl* veut dire pieu, et dans un sens plus étroit, bâton élevé pour marquer la frontière ; c'est l'étymologie communément adoptée, mais nous préférerions celle-ci : be *fehlen* ou be *fahlen*, veut dire commander ; le *be* n'est qu'une particule accessoire, *ost* et *west-fahlen* signifierait donc tout simplement le gouvernement, le duché d'est et d'ouest. Le *ph* n'est qu'une fausse orthographe, imitée du latin. — ([2]) Voyez l'*Histoire de la maison de Bavière*. — ([3]) Géographie mathématique, physique et politique de toutes les parties du monde, par *Mentelle* et *Malte-Brun*, t. V.

dont le père avait été évêque, était réservé à devenir l'un des plus fermes appuis du protestantisme. Par lui la Grande-Bretagne, en conservant le Hanovre, auquel elle ajouta de nouvelles possessions jusqu'en 1802, eut constamment un pied sur le continent, et put prendre une part plus active aux affaires. La ligue qu'elle organisa contre la France obligea cette dernière puissance à s'emparer du Hanovre, qui, par suite des traités faits en 1806, appartint pendant quelques mois à la Prusse, et fut enfin partagé par Napoléon entre la France et le royaume de Westphalie qu'il venait de fonder. Ce ne fut qu'en 1813 que le Hanovre rentra sous la possession du souverain d'Angleterre. L'année suivante il fut érigé en royaume, et successivement augmenté de l'Ost-Frise et de divers autres territoires.

Le royaume de Hanovre se compose de deux parties principales, séparées l'une de l'autre par le duché de Brunswick. La plus considérable, ou la septentrionale, est bornée au nord par la mer d'Allemagne et par l'Elbe, qui la sépare des duchés danois de Holstein et de Lauenbourg, du territoire de Hambourg et de la province prussienne de Brandebourg. A l'est elle est contiguë à la province prussienne de Saxe ; au sud au duché de Brunswick, aux principautés de Waldeck, de Lippe-Detmold, de Lippe-Schauenbourg, à la Hesse électorale et à la province prussienne de Westphalie. A l'ouest elle est séparée du royaume de Hollande par une limite tracée à travers les marais de Bourtange et la baie de Dollart, dans laquelle l'Ems se jette. La partie méridionale est bornée au nord par le duché de Brunswick ; à l'est par le même duché et la province prussienne de Saxe, vers le point le plus élevé de la chaîne du Harz ; au sud par la province de Saxe et la Hesse électorale ; et à l'ouest par cette dernière et la province prussienne de Westphalie, dont le Weser la sépare sur une longueur d'une lieue. Outre ces deux parties, le Hanovre comprend le *comté de Hohnstein*, enclavé entre le duché de Brunswick et la province de Saxe ; et le *territoire de Polle* entre le même duché, la principauté de Waldeck et la province de Westphalie.

Depuis les bords de la mer Baltique jusqu'aux extrémités méridionales du Hanovre, le terrain monte graduellement à mesure qu'on approche des montagnes du Harz, dont la plupart des ramifications appartiennent à ce royaume. Dans les parties les plus voisines de la mer, et surtout dans la contrée orientale que le bas Elbe et le bas Weser arrosent, le sol est en grande partie formé par les atterrissements et les alluvions de ces deux fleuves. Elles sont souvent exposées à de grandes inondations, dont on ne peut neutraliser les funestes effets que par des digues. Après ces deux fleuves nous citerons, parmi les principaux cours d'eau, l'*Ilmenau* et l'*Oste*, affluents du premier ; l'*Aller*, affluent du second, et qui se grossit de la *Leine* et de l'*Ocker* ; enfin l'*Ems* avec la *Hase* ou la *Haase* qui lui porte ses eaux. Ce qui semble prouver combien les terres du Hanovre sont depuis peu de temps sorties du sein des eaux, c'est la grande quantité de marais qui les recouvrent. Il en est de même de la contrée occidentale, que l'Ems traverse. Les cantons qui occupent ces divers terrains sont peu productifs, mais les plus stériles sont surtout ceux des landes de Lunebourg et de Verden, situées entre l'Elbe et le Weser, et des landes de Meppen, sur la rive droite de l'Ems. Dans ces cantons pauvres et peu propres à l'agriculture, on ne remarque que des campagnes sablonneuses, couvertes de forêts de sapins, de bruyères et de marais. Aux environs du territoire de Brême on a rendu à l'agriculture plusieurs portions de terrains marécageux ; mais que de soins et que de temps ne faudrait-il pas pour convertir en terres labourables les vastes landes de Lunebourg, qui occupent, de l'est à l'ouest, une longueur d'environ 25 lieues, et du sud au nord, depuis Celle jusqu'à Harbourg, une étendue non moins considérable ! Ces plaines arides ont mérité le nom d'Arabie de l'Allemagne. Sur la rive gauche de la Vechte, qui coule à l'ouest de l'Ems, les environs de Bentheim n'offrent aussi que des landes immenses, couvertes çà et là de marais et de flaques d'eau stagnante.

Considérées sous le point de vue géologique, les contrées dont nous venons de décrire l'aspect et la nature appartiennent aux terrains de sédiment supérieur : c'est ce qui explique pourquoi la mer apporte à chaque marée, près de la ville de Stade, non loin de l'embouchure de l'Elbe, des morceaux de bois différents de ceux qui croissent aujourd'hui sur la terre.

Blumenbach les regarde avec raison comme fossiles ; ils sont bruns, quelquefois noirs et presque toujours bitumineux. Ce sont de véritables *lignites*, dont la présence annonce que la mer couvre un terrain plus récent que la craie, et dont nous avons vu des traces sur les rivages de la Baltique. En remontant vers le Harz (*Harzgebirge*), c'est-à-dire à partir d'une ligne tirée de l'ouest à l'est, depuis Osnabrück jusqu'à Hanovre, s'étend l'ancienne formation calcaire appelée *secondaire*, et comprenant les terrains de *sédiment moyen* et de *sédiment supra-inférieur ;* elle va s'appuyer sur le groupe du Harz, qui s'élève comme une île au milieu de ce terrain. Les montagnes qui constituent ce groupe sont généralement granitiques ; elles sont plus roides et plus escarpées vers le midi que vers le nord ; elles n'appartiennent pas toutes au royaume de Hanovre : nous verrons que la Prusse, les duchés de Brunswick et d'Anhalt-Bernbourg en possèdent quelques parties.

Le Harz, cette contrée montagneuse si riche en métaux, dépend du pays que les anciens nommaient forêt Hercynie (*sylva Hercynia*). Quelques auteurs ont déjà fait remarquer que la similitude du nom latin et du nom allemand prouve suffisamment que les Romains n'ont fait que traduire la dénomination germanique de *Harzwald :* cette contrée était en effet couverte autrefois de vastes forêts de sapins. Mais les érudits allemands ont voulu aller plus loin ; ils ont cherché l'étymologie du mot *harz :* les uns ont prétendu qu'il venait de *hart*, dont l'origine est incontestablement germanique, et dont la signification s'accorderait assez avec l'aspect sombre de ces montagnes, et même avec la figure noirâtre de leurs habitants ; d'autres l'ont cherchée dans le nom de *Hertha*, ancienne divinité que les Germains plaçaient sur les lieux élevés. Suivant cette origine, il serait probable que les Germains eussent donné un nom analogue à celui de *harz* à toutes les chaînes de montagnes de leur contrée : ce qui expliquerait l'étendue que les Romains attribuaient à la *forêt Hercynie*. Confondant sous un seul nom une dénomination commune à plusieurs lieux, ces derniers crurent à l'existence d'une contrée montueuse et couverte de forêts qui occupait la plus grande partie de la Germanie. De là vient que Jules César dit qu'il faut neuf jours de marche pour traverser dans sa largeur la *forêt Hercynie* ([1]), et qu'il n'y a point de Germains qui en ait atteint l'extrémité en marchant dans sa longueur pendant soixante jours. Mais nous nous rangeons du parti de ceux qui croient que l'étymologie la plus vraisemblable est celle qui dérive de la quantité de sapins qui couvraient jadis ces sommités aiguës ([2]). En effet, harz signifie encore aujourd'hui *résine*. Il est naturel de penser que l'utilité que les Germains tiraient de cette substance végétale leur ait fait donner son nom à la forêt qui en fournissait le plus. Les montagnes du Harz occupent une longueur de plus de 30 lieues sur 12 de largeur. Des vallées escarpées, des bois et quelques marais y forment un labyrinthe naturel dans lequel il est impossible de se diriger sans guide.

Le mont *Brocken* ou *Bloxberg*, élevé de 3,486 pieds au-dessus de la mer Baltique, est le point central du Harz. C'est de là que rayonnent presque dans tous les sens les branches qui composent ce groupe auquel Stein donne une superficie de 178 lieues carrées. Tout ce qui se prolonge à l'ouest du Brocken porte le nom de Haut-Harz (*Ober-Harz*), et à l'est de cette montagne celui de Bas-Harz (*Unter-Harz*). L'une des branches, en se dirigeant vers le sud, forme la ligne de partage qui sépare le bassin du Weser de celui de l'Elbe. Elle rencontre, vers la source de la Leine, le *Dun-gebirge*, qui n'est que le prolongement septentrional du *Thüringer-wald ;* de là elle projette au nord-ouest un rameau qui, sous les noms de *Wesergebirge* et de *Solling*, s'étend entre la Leine et le Weser. Une autre branche court au nord-est, entre l'Holzemme, affluent de la Bode, et l'Ocker qui va se jeter dans l'Aller. Une troisième branche se dirige vers le nord entre l'*Innerste* et l'*Ocker* ; une quatrième entre la Leine et l'Innerste ; enfin, vers l'est, s'étendent les branches qui séparent les bassins de la *Bode*, de l'*Helme* et de la *Wipper*.

Outre les nombreuses rivières qui descendent du Harz, on distingue plusieurs sources importantes : la plus remarquable est la *fontaine des Sorcières* (*hexen brunnen*). Ce nom indique, comme le fait remarquer l'auteur d'un Voyage en Hanovre ([3]), le souvenir de quelques pratiques superstitieuses des anciens

([1]) *J. Cæsaris Comment.*, l. VI. — ([2]) *Strabon*, l. VII. — ([3]) M. *A.-B. Mangourit*.

peuples de ces contrées. Lorsque l'épée de Charlemagne y fonda le christianisme, quelques unes des prêtresses des antiques divinités germaines auront conservé l'habitude d'aller près de cette source faire leurs cérémonies, et les prêtres chrétiens, confondant ce culte avec celui des démons, auront désigné cette fontaine par le nom qu'elle a conservé. Elle est placée à une vingtaine de pieds au-dessous de la cime du Brocken, et fournit une masse d'eau fort abondante ([1]). Sur le sommet de cette montagne il se passe souvent, vers le matin ou le soir, un phénomène physique qui a été long-temps la terreur de l'habitant du Harz : si le spectateur est placé entre le soleil et un nuage, il voit son image réfléchie dans ce nuage comme dans un miroir, mais plus grande et difforme. Jadis l'ignorance accréditait l'opinion qu'un spectre, auquel on donnait le nom de spectre de Brocken, était caché dans ce nuage. Cet effet d'optique rentre dans la classe de ceux que l'on comprend sous le nom de mirage.

Dans le calcaire ancien qui s'appuie sur les roches granitiques du Harz, on remarque plusieurs cavernes moins célèbres encore par les nombreux détours qu'elles offrent à la curiosité du voyageur que par l'énorme quantité d'ossements fossiles que l'on y a découverts, et qui peuvent les faire considérer comme d'immenses charniers naturels dans lesquels se sont conservées les dépouilles d'une génération d'animaux qui diffèrent de ceux qui vivent maintenant à la surface de la terre, et qui attestent l'importance des changements que notre planète a jadis éprouvés. Les plus curieuses de ces cavernes sont celle de la *Licorne* et celle de *Baumann*. La première est située au pied du château de Schartzfels : elle est composée de cinq grottes qui communiquent les unes aux autres par de nombreuses sinuosités qu'il faut parcourir, soit en montant, soit en descendant. La seconde, beaucoup plus vaste, est également composée de cinq grottes placées à des niveaux différents. De la première à la seconde de ces cavités, on descend 30 pieds ; pour passer de celle-ci à la troisième, il faut se hisser à l'aide des pieds et des mains ; enfin, après avoir alternativement monté et descendu, on arrive, par une pente assez rapide, dans une galerie remplie d'eau et placée sous

([1]) Voyez Description du Harz, par *Lazius*, en allemand.

les autres grottes. Cette galerie, rarement visitée, contient une grande quantité d'ossements qui appartiennent généralement à des tigres, à des hyènes, et à un ours qui devait être aussi grand qu'un cheval.

On remarque dans la caverne de Baumann une colonne en stalactites qui rend un son agréable lorsqu'il y tombe une goutte d'eau de la voûte. Les rochers magnétiques d'*Ilsenstein* et de *Schierla* attirent aussi l'attention du géologiste.

Le Harz est depuis long-temps célèbre par ses mines : celles de fer sont les plus abondantes. La plupart des filons argentifères sont sur le territoire du Hanovre ; ils occupent les fissures d'une roche sablonneuse, connue des Allemands et des géognostes de toutes les nations sous le nom de *grauwacke*. La même roche renferme aussi des restes de végétaux et des vestiges d'animaux marins. Les autres métaux que l'on y recueille sont le plomb, le cuivre, le zinc, et même l'or. Le soufre et l'arsenic y sont également exploités. Enfin on y trouve des marbres, des ardoises, des pierres de taille, du gypse, des argiles de différentes espèces, et des sources salées et d'eaux minérales.

Il est peu d'endroits en Europe où la science du mineur soit aussi avancée qu'au Harz. Les ouvriers employés aux mines forment une population particulière de plus de 56,000 individus, originaires de la Franconie. Les premiers qui s'établirent dans ces montagnes y furent envoyés par Charlemagne ; mais, au onzième siècle, une nouvelle migration se fit pour exploiter les mines du Rammelsberg, qui venaient d'être découvertes. Ces hommes, aujourd'hui reconnaissables à leur uniforme noir à parements rouges, sont organisés militairement par compagnies, ayant pour chefs des ingénieurs dont le rang correspond aux grades de généraux, de colonels, d'officiers et de sous-officiers. Leur association est remarquable par l'esprit de corps qui y règne. Ils ont conservé de leurs ancêtres cette passion pour la chasse qui leur rend cet exercice plus agréable que pénible, cet amour de la musique qui leur fait écouter avec intérêt les chants de leurs compatriotes, et cette urbanité un peu rustique, mais franche, qui leur fait accueillir les étrangers, et qui porte leurs enfants à aller au-devant de ceux-ci en les appelant cousins.

Le royaume du Hanovre renferme peu de

lacs : il n'en est que trois qui soient dignes d'être cités. Le premier est le *Steinhunder-meer*, sur la limite de la principauté de Schauenbourg-Lippe; le second, le *Dumer-see*, sur celle du grand-duché d'Oldenbourg. Celui-ci surtout, très poissonneux, est remarquable par son étendue; il occupe un espace d'une lieue de largeur et de deux de longueur. Mais le plus extraordinaire est celui de *Jordan*, situé dans la province de l'Ost-Frise. Il s'étend sous terre à une distance considérable, et le sol qui le recouvre, dit Stein, est devenu assez ferme pour supporter le poids des voitures.

Le climat du Hanovre est généralement tempéré : les naturels du pays vantent sa salubrité, mais il faut avouer que dans les lieux bas et marécageux il est d'une humidité dangereuse, et que dans la plus grande partie de la contrée la température est extrêmement variable : près des bords de la mer, elle ne l'est pas moins qu'en Angleterre. L'hiver y est rigoureux, et dans l'été même on est souvent exposé au froid. Les rosées, les vapeurs qui exhalent de la surface de la terre pendant les nuits d'été, à l'approche du lever et du coucher du soleil, ont quelquefois une funeste influence sur certains tempéraments. Le vent du nord-ouest souffle fréquemment pendant l'hiver; au printemps, c'est le vent d'est; et pendant l'été, pendant même une partie de l'automne, c'est celui du sud-ouest qui règne. L'influence de ces vents et les changements de température contribuent à faire tomber les dents avant l'âge.

D'après cet exposé, on ne sera point étonné que certaines maladies soient assez fréquentes dans le Hanovre. Lorsque le mois de juillet est très chaud, l'habitant est exposé à plusieurs épidémies dangereuses. Mais les maladies les plus répandues sont les fièvres nerveuses et intermittentes, le phthisies, les paralysies et les apoplexies.

Les richesses naturelles du Hanovre consistent dans le produit de la pêche des rivières et des lacs qui l'arrosent, de la mer qui le baigne, du gibier qui peuple ses forêts, ses champs et ses marais, des bestiaux que son territoire nourrit, des végétaux qui croissent sur son sol, et des mines que ses montagnes renferment. Sous ces divers rapports il est peu de pays qui soient mieux partagés. Nous allons essayer d'en donner une idée.

Depuis les encouragements que le roi George III accorda en 1792 à la pêche de la baleine, un grand nombre de Hanovriens part tous les ans pour aller exercer ce genre d'industrie autour du Groenland. La pêche est aussi très productive sur les côtes du Hanovre; celle des rivières procure en abondance la plupart des poissons de nos contrées, tels que des perches, des barbeaux, des carpes, des brochets, des truites, mais surtout des anguilles monstrueuses.

Le Hanovre ne manque pas de forêts. Outre celles du Harz, on en compte plusieurs d'une assez grande étendue, telles que celle de *Bentheim*, dans le comté de ce nom; et dans celui de Lunebourg, celle de *Barn*, celle de *Gohrde*, qui porte le nom d'un village, celle de *Kaltehofstube*, celle de *Lucie*, celle de *Ninder*, etc. Mais il y en a très peu dans le duché de Brême, dans la Frise orientale et dans le gouvernement d'Osnabrück.

Les forêts fournissent des bois propres à la mâture des petits navires, des courbes pour leur construction, et des planches; le bois de chauffage y est cher, mais l'exploitation de plusieurs houillères remédie à cet inconvénient. On trouve souvent dans les bois un grand nombre de sapins morts; quelques personnes prétendent que la cause en est due aux ravages d'un insecte qui paraît être le *Bostrichus typographus* de l'entomologiste Fabricius. Cependant nous regardons le fait comme douteux, car cet insecte n'attaque point ordinairement les bois verts. On remarque dans les environs de Celle de vieux chênes d'une hauteur et d'une grosseur extraordinaires. Stein prétend qu'on en a mesuré quelques uns qui ont près de terre plus de 40 pieds de circonférence, et près des branches environ 25 pieds.

Ces belles forêts sont peuplées de cerfs, de sangliers, de chevreuils, de lapins et de lièvres; mais, heureusement pour les cultivateurs, le nombre en diminue sensiblement depuis une vingtaine d'années. Les lieux marécageux abondent en oiseaux aquatiques, et les environs d'Osnabrück fournissent un grand nombre d'ortolans. C'est principalement dans le Harz que les loups sont à craindre par leur nombre et par leur grosseur.

Les bêtes à cornes sont d'une taille médiocre, mais la chair du bœuf et celle du mouton des montagnes passent pour être d'un goût exquis. On porte le nombre de ces animaux à 2,700,000. Le porc y est aussi d'une qualité excellente. Parmi les animaux de ce pays, le cheval jouit surtout d'une réputation méritée. Soit que l'abondance des pâturages et la grande quantité d'avoine qu'on y récolte y aient perpétué les belles races, ou qu'elles y soient indigènes, on est souvent étonné de la beauté des attelages des chariots des paysans. Il est cependant à remarquer que le croisement des races du midi avec celles du nord n'a jamais réussi dans le Hanovre. Les moutons sont au nombre d'environ 1,600,000; leur laine est généralement grosse et d'une mauvaise qualité, mais elle s'améliore depuis que le gouvernement a encouragé l'introduction des moutons espagnols. Maintenant plusieurs propriétaires livrent au commerce des laines qui peuvent supporter la comparaison avec celles de l'Angleterre et de l'Espagne. Quelques districts du Hanovre tirent un grand profit de la vente des oies. Mais ce qui est encore d'un produit assez important, c'est l'éducation des abeilles. Au printemps, lorsque les prés sont émaillés de fleurs, on voit, dans la principauté de Lunebourg, des paysans qui ne font point d'autre métier que de sortir de leurs villages pour recueillir ces précieux insectes et en remplir près de 60,000 ruches. Ce comté exporte annuellement pour plus de 800,000 francs de cire et de miel.

La plus importante richesse de ce pays consiste dans le produit de ses mines; on y exploite annuellement environ 200,000 quintaux de fer, 5,000 de plomb, 7,000 de cuivre et 40,000 marcs d'argent; l'exploitation du cuivre fournit en outre 2,000 quintaux de sulfate de ce métal ou de vitriol. Les exploitations du Harz donnent un produit que l'on peut évaluer à 2,040,000 rixdales, ou à plus de 11,700,000 francs, sans y comprendre la houille, la tourbe, le marbre, les pierres de construction, les argiles à poterie, etc.

L'agriculteur dans le Hanovre ne tire point tout le parti possible des terres; on est étonné de la quantité de celles encore en friche, et du grand nombre de marais qui, malgré les encouragements du gouvernement, ne sont point encore desséchés. Il est vrai que les sociétés d'agriculture établies dans quelques villes importantes ont proposé plusieurs améliorations; mais que de temps il faut pour que de tels établissements puissent éclairer la masse des agriculteurs guidés par la routine plutôt que par la raison! Cependant les essais que l'on a faits pour transformer en bons pâturages des terrains couverts de roseaux ou de bruyères, ont eu, dans la partie septentrionale de la principauté de Lunebourg, les plus heureux résultats.

La propriété foncière dans le Hanovre est répartie à peu près de la manière suivante : un *sixième* appartient au souverain; un autre *sixième* aux corporations des villes et aux corporations religieuses; *trois sixièmes* environ appartiennent à la noblesse; enfin le dernier *sixième* appartient aux personnes qui ne sont pas nobles. On compte 644 propriétés nobles, mais peu d'entre elles offrent des habitations seigneuriales, parce que les propriétaires demeurent dans les villes. Dans le Hanovre, vivre à la campagne, quand on n'est ni magistrat ni homme en place, est considéré comme une chose dégradante chez un noble. Les fermes sont toutes peu étendues : leur contenance est de 10 à 80 acres chacune (¹). La plupart des villes et des villages possèdent de vastes biens communaux, et les habitants jouissent de certains droits de pâture pour les bestiaux : c'est probablement pour cette raison qu'il y a une grande quantité de terres en friches. Les grands fermiers ont généralement aussi des droits de pâturages fort étendus.

Hodgson fait observer avec justesse que la manière la plus simple et la plus efficace d'améliorer l'agriculture du Hanovre, serait que le gouvernement vendît tous les domaines à l'enchère en fermes d'une bonne grandeur, comme la Prusse l'a fait dans ses nouvelles possessions.

Les fermiers du Hanovre, dit Hodgson, comparés aux autres fermiers de l'Allemagne, vivent dans l'abondance et la splendeur. « Ils » mangent de la viande trois ou quatre fois par » jour, et au lieu d'être vêtus de grosse laine » filée par leurs femmes, ils portent de beaux » habits anglais et ont l'air de *gentlemen*. Leurs » fils partent comme officiers, et l'on dit que » leurs filles lisent le *Journal des modes*. Les » propriétaires se rendent à la ville à cheval » pour prendre leur café, jouer au billard, sa- » voir les nouvelles et parler politique; chez

(¹) L'acre, mesure anglaise, est d'environ *deux cinquièmes* d'hectare.

» eux ils boivent leur vin dans des verres tail-
» lés et prennent leur thé dans des tasses de
» porcelaine. Leurs maisons sont toutes entou-
» rées de grands arbres et de jardins élégants ;
» les planchers sont couverts de tapis, et les
» fenêtres sont garnies de larges carreaux. Les
» maisons d'habitation, les granges, les étables
» pour le bétail, sont toutes couvertes d'un
» toit immense, et chaque ferme a l'air d'un
» palais entouré d'un petit parc. Les proprié-
» taires dirigent les opérations agricoles sans
» travailler beaucoup eux-mêmes, et par leurs
» manières cordiales ils ressemblent beaucoup
» aux fermiers anglais. »

La culture produit principalement des pâturages, de l'avoine, des céréales, du maïs,
des fèves, des haricots, des pommes de terre
et d'autres légumes, et enfin du chanvre et du
lin. On ne cultive le blé, l'orge et l'avoine que
dans les terrains bas, dans la Frise orientale,
sur le bord des rivières et près de la mer.
Après ces végétaux, c'est la culture du seigle
et du sarrasin qui est la plus répandue, principalement dans la partie méridionale. La plupart des terres sablonneuses sont réservées à
la culture des pommes de terre; elles y réussissent parfaitement.

A l'exception de la pomme, les fruits à pepins ne sont ni aussi gros, ni aussi variés, ni
aussi bons dans le Hanovre qu'en France ; il
en est de même des fruits à noyaux. La vigne
n'est cultivée que dans les jardins, et principalement pour la table du riche, car il est rare
que le raisin y arrive à une parfaite maturité.

Les fabriques sont peu répandues dans ce
royaume ; l'habitant y est plus disposé à aller
exercer une industrie quelconque en pays
étranger qu'à cultiver les terres, ou à choisir
un métier dans son pays. Stein évalue à 16,000
le nombre d'individus qui s'expatrient tous les
ans pour la Hollande. Le Hanovrien réussit
cependant assez bien dans la fabrication du
tabac, du savon, de quelques étoffes de laine,
et surtout dans la manutention du fer et du
cuivre. L'art de filer et de tisser le lin occupe
un grand nombre de bras. On estime à une
valeur annuelle de 5,500,000 florins le produit
de cette fabrication dans les territoires de Lunebourg, de Brême, d'Osnabrück, de Hoya
et de Diepholz. Les deux sexes s'en occupent,
et l'on cite, dans le district de Celle, des villageoises qui, dans l'espace de dix-neuf heures,
peuvent fournir plus de 78 écheveaux de fil ;
mais les toiles que l'on y fabrique ne sont
point à comparer à celles de la Prusse et de la
Frise. Les tanneries du Hanovre ne livrent à
la consommation que des cuirs d'une médiocre
qualité; cependant la sellerie y est bien exécutée. Ajoutons aussi que pour les objets de
goût et de luxe, la joaillerie, la passementerie
et l'orfévrerie y sont plus avancées que dans
plusieurs autres contrées de l'Europe.

Des routes parfaitement entretenues, des
bateaux à vapeur qui remontent et descendent
continuellement l'Elbe, le Weser, l'Ems et
l'Aller, facilitent beaucoup en Hanovre le commerce d'exportation et d'importation ; celui de
transit avec le Nord et l'Allemagne n'est point
sans importance. Parmi les places commerçantes les plus considérables, on doit citer
Münden, où il arrive annuellement par le
Weser 370 navires, par la Werra 110, et par
la Fulda 130. Les routes qui se dirigent vers
le sud-est de l'Allemagne portent aussi, année
commune, environ 150 chariots et 600 voitures; et celles qui communiquent avec le
sud-ouest de la même contrée, une quinzaine
de chariots et 120 voitures. On peut évaluer ces
diverses exportations à plus de 1,800,000 fr.

Jusqu'en 1823, le royaume de Hanovre était
divisé en onze provinces; mais comme ces provinces étaient trop inégalement circonscrites,
on a adopté à cette époque une division comprenant sept gouvernements (*Land-drosteien*)
dont nous allons indiquer la circonscription.

Le gouvernement de *Hanovre* se compose
de l'ancienne principauté de *Kalenberg*, du
comté de *Hoya* et de celui de *Diepholz*. Il
renferme 32 bailliages et 9 justices ou tribunaux indépendants des bailliages.

Le gouvernement de *Hildesheim*, formé de
la principauté de ce nom, de celles de *Gottingue*
et de *Grubenhagen*, et du comté de *Hohnstein*,
contient 37 bailliages et 25 justices.

Le gouvernement de *Lunebourg*, composé
de la principauté du même nom, comprend
37 bailliages et 8 justices.

Le gouvernement de *Stade* embrasse les
duchés de *Brême* et de *Verden*, et le pays de
Hadeln. Il est divisé en 16 bailliages et 28
justices.

Le gouvernement d'*Osnabrück* répond à
peu près à l'ancien évêché souverain de ce
nom et renferme la principauté d'Osnabrück

les comtés de *Lingen* et de *Bentheim*, et les cercles de *Meppen* et d'*Emsbühren*. On y compte 11 bailliages.

Le gouvernement d'*Aurich* comprend seulement l'ancienne province d'Ost-Frise; il renferme 12 bailliages et 5 justices.

Enfin la capitainerie des mines de *Klausthal* ou *capitainerie montueuse de Klausthal* (*Berg-haupt Munnschaft-Klausthal*) a le rang de gouvernement, et étend sa juridiction sur le Harz supérieur (Ober-Harz). C'est une concession faite en faveur des priviléges dont jouissent les mineurs depuis des siècles. Ce gouvernement ne comprend que 3 bailliages.

D'après les calculs de Hassel, le nombre des israélites s'élevait en Hanovre à 6,700, et, suivant Stein, à environ 15,000. Mais cette dernière évaluation est peut-être un peu exagérée. Au surplus, d'après les divers renseignements que nous nous sommes procurés, nous ne croyons pas être loin de la vérité en évaluant à 1,300,000 le nombre des chrétiens de la confession d'Augsbourg, à 150,000 celui des réformés, à 200,000 celui des catholiques, à 13,000 le nombre des juifs, et à 500 celui des mennonites. La confession d'Augsbourg a ses pasteurs, ses surintendants et ses surintendants-généraux, soumis aux consistoires de Hanovre, Osnabrück, Aurich, Hildesheim, Stade et Otterndorf; les réformés ont leurs pasteurs et leurs consistoires; les catholiques leurs justices officiales, leurs ecclésiastiques et leurs évêques sous la direction des archevêques d'Osnabrück et de Hildesheim. Dans le gouvernement de Hanovre, les anciens chapitres ont été rétablis, et dans celui de Hildesheim se trouvent concentrés les monastères et tous les domaines ecclésiastiques qui n'avaient point été vendus pendant la domination étrangère. On a institué une administration chapitrale pour gérer les revenus de ces biens et veiller aux moyens de racheter ceux qui ont été vendus ou aliénés sous le gouvernement westphalien. Le produit de ces propriétés est versé dans une caisse générale fondée pour cet objet et dont les fonds sont employés à payer certaines pensions, les dépenses des chapitres et de tout ce qui tient au culte catholique. Depuis 1816, cette administration, autorisée par le gouvernement, a fait un emprunt hypothéqué sur les biens ecclésiastiques destinés à être rachetés à l'amiable; mais, parmi les possesseurs, ceux qui désirent ne point vendre sont maintenus dans leur propriété moyennant une somme qu'ils sont tenus de payer, et qui est affectée à l'entretien des sociétés savantes du royaume, des universités et des divers établissements scientifiques.

Le Hanovre est un royaume héréditaire, gouverné depuis plus d'un siècle par les souverains d'Angleterre et régi par un vice-roi qui, dans les affaires importantes, prend les ordres du roi à Londres. D'après la constitution, ce royaume est transmissible de mâle en mâle par ordre de primogéniture; et si le sceptre d'Angleterre passe dans les mains d'une femme, celui de Hanovre est confié au plus proche parent du souverain d'Angleterre; et, en cas d'extinction de la maison régnante, il passe à la maison de Brunswick. Il est tellement distinct du sceptre de la Grande-Bretagne, que l'on a vu plus d'une fois les rois d'Angleterre faire la paix avec une puissance comme rois de Hanovre, et continuer la guerre comme rois d'Angleterre. Aujourd'hui que le trône d'Angleterre est occupé par la reine Victoria, la couronne de Hanovre repose sur la tête du prince Ernest-Auguste, qui a été proclamé roi le 5 juin 1837 (¹).

Ce royaume fait partie de la confédération germanique, où il occupe le cinquième rang, et où il a quatre voix à la diète en assemblée générale, et une en assemblée ordinaire. Le contingent qu'il est obligé de fournir à la confédération est de 13,054 hommes. Le gouvernement de ce royaume tient à la fois du régime féodal et du régime représentatif. Les États hanovriens, composés de la noblesse, du

---

(¹) Voici d'après le texte de la loi faite à Brighton le 19 novembre 1836, par le dernier roi d'Angleterre et de Hanovre, l'article qui règle l'ordre de succession à la couronne.

Article 5. — « Dans le cas où le roi actuellement
» régnant en Angleterre viendrait à décéder sans
» laisser d'héritiers mâles successibles dans sa bran-
» che, la couronne de Hanovre passera à notre frère
» le prince Ernest-Auguste, duc de Cumberland, et
» en cas d'extinction de sa ligne, la couronne de Ha-
» novre passera à notre frère le prince royal Auguste-
» Frédéric, duc de Sussex, et éventuellement à sa li-
» gne masculine, s'il contractait un mariage confor-
» mément à la loi de famille; si la ligne masculine
» du duc de Sussex s'éteignait aussi, la couronne
» passerait au duc de Cambridge et à sa ligne; enfin
» si cette ligne s'éteignait également, la couronne
» passerait au duc de Brunswick, aujourd'hui ré-
» gnant. »

clergé et des députés des villes, se divisent en deux chambres qui s'assemblent annuellement dans la capitale et y discutent les projets de lois. D'après un décret rendu en 1814, plusieurs coutumes relatives aux droits féodaux, qui avaient été abolies sous le gouvernement français, ont été rétablies. On a de même remis en vigueur les anciennes lois et coutumes du pays jusqu'à ce qu'un nouveau code ait été rédigé. En attendant cette réforme salutaire, les juges appuient leurs décisions sur le droit romain, les constitutions de l'Empire, les décrets des empereurs d'Allemagne ou les coutumes particulières des anciennes provinces. La justice est rendue par les bailliages et les justices, par des chancelleries, des cours de première instance et la cour suprême établie à Celle(1).

Malgré les répugnances de la cour de Hanovre à reconnaître et à adopter la constitution de 1833, on peut considérer ce pays comme jouissant du régime représentatif. Mais on a lieu de s'étonner de l'esprit de jalousie et d'exclusion qui y règne à l'égard des israélites : ainsi, au mois d'avril 1837, une loi votée par la première chambre des États reconnaît aux juifs la faculté d'acquérir des propriétés territoriales, à l'exception toutefois de celles qui, comme les biens seigneuriaux, leur conféreraient le droit d'être membres des États.

L'armée hanovrienne, en temps de paix, se compose de 13,000 hommes, parmi lesquels on compte 4,800 hommes de cavalerie et 1315 d'artillerie ; le reste est en infanterie. Elle se recrute par des enrôlements volontaires et par des appels que décrètent les États. En cas de guerre, cette armée peut s'augmenter de deux tiers par l'appel de la landwehr, milice nationale qui n'est point soldée, et qui n'est soumise à aucun service en temps de paix. D'après une loi rendue en 1817, tout individu qui a atteint l'âge de 19 ans, sans distinction de rang, est obligé de faire partie de ce corps. On en excepte les infirmes, les ecclésiastiques, les professeurs, les employés du gouvernement, les anciens officiers après six années de service et les fils uniques qui ont eu un frère tué devant l'ennemi. Les étudiants seuls ont le droit de se faire remplacer. Tous les dimanches la landwehr est exercée par escouades, excepté pendant le temps de la récolte, et tous les ans par compagnies et par bataillons. Le corps royal des dragons provinciaux fait sur les routes le service de la gendarmerie.

Les principales places de guerre sont Embden, Hameln et Harbourg. Herzberg possède une manufacture d'armes, Hanovre un arsenal et une école d'artillerie et du génie, et, près d'Hameln, il existe à Herzen une fabrique de poudre. Depuis 1815, dans l'ordre civil et l'ordre militaire, le mérite est récompensé par la distribution d'une décoration dont l'institution admet des grand'croix, des commandeurs et des chevaliers.

Après cet aperçu de tout ce qu'il y a de plus intéressant à dire sur le Hanovre sous le rapport de ses produits, de sa population, de son gouvernement et de ses forces, nous devons donner une idée des principales villes qu'il renferme. *Hanovre*, sa capitale, est située dans une plaine sablonneuse, au confluent de la Leine et de l'Ihne, petites rivières dont la première est navigable, et qui la divisent en deux parties, la vieille et la nouvelle ville. La plupart des maisons sont bâties en briques ; cependant les nouveaux quartiers sont beaux et réguliers. La vieille ville n'était en 1130 qu'une forteresse, mais en 1178 elle obtint le droit et le titre de cité. La nouvelle ville se divise en deux parties, appelées l'*Ægydien-Neustadt* et le *Kalenberger-Neustadt* ; la première est la seule qui soit construite sur un plan régulier : elle renferme environ 400 maisons et les faubourgs 500. La population de cette capitale est de 28,000 habitants. L'élévation de son sol est de 180 pieds au-dessus du niveau de la mer. Ses anciens remparts ont été nivelés et transformés en une belle esplanade. Les environs de Hanovre sont remarquables par les prairies qui l'entourent, par les sites les plus pittoresques, et par la charmante promenade de *Linden*. De loin cette

---

(1) Vers la fin de 1831, une commission nommée par le gouvernement pour reviser la constitution, proposa d'admettre en principe : la publicité des délibérations des états-généraux, une représentation nationale plus étendue, une liberté de la presse moins limitée, la fixation d'une liste civile, et l'abolition de plusieurs droits féodaux.
En 1833, une constitution fut proclamée ; mais le roi ne l'a point reconnue, malgré les remontrances de la majorité des membres des États. Des pétitions ont été adressées à la diète germanique, qui n'a point encore prononcé sur la validité de la constitution dont les Hanovriens éclairés demandent le maintien.

ville ressemble à un jardin parsemé d'édifices et de clochers revêtus de lames de cuivre. Le cours de la Leine, qui se replie autour d'elle, ajoute encore à l'illusion que ce coup d'œil présente ; mais lorsqu'on approche de son enceinte, on voit que ses maisons et ses rues sont agréablement entrecoupées de plantations de tilleuls et de peupliers ; enfin on est étonné du mouvement qui règne dans ses rues et sur ses places, bien éclairées de nuit, de l'élégance de quelques unes de ses constructions, qui contrastent singulièrement avec l'architecture allemande et même gothique de quelques anciennes habitations particulières. Les édifices les plus remarquables sont le *palais du roi* et celui du *vice-roi*, l'*arsenal*, l'*hôtel des États*, le *palais de justice*, le bâtiment de la *bibliothèque publique* et des *archives*, la *cour de Lockum* et le *théâtre*. Le monument élevé à la mémoire de Leibnitz, sous le nom de temple d'honneur, est digne de ce grand homme : il est construit en marbre de Carrare, et décore l'esplanade. Nous devons citer encore l'*église du château*, l'*hôtel Cambridge* et les *écuries royales*.

La jeunesse studieuse, et en général toutes les personnes qui s'occupent des lettres et des sciences, trouvent de quoi se satisfaire dans cette ville, qui possède une société d'histoire naturelle recommandable par ses travaux ; plusieurs cercles littéraires et une riche bibliothèque publique. Les établissements destinés à l'instruction publique y sont dignes d'une capitale. Le *lycée*, l'école israélite, l'école vétérinaire, celles d'anatomie, de médecine et d'accouchement, et plusieurs autres, ne sont pas les seuls établissements qui attestent sous ce point de vue la sollicitude du gouvernement : l'école normale ou *séminaire des maîtres d'école* est un modèle en ce genre : on y procure aux deux sexes des connaissances utiles jointes à la littérature et à la morale. Ainsi des jeunes filles, dont on cultive le cœur et l'esprit, y apprennent non seulement les arts d'agrément, mais encore à coudre, à filer, à broder, et plusieurs autres occupations utiles à des femmes destinées à diriger un jour un ménage. Les garçons, loin de n'y prendre qu'une instruction que le monde et ses distractions leur feront trop tôt oublier, y apprennent à greffer, à lever des plans et d'autres pratiques qui, dans l'occasion, peuvent être d'un grand avantage. Dans les autres écoles on ne fait point, comme en France, pâlir des élèves pendant huit ans sur le grec et le latin ; le français, l'anglais, la géométrie et la technologie font partie essentielle de l'éducation ; et, dans les écoles de troisième degré, l'étude de la langue hébraïque et de l'archéologie est considérée comme indispensable. L'institut destiné, sous le nom de *Georgianum*, à la jeunesse noble, est organisé militairement : 40 fils de nobles y sont admis ; mais l'instruction y est donnée de manière à préparer les jeunes gens à occuper un jour avec succès des emplois civils et militaires.

Il nous faudrait entrer dans de trop longs détails si nous voulions décrire tout ce que renferment d'intéressant les diverses collections scientifiques de Hanovre, depuis le cabinet d'histoire naturelle, celui des médailles et des antiquités, placés dans le palais du roi, jusqu'à la bibliothèque publique, dont le nombre de livres dépasse 200,000. Quoique les arts ne soient point, dans cette ville, arrivés à un grand degré de perfection, elle est cependant assez intéressante sous le rapport de l'industrie et du commerce. On y trouve des manufactures de galons d'or et d'argent, de drap, de cotonnade et de toile ; plusieurs fabriques de tabac, de savon, de faïence, de fleurs artificielles, etc. ; d'importantes brasseries et 8 imprimeries ; des raffineries, des distilleries, et surtout des fabriques de broderies qui jouissent en Allemagne d'une grande réputation. Depuis la paix, elle fait des affaires considérables avec Brême et Hambourg. Elle exporte par la Leine des grains, des bois à brûler et de charpente, et une partie des produits des mines du Harz.

Les Allemands vantent, dans les environs de Hanovre, les deux maisons royales de plaisance appelées *Herrenhausen* et *Montbrillant*, les jardins du comte de *Walmoden*, ouverts au public, et d'autres propriétés particulières ; mais ces curiosités, qui peuvent fixer un instant l'attention du voyageur, ne méritent point d'être décrites ici. D'ailleurs le caprice et le mauvais goût qui semblent avoir présidé à la disposition et à l'ornement de ces habitations somptueuses ne trouveraient point grâce à nos yeux. On peut s'arrêter avec étonnement devant le grand jet d'eau d'Herrenhausen, qui, beaucoup plus volumineux que celui de Saint-Cloud, s'élève à peu près à la même hauteur. Mais que dire des tristes charmilles qui, dans la plupart de ces jardins, fatiguent l'œil par leur uniformité, si ce n'est que, loin d'avoir la majesté et le grandiose de celui de Versailles, elles n'en ont que l'ennuyeuse régularité, qui rappelle à chaque pas combien l'art seul est au-dessous des heureux accidents que présente la nature? Ne quittons point le territoire de Hanovre sans rappeler que cette ville est la patrie de l'illustre astronome Herschell.

Si nous remontons la Leine, nous passerons devant la petite ville de *Gronau*, située dans une île vis-à-vis l'embouchure de la Dep; puis nous verrons, au confluent de la Warne et de la Leine *Alfeld*, autre petite ville entourée de murailles, où l'on fait un grand commerce de fil et de toile. Nous traverserons ensuite les États du duché de Brunswick, et nous arriverons à *Eimbeck* ou *Einbeck*, ville de 4 à 5,000 habitants, bâtie sur les bords de deux ruisseaux affluents de l'Ilme. Elle était autrefois la capitale de la principauté de Grubenhagen, et entourée de fortifications aujourd'hui en partie ruinées. Ses rues sont tortueuses et mal pavées, et ses maisons construites dans le style gothique, mais elle possède une place publique assez belle. On y voit trois églises: l'une d'elles renferme les mausolées des ducs de Grubenhagen, dont le château en ruines donne aux environs un aspect très pittoresque. Il y a dans la ville un hospice d'orphelins, deux hôpitaux, une maison de charité, un gymnase, des écoles élémentaires, une école d'industrie, des fabriques de toile, d'étoffes de laine, de maroquin et de tabac. Les environs renferment des blanchisseries considérables. On célèbre chaque année dans ce pays une fête populaire appelée en allemand *Nachbarschafthalten*, c'est-à-dire *réunion de bon voisinage*.

A quelques lieues à l'ouest d'Eimbeck, on voit, près de la petite ville de *Dassel*, une belle papeterie, une scierie, plusieurs moulins à huile, et de grandes usines où l'on coule chaque année plus de 500 quintaux de fer en barre, et où l'on fabrique des haches, des faux et d'autres outils. Plus loin, mais au sud de la précédente, la ville d'*Uslar*, entourée de murailles, est le siége d'une surintendance protestante; on y voit deux forges royales et une usine royale pour le cuivre. Entre des montagnes et des rochers s'élève la petite cité d'*Hardegsen*, que nous traverserons avant de revenir sur les bords de la Leine et d'entrer dans *Göttingen*, ou *Gœttingue*, l'une des villes universitaires les plus célèbres de l'Allemagne.

Elle est située au pied du mont Häimberg, sur le bord de la Leine, dans une fertile vallée élevée de 447 pieds au-dessus du niveau de la mer Baltique; elle était autrefois au nombre des villes hanséatiques. On la dit fort ancienne; son origine paraît remonter aux premiers siècles de notre ère. Ses remparts ont été convertis en une promenade, d'où l'on jouit d'une très belle vue. Elle est formée de trois parties: l'ancienne, la nouvelle ville, et le quartier appelé Masch. Ses rues sont larges et bien éclairées la nuit; sa population est évaluée à 11,000 habitants. Elle possède des fabriques de tabac, de divers objets en fer et en cuivre, d'étoffes de laine, et des tanneries. Ce qui la rend surtout intéressante, c'est son université, fondée en 1734 par le roi George II. C'est là que l'instruction publique est parvenue à un degré de perfection qui fait honneur aux lumières du fondateur, au zèle et à l'instruction des professeurs. Ceux-ci, au nombre de 49, sont choisis parmi les savants les plus recommandables de toute l'Allemagne. Toutes les sciences y sont enseignées, on pourrait le dire, avec une égale supériorité. Aussi que d'hommes célèbres sont sortis de ce foyer de lumières! Près de 1,600 étudiants sont inscrits sur les registres de l'université, qui, pour former constamment de bons instituteurs, a sous son inspection un établissement connu sous le nom de *Séminaire philologique*. Tout, dans cette ville, contribue à faciliter les moyens d'instruction. Une bibliothèque de 300,000 volumes, formée de celle de Leibnitz, qui y laissa ses nombreux manuscrits, et enrichie chaque année d'ouvrages utiles aux arts et aux sciences; une belle collection de tableaux, un cabinet d'estampes, un muséum d'histoire naturelle, dans lequel on remarque la belle collection de crânes formée par le savant professeur Blumenbach; un jardin botanique que l'on peut ranger parmi les plus riches de l'Europe; un amphithéâtre anatomique, un cabinet de médailles, un observatoire riche en instruments d'astronomie, un cabinet de physique, une collection de machines et de modèles; une école vétérinaire, une d'accouchement, une de commerce et d'industrie, et une d'équitation; enfin une société royale des sciences, qui compte dans le monde savant un grand nombre de *membres correspondants*, sont autant de véhicules et de moyens d'encouragement pour une jeunesse studieuse. Göttingue a produit plusieurs hommes célèbres dans les sciences, entre autres le médecin Michaelis, le littérateur Casalius et Blumenbach.

Au confluent de la Werra et de la Fulda, qui par leur réunion forment le Weser, s'élève, dans une jolie vallée, la ville de *Münden*, dont les 5,000 habitants, riches de leurs brasseries, de leurs tanneries et de leurs fabriques de vinaigre, de drap, de savon, de tabac et de faïence, se livrent à un commerce assez considérable, que la navigation du fleuve rend très actif. On évalue à plus de 2,500,000 francs la valeur de la toile qui se vend annuellement à Münden. A *Duderstadt*, située à 5 lieues à l'est de Göttingue, il se fait un commerce considérable en grains, en bière, en eau-de-vie, et surtout en toile à voile.

Osterode s'offre au nord de la précédente, au milieu des montagnes du Harz. C'est une petite ville entourée de murailles et remplie de fabriques. Dans ses environs, on exploite des mines de fer, dont elle est l'entrepôt. Le bourg de *Herzberg*, sur la rive gauche du Sieber, renferme 2,600 habitants, et possède la seule manufacture d'armes qu'il y ait dans le Hanovre. Sur une montagne de 1,880 pieds de hauteur au-dessus du niveau de la mer, s'élève *Saint-Andreasberg*, chef-lieu d'un bailliage des mines, où l'on fabrique beaucoup de dentelles et de fil de lin. Sur les limites du Hanovre et de la Prusse, *Elbingerode* s'étend au bord d'un ruisseau affluent de la Bode, à 1,600 pieds au-dessus du niveau de la mer. Des forges considérables environnent cette petite ville. *Klausthal*, dans le Harz supérieur, est la ville la plus importante de cette contrée montagneuse. Sa population est de 8,000 habitants; son sol est à 1,750 pieds au-dessus du niveau de la mer. C'est le siège d'une administration supérieure des mines; elle possède un hôtel des monnaies, deux églises, un gymnase et huit écoles élémentaires. Ses habitants s'occupent de l'exploitation des mines et de la fabrication de la dentelle.

En quittant Klausthal pour aller à *Goslar*, il faut traverser une partie du duché de Brunswick. Cette ville est située sur les bords de la Gose, ruisseau qui lui donne son nom, et qui, non loin de là, se jette dans l'Ocker. C'était autrefois une ville libre et impériale, qui occupait le septième rang parmi les villes de l'Empire et le second parmi celles de la basse Saxe; ses hautes murailles, ses rues étroites, sombres et tortueuses, ses maisons construites dans le goût gothique, attestent son ancienneté. Suivant Dresser ([1]), elle a été fondée par Henri l'Oiseleur, et fortifiée pour la première fois en 1201. On prétend que c'est dans ses murs que le moine Berthold Schwartz inventa la poudre à canon. On y remarque les restes du *Kaiserburg*, ou fort impérial, vieil édifice dans lequel les empereurs d'Allemagne tenaient leurs cours et rassemblaient la diète. L'église de Saint-Etienne renferme un monument assez curieux d'antiquité saxonne; c'est le *Kaiserstuhl*, ou autel de Crothos, qui consiste en une espèce de coffre en bronze, percé d'un grand nombre de trous par lesquels passaient les flammes qui consumaient les victimes humaines que l'on attachait dessus. Goslar est le siège de l'administration des mines de Brunswick et de Hanovre. Elle est célèbre par la fabrication d'une espèce de bière connue sous le nom de *gose;* elle possède des brasseries considérables, des fabriques de vitriol et des fonderies de plomb. Une partie de sa population est occupée à ces divers genres d'industrie et à l'extraction des ardoises de ses carrières; elle est peuplée de plus de 6,000 âmes. C'est près de cette ville que s'élève le mont Rammelsberg.

Descendons les pentes septentrionales du Harz, et remarquons, dans une plaine inégale, sur les bords de l'Innerste, la vieille ville de *Hildesheim*, qui était déjà assez importante lorsque Charlemagne porta dans ces contrées l'Evangile, tout souillé du sang des Saxons que son intolérance faisait massacrer au nom d'un Dieu qui prescrit à l'homme l'indulgence et l'amour pour son semblable. Aujourd'hui on y compte 13,000 habitants, occupés du

([1]) *Isagoge*, Historica per millenarios distributa, et ad annum usque nonagesimum primum, supra mille quinginta deducta.

commerce et de la fabrication des toiles. Elle est grande, mais mal bâtie, et possède un collège renommé et 20 églises, dont 12 sont réservées au culte catholique et 8 à la confession d'Augsbourg. Le plus remarquable de ses édifices est la cathédrale, que décorent de beaux tableaux, et dans laquelle on voit un monument digne de l'attention des antiquaires : c'est la colonne qui portait la figure d'*Irmensul*, ou d'*Hermensul*, divinité saxonne que certains auteurs confondent avec Hermès, et que d'autres croient être le dieu Mars, en vénération chez cette nation. Cependant l'opinion la plus accréditée en Allemagne porterait à croire que cette statue, que l'on conserve encore, est celle du célèbre Herman, ou Irmus, chef des Germains, illustre conquérant qui fut appelé par les Romains Arminius, et qui après sa mort fut adoré comme une divinité. Cette statue représente un guerrier armé de pied en cap, qui tient de la main droite une lance, au haut de laquelle est un long étendard taillé en pointe et orné d'une rose ; de sa main gauche, il porte une balance ; sur sa poitrine est un ours, et sur son ventre un écu portant un lion blasonné au-dessus d'une balance d'argent. Lorsque Charlemagne, en 772, s'empara d'Heresburg, dont il fit égorger les habitants, les prêtres d'Irmensul furent immolés sur les débris de leur divinité renversée, et la colonne qui subsiste encore fut enterrée près du Weser; mais Louis-le-Débonnaire la fit transporter dans l'église de Hildesheim, où elle servit de support à un chandelier à plusieurs branches. Aujourd'hui, comme pour rappeler sa destination première, elle sert de piédestal à une statue de la Vierge. Outre sa grande cathédrale, cette ville renferme quatre édifices remarquables : le palais épiscopal, celui du conseil, l'arsenal et le trésor. Elle entretient, proportionnellement à sa population, un très grand nombre d'établissements publics ; ce sont : 3 hospices d'orphelins, 18 hôpitaux, 1 séminaire et 1 gymnase catholiques, plusieurs écoles, dont une d'industrie. Le village du *Berg*, près de la ville, en est en quelque sorte le faubourg. On remarque non loin de là une grotte nommée la *Grotte des Nains*, où il se forme une sorte de sel de Glauber ou de sulfate de soude. Hildesheim a vu naître Hahn, médecin et chimiste distingué, et le célèbre missionnaire morave Oldendorp, qui, en 1763, partit pour aller prêcher dans les Antilles et dans l'Amérique septentrionale; la variété de ses connaissances le mit à portée de publier sur les pays qu'il parcourut des détails aussi exacts qu'instructifs relatifs à la géographie et à l'histoire naturelle.

Au bord de la Fuse, dans une plaine marécageuse, nous remarquerons la petite ville de *Peina* avec une enceinte de murailles et un petit château-fort ; à *Burgdorf* nous traverserons la petite rivière de l'Aue, et nous arriverons ensuite à *Zell* ou *Celle*. Cette ville, peuplée de 9 à 10,000 âmes, et située dans une plaine sablonneuse, au confluent de la Fuse et de l'Aller, est le siége de la cour suprême d'appel du royaume. Trois faubourgs, de belles rues, plusieurs places, un château royal entouré de murailles et de fossés, un hôtel des invalides, une maison d'aliénés qui est en même temps une maison de correction fort bien administrée, la rendent digne de l'attention des étrangers, qui remarqueront encore dans le parc du château le monument élevé à la mémoire de Caroline-Mathilde, sœur du roi George III, et reine de Danemark, et dans la cathédrale son beau cercueil dans un mausolée délabré. Enrichie par un commerce de transit considérable, et par la navigation active de l'Aller, cette ville, siége d'une surintendance des cultes, possède plusieurs fabriques de bougie, de drap et de papier.

Lunebourg, ville importante par sa population qui s'élève à 12,000 habitants, et par le rang qu'elle occupe comme chef-lieu de gouvernement, est située sur l'Ilmenau, l'un des affluents de l'Elbe. Le monastère de Saint-Michel, où l'on voit les tombeaux de plusieurs anciens ducs de Lunebourg, et où l'on a établi une école appelée l'*Académie des Chevaliers*, qui possède un musée renfermant quelques antiquités remarquables du moyen âge, l'hôtel-de-ville avec la salle des princes et le château royal, sont ses principaux édifices. La ville ne se compose que de maisons anciennes et de rues étroites et sombres, mais elle est riche en établissements utiles, tels que six hôpitaux, un mont-de-piété, une maison d'orphelins, deux gymnases et un institut militaire pour les jeunes gens nobles. Les nombreuses abeilles qu'on élève hors de ses murs, les carrières de pierre calcaire ouvertes dans le mont

Kalkberg, les salines exploitées dans ses environs, et d'où l'on tire annuellement plus de 100,000 quintaux de sel, ses marchés où plus de 70,000 chevaux sont vendus tous les ans, enfin les produits de ses nombreuses fabriques, donnent à son commerce une grande activité.

A sept lieues au nord-ouest de cette ville, une belle route nous conduit à *Harbourg*, siége d'une surintendance générale, petite cité murée dont la citadelle commande le passage de l'Elbe. De là nous descendrons à *Stade*, sur la Schwinge. Malgré son titre de chef-lieu de gouvernement, ses 6,000 habitants, son gymnase, son école de cavalerie, sa maison de travail, son hospice d'orphelins, sa halle des marchands, ses fabriques de flanelle, de bas et de dentelles, et son commerce assez actif de transit, cette ville fortifiée et entourée de quatre faubourgs ne mérite point que nous nous y arrêtions. Mais si nous remontons l'Ems à son embouchure, nous verrons sur sa rive droite *Emden* ou *Embden*, la ville la plus commerçante du royaume. La baie de Dollart donne à son port une grande importance, surtout relativement aux chantiers de construction qu'elle possède et aux nombreux bâtiments qu'elle arme tous les ans pour la pêche du hareng et de la baleine. Sans être une forteresse, elle est entourée de remparts et de fossés. Il est peu de villes aussi bien arrosées : on y compte 257 fontaines. Son port est sûr, et sa rade offre un excellent mouillage, même pour les vaisseaux de ligne : un phare placé sur l'île de *Borkum* indique l'entrée du Dollart. Elle possède des chantiers pour la construction des navires. Son vaste hôtel-de-ville renferme une belle collection d'armes anciennes. Cette cité, renommée par ses fabriques de tabac et de bas de fil, a une population d'environ 12,000 âmes.

Nous ne quitterons point les parages de la mer du Nord sans parler des îles qui bordent le rivage, depuis l'embouchure de l'Elbe jusqu'à celle de l'Ems. Leurs noms sont *Spikerooge, Langerooge, Baltrum, Norderney, Iuist* et *Borkum*. D'autres îles s'étendent encore à l'ouest de l'embouchure de l'Ems, mais elles appartiennent à la Hollande. Les envahissements que la mer a faits depuis six siècles sur les côtes hanovriennes et hollandaises, et dont la trace est en quelque sorte marquée par l'agrandissement graduel de certains golfes, et particulièrement de celui de Dollart, qui est dû aux conquêtes faites par les eaux depuis 1277 jusqu'en l'an 1539 que la construction d'une digue en arrêta les efforts, semblent prouver que ces îles faisaient jadis partie du continent. D'ailleurs ces faits sont confirmés dans le pays par la tradition de l'engloutissement de plusieurs villages qui s'élevaient jadis sur ces côtes aujourd'hui détruites. Les îles que nous venons de nommer sont probablement destinées à être, à l'aide du temps, englouties sous les eaux ; déjà l'on croit s'apercevoir que la mer les ronge continuellement. Ainsi se trouverait confirmée, sur cette petite portion de l'Europe, cette grande idée admise en géologie, que l'Océan a plusieurs fois abandonné et envahi ces antiques continents dont nos montagnes tertiaires ou de sédiment supérieur nous offrent les débris. Car nul doute que ces îles sablonneuses, menacées d'une future destruction, n'aient été formées au sein des eaux marines ; et si, depuis qu'elles sont couvertes de verdure et habitées, leur sol recèle les restes de quelques mollusques terrestres ou d'eau douce, la mer qui doit les recouvrir, y déposant les dépouilles d'autres mollusques qui vivent dans son sein, il arrivera qu'un jour, mises de nouveau à découvert, les observateurs futurs y remarqueront la succession des dépôts d'eau douce et marine, reconnue si souvent dans des terrains qui appartiennent à un monde qui n'est plus. Ces îles consistent en plusieurs chaînes de dunes qui s'élèvent à 20 et même à 50 pieds. Pour donner plus de consistance au terrain sablonneux dont elles sont formées, on a imaginé d'y naturaliser quelques plantes qui croissent facilement dans le sable, telles que l'*elymus arenarius* et quelques espèces d'*arenaria*. Les magistrats, les curés et les maîtres d'école sont chargés de veiller à l'exécution de cette sage mesure, dont l'efficacité a été reconnue dans des localités analogues. Borkum cependant diffère des autres îles en ce qu'elle offre sur plusieurs points de sa surface des terrains gras et propres à la culture. Sa circonférence est de 4 lieues ; elle est tellement basse, que la marée la divise en deux parties. On croit que les anciens la connurent sous le nom de *Byrchanis* ou *Fabaria*. L'île de *Iuist*, très basse, n'a qu'une lieue un quart de longueur sur une demi-lieue de largeur; *Norderney*, un peu plus grande, n'est qu'un banc de sable tapissé de quelques plantes : elle est très peuplée, grâce aux bains de mer qui y sont établis depuis 1799, et qui sont très fréquentés; *Baltrum*, large d'une demi-lieue et longue de deux et demie, est souvent inondée dans les hautes marées; les trois îles de *Langerooge*, dont la plus occidentale se nomme *Westerende*, et la plus orientale *Osterende*, sont exposées aux mêmes inondations; enfin *Spikerooge* n'est qu'un amas de dunes entouré de hauts-fonds. L'espace compris entre ces îles et le continent est si peu profond, qu'il est presque à sec pendant la marée basse. Au surplus, malgré leur stérilité, toutes ces îles sont peuplées, et ceux qui les habitent y élèvent des bestiaux, et vivent principalement de la pêche et de la chasse.

Rentrons sur le continent par *Norden*, petite ville assez bien bâtie, quoique ancienne, à une lieue de Leysand, plage qui communique à la mer du Nord par un canal; traversons *Aurich*, siége d'un consistoire protestant et d'une surintendance générale. Le commerce communique de cette petite ville à Emden par un canal. Le bailliage d'Aurich est en grande partie couvert de marécages et de bruyères. Nous ne citerons le chef-lieu de cercle *Meppen*, petite ville de 1,800 habitants, que parce qu'elle se trouve sur la route qui nous conduit à *Osnabrück*.

Les érudits allemands ne sont pas plus d'accord sur l'origine de cette dernière ville, qui existait déjà du temps de Charlemagne, que sur l'étymologie de son nom, dans lequel les uns veulent voir *Osenbrück* (pont sur l'Osen), et d'autres *Ochsenbrük* (pont des bœufs). Quoi qu'il en soit, la petite rivière qui la traverse n'est point l'Osen, comme l'étymologie que nous venons de rappeler pourrait le faire croire, mais la Hase ou la Haase. Osnabrück, peuplée de 11 à 12,000 habitants, fut érigée en évêché par Charlemagne; c'est dans les salles de son hôtel-de-ville que fut signé, en 1648, entre les plénipotentiaires de la Suède et de l'Empire, le célèbre traité de Westphalie. Les portraits de ces ministres sont conservés dans cet édifice, l'un des plus beaux de la ville. Malgré la prépondérance de l'évêque, qui était jadis souverain de cette cité, elle fut la première à embrasser la réformation de Luther.

Aujourd'hui elle possède un évêque catholique et un évêque anglican choisi parmi les princes de la maison d'Angleterre. Osnabrück, autrefois fortifiée, comme l'indiquent quelques restes de remparts, est généralement mal bâtie; on y remarque cependant quelques belles rues : telle est celle qui conduit au château, assez vaste édifice qu'entoure un jardin orné de pièces d'eau. Nous ne parlerons point des cercueils en argent renfermant les reliques de saint Crépin et de saint Crépinien, conservés dans la cathédrale, mais nous dirons que la ville possède plusieurs hôpitaux, un collége et une belle promenade, dans le quartier nommé le *Freyung*. Elle fait un grand commerce de toiles, et possède des manufactures de tabac, de lainages grossiers, et des blanchisseries de toiles. Cette ville a vu naître le célèbre théologien protestant Jean Jérusalem et le littérateur Mœser.

En 1790, tout ce qui constituait l'électorat du Hanovre était compris dans la partie orientale de l'ancien cercle de Westphalie, et dans la partie occidentale de celui de la Basse-Saxe. Érigé en royaume en 1814, le Hanovre s'est agrandi depuis par des traités particuliers : il a cédé au Danemark le duché de Lauenbourg; à la Prusse et au grand-duché d'Oldenbourg plusieurs petits territoires en échange de ceux de Hildesheim et de Goslar, de la Frise orientale, du comté inférieur de Lingen, des seigneuries de Plesse et de Gleichen, des bailliages d'Uchte et de Frudenberg, de la partie septentrionale du pays d'Eichsfeld et du territoire de Meppen; en 1818, il a fait l'acquisition du comté de Spiegelberg.

En 1826, les revenus du royaume étaient évalués à environ 23 millions de francs; aujourd'hui on les estime à plus de 26.

Mais la dette publique ne monte pas à moins de 57 millions de francs, dont les intérêts sont payés au taux de 4 p. 0 0. On peut juger, d'après cela, que pour peu que le gouvernement s'occupe de l'amortissement de la dette et des améliorations que le pays exige, les réserves qui restent dans les caisses du trésor public ne doivent pas être fort importantes.

Des côtes du Hanovre on aperçoit une île dont nous dirons ici quelques mots, bien qu'elle ne dépende pas de ce royaume et qu'elle appartienne à la Grande-Bretagne depuis 1807, que les Anglais l'enlevèrent au Danemark, qui fut obligé de la leur céder par les traités de 1814. Cette île, appelée *Helgoland*, et située à 13 lieues des côtes du Holstein, est au nord des bouches du Weser et au nord-ouest de l'embouchure de l'Elbe. Une ligne de rochers de 500 pas de longueur, et que l'on gravit au moyen d'un escalier, la divise en deux parties, l'une haute et l'autre basse. La partie haute, dont le point culminant est de 216 pieds au-dessus du niveau de la mer, a 4,200 pas de circonférence, et renferme un fort, un arsenal, des magasins et 300 à 400 maisons; l'autre, qui n'a que le tiers de la précédente, mais qui s'accroît journellement par les alluvions que la mer y accumule, contient environ 80 habitations. La population totale est de 3 à 4,000 habitants, qui retirent de la pêche environ 125,000 francs par an. Le chef-lieu porte aussi le nom d'*Helgoland*. Le gouvernement britannique entretient dans l'île un gouverneur, un sous-gouverneur, un major de place et une garnison de 400 hommes. Helgoland, ainsi que l'indique son nom, était autrefois un lieu vénéré: les anciens Germains la nommaient *Hertha* du nom de la déesse de la terre, à laquelle elle était consacrée.

TABLEAU *de la population, de la superficie et des divisions administratives du royaume de Hanovre.*

Superficie en lieues.	Population absolue en 1836.	Populat. par lieue carrée.
1,937.	1,662,500.	804.

(45 villes. — 424 bourgs. — 5,096 villages ou hameaux. — 240,000 familles.)

Gouvernements.	Superficie en lieues.	Population en 1832.	Villes.	Populat. en 1836.
Hanovre.	322	300,000	HANOVRE.	28,000
			Hameln.	5,000
			Bodenwerder.	1,500
			Münder.	1,500
			Neustadt-am-Rübenberge.	1,300
			Springe.	1,500
Hildesheim	251	329,000	Hildesheim.	13,500
			Alfeld.	2,000
			Bockenheim.	2,000
			Goslar.	6,500
			Göttingue.	12,000
			Gronau.	1,600
			Peina.	3,000
			Münden.	5,000
			Duderstadt.	5,000
			Elbingerode.	3,000
Lunebourg.	564	291,000	Lunebourg.	12,500
			Celle.	9,700
			Harbourg.	4,000
			Dannenberg.	1,500
			Hitzacker.	800
			Luchow.	2,000
			Uelzen.	2,600
Stade.	636	229,000	Stade.	6,000
			Verden.	4,000
			Otterdorf.	2,000
			Buxtehude.	1,500
Osnabrück.	289	250,000	Osnabrück.	12,000
			Pappenbourg.	3,700
			Fürstenhau.	1,000
			Haselüne.	1,600
			Lingen.	1,800
			Meppen.	2,000
			Quackenbrück.	1,600
Aurich.	150	155,000	Aurich.	3,000
			Leer.	10,000
			Emden.	12,000
Klausthal. (Capitainerie des mines.)	25	26,000	Klausthal.	8,000
			Andreasberg.	3,500
			Zellerfeld.	3,600

Revenus.	Dette publique.	Armée.	Contingent
26,400,000 fr.	57,500,000 fr.	12,940 h.	13,054 h.

LIVRE SOIXANTE-NEUVIÈME.

Suite de la Description de l'Europe. — Description de l'Allemagne. — Cinquième section. — Description des deux grands-duchés de Mecklenbourg-Schwerin et de Mecklenbourg-Strelitz.

Le Mecklenbourg forme deux grands-duchés, celui de Schwerin et celui de Strelitz, gouvernés par des princes appartenant à deux branches d'une même famille. Considérée comme un seul État, cette contrée est bornée au sud par la province prussienne de Brandebourg ; à l'est par une partie de cette province et la Poméranie ; au nord par la mer Baltique ; à l'ouest par le territoire de la ville libre de Lubeck, dont le lac de Dassow la sépare, et par le duché danois de Lauenbourg, avec lequel une partie du cours de la Steckenitz détermine une petite ligne de sa frontière ; au sud-ouest enfin par le royaume de Hanovre, avec lequel l'Elbe forme une portion de sa limite.

Il est probable que les plus anciens peuples du Mecklenbourg appartenaient à la race skandinave, et qu'ils furent subjugués au commencement de notre ère par la nation des Wendes ou *Venedi*, connue en Europe sous le nom de Vandales. Lorsque ces peuplades du nord se mirent en marche vers le quatrième siècle pour conquérir des contrées soumises aux Romains dégénérés, les habitants du Mecklenbourg, qui portaient aussi, mais plus anciennement, le nom de Vandales, abandonnèrent leur patrie, dans laquelle plusieurs peuples slaves ou wendes ne tardèrent pas à s'établir. Ces Wendes se divisaient en plusieurs tribus : les *Heruli*, les *Varini* ou Warnes, les *Vilsi* ou Wilses, et les *Obotriti* ; mais en peu de temps ces derniers restèrent seuls maîtres du pays ; et vers le neuvième siècle leur royaume s'étendait depuis la Steckenitz jusqu'à la Peenne.

Les ducs de Mecklenbourg appartiennent à la plus ancienne maison régnante de l'Europe [1]. L'origine de cette maison est tellement reculée, que les généalogistes et les historiens ne sont point d'accord sur le prince qui la fonda. Selon les uns, elle descendrait de Genseric, roi des Vandales, qui saccagea Rome l'an 455 de notre ère ; selon d'autres, elle aurait pour chef Wislas ou Wisilas, roi des Hérules, bisaïeul de Mistew II, dit *le Fort ;* on peut donc, sans craindre d'exagérer l'ancienneté de cette maison, la faire remonter jusqu'au temps de Charlemagne. Mistew II mourut vers l'an 1025. Quelques uns disent qu'il avait reçu le baptême, mais cette particularité est peu vraisemblable. Godsfal, fils de Eude, est probablement le premier chrétien de cette famille ; on l'honore du titre d'apôtre et de martyr de ses sujets ; on le regarde comme fondateur de l'évêché de Schwerin. Quoi qu'il en soit, il paraît que son exemple ne fut point suivi par son successeur, puisque Pribislas ou Pribislav, qui prit le titre de roi des *Obotrites*, fut converti au christianisme par Albert l'Ours, l'an 1151 ; mais sa conversion paraît avoir été plutôt une affaire de politique que de conviction. Chassé de ses États par Henri, surnommé le Lion, duc de Bavière et de Saxe, il n'y rentra qu'après avoir reçu le baptême. Depuis ce temps il quitta le titre de roi pour celui de prince de Mecklenbourg, que ses successeurs ont conservé. Quelques uns de ces princes méritent une mention particulière : Jean, dit *le Jeune*, fonda en 1419 l'université de Rostock ; Jean-Albert, mort en 1576, introduisit la religion protestante dans ses États ; enfin Adolphe-Frédéric, qui, pour s'être uni aux ennemis de la maison d'Autriche, fut détrôné en 1628 par l'empereur Ferdinand II, qui donna ses États à Walstein, mais qui, après la paix de Prague, et que le roi de Suède l'eut rétabli sur le trône, se réconcilia avec lui, donna le jour aux deux princes Frédéric et Adolphe-Frédéric II, chefs des deux branches de Mecklenbourg. Ceux-ci, après la mort de leur père, se partagèrent ses États. Le premier fonda la maison de Schwerin, et le second celle de Strelitz. Ces deux principautés sont restées séparées, et depuis l'an 1808 elles font partie de la confédération du Rhin. Ce n'est qu'en 1815 que ces princes

---

[1] *J. Bocer*, de Reg. et Reb. gestis ducum Meckl. — *Albert Glautz*, Historia vandal. — Geographisch-statistische Darstellung, etc., par *F.-W. Crome*.

commencèrent à prendre le titre de grands-ducs.

Le Mecklenbourg ne forme pour ainsi dire qu'une vaste plaine sablonneuse, au milieu de laquelle s'étendent des forêts et des lacs ; ceux-ci même sont sans exagération plus nombreux que les villes ; les plus considérables sont ceux de *Plau*, de *Flesen*, de *Malchin*, de *Müritz*, de *Cummerow*, de *Schwerin*, de *Dassow*, de *Ribnitz*, de *Krakow*, de *Schaal*, de *Koelpin*, de *Ratzebourg*, de *Tollen* et de *Petersdorf*. Tous sont abondants en poissons. Quelques montagnes s'élèvent au milieu de ces plaines basses ; la plus considérable est le *Ruhnenberg* ; sa hauteur au-dessus du niveau de la mer Baltique est de 577 pieds suivant Hassel, et de 641 selon d'autres auteurs. Une autre montagne moins considérable est le *Petersil*, dans le grand-duché de Strelitz ; une troisième, nommée *Hohebourg*, s'élève à 495 pieds ; mais le rocher appelé *Heilige-Damm* (la Sainte-Digue), dont le nom indique peut-être l'antique vénération du peuple pour cet amas de pierres plates et unies de différentes formes et de différentes couleurs, qui, placé près de la ville de Dobberan, semble servir de digue aux flots qui viennent s'y briser avec fracas, est un monument naturel assez curieux : il occupe une superficie de plus de ½ de lieue de long sur 40 pieds de large ; sa hauteur n'est que de 12 à 16 pieds ; mais la réunion des diverses pierres qui le composent excite l'étonnement de celui qui le visite pour la première fois. On regarde cette digue comme un des plus anciens monuments religieux des peuples du Nord. Ses pierres, jointes sans ciment, sont polies, et portent la trace visible de diverses figures qui semblent avoir quelque rapport avec la mythologie skandinave. La mer Baltique forme deux enfoncements ou golfes assez considérables à l'ouest de cette digue naturelle : l'un est le *Wallfisch* et l'autre le *Sals-Haff*, séparés par l'île de *Poel*, longue d'un peu plus de 2 lieues, et la seule que nous ayons à citer sur la côte du Mecklenbourg, généralement escarpée et peu découpée.

Les principaux cours d'eau qui arrosent les deux grands-duchés sont : la *Steckenitz*, le *Warnow*, la *Recknitz*, la *Peene*, et la *Tollense*, qui appartiennent au bassin de la Baltique ; les autres, tels que l'*Elder*, et la *Sude*, sont des affluents de l'Elbe.

Les sables siliceux du Mecklenbourg sont remplis de gros cailloux et de blocs roulés de différentes roches. Ils paraissent reposer sur de vastes dépôts de craie : ce qui le prouve, c'est la grande quantité de silex, d'oursins et d'autres coquilles silicifiées que la mer rejette sur ses rivages : d'ailleurs la craie devient visible lorsqu'on creuse des puits dans cette contrée. Ces sables, qui constituent le sol jusqu'à une assez grande profondeur, ne reposent pas immédiatement sur la roche crayeuse ; ils en sont séparés par des sables, des grès, des argiles remplis de restes d'anciens végétaux ou de lignites qui renferment des morceaux de succin ou d'ambre. Ces grès à lignites sont de la même époque que les grès des Karpathes, qui renferment les dépôts de sel gemme de la Galicie. Ils appartiennent aux terrains de sédiment supérieur, et paraissent renfermer des bancs de la même substance, à en juger par les sources salées qui en sortent. Ces sources se présentent par groupes sur les rives de la Recknitz ; mais elles sont plus nombreuses sur le territoire prussien : cependant quelques-unes sont exploitées dans le duché de Mecklenbourg-Schwerin.

Tout le pays qui compose les deux principautés de Mecklenbourg fait partie de la grande plaine qui s'étend depuis le pied des montagnes de la Silésie, de la Saxe, du Harz, du Weser et du Rhin, jusqu'à la Baltique et à la mer d'Allemagne, et qui se prolonge sans interruption depuis la Russie jusque dans la Pologne, la Prusse et les Pays-Bas. Les parties voisines de la mer sont si basses qu'on est obligé de les garantir par des digues contre les irruptions des flots. Les rivières qui descendent des montagnes causent des débordements fréquents et inondent quelquefois des provinces entières. Le nord et le nord-ouest du Mecklenbourg, ainsi qu'une partie de la Poméranie, étant généralement plus élevés que le reste de la plaine septentrionale de l'Allemagne, sont couverts d'un sol assez fertile, moins garni de landes et de bruyères ; le sud-ouest du Mecklenbourg présente des collines et de longues vallées dont les sites variés rompent la monotonie des plaines. Le centre du Mecklenbourg en est la partie la plus élevée : cette espèce de plateau se prolonge du sud-est au nord-ouest à travers tout le pays, mais il est fréquemment entrecoupé par des enfoncements que remplissent les lacs dont nous venons de donner la liste. Ce qui prouve que la pente du terrain est vers l'est, c'est que les lacs les plus centraux sont les plus élevés : celui de Müritz est à 216 pieds au-dessus de la Baltique; ceux de Koelpin, Flesen, Plau et Schwerin ont leur écoulement vers l'Elbe. Les autres lacs, dont l'élévation n'est que de 30 à 40 pieds, tels que ceux de Malchin, Cummerow et Tollen, envoient l'excédant de leurs eaux dans la Baltique (1). Les points culminants de ces plaines fournissent à des exploitations de pierres de construction, de grès et même de quelques marbres. Dans les deux grands-duchés les forêts sont encore en assez grand nombre, malgré les défrichements faits dans ces derniers temps.

Le climat du Mecklenbourg est en général tempéré, mais les nombreux lacs qu'il renferme y entretiennent une grande humidité; l'atmosphère y est souvent chargée de brouillards. La température est plus douce dans le Mecklenbourg-Strelitz que dans le Mecklenbourg-Schwerin.

Des deux grands-duchés, le Mecklenbourg-Schwerin est le plus riche en bestiaux; on y élève aussi un grand nombre de chevaux : leur taille haute, leur agilité et leur vigueur en ont fait une race fort estimée. Quant aux produits agricoles, ils sont assez abondants ; ils consistent en pommes de terre, en céréales, en chanvre et en houblon; de belles prairies fournissent un excellent fourrage. Il faut dire aussi que l'agriculture a reçu dans ce pays de grands perfectionnements, et que dans quelques localités on est parvenu, à force d'industrie, à remédier aux inconvénients d'un terrain souvent trop sablonneux, ou bien humide et marécageux.

Le grand-duché de Mecklenbourg-Strelitz se compose de deux parties fort distinctes, séparées par le Mecklenbourg-Schwerin : la plus orientale est la seigneurie de Stargard, comprenant le territoire des villes de Friedland, Furstemberg, Wesenberg, du bourg de Mirow et de Neu-Strelitz, sa capitale; l'autre partie, limitrophe des possessions danoises et du territoire de Lubeck, porte le nom de principauté de Ratzebourg : tout le reste du Mecklenbourg appartient à la branche de Schwerin. Plusieurs petites enclaves situées dans le Mecklenbourg-Schwerin, dans le duché de Lauenbourg et entre ce duché et le territoire de Lubeck, font partie de ces deux divisions.

En faisant connaître l'organisation politique des deux grands-duchés de Mecklenbourg, les rapports qui existent entre la noblesse, la bourgeoisie et les paysans, nous aurons indiqué tout ce que les deux principautés offrent de plus intéressant sous ce point de vue. Le droit de succession à la couronne ducale s'exerce par droit de primogéniture; l'héritier présomptif est reconnu majeur à dix-huit ans; les autres princes du sang reçoivent des apanages en numéraires, et les princesses une dot qui, jusqu'à présent, a été fixée à 20,000 reichsthalers. D'après le traité fait en 1442 entre les maisons de Mecklenbourg et de Brandebourg, après l'extinction totale de la première, le territoire doit appartenir à la seconde, c'est-à-dire au royaume de Prusse. D'après d'autres traités qui remontent à l'an 1572, et renouvelés plusieurs fois depuis, le grand-duc partage avec les seigneurs le produit des contributions et le droit de rendre justice; différents colléges ont en outre le droit de veiller aux intérêts des communes ; enfin les seigneurs des deux grands-duchés forment un corps séparé sous le nom de *Vieille union du pays* (*Alte landes union*).

A la tête des 112 familles seigneuriales sont placés trois maréchaux des provinces, choisis chacun dans une de ces familles; ils forment, avec huit conseillers et le député de Rostock, un conseil chargé de diriger les affaires seigneuriales et provinciales. Les principales villes du Mecklenbourg nomment en outre des députés qui s'assemblent annuellement sur la convocation du grand-duc. La réunion des députés des deux grands-duchés compose les États : ainsi ces États sont communs aux deux principautés et en discutent les intérêts. Ils s'occupent des affaires relatives aux contributions et de la délibération des lois que le prince présente par écrit. Dans ces délibérations, les députés ont le droit d'exposer les plaintes de leurs commettants et de demander l'abolition des abus. Les seigneurs ont encore des assemblées particulières dans les chefs-lieux de justice ; mais lorsqu'ils jugent convenable de faire des convocations provincia-

---

(1) *Blücher*, Aspect physique du Mecklenbourg et de la Nouvelle-Poméranie antérieure (en allemand). Berlin, 1829.

les, ils doivent en avertir le souverain. La cour suprême d'appel de Parchim étend sa juridiction sur les deux duchés. Les villes ont en général le droit de nommer leurs maires; les magistrats et tous les fonctionnaires qui dépendent du ministère de la justice sont à la nomination du prince.

L'organisation politique et administrative du grand-duché de Mecklenbourg-Strelitz est tout-à-fait semblable à celle de l'autre grand-duché.

Ces deux États réunis ont une seule voix à l'assemblée ordinaire de la diète; mais celui de Mecklenbourg-Schwerin a deux voix à l'assemblée générale, et celui de Mecklenbourg-Strelitz en a une. Le premier fournit à la confédération germanique un contingent de 3,580 hommes, et le second 718.

Les efforts que les princes de l'Allemagne ont faits en 1813 pour inspirer à leurs sujets cette exaltation qui devait les porter à secouer le joug de l'étranger, les engagèrent à des promesses que l'avenir verra sans doute réalisées. Après tant de sacrifices imposés aux peuples pour sauver la patrie, que d'améliorations, que de libertés après lesquelles ils soupirent encore! Les ducs de Mecklenbourg, plus heureux que d'autres souverains, n'ont point trouvé d'obstacles à des engagements d'autant plus sacrés que les rois sont responsables des abus que leur seule volonté peut faire cesser. A l'époque de la dernière coalition contre la France, ils fournirent à la ligue germanique, comme contingent extraordinaire, un corps de 1,900 hommes de *landwehr*, et furent forcés de lever de nombreuses contributions. L'abolition de l'esclavage dans les deux principautés devait être la récompense de la classe la plus nombreuse et la plus accablée par les charges. On comptait dans le peuple quelques journaliers libres; mais la plupart des paysans ne pouvaient, sans la permission de leurs maîtres, quitter le domaine auquel ils appartenaient, ni choisir une autre condition que celle dans laquelle ils étaient nés, un autre métier que celui de leur père. Un maître injuste pouvait forcer à languir dans le célibat un paysan qui soupirait après une union sortable. Il pouvait même, comme le dit Stein, infliger à celui qui s'acquittait mal de ses travaux des punitions corporelles humiliantes. Ainsi le paysan était entièrement dans la dépendance de son seigneur; il avait seulement le droit de porter ses plaintes au tribunal de la province; la loi croyait par là avoir suffisamment adouci son sort. Et parce que les maîtres étaient obligés de le nourrir pendant les années de disette, de lui fournir des médicaments lorsqu'il était atteint de quelque maladie, d'assurer ses moyens d'existence dans l'âge des infirmités, ceux qui s'opposaient à son émancipation prétendaient que sa condition était préférable à celle des paysans libres, mais obligés de gagner leur pain à la sueur de leur front; comme si l'idée d'être soumis à une honteuse servitude n'empoisonnait pas les bienfaits que le serf attend de son seigneur! Heureusement pour le Mecklenbourg, les princes qui le gouvernent n'ont consulté que leurs lumières et leur cœur dans une question où tant d'intérêts se trouvaient divisés. Depuis 1820, les paysans de cette contrée jouissent de la plus belle prérogative, la liberté individuelle. Le pays sentira un jour tous les avantages de cette grande amélioration, lorsque les propriétés foncières, plus divisées, compteront parmi leurs possesseurs ces hommes qui naguère encore étaient attachés à la glèbe.

Les économistes sont maintenant d'accord sur ce point, que plus les terres sont réparties dans un grand nombre de mains, plus l'aisance se fait sentir sur tous les habitants d'une contrée. Dans le Mecklenbourg, les domaines de la maison ducale comprennent les $\frac{1}{4}$ de toute la superficie; la noblesse en possède les $\frac{7}{10}$, et les villes $\frac{1}{10}$. La classe des paysans ne participe point à l'avantage d'être propriétaire, et cependant les contributions, les impôts et les charges extraordinaires sont supportés également par tous les individus. Il ne faut point attribuer à une autre cause le peu d'importance de la population: elle est pour les deux duchés d'environ 541,000 âmes sur 733 lieues carrées, ce qui ne donne que 738 habitants par lieue, quantité qui devrait être plus considérable dans un pays gouverné d'ailleurs avec une sagesse toute paternelle. Nous devons cependant faire observer que cette population était moins importante encore avant 1820, et que depuis elle a continué à augmenter. Ne pourrait-on point attribuer cette progression à l'abolition de la servitude, qui, semblable aux harpies de la fable, infecte l'airdes contrées où elle est établie?

Dans les deux duchés de Mecklenbourg, les princes de la famille régnante, ainsi que la plupart des habitants, sont luthériens, ou, pour parler plus exactement, sont attachés à la confession d'Augsbourg. Le clergé est soumis à la juridiction des consistoires. Cependant on y compte aussi des réformés, des catholiques et des juifs; ces derniers sont au nombre de 3 à 4,000. Les catholiques et les israélites exercent publiquement leur culte; ils ont leurs églises et leurs synagogues, et même on remarque plusieurs couvents réservés aux demoiselles de la noblesse et à celles de la bourgeoisie. Depuis la réformation, les seigneurs ont acquis l'influence qu'avaient su obtenir les évêques, et ces établissements, restés à leur disposition, ont dû nécessairement changer de destination. En 1813, les israélites ont obtenu la jouissance de tous les droits de citoyens; mais les enfants nés du mariage entre des juifs et des catholiques doivent être élevés dans l'une des communions chrétiennes.

Ce que nous venons de dire suffit pour donner une idée de l'organisation des deux grands-duchés de Mecklenbourg. Jetons un coup d'œil sur les principales villes qu'ils renferment, et commençons par la partie la moins importante, la *principauté de Strelitz*, et par la *seigneurie de Stargard* (*Herrschaft-Stargard*), bornées par le Mecklenbourg-Schwerin et les États prussiens; cette seigneurie a 19 lieues de longueur et 5 à 6 de largeur.

Nous aurons peu de chose à dire sur les cités que nous allons parcourir. *Stargard*, que domine un vieux château, ne mérite une mention que pour ses manufactures de drap, et surtout ses fabriques de poterie. Sa population est d'un peu plus de 1,200 habitants. *Friedland*, qui en renferme 4,000, n'a pour ainsi dire d'autre industrie que la fabrication du tabac, des pipes de terre et des cartes à jouer. *Neu-Brandenbourg*, ou le *Nouveau-Brandebourg*, ville située sur le lac de Tollen, et peuplée de 5 à 6,000 âmes, a des distilleries, des fabriques de drap et de toile de coton. On cultive beaucoup de tabac et de houblon dans ses environs. *Alt-Strelitz*, ou *Vieux-Strelitz*, qui contient 3,500 habitants, dont environ 500 juifs, possède une maison de correction et d'aliénés, des **fabriques** de cuir, de papier et de tabac. Enfin *Neu-Strelitz*, ou *Nouveau-Strelitz*, capitale du duché, sur le lac de Zierk, est remarquable par la régularité avec laquelle elle est bâtie. Elle ne date que de l'année 1733; ses rues, droites et bien percées, partent d'un même point, la place du marché, en formant une étoile rayonnée. C'est le siège des colléges supérieurs du duché; on y remarque le palais ducal, un gymnase, une belle école des arts et métiers, et un institut appelé *Carolinum*, destiné aux maîtres chargés de l'éducation. Sa population est évaluée à 6,000 habitants; son industrie, assez variée, consiste principalement en armes blanches et en divers ouvrages en fer.

La *principauté de Ratzebourg*, séparée du grand-duché de Mecklenbourg-Strelitz par toute la longueur du Mecklenbourg-Schwerin, est physiquement limitée par le lac de Ratzebourg, la Wackenitz et la Trave; sa longueur, du nord au sud, est de 5 lieues, et sa largeur de 3. Son sol est assez fertile. Elle a pour chef-lieu *Schönberg*, petite ville de 1,200 habitants. La ville danoise de *Ratzebourg*, qui donne son nom à la principauté, appartient en partie au grand-duché de Mecklenbourg-Strelitz.

Dans le *grand-duché de Schwerin*, qui s'étend de l'est à l'ouest sur une longueur d'environ 36 lieues, et sur une largeur de 20 du sud au nord, on compte un plus grand nombre de villes importantes que dans le précédent. Nous citerons d'abord *Wismar*, qui renferme 10,000 habitants; située au fond d'un golfe, cette ville possède d'assez beaux chantiers de construction. On montre dans l'église de Sainte-Marie une grille en fer, au sujet de laquelle le peuple rapporte diverses traditions miraculeuses. *Rostock*, sur le Warnow, à 2 lieues de l'embouchure de cette rivière dans la Baltique, est la plus importante résidence de la contrée. Le grand-duc y possède un palais. Elle est bâtie dans le goût gothique, et divisée en trois parties: l'ancienne ville, la nouvelle, et celle du milieu; de vieilles fortifications forment son enceinte; sa population est d'environ 20,000 habitants. Son université, entretenue aux frais du grand-duc et de la ville, jouit de quelque réputation; elle fut fondée en 1419; plus de 200 étudiants y suivent les cours de 34 professeurs. Rostock possède aussi plusieurs écoles et une société savante, celle *des naturalistes*; une société biblique, un musée, un jardin botanique et une bibliothèque publique. On y remarque un chantier de construction, un hôtel des monnaies, un couvent de religieuses et neuf églises; parmi lesquelles celle de Sainte-Marie renferme le cœur du célèbre Hugues Grotius; enfin l'arsenal et l'hôtel-de-ville appelé *Promotions-haus*. Cette cité jouit de plusieurs priviléges importants; elle fixe la quotité de ses contributions, jouit des produits des droits de pêche et de navigation sur le Warnow, et de plusieurs autres qu'il serait trop long de spécifier. Elle est la patrie du général prussien Blücher. Le commerce y est considérable, grâce à son port, dont l'entrée est défendue par un fort et qui peut recevoir des navires qui ne tirent pas plus de 8 pieds d'eau. Dans ses environs, on cite les bains de mer établis à *Dobberan* comme les plus célèbres de toute l'Allemagne, non seulement sous le rapport des cures qu'on leur attribue, mais encore par la commodité des logements, les sujets de distraction qu'on y trouve et la société choisie qui s'y réunit. Ce bourg, situé dans une vallée agréable, au bord d'une petite rivière qui se jette à une lieue de là dans la Baltique, possède un château ducal et une salle de spectacle. Il ne reste plus de sa célèbre abbaye de bernardins qu'une église qui renferme les tombeaux de plusieurs grands-ducs. *Warnemünde*, à l'embouchure du Warnow, est le véritable port de Rostock. *Butzow*, à 6 lieues de cette dernière, doit la plupart de ses manufactures aux réfugiés français qui s'y établirent à l'époque de la révocation de l'édit de Nantes.

Schwerin, autrefois *Schwelfe*, dont la population est de 12,000 habitants, est située entre deux lacs; le plus considérable, qui porte son nom, a plus de 5 lieues de long du sud au nord. Elle se divise en trois parties : la vieille ville (*Altstadt*), la nouvelle (*Neustadt*) et le faubourg (*Vorstadt*). Elle est entourée de murailles percées de deux portes, et passe avec raison pour la mieux bâtie de tout le Mecklenbourg. Elle ne renferme cependant point de monuments remarquables : ses églises, la synagogue, l'hôtel des monnaies et les hôpitaux sont les seuls édifices dignes d'une capitale et de la résidence d'un prince souverain. Le palais du grand-duc est bâti sur une des îles qui s'élèvent au milieu du grand lac de Schwerin, et qui contribuent à y ménager des points de vue charmants. On remarque dans ce château une belle galerie de tableaux; un cabinet d'histoire naturelle et divers objets de curiosité intéressants, tels qu'une collection d'antiquités des anciens Slaves ou Wendes qui s'établirent dans le Mecklenbourg. Les jardins méritent d'être visités par les étrangers. Cependant ceux du château ducal bâti à *Ludwigsbourg*, ou *Ludwigslust*, à 5 lieues de Schwerin, sont encore plus agréables par leur situation au milieu d'un beau pays; ils peuvent être comptés au nombre des jardins anglais dessinés avec le plus de goût.

L'industrie de Schwerin consiste principalement en distilleries, en tanneries, en fabriques de drap, de tabac, de chapeaux de paille, de toiles et de bougie de blanc de baleine.

L'ancienne ville de *Mecklenbourg*, qui donna son nom aux deux grands-duchés, et qui fut la capitale du royaume des *Obotriti*, n'est plus aujourd'hui qu'un village de 600 habitants, chef-lieu d'un petit bailliage. Son nom viendrait-il du mot allemand *makel* (souillure), parce que cette ville était très sale? ou de l'adjectif gothique *mykil*, qui répond au mot latin *multus* (nombreux), parce qu'elle était très peuplée? Quoi qu'il en soit, son ancien nom de *Mecklinborg* paraît plutôt avoir une origine wende que germanique.

Parchim ou *Parchen*, sur le bord d'un petit lac, est le siége de la cour suprême d'appel pour les deux grands-duchés, et d'une sous-intendance de la confession d'Augsbourg. Peuplée de 5,000 âmes, cette ville, divisée en vieille et nouvelle, est entourée de murailles. Elle renferme des fabriques semblables à celles de Schwerin, et des fonderies de cuivre et d'étain. On croit qu'elle existait au deuxième siècle sous le nom d'*Alistus*, et que son nom moderne lui vient de *parcum*, mot de la basse latinité, parce qu'elle possédait, avant l'établissement du christianisme, un *enclos* qui renfermait plusieurs idoles. Nous n'avons rien à dire de *Grabow*, sur la rive gauche de l'Elde, petite ville où se tiennent annuellement quatre foires; de *Plau* ou *Plage*, qui donne son nom à un lac; de *Röbel*, fondée en 1226 par Henri Borwin II; de *Boizenbourg*, près des bords de l'Elbe, ville commerçante qui perçoit en droits de douane 3 à 4 millions de francs par an; de *Waren* et de *Warin*, qui semblent rappeler le nom des *Warini* ou *Warnes*; de *Krakow*, dont l'origine date du treizième siècle; de *Malchin*, située près du lac du même nom; de *Neukalden*, fondée par Henri Borwin III en 1244; de *Teterow*, bâtie en 1272 par Nicolas III; ni de quelques autres qui ne sont pas plus importantes. Mais *Gustrow* mérite quelques détails: elle compte plus de 8,000 habitants. Située sur la rive gauche du Nebel et entourée de murailles, elle renferme un château, une cathédrale, un hôpital, une maison de correction, un collège appelé l'*École du Dôme*, et un grand nombre d'établissements industriels, dont les plus importants sont 30 distilleries de grains et autant de brasseries, 5 tanneries, 2 teintureries, 3 fonderies de cuivre et 3 d'étain.

Le commerce du grand-duché de Mecklenbourg-Schwerin n'est point sans importance; mais de tous les ports, celui de Rostock, ou plutôt celui de *Warnemünde*, qui dépend de cette ville, est le plus fréquenté; il y entre annuellement près de 700 navires, et dans celui de *Wismar* environ 160. Des grains, du beurre, des fromages, du tabac, des bois de construction, des chevaux, des bêtes à cornes, des porcs, sont principalement les objets d'exportation de ce pays. Il reçoit de la Russie de l'huile, du suif et du chanvre; de la France, des vins; de la Suède, du fer, des harengs et de la morue; enfin de l'Angleterre, de l'étain, du plomb, du charbon de terre, et divers produits de ses manufactures. Le commerce de cette principauté prendrait plus d'extension dans son intérieur si les routes étaient mieux entretenues, et si des canaux, que la grande quantité de lacs rendent faciles à établir, ouvraient dans tous les sens de nombreuses communications.

TABLEAU *des divisions administratives, de la superficie, de la population et des finances des deux grands-duchés de Mecklembourg-Strelitz et Mecklembourg Schwerin.*

GRAND-DUCHÉ DE MECKLENBOURG-STRELITZ.

Superficie en lieues. Population en 1832. Population par lieue carrée.
160. 86,300. 863.

A. *Duché de Mecklembourg-Strelitz ou Seigneurie de Stargard.*

Bailliages.	Villes et bourgs.	Populat.
Neu-Strelitz.	NEU-STRELITZ.	6,000
Alt-Strelitz.	Alt-Strelitz.	3,500
Stargard (2 bailliages).	Stargard.	1,300
	Neu-Brandenbourg.	6,000
Seldberg.	Woldegk.	1,200
Fürstenberg.	Fürstenberg.	2,200
Mirow.	Mirow, b.	1,200
Hohenzieritz.	Hohenzieritz, v.	600

B. *Principauté de Ratzebourg.*

Schönberg.	Schœnberg.	1,200

Revenus en francs. Dette publique en francs. Armée. Contingent.
1,550,000. 3,600,000. 742. 718.

GRAND-DUCHÉ DE MECKLENBOUG-SCHWERIN.

Superficie en lieues. Population en 1832. Population par lieue carrée.
633. 482,000. 761 hommes.

Cercles.	Villes et bourgs.	Populat.
MECKLENBOURG ou Duché de Mecklenbourg-Schwerin. (22 bailliages.)	SCHWERIN (*).	13,000
	Buckow.	1,200
	Dobberan, b.	1,600
	Dömitz.	1,700
	Eldena.	1,400
	Gadebusch.	1,500
	Grabow.	2,600
	Grevismühlen.	1,500
MECKLENBOURG (suite) ou Duché de Mecklenbourg-Schwerin.	Hagenow.	1,700
	Ivenack.	900
	Kriwitz.	1,500
	Lübz.	1,300
	Malchow.	1,400
	Mecklenbourg, vill.	600
	Neustadt.	1,000
	Redentin.	2,800
	Rehna.	1,600
	Sternberg.	1,200
	Toddin.	1,000
	Walsmühlen.	1,200
	Wittenbourg.	1,400
	Zarrentin.	1,500
	Parchim.	5,000
	Waren.	2,000
	Ludwigslust.	4,000
	Brühl.	1,000
	Kröpelin.	1,250
WENDEN ou Duché de Mecklenbourg-Gustrow. (16 bailliages.)	Gustrow.	8,000
	Boizenbourg.	2,500
	Dargun.	900
	Dobbertin.	800
	Gnoien.	1,000
	Goldberg.	1,400
	Neukalden.	1,500
	Plau.	2,000
	Ribnitz.	2,000
	Schwaan.	1,000
	Stavenhagen.	1,300
	Teutenwinkel.	900
	Wredenhagen.	800
	Krakow.	800
	Lage.	1,000

(*) Cette capitale forme deux bailliages, dont l'un est dans le cercle de Mecklenbourg, et l'autre dans la principauté de Schwerin.

Cercles.	Villes et bourgs.	Populat.	Cercles.	Villes et bourgs.	Populat.
WENDEN (suite) ou Duché de Mecklenbourg-Gustrow.	Malchin.	2,600	SEIGNEURIE DE WISMAR.	WISMAR.	10,000
	Marlow.	900		Poel (dans l'île de ce nom.	1,100
	Penzlin.	1,700			
	Röbel.	2,000			
	Sülze.	1,500	SEIGNEURIE ou TERRITOIRE DE ROSTOCK.	ROSTOCK.	20,000
	Tessin.	1,200			
	Teterow.	2,000			
PRINCIPAUTÉ DE SCHWERIN. (6 bailliages.)	Bützow.	3,200			
	Marnitz.	1,400			
	Rühn.	400	Revenus en francs.	Dette publique en francs. Armée.	Contingent.
	Tempzin.	500	9,000,000.	20,000,000. 3,846.	3,580.
	Warin.	1,200			

LIVRE SOIXANTE-DIXIÈME.

Suite de la Description de l'Europe. — Description de l'Allemagne. — Sixième section. — Etats prussiens. — Première division. — Provinces polonaises : Prusse orientale; Prusse occidentale; grand-duché de Posen. — Coup d'œil historique sur les anciens Pruczi et sur l'ordre Teutonique.

« Dans les contrées que baignent, avant de s'écouler dans la mer Baltique, la Vistule à l'ouest et le Niémen à l'orient, les anciens *Æstyi*, *Venedi* et *Guttones*, avaient, avant le dixième siècle, formé un peuple mixte, wendogothique, sous le nom de *Pruczi* (¹), nom qui probablement ne vient ni des *Borusci*, tribu beaucoup plus orientale, ni des mots slavons *Po-Russes*, voisins des Russes, puisque ce voisinage n'existait pas encore, mais de quelque ancien mot wende, lié avec celui de *prusznika*, terre dure et glaiseuse, comme le sont celles du plateau intérieur de la Prusse orientale. Ils étaient divisés en plusieurs tribus, parmi lesquelles on connaît les Pruczi propres, nommés aussi *Sembes* ou indigènes, dans le *Samband*, pays appelé auparavant *Wittland*; les *Natangi*, ou habitants de taillis, au sud du Pregel; les *Nadravi*, les *Szalavoni*, vers le Niémen; les *Sudavi*, probablement les *Sudeni* de Ptolémée, émigrés en Lithuanie dans le treizième siècle, dans la partie du sud-est de la Prusse orientale; les *Galindi* ou *grosses-têtes*, distinctement nommés par Ptolémée, et qui occupaient encore au quatorzième siècle la partie sud de la Prusse orientale; les *Urmi*, *Ermi* ou *Wermi*, qui peut-être étaient Finnois, et qui ont laissé leur nom à la province d'Ermeland; les *Pogesani*, vers le Frische-Haf, et les *Pomesani*, vers la basse Vistule. Les Lithuaniens et les Samogitiens appartenaient à la même race que les Pruczi, et tous ensemble avaient pour principale souche les anciens Venedi ou Wendes, parmi lesquels d'autres tribus gothiques et finnoises ont dû vivre disséminées, ou ont quelquefois dû exercer une domination temporaire.

» La langue des anciens *Pruczi*, comprimée avec violence dans les treizième, quatorzième et quinzième siècles, et éteinte en 1683, ne différait que comme un dialecte de celle des Lithuaniens, et doit être considérée comme la fille en ligne directe de celle des Venedi ou anciens Wendes. Cette langue, que nous nommerons *proto-wende*, a dû retentir sur les bords de la Baltique depuis un temps immémorial; car le commerce de l'ambre jaune, qui semble se perdre jusque dans la nuit des temps, se faisait, au moins aux premiers siècles de l'ère vulgaire, entre les *Venedi* de la Baltique et les *Veneti* de l'Adriatique, et une semblable communication indique toujours une parenté très ancienne de ces peuples.

» Les *Pruczi* n'avaient d'autre lien national connu que la hiérarchie qui présidait à leur culte commun. Le *kriwe*, ou juge suprême, était en même temps le suprême pontife, le grand sacrificateur. Il résidait à *Romowe*, dont la situation n'est pas très certaine, mais qui ne paraît pas avoir été éloignée de la province centrale de *Natangie*, ni du site où postérieurement s'éleva le monastère de la Sainte-

(¹) Prononcez *Prutsi*. On le trouve aussi écrit *Prutzi*, *Pruteni* et *Brutzi*.

Trinité (¹). Le *kriwe,* qui prenait aussi le titre de *kriwe kriweyto,* juge des juges, paraît avoir été électif parmi les prêtres. Quelquefois, dans sa vieillesse, il s'immolait lui-même pour le salut de son peuple. Il existe une liste des *kriwes* (²) depuis *Brudeno* ou *Pruten,* le premier qu'on regarde comme ayant vécu dans le cinquième siècle, et qui, selon une autre tradition, est frère ou contemporain de *Waidewut,* héros ou demi-dieu venu de la Skandinavie et fondateur du culte. Mais n'aura-t-on pas confondu deux traditions distinctes, l'une relative à une très antique invasion étrangère, l'autre qui se rapportait aux souvenirs purement nationaux? Qui osera prononcer au milieu de tant de ténèbres? Le *kriwe* avait sous lui une longue série de prêtres ou de magiciens initiés à diverses parties du culte. Les *Siggenotes* y occupaient un rang important, mais leurs fonctions sont peu connues; leur nom semble signifier *Sigs-Genoten,* les compagnons de Sigge ou Odin, et ce nom appuie l'origine skandinave de la dynastie des prêtres prussiens. Les *waidels* et *waidelottes,* ou prêtres et prêtresses, exerçaient un pouvoir mieux connu que celui des *Siggenotes;* il s'en trouvait dans chaque village un peu considérable, et ce fut de leur part que les missionnaires armés du christianisme trouvèrent la résistance la plus opiniâtre. Mais ce nom, qui rappelle incontestablement celui de *Waidewut,* semble tenir à la même racine générale que *veda* et *vidia,* science, en sanscrit; *vedavali,* législateur; *vide, weten* et *wissen,* savoir, connaître, en danois, en saxon et en allemand; *eidein,* voir, en grec, et *videre,* en latin. Les *Wayones,* qui guérissaient les maladies par leur souffle, peuvent aussi tirer leur nom de *vayou,* le vent, en sanscrit. On doit rapprocher de ces noms l'usage des femmes wendes de se brûler sur les tombeaux de leurs époux, et l'entretien d'un feu sacré perpétuel dans la maison du kriwe. Ne serait-il pas possible qu'au lieu d'un mélange apparent d'idiomes et d'institutions de nations diverses du moyen âge, nous eussions ici sous nos yeux les restes communs d'un des plus anciens cultes et d'une des plus anciennes langues de l'Europe?

» Nous pensons que ces questions sont aujourd'hui insolubles, grâce au soin barbare que les apôtres du christianisme ont pris de détruire les monuments ou plutôt les traditions du paganisme des Wendes. Nous ne savons même rien de positif sur les principales divinités de ce peuple; car tandis qu'on cite généralement une espèce de trinité composée de *Perkunos,* le dieu de la lumière et du tonnerre, de *Pikollos,* le dieu des enfers (¹), et de *Potrimpos,* le dieu de la terre, des fruits et des animaux, d'autres passages signalent, comme culte dominant, l'adoration du soleil, de la lune et des astres, et même celui des animaux réputés sacrés pour chaque canton particulier (²). La vénération des animaux, tels que les lézards, les grenouilles, les serpents, a duré en Lithuanie jusque dans le dix-septième siècle (³).

» Ces contradictions apparentes pourraient se résoudre par la supposition de deux doctrines: l'une pour le peuple et relative au culte des animaux; l'autre réservée pour les prêtres, et qui présentait un système allégorique sur les forces élémentaires de la nature. Mais, sans être de la secte mystico-symbolique de Heidelberg, qui peut entreprendre d'expliquer par les nombres *trois* et *douze* les rapports de tant de divinités, dont les noms mêmes sont à peine connus et nullement compris? *Kurkho* paraît avoir été une divinité des aliments et des festins champêtres; *Pergubrios* animait la végétation des herbes et du feuillage; *Waizganthos* faisait flotter à hauteur d'homme la récolte du lin et du chanvre; *Perlevenu* aidait à tracer le premier sillon, et *Perdoyt* daignait accepter des pêcheurs un dîner en poissons dans une grange. Les fêtes rustiques dont nous avons retrouvé des traces étaient conformes à la simplicité de ces croyances; c'était la consécration des moissons, des cochons, des boucs; c'étaient des actions de grâces pour les biens de la terre. Les fêtes de trois grandes divinités présentent l'appareil sinistre des sacrifices sanglants, et on y offrait même des victimes humaines; les premiers missionnaires du christianisme et les chevaliers teutoniques furent immolés au milieu de tourments af-

(¹) *Hartknoch,* Alt-und-Neu-Preussen, 1684, p. 11, 116, 125. — (²) *Granau* (inédit), cité par *Hartknoch.*

(¹) De *piklo,* enfer. — (²) *Pierre Duysbourg,* cité par *Hartknoch.* — (³) Tous les auteurs se trompent en disant que *Givoitor* signifie exclusivement serpents. C'est un mot lithuanien qui signifie *animaux* en général. Il répond aux racines polonaises *zyvot,* etc. (*V.* Dict. trium ling., par *Szyrid*).

freux ; mais n'avaient-ils pas provoqué ces cruautés ? n'avaient-ils pas outragé le culte antique de ces peuples ignorants et superstitieux ? n'employaient-ils pas les moyens violents pour convertir ces paisibles païens ?

» Les sanctuaires des anciens Prussiens et Lithuaniens n'étaient que des places consacrées à l'ombre des chênes ou des tilleuls antiques. Le chêne de Romowe, toujours verdoyant, offrait sous ses épais rameaux un abri complet contre la pluie et la neige ; les chrétiens l'abattirent. Celui de Thorn servit de poste de défense à une troupe de chevaliers. Dans le creux de celui de Welau, un homme à cheval pouvait se retourner : deux margraves de Brandebourg en firent l'essai ; cet arbre tomba de vieillesse au seizième siècle. On citait deux tilleuls sacrés, dont l'un a donné son nom à un pèlerinage catholique, à deux lieues de Rastenburg, dans la Prusse orientale ; et l'autre, sur les bords du Russ, l'une des branches du Niemen, attirait encore au seizième siècle quelques sacrifices secrets des paysans prussiens et lithuaniens. Ces arbres ont peut-être vécu un millier d'années, et seraient alors les témoins muets des commencements du culte de Prutén et des institutions de Waidewut.

» Les *Pruczi*, loués pour leur humanité envers les naufragés par Adam de Brême, organe du roi Suénon de Danemark, paraissent avoir vécu sous la domination d'un grand nombre de seigneurs indigènes, indépendants les uns des autres, et qui n'exerçaient dans leurs provinces qu'une autorité limitée à la fois par les prêtres et le peuple. Leurs grains, leur miel, la viande de leurs troupeaux, leur fournissaient une nourriture abondante ; ils tiraient du lait des juments une boisson enivrante, et s'habillaient des pelleteries recherchées par les nations voisines. Les chefs habitaient des maisons étendues et solides, en bois. Des forteresses, également en bois, couvraient les frontières, mieux défendues par le courage des habitants. Les Polonais, encore sauvages, enlevaient dans leurs courses les fruits et les enfants. L'hospitalité des Prussiens ouvrait un libre accès aux étrangers paisibles, à l'exception des sanctuaires où les images de leurs divinités reposaient sous l'ombrage épais des arbres sacrés ; en approcher était un crime punissable de mort. Les *Pruczi* avaient « les yeux bleus, la chevelure blonde et le teint fleuri ; » portrait qui ne correspond pas entièrement avec le physique des paysans samogitiens et lithuaniens, seuls restes purs de la nation ; mais il est probable que la race blonde, descendue des *Guttones* ou Goths, formait la classe dominante. Une distinction des seigneurs et des vassaux devient manifeste par toutes les circonstances des guerres des Prussiens contre l'ordre Teutonique ; mais de simples esclaves n'auraient pas combattu avec autant de vaillance.

» Cet état demi-civilisé, qui tira sa stabilité du culte, n'excluait pas sans doute les imperfections ordinaires des sociétés humaines ; cependant le silence de l'histoire paraît supposer une prospérité moins souvent troublée que chez les nations voisines. Ce bonheur obscur dura jusqu'à la fin du dixième siècle. A cette époque, le zèle des apôtres du christianisme crut avoir ici découvert une nouvelle carrière. Les Prussiens ayant, en 997, puni de mort un de ces apôtres qui venait changer le culte de leurs pères, les princes de la Pologne, devenus chrétiens, saisirent cette occasion pour subjuguer un pays qui était à leur convenance. Boleslas Ier vengea la mort de saint Adalbert en ravageant la Prusse par le fer et la flamme. Il paraît que cette méthode de conversion ne plut pas aux Prussiens ; ils restèrent païens et libres ; ils battirent entièrement les Polonais en 1163, et envahirent plusieurs provinces le long de la Vistule. Ayant déployé la bannière rouge et blanche de la sainte croix, Waldemar II, roi de Danemark, soumit, au commencement du treizième siècle, plusieurs parties de la Livonie et de la Prusse ; et cette dernière province lui resta fidèlement attachée, même à l'époque où il perdit toutes ses autres conquêtes (l'an 1227).

» Les faibles successeurs de Waldemar perdirent de vue les Prussiens, qui de jour en jour devenaient plus formidables pour les Polonais. Ces derniers, désespérant de pouvoir se mettre à l'abri des incursions des Prussiens, appelèrent à leur secours les chevaliers de l'ordre Teutonique, l'un de ces ordres moitié religieux, moitié militaires, qui devaient leur origine aux croisades, et dont le premier devoir était de subjuguer les païens, lorsque ceux-ci osaient résister aux sermons et aux miracles. Les chevaliers porte-glaives s'étaient déjà fixés dans la Courlande, et avaient profité des revers de Waldemar II pour lui enlever une partie de la Livonie. Maintenant les chevaliers teutoniques vinrent s'établir dans le pays de Culm, que la Pologne leur céda. Cent chevaliers, sous Hermann de Balk, parurent les premiers, et commencèrent, avec une audace égale à leur inhumanité, la conquête de la Prusse. En l'an 1230, Thorn devint leur capitale et leur point d'appui dans les attaques continuelles qu'ils firent sur le territoire des Prussiens. Cet excellent choix prouve le génie militaire des chefs de l'ordre; il paraît que leur politique n'a pas été moins remarquable. Par les moyens réunis de la force et de l'adresse, ils parvinrent à subjuguer en cinquante-trois ans un pays qui avait résisté pendant quatre siècles aux armes victorieuses de la Pologne. Trois fois le désespoir souleva toute la nation prussienne; trois fois quelques milliers de chevaliers triomphèrent d'un peuple mal armé. Les seigneurs prussiens se désunirent trop souvent; quelques uns trahirent ignominieusement leur patrie. Les provinces, conquises une à une, furent aussitôt garnies de châteaux-forts que les vaincus furent obligés de construire. Le grand-maître établit en 1309 sa résidence à *Marienbourg*, château-fort qui jadis bravait même l'artillerie, et dont les murailles épaisses, les voûtes hardies, l'énorme pilier central, les salles pleines d'ornements historiques, excitent encore l'admiration des connaisseurs; c'était le Capitole de l'ordre Teutonique (¹). Ce fut alors que la langue allemande, qui était celle de la plupart des chevaliers teutoniques, devint dominante en Prusse. Les anciens *Pruczi*, en partie convertis, en partie repoussés en Lithuanie, cessèrent enfin des guerres sans fruit. Les seigneurs baptisés furent admis dans l'ordre. Le peuple échangea son ancien état de vassal contre une servitude bien plus dure. Les nombreuses colonies d'Allemands, appelées par l'ordre, élevèrent des cités florissantes, auxquelles on assura des priviléges presque républicains. Ainsi se formèrent successivement les trois ordres d'États provinciaux qui participèrent aux diètes, la souveraineté restant réservée à l'ordre Teutonique. Mais l'état florissant des affaires de l'ordre fit bientôt éclore

(¹) Description du château de Marienbourg, par *Busching* (fils).

chez ses membres cet orgueil sauvage, cette férocité, cet esprit de débauche et de licence qui n'étaient que trop souvent les caractères prédominants de tous ces ordres de chevalerie, composés de nobles de toutes les nations, presque tous moitié fanatiques et moitié brigands. La tyrannie qu'exercèrent en Prusse les chevaliers teutoniques fut si insupportable, que les habitants de ce pays préférèrent se soumettre au joug des Polonais. De là des guerres continuelles; dans lesquelles l'ordre Teutonique perdit sa gloire militaire, et à la fin son indépendance même.

» La bataille de Tannenberg, en 1410, où les Polonais firent un carnage effroyable de ces chevaliers, fut le premier coup qui ébranla leur puissance. Peu auparavant, l'ordre, sous le grand-maître Conrad de Iungingen, possédait l'Esthonie, la Livonie, la Courlande, la Samogitie, la Prusse, la Pomerellie et la Nouvelle-Marche. La Prusse seule comprenait 19,000 villages, 55 villes, 48 châteaux-forts, et rapportait 800,000 florins de Rhin. L'armée avec laquelle le grand-maître Ulric de Iungingen rencontra celle du roi Jagellon à Tannenberg, comptait 83,000 combattants; il en périt 40,000; et lorsque les débris de l'ordre se réunirent à Marienbourg, il ne restait que *trois* chevaliers d'un rang assez haut pour être éligibles à la grande-maîtrise. Ce n'était pas la première fois que l'ambition d'un grand-maître avait joué l'existence de l'ordre. Déjà, en 1394, le grand-maître Wallenrode avait réuni à Kowno une armée de 20,000 soldats de l'ordre et de 46,000 étrangers pour conquérir la Lithuanie; il fit servir sur les bords du Niemen une *table d'honneur* pour tous les chevaliers; trente services furent apportés en plats d'or et d'argent, et derrière chaque chevalier un frère-servant tenait un parasol de drap d'or; les vases pour boire, tous en or, furent donnés en présent aux convives. Mais cette brillante armée, comme celle de Napoléon, repassa quelque temps après le Niemen à la même place, dans l'état le plus déplorable. Une épidémie avait moissonné ce que le fer ennemi avait épargné.

» Après la bataille de Tannenberg, le destin de l'ordre semblait fini. Jagellon en assiégeait les restes dans Marienbourg; toutes les provinces cherchèrent à traiter avec le vainqueur. Deux hommes sauvèrent l'ordre, Henri Reuss, le nouveau grand-maître, et Conrad Lezkau, bourgmestre de Dantzick. Fidèle à des tyrans malheureux, Lezkau amena des renforts et forma des alliances; mais quelle fut sa récompense? Il attendait que l'ordre, devenu plus sage, respectât les lois et les priviléges des villes; il résista aux vexations, aux pillages. Les chevaliers résolurent sa mort. Un commandeur, cousin du grand-maître, et probablement d'accord avec celui-ci, attira Lezkau dans un château-fort. Le bourreau refuse de remplir son office; les infâmes chevaliers y prêtent leurs bras: un ami, un sauveur de l'ordre, tombe sous les coups de ces assassins nobles. Ce crime ouvrit les yeux des peuples. En 1440, les villes de Dantzick, d'Elbing, de Thorn et autres, ainsi que la noblesse de plusieurs provinces, conclurent une alliance formelle contre l'ordre Teutonique. Enfin, en 1454, toute la Prusse occidentale se mit en insurrection contre l'ordre, et se plaça sous la protection du roi Kasimir IV, qui leur confirma tous leurs priviléges; en sorte que ce pays forma en effet un Etat absolument indépendant de la république de Pologne, qui n'était soumis qu'au roi en personne, et qui tenait ses diètes à part. La guerre sanglante qui fut la suite de cette affaire dura treize ans, pendant laquelle les Polonais ravagèrent entièrement la partie de la Prusse restée fidèle à l'ordre Teutonique. On prétend que de 21,000 villages il n'y en eut que 3,013 qui échappèrent aux flammes; près de 2,000 églises furent détruites. La paix conclue en 1466 confirma les Polonais dans la possession de la Prusse occidentale, qui dès lors prit, dans les géographies, le nom de *Prusse royale* ou *polonaise*. L'ordre Teutonique ne conserva la partie restante qu'en se reconnaissant vassal de la Pologne.

» Une telle dépendance devait paraître bien insupportable à ces chevaliers, accoutumés à se regarder comme une puissance souveraine. Ils essayèrent de s'y soustraire par des négociations, et lorsque celles-ci ne réussirent point, ils tentèrent le sort des armes; la guerre dura six ans, et finit en 1525 par la paix de Krakovie, qui anéantit le pouvoir de l'ordre Teutonique, et changea totalement la constitution de la Prusse. Le margrave Albert de Brandebourg, grand-maître de l'ordre, fut reconnu par ce traité comme duc héréditaire de la Prusse, sous la souveraineté de la Pologne. Ainsi fut détruit par une trahison un empire fondé par la violence, et dont l'ordre Teutonique avait conservé la possession pendant trois siècles. D'un rang presque égal à celui des souverains, les chevaliers descendirent à la condition de simples nobles. Le peuple respira [1].

» Albert introduisit dans la Prusse ducale la réforme de Luther, et fonda, en 1544, l'université de Königsberg. En 1618, l'électeur *Joachim Friderich* fit entrer le duché de Prusse dans la maison électorale de Brandebourg, qui depuis cette époque en a conservé la possession. Par le traité de *Wehlau*, en 1657, sous le grand-électeur Frédéric-Guillaume, le duché de la Prusse fut élevé en souveraineté indépendante. Son fils et successeur, Frédéric Ier, prit en 1700, de sa propre autorité, le titre de roi. La Pologne fut la seule puissance qui se refusa long-temps à lui reconnaître cette dignité.

» Ainsi sortit le *royaume de Prusse* des débris de l'ordre Teutonique: ruiné par les guerres suédoises et russes en Pologne, il ne comptait, en 1700, que la très faible population de 700,000 habitants; la peste de 1709 en fit périr un sixième [2]; le roi Frédéric-Guillaume Ier y appela une colonie de 20,000 Salzbourgeois protestants, persécutés par leur évêque fanatique, et qui furent suivis par des colonies de la Suisse, de l'Alsace et du Palatinat; mais les progrès de la population furent de nouveau arrêtés par la guerre de Sept-Ans, et le recensement de 1775 ne donna encore à la Prusse orientale (qui répond au royaume tel qu'il était en 1772) que le nombre de 785,000 habitants [3]. Ce n'était donc guère qu'un vain titre que la Prusse donnait aux électeurs de Brandebourg; mais depuis 1772 la face des choses changea de mieux en mieux. Le partage de la Pologne donna au royaume la ci-devant Prusse polonaise, avec le district de Netze, évalués seulement à 416,000 âmes, mais qui ouvraient des routes commerciales entre la Prusse et le Brandebourg, et mettaient les exportations de la Pologne dans la dépendance du gouvernement prussien. Industrie, popu-

[1] *Baczko* et *Kotzebue*, Histoire de la Prusse ancienne. — [2] *Susmilch* (Gattliche ordnung, I, 320) porte la perte au double. — [3] *Busching*, Erdbeschreibung, II, p. 11.

tation, prospérité, tout allait en augmentant, lorsque la manie des agrandissements, d'après les simples convenances géographiques, saisit le cabinet de Frédéric-Guillaume II, et deux nouveaux partages, en effaçant le nom de Pologne, ajoutèrent au royaume de Prusse deux nouvelles provinces entièrement composées de pays et de peuples polonais, quoique nommées l'une la *Prusse méridionale*, et l'autre la *Nouvelle-Prusse orientale*. Le royaume de Prusse dans cette extension, formait, de 1795 à 1806, un ensemble de plus de 8,000 lieues carrées, avec une population de 4,045,000 habitants; savoir, 964,000 pour la Prusse orientale, 817,000 pour la Prusse occidentale, 1,387,000 pour la Prusse méridionale, et 877,000 pour la Nouvelle-Prusse occidentale.

» Un conquérant parti des rives de la Seine renversa ce frêle édifice; presque toutes les conquêtes sur la Pologne, même en partie celles du grand Frédéric, furent détachées de la Prusse, humiliée, ravagée et dépeuplée presque dans son ancien noyau (¹). Lors de la résurrection de la monarchie, les limites de la Prusse occidentale ne furent pas tout-à-fait ramenées à ce qu'elles étaient en 1806; une partie du district de Netze resta unie au *grand-duché de Posen*, formé de l'extrémité occidentale de la ci-devant Prusse méridionale. Ce grand-duché, d'après les traités, doit avoir un gouvernement national, c'est-à-dire polonais, et n'est pas uni au royaume de Prusse. La Prusse orientale et la Prusse occidentale avaient, en 1825, 1,889,000 habitants, dont 4 à 500,000 Lithuaniens ou descendants des anciens *Pruczi*, et 400,000 Polonais. Le grand-duché comptait environ 1,000,000 d'individus, dont 180,000 Allemands. Ces trois provinces restent hors de liaison politique avec la confédération germanique, et doivent être classées à part, comme *Etats non germaniques* de la monarchie prussienne. Ils partagent les bienfaits de l'institution des assemblées représentatives sous le nom d'Etats provinciaux, et doivent par conséquent, à une époque sans doute peu éloignée, figurer par leurs députés au grand congrès de ces Etats, unis sous le sceptre du même monarque.

» La description physique de la Prusse ne saurait guère être qu'un appendice du tableau général de la plaine sarmatique, ou la neuvième région physique de l'Europe, que nous avons esquissée en tête de la description de la Pologne. Cependant il faut remarquer quelques traits particuliers. Les plaines sablonneuses, mais fertiles, du royaume de Pologne, s'étendent à travers la province de Posen; et, devenues moins fertiles, elles remplissent toute la partie ouest de la Prusse occidentale : on y voit une lande alterner avec un marais ou un petit bois marécageux, et la côte se terminer, vers la Baltique, en dunes qui se confondent avec celles de la Poméranie. Mais la nature du sol change lorsqu'on passe dans la Prusse ancienne proprement dite, ou le pays compris entre la Vistule et le Memel ; les bords de ces deux fleuves, surtout vers leur embouchure, présentent d'abord des terres basses, fertilisées par des inondations; ensuite s'élève un plateau de terres argileuses, orné de forêts, animé de lacs, parsemé de collines, mais la plus haute de ces collines, le *Galtgerben*, près Cumehnen, n'a que 506 pieds au-dessus du niveau de la mer Baltique (¹). Les autres ne s'élèvent qu'à la moitié de cette hauteur, et les falaises par lesquelles la côte se termine, quoique abruptes, n'ont généralement que 150 à 200 pieds de hauteur. »

Les rivages orientaux du Curische-Haff sont formés de terrains tourbeux qui s'étendent jusque près de Memel au nord, près de Kaukehnen à l'est, et près de Labiau au sud. Toutes les terres au nord et au sud du Niemen sont formées de terrains de transport composés de sables, de cailloux roulés, de blocs de granit, et d'autres roches anciennes. Ces dépôts diluviens occupent toute la Prusse orientale; mais au sud de Königsberg et de Gumbinnen s'étendent des dépôts d'argile et d'humus ou de terre végétale. Enfin toute la Prusse occidentale et le grand-duché de Posen sont couverts de sables et de cailloux.

Les fleuves qui ont leur embouchure en Prusse sont les suivants : le *Niemen*, en lithuanien *Nemony* (le silencieux ou l'invariable) (²), venant de Lithuanie, et qui, en se jetant dans le lac maritime nommé Curische-Haff par deux branches, le *Russ* et le *Gilge*, finit lui-même sans nom indigène, mais re-

---

(¹) En 1809, la Prusse orientale n'avait que 835,000 habitants. *Hassel*, Tableaux statistiques.

(¹) *Hassel*, Géographie de Weymar, III 523. —
(²) De *niemowny* ou de *nie miony*.

çoit en allemand celui de la ville de *Memel*, située sur l'écoulement du Curische-Haff : la branche nommée Russ se subdivise près du bourg de ce nom en trois autres branches, l'Almat, le Skirviet et la Pokolna, qui forment à leur embouchure une multitude d'îles. Le *Pregel*, en ancien prussien la *Prigolla* ou *Prigora* (rivière des collines), formé par les débouchés des lacs de l'intérieur de la Prusse, ou, si l'on veut, par la réunion de l'Angerap et de la Pissa, reçoit encore une rivière considérable, l'*Alle*, et s'écoule dans le lac maritime nommé Frische-Haff; il forme au-dessus de Königsberg plusieurs îles assez considérables, et ne porte jusqu'à cette ville que de petits navires : une forte barre, qui se trouve à son embouchure, empêche les gros bâtiments de le remonter. Enfin la *Vistule* (*Wisla* en polonais, *Weichsel* en allemand) se partage en trois bras, l'un conservant le nom général et s'écoulant dans la Baltique, au nord de Dantzick; l'autre, nommé la *Vieille-Vistule*, et qui verse ses eaux peu abondantes dans le Frische-Haff; le troisième enfin qui, sous le nom de *Nogat* ou *Nogath*, s'écoule également dans ce lac. Les eaux de la Vistule paraissent avoir perdu de leur profondeur, et déjà près de Thorn ce fleuve est guéable.

« Nous avons nommé les deux lacs dits *Frische-Haff* et *Curische-Haff*. C'est un des traits les plus curieux de la géographie de la Prusse. Le mot *haf* signifie en danois et en suédois une *mer* quelconque. Ce mot, importé peut-être par les conquêtes de Waldemar II, dénote maintenant, sur les côtes de la Prusse et de la Poméranie, ces lacs qui se trouvent à l'embouchure de l'Oder, de la Vistule, du Pregel, du Memel et d'autres fleuves. Ce ne sont pas proprement des golfes et des lagunes, puisque l'eau y est douce, ni des lacs, puisqu'ils communiquent directement à la mer par de grands détroits navigables. Nous les nommerons lacs maritimes (¹). La Prusse compte deux grandes eaux de ce genre. »

Le *Frische Haff*, c'est-à-dire le *haf* aux eaux douces, a vingt-une lieues en longueur, et de deux à quatre en largeur. Une chaîne de bancs de sable le sépare de la mer Baltique, avec laquelle il communique par un détroit nommé *Gatt*. Ce détroit n'a que douze pieds d'eau, et le Frische-Haff lui-même est encore moins profond, circonstance qui diminue tous les avantages commerciaux que l'on serait tenté d'attribuer à ce lac d'après un coup d'œil sur la carte.

Le *Curische-Haff* a vingt lieues de long sur cinq à dix de large; la langue de terre dite *Curische-Nerung*, qui le sépare de la mer, est plus étroite, mais aussi plus élevée que celle du Frische-Haff. On trouve ici tant de bancs et de bas-fonds, que les bateaux peuvent seuls traverser cette eau, encore y est-on exposé à des ouragans fréquents. Il communique à la Baltique par un canal d'environ 1,000 mètres de largeur sur 4 de profondeur. Depuis ses bords méridionaux jusqu'au village de Windebourg, ses eaux n'ont point de courant; mais au-delà elles deviennent très rapides, et quelquefois même elles entraînent les navires à travers les récifs dont la côte est bordée. Le canal de la Deime le met en communication avec le Pregel, et favorise par là le commerce de la petite ville de *Tapiau*, située à peu de distance de Pregel. Le Curische-Haff doit son nom aux anciens Cures ou Koures, qui en habitaient les bords, et qui, dans leur dialecte finnois-esthonien, appelaient la langue de terre qui sépare le lac de la grande terre *Menta-Niémi*, le promontoire des pins, d'où quelque voyageur grec, copié par Pline, aura sans doute fait *Mento-Nemen*. Les pêcheurs qui habitent les bords de ce lac conservent le nom de *Cures*. Les tempêtes ensevelissent souvent leurs frêles cabanes sous des amas de sable.

« Une question s'élève sur ces lacs : ont-ils été formés par des éboulements de terres et des inondations de rivières ? sont-ils les restes de la mer Baltique, lorsque, selon certaines hypothèses, cette mer couvrait une partie de la Prusse et de la Pologne ? Nous dirons seulement que les faits historiques connus se réduisent à quelques irruptions de la mer Baltique, enflée par des tempêtes extraordinaires, et dont les flots ont traversé momentanément la Nehrung; de là quelquefois un changement dans l'emplacement de l'embouchure du *Gatt*, ou détroit de communication du Frische-Haff qui se trouvait, jusqu'en 1394, à Lochstett

---

(¹) Nous avons proposé, dans le Dictionnaire de Géographie physique de l'*Encyclopédie méthodique*, de donner à ces sortes de lacs la dénomination de *pénélacs*. Voyez la note placée à la page 386 du tome 1ᵉʳ de ce Précis. J. H.

au nord de Pillau ([1]). Peut-être Pillau était-il alors dans une île.

» Les révolutions plus générales que l'imagination des écrivains fait subir au sol de la Prusse tiennent à des siècles antérieurs aux temps historiques, et probablement à l'existence des hommes, à ces siècles qui virent naître la plus célèbre des productions minérales de la Prusse, celle qui depuis trois mille ans a éveillé la curiosité des naturalistes, l'industrie du marchand et le goût des élégants et des élégantes; je veux dire le *succin*, ou l'*ambre* jaune, substance que l'on regarde aujourd'hui comme une résine végétale de l'ancien monde. C'est une substance résineuse solide, très légère, à cassure vitreuse; de couleur jaunâtre, rougeâtre ou brunâtre, attirant les matières légères lorsqu'elle a été frottée, s'enflammant et s'évaporant dans le feu, en répandant une odeur agréable et laissant à peine un résidu charbonneux. On appelle proprement *succin* les morceaux plus ou moins cristallisés et transparents, et *ambre* ceux qui sont opaques, ou dont l'apparence et la cassure sont terreuses; mais cette distinction n'est plus guère d'usage. Les peuples gothiques le nommaient *glar*, ou *glas*, verre, et, dans une mythologie qui semble antérieure à celle d'Odin, le *Glasiswoll*, ou le palais aux murs d'ambre, figure comme une création magique ravissante. Les Grecs donnèrent au succin le nom d'*électron;* et comme il a la qualité d'attirer les matières légères lorsqu'il a été échauffé par le frottement, on a de ce mot grec formé les expressions de *force électrique, électricité,* et autres semblables, de sorte qu'une petite substance fossile a donné des noms aux phénomènes les plus imposants et les plus terribles de la nature. Les opinions sur son origine ont varié à l'infini. M. Heinitz, dans son mémoire, regarde comme très vraisemblable que des forêts envahies par la mer et couvertes par des sables ont donné naissance à cette substance, la partie résineuse de l'arbre s'étant distillée en ambre, et sa partie terrestre s'y trouvant comme un résidu, ou *caput mortuum.* Il appuie cette opinion sur une expérience curieuse de l'estimable chimiste M. Wolf, à Dantzick, lequel lui avait montré de l'ambre artificiel qu'il avait fait de la racine de quelque arbre (qu'il néglige de désigner) ([1]), après une digestion de plusieurs années, dont il n'indique pas les détails. M. Girtanner écrit que cette substance est produite par une espèce de grande fourmi; d'autres l'attribuent à certaine espèce de baleine ou à quelque autre animal aquatique. Quelle que soit son origine, l'ambre a dû être fluide dans son état primitif, puisqu'on y voit souvent enfermés des corps étrangers, comme des feuilles, des insectes, des gouttes d'eau, du bois ([2]).

» L'ambre, ou plutôt le succin pur, était d'un prix énorme chez les anciens; ils le mettaient au niveau de l'or et des pierres précieuses. Les Phéniciens furent les premiers qui pénétrèrent dans les mers du Nord pour chercher cette matière. Il est aujourd'hui passé de mode. On en fait encore à Stolpe, en Poméranie, et à Konigsberg, en Prusse, des petits bijoux, des poudres d'odeur; on en extrait un acide appelé *acide succinique,* utile dans les laboratoires de chimie, et surtout une huile fine qui sert pour la composition des vernis gras, blancs et transparents, auxquels elle donne beaucoup d'éclat. Les Danois et les Italiens exportent en grande partie l'ambre brut et y gagnent la main-d'œuvre. C'est en Turquie surtout que les Arméniens vendent les produits de cette industrie, l'huile et l'acide exceptés. On croit que beaucoup d'ambre jaune est porté à la sainte Kaaba, à la Mecke. On estime la quantité d'ambre trouvée en

([1]) Serait-ce le copal, matière résineuse improprement nommée *gomme*, qui découle d'un arbre de l'Amérique appelé *rhus copallinum*, et qui forme la base des vernis les plus solides? J. H.

([2]) Le succin ou l'ambre, nommé aussi *karabé*, se trouve dans des couches terrestres qui attestent son origine végétale. Il existe dans des dépôts argileux remplis de débris de végétaux, et qui sont connus, en géologie sous le nom de *lignites*. Ces dépôts appartiennent à l'argile plastique, et sont placés au-dessus de la craie. Ainsi en France, en Espagne, en Sicile, en Angleterre comme en Allemagne, c'est dans la même formation qu'il se trouve; et s'il est plus commun et en morceaux plus volumineux sur les côtes de la Baltique que dans d'autres contrées, c'est que la formation à laquelle il appartient y est plus développée que dans ces contrées.

Il est à remarquer que les insectes renfermés dans le succin sont des hyménoptères, des diptères, des coléoptères, des arachnoïdes, et rarement des lépidoptères, et que tous ces insectes appartiennent à des espèces différentes de celles qui vivent maintenant dans les contrées qui renferment ces gisements de succin. J. H.

([1]) *Nanke,* Voyage en Prusse, I, p. 43.

Prusse à 200 tonnes par an; et comme c'est une *régale*, le roi en tire 70 à 80,000 francs de revenu.

» L'étendue de la côte où l'on recueille actuellement en Prusse le succin est d'à peu près six lieues en longueur, depuis Pillau jusqu'au-delà du village de Palmnicken. Ce ne sont que les vents forts de nord et de nord-ouest qui le poussent sur le rivage. Mais à *Dirschkeim*, on a ouvert, dans les collines mêmes de la côte, des carrières d'un produit plus certain. D'autres endroits, dans l'intérieur de la Prusse, contiennent des dépôts d'ambre jaune; et c'est même à Schleppacken, à 12 milles d'Allemagne, sur la frontière de Lithuanie, qu'on a trouvé le plus grand morceau connu (¹). Les hautes collines de Goldapp, à 7 lieues au sud de Gumbinnen, en donnent beaucoup, et les falaises de la vallée de la Vistule, près Thorn et Graudenz, n'en sont pas dépourvues.

» C'est assez parler d'une curiosité, passons aux choses utiles. Le royaume de Prusse est singulièrement fertile en blés de toutes espèces, particulièrement en seigle et en orge, moins en froment; le blé-sarrasin et les pois, le millet et le grémil, ou manne, s'y recueillent aussi en quantité. La culture des pommes de terre est poussée aussi loin dans la Prusse orientale que dans l'Irlande, et cette production sert de nourriture à la plupart des habitants. Nous nous souvenons d'avoir vu, en 1792, un petit écrit qu'un citoyen de Gumbinnen, en Prusse orientale, avait fait imprimer, et dans lequel, outre beaucoup d'autres inventions économiques, il décrivait *soixante-douze* manières de tirer parti des pommes de terre; il en faisait des chandelles, de l'eau-de-vie, du pain, de l'amidon. Le houblon et le tabac viennent très bien en plusieurs endroits. La culture des légumes, sans être aussi commune qu'en Allemagne, n'est pas négligée. Les arbres fruitiers sont loin de suffire aux besoins du royaume. Le chanvre et le lin sont deux articles d'exportation très considérables; le premier vient mieux dans la partie occidentale, l'autre dans l'orientale.

» Les forêts, encore très étendues, consistent en chênes, tilleuls, ormes, aunes, pins et bouleaux; mais les beaux et grands chênes deviennent rares. On exporte de la potasse et du goudron. Les fleuves et les lacs donnent jusqu'à soixante-dix-neuf espèces de poissons excellents, entre autres les murènes et les anguilles, qu'on exporte fumées; les esturgeons du Frische-Haff fournissent du caviar.

» Les *urus*, ou *aurochs*, ont disparu; mais on voit encore de temps à autre quelques ours et quelques élans, ainsi que beaucoup de sangliers et de cerfs. La nature a favorisé ces contrées en leur donnant, dans un haut degré de perfection, la plus noble de ses productions parmi les quadrupèdes, je veux dire le cheval. Il nous semble qu'on doit distinguer ici deux races de chevaux : l'une qui doit son origine aux chevaux tatares, et c'est celle de la Pologne et de la Lithuanie; l'autre provenant des chevaux allemands, français, napolitains, danois, que les chevaliers teutoniques amenèrent avec eux dans la Prusse. Les chevaux de la première de ces deux races sont plus lestes, mais d'un pied moins sûr que les autres. Il y avait autrefois plusieurs haras royaux dans la Prusse orientale; mais depuis le desséchement des marais de Stallupöhnen, on les a réunis tous dans cet arrondissement. Ce district des haras, nommé le *Stutamt*, et dont *Trakehnen* est aujourd'hui le chef-lieu, est vraiment unique dans l'Europe pour l'étendue et la magnificence; mais il serait plus utile pour les cultivateurs s'il était disséminé par plusieurs sections sur toute l'entendue du pays. On peut encore compter ici une troisième race de chevaux; elle est petite, court-jointée, mais agile et capable de fatigue. On la regarde comme un reste de la race indigène commune à la Prusse, à la Lithuanie et même à la Skandinavie.

» Pour faire notre voyage topographique en Prusse, nous prendrons successivement pour point de départ les deux grandes villes, Königsberg sur le Pregel, et Dantzick sur la Vistule. Commençons par la première.

» Ce fut le roi de Bohême Primislas Ier qui, en 1255, conseilla aux chevaliers teutoniques, ses alliés, de construire ici un château-fort, qui reçut en son honneur le nom de *Königsberg*, mont royal, en polonais *Krolewiecz*, ville royale, et en lithuanien *Karalauczuge*. Cette capitale de la Prusse ducale a près de 4 lieues de pourtour; mais cet espace, rempli

---

(¹) Ce morceau, d'environ 14 pouces de long sur 7 à 8 de large, est déposé à Berlin, au cabinet des mines.

de jardins et même d'étangs, ne renferme encore que 68 à 70,000 habitants. Elle se compose de trois parties : la Vieille-Ville, le Löbenicht et l'île de Kneiphof. D'anciens remparts entourent fort inutilement ces trois quartiers, parmi lesquels le *Kneiphof* est un des plus beaux. Busching dit que le bois d'aune, dont on a formé les pilotis dans l'île de Kneiphof, est devenu aussi dur qu'une pierre. Le château est en partie d'une construction très ancienne. On y remarque la salle moscovite, longue de 274 pieds et large de 58. On a, de la tour de cet édifice, une vue superbe sur le Frische-Haff, sur le port, le fleuve, la ville et une grande partie de la Prusse. L'ancienne citadelle, appelée *Friedrichsbourg*, est couverte de constructions industrielles. La cathédrale est un vaste édifice qui, par son architecture et ses ornements intérieurs, attire l'attention des voyageurs : on y remarque un orgue qui a 5,000 tuyaux, et des caveaux qui renferment les tombeaux de plusieurs grands-maîtres de l'ordre Teutonique. L'hôtel-de-ville, dans l'île de Kneiphof, la bourse, l'arsenal, la salle de spectacle et les collections de l'université, méritent aussi d'être mentionnés. Le port n'ayant que 12 pieds de profondeur, et la partie du Frische-Haff qu'on traverse pour y arriver étant encore moins profonde, les grands vaisseaux sont obligés de décharger par des allèges ; néanmoins le commerce, surtout en exportation de blés et de bois de construction, est florissant. Il y arrive annuellement 600 à 700 navires. Il y a aussi de nombreuses fabriques, parmi lesquelles celles en ambre jaune ont aujourd'hui peu de travail. L'université a été illustrée par Kant, un des philosophes les plus subtils, mais écrivain ténébreux. Dans les bibliothèques et les archives on a découvert des documents importants pour l'histoire ancienne de la Prusse. Königsberg possède, outre son université, dont la fondation remonte à l'an 1544, un grand lycée appelé *collegium Friedericianum*, un gymnase, une école normale, un séminaire pour les théologiens et les instituteurs, une école des métiers et une société royale de littérature. Elle est la patrie du naturaliste Klein, du grammairien Gottsched et du philosophe Kant, en l'honneur duquel on a récemment élevé un monument.

À 8 lieues à l'ouest de la capitale, on voit, sur une presqu'île baignée par la Baltique et le Frische-Haff, la forteresse de *Pillau*, la clef militaire de la Prusse orientale, le port où mouillent les gros navires destinés pour Königsberg. La ville ne renferme que 5,000 habitants ; elle est bien bâtie et n'est point entourée de remparts : son fort est sa seule défense. Les côtes intérieures de la presqu'île et ses environs sont appelés le *paradis de la Prusse*. Des coteaux couverts d'arbres fruitiers ou de jardins potagers, de bois touffus, de villages riants ; la mer, où trente espèces d'excellents poissons appellent d'innombrables bateaux de pêcheurs ; le vaste et tranquille bassin du Frische-Haff, où se jouent mille cygnes, canards, mouettes, bécasses et autres oiseaux aquatiques, sont les beautés dont on peut successivement saisir l'ensemble en se promenant en bateau sur le Frische-Haff, en montant sur la tour d'observation de Pillau et en se plaçant près de l'ancienne douane dite *Pfundbude*.

« En remontant le Pregel vers l'est, nous remarquerons *Wehlau*, au confluent de l'Alle, *Insterbourg*, avec 6,000 habitants, où l'on fabrique une bière double nommée *zinober* [1], et *Gumbinnen*, ville nouvelle, assez agréable et industrieuse, peuplée autant que la précédente, et chef-lieu d'une régence qui comprend la partie dite *lithuanienne* de la Prusse. »

Au nord, sur le Memel ou Niemen, nous voyons *Tilsit*, la seconde ville de la Prusse orientale, peuplée de 12,000 habitants, et célèbre par l'entrevue d'Alexandre Ier et de Napoléon au mois de juillet 1807. À l'embouchure de la petite rivière de la Dange, sur le canal qui réunit le Curische-Haff à la Baltique, *Memel*, forteresse respectable et ville de commerce florissante, surtout par l'exportation du chanvre et du bois, occupe la stérile et triste extrémité de la Prusse. Son port est spacieux et sûr, mais l'entrée en est obstruée par des bancs de sable : cependant il y entre annuellement plus de 1,000 navires. Elle renferme environ 9,000 habitants.

« Entre Tilsit et le Curische-Haff, s'étend un pays plat, marécageux et exposé aux débordements des deux bras du fleuve Memel, nommés *Gilge* et *Russ*, qui le traversent. Ces contrées manquent de grains et de bois, mais

[1] *Hassel* p. 660.

les pâturages sont excellents, et les habitants peuvent fournir tout le royaume de beurre et de fromage.

» En revenant sur Königsberg, nous voyons devant nous les plaines fertiles et boisées de la Prusse centrale, où les châteaux anciens et les fermes ou *vorwerk* modernes figurent d'une manière plus intéressante que les villes peu considérables et peuplées uniquement de petite bourgeoisie, d'ailleurs assez industrieuse et civilisée. *Braunsberg*, capitale de l'Ermeland ou de l'ancien évêché de Warmie, fait seule une exception : située sur la petite rivière de la Passarge, elle commerce en fil, en grains et en mâts, et compte plus de 6,000 habitants. *Rastenbourg*, sur le Guber ; *Bartenstein* et *Heilsberg*, sur l'Alle ; *Landsberg*, sur le Stein ; *Prussisch-Eylau* et *Friedland*, toutes deux célèbres par les victoires remportées en 1807 par Napoléon ; *Nordenbourg*, *Barthen*, et plusieurs autres, sont moins peuplées. Chaque ville a ici sa boisson célèbre ; ainsi à *Preussisch-Holland*, près du lac de Drausen, on vante la bière nommée *fullwurst*, et à *Goldapp* on exalte l'hydromel. Dans le lac de Bauktin, près de *Gerdauen*, on voit une île flottante qui, par ses mouvements, indique les changements de l'atmosphère, et qui, pour cette raison, est appelée par les habitants l'*Almanach de Gerdauen*. La petite ville de *Frauenbourg*, où siège le chapitre de l'évêché d'Ermeland, est illustrée par Nicolas Copernic, inventeur de l'hypothèse la plus vraisemblable sur le système planétaire ; il y a été chanoine, et y est mort le 24 mai 1543. On y remarque son tombeau.

» Dans la Prusse occidentale, les villes de quelque importance sont serrées contre la Vistule, qui seule vivifie le pays. Commençons par *Dantzick*, ou *Dantzig*, en allemand *Danzig*, en polonais *Gdansk*, d'où le nom latin moderne *Gedanum*. Cette ville doit déjà, selon Busching, avoir été une cité florissante en 997, et non pas un simple bourg ou village. Il paraît cependant qu'elle perdit le lustre dont elle jouissait dans ces temps reculés, et ce ne fut que dans les années 1160 et 1170 qu'elle commença à figurer avec éclat. La guerre de Waldemar 1er, roi de Danemark, semble avoir donné lieu à l'établissement d'une colonie danoise dans cette position avantageuse, et l'on explique assez facilement son nom moderne, *Dantzick*, par *Dansk vik*, port ou golfe danois : dans les diplômes les plus anciens, on l'appelle simplement *Dansk* ou *Gdansk*. Les chevaliers teutoniques l'agrandirent et la fortifièrent. Lorsqu'en 1454 elle se mit sous la protection et la suzeraineté de la Pologne, cette puissance lui garantit des priviléges importants, parmi lesquels celui de la navigation exclusive sur la Vistule fut un des plus avantageux, en ce qu'il rendit Dantzick maîtresse de tout le commerce polonais par mer. Elle resta jusqu'en 1795 en possession de plusieurs priviléges et immunités, de sorte que l'on pouvait la regarder comme une république, quoiqu'elle reconnût la souveraineté de la Pologne ; sa population, qui montait anciennement jusqu'à 80,000 âmes, était déjà, avant 1772, tombée à 60,000. Les vexations auxquelles le commerce de Dantzick a été exposé depuis, de la part de la Prusse, ont fait émigrer une grande partie des habitants ; de sorte qu'on n'en évaluait le nombre, en 1803, qu'à 47,000, y compris les six faubourgs. Cette ville est mal bâtie, principalement le quartier appelé la Vieille-Ville (*Altstadt*). Les vestibules avancés dans les rues les rendent étroites et défigurent les maisons. Le faubourg appelé *Vorstadt* est moins irrégulier. Il est un quartier cependant qui a reçu le nom de Ville-Droite (*Rechtstadt*), parce que les rues en sont alignées. Dans le Quartier-Bas (*Niederstadt*), on remarque plusieurs jolies maisons, et l'une des plus belles rues de la ville, le Long-Fossé (*Lang-Graben*). La cathédrale, où l'on remarque un très beau maître-autel, est l'un des principaux édifices de la ville ; après il faut citer l'hôtel-de-ville, le grand arsenal, la cour des nobles, l'ancien bâtiment des jésuites et le théâtre. Parmi ses 21 églises paroissiales, 13 appartiennent aux évangéliques luthériens, 4 aux réformés et 4 aux catholiques. Les plus riches négociants se trouvent parmi les réformés. Un observatoire astronomique, un grand cabinet d'histoire naturelle, plusieurs sociétés savantes, un gymnase académique avec une bibliothèque de 30,000 volumes, une école des arts et de dessin, et un institut royal de navigation, attestent le goût des habitants pour les sciences. La ville est entourée d'ouvrages de fortification, et a soutenu plusieurs sièges fameux. Le port de Dantzick est formé par l'embouchure de la Vistule, et défendu

EUROPE. — DESCRIPTION DE LA PRUSSE. 43

par les forts de *Munde*, ou *Weichselmunde*. La rade, ou ce qu'on appelle proprement le golfe de Dantzick, consiste dans la partie de la mer qui se trouve abritée contre les vents du nord par la langue de terre sur laquelle est située la petite ville d'*Hela*. Dantzick possède encore un *werder*, ou île basse et fertile, entre la Vistule et la Motlau. Tant qu'elle fut ville libre, elle posséda un immense commerce en grains, bois, chanvre, ainsi que des manufactures importantes. C'était le marché de toute la Pologne, qui y échangeait les produits bruts de son vaste territoire contre tous les objets du luxe européen. Encore en 1803, après beaucoup de vexations sous le sceptre prussien, il entrait dans le port 18 à 1,900 bâtiments, et il en sortait autant; mais les rapines énormes des Français et des Russes, accumulées spécialement sur cette ville infortunée, ont enfin tari les sources de sa prospérité; elle a perdu, de 1807 jusqu'en 1815, le capital de 150,000,000 de francs. Son port ne reçoit guère que 500 bâtiments, et, de toutes ses fabriques, elle ne conserve que des raffineries de sucre, des manufactures de vitriol, de draps, de galons, de maroquin, et ses distilleries d'*eau d'or*. Cependant elle s'est repeuplée; on y compte 60 à 65,000 habitants, et l'on doit toujours la regarder comme la plus importante parmi les villes maritimes de la monarchie prussienne. Il s'y tient chaque année une foire célèbre qui dure plusieurs jours. »

Dans le village d'*Ohra*, que l'on comprend parmi les faubourgs de Dantzick, les marchands aisés possèdent de jolies maisons de campagne. Au bourg d'*Oliva*, à une lieue et demie de la ville, il existait autrefois une riche abbaye de l'ordre de Cîteaux, dont l'église est digne de fixer l'attention. Ce bourg renferme 7 forges, une fonderie de cuivre, une papeterie et 600 habitants. Près de là, est le mont appelé Karlsberg, d'où l'on jouit d'une vue magnifique. A deux lieues de Dantzick, *Zoppot*, village dans une situation charmante au bord de la mer, est devenu, depuis 1822, un établissement de bains très agréable et très fréquenté; la route de Berlin traverse ce village.

« Sur le Nogath, bras de la Vistule, nous trouvons *Marienbourg*, en polonais *Malborg*, l'ancienne capitale de l'ordre Teutonique dont nous avons déjà parlé. C'est aujourd'hui une ville de 5 à 6,000 habitants, avec des fabriques de toile et de drap; elle est environnée de murailles. On y admire le magnifique château où résidaient les grands-maîtres de l'ordre Teutonique, édifice qui a été restauré depuis peu d'années. Les *werders*, ou îles basses, qui se trouvent sur le territoire de cette ville et en partie sur ceux de Dantzick et d'Elbing, sont extrêmement fertiles et bien peuplées. L'agriculture et la nourriture des bestiaux y sont portées à un haut degré de perfection. Les paysans sont libres et en grande partie de la secte qu'on nomme *mennonites*; ils sont très riches, et le *morgen*, ou arpent de terre, se vend de 7,500 à 30,000 francs. On y trouve des jardins fruitiers qui se louent depuis 1,800 francs jusqu'à 4,800 francs par an. Les mauvaises récoltes rapportent douze fois la semaille, les médiocres vingt fois, et les bonnes trente fois. La Russie tire d'ici des pommes et des prunes.

» C'est encore dans ce pays bas et fertile que nous voyons la ville riche et commerçante d'*Elbing*. Elle tire son nom de la petite rivière d'*Elblach*(¹), qui sort du lac Drausen; c'est « l'*Ilfing*, sortant du lac *Truso* » chez le roi Alfred, dans sa *Géographie d'Europe*. L'ilfing s'écoulait alors directement dans le Frische-Haff, dont le roi décrit exactement la dimension sous le nom d'*Estmere*; il paraît que le bras de la Vistule nommé Nogath n'existait pas encore. Aujourd'hui on donne plus communément le nom d'*Elbing* à cette petite rivière. Le port d'Elbing est formé par le canal de Kraffuhl, mais les bâtiments un peu grands s'arrêtent près de Pillau. Il est entré dans ces dernières années jusqu'à 1,500 bâtiments, et sorti plus encore; mais il faut noter que dans ce nombre sont compris 6 à 800 bateaux polonais, nommés en allemand *gefœss*, et 2 à 300 alléges nommées *bordings*. Le commerce consiste en exportations de blé et de chanvre, et en importations de vins, de fer et de denrées coloniales; la population, de 20,000 habitants, demeure dans des maisons gothiques, mais solides. Les rues sont étroites et tortueuses dans la Vieille-Ville; elles sont larges et garnies d'habitations élégantes dans la Nouvelle-Ville; mais toutes sont bien éclairées la nuit. Elbing possède un gymnase avec une bibliothèque considérable, cinq hôpitaux, une maison de correction et de travail, et une maison de re-

(¹) *Elbl*, petite *Elbe*, ou *elv*, rivière. *Ach*, eau.

fuge pour les femmes âgées. A *Tolkemit*, sur le Frische-Haff, les Elbingeois font la pêche des esturgeons, qui produit dans certaines années jusqu'à 1,200,000 pièces. On y prend aussi une si grande quantité de grives en automne, qu'on en charge plusieurs bateaux.

» En remontant la Vistule, nous trouvons successivement *Marienwerder*, en polonais *Kwidzin*, avec 6,000 habitants, dans un canton fertile en pommes excellentes; *Graudentz* ou *Graudenz*, ou *Grudziadz*, qui, avec sa forteresse importante, aujourd'hui la clef de la Vistule, renferme plus de 8,000 habitants; *Culm* ou *Chelmno*, avec un séminaire et un collége catholiques, un hôpital tenu par des sœurs de charité, et une école militaire pour 120 jeunes gens nobles. Culm fut fondée dans le treizième siècle, et fit partie de la ligue hanséatique. Ces trois villes fabriquent des toiles et des étoffes de laine.

» Nous terminons notre course à *Thorn*, la plus ancienne ville de toute la Prusse, fondée en 1231 par le premier grand-maître de l'ordre Teutonique : depuis l'an 1454, elle était une république vassale de celle de la Pologne; Charles XII en rasa les fortifications; elles ont été rétablies dans ces dernières années. Thorn a beaucoup souffert par les épouvantables persécutions qu'exercèrent les catholiques, et surtout les jésuites, contre les luthériens, sous la domination polonaise. Ses 14,000 habitants sont presque tous de la religion évangélique. Les catholiques conservent encore leurs églises désertes. Le gymnase luthérien, fondé en 1594, est très célèbre par le nombre de savants qu'il a produits. Nicolas Copernic y naquit le 10 janvier 1472. Thorn est encore renommée par son pain d'épice, ses navets, son excellent savon, et son pont d'une demi-lieue sur la Vistule.

» Les habitants de la Prusse royale et de la Prusse orientale se composent aujourd'hui de seigneurs, de simples nobles, de possesseurs de terres libres sous le *droit de culm*, de bourgeois avec des priviléges plus ou moins étendus, et de paysans, tous libres de leur personne, et propriétaires du sol, depuis la loi du 11 septembre 1811, mais soumis à diverses redevances et corvées envers les possesseurs de terres nobles, à l'exception des cultivateurs des *werders* et des habitants de colonies nouvelles. Il est dans les *werders* des paysans très riches, qui commencent à élever leurs enfants avec soin, et qui ne se refusent ni le vin, ni le café, ni les habits de bon drap ; la civilisation de cette classe serait très avancée sans la dernière guerre.

» A l'autre extrémité du pays, les paysans, dits *lithuaniens*, mais qui au fond sont les descendants des anciens *Pruczi*, conservent avec leur idiome un reste de paresse et d'ignorance routinière; ils fabriquent cependant eux-mêmes l'étoffe épaisse dont ils s'habillent. Ces Lithuaniens portent une écharpe colorée, appelée *margin*, et roulée autour des hanches. Les Koures, qui vivent en pêcheurs sur les bords du Haff, mettent le *margin* sur les épaules; leurs femmes portent des bottes et des bonnets d'hommes. Une ceinture en argent ou en fer-blanc, chargée d'un grand nombre de clefs, est l'orgueil des femmes ménagères [1]. Ces peuplades mériteraient le coup d'œil d'un observateur, et peut-être existe-t-il sur elles des renseignements dans les *magasins* allemands; mais, privé de secours, nous nous bornons à faire remarquer que le *margin* des Prussiens-Lithuaniens semble être le *plaids* des Écossais montagnards, circonstance qui offrirait un rapprochement inattendu dans l'assertion singulière de Tacite, qui attribue aux anciens *Æstyi* l'usage de la « langue britannique. »

» La noblesse comprend quelques descendants des anciens chevaliers teutoniques, qui, renonçant à leurs vœux monastiques, ont formé les nœuds du mariage. D'autres familles sont arrivées plus tard du nord de l'Allemagne. Ils conservent un air de commandement, une dignité de manières que tempère aujourd'hui l'usage du monde. On y reconnaît quelques traits de la noblesse livonienne, une fierté aristocratique, adoucie par des sentiments philanthropiques. Les richesses de la noblesse prussienne sont très modérées ; il n'y a pas une terre de la valeur d'un million de francs.

» Les bourgeois diffèrent, selon la grandeur des villes et selon l'origine plus ou moins purement allemande ou mêlée de sang polonais et wende. Memel, Königsberg, Elbing, Dantzick, Thorn, conservent le plus de traces de leur ancienne liberté comme villes hanséatiques. Ce caractère s'étant développé à Dant-

[1] *Bernouilli*, Samlung von reisebeschreibungen, VII, p. 382.

..ck avec plus de force, nous croyons devoir citer le tableau qu'un écrivain ingénieux en a tracé à l'époque où cette ville jouissait encore de son indépendance (¹).

« Les mœurs des Dantzickois offrent des traits estimables. Comme tous les habitants y sont ou commerçants ou manufacturiers, on voit partout l'activité de l'industrie et le calme des passions. En même temps les relations commerciales qu'ils entretiennent avec Berlin, ainsi qu'avec l'Angleterre et d'autres pays étrangers, ont puissamment contribué à polir leurs mœurs; ces hommes qu'un injuste préjugé représente comme uniquement sensibles à l'appât du gain, le sont aujourd'hui aux charmes des beaux-arts, des lettres et des sciences. Il n'y a presque plus un père de famille qui ne procure à ses enfants une éducation conforme à sa fortune. Les jeunes demoiselles surtout s'adonnent à l'étude des langues, à la musique, à la danse, au dessin; les jeunes gens se forment par des voyages.

» Dans cette ville, les bons et les mauvais citoyens sont très peu mêlés et très faciles à distinguer. L'intérêt général soulève ici l'indignation publique contre tout individu qui manquerait d'honneur et de probité. D'ailleurs on y voit fort peu de ces germes de discorde qui bouleversent les capitales. Ici rien ne donne le droit de dominer sur les autres; ni les talents, ni les richesses, ni même les services rendus à la chose publique; l'égalité républicaine, qui peut-être restreint l'élan de quelques génies supérieurs, étouffe aussi beaucoup de vices et beaucoup de folies au moment même de leur naissance. Les Dantzickois ne souffrent pas de mendiants dans leur ville, parce qu'il y a des moyens d'occupation dans leurs nombreux ateliers publics, des asiles pour les infirmes dans leurs excellents hôpitaux, et des moyens d'amendement pour les vagabonds dans une maison de correction supérieurement bien organisée. Les femmes publiques sont reléguées par-delà les murs. On ne se joue point impunément des nœuds du mariage. L'institution d'une maison d'enfants trouvés empêche les assassinats d'enfants nouveau-nés, qu'on ne voit jamais ici abandonnés dans les rues, comme il arrive quelquefois dans d'autres grandes villes.

» Une circonstance qui contribue puissam-

(¹) Voyage de Sophie, par M. *Hermes*.

ment à éloigner la misère et la corruption, c'est que les priviléges exclusifs du commerce et de l'industrie sont absolument inconnus. Chacun exerçant librement la profession qui lui convient, fait prospérer également la chose publique et ses affaires particulières. Le gouvernement de Dantzick était un des plus équitables quant à l'administration intérieure. S'il arrivait qu'un méchant homme se trouvât élevé à une magistrature, il était forcé de devenir probe; autrement son élévation n'était point de longue durée, surtout s'il était négociant; ses confrères se disputaient l'honneur de le renverser. Il est vrai qu'on faisait à Dantzick de grandes dépenses. Les festins étaient somptueux; on aimait la bonne chère. La mode voulait que toute famille honnête eût une maison de campagne avec un joli jardin. On se vêtait des étoffes les mieux conditionnées et des meilleures pelleteries de toute l'Europe. Les meubles étaient souvent magnifiques. On avait de belles bibliothèques, de superbes chevaux, et beaucoup de domestiques proprement vêtus: mais les Français et les Russes ont su diminuer ces dépenses; d'ailleurs ce luxe est mesuré sur les revenus; il se montre dans les objets solides et utiles: voilà deux circonstances qui suffisent pour le justifier. Par quelle raison le luxe a-t-il pris ici une tournure aussi avantageuse au bien public? C'est que d'abord les Dantzickois aiment leur patrie; ensuite ils étaient maîtres chez eux. Les femmes n'ont point ici le droit de ruiner les familles, elles n'en sont que d'autant plus estimables et mieux aimées; c'est par leur influence qu'on voit l'ivrognerie absolument bannie des festins de Dantzick, où règne une gaieté douce et peu bruyante; rien d'ailleurs de plus charmant que les petites réunions des jeunes gens des deux sexes pour faire de la musique. Cet amusement est ici plus goûté que les spectacles, dont cependant Dantzick n'est pas dépourvu. Il y a pourtant encore dans cette ville une classe peu nombreuse de vieux bourgeois qui par avarice ferment leur porte aux beaux-arts et aux talents; ils se rassemblent entre eux à des festins de famille assez mesquins où chacun apporte en nature sa quote-part. »

» Nous avons pu répandre quelque variété dans la description de la Prusse, mais il faut marcher vite à travers le *grand-duché de Po-sen*. C'est absolument un coin de la Pologne : mêmes plaines, mêmes sables, entremêlés d'argile et de terre noire ; même fertilité en toutes sortes de blés, même nature de forêts. Un voyageur peu connu nous apprend quelques particularités intéressantes sur cette province. Le seigle y est plus beau que dans le Brandebourg. Les champs sont plantés de pruniers, de pommiers, de poiriers, mais ils sont petits. Les asperges et les morelles croissent spontanément en abondance. On tire un grand parti des champignons. La volaille domestique et le gibier ailé fourmillent. Les castors construisaient en 1781 leurs digues ingénieuses au sein des bois solitaires. On exportait des tortues de terre jusqu'à Prague. Les abeilles abondent ([1]). L'auteur d'une des plus récentes statistiques nous apprend que la province renferme encore d'immenses marais, couverts de broussailles et de joncs, surtout le long du cours tortueux de l'*Obra* ([2]). La rivière principale est la Wartha. Un canal très utile fait communiquer la Vistule par la Netze avec l'Oder.

» Le paysan est aussi ignorant, aussi adonné à l'ivrognerie, et malgré tout ce que la législation et l'administration ont fait pour l'élever au rang d'un être raisonnable, ses progrès sont lents et incertains. D'après le voyageur que nous avons déjà cité, les petits nobles, du temps de la république, traitaient les paysans comme des nègres : « ils violaient toute fille » qui leur plaisait, et répondaient par cent » coups de bâton à quiconque s'en plaignait ; » il n'y avait ni lois ni justice pour un paysan. » Mais c'était le temps des guerres de la confédération. La vie physique du paysan était, de l'aveu du même témoin oculaire, plus agréable que celle des cultivateurs allemands : une nourriture très abondante, des vêtements grossiers, mais propres à résister au froid, une chaumière sale, mais bien couverte, un lit de plumes, la liberté de danser, de chanter et de s'enivrer, voilà les *comforts* de ces esclaves. Il est difficile d'ennoblir une race abâtardie par des siècles d'habitudes serviles, surtout quand la superstition a remplacé toute idée morale.

» Le clergé catholique, qui en 1781 brûlait des sorcières, défendait le culte évangélique, avait des concubines et vendait les absolutions ([1]), s'est beaucoup amélioré ; mais il conserve encore une aversion marquée pour le système éclairé du gouvernement prussien, qui a restreint de tous côtés ses revenus et son pouvoir. La noblesse, quoique jouissant d'une participation raisonnable aux affaires de l'administration, n'est pas encore tout-à-fait revenue de sa dédaigneuse malveillance contre les Allemands ; c'est la mauvaise humeur d'un écolier indocile contre un maitre un peu pédant. La licence a ses charmes pour les grands, l'anarchie ses consolations pour le peuple. Avec tous ces obstacles, la province de Posen se transforma peu à peu en une province allemande ; on y compte actuellement, sur plus d'un million d'habitants, 170,000 *Allemands*, et, ce qui n'est pas moins remarquable, 260,000 chrétiens évangéliques. Ce changement provient de l'introduction constante des manufacturiers industrieux venant de Silésie et de quelques colonies agricoles de la Souabe, introduction favorisée, il faut le reconnaître, par les membres les plus éclairés de la noblesse polonaise. Les juifs sont ici regardés comme un fléau ; leur nombre est de 50 à 60,000 ; ce sont presque les seuls commerçants ; le défaut des capitaux livre à leurs avides spéculations l'exportation des toiles du pays, qu'ils vendent comme produits de la Silésie. Les routes sont encore détestables. Les meuniers allemands forment presque une caste particulière. Heureux habitants de sites agréables et de jolies maisons champêtres, maîtres de chevaux et de bœufs nombreux, abondamment pourvus de volaille, de poisson et de venaison, ils n'ont de pauvres que les vêtements ; leurs chambres sont propres, leurs lits excellents ; leur table, servie avec profusion, annonce leur aisance ; ils se visitent et se marient entre eux, et le vin de Hongrie égaie leurs festins. Telle est l'idylle que traçait jadis un voyageur ; mais y a-t-il quelque solitude que les guerres n'aient pas désenchantée ?

» Parcourons les villes : *Poznan* ou *Posen*, ancienne capitale de la Grande-Pologne, est située sur les rivières de Wartha et de Prosna, entre des collines, entourée d'une double muraille et d'un fossé profond ; elle a, de l'autre

---

([1]) Voyage à Wilkowo, dans *Bernouilli*, IV, p 229.
([2]) Holsche, Statistique de la Prusse méridionale, cité par *Hassel*.

([1]) *Bernouilli*, I. c.

côté de la Wartha, deux faubourgs au milieu d'un grand marais, où ils sont, aussi bien que la ville même, exposés à de fréquentes inondations par le débordement de la rivière. Le château, situé sur une colline entre les deux rivières, était un peu fortifié; mais en 1832, de nouvelles fortifications ont rendu cette ville une place importante. On trouve ici un collége ci-devant des jésuites, fondé par l'évêque Adam Konarski. Il y avait dans le faubourg un gymnase académique, dû à l'évêque Jean Lubranski; il porte le nom d'*Athenæum Lubranscianum;* c'est aujourd'hui, je crois, le gymnase royal. Là Cathédrale et l'Hôtel-de-Ville sont de beaux édifices. On doit citer encore l'église de Saint-Stanislas, bâtie dans le goût italien. La population s'élève aujourd'hui à 32,000 habitants, sans la garnison; on y comprend 4,000 juifs. Les fabriques de drap, de cuir et de pipes à fumer, mais plus encore le commerce d'expédition et les trois foires annuelles, rendent cette ville assez vivante. En 1825 elle ne renfermait que 23,000 habitants: ainsi sa population est dans un mouvement progressif assez satisfaisant. Cependant, elle est loin d'atteindre au degré d'importance qu'elle avait dans les temps florissants du royaume de Pologne. Au seizième siècle, Posen ne comptait pas moins de 70 à 80,000 âmes.

» Au nord de Posen, nous traversons la Wartha à *Obornik*, et nous arrivons à *Rogozno* ou *Rogasen*, petite ville de 4,000 âmes, située sur un lac long et étroit; puis, en tournant à l'ouest, le long de la Wartha, nous trouvons *Oberzyko* ou *Obersitzko*, *Wronki*, *Neubrück*, *Zirke*, *Birnbaum* et *Schwerin;* tous ces endroits sont peuplés de juifs et de tisserands de drap. La ville seigneuriale de *Méséritz* (en polonais *Miedzyrcec*), appartenant au marquis de Lucchesini, est située sur l'Obra et peuplée de 4,000 habitants: on y fabrique des draps pour 100,000 écus par an. Dans cet endroit plusieurs routes se croisent: les unes venant de Moscou et de Varsovie; les autres de Stettin, de Berlin, de Leipzick et de Breslau.

» En suivant la frontière silésienne, nous rencontrons successivement plusieurs villes industrieuses. *Bomst*, en polonais *Babimost*, est peuplée en partie par des cordonniers et des vignerons. C'est toujours un objet curieux que du vin fait sous le 52ᵉ degré de latitude nord, quoique le produit annuel de 140 pièces ne serve guère qu'à fabriquer du vinaigre. *Kargowa*, appelée en allemand *Unruhstadt*, a des fabriques de drap. *Fraustadt*, en polonais *Wschowa*, compte de 6 à 7,000 habitants, sans la garnison; elle fait un grand commerce en blé, laine et bétail; on y trouve beaucoup de fabricants de drap et de toile; il y a jusqu'à 200 maîtres drapiers: elle dépendait autrefois de la principauté de Glogau en Silésie. Le roi Kasimir la prit en 1343; mais il promit de lui conserver ses priviléges, entre autres celui de battre monnaie, qu'elle avait reçu de ses princes. *Lissa* ou *Leszno* est encore plus peuplée; elle compte jusqu'à 9,000 habitants, parmi lesquels il y a 4,000 juifs, qui y possèdent une grande synagogue. La ville fait un commerce considérable, et renferme 250 manufactures de drap. Lissa n'était autrefois qu'un village. Le comte Raphaël Leszczynski y reçut favorablement un grand nombre de protestants, qui s'y étaient retirés de la Silésie, de la Bohême, de la Moravie et de l'Autriche; il leur accorda le libre exercice de leur religion. Cette ville est la patrie des comtes de Leszczynski, d'où est sorti Stanislas, roi de Pologne et ensuite souverain de la Lorraine. Lissa appartient aujourd'hui aux Sulkowski.

» En suivant toujours la frontière silésienne, nous trouvons la ville seigneuriale de *Rawicz* ou *Rawitsch*, peuplée de 9,000 habitants, dont les sept-huitièmes sont luthériens. On y a compté, il y a peu d'années, 327 maîtres tisserands de drap, qui fabriquaient 14,000 pièces par an. Elle fut fondée par des réfugiés allemands pendant la guerre de Trente-Ans. En 1704, Charles XII y prit ses quartiers d'hiver; en 1707, les Russes la brûlèrent; et en 1802 elle fut ruinée par un incendie. Cette ville appartient aux Sapiéha, une des plus puissantes et des plus anciennes maisons de la Lithuanie. *Bojanowo*, au nord-ouest de la précédente, a 250 maîtres drapiers, qui fabriquent 7 à 8,000 pièces par an. Les villes de *Punitz*, en polonais *Poniec*, *Görchen* ou *Gorka*, avec 3 à 4,000 habitants, *Krotoschin* ou *Krotoszyn*, et *Zéduny*, peuplées de 6,000 âmes; *Ostrow* ou *Ostrowo*, et *Kempen*, où l'on fait un grand commerce de chevaux, renferment toutes beaucoup de juifs, de luthériens, de marchands ou de fabricants de drap et de toile.

» Voilà quelles sont les principales villes de manufactures de cette intéressante province. Elles sont toutes situées le long de la frontière allemande. Leurs produits n'égalent pas encore ceux de la Silésie, mais ils gagnent tous les jours. Les paysans polonais mêmes, sortis de la servitude, peuplent aujourd'hui les ateliers.

» *Bromberg*, chef-lieu de gouvernement, est située sur la Brahe au commencement du canal de la Netze ou de Bromberg. Elle renferme un séminaire pour les maitres d'école, un gymnase et 7,000 habitants.

» Si nous nous avançons du côté polonais, nous trouvons des villes moins peuplées. Comme les Polonais disent du café *allemand*, de la monnaie *allemande*, pour désigner ce qui est mauvais, faible, sans valeur, les Allemands pourraient dire *ville polonaise* pour désigner un endroit triste et mal bâti. Près de la ville de *Schrimm* ou *Szrem*, bâtie dans une île de la Wartha, on trouve une argile à poterie qui souvent se durcit en petites lames concaves, semblables à des *pots naturels*, merveille très peu merveilleuse, mais exaltée par les vieux auteurs polonais. Enfin, nous devons remarquer *Gnesne* ou *Gnesen*, en polonais *Gniezno*, comme étant la plus ancienne ville de la Pologne et le siége d'un archevêché formé l'an 1000 de l'ère chrétienne. Boleslas Ier acheta des Prussiens le corps de saint Adalbert, qu'ils avaient tué, et le fit inhumer dans l'église principale; Sigismond III lui fit ériger un tombeau d'argent; mais on dispute pour savoir si le corps de ce saint est encore en Pologne, ou si ceux de Bohême l'emmenèrent avec eux à Prague en 1038. Gnesen, peuplée de 5,000 âmes, possède quelques manufactures de drap, et l'on y tient une foire de huit semaines, durant laquelle il se vend une énorme quantité de bœufs et de chevaux. Le spectacle qu'offre cette foire est digne des regards d'un voyageur. Des milliers de chevaux folâtrent en hennissant; d'autres milliers de bœufs restent attachés à une haie dans une serre dont on ne voit pas la fin. Les nobles polonais fourmillent dans la ville. Jadis ils s'amusaient à se donner des coups de sabre en pleine rue; aujourd'hui policés, ils se rassemblent au pharaon et au trente et un, pour jouer argent, chevaux, bœufs, terres et châteaux. Les classes plus simples se logent dans le bois qui borde la route; chacun se choisit une place convenable sur le gazon; le feu est allumé, le souper cuit, et, en attendant, on danse, on chante, on fait retentir la flûte et le hautbois. Ces mille feux répandent, sous l'ombrage des arbres et des buissons, mille reflets de lumière, et semblent changer la forêt en un jardin enchanté. A la fin, les feux s'éteignent, les bruits joyeux cessent; mais bientôt les chants des oiseaux saluent les rayons du soleil levant (¹). »

LIVRE SOIXANTE-ONZIÈME.

Suite de la Description de l'Europe. — Description de l'Allemagne. — Sixième section. — États prussiens — Deuxième division. — Provinces sur l'Oder et sur l'Elbe.

« Nous commencerons nos descriptions chorographiques de la Prusse allemande par la *Silésie*, comme touchant au grand-duché de Posen que nous venons de quitter. Cette grande et belle province, qui avoisine à l'est le royaume de Pologne, à l'ouest la Bohême, la Moravie et le triste reste du royaume de Saxe, se lie maintenant du côté septentrional aux autres provinces prussiennes sur une ligne assez large, cet arrondissement naturel est d'un avantage mutuel pour la province et pour la monarchie. Les renseignements les plus authentiques portent la surface actuelle à 720 milles carrés allemands, ou 15,475,279 arpents de Magdebourg, c'est-à-dire à 2,000 lieues carrées. La population était, en 1828, de 2,400,000 individus, et doit actuellement être évaluée à plus de 2,700,000 âmes.

» On regarde les *Quadi* et *Lygii* comme les premiers habitants de la Silésie. Quelques auteurs disent que le mot *quad* signifiant, en

(¹) *Bernouilli, l. c.*

vieux teutonique, *mauvais*, les Slaves ou Polonais n'ont fait que traduire ce nom en leur langue, puisque *zle* dit en esclavon la même chose. Mais l'opinion de Dobrowski est plus probable : selon lui, les colons esclavons qui, dans le sixième siècle, vinrent occuper la Silésie, prirent le nom de Zlesy ou Zlesaki, qui veut dire « *les derniers, ceux sur l'arrière*, » pour se distinguer des colons qui s'étaient établis en Bohême, et qui s'appelèrent Czechy, c'est-à-dire *les premiers, ceux sur l'avant*.

» La Silésie était certainement slavonne dès le sixième siècle; peut-être l'était-elle dès l'origine de sa mise en culture; mais elle n'est renommée que dès le onzième siècle sous le nom de *Gau de Zlésane*. Il paraît qu'elle ne fut long-temps qu'une province de la Pologne. Lorsqu'en 1138 Boleslas III divisa ses États entre ses fils, l'aîné, nommé Vladislas II, eut, avec le suprême gouvernement de toute la Pologne, les pays de Krakovie, de Siéradie, la Poméranie et la Silésie pour sa part. Ayant cherché à dépouiller ses frères de leurs possessions, il fut chassé, et son frère Boleslas IV le remplaça sur le trône. Celui-ci céda, en 1163, aux fils de Vladislas, qui se nommaient Boleslas-le-Haut, Miecislas et Conrad, la Silésie, qui alors s'étendait plus loin vers le nord qu'elle ne fait de nos jours. Ces trois frères se partagèrent la Silésie, qu'on distingua pour lors en celles du *milieu, haute* et *basse*. Conrad étant mort en 1178, Boleslas joignit la basse Silésie à celle du milieu, malgré les réclamations de son frère Miecislas. Dès lors la dénomination de Silésie du milieu cessa, et l'étendue de la basse devint presque le double de celle de la haute.

» Les successeurs de Boleslas et de Miecislas donnèrent dans le défaut commun aux souverains de leur temps, savoir, d'apanager les princes de leur maison en territoires qui devinrent bientôt des États à part : de là toutes ces principautés dont les noms subsistent encore. Affaiblie par cette mauvaise politique, la Silésie tenta l'ambition du duc de Bohême, Jean II, auquel, en 1327, quatorze ducs de Silésie, de la race Piastienne, se soumirent, en se reconnaissant pour ses vassaux. Néanmoins les ducs de Schweidnitz et Jauer se maintinrent dans l'indépendance : la position de leurs territoires, couverts par les monts Sudètes, facilita leur résistance. L'empereur Charles IV, roi de Bohême, réunit par un mariage toute la Silésie à sa couronne. La Pologne, qui avait des droits très fondés à la suzeraineté de ce pays, y renonça par plusieurs actes solennels. L'Empire germanique garantit à la Bohême la possession de la Silésie, qui, depuis cette époque jusqu'en 1742, a pu être considérée comme un pays sinon soumis, du moins allié à l'Allemagne.

» La constitution politique de la Silésie éprouva bientôt des changements très essentiels. L'espèce de souveraineté qu'on avait laissée aux ducs de la race Piastienne perdit tous les jours en éclat et en étendue réelle. Par l'établissement de la cour souveraine des princes, en 1498, les principautés séparées devinrent membres d'un seul corps politique. En même temps plusieurs maisons ducales venant à s'éteindre successivement, la couronne de Bohême s'empara de leurs possessions comme de fiefs vacants : voilà l'origine des principautés immédiates. On donna, à la vérité, quelques principautés en fiefs à d'autres princes, mais ce ne fut qu'en se réservant les droits de la souveraineté dans toute l'étendue du mot.

» Les Silésiens, ayant en grande partie embrassé les réformes de Luther et de Calvin, eurent à souffrir des injustices, des perfidies et des atrocités sans nombre de la part du gouvernement austro-bohémien. L'épée victorieuse du héros skandinave Charles XII força les Autrichiens à cesser en partie leur système de persécution, et bientôt ce pays échappa pour toujours au pouvoir de l'Autriche.

» En 1740, le roi de Prusse Frédéric II débuta sur le théâtre de la gloire en conquérant ou plutôt en surprenant la Silésie, sur laquelle il avait à la vérité quelques prétentions assez fondées. Comme, par les traités de Breslau, de Berlin et autres subséquents, la couronne de Bohême avait renoncé non seulement à la possession de la Silésie, mais même à toute espèce de suzeraineté sur ce pays, les rois de Prusse prétendaient, comme ducs souverains de la Silésie, être absolument hors de liaison avec l'Empire germanique; mais celui-ci objectait avec raison que la couronne de Bohême *étant État de l'Empire*, n'avait pu, de sa propre autorité, anéantir le nœud féodal qui attachait la Silésie à la Bohême, et par là à l'Empire. Pour comble de difficulté, il s'élevait la question de savoir si la Bohême était un Etat feudataire de l'Empire, quant à son territoire, ou, s'il en était seulement le vassal, quant à la dignité électorale, et l'allié intime, mais libre, en sa qualité de royaume. Or, dans la dernière hypothèse, la Bohême avait pu, à son gré, renoncer à la suzeraineté de la Silésie. Voilà pourquoi les géographes allemands ne savaient pas trop comment classer ce pays. Ceux de la Prusse le décrivaient comme un Etat séparé et indépendant. La question est aujourd'hui tranchée; le roi de Prusse a placé la Silésie parmi celles de ses possessions qui font partie de la *Confédération germanique.*

» Le sol de la Silésie, à l'est de l'Oder, ne présente qu'une grande plaine légèrement ondulée par des collines, et qui se confond avec celles de la Pologne, en s'abaissant constamment du sud au nord; mais, dans la partie occidentale, le terrain, généralement plus inégal, se termine par de hautes chaînes de montagnes. La portion la plus élevée est le *Riesen-gebirge* ou les *monts des Géants*; sa direction est du nord-ouest au sud-est.

» Au nord de cette chaîne centrale et principale, on distingue la chaîne d'*Iser-Kamm*; elle s'étend au nord-ouest de Hirschberg jusque vers *Mark-lissa* en Lusace : la direction est parallèle à celle des monts des Géants. Au sud-est de l'*Iser-Kamm* ou crête d'Iser, s'élève, dans la direction de l'est à l'ouest, le *Wohlische-Kamm.* Au sud de la chaîne centrale, on trouve les montagnes du comté de Glatz, qui sont également connues sous le nom d'*Eulen-gebirge* ou *montagne des Hiboux*. La direction de ces montagnes, d'après les cartes, semblerait être du nord au sud; mais elles consistent réellement en trois chaînons parallèles entre eux et avec les monts des Géants; ces chaînons se dirigent chacun du nord-ouest au sud-est, mais se succèdent du nord au sud. Il y a encore à l'est de Glatz plusieurs groupes plus avancés vers les plaines: plus au nord, le Zobten y est presque isolé. Le *Schnéeberg* ou mont Neigeux se trouve au sud-est du comté de Glatz, en Moravie et dans la Silésie autrichienne. Ces montagnes paraissent n'être que les escarpements septentrionaux de ce plateau très élevé qui, à travers la Moravie et la Silésie autrichienne, va se joindre aux monts Karpathes. Ce plateau porte le nom de *Ge-senker-gebirge*, c'est-à-dire monts abaissés.

» La chaîne du *Riesen-gebirge*, longue d'une vingtaine de lieues et large de 4 à 5, renferme les vallées les plus pittoresques; ses principaux sommets sont le *Schnée-Kuppe* ou *Schnée-Koppe*, le *Sturmhaub* et le *Tafelfichte*. Dans les *Eulen-gebirge*, le point culminant est le *Hohe-Eule* ([1]).

» Entre toutes ces chaînes s'étendent des prairies humides et quelquefois marécageuses : une des principales est la *prairie Blanche*, sur les flancs du Riesen-gebirge, qui a 5,948,800 toises carrées de surface. La prairie d'Iser est aussi remarquable; mais le plus curieux phénomène est celui que présente le *Seefelder*, tourbière dans l'arrondissement de Glatz, à l'élévation de 2,858 pieds au-dessus du niveau de la mer.

» Un des géologues les plus consommés ([2]) va nous guider dans les montagnes des Géants. Le granit y domine. On y voit souvent, parmi des sommets escarpés et déchirés, des éminences qui ont la forme d'un hémisphère régulier, et qui consistent dans un granit à petits grains, couvert de mica à sa surface, mais qui n'en contient que très peu dans son intérieur. On ne peut s'empêcher d'y voir des masses formées par cristallisation, et qui semblent prouver que le quartz, base primitive du granit, a une plus grande affinité pour le feldspath que pour le mica. On peut suivre la transition des roches presque entièrement siliceuses et de ces roches granitiques très peu mélangées de mica, par des roches de gneiss très riches en mica et par le schiste micacé lui-même, renfermant des dépôts calcaires, jusqu'aux roches purement argileuses, telles que le schiste argileux, l'amphibole et le schiste alumineux. Plus la formation du granit est ancienne, et moins il contient de mica. Le quartz augmente à mesure que le mica diminue.

» Ces roches à texture cristalline ne peuvent pas être considérées autrement que comme de vrais granits anciens : d'ailleurs on les distingue aisément d'un *granit recomposé*, qui se trouve entre Reichenstein et Wartha; celui-ci est également à grains très fins, mais il

---

([1]) Le *Hohe-Eule* a 3,026 pieds de hauteur. L'élévation des sommets du *Riesen-gebirge* est relatée dans l'Introduction de l'Europe, t. II, p. 22. — ([2]) M le baron *de Buch*.

abonde en mica, et il repose sur le schiste micacé.

» Le gneiss ou le granit feuilleté n'atteint pas une grande hauteur dans les montagnes des Géants; il alterne avec le micaschiste ou schiste micacé. Non loin de Bukersdorf, il renferme une masse de syénite à petits grains. Dans l'*Eulen-gebirge* le gneiss s'élève considérablement, et ses couches deviennent extrêmement puissantes. On n'y trouve aucun dépôt de roches calcaires, mais de temps en temps des métaux.

» Le micaschiste est une des roches le plus généralement répandues, surtout du côté méridional des montagnes des Géants. Elle semble avoir été déposée par des courants ignés venus du sud. Elle passe aux schistes argileux, amphiboliques et autres. On y trouve souvent des bancs de serpentine et de calcaire lamellaire, qui est la plus ancienne apparition du carbonate de chaux.

» Le micaschiste, dans la haute Silésie, contient souvent des granits; on n'en trouve pas dans le gneiss. Dans la basse Silésie, près des sources de la Queis, à Friedeberg, à Gieheren, et à Querbach, le micaschiste contient plusieurs bancs métalliques; l'étain oxidé (*zinnstein*) est épars dans toute la masse des roches, le cobalt éclatant est mêlé avec des grenats. Entre Rudelstadt et Janowitz, on trouve une couche de grenat dans le schiste amphibolique, avec des actinotes et du spath calcaire. La mine de l'*Einigkeit*, près de Kupferberg, s'exploite dans une couche qui consiste principalement en actinote asbestiforme, avec des pyrites cuivreuses, ferrugineuses et autres.

» Le porphyre, en Silésie, semble reposer généralement sur le micaschiste, et servir à son tour de support au schiste argileux. Ce n'est que dans la principauté de Schweidnitz que l'on voit des cônes de porphyre s'élever isolément du sein des montagnes stratifiées. Non loin de Liebau et de Landshut, il forme une montagne escarpée nommée le *Rabengebirge*. Une autre masse de porphyre, peut-être de plus d'étendue, entoure Friedland du côté du nord et de l'est. Près des vallées stratifiées de Schmiedsdorf, le porphyre devient bulleux, et dans les bulles il est couvert de cristaux de quartz; dans sa masse s'élèvent de petites tables ou lames de sulfate de baryte. Quelquefois le grès sablonneux lui est superposé. Le *Wild-gebirge* près de Schönau, dans la principauté de Jauer, est divisé en colonnes minces et perpendiculaires.

» Entre l'ancienne serpentine, dans le micaschiste, la Silésie offre encore une formation de serpentine qui semble devoir être du même âge que le schiste argileux; car on voit de cette serpentine là où l'on devait s'attendre à trouver le schiste argileux; au contraire, où le schiste argileux se trouve en grande quantité, la serpentine manque. En beaucoup d'endroits, comme à *Zobten* (promontoire presque détaché du Riesen-gebirge), la roche primitive nommée *grunstein* repose sur la serpentine. Mais on n'est pas certain de quelle manière s'y trouve le chrysoprase et l'opale, qu'on prétend avoir découverts près de Kozemutz.

» Les premiers grossiers détritus de roches tombées en dissolution ou détruites par une cause quelconque forment ces espèces de brèches que les disciples de Werner nomment *conglomérat*. C'est dans ce terrain que se trouvent les charbons de terre. Le *conglomérat*, dans la principauté de Schweidnitz, accompagne immédiatement la base des hautes montagnes. Partout où la Silésie est couverte à l'ouest par des montagnes primitives, on n'y voit aucune montagne stratifiée et de nouvelle formation. Le *conglomérat* ne consiste jamais en débris amenés de loin; au contraire, on trouve toujours dans la montagne voisine la roche d'où ils ont dû être détachés: aussi, dans la haute Silésie, où manquent les montagnes granitiques, on ne voit plus de *conglomérat*, et sa place y est remplie par un grès à petits grains qui paraît être venu de loin.

» Voici encore une importante observation. Au milieu de ces brèches venues des montagnes voisines, il se trouve des impressions de plantes, et par conséquent ces plantes, quoique inconnues, ont dû être indigènes sous ce climat.

» Les charbons de terre de la haute Silésie sont souvent recouverts par du fer oxidulé, et reposent sur une couche de bois bituminisé, très friable, et d'une texture lamelleuse, si on le considère en grand.

» Quant aux formations de calcaire stratifié, la Silésie n'en paraît contenir qu'une *seule*; c'est la même formation qui, dans les Alpes orientales, s'élève à des hauteurs immenses; c'est la roche calcaire compacte, grise, du

plusieurs parties de la basse Silésie. Ce calcaire alterne avec l'argile schisteuse, qui contient du cuivre. Dans la haute Silésie, la roche calcaire est recouverte de galène ou sulfure de plomb en couches, et au-dessus de cette galène on trouve une autre roche calcaire à petits grains et sans pétrifications, dans laquelle il y a du spath calcaire, de la calamine et de l'hématite brune en boules. Cette dernière roche calcaire est recouverte, près de Tarnowitz, d'une argile bleuâtre, et ailleurs d'un oxide de fer qui sert tantôt de support et tantôt de toit à la pierre calaminaire ou carbonate de zinc.

» Il y a, près d'Habelschwerth, dans le comté de Glatz, une petite chaine très étroite et très escarpée; elle consiste en un grès sablonneux à ciment argileux; sa texture est très uniforme. Plus loin des montagnes granitiques, il manque au grès le ciment argileux. Peut-être les grands amas de sable du côté droit de l'Oder représentent-ils un des derniers anneaux de la formation des grès.

» Les *basaltes* de la Silésie semblent n'être que des membres épars et égarés de la masse principale qui se trouve en Bohême. Parmi les monts basaltiques, on remarque celui de Buchberg, près de Landshut, où le *grunstein*, qui repose sur le basalte, présente une masse stratifiée. Presque sur les sommets des montagnes des Géants on voit une masse de basalte comme accolée au granit. Près de Krobsdorf, le basalte se rencontre par bancs dans le micaschiste; il est parfaitement semblable au basalte très moderne de plusieurs autres contrées. »

Pour donner en deux mots le résumé de la constitution géognostique de la Silésie, il nous suffira d'ajouter que toute la plaine qui s'étend au nord des montagnes est composée d'argile marneuse et de terre végétale; que vers les frontières de la Pologne elle se termine par un vaste dépôt d'argile renfermant du fer limoneux; qu'au nord de Gleiwitz ce dépôt repose sur un calcaire métallifère particulier à la haute Silésie; qu'elle est bornée au sud-est par des lambeaux appartenant aux formations houillère et porphyrique, et que les montagnes qui la bornent au sud montrent dans toute l'étendue de la chaîne les roches anciennes superposées dans l'ordre suivant : le granit, le gneiss, le schiste argileux, le grès houiller, le calcaire de sédiment inférieur ou de transition, le porphyre rouge, et le grès de sédiment moyen employé comme pierre de construction.

Les productions de la Silésie, considérées sous le rapport de l'utilité, en font une des provinces les plus riches. Outre l'ardoise, les pierres meulières, les terres à pipe et autres, on cite le marbre près de Kaufung, la serpentine de la montagne de Zobten et dans le cercle de Frankenstein, le porphyre de Schönau, les cristaux de roche de Prieborn, de Krummendorf et du Mumemlgrube; les jaspes cornalines, onyx et agates de Brunzlau; enfin, une sorte particulière de chrysoprase qui se trouve près de Grache et de Kosewitz ([1]).

« Les géographies allemandes disent que la Silésie manque absolument de sel ([2]); mais le ministre Heinitz, qui était à même de connaître la vérité, assure que les sources salées de la haute Silésie pourraient être exploitées avec un grand profit, et qu'il y avait lieu d'espérer qu'on trouverait dans quelques localités du sel gemme à une profondeur de cent pieds : jusqu'ici ses projets n'ont point été réalisés. La Silésie est mieux fournie de tourbe et de charbons de terre. Il y a quarante-trois carrières de ce dernier minéral en activité, et l'on en tire par an 2,800,000 tonneaux (de 2,000 livres). La principauté de Schweidnitz, le comté de Glatz, la principauté de Neisse, et presque toute la haute Silésie, abondent en ce fossile. La plaine qui borde l'Oder produit une excellente tourbe.

» L'alun, le vitriol, la calamine ou le minerai de zinc de la haute Silésie, et l'arsenic de Reichenstein, fournissent un produit assez considérable. Parmi ces substances minérales, le zinc est la plus importante; l'exploitation de ce métal ne commença dans la haute Silésie que vers l'an 1764; en 1798 elle ne s'élevait annuellement qu'à 13,000 quintaux; aujourd'hui elle dépasse cette quantité de plus de 200,000 quintaux. L'or qu'on tirait de l'arsenic était en si faible quantité qu'on a abandonné cette opération dangereuse. De même l'exploitation renouvelée des mines d'étain près de Giehren a cessé, quoiqu'on prétende que dans des temps plus reculés on en ait tiré près de 300 quintaux par an. On extrait environ 38,000 quintaux de cobalt par année.

([1]) *Heinitz* (ministre d'État), Mémoire sur les productions minérales de la monarchie prussienne. —
([2]) *Gaspari.*

» Les mines de cuivre de Rudelstadt donnent par an 850 quintaux ; le produit des autres n'est pas bien connu. Tarnowitz, dans la haute Silésie, a une riche mine de plomb qui en même temps contient de l'argent. Cette mine a, dans les temps anciens, donné 15 à 16,000 quintaux de plomb et 3 à 4,000 marcs d'argent. Aujourd'hui on n'en obtient plus que 5 à 600 marcs d'argent, mais le produit du plomb s'élève à plus de 18,000 quintaux. M. Heinitz assure que cette mine s'étend sur onze lieues carrées ; mais les calculs qu'il faisait sur la quantité de métal nous paraissent exagérés.

» Les mines de fer sont les plus nombreuses et les plus importantes de la Silésie. Le minerai n'est pas riche ; le quintal donne environ vingt-quatre livres de fer de fonte ; ce fer est très ductile. Près de Malapane, où il y a une fonderie royale de canons et une raffinerie d'acier, on a trouvé du fer carbonaté qui est très propre à faire l'acier brut. On en trouve aussi à Tarnowitz d'une très bonne qualité. Dans la basse Silésie, on a découvert près de Schmiedelberg une mine de fer magnétique qui fournit un très bon fer pour les quincailleries. Du côté de Warthenberg et Sprottau, on exploite la mine de fer limoneuse. »

Les mines de fer appartenant à la couronne occupent 3,567 ouvriers ; celles des particuliers emploient encore un plus grand nombre de bras : ainsi l'on évalue le produit des forges royales à 96,000 quintaux de fer brut, à 38,000 de fonte et à 33,000 de fer en barres ; tandis que les forges particulières donnent 246,000 quintaux de fer brut, 18,000 de fonte et 136,000 de fer en barres.

« On prétend que l'argent a autrefois abondé dans la Silésie, mais aujourd'hui on n'en trouve que très peu, mêlé, ainsi que nous venons de le dire, avec la mine de plomb, à Tarnowitz, Reichenstein et Silberberg ; même à ce dernier endroit, on en a cessé l'exploitation. On a constaté le fait historique de l'existence des lamelles et des grains d'or dans les couches quartzeuses et sablonneuses près de Goldberg. Il est prouvé par des documents authentiques qu'en 1624 on tirait de sept quintaux et demi de cette mine lavée environ deux onces d'or. Il y a encore d'autres traces de ce métal, mais en trop petite quantité pour mé-

riter l'exploitation. Au total, les minéraux de la Silésie, qui se trouvent presque tous du *côté allemand* ou sur la gauche de l'Oder, ne sont pas tous d'une exploitation également lucrative, mais ils donnent du travail à la population et fournissent à la plupart des besoins du pays. »

La Silésie renferme aussi un grand nombre de sources minérales dont les principales sont celles de *Charlottenbrunn*, de *Georgenbad* près de *Landen*, de *Reinerz* et de *Warmbrunn*.

Les productions du règne végétal sont beaucoup plus abondantes encore. Aujourd'hui la population de la Silésie, grâce à son augmentation rapide et à un meilleur système de nourriture adopté pour les bestiaux, consomme plus en grains et en légumes farineux que la quantité qu'elle en exportait autrefois. Cet état de choses pourrait même inspirer des craintes pour l'avenir, relativement aux moyens de nourrir une grande masse d'individus, si la production des denrées de première nécessité n'augmentait dans la même proportion que les individus.

« On cultive tous les blés ordinaires dans le Nord, et en outre le blé de Turquie, l'épeautre, le millet et le sarrasin. Dans les districts montagneux, les pommes de terre remplacent le blé. On estime que la Silésie produit année commune 60,000 wispels de froment, 375,000 de seigle, 160,000 d'orge, 270,000 d'avoine, et 140,000 de pommes de terre [1]. On cultive aussi beaucoup de lentilles, de pois et d'autres légumes. Les fruits viennent bien, surtout près de Gruneberg et de Beuthen. On force la nature à produire de mauvais vins, qui, selon Busching, « deviennent agréables en les conservant. » Gaspari dit que l'on n'en fait que du vinaigre. Les plus belles productions végétales de la Silésie sont le lin et le chanvre, qui viennent partout et en très grande abondance, sans cependant suffire aux immenses besoins des manufactures du pays. C'est surtout près de Neisse, Oels, Trebnitz, Sagan et Wartenberg que la culture du lin fleurit. On fait tous les ans venir la semence de la Livonie et autres provinces russes. L'exportation des toiles de lin par la seule douane de Wittemberg est de plus de 40,000 quintaux par an. Une autre plante qui peut servir à la filature, la petite

[1] Le wispel contient en litres 1313,52.

gentiane, commence à être beaucoup cultivée. On recueille tous les ans environ 50 à 60,000 *stein's* (à 22 livres) de garance; il y en reste pour l'exportation. La gaude, ou *reseda luteola*, plante qui sert à la teinture en jaune, y vient aussi en abondance ; mais on est surpris de voir la culture du safran négligée ; quant à celle du tabac, on ne doit pas s'attendre à la trouver très répandue dans un pays où tout le monde est occupé de cultures plus lucratives. En 1828, le nombre de métiers destinés au tissage du coton s'élevait à plus de 8,000. La soie n'entre aussi que pour peu de chose dans la somme des productions silésiennes. En 1794, on comptait 480,000 mûriers ; mais tout le produit était, en soie pure, de 493 livres, et en soie écrue, de 130 livres. Une industrie semblable mérite d'être abandonnée.

» Les forêts sont ce que la haute Silésie possède de plus précieux. La principauté d'Oppeln, qui offre une superficie de 688 lieues carrées, n'est presque qu'une forêt continuelle. L'Oder y coule à travers les plus belles et les plus épaisses forêts de chênes que l'on puisse voir. Dans la basse Silésie, les montagnes d'un côté, les grandes plaines sablonneuses de l'autre, abondent en forêts. Les districts limitrophes de la Pologne en sont couverts presque en entier ; mais les contrées entre la Lusace et l'Oder souffrent souvent beaucoup de la disette de bois. Outre les chênes, les pins et les sapins, on trouve encore des mélèzes, surtout près des frontières de la Moravie; on en tire de la térébenthine. Les forêts fournissent en bois, potasse, goudron, résine, noir de fumée et autres articles d'exportation, pour plus de 2,000,000 de France.

» La laine de Silésie, déjà très bonne en son état originaire, a été améliorée par l'introduction des béliers espagnols. On tond encore les brebis deux fois par an, et la laine d'été est préférée à celle d'hiver. Le produit annuel est de 10,000,000 de livres prussiennes ; il est loin de suffire aux besoins des manufactures. Le nombre de bêtes à laine est de plus de 2,600,000. On ne tient que ce qu'il faut de vaches pour fournir du lait et du fromage aux besoins domestiques. En plusieurs endroits, on s'en sert pour le labourage, tant les bœufs et les chevaux sont rares. On élève encore moins de porcs. Les montagnards ont beaucoup de chèvres ; et ces animaux doivent trouver d'excellents pâturages, puisque deux donnent autant de lait qu'une vache. La Silésie ne possède généralement que de petits chevaux importés de Lithuanie et de Pologne. Il est vrai que les montagnards du côté de la Bohême possèdent une race de chevaux plus forte, mais elle n'est que très peu répandue dans le reste du pays.

» Le gibier est rare ou commun, selon que les districts sont riches en forêts. Parmi les bêtes sauvages qu'on trouve ici, nous remarquons le lynx, ou le loup-cervier, qu'on rencontre quelquefois dans les montagnes, et le castor ; mais ce dernier devient rare, et l'ours, n'aimant point la foule, a quitté ce pays pour habiter la Pologne. La pêche est importante. L'Oder fournit des saumons, des esturgeons, longs quelquefois de 12 à 14 pieds ; des *zantes*, des bises ou glanis, qui pèsent quelquefois 40 à 50 livres ; des lamproies, motelles et autres sortes. Les nombreux étangs sont remplis de brochets, de murènes, de truites.

» La principale industrie de la Silésie, concentrée dans les beaux et grands villages des montagnes aux environs de la ville de Hirschberg, a pour objet la fabrication des toiles, qui, avec celles de batistes et de voiles, produit une valeur d'exportation de plus de 6,700,000 écus de Prusse. Les draps exportés valent 2,700,000 écus, et les objets en coton près de 1,200,000. Mais la vente des toiles, qui trouvait un débouché à Cadiz et dans les ci-devant colonies espagnoles, fut presque anéantie par la soumission du continent au système français. Cette industrie se relève lentement, car les toiles d'Irlande ont occupé les marchés. En 1805, les exportations de la Silésie étaient estimées à la valeur de 10,934,519 écus en productions du pays même (dont 7,020,693 du règne végétal, et 3,118,994 du règne animal), et 984,777 en productions étrangères ; par conséquent le total s'élevait presqu'à 12,000,000 d'écus. Ces exportations se sont considérablement augmentées par les encouragements de toute nature que le gouvernement a sagement distribués. En revanche, la Silésie tire de la Moldavie, de la Russie et de la Prusse, pour 2,000,000 d'écus en bœufs, chevaux et porcs, dont une partie est réexportée ; en graine de lin, chanvre, peaux et autres objets, elle tire pour plus de 1,000,000 de vins, de fer, de cuivre et de fil de l'Autriche, beaucoup de sel gemme de la Galicie, pour 2 à 3,000,000 de vins, de soieries et de marchandises coloniales de Hambourg, de Berlin, de Stettin et de Dantzick; au total, l'importation s'élevait, en 1805, à la somme de 11,000,000 d'écus. Avec le commerce de transit, la circulation commerciale était évaluée à 26,000,000 d'écus; mais comment garantir aujourd'hui que toutes les branches de l'importation et de l'exportation sont rentrées dans leurs anciens canaux? Les besoins de la province sont les mêmes; ses ressources n'ont probablement pas regagné l'ancien niveau. Le système prohibitif maintenue par la Russie, et la gêne mutuelle que les douanes prussiennes et autrichiennes s'opposent, comprime l'essor du commerce silésien, qui, dans sa liberté, serait l'intermédiaire entre une grande partie de l'occident de l'Europe. Le commerce de transit a même constamment décliné depuis l'an 1766, où Frédéric-le-Grand organisa son système des douanes, et, sous ce rapport seul, la Silésie a perdu par sa séparation d'avec l'Autriche [1]. Mais la réunion sous le même sceptre avec le grand-duché de Posen, et la communication directe entre Breslau et Dantzick, tendent à ranimer le commerce extérieur.

» Tous les avantages de la position géographique de la Silésie sont plus ou moins balancés par son climat particulier. La partie méridionale éprouve, à cause de l'élévation du sol et de l'épaisseur des forêts, des hivers longs et rigoureux; mais l'air y est très sain. Les cantons montagneux, vers la Bohême, ont des eaux pures, des hivers très neigeux et de longues pluies en automne. Dans le nord, où le climat est le plus doux, le grand nombre d'étangs et de marais, que l'on évalue à 7 ou 800, rend en plusieurs endroits l'air moins salubre, surtout le long de la frontière polonaise, où les bonnes eaux sont rares.

» Les habitants de la Silésie sont divisés d'origine et de religion. Le plus grand nombre parle aujourd'hui l'allemand, et descend, du moins en grande partie, des colons venus de Franconie et du Rhin. Les Allemands, au nombre d'environ 1,900,000, se distinguent par leurs goûts industrieux, leur amour pour les sciences utiles, leur tolérance religieuse, qui s'unit à des sentiments d'une piété élevée. Enthousiastes pour les intérêts de leur province, ils se sont défendus contre Bonaparte quand toute la Prusse lui cédait; ils citent avec orgueil parmi leurs compatriotes le philosophe Wolf, le moraliste Garve, et Opitz, le père de la poésie allemande moderne.

» Une petite portion de la haute Lusace étant aujourd'hui réunie à la Silésie, on compte parmi les habitants 30 à 40,000 *Wendes* qui conservent leur ancien idiome slavon. Mais la plus nombreuse race slavonne est celle qui forme la population rustique de la haute Silésie; indigène du pays, elle tient le milieu entre les Polonais et les Moraviens, tant pour l'idiome que pour les traits physiques. Cette population, d'environ 630,000 âmes, reçoit des Allemands le nom de *Wasser-Polaken*, c'est-à-dire *Polonais du pays aquatique*. Leur langue était parlée, écrite et employée dans les actes publics par toute la Silésie concurremment avec la latine, jusqu'en 1352, que l'allemand fut introduit dans les chancelleries. Aujourd'hui, étrangers à la civilisation allemande, séparés des autres Polonais, ils mènent une vie un peu sauvage; leurs cabanes offrent l'aspect de la misère; ils se couvrent de peaux de mouton, et dans l'hiver ils se transportent d'un lieu à l'autre montés sur de longs et légers patins de bois, à l'instar des Norvégiens, des Lapons et des habitants de la Carniole.

» Sous le rapport de la religion, la Silésie comptait, il y a peu d'années, 1,000,000 4 à 500,000 évangéliques-luthériens, y compris les réformés. Ils demeurent principalement dans les parties voisines de Breslau, et s'étendent de là dans tout le nord de la province. Les catholiques, au nombre de 1,100,000, dominent surtout dans la haute Silésie et dans les montagnes vers la Bohême. Des mennonites, des hussites, ou anciens frères moraves, des herrenhutiens, ou frères modernes, jouissent aussi d'une parfaite liberté de culte; ils sont au nombre de 3 à 4,000, et les israélites de 12,000. On ne saurait nier le fait que le nombre des catholiques a diminué et continue à diminuer; mais si les évangéliques en attribuent la cause au progrès de la civilisation et à la justice du gouvernement prussien, qui a permis aux protestants cachés et opprimés de se déclarer, les

---

[1] *Norwann. Deutschland*, pag. 1289 (d'après *Hertsberg*).

catholiques romains y voient l'effet de la réduction successive des revenus, jadis immenses et encore aujourd'hui considérables, de leur clergé tant régulier que séculier. Il est vrai que les 20 abbayes, 73 monastères et 18 couvents de femmes ont été réduits à 6, et que la plus grande partie de leurs terres ou biens-fonds a été sécularisée. Mais d'abord cette mesure n'eut lieu que dans l'année 1810, et la diminution des catholiques avait commencé un demi-siècle plus tôt ; ensuite la sécularisation frappa également les couvents luthériens. Pas la moindre chapelle n'a été enlevée aux catholiques ; et pendant que les évangéliques ne possèdent que 625 églises, les catholiques en comptent 1,378, parmi lesquelles plusieurs qu'ils ont anciennement enlevées de force aux autres cultes.

» L'enseignement théologique est parfaitement libre, et la faculté catholique de l'université de Breslau est mieux dotée que la faculté protestante. Les écoles, améliorées par l'abbé Felbiger, ont conservé pour directeurs un corps de prêtres composé d'anciens jésuites. De quoi les catholiques auraient-ils donc à se plaindre ? Il est vrai que l'évêque de Breslau, prince de Neisse, duc de Grottkau, ne possède plus d'immenses seigneuries suzeraines renfermant 163 châteaux et terres, estimés à plus de 2,000,000 d'écus de revenus. Mais il lui reste encore une existence brillante ; il peut se consoler en pensant aux premiers évêques, fondateurs du siège à Schmograu, en 966, où, selon des documents authentiques, ils tenaient eux-mêmes école, vivaient comme des bourgeois et se mariaient. Ce fut dans les onzième et douzième siècles que l'évêché, transféré à Pitschen en 1041 et à Breslau en 1052, acquit rapidement ses superbes possessions. Comment se fait-il donc que les catholiques d'Irlande, pauvres et opprimés, restent fidèles à leur culte, tandis que ceux de Silésie, riches et protégés, diminuent en nombre ?

» La noblesse silésienne possède 3,504 seigneuries et terres nobles, estimées à une valeur de 150,000,000 d'écus, depuis que l'établissement d'une caisse de crédit provincial a mis les propriétaires à même de résister aux embarras qui naissent de fréquentes variations dans le prix des blés. Les ducs, les grands et les petits barons, jouissent encore, dans la nouvelle organisation des États provinciaux, de grandes prérogatives. Mais le paysan, jadis soumis à une sorte de vasselage plus sensible dans la haute Silésie, est depuis 1810 un homme libre, soumis à la loi ; il peut acquérir des propriétés libres, mais les seigneurs conservent leurs droits utiles sur les terres, tels que les *robottes*, ou corvées, les *landimies*, ou 10 p. 0/0 des successions, et une foule de redevances diverses. Le tiers-état se composait autrefois de la ville de Breslau, qui jouissait, sous le gouvernement autrichien, d'immunités presque égales à celles d'une république, et qui votait avec l'ordre des chevaliers, plus un petit nombre d'autres villes immédiates qui votaient dans un collège inférieur ; mais aujourd'hui la classe bourgeoise est représentée d'une manière égale.

Entreprenons maintenant notre excursion topographique, en partant de la capitale, *Breslau*, dont l'ancien nom indigène est *Wraclaw*, qu'on prononce *Wratslaw*. Cette ville très ancienne, déjà brûlée en 1241 par les Tatares Mongols, est située au confluent de l'Ohlau et de l'Oder, dans une plaine, bien qu'à 480 pieds d'élévation au-dessus de la mer Baltique. Ses environs, couverts de jardins maraîchers, d'arbres fruitiers et de plantations de garance, présentent l'image de la fertilité. Les vastes et inutiles ouvrages de fortification ont cédé la place à des promenades et à des maisons de campagne. Il y a peu de rues larges, mais plusieurs églises, surtout la cathédrale, d'une architecture gothique aussi hardie que simple. La flèche de Sainte-Élisabeth, les superbes bâtiments du ci-devant couvent des Augustins, l'élégant palais de Schœnborn (autrefois de Hatzfeld), l'arsenal, la bourse, l'hôtel des monnaies, quelques autres édifices publics et beaucoup de belles maisons bourgeoises, quoiqu'un peu gothiques, donnent à cette ville un extérieur assez imposant et digne de son titre officiel de *troisième capitale* de la monarchie. »

Depuis 1822, le faubourg Saint-Nicolas communique à la ville par un pont de fer. On y compte 33 églises, dont 22 sont réservées au culte catholique. La cathédrale, dédiée à saint Jean, est bâtie dans une île de l'Oder. Le Salzring, qui sert de promenade publique, est orné de la statue de Blücher. On remarque aussi dans cette ville le monument du général Tauenzien. La population, qui en 1817 s'élevait à 78,000, et en 1828 à 84,000, doit être aujourd'hui de plus de 90,000 individus. A l'exception de 6,000 juifs, les deux tiers de ses habitants sont catholiques et le reste est protestant. La ville a un théâtre, plusieurs sociétés littéraires et patriotiques, quatorze bibliothèques publiques, parmi lesquelles celle de l'université compte 100,000 volumes; un musée, un observatoire, un amphithéâtre d'anatomie, cinq cabinets de médailles, de tableaux et d'antiquités, un jardin botanique, des hospices pour les accouchements et pour les malades, et beaucoup d'autres établissements publics. Au centre du commerce de la Silésie, elle a vu circuler (à ce qu'on assure) dans ses murs, en 1805, une exportation de 17,000,000 de florins et une importation peu inférieure; mais ces estimations paraissent exagérées. Ses grandes foires, où l'on vend principalement des bœufs de l'Oukraine ou de la Moldavie, et des laines de Silésie, attirent une foule de marchands de pays très éloignés. Breslau entretient en outre des manufactures importantes de glaces, de toiles blanches et imprimées, de draps, de soieries, de tabac et d'autres objets de luxe et d'utilité. On y compte aussi plusieurs raffineries de sucre, des papeteries, des tanneries importantes, des distilleries d'eau-de-vie; enfin des fabriques d'aiguilles, de dentelles, d'alun, etc. »

La démolition des fortifications de cette ville a non seulement donné naissance à un grand nombre de beaux édifices, mais a considérablement contribué à sa salubrité. Ses établissements d'instruction, au nombre de plus de 84, sont dans un état satisfaisant de prospérité : en 1828, l'institut médico-chirurgical comptait 73 élèves, et en 1829, 106. L'université est fréquentée par environ 1,300 étudiants. Les établissements de bienfaisance sont entretenus avec le plus grand soin. En 1828, les revenus de l'administration des pauvres, en y comprenant les maisons d'orphelins, les institutions des aveugles et des sourds-muets et les hôpitaux, s'élevaient à la somme de 950,000 fr., dont environ un quart provenait de souscriptions des particuliers.

A quatre lieues de Breslau, il existe dans le petit village de *Skarsine* une source ferrugineuse très fréquentée. A *Criblowitz*, on voit le tombeau et le monument de Blücher.

Essayons de parcourir les lieux remarquables de la *régence de Breslau*, ils sont peu nombreux du côté polonais et sur la rive orientale de l'Oder. *Namslau* est le chef-lieu d'un arrondissement qui fournit la meilleure laine de la Silésie : on y trouve plusieurs manufactures de draps. *Oels*, ville de 5,000 habitants, renferme un grand château du moyen âge avec une bibliothèque et un musée d'histoire naturelle, un gymnase, une salle de spectacle et plusieurs manufactures. C'est la capitale d'une principauté médiate de 150,000 florins de revenu, appartenant aux ducs de Brunswick. Dans les environs de *Trebnitz*, petite ville de 3 à 4,000 âmes, les immenses forêts de bouleaux font donner au canton le nom de *pays des balais*. Les baronnies de *Trachenberg* ou *Straburek*, et de *Militsch* ou *Mielicz*, renferment dans leur sol argileux et fertile un très grand nombre d'étangs grands comme des lacs. Le parc de *Freyhan* mérite d'être vu. A *Neuschloss*, il y a des vignobles considérables. A *Wohlau*, petite ville située au milieu d'un pays marécageux, on compte plusieurs fabriques de toile damassée.

Oppeln, en slave *Oppolie*, sur la rive droite de l'Oder, qui y forme une île où se trouve un ancien château-fort, est renommée par ses fabriques de pain d'épice. *Gleiwitz* renferme une des plus belles forges royales de la Prusse; elle fournit, année commune, plus de 13,000 quintaux de fonte. *Pless*, en polonais *Pszozyna*, située à quelque distance de la rive gauche de la Vistule, est le chef-lieu d'une principauté, qui, sous la souveraineté de la Prusse, appartient à la maison d'Anhalt.

« Du côté allemand, la régence, agrandie de celle de Reichenbach, présente un grand nombre d'endroits remarquables. *Ratibor*, sur la gauche de l'Oder qui y devient navigable, est le siège d'une cour de justice dont le ressort comprend toute la régence d'Oppeln. Elle est peuplée de 5,000 âmes, et entourée de murailles percées de quatre portes. *Leobschutz* ou *Hlubzien*, chef-lieu de cercle, est peuplée de 4 à 5,000 âmes; *Ober-Glogau* ou *Klein-Glogau* (le petit Glogau) est une ville murée qui renferme un château avec une bibliothèque. *Neisse*, place forte qui compte 13,000 habitants, et qui pour sa défense peut inonder ses environs jusqu'à une grande distance, est la résidence d'un évêque dont le palais est très beau. Située sur la rive dont elle porte le nom, elle possède des fabriques de lainages, de toiles de lin, de rubans et de bonneterie, et une manufacture d'armes blanches. *Brieg*, sur l'Oder, est à 492 pieds d'élévation au-dessus du niveau de la mer. Ses remparts ont été démolis en 1807 par les Français, et de belles promenades les remplacent aujourd'hui. La principale ressource de ses 12,000 habitants est la fabrication des toiles rayées. La ville a de l'apparence, cinq églises, un collége dont la bibliothèque est assez belle, sept hôpitaux, une maison d'aliénés, des rues droites et des environs agréables. Jadis les habitants de la principauté étaient réunis tous les ans à une fête donnée par leurs ducs de la race des Piasts, sous l'ombre d'un chêne antique, non loin de Scheidelwitz. Dans la petite ville de *Strehlen*, qu'entoure une double enceinte de murailles et de fossés, et dans trois villages voisins, une colonie de Bohêmes-Hussites conservent leur idiome et leur culte évangélique, qui a précédé la réforme de Luther. A *Ohlau*, chétive cité sur une rivière qui porte le même nom, tout annonce l'aisance qu'y font naître l'industrie et l'activité. On y compte plusieurs fabriques de tabac, de draps et de papier. »

Élevons-nous dans les cantons montagneux dont nous pouvons contempler en grande partie le panorama de *Schweidnitz*, ville très manufacturière de 11,000 âmes, et jadis forteresse redoutable, mais rasée en 1807 par ordre de Napoléon, et qui depuis ce temps a gagné en industrie au-delà de ce qu'elle a perdu sous le rapport de l'importance militaire. Cette ville qui porte le titre de *seconde capitale* de la Silésie, ne renfermait autrefois que 6,000 habitants. Arrosée par la Weistritz qui va se jeter dans l'Oder, elle se fait remarquer par ses rues larges et bien bâties, et par quelques belles places publiques. L'hôtel-de-ville et l'église catholique, dont le clocher est le plus élevé de tous ceux de la Silésie, sont les deux édifices les plus importants. Elle possède un grand nombre de fabriques de soieries, de lainages et de toiles. Sa situation au milieu d'une contrée fertile contribue à l'étendue de son commerce, qui consiste principalement en grains, en bétail, en laine, en tabac, en draps, en cuirs, en papiers et en houille que l'on exploite dans ses environs. Cette ville s'honore d'avoir donné naissance à l'une des femmes les plus savantes du dix-septième siècle, Marie Cunitz, qui étudia avec succès les arts et les sciences, et qui publia en 1645, sous le titre d'*Urania propitia*, des tables astronomiques réimprimées plusieurs fois depuis cette époque.

En remontant le cours de la Neisse, nous arriverons dans une vallée étroite au milieu de laquelle s'élève *Glatz*, entourée de murailles et défendue d'un côté par un vieux château placé sur une montagne qui domine tous les environs, et de l'autre par une forteresse nouvelle et régulièrement bâtie. Dans les montagnes qui l'entourent, on exploite de la serpentine.

Si nous descendons vers le Katzbach, aucune ville importante ne s'offre à nous avant d'arriver à *Liegnitz*, située sur les bords de cette petite rivière qui va se jeter à quelques lieues de là dans l'Oder.

Nous n'examinerons point si cette ville, en latin *Lignicium*, a été fondée par les *Lygii*, *Lugii* ou *Logiones*, peuple de l'ancienne Germanie dont parle Tacite ([1]). Cette opinion est d'autant moins probable, que cette nation, comme on le sait, n'avait point de villes. On s'est appuyé, pour prouver l'antique origine de Liegnitz, sur la découverte de quelques urnes et d'autres objets d'antiquité trouvés dans ses environs; tandis que ces monuments, assez fréquents dans toute la Silésie, et dont l'origine est peu connue, n'indiquent point toujours une ville bâtie, mais plutôt des tombeaux et d'autres traces du respect que les anciens habitants de ces contrées avaient pour leurs morts, qu'ils brûlaient comme le faisaient les Romains et d'autres peuples de l'antique Europe. On sait que Liegnitz, ville qui compte aujourd'hui plus de 11,000 habitants, n'était qu'un village quand Boleslas, en 1175, l'entoura de murailles et la fortifia ([2]). Son château, qui passe pour une des plus belles constructions de la Silésie; ses boulevards en terre, plantés de beaux arbres; ses environs fertiles, ornés de promenades et de sites pittoresques; les édifices qu'elle renferme, parmi lesquels il faut citer l'église catholique de Saint-Jean, fondée en 1348 par Wenceslas; la magnifique chapelle de l'ancien couvent des

---

([1]) *De Mor. Germ.*, § 43. — *Annales*, liv. XII ch. xxix. — ([2]) Zeiler *Topographia Silesiæ*, p. 158

Jésuites, où furent déposés les restes des ducs de Liegnitz et de Brieg; l'hôtel-de-ville ; le magasin des drapiers, où l'on conserve d'anciennes armures ; enfin sa grande place et quelques établissements d'utilité en font une résidence intéressante sous plusieurs rapports. Elle possède plusieurs belles manufactures de draps. La garance forme un article considérable de son commerce. Les jardiniers de cette ville entretiennent une branche d'industrie assez importante : on dit qu'ils exportent annuellement pour 100,000 reichsthalers, ou 370,000 francs, de plantes potagères.

De Liegnitz on aperçoit, à 4 lieues au sud-ouest, *Goldberg*, ville de 6,000 âmes, située près de la rive droite du Katzbach, à 830 pieds au-dessus du niveau de la mer. Elle est entourée d'une double muraille, et tire son nom d'une riche mine d'or que l'on a exploitée jadis dans ses environs.

En allant de Liegnitz à *Glogau*, on passe sur le champ de bataille où le grand Frédéric battit les Autrichiens en 1760. Cette ville, que l'on peut considérer comme une forteresse importante, et dans laquelle les Français entrèrent en 1807, mérite peu de fixer notre attention. Les Silésiens l'appellent le *grand Glogau* (*Gross-Glogau*) pour la distinguer de la petite ville du même nom (*Klein-Glogau*) dans la haute Silésie. Entourée de fortifications importantes, située sur la rive gauche de l'Oder, au milieu d'une plaine fertile, elle communique par un pont de bois avec l'île de Dom, dans laquelle sa cathédrale est bâtie. Elle ne renferme aucun édifice remarquable, si ce n'est un château royal, un arsenal et de vastes casernes : cependant, riche et industrieuse, elle a profité des bienfaits de la paix, et sa population s'élève aujourd'hui à plus de 12,000 habitants, sans compter sa garnison qui est habituellement de 2,000 hommes. Si nous nous dirigeons vers l'extrémité septentrionale de la Silésie, *Grüneberg*, au centre d'un vignoble peu estimé, dont la plus grande partie de la récolte ne sert qu'à faire du vinaigre, est une cité importante par ses grandes manufactures de draps, ses filatures de laine et ses fabriques d'indiennes; elle ne renferme pas moins de 10,000 âmes. Vers le confluent de la Bober et de la Queis, s'élève une jolie petite ville, *Sagan*, jadis fortifiée, aujourd'hui entourée d'une muraille et d'un fossé. On y remarque un grand château avec un beau parc : ce château, commencé par Wallenstein, n'est pas encore achevé; les bâtiments de l'orangerie méritent surtout de fixer l'attention. Sagan renferme 5,000 habitants et plusieurs établissements manufacturiers. En continuant à remonter la Bober et en parcourant le versant oriental des monts Géants, nous verrons *Bunzlau* ou *Boleslaw*, ville de 6,000 habitants, dont la principale industrie consiste depuis long-temps dans la fabrication d'une faïence brune estimée, et qui possède une école nationale et un hospice royal d'orphelins. Hors de sa double enceinte de murailles et de fossés, la source appelée *Quekbrunnen* est célébrée par les poëtes silésiens. A une demi-lieue de la ville, on remarque le monument érigé à la mémoire du général russe Koutousof-Smolenski. Citerons-nous *Löwemberg* ou *Lemberg*, chef-lieu de cercle, sur la rive gauche de la Bober? *Hirschberg*, qui compte 7,000 habitants, qui renferme plusieurs beaux édifices et des fabriques de draps, et qui est en outre l'entrepôt de la plus grande partie des toiles qui se fabriquent dans la province? La longue ville de *Schmiedeberg*, formée de deux rues principales, est bâtie au pied du Kahlemberg sur l'Yssel, à près de 1,400 pieds au-dessus de la Baltique. Elle donne son nom à l'une des montagnes les plus remarquables du Riesengebirge, le *Schmiedeberger-Kam*, haut de 3,300 pieds. A l'ouest, nous trouvons *Lauban* ou *Luban*, ville de 5,000 âmes, et pour ainsi dire la rivale d'Hirschberg en industrie; *Muskau* sur la Neisse, jolie résidence moins importante par le nombre de ses habitants, qui s'élève à 1,500, que par ses fabriques, et surtout par celles d'alun, et qui possède une bibliothèque et une galerie de tableaux ; enfin, sur la même rivière, *Görlitz*, jolie ville, célèbre par ses belles manufactures de draps. Elle renferme 12,000 habitants et quelques édifices remarquables, tels que la cathédrale, qui possède un très bel orgue, une cloche d'une grande dimension et une chapelle taillée dans le roc. Les collections de la société des sciences et des lettres sont dignes d'être visitées ; mais ce sont surtout les environs de la ville qui offrent le plus d'intérêt.

Du haut du mont *Landskrone*, qui domine Görlitz à une demi-lieue au sud-ouest, et dont le nom, qui signifie *couronne du pays*, convient parfaitement à une cime élevée, la vue s'étend par un temps clair sur un horizon d'environ 25 lieues. De cette montagne on aperçoit les différents établissements thermaux en réputation dans toute la Silésie pour les affections rhumatismales : là sont les célèbres bains de *Liebverda*, plus loin les eaux ferrugineuses de *Flinsberg ;* sur la gauche, on voit enfin le village de *Marckersdorf,* près duquel, au combat de Reichenbach, le 22 mai 1813, Duroc fut atteint par le même boulet qui tua le général Kirgener et blessa mortellement le général Bruyère. Ce fut entre les mains du curé de ce village que Napoléon remit, pour faire élever un monument à la mémoire de son maréchal du palais, une somme considérable à laquelle le prince de Repnin, sans respect pour la mémoire des morts, donna plus tard une autre destination.

Nous avons parcouru rapidement la Silésie ; la province dans laquelle nous allons entrer nous offrira plus d'intérêt : c'est celle qui a servi de point de centre à cette puissance nouvelle qui, depuis un siècle, a joué un si grand rôle dans les événements qui ont agité l'Europe ; enfin c'est au milieu de cette province qu'est placée la capitale de toutes les possessions prussiennes.

Le *Brandebourg* est formé d'une partie de l'ancienne Marche du même nom, ainsi appelée de la ville de Brandebourg, sa capitale ; d'une partie du cercle de Wittemberg et de celui de Meissein ; de la principauté de Querfurt, et enfin d'une petite portion de la Silésie. Il est borné au sud-est par cette province, à l'est par le grand-duché de Posen, au nord par la Poméranie et le grand-duché de Mecklenbourg, à l'ouest par la province prussienne de Saxe, dont une partie du cours de l'Elbe le sépare ; et au sud-ouest par la principauté d'Anhalt-Dessau. Sa plus grande largeur est d'environ 60 lieues du nord au sud, et d'environ 55 de l'est à l'ouest. Sa population, composée d'Allemands, de Suisses et d'anciennes familles françaises réfugiées, est bien moins considérable, à surface égale, que celle de la Silésie.

Les premiers peuples qui habitaient le Brandebourg étaient, du temps de Tacite, les Lombards (*Longobardi*), les Bourguignons (*Burgundiones*), les Semnons (*Semnones*), qui se vantaient d'être les plus braves et les plus nobles des Suèves, et les Guttons (*Guttones*) qui faisaient partie des Vandales. Vers le cinquième siècle, ces peuples, repoussés probablement par les *Venedi* ou *Wendes*, envahirent différentes provinces de l'empire romain, et les Wendes occupèrent la contrée qui constitue aujourd'hui la province de Brandebourg ; ils s'y subdivisèrent bientôt en plusieurs petits peuples, selon les portions du pays qu'ils habitèrent ; ainsi il y eut les *Lutitzi*, les *Wilzi*, les *Walutabi*, les *Ha-Svelli*, etc. Sigifred, comte de Saxe, fut nommé margrave de Brandebourg en 927 : c'est le plus ancien titulaire de cette principauté sur lequel l'histoire fournisse des renseignements authentiques.

En 1133, Albert, surnommé l'Ours, et appelé aussi le Beau, fils d'Othon-le-Riche, comte de Ballenstedt, conquit sur ces peuples la ville de Brandebourg, et fut nommé en 1150, par l'empereur Conrad III, à la dignité d'électeur et de margrave. La marche de Brandebourg n'était en quelque sorte couverte que de marais et de forêts : ce prince entreprit de faire défricher la contrée ; il y bâtit des villes, entre autres Berlin, Bernau, Francfort-sur-l'Oder et Landsberg, qu'il peupla d'une nombreuse colonie d'Allemands qui s'étaient établis en Hollande, et qu'une inondation avait forcés de quitter cette contrée ; il peupla aussi certaines parties du Brandebourg, que les brigandages des Suédois et des Danois avaient rendues désertes. Il s'efforça d'établir et de répandre dans ses Etats la religion chrétienne ; il bâtit des églises, fonda des monastères, établit et dota des collèges, et entreprit d'éclairer et de civiliser ces peuples à demi barbares ; enfin il devint par ses bienfaits le véritable fondateur du margraviat de Brandebourg. Jusqu'à Albert l'Ours, cette Marche avait, selon l'usage, été donnée à vie aux différents margraves par les empereurs ; mais ce prince fut le premier pour lequel elle fut érigée en fief. Cette principauté passa, de plusieurs branches qui s'éteignirent successivement, jusque dans les mains de Sigismond, roi de Hongrie. Mais élu empereur par le crédit de Frédéric, comte de Hohenzollern et burgrave de Nurenberg, ce prince, dépourvu de cet esprit d'économie aussi utile aux rois qu'aux particuliers, emprunta à Frédéric une somme considérable contre laquelle il lui remit en nantissement la nouvelle Marche et d'autres parties principales du Brandebourg. Forcé bientôt d'avoir recours aux ressources pécuniaires du burgrave de Nurenberg, il céda en 1411, à ce dernier, à titre de fief héréditaire et avec la dignité électorale, l'Etat de Brandebourg pour la somme de 150,000 florins d'or, ce qui, avec les sommes précédemment prêtées, porta l'acquisition de Frédéric à plus de 400,000 florins d'or (¹), somme énorme pour ce temps, et qui donne une idée des ressources ainsi que de l'esprit d'ordre et d'économie qui distinguaient Frédéric; mais ce qui fait surtout l'éloge de ce prince habile, c'est qu'il contribua à maintenir Sigismond sur le trône impérial, par sa prudence, par sa valeur et par l'influence qu'il acquit dans la confédération germanique. Il fut le chef de cette famille électorale du sein de laquelle sortirent plusieurs princes qui se distinguèrent par la même fermeté et par la même fécondité de ressources dont Frédéric offrit tant de preuves, et qui donna enfin naissance à ce grand Frédéric, dont nous n'avons pas besoin de rappeler les hautes vertus et la valeur.

Albert, fils du margrave Frédéric Hohenzollern, partagea ses Etats entre ses trois fils: l'aîné fut revêtu de la dignité électorale, et reçut la Marche de Brandebourg; le second eut le margraviat d'Auspach, et le troisième la principauté de Kulmbach. Peu de temps après, ces deux petits Etats furent réunis à la Marche de Brandebourg.

C'est au règne d'Albert, grand-maître de l'ordre Teutonique, que commence la puissance de la couronne de Prusse. Il renonce à la religion catholique et embrasse la réformation de Luther. En 1525, par le traité de Krakovie, il est reconnu duc héréditaire de la Prusse orientale, fief relevant de la couronne de Pologne. En 1648, la principauté d'Halberstadt et l'évêché de Minden sont acquis à la maison de Brandebourg par le traité de Westphalie. Le Brandebourg eut beaucoup à souffrir pendant la guerre de Trente ans; mais, sous l'administration vigoureuse de Frédéric-Guillaume, ses maux sont bientôt réparés. Ce prince, surnommé à juste titre le Grand-Electeur, oblige, en 1657, la Pologne à reconnaître la Prusse orientale comme Etat indépendant. En 1701, Frédéric III, dans une assemblée des Etats à Königsberg, prend le titre de Frédéric Iᵉʳ, roi de Prusse, se couronne lui-même et pose le diadème sur la tête de son épouse. En 1702, il enlève aux Hollandais une partie de la Gueldre et tout le duché de Limbourg. En 1707, il accepte la souveraineté de Neufchâtel et de Vallengin en Suisse, et achète le territoire de Tecklenbourg; enfin, en 1712, il ajoute à ses domaines la principauté de Meurs sur les bords du Rhin. Frédéric-Guillaume Iᵉʳ, en 1720, obtient pour 2 millions d'écus la possession de Stettin, de la Poméranie citérieure, au-dessus de la rivière de Peene et des îles d'Usedom et de Wollin, acquisition d'autant plus importante qu'elle rend la Prusse maîtresse des bouches de l'Oder. Sous le règne de Frédéric II, la monarchie prussienne s'augmente, par le traité de Breslau en 1742, de la meilleure partie de la Silésie. En 1745, la paix de Dresde lui valut une indemnité d'un million d'écus.

« Dix ans de paix dont jouit alors Frédéric furent employés à donner de sages lois, à encourager les manufactures, à consolider l'empire dont l'étendue venait d'être encore agrandie par l'Ost-Frise. Les beaux-arts environnèrent de leur éclat le trône d'un prince qui les cultivait lui-même. Sous le sceptre d'un philosophe, les sciences répandirent librement leur lumière paisible; des savants et des hommes de lettres vinrent apporter à ce souverain unique les hommages de l'Europe entière. Dans le pays des Vandales, on vit s'élever une nouvelle Athènes. Mais Frédéric n'oublia point, au milieu de ces beaux-esprits, de perfectionner la discipline et la tactique de ses guerriers, dont il doubla le nombre. Il accumula un trésor et se prépara en silence contre les projets de vengeance qu'il savait qu'on méditait à Vienne; il se procura même, par la trahison d'un secrétaire saxon, le plan de la coalition redoutable formée pour l'anéantir. *Trois dames* étaient à la tête de cette ligue: Marie-Thérèse voulut à tout prix ravoir la Silésie; Élisabeth, impératrice de Russie, se crut offensée par quelques épigrammes de Frédéric; enfin la Pompadour, maîtresse de Louis XV, ne pouvait point pardonner à Frédéric le juste mépris qu'il avait témoigné pour elle. Telles furent les passions qui, en se masquant de quelques prétextes frivoles, firent oublier tous les principes de la politique, l'équilibre de l'Europe et les intérêts des na-

(¹) *Buchholz*, t. II, p. 57.

tions ; telles furent les causes de la guerre de Sept ans, guerre étonnante par l'étrange réunion de tant de puissances rivales et ennemies contre un seul prince, plus étonnante encore par ces prodiges de la valeur et du génie qui rendirent Frédéric l'égal des César et des Alexandre, en faisant triompher une nation de cinq millions d'hommes sur les deux tiers de l'Europe.

» Frédéric sortit vainqueur d'une lutte qui est sans exemple dans l'histoire. L'Europe entière n'avait pu lui arracher un seul pouce de terrain : sept grandes victoires et une suite de marches étonnantes l'avaient placé au-dessus de tous les héros modernes. Mais un million d'hommes avait péri par le fer, et plusieurs provinces prussiennes et saxonnes n'étaient que des déserts couverts de sang et de décombres. Le grand roi déploya toutes les ressources de son génie pour réparer ces malheurs ; en peu de temps ses États se repeuplèrent, et le spectacle de l'industrie et de l'aisance succéda au tableau de la dévastation. La fortune offrit à Frédéric une conquête gratuite, lorsqu'en 1772 l'ambition de deux cours impériales le força de partager avec elles les dépouilles de la Pologne. La Prusse occidentale et le district de Netze, pays alors extrêmement mal cultivé et mal peuplé, n'augmentèrent pas considérablement la puissance prussienne, mais ils mirent l'ancienne Prusse en communication avec la Poméranie et le Brandebourg. Cependant, si le roi avait pu prévoir que ce partage mènerait un jour à la destruction entière de la Pologne, de cette barrière naturelle entre la Russie et la Prusse, il eût peut-être risqué même une guerre pour l'empêcher. C'est ce que l'on peut présumer de l'énergie avec laquelle il s'opposa au projet d'échanger la Bavière contre les Pays-Bas. La campagne de 1778 fit apercevoir que Frédéric avait vieilli. Dans les négociations de la paix de Teschen, il se montra le généreux défenseur de la liberté germanique, pour la garantie de laquelle il forma une confédération des princes de l'Empire. Il mourut après un règne de 46 ans, le 17 août 1786. Il continua jusqu'à la veille de sa mort de gouverner tout par lui-même. L'Europe lui donna de son vivant le nom de *Grand;* mais cette épithète a été trop prodiguée, et la postérité l'appellera long-temps l'*Unique.*

» Son successeur, Frédéric-Guillaume II, prince d'un caractère très loyal, mais faible et superstitieux, commença sa carrière politique par vider le trésor de 200 millions de francs laissés par Frédéric. Il envoya en 1788 une armée au secours de son beau-frère, le stathouder de Hollande : tout fléchit devant sa volonté. En même temps qu'il opprimait la liberté en Hollande, il permit à ses agents d'attiser le feu de l'insurrection en Brabant. Il menaça même directement l'Autriche, qui alors, conjointement avec la Russie, travaillait à chasser les Turcs de l'Europe.

» La révolution française vint ébranler l'univers ; les rois, tremblant sur leurs trônes, oublièrent leurs discordes ; ils formèrent cette fameuse coalition qui devait écraser la liberté naissante. Frédéric-Guillaume s'y laissa entraîner par les vaines promesses des émigrés, par l'astucieuse politique de Léopold II, et peut-être plus encore par une noble compassion pour Louis XVI. Les plaines de la Champagne devinrent le tombeau de ses guerriers. Voyant qu'il était trompé par l'Autriche et l'Angleterre, il se contenta de reprendre Mayence sur les Français, et montra dans la suite de la guerre beaucoup de lenteur, jusqu'à ce que la paix de Bâle, en 1795, vînt renouer entre la France et la Prusse ces liens d'amitié que rien ne doit désormais rompre.

» Frédéric-Guillaume II avait promis aux Polonais de soutenir leur révolution du 3 mai 1791 qui, en monarchisant la constitution de cet Etat désorganisé, en augmenta les forces. La Prusse trahit les Polonais et participa aux deux partages de 1793 et de 1795 (¹). »

Frédéric-Guillaume III succéda à son père en 1797. Les principautés d'Anspach et de Bayreuth, qui avaient été cédées par leur margrave en 1791 à la Prusse, sont échangées en 1806 par celle-ci contre l'électorat de Hanovre que lui cède la France. En 1807, par le traité de Tilsit, Napoléon enlève à la Prusse presque toutes ses provinces polonaises, la partie occidentale de l'ancienne Marche de Brandebourg et toutes ses possessions sur la gauche de l'Elbe ; mais en 1814 la Prusse rentre dans ses anciennes provinces et reçoit même, par le traité de Vienne, une plus grande

---

(¹) *Malte-Brun*, Géographie mathématique, physique et politique, t. IV.

étendue de territoire sur les bords du Rhin qu'elle n'en avait possédé en 1789.

Après avoir esquissé l'origine de la maison de Brandebourg, que l'on a vue naître dans cette principauté qui forme aujourd'hui, avec la Poméranie, une des dix grandes divisions militaires du royaume de Prusse, dans cette province partagée en deux régences, ayant pour chefs-lieux Postdam et Francfort, et subdivisée en trente-deux cercles, nous allons donner une idée de la constitution physique du pays, de son climat et de ses principaux produits.

Le sol de cette contrée est plat et généralement sablonneux. Son inclinaison est si peu sensible qu'on y remarque un grand nombre de marais et de petits lacs alimentés par les fréquentes inondations des rivières. Le gouvernement prussien a profité de cette disposition physique pour établir un système de canalisation propre à favoriser le commerce intérieur par la communication des rivières avec les fleuves; ainsi la Sprée est unie à l'Oder par le canal de *Frédéric-Guillaume*; le Havel communique au même fleuve par les canaux de *Finow*. Outre ces deux canaux importants, on en cite plusieurs autres qui sont ceux de l'*Oder*, de *Fehrbellin*, de *Storkow*, de *Ruppin*, de *Templin*, etc., qui portent les noms des différentes villes au milieu desquelles ils passent, ou des principales rivières qui les alimentent.

Il serait trop long de nommer tous les lacs qui s'étendent au milieu de cette contrée. Il suffira de citer quelques uns des plus importants, ce sont, près de Beeskow, le *Schwielung*, ou *Schwieloch*, qui a près de trois lieues de longueur, et que traverse la Sprée; le *Scharmützel*, long de plus d'une lieue et le plus considérable de ceux qui arrosent les environs de Storkow; le *Soldin* et le *Müggel*, qui s'étendent aux environs du bourg de Copnick; le *Beetz* et le *Breitling*, près de Brandebourg; le *Wehrbellin*, de plus d'une lieue de long, près de Joachimsthal; et le lac de *Ruppin*, qui a plus d'une lieue et demie de longueur. Nous pourrions citer encore le *Grimnitz*, le *Rheinsberg*, le *Prenzlow*, le *Lindow*, le *Dolgen*, près de Templin, le *Plauen* et le *Teupitz*.

Le terrain sablonneux du Brandebourg n'est point défavorable à la végétation naturelle. On y compte un grand nombre de forêts, mais elles ont déjà l'aspect des forêts septentrionales; elles se composent de frênes, de hêtres et de chênes, et principalement de pins et de sapins, dont une grande partie est employée dans la marine ou livrée au commerce. Quant à la partie du sol réservée à la culture, on conçoit facilement qu'elle ne soit point généralement fort productive; l'art y fait plus que la nature. Les cultivateurs y sont industrieux, et, grâce aux encouragements que l'agriculture reçut du grand Frédéric, des terrains incultes se sont couverts de moissons, de sombres forêts se sont changées en riantes prairies, des marais fangeux et malsains ont été desséchés, et toutes les terres ont augmenté de valeur. Les produits de la culture sont le lin, le chanvre, le tabac, le houblon, les céréales et quelques plantes colorantes employées dans les nombreuses manufactures. Les environs de Priegnitz, de Beeskow et de Teltow sont couverts de champs où l'on cultive avec succès le lin et le chanvre le plus estimé, ainsi que le millet et la plante improprement appelée blé sarrasin. Les plantes potagères y réussissent parfaitement; on y récolte surtout une espèce de petit navet qui y a été porté par des Français qui fuyaient les persécutions causées par la révocation de l'édit de Nantes. Cette racine y a si bien réussi, qu'elle est devenue un légume recherché pour la table du riche et un article d'exportation assez lucratif. Une autre plante, dont l'emploi est d'une grande importance, est cultivée dans les environs de Berlin; nous voulons parler de la betterave. C'est en Prusse que l'on essaya pour la première fois de mettre en pratique les expériences de Margrave relatives à l'extraction du sucre que renferme la racine de ce végétal. Long-temps avant que cette découverte pénétrât jusqu'en France, on comptait, aux environs de la capitale de la Prusse, plusieurs fabriques importantes de sucre de betterave; et malgré la facilité que la paix a donnée aux communications et aux transactions commerciales, malgré les préjugés qui portent quelques personnes à blâmer ou à critiquer certaines découvertes utiles, la fabrication de ce sucre indigène est devenue, en Prusse comme en France, l'une des plus importantes branches d'industrie.

L'exposé que nous venons de faire des produits de cette province pourrait donner une fausse idée de leur abondance; il est donc utile de faire observer que la récolte totale du Brandebourg ne suffit pas à la consommation de ses habitants. Il est vrai que la capitale entre pour beaucoup dans cette consommation; elle en absorbe environ le tiers et Postdam un cinquième, suivant les calculs de certains auteurs. La vigne est rare dans cette contrée. Avant le douzième siècle, elle y était inconnue; mais dans le siècle suivant, on y planta quelques ceps qui y furent apportés de la Poméranie; et déjà, en 1285, le vin de Stendal était un objet de commerce intérieur et d'exportation; on en expédiait dans le Nord. Mais lorsque plus tard les rapports commerciaux s'étendirent vers ces contrées, les vins du Brandebourg ne purent soutenir la concurrence avec ceux que les négociants y apportaient de la France et de l'Allemagne occidentale. Enfin les funestes effets de la guerre de Sept ans, et plus encore peut-être la rigueur de quelques hivers, contribuèrent à détruire une grande partie des vignes, et la culture en est restée jusqu'à ce jour négligée comme n'étant point assez productive; on n'en remarque plus que dans quelques portions de terre peu considérables, et seulement aux environs des villes les plus importantes, telles que Postdam, Berlin, Brandebourg, etc.

Dans cette province, les bêtes à cornes sont moins nombreuses que dans la Silésie et d'une petite espèce; aussi est-ce de la Podolie que l'on tire la plus grande partie des bœufs que l'on consomme dans les grandes villes. Depuis que l'industrie a favorisé l'amélioration des bêtes à laine, le Brandebourg nourrit un grand nombre de troupeaux. Sous le rapport de la quantité, peut-être que cette contrée ne le cède point à la Silésie; mais il s'en faut que les laines qu'on en retire soient aussi recherchées. Les chevaux sont d'une petite race et conséquemment peu estimés. Les forêts sont peuplées des mêmes animaux que ceux dont nous avons parlé en traitant de la Silésie.

Le Brandebourg est, de toutes les provinces de la monarchie prussienne, celle où l'on s'occupe avec le plus de succès de l'éducation du *bombyx* (ver à soie); les produits qu'on en retire sont très importants; c'est une des richesses industrielles que les Prussiens doivent aux lumières du grand Frédéric et aux encouragements qu'il sut leur donner. Les nombreuses bruyères et la culture du blé sarrasin ont facilité aux cultivateurs les moyens de nourrir un grand nombre d'abeilles, et d'entretenir ainsi une des plus utiles branches d'industrie rurale que puisse exploiter cette province, et qui y augmente chaque année. Enfin les poissons, dont les eaux abondent, fournissent facilement à la subsistance d'un grand nombre d'habitants. L'Elbe n'est pas très poissonneux; mais, en revanche, les lacs, la Sprée et la plupart des autres rivières le sont considérablement. Quelques uns de ces poissons sont très recherchés. Il en est surtout plusieurs que l'on pêche dans la Sprée, et qui sont tellement estimés, qu'ils constituent une branche d'exportation pour le pays; celui qu'on connaît sous le nom de *tendre*, ou de grande murène, est de ce nombre.

Les manufactures sont très nombreuses et très importantes dans le Brandebourg; on y fabrique des toiles de lin et de coton, des soieries, des draps et d'autres étoffes de laine, des porcelaines, des verreries, du tabac, et quelques produits sur lesquels nous donnerons des détails en parlant des villes qui en tirent leur principale richesse. La plupart des métaux y sont travaillés avec succès; on y compte plusieurs fabriques d'armes, d'ustensiles en fonte, d'objets de luxe en fer, d'aiguilles et de fils d'or, d'argent, de laiton, etc.

Nous aurons peu de choses à dire sur la richesse minérale du Brandebourg; il n'est pas étonnant que, dépourvu de montagnes, son sol soit pauvre en produits minéraux. Sous le rapport géologique, ses terrains appartiennent principalement à la formation que l'on est convenu d'appeler secondaire. On y trouve en abondance des schistes alumineux que l'on exploite pour la fabrication de l'alun; c'est à Freyenwalde que cette exploitation est la plus importante. La roche schisteuse qui le fournit est mêlée de soufre et de bitume; on lui donne plus de 60 pieds de puissance; elle repose, dit-on, sur le sable. Le principal métal de cette contrée est le fer; il appartient à la variété connue sous le nom de *fer hydraté*, et donne lieu à plusieurs exploitations considérables. Des recherches faites avec soin y ont fait aussi découvrir des bancs de houille; c'est à l'aide de ce combustible qu'on a pu utiliser le minérai de fer et établir de nombreuses forges, des usines, des fonderies, ainsi que des manufactures de tôle, de fers-blancs, etc. Les environs du village de Rudersdorf fournissent les meilleures pierres de taille de la contrée; elles se tirent d'une roche calcaire connue des Allemands sous le nom de *muschelkalk*, et qui donne à la calcination une excellente chaux. Près de Prenzlow, et dans toute la partie septentrionale de la province, il existe des dépôts considérables de craie. Aux environs du village de Sperenberg, sur la frontière de la Saxe, les carrières de gypse sont très abondantes, et sont exploitées pour en faire un plâtre d'assez bonne qualité; ce gypse contient du sel, mais en petite quantité. Dans quelques localités, on trouve une argile employée à la fabrication des poteries. Enfin on conçoit que les tourbières doivent être très communes dans cette contrée, qui renferme tant de plaines marécageuses; le combustible que l'on en extrait est d'une grande utilité pour l'économie domestique et pour l'industrie. En général, on voit s'élever çà et là, au sud-est de Berlin et de Kustrin, des îlots d'argile plastique, et, au sud de ces deux villes, d'autres îlots de fer limoneux.

Au reste, il n'y a aucune montagne dans cette province: les collines dont elle est parsemée présentent, par leurs formes arrondies autant que par les couches dont elles se composent, tous les caractères des collines formées par voie de sédiment. Ces collines se font principalement remarquer aux environs de Berlin, de Postdam et de Kustrin, où elles forment de petits plateaux. Au-delà de ces plateaux, au midi comme au nord, on remarque quelques mamelons isolés.

Presque tout le sol qui couvre ces formations, surtout dans les parties basses, est composé d'une terre argileuse ou d'un sable d'alluvion qui exigent beaucoup de soins pour être rendus fertiles. Les sables du Brandebourg ont été décriés par nombre de voyageurs; il faut avouer que ce pays renferme des plaines entières couvertes d'un sable mouvant dont on cherche en vain à arrêter les progrès destructeurs, mais il y a des parties qui sont douées d'une assez grande fertilité. Si la moitié septentrionale de la province est tout-à-fait rebelle à la culture, dans la partie méridionale, et surtout près de l'Oder et de la Wartha, le sol répond très bien aux soins du cultivateur.

Pour terminer ce qui est relatif à la constitution physique du Brandebourg, nous devons dire qu'il renferme quelques eaux minérales ferrugineuses : celles de Freyenwalde, de Francfort et des environs de Berlin, sont les seules qui jouissent de quelque réputation. Les cours d'eau les plus remarquables sont l'Oder, qui traverse sa partie orientale, et qui y a pour affluents la *Bober*, la *Neisse* et la *Wartha*. Les débordements de cette rivière sont presque aussi nuisibles que ceux du fleuve dans lequel elle se jette. Le *Havel*, grossi du *Rhin*, de la *Sprée* et du *Dosse*, va se jeter dans l'Elbe qui, sur un espace de 15 lieues, forme la limite occidentale du Brandebourg. Le Havel se distingue par l'extrême lenteur de sa course; il se répand à travers une ligne tortueuse et presque continuelle de lacs et d'étangs, en sorte qu'au milieu de ce dédale aquatique on cherche souvent en vain la rivière. La Sprée, qui prend sa source en Saxe, coule au-dessous de Kottbus au milieu de vastes marais auxquels elle donne son nom.

Le climat de la province de Brandebourg participe de la situation élevée de la contrée et de l'influence des lacs qui couvrent son sol. L'air y est doux et humide, les variations de température y sont fréquentes. Comme elle n'est abritée par aucune chaîne de montagnes, si ce n'est celles de la Bohême de la Saxe et de la Silésie, qui en sont assez éloignées, elle est souvent exposée à la violence des grands vents du nord et de l'est. Sa latitude lui donne quelque analogie avec les pays septentrionaux : dans les hivers rigoureux, le thermomètre baisse jusqu'à 12 ou 18 degrés; en été, il s'élève jusqu'à 25 ou 26 degrés.

Nous avons dit que la population du Brandebourg se compose de divers peuples, allemands, suisses et français; mais le caractère qui distingue la nation en général ne participe point du mélange de ces peuples. Dans la haute société on remarque une certaine vivacité de caractère, une sorte de gaieté qui n'existe point dans les classes inférieures. Les naturels du pays, qui forment la masse de la nation, sont généralement lourds, pensifs et taciturnes. Ce peuple aime les arts et les sciences; il est religieux et tolérant; la croyance la plus générale est le protestantisme, partagé entre la réformation de Luther et celle de Calvin; le catholicisme y est beaucoup moins répandu que dans la Silésie. L'esprit éclairé qui règne dans le Brandebourg n'a pas peu contribué à exalter le patriotisme de ses habitants à l'époque désastreuse où l'Europe fatiguée se ligua avec tant d'ardeur contre la puissance qui dicta pendant vingt ans ses lois à l'Europe; et dans la guerre de 1813, où l'on vit la Prusse, épuisée d'hommes et d'argent, effectuer une levée en masse de 110,000 hommes, le Brandebourg fournit facilement son contingent; la ville même de Berlin se distingua dans cette circonstance, et manifesta dans la même campagne ses dispositions à une noble résistance contre un corps de l'armée française qui marchait vers cette capitale.

L'allemand qu'on parle dans le Brandebourg se fait remarquer par sa douceur et sa pureté; cependant la langue française y est très répandue; les gens de lettres et les personnes de la haute société l'emploient généralement et avec facilité. L'exemple de Frédéric II n'a pas peu contribué à y répandre cet idiome; on sait avec quelle pureté il le parlait et combien il l'employait fréquemment pour écrire en vers et en prose.

Afin de compléter les généralités dans lesquelles nous venons d'entrer, nous allons parcourir cette province et examiner sous les divers points de vue les plus intéressants les différentes villes qui méritent de fixer notre attention. Parmi celles qui sont situées entre l'Oder et la Wartha, dans la partie du Brandebourg qui confine au grand-duché de Posen, il en est peu d'importantes; la plus considérable compte à peine 5,500 habitants : c'est celle de *Zullichau*; son territoire est riche et fertile, mais l'aisance de ses habitants est principalement due à ses manufactures de drap et de laine, à ses fabriques de toile, qui alimentent le commerce qu'elle fait avec la Pologne, l'Allemagne et même l'Italie. On montre près de *Kalzig*, dans ses environs, l'emplacement où les Prussiens furent battus par les Russes en 1759. Sur les bords de l'Oder, la petite ville de *Krossen* est entourée de murailles et défendue par une citadelle.

Si nous nous dirigeons au nord-ouest en suivant le cours du fleuve, une grande et belle ville méritera de nous arrêter un instant :

Francfort-sur-l'Oder était comptée autrefois au nombre des cités impériales; elle jouissait à ce titre des immunités et des avantages que l'on accordait à des résidences même plus importantes qui prenaient avec ostentation le titre de villes libres. Elle est considérée comme la septième ville du Brandebourg; 18,000 habitants, de belles rues, trois faubourgs, plusieurs établissements utiles, quelques monuments remarquables, de belles promenades, un pont de 230 pieds de longueur, justifient sans doute ce titre et le rang qu'elle occupe comme chef-lieu de régence et de cercle. Son université, fondée en 1506, avait acquis en Allemagne une réputation méritée. Cet établissement a été transféré à Breslau; mais elle possède encore un gymnase, une société littéraire et scientifique, un jardin botanique, une belle bibliothèque, plusieurs écoles publiques et des institutions de bienfaisance. C'est dans cette ville que périt, le 25 avril 1785, l'infortuné duc Léopold de Brunswick, victime d'un de ces actes d'héroïsme et de dévouement qu'il est si rare de citer chez les princes. Le pinceau et le burin ont retracé une des scènes du désastre que causa l'inondation de l'Oder, et dans laquelle le duc perdit la vie en voulant sauver quelques malheureux. Une si belle action excita l'admiration générale dans le siècle dernier, et la ville qui en fut le théâtre en consacra la mémoire par un monument que la reconnaissance des habitants a fait élever sur le lieu même de cette scène affreuse. Plus loin est celui de Kleist, poëte et guerrier renommé. Le commerce de cette ville est important; trois foires s'y tiennent chaque année; il s'y fait de grands marchés, non seulement en toiles et en soieries, qui sont ses principaux produits manufacturiers, mais encore en pelleterie, en maroquin, en bonneterie, en tabac et en graine de lin, que l'on récolte dans ses environs et que l'on exporte de là en Silésie et en Bohême. Ses opérations commerciales sont journellement activées par des canaux qui entretiennent une communication facile avec Berlin et la Baltique. Francfort était autrefois regardée comme une ville forte. Les Français y entrèrent le 28 octobre 1806.

En quittant Francfort pour aller à Kottbus, nous traverserons le canal de Frédéric-Guillaume, qui parcourt cinq lieues de pays, fait communiquer l'Oder à la Sprée, et porte aussi le nom d'une petite ville qu'il arrose. Nous laissons à notre droite *Furstenberg* sur l'Oder, autre ville qui fut presque entièrement détruite par un incendie le 26 mai 1807, et qui ne mérite point que nous nous y arrêtions. Vis-à-vis de celle-ci s'élève, sur les bords de la Sprée, *Beeskow*, qui renferme 3,000 âmes, des fabriques de draps et de toiles, ainsi qu'un ancien château dans lequel se rassemble aujourd'hui la cour de justice. La même industrie et à peu près le même nombre d'habitants se retrouvent à *Lubben* ou *Lubio*. Cette petite ville est située dans une île formée par la Birste et la Sprée. On remarque quelques vignobles aux environs de *Kottbus;* ils sont peu estimés et ne suffisent point à la consommation de ses 7,000 habitants, dont l'industrie manufacturière consiste principalement en fabriques de draps et de toiles. Il est question de cette vieille cité, sous le nom de Kotwick, dans quelques anciennes chroniques; elle appartient à la Prusse depuis l'an 1461. Par le traité de Tilsit, Napoléon la céda, avec une partie de son territoire, au roi de Saxe. On y compte plusieurs temples protestants. Il est peu de villes qui aient plus souffert des incendies : elle fut brûlée et rebâtie dans les années 1468, 1470, 1597, 1600 et 1671. Il est à regretter pour son commerce que la Sprée, sur la rive droite de laquelle elle est bâtie, ne commence à être navigable qu'à quelques lieues plus bas.

Nous dirons peu de choses de *Spremberg*, dont le nom indique sa situation sur une île de la Sprée : sa population n'excède point 2,000 âmes. La petite ville de *Dobrilugk* s'élève sur la rive droite du Dober : assez bien bâtie, on n'y compte qu'un millier d'habitants, une église, un château, une fabrique de drap, mais plusieurs distilleries de genièvre, ce qui semblerait faire croire qu'elle trouve plus d'avantages à la vente de cette liqueur que dans les autres branches d'industrie qu'elle pourrait exploiter, à l'exemple des villes que nous venons de nommer. Dans la partie du Brandebourg que nous parcourons, on remarque beaucoup de cantons marécageux.

Guben, ville de 8,000 âmes, et qui fait un commerce très animé en chanvre et en toiles fabriquées dans ses environs; *Gassen*, dont le village de *Alt-Gassen* est en quelque sorte un faubourg, et dont les environs renferment quelques vignobles; *Luckau*, dont le tiers des maisons fut brûlé pendant la guerre de 1813; *Golssen*, dont les environs sont couverts de tabac et de lin; *Iuterbock*, environnée de vieilles murailles ; *Baruth*, qui fait partie d'une baronnie appartenant au comte de Solms-Sonnenwald, et qui possède une belle église et une verrerie célèbre; *Belzig*, que défendait autrefois un vieux château; *Luckenwalde*, avec trois faubourgs et deux manufactures considérables de draps; enfin *Belitz*, avec ses anciens remparts, sont autant de petites villes industrieuses et les seules que nous puissions nommer dans toute la partie méridionale du Brandebourg, comprise entre ses limites occidentales et la rive gauche de la Sprée, depuis la frontière du royaume de Saxe jusqu'à *Postdam*.

Cette ville, que l'on peut regarder comme l'une des plus agréables du Brandebourg, s'élève entre les deux lacs de *Schwielow* et de *Weise*, au confluent de la Nuthe et du Havel, dans une île de quatre lieues de tour, qui comprend quelques villages, et qui est formée par ces deux rivières, un canal et ces lacs. Ses maisons, ornées de belles façades, ses rues larges, alignées et bien pavées, ses places publiques et plusieurs édifices dont nous parlerons bientôt, sont dignes d'une résidence royale. Nous ne chercherons pas à remonter vers l'origine obscure de cette ville; au dixième siècle elle était connue sous le nom de *Postdepimi*, qui paraît être vandale, et qu'elle changea plus tard contre celui de *Postzein*. Elle n'était encore qu'un bourg, et ce ne fut qu'au quatorzième siècle qu'elle prit le titre de ville; mais elle ne mérita réellement cette dénomination que lorsqu'en 1720 Frédéric-Guillaume eut commencé à l'embellir. Pour la rendre plus digne de son séjour, il fit construire à ses frais les façades des maisons, et bientôt elle n'offrit plus que la fastueuse apparence d'une réunion de palais. Cependant, il faut le dire, l'intérieur de ces habitations répond rarement à leur extérieur; elles sont la plupart mal distribuées, et telle qui semble être la demeure d'un seigneur de la cour, offre à peine de quoi satisfaire aux habitudes modestes d'un simple bourgeois. Cette cité, qui présente d'un bout à l'autre une suite de belles décorations, a fait dire depuis long-temps avec raison qu'elle n'était qu'une superbe caserne. En effet, sa garnison toujours nombreuse y entretient un mouvement que son industrie et son commerce seuls ne produiraient point, quoiqu'on y compte un grand nombre de manufactures, et que sa population s'élève aujourd'hui à 32,000 habitants, non compris la garnison, évaluée à 8,000 hommes. Entourée de murs et de palissades qui la séparent de ses faubourgs, Postdam a neuf belles portes, dont la plus remarquable est celle de Brandebourg ; sept ponts, parmi lesquels il en est un en fer, et sept églises, dont une est réservée au culte catholique. Le canal du Havel la divise en vieille et nouvelle ville. Le quartier le plus nouveau est celui que bâtit Frédéric-le-Grand, et qui porte le nom de *Friedrichstadt*. C'est dans la vieille ville que se trouvent les édifices les plus dignes d'attention. Le plus important est le palais royal, qui, construit en 1660, s'est agrandi sous les derniers règnes : l'architecture en est très belle ; on y remarque surtout une colonnade, une coupole et un escalier en marbre ; ses toits sont couverts en cuivre, avec des ornements dorés, et son intérieur est décoré avec la plupart des beaux marbres que l'on tire de la Silésie. Il renferme un théâtre, une ménagerie et de vastes écuries ; les jardins en sont dessinés avec goût. Vis-à-vis de ce château, il y a une grande place d'armes. La place du Vieux-Marché est ornée d'un obélisque en marbre rouge de Silésie, haut de 75 pieds et placé sur un piédestal en marbre blanc d'Italie. Il est décoré des bustes du grand-électeur et de ses trois successeurs. C'est sur cette place que se trouve l'hôtel-de-ville, qui, par sa forme et sa construction, rappelle celui d'Amsterdam. Dans ce quartier, deux églises se font remarquer par leur architecture : l'une est celle de *Saint-Nicolas*, dont le portail ressemble à celui de Sainte-Marie-Majeure à Rome : l'autre est celle de la *Garnison*, achevée en 1739, et digne de fixer l'attention, parce que dans ses caveaux reposent les cendres de Frédéric Ier et de Frédéric II, qui mourut à Potsdam le 17 août 1786, et dont le tombeau, remarquable par sa simplicité, fut visité en 1806 par Napoléon, qui regarda comme une conquête digne de lui l'épée de ce grand homme. La plupart des monuments de Potsdam ont été plus ou moins mutilés pendant la campagne de 1806 ; mais depuis la paix de 1815 le gouvernement s'est occupé de les faire réparer. La ville neuve ne renferme rien de bien remarquable, si ce n'est l'église française construite sur le modèle du Panthéon à Rome, et la maison des orphelins, bâtiment massif à trois étages, plus intéressant par son but que par son architecture. On n'y élève que des enfants de militaires : leur nombre s'élève à plus de 1,000. Mais ce qui peut servir d'exemple à plusieurs pays catholiques, c'est qu'ils y sont reçus sans distinction de religion et sans nulle espèce de vue de prosélytisme. Une maison semblable a été fondée en 1726 pour les orphelines de militaires. Les autres établissements d'instruction sont un lycée et une école normale. Depuis 1791, il existe aussi dans cette ville une société savante dite de la Marche, qui publie un bulletin mensuel et décerne des prix. Les établissements de bienfaisance sont deux maisons d'orphelins, un hospice pour les veuves, un pour les pauvres, et une maison de correction et de travail. Nous ne parlerons point des belles casernes de cette ville, ni de l'immense manège où l'on fait manœuvrer les troupes lorsque le temps est trop mauvais pour qu'elles puissent s'exercer en plein air. Le quartier appelé Friedrichstadt est formé de rues bien alignées. On fabrique à Potsdam des étoffes de laine, des tissus de coton, des soieries, des dentelles, des toiles, des chapeaux, etc. Les brasseries y sont fort importantes. Le plus considérable de ses établissements d'industrie est la manufacture royale d'armes : on y fabrique annuellement 7,000 fusils, mais on pourrait en confectionner 18 à 20,000. Les jardins des faubourgs sont cultivés avec beaucoup de soin. C'est dans un de ces faubourgs que l'on a découvert en 1821 une source minérale qui est aujourd'hui assez fréquentée, et qui a beaucoup d'analogie avec celle de Freyenwalde. Près de la ville sont situés le château de *Sans-Souci*, le *Palais-Neuf* et le *Palais de marbre*. Les jardins de ces trois maisons de plaisance, les tableaux et les objets précieux qu'elles renferment, la vue magnifique dont on jouit à *Sans-Souci*, la chambre à coucher dans laquelle mourut Frédéric-le-Grand, et dont les anciens meubles sont conservés avec soin ; sa bibliothèque, sa galerie de tableaux, restée intacte depuis sa mort, sont autant d'objets dignes de l'attention des voyageurs et des souvenirs qu'ils retracent. Le château de Sans-

Souci n'est qu'un bâtiment d'un seul étage, flanqué de deux pavillons ronds. Sa position sur une hauteur lui donne un bel aspect. Le Palais de marbre est situé dans le parc de ce château. C'est à trois quarts de lieue de Sans-Souci que se trouve le Palais-Neuf, dont on admire les belles proportions. L'île des Paons (*Pfauen Insel*) est remarquable par une autre belle maison royale. Les environs du lac où cette île est située offre d'agréables points de vue. On a dit avec raison que c'était une véritable oasis au milieu des sables du Brandebourg.

Une voiture part tous les jours de Potsdam pour Berlin ; la distance de six lieues qui sépare ces deux villes ne se franchit pas en moins de 3 heures et demie.

Autant les environs de Potsdam sont agréables et pittoresques, autant la position de *Berlin* offre de monotonie. Cette ville, fondée en 1163, en comprend aujourd'hui cinq autres et quatre faubourgs. Dans les treizième, seizieme et dix-septième siècles, on y vit successivement se former les quartiers appelés le *Vieux-Cologne* et *Friedrichswerder*, les faubourgs de *Köpnick* et de *Spandau*, le quartier de *Neustadt*, les faubourgs du *Roi* et de *Stralau*, le *Nouveau-Cologne*, le *Friedrichstade*, le faubourg de *Rosenthal*, et enfin, en 1824, celui d'*Oranienbourg*. Elle est située au milieu d'une plaine sablonneuse, dominée par de légères inégalités du sol ; mais les routes qui y conduisent sont bonnes et bien entretenues ; les sables qui l'environnent y sont presque partout cachés par une excellente culture, et l'on est grandement dédommagé de l'ennui qu'inspirent ses environs lorsqu'on est arrivé dans son enceinte. Ses murs ont trois lieues de circonférence, et sont percés de 15 portes ; elle est divisée en 17 quartiers, dont 10 sont dans son enceinte et 7 en dehors. On y compte 32 places publiques et 80 bâtiments appartenant à la couronne. Elle n'a rien de la tristesse de Potsdam. C'est sans contredit la ville la mieux bâtie de l'Allemagne ; non que les édifices s'y fassent remarquer par le goût, l'élégance et la pureté de leur architecture : on y reconnaît au contraire ce genre allemand qui est l'opposé du vrai beau ; mais l'ensemble en est imposant, les rues sont larges et bien alignées ; tout rappelle dans cette capitale le génie de Frédéric II, qui employa des sommes considérables à son embellissement. Nous aurions trop de choses à dire si nous voulions entrer dans tous les détails que mériterait cette ville intéressante. Elle est traversée par la Sprée, qui va se jeter à quelques lieues de là dans le Havel. On y compte 224 rues, 7,360 maisons, et environ 288,000 habitants (¹), y compris la garnison, forte de près de 12,000 hommes. Les 5,000 juifs qu'elle renferme y ont une synagogue, et la colonie de Français que le fanatisme religieux força de s'y réfugier sous Louis XIV, et dont le nombre s'élève à plus de 15,000, y possède cinq temples.

Parmi ses édifices, le plus remarquable est sans contredit le *palais du roi* ; rien ne manque à sa magnificence ; ce serait un modèle en ce genre, si l'architecture en était uniforme : mais, construit sous le règne de plusieurs princes, il a dû nécessairement se ressentir de l'influence des différentes époques auxquelles on y a travaillé, quoiqu'on ait suivi le plan et les dessins du célèbre architecte Schluter. Les proportions en sont grandes et imposantes ; c'est un bâtiment à trois étages, de plus de 31 mètres d'élévation, de 135 de longueur du côté de la principale façade, et de 87 de largeur. L'intérieur de ce château royal répond à l'idée qu'on s'en fait à l'extérieur. C'est au second étage que se trouvent les plus riches appartements. Il renferme une belle bibliothèque, une précieuse collection de médailles et d'antiques, un cabinet d'histoire naturelle, une galerie de plus de 300 tableaux de prix, sans compter ceux qui composaient la collection Giustiniani à Rome. Après le palais, l'établissement le plus curieux est l'*arsenal ;* il passe pour être le plus vaste de toute l'Europe : le fait est qu'il peut contenir des armes et des munitions pour une armée de 200,000 hommes. On y voit les statues de Bulow et de Scharnhorst, et l'une des salles renferme les modèles de 18 forteresses de France.

On cite à Berlin plusieurs palais remarqua-

		Habitants.
(¹) En 1661 Berlin avait.		6,500
En 1788 — 6,000 maisons (avec la garn.)		100,000
En 1804 — 6,463	*Id.*	113,000
En 1820 — 6,540	*Id.*	192,600
En 1826 — ?	*Id.*	220,000
En 1828 — 7,300	*Id.*	236,800
En 1832 — 7,366 ?	*Id.*	258,000
En 1833 — »	*Id.*	288,000

bles par leur architecture : tels sont celui du *prince Charles* et l'ancien *palais des chevaliers de l'ordre de Saint-Jean;* tels sont encore, parmi les propriétés particulières, ceux des princes de *Sachen, Hardenberg* et *Radziwill;* mais nous n'entrerons à leur égard dans aucuns détails, parce que ces détails sont de peu d'intérêt en comparaison de tout ce que nous avons à donner sur cette ville. La classe aisée de ses habitants y jouit de plusieurs établissements vastes et commodes, consacrés à ses plaisirs. On y compte quelques jardins publics : les quatre *jardins* d'hiver sont, dans cette saison, fréquentés par la belle société. Ce sont de vastes serres échauffées par des poêles placés en dehors; elles sont garnies de caisses d'orangers, de myrtes et de plantes de la Nouvelle-Hollande. On y trouve des tables dressées pour les rafraîchissements, des journaux, des brochures, des salles de billard, un orchestre; souvent on y joue la comédie, ou l'on y entend les leçons d'un professeur habile; enfin ces jardins sont illuminés le soir. Les autres lieux de réunion de Berlin ne le cèdent point à ceux des principales capitales de l'Europe : tels sont une salle de concert qui contient plus de 1,000 auditeurs, et qui dépend du nouveau théâtre royal; enfin le théâtre de l'opéra italien, qui l'emporte en grandeur sur la plupart de ceux d'un grand nombre d'autres capitales; il contient 5,000 spectateurs, et dans certaines loges réservées, les étrangers peuvent prendre place *gratis* ([1]). Au théâtre de la ville royale (*Königstadt*) sont attachés 50 artistes, tant acteurs, chanteurs que chanteuses.

Parmi les 33 églises de cette ville, nous devons citer celle de *Sainte-Hedwige,* consacrée au culte catholique, et construite sur le modèle du Panthéon à Rome, après l'incendie qui la détruisit en 1818; l'église de *Sainte-Marie,* bâtie dans le treizième siècle, et remarquable par sa tour gothique, haute de 275 pieds; l'antique église *Saint-Nicolas,* dont la construction remonte au-delà de l'an 1200, intéressante par ses ornements gothiques, et dans laquelle on remarque le tombeau du célèbre Puffendorf; la *cathédrale* ou le *Dôme,* dont les caveaux sont consacrés à la sépulture des princes de la maison royale; l'église de *Sainte-Dorothée,* remarquable par les tombeaux qu'elle renferme, entre autres le monument du comte de la Marche; enfin l'église de la *garnison,* terminée sous Frédéric-Guillaume en 1722. Avant l'entrée des Français à Berlin en 1806, sa nef était ornée d'un grand nombre de drapeaux et de trophées conquis par les Prussiens, et qui, transportés à Paris, servirent pendant huit ans d'ornement à l'église des Invalides, mais qui furent détruits lors de la première invasion des souverains étrangers en France, afin que leurs armées ne pussent remporter le fruit d'une conquête payée assez cher par le sang français. Nous ne parlerons point des autres églises de Berlin; il suffira de dire que la plupart peuvent être regardées comme des monuments d'architecture du premier ordre.

De toutes les places de Berlin, dont le nombre s'élève à 32, celle qui est le plus digne d'une grande ville est la *place Guillaume,* ornée des statues de cinq des généraux (Keith, Schwerin, Seidlitz, Winterfeld et Ziethen) qui s'illustrèrent dans la guerre de Sept-Ans. Les autres places principales sont celle d'*Alexandre,* celle des *Gendarmes,* celle de la *Parade,* celle de la *Belle-Alliance,* et celle de *Lustgarden :* cette dernière est ornée de la statue du prince de Dessau, général qui contribua le plus à l'organisation de l'infanterie prussienne. Il est à remarquer que Berlin offre plusieurs exemples du soin que prend le gouvernement prussien de récompenser le mérite individuel par des monuments qui en perpétuent le souvenir. L'un des ornements de cette ville est la statue équestre de Frédéric-Guillaume, fondue en bronze par Schluter, et placée sur le *Long-Pont* (*Lange-Brücke*). Elle pèse plus de 3,000 quintaux. Devant la porte de Halle on admire, sur le Kreuzberg, le *Kriegsdenkmahl,* monument élevé en 1820 à la gloire de l'armée prussienne. A l'extrémité de la rue *Sous-les-Tilleuls* (*Unter den Linden*), on vient d'ériger un autre monument en l'honneur de Frédéric-le-Grand : il consiste en une colonne surmontée de la statue colossale de ce prince.

Cette rue *Sous-les-Tilleuls,* ornée de six rangées de ces arbres, est une des plus belles de l'Europe; elle a 4,000 pieds de longueur sur une largeur de 160, et son allée principale est large de 50 pieds. Après celle-ci on

---

([1]) Guide du Voyageur, par *Reichard;* Wegweiser für Fremde und Einheimische durch Berlin, Potsdam, etc, par *Schmist.*

doit citer les rues *Frédéric* et *Guillaume*.

Des quinze entrées de Berlin, la plus belle est sans contredit la *porte de Brandebourg*, qui rappelle, par sa forme et son architecture, les Propylées d'Athènes; on y a replacé le quadrige en cuivre qui fut enlevé par les Français lors de la première campagne de Prusse, et qui, resté à Paris depuis 1806 jusqu'en 1814, ne décora jamais aucun des monuments de cette capitale. Chef-d'œuvre de patience plutôt que de l'art, il fut exécuté par un chaudronnier de Berlin: ce n'est point un ouvrage de ciselure, mais un simple relevé en bosse sur du cuivre laminé.

Nous avons donné une idée de la beauté de quelques uns des édifices de la capitale de la Prusse, disons un mot de ses établissements utiles. Elle renferme 23 hôpitaux, 4 hospices pour les orphelins, et une maison pour le traitement des aliénés. Le plus ancien de ces hôpitaux est celui du *Saint-Esprit*, fondé pendant le treizième siècle. L'*hôtel royal des Invalides*, situé hors de la porte d'Oranienbourg, a été terminé en 1748; les militaires qui y sont admis y ont, comme à Paris, des logements commodes, des jardins, mais de plus des champs assez étendus, dont la culture leur est réservée.

La métropole d'un État aussi éclairé que la Prusse mérite sans doute quelque attention sous les rapports scientifiques et littéraires. On y compte plus de vingt-quatre bibliothèques publiques, dont la plus considérable, la *bibliothèque royale*, contient plus de 250,000 volumes et 4,611 manuscrits.

Le musée de l'université renferme un cabinet d'histoire naturelle, riche en objets de minéralogie, de zoologie et d'anatomie. Toutes ces collections occupent une place importante dans l'édifice appelé avec raison *Palais de l'Université*, qui est un des plus beaux édifices de la ville. L'académie royale des sciences possède également une belle collection d'histoire naturelle et d'instruments de physique. Plusieurs autres collections précieuses constituent la richesse de divers établissements, tels que l'observatoire, le collège de Joachimsthal, la société d'histoire naturelle, celles de médecine et de chirurgie, de physique, de pharmacie et de géographie, et les gymnases de Frédéric-Guillaume, de Berlin-Kölln, etc. Le *nouveau Musée* est établi aussi dans un très bel édifice: on y admire les riches galeries de sculpture et de peinture disposées autour d'une magnifique rotonde éclairée par le vitrage d'une immense coupole, et la coupe gigantesque taillée dans un énorme bloc de granit qui surmontait une colline de sable des environs de Brandebourg: son diamètre est de 22 pieds. Le *Musée égyptien* comprend, outre la belle collection faite par le général Minutoli, celle de Passalacqua, qui a été longtemps exposée à Paris, et que le gouvernement français a refusé d'acquérir. Le *Muséum d'histoire naturelle* est un des plus riches de l'Europe: les collections d'oiseaux et de poissons y sont surtout remarquables. Le *jardin botanique* est peut-être le plus riche qui existe.

En 1810, le gouvernement institua l'université, dont les bienfaits s'étendent de jour en jour; en 1826, le nombre des étudiants inscrits s'élevait à 1,642, parmi lesquels on comptait 400 étrangers. La faculté de théologie comprenait 441 étudiants; celle de droit, 641; celle de philosophie, 171; et la faculté de médecine, 389. Il ne faut point comparer cette université à celle de Paris, qui est beaucoup plus considérable, sans faire observer que les établissements semblables sont tellement répandus en Allemagne, que Berlin pouvait à la rigueur se dispenser de prendre un rang parmi les villes universitaires; mais il était surtout digne de cette capitale qu'elle renfermât un corps de savants qui pût rivaliser de zèle avec les principales académies de l'Europe. L'institution de l'académie royale des sciences est due au génie du grand Frédéric; ce fut lui qui chargea Leibnitz d'en rédiger les statuts. Elle fut divisée en diverses classes, qui comprennent les sciences, l'histoire et la littérature. Ce corps savant, que les travaux de Leibnitz et des Euler ont immortalisé, jouit dans toute l'Europe d'une réputation méritée. Nous ne parlerons point des différentes académies destinées à répandre l'instruction relative à plusieurs connaissances spéciales, telles que l'*académie militaire*, celle *d'artillerie*, celle *de médecine et de chirurgie*, l'*académie des beaux-arts* et celle *des sciences mécaniques et d'architecture*; l'*école vétérinaire*, l'*académie militaire de chirurgie et de médecine*; l'*école des métiers*, celle *des beaux-arts*, le *séminaire des maîtres d'école*; ni de plusieurs collèges, dont l'un est destiné à l'éducation des jeunes gens de la colonie française; ni de l'*école royale des sourds et muets*; ni de l'*académie de chant*. La jeunesse studieuse trouve d'ailleurs au sein de Berlin, non des cours publics, mais un grand nombre de cours particuliers; les pauvres seuls y profitent des écoles gratuites ouvertes le dimanche. Les établissements fondés pour distribuer des secours aux indigents, aux malades, aux veuves et aux orphelins, les sociétés bibliques et de bienfaisance, sont en si grand nombre, qu'il serait difficile d'en donner un aperçu [1].

[1] Les principaux établissements et monuments de Berlin sont répartis de la manière suivante dans ses différents quartiers :

1° *Berlin* proprement dit : Académie des Chevaliers. — Gymnase de Joachimsthal. — Hôpital Frédéric. — Hôpital du Saint-Esprit. — Institut clinique. — Maison des États. — Marché-Neuf. — Maison des Cadets. — Églises de Saint-Nicolas, de Notre-Dame, de la Garnison; église française. — Le beau Pont-Royal, qui conduit au quartier appelé Königstadt.

2° *Königsstadt* : Maison de correction. — Place Alexandre.

3° *Faubourg de Spandau* : Château de plaisance et jardin Mon Bijou. — École vétérinaire. — Nouvel hôtel des Monnaies. — Hôtel des Invalides devant la porte d'Oranienbourg. — Casernes d'artillerie. — Hôpital français. — Celui de la Charité.

Ce faubourg communique avec la ville par le pont de Spandau et le pont neuf de Frédéric.

4° *Faubourg de Stralau* : Jardin botanique.

5° *Quartier de Königsworstadt* : Maison de travaux forcés.

6° *Köln* ou *Cologne* sur la Sprée : Long-Pont. — Place d'armes. — Grand château contenant les archives. — Cathédrale. — Église de Saint-Pierre. — Bourse. — Écuries du Roi. — Académie d'équitation. — Musée de peinture et de sculpture. — Muséum d'histoire naturelle.

7° *Nouvelle-Cologne*. On comprend aujourd'hui dans ce quartier l'ancien faubourg de Köpnick, autrement *Louisenstadt*. Casernes. — Magasins de la Couronne. — Église de l'Hôtel-Dieu. — Hôpital Gertrauten. — Hospice des bourgeois.

8° Chaussée Frédéric (*Friedrichs-werder*) : Grand hôtel des Monnaies. — Cour supérieure de justice. — Hôtel de la Vénerie. — Gymnase français. — Ancien palais du prince de Prusse, aujourd'hui résidence du roi. — Arsenal. — Timbre. — Banque royale.

9° Ville Neuve (*Dorotheenstadt*). Ce quartier porte le nom de la femme de l'électeur Frédéric, son fondateur. — La *rue Sous-les-Tilleuls*. — Palais de l'Université. — Bibliothèque royale. — Opéra. — Observatoire. — Académie des sciences. — Ménagerie. — Nouvelles écuries du Roi. — Église de Sainte-Dorothée.

10° Ville de Frédéric (*Friedrichsstadt*). C'est le plus grand et le plus beau quartier de Berlin. Il a été fondé par l'électeur Frédéric III en 1688. — Place

Nous voudrions pouvoir entrer dans quelques détails sur la statistique de la capitale. Nous nous contenterons de dire que son sol est à environ 50 mètres au-dessus du niveau de la mer ; que le montant de l'assurance de ses maisons contre l'incendie s'élevait, il y a quelques années, à environ 55,000,000 de reichsthalers; que, parmi ses 7,366 maisons, 5,927 sont assujetties aux logements militaires; que le produit total des locations s'élevait, en 1824, à 3,657,690 écus pour 41,037 locations, dont 12,015 n'excèdent pas 30 écus, et 10,928, environ 50. Les plus forts loyers ne dépassent pas la somme de 3,400 thalers.

L'éclairage se fait au gaz hydrogène, et coûte annuellement 40,000 thalers.

Sur 100 individus du sexe masculin, on compte 15 militaires et 6 ou 7 fonctionnaires publics; et sur 100 habitants des deux sexes, 2 à 3 colons français, 2 à 3 catholiques et 2 à 3 juifs. Sur 7 naissances, il se trouve un enfant naturel, et sur 11 individus, il en est un qui atteint l'âge de 70 ans. Ce dernier fait suffirait pour prouver que la salubrité de l'air de Berlin ne laisse rien à désirer. A la fin de 1827, on comptait dans cette ville 200 docteurs en médecine, 33 accoucheurs, 52 sages-femmes. 57 chirurgiens, 12 dentistes et 21 pharmaciens [1]. La garde nationale est composée de deux escadrons, d'une compagnie de carabiniers, de huit bataillons d'infanterie, sans compter cinq bataillons non équipés que l'on appelle en France *bisets*.

Berlin n'est pas seulement renommée pour la fabrication de ses bijoux en fer fondu, dont le fini et la délicatesse du travail font oublier leur peu de valeur réelle; les voitures qu'on y fabrique sont estimées pour leur légèreté et leur élégance autant que pour leur solidité. Ses manufactures de porcelaine rivalisent depuis long-temps avec celles de la Saxe, et pour certains détails elles ont acquis une grande réputation. Ainsi, dans la manufacture royale, on continue à faire des fleurs en por-

Wilhelm (Guillaume); de Leipsick; des Gendarmes. — École Polymatique. — Palais d'Anspach, de Brunswick, et des comtes de Reuss. — Église de Sainte-Hedwige, église neuve. — Nouvelle salle de spectacle. — Porte de Potsdam. — Pont-Neuf. — Maison d'orphelins.

[1] *J. C. Gaedicke* : Der Berliner Nachweiser, etc., 1828.

celaine qui étaient autrefois tellement recherchées comme ornements de cheminée, qu'on en vendait, dit-on, pour plus de 10,000 écus; mais le goût allemand, qui s'épure aussi de jour en jour, commence à ne plus estimer ces imitations que l'on pourrait appeler grossières, malgré leurs vives couleurs et le fini du relief, et qui d'ailleurs ont le défaut de rappeler des modes surannées. Elle possède plusieurs fabriques d'étoffes de soie, de coton et de laine, parmi lesquelles la grande manufacture royale de draps tient le premier rang. Enfin on trouve à Berlin des établissements relatifs à toute espèce d'industrie, et des ouvriers habiles dans tous les genres.

Berlin offre plusieurs promenades publiques, telles que le *Lustgarten*, dont nous avons déjà parlé; la place du *Cercle* et les *Zelte*, rendez-vous habituels de la belle société. Mais si l'on sort des murs par la porte de Brandebourg, le *Thiergarten*, ou le jardin de la Ménagerie, qui est pour Berlin ce qu'est le bois de Boulogne pour Paris; l'*Exerzirplatz*, espèce de Champ-de-Mars où les troupes font leurs manœuvres, et le parc de *Charlottenbourg*, qui renferme le mausolée de la reine Louise; le *Pickelswerder*, sur une colline d'où la vue s'étend sur le Havel et sur le petit nombre de sites agréables que l'on remarque autour de la capitale, et d'où l'on aperçoit, à deux lieues à l'ouest de Berlin, la ville de Spandau; enfin l'établissement des eaux minérales de *Friedrichsbrunnen* sont, de tous les environs, les lieux les plus fréquentés par les promeneurs. Cependant l'île des Paons, les landes des Lapereaux (*Hasenheide*), les landes des Fillettes (*Iungfernheide*), le pays des Mohabites, les villages de *Buchholz*, *Lichtenberg*, *Pankow*, *Schönberg* et de *Tempelhof*; *Treptow*, renommé pour la fête des pêcheurs qui s'y célèbre tous les ans, et qui y amène de Berlin la plus complète et la plus bizarre cohue qu'il soit possible de voir; *Stralan*, qui rivalise avec le précédent pour la même fête, en sorte que la foule se partage entre ces deux villages; enfin celui de *Grossburen*, où l'on voit le monument en fer de la bataille de 1813, sont encore autant de buts de promenade pour les habitants de Berlin.

De tous les lieux que nous venons de nommer, Charlottenbourg est, selon nous, le plus intéressant; c'est en quelque sorte le Saint-Cloud de la Prusse. Le château jouit du privilége de recevoir assez fréquemment la visite du roi, celle des princes et celle non moins lucrative des étrangers. Au milieu du jardin s'élève un petit temple grec d'une forme simple et majestueuse. « C'est là que repose cette reine qui se fit aimer par ses vertus et vénérer par ses malheurs, femme au cœur tendre et énergique, qui ne sera jamais oubliée d la Prusse, et que le roi regrette encore malgré son second mariage. »

Le mausolée de cette princesse est digne de fixer l'attention; elle y est représentée couchée, les bras croisés sur la poitrine, la tête nue et le corps recouvert d'une simple draperie. Cette statue est peut-être le plus bel ouvrage du célèbre sculpteur Rauch; la draperie est d'une souplesse et d'une légèreté auxquelles le ciseau semble incapable d'atteindre. La tête est d'une admirable beauté; il s'y peint une sorte de résignation et de calme vraiment angélique; et les mains, qui sortent nues de la draperie, sont d'un travail achevé.

A environ 11 lieues au nord-est de Berlin, le village de *Mögelin* mérite d'être cité pour l'important institut agronomique qui y est établi. Ce domaine comprend 485 hectares de terres en culture; on y entretient une ferme-modèle, une brasserie et une distillerie.

Si l'on descend le Havel jusqu'à Brandebourg, les bords de cette rivière, qui forme de distance en distance des nappes d'eau larges de 1,500 à 2,000 mètres, au milieu desquelles s'élèvent des îles, offrent des sites assez agréables. La première ville que nous verrons est *Spandau*, peuplée de 7,000 âmes; elle est plus célèbre par sa forteresse quadrangulaire, prise en 1806 par les Français et bombardée par eux en 1813, que par sa manufacture d'armes, ses tanneries, ses distilleries, ses fabriques de toiles, de soieries et de rubans. Plus bas, nous revoyons Potsdam, puis nous arrivons à *Brandebourg*. Dans cette dernière, on remarque encore combien dut être funeste à l'industrie française la révocation de l'édit de Nantes. La plupart des manufactures de draps, de toiles, de papiers de tenture, et nombre d'autres établissements industriels, y sont dus à l'activité des Français réfugiés; aussi son commerce jouit-il d'une grande prospérité. Le nombre de ses habitants s'élève à 15,000. Cette ancienne capitale de la Marche de Brandebourg est aujourd'hui le chef-lieu du cercle de West-Havelland. Le Havel la divise en trois parties. Sur la rive droite, s'étend la vieille ville ; elle est peu considérable, mal bâtie et placée sur un lieu élevé. Sur la rive opposée, la nouvelle ville, dont les rues sont larges et bien alignées, comprend une île que l'on appelle Venise, peut-être parce que toutes ses constructions reposent sur des pilotis. Le collége et la cathédrale sont dans ce quartier. Dans la vieille ville, l'église de Sainte-Catherine est un édifice remarquable par son antiquité. Les autres édifices répartis dans Brandebourg sont une belle caserne et l'hôtel des Invalides. Parmi les curiosités qu'elle renferme, on cite la bibliothèque et les tableaux du célèbre peintre Luc Cranach, ami de Luther, qui fut l'un des témoins du mariage de ce réformateur avec Catherine de Bora, et qui embrassa ses idées religieuses avant même que les habitants de Brandebourg, aujourd'hui tous protestants, eussent adopté la réformation d'Augsbourg. De la montagne de *Karlung*, qui domine la ville au nord-est, on jouit d'une très belle vue ; c'est de là que souvent on voit le Havel et les lacs des environs couverts de barques de pêcheurs. Ces eaux sont tellement poissonneuses, que la pêche y est très productive, et que le fermage qui s'en fait au profit de la ville forme une branche assez considérable de ses revenus. Du reste, Brandebourg n'est pas seulement intéressant par son ancienneté, son école militaire, son industrie et son commerce ; elle l'est encore sous le rapport intellectuel. Sa société littéraire possède une bonne bibliothèque, et plusieurs de ses habitants ont de belles collections scientifiques.

En sortant de Brandebourg, les sinuosités du Havel nous conduisent à *Rathenow* ou *Rathenau*, situé à 6 lieues au nord-est de la première. Cette petite ville de 5,000 habitants fut bâtie en 430. Elle se divise en vieille et nouvelle ville ; elle est entourée d'une muraille percée de six portes ; son gymnase possède une belle bibliothèque, et son église un beau tableau de Rode. Dans ses environs on voit un monument remarquable ; c'est une statue colossale de l'électeur Frédéric-Guillaume, érigée sur le lieu même où il défit les Suédois en 1675. *Havelberg*, située dans une île que forment deux bras du Havel, est moins peuplée que la précédente, et mérite toutefois d'être citée : il s'y fait un commerce assez considérable de bois ; elle possède un chantier de construction pour les bateaux destinés à la navigation du Havel ; on y compte plusieurs raffineries de sucre ; mais ce qu'elle offre de plus curieux, c'est son ancienne cathédrale, qui passe pour une des plus belles de l'Allemagne ; son évêché n'existe plus. *Perleberg*, avec une population de 3,000 âmes, est une jolie ville arrosée par la Stepnitz, au-dessous du confluent de cette rivière et de la Perle. Elle possède une belle fabrique de drap, mais son principal commerce consiste en bestiaux et en lin dont les récoltes sont très fertiles : tous les ans il s'y tient une grande foire dans laquelle il s'en vend une quantité considérable. Vers les frontières occidentales et septentrionales du Brandebourg, nous ne trouvons plus de cités dignes de notre attention, si ce n'est la petite ville de *Rheinsberg* ou *Rhinsberg*. Pour y aller de Perleberg, nous ferons un détour, afin de n'être point obligé de traverser deux petits pays qui occupent ensemble à peine 2 lieues de superficie, et qui font partie du grand-duché de Mecklenbourg-Schwerin. On a de la peine à concevoir comment, dans les derniers traités, la Prusse n'a point cédé à cette principauté voisine quelques portions de ses frontières, pour ne pas avoir dans ses États une enclave étrangère qui ne contient que quelques pauvres villages, et dont l'acquisition ne devait point offrir de grandes difficultés. Rheinsberg, arrosée par la petite rivière du *Rhein*, et bâtie sur le bord d'un lac, est peu importante ; sa population de 1,500 habitants lui mérite à peine le nom de ville ; ses établissements industriels ne consistent qu'en une verrerie et une faïencerie. Mais ce qui excite l'intérêt des curieux et des étrangers, c'est la belle maison de plaisance du feu prince royal Henri de Prusse, aujourd'hui assez mal entretenue, mais dont les jardins, remarquables par leur riche végétation, par les beaux points de vue qu'ils offrent, sont dignes de la prédilection que ce prince avait pour ce séjour, où reposent ses cendres, et qu'habita long-temps le grand Frédéric avant son avénement au trône.

Wittstock, près du champ de bataille de 1636, et *Gransée*, dont l'une des deux places publiques est ornée d'un monument en l'honneur de la reine Louise, ne méritent point que nous nous y arrêtions. Il en est de même de *Neu-Ruppin*, sur le lac de ce nom, ville cependant manufacturière, très commerçante, chef-lieu de cercle et peuplée de 6,000 habitants. Elle est bâtie avec régularité, et renferme des casernes ainsi qu'un vaste emplacement couvert pour exercer les troupes. *Lindow* ou *Lindau* ne nous offre non plus qu'une petite colonie suisse et une maison d'orphelins; mais un établissement de ce genre n'est point sans intérêt dans une ville de 1,300 âmes. *Fehrbellin* rappelle la victoire qu'y remporta le grand-électeur sur les Suédois en 1675, et à laquelle un monument est consacré. Mais *Oranienbourg* ou *Orangebourg*, sur le Havel, conserve le souvenir du grand-électeur Frédéric-Guillaume. Ce prince possédait une belle maison de plaisance dans cette petite ville, qui s'appelait d'abord *Bœtzow* ou *Batzau*, et, par une galanterie toute royale, il donna à cette résidence le nouveau nom qu'elle porte, en l'honneur de la princesse Louise d'Orange qu'il venait d'épouser. Nous ne dirons rien du château, qui a été depuis transformé en manufacture d'acide sulfurique; quant aux établissements utiles, on ne cite dans cette ville qu'une maison d'orphelins et un cabinet de lecture assez considérable. *Bernau* ne doit son commerce et son industrie qu'à la colonie française qui s'y est établie. Au quinzième siècle, ses vieilles fortifications, qui existent encore, lui facilitèrent les moyens de lutter contre les sectateurs de Jean Hus, l'un des plus zélés précurseurs de la réformation; mais devenue protestante avec toute la province de Brandebourg, sous l'électeur Joachim II, vers 1560, cette ville est une de celles qui ont servi de refuge aux réformés français. Des fabriques de soieries et de diverses étoffes, des brasseries estimées, y entretiennent l'activité et l'aisance qui en est la suite. On y compte trois églises et un hôpital, et cependant sa population s'élève à peine à 2,400 âmes.

Au sud-ouest de Bernau on ne traverse aucune résidence un peu importante jusqu'à *Küstrin*. L'Oder et les marais qui entourent cette place contribuent à la rendre formidable. Cependant la ville fut brûlée par les Russes en 1758; mais ce malheur a été avantageusement réparé: auparavant sale et mal bâtie, elle a été reconstruite avec régularité. Elle se compose de l'ancienne, de la nouvelle ville, et de trois faubourgs que défend un fort qui communique à cette dernière par un pont de 875 pieds de longueur. Ce pont est ce qu'il y a de plus remarquable à Küstrin pour les personnes qui attachent peu d'intérêt aux richesses d'un arsenal. Cependant elle possède deux collèges, dont l'un est destiné aux enfants qui appartiennent au culte de la confession d'Augsbourg, et l'autre à ceux du culte réformé; on y remarque aussi un hôpital et une maison de correction et de travail. Sa population de 4,800 habitants exerce plusieurs genres d'industrie, tels que la fabrication de diverses étoffes et d'objets de bonneterie. A 10 lieues au nord-est de Küstrin, la *Wartha* arrose la ville de *Landsberg*, plus importante encore par son commerce avec la Pologne et la Poméranie que par sa population, qui s'élève cependant à plus de 9,000 habitants. C'est la dernière cité de la partie la plus orientale du Brandebourg qui mérite quelque attention: l'une de ses trois églises sert alternativement aux réformés et aux catholiques.

En descendant l'Oder, nous voyons à quelque distance de sa rive gauche, la petite ville d'*Angermunde*, dont la population de 2,700 habitants comprend un grand nombre de familles françaises; on y trouve une école allemande, une école française et un séminaire. Non loin de cette ville, mais sur les bords du fleuve, on remarque *Schwedt*, dont on cite le château royal, le beau manège et les importantes manufactures de tabac. Sa population s'élève à plus de 4,500 habitants; c'est dans ses environs qu'est la jolie résidence royale appelée Monplaisir. Nous ne nommerons le bourg de *Boitzenbourg*, à l'est de Schwedt, que pour faire remarquer que les lacs qui l'entourent sont peuplés de tortues dont on tire un grand parti, mais principalement de belles truites qui sont généralement destinées pour la table des riches Berlinois. *Prenzlow* ou *Prenzlau* est la ville la plus septentrionale du Brandebourg. Située sur le lac auquel elle donne son nom, peuplée de 10,000 âmes, riche de son industrie, qui consiste en fabriques de drap, de toile, de cuir et de tabac, et en un commerce assez important en grains et en bestiaux, c'est une des cités les mieux bâties de la province. On y remarque l'église de Sainte-Marie, ornée de plusieurs tableaux de Rode, une belle place publique et une jolie promenade. Une partie de ses habitants descend de protestants français réfugiés après la révocation de l'édit de Nantes. Elle possède un bibliothèque publique fondée par M. d'Arnim. Ses faubourgs furent le théâtre d'un combat sanglant livré par les Français le 28 octobre 1806 aux débris de l'armée prussienne échappés à la bataille d'Iéna, et par suite duquel le prince d'Hohenlohe, un prince de Mecklenbourg-Schwerin, le prince Auguste-Ferdinand de Prusse et plusieurs généraux furent fait prisonniers.

Afin de terminer la description de la partie septentrionale de la Prusse, nous allons passer dans la *Poméranie*. Cette province est bornée au nord par la mer Baltique; à l'ouest, par le Mecklenbourg et le Brandebourg; au sud, par cette dernière province; et à l'est, par la Prusse occidentale. On évalue la superficie à 566 milles carrés allemands, ou à 1,573 lieues carrées de 25 au degré. Sa population s'élève à 873,500 individus, ce qui donne 555 habitants par lieue carrée; on voit par là que cette province est moins peuplée que la Silésie et le Brandebourg. Son nom allemand *Pommern* lui vient du mot slave *Pommarski*, c'est-à-dire pays situé près de la mer.

Du temps de Tacite, la Poméranie était occupée par les Goths, les Rugiens, les Lemoviens et les Helvecones, peuples qui appartenaient, du moins les trois derniers, à la nation slave. Les habitants de la partie occidentale, qui forme le territoire de Stettin, portaient le nom de *Sideni*. Vers le cinquième siècle, ces peuples quittèrent la contrée pour envahir diverses provinces de l'empire romain. Les Venèdes ou Wendes leur succédèrent, et fondèrent en Poméranie un royaume dont les chefs portaient le titre de *Konjur af Vindland* (rois du pays des Wendes). Leur premier prince s'appelait, dit-on, *Mistew* ou *Mistevojus* [1]. Mais ce royaume fut de peu de durée, les différentes nations qui l'habitaient formèrent plusieurs petits États sous des princes particuliers, c'est-à-dire Slaves, Cassubiens, ou Poméraniens proprement dits. Le culte de ces anciens peuples admettait une espèce de trinité qu'ils représentaient par une idole à trois têtes, à laquelle ils donnaient le nom de *Triglaf* [1]. Ce ne fut que vers le onzième siècle qu'ils furent convertis au christianisme par Othon, évêque de Bamberg. En 1186, l'empereur Frédéric Ier associa pour la première fois à l'empire les princes et les ducs de Poméranie.

Les margraves de Brandebourg prétendirent long-temps à la suzeraineté de cette contrée : ils eurent dans ce dessein plusieurs guerres à soutenir contre ses ducs, jusqu'à l'époque où les princes de la maison de Hohenzollern furent reconnus électeurs de Brandebourg. D'après les conventions qui furent stipulées dans le but de faire cesser ces guerres désastreuses, ces princes renoncèrent à la suzeraineté à laquelle jusqu'alors ils avaient vainement prétendu; il fut alors stipulé que la Poméranie appartiendrait à la couronne de Brandebourg, par l'extinction des familles ducales de la Poméranie. Cependant ce traité ne fut point exécuté à la mort de Bogislas XIV, dernier duc de l'antique race slavo-wende [2]; c'était en 1637; la guerre de Trente ans occupait toute l'Allemagne. Les Suédois s'emparèrent alors de la Poméranie, et en obtinrent la concession aux conférences du traité de Westphalie, à titre de dédommagement pour les frais de la guerre et pour les sacrifices qu'ils avaient faits dans l'intérêt de l'Empire. Malgré les réclamations de Frédéric-Guillaume, la Poméranie fut partagée : en vertu du traité de paix signé à Osnabrück en 1648, la Suède obtint, à titre de fief, l'île de Rügen et toute la partie située entre le Mecklenbourg et les rives de l'Oder; l'électeur perdit Stralsund et Stettin, les deux villes les plus considérables du duché. Il reçut en dédommagement les trois évêchés de Magdebourg, Halberstadt et Minden. Les terres comprises depuis la rive gauche de l'Oder, vis-à-vis de cette dernière ville, jusqu'aux bords de la Baltique, ainsi que l'île de Rügen, prirent le titre de Poméranie suédoise. Cependant la lutte sanglante qui s'établit entre Charles XII et Pierre Ier devint favorable à l'électeur. Une sainte alliance, composée du tsar et des rois de Pologne, de Danemark, d'Angleterre et de Prusse, profita de l'épuisement dans lequel la Suède était tombée par suite des malheurs de son roi. Pierre Ier s'empara de Stettin, et remit cette forteresse à Frédéric-

---

[1] *Hildebrand*, Genealogia ducum Pomeraniæ. — *Rangon*, Pomerania diplomatica.

[1] *Sas·ius*, Disp. de Pomeraniâ. — [2] *Spener*, Geneal. histor.

Guillaume en paiement des frais que ce dernier avait faits pour ce siége important. A la mort de Charles XII, la reine Ulrique-Éléonore, sa sœur, obligée de faire la paix à tout prix, céda, en 1720, au roi de Prusse, Stettin qu'il possédait déjà, et les terres comprises entre l'Oder et la rivière de Peene, moyennant la somme de 2,000,000 d'écus, que ce prince paya en numéraire; c'était une somme un peu trop considérable pour l'acquisition d'une petite contrée qui ne rapportait que 100,000 écus, et dont il possédait déjà l'une des plus importantes forteresses. Par suite de cet arrangement pécuniaire, la Poméranie suédoise ne se composa plus que de l'île de Rügen et des terres comprises entre la mer Baltique et la Peene, c'est-à-dire qu'elle ne forma plus qu'une province de 196 lieues carrées. Mais cette portion de territoire devait encore changer de maître, comme une ferme et des troupeaux passent entre les mains d'un nouveau propriétaire. Les projets que formait la Russie pour consolider sa puissance en Europe, et pour lutter contre la France, la seule rivale qui pût lui donner de l'ombrage, l'engagèrent à faire en 1805 l'acquisition de la Poméranie suédoise. En 1814, ce pays fut cédé au Danemark, qui l'échangea presque aussitôt avec la Prusse contre le duché de Lauenbourg. C'est depuis cette époque que tout ce qui portait autrefois le nom de Poméranie fait partie de la monarchie prussienne.

Le sol de cette province est presque entièrement formé par des alluvions cailouteuses et pierreuses; les atterrissements diluviens, composés de cailloux roulés et de blocs de diverses roches arrondis par le transport, couvrent toute la partie méridionale et orientale; une bande d'environ 5 à 6 lieues de largeur, formée d'argile et de terre végétale, s'étend sur toute la partie qui borde la côte. Sur les bords de la Peene, et près de son embouchure, se montre l'argile plastique au-dessus de la craie; en s'éloignant de ses rives, on voit des dépôts de fer limoneux: près de l'embouchure du Trebel, on retrouve la même argile et le même minerai; on les retrouve aussi sur la rive droite de l'Oder, vis-à-vis de Stettin.

La pente du terrain est si peu sensible, que les eaux des rivières s'y accumulent et y forment des lacs dont plusieurs atteignent une assez grande étendue. D'autres portions de terrains sont couvertes de marais; aussi l'atmosphère y est-elle fréquemment chargée de brouillards. L'hiver y est assez rigoureux: cependant on peut dire que ce pays froid et humide n'est généralement point malsain. Sa position en longitude, entre le dixième et le quinzième degré, et en latitude, entre le cinquante-troisième et le cinquante-quatrième, explique la durée de ses jours: les plus longs sont de seize heures et demie, et les plus courts de sept heures et demie.

Ce pays renferme de nombreuses forêts et des tourbières considérables. D'après l'idée que nous venons d'en donner, on ne s'étonnera point de son peu de fertilité: les bords seuls des lacs et des rivières sont susceptibles d'une culture avantageuse; mais l'agriculture n'y est point aussi avancée que dans la Silésie. La vigne réussit encore moins dans la Poméranie que dans le Brandebourg; ce qui tient principalement à la température plus froide de la première de ces provinces. Cependant la culture de cette plante y fut introduite au douzième siècle, et elle y eut quelque succès. Lorsqu'en 1124 l'évêque de Bamberg, Othon, qui figure dans la légende sous le titre d'apôtre de la Poméranie, visita cette contrée pour la convertir au christianisme, il trouva excellent l'hydromel qu'on y fabriquait; mais cette liqueur ne pouvait remplacer le vin à l'autel. Lorsqu'il y retourna en 1128, il y porta un tonneau plein de ceps de vignes qu'il fit planter, afin que les fidèles eussent du vin pour le culte. A cette époque, les laïques comme les ecclésiastiques communiaient sous les deux espèces: c'est sans doute ce qui a fait introduire dans certaines contrées la culture de la vigne avec le christianisme. Mœhsen[1] fait même à ce sujet une observation curieuse: il prétend que la difficulté de se procurer du vin dans le nord autrement que par le commerce ou par une culture dispendieuse, amena l'usage de la communion sous une seule espèce. La nécessité, dit-il, fit naître le sophisme par lequel on changea la plus solennelle de toutes les institutions du fondateur du christianisme.

Les eaux de la Poméranie sont très poissonneuses; on y pêche beaucoup d'esturgeons et

[1] Geschichte der Wissenschaften in der Mark Brandenburg, in sondere der Arzenay-Wissenschaft, pag. 206.

de saumons qui remontent souvent les rivières. Il n'est pas rare de prendre dans l'Oder des esturgeons qui ont huit à dix pieds de longueur. Ces poissons y précèdent ordinairement le saumon. Jadis les forêts de cette province étaient peuplées d'aurochs ou *urus*, et d'élans; mais ces animaux y sont devenus fort rares. On prétend même dans le pays que c'est principalement depuis les dernières guerres qui ont ravagé ces contrées que l'aurochs a disparu. De ces vastes forêts qui donnent aux habitants la facilité d'engraisser un grand nombre de porcs, on tire de très beau bois de construction pour la marine et pour le commerce. L'ancienne Poméranie ultérieure, celle qui s'étend à l'est de l'Oder, est riche en eaux minérales et en salines: l'eau n'y est point aussi douce que dans les autres provinces prussiennes. Cette portion est couverte de nombreux pâturages qui nourrissent une grande quantité de bétail. On y élève aussi, comme dans le reste de la province, des chevaux dont la race est assez estimée.

Près de la pointe la plus septentrionale de la Poméranie, vis-à-vis de Stralsund, s'élève l'île de *Rügen*, dont l'étendue, la configuration et le sol méritent une description détaillée. Les anses et les baies qu'offrent ses contours lui donnent une forme découpée tout-à-fait particulière. Au nord-est s'étend la presqu'île de Jasmund, qui, par une faible langue de terre sablonneuse, se joint à celle de Wittow au nord-ouest, tandis qu'au sud-est se trouve la presqu'île de Mönkguth. Sa longueur du sud au nord est d'un peu plus de 11 lieues; sa plus grande largeur de l'est à l'ouest est d'environ 9 à 10 lieues; sa superficie est de 47 lieues. Elle n'est séparée du continent que par un canal qui, près de Stralsund, n'a pas une demi-lieue de largeur. Ses golfes étroits, profonds et contournés, offrent peu de sûreté pour les navires, parce qu'ils sont remplis de bas-fonds et de bancs de sable qui changent souvent de place. L'un d'eux, appelé *Göllen*, situé entre les îles de Rügen et d'Hiddensée, s'accroît continuellement et menace de fermer ce passage, qui est la seule issue navigable que Stralsund possède vers le nord. D'un autre côté, le golfe de Bodden s'agrandit et devient plus profond. Les agitations de la mer sont d'ailleurs si considérables dans ces parages, qu'il ne faut souvent que quelques heures pour renverser les digues les plus fortes et les môles les plus solides. Ces golfes lui donnent une forme très irrégulière et la divisent en quatre portions principales, qui ne tiennent l'une à l'autre que par des isthmes étroits. Elle est entourée de différentes petites îles dont les plus importantes sont, à l'ouest, *Hiddensée* et *Ummanz*, et, au sud-est, *Rüden*, qui en est éloignée d'une lieue et demie. Cette dernière faisait partie de Rügen avant l'an 1309; mais à cette époque les eaux de la mer envahirent une partie de l'île et formèrent quelques unes des baies que présentent ses contours, ainsi que le Bodden, qui, par son étendue, annonce que Rügen a perdu dans sa partie méridionale un terrain de 16 lieues de superficie.

La partie septentrionale de l'île de Rügen est composée de craie; la presqu'île de Jasmund en est presque entièrement formée; le centre et le reste de l'île sont couverts d'argile, de sables et de cailloux roulés, ainsi que d'une terre rougeâtre très fertile et qui semble due à des alluvions. Les sables renferment des blocs de granit, de porphyre et d'autres roches. L'île présente un terrain ondulé qui offre une foule de sites pittoresques, de beaux jardins et un grand nombre d'antiquités. Le point le plus élevé est Hertabourg; celui que l'on remarque ensuite est le *Siège du roi* (*Königsstuhl*), qui s'élève au milieu d'autres rochers de craie qui offrent les formes les plus hardies et les plus bizarres [1].

Les anciens habitants de Rügen semblent avoir donné leur nom à cette île: on les appelait *Rugii* ou *Rugiani*; ils étaient d'origine slave, comme les autres peuples de ces contrées septentrionales. Leur conversion au christianisme date du douzième siècle. Déjà, dans

---

[1] M. F. Hagenow, qui a publié en 1829 une très belle carte de cette île en quatre feuilles, en a mesuré barométriquement les différentes hauteurs dont nous allons relater les principales.

	Pieds du Rhin.	Mètres.
Hertabourg.	490	153.788
Konigsstuhl.	409	127.365
Hauteur de Promoisel.	393	123.344
Hoch-Selow.	389	122.088
Rugard, près de Bergen. . . .	340	106.710
Tempelberg, dans la Granitz. . .	334	104.827
Hauteur de Quolith.	331	103.885
Lac de Hidden.	232	72.314
Tempelberg, près de Putbus. . .	202	63.398
Arcona.	173	54.306

le dixième, des moines de l'ancienne abbaye de Corvey, en Westphalie, s'y étaient rendus pour y prêcher l'Évangile; mais après leur départ, les habitants s'étaient empressés de retourner à leur ancien culte. Ce ne fut qu'en 1168 que Wlademar Ier, roi de Danemark, s'étant emparé de l'île, les força à se faire chrétiens.

Leur industrie s'est portée depuis longtemps sur l'agriculture et sur la nourriture de nombreux bestiaux. La fécondité de certaines parties du sol devait nécessairement les conduire à ce double but; aussi l'île de Rügen est-elle considérée comme le grenier de Stralsund. Ses grands pâturages offrent non seulement les moyens d'élever beaucoup de bœufs, de moutons et de chevaux, mais encore, ce qui n'est pas moins important, des oies renommées par leur grosseur, et qui fournissent au commerce des plumes fort estimées. La population de Rügen est évaluée à environ 30,000 habitants.

La plupart des laboureurs y sont réunis dans des villages, parmi lesquels *Bergen*, peuplé de 2,000 âmes, a pris le rang et a reçu les prérogatives d'une capitale; c'est le centre de l'administration et le séjour des autorités. Cette prétendue ville est située sur une hauteur appelée le *Rugard*, d'où l'œil embrasse la plus grande partie de l'île. On découvre de là des sites pittoresques et sauvages dignes de plaire aux imaginations les moins romantiques. Mais si l'on est avide d'émotions et de souvenirs, si l'on veut voir des lieux qui inspirèrent jadis les chants des bardes de la Germanie, il faut visiter, dans la presqu'île de Jasmund, le sommet du *Stubbenkammer*, qui est la même montagne de craie à laquelle on donne le nom de *Siège du roi*, et sur laquelle personne n'est encore monté depuis Charles XII. Il faut voir le promontoire d'Arcona, dont il est souvent question dans les poésies skandinaves; il faut aller jusqu'au village d'*Altenkirchen*, dont la vieille église renferme encore, sculptée dans une muraille, la statue de *Svantawid*, ou mieux *Swetowid* (¹),

(¹) C'était une statue colossale en bois, dont les quatre visages représentaient les saisons; sa main gauche était armée d'un arc; dans sa droite elle tenait une corne de métal; sur sa hanche pendait une longue épée dans un fourreau d'argent; à côté d'elle étaient une selle et une bride. La déesse prédisait l'is-

le dieu Mars, le Bacchus et le Janus des Vandales; il faut enfin visiter le *lac noir*, peuplé de poissons noirs, et situé au milieu d'un antique bois sacré dédié à la déesse Hertha et renfermant le temple de cette divinité. Tacite en parle dans les termes suivants: « Il y a
» dit-il (¹), dans une île de l'Océan, un bois
» religieux où se trouve un char sacré couvert
» d'un voile, et qu'il n'est permis qu'au prê-
» tre de toucher. Celui-ci sait le moment où la
» déesse (Hertha) habite le sanctuaire de ce
» char, et le suit avec la plus grande vénéra-
» tion tandis qu'il est traîné par deux génis-
» ses. Ce sont alors des jours de joie, de gran-
» des fêtes dans tous les lieux que la déesse
» honore de sa présence; alors point de
» guerre, point d'armes; tout fer disparaît.
» C'est alors seulement qu'on connaît et qu'on
» aime la paix et le repos, jusqu'à ce que le
» même prêtre ramène dans le temple de la
» déesse rassasiée de la compagnie des mor-
» tels. Aussitôt le char et le voile, et si l'on
» veut le croire, la divinité même, reçoivent
» une ablution dans un lac secret qui englou-
» tit soudain les esclaves employées à ce ser-
» vice. De là les secrètes terreurs et les super-
» stitions de l'ignorance sur la nature d'un
» être qu'on ne peut voir sans mourir. »

La déesse *Hertha* paraît être la *Cybèle* des *Rugii*; du moins c'est ce que, sous le rapport philologique, on est porté à croire, si l'on considère que le mot allemand *erde* signifie *terre*. Elle était regardée comme la mère des dieux; c'est ce qui explique pourquoi *Truiston*, le dieu suprême des Germains, était nommé le *fils de la terre*. Les Wendes des côtes de la Baltique honoraient une divinité qu'ils nommaient *Sieba*, ou *Seva*, qui présidait aux récoltes, et qui était représentée sous la figure d'une femme tenant de la main droite une pomme et de la gauche une grappe de raisin. On croit que cette divinité est la même que *Frigga* chez les Skandinaves, *Foseta* chez les Cimbres et *Hertha* chez les Suèves (²). Le lac et le bois dont parle Tacite sont encore en grande vénération chez les habitants de l'île de Rügen, tant il est difficile de déraciner dans

sue heureuse ou funeste de la guerre, l'abondance ou la pénurie des récoltes.
(¹) De Mor. Ger., ch. XL. — (²) *Arnkiel*: Cimbrische Heiden religion, s. 80. — *A.-B. Wilhelm*, Germanien und seine Bewohner, s. 345.

le cœur de l'homme les superstitions fondées sur la crainte.

Depuis des siècles, il ne s'est opéré aucun changement dans la situation politique et morale du peuple de certaines parties peu fréquentées de l'île; on peut même dire que la civilisation n'y a pas avancé d'un pas. Les habitants de la presqu'île de Mönkguth, par exemple, parlent un dialecte, ou, si l'on veut, un patois qui est particulier à cette presqu'île. Ils ont aussi un costume à eux; ils fabriquent eux-mêmes l'étoffe dont ils s'habillent, et ils vivent dans une indépendance et une innocence qui rappellent les temps des patriarches. Depuis un temps immémorial, ils suivent une coutume assez singulière. Les femmes choisissent leurs maris; ce sont elles, et non point les hommes, qui font les propositions de mariage.

Si la curiosité ne conduit pas tous les voyageurs dans l'île, il en est beaucoup qui y sont attirés par l'espoir d'obtenir quelque soulagement pour diverses sortes de maux. Depuis 1794, les eaux thermales et ferrugineuses de *Sagard* jouissent d'une grande réputation en Allemagne. On a réuni dans ce bourg, de 800 habitants, situé au centre de la presqu'île de Jasmund, tout ce qui peut contribuer à la distraction des malades; moyen souvent plus efficace que les eaux elles mêmes. A *Putbus*, près des bords du Bodden, dont nous avons parlé, on a établi, depuis une dizaine d'années, des bains de mer qui sont assez fréquentés, et qui ont reçu le nom de *Friedrich-Wilhelmsbad*. A quelque distance de ce bourg, on voit un château qui a été le berceau des princes de *Putbus*. Dans la partie septentrionale de l'île, *Gingst*, au bord d'un lac, est un autre petit bourg de 700 âmes. La résidence des anciens souverains de l'île était *Carenza*, ville de quelque importance au moyen âge, et qui porte aujourd'hui le nom de *Garz*; elle renferme environ 150 à 170 maisons, une église et une fabrique de cire à cacheter.

Le détroit qui sépare l'île de Rügen de celle d'*Hiddensée* porte le nom de *Frogg*. Cette île, que l'on nomme aussi *Hiddensöe*, large d'une demi-lieue et longue de trois et demie, est dépourvue de bois. Son sol, quoique sablonneux, est couvert d'assez bons pâturages; la mer rejette fréquemment de l'ambre jaune sur ses côtes. Elle ne renferme que 5 à 600 habitants, répartis dans quatre villages, dont le principal porte le nom de *Kloster*. Ils s'adonnent à la pêche ainsi qu'à la fabrication de la toile; leur langage, qui est un mélange de slavon, de danois, de vieux allemand et de suédois, est presque inintelligible pour les Allemands.

Ummanz, longue d'une lieue et demie sur trois quarts de largeur, ne renferme qu'un village du même nom. *Rüden* n'est qu'un îlot de deux tiers de lieue de longueur. Il est presque entièrement environné d'écueils et de bancs de sable, et renferme quelques hameaux et un village nommé *Katen*.

Au sud de Rüden, s'étend, entre la Peene, le Pommersche-Haff et la Baltique, une île encore plus découpée que celle de Rügen, puisque dans certains endroits elle a à peine un quart de lieue de largeur, et que dans d'autres elle a plus de 4 lieues: c'est *Usedom*, ou *Uesedom*; sa longueur du sud-ouest au nord-est est de 11 à 12 lieues; sa superficie est évaluée à 18 lieues carrées. Dans ses points les plus rapprochés du continent, elle n'en est pas éloignée de 400 toises; ses rivages méridionaux circonscrivent une grande partie du lac appelé *Pommersche-Haff*, ou *Stetinner-Haff*, lac moins grand que le Frische-Haff et le Curische-Haff, mais qui cependant comprend 10 lieues de l'est à l'ouest, et 2 du nord au sud dans sa moyenne largeur. Il se divise en deux parties: le Grand-Haff à l'est, et le Petit-Haff à l'ouest. Plusieurs de ses enfoncements portent le nom de lacs; tels sont le *Neuwarp* au sud, et le *Papenwasser* au sud-est. Il se décharge dans la Baltique par la Peene au nord-ouest, qui alimente le grand lac d'Achterwasser, la Swiene au nord et le Dievenow au nord-est, qui forme le lac de Cammin. L'île d'Usedom nourrit une population de plus de 12,000 habitants; son sol est couvert de collines de sable et de forêts peuplées de sangliers, de cerfs et d'autres animaux. La terre y est peu fertile; aussi le peuple de cette île s'adonne-t-il plus à la pêche qu'à l'agriculture. Usedom renferme une ville du même nom, dont la population est évaluée à 1,200 âmes; sa capitale est *Swienemünde*, ville de 3 à 4,000 âmes, bien bâtie et pourvue d'un bon port, où s'arrêtent les navires trop forts pour pouvoir remonter jusqu'à Stettin.

Un canal de 400 toises de largeur sépare

l'île d'Usedom de celle de *Wollin*, dont la superficie est un peu moins considérable; celle-ci renferme 6,000 habitants, dont 2,500 vivent dans sa capitale, appelée aussi *Wollin*. Son sol, tout différent de celui d'Usedom, est formé d'une terre d'alluvion et couvert d'excellents pâturages qui servent à la nourriture d'un grand nombre de bestiaux, principale richesse de l'île. Nous pourrions en citer d'autres qui s'élèvent sur les côtes de la Poméranie, entre autres celle de *Zingst*, située entre le Binnen-Sée et la mer Baltique, mais leur description serait tout-à-fait dépourvue d'intérêt.

Parcourons maintenant les villes les plus importantes de cette province. Dans le nord, *Stralsund*, chef-lieu de régence, passait autrefois pour une des places les plus fortes de l'Europe. L'île de Rügen et le canal qui l'en sépare, les lacs et les marais qui l'entourent du côté de la terre, servaient puissamment à la défendre, lorsqu'en 1807 le maréchal Brune s'en empara après cinq jours de tranchée ouverte, et la fit démanteler. Bâtie en 1211, ses rues sont étroites et mal alignées; ses maisons sont sales et mal construites: cependant, en 1678, elle perdit 1,800 maisons après un bombardement qui la fit tomber au pouvoir de l'électeur Frédéric-Guillaume. Elle devrait donc présenter l'aspect d'une ville moderne. Son port, sûr mais peu spacieux, et environné de bas-fonds, son arsenal, sa bibliothèque urbaine, son gymnase avec de belles collections de livres, de médailles et d'histoire naturelle, sont les seuls objets remarquables qu'elle renferme. Autrefois elle était au nombre des villes hanséatiques; elle a conservé plusieurs priviléges favorables à son commerce, qui a toujours été considérable. En 1807, sa population ne s'élevait qu'à 11,000 âmes; aujourd'hui elle est de 16,000.

A l'ouest de Stralsund, s'élève la petite ville de *Barth*, à l'embouchure de la rivière du même nom. Ses 4,000 habitants s'enrichissent par leur commerce maritime. Au sud-est, la ville de *Greifswalde* est la mieux bâtie de toutes celles de ce cercle. Ses édifices les plus remarquables sont l'église de Saint-Nicolas, l'hôtel-de-ville et l'université, fondée en 1456. La collection d'histoire naturelle et la bibliothèque de cet établissement méritent de fixer l'attention. Pour une ville de 8,000 habitants, elle offre beaucoup de ressources: on y cultive les arts et les sciences; depuis long-temps elle possède un observatoire, un jardin botanique, un collége de médecine, une salle de spectacle, plusieurs établissements de bienfaisance et une société littéraire; une espèce de club ou de casino sert de point de réunion pour les hommes et les femmes de la haute société. Sa situation à une lieue de la mer favorise ses relations commerciales: son port est commode; elle a des chantiers pour la construction des navires. Environnée de murailles flanquées de tours, ses remparts, garnis de beaux arbres, offrent de belles promenades; mais le bois d'Eldéna, situé dans les environs, présente des sites et des points de vue charmants. On exploite à quelque distance de ses murs une saline considérable. *Wolgast*, située sur le canal qui sépare le continent de l'île d'Usedom, est une petite ville assez bien bâtie, ayant un petit port, 4,400 habitants et un commerce assez actif: c'était autrefois la résidence des ducs de Poméranie, dont l'ancien château s'élève encore au-dessus de sa vieille enceinte.

Le cours de la rivière de la Peene sépare le cercle de Stralsund de celui de Stettin; les deux villes les plus orientales sont *Demmin* et *Anklam*. La première souffrit beaucoup des combats que les Français et les Russes s'y livrèrent au mois d'avril 1807; elle compte encore 4,000 habitants. La seconde, plus industrieuse, riche de ses fabriques de toiles, de draps et de cuirs, renferme 2,000 habitants de plus; son port sur la Peene est souvent rempli de navires. *Pasewalk*, avec ses fabriques de draps, ses tanneries, ses distilleries et ses 5,000 habitants, ne mérite point de fixer l'attention; mais *Stettin*, ou *vieux Stettin*, offre au contraire, avec une population de près de 30,000 âmes [1], tout ce qui peut exciter l'intérêt dans une ville riche et éclairée. Nous ne parlerons point des fortifications qui comprennent les forts de Prusse, de Guillaume et de Léopold. La ville occupe la rive gauche de l'Oder; elle communique par un pont avec le faubourg de *Lastadie*, situé sur la rive droite et entouré de fossés, de tra-

[1] A la fin de 1826 sa population était de 27,009 individus, et à la fin de 1827. . . . . de 27,569. Le nombre des naissances était de 1,291, et celui des décès de 811.

vaux avancés et de marais; elle comprend encore quatre autres faubourgs appelés *Ober-Wiek*, *Nieder-Wiek*, *Alt-Torney* et *Neu-Torney*. Stettin, qui paraît avoir été bâti par les *Sidini* ou *Sideni*, prit rang pendant le moyen âge parmi les villes hanséatiques; aujourd'hui chef-lieu de régence, elle est le séjour des autorités de la province et de la cour suprême de justice. Le château royal, l'hôtel du gouvernement, la maison des États, le théâtre, la bourse et l'arsenal sont les principaux édifices à visiter. On y compte 21 ponts, tous en bois, et 6 églises: celle du château renferme les tombeaux et les portraits de quelques uns des ducs de Poméranie. Sur la place royale s'élève la statue de Frédéric II, érigée par suite du vote unanime des cantons. On y remarque encore les vastes magasins de la compagnie des salines; mais ce qui, selon nous, est beaucoup plus intéressant, c'est un gymnase royal, avec un observatoire, un collège médical, une école de pilotage, des écoles de dessin et de navigation, et un séminaire pour les maîtres d'école. Parmi les collections qui méritent d'être vues, on cite trois bibliothèques publiques, un cabinet d'histoire naturelle et celui de la loge des francs-maçons. Les remparts et la grande place, entourés de beaux arbres, offrent des promenades agréables.

Hors de la ville, le village de *Ziegenarth* contient un wauxhall qui sert de rendez-vous aux promeneurs de la haute société. On se réunit aussi au pont de Wiek, et à Frauendorf, sur l'Oder, pour les promenades en bateau; le lac de Damm, les vastes forêts qui s'étendent sur sa rive droite, les plaines qui se perdent à l'horizon sur la rive opposée, les vaisseaux qui cinglent vers l'embouchure de l'Oder, procurent un magnifique coup d'œil qui ajoute au charme de ces promenades. Le commerce de Stettin est très considérable; un grand nombre de navires appartenant à des particuliers, ou à la banque de Berlin, contribuent à son activité. Dans certaines années il est entré dans le port plus de 240 bâtiments de différents tonnages. Il serait trop long de détailler les diverses marchandises qui constituent les importations et les exportations de cette cité commerçante: il suffira de dire qu'il sort annuellement de son port 21,000 tonneaux ou 42,000,000 de livres de graine de lin, l'une des principales productions de la Prusse, et que ses importations sont estimées à la somme de 14,000,000 de francs, et ses exportations à 6,000,000. Le 28 octobre 1806, Stettin ouvrit ses portes aux Français, commandés par le général Lasalle, qui firent prisonnière une garnison de 6,000 hommes, et s'emparèrent de 160 pièces de canon; ils en restèrent possesseurs jusqu'au 22 novembre 1813, jour où la garnison capitula, et le 5 du mois suivant l'armée prussienne y fit son entrée. Parmi le petit nombre d'hommes marquants auxquels cette ville a donné naissance, on cite G. Kirstein ou Kirstenius, qui cultiva la poésie latine et la médecine, et qui fut honoré de l'estime de la reine Christine de Suède.

A l'est de Stettin, sur les bords de l'Ihna, *Stargard* ou *Neu-Stargard*, ville de 8,500 âmes, possède un gymnase royal, une école primaire des arts et métiers, des distilleries et des fabriques de drap. On y remarque la coupole de l'église de Sainte-Marie, qui passe pour être une des plus belles de toute l'Allemagne. Si nous nous dirigeons vers le nord, *Treptow* ou *Neu-Treptow*, sur la Réga, renfermant 4,000 habitants, n'a, malgré ses fabriques de drap, ses tanneries, ses distilleries et son commerce maritime, rien qui puisse fixer l'attention de l'observateur: les alluvions de la rivière ont encombré son port. Mais plus à l'est, *Colberg*, sur le bord de la mer, à l'embouchure de la rivière appelée Persante, est importante par sa forteresse autant que par sa population, qui s'élève à 7,500 individus. Ses principaux édifices sont l'hôtel-de-ville, la cathédrale et un aqueduc qui fournit de l'eau à toute la ville; suivant Stein (¹), il s'y trouve un couvent pour sept filles de la noblesse et neuf de la bourgeoisie. Ses salines, son commerce qui s'étend jusqu'en Espagne, ses fabriques de toile et de drap, la pêche des lamproies et des saumons, contribuent à lui donner de l'importance. *Cöslin* ou *Köslin*, moins considérable puisqu'elle ne renferme que 5,000 âmes, est une ville bien bâtie; il est vrai qu'elle est nouvelle, puisque, totalement détruite par un incendie en 1718, elle doit sa reconstruction à Frédéric-Guillaume Ier. La reconnaissance de ses habitants a fait élever sur l'une de ses places la statue de ce prince. Cette

---
(¹) Handbuch der geographie, tom. II.

ville a été choisie pour être la résidence de la régence et d'une cour suprême de justice. Parmi les établissements utiles on cite la société d'agriculture de la Poméranie, plusieurs écoles, dont une latine. Cöslin est située dans une plaine triste et déserte, qui se prolonge à l'ouest jusque sur les rives de la Réga, c'est-à-dire qui a plus de vingt lieues d'étendue ; mais à une lieue de la ville s'élève la montagne de Gollenberg, du haut de laquelle on jouit du spectacle imposant de la mer et d'une vue fort étendue.

La petite ville de *Neu-Stettin*, qui ne renferme que 2,500 habitants, s'élève entre les lacs de Streizig et de Wilm, non loin des sources de la Persante. Elle possède un gymnase, un château royal et une maison de mendicité ; ce dernier établissement, beaucoup plus utile que l'autre, fait honneur aux autorités administratives de cette cité. *Polzen* ou *Polzin*, ville de 2,000 âmes, située au milieu d'une plaine agréable et fertile, entourée de montagnes et de forêts, est connue par un établissement d'eau minérale situé dans ses environs, et appelé *Louisenbad*.

Si nous nous portons au nord-est, nous trouverons, sur les bords de la rivière de la *Stolpe*, une ville du même nom, dont la population est de 6,000 habitants. Elle fait un commerce maritime assez considérable ; on y compte des brasseries et des fabriques de toile ; mais elle est surtout connue par ses jolis ouvrages en ambre jaune. A l'embouchure de la Stolpe, *Rügenwalde*, dont le nom rappelle les anciens *Rugii*, possède un petit port dans la Baltique ; on y fabrique des toiles à voiles ; on y distille de l'eau-de-vie. Cette ville de 4,000 âmes, qui renferme un établissement de bains de mer, est dans certaines saisons le rendez-vous d'un assez grand nombre de voyageurs. Nous pourrions citer, pour terminer ce que nous avons à dire sur la Poméranie, la petite ville ou plutôt le bourg de *Lauenbourg*, où l'on fabrique, ainsi que dans ses environs, des draps et des coutils ; *Rummelsburg*, qui possède la même industrie ; *Belgard*, entièrement environné d'eau, et situé près du confluent du Leitznitz et de la Persante ; *Tempelburg*, entouré de murailles ; la jolie petite de *Pyritz*, qui fait un grand commerce en blé, et qui est la première de toute la Poméranie qui ait embrassé le christianisme en 1124 ; mais aucune de ces villes ne mérite que nous nous y arrêtions : nous nous contenterons de dire que c'est près de *Léba* que l'on exploite un sable employé avec succès dans les verreries et dans la fabrication des creusets en usage dans les fonderies.

L'une des dernières et des plus importantes acquisitions que la Prusse ait faites, est celle de la *province de Saxe*, formée en grande partie de plusieurs portions enlevées en 1815 aux Etats saxons. Ainsi elle se compose de la plus grande partie du duché de Saxe, de l'ancien cercle de Thuringe, qui dépendait du royaume de Saxe ; des principautés de Mersebourg, de Naumbourg et de Zeitz ; d'une partie des cercles de Leipsick, Misnie, Neustadt et Voigtland, de presque toute la principauté d'Erfurt, de la partie méridionale de l'Eichsfeld, pays qui appartenait autrefois à l'électeur de Mayence, et qui, en 1807, fut incorporé au royaume de Westphalie ; d'une portion de l'ancien comté de Henneberg et de la principauté de Querfurt ; de tout le comté de Mausfeld, du Hohnstein, de la principauté prussienne de Halberstadt, de l'ancien duché de Magdebourg et de la vieille Marche qui appartenait à la partie occidentale de la Marche électorale. Divisée en trois régences, elle est bornée au nord et à l'ouest par le royaume de Hanovre, le duché de Brunswick et la Hesse électorale ; au sud, par les duchés de Saxe-Weimar, de Saxe-Cobourg-Gotha, de Saxe-Altenbourg, et le royaume de Saxe ; enfin, à l'est et au nord-est, par le Brandebourg, dont l'Elbe et le Havel la séparent en grande partie. On évalue sa superficie à 458 milles carrés d'Allemagne, ou à 1,273 lieues carrées, et sa population à 1,437,000 habitants ; ce qui donne 1,128 habitants par lieue carrée. On peut juger par là de la richesse de cette belle province.

Il est difficile de donner quelques notions historiques sur les anciens peuples qui l'habitèrent. Il faudrait s'enfoncer dans les suppositions et les obscurités que n'ont pu débrouiller ni Spangenberg, ni Fabricius, ni plusieurs autres savants qui ont cherché à jeter quelques lumières sur l'antique époque à laquelle ces peuples remontent ; nous savons seulement que ce sont les mêmes que ceux qui, avant l'ère chrétienne, occupaient le territoire qui constitue aujourd'hui le royaume de Saxe ; que c'étaient principalement les *Langobardi* ou

Lombards au nord, et les *Cherusci* au sud, et qu'une grande partie de cette province a été ensuite habitée par les Wendes. On sait que les anciens Saxons immolaient à leurs dieux les prisonniers de guerre; que, semblables aux Celtes, ils ne leur élevaient point de temples, et qu'ils leur consacraient les vastes forêts de la Germanie. Comme ces peuples incivilisés qui vivent encore dans les régions les plus septentrionales, leur superstition se portait sur une foule d'objets; ils cherchaient à deviner l'avenir par le vol des oiseaux comme par le hennissement des chevaux, dont les différentes intonations étaient interprétées par leurs prêtres. La chair des animaux constituait comme aujourd'hui leur principale nourriture. L'usage des boissons fermentées remonte chez eux à la plus haute antiquité. Nous ne rappellerons point les conquêtes de ces peuples guerriers, qui, à diverses époques, portèrent leurs armes dans plusieurs contrées de l'Europe, en Angleterre et jusqu'en Espagne. L'histoire atteste aussi avec quelle ardeur ils résistèrent pendant trente ans aux troupes de Charlemagne. Ce prince, dont on a vanté les lumières, ne leur fit une guerre si opiniâtre que pour les forcer à embrasser le christianisme, qu'ils adoptèrent enfin par lassitude et par épuisement. Mais leur conversion forcée ne fut point de longue durée, et ce ne fut que sous Albert l'Ours, au douzième siècle, qu'ils commencèrent à sentir les bienfaits d'une religion à laquelle la protection des rois n'a souvent été que trop nuisible.

Les terrains de cette province sont extrêmement variés sous le rapport géologique : nous verrons par la suite qu'elle est riche en métaux, en charbon de terre et en diverses substances minérales. A Oster-Weddingen, trois lieues au sud-ouest de Magdebourg, le grès auquel ses différentes nuances ont fait donner le nom de bigarré, et qui appartient à la formation houillère, supporte différents dépôts de sédiment supérieur, dépôts qui constituent l'époque que les géologues appellent *tertiaire*. Mais ces dépôts semblent annoncer, suivant le professeur Germar [1], une formation plus récente que celle des environs de Paris : en effet, dans la localité ci-dessus, on remarque un sable coquillier contenant les restes de plus de vingt-deux genres de coquilles, dont les espèces diffèrent de celles des terrains parisiens, et présentent plus d'analogie avec celles qui vivent dans l'Océan ; ils appartiendraient donc à l'époque *quaternaire* ou *supercrétacée supérieure*. Ils sont recouverts d'une marne argileuse, qui, dans cette province, forme ordinairement le toit des dépôts de lignites. D'après les observations qu'a faites et publiées M. Frédéric Hoffmann [1], on trouve au nord de Magdebourg des schistes argileux, et des grès micacés, connus des Allemands sous le nom de *grauwacke*, dans lesquels on observe des restes de plantes monocotylédones, telles que des palmiers, ou des graminées, telles que des roseaux. Aux environs d'Alvensleben, ces schistes deviennent bitumineux et renferment des poissons fossiles. Au sud de Magdebourg, c'est-à-dire aux environs de Ermsleben, ces dépôts de schiste sont recouverts de grès bigarrés; ils contiennent quelques impressions de plantes pyritisées, c'est-à-dire chargées de fer sulfuré. A Rothenbourg, sur la Saale, à Mansfeld, à Eisleben, les mêmes schistes renferment aussi des empreintes de poissons pyritisés, dont la plupart appartiennent à des espèces qui n'ont plus leurs analogues vivants, mais dont les genres existent encore, et des espèces dont les genres sont tout-à-fait inconnus. Ils sont toujours dans une position contournée, comme s'ils avaient éprouvé une mort violente. M. Friesleben a remarqué que l'ensemble des terrains qui occupent l'espace que nous venons d'indiquer, et peut-être même la plus grande partie de l'Allemagne, peut se diviser en quatre séries distinctes. La première, ou la plus superficielle, qui supporte la terre végétale, se compose d'une roche de calcaire coquillier, analogue à celle qui forme la chaîne du Jura. La seconde renferme, sans ordre déterminé, des dépôts d'argile, de sable, de marne, de gypse, de houille et de calcaire, qui contiennent peu de débris d'animaux, mais quelques minerais de fer. La troisième comprend une roche calcaire compacte, que les Allemands nomment *zechstein*, et qui constitue une époque plus ancienne que la précédente, ainsi que du gypse, des grès, des schistes ferrugineux et cuivreux, à empreintes de poissons. Enfin la quatrième constitue la formation houillère avec ses grès rouges ; on y trouve

[1] Neues Journal für chemie und physik, tom. VII, pag. 176.

[1] In-8°, Berlin, 1823.

beaucoup de fer, peu de chaux, et de nombreux végétaux fossiles.

Dans les montagnes qui font partie du groupe de Harz, on exploite des mines d'argent, de cuivre, de fer et des houillères; dans la partie centrale, du gypse et des salines; dans la partie méridionale, des argiles à porcelaine; enfin dans les lieux bas, de la tourbe.

Les montagnes les plus élevées de cette province sont le Brocken ou le Bloxberg, et le Dolmar. La première, qui reste couverte de neige depuis le mois de novembre jusqu'à celui de juin, a 3,381 pieds d'élévation au-dessus du niveau de la Baltique; la seconde a 1,860 pieds. Le Brocken est une des montagnes de l'Allemagne qui ont le plus attiré l'attention des naturalistes et des physiciens : Schrœder, Bernouilli et Deluc en ont donné tour à tour des descriptions. Elle forme l'extrémité septentrionale des montagnes du Harz, et la limite orientale de la province de Saxe. Du haut de sa cime on découvre une plaine de 70 lieues d'étendue. On remarque sur son sommet plusieurs blocs de granit que les gens du pays désignent sous les noms d'*autel* et de *chaise des sorciers*, et que l'on croit être les restes d'un monument religieux élevé dès la plus haute antiquité au dieu *Krodo* que les anciens Saxons adoraient. C'est au pied de cette montagne granitique que la Bode, l'Ile et l'Ocker prennent leur source.

Le climat de la province de Saxe est généralement doux et salubre. Le sol en est varié : dans quelques endroits seulement il est sec et sablonneux; plus généralement il est gras et exige beaucoup de soins et de travail : c'est dans la régence de Magdebourg qu'il est le plus fertile; dans le nord il est froid, mais les engrais le rendent très productif.

Nous ne nous étendrons point sur les produits agricoles de cette province; il nous suffira de dire qu'elle est fort riche en grains, en fruits, en plantes potagères; qu'on y récolte du lin, du chanvre, du tabac, du houblon, de la garance, du colza, et de la chicorée que l'on prépare pour le café, et qu'il s'y trouve quelque vignobles, principalement sur les bords de la Saale et de l'Elbe; mais le vin qu'on en obtient est au-dessous du médiocre. Le pays renferme quelques forêts, insuffisantes pour les besoins de ses habitants.

Nous verrons, dans la description des principales villes de cette province, que l'exploitation de ses mines, que ses usines et ses fonderies, ses manufactures d'étoffes et ses fabriques de sucre de betterave, ses chevaux, ses bêtes à cornes et ses moutons, en font une des plus riches contrées du royaume de Prusse. Elle possède un plus grand nombre de bêtes à laine que la Silésie. Les principales villes, sous le rapport du commerce et de l'industrie, sont : Aschersleben, Erfurt, Halle, Langensalza, Magdebourg, Mühlhausen, Naumbourg et Nordhausen.

Le nombre des catholiques est ici moins considérable qu'en Silésie; mais il surpasse de beaucoup celui des catholiques de la Poméranie et du Brandebourg. Suivant Hassel [1], il s'élevait en 1817 à 78,000; les diverses communions évangéliques comprenaient 1,132,972 individus. On y comptait 3,242 israélites, et seulement quatre individus de la secte de Mennon, de ce réformateur hollandais qui, au seizième siècle, enseigna qu'il n'y avait point d'autre règle de foi que ce qui est contenu dans le Nouveau Testament; qu'en parlant de la Divinité, il ne fallait point employer le mot de Trinité; que les âmes, après leur mort, vont dans un lieu qui n'est ni le ciel ni l'enfer, et qu'un véritable chrétien ne doit posséder aucune charge vénale. Aujourd'hui la même province compte plus de 1,300,000 individus des deux principaux cultes évangéliques, plus de 90,000 catholiques et près de 4,000 juifs.

La province de Saxe renferme plusieurs terres appartenant à des princes étrangers, tels que le grand-duc de Saxe Weimar, le duc de Brunswick, le prince de Schwartzbourg, les princes d'Anhalt. Mais nous aurons soin de traiter séparément de ces domaines enclavés dans la Prusse.

Si nous commençons notre course dans cette province par sa partie orientale, la première ville importante digne d'être remarquée sur les bords de l'Elbe, est *Wittemberg*, qui dépend de la régence de Mersebourg. Cette cité, d'où l'on traverse l'Elbe par un pont de bois, contient 6,700 habitants. Ses principaux établissements utiles consistent en un lycée, un séminaire pour les prédicateurs, une école d'accouchement. Peu de villes ont autant souffert des funestes effets de la guerre et des incendies : en 1760, elle éprouva un bombar-

[1] *Statistischer Umriss*, in-fol., 1823.

dement qui renversa dix-huit édifices publics et près du tiers de la ville; en 1806, ses pertes furent également considérables; en 1812, le feu y détruisit 320 maisons. Depuis le 1ᵉʳ mars 1813 jusqu'au 12 janvier 1814, elle eut beaucoup à souffrir des attaques du général prussien Tauentzien, qui la prit d'assaut sur les Français, ce qui valut à cet officier le titre de comte de Wittemberg. Dans cette longue lutte, la ville perdit 26 maisons et les faubourgs 259 : les bâtiments de l'université et l'église du château furent considérablement endommagés. Depuis la paix, le gouvernement prussien a cherché à y réparer les maux causés par la guerre. En 1817, on y a construit deux nouveaux faubourgs, dont l'un, situé sur la rive gauche de l'Elbe, porte le nom de petit Wittemberg. On a rétabli les fortifications. On montre dans cette ville la chambre qu'habita Luther : une foule d'étrangers de distinction y ont écrit leur nom sur les murs; on y conserve sous verre celui de Pierre-le-Grand, tracé avec de la craie. L'église du château renferme le tombeau de Luther et celui du sage Mélanchton, son ami, dont les nombreux et savants écrits ont contribué à établir la réformation en Allemagne, et qui mourut en demandant au ciel l'union de l'Église. On y voit aussi celui de l'électeur palatin Frédéric-le-Sage, qui protégea le protestantisme. Pendant long-temps l'académie de Wittemberg célébra par un deuil général la mort du savant réformateur de l'Allemagne.

On compte dans les environs de Wittemberg plusieurs établissements manufacturiers importants, tels que des fabriques de sucre de betterave, d'acide sulfurique et de couleurs. A *Bitterfeld*, sur la rive gauche de la Mulde, on fabrique de la faïence, des draps et de la toile. Aux environs de *Brehna*, on remarque de grandes cultures de houblon, de cumin, de garance et de lin.

Sur la rive gauche de l'Elbe, s'élève *Torgau*, qui depuis l'agrandissement de la Prusse est devenue une ville forte du premier rang. Sa population est de 7,000 habitants. On y remarque un pont construit en bois, dont la longueur est de 860 pieds, et trois églises, dont la principale renferme le tombeau de Catherine de Bora, femme de Luther. Cette ville possède un lycée. Elle est défendue et entourée par deux forts et par des murs bastionnés. Ses environs ne sont point sans intérêt : les haras de Graditz et de Dœhlen sont considérables; le village d'*Elsning* est célèbre par la victoire que le grand Frédéric y remporta sur les Autrichiens le 3 novembre 1760. *Naumbourg*, situé au confluent de l'Unstruttz et de la Saale, renferme 10,000 habitants. Cette ville, assez bien bâtie, et environnée de murailles, est un chef-lieu de cercle. Elle est divisée en trois parties : la ville, les libertés, et les faubourgs. Elle possède un palais royal, un bel hôtel-de-ville, de vastes magasins d'artillerie, une cathédrale bâtie en 1027, dont le trésor renferme des objets assez curieux, et l'église de Saint-Wenceslas, qui, par ses proportions et son architecture, peut être considérée comme un édifice remarquable. Ses principaux établissements sont : un tribunal de commerce, un lycée, une bibliothèque, une école bourgeoise, une maison destinée à l'éducation des orphelins; et plusieurs hôpitaux. Les objets de bonneterie et de parfumerie que l'on fabrique dans cette ville jouissent en Allemagne d'une réputation méritée. On y confectionne une grande quantité de souliers qu'on expédie aux foires de Leipsick. Celle qui se tient dans cette ville le 25 juin est considérable et dure 15 jours. Naumbourg doit à son commerce et à son industrie les ressources variées qu'elle offre aux étrangers et à ses habitants; l'hiver, les concerts et les bals masqués y sont très fréquents. Le café d'*Eichhof* est le rendez-vous des négociants et des étrangers, et le jardin appelé *Burgen-garten* est ordinairement fréquenté par la meilleure société. On a conservé dans cette ville le souvenir des guerres qu'elle eut à soutenir jadis contre les hussites; c'est en mémoire de la grâce qu'un général de ces sectaires lui accorda, aux larmes et aux prières d'une députation d'enfants, qu'il se fait tous les ans, au 28 juillet, une procession de jeunes gens, connue sous le nom de *kirschfest* (la fête des cerises); enfin on montre avec une sorte de vénération, chez un particulier de la ville, quelques mots écrits avec de la craie par l'électeur de Saxe Jean-Frédéric-le-Magnanime, l'un des plus ardents défenseurs de la réformation de Luther, et qui, vaincu par Charles-Quint, le 24 avril 1547, à la bataille de Mühlberg, fut conduit prisonnier à Naumbourg. Les environs de cette ville sont agréables et fertiles; on y cultive surtout la vigne avec succès, et l'on y fait un vin qui ressemble, dit-on, à celui de Bourgogne : il s'en fait une grande consommation, sans compter celui que l'on emploie aux distilleries d'eau-de-vie. La ville de Naumbourg est souvent visitée par les étrangers qui fréquentent les bains de *Bibra*, établissement fort bien tenu, qui jouissait déjà d'une certaine renommée en 1689. Près du village de *Kösen*, à une lieue de la ville, il y a une saline qui fournit annuellement plus de 40,000 quintaux de sel.

Si nous suivons le cours de la Saale, nous remarquerons les ruines de Sch nbourg, château de Louis-le-Sauteur; sur la rive gauche de la rivière la jolie ville de *Weissenfels*, dont les 5,600 habitants se livrent à plusieurs genres d'industrie, et dont les filatures, les fabriques d'amidon, la passementerie et les ouvrages d'orfévrerie sont estimés. Le château, qui fut la résidence des ducs de Saxe-Weissenfels, et surtout l'église, dans laquelle on remarque quelques tombeaux, sont les seules curiosités que renferme cette ville. Son principal établissement consiste en un séminaire de maîtres d'école, qui jouit d'une grande réputation en Prusse ; il renferme 50 à 60 élèves. Nous ne parlerons point de la chambre du bailli à l'hôtel-de-ville, dans laquelle on conserve des traces du sang de Gustave-Adolphe, dont le corps y fut disséqué après la victoire qu'il remporta sur Wallenstein le 18 novembre 1632 en perdant la vie. Le champ de bataille où il reçut le coup mortel fut illustré depuis par une victoire plus mémorable et par un guerrier plus extraordinaire : c'est près du village de *Groos-Gorschen* que, le 2 mai 1813, Napoléon défit les armées russe et prussienne. Par suite de cette sanglante journée, la petite ville de *Lutzen* eut les deux tiers de ses maisons réduites en cendres. Le prince Léopold de Hesse-Hombourg périt à quelque distance du bel obélisque en fer, surmonté d'une croix, que le roi de Prusse a fait élever en 1817 en mémoire de ce jeune guerrier. Lutzen est une petite ville de 1,400 âmes.

En continuant à descendre la Saale, nous apercevons le village de *Rossbach*, célèbre par la victoire que remporta Frédéric II sur les Impériaux et les Français en 1757 ; un monument y a été érigé en 1814 à l'armée prussienne. *Mersebourg* mérite de fixer notre attention, autant par les objets intéressants que cette ville renferme, que par le rang qu'elle occupe comme chef-lieu de régence. On y compte 9,000 habitants et divers monuments dignes de fixer les regards : tels sont : l'hôtel-de-ville, le palais du comte de Zach, le pont sur la Saale, et l'ancienne cathédrale, bel édifice gothique flanqué de quatre tours pyramidales, dans lequel on remarque le tombeau en bronze de l'empereur Rodolphe de Souabe, plusieurs tableaux de prix, et une singulière relique : c'est la main que ce prince perdit dans un combat. La bibliothèque du chapitre passe pour être riche ; la ville possède un collège, une maison d'orphelins, un hospice pour les pauvres, et un établissement destiné à l'instruction des sages-femmes. Le commerce de Mersebourg est assez important ; on y tient quatre foires par an. Mais ce qui rend cette ville intéressante aux yeux de la plupart des Allemands, ce sont ses brasseries, dont les produits jouissent d'une grande réputation : on y fabrique près de 27,000 tonneaux de bière par an. Les environs de Mersebourg sont agréables et fertiles ; on y remarque plusieurs belles maisons de campagne : mais l'établissement des eaux minérales de *Lauchstädt*, petite ville qui renferme un théâtre, les salines de *Kötschau* et *Durenberg*, et le bel étang de *Saint-Gothard*, sont ce qu'il y a de plus intéressant dans ses environs. C'est dans le village d'*Alt-Ranstadt* que Charles XII et Auguste, roi de Pologne, signèrent un traité de paix le 24 septembre 1706.

Si l'importance et la population d'une cité étaient la principale base qui servît à déterminer son rang politique, *Halle*, qui renferme 25,000 habitants, mériterait plutôt le titre de chef-lieu de régence que Mersebourg. Elle se compose de cinq faubourgs et de trois villes : Halle, Neumarkt, et Glocha, séparées l'une de l'autre et gouvernées chacune par ses propres magistrats. La cathédrale, qui renferme plusieurs tableaux de l'ancienne école allemande ; la tour rouge, qui est élevée de 250 pieds ; l'église de Saint-Ulric, décorée de plusieurs monuments dignes d'attention ; l'hôtel-de-ville, où l'on conserve l'antique constitution impériale connue sous le nom de Bulle d'Or ; plusieurs beaux ponts construits sur la Saale, ne sont point les objets auxquels nous nous arrêterons. Cette ville a d'autres titres à la célébrité : son université, fondée en 1694, a fourni plusieurs savants et artistes à l'Allemagne, entre autres l'orientaliste Michaelis et le musicien Haendel, qui, à l'âge de dix ans, avait déjà composé plusieurs sonates. Wolf, Hoffmann, le médecin Balthazar Bremer, et l'un des plus célèbres botanistes du dix-septième siècle, Paul Herman, ont occupé des chaires à l'université. Cet établissement compte encore près de 1,200 étudiants ; ils trouvent dans cette ville tout ce qui peut former une éducation complète : écoles de chirurgie et de pharmacie, cours de minéralogie, de chimie, de botanique et d'astronomie ; des bibliothèques publiques, dont la plus considérable renferme environ 50,000 volumes : celle de l'église de Sainte-Marie est aussi fort riche ; enfin un jardin botanique, un amphithéâtre d'anatomie, un observatoire, un laboratoire de chimie et quelques collections considérables d'antiquités et d'histoire naturelle. Le nombre des professeurs de cet établissement est de 64. Cette ville possède encore plusieurs cercles littéraires, une école des mines, un séminaire de théologie et de philosophie, une société d'histoire naturelle et une société biblique. On y a imprimé et distribué dans certaines années plus de 2,000,000 de Bibles et plus de 1,000,000 d'exemplaires du Nouveau-Testament. On publie encore à Halle un journal politique et la Gazette universelle de littérature que l'on imprimait auparavant à Iéna. La maison des orphelins, fondée à Glocha en 1698 par le docteur Franken, est un établissement d'une grande importance. On y élève près de 500 enfants, et plus de 1,800 externes y reçoivent journellement une instruction fort étendue à laquelle est affectée une bibliothèque de 20,000 volumes et un cabinet d'objets d'arts et d'histoire naturelle. Sur la grande place, près de cet établissement, on vient d'ériger un monument en fonte à la mémoire du fondateur. Les bains d'eaux minérales de Halle méritent aussi de fixer l'attention ; l'eau en est ferrugineuse. Cette ville possède un grand nombre de fabriques, dont les plus importantes sont celles d'amidon et de quincaillerie. En hiver, les concerts, les bals, les redoutes, une salle de spectacle et des cercles qui servent de réunion aux personnes qui s'occupent de sciences et de littérature, sont les sujets de distraction qu'offre la ville. En été, les environs présentent des promenades charmantes : les principales sont *Giebichenstein*, près des ruines d'un antique château qui couronne un rocher escarpé, et d'où, suivant les vieilles chroniques, s'échappa en 1102 le prince Louis, landgrave de Thuringe, en sautant du haut de son donjon ; le mont *Reil* et le mont *Saint-Pierre*, que dominent les restes d'un ancien couvent. Le 17 octobre 1806, un combat opiniâtre qui eut lieu entre les Français et les Prussiens, et dans lequel le prince Eugène de Würtemberg fut fait prisonnier, assura aux Français les avantages qu'ils obtinrent par la victoire d'Iéna.

On exploite sur le territoire de Halle de la houille, qui n'est utilisée que pour l'évaporation du sel que l'on extrait de deux sources, dont l'une appartient à des particuliers fournit annuellement 4,000 quintaux de sel, et dont l'autre, trois fois plus considérable, dont le produit annuel s'élève à plus de 125,000 reichsthalers, appartient au gouvernement. Les ouvriers qui travaillent à cette extraction portent le nom de *halloren :* ce sont les seuls restes non dégénérés des anciens Wendes ; ils ont conservé les mœurs, le langage, les lois et même le costume de leurs ancêtres.

Nous ne dirons rien de la culture des champs qui environnent Halle, des excellents légumes que l'on y récolte, de la fabrique de sucre de betterave que l'on remarque hors de son enceinte, ni du nombreux gibier dont ses champs abondent ; nous nous hâterons de passer à *Wettin*, petite ville de 3,000 âmes, dans laquelle on voit encore le vieux château qu'habitaient autrefois les princes saxons. Cette cité est aussi le siège d'un conseil royal des mines ; on exploite dans ses environs des houillères qui occupent plus de 200 ouvriers. Plus loin, le village de *Rothenbourg* ne présente quelque intérêt que par ses mines de cuivre qui produisent annuellement 4,400 quintaux de métal.

Nous allons terminer ce qui nous reste à dire sur la régence de Mersebourg, en jetant un coup d'œil rapide sur les villes dont nous n'avons point encore parlé. *Eisleben*, la plus importante de ces dernières, a 7,000 habitants ; située sur une colline, elle se divise en ancienne et nouvelle ville. Malgré son ancienneté, et quelques monuments que renferme l'église de Saint-André ; malgré ce qu'offre d'intéressant l'église de Saint-Pierre et le château à moitié ruiné qui fut la résidence des comtes de Mansfeld ; malgré son hôtel-de-ville, dont les habitants font admirer la toiture en cuivre, l'un des plus beaux titres de cette ville à la célébrité est d'avoir été le berceau de Luther et le théâtre sur lequel ce réformateur acquit des titres à l'immortalité. On montre encore dans l'église de Saint-André la chaire d'où sa voix menaçante s'éleva jusqu'au Vatican ; cette chaire n'est plus occupée que trois fois par an, à des jours fixes. La vénération dont Luther est l'objet a fait consacrer la maison dans laquelle il naquit en 1483 et mourut en 1546, à une école gratuite d'orphelins et d'indigents. Elle fut brûlée en 1689 et rebâtie aux frais de la ville. Le gouvernement prussien a doté et agrandi cet établissement de bienfaisance ; on y conserve avec respect le bonnet, le manteau et quelques autres vêtements qui ont appartenu au réformateur allemand ; enfin plusieurs salles de cette maison sont ornées de beaux tableaux qui retracent quelques uns des principaux événements de la réformation. Il est peu d'étrangers qui ne s'empressent de visiter à Eisleben la maison de Luther et de grossir la liste des noms inscrits sur un album qu'on leur présente et qui se compose aujourd'hui de plusieurs volumes. A deux lieues d'Eisleben, on montre le *lac Salé* (*Salzsée*), au milieu duquel s'élève un monticule que l'on regarde comme un tombeau antique, et d'où la vue s'étend au loin, d'un côté sur le cours de la Saale et de l'autre sur les montagnes du Harz.

La population d'*Hettstädt* est d'environ moitié de celle d'Eisleben. On compte dans ses environs plusieurs mines dont on extrait du cuivre et de l'argent ; leurs produits sont évalués à 40 marcs d'argent et à 200 quintaux de cuivre par semaine. La population de *Zeitz* est au moins de 7,000 âmes. Cette ville, située dans la partie orientale de la province, possède deux châteaux, un chapitre, un lycée, un séminaire destiné aux maîtres d'école et une maison d'orphelins. Son industrie consiste principalement en manufactures de draps et de casimirs ; on y fabrique aussi des bougies et des boutons de métal. La bibliothèque du chapitre renferme quelques manuscrits curieux, et l'on admire dans l'église collégiale le tableau qui orne le maître-autel. Nous avons peu de choses à dire de *Sangerhausen*, ville de 4,000 habitants, qui possède des forges, une fonderie de cuivre et une fabrique de salpêtre. Elle est située au pied des montagnes du Harz, environnée de murailles, et renferme deux châteaux, dont l'un sert de prison et l'autre de grenier pour ses grands marchés de blé. Dans la vieille église de Saint-Ulric, on remarque le tombeau de Louis-le-Sauteur et de sa femme. *Stollberg*, un peu plus peuplée, est la résidence et le siège de la chancellerie des comtes de Stolberg-Stollberg ; c'est là que s'assemble un conseil des mines pour les travaux de celles qu'on exploite dans ses environs. Cette petite ville possède un lycée, une maison d'orphelins et un beau château, dans lequel on conserve une idole des anciens Germains ; elle est la patrie de Schneidewin, célèbre jurisconsulte. La petite ville de *Querfurt*, ou *Quernfurt*, située sur la Quern, possède dans son voisinage un vieux château qui était jadis la résidence des princes de Querfurt ; elle a un collège, des filatures de coton, et, dans ses environs, deux fabriques de salpêtre.

Nous avons dit tout ce qu'il y a d'essentiel sur ce qui concerne la régence de Mersebourg ; celle d'*Erfurt* est moins étendue. Nous ne citerons que quatre villes : sa capitale, *Nordhausen*, *Ellrich* et *Langensalza*. *Erfurt*, peuplée de 22,000 âmes, était jadis une cité impériale ; elle est même restée long-temps indépendante après la capitulation qu'elle fit en ouvrant ses portes aux Français le 15 octobre 1806. En 1813, elle souffrit beaucoup du bombardement qu'elle supporta courageusement pendant plus d'un mois ; plus de 2,000 personnes y périrent par le seul effet des maladies épidémiques qui se répandirent à cette époque en Allemagne et même en France. Une enceinte de murailles et de fossés, une grande forteresse et deux citadelles, le *Petersberg* et le *Cyriaksbourg*, la défendent. Le seul monument remarquable qu'elle renferme est la cathédrale, dont la cloche pèse 27,000 livres ; c'est une des merveilles de la contrée. Le tombeau du comte de Gleichen est un des ornements de cette église. Dans celle des Écossais, (*Schotten Kirche*), on en voit un qui est intéressant par son ancienneté, c'est celui de Walther de Gleisberg. Dans celle des Carmes déchaussés, on a réuni un grand nombre d'antiquités. On montre encore dans l'ancien couvent des Augustins, dont on a fait une maison d'orphelins, la cellule qu'habita Luther pendant sept ans. On compte dans cette ville huit églises consacrées au culte de la confession d'Augsbourg, et huit au culte catholique. Le rang que tenait dans le monde savant son université, fondée en 1392 et qui a été réunie en 1816 à celle de Halle, a entretenu dans cette cité le goût des sciences et de la littérature. Le gymnase protestant, l'école catholique, celle de dessin, les cours de pharmacie et de chimie, les bibliothèques et les collections publiques y sont très fréquentés. La bibliothèque royale, qui appartenait autrefois à l'université, renferme 50,000 volumes. Erfurth possède encore une académie des sciences, plusieurs établissements utiles et une salle de spectacle. C'est dans cette ville qu'eut lieu, le 27 septembre 1808, la célèbre entrevue de l'empereur Alexandre, du roi de Prusse, et de plusieurs autres souverains de l'Allemagne avec Napoléon. Elle a 6 faubourgs, 20 grandes rues, dont la principale est celle d'Anger, 320 autres petites, et 5 grandes places, dont une, appelée nouvelle place des Parades, est ornée d'un obélisque érigé en l'honneur de l'électeur de Mayence Charles-Joseph; car cette ville, autrefois capitale de la Thuringe, faisait partie de l'électorat de Mayence. Dans le bâtiment de la régence, on conserve les portraits de ses anciens électeurs. Les environs sont fertiles et fort agréables, mais peu boisés; on y compte à différentes distances plusieurs promenades très fréquentées, telles que les villages de *Giepersleben* et *Molsdorf*. Dans celui de Neu-Dietendorf, il existe une colonie de frères moraves. Sur les montagnes de Gleichen, Muhlberg et Wachsenbourg, il existe trois châteaux appelés les *Trois-Égaux*. On compte dans la ville un grand nombre d'établissements manufacturiers. Les tissus de laine y occupent 300 métiers, la fabrication des rubans 200, et le tordage du fil 150; mais ce qui surprendra peut-être, c'est la prédilection dont jouissent ses ouvrages de cordonnerie. On porte à environ 300 le nombre de ses maîtres cordonniers.

Nordhausen, sur la Zorge, renferme 11,000 habitants. Ses édifices publics n'ont rien de remarquable; ils consistent en sept églises, un gymnase, l'hôtel-de-ville et un couvent sous l'invocation de Sainte-Croix. Dans l'église de Saint-Blaise, on remarque deux tableaux de Luc Cranach. La bibliothèque de l'ancien couvent d'Himmelsgarten mérite d'être visitée. On remarque aussi deux machines hydrauliques qui fournissent de l'eau à la ville haute. Le commerce de Nordhausen est très considérable. On y compte 120 distilleries d'eau-de-vie, qui consomment plus de 600,000 boisseaux de grains, dont le marc sert à engraisser plus de 40,000 porcs et de 6,000 bœufs. Le produit de ces distilleries s'élève annuellement à 1,500,000 francs; celui des moulins à huile est évalué à plus de 700,000 francs. On célèbre encore chaque année dans cette ville, sous le nom de *Soirée de Martin*, une fête en l'honneur de Luther. Ses environs offrent quelques lieux remarquables, tels que la prairie d'or (*goldne-aue*), les ruines du château de Rothenbourg, plusieurs autres monuments du moyen âge, et quelques grottes remarquables par leurs stalactites d'albâtre. La population d'*Ellrich* ne s'élève qu'à 2,500 habitants. On y compte plusieurs fabriques de draps et d'autres étoffes. Elle ne renferme aucun établissement digne d'attention; mais on remarque dans les environs une caverne qui jouit d'une grande réputation, et qui par ses dimensions mérite que nous en donnions une idée. Elle est située à une lieue de la ville, et porte le nom de *Kelle*; ses magnifiques stalactites excitent l'admiration des curieux. Son entrée a 150 pieds de hauteur, le plafond n'a que 6 pieds de plus; mais son intérieur a 256 pieds de largeur et 268 de longueur. Les eaux d'une source fraîche et limpide forment, à quelque distance de l'entrée, un réservoir assez profond dans lequel on descend par un escalier de cent marches.

Traversons une branche du Harz au pied de laquelle la Leine prend sa source; nous verrons, au confluent de cette rivière et de la Geisle, *Heiligenstadt,* jadis capitale de la principauté d'Eichsfeld. Elle renferme une école normale d'instituteurs primaires, un château et un ancien collège de jésuites, où fleurit maintenant un excellent gymnase pour les catholiques et les protestants. Hors de ses murs, on remarque une jolie cascade, et plus loin un vieux château au pied de la montagne d'Ilsebeth; ses environs sont couverts des montagnes des plus pittoresques. *Mühl-*

hausen, l'une des plus anciennes villes libres de l'Allemagne, n'a perdu qu'en 1802, époque à laquelle elle fut cédée à la Prusse, son titre de ville impériale. Elle est entourée de fossés et de hautes murailles flanquées de tours; sa population est de plus de 10,000 âmes; ses maisons sont construites dans le goût ancien. C'est dans ses murs que les manufacturiers des environs envoient leurs laines pour être filées et teintes. *Langensalza*, qui doit son nom à la rivière de Salza, non loin de laquelle elle est bâtie, est plus intéressante sous le rapport de son industrie, de son commerce et de la culture de ses environs, et par les travaux de sa société d'agriculture, que par son vieux château, son église de Saint-Étienne, son lycée et son cercle appelé *la Ressource*. Le 10 juin 1813, elle fut sur le point d'être renversée par des crevasses qui sillonnèrent le sol; tous les jardins furent dévastés, et plus de mille arpents de prés furent inondés. La population de cette ville est d'environ 8,000 habitants. On compte sur son territoire 3,000 métiers à filer le coton, et plusieurs fabriques de soieries et de serge. Ses bains d'eau sulfureuse, dont on vante les effets salutaires, sont très fréquentés. La source de ces eaux a été découverte à *Tennstadt*, où l'on a également établi des maisons de baigneurs. On récolte dans ses environs de l'anis, de la garance et la plante connue sous le nom de pastel (*isatis tinctoria*), dont la qualité l'emporte sur toutes celles que produit l'Allemagne. On trouve fréquemment, à peu de distance de Langensalza, dans le sable d'alluvion, des concrétions calcaires que l'on appelait autrefois *ostéocolle*, parce que la crédulité du vulgaire leur attribuait la vertu de consolider les ossements fracturés.

La *régence de Magdebourg* renferme un plus grand nombre de villes importantes que les deux régences que nous venons de parcourir. *Quedlimbourg*, sur la Bude, est l'une des plus peuplées: on y compte au moins 12,000 habitants. On remarque sur une montagne qui domine la ville le vieux château où résidait jadis l'abbesse souveraine du pays, princesse qui, malgré les vœux d'humilité attachés à sa pieuse profession, jouissait de la noble prérogative de siéger comme membre de l'Empire au milieu des prélats du Rhin. Une partie de cet édifice est réservée à un hospice où l'on reçoit les orphelins et les enfants des criminels. Tout près se trouve l'église collégiale, qui renferme le tombeau de l'empereur Henri Ier, dit l'*Oiseleur*, et de l'impératrice Catherine, ainsi que plusieurs reliques plus ou moins authentiques, et quelques objets d'une grande antiquité, entre autres une des amphores que l'on prétend avoir servi aux noces de Cana, et qui a été donnée à ce titre par l'empereur Othon-le-Grand. Dans les caveaux destinés à recevoir les dépouilles mortelles des anciennes abbesses, on montre le corps de la comtesse Aurore de Kœnigsmacker, qui est desséché comme une momie. Parmi les objets curieux que l'on remarque dans une des salles de la bibliothèque de l'hôtel-de-ville, il faut compter une cage qui, sous Othon-le-Grand, servit à enfermer un comte de Reinstein, accusé de haute trahison. Quedlimbourg est la patrie des deux Wolf, l'un théologien et philologue, l'autre physicien, et du célèbre poète Klopstock. Près de la ville se trouvent deux sources minérales; le Bruhl, joli bois qui sert de promenade, le bois de Pierre (*Steinholz*), la montagne des Chambres (*Stubenberg*), le rocher appelé *Rosstrappe*, et le mur du Diable (*Teufelsmauer*). A *Wernigerode*, située à 827 pieds d'élévation sur la pente du mont Brocken, on trouve un gymnase, une bibliothèque de 80,000 volumes, parmi lesquels on compte 2,000 Bibles, un cabinet d'histoire naturelle et un beau jardin botanique. Cette ville, qui renferme plus de 4,000 habitants, s'enrichit par le commerce de ses blés, de ses bois, des forges et des distilleries que l'on compte dans ses environs. *Halberstadt* est, après Magdebourg, la cité la plus importante de la régence; le nombre de ses habitants s'élève à 15,000, parmi lesquels on compte plus de cent familles juives. Elle possède trois écoles, un séminaire destiné à former des instituteurs, et une société littéraire dont les écrits sont estimés. Cette ville est l'une de celles qui offrent, dans toute la province, le plus de sujets de distraction: bals, concerts, assemblées, spectacles, cercles littéraires et loge de franc-maçonnerie. Elle est fort ancienne: en 1134 elle fut le siége d'une diète de l'empire germanique; à l'époque du traité de Westphalie, elle devint la capitale d'une principauté qui fut cédée à la Prusse, et qui, depuis 1807 jusqu'en 1814, forma en grande partie le département de la Saale dans le royaume de Westphalie. Ceinte de murailles et environnée de faubourgs, son intérieur est assez grand ; ses maisons sont bâties dans le style gothique. Elle renferme 56 rues, 6 places publiques, 9 églises, dont 3 catholiques et 6 luthériennes, 2 synagogues et 7 hôpitaux. Ses plus beaux édifices sont sa vieille cathédrale, remarquable par ses vitraux et les beaux tableaux qui la décorent; l'église de Notre-Dame, plus ancienne encore, dont on admire les orgues ; l'église de Saint-Martin, dont la tour est d'une grande hauteur; l'hôtel-de-ville, qui était autrefois un palais, et que décore une belle statue de Roland ; enfin l'une des deux synagogues. Sur la place de la cathédrale, on remarque un antique autel érigé à l'une des divinités de la Germanie. Les bâtiments de la cathédrale renferment une école avec une bibliothèque de 8,000 volumes, une belle collection d'instruments de physique et un cabinet d'histoire naturelle. Les environs présentent les promenades les plus agréables et des sites vraiment enchanteurs. Les *Spiegelberge*, collines que le baron de Spiegel, auquel elles appartenaient, fit couvrir de plantations, forment un vaste jardin anglais qui offre à chaque pas des points de vue magnifiques. Ce riche propriétaire, qui a consacré sa fortune à l'embellissement de cette belle promenade publique, a droit à la reconnaissance de ses concitoyens. Halberstadt a donné naissance à deux hommes qui jouissent en Allemagne d'une réputation acquise à des titres bien différents; l'un est le célèbre poëte patriote Gleim; l'autre est Breyhahn, qui passe pour être l'inventeur de la bière. Les étrangers ne manquent point de visiter le jardin qui renferme les cendres du poëte; la maison de l'autre porte une inscription qui indique ses titres à cette sorte d'immortalité qui compte en Allemagne tant d'appréciateurs ; et cependant le nom de Gleim est répété par tous les amateurs de la littérature allemande, tandis que celui de Breyhahn est à peine connu hors de son pays. A deux petites lieues de la ville se trouve le village de *Strobeck*, dont les habitants sont renommés comme joueurs d'échecs : ils doivent, dit-on, ce talent à un chanoine qui fut jadis exilé dans ce village, où, pour s'occuper, il donna des leçons d'échecs, et qui, devenu évêque, y fonda une école où ce jeu était enseigné avec autant de soin que le catéchisme [1].

Sur les bords de la Saale, la petite ville de *Kalbe* est entourée de houblonnières considérables; celle de *Barby*, située sur les bords de l'Elbe, possède un observatoire, un cabinet d'histoire naturelle et une imprimerie. Nous avons passé devant *Aschersleben* sans parler de son gymnase et de ses fabriques de toiles et de flanelles ; nous dirons seulement que cette ville est bien bâtie et qu'elle renferme 9,000 habitants. Hâtons-nous d'arriver à *Magdebourg*, la plus importante ville de la province de Saxe. Cette grande et belle cité, autrefois impériale et hanséatique, renferme environ 42,000 habitants ; son sol est élevé de 234 pieds au-dessus du niveau de la mer ; l'Elbe contribue à rendre ses moyens de défense plus efficaces ; deux de ses quartiers, le *Neustadt* et le *Sudenbourg*, ont été presque entièrement détruits en 1812, pour augmenter ses fortifications, qui, jointes à sa situation, en font une des places les plus fortes des États prussiens. Outre ces deux quartiers qui ont été reconstruits, l'*Alstadt* et le *Neumarkt* s'étendent sur la rive droite du fleuve, et le *Friedrichstadt* ou le *Thurmschanze* sur la rive gauche. Trois ponts servent à communiquer de l'une à l'autre rive. Sur une île s'élève la citadelle, qui renferme un arsenal et des magasins. En 1815, la ville comptait 32,867 habitants. On voit que les bienfaits de la paix ont puissamment contribué à augmenter sa population. Nous éviterons d'entrer dans de trop longs détails sur ses principaux édifices, qui consistent en un bel hôtel des postes, de vastes bâtiments pour la douane, une cathédrale, un palais de justice, l'hôtel de la régence et le palais ducal. Nous avons vu combien sont fréquents dans toute la Prusse les établissements destinés à l'éducation des orphelins : celui de Magdebourg est digne de l'importance de ce chef-lieu. La cathédrale est citée pour la beauté de son portail, de son maître-autel et de ses fonts baptismaux. On y remarque plusieurs beaux tombeaux, entre autres celui de Funck, l'un des savants les plus recommandables de l'Allemagne ; mais l'église de la garnison est plus intéressante sous le rapport de l'antiquité :

[1] *F.-W. Dethmar.* Vertraute briefe auf einer reise, von Hannover über Braunschweig, durch die Harz gegenden. — 1829.

elle a été bâtie en l'an 1016. Dans l'église de Saint-Sébastien on voit le tombeau de Otto de Guericke, célèbre physicien, qui naquit à Magdebourg en 1602, et qui inventa la machine pneumatique. On montre encore à la citadelle le cachot dans lequel, contre le droit des gens, on jeta le général Lafayette. Magdebourg ne renferme que deux places que l'on puisse citer : celle de la cathédrale, garnie de jolies maisons, et le Vieux-Marché, sur laquelle se trouve la statue en pierre de l'empereur Othon-le-Grand, qui fut érigée, dit-on, en 973. Cette ville possède divers établissements utiles, tels qu'un séminaire destiné à former des professeurs, plusieurs écoles, dont l'une est l'école provinciale des arts, et l'autre est destinée à recevoir 1,600 enfants indigents; deux instituts pour l'enseignement du commerce, et une maison royale de jeunes demoiselles; une école d'accouchement, une bibliothèque publique de 20,000 volumes, une société de médecine et plusieurs sociétés d'arts et de littérature. Elle renferme 12 temples protestants, 3 églises catholiques, 3 couvents protestants, 7 hôpitaux ou hospices, une maison de correction, plusieurs établissements de charité, un théâtre allemand et plusieurs salles de bals et de concerts. Les opérations commerciales de cette ville ne consistent point seulement dans la vente de ses étoffes de laine, de fil et de coton, de ses bougies, de ses poteries fines et des autres produits de ses manufactures; sa situation favorable la rend l'entrepôt de l'Allemagne et du Nord. A peu de distance de ses remparts, le monastère de *Bergen* renferme une bibliothèque, une collection de mécaniques et un musée d'histoire naturelle.

Au sud de Magdebourg, la petite ville de *Schœnebeck*, forte de 5,000 habitants, est renommée par ses salines, qui produisent annuellement plus de 58,000,000 de livres de sel, par ses productions chimiques, et surtout par ses bains d'eau salée, qui sont aussi fréquentés que ceux de mer. La salle de graduation est longue de 5,852 pieds. Une population de 10,000 habitants, composée en grande partie de Français réfugiés et de Suisses; une fabrication annuelle de plus de 8,000 pièces de drap, rendent *Burg* digne d'être citée. *Tangermunde*, dont le nom indique qu'elle est batie près du confluent du Tanger et de l'Elbe, s'élève sur la rive gauche de ce fleuve; elle est entourée de murailles et dominée par un ancien château-fort. *Stendal,* ville de 6,000 habitants, renferme peu d'objets remarquables, si ce n'est le château de Henri-l'Oiseleur, qu'occupe aujourd'hui une auberge; un gymnase qui jouit de quelque célébrité, et deux bibliothèques : l'une établie dans les dépendances de la cathédrale, et l'autre dans celles de l'église de Sainte-Marie; mais elle a la gloire d'avoir donné naissance au célèbre antiquaire Winkelmann, fils d'un pauvre cordonnier. Stendal était autrefois la capitale de la Vieille-Marche. Elle fait un grand commerce de laines. *Salzwedel* ou *Soltwedel*, sur le Jetzet, est la dernière ville un peu importante que l'on puisse citer sur la frontière septentrionale de la province de Saxe : sa population s'élève à 6,000 âmes; le produit de ses fabriques est considérable. Suivant Stein [1], elle exporte annuellement 1,065 pièces de drap et plus de 89,000 aunes de toile. Au treizième siècle elle faisait partie de la ligue hanséatique. Ses environs renferment plusieurs sources minérales qui ne sont point exploitées.

Nous venons de parcourir les sept provinces qui constituent, selon nous, sous le rapport géographique, le royaume de Prusse proprement dit, c'est-à-dire une contrée de 4,161 milles carrés. Sous le point de vue politique, il nous reste à compléter cette description par celle des quatre provinces de Westphalie, de Juliers, Clèves et Berg, du Bas-Rhin et de Neuchâtel; mais séparées des terres de la métropole par plusieurs États allemands, tels que le grand-duché de Hesse, la Hesse électorale, le duché de Brunswick, le royaume de Hanovre et quelques petites principautés, ces possessions, qui confinent au Hanovre, aux Pays-Bas, à la France, peuvent être considérées comme des conquêtes provisoires, faites, non sur les champs de bataille, mais sur la table d'un congrès, où, par des arrangements réglés à la hâte, des peuples qui n'ont point les mêmes intérêts, qui ne suivent point les mêmes lois, sont devenus tout-à-coup Prussiens. On pourrait aussi regarder ces possessions comme des pays occupés militairement ou comme des colonies prussiennes. Nous consacrerons donc spécialement à leur description le livre suivant, en nous réservant de décrire la principauté de Neuchâtel lorsque nous traiterons de la Suisse

[1] *Handbuch,* der Geographie und statistik.

LIVRE SOIXANTE-DOUZIÈME.

Suite de la Description de l'Europe. — Description de l'Allemagne. — Sixième section. — États prussiens — Troisième division. — Provinces occidentales. — Coup d'œil statistique et politique sur l'ensemble des possessions de la Prusse.

Des contrées qui n'avaient jamais appartenu à la Prusse sont devenues, à l'époque des derniers traités, l'apanage de cette puissance ; et tandis que dans ces traités on semblait vouloir rétablir, comme pour ramener un temps à jamais loin de nous, l'ancienne balance européenne, un prince, replacé sur le trône de ses ancêtres au nom de la légitimité, vit, au mépris de ce prétendu principe conservateur des États, les limites du royaume de ses pères comprises dans un partage qui accordait à la monarchie prussienne une ville bâtie par Louis XIV. Les États de cette monarchie, plus brillante que jamais, devinrent tout-à-coup limitrophes de la France humiliée et déchue. Il semblait qu'on voulait punir celle-ci d'avoir osé, sous un chef conquérant, dicter des lois aux souverains, fonder des royaumes et protéger des empires. Mais n'entrons point ici dans le vaste champ des réflexions politiques : la géographie européenne pourra malgré nous en faire naître de semblables. Jetons un coup d'œil sur les possessions occidentales de la Prusse, et nous verrons ensuite quels sont les inconvénients ou les avantages qu'elles doivent lui offrir.

Les provinces que nous allons parcourir se composent d'une contrée à l'ouest du Weser, que traverse le Rhin du sud-est au nord-ouest. On en désignait une partie, il y a peu d'années encore, sous le nom de *Grand-duché du Bas-Rhin* ; son étendue, du nord au sud, est d'environ 90 lieues, et sa largeur moyenne, de l'est à l'ouest, d'à peu près 35 lieues ; sa superficie totale s'élève à 2,258 lieues carrées, et sa population à 3,600,000 habitants, lesquels, supposés répartis également, présentent par lieue carrée 1,594 individus ; résultat qui annonce que ce grand-duché est une des plus riches des possessions prussiennes. Dans le plan que nous nous proposons, la route que nous suivrons pour les décrire sera tracée du nord au sud, parce que c'est au nord qu'elles sont le moins éloignées de la Prusse proprement dite.

La *province de Westphalie* comprend les anciens évêchés souverains de Munster et de Paderborn, la principauté de Minden, le comté de La Mark, la baronnie de Hohenlimbourg, le comté de Ravensberg, et une partie de celui de Lingen, qui sont autant de possessions qu'elle a recouvrées. Les territoires considérables qui y ont été ajoutés sont l'ancien duché de Westphalie, la principauté de Corvey, une partie de celle de Salm, les seigneuries de Rheda, Rheina-Walbeck, Dulmen et Gehmen, et le comté de Rittberg. Cette province est bornée à l'ouest par les Pays-Bas ; au nord par le Hanovre ; à l'est par les principautés de Lippe et de Waldeck, une partie du Hanovre, la Hesse électorale, le grand-duché de Hesse-Darmstadt ; au sud par la principauté de Nassau et la province de Juliers, Clèves et Berg.

Ce pays était peuplé jadis par les *Bructeri*, les *Marsi* et les *Sicambri*, tous peuples de la souche *Franco-Saxonne*. Il paraît, d'après Tacite et Strabon, que les *Bructeri* habitaient entre l'Ems, la Lippe et le Rhin ; que les *Marsi* occupaient le territoire actuel de Munster, et que les *Sicambri* vivaient sur les terres de la rive gauche de la Lippe [1]. De tous ces peuples, les *Bructeri* étaient les plus importants ; ils se partageaient en deux branches : les grands et les petits *Bructeri* [2].

Toute la partie orientale de cette province, ainsi que la partie méridionale, sont couvertes de montagnes qui forment deux chaînes distinctes. Au sud, les monts Ebbe, qui courent de l'orient à l'occident, y forment une limite naturelle : à ces monts se rattachent ceux que l'on nomme Rothaar et Egge, et qui s'étendent, du sud-ouest au nord-est, sur une longueur d'environ 30 lieues. De la chaîne qu'ils forment, descendent la Lenne et la Ruhr ou la

[1] *Strabon*, liv. VII, ch. II. — *Tacite*, Ann., lib. I, cap. LX. — Mor. Germ. 33. — [2] Voyez le savant ouvrage intitulé : Germanien und seine bewohner, par A.-B. *Wilhem*.

Roër, qui se réunissent pour aller se jeter dans le Rhin; la Lippe, qui lui porte le tribut de ses eaux; et enfin l'Ems, qui, malgré son peu d'importance, prend son rang parmi les fleuves.

Suivant les observations de M. d'Omalius d'Halloy, les environs de Minden comprendraient des terrains qui appartiennent à la formation secondaire analogue au calcaire du Jura. Le pays de Munster, le cours de l'Ems et celui de la Lippe, s'étendent en grande partie sur des dépôts analogues à ceux des environs de Paris. Entre la Lippe et l'Ems se prolongerait, de l'ouest à l'est, sur toute la largeur de la province, une bande de calcaire secondaire d'une formation analogue à celle de la craie; enfin les monts Ebbe, Rothaar et Egge, constitueraient un vaste terrain comprenant des granits et d'autres roches antérieures aux êtres organisés, ainsi que quelques uns des plus anciens dépôts renfermant des débris organiques. Mais si, examinant avec plus de détails ces diverses formations, nous nous en rapportons aux savantes observations de M. de Buch, nous trouverons plusieurs terrains intéressants par leur nature. Ainsi, entre la Lippe et la Ruhr, la bande de calcaire que nous venons de désigner plus haut se compose principalement de calcaire compacte, assez riche en diverses substances minérales; elle s'appuie sur un vaste dépôt houiller qui commence près d'Essen et de Mühlheim, dans la province de Juliers, Clèves et Berg, et se prolonge jusqu'aux pieds des monts Rothaar, couvrant une étendue de plus de 12 lieues de longueur; au sud de ce dépôt, on trouve parmi les terrains granitiques des calcaires primitifs propres à différents usages dans les arts, et des calcaires à débris organiques, qui fournissent d'excellente chaux. On voit par cet aperçu que la province de Westphalie renferme plusieurs richesses minérales : on y exploite dans la partie du nord-est du fer, du plomb et du sel ; et dans la partie méridionale non seulement ces trois substances, mais encore de l'argent, du cuivre, du zinc, de la houille, des grès, des ardoises, du marbre et de l'albâtre.

La partie du nord-ouest, bien qu'entrecoupée de collines et de montagnes, est peu importante sous le rapport minéral; elle est même peu fertile en céréales, mais elle produit beaucoup de chanvre et de lin. Au sud on trouve beaucoup de bois et de belles prairies, de vastes champs cultivés en blé, en lin et en navette, et l'agriculteur nourrit de nombreux et beaux bestiaux. La troisième partie se fait également remarquer par sa fertilité, par ses gras pâturages et le nombre de ses animaux domestiques. L'Aa, l'Ems, la Lippe et la Ruhr ou la Roër, sont les principales rivières qui arrosent la province; le Weser ne la traverse que sur une dizaine de lieues de longueur.

Cette province est divisée en trois régences, qui ont pour chefs-lieux Minden, Munster et Arnsberg ou Arensberg. *Minden,* ville fortifiée, arrosée par le Weser, riche par son commerce étendu et varié, par une raffinerie qui produit annuellement pour environ 600,000 francs de sucre, par ses fabriques de bougies, de savon, de tabac et d'étoffes; peuplée de plus de 10,000 habitants, et placée dans une situation agréable, a sur le fleuve qui baigne ses murs un pont de 600 pieds de long sur 24 de largeur; un temple de la communion réformée, deux de la confession d'Augsbourg, et trois églises catholiques, parmi lesquelles l'ancienne cathédrale est citée pour sa beauté. Elle possède un gymnase, un séminaire pour les maîtres d'école, une maison d'orphelins et une société biblique. L'ancien palais épiscopal est son plus bel édifice. Ses fortifications ont été considérablement augmentées depuis 1815. Dans les environs de cette ville, nous devons faire remarquer les sources salées de Frédéric-Guillaume, près d'*Eidinghausen,* qui produisent par an 1,383,065 pieds cubes de sel brut, et 47,134 de sel épuré; et le domaine de Boehlhorst, dans lequel on exploite des houillères si riches, qu'en un seul jour 64 ouvriers ont pu quelquefois en extraire plus de 126,000 mesures de charbon. Au sud-ouest de Minden, la petite ville d'*Enger* passe pour avoir été la résidence de Witikind-le-Grand, qui y fut inhumé dans l'église paroissiale. L'empereur Charles IV lui fit ériger, en 1377, un mausolée qui en 1414 fut transporté à Herford, mais que l'on a restitué en 1822 à Enger. Les vases à boire qui servaient au héros saxon, et que l'on conservait à Herford, sont maintenant dans l'église de la première de ces villes, qui possède aujourd'hui ses cendres et son tombeau.

En se dirigeant vers Paderborn, on traverse la plaine basse et marécageuse au milieu de laquelle est située *Herford* ou *Herforden,* ville de 7,000 habitants, arrosée par la Werra et l'Au, entourée de vieux remparts transformés en jardins et en promenades, et dans laquelle on compte sept églises, un gymnase; des filatures de coton, et plusieurs fabriques. Elle se divise en vieille et nouvelle ; ses maisons sont bâties dans le goût gothique, et ne sont pas assez nombreuses pour l'étendue de son enceinte : on y voit de grands espaces remplis de ruines, de jardins et même de champs en culture. L'église de la ville neuve (*Neustadter-Kirch*) est remarquable par ses beaux vitraux : on y conserve le livre d'évangiles de Witikind. Près de la ville il existe, dans le village de Bounte, des eaux minérales. *Bielefeld*, adossée à une montagne qui fait partie du *Teutoburgerwald*, contient la même population que Herford, deux églises luthériennes, un temple réformé, une église catholique, une synagogue, une maison pour les orphelins, et un gymnase. Le bâtiment de l'hôtel-de-ville est nouvellement construit. Le commerce de toiles rapporte annuellement à cette ville environ 500,000 thalers. On y fabrique aussi ces pipes en *magnésie carbonatée*, connues sous le nom d'*écume de mer*, et si recherchées par les fumeurs.

Paderborn, ville de plus de 7,000 âmes, est le siége de la justice suprême de la régence et d'un évêché dont l'érection est due à Charlemagne. Elle possède un séminaire ecclésiastique et un gymnase qui a remplacé l'ancienne université appelée Théodorienne : cet établissement possède une belle bibliothèque. Le *Fürstenberger-hoff*, ancien palais des souverains d'Allemagne, est un édifice digne de quelque attention. Il en est de même de l'église collégiale, dont la construction remonte à l'an 1010. C'est près de cette église que se trouve la principale source de la rivière de Pader, dont les eaux paraissent froides en été et chaudes en hiver. Cette source est assez forte pour faire mouvoir plusieurs moulins. La ville est environnée de murailles, mais ses anciens remparts ont été transformés en promenades agréables. Elle est fort ancienne : Charlemagne y résida pendant sa guerre contre les Saxons ; au moyen âge, son importance commerciale la fit admettre dans la ligue hanséatique ; aujourd'hui son commerce est presque nul. Long-temps elle appartint à son évêque, puis au landgrave de Hesse; c'est depuis 1802 qu'elle est sous la domination prussienne. On voit dans ses environs le bourg de *Neuhaus*, dont le château et les jardins servent de but de promenade ; et près de la forêt de Teutobourg, le champ de bataille où, vers l'an 10 de notre ère, Arminius ou Hermann défit les légions de Varus : le nom du hameau de *Römerfeld* (champ des Romains) atteste encore le souvenir de cet événement. Non loin du village d'*Altenbecken*, le ruisseau appelé Bullerborn sort avec fracas d'une montagne et disparaît bientôt sous la terre ; c'est près de cette source que le minerai de fer, que l'on tire du mont Reh, alimente deux forges et un haut-fourneau. A quatre lieues à l'est de Paderborn, sur le versant oriental du mont Egge, la petite ville de *Dribourg* possède dans ses environs une source minérale et des bains très fréquentés. A peu de distance de cet établissement, on voit encore les ruines du château d'Ibourg, détruit par Charlemagne.

Entre les principautés de Waldeck et de Lippe-Detmold, la Prusse possède une enclave d'environ deux lieues carrées, où l'on voit la petite ville de *Lügde* ou *Lude*, ceinte de murailles et peuplée de 2,000 habitants, dont la principale industrie consiste à fabriquer de la dentelle.

Münster, chef-lieu de régence, capitale de la province et résidence de la cour suprême de justice, était autrefois une forteresse importante. On prétend qu'elle doit son origine à Charlemagne, qui, pour favoriser ou plutôt faciliter la conversion de ces Saxons qui préféraient se faire massacrer que de se faire baptiser, bâtit sur son emplacement un monastère dont le nom latin, *Monasterium*, paraît être l'origine de son nom allemand. D'autres croient au contraire que sa fondation ne remonte pas au-delà du onzième siècle, et qu'elle s'appela d'abord *Mimigardevordia*. S'il est vrai qu'elle ait commencé par un couvent destiné à favoriser les conquêtes du christianisme, elle n'en a pas moins montré plus d'une fois son éloignement pour le pouvoir temporel de son évêque-souverain. Le fameux Bockels, surnommé Jean de Leyde, chef des anabaptistes, s'y fortifia en 1533, déterminé à résister aux armes du prince de Waldeck, évêque de cette ville. Les habitants étaient depuis long-temps en querelle avec leur souverain ecclésiastique ; les autorités municipales s'étaient déclarées en faveur du protestantisme, mais quelques prédicateurs anabaptistes finirent par entraîner et les magistrats et la multitude. Bockels, qui exerçait à Leyde la profession d'aubergiste, et qui s'y était acquis une sorte de célébrité par son goût pour la littérature et les discussions théologiques, abandonna bientôt sa femme et son auberge pour venir entendre à Münster les prédications des anabaptistes. Devenu lui-même en peu de temps prédicateur, il ne tarda pas à exercer une grande autorité sur ceux dont il partageait les croyances. Le prince de Waldeck vint mettre le siége devant la ville ; les habitants qui n'avaient point adopté les opinions des nouveaux religionnaires abandonnèrent leurs demeures ; les anabaptistes, restés les maîtres, pillèrent les églises, organisèrent un gouvernement, et proclamèrent roi Bockels. Celui-ci venait de perdre sa femme et d'épouser la veuve d'un prophète anabaptiste ; mais, nouveau Mahomet, il lui fallut un harem ; son pouvoir despotique ne connut plus de bornes : un habitant osa blâmer sa polygamie, il lui fit trancher la tête. Le siége continuait toujours, et Bockels ne se maintenait plus que par le système de terreur qu'il avait établi, lorsque, pendant une nuit orageuse de l'année 1535, les assiégeants pénétrèrent dans la place par trahison. Les anabaptistes, réduits au désespoir, se retranchèrent derrière des poutres et des chariots sur la place publique et périrent tous en combattant ; mais Bockels et deux autres chefs furent faits prisonniers. L'évêque prince de Waldeck avait promis aux soldats mercenaires qu'il avait pris à sa solde le pillage de Münster, en se réservant la moitié du butin : la ville fut pendant huit jours le théâtre de tous les excès auxquels peut se livrer une soldatesque effrénée et abandonnée à la vengeance la plus fanatique. Tous ceux qui étaient soupçonnés d'avoir embrassé ou seulement approuvé la nouvelle doctrine, furent massacrés. On alla même plus loin : on prétendait que les anabaptistes avaient généralement le teint blême ; il suffisait d'avoir le visage pâle pour être puni de mort. Enfin la conduite du prince-évêque et de ses agents fut portée à un tel degré de barbarie, que la diète de Worms crut devoir prendre des mesures pour mettre fin à ces cruautés. Au mois de janvier 1536, le trop fameux Jean de Leyde et ses deux complices furent tirés de leurs cachots et conduits sur la place, où, après avoir été livrés pendant plus d'une heure aux plus affreuses tortures, ils furent poignardés. Leurs corps furent ensuite suspendus dans des cages de fer au clocher de l'église de Saint-Lambert. Mais ce n'est point par les supplices et les persécutions que l'on parvient à arrêter le progrès des opinions politiques ou religieuses. Au calme apparent qui suivit succédèrent de nouvelles tentatives de révolte : Münster voulut être ville libre, et ne reconnut que par force, en 1661, l'autorité de l'évêque Jean de Gallen. Il fallut une forteresse pour la maintenir dans l'obéissance. Dans les siècles suivants, sa position militaire l'exposa plus d'une fois aux vicissitudes de la guerre : en 1756, elle fut tour à tour assiégée et prise par les Français et les Hanovriens ; en 1806, elle tomba au pouvoir des armées françaises ; en 1809, Napoléon la comprit dans les limites du grand-duché de Berg ; en 1810, elle fit partie de l'empire français, avec le titre de chef-lieu du département de la Lippe ; en 1814, elle fut comprise dans les nouvelles démarcations du royaume de Prusse.

Sa situation sur la rivière d'Ahe, qui se jette un peu plus bas dans l'Ems, est assez agréable ; un canal qui porte son nom donne à son commerce une grande activité ; aussi sa population est-elle considérable : Hassel l'évaluait, il y a quelques années, à près de 18,000 habitants, presque tous catholiques, mais aujourd'hui elle doit s'élever à près de 20,000. Elle est maintenant la résidence d'un archevêque. Son chapitre est composé de 40 chanoines qui doivent faire preuve de seize quartiers de noblesse. Münster est bien bâtie, et renferme 10 églises : celle de Saint-Lambert porte encore au haut de sa tour les trois cages en fer qui servirent au supplice de Jean de Leyde et de ses deux complices. On montre encore la maison où le roi des anabaptistes avait établi son harem. C'est dans l'hôtel-de-ville que furent signées, en 1648, quelques unes des bases du traité de Westphalie. Ses remparts et son château-fort, qui furent détruits en 1765, ont été convertis en promenades. Elle possède une université dans laquelle on compte environ 400 étudiants, dont plus de 100 sont étrangers. Cet établissement, qui avait été supprimé en 1819, fut rétabli en

1825, et comprend depuis cette époque une faculté de médecine. Un jardin botanique, une bibliothèque, diverses collections intéressantes, une école de dessin, une d'arts et métiers, un amphithéâtre anatomique, une école vétérinaire, trois gymnases, un séminaire catholique, une maison de détention et de travail, plusieurs hôpitaux, une maison d'aliénés, un théâtre allemand et deux casinos, sont ce qu'elle renferme de plus intéressant sous le rapport de l'instruction, de l'utilité et des plaisirs qu'elle offre à ses habitants. Sa cathédrale, où l'on voit une très belle chapelle, renferme quelques monuments d'antiquité. Son palais épiscopal est peu remarquable par son architecture, mais possède de beaux jardins où l'on fait des cours de botanique. Cette ville fabrique une assez grande quantité de grosses toiles.

A dix lieues de Münster et sur sa droite, la petite ville de *Borken*, qui appartenait au prince de Salm–Salm, dont la résidence est maintenant un peu plus loin, à *Bocholt*, a été cédée par ce prince, en 1816, moyennant un revenu annuel de 22,000 florins. Ces deux villes, qui ont 3 à 4,000 habitants, ne sont pas les seules que nous pourrions citer dans cette régence : *Warendorf*, qui en possède plus de 4,000, a un gymnase; *Kösfeld*, située entre deux collines, entourée de quelques fortifications, contient 5,600 habitants; enfin *Steinfurt* ou *Burgsteinfurt*, qui appartient au prince de Bentheim-Steinfurt, et qu'arrose l'Ahe, en renferme 2,500; son gymnase est très renommé. A 6 lieues au nord de Münster, *Lengerich* ou *Margarethen-Lengerich*, au pied d'une montagne, renferme une jolie église dans laquelle furent signés les préliminaires du traité de Westphalie. Toutes ces villes s'enrichissent du produit de leurs fabriques de toiles.

Arnsberg ou *Arensberg*, chef-lieu de régence, est une petite ville qui compte au plus 4,000 habitants. Située sur une colline, entourée presque entièrement par la Ruhr ou la Roër, on y jouit de la vue d'un site montueux et pittoresque, embelli par les ruines d'un vieux château où s'assemblaient jadis les barons de la Westphalie; mais l'eau y est rare : une seule machine hydraulique sert à son approvisionnement. On a établi dans cette résidence une société d'agriculture, un gymnase catholique, et le gouvernement prussien l'a enrichie par de nouvelles constructions. Son industrie consiste en distilleries d'eau-de-vie, et en un commerce de potasse, dont le produit annuel est estimé à 150,000 francs.

Une ville beaucoup plus importante qu'Arnsberg, puisque sa population est de plus du double, est celle de *Soest* ou *Sost*. Ses vieux remparts et ses tours lui donnent de loin un singulier aspect. Les ministres protestants et les prêtres catholiques y vivent dans une union qui prouve la possibilité de la réunion des diverses communions chrétiennes : dans la cathédrale, les deux cultes ont alternativement leur jour d'office; et dans la ville, qui renferme sept églises luthériennes, un temple réformé et trois églises catholiques, on compte deux couvents. On y remarque aussi un grand collège luthérien, une maison pour les pauvres et les orphelins. Les produits de ses tisserands, de ses tanneurs et des agriculteurs de ses environs, constituent son principal commerce. Cette ville est fort ancienne : elle a fait partie de la ligue hanséatique, et a joui du privilège de battre monnaie. C'était jadis un honneur d'y jouir du droit de citoyen. *Hamm*, ancien chef-lieu du comté de la Marck, au confluent de l'Ahse et de la Lippe, entourée de remparts dont les fossés ont été transformés en belles promenades, et défendu par un fort qui porte le nom de Ferdinand, possède une église de chacun des cultes catholique, luthérien et réformé, une société d'agriculture et d'économie, et un gymnase renommé pour l'éducation soignée qu'y reçoit la jeunesse. Son industrie consiste en fabriques, en blanchisseries de toiles, et en tanneries. Ses jambons jouissent d'une grande réputation, principalement en Hollande. Sa population s'élève à environ 5,000 habitants. *Unna*, qu'enrichissent ses poteries, ses brasseries, ses distilleries, et surtout les salines de Brockhausen, qui fournissent annuellement 200,000 mesures de sel, renferme 3,500 habitants, trois églises et un gymnase. *Dortmund*, autrefois ville libre impériale et fortifiée, peuplée aujourd'hui de 6,000 âmes, est le siège d'un conseil suprême des mines, et possède un gymnase considérable, quatre églises luthériennes, une réformée et une catholique. Ses fabriques d'épingles et de divers objets de quincailleries, 150 métiers de tisserands, ses brasseries et ses distilleries d'eau-de-vie et de vinaigre, sont d'un produit considérable. En général, il est peu de villes et même de villages qui, dans cette régence, ne possèdent une industrie très productive.

Les diverses cités que nous avons à passer en revue, et la plupart de celles que nous avons parcourues, sont surtout intéressantes par leurs forges et par l'emploi qu'y subissent le fer et divers métaux. Ainsi *Hagen*, qui fabrique des draps et du papier, possède des forges, des aciéries, des usines dans lesquelles on confectionne, par an, des fourches de fer et des hache-paille, pour près de 200,000 fr., et des limes, des scies, des pelles, des bêches, des fourneaux, des enclumes, des couteaux, des moulins à café, pour une valeur beaucoup plus considérable. Dans ses environs se trouve une vallée de plusieurs lieues de longueur, célèbre par ses établissements industriels et ses usines, où l'on travaille le fer. Ses nombreuses fabriques présentent dans leur ensemble l'aspect d'un long village : aussi lui a-t-on donné le nom d'*Emperstrasse*. La petite ville de *Schwelm*, dont la population de 3,000 individus est peu supérieure à celle de la précédente, et qui possède un gymnase, trois églises et un établissement d'eaux minérales, joint à une industrie à peu près semblable à celle de Hagen, des fabriques de toiles et de savon, des brasseries et des distilleries. On va voir dans ses environs la grotte de Klutert, où l'eau suinte de tous côtés. *Altena*, plus fort d'environ 600 âmes, emploie 104 moulins dans ses fabriques de fil de fer ; 500 ouvriers sont occupés de la fabrication des épingles, des dés et des aiguilles à tricoter ; l'exportation de ces objets produit plus de deux millions de francs. *Iserlohn*, sur un terrain montueux et infertile, rachète cette position par son industrie : sa population, moitié luthérienne et moitié catholique, s'élève à 5,500 habitants ; on y compte plus de 50 moulins employés à la fabrication du fil de fer propre aux machines à carder le drap ; plus de 200 ouvriers sont occupés à faire des dés, et plus de 100 à confectionner des moulins à café ; il sort pour plus de 50,000 francs d'épingles de ses fabriques, et pour plus de 200,000 francs de garnitures en cuivre pour les tabatières, les cannes, et divers meubles d'ébénisterie. Ses boutons de métal, ses boucles, ses chaînes, sont estimés. Quatre fonderies et trois forges sont occupées à préparer le cuivre jaune pour ces divers objets. Enfin elle possède encore des papeteries, des fabriques de soie et de velours. Tous ces produits alimentent le commerce de plus de soixante maisons importantes qui correspondent avec la France, l'Italie et le Nord. On remarque dans son église principale une statue dorée qui date du quatorzième siècle. Parmi les curiosités que l'on observe dans ses environs, se trouvent la caverne de Sundwich, qui renferme des ossements fossiles ; la mer de rochers, masse de grès dont les ondulations représentent grossièrement des vagues ; enfin les ruines du château de Hohensybourg, où résida pendant quelque temps Witikind.

Le bourg de *Limbourg* ou d'*Hohen-Limbourg*, qui fait partie d'une baronnie qui appartient au comte de Bentheim-Tecklembourg, joint à quelques unes des branches d'industrie dont nous venons de parler, la fabrication des clous et du fil d'archal. On y travaille aussi l'albâtre que l'on exploite dans ses environs. *Olpe*, sur la Bigge, renferme plus de cinquante forges de fer en barres et en morceaux, environ trente aciéries, quinze fabriques de fer-blanc, deux fonderies de cuivre, dans lesquelles on fabrique des flans pour les monnaies, et dont, pendant certaines années, on a exporté à l'étranger plus de 15,000 kilogrammes. Une industrie aussi active, concentrée dans une petite ville qui alimente ses ateliers du produit des mines de son territoire, a engagé le gouvernement à y établir une justice des mines. *Siegen*, ville de 4,000 habitants, avec un château et des jardins sur les bords de la Sieg, une église paroissiale réformée et une réservée au culte catholique, possède une justice royale, des mines et un gymnase. Outre ses filatures de laine, ses fabriques de toiles et de savons, on y compte un grand nombre d'usines, de forges et de fonderies. Ses environs sont riches en carrières d'ardoises et en mines de divers métaux. Près du village de *Mosen* se trouve la montagne de Stahlberg, presque entièrement formée de *protocarbure* de fer ou d'acier naturel, qui passe pour fournir au commerce le meilleur acier de l'Europe. On exploite aussi sur le territoire de Siegen plusieurs mines qui produisent annuellement

700 marcs d'argent, 300 quintaux de cuivre et 400 quintaux de plomb.

La ci-devant province de Juliers Clèves et Berg, formée des anciens duchés de Clèves et de Gelder, de la principauté de Mörs, ou Meurs, des comtés d'Essen et de Werben, du grand-duché de Berg, fondé par Napoléon, et d'une partie du duché de Juliers, est bornée à l'ouest et au nord par les Pays-Bas, au nord-est et à l'est par la province de Westphalie, au sud par celle du Bas-Rhin. C'était la plus petite des trois provinces occidentales, mais ce n'est pas la partie la moins importante. Elle est divisée en deux régences, celle de Cologne et celle de Düsseldorf.

Les peuples germains qui habitaient jadis le sol de ce pays sont dignes d'intérêt par leurs relations avec les Romains, et les rôles qu'ils jouèrent dans les guerres que Rome eut à soutenir dans les contrées qu'arrose le Rhin. Sur la gauche de ce fleuve, les *Ubii* et les *Gugerni* étaient les peuplades les plus importantes; sur la rive droite, on trouvait les *Usipètes*, les *Tencteri* et les *Sicambri*. Les auteurs anciens et les savantes recherches de M. Wilhelm [1] vont nous servir à donner une idée de cette population à demi civilisée. Les *Ubii*, que Tacite nomme aussi *Agrippinenses* [2], étaient voisins des *Gugerni*. Ils se tenaient dans les environs du territoire actuel de Meurs. Inquiétés par les Suèves, qui exigeaient d'eux un tribut ou menaçaient de les détruire, ils se virent forcés, vers l'an 54 avant notre ère, d'appeler à leur secours Jules César, stationné de l'autre côté du Rhin. Mais il paraît que de nouvelles attaques de la part des Suèves les disposèrent à accepter avec reconnaissance la protection de Vespasien Agrippa, qui leur accorda des terrains sur la rive gauche du Rhin, en face de leurs anciennes demeures. Cette migration se fit probablement à l'aide du pont qu'Agrippa construisit sur le fleuve. Elle fut la suite du bon accord qui régnait entre les *Ubii* et les Romains; on en peut trouver la preuve dans Strabon et dans Suétone. Fidèles alliés de Rome, ils s'attirèrent l'inimitié de leurs compatriotes, et parurent beaucoup plus attachés à leur nom romain d'*Agrippinenses*, qu'ils tenaient de la femme de Claude, qu'à leur nom germain d'*Ubier*, qui semble signifier *peuple riverain*; en effet, chaque fleuve se nommait *Ob* ou *Ub* dans la Germanie. Les *Gugerni* faisaient partie des peuplades germaines auxquelles, huit ans avant l'ère chrétienne, Tibère accorda la permission de s'établir sur la rive gauche du Rhin. Ils appartenaient à cette nation sicambre qui, du temps de César, habitait la contrée située entre la Sieg et la Lippe; leur population s'élevait à environ 40,000 âmes. Les conditions de leur changement de séjour furent de défendre leur nouvelle patrie contre les attaques de leurs voisins de l'autre rive. Leur territoire s'étendait depuis la branche du Rhin qui prend le nom de Whaal jusque dans les environs de Meurs. Ce pays avait été d'abord occupé par les *Menapii*, qui prirent part à la révolte des Bataves sous le commandement de Claudius Civilis. Le nom de *Gugerner*, dont les Romains ont fait *Gugerni*, paraît, suivant M. Wilhelm, venir du vieux mot germain *gairnjan* (demander), et indique la qualification de *volontaires* que prirent ces peuples en s'établissant sur le territoire soumis aux Romains. Les *Usipètes* appartenaient aux premiers peuples germains que les Romains connurent sur la rive gauche du Bas-Rhin, où, fuyant les poursuites des Suèves, ils s'établirent l'an 56 avant notre ère. Ils y devinrent la terreur des Bataves, jusqu'au moment où César les tailla en pièces [1] et les força de repasser sur la rive droite du fleuve; ils s'y établirent au sud de la Lippe, dans le pays qu'occupaient les *Sicambri*, près des possessions des *Tencteri*, qui avaient partagé les hasards de leur expédition et les conséquences de leur défaite. Ces derniers étaient, suivant Tacite, renommés par leur cavalerie [2]. « L'équitation, dit-il, fait l'amusement de leur enfance, l'émulation de leur jeunesse, et n'est point négligé dans l'âge avancé. Le cheval est le seul bien, ajoute-t-il, qui ne soit point le partage de l'aîné d'une famille, mais la récompense du plus intrépide dans les combats. » Les *Sicambri*, qui cédèrent une partie de leur territoire aux *Usipètes* et aux *Tencteri*, étaient l'un des peuples les plus puissants, les plus nombreux de la Germanie, quoiqu'ils ne fussent qu'une des nations dont parle Pline sous le nom d'*Isthævones* [3]. Les *Sicambri* furent

---

[1] Germanien und seine bewohner, in-8°, p. 111, 114, 1.. et suiv. — [2] De Morib. Germ., § 28.

[1] *Cæsaris*, Commentarii, lib. IV. — [2] *Taciti*, Germ., § 32. — [3] *Plin.*, lib. IV, cap. xiv.

soumis par Drusus douze ans avant l'ère chrétienne.

Depuis les environs de Clèves jusqu'à Bonn, les plaines qui bordent les deux rives du Rhin sont couvertes d'alluvions modernes qui ont été formées par le fleuve. Au milieu de ces dépôts alluviens, s'étend, sur la gauche du Rhin, entre le cours de ce fleuve et celui de l'Erft qui s'y jette, et depuis Bedbourg jusqu'à Méckenheim, du nord-ouest au sud-est, une chaîne de collines longue de 20 lieues, entièrement composée de divers grès connus des géologues sous les noms de *macigno* et de *mollasse,* ainsi que des dépôts d'argile *plastique,* c'est-à-dire propre à la fabrication des poteries. Sur la rive droite du Rhin, on ne trouve que quelques portions du même terrain près d'Opladen, à Paffrath, à Lohmar, à Siegberg et à Busdorf. C'est encore sur la rive droite du fleuve que s'étendent plusieurs dépôts anciens. A la hauteur de Meurs, on voit, aux environs de Bornbeck, un dépôt de craie blanche ou supérieure, qui se prolonge jusque fort avant dans la régence d'Arnsberg. Aux environs d'Essen, on voit paraître le terrain houiller; c'est l'extrémité occidentale de celui qui s'étend dans la régence précédente. Au sud de ce terrain, s'étend un vaste dépôt de schistes argileux qui constituent les montagnes à l'est de Cologne; du milieu de ces schistes, on voit sortir des calcaires de sédiment inférieur. Enfin, aux environs de Siegberg, de Blankenberg et de Königswinter, on voit s'élever çà et là des mamelons basaltiques et porphyriques qui forment les sept montagnes (*Siebengebirge*) qui, par leur aspect bizarre et la richesse de leur végétation, attirent les regards du voyageur. Les sept points culminants de ce groupe sont le Drachenfels, le Gönsehals, le Löwenbourg, l'Oehlberg, l'Oehlberg royal, le Petersberg et le Wolkenbourg.

On voit par cet exposé géologique que la ci-devant province de Juliers-Clèves et Berg offre de vastes plaines et des marais dans sa partie septentrionale, et qu'elle est montagneuse dans sa partie méridionale; c'est dans cette partie seule qu'elle est garnie de bois. Les forêts couvrent à peu près le tiers de toute la province, et cependant le combustible végétal ne suffit pas à la consommation des habitants et des usines. Presque toutes les rivières y sont navigables; le seul canal important est celui qui communique du Rhin à la Meuse. La régence de Düsseldorf possède des mines de fer, de cuivre, de mercure et de plomb; celle de Cologne est presque dépourvue de richesse métallique. Le sol est généralement fertile, bien que la récolte en grains ne suffise pas à la consommation des habitants; mais il produit beaucoup de lin, de tabac, de houblon et de colza. La partie la moins productive est sur la rive droite du Rhin, parce que le sol en est peu profond et pierreux; sur la rive opposée, il serait extrêmement productif s'il était moins entrecoupé de marais. L'activité et l'industrie des habitants ont néanmoins rendu cette province fort riche. Le nombre des manufactures est immense; on y compte plus de 70,000 fabricants.

Le climat est en général tempéré, mais l'influence du sol s'y fait aisément sentir; sur la rive gauche du Rhin, l'air est humide et moins sain que sur la rive droite, où il est sec et pur; dans les montagnes il est généralement froid.

Ce pays fut en partie conquis en 1794 par les Français, et tomba complétement en leur pouvoir en 1806; jusqu'en 1814, il a fait partie des départements de la Roër et de Rhin-et-Moselle. Il renferme d'antiques débris, et de lieux dont les noms rappellent encore la puissance des Romains: nous ne passerons point sous silence ce qui peut intéresser l'archéologue et l'historien. Commençons notre excursion chorographique par la régence de Düsseldorf.

Clèves ou *Kleves,* divisée en haute et basse ville, agréable par sa situation sur le Kermisdal, à deux petites lieues du Rhin, au milieu d'un pays fertile, et bâtie sur les pentes de trois collines qui paraissent lui avoir fait donner son nom, du mot latin *clivum* (élévation), dont les Romains ont probablement fait *Clivia,* est peuplée de 7,000 habitants, savoir: 5,000 catholiques, 1,000 réformés, 800 luthériens, 40 mennonites et 160 juifs. Elle possède une école de médecine, avec un amphithéâtre anatomique, un gymnase, un théâtre, un bel hôtel-de-ville et des fabriques de soie, de bas et de chapeaux; des distilleries, des faïenceries et trois fonderies de cuivre, de fer et d'étain. Les environs de Clèves présentent de tous côtés des collines couvertes de verdure, de jolies vallées, des prairies émaillées, des champs fertiles. Du haut de la tour qui domine la vieille ville, on découvre, par un temps clair, un grand nombre de villes et de villages. Cette tour, dont on ignore l'origine, passe pour être antérieure de trois siècles à l'ère chrétienne, ce que nous regardons comme fort douteux. Elle porte le nom de la tour du Cygne, et appartient au château de Schwanenbourg : il serait cependant possible que ce château eût été bâti par Jules César. Quant à la coupole de la tour, on sait qu'elle a été construite, en 1439, par Adolphe, premier duc de Clèves. Entre la haute et la basse ville on remarque, au milieu d'une rue, une porte antique dont le fronton est orné d'un bas-relief représentant Eumène, rhéteur romain. Le château de Schwanenbourg occupe une des collines de Clèves ; la seconde est couronnée par une église catholique, et la troisième par une grande place plantée d'arbres. A un quart de lieue de la ville sont situés une ménagerie et un jardin botanique fréquentés par les promeneurs qu'un site agréable et une source d'eau minérale y attirent. Cette ménagerie, ce jardin et l'édifice appelé la *Cour du Prince*, aujourd'hui le Gouvernement, sont dus au prince Maurice de Nassau-Siegen, dont on remarque le tombeau près de la route de Xanten, à *Berg-und-Thal*, lieu qu'il avait choisi lui-même. Il y repose dans un sarcophage en fer que l'on a environné d'inscriptions, d'urnes, d'amphores et d'autres objets d'antiquité trouvés dans les environs. Sur le territoire de Clèves se trouve le *Reichwald*, ancien bois sacré, *Sacrum nemus*[1], dont parle Tacite, où Claudius Civilis organisa l'insurrection des Bataves contre les Romains.

Emmerich, sur le Rhin, est remarquable par son canal de sûreté, qui peut contenir cent gros bateaux de commerce ; cette ville, qui renferme 4,400 habitants, a un gymnase et un séminaire. La petite ville de *Xanten* ou *Santen*, à peu de distance du Rhin, est mieux bâtie que les deux précédentes : on y voit un temple protestant et une église catholique ornée de quelques uns des précieux tableaux de Jean Calcar. Il paraît que jadis elle était arrosée par le fleuve : on y voit encore son ancien lit. On croit qu'elle est l'*Ulpia castra* de Tacite : plusieurs antiquités romaines y ont été découvertes ; il existe encore des restes d'un aqueduc

[1] *Tacit.*, Histor., lib. IV, § 14.

au Vorstenberg, à un quart de lieue de la ville ; et dans ses environs, près du village de *Wisten*, on croit que se trouvaient les *Vetera castra*, dont fait mention Ptolémée et dont parle souvent Tacite[1], lorsqu'il raconte la révolte de Claudius Civilis ; et quoiqu'il dise qu'à l'approche de ce chef les remparts et les retranchements de cette place furent réparés, et que tous les édifices qu'on avait élevés auprès, en forme de ville, furent démolis de crainte que l'ennemi n'en tirât avantage, on y distingue encore les fondations d'un amphithéâtre. A quelque distance de ces ruines, on prétend reconnaître, près du village de *Kellen*, la ville de *Colonia trajana*, et même sur le mont Vorstenberg, à un quart de lieue de Santen, les restes d'un prétoire. Ce qu'il y a de certain, c'est qu'on a découvert dans cet emplacement des débris de constructions romaines, des tombeaux, des urnes, des thermes et des médailles. *Wesel*, qui n'était qu'un village au commencement du douzième siècle, renferme maintenant, en y comprenant ses faubourgs, 12,000 habitants dont l'industrie s'exerce sur plusieurs genres de fabrications, et dont le commerce entretient avec les Pays-Bas des relations assez actives pour qu'il sorte tous les jours de son port sur le Rhin un navire chargé de marchandises pour cette contrée. Cette ville, défendue par des travaux militaires et par le fort *Blücher* qui s'élève sur la rive gauche du fleuve, et qui fut appelé fort *Napoléon* par les Français qui l'ont construit, possède deux paroisses catholiques, une église luthérienne, un temple réformé, un gymnase, un séminaire et un théâtre. *Oberwesel*, située un peu plus haut sur le Rhin, était autrefois ville impériale ; aujourd'hui elle ne renferme pas 3,000 habitants. Elle est dominée par une montagne que couronnent les ruines du château de Schonberg, qui appartenait à une famille qui a fourni plusieurs hommes distingués, et plus connus sous le nom de Schomberg.

Dans la petite ville de *Geldern*, à quelques lieues du Rhin, on remarque la construction de l'hôtel-de-ville. *Mörs* ou *Meurs*, sur la rive droite de l'Eider, à une lieue du fleuve, dont la forteresse fut rasée en 1764, et dont la population ne s'élève pas à plus de 2,600 individus, ne mérite d'être cité que par l'intérêt qu'offre tout près de là le village d'*Asberg*, qui

[1] *Tacit.*, histor., lib. IV et V.

passe pour être la ville d'*Asciburgium*, dont parlent Tacite et Ptolémée. On a déterré dans ce lieu les lions qui ornent l'hôtel-de-ville de Mörs. On y conserve aussi deux pierres portant les noms de deux centurions, des tombeaux romains, des vases, des lampes, des armes et des médailles. *Kempen*, malgré son château, sa fabrique de toiles, ses distilleries et ses 3,000 habitants catholiques, ne mérite une place ici que parce que c'est dans ses murs que naquit, en 1380, le célèbre religieux de saint Augustin, Thomas Hämmerchen ou Hammerlein, appelé en latin *Malleolus*, auteur de l'Imitation de Jésus-Christ. *Duisbourg*, qui contient 1,800 habitants de plus, est remarquable par sa belle position entre la Ruhr et l'Anger, à une demi-lieue du Rhin, par sa forêt et les sites agréables qui l'entourent. On croit que cette ville est l'ancien *Teutoburgum*. Son gymnase, sa société littéraire, sa maison des orphelins, sa belle église de Saint-Sauveur, et surtout ses fabriques de toiles, de draps et de savons dont le produit annuel est évalué à plus de 100,000 thalers, sa manufacture de tabac qui fabrique pour environ 150,000 thalers, enfin son commerce actif avec les Pays-Bas, en font une ville assez importante. Elle avait encore le titre de ville impériale au dix-septième siècle. Son université, qui datait de l'an 1655, a été transférée à Düsseldorf en 1806. On remarque dans ses environs deux forges et fonderies qui fournissent plus de 2,000,000 de livres de fer, et une manufacture royale d'armes.

La plus jolie ville de la province est *Crevelt* ou *Crefeld*: elle est sur un sol marécageux et peu salubre; mais l'industrie de ses habitants et la prospérité de ses manufactures en ont fait une cité intéressante et assez populeuse: on lui donne 16 à 17,000 habitants. Ses environs sont couverts de jardins, de maisons de campagne et d'établissements industriels. *Neuss*, qu'arrose l'Erft, et qui contient 7,000 âmes, est une ville manufacturière, sale et mal bâtie, dont la fondation est attribuée à Drusus: La grande porte de cette cité se nomme encore la porte de Drusus. Elle tire son origine et son nom d'un camp romain appelé *Nova castra*; on l'appela d'abord *Novesium*, puis *Nivisium castellum*, et même *Ninesium*: de là ses noms de *Ninys* et de *Neuss*. Les ravages qu'elle a éprouvés, les guerres et les invasions l'ont fait souvent changer de face: assiégée par les *Attuarii*, elle fut tour à tour détruite et rebâtie sous les règnes de Julien et de Valentinien; Attila, en 451, et les Normands, au neuvième siècle, la saccagèrent complètement; en 1206, l'empereur Philippe s'en empara et la donna à l'archevêque Adolphe; cinquante années de calme en firent une ville commerçante, et vers l'an 1254 elle entra dans la ligue hanséatique. En 1475, Charles-le-Téméraire l'assiégea pendant neuf mois avec une armée de 80,000 hommes, mais l'empereur Frédéric III en fit lever le siège. En 1586, le duc de Parme la prit et la brûla; en 1642, les Français s'en emparèrent et en augmentèrent les fortifications; enfin, en 1794, une armée française y entra, commandée par Bernadotte. C'est dans ses environs, mais sur la rive droite du Rhin, que se trouve *Düsseldorf*, le chef-lieu de la province.

Cette ville, tout-à-fait digne du rang qu'elle occupe dans la régence que nous parcourons, est, par ses établissements, ses rues bien percées, sa population de 28,000 âmes, l'une des plus importantes places de la Prusse Rhénane. Son nom signifie *village sur le Düssel*, ruisseau qui l'arrosait seul avant qu'elle s'étendit jusque sur les bords du Rhin. Elle n'était en effet qu'un village, lorsqu'au commencement du treizième siècle le duc de Neubourg, électeur palatin, la fit agrandir pour y établir sa résidence. Elle est principalement formée de trois quartiers ou plutôt de trois villes bâties à des époques différentes: ces trois parties portent les noms de *Altstadt* (vieille ville), *Karlstadt* (ville de Charles), construite par le duc Charles-Théodore, et *Neustadt* (nouvelle ville), bâtie par l'électeur Jean-Guillaume. Ses fortifications furent détruites lorsque les bords du Rhin devinrent le théâtre des victoires de la république française. Son château, bombardé en 1794, a été réparé, et contient une galerie de tableaux dont les plus beaux ont été transportés à Munich, à l'exception de celui qui représente l'assomption de la Vierge, peint sur bois par Rubens, et qui n'a été conservé que parce que ses dimensions en rendent le transport très difficile. Dans la cour qu'entoure cette galerie, on voit la statue de l'électeur Jean-Guillaume, sculptée en marbre blanc par Crepello. Le même sculpteur fondit en bronze la statue équestre de ce prince, pour la grande place du marché qu'elle orne encore. La grande rue de Neustadt, dont plusieurs maisons ressemblent à des palais, n'est pas la seule dont on puisse vanter la régularité. Parmi les édifices qui décorent la ville, on cite principalement l'hôtel des monnaies, la grande caserne, deux de ses quinze églises : celle du collége, qui renferme le monument en marbre élevé à la mémoire du duc Jean-Guillaume et de sa seconde femme, et celle qui appartenait autrefois aux jésuites, édifice surchargé d'ornements, et qui renferme les tombeaux de tous les princes de Neubourg jusqu'à l'électeur Jean-Guillaume. On a établi dans ce bâtiment un observatoire et un cabinet de physique qui méritent d'être vus. La bibliothèque publique de la province occupe au-dessous de la galerie de tableaux le rez-de-chaussée du château. Elle renferme plus de 30,000 volumes, et est ouverte tous les jours, excepté les dimanches et fêtes. On y voit trois statues en marbre blanc, ouvrage de Crepello. Les principaux établissements utiles de Düsseldorf sont l'hospice des pauvres, l'académie des sciences, celle de peinture et de dessin, le gymnase, dix écoles élémentaires, une école polytechnique, une de médecine et de chirurgie, et la galerie publique de peinture formée de souscriptions d'amateurs, et renfermant de bons tableaux de toutes les écoles. Le commerce de cette ville est fort considérable : elle possède des raffineries et des fabriques de glaces, de soieries et d'étoffes de laine.

Elberfeld, qui renferme 29,000 habitants, parmi lesquels on compte environ 13,000 réformés, 12,000 luthériens et 4,000 catholiques, est située sur le Wipper, affluent du Rhin. Ses sociétés scientifique et biblique, son musée et son hospice civil ne nous arrêteront point, mais son industrie mérite de fixer l'attention. Siége de la compagnie rhénane des Indes occidentales et orientales, elle fabrique annuellement pour environ 560,000 francs de dentelles; 600 métiers et 2,000 ouvriers sont occupés dans ses manufactures d'étoffes de soie, et 3,000 machines dans ses diverses filatures et fabriques de cotonnades. L'un de ses établissements possède une machine qui, à l'aide de deux personnes, peut fabriquer en une heure mille aunes de galon. On y confectionne aussi un grand nombre d'ustensiles et une composition métallique imitant l'argent.

L'activité qui règne dans cette ville y produit pour plus de 44 millions d'affaires de banque. Stein fait remarquer ([1]) avec raison que l'amour du travail est tellement répandu aux environs d'Elberfeld, que sur un mille carré, ou un peu plus de deux lieues et demie, environ 16,000 personnes trouvent des moyens d'existence; mille fabriques s'étendent sur une longueur de deux lieues dans la plaine que le Wipper arrose; enfin, les environs de cette cité industrieuse semblent ne former avec elle qu'une seule ville. Mais ce qui afflige, c'est de voir au milieu de ce peuple producteur une quantité assez considérable d'indigents qu'Elberfeld est obligée de nourrir. Les dernières maisons d'Elberfeld touchent presque celles de *Barmen*, qui a deux lieues d'étendue, une population de plus de 20,000 âmes, et une industrie non moins importante que celle d'Elberfeld. On estime le produit annuel de l'industrie de ces deux villes à plus de 50 millions de francs. *Solingen*, connue depuis long-temps des maîtres d'escrime, et renommée par ses excellentes armes depuis plus de 500 ans, est une ville de 4,000 âmes; avec sa banlieue elle possède une population de 10,000 individus, et dans ses 23 fabriques elle a employé pendant long-temps 4,400 ouvriers à la confection de lames de couteaux et de toutes sortes d'armes blanches. Son industrie, rendue aujourd'hui un peu moins active peut-être par suite de la dernière organisation politique des bords du Rhin et du faux système de douanes établi dans ces contrées, est cependant encore fort importante.

Entrons dans la *régence de Cologne* : elle comprend onze cercles; la partie située sur la rive gauche du Rhin forma, en 1794, les départements français de la Roër et de Rhin-et-Moselle; en 1806, la partie qui s'étend sur la rive droite fut réunie au grand-duché de Berg, jusqu'en l'année 1814 que le tout passa à la Prusse.

Le nombre des habitants de *Köln* ou *Cologne*, que l'on évaluait en 1827 ([2]) à 64,960, et qui doit être aujourd'hui de 71,000, place ce chef-lieu de régence au premier rang parmi les plus importantes villes des bords du Rhin. Si Cologne était bâtie comme Düsseldorf, et

---

([1]) *Handbuch*, der Geographie und statistik, etc..
— ([2]) Éphémérides géographiques et statistiques de *Weimar* (1828).

peuplée dans la même proportion, elle serait à comparer aux plus belles cités de l'Allemagne ; mais un tiers de son enceinte est occupé par des jardins, des vignes, des promenades et de grandes places ; ses rues étroites et sombres, ses maisons dans le style gothique, construites les unes en briques, les autres en bois, et le plus petit nombre en pierre, lui donnent un aspect sombre et désagréable qui nuit à l'impression que devrait faire éprouver la vue de ses plus beaux édifices. Parmi ceux-ci, l'on doit citer l'hôtel-de-ville, dont le beau portail est orné de bas-reliefs et d'un double rang de colonnes en marbre : l'école centrale ou l'ancien collége des Jésuites ; l'hôtel de commerce, servant aujourd'hui de halle, et dans lequel il existe une salle immense où 4,000 personnes peuvent se tenir à l'aise, et que la ville loue pour servir aux fêtes, aux bals et aux grandes réunions d'hiver ; l'arsenal, qui renfermait autrefois d'anciennes armes et un grand nombre d'antiquités ; l'église de Saint-Géréon, bâtie en 1066, est remarquable par sa coupole moderne ; celle des Minorites, dont le portail est superbe, et qui renferme le tombeau du célèbre Duns l'Écossais, mort en 1308 ; celle de l'Assomption ou des Jésuites, qui présente un mélange assez désagréable d'architecture gothique et moderne ; l'église des Apôtres, beau monument du onzième siècle ; celle de Notre-Dame-du-Capitole, la plus ancienne de la ville, puisqu'elle a été bâtie par Plectrude, femme de Pepin et nièce de Charles-Martel : on y voit la statue et le tombeau de cette princesse ; la cathédrale ou le Dôme, église bâtie au treizième siècle, et qui serait un monument magnifique, s'il était achevé. L'intérieur de ce temple est grand et majestueux ; sa longueur est de 400 pieds ; cent colonnes supportent ses voûtes ; les quatre du milieu ont 30 pieds de circonférence ; et le chœur, dont on admire l'élégance et la hardiesse, a 200 pieds d'élévation ; dans la chapelle qui est derrière le maître-autel on remarque une antique châsse d'or qui renferme les reliques de plusieurs saints, et l'on voit les tombeaux de quelques électeurs de la maison de Bavière, et le lieu où furent déposées les entrailles de Marie de Médicis. L'église de Saint-Pierre dans laquelle fut baptisé Rubens, offre aux regards des amateurs le beau tableau qu'il fit du martyre de cet apôtre, et qui, destiné pour cet édifice qu'il orna jusqu'en 1794, passa vingt ans au Louvre, d'où il retourna à sa première place. Quelques unes des vingt églises de Cologne présentent à la crédulité du peuple un nombre considérable de reliques, parmi lesquelles nous citerons, dans la cathédrale, les restes des ossements des douze apôtres, la crosse de saint Pierre, la magnifique châsse de saint Engelbert, et le sarcophage des trois Mages, qui se distingue par la richesse des ornements et la beauté des sculptures ; dans l'église de Sainte-Ursule, on conserve les débris osseux attribués à cette sainte et aux onze mille vierges, ses prétendues compagnes, dont les têtes sont rangées symétriquement dans une sorte de chapelle. A la vue de ces objets de la superstition populaire, de ces églises dont le nombre s'élevait jadis à plus du double, et dont les portes sont constamment garnies d'une foule de mendiants, on n'a pas une très haute idée de l'instruction et des lumières du peuple de Cologne ; on soupçonne que les protestants forment une très faible partie de ses habitants, et en effet on n'y compte que 2,000 réformés, 1,200 luthériens et 400 israélites ; enfin l'industrie y est peu active en raison de sa population, ce que prouve aussi le total de ses fabriques, qui ne se monte pas à 80, parmi lesquelles se trouvent 7 fabriques de cotonnades, 16 manufactures de soieries, 25 de tabac, 7 de colle-forte, et des distilleries dont les 15 plus importantes sont celles où l'on prépare l'eau spiritueuse appelée *eau de Cologne*, et dont on vend annuellement pour 4 à 500,000 florins. Cette ville fabrique aussi des étoffes de laine, des rubans, des faïences, etc. Mais ce qui contribue à l'enrichir, c'est son port sur le Rhin, qui la rend l'entrepôt d'un commerce considérable avec l'Allemagne et les Pays-Bas. La classe aisée y possède plusieurs établissements scientifiques : on y trouve un bon collége avec une bibliothèque de 60,000 volumes, une seconde bibliothèque moins considérable, un cabinet de physique, un jardin botanique qui renferme plus de 4,000 plantes, une collection de minéralogie, un amphithéâtre anatomique, une galerie de tableaux et un conservatoire des arts et métiers. Parmi les établissements fondés dans un but d'utilité, on compte plus de vingt hôpitaux, un hospice d'orphelins, un de maternité, une école pour les sages-femmes, et une maison de santé pour les aliénés. Nous ne dirons rien du théâtre de Cologne, ni de ses places publiques généralement vastes; mais nous rappellerons que cette ville, entourée de fossés et de vieux murs flanqués de 83 tours, et dont l'étendue a deux lieues de circonférence, est d'une très haute antiquité, puisqu'elle passe pour avoir été la capitale des *Ubii* (*oppidum Ubiorum*), qui prit le nom de *Colonia Agrippina*, lorsque Agrippine, qui était née dans ses murs, en fit agrandir l'enceinte. Elle possède quelques débris d'antiquité, tels que les restes d'une halle romaine. L'église de Saint-Pierre a été construite sur les ruines d'un temple, et celle de Notre-Dame est sur l'emplacement qu'occupait le Capitole.

Sous le règne de Claude, Cologne prit le titre de ville municipale et de capitale de la seconde Germanie; l'an 449, Mérovée, roi des Francs, en chassa les Romains; peu de temps après elle fut ruinée par Attila, mais rebâtie par les Romains. Chilpéric les en chassa, et elle devint la capitale du royaume de Cologne, qui subsista jusqu'à l'époque où Clodowig, c'est-à-dire Clovis, s'en empara et réunit son territoire à celui de la France. Les rois de la première race s'y fixèrent, ainsi que Charlemagne lui-même, qui préféra souvent son séjour à celui d'Aix-la-Chapelle; puis, sous le règne d'Othon-le-Grand, en 957, elle fut déclarée ville libre et impériale. En 1187, elle fut entourée de murs par l'archevêque Philippe de Heinsberg; en 1260, elle prit rang dans la ligue des villes hanséatiques; au quatorzième siècle, ses archevêques reçurent le titre d'électeurs [1]; enfin, sous la domination française, elle fut le chef-lieu d'un des arrondissements du département de la Roër.

Cette ville antique s'enorgueillit d'avoir donné le jour à Rubens, au célèbre médecin et philosophe Corneille Agrippa, et à saint Bruno, le fondateur de l'ordre des chartreux. C'est dans la maison Lambez que naquit Rubens, et que mourut Marie de Médicis. En 1822, l'administration municipale a fait ériger un monument à la mémoire du grand peintre que Cologne a vu naître.

Woringen, à quelques lieues au nord de Cologne, est l'ancien *Buruncum* des Romains, dans lequel était cantonné un détachement de la septième légion; on y remarque encore quelques ruines. *Mühlheim-sur-le-Rhin* (*Mühlheim-am-Rhein*), petite ville de 5 à 6,000 âmes, est d'une origine antique: elle passe pour avoir été, sous le nom de *Divitia*, la principale cité des *Ubii*, dont Cologne n'était qu'un bourg, et l'on prétend que ce fut là que César bâtit un pont sur le Rhin. Au seizième siècle, elle n'était qu'un village, lorsque l'esprit d'intolérance qui fit chasser de Cologne les protestants, plaça Mühlheim au rang des villes riches et industrieuses; elle devint alors le refuge de ceux-ci, et depuis ce temps sa prospérité s'est constamment soutenue. On y construit un grand nombre de bateaux. *Deutz* ou *Duitz*, qui passe pour être fort ancienne, et dans laquelle Constantin éleva un fort qui dominait le Rhin, vit plusieurs fois détruire ses fortifications. Celles qu'on y a récemment construites rendent cette petite ville plus forte que jamais. *Zulpich* est le *Tolbiacum* de Tacite, ville célèbre dans le moyen âge par la victoire que remporta Clovis sur les Allemands, et qui fut l'une des causes de sa conversion au christianisme.

Bonn, l'ancienne *Bonna*, vis-à-vis de laquelle, suivant Florus, Drusus construisit un pont sur le Rhin, est située sur la rive gauche de ce fleuve, à environ 5 lieues au sud de Cologne. Sa position agréable l'avait fait choisir pour leur résidence par les anciens électeurs. Sa population s'élève à plus de 12,000 habitants; elle est bien bâtie et renferme plusieurs maisons remarquables par leur élégance. Elle possède quatre églises assez belles, un hôtel-de-ville construit dans le goût le plus moderne, un collège et un théâtre. Son château, d'une élégante construction, sert maintenant de local à l'université, fondée en 1818; cet établissement renferme une bibliothèque de 25,000 volumes, un cabinet de minéralogie et de géologie, ainsi que diverses autres collections intéressantes dont l'une des plus remarquables est le musée des antiquités rhéno-westphaliennes, qui a été ouvert en 1833. Sur la place de Saint-Remi, on remarque un monument d'antiquité du plus haut intérêt. Formé de colonnes et consacré à la Victoire, il porte l'inscription *Deæ Victoriæ sacrum*. Quelques antiquaires ont prétendu que cet autel était le véritable *ara Ubiorum* dont parlent les anciens auteurs, et dont la position a tellement embarrassé les archéologues, que jusqu'à ce jour on n'a point encore osé décider s'il occu-

---

[1] *Sainte-Marthe*, Gall. christ., tom. 1.

pait l'enceinte de Cologne ou celle de Bonn([1]). On a établi aux environs de cette cité une école d'agriculture dont la pépinière sert de promenade; à deux lieues de là se trouve la petite ville de *Brühl*, remarquable par le magnifique château d'*Augustembourg* et par ses eaux minérales. Non loin de Bonn, le village de *Traunsdorf*, dont le vrai nom est, suivant les antiquaires, *Trajansdorf*, paraît être le *Castrum Trajani*: on y a trouvé en effet plusieurs antiquités romaines. Bonn fabrique des siamoises, de l'acide nitrique et du savon; on voit souvent sur son marché des saumons de 30 à 50 livres, que l'on pêche dans la Sieg, rivière qui arrose la petite ville de *Siegbourg*, située à une grande lieue de Bonn, sur la rive droite du Rhin.

La ci-devant province du Bas-Rhin comprend en grande partie le territoire des anciens départements français de la Roër, de Rhin-et-Moselle et de la Sarre, ainsi qu'une portion de celui de l'Ourthe. Elle est bornée à l'ouest et au nord par les Pays-Bas, à l'est par les régences de Düsseldorf et de Cologne, et par la principauté de Nassau, le grand-duché de Hesse-Darmstadt, le landgraviat de Hesse-Hombourg, la principauté de Birkenfeld et la province bavaroise du cercle du Rhin, au sud par la France. Son étendue est d'environ 55 lieues du nord au sud, et de 25 dans sa plus grande largeur de l'est à l'ouest. Sa superficie est évaluée à 800 lieues carrées. Elle est divisée en trois régences, dont les chefs-lieux sont Aix-la-Chapelle, Coblentz et Trèves.

Les peuples germains qui habitaient les vastes forêts de cette province étaient les *Eburones* et les *Treveri*. Les premiers occupaient les deux rives de la Meuse, mais ils s'étendaient jusque sur le territoire actuel de Juliers. Ils paraissaient être les plus anciens peuples de la contrée. Leur principale forteresse est appelée, dans les Commentaires de César, *Atuatuca*. Ils jouent un grand rôle dans la guerre des Gaules, par la victoire complète que, sous le commandement d'Ambiorix, ils remportèrent sur une légion romaine ([2]). Il paraît que, repoussés plus tard par César, ils cédèrent leur territoire aux *Tungri*. Les *Treveri* formaient une nation puissante et guerrière, redoutable surtout par sa cavalerie, dont César parle avec éloge ([1]). « Ce peuple, dit Tacite ([2]), se glorifie de descendre des anciens Germains. » Il paraît en effet qu'il faisait partie des peuplades qui, long-temps avant l'expédition de César dans les Gaules, traversèrent le Rhin pour se fixer dans la fertile vallée de la Moselle. Ce qui prouve l'antiquité de son établissement dans cette contrée, c'est, ainsi que l'a fait remarquer M. Wyttenbach ([3]), l'état de sa civilisation à l'époque où les Romains le connurent. Il n'errait point dans les forêts; il exerçait au contraire une sorte d'autorité sur les *Nervii*, les *Ubii*, les *Tungri* et les *Eburones* ses voisins; il connaissait les arts, il bâtissait des villes, il était régi par des lois. Son gouvernement, que l'on peut appeler une monarchie aristocratique, était confié à une noblesse ayant pour chef un prince électif. Le prince était le juge suprême de la nation; il était proclamé comme chez les Gaulois et les Germains, et placé publiquement sur un bouclier. La réunion de la noblesse formait le sénat chez les *Treveri*. Ce sénat conserva même son autorité sous la domination romaine; et l'an 275 de notre ère, celui de Rome se servait, en écrivant à celui de Trèves, du protocole suivant: *Senatus amplissimus, curiæ Trevirorum*. Chez cette nation, l'homme naissait soldat; la cotte d'armes était sa robe virile; la guerre avait pour lui des charmes; il s'élançait au combat avec d'autant plus d'ardeur, que défendre son habitation et sa patrie était le plus sacré des devoirs. Persuadés que la divinité dirigeait et secondait leurs efforts, les *Treveri* plaçaient leurs armes et leurs étendards dans les lieux qui lui étaient consacrés. C'est pour cela que pendant la guerre le prêtre de la cité, comme le dit Tacite ([4]), avait seul le droit de punir ou de renvoyer le coupable devant le juge souverain. La bravoure était, selon ces peuples, la seule vertu qui trouvât sa récompense après la mort. Les *Treveri* habitaient une partie de la contrée que la longueur des cheveux de ses habitants fit nommer par les Romains *la Gaule chevelue* (*Gallia comata*). Comme les autres peuples germains,

---

([1]) Voyez G. Ghelen, de admirandâ sacrâ, et civili magnitudine Coloniæ, 1645. — Mémoires et Notice de d'Anville sur les Gaules. — ([2]) *C.-J. Cæsaris* Commentar., lib. V.

([1]) *C.-J. Cæsaris* Commentar., lib. II. — ([2]) De Morib. Germ., § 28. — ([3]) Abriss der Tririschen Geschichte. — ([4]) Sacerdos civitatis. De Mor. Germ., § 10

on les reconnaissait à leur chevelure blonde, séparée sur le front et tombant de chaque côté. Quelques uns cependant la nouaient élégamment sur le haut de la tête; tous laissaient croître leur barbe. Remarquables par une haute stature, leur corps était couvert d'une courte et large tunique sur laquelle ils jetaient un manteau de laine. L'habillement des femmes différait de celui des hommes principalement par la longueur; mais leurs tuniques sans manches laissaient voir les bras et les épaules. Tels sont les principaux renseignements que l'on peut puiser dans les monuments et les écrits des anciens sur les *Eburones* et les *Treveri*. Entre ces deux peuples étaient situés les *Condrusi* et les *Cæresi*, dont parle César[1], et qui étaient en quelque sorte des peuplades soumises aux *Treveri*.

Les géologues ont reconnu dans la province du Bas-Rhin une grande variété de terrains et de roches. Vers son extrémité septentrionale, on trouve les dépôts modernes d'alluvion et de transport; sur la rive gauche de la Roër, depuis Aldenhoven jusque près de Nideggen, ce sont des sédiments supérieurs analogues à ceux des environs de Paris, entre autres des argiles plastiques, des lignites et des grès. Autour d'Aix-la-Chapelle, se succèdent le grès analogue à celui de Pirna en Saxe, et qui s'exploite pour les constructions sous le nom de *quadersandstein*, le calcaire de sédiment inférieur ou de transition, la formation houillère et les schistes argileux qui la supportent. Ces formations constituent les montagnes appelées *Hohe-ween* ou Haute-Fagnes, dont les sommets, qui s'élèvent de 1,500 à 2,000 pieds au-dessus du niveau de la mer, ne sont couverts que de marécages, de tourbes, de bruyères et de quelques bois rabougris.

En quittant les *Hohe-ween* pour se diriger vers les montagnes de l'Eifel, on voit aux environs de Gemund des grès bigarrés et des marnes irisées reposer sur un calcaire de sédiment inférieur ou de transition, qui forme des plateaux et des collines jusqu'au-delà de Gerolstein, où commence à s'élever l'*Eifelgebirge*. Ces collines et ces plateaux reposent sur le schiste argileux qui constitue en partie les Hohe-ween. Tout l'espace qui s'étend entre Schönocken, au sud-ouest de Gerolstein et Altenkirchen, est une région volcanique, où

[1] Comment., lib. II et VI.

s'élèvent plusieurs petites chaînes au milieu du calcaire de transition et du schiste argileux. C'est la plus importante de ces chaînes qui porte spécialement le nom d'Eifel. Elle présente plusieurs cimes volcaniques importantes par leur hauteur, et d'où descend au sud la Kill, petite rivière qui se jette dans la Moselle. Le premier volcan éteint que l'on aperçoit dans la partie septentrionale de cette région, est le *Goldberg* ou le *Mont-d'Or* d'où se déploie un horizon fort étendu, bordé par une rangée de sommités coniques, dont les principales sont le *Michels-Kirch* et le *Kalborn-Höhen-Aagt*, volcans situés, le premier près de Münster-Eifel, et l'autre près d'Atenau, à une distance de plus de 12 lieues. Goldberg est un soupirail isolé qui semble annoncer au voyageur qu'il va parcourir une région tourmentée jadis par les feux souterrains. A chaque pas que l'on fait dans cette contrée, on aperçoit de vastes cratères ou de hautes montagnes qui paraissent avoir vomi des laves à des époques très différentes; c'est du moins l'opinion de M. Steininger[1], et il faut avouer que si l'on compare les volcans de l'Eifel à ceux du Puy-de-Dôme et du Cantal, elle paraît avoir beaucoup de vraisemblance. Le Kalborn-Hohen-Aagt passe pour la plus haute sommité de l'Eifel; il est couvert de basaltes dont les prismes à six, sept et huit pans, étonnent par leur régularité. « Le » village de Steffelen est bâti au pied d'un vol- » can pour lequel les habitants nourrissent » une sorte de vénération religieuse. Toutes les » plantes du monde croissent sur cette mon- » tagne merveilleuse: ses flancs recèlent de » vastes cavernes remplies de trésors; enfin » mille traditions absurdes sont débitées avec » la plus ferme persuasion[2]. » Ces traditions et celles qui font du Goldberg une montagne traversée par d'abondantes mines d'or, semblent indiquer que depuis long-temps la forme et la structure de ces montagnes coniques ont excité l'admiration des gens du pays. Il est vrai que l'on ne peut voir une végétation plus vigoureuse que celle qui couronne le volcan de Steffelen, ce qui est probablement dû aux cendres volcaniques qui couvrent sa cime: on y trouve plusieurs plantes alpines. Les habi-

[1] Bemerkungen ueber die Eyfel und Auvergne.
— [2] *Behr*: Sur les volcans éteints de la Kill supérieure. — Annales générales des Sciences physiques, tom. I.

tants conduisent l'étranger entre le village de Steffelen et celui de Roth, pour lui faire admirer un ancien cratère de la plus grande dimension. Que l'on se figure un entonnoir de 1,600 pieds de diamètre et de 200 de profondeur, dont le fond est occupé par un étang. En deux endroits, les bords du cratère se sont affaissés; mais les sept huitièmes au moins subsistent encore dans toute leur intégrité. Près du village de Roth, on montre une grotte qui paraît tenir du prodige aux yeux du vulgaire : elle offre le phénomène des glacières naturelles; elle est ouverte au nord, et la glace qui s'y accumule vers la fin de l'hiver et le commencement du printemps, s'y conserve pendant tout l'été, et ne disparaît entièrement qu'à la fin de septembre.

On ne saurait imaginer, dit M. Behr, un paysage plus pittoresque que celui des environs d'*Hillesheim*, misérable bourg de 600 habitants, qui fut cependant jadis une forteresse respectable, à en juger par sa double enceinte garnie de tours. « L'aspect sauvage des
» volcans revêtus de forêts est agréablement
» varié par les ruines de vieux châteaux que
» l'on aperçoit sur la cime aiguë de plusieurs
» d'entre eux. De petits hameaux semblent cachés au fond des vallées, comme pour éviter
» les éruptions dont on reconnaît partout les
» traces. La Kill roule sur un lit de rochers,
» où tantôt elle se précipite avec fracas, et
» tantôt elle coule lentement au pied d'une
» muraille de laves. » On exploite dans les environs d'Hillesheim plusieurs mines de fer, dont on vante la qualité, et dont le produit annuel est d'environ 10,000 quintaux. Au centre de la région volcanique, s'élève une chaîne de rochers calcaires, de sédiment inférieur, remarquables par leur aspect singulier : on dirait que ce sont les murs d'une forteresse à demi renversés, mais encore garnis çà et là de leurs tours et de leurs créneaux. Cette chaîne s'étend sur une longueur de deux lieues, entre Gerolstein et Steinborn. Dans les environs du village de Rocken-Kill, bâti au milieu de coulées de laves bleuâtres parsemées de pyroxènes et de grenats, on exploite du feldspath, employé dans la plupart des fabriques de porcelaine du ci-devant département de la Sarre.

La contrée volcanique de l'Eifel s'étend jusqu'à l'extrémité de la province du Bas-Rhin, sur la rive droite du fleuve. Les environs d'Andernach et de Mayen sont célèbres par leurs basaltes, leurs laves, leurs scories et leurs montagnes coniques. Un des points les plus remarquables est le lac de Laach (*Laacher-Sée*), que l'on a regardé comme un cratère, mais que Deluc a trouvé trop considérable pour être rangé parmi les bouches volcaniques; il a 7,000 mètres de circonférence à sa base, et ses bords sont élevés de plus de 200 mètres. Un géologiste consommé [1] pense que toutes les bouches qui ont vomi les laves des bords du Rhin ont été détruites par des catastrophes d'une époque plus récente.

Les grès bigarrés et les marnes irisées qui se trouvent au nord de l'Eifel, se présentent encore au sud; sur les bords de la Kill, en approchant de Trèves, ils sont recouverts par le calcaire ancien, que les Allemands appellent *muschelkalk*. Avant de se jeter dans la Moselle, la Sarre coule au milieu des schistes argileux, depuis Merzig jusqu'à sa sortie du territoire français, elle traverse les grès bigarrés; mais sur la droite de cette rivière s'étendent de vastes et riches terrains houillers.

La richesse minérale de la province prussienne du Bas-Rhin consiste principalement en exploitations de fer, de plomb, de zinc et de houille; nous avons vu qu'elle renferme des terres à porcelaine. Les laves des environs d'Andernach sont taillées en meules, dont on fait un commerce important; la roche d'origine volcanique appelée *pépérine*, connue dans le pays sous le nom de *duckstein*, et dans le commerce sous celui de *trass d'Andernach*, est expédiée par la Hollande dans plusieurs pays, où, réduite en poudre, elle est employée à faire des ciments hydrauliques. On exploite plusieurs salines considérables, dont les principales sont à Bilchingen, à Münster-am-Stein et à Theodorshalle. La région volcanique de l'Eifel renferme un grand nombre de sources d'eaux minérales qui participent, en général, des propriétés dont jouissent les eaux de Selters dans le pays de Nassau : les plus connues sont celles de Gerolstein, de Thönnigstein et de Bertrich; mais les plus célèbres de toutes sont celles d'Aix-la-Chapelle.

Les montagnes et les plateaux qui couvrent la province appartiennent, sous le point de vue

[1] *D'Omalius d'Halloy* : Mémoires pour servir à la description géologique des Pays-Bas, de la France et de quelques contrées voisines. — Namur 1828.

géographique, à deux systèmes : celles du nord, c'est-à-dire l'Eifel et les Hohe-ween, à celui des Ardennes ; celles du sud, ou le Hochwald, l'Idar-wald et le Hundsrück, à celui des Vosges. Le Rhin traverse le pays du sud-est au nord-ouest, et la Moselle du sud-ouest au nord-est ; cette rivière reçoit sur sa rive droite la Sarre, et sur sa rive gauche la Kill, le Salm et le Lieser. Les autres cours d'eau, moins importants, sont l'Ahr, l'Erft, la Nahe, la Nette, l'Our, la Roër et la Soure.

La partie montagneuse est couverte de forêts ; le reste, à l'exception des terrains tourbeux et marécageux, est cultivé avec beaucoup d'intelligence et de soin. Le sol est généralement léger ; les terres les plus fertiles et les mieux cultivées sont situées sur les rives du Rhin, de la Moselle, de la Nahe, de la Nette, de l'Ahr et de l'Erft. L'Eifel ne comprend que des terrains peu propres à la culture. Partout le bœuf est préféré au cheval pour le labourage. On y récolte peu de blé, mais beaucoup de seigle, d'avoine, de pommes de terre et surtout d'épeautre. Dans les années moyennes, sous le rapport de ces produits, les céréales suffisent à la consommation du pays. Certains cantons de la partie méridionale abondent en houblon, les montagnes du Hundsrück en beau lin, et les bords du Rhin, de la Moselle, de l'Ahr et de la Sarre, en vins estimés. Les meilleurs crus sont, pour les vins du Rhin, Bacharach et Ober-Wesel, et pour ceux de Moselle, Berncastel, Trèves et Valdrach. Enfin il ne manque à la richesse agricole du pays que de meilleures races de chevaux, de brebis et de bêtes à cornes.

L'industrie manufacturière est moins active dans cette province que dans celle de Juliers-Clèves-Berg ; cependant on y fabrique beaucoup de draps, de papiers, de cuirs et d'objets de quincaillerie ; les forges et les usines y sont nombreuses et considérables.

Quant au climat, il est très varié ; la température est froide et humide dans les montagnes, mais assez chaude dans les plaines et les vallées. On compte environ 86 jours de pluie par an, et l'on évalue à 19 pouces la quantité d'eau qui y tombe ; c'est beaucoup moins que celle qui tombe à Londres et en Hollande, année commune.

Nous commencerons notre excursion par la ville de *Juliers*, ou *Jülich*, qui, malgré son peu d'importance, est intéressante par son commerce et ses fabriques de draps et de padoux. Cette petite cité est d'ailleurs recommandable par son antiquité ; on en attribue la fondation à Jules César. Elle est appelée *Juliacum* dans l'Itinéraire d'Antonin ; Ammien Marcellin en parle également[1]. Après la chute de l'empire romain, elle eut ses comtes particuliers, jusque vers le milieu du quatorzième siècle, que l'empereur Charles IV l'érigea en duché. Elle est défendue par une grande citadelle bâtie sur pilotis, au bord de la Roër ; on y remarque l'hôtel-de-ville, orné de statues colossales, monuments du moyen-âge.

Aix-la-Chapelle, ou *Aachen,* chef-lieu de cercle et capitale de la province dont elle est la principale ville, contient environ 37,000 habitants ; ce n'est cependant qu'un peu plus du tiers de sa population au temps de sa splendeur, c'est-à-dire à l'époque où les empereurs d'Allemagne y recevaient la couronne et y faisaient même quelquefois leur séjour. Alors le commerce et l'industrie contribuaient à l'enrichir ; aujourd'hui les étrangers n'y sont plus attirés que par ses eaux minérales, qui, ainsi que ses fabriques de draps, de soieries, de cotonnades et d'indiennes, son horlogerie et son orfévrerie, constituent sa principale richesse. Quelques auteurs se sont efforcés de prouver son origine romaine par son nom latin d'*Aquæ Grani* et par ses nombreux restes d'antiquités, en attribuant sa fondation à Serenius-Granus, qui vivait sous le règne d'Adrien ; mais il est probable qu'avant le cinquième siècle, elle n'était qu'un bain romain ou qu'une ville peu considérable, qui fut entièrement détruite par Attila, et qu'à Charlemagne seul appartient l'honneur de l'avoir placée au rang des plus importantes cités des Francs ; ce fut à lui qu'elle dut le titre de seconde Rome. Il l'affectionnait, parce qu'il y reçut le jour. Cette ville, dont les anciens remparts ont été convertis par Napoléon en promenades agréables, et dont quelques rues sont assez larges et régulières, possède plusieurs édifices remarquables. Son hôtel-de-ville, monument des dixième et quatorzième siècles, est l'un des plus beaux de l'Allemagne ; sa façade a 174 pieds de longueur. On ne peut se lasser d'admirer la richesse de ses ornements. Il paraît avoir été bâti sur l'emplacement d'une

[1] Liv. XVII, ch. II.

forteresse romaine ; une de ses tours porte encore le nom de tour de Granus. C'est dans une de ses salles que Louis-le-Débonnaire, Charles–Quint, et un grand nombre d'autres souverains ont été couronnés. Cette salle est décorée des portraits des ministres signataires du traité de paix de 1748. C'est dans son enceinte que s'est tenu le congrès de 1818. Ce que la ville renferme ensuite de plus curieux, ce sont ses églises, toutes fort anciennes. Celle de Saint-Ulric, dont on admire la hardiesse et l'élévation des voûtes, mais dont on voit avec satisfaction la moitié de l'enceinte consacrée au culte luthérien et l'autre au culte catholique, renferme plusieurs tableaux de Luc Cranach et d'autres peintres célèbres ; celle des Cordeliers contient un des plus beaux jeux d'orgues de l'Allemagne, et un excellent tableau de Rubens. Mais la plus digne d'attention par ses magnifiques vitraux, par ses trente colonnes colossales, par ses portes en bronze et par la beauté de son architecture gothique, c'est la cathédrale ou l'église de Notre-Dame. Elle a été bâtie par Charlemagne ; on y conserve le siège en marbre blanc sur lequel cet empereur et les princes qui lui ont succédé se sont assis ; le chœur y a été ajouté en 1353. Tous les sept ans, on y expose à la vénération du peuple plusieurs reliques plus ou moins authentiques, qui y attirent un grand nombre de pèlerins. Ce sont principalement la robe de la Vierge, les langes de Jésus-Christ, le morceau de toile sur lequel fut placée la tête sanglante de saint Jean-Baptiste, et celui qui servit de ceinture au Christ mourant. Mais ce que tous les étrangers voient dans cette église avec intérêt, c'est le tombeau de Charlemagne, portant cette simple inscription : *Carolo magno;* c'est le crâne de ce prince qui y fut enseveli ; c'est la croix d'or enrichie de pierreries et contenant une parcelle de la vraie croix, bijou qu'il ne quittait jamais ; c'est enfin son cor de chasse en ivoire garni d'or. On a construit depuis la domination prussienne, à Aix-la-Chapelle, un bâtiment pour la bourse et une redoute, dont l'extérieur, orné d'arcades, est d'une assez belle architecture. Cette ville possède un beau théâtre allemand, nouvellement bâti, et dont on admire le fronton soutenu par huit colonnes colossales ; un superbe édifice en forme de rotonde, où se réunissent les différents jets de la *Source d'Héloïse* (*Elisen-Brunnen*), fréquentée chaque année par un nombre considérable de baigneurs. Les autres bains n'offrent rien de remarquable, quoiqu'ils aient été réparés et améliorés par Napoléon. Ses établissements littéraires et scientifiques sont peu importants ; ils consistent principalement en une académie des arts, une de musique, une école de dessin, un collége et une collection de modèles relatifs aux arts et à l'industrie. Elle possède encore une belle galerie de tableaux. Son commerce, très étendu, est principalement alimenté par ses nombreuses fabriques de cotonnades, son orfèvrerie, son horlogerie et sa quincaillerie. Les environs d'Aix-la-Chapelle sont extrêmement agréables ; les terres y sont peu fertiles, mais bien cultivées ; les promenades y sont nombreuses. Celle de Mont-Louis (*Louisberg*) est une des plus fréquentées ; c'est une colline qui domine la ville, et qui a été plantée d'arbres disposés en agréables bosquets, que l'on traverse pour arriver à une belle salle de danse, entourée d'un balcon d'où l'œil parcourt les beaux points de vue de tous les environs.

Tout près de cette capitale, se trouve la petite ville de *Burtscheid,* ou *Borcette,* connue par ses eaux thermales, qui sont presque aussi renommées que celles d'Aix-la-Chapelle, et dont les 5,000 habitants trouvent dans le produit des draps qu'ils confectionnent et dans la fabrication des aiguilles, l'aisance que l'on y remarque. Le chemin qui conduit à cette ville, et la jolie vallée dans laquelle elle est située, offrent aussi des promenades délicieuses, surtout lorsqu'on approche des sources chaudes, qui s'annoncent de loin par les vapeurs qu'elles exhalent. Ce qui ajoute encore à la beauté de ces sites romantiques, ce sont les étangs, dont les eaux sont si utiles aux fabriques de Burtscheid, et les ruines d'un vieux château dont l'intérieur est occupé par une auberge qui sert d'asile aux baigneurs ou aux promeneurs fatigués. *Düren,* sur la Roër, égale Burtscheid en population ; son industrie consiste principalement en tanneries, fabriques de draps, de rubans et de savon. Ce que cette ville offre de plus remarquable, c'est la statue de Jean Népomucène, l'un des saints les plus vénérés dans le pays. Düren paraît être l'ancien *Marcodurum* dont Tacite parle dans ses Annales. On compte dans ses environs plusieurs forges, huit papeteries et d'autres usines mises en mouvement par deux dérivations de la Roër qui se réunissent dans la ville. *Eupen*, peuplée de 12,000 habitants, dont la classe la plus industrieuse descend d'anciennes familles françaises réfugiées, possède des tanneries, des savonneries et des papeteries, mais surtout d'importantes manufactures de draps. Par ses tanneries, *Malmédy* fait un commerce assez considérable. C'est une ville ancienne, qui, dans le moyen âge, portait le nom de *Malmundarium* ; sa population est de 4,000 âmes.

Visitons les villes qui bordent le Rhin. *Jnkel*, sur la rive droite, est renommée par ses vins et par deux groupes de colonnes basaltiques, appelés le grand et le petit *Unkelstein*, qui appartiennent à une colline volcanique voisine, et forment dans le fleuve des écueils dangereux. Sur la rive opposée, *Rheinmagen* ou *Remagen* est le *Rigomagus* des Romains. La route de Bonn à Coblentz par cette petite ville était autrefois impraticable lors des débordements du fleuve, et encombrée de rochers qui servaient d'embuscades à des troupes de brigands. Sous l'administration française, les rochers ont sauté, une chaussée a été élevée, des murs ont été construits, et la route est devenue magnifique. Ces travaux ont fait découvrir des pierres miliaires, des sarcophages et d'autres antiquités romaines. Près de Remagen s'élève l'Apollinarisberg, montagne couronnée par les ruines de l'antique abbaye de Siegbourg, dont la vieille église gothique renfermait les reliques de saint Apollinaire. En repassant le Rhin, visitons *Neuwied*, autrefois capitale d'une principauté, petite ville régulièrement bâtie et industrieuse. Tous les ans elle expédie près de 30,000 quintaux de marchandises sorties de ses fabriques, qui consistent principalement en ébénisterie, en ustensiles de fer-blanc, et en divers objets de quincaillerie et en mousselines, toiles et savons. Ces diverses branches d'industrie sont principalement exercées par des herrnhuters ou frères moraves. C'est vis-à-vis de cette ville que l'armée française, sous les ordres du général Hoche, traversa le Rhin en 1797, et battit les Autrichiens. Le château, qui appartient au prince de Neuwied, renferme une belle collection d'antiquités d'autant plus intéressantes, qu'elles ont toutes été trouvées dans l'emplacement d'un camp romain situé à quelque distance de là [1]. Aux environs se trouve le village de la *Tour-Blanche* (*Weissethurm*), où l'on voit le monument élevé par l'armée de Sambre-et-Meuse à la mémoire de Hoche, dont les cendres reposent sur la rive gauche du Rhin, aux environs d'Andernach, non loin de celles de Marceau. En approchant de Coblentz, *Ehrenbreitstein* ou *Thal Ehrenbreitstein* occupe le fond d'une petite vallée, et est dominée par un rocher sur lequel était bâtie l'importante forteresse que les Français prirent en 1799, et détruisirent après la paix de Lunéville. C'était dans ce château qu'était placée l'énorme coulevrine nommée le Griffon, que l'on remarque dans l'arsenal de Metz. Depuis 1816, la Prusse a reconstruit cette forteresse, d'après les systèmes de Carnot et de Montalembert : ces nouveaux ouvrages, aujourd'hui terminés, excitent une juste admiration.

D'Ehrenbreitstein à *Coblentz*, on passe le Rhin sur un pont volant, qui part et repart de quart d'heure en quart d'heure. Cette capitale de la province est située sur le fleuve, à l'embouchure de la Moselle. Elle est entourée de fortifications qui ont toujours été considérables, et que les Prussiens ont tellement augmentées depuis 1814, qu'elles forment un camp retranché qui peut recevoir une armée de 100,000 hommes. Ses rues sont alignées et bien bâties. Elle renferme 26,000 habitants et quelques beaux édifices, dont le plus important est le palais construit en 1779 par l'électeur de Trèves, qui y faisait sa résidence. Parmi ses seize temples, dont quelques-uns sont remarquables par leur architecture et par les tableaux qui les décorent, on compte quatorze églises catholiques, une seule consacrée à la confession d'Augsbourg et à la communion réformée et une synagogue. Ses principaux établissements utiles sont un collége, un séminaire et un mont-de-piété. Elle possède aussi un théâtre. On cite ses quais et son pont de pierre sur la Moselle. Coblentz est l'ancien *Confluentes* dont il est fait mention dans l'Itinéraire d'Antonin et dans Ammien Marcellin [2] ; c'était, sous les empereurs d'Occident,

[1] Voyez l'ouvrage de M. *Hoffmann*, intitulé : Grundriss des rœmischen castel bey Neuwied, nebst andern Denkmalern, in-8°, 1803. — [2] Lib. XVIII, c. II.

la résidence d'un officier du génie militaire, qui prenait le titre de *præfectus militum défensorum* ([1]). En 1792, elle fut le rendez-vous de tous les émigrés français destinés à former l'armée du prince de Condé. Son commerce consiste principalement en grains, en bois, en houille, et surtout en vin de la Moselle. Dans ses environs, qui offrent des sites variés et pittoresques, *Teinstein* est connu pour ses eaux minérales; mais à quatre lieues au nord-ouest, nous ne devons point passer sous silence la petite ville d'*Andernach*, l'*Antunnacum* des anciens, où l'on voit plusieurs antiquités curieuses, telles que la porte de Coblentz, le bain des Juifs, qui sont de construction romaine, et les restes du palais des rois d'Austrasie, près duquel s'élève une tour que l'on regarde aussi comme étant en grande partie l'ouvrage des Romains. Son église, beau monument du onzième siècle, renferme, dit-on, le corps de l'empereur Valentinien; ce qui est d'autant moins vraisemblable, que ce prince mourut, comme on sait, à *Bregetio* en Pannonie. Cette petite cité, qui s'élève à l'embouchure de la Nette, au pied d'une montagne volcanique de 660 pieds de hauteur au-dessus du niveau du Rhin, fait des exportations considérables des différents produits des feux souterrains qui ont jadis couvert toute la contrée : ses *tufas* sont employés avec succès en Hollande dans la construction des digues, et ses meules en laves sont très estimées. C'est aussi tout près d'Andernach que se réunissent ces énormes trains de bois de construction tirés des forêts de l'Allemagne, et destinés principalement pour les ports des Pays-Bas, et qui, montés par 400 hommes, ont ordinairement 1,000 pieds de longueur sur 90 de largeur. A une lieue au sud-est de cette ville, se trouve le lac de *Laach*, dont nous avons déjà parlé: 40 sources l'alimentent; il ne gèle point, même par les plus grands froids; on y pêche de très beaux poissons et surtout d'énormes brochets.

Depuis Coblentz jusqu'à Kreutznach, on ne trouve aucune ville digne d'être citée; il en est cependant deux dont nous devons faire mention sur la rive gauche du Rhin : la première est *Boppart*, peuplée de 3,000 habitants, et renfermant trois églises, un collège, des tanneries, et deux fabriques de toile et de coton filé.

([1]) Notit. Imp. Occident.

Elle occupe l'emplacement de *Baudobrica*, l'une des cinq citadelles construites par Drusus, et dans laquelle était en garnison le préfet des soldats destinés au service des balistes (*præfectus militum balistariorum*). Les rois francs y eurent un palais dont on voit encore quelques restes, et dans le moyen âge elle eut le titre de ville impériale. La seconde, appelée *Bacharach*, moitié moins peuplée, est célèbre par les vins de ses environs. Elle s'étend au pied de deux collines : ses murs, flanqués de tours, se prolongent sur l'une des deux jusqu'au village de *Staleck*, qui paraît occuper l'emplacement d'une forteresse romaine. Les ruines de l'église de Saint-Werner, isolée près de ce village, sont des restes précieux de l'architecture du moyen âge, et le temple réformé est construit dans le goût byzantin. De ce lieu, la vue s'étend sur de riches paysages. Un peu au-dessous de la ville, se trouve l'île d'*Heilesen;* c'est entre cette île et la rive droite du Rhin que se trouve un rocher appelé *Ellerstein* ou *Altar-Stein* (*Pierre de l'autel*), qui n'est visible que pendant les sécheresses et quand les eaux du fleuve sont basses : lorsque les vignerons le voient paraître, ils en augurent une bonne vendange. Mais ce que ce rocher offre de plus intéressant pour l'histoire de Bacharach, c'est que dans de vieilles chroniques on le désigne sous le nom de *Ara Bacchi* (*Autel de Bacchus*), et que c'est de ce nom que l'on prétend que Bacharach tire le sien. Les côtes auxquelles s'appuie la ville sont couvertes de vignes : les meilleurs crus sont ceux des vallées de Diebach, de Mannebach et de Stug. Deux faits historiques attestent leur ancienne réputation : le pape Pie II en faisait venir tous les ans un foudre à Rome, et l'empereur Wenceslas, surnommé avec raison l'*ivrogne*, vendit, au quatorzième siècle, la liberté aux bourgeois de Nurenberg, pour quatre foudres de ces vins. *Kreutznach*, ville assez bien bâtie, dont la population s'élève à 8,000 habitants, possède plusieurs fabriques de tabac, de savon et de sucre de betterave, ainsi que des tanneries et des distilleries. On exploite dans ses environs deux salines qui produisent annuellement près de 500,000 livres de sel. L'une d'elles appartient au grand-duché de Hesse.

Une chaussée conduit de Kreutznach à Trèves par la petite ville de *Stromberg*, près de laquelle on exploite des carrières de marb bleu. On traverse les montagnes du Hundsrück, région physique qui doit, dit-on, son nom aux Huns, auxquels les Romains l'abandonnèrent, et dont les points les plus élevés atteignent 3,000 pieds au-dessus du niveau de la mer ([1]). Les belles forêts qui couvrent les flancs de ces montagnes, le Simmern et plusieurs autres petites rivières qui arrosent les vallées, donnent à cette petite contrée l'aspect le plus sauvage et le plus pittoresque.

En arrivant à *Trèves*, que les Allemands appellent *Trier*, on est étonné de la grande quantité de monuments et de débris qui attestent l'importance et la splendeur de cette ville lorsqu'elle portait le nom d'*Augusta Trevirorum*. Auguste lui accorda le titre de capitale de la première Gaule belgique, et Ammien Marcellin ([2]), pour faire apprécier son importance, son étendue, et la magnificence de ses édifices, lui donne la dénomination de *seconde Rome*. Constantin lui accorda le titre de métropole de toutes les Gaules. Elle fut la résidence de plusieurs empereurs. Ruinée à différentes reprises par les Huns, les Goths, les Vandales et les Francs, elle s'est toujours relevée de tant de désastres, mais elle a perdu le rang qu'elle tenait dans l'antique Germanie. Les rois d'Austrasie la possédèrent et y élevèrent un palais ; en 855, elle fit partie du royaume de Lorraine ; en 870, elle fut réunie à l'empire d'Allemagne, et reçut le titre de ville impériale ; au commencement du dixième siècle, ses archevêques commencèrent à se rendre indépendants ; en 1580, l'archevêque-électeur de Trèves était le second des électeurs ecclésiastiques ; en 1681, les Français s'en emparèrent, et ne la rendirent à son archevêque que 16 ans après ; elle tomba au pouvoir de la France en 1703, 1705 et 1734 ; enfin, prise de nouveau en 1794, elle fut réunie au territoire français avec le rang de chef-lieu du département de la Sarre, et resta française jusqu'en 1814. En 1812, elle ne renfermait que 10,000 habitants ; aujourd'hui on lui en donne 16,000. Située sur le bord de la Moselle, au milieu d'une riche vallée, ses environs offrent plusieurs promenades charmantes ; dans son enceinte on remarque quelques beaux édifices, plusieurs places, des rues assez larges et bien alignées. Son industrie consiste en diverses fabriques de toiles et d'étoffes de laine. Elle possède aussi des tanneries, des raffineries de sucre de betterave et des fonderies. Son université, fondée en 1455, et supprimée en 1722, a joui pendant long-temps de quelque réputation. Les antiquités qu'elle renferme ont encouragé dans son sein l'étude de l'archéologie : son musée est fort riche, et sa bibliothèque, qui ne l'est pas moins, surtout en manuscrits et en éditions du quinzième siècle, se compose de plus de 70,000 volumes. Une tradition populaire, qui prend son origine dans quelque histoire fabuleuse des moines du douzième siècle, attribue la fondation de Trèves à Trebeta, fils de Ninus, 1,300 ans avant Rome. La manie des étymologies a fait naître bien d'autres absurdités. Il est cependant probable que long-temps avant l'ère chrétienne les *Treveri* possédaient une cité considérable, c'est-à-dire une assez grande quantité de cabanes éparses dont l'ensemble ne ressemblait pas plus à une ville que les réunions d'habitations qu'occupent certaines hordes sauvages de l'Amérique septentrionale. Tacite ([1]), Ausone ([2]) et Dion Cassius ([3]) font souvent mention de cette cité. Parmi ses monuments romains, l'un des plus anciens est le pont sur la Moselle ; il a donné lieu à un mémoire récent dans lequel M. Wyttenbach en attribue la construction à Marcus Vipsanius Agrippa, directeur des ponts et chaussées de tout l'empire romain, 28 ans avant notre ère. En 1810, on découvrit sous une de ses arcades une superbe statue d'Hercule enchaînant Cerbère, ouvrage que l'on considère comme ne pouvant appartenir qu'aux beaux jours de Rome. Il paraît que c'est de ce pont que parle Tacite ([4]). Il a 690 pieds de longueur et 24 de largeur. Un autre édifice plus important, mais moins ancien, puisque le savant antiquaire que nous venons de nommer le croit du temps de Constantin-le-Grand, est la porte Noire ou de Mars (*Porta Martis*) qui fut, en 1035, convertie en une église dédiée à saint Siméon. Deux arcades au rez-de-chaussée, deux étages ornés de fenêtres cintrées et de colonnes, et de chaque côté deux sortes de tours carrées formant un étage de plus dans le même style, rendent ce monument, qui n'offre aucun des caractères d'un arc triomphal, moins remarquable par sa lourde

---

([1]) *Hundsrück* signifie cependant le *dos du chien*. — ([2]) Lib. XV.

([1]) Hist., lib. IV et V, etc. — ([2]) Mos., V, 10. — ([3]) Lib. XVI. — ([4]) Lib. IV, 77.

architecture que par sa belle conservation. C'est dans ce vaste bâtiment qu'on a réuni les objets d'antiquité trouvés dans la ville et dans les environs. Les Thermes, dont certaines parties étaient couvertes de 30 pieds de terre, ont été déblayés, et peuvent maintenant passer pour un des plus beaux restes des ouvrages romains qui existent en Europe. L'une des portes de ces Thermes, dont l'antiquité ne paraît pas remonter au-delà du troisième siècle, sert d'entrée à la ville; il est même probable que la tour carrée qui s'élève dans l'enceinte de celle-ci n'appartient pas à une époque plus reculée: c'est un fort ou *propugnaculum*. Enfin un édifice remarquable par son importance et sa conservation est celui que l'on a regardé comme le palais de Constantin, et qui paraît n'être qu'une dépendance des Thermes. Depuis long-temps il sert de caserne. Le palais impérial était proche du pont. La plupart des églises de Trèves sont belles: quelques unes rappellent encore la richesse des couvents auxquels elles ont appartenu. La cathédrale, que l'on peut regarder comme la plus ancienne, a plutôt l'extérieur d'une forteresse que d'un temple: l'œil y est en quelque sorte fatigué de la profusion des ornements et des statues; l'église de Notre-Dame, monument du treizième siècle, se fait remarquer par la légèreté de son architecture gothique, et celle de Saint-Paulin, d'une construction moderne, par les belles peintures qui ornent la voûte de la nef. Ce n'est point seulement dans la ville que de nombreuses antiquités rappellent la splendeur romaine: hors de l'enceinte de Trèves on retrouve, au pied du mont de Mars, les restes d'un amphithéâtre; on a enlevé les vignes et les terres qui cachaient le sol que foulaient jadis les gladiateurs, et c'est aujourd'hui l'un des mieux conservés qui existent. C'est dans ce lieu même que Constantin, long-temps honoré comme un saint, eut la barbarie de faire dévorer par les bêtes féroces, l'an 306, plusieurs milliers de prisonniers *francs* ou *français*, ainsi que leurs chefs *Askarich* et *Ragoys*. Ce prince eut encore la cruauté de renouveler pendant plusieurs années ces spectacles sanglants, et de leur donner le nom de *jeux français* (*ludi francici*) ([1]).

Trèves possède plusieurs établissements utiles que fonda le gouvernement français, et que la Prusse entretient avec soin. Nous ne citerons que les plus importants. L'hôpital civil, qui fut doté par Napoléon, est tenu dans un ordre parfait par des religieuses de la congrégation de Nancy; l'édifice dans lequel il est établi était autrefois le couvent des religieuses de Sainte-Irmine, et du temps des Romains le bâtiment appelé *Horreum ;* mais il n'y reste plus de traces des constructions antiques. La Maison de mendicité, établie dans l'ancien couvent des Augustins, est digne de servir de modèle pour les établissements de ce genre: elle est construite pour recevoir 300 individus. Le Gymnase, autrefois le lycée, est un collège du premier ordre: 16 professeurs y instruisent 4 à 500 élèves. Le Séminaire épiscopal passe pour donner une très bonne instruction théologique: il renferme environ 80 jeunes ecclésiastiques. L'École bourgeoise (*Bürgerschule*), fondée depuis peu d'années, est destinée à instruire les enfants de la bourgeoisie ou de la classe des marchands qui n'ont pas besoin de l'étude du grec et du latin. Des personnes éclairées ont fondé dans cette ville la Société des recherches utiles, qui possède un cabinet de médailles antiques et modernes qui se rattachent à l'histoire du pays; elles y sont classées en cinq époques: les périodes gauloise, romaine, germaine, française et prussienne. Trèves est la patrie de sainte Hildegarde et du littérateur Conrad Fleisch.

A quelque distance de la route qui conduit à Luxembourg, on retrouve les restes de la voie romaine de Trèves à Reims. C'est dans cette direction et sur la route même qu'existe, au milieu du village d'*Igel*, l'un des monuments les plus curieux que les Romains aient laissés dans les Gaules. Il a vainement excité l'attention des antiquaires: le but qu'on s'est proposé en l'élevant est encore un point de doute. C'est une espèce de tour à quatre faces terminée en forme de pyramide, et surmontée d'un globe terrestre sur lequel repose un aigle. Ausone dit qu'elle domine avec orgueil ce qui l'entoure, comme le phare de Memphis; si c'est bien de la tour d'Igel qu'il a voulu parler, il faut passer la métaphore au poète. Sa hauteur, assez considérable, n'excède cependant pas 60 et quelques pieds, et sa largeur n'en a pas plus de 15. Dans une lettre publiée en 1824, et adressée au célèbre chimiste Vau-

([1]) *Wyttenbach*: Abriss der Trierischen geschichte.

quelin(¹), nous lisons que ce monument est couronné d'un génie les ailes déployées, à genoux sur un globe. C'est une erreur de l'auteur de cet écrit, ou un trait d'ignorance de la part de l'architecte allemand chargé de restaurer cette tour remarquable. Nous qui l'avons examinée avant sa restauration, nous y avons bien reconnu un aigle dans la même position que sur plusieurs médailles impériales. On sait même que c'est un boulet de canon français qui abattit la tête de cet aigle en 1675, pendant le combat où le maréchal de Créqui fut battu dans la plaine de Trèves. Quant à l'objet de ce monument, il est probable que c'est un tombeau : la plupart des antiquaires sont d'accord sur ce point, quoiqu'un savant allemand (²) ait paru adopter nouvellement, d'après le bas-relief de la principale face qui représente un homme donnant la main à une femme en signe d'alliance, l'opinion précédemment soutenue et combattue qu'il fut érigé en mémoire du mariage de Constance Chlore avec l'impératrice Hélène, ou de la naissance de Caligula. D'autres, au contraire, ont pensé que les danses et les jeux des petits génies qui décorent cette tour, que la figure du berger Pâris que l'on remarque sur la façade orientale, que les attributs du commerce que l'on y distingue, n'étaient point en contradiction avec le but d'un monument funéraire. L'inscription mutilée, mais expliquée et restituée par quelques antiquaires, prouve en effet qu'il a été élevé par deux des membres de la famille des Secundinus, à Secundinus Securus, riche négociant, fondateur d'Igel vers la fin du quatrième siècle (³).

Depuis Trèves jusqu'à l'extrémité méridionale de la province, notre excursion ne nous offrira rien de bien intéressant. A *Sarrebourg*

(¹) Lettres sur quelques antiquités peu connues en France, à M. Vauquelin, membre de l'Institut, par M. *Raymond*, ancien professeur de l'université. —
(²) Description des monuments d'Igel, par M. *Neurohr*, en allemand. — (³) Voici l'inscription telle qu'elle a été lue et restituée par MM. Neller et Clotten, en 1778, et rapportée par M. Wyttenbach, dans son Histoire de Trèves. D. T. *Secundino Securo, qui locum Aegla vocatum fundavit primus, cum Secundino Aventino ac filiis Secundini Securi et Publicæ Pacatæ conjugis Secundini Aventini, et Lucio Saccio Modesto et Modestio Macedoni filio ejus judici, Secundinus Aventinus et Secundinus Securus parentibus defunctis et defuncturis, sibi vivi, viæ hujus redintegratores posuerunt.*

ou *Saarburg*, petite ville de 2,000 âmes, on passe un assez beau pont sur la Sarre, et l'on remarque une petite cascade qui descend en écumant de l'une des rues de cette cité sale et montueuse. En remontant le cours pittoresque de la Sarre, que bordent de hauts rochers escarpés, on côtoie le village de *Mettlach*, où l'on voit encore les restes d'une superbe abbaye de bénédictins. A *Sarrelouis*, bâtie en 1680, et fortifiée par Vauban, on entre par deux portes, et les rues bien alignées et bâties avec régularité aboutissent à une belle place carrée qui en occupe le centre, et que décorent une église et l'hôtel du gouverneur. Avant les derniers traités, cette ville appartenait à l'arrondissement de Thionville, et sa population était évaluée à 4,300 individus. Hassel, dont nous apprécions l'exactitude habituelle, l'estimait, en 1819, à 6,972. Suivant la progression ordinaire, elle devait donc, en 1832, dépasser de beaucoup le chiffre de 7,000. Mais, quelque florissante qu'elle puisse être depuis qu'elle est soumise au gouvernement prussien, on a de la peine à croire qu'une ville resserrée par des fortifications, qu'une ville qui de l'une à l'autre de ses deux portes n'a pas plus de 500 à 600 pas de longueur, puisse contenir autant d'habitants, et que le nombre en ait presque doublé en quelques années. Elle est la patrie du maréchal Ney et du général Grenier. C'est dans ses environs que se trouve l'importante usine de *Dilling*, où l'on fabrique des tôles et des fers-blancs.

Sarrebrück ou *Saarbrück*, plus étendue que Sarrelouis, n'atteindrait même pas, suivant Hassel, la population de cette dernière ville : les tableaux statistiques de cet auteur la portent à 6,400 âmes. Ses rues sont larges et bien bâties, et ses édifices, dont les plus remarquables sont un temple protestant, un gymnase et un théâtre, sont modernes et construits avec élégance. Un beau pont la réunit à la petite ville de *Saint-Jean*, qui en est devenue le faubourg. La montagne du *Halberg*, qui s'élève près de son enceinte, paraît avoir servi d'emplacement à la ville romaine dont il est fait mention dans l'Itinéraire d'Antonin, sous le nom de *Pons Saravi*; quelques ruines y sont encore appelées par les paysans la vieille chapelle païenne (*die alte heiden capelle*). Sarrebrück fait le commerce du fer et de la houille que l'on exploite dans ses environs, et du produit des fabriques de porcelaines, d'instruments aratoires et de tabatières en carton, établies sur son territoire. A peu de distance du village de *Solsbach*, on montre comme un phénomène une petite colline qui brûle et jette de la fumée depuis plus d'un siècle. Comme elle renferme une houillère, sa combustion, que l'on peut attribuer à la décomposition du sulfure de fer, n'est point un fait extraordinaire : on en connaît d'autres exemples ; mais ce qui étonne le plus ceux qui vont la visiter, c'est que plusieurs des blocs de schiste qui la composent sont assez chauds pour qu'il soit difficile d'y tenir long-temps la main ; que quelques uns sont calcinés, et que les arbustes qui y croissent sont rabougris et d'un feuillage jaunâtre. Cependant, qu'il y a loin de ces effets que le vulgaire admire à ceux que présentent les montagnes volcaniques !

En vertu d'un traité passé en 1834 entre le duc de Saxe-Cobourg-Gotha et le gouvernement prussien, la *principauté de Lichtenberg*, située sur la rive gauche du Rhin, a été cédée par le duché à la Prusse. Cette principauté, qui fait partie de la régence de Trèves, se compose des cantons de Saint-Wendel, Baumholder, Graumbach, Kusel, Tholey et Ottweiler. La petite ville de *Saint-Wendel* qui renferme environ 2,000 habitants n'a rien qui mérite de fixer l'attention. Près de celle de *Baumholder* on voit le vieux château qui donne son nom à la principauté. Dans les environs du village de Graumbach on exploite des agates et des améthystes. Enfin celui de *Sonenhof* s'élève sur les ruines de la ville de ce nom.

Quoique nous soyons arrivés à l'extrémité de la ci-devant province du *Bas-Rhin*, que nous venons de parcourir en différents sens, il nous reste à parler du *cercle de Wetzlar*, qui dépend de cette province, dont il est cependant éloigné de plus de 5 lieues. Son territoire, enclavé au milieu des possessions des princes de Nassau et de Hesse-Darmstadt, occupe une superficie d'environ 30 lieues carrées. *Wetzlar*, situé à l'embouchure de la Dill et du Wetzbach dans la Lahn, est une ville vieille et mal bâtie, renfermant 5,000 habitants, dont l'industrie consiste principalement en tanneries. La cité que possède encore ce cercle de la régence de Coblentz est *Braunfels*, qui renferme un château-fort et 1,300 habitants. Le pays auquel appartiennent ces deux villes est tellement inégal et montueux, qu'on ne s'y sert point de voitures. Si les environs de Wetzlar offrent peu d'intérêt au géographe et à l'historien, combien ils peuvent en présenter à l'amant passionné qui cherchera quelques douces émotions dans la lecture du roman de Werther ! A chaque pas il reconnaîtra les lieux, les sites, jusqu'aux plus petits détails, et pourra même jeter un regard d'attendrissement et de pitié sur le tombeau du malheureux amant de Charlotte.

Nous allons énumérer les enclaves de la monarchie prussienne dont nous n'avons pu parler.

Un petit territoire de 2 lieues ½ carrées, situé dans le duché de Saxe-Cobourg-Gotha, et dépendant de la régence d'Erfurt, contient le bourg de *Wandersleben* et celui de *Mühlberg*, où l'on fabrique du sulfate de fer, de l'alun et de l'indigo, et près duquel on voit le vieux château de Gleichen.

Au milieu des principautés de Saxe-Weimar, de Schwarzbourg et de Reuss, s'étend un territoire un peu moins exigu que le précédent, et qui dépend aussi de la même régence. Sa superficie est d'environ 7 lieues : il renferme la petite ville de *Rahniz*, dont la population est de 700 habitants, et que défend un château-fort, ainsi que deux petits bourgs, *Gössitz* et *Ziegenrück*.

A la régence d'Erfurt appartient encore le territoire de *Suhl* ou *Suhla*, ville de 5,500 âmes, qui possède une importante manufacture d'armes. Les terres qui en dépendent, et qui comprennent une partie de la contrée montagneuse appelée forêt de Thuringe (*Thuringer-Wald*), forment une superficie de 25 lieues carrées, entourée par des possessions appartenant au royaume de Saxe, aux duchés de Saxe-Weimar et de Saxe-Cobourg-Gotha, à la principauté de Schwarzbourg-Rudolstadt et à la Hesse électorale. On trouve sur ce territoire les bourgs de *Benshausen*, *Schwarza*, *Heinrichs*, où l'on voit plusieurs usines, et la petite ville de *Schleusingen*, entourée de murs, défendue par un château, et possédant une bibliothèque, un hôpital, une maison pour les pauvres, et plusieurs fabriques. C'est la patrie du jurisconsulte Reyher.

Dans la principauté de Reuss-Lobenstein-Ebersdorf, la Prusse possède quatre petites enclaves dont la plus importante est le territoire de la petite ville de *Gefell*, aux environs de laquelle on exploite une mine de fer. Ces enclaves dépendent aussi de la régence d'Erfurt.

Il en est de même de la petite ville de *Benneckenstein* et de ses environs, dans le duché de Brunswick.

Dans les duchés d'Anhalt, le village de *Löbnitz* et trois autres enclaves moins considérables font partie de la régence de Mersebourg.

Enfin, dans le royaume de Hanovre, les territoires d'*Hehlingen* et de *Wolfsbourg*, qui appartiennent à la régence de Magdebourg, complètent toutes les possessions prussiennes.

Nous terminerons la description de la Prusse par quelques faits de statistique. En 1828, la population de tous les Etats prussiens, non compris le canton de Neuchâtel, était de 12,726,000 individus. Depuis 1828 jusqu'en 1837, le nombre d'habitants s'était accru de 2,224,000; il résulte de cette progression, qu'en 1837 ce nombre s'élevait à 14,950,000, ce qui, à cette époque, donnait 1,072 individus par lieue carrée, au lieu de 892 qui existaient en 1826.

Sur 1 million d'individus il en meurt annuellement en Prusse 62,984, dont 32,821 du sexe masculin, et 30,163 du sexe féminin.

D'après le taux moyen du mouvement de la population, dans les quinze dernières années de 1820 à 1834, on peut admettre que le nombre des naissances est de 4,17 sur 100, celui des décès de 2,67, et l'accroissement de la population de 1,50.

En général, sous le point de vue moral, les diverses provinces soumises au gouvernement prussien présentent des résultats qui diffèrent sensiblement les uns des autres. Des esprits superficiels ou prévenus pourraient croire que dans celles où domine le culte protestant les crimes sont plus rares, qu'ils augmentent à mesure que le catholicisme, avec ses fêtes et ses nombreux jours de désœuvrement, y est plus répandu. Il n'en est point ainsi : les différences que l'on y remarque tiennent à d'autres causes.

D'après les renseignements officiels qui ont été publiés à ce sujet, il y a eu dans toutes les provinces prussiennes, depuis 1824 jusqu'au 1er janvier 1827, 63,859 condamnations pour crimes et délits, dont 1,726 contre les personnes, et 61,333 contre les propriétés. La moyenne de ces trois années est de 375 crimes par an contre les personnes, et de 20,444 contre les propriétés. Si l'on compare ce nombre au chiffre de la population en 1825, on a 1 crime contre les personnes sur 21,316 habitants, 1 crime contre les propriétés sur 599 habitants, et 1 crime contre les personnes et les propriétés sur 583 habitants.

La comparaison de ces résultats avec ceux que présente la justice criminelle en France à la même époque, c'est-à-dire pendant les années 1825, 1826 et 1827, n'est pas en faveur de la Prusse, puisqu'en France on compte 1 crime contre les personnes et les propriétés sur 7,285 habitants ; contre les personnes, 1 sur 32,411 habitants, et contre les propriétés 1 sur 9,392 habitants [1].

Si le résultat de cette comparaison était en sens inverse, on ne manquerait pas de l'attribuer au défaut d'instruction du peuple français, puisque dans les États prussiens il y a *un* écolier sur 7 habitants, tandis qu'en France, à l'époque indiquée ci-dessus, il n'y a qu'*un* écolier sur 23 habitants. Nul doute cependant que, toutes choses égales d'ailleurs, le pays où l'instruction est le plus répandue ne soit aussi celui qui doit offrir le moins de criminels ; mais dans une question de cette nature, si l'on ne tient pas compte de la division plus ou moins grande de la propriété, ou, si l'on veut, de la disproportion des fortunes, du degré de facilité avec lequel l'homme se procure ses moyens d'existence, et de plusieurs causes analogues, les faits paraissent être en contradiction avec la raison.

Ici les faits attestent une grande vérité : c'est que si en France l'instruction était aussi répandue qu'en Prusse, le peuple français serait le plus moral de l'Europe, puisque, malgré son ignorance, il a tellement le sentiment du devoir, que l'on est étonné de la faible quantité de crimes qui se commettent en France. C'est en grande partie à la division des propriétés et à un

---

[1] Consultez la *Statistique comparée de l'état de l'instruction et du nombre de crimes en France* (d'après les documents officiels), par MM. A. Balbi et A. M. Guerry, avocat. Il est à observer que pour avoir des points de comparaison plus exacts entre la France et la Prusse, il faut prendre la même époque, parce que le nombre de condamnations en France depuis 1830, a varié en raison du nombre de crimes politiques qui s'y trouve nécessairement joint.

code de lois qui, malgré ses imperfections, est encore le meilleur de l'Europe, que sont dus ces heureux résultats. La première de ces causes augmentant le nombre des gens au-dessus du besoin, augmente aussi celui des gens intéressés au maintien de l'ordre. Il n'en est pas de même dans le pays où le régime féodal concentre dans un petit nombre de familles de vastes propriétés autour desquelles règnent la misère et le besoin : l'Angleterre en offre un triste exemple, et la comparaison du nombre de crimes contre les propriétés en Prusse et en France en est une preuve suffisante. La seconde cause pourrait être contestée dans ses résultats, si la Prusse elle-même n'offrait une application de son influence. Ainsi, dans la province rhénane où le code français a été conservé, où la religion catholique compte quatre fois plus de prosélytes que le culte évangélique, et où le régime féodal est aboli depuis l'administration française, on compte *un* crime contre les personnes sur 39,099 habitants, et contre les propriétés *un* sur 7,584 habitants, tandis que dans les autres provinces prussiennes, dans le premier cas la proportion est de *un* sur 19,806 individus, et dans le second de *un* sur 515.

En Prusse, la comparaison du nombre de suicides à la population est de 1 sur 14,400 habitants, tandis qu'en France le rapport est de 1 sur 20,700 individus.

Nous avons eu occasion de parler des universités de la Prusse ; il est inutile de faire remarquer leur degré d'importance, soit en particulier, soit dans leur ensemble. Il y a six universités dans les provinces prussiennes, et sept en y comprenant la faculté de théologie de Münster. Elles étaient fréquentées, dans ces dernières années, par environ 6,200 étudiants, parmi lesquels on comptait près de 1,200 étrangers. Les trois plus importantes sont celles de Berlin, de Halle et de Breslau : la première comptait, à la fin de 1829, 1,752 étudiants ; la seconde 1,330, et la troisième 1,129. Les autres sont, d'après leur degré d'importance, celles de Bonn, de Königsberg et Greifswalde. A la même époque, Bonn avait 909 étudiants, Königsberg 452, Greifswalde 183 ; Münster en avait 399. Les jeunes gens se partageaient dans les quatre facultés de la manière suivante : théologie, 3,015 ; droit, 1,630 ; philosophie, 818 ; médecine, 692. Les théologiens protestants, au nombre de 2,148, présentaient, relativement à la population protestante, le rapport de 3 élèves sur 10,000 habitants, et les théologiens catholiques, au nombre de 869, offraient le rapport de 2 sur 10,000.

Dans les provinces de la monarchie prussienne, l'éducation secondaire est donnée dans 109 gymnases, répartis de la manière suivante : la Prusse orientale et la Prusse occidentale en comptent ensemble 12, le Brandebourg 17, la Poméranie 6, la Silésie 20, la province de Posen 3, celle de Saxe 23, celle de Westphalie 10, et la province du Rhin 18 ([1]). Les écoles moyennes, c'est-à-dire celles qui sont destinées aux enfants de la bourgeoisie, pour lesquels l'étude des langues anciennes est inutile, sont depuis long-temps établies en Prusse ; il y en a plus de 500 pour les garçons, et plus de 300 pour les filles. Les écoles primaires pour les deux sexes sont au nombre de plus de 22,000, fréquentées par 1,940,000 enfants. La loi oblige les parents à envoyer leurs enfants dans les écoles dès l'âge de 5 à 6 ans. Des sociétés établies dans les provinces y facilitent l'instruction des jeunes gens de bonnes familles, mais sans fortune.

Un savant médecin de Berlin ([2]) a publié, en 1826, une statistique des personnes qui tiennent à la médecine dans les États prussiens : il en résulte qu'en 1824 il existait en Prusse 15,897 individus qui peuvent être classés dans cette catégorie ; savoir : 2,024 médecins ou officiers de santé civils ou militaires, 2,254 chirurgiens, 14 oculistes, 49 dentistes, 1,249 pharmaciens, et 10,307 sages-femmes. Les médecins et chirurgiens étaient, à cette époque, au chiffre de la population, comme 1 à 3,516, les pharmaciens comme 1 à 9,625, et les sages-femmes comme 1 à 1,177. Nous n'avons point de moyen de comparaison pour pouvoir dire si les personnes attachées à la médecine sont plus nombreuses en Prusse que dans les autres États de l'Europe.

Les États prussiens étaient, il y a quelques années, divisés en 10 provinces formant 26 régences et 337 cercles ; mais par la réunion ré-

---

([1]) *Leipzig, Litterat. Zeitung*, 1830. — ([2]) Le docteur *Casper*, professeur à Berlin : *Uber die medicinisch-statistichen verhæltnisse der medicinal-personen zu der bevœlkerung im preussischen staate im Jahre* 1824. — Berlin, 1826.

cente de la Prusse orientale et de la Prusse occidentale en une seule province, sous le nom de Prusse proprement dite, et de celle de Clèves-Berg à celle du Bas-Rhin, sous la dénomination de Province Rhénane ; par la réunion opérée, en 1819, de la régence de Clèves à celle de Düsseldorf, et depuis 1819, de celle de Reichenbach à celles de Breslau, Liegnitz et Oppeln ; enfin par celle plus récente encore de la régence de Berlin à celle de Potsdam, la monarchie prussienne ne forme plus que 8 provinces divisées en 25 régences, et subdivisées en 330 cercles. Nous ne comprenons point, bien entendu, dans cette organisation administrative, la principauté ou plutôt le canton suisse de Neuchâtel.

Près du quart de la population de la Prusse est réparti dans les villes, dont le nombre s'élève à 1,021, et parmi lesquelles 26 ont plus de 10,000 habitants; le reste occupe 292 bourgs et 36,704 villages et hameaux.

La nation est divisée en cinq classes bien distinctes : les nobles, les ecclésiastiques, les bourgeois, les militaires et les paysans. Les nobles forment environ 20,000 familles ; les ecclésiastiques sont au nombre de près de 15,000.

Les divers cultes jouissent en Prusse de la plus grande liberté ; chaque citoyen est admissible à tous les emplois, quelle que soit sa religion; mais celle de l'État est le protestantisme, et l'on y comprend sous ce nom la confession d'Augsbourg et la communion réformée : les deux cultes y sont unis et presque confondus. Les habitants qui les professent forment près des deux tiers de la population, et le catholicisme est professé par plus d'un tiers de celle-ci. Les deux principaux cultes ont chacun leurs prélats et leurs ministres.

Ce que nous venons de dire de la tolérance religieuse du gouvernement prussien ne se rapporte qu'aux différents cultes chrétiens : encore faut-il faire observer que depuis plusieurs années ce gouvernement à propos de la question des mariages entre catholiques et protestants, s'est écarté de ses principes de tolérance à l'égard des catholiques de la Prusse Rhénane. Mais il est allé encore plus loin relativement aux israélites : ses dernières lois sont empreintes d'un esprit de persécution qui rappelle le moyen-âge ; anomalie fort étrange dans un pays dont le gouvernement met tous ses soins à développer les intérêts du commerce et de l'industrie. Une ordonnance royale défend aux juifs de prendre des prénoms chrétiens ; une autre qui date de 1836 leur interdit le droit d'acquérir dans certaines parties de la Westphalie des propriétés foncières, à moins de les cultiver eux-mêmes ou par des agents et domestiques de leur religion ; enfin, une ordonnance défend de donner le titre de *monsieur* aux israélites dans les actes rédigés par les fonctionnaires publics.

Le gouvernement prussien est une monarchie absolue : le pouvoir du souverain est à peine limité par les États provinciaux. Ces États, qui existent maintenant dans toutes les provinces, n'ont presque aucune influence dans les affaires du gouvernement; ils ne s'assemblent que pour régler ce qui concerne la perception des contributions et les caisses de crédit que possèdent plusieurs provinces. En général, quoiqu'il n'y ait pas en Prusse de véritable liberté politique, on peut dire que la liberté civile y est tout aussi respectée que dans les monarchies constitutionnelles. « On y voit très rarement mettre en usage ces mesures de haute police, ces déportations arbitraires, ces arrestations secrètes, qui rendent illusoires les mots de *liberté* et de *propriété*, ces interdictions qui entravent la marche des tribunaux, ces destitutions non motivées, et enfin tout ce qui constitue le despotisme. Quel est le puissant contre-poids qui retient dans les bornes de la modération un monarque absolu ? Sans doute, chez le prince qui occupe aujourd'hui le trône prussien, c'est sa propre sagesse, c'est la conscience de ses devoirs et des droits de la nation, c'est la conviction intime de l'injustice et des dangers d'un pouvoir arbitraire. » Mais si la Prusse avait le malheur de voir son sceptre dans les mains d'un prince moins éclairé, l'esprit public est déjà assez formé pour s'opposer à toute entreprise tyrannique. La liberté de la presse, bien qu'elle soit limitée par une censure, mais une censure, il est vrai, peu ombrageuse, la liberté de la presse a déjà répandu trop d'instruction parmi la noblesse et la bourgeoisie, pour qu'un souverain pût se permettre des mesures oppressives, sans s'exposer à un mécontentement général, et peut-être même a une révolution qui s'étendrait certainement sur tous les États de l'Allemagne.

Cet esprit de liberté qui anime le public, et qui se montre dans tous les écrits, a commencé à dominer dans le Code prussien (*Landrecht*), publié en 1794, et qui régit encore le pays, à l'exception des provinces occidentales, dans lesquelles, à quelques modifications près, on a conservé le Code français. Le Code prussien consacre le système de féodalité qui règne surtout dans les campagnes; mais il en interdit les abus, il en allège le fardeau; en un mot, il le régularise: ce qui était beaucoup à l'époque où il fut promulgué, mais ce qui n'est déjà plus en rapport avec les lumières qui se sont répandues en Prusse. L'administration judiciaire se partage en trois degrés: le premier consiste en juridictions patrimoniales pour les paysans, en justices urbaines et territoriales pour les bourgeois, et en quelques cours de bailliages héréditaires pour les nobles; le second degré comprend les cours supérieures (*oberlandesgerichte*): il y en a une par régence; le troisième degré appartient à la cour suprême d'appel qui siège à Berlin. La procédure civile a été simplifiée dans quelques unes des anciennes provinces de la monarchie prussienne: ainsi des justices de paix ont été organisées pour les affaires de peu d'importance dans le grand-duché de Posen. Dans d'autres, on a admis la décision d'un seul juge pour ces sortes d'affaires, et l'on a obtenu de cette mesure l'avantage d'une procédure rapide et moins dispendieuse. Il serait à désirer que cette modification fût introduite dans toutes les anciennes provinces, ou que l'on y adoptât l'organisation judiciaire que les provinces occidentales ont conservée du Code français.

Le roi est assisté dans l'exercice du pouvoir législatif par un conseil d'État composé de 51 membres. Le ministère est divisé en huit départements: 1° les affaires étrangères; 2° le trésor et le crédit national; 3° la justice; 4° les affaires ecclésiastiques, la médecine et l'instruction publique; 5° le commerce, l'industrie et l'agriculture; 6° l'intérieur et la police; 7° la guerre; 8° les finances. Chaque province est administrée par un président supérieur nommé par le gouvernement: il en est de même de chaque régence, et chaque cercle est régi par un collège de régence à la nomination des citoyens, et par des conseils composés des employés supérieurs; à la tête de chaque commune se trouve un maire qui reçoit un traitement et qui est assisté d'un conseil municipal dont les membres sont élus aussi par les citoyens.

La Prusse n'est point un État riche, aussi la plus sévère économie règne-t-elle dans l'administration de ses revenus. Ceux-ci s'élèvent à plus de 188,400,000 francs. La dette publique était, au 1er janvier 1833, de 156,000,000 de thalers, ou 723,450,000 francs. En 1823, elle se montait à 908,950,000 francs; ainsi outre le paiement des intérêts, il y a eu amortissement de 40,000,000 de thalers sur le capital. D'après la marche de cet amortissement, la dette actuelle sera totalement éteinte en 1872. La plus forte dépense de l'État est celle du ministère de la guerre: elle pouvait être évaluée en 1832 à 102,790,000 francs.

Sur le pied de paix, l'armée est de 122,000 hommes; mais en temps de guerre, la Prusse peut mettre facilement 500,000 hommes sous les armes. L'armée permanente se compose de volontaires qui s'équipent et s'entretiennent à leurs frais pendant un an; d'enrôlés volontaires soldés et âgés de 17 à 40 ans; d'une partie de la jeunesse requise, de 20 à 25 ans; des vétérans qui se vouent au métier des armes au-delà du temps prescrit par la loi; enfin des jeunes gens de famille, qui sont nommés officiers après avoir subi des examens. La réserve comprend les corps de la *landwehr*, espèce de milice qui forme 36 régiments, et qui se divise en deux bans: tous les jeunes gens qui n'ont pas servi pendant cinq années dans l'armée active font partie du premier ban jusqu'à 32 ans accomplis. Le deuxième est formé d'hommes plus âgés. En temps de paix, les deux bans restent dans leurs foyers, où ils sont régulièrement instruits au métier des armes. En cas de guerre, le premier ban est destiné à renforcer l'armée permanente, et le deuxième à former la garnison des places fortes, quelquefois même à compléter aussi les cadres de l'armée. La *landwehr* se compose d'infanterie, de cavalerie et d'artillerie. Dans les moments de danger imminent, le roi appelle à la défense du pays la levée en masse des hommes de 17 à 50 ans; c'est ce que l'on nomme la *landsturm*. Tout citoyen prussien est astreint au service militaire depuis 20 jusqu'à 50 ans; mais il n'est tenu à un service régulier que pendant les cinq premières années; il ne passe même que trois ans sous les drapeaux. Ce terme expiré, il est renvoyé, en temps de paix, dans ses foyers, d'où il ne sort que pour un service temporaire, jusqu'à la cinquième année, après laquelle il est inscrit sur les contrôles du premier ban de la *landwehr*. Les provinces sont divisées en huit circonscriptions territoriales qui fournissent chacune un recrutement d'un corps d'armée. Les remontes de la cavalerie ne coûtent rien à l'État : tout individu qui possède trois chevaux est tenu d'en fournir un à l'escadron de son cercle ou canton ; si cette réquisition ne suffit pas, les autorités locales obligent les propriétaires fonciers de les fournir, ou se chargent elles-mêmes de cette fourniture, qu'elles font payer ensuite aux contribuables. Les seuls chevaux de cuirassiers sont achetés à l'étranger, c'est-à-dire dans le Holstein et le Mecklenbourg. L'avancement dans l'armée n'a lieu que par rang d'ancienneté. Bien que la discipline avilissante instituée par Frédéric-Guillaume ait été abolie en 1818, on infligeait encore en 1832 la punition humiliante des lattes : aujourd'hui celle-ci n'existe plus ; les autres sont la prison, les arrêts et la corvée. Le contingent que la Prusse fournit à la confédération germanique est de 100,000 hommes.

Puissance entièrement militaire, la Prusse est, après la France, celle qui possède le plus grand nombre de places de guerre : elle en compte 28 importantes, qui sont *Kustrin* et *Spandau*, dans le Brandebourg ; *Glatz, Glogau, Neisse, Kosel, Schweidnitz* et *Silberberg*, en Silésie ; *Dantzick, Graudentz, Pillau, Thorn* et *Weichselmünde*, en Prusse ; *Posen*, dans le grand-duché de ce nom ; *Colberg, Stettin* et *Stralsund*, en Poméranie ; *Erfurt, Magdebourg, Torgau* et *Wittemberg*, dans la province de Saxe ; *Minden*, dans celle de Westphalie ; enfin *Coblentz, Cologne, Ehrenbreitstein, Juliers, Sarrelouis* et *Wesel*, dans la Province Rhénane. La Prusse entretient aussi une garnison dans la forteresse de *Luxembourg*, sur le territoire de la Hollande, et dans celle de *Mayence*, dans le grand-duché de Hesse-Darmstadt.

Des huit provinces prussiennes que nous avons décrites, il n'y en a que six qui font partie de la confédération, et pour lesquelles la Prusse a quatre voix à l'assemblé générale de la diète, et une à l'assemblée ordinaire. Ces provinces sont celles de la Poméranie, de Brandebourg, de Silésie, de Saxe, de Westphalie, et la Province Rhénane. Le monarque ne se contente pas du simple titre de roi, il y joint ceux, à la vérité un peu surannés, de *margrave de Brandebourg, souverain et seigneur de Silésie et du comté de Glatz, grand-duc du Bas-Rhin et de Posen, duc de Saxe, burgrave de Nuremberg, landgrave de Thuringe, margrave de haute et basse Lusace, prince d'Orange, de Neuchâtel et Vallengin, comte de Hohenzollern, seigneur des pays de Rostock, Stargard, Lauenbourg et Butow*. Les armes royales sont une *aigle noire couronnée*, portant le chiffre F. R. sur la poitrine. Le pavillon prussien est noir et blanc, de manière que deux bandes noires sont séparées par une bande blanche. Le pavillon royal est blanc, avec l'aigle royale au milieu, et sur la partie gauche du haut, une croix de fer. Il y a en Prusse six ordres honorifiques, dont le roi est le grand-maître : ce sont celui de l'Aigle-Noire, fondé par Frédéric Ier ; celui de l'Aigle-Rouge, par Charles de Brandebourg ; l'ordre du Mérite, par Frédéric II ; celui des Johanites, institué par le roi actuel en 1812 ; celui de la Croix-de-Fer, en 1813, et celui des Louises, en 1814.

Le roi de Prusse n'a point de liste civile : l'État lui fait une dotation. Ce souverain, le plus puissant de l'Allemagne après celui de l'Autriche, se plaît à éviter l'éclat qui entoure la plupart des têtes couronnées. « Cette simplicité n'a point sa source dans une avare parcimonie, mais dans une sage économie et dans le caractère du prince, ennemi du faste et de la représentation. Le roi dîne à une heure, comme le simple citoyen, et tout excès est banni de sa table et de sa cour. Lorsqu'il sort, rien ne distingue sa voiture de celle d'un particulier. Elle est attelée de deux chevaux seulement ; lui-même est ordinairement habillé d'une simple redingote, sans aucune marque de sa haute dignité, et il traverse le plus souvent les rues de Berlin sans se faire remarquer. Son exemple est suivi par les princes de sa maison, qui, en général, se distinguent très peu, à l'extérieur, des riches particuliers. Tout le personnel attaché aux princes du sang mariés se réduit à trois dames pour une princesse, et à trois grands-officiers pour un prince. Mais cette économie dans les équipages, dans le service domestique, dans la table, n'exclut point la bienfaisance. Jamais l'infortune ne s'adresse vainement à la munificence de la famille royale; le roi l'exerce surtout pour l'embellissement de la capitale.

» Les fêtes de la cour ne sont ni nombreuses ni brillantes ; elles se bornent ordinairement à quelques bals donnés par le roi et les princes ; mais dans les occasions extraordinaires, on a vu la cour de Prusse déployer une pompe vraiment royale : telles furent les cérémonies qui eurent lieu lors du mariage de la princesse Charlotte avec le grand-duc Nicolas, aujourd'hui empereur de Russie.

» Dans des occasions solennelles, à l'arrivée de quelque prince étranger, aux fêtes publiques, il y a réunion générale de la cour. Ces cercles n'ont jamais lieu à la demeure du roi, dite le palais, mais au château. Tous les employés de l'administration et de l'armée, depuis le simple référendaire et le lieutenant, peuvent s'y montrer sans être invités, et le roi aime à les y voir affluer. Les dames doivent être présentées, mais sans avoir besoin de faire preuve de noblesse. Il y a en général peu de cérémonies, et l'ancienne étiquette est entièrement tombée en désuétude. Elle ne s'est conservée dans toute sa rigueur que pour les mariages des princes et princesses de la famille royale ([1]). »

L'esprit d'association a fait en Prusse des progrès aussi sensibles qu'en France. En 1818, Berlin fonda une caisse d'épargne et de prévoyance, qui alloue 4 ½ pour 0/0 d'intérêt annuel pour tout dépôt d'un thaler et au-dessus, remboursable à volonté. L'année de sa fondation elle reçut 14,491 thalers; mais la confiance s'est tellement établie d'année en année, qu'en 1824 elle avait en dépôt 685,742 thalers placés en rentes sur la ville. Aujourd'hui cette somme a plus que décuplé, et d'autres villes commencent à suivre l'exemple de Berlin. Le système des assurances contre l'incendie a suivi la même progression que les caisses d'épargne. L'usage de faire assurer ses propriétés existait anciennement dans cette contrée; mais dans ces dernières années il s'est beaucoup répandu, principalement dans la province de Brandebourg, où les propriétés assurées s'élevaient, en 1824, à une valeur de 37,854,875 écus.

Jetons un coup d'œil sur les ressources commerciales de la Prusse. En 1816, on comptait dans les Etats prussiens 8,261,400 bêtes à laine; en 1819, 9,065,700 ; en 1821, 9,597,000 ; et en 1825, un recensement fait sur ces animaux donna pour résultat 11,615,429. D'après cette augmentation graduelle, on peut porter ce nombre, pour 1838, à plus de 18,000,000, donnant au moins 86,000 quintaux de laine superfine, 180,000 de laine fine, et 200,000 de laine ordinaire et moyenne : ce qui représente une valeur de 35,000,000 de thalers. De cette quantité 220,000 quintaux ont été employés dans le commerce extérieur, et plus de 260,000 quintaux ont été consommés dans le pays, où ils ont fourni plus de 1,000,000 de pièces de drap de diverses qualités, valant 53,000,000 de thalers, dont il faut déduire pour la valeur de la laine 25,000,000 de thalers : reste donc, pour le prix de la fabrication, 28,000,000 de thalers.

La fabrication des étoffes de coton n'est pas moins importante que celle des étoffes de laine. Dans ces derniers temps, la Prusse importa environ 10,000,000 de livres de coton en fils, dont 1,700,000 furent exportées après avoir été teintes, et 8,300,000 employées en tissus. Le produit de la fabrication s'éleva à 27,000,000 de thalers, dont il faut déduire la valeur de 6,000,000 pour achat de matières premières : reste donc, pour le prix de fabrication, 21,000,000 de thalers. La fabrication et le commerce des toiles de chanvre et de lin ont produit, en 1828, la somme de 13,500,000 thalers. Les soieries ont éprouvé aussi une amélioration sensible par les encouragements donnés à la culture du ver à soie : cette branche d'industrie a produit, en 1828, environ 40,000 livres de cocons. En déduisant la soie brute exportée de celle qui est importée, il reste environ 6,200 quintaux de soie livrés à la fabrication, qui ont produit 6,250,000 thalers : en déduisant le prix de la soie importée, on a pour le prix de fabrication 1,700,000 thalers, qui ont été répartis entre environ 8,500 métiers, et près de 35,000 ouvriers.

Ce qui peut donner une idée de l'industrie qui règne en Prusse, c'est la comparaison du nombre de chevaux que représentent les moteurs de ses moulins et de ses usines, avec celui qu'offrent, sous le même rapport et pour toutes leurs machines, la France et l'Angleterre. En Prusse, on emploie la force de 183 chevaux

---

([1]) *Berlin, wie est ist :* Leipsick, 1827.

par lieue carrée, tandis qu'en France cette force n'est que de 178, et qu'en Angleterre on obtient celle de 415 chevaux. Dans toute la Prusse, le nombre des machines à vapeur est de 245, représentant la force de 4,485 chevaux. Cette force est répartie de la manière suivante : celle de 815 chevaux est employée pour la navigation, celle de 2,382 ; pour les mines et les forges, et celle de 1,287 ; pour les manufactures. A égalité de superficie, la Prusse possède moins de machines à vapeur que la France; mais elle a beaucoup plus de machines hydrauliques, ce qui tient aux nombreuses mines qu'elle exploite [1].

Malgré le système de prohibition adopté par la Russie, l'Autriche et la France, la Prusse a vu dans ces dernières années la fabrication des métaux prendre un accroissement considérable, et ses exportations s'élever, année commune, à 75,000 quintaux de fonte, 37,000 de fer battu, 10,000 de tôle, et 89,000 de diverses marchandises en fer. Les ouvrages en cuivre et en laiton forment une valeur de 2,000,000 de thalers. On exporte 245,000 quintaux de zinc, représentant la somme de 1,900,000 thalers. L'exportation des peaux et des marchandises en cuir s'est élevée, en 1828, à la quantité de 13,240 quintaux. Les autres branches d'industrie ne sont pas moins importantes : le nombre des huileries de tout le royaume est d'environ 4,000, celui des tuileries, fours à chaux et verreries de 5,200 ; la Province Rhénane seule possède 21 scieries et 69 papeteries. Le nombre des ouvriers travaillant à la mécanique est de 405,000 ; celui des tisserands de toute espèce, de 84,000 ; celui des autres métiers, de 400,000 ; celui des cabaretiers, de 52,000, et celui des voituriers de 2,600. Enfin, plus sage que ne se montrèrent d'abord certains gouvernements de l'Europe, la Prusse a favorisé depuis long-temps le commerce avec les nouvelles républiques américaines : de là l'origine de la compagnie Rhénane des Indes occidentales, qui aujourd'hui étend ses relations dans les deux hémisphères. En 1826, les exportations pour le continent américain s'élevèrent à environ 1,500,000 thalers, et la Province Rhénane expédia pour la valeur d'un million. Ces exportations ont acquis encore plus d'importance. La valeur totale des exportations s'est élevée, en 1828, à 24,102,000 thalers. En 1833 et 1834 on portait à 220 millions de thalers (814,000,000 de francs) les produits de toutes les manufactures prussiennes. Dans cette somme, la fabrication des étoffes de laine s'élevait à environ 140 millions, celle des tissus de coton à 125 millions, et celle des soieries à 30 millions. Aujourd'hui le nombre des vaisseaux entrés chaque année est de plus de 4,000, et celui des navires sortis, de plus de 3,700.

La Prusse tire ses principales richesses de son sol, et surtout de l'agriculture. Cette science y reçut une grande impulsion lorsque Frédéric-Guillaume fit venir du pays de Salzbourg 16,000 paysans pour lesquels il dépensa 25 millions à acheter des terres et à faire bâtir des villages destinés à ces colons. Son successeur, Frédéric-le-Grand, continua à encourager l'agriculture. Il fit dessécher et cultiver les bords des lacs de Netz et de Wœsta, et établit 3,500 familles sur un terrain qui était autrefois un marais. Il desséccha le marais de Frisbourg et y établit 400 familles. Il fit d'autres dessèchements considérables, principalement dans la Poméranie et le Brandebourg.

Les propriétés foncières en Prusse, avant l'année 1807, étaient vastes et ne pouvaient être possédées que par des nobles de naissance, ou par des marchands ou des industriels qui avaient obtenu des lettres de noblesse. Quand les Français envahirent ce pays en 1807, ces restrictions furent levées, et, par des mesures successives, on abolit les services personnels, et les paysans, de serfs qu'ils étaient, sont devenus hommes libres et francs-tenanciers. Ce sont ces petits et nombreux francs-tenanciers qui occupent et cultivent principalement le sol ; et l'on trouve rarement des fermiers qui prennent des terres à loyer, si ce n'est dans le voisinage des grandes villes et sur les domaines de la couronne.

Le roi qui vient de mourir a beaucoup fait pour l'agriculture, et l'on dit qu'il avait l'intention de faire plus encore en diminuant les priviléges féodaux des seigneurs ; en permettant aux bourgeois et à tous ceux qui ne sont point nobles d'acquérir des propriétés seigneuriales ; en simplifiant les formalités de transfert et d'investiture ; en donnant l'exemple de la renonciation à la plupart des droits féodaux sur ses vastes

---

[1] *Egen* : Untersuchungen über den Effekt einiger im Rheinland-Westphalen bestehenden Wasserwerke. — Berl'n, 1831.

domaines, et en établissant de bonnes communications au moyen de routes, de rivières et de canaux dans toute l'étendue de son royaume (1).

La Prusse possède peu de vignobles : on n'en compte que 15,000 arpents dans ses provinces orientales, et 40,000 dans sa province du Rhin. Ces vignobles fournissent annuellement 500,000 hectolitres de vin représentant un capital d'environ 26 millions de francs, dont 21 millions appartiennent à la Prusse Rhénane. On cultive beaucoup de tabac, surtout dans la province de Brandebourg, dans la Poméranie, dans la Silésie et le grand-duché de Posen ; 40,000 arpents sont consacrés à ce genre de culture qui produit environ 185,000 quintaux.

Le commerce des grains a éprouvé, depuis quelques années, des améliorations importantes. Le gouvernement a pris le parti de lui assurer la plus entière liberté, comme aux autres branches de l'industrie commerciale. Ces sages mesures, qui ne comptent point assez d'imitateurs parmi les princes allemands, sont dignes d'un gouvernement éclairé, qui a senti combien il était absurde de maintenir des règlements qui considéraient comme de coupables accapareurs les négociants qui s'occupaient de ce commerce. En protégeant celui-ci à l'égal des autres, les gouvernements prennent le meilleur parti pour prévenir les funestes effets d'une disette ; car dans cette branche, comme dans toute autre, la concurrence est toujours à l'avantage du consommateur. On a cru pouvoir attribuer à la mesure si sage que nous signalons la diminution de valeur que les grains ont successivement éprouvée depuis plusieurs années en Prusse ; la cause en est plutôt due à la culture de la pomme de terre qui s'y est considérablement répandue, au perfectionnement graduel de l'agriculture, au partage de plusieurs grandes propriétés, mais surtout à la difficulté des exportations, entravées, au sortir de la Prusse, par de nombreuses lignes de douanes étrangères. Quand viendra le temps où les gouvernements, mieux éclairés sur leurs intérêts, sentiront l'inconvénient et l'absurdité même du système actuel de douanes ?

Nous avons dit que la Prusse possède plusieurs sucreries de betteraves ; mais la consommation du sucre est si considérable dans ce royaume, que les importations s'en élèvent annuellement à 346,000 quintaux, sans compter une importation frauduleuse évaluée à environ 8,000 quintaux : ce qui porte la consommation annuelle du sucre à 3 livres ½ par tête, quantité qui surpasse celle de chaque individu en France. L'importation du café est également assez considérable ; elle s'élève à environ 164,000 quintaux.

Deux importantes branches de commerce intérieur que possède la Prusse, ce sont la houille et le sel. L'exploitation de la houille produit annuellement près de 15,000,000 d'hectolitres ; ce qui surpasse ce que la France retire de ses houillères. Les salines produisent environ 14 à 15,000,000 de kilogrammes, et pourraient en fournir aisément plus d'un tiers en sus. Les salines de Kœnigsborn, Sassendorf, Soest, Werl et Western-Kotten, dans la province de Westphalie, sont tellement riches, qu'il suffit de faire un trou de sonde pour rencontrer l'eau salée. Il serait donc facile à la Prusse d'éviter l'introduction de 13 à 14,000,000 de kilogrammes de cette denrée, que certaines parties du territoire sont obligées de tirer de l'étranger. Il suffirait, pour arriver à ce but, d'établir de nouveaux moyens de communication.

Nous ne pousserons pas plus loin cet aperçu des ressources de la monarchie prussienne ; mais, pour en compléter les détails, nous réunirons dans une suite de tableaux les renseignements statistiques les plus essentiels.

Maintenant examinons l'ensemble de la monarchie prussienne, et considérons ses forces sous le point de vue politique. Depuis les bords du Niémen jusqu'au-delà des rives de l'Elbe, depuis les sources de l'Oder jusqu'aux rivages de la mer Baltique, elle occupe une étendue considérable ; c'est là qu'est le centre de sa puissance, c'est le royaume de Prusse proprement dit. En ajoutant aux acquisitions de Frédéric II quelques débris de la Pologne et les provinces enlevées par les derniers traités à la Saxe, la Prusse a-t-elle accru ses moyens de prépondérance autant qu'elle l'espérait ? c'est encore un point de doute. Son influence sur l'ensemble de la Confédération germanique est certainement plus considérable que jamais, nous devons en convenir ;

___
(1) Jacob's Travels, p. 189. — Cours complet d'agriculture. — Paris, 1840.

mais la puissance dont elle a le plus à redouter le voisinage, la Russie, s'est agrandie en proportion. Elle est donc condamnée à se traîner à la suite de cet empire colossal, ou à s'associer à la destinée de l'Autriche, qui peut-être un jour aura à redouter les hordes armées qui, des contrées orientales, pourront se précipiter sur l'Occident. Les possessions de la Prusse, sur les bords du Rhin, quelque importantes qu'elles soient par leurs richesses industrielles, n'augmentent pas sa puissance dans la proportion de leur population. Les peuples de ces contrées seront long-temps avant d'oublier qu'ils ne sont point Prussiens; quelques uns même ont trop perdu, sous le rapport du commerce, en cessant de faire partie de la France, pour ne pas regretter d'en être séparés. Si quelque commotion politique menaçait encore la tranquillité de l'Europe, si la France surtout prenait part à la lutte qui pourrait s'établir, la Prusse, obligée de diviser ses forces pour maintenir dans l'obéissance des pays séparés de son territoire; la Prusse, qui ne pourrait plus compter sur l'énergie héroïque que ses habitants déployèrent dans ses guerres contre Napoléon, parce qu'elle n'a point encore accordé à l'esprit du siècle les institutions qu'elles a promises et que demande depuis si long-temps la partie éclairée de sa population; la Prusse, disons-nous, offrirait peut-être le spectacle d'un corps énervé par un accroissement trop rapide; elle aurait de la peine à se maintenir dans l'attitude menaçante qui semble être la conséquence de son étendue. La possession du canton de Neuchâtel à titre de principauté ne pourrait être d'aucun secours, comme ressource politique, à la monarchie prussienne. Ne comptons donc point parmi ses avantages la faible prépondérance qu'elle exerce dans cette partie de la Suisse; elle ne peut lui en offrir que dans quelques unes de ses relations commerciales. Mais si nous considérons que l'ensemble des provinces soumises à cette puissance présente de l'orient à l'occident, depuis les bords du Niemen jusqu'aux rives de la Sarre, une étendue de près de 300 lieues; que, du midi au nord, sa plus grande largeur est d'environ 130 lieues; que, dans sa largeur moyenne, elle n'en a pas 40; que plusieurs princes étrangers possèdent des territoires plus ou moins considérables enclavés dans ses États; qu'elle-même a plusieurs possessions au milieu d'autres terres étrangères, nous devons en conclure qu'un territoire si démesurément allongé, si irrégulièrement découpé; que des terres éparses, si inégalement réparties relativement à l'influence que, d'après la civilisation moderne, la métropole doit exercer au sein d'un empire; qu'enfin une superficie aussi considérable que la sienne, puisqu'elle s'élève à 13,936 lieues carrées, sont plutôt des éléments de faiblesse que de puissance.

TABLEAUX STATISTIQUES

DES

ÉTATS DE LA MONARCHIE PRUSSIENNE,

D'APRÈS LES RENSEIGNEMENTS LES PLUS RÉCENTS.

TABLEAU GÉNÉRAL des *États prussiens divisés en provinces*.

DIVISION ANCIENNE (1819.)		DIVISION NOUVELLE (1828.)		SUPERFICIE des provinces nouvelles en lieues carrées.	POPULATION	
PROVINCES.	RÉGENCES.	PROVINCES.	RÉGENCES.		en 1837 avec le militaire.	PAR LIEUE géographique carrée
PRUSSE orient.	Königsberg. Gumbinnen.	PRUSSE.	Königsberg. Gumbinnen. Dantzick. Marienwerder.	3,249	2,172,000	669
PRUSSE occident.	Dantzick. Marienwerder.					
POSEN.	Posen. Bromberg.	POSEN.	Posen. Bromberg.	1,497	1,190,000	795
BRANDEBOURG.	Berlin (¹). Potsdam. Francfort.	BRANDEBOURG.	Potsdam. Francfort.	2,082	1,765,000	847
POMÉRANIE.	Stettin. Köslin. Stralsund.	POMÉRANIE.	Stettin. Köslin. Stralsund.	1,575	1,700,000	1,079
SILÉSIE.	Breslau. Oppeln. Reichenbach (²). Liegnitz.	SILÉSIE.	Breslau. Oppeln. Liegnitz.	2,002	2,700,000	1,348
SAXE.	Magdebourg. Mersebourg. Erfurt.	SAXE.	Magdebourg. Mersebourg. Erfurt.	1,273	1,582,000	1,242
WESTPHALIE.	Münster. Minden. Arensberg.	WESTPHALIE.	Münster. Minden. Arensberg.	1,020	1,341,000	1,314
JULIERS, CLÈVES, BERG.	Cologne. Düsseldorf. Clèves (³).	PROVINCE RHÉNANE.	Cologne. Düsseldorf. Coblentz. Trèves. Aix-la-Chapelle	1,238	2,500,000	1,242
BAS-RHIN.	Coblentz. Trèves. Aix-la-Chapelle					
				13,936	14,950,000	1,072

(¹) La régence de Berlin et celle de Potsdam ont été réunies depuis 1819. — (²) La régence de Reichenbach a été réunie depuis 1819 à celle de Breslau, Liegnitz et Oppeln. — (³) Vers la fin de 1819, la régence de Clèves a été réunie à celle de Düsseldorf.

LIVRE SOIXANTE-DOUZIÈME.

Tableau des villes de la monarchie prussienne par provinces et régences.

A. PROVINCE DE PRUSSE.

1. RÉGENCE DE KŒNIGSBERG, DIVISÉE EN 19 CERCLES.

Chefs lieux.	Populat.	Chefs-lieux.	Populat.
KŒNIGSBERG...	70,000	Mohrungen...	2,000
Allenstein...	2,000	Neidenbourg...	2,000
Braunsberg...	6,200	Ortelsbourg...	1,300
Fischhausen...	1,300	Osterode...	3,000
Friedland...	2,000	Preussich-Eilau...	2,500
Gerdauen...	2,000	Preussich-Holland	2,400
Heilsberg...	2,500	Rastenbourg...	3,500
Heiligenbeil...	2,000	Rössel...	2,300
Labiau...	2,600	Wehlau...	3,000
Memel...	9,000		

Villes qui n'ont pas le rang de chef-lieu.

Pillau...	8,000	Landsberg...	1,600
Nordenbourg...	2,200	Barthen...	1,500
Bartenstein...	3,200	Frauenbourg...	1,700

2. RÉGENCE DE GUMBINNEN, DIVISÉE EN 16 CERCLES.

GUMBINNEN...	6,500	Lyk...	3,500
Angerbourg...	2,800	Kaukenen...	4,000
Darkehmen...	2,000	Oletzko...	2,000
Goldap...	3,000	Pillkallen...	1,300
Heidekrug...	500	Ragnit...	2,000
Insterbourg...	6,000	Sensbourg...	2,000
Johannisbourg...	1,800	Stallupohnen...	2,700
Lötzen...	1,700	Tilsit...	12,000

Villes qui n'ont pas le rang de chef-lieu.

Rhein...	1,400	Bialla...	1,000

3. RÉGENCE DE DANTZICK, DIVISÉE EN 8 CERCLES.

DANTZICK (la ville)	65,000	Karthaus...	900
Dantzick (territoire)		Marienbourg...	5,400
Behrendt...	1,600	Neustadt...	1,200
Elbing...	20,000	Stargard...	2,700

Villes qui n'ont pas le rang de chef-lieu.

Tolkemit...	1,400	Neuteich...	1,400
Schöneck...	1,700	Dirschau...	2,000

4. RÉGENCE DE MARIENWERDER, DIVISÉE EN 13 CERCLES.

MARIENWERDER...	6,000	Rosenberg...	1,100
Deutsch-Krone...	2,000	Schlochau...	1,500
Flatow...	1,600	Schwetz...	2,200
Graudenz...	8,000	Strasbourg...	2,000
Konitz...	2,400	Sthum...	1,000
Kulm...	4,000	Thorn...	14,000
Lobau...	1,300		

Villes qui n'ont pas le rang de chef-lieu.

Bischofswerder...	1,300	Lautenbourg...	1,000
Kauernitz...	600	Freystadt...	1,200

B. GRAND-DUCHÉ DE POSEN.

1. RÉGENCE DE POSEN, DIVISÉE EN 17 CERCLES.

POSEN...	32,000	Meseritz...	4,000
Adelnau...	1,200	Obornik...	1,100
Birnbaum...	2,000	Pleschen...	3,000
Bomst...	2,000	Samter...	1,600
Buk...	1,500	Schildbergt...	1,800
Fraustadt...	7,000	Schrimm...	2,000
Kosten...	1,800	Schroda...	1,500
Kröben...	1,000	Wreschen...	3,000
Krotoschin...	6,000		

Villes qui n'ont pas le rang de chef-lieu.

Rogasen...	4,000	Schwerin...	3,600
Unruhstadt...	2,000	Lissa...	8,000
Ruwitsch...	8,200	Bojanovo...	3,000
Ostrowo...	4,000	Kempen...	5,000

2. RÉGENCE DE BROMBERG, DIVISÉE EN 9 CERCLES.

Chefs-lieux	Populat.	Chefs-lieux	Populat.
BROMBERG...	8,000	Schubin...	1,500
Chodziesen...	3,000	Czarnikau...	2,000
Gnesen...	9,000	Wirsitz...	800
Inowratzlaw...	5,000	Wongrowitz...	3,000
Mogilno...	900		

Villes qui n'ont pas le rang de chef-lieu.

Labischin...	3,000	Gonzawa...	2,800
Bartschin...	3,000	Schokken...	2,000

C. POMÉRANIE.

1. RÉGENCE DE STETTIN, DIVISÉE EN 12 CERCLES.

STETTIN...	34,000	Naugardten...	1,800
Anklam...	6,000	Pyritz...	3,500
Demmin...	4,000	Regenwalde...	3,500
Greiffenhagen...	3,800	Stargard...	8,500
Neu-Treptow...	4,000	Ukermünde...	2,600
Kammin...	2,000	Swienemünde...	4,000

Villes qui n'ont pas le rang de chef-lieu.

Pasewalk...	5,000	Damm...	2,500
Greiffenberg...	2,500	Alt-Treptow...	2,500

2. RÉGENCE DE CÖSLIN, DIVISÉE EN 9 CERCLES.

CÖSLIN...	6,000	Rummelsbourg...	1,800
Belgard...	3,000	Schiefelbein...	2,000
Drambourg...	2,000	Schlawe...	2,600
Lauenbourg...	1,800	Stolpe...	6,000
Neu-Stettin...	2,500		

Villes qui n'ont pas le rang de chef-lieu.

Colberg...	7,500	Polzin...	2,000
Leba...	800	Rugenwalde...	4,000
Falkenberg...	2,200	Tempelbourg...	2,500

3. RÉGENCE DE STRALSUND, DIVISÉE EN 5 CERCLES.

STRALSUND...	16,000	Greifswalde...	8,000
Bergen...	2,000	Grimmen...	2,000
Franzbourg...	900		

Villes qui n'ont pas le rang de chef-lieu.

Loitz...	1,800	Wolgast...	4,400

D. BRANDEBOURG.

1. RÉGENCE DE POTSDAM, DIVISÉE EN 14 CERCLES.

POTSDAM...	30,000	Prenzlow...	10,000
Angermunde...	2,700	Neu-Ruppin...	6,000
Iüterbock...	3,500	Storkow...	1,500
Nieder-Barnim (cercle (¹))...	»	Templin...	2,700
		Brandebourg...	15,000
Freyenwalde...	4,000	Perleberg...	3,200
Nauen...	3,000	Belzig...	2,000
Kyritz...	2,600		

Villes qui n'ont pas le rang de chef-lieu.

BERLIN...	288,000	Spandau...	7,000
Baruth...	1,500	Rathenau...	5,000
Belitz...	2,200	Havelberg...	3,000
Alt-Ruppin...	1,500	Rheinsberg...	1,600
Lindow...	1,300	Wittstok...	2,500
Oranienbourg...	2,700	Gransée...	2,300
Bernau...	2,300	Schwedt...	4,600
Luckenwalde...	4,500		

(¹) Les autorités de ce cercle résident à Berlin.

TABLEAUX.

2. RÉGENCE DE FRANCFORT-SUR-L'ODER, DIVISÉE EN 18 CERCLES.

Chefs-lieux.	Populat.	Chefs-lieux.	Populat.
Francfort. . .	18,000	Landsberg. . .	10,000
Arnswalde. . .	3,000	Lebus.	1,500
Friedeberg. . .	3,500	Luckau.	3,000
Guben.	8,000	Lubben.	4,000
Kalau.	1,600	Soldin.	3,500
Königsberg. . .	5,000	Sorau.	2,200
Kottbus. . . .	7,000	Spremberg. . .	2,000
Krossen. . . .	2,000	Sternberg. . .	1,000
Küstrin. . . .	4,800	Züllichau. . .	5,000

Villes qui n'ont pas le rang de chef-lieu.

Fürstenberg. . .	2,500	Golssen. . . .	1,200
Beeskow. . . .	3,000	Gassen.	800
Furstenwalde. .	3,500	Neu-Damm. . .	2,500

E. SILÉSIE.

1. RÉGENCE DE BRESLAU, DIVISÉE EN 22 CERCLES.

Breslau. . . .	88,000	Ohlau.	3,200
Brieg.	12,000	Oels.	5,000
Frankenstein. .	6,000	Reichenbach. .	4,200
Glatz.	9,000	Schweidnitz. .	11,000
Guhrau. . . .	3,200	Steinau. . . .	2,000
Habelschwert .	3,500	Strehlen. . . .	3,000
Militsch. . . .	2,000	Striegau. . . .	3,200
Münsterberg. .	2,700	Trebnitz. . . .	4,000
Namslau. . . .	3,000	Waldenbourg. .	2,500
Neumarkt. . .	2,300	Wartenberg. . .	300
Nimptsch. . . .	1,500	Wohlau. . . .	3,000

Villes qui n'ont pas le rang de chef-lieu.

Wilhelmsthal. .	3,000	Neurode. . . .	4,500
Landeck. . . .	1,400	Reichthal. . .	1,200
Freyhan. . . .	800	Herrnstadt. . .	2,000

2. RÉGENCE D'OPPELN, DIVISÉE EN 16 CERCLES.

Oppeln. . . .	7,000	Lublinitz. . . .	1,300
Beuthen. . . .	3,000	Neisse.	13,000
Falkenberg. . .	1,200	Neustadt. . . .	4,300
Gross-Strehlitz.	1,300	Plesse.	2,200
Grottkau. . . .	2,000	Ratibor. . . .	4,200
Kosel.	3,700	Rosenberg. . .	1,800
Kreutzbourg. .	3,200	Rybnik. . . .	1,700
Leobschütz. . .	4,000	Tost.	1,100

Villes qui n'ont pas le rang de chef-lieu.

Gleiwitz. . . .	3,800	Klein-Glogau. .	2,300
Landsberg. . .	1,000	Pitschen. . . .	2,000

3. RÉGENCE DE LIEGNITZ, DIVISÉE EN 19 CERCLES.

Liegnitz. . . .	11,500	Landshut. . . .	3,200
Bolkenhain. . .	1,500	Lauban. . . .	5,000
Bunzlau. . . .	6,000	Liegnitz . . .	11,500
Freystadt. . . .	3,000	Löwemberg. . .	5,000
Glogau. . . .	12,500	Lübben. . . .	3,700
Görlitz. . . .	12,000	Rothenbourg. .	700
Grüneberg. . .	11,000	Sagan.	5,000
Glodberg. . . .	1,000	Schönau. . . .	1,000
Hirschberg. . .	6,000	Sprottau. . . .	2,700
Jauer.	5,500		

Villes qui n'ont pas le rang de chef-lieu.

Schmiedeberg.	4,200	Wartenberg. . .	3,000
Primkenau. . .	1,500	Priebus. . . .	2,800
Greifenberg. . .	2,000	Schlawa. . . .	2,000

F. PROVINCE DE SAXE.

1. RÉGENCE DE MAGDEBOURG, DIVISÉE EN 13 CERCLES.

Chefs-lieux.	Populat.	Chefs-lieux.	Populat.
Magdebourg. .	48,000	Oschersleben. .	3,200
Quedlinbourg. .	12,500	Osterbourg. . .	1,800
Gardeleben. . .	4,500	Osterwick. . .	2,000
Halberstadt. . .	18,000	Salzwedel. . .	6,000
Lobbourg. . . .	1,700	Stendal. . . .	6,000
Genthin. . . .	1,800	Wanzleben. . .	3,000
Kalbe.	4,500	Wolmirstadt. . .	3,000
Neuhaldensleben.	4,000		

Villes qui n'ont pas le rang de chef-lieu.

Aschersleben . .	10,000	Althaldensleben. .	1,500
Barby.	3,200	Schönebeck. . .	5,000
Burg.	13,000	Tangermünde. .	3,500

2. RÉGENCE DE MERSEBOURG, DIVISÉE EN 16 CERCLES.

Mersebourg. .	9,000	Querfurt. . . .	3,200
Bitterfeld. . .	3,000	Wettin. . . .	3,000
Delitzsch. . . .	3,500	Sangerhausen. .	4,000
Eckartsberge. .	1,500	Schweinitz. . .	1,200
Halle.	25,000	Torgau. . . .	70,000
Liebenwerda. .	1,600	Weissenfels. . .	7,000
Mansfeld. . . .	1,500	Wittemberg. . .	6,700
Naumbourg. . .	11,000	Zeitz.	7,500

Villes qui n'ont pas le rang de chef-lieu.

Lauchstädt. . .	1,000	Hettstädt. . . .	3,600
Lützen.	1,500	Schlieben. . . .	1,200
Eisleben. . . .	7,000	Stollberg. . . .	4,200

3. RÉGENCE D'ERFURT, DIVISÉE EN 9 CERCLES.

Erfurt. . . .	24,000	Schleusingen. . .	2,200
Heiligenstadt. .	4,500	Weissensée. . .	3,000
Langensalza. .	8,000	Worbis. . . .	3,200
Mühlhausen. .	10,000	Ziegenrück. . .	2,000
Nordhausen. . .	11,000		

Villes qui n'ont pas le rang de chef-lieu.

Kölleda. . . .	2,000	Kindelbrück. . .	1,500
Suhl.	2,500	Tennstädt. . . .	2,600
Treffurth. . . .	1,700	Wandersleben. .	3,000

G. PROVINCE DE WESTPHALIE.

1. RÉGENCE DE MÜNSTER, DIVISÉE EN 11 CERCLES.

Münster (ville).	20,000	Ludinghausen. .	1,500
Münster (territoire)	»	Recklinghausen. .	6,000
Ahaus.	1,100	Steinfurt. . . .	2,500
Beckum. . . .	2,800	Tecklenbourg. .	1,100
Borken. . . .	3,000	Warendorf. . .	5,000
Kösfeld. . . .	5,600		

Villes qui n'ont pas le rang de chef-lieu.

Lengerich. . .	1,500	Bocholt. . . .	4,200
Metelen. . . .	1,600	Stromberg. . .	1,500
Olfen.	1,200	Ludinghausen. .	1,600

2. RÉGENCE DE MINDEN, DIVISÉE EN 12 CERCLES.

Minden. . . .	11,000	Herford. . . .	7,200
Bielefeld. . . .	8,000	Huxter.	3,000
Brackel. . . .	2,000	Paderborn. . .	7,800
Bünde.	1,100	Rahden. . . .	2,600
Buren.	1,500	Warbourg. . .	3,000
Halle.	1,700	Wiedenbrück. .	3,000

Villes qui n'ont pas le rang de chef-lieu.

Enger.	1,500	Rheda.	2,000
Bielefeld. . . .	7,200	Rietberg. . . .	1,000

3. RÉGENCE D'ARENSBERG, DIVISÉE EN 14 CERCLES.

Chefs-lieux.	Populat.	Chefs-lieux.	Populat.
ARENSBERG.	4,000	Iserlohn.	7,000
Altena.	3,600	Lippstadt.	3,500
Brilon.	3,000	Olpe.	1,700
Bochum.	2,500	Siegen.	4,000
Dortmund.	6,000	Soest.	8,200
Eslohe.	?	Berlebourg (cercle de Wittgenstein)	2,000
Hagen.	5,500		
Hamm.	5,000		

Villes qui n'ont pas le rang de chef-lieu.

Unna.	3,500	Schwelm.	3,000
Meschede.	1,400	Ludenscheide.	2,000

II. PROVINCE RHÉNANE.

1. RÉGENCE DE COLOGNE, DIVISÉE EN 11 CERCLES.

Chefs-lieux.	Populat.	Chefs-lieux.	Populat.
COLOGNE (ville).	71,000	Lechenich.	1,500
Cologne (territoire).	»	Mühleim.	6,000
Bergheim.	700	Rheinbach.	2,000
Bonn.	12,500	Siegburg.	2,000
Gimborn-Hombourg.	600	Waldbroel.	600
		Wipperfurt.	3,000

Villes qui n'ont pas le rang de chef-lieu.

Deutz.	2,000	Woringen.	2,000
Brühl.	1,800	Zulpich.	2,500

2. RÉGENCE DE DÜSSELDORF, DIVISÉE EN 18 CERCLES.

DÜSSELDORF (ville)	28,000	Grevenbroich.	800
Düsseldorf (territoire.	»	Kempen.	3,500
Crefeld.	22,000	Lennep.	5,000
Clèves.	7,000	Mettmann.	1,700
Dinslacken.	1,500	Neuss.	7,000
Elberfeld.	34,000	Opladen.	600
Essen.	5,000	Rheinberg.	2,500
Gladbach.	4,000	Solingen.	3,600
Geldern.	3,000	Rées.	2,800

Villes qui n'ont pas le rang de chef-lieu.

Emmerich.	4,400	Wesel.	12,000
Duisbourg.	5,000	Meurs.	2,600

3. RÉGENCE DE COBLENTZ, DIVISÉE EN 13 CERCLES.

COBLENTZ.	26,000	Linz.	2,000
Adenau.	1,300	Mayen.	3,000
Ahrweiler.	2,500	Neuwied.	5,000
Altenkirchen.	1,000	Simmern.	2,400
Cochem.	2,200	Wetzlar-Braunfels	1,000
Saint-Goar.	1,400	Zell.	3,000
Kreuznach.	8,000		

Villes qui n'ont pas le rang de chef-lieu.

Ehrenbreitstein.	2,600	Andernach.	3,000
Rheinmayen.	1,500	Unkel.	700
Boppart.	3,000	Bacharach.	1,500
Kirchberg.	1,400	Stromberg.	1,000

4. RÉGENCE D'AIX-LA-CHAPELLE, DIVISÉE EN 12 CERCLES.

AIX-LA-CHAPELLE (ville).	40,000	Geilen-Kirchen.	900
Aix-la-Chapelle (territoire).	»	Gemund.	1,200
		Heinsberg.	1,800
Duren.	5,000	Juliers.	4,000
Erkelenz.	2,000	Malmedy.	5,000
		Montjoie.	3,000
Eupen.	12,000	Saint-Vith.	2,800

Villes qui n'ont pas le rang de chef-lieu.

Burtscheid.	5,000	Schleiden.	1,600

5. RÉGENCE DE TRÈVES, DIVISÉE EN 12 CERCLES.

Chefs-lieux.	Populat.	Chefs-lieux.	Populat.
TRÈVES (ville).	16,000	Ottweiler.	2,700
Trèves (territoire).	»	Prüm.	2,000
Berncastel.	1,800	Sarrebourg.	1,600
Bittbourg.	2,000	Sarrebruck.	6,500
Dann.	600	Sarrelouis.	7,000
Merzig.	3,000	Wittlich.	2,500

Accroissement de la population en Prusse.

ANNÉES.	POPULATION.	ANNÉES.	POPULATION.
1819	11,084,993	1828	12,726,110
1822	11,664,133	1831	13,038,900
1825	12,256,725	1834	13,510,030

En rapprochant les deux chiffres extrêmes, on trouvera une différence de 2,425,037 habitants, qui représentent l'accroissement de la population durant les quinze années écoulées. Cet accroissement a été obtenu de la manière suivante :

ON COMPTAIT	HOMMES.	FEMMES.	TOTAUX.
En 1819.	5,494,120	5,590,873	11,084,993
Excédant des naissances sur les décès.	1,091,802	1,044,006	2,135,808
Acquisition de la principauté de Lichtenberg.	17,548	17,708	35,256
Immigrations et rectifications des omissions antérieures.	114,819	139,154	253,973
Population en 1834.	6,718,289	6,791,741	13,510,030

Population par âges et par sexes en 1834.

AGES.	HOMMES.	FEMMES.	TOTAUX.
Au-dessous de 14 ans.	2,425,563	2,408,579	4,834,142
De 14 à 60 ans.	3,901,361	3,967,747	7,869,108
Au-dessus de 60 ans.	391,365	415,415	806,780
Totaux égaux.	6,718,289	6,791,741	13,510,030

Tableau de la population des provinces prussiennes, classées par religions, au commencement de 1829.

PROVINCES.	CULTE				TOTAL y compris les militaires.
	évangélique.	catholique.	mennonite.	israélite.	
Prusse	1,445,113	529,921	13,919	19,408	2,008,361
Posen	309,495	687,421	»	67,590	1,064,506
Poméranie	864,588	7,545	»	4,709	876,842
Brandebourg	1,508,471	20,535	245	10,341	1,539,592
Silésie	1,284,446	1,091,132	3	20,970	2,396,551
Saxe	1,316,700	89,081	»	3,607	1,409,388
Westphalie	504,611	711,833	173	11,931	1,228,548
Province Rhénane	499,840	1,678,745	1,315	22,422	2,202,322
Totaux	7,733,264	4,816,213	15,655	160,978	12,726,110

Tableau de la population de la Prusse, classée d'après les principales religions, au commencement de 1835.

CULTES PRINCIPAUX.	NOMBRE		
	d'habitants de chaque culte.	de temples.	d'habitants par temple
Évangélique	8,242,040	8,224	1,002
Catholique	5,091,170	4,822	1,042
Israélite	176,820	834	212
Totaux	13,510,030	13,880	

Tableau du clergé en Prusse.

CULTE CATHOLIQUE.		CULTE ÉVANGÉLIQUE.	
Archevêques	2	Archevêque	1
Princes-évêques	2	Évêques	3
Évêques	3	Surintendants généraux	8
Évêques suffragants	8	Surintendants	369
Prélats	25	Pasteurs	5,730
Membres des chapitres	99		
Curés, vicaires et chapelains	1,900		
Autres ecclésiastiques	3,500		
Religieux de différents ordres	2,000		
Religieuses idem	1,200		
Total	8,759	Total	6,101

Tableau comparatif de la force des machines employées en Prusse, en France et en Angleterre, évaluée en force de chevaux.

	PRUSSE.	FRANCE.	ANGLETERRE.
	Force de chevaux.	Force de chevaux.	Force de chevaux.
Forces humaines	370,000	860,000	510,000
Forces animales	400,000	600,000	520,000
Forces des eaux	100,000	150,000	400,000
Forces du vent.			
A pour les moulins	16,000	12,000	11,500
B pour la navigation	24,000	140,000	570,000
Forces de la vapeur	4,485	23,000	300,000
Totaux	914,985	1,785,000	2,321,500
Force par lieue carrée	183	178	415

TABLEAU *du nombre de chevaux, de bêtes à cornes, de chèvres, de moutons et de porcs existant en Prusse d'après des données relatives à 1825.*

PROVINCES.	Chevaux.	Bêtes à cornes.	Chèvres.	Moutons.	Porcs.
Prusse.	431,100	780,200	5,100	1,222,510	481,700
Posen.	86,200	312,200	1,600	1,394,888	139,500
Poméranie.	127,200	385,200	3,300	1,511,122	137,600
Brandebourg.	164,200	528,300	8,700	2,119,397	162,800
Silésie.	148,500	755,000	20,400	2,209,556	97,800
Saxe.	134,200	419,900	34,300	2,013,990	173,400
Westphalie.	123,200	400,000	7,300	505,315	138,500
Province Rhénane.	242,400	700,200	6,800	638,651	245,700
Totaux.	1,457,000	4,281,000	87,500	11,615,429	1,577,000

TABLEAU *du produit annuel des houillères en Prusse.*

PROVINCES.	DISTRICTS.	QUANTITÉ annuelle D'HECTOLITRES.
Silésie.	Haute-Silésie.	2,250,000
	Basse-Silésie.	1,450,000
Saxe.	(Cercle de la Saale).	115,000
Westphalie.	(Régence d'Arnsberg).	3,925,000
	(Cercle de Tecklenbourg).	195,000
Province Rhénane.	(Cercle de Sarrebrück).	1,370,000
	(Cercle de Duren).	1,460,000
	Total.	10,765,000

ÉTAT *des finances du royaume de Prusse en 1829.*

RECETTES.

thal.

1. Administration des domaines et des forêts, déduction faite de la partie de ce revenu qui est affectée, par voie de fidéicommis, à la couronne . . . . . . 4,524,000 (¹)
2. Ventes de domaines, et extinctions de dettes hypothéquées sur des domaines, par la facilité que ces opérations ont donnée d'éteindre plus promptement la dette publique. . . . . 1,000,000 (²)
3. Administration des mines et des salines 1,000,000

6,524,000

Report. . . . 6,524,000

4. Administration de la manufacture royale de porcelaine d. Berlin. . . . . 14,000 (¹)
5. Administration des postes. . . 1,100,000 (²)
6. Idem de la loterie. . 684,000 (³)
7. Monopole du sel . . . . . 4,783,000 (⁴)
8. Excédant des revenus dans la principauté de Neuchâtel 26,000

Impôts directs et indirects.

Impôt foncier. . . 9,657,000 (⁵)
Impôt des classes (personnel). . . 6,368,000 (⁶) } 17,761,000
Id. des patentes. . 1,736,000

Droits d'importation et d'exportation, droits de transit et de consommation de produits des manufactures du pays, droits de navigation et d'autres voies de communication (non compris les péages des routes artificielles), timbre. . . 18,735,000
Péages des routes artificielles . . . 573,000 (⁷)
Recettes diverses non comprises dans les titres ci-dessus. 598,000

Total en thalers. . . 50,796,000

Total en francs. 188,453,160

(¹) Le revenu de la manufacture royale de porcelaine n'est que de 14,000 th., parce qu'une grande partie de ce revenu est encore affectée à l'extinction d'anciennes dettes et à la construction de nouveaux bâtiments. — (²) L'administration des postes a produit, en 1829, 300,000 th. de plus qu'en 1821. L'augmentation a continué depuis 1829, ce qui prouve le perfectionnement progressif apporté dans le système des postes, soit pour le royaume, soit pour l'étranger. — (³) La loterie a donné, en 1829, un excédant de 170,000 th. sur 1821. Mais il est à remarquer qu'à partir de 1829 les tours de la petite loterie ont été réduits du nombre de 9 à celui de 4, et que les mises ont été élevées de 5 th. à 20, pour éloigner de ce jeu si dangereux les classes nécessiteuses. — (⁴) Le monopole du sel a augmenté de 1 million de th. comparativement à 1821, ce qui provient de l'accroissement de la population et d'une plus grande surveillance sur la contrebande. — (⁵) L'impôt foncier présente un excédant de 331,000 th sur 1821. Mais, dans cette somme, 190,000 th. proviennent des impôts additionnels destinés à l'entretien des routes de districts dans les provinces occidentales. — (⁶) L'impôt personnel dépasse les prévisions fondées sur les recettes de 1821, bien qu'on ait opéré plusieurs modifications vivement sollicitées, en multipliant les exemptions d'impôt pour toute population au-dessous de l'âge de 16 ans et au-dessus de celui de 60. —
(⁷) A la fin de 1820, l'étendue des routes artificielles, sur lesquelles le gouvernement perçoit des droits de péages, était de 480 milles, et, à la fin de 1828, de 810 milles, non compris les routes de districts dans les provinces occidentales, qui les entretiennent à leurs frais.

(¹) On ne porte ici que le revenu net des domaines et des forêts, c'est-à-dire déduction faite de la somme de 2,500,000 thalers, qui est réservée pour la couronne à titre de subvention. Ainsi, cette subvention s'élève à 9,275,000 fr. — (²) En 1829, les revenus de l'administration des mines et des salines se sont élevés au double de ce qu'ils étaient en 1821. Depuis 1824, ces revenus se sont encore augmentés.

DÉPENSES.

Dette publique (¹).

	thalers.
1. Intérêts de la dette publique et des dettes provinciales et frais d'administration. 7,452,000	
2. Amortissement. . 3,485,000	10,937,000

Pensions, retraites et rentes.

3. Pensions accordées à des serviteurs zélés de l'Etat, à leurs veuves ou à leurs enfants, et autres secours . . 966,000	
4. Pensions viagères allouées aux membres de corporations ecclésiastiques qui ont été dissoutes, et pensions dues en vertu de la résolution de la diète, du 25 février 1803, ou en vertu de traités. 2,192,000	3,158,000

Rente perpétuelle.

5. Indemnité pour droits et priviléges éteints	277,000
6. Cabinet secret, bureau du ministère, tenue des livres de l'État, administration du trésor de l'État et des monnaies, archives de l'État, secrétariat d'État et Cour supérieure des comptes.	288,000
7. Ministère de la guerre, y compris la maison des orphelins des militaires à Potsdam. . . .	22,165,000
8. Ministère des affaires étrangères.	586,000
9. Ministère de l'intérieur. . . .	4,883,000 (²)
10. Ministère des affaires ecclésiastiques et médicales	2,347,000
	44,641,000

(¹) La dette publique prussienne, qui s'élevait en 1823 à 196,000,000 de thalers, se compose de trois parties :

	THALERS.	INTÉRÊTS.	TAUX en 1829.
1° Dette ancienne.	136,000,000	à 4 p. cent.	— 95
2° Emprunt anglais de 1818.	30,000,000	à 5	— 103
3° Idem 1822.	30,000,000	à 5	— 103

Aperçu relatif à l'amortissement.

L'amortissement de la dette publique doit s'opérer en 49 ans de la manière suivante :

	CAPITAL.	AMORTISSEMENT.	RESTE.
1ʳᵉ période. de 1823 à 1833,	196,000,000 th.	40,000,000	th. 156,000,000 th.
2° Id. de 1833 à 1843,	156,000,000	40,000,000	116,000,000
3° Id. de 1843 à 1853,	116,000,000	40,000,000	76,000,000
4° Id. de 1853 à 1863,	76,000,000	40,000,000	36,000,000
5° Id. de 1863 à 1872,	36,000,000	36,000,000	néant.

(²) Parmi les dépenses du ministère de l'intérieur, figurent :
1° 924,000 th. pour l'entretien des chaussées et le salaire des gardes-chaussées ;
2° 50,000 th. pour traitements et indemnités de voyages alloués aux inspecteurs des routes artificielles ;
3° 400,000 th. pour intérêts et amortissement du capital avancé par le commerce maritime afin de hâter l'extension des voies de communication.
En sorte qu'il faut pour les routes artificielles un crédit extraordinaire de près d'un million de thalers, sans compter les sommes considérables employées annuellement pour de nouvelles constructions de chaussées.
N. B. *Ce budget et la plupart des observations qui s'y rattachent sont extraits du rapport publié en 1829 par M. de Motz, ministre des finances de Prusse.*

Report.	44,641,000
11. Ministère de la justice, non compris les sportules judiciaires. .	1,823,000
12. Ministère des finances, administration centrale.	263,000
13. Hautes présidences (*oberprasidien*) et administrations. . . .	1,830,000
14. Haras.	163,000
Total des dépenses ordinaires en thalers.	48,720,000
Total en francs. 180,751,200	

Dépenses extraordinaires.

15. Perfectionnement, augmentation du capital de réserve, pour couvrir les déficits que peuvent présenter les revenus. . . .	2,076,000
Balance. . . .	50,796,000

ÉTAT *militaire de la Prusse sur le pied de paix.*

		Hommes.
GARDE ROYALE.	17,908	
INFANTERIE DE LIGNE (46 régiments).	82,938	
CAVALERIE. . . . (37 régiments).	19,647	
ARTILLERIE. . . . (8 brigades).	12,000	141,043
GÉNIE.	1,500	
GENDARMERIE.	7,050	
LANDWEHR. . . . (116 bataillons). . .		359,000
OFFICIERS { Généraux d'infanterie.	3	
Lieutenants généraux.	29	
Généraux majors. . .	83	
Colonels.	23	
Lieutenants colonels. .	240	6,843
Majors.	65	
Capitaines.	1,675	
Lieutenants.	1,370	
Sous-lieutenants. . .	3,355	
		506,886

TABLEAU *des universités et des gymnases du royaume de Prusse en 1829 et 1830.*

PROVINCES.	VILLES UNIVERSITAIRES.	ÉLÈVES des UNIVERSITÉS.	NOMBRE de GYMNASES.
PRUSSE. . . .	Königsberg.	452	12
POSEN. . . .	»	»	3
POMÉRANIE. . .	Greifswalde.	183	6
BRANDEBOURG. .	Berlin. .	1,800	17
SILÉSIE. . . .	Breslau. .	1,129	20
SAXE.	Halle. . .	1,330	23
WESTPHALIE. . .	Münster (¹).	399	10
PROVINCE RHÉNANE	Bonn. .	909	18
Totaux		6,202	109

(¹) La faculté de théologie de Munster peut passer pour une université.

TABLEAU *des crimes commis et poursuivis en Prusse pendant les années 1824, 1825 et 1826, présentant le rapport entre le nombre des criminels contre les propriétés et le nombre d'habitants, année commune.*

NATURE DES CRIMES.	Dans les provinces orientales.	Dans la province Rhénane	TOTAL.	Nombre moyen de trois années.	POPULATION en 1825.	CRIMES CONTRE les personnes 1 sur	les propriétés 1 sur	les personnes et les propriétés. 1 sur
A. *Crimes contre les personnes.*								
Meurtres et assassinats...	296	29	325	108				
Infanticides et avortements.	611	4	615	205				
Attentats à la pudeur avec violence..	265	27	292	97				
Duels.	45	10	55	18				
Blessures graves.	968	48	316	105				
Mauvais traitements envers les parents.	106	17	123	41				
Totaux des crimes contre les personnes.	1,591	135	1,726	575				
B. *Crimes contre les propriétés.*								
Vols.	30,272	498	30,770	10,256	h. 12,256,725	h. 21,316	»	»
Brigandages et vols sur les grands chemins.	275	»	275	92				
Dommages causés à la propriété avec préméditation ou par escroquerie.	6,111	30	6,141	2,047				
Incendies volontaires.	555	7	562	187				
Autres crimes et délits non spécifiés dans les documents consultés.	23,559	26	23,585	7,862				
Totaux des crimes contre les propriétés.	60,772	561	61,333	20,444	»	»	h. 599	»
Report des totaux ci-dessus.	1,591	135	1,726	575				
Totaux des crimes contre les personnes et les propriétés.	62,363	696	63,059	21,019	»	»	»	h. 588
C. *Rapport des crimes à la population dans les deux parties de la Prusse.*								
Crimes contre les personnes dans les provinces orientales.	1,591	»	1,591	530		h. 19,806	»	»
Crimes contre les propriétés dans les provinces orientales.	60,772	»	60,772	20,357	h. 10,497,240	»	h. 515	»
Crimes contre les personnes et contre les propriétés.	62,363	»	62,363	20,787		»	»	h. 505
Crimes contre les personnes dans la province Rhénane.	»	135	135	45		h. 39,099	»	»
Crimes contre les propriétés dans la province Rhénane.	»	696	696	232	h. 1,759,485	»	h. 7,584	»
Crimes contre les personnes et contre les propriétés.	»	831	831	277		»	»	h. 6,352

TABLEAU *du nombre annuel des suicides en Prusse.*

NOUVELLES PROVINCES.	ANCIENNES PROVINCES.	NOMBRE DE SUICIDES sur 100,000 individus.
Prusse.	{ Prusse orientale. *Idem* occidentale.	7 6
Posen.	Posen.	5
Poméranie.	Poméranie.	7
Brandebourg.	Brandebourg.	14
Silésie.	Silésie.	9
Saxe.	Saxe.	10
Westphalie.	Westphalie.	3
Province Rhénane.	{ Clèves et Berg. Bas-Rhin.	4 2

LIVRE SOIXANTE-TREIZIÈME.

Suite de la Description de l'Europe. — Description de l'Allemagne. — Septième section. — Allemagne centrale. — Première division. — Duchés de Brunswick, d'Anhalt-Dessau, d'Anhalt-Bernbourg, d'Anhalt-Köthen et de Nassau; Principautés de Lippe-Detmold et de Schauenbourg-Lippe, de Waldeck, de Schwarzbourg-Rudolstadt et de Schwarzbourg-Sondershausen, de Reuss-Greitz, de Reuss-Schleitz et de Reuss-Lobenstein-Ebersdorf; Hesse électorale; Landgraviat de Hesse-Hombourg; Grand-duché de Hesse-Darmstadt; République de Francfort-sur-le-Mein.

Nous allons parcourir l'Allemagne centrale, qui comprend ce groupe de petits États situés entre la Prusse, le Hanovre, la Bavière et la Bohême. Les nombreuses divisions qu'elle présente ne nous permettront pas de suivre une route directe, une marche uniforme. Aussi sentons-nous la nécessité de les réunir en deux groupes, dont le second, qui fera le sujet du Livre suivant, comprendra le royaume et les duchés de Saxe.

Dans l'impossibilité de faire coïncider les limites des anciens peuples du centre de l'Allemagne avec celles des principautés qui l'occupent, nous croyons devoir commencer par un précis sur son antique population. On y comptait sept peuples principaux, les *Cherusci*, les *Chassuarii*, les *Chatti*, les *Sedusii*, les *Sorabi*, les *Suevi*, et même des *Venedi*.

Les deux rives du Weser, dans les limites qu'occupent la principauté de Lippe-Detmold et quelques dépendances de l'électorat de Hesse-Cassel, étaient habitées par les *Cherusci* et les *Chassuarii*. Aucun des peuples de la Germanie, dit M. Wilhelm [1], n'a défendu avec plus de courage son indépendance, et ne s'est acquis un plus grand nom dans ses guerres contre Rome, que les *Cherusci*. Ce sont eux qui contribuèrent le plus à la défaite de Varus; mais aussi, comme le rapporte Strabon [1], la vengeance de Germanicus fut-elle éclatante : il les défit, et parmi les personnages illustres qui ornèrent son cortège triomphal, on vit figurer Semiguntus, chef des *Cherusci*, et Thusnelda sa sœur, femme d'Hermann ou d'Arminius, leur général, qui avait taillé en pièces les trois légions romaines.

Les *Chassuarii* ou *Chasuari*, comme les appelle Tacite, ou enfin *Attuarii*, suivant Ammien Marcellin [2], étaient des peuples guerriers et vagabonds, qui ravagèrent souvent les frontières des Gaules, jusqu'à ce que Julien fût parvenu à les vaincre. Les *Chatti* ou *Catti*, d'après ce qu'en dit Tacite [3], occupaient de l'est à l'ouest le pays compris entre les rives de l'Ohm, affluent de la Lahn, et celles du haut Elbe, c'est-à-dire la Hesse électorale, le duché de Saxe-Weimar, et une partie du royaume de Saxe. Selon Pline [4], ils constituaient

---

[1] A. B. *Wilhelm*, Germanien und seine Bewohner nach den Quellen dargestellt, p. 190.

[1] Liv. VII, ch. II, § 4. — [2] XX, 10. — [3] De Morib. Germ., § 30 et 31. — [4] Lib. IV, cap. xiv.

avec les *Cherusci*, les *Suevi* et les *Hermunduri*, la nation des *Hermiones*. Le portrait qu'en fait Tacite mérite que nous en donnions une esquisse. Les *Catti* se distinguaient des autres Germains par leurs membres robustes et trapus, leur air menaçant, leur courage et leur intelligence. Nés pour la guerre, habiles à choisir leurs chefs, zélés à leur obéir, fidèles à conserver leurs rangs, vigilants à se garder la nuit, sachant profiter des occasions favorables, se défier de l'inconstance de la fortune et se confier à leur courage, toute leur force était dans leur infanterie. Les autres Germains savent combattre, ajoute l'historien romain, les *Catti* seuls savent faire la guerre. Dès qu'ils étaient adultes, ils laissaient croître leurs cheveux et leur barbe, jusqu'à ce qu'ils eussent tué un ennemi dans les combats. Les plus braves portaient un anneau de fer, marque d'ignominie et d'esclavage, dont ils ne se déliaient, dans chaque bataille, qu'après avoir vaincu un de leurs adversaires. Dédaigneux de posséder aucun bien, mais prodigues de celui des autres, ils n'avaient ni maisons, ni champs, ni propriétés.

Les *Sedusii* habitaient le territoire situé entre le Rhin et le Mein, et qui forme une partie de celui du grand-duché de Hesse-Darmstadt. Ils faisaient partie de la coalition qui résista, sous le commandement d'Arioviste, aux armées de César. Les *Sorabi* occupaient une partie de la Saxe; les *Suevi* s'étendaient depuis les bords de l'Elbe jusque vers ceux de l'Oder. Ils occupaient donc plus du tiers du royaume de Saxe; mais il est difficile de préciser l'étendue de terrain qu'ils possédaient, parce qu'ils étaient nomades, et que les anciens désignaient sous le nom de *Suevi* divers peuples appartenant à la même souche. Tacite dit que ce qui servait à les distinguer, c'était leur chevelure relevée et nouée sur le sommet de la tête ([1]). Strabon ([2]) prétend qu'ils s'étendaient depuis le Rhin jusqu'à l'Elbe, et même au-delà; Ptolémée place dans les mêmes contrées les *Langobardi*, les *Suevi*, les *Angli* et les *Semnones*. Mais plus les Romains eurent de rapports avec les *Suevi*, moins le peuple auquel ils donnaient ce nom parut devenir nombreux, parce que ceux qu'ils confondaient sous cette dénomination générale se

urent mieux connaître et parvinrent même à se faire craindre.

Vers le cinquième siècle, les *Suevi* se rapprochèrent du Rhin. Enfin les terres de la rive droite de l'Elbe, en Saxe, ont aussi été occupées par les *Venedi* ou les Wendes.

Ce sont les descendants des *Catti* et des *Suevi* qui, sous le nom de *Saxons*, acquirent dans le moyen âge une si grande réputation par leurs mœurs guerrières. Ils résistèrent pendant plusieurs siècles aux rois de France, qui, depuis le règne de Clovis, furent pendant long-temps les princes les plus puissants de l'Europe. Au cinquième siècle, Hengis, l'un de leurs rois, suivi de quelques peuples des bords du Weser, passa dans la Grande-Bretagne, et s'empara de l'île. Sous la conduite de leur prince Hermeric, ils firent, en 409, une invasion en Espagne. Au sixième siècle, maîtres d'une partie de la Belgique, ils soutinrent contre Thierry, Clotaire Ier et Clotaire II, de longues guerres, malgré lesquelles ils restèrent possesseurs de cette contrée. Charles-Martel les combattit pendant vingt ans, Pepin pendant dix, et Charlemagne ne put les réduire qu'après une lutte qui dura trente-deux ans.

Le duché de Brunswick se compose de trois parties principales, dont la plus septentrionale et la plus importante, qui renferme la capitale, est bornée au nord, à l'est et au sud par la régence prussienne de Magdebourg, et au sud, à l'ouest et au nord par le Hanovre; la seconde, qui forme le district du Harz, est pour ainsi dire enclavée dans le Hanovre méridional, c'est-à-dire qu'elle confine à ce pays au nord comme au sud; mais à l'est elle est bornée par la Prusse, et à l'ouest par une enclave de la principauté de Waldeck. Elle renferme une enclave du Hanovre. La troisième, sur les pentes méridionales du Harz, porte le nom de district de Blankenbourg, et est entourée par les possessions de la Prusse et du Hanovre. Le duché comprend encore quatre autres parties, dont quelques unes très peu importantes et plus ou moins éloignées des deux premières : l'une d'elles est à plus de 25 lieues de la plus considérable. La quatrième, formée du district de Kalwörde, est enclavée dans la régence prussienne de Magdebourg; bien que peu considérable, elle renferme une petite enclave de la Prusse. La cinquième, ou le pays

([1]) Tacite, de Morib. Germ. c. 22 — ([2]) Lib. VII.

de Bodenbourg, est enclavée dans la province hanovrienne d'Hildesheim. La sixième est comprise dans la partie septentrionale de la même province. Enfin la septième, la plus septentrionale de toutes, qui forme le cercle de Thedinghausen, est située sur la rive gauche du Weser, enclavée au milieu du Hanovre. La superficie de toutes ces parties réunies est de 196 lieues géographiques carrées, et la population était, en 1832, de 250,000 individus, presque tous attachés au culte de la confession d'Augsbourg.

Jetons un coup d'œil sur la constitution géologique et la richesse minérale du pays. La principale partie de ce duché, qui comprend le territoire de Brunswick, celui d'Helmstedt et celui de Wolfenbüttel, présente au nord de la capitale des dépôts d'argile et de terre d'alluvions, doués d'une grande fertilité; à l'est s'étendent des marnes sur lesquelles repose au sud une grande masse de craie. Toute cette contrée est coupée de chaînes de collines et parsemée de bouquets de bois. Dans les districts du Harz, on voit, à l'est et à l'ouest, de vastes dépôts de grès bigarrés, et au centre, dans les environs de Gandersheim, des marnes irisées et des masses de gypse. Tout ce district renferme de riches vallées dont les pentes sont couvertes de forêts. Celui de Blankenbourg offre les schistes, les grès de transition, les calcaires et les porphyres qui dominent dans la région montagneuse du Harz, à laquelle il appartient physiquement; aussi y retrouve-t-on les sombres forêts que nous avons signalées dans cette région. Le territoire de Kölwerde est uni et couvert de sables et d'argiles; enfin celui de Thedinghausen présente le même sol, mais est plus fertile. Les richesses minérales de tout le duché consistent en divers métaux, tels que le fer, le plomb, le cuivre, le mercure, le zinc, et même l'or et l'argent; on en tire aussi des marbres, des ardoises, des pierres à chaux, du bitume, du sel et des terres propres à la fabrication de la faïence et de la porcelaine.

Diverses parties possèdent de bons pâturages; l'agriculteur sait y mettre à profit un sol généralement fertile : les céréales, la ravette, le houblon, la garance, le tabac et la chicorée que l'on travaille pour mêler au café et pour la préparation de la soie, constituent ses principaux produits agricoles.

Le duché possède un grand nombre d'établissements industriels, tels que des fabriques de toile, de draps et de soieries, des moulins à huile, des papeteries, des manufactures de glaces et de porcelaine, des verreries et surtout des forges et des usines.

Brunswick ou *Braunschweig*, capitale du duché, est située dans une plaine et arrosée par l'Ocker qui s'y partage en plusieurs branches. On dit qu'elle fut fondée, en 868, par Brunon, fils du duc de Saxe Adolphe, qui lui donna son nom. Elle est assez grande, en y comprenant les faubourgs, et l'on porte sa population à 37,000 habitants. Plusieurs de ses quartiers sont aérés et bien bâtis; on y remarque quelques belles rues garnies de trottoirs. Ses faubourgs sont formés de jolies maisons et de beaux jardins. Cette ville renferme 12 églises et autant de places publiques. La cathédrale est remarquable surtout par les tombeaux de la famille ducale, l'église de Saint-André l'est par son clocher qui a 318 pieds d'élévation. Les autres édifices qui méritent d'être mentionnés sont le *Graue-Hoff* ou le Palais ducal, l'ancien et le nouvel hôtel-de-ville, le premier, bâti dans le goût gothique; l'arsenal et la salle de l'Opéra. La plus belle de ses places est celle du *Bourg*, ornée d'un lion en bronze que l'on dit avoir été fondu au douzième siècle par Henri III, dit *le Lion*. Un autre monument historique attire aussi les regards; il est coulé en fer, et consacré à la mémoire du duc de Brunswick, qui mourut en 1806 sur le champ de bataille d'Auerstadt, et de celui qui fut tué en 1815 aux Quatre-Bras. L'habit et l'épée de ce dernier prince sont conservés dans le riche musée d'antiquités, d'histoire naturelle et de gravures que possède cette ville, et dans lequel on admire un vase en agate-onyx estimé à la valeur de plusieurs millions de francs. Outre cet établissement, Brunswick possède une nombreuse bibliothèque, un collége appelé *Carolinum*, qui jouit d'une grande réputation, et une autre institution plus importante encore depuis qu'on y a réuni les deux gymnases de Catherine et de Martin avec le collége de chirurgie et d'anatomie. On y remarque des hôpitaux, des maisons de charité, et surtout un hospice d'orphelins, que l'on peut regarder comme un très bel édifice. C'est à Brunswick que naquirent le médecin Meibom et le théologien Henke, et que fut inventé, dit-on, en 1534, par un nommé Jurgen, le rouet à filer. C'est aussi dans cette ville que l'on mit à la mode, il y a plus de 60 ans, le café de chicorée. On y compte plusieurs fabriques de cette substance végétale et d'autres objets dont elle fait son principal commerce, tels que des chapeaux, des rubans, des dentelles, des draps et de la bijouterie. Il s'y tient chaque année, aux jours de la Chandeleur et de la Saint-Laurent, deux foires importantes et six grands marchés aux bestiaux.

Sept belles avenues d'arbres, qui aboutissent à autant de portes, conduisent à Brunswick ; l'une d'elles est la route de *Wolfenbüttel*, ville fortifiée, arrosée par l'Ocker, et peuplée de 8,000 âmes. C'est le siége du tribunal suprême d'appel de tout le duché de Brunswick et des principautés de Lippe et de Waldeck. Elle renferme un arsenal, un gymnase, et une des plus riches bibliothèques de l'Europe, dans laquelle on trouve plus de 800 bibles et plus de 10,000 manuscrits ; on y remarque aussi le monument élevé à la mémoire de Lessing, le La Fontaine de l'Allemagne. Cette cité est la plus industrieuse de tout le duché. *Helmstedt* est, comme les deux précédentes, le siége d'une surintendance générale des affaires ecclésiastiques. Elle est précédée de deux faubourgs, et environnée de murailles ; mais ses fortifications ont été converties en promenades. Elle renferme 5 places publiques, 4 hôpitaux, 2 églises, dont la seule remarquable est celle de Saint-Étienne, 6,000 habitants, plusieurs manufactures, et quelques beaux édifices publics, dont le plus considérable est celui de l'ancienne université, fondée en 1575 par le duc Jules de Brunswick, et supprimée en 1809 par Napoléon, qui fit transférer une partie de la bibliothèque à Göttingue. Mais il y est resté un collége qui est renommé. Cette ville, qui a été fondée en 782 par Charlemagne, a produit plusieurs hommes distingués, entre autres le théologien Calixte, et les littérateurs Rittmeyer, Wolger et Conringius.

C'est aux environs d'Helmstedt que sont situés, dans une agréable vallée, les *bains d'Amélie*, aujourd'hui abandonnés pour ceux de *Charles* (*Karlsbrunnen*), où l'on a construit une salle de spectacle. Aux portes de la ville, il existe d'autres bains près du lieu appelé *Maschplatz* ; on aperçoit le mont Corneille et le mont Sainte-Anne, sur lequel s'élève un monument appelé Autel des Holocaustes. Près des bains de Charles, le botaniste trouve plusieurs plantes dignes de prendre place dans un herbier choisi. Le géologiste peut chercher, dans les terrains d'alluvion au milieu desquels est bâti le village de *Thiède*, des ossements d'éléphants, et l'antiquaire remarquera sur le mont Corneille plusieurs de ces pierres placées verticalement dont l'érection est attribuée aux druides. On exploite sur le territoire d'Helmstedt du gypse et de la houille.

Les autres villes situées dans la principale partie du duché que nous parcourons sont, au nord, *Vorsfelde* et *Wechel*, et, au sud, *Scheppenstedt*, jolie petite ville qui fabrique de la toile et du coutil, et *Schöningen*, où l'on exploite une source qui fournit annuellement 1,000,000 de livres de sel.

Le district du Harz nous offre peu de villes importantes. *Seesen*, la plus considérable, n'a que 2,200 habitants ; on y confectionne une grande quantité de tonneaux. Près du bourg de *Neustadt* s'élèvent, sur le Burgberg, les ruines du vieux château que fit bâtir l'empereur Henri IV en 1068, et qu'il fit détruire deux ans après, parce qu'il avait servi d'asile aux mécontents de la Saxe ; relevé plus tard, il fut abandonné pendant le seizième siècle. Non loin de ce bourg, les salines de Julius-Hall appartiennent en commun au Hanovre et au Brunswick. C'est aux environs d'un autre bourg appelé *Lutter-am-Barenberg*, que le général Tilly défit, en 1626, l'armée commandée par Christian IV, roi de Danemark ; ce bourg tire son nom de sa position au pied du Grand et du Petit-Barenberg, sur le bord du Mühlenbach, affluent de l'Innerste. La petite ville de *Gandersheim* doit son nom à la Gande, qui l'arrose. Elle renferme un château ducal et les bâtiments d'un ancien couvent, dont l'abbesse était choisie dans la maison de Brunswick. Cette abbaye a été donnée au duc à titre d'indemnité ; son église et les collections qu'on a réunies dans plusieurs salles méritent de fixer l'attention des amateurs d'antiquités. *Holzminden*, sur la rive droite du Weser, au pied des montagnes du Solling, renferme plusieurs établissements industriels importants, tels que des usines où l'on travaille le fer, de grandes fabriques d'épingles et d'aiguilles, et un atelier dans lequel une belle machine hydraulique scie et polit en dalles les pierres qu'on tire du Solling. Cette ville, de 4,000 âmes, est l'entrepôt des toiles et des fers du duché, et celui d'une grande quantité de denrées coloniales qu'elle expédie dans l'intérieur de l'Allemagne ; elle possède un gymnase important par le nombre de ses élèves. *Bevern*, ainsi qu'*Eschershausen*, ne sont que des bourgs, dont la principale industrie consiste à fabriquer de la toile.

Dans la région montagneuse où viennent se terminer les derniers rameaux de la chaîne du Harz, s'élève *Blankenbourg*, chef-lieu de l'administration des mines du Harz, petite ville qui possède un collège, un hôpital, deux églises et de grands magasins de fer. Elle fut la résidence des princes de Blankenbourg, dont on voit encore le château ruiné. C'est dans ce château, qui la domine et que l'on regarde comme l'un des plus grands de l'Allemagne, que Gonthier ou Gontram de Schwarzbourg fut élu empereur, en 1349, par le vœu des électeurs, qui regrettaient d'avoir choisi trois ans auparavant Charles de Luxembourg, signalé comme l'instrument servile de la cour de Rome, prince qui régna sous le nom de Charles IV, et qui eut recours au poison pour se défaire de son compétiteur. Blankenbourg fut pendant quelque temps habité par Louis XVIII. C'est dans ses environs que s'étend une série de rochers appelée dans le pays la *Muraille du Diable*, et que l'on voit le romantique *Regenstein*, ou *Rocher pluvieux*, et les célèbres cavernes de Biel et de Baumann (¹).

Sur la pente d'une montagne au pied de laquelle coule le Hassel, nous apercevons la petite ville d'*Hasselfelde*, qui fut entièrement incendiée en 1794, mais qui est très bien bâtie aujourd'hui ; son église renferme un monument en fer érigé à la mémoire des guerriers morts dans la campagne de 1815.

Les petites enclaves qui complètent le territoire du duché de Brunswick ne nous offrent que des localités sans intérêt. *Kalvörde* n'est qu'un bourg entouré de houblonnières, et renfermant un château ; *Bodenbourg* n'a que 800 habitants ; *Olsbourg* est moins considérable encore ; enfin *Thedinghausen*, sur la rive gauche du Weser, fabrique de la toile et renferme 1,500 individus.

Tels sont les détails topographiques dans lesquels nous avons cru devoir entrer relativement au duché de Brunswick. Ce pays comprend 12 villes, 11 bourgs, et 423 villages et hameaux (¹). Ses douanes et ses impôts de toute espèce lui offrent un revenu de plus de 7,300,000 fr. L'excédant de ce revenu sur les dépenses présente une somme annuelle de 300,000 francs, dont la plus grande partie est réservée à amortir une dette publique de 19,400,000 francs. Le contingent qu'il doit fournir à la Confédération germanique est de 2,500 hommes, et son armée, sur le pied de paix, est de 1,500. Conjointement avec le duché de Nassau, il tient le treizième rang dans l'assemblée particulière de la Confédération, et seul il jouit de deux voix dans l'assemblée générale.

La maison de Brunswick est une des plus anciennes de l'Europe ; elle descend d'Azo, premier marquis d'Este, en Italie, et qui mourut vers la fin du dixième siècle. Elle a fourni des ducs à la Saxe et à la Bavière ; et, ainsi que nous l'avons déjà dit, sa branche cadette est assise sur le trône de la Grande-Bretagne. Le plus ancien prince de la maison de Brunswick est Welf, ou Guelf, duc de Bavière. Un de ses descendants, Henri-le-Lion, qui était parvenu, par la force des armes et par des négociations habiles, à réunir sous sa domination non seulement la Bavière et les duchés de Saxe et d'Engrie, mais encore les comtés de Brunswick, de Göttingue, de Nordheim et quelques autres, et qui menaçait encore les Slaves et les Wendes, s'attira la jalousie de l'empereur Frédéric Barberousse, fut, en 1179, mis au ban de l'Empire, et perdit les duchés de Bavière et de Saxe. Il ne conserva que les comtés de Brunswick, de Göttingue et de Lunebourg, qui furent érigés en duché, et constituèrent celui de Brunswick. Ce duché fut, par la suite, divisé en plusieurs petits États ; mais, vers le milieu du seizième siècle, ces États furent réunis en un seul par Ernest, duc de Lunebourg et de Zell. Après la mort de celui-ci, ils furent de nouveau partagés en-

---

(¹) Nous en avons donné une description en parlant du Harz, p. 12 de ce volume.

(¹) *Geographisch-Statistische Darstellung der staatskraefte von saemtlichen*, etc., par *A.-F. Crome*. — Leipsick, 1828.

tre ses deux fils, Henri et Guillaume. Le premier fonda le duché de Brunswick-Wolfenbüttel, qui comprenait la majeure partie du duché actuel ; le second fonda celui de Brunswick-Lunebourg, qui fait aujourd'hui partie du royaume de Hanovre.

Depuis le mois de septembre 1830, le duché n'est plus gouverné par le prince Charles de Brunswick. Cette révolution fut provoquée par le refus obstiné qu'exprima le duc de convoquer les États, malgré le vœu manifesté par les Brunswickois de voir enfin les députés remédier à des abus criants. Le 6 septembre, au moment où le prince sortait du théâtre, le peuple s'ameuta et le poursuivit jusqu'au palais. Le lendemain, le prince refusa d'accorder une audience aux députés de la bourgeoisie, et se prépara à comprimer par la force le mouvement populaire : malgré de grands préparatifs de défense, un nombreux corps de troupes et 16 pièces de canon placées devant le château, le peuple attaqua, le 7, l'asile de son souverain ; les troupes repoussées dans le parc y furent cernées, et le soir le palais était la proie des flammes. Tous les meubles furent jetés par les fenêtres et brûlés sur la place du château, mais rien ne fut pillé. Ce ne fut qu'à la faveur d'un déguisement que le prince parvint à s'échapper. Les États s'assemblèrent, une commission provisoire de régence fut nommée, et le prince Guillaume, frère cadet du duc, fut appelé à lui succéder. Cette révolution eut pour résultat l'acceptation, par le nouveau souverain, d'une liste civile de 200,000 thalers, le redressement de plusieurs abus, et l'adoption en principe de la liberté de la presse, ce nouveau palladium des libertés publiques.

Avant de visiter les trois *Duchés d'Anhalt*, nous donnerons un précis historique sur les princes qui les gouvernent. S'il n'est pas certain qu'ils descendent du grand Witikind, ils partagent du moins l'honneur de tenir un rang parmi les plus anciennes familles régnantes de l'Europe. L'historien allemand Limnæus ([1]) n'a pas craint le ridicule en les faisant descendre d'Ascanus ou Ascenazus, fils de Gomer et petit-fils de Japhet, fils de Noé. Autant valait remonter au premier homme de la Genèse. Que d'erreurs une érudition sans goût et sans critique a fait commettre aux auteurs qui ont tenté de déchirer le voile impénétrable qui cache l'origine des peuples et des familles ! On voulut trouver la souche des anciens comtes d'Ascanie, d'où descendent les ducs d'Anhalt, et l'on a imaginé que des peuplades de l'Asie mineure, des Ascaniens, avaient quitté les marais de l'Ascanie dans la Bithynie, pour aller s'établir dans les antiques forêts de la Germanie. De là l'origine d'un Ascenazus, que l'on fit chef de ce peuple ascanien, et que l'on fit descendre d'un petit-fils de Noé. Mais on sait aujourd'hui quel degré de confiance on doit accorder à ces recherches étymologiques, depuis que des savants recommandables en ont démontré la futilité. L'origine des ducs d'Anhalt remonte probablement au huitième siècle : mais ce qu'il y a de certain, suivant quelques auteurs, c'est qu'ils descendent d'Esiko, comte de Ballenstedt, qui vivait dans le onzième siècle. On peut suivre la filiation de cette famille jusqu'à Henri, premier prince d'Anhalt, c'est-à-dire jusqu'au commencement du treizième siècle. Diverses alliances la portèrent à un haut degré de splendeur. Albert, surnommé l'Ours, l'un des princes de cette maison, fut fait margrave et électeur de Brandebourg par l'empereur Conrad III. Frédéric Barberousse donna à Bernard, l'un des fils d'Albert, une partie des États enlevés à Henri-le-Lion. C'est de Bernard que descendent les ducs actuels d'Anhalt. En 1686, la maison d'Anhalt se divisait en quatre branches : Dessau, Bernbourg, Köthen et Zerbst. Cette dernière s'est éteinte en 1793, et la famille se partage aujourd'hui en trois branches : Anhalt-Dessau, Anhalt-Bernbourg et Anhalt-Köthen, dont nous allons examiner les différents duchés. Les ducs d'Anhalt se succèdent les uns aux autres, et sous le rapport du crédit, ils sont solidaires, sous la direction de la branche aînée, qui est celle d'Anhalt-Dessau.

Les duchés d'Anhalt sont enclavés dans les possessions de la monarchie prussienne. Leur superficie totale est de 131 lieues carrées, et leur population totale, en 1832, s'élevait à 132,000 habitants. On y compte 27 villes, 8 bourgs et 341 villages et hameaux. Ils possèdent, avec les maisons de Schwarzbourg et d'Oldenbourg, une voix collective dans l'assemblée ordinaire de la Confédération germanique. Dans l'assemblée générale, chacun

---

[1] *De Jure publico imperii Romano-Germanici.* — Strasbourg, 1629.

d'eux a une voix individuelle. Quant à l'administration de la justice, ces trois duchés, comme les deux principautés de Schwarzbourg, resortissent du tribunal d'appel de Zerbst, petite ville dont nous parlerons bientôt.

Le territoire, qui comprend les trois principales parties réunies des trois duchés, est formé, au nord et à l'ouest, d'un terrain d'*humus* végétal et d'alluvion qui couvre la portion appartenant à Dessau et à Köthen; dans quelques localités on exploite, pour les constructions, un calcaire de sédiment moyen, inférieur à la craie, et des terres propres à la fabrication de la poterie; mais la partie occidentale, qui appartient à Bernbourg, renferme des grès rouges et bigarrés, et des marnes irisées, d'où l'on tire de la houille, du gypse et du fer; une autre partie appartient à la région physique du Harz: on y trouve des schistes, des porphyres et des terrains de sédiment inférieur, où l'on exploite du cuivre et même de l'argent.

Le DUCHÉ D'ANHALT-DESSAU se compose de plusieurs territoires situés sur les rives de l'Elbe et de la Mulde. La partie principale est bornée au nord par l'Elbe, à l'est et au sud par la régence prussienne de Mersebourg, et à l'ouest par le duché d'Anhalt-Köthen. Les autres parties sont situées au nord de la précédente : l'une lui est contiguë ; les deux autres sont enclavées dans la régence prussienne de Magdebourg. La superficie totale de toutes ces petites possessions est de 45 lieues carrées. Sous le rapport de l'agriculture, le sol y est d'une fertilité très variable ; plusieurs parties sont basses, humides et couvertes de petits lacs, d'autres sont légèrement sablonneuses. Les bailliages situés sur la rive gauche de l'Elbe sont très fertiles ; ceux de la rive opposée renferment des bruyères. Toutes les parties du duché sont suffisamment boisées. Les produits de la culture consistent en céréales, en lin, en pommes de terre, en houblon. Les bestiaux, surtout les brebis, étaient fréquemment atteints de maladies dangereuses, lorsqu'en 1815 le gouvernement ordonna l'inoculation de la clavelée, mesure qui arrêta les ravages de ce virus contagieux. Le pays possède un grand nombre de filatures de laine et de brasseries, des manufactures de tabac, et plus de 120 fabriques de draps. Dans les campagnes, on trouve des moulins à huile, des papeteries, des distilleries, des tuileries et des fabriques de poteries communes. Les exportations consistent en huiles et en semences de carottes, en blé, en fruits, en laines, en bestiaux et en poissons. Stein évalue la valeur de ces produits à 500,000 reichsthalers, et les importations à 1,000,000 de la même monnaie.

Dessau, sur la Mulde, est une jolie ville de 10,000 à 12,000 habitants, divisée en quatre parties, la vieille et la nouvelle ville, le *Sand* et le *Wasservorstadt*; elle renferme sept places publiques et une trentaine de rues droites, régulièrement bâties, et bien éclairées pendant la nuit. Elle a quatre églises, une synagogue, trois hôpitaux, un hospice d'orphelins, une maison de charité, un bain public, plusieurs établissements d'instruction, dont les plus importants sont un collége, un séminaire de maîtres d'école, un institut d'éducation pour les juifs, une école pour les langues étrangères, une bibliothèque publique et quelques fabriques. Ses plus beaux édifices sont le palais du duc, le manége, les écuries du prince et la salle de spectacle. Cette ville possède une fabrique considérable de chapeaux de paille cousue. Dans ses environs, on remarque le *Dreberg* ou le *Mont-Tournant* et la montagne de Sieglitz, avec le monument du comte d'Anhalt.

A *Wörlitz*, petite ville de 2,000 habitants, le duc possède un très beau château et de magnifiques jardins. Les maisons de plaisance appelées *Louisium* et *Georgium* méritent d'être vues. *Zerbst*, sur le bord de l'Elbe, a 8,500 habitants, un gymnase, et peut-être la plus ancienne école protestante de demoiselles connue en Allemagne : sa fondation remonte au-delà de trois cents ans. On y remarque aussi une école supérieure appelée le *Francisceum*, avec 16 professeurs et un grand nombre d'élèves. Elle renferme aussi une maison de correction et de travail. On fabrique dans cette ville des soieries et des velours, ainsi que de la passementerie d'or et d'argent. Elle est entourée de murailles avec 6 portes et un vieux château. Zerbst est la patrie de l'impératrice de Russie Catherine II. La petite ville d'*Oranienbaum*, à 2 lieues et demie de Dessau, est bien bâtie et agréablement située près de la montagne de *Kappengraben*.

Iesnitz, la ville la plus méridionale du duché, renferme plusieurs fabriques. Le duc possède un château à *Sandersleben*. La population générale de ce duché est de 61,000 individus, presque tous protestants.

Plusieurs terrains dispersés constituent le territoire du DUCHÉ D'ANHALT-BERNBOURG, dont la superficie peut être évaluée à 44 lieues carrées. Il renferme 7 villes et 54 villages, et sa population est évaluée à 40,800 habitants. Ce duché se compose de deux parties principales : l'une sur la gauche de la Saale, que l'on appelle la Principauté inférieure, et qui est limitrophe du duché d'Anhalt-Köthen ; l'autre, appelée Principauté supérieure, et qui occupe une partie du Harz : elle est éloignée de la précédente par un espace d'environ une lieue, espace qui appartient à la province prussienne de Saxe. Cette dernière principauté est montagneuse et couverte de forêts ; dans l'autre, le terrain est bas, il présente de grandes plaines et des terres très fertiles. Le climat y est en général tempéré, surtout dans la partie orientale ; car la Principauté supérieure, qui s'étend jusque sur les pentes des montagnes du Harz, est soumise à une température froide. On y trouve des mines de différents métaux, dont quelques unes sont assez riches ; les produits agricoles sont à peu près les mêmes que dans la principauté précédente ; l'industrie y est variée : outre plusieurs manufactures de différents produits, on y remarque des forges, des usines, des aciéries, des fabriques de fil de fer et de sulfate du même métal, connu dans le commerce sous le nom de vitriol.

Bernbourg, la plus importante des villes du duché, a le titre de capitale. Située sur le penchant d'une colline et sur le bord de la Saale, qui y est retenue par une digue remarquable, elle est divisée en trois quartiers séparés, dont deux sont entourés de murailles ; le troisième domine les deux autres : c'est là que se trouve le château ducal. Bernbourg est bien bâtie ; elle a un hôtel des monnaies, trois églises et plusieurs hôpitaux, ainsi que des fabriques de tabac et de faïence. Les bâtiments de la Chancellerie sont vastes, et renferment une bibliothèque et une riche collection d'estampes. Sa population est d'environ 6,000 âmes. Dans ses environs on compte plusieurs petits vignobles, sur le bord de la Saale.

Dans la Principauté supérieure, la petite ville de *Ballenstedt* possède un vieux château ducal, qui, par la beauté de ses jardins, est le seul édifice remarquable de cette cité sombre et mal bâtie. C'est la résidence habituelle du prince. Les autres constructions sont un théâtre, une vaste maison de bains, et une salle pour les redoutes. A *Gernrode*, on remarque les bâtiments d'une ancienne abbaye impériale, dont la belle église renferme le mausolée de son fondateur, le margrave Gero. *Hoymb*, sur la petite rivière de la Selke, est environnée d'une muraille percée de quatre portes, et possède un château, ainsi qu'une importante fabrique où l'on file le lin qu'on cultive en grande partie dans ses environs, et qui forme sa principale branche de commerce. La Principauté supérieure offre une foule de sites pittoresques par le nombre de ses montagnes et de ses vallées. *Harzgerode*, dont une partie des 2,200 habitants s'occupe de l'exploitation des mines de fer et d'argent de ses environs, est placée sur un sol élevé de 1,400 pieds au-dessus du niveau de la mer. C'est au *Mädchensprung* ou *Magdesprung*, groupe de rochers sourcilleux, que sont situées les usines et les exploitations métalliques du duché. Une seule mine d'argent y produit annuellement environ 1,200 marcs. Les usines consistent en deux hauts-fourneaux pour la fonte du minerai de fer, en quatre feux d'affinerie pour le fer en barres et l'acier, et en d'autres ateliers où l'on fabrique de la tôle et du fil de fer. Ces établissements produisent 12,000 quintaux de fonte, 8,000 de fer en barres, 500 de tôle et 300 de fil de fer. Non loin de ces exploitations se trouve l'obélisque, de 58 pieds de hauteur, élevé à la mémoire du dernier duc, Frédéric-Albert, par son successeur.

Sur une superficie de 41 lieues carrées, le DUCHÉ D'ANHALT-KÖTHEN renferme 4 villes, 1 bourg et 93 villages. Il est divisé en deux parties, situées l'une sur la droite et l'autre sur la gauche de l'Elbe. Sa population était évaluée, en 1826, à 34,000 habitants ; aujourd'hui elle s'élève à plus de 36,000. Le terrain y est plat, et le sol généralement fertile ; parmi les produits de l'horticulture, on cite les pommes et d'autres fruits. L'industrie y est moins active que dans les deux autres duchés ; les habitants s'occupent principalement à filer le lin et la laine.

Köthen, que l'on écrit aussi *Cöthen*, est la capitale de cet État : elle est située sur les bords du Zittan ; sa population est de 5,800 habitants.

Cette petite ville est la résidence du prince; elle renferme plusieurs établissements d'éducation, un séminaire de maîtres d'école, une bibliothèque, un cabinet d'histoire naturelle, et une galerie de tableaux. On y fait le commerce de laines, et l'on y fabrique des fils d'or et d'argent pour la broderie et la passementerie.

Les deux autres villes du duché sont, d'abord, sur le territoire situé à la gauche de l'Elbe, *Nienbourg*, où se tiennent des foires assez fréquentées, et dans la partie opposée, *Roslau*, qui renferme un château, mais qui n'a pas plus de 900 habitants.

Le duché que nous venons de parcourir est le moins riche des trois duchés d'Anhalt, par suite de l'exiguïté de ses revenus et de l'énormité proportionnelle de sa dette publique : on évalue celle-ci à 3,140,000 francs.

Nous allons traverser quatre ou cinq États différents pour aller visiter un duché plus important qu'aucun de ceux que nous venons de voir. Il est situé à l'extrémité occidentale de l'Allemagne centrale.

Borné à l'ouest et au nord par les possessions prussiennes rhénanes, à l'est et au sud par l'enclave prussienne de Wetzlar et le grand-duché de Hesse-Darmstadt, le DUCHÉ DE NASSAU, long d'environ 22 lieues, et large de 15, occupe une superficie de 251 lieues géographiques carrées. Presque tout ce pays est montueux : deux chaînes principales, bien que médiocrement élevées, l'une dans la partie septentrionale, l'autre dans la partie méridionale, le parcourent du couchant au levant. La première est celle du Westerwald, la seconde celle du Taunus ou de Höhe. Entre ces deux chaînes, s'étend le bassin de la Lahn, rivière qui coule de l'est à l'ouest, pour aller se jeter dans le Rhin, à l'extrémité du duché; car ce fleuve forme la limite du territoire de Nassau, depuis le point où il reçoit le Mein jusqu'à celui où il reçoit la Lahn. Celle-ci se grossit de plusieurs petites rivières qui sont sur sa rive droite, l'Elz et l'Aue, et sur sa rive gauche l'Aar, le Dreisch, l'Embs, le Mühl et le Weil. Le Rhin y reçoit encore le Wisperbach, le Mein et la Nidda.

Le Westerwald, dont le nom signifie *Forêt de l'ouest*, a en effet ses pentes et ses cimes couvertes de forêts. Le Taunus n'est pas moins boisé, mais il offre moins de sources minérales. Les sommets les plus élevés de ces deux chaînes diffèrent peu de hauteur; ils atteignent 1,500 à 2,600 pieds (¹).

La constitution géognostique du duché est conforme à l'idée qu'on peut s'en faire à l'aspect de ces montagnes : le Westerwald, dans sa partie orientale, est formé de schistes argileux, et de dépôts volcaniques dans sa partie occidentale; dépourvue de ces derniers, la chaîne du Taunus n'est composée que de schistes et de grès rouge. Entre les deux chaînes, le bassin de la Lahn est creusé au milieu de cette même roche, qui supporte çà et là des calcaires anciens d'où l'on tire d'assez beaux marbres. La richesse minérale du pays consiste en mines d'argent, de cuivre, de fer et de plomb, en carrières de marbre, en houillères, en exploitations d'argile à foulon et à poterie, et en sources minérales. Les principales mines de plomb argentifère sont celles des environs de Weilmünster et de Holzappel : ces dernières seules rapportent annuellement plus de 100,000 francs; on exploite du marbre, de la houille et du sel près du village de Soden, à peu de distance du Mein; enfin les principales sources d'eaux minérales sont celles d'Embs, de Fachingen, de Geilenau, de Langenschwalbach, de Schlangenbad, de Soden, de Wiesbaden, et surtout de Selters.

Le sol n'est point d'une grande fertilité, mais nulle part il n'est improductif; celui qui l'est le moins est dans la région du Westerwald; celle-ci renferme à la vérité d'excellents pâturages. Les terres les plus productives sont celles des bords du Rhin, où l'on cultive principalement la vigne, et celles qu'arrosent la Lahn et l'Aar, où l'on récolte le meilleur blé. Partout la culture est fort avancée; on tire un grand parti de la vigne et des arbres fruitiers; les prairies artificielles y sont parfaitement dirigées. Les meilleurs vins sont ceux d'Asmanshauser, de Geisenheim, de Hattenheim, de Johannisberg, de Markbrunn, de Rüdesheim et de Rheingau. Ceux de ce dernier vignoble, qui ne sont cependant point à comparer à ceux de Johannisberg, se vendent dans certaines années 2,000 à 6,000 francs la pièce.

Le duché comprend 1,814,967 arpents (*morgen*) de terres imposables, dont 702,331

(¹) Voyez pour la hauteur des points les plus élevés de ces deux chaînes, le Tableau des principales montagnes de l'Europe, t. II de cet ouvrage, l. 22.

arables, 15,498 en vignobles, 106,991 en pâturages, 39,660 en landes et en chemins, et 739,112 en forêts (¹).

Les pâturages nourrissent un grand nombre de bestiaux: en 1818, on comptait dans le duché 10,300 chevaux et poulains, 170,000 bêtes à cornes, plus de 158,000 brebis, 54,000 porcs et 8,000 chèvres. Le recensement de cette époque portait le nombre des ruches d'abeilles à 19,000.

L'industrie ne s'exerce en grand sur aucune branche de produits, si ce n'est sur la fonte des métaux, et principalement du fer. On fabrique des draps et des bas dans le bailliage d'Uringen, du maroquin à Idstein, du tabac, des pipes, de la faïence, de la porcelaine, des aiguilles et du papier dans plusieurs localités; mais les manufactures les plus nombreuses sont celles de potasse et de grosses toiles, les brasseries et les distilleries d'eau-de-vie.

Malgré tant d'éléments commerciaux, malgré la navigation du Rhin, de la Lahn et du Mein, malgré des routes bien entretenues, le commerce du duché a peu d'activité. Les capitaux se portent principalement sur l'agriculture. Les principales branches d'exportation sont les vins, les fruits, la potasse, le fer, les pipes, les aiguilles, les eaux minérales, les bestiaux et la laine des brebis.

Le climat du duché est doux dans les vallées et principalement au sud, sur les bords du Rhin et du Mein; il est froid dans le Westerwald et le Taunus, mais partout salubre.

La maison de Nassau est fort ancienne; elle eut pour chef un frère de l'empereur Conrad Ier, Othon, comte de Laurenbourg, qui fut envoyé en qualité de général de l'armée impériale en Hongrie, par Henri-l'Oiseleur, l'an 926. Ce ne fut qu'en 1180 que les descendants d'Othon prirent la dénomination de comtes de Nassau, du nom d'un château bâti près d'un siècle auparavant, et au pied duquel s'élevèrent des habitations qui forment aujourd'hui la petite ville de ce nom. En 1255, les deux frères Waltram et Othon, descendants du comte de Laurenbourg, firent un partage de leurs possessions et fondèrent les deux branches principales qui subsistent encore, et qui ont été si fécondes en grands hommes. Celle d'Orange descend d'Othon, et celle de Weilbourg remonte à Waltram. La première occupe aujourd'hui le trône de la Hollande; la seconde est depuis 1816 en possession de tout le pays de Nassau, par l'extinction de la branche de Nassau-Usingen. Le territoire de Nassau fut érigé en duché en 1806, époque à laquelle Napoléon organisa la confédération du Rhin. Ce territoire renferme 31 villes, 36 bourgs et 816 villages.

Parmi les villes nous citerons, dans la partie septentrionale, *Braubach* et *Holzappel*, près desquelles on exploite des mines d'argent, dont le produit s'élève à plus de 80,000 florins; *Diez*, qui possède une belle école d'horticulture, et qui a dans ses environs une maison de force, et l'ancien château d'*Oranienstein*, résidence des ducs de Nassau; *Dillenbourg*, qui porte le nom de la Dille qui l'arrose, et dont on cite le cuivre; *Weilbourg*, située sur une montagne au pied de laquelle coule la Lahn, dans un petit pays appelé autrefois Wettéravie, du nom de la rivière de Wetter. Cette petite ville renferme un gymnase, un château avec de beaux jardins, où résidait le prince de Nassau-Weilbourg; ses environs sont riches en mines d'argent, de fer et de cuivre. Nous citerons encore *Hadamar*, qui possède un lycée et des usines; *Limbourg*, petite ville murée, entourée de trois faubourgs; *Nassau*, que dominent les ruines de son vieux château; *Herborn*, où l'on trouve une académie et une célèbre école protestante de théologie, fondée, en 1584, par le comte Jean-le-Vieux, ville qui a donné le jour aux deux savants philologues George et Mathias Pasor.

Les villes de la partie méridionale sont *Langenschwalbach*, qui possède des sources et des bains d'eaux minérales renommés; *Runkel*, qui donne son nom à une principauté médiate appartenant aux princes de Wied-Runkel; *Höchst*, qui, par sa position sur le Rhin, fait un commerce d'expédition fort animé. La plus considérable de ces villes n'a pas 3,000 habitants.

Wiesbaden, la capitale, en renferme environ 9,000. Entourée de montagnes et de sites pittoresques; ornée de deux châteaux et de quelques jolies constructions; enrichie par le tribut qu'elle lève, chaque année, sur 3 à 4,000 étrangers qu'attirent dans ses murs 14 sources d'eaux thermales, dont le bâtiment

(¹) *Staats-und adress handbuch des Herzogthums Nassau.*

appelé *Kursaal* est remarquable par sa construction et les dimensions d'une de ses salles; ses bains étaient déjà connus du temps des Romains, ainsi que l'attestent les tombeaux, les restes d'édifices, et les nombreux objets d'antiquité que l'on a découverts dans ses environs. On y remarque un bel établissement consacré au soulagement des vieillards indigents, une société d'antiquaires, une d'agriculture et d'économie, une bibliothèque de 30,000 volumes, et un beau théâtre. C'est à *Biebrich*, à une petite lieue de la capitale, que réside le duc.

Parmi les sources minérales du duché de Nassau, celles de *Nieder-Selters* sont connues dans toute l'Europe. Ce village exporte quelquefois par an près de 2,500,000 bouteilles de ces eaux, dont le produit forme la principale richesse du bailliage d'Idstein.

Le duché de Nassau est gouverné par un prince dont le pouvoir est tempéré par des États divisés en deux sections : la première, composée d'un prince du sang, de six seigneurs et de six députés de la noblesse; la seconde, de 22 députés des villes. Un conseil d'État, qui compte neuf membres, est chargé de prononcer sur les hautes questions administratives. Une commission générale de contrôle, composée de membres de tous les départements administratifs; un ministère d'État et une chancellerie régissent les affaires du pays. La cour suprême d'appel, qui siège dans la capitale, ne compte que sept juges; les autres tribunaux s'assemblent à Dillenbourg et à Wiesbaden.

Le gouvernement du duché est parvenu, malgré de graves obstacles, conséquences naturelles de l'esprit d'un grand nombre de lois anciennes entachées de féodalité, et d'une organisation qui a laissé subsister jusqu'à ce jour une foule de petites seigneuries, à diminuer graduellement les impôts, et à favoriser le développement d'institutions utiles, en même temps qu'il a su contenir l'aristocratie dans de sages limites. Mais l'industrie qu'il a favorisée n'a atteint un grand degré d'importance que sur l'art de travailler les métaux : l'exploitation des mines et des forges occupe constamment plus de 8,000 ouvriers. Le prince a affecté plusieurs revenus de ses domaines au remboursement d'une partie de la dette de l'État. Néanmoins celle-ci s'élève encore à près de deux années et demie des revenus publics, que l'on peut évaluer à 6,200,000 francs. Le duché de Nassau occupe, avec celui de Brunswick, le treizième rang dans la Confédération germanique, où, conjointement avec cet État, il a une voix aux assemblées ordinaires, et deux pour son propre compte aux assemblées générales.

Parmi les huit principautés que nous avons à visiter, la plus considérable est celle de LIPPE-DÉTMOLD : elle se compose d'un territoire situé entre la province prussienne de Westphalie, le pays de Rinteln, qui appartient à la Hesse électorale, une partie du royaume de Hanovre, une enclave de la Prusse, et une qui appartient à la principauté de Waldeck. Ainsi elle est presque entièrement entourée par une des plus importantes possessions de la Prusse : au centre même de celle-ci se trouve le cercle de Lippstadt, l'un des plus peuplés de la principauté. La portion la plus considérable dont nous venons de déterminer les limites, a 12 lieues de longueur sur 9 dans sa plus grande largeur, et la superficie des deux est de 57 lieues carrées, avec une population qui s'élève à près de 80,000 habitants.

Les roches de cette principauté, considérées géologiquement, appartiennent à la formation du calcaire ancien, analogue à celui du Jura, et à celle des marnes irisées. Aussi y trouve-t-on beaucoup de sable et de grès, connus en Allemagne sous le nom de *quadersandstein*. On y recueille du marbre, du sel, du gypse et de l'argile propre à la fabrication des poteries communes et des tuiles.

En général, le pays est montagneux et le sol est peu fertile. Les montagnes qui, dans la partie méridionale, appartiennent à la chaîne du *Teutoburger-wald*, sont garnies de forêts composées en grande partie de chênes; plusieurs cantons sont couverts de bruyères; mais ceux qui jouissent de quelque fertilité produisent du blé, du lin, du chanvre, du colza, des légumes farineux et des fruits; on y élève beaucoup de bestiaux et d'abeilles. Le climat en est doux, mais humide, et les brouillards y sont fréquents.

La fabrication des toiles est la principale industrie du pays : le nombre des métiers est de 2 à 3,000; on y fabrique aussi des étoffes de coton, des tissus de laine, et des pipes en magnésie carbonatée connue sous le nom d'écume de mer. Enfin la principauté possède deux verreries, cinq papeteries et un grand nombre de moulins à scie. Ses exportations consistent surtout en bois, en fil, en laine et en toile.

On parle dans cette principauté un allemand corrompu. La plus grande partie de la population est attachée à la communion réformée : sur 44 paroisses, 38 appartiennent à cette communion, 3 à la confession d'Augsbourg, et 3 au culte catholique. Sous le rapport sanitaire, le pays est divisé en cinq inspections médicales. L'instruction élémentaire y est encouragée par le gouvernement : on y compte environ 120 écoles primaires.

Depuis l'année 1819, les habitants jouissent des avantages d'un gouvernement représentatif : les anciens États de la noblesse et de la bourgeoisie ont été remplacés par des députés nommés par les propriétaires, les bourgeois et les paysans; chacune de ces trois classes d'habitants élit 7 représentants. Un consistoire est chargé des affaires ecclésiastiques. Antérieurement à l'année 1819, les habitants virent abolir la servitude corporelle avec d'autres abus, l'impôt sur les vins, la contribution de guerre, et plusieurs autres charges qui pesaient sur les contribuables : les droits sur les eaux-de-vie, sur les cartes à jouer et le timbre, sont les principales contributions qui aient été conservées. Combien d'États puissants de l'Allemagne et d'autres parties de l'Europe envient inutilement de semblables réformes ! La principauté de Lippe-Detmold envoie un membre à l'assemblée générale de la Confédération, et se joint aux princes de Schauenbourg-Lippe, de Waldeck, de Reuss, de Hohenzollern et de Lichtenstein, pour en envoyer un à l'assemblée ordinaire. Elle occupe, avec ces principautés, le seizième rang à la diète germanique. Pendant la guerre de 1814, elle a armé, suivant Stein, un corps de 11,677 soldats.

Jetons maintenant un coup d'œil sur les villes principales et cependant peu importantes de cette principauté. La résidence du prince est *Detmold*, sur la Werra, au pied du mont Teutberg : elle a 3,000 habitants, deux églises réformées, et une de la communion d'Augsbourg, un collége avec une bibliothèque, une école d'industrie, un séminaire de professeurs, un hôpital, une maison de correction bien entretenue, un hospice d'orphelins, une école d'asile, un mont-de-piété, et une société biblique. Le vieux quartier, que Cluvier croit être l'ancien *Teutoburgium*, est sale et mal bâti; mais le nouveau est propre et régulier. *Lemgo* ou *Lemgow*, arrosée par la *Bega*, est plus peuplée que la capitale, et la ville la plus importante du duché : on y compte près de 4,000 âmes. Elle possède un gymnase et un couvent de femmes. Son industrie consiste en fabrique d'étoffes de laine, de toiles et de pipes en écume de mer. Elle a donné naissance au docteur Kæmpfer, qui mourut en 1716, après avoir voyagé dans les Indes, et publié plusieurs ouvrages, dont le plus estimé est l'Histoire civile et naturelle du Japon. *Uffeln* ou *Salz-Uffeln*, sur la petite rivière de Salze, possède dans ses environs des sources salées, et renferme 1,400 habitants. Quelques antiquaires prétendent que c'est entre cette ville et la ville prussienne d'Herford que s'étend le champ de bataille où furent défaites les légions de Varus. *Horn*, avec la même population, est située près de la forêt de Teutobourg (*Teutoburger-wald*). Non loin de ses murs s'élève une rangée de huit rochers, placée verticalement sur le sol, et que plusieurs savants regardent comme des pierres druidiques : ses habitants les nomment *Externsteine*; on les appelait correctement autrefois *Egerstersteine* (Roches aux Pies).

On a beaucoup disserté sur l'origine de ces pierres, particulièrement sur une grotte chargée de sculptures que l'on remarque dans leur voisinage. Les aveugles enthousiastes des antiquités germaines les ont considérées comme étant les autels mêmes sur lesquels les tribuns et les centurions romains furent immolés après la défaite de Varus; mais un Français, homme d'esprit et de goût [1], a fait justice de ces erreurs soutenues avec une érudition déplacée par un antiquaire germain [2]. D'abord, ces prétendues pierres druidiques sont des masses de grès remarquables par leur hauteur : les deux surtout qui bordent le chemin de Pyrmont n'ont pas moins de 130 à 140 pieds; elles ne formaient jadis qu'un seul massif que l'on a

---

[1] M. *Raymond*. Lettre à M. Vauquelin sur quelques antiquités de l'Allemagne. — [2] M. *Darow* : Sur les monuments du temps germanique et romain dans les provinces du Rhin et de la Westphalie.

ouvert à une époque incertaine, pour y faire passer la route de Horn à Paderborn. Quant à la grotte que l'on a regardée comme un temple païen, c'est un des plus anciens monuments du culte chrétien, une véritable chapelle qui n'a la forme d'une équerre que parce que c'est celle du rocher dans lequel elle est creusée. L'entrée ou le portail offre pour décoration un bas-relief qui représente une descente de croix; dans l'intérieur on remarque une statue de saint Pierre, un autel et d'autres objets relatifs au culte; mais tous ne sont pas de la même époque: suivant une vieille chronique, la chapelle était déjà consacrée au culte chrétien vers la fin du onzième siècle; le portail fut sculpté entre les années 1100 et 1200. Vers le seizième ou le dix-septième siècle, le comte Bernard de la Lippe, qui était devenu propriétaire du fief abbatial dont dépendaient les *Externsteine*, fit ouvrir pour son usage une porte particulière pour aller à cette chapelle, et la fit orner de l'image de saint Pierre.

Lippstadt, ville de 3,400 habitants, est située sur la Lippe, et possède un petit territoire enclavé dans la province prussienne de Westphalie; elle était autrefois ville libre et impériale; aujourd'hui soumise à deux maîtres, le prince de la Lippe en a la souveraineté conjointement avec le roi de Prusse. Quelques auteurs croient que c'est la *Luppia* dont parle Ptolémée; d'autres disent au contraire que sa fondation ne remonte qu'au douzième siècle ([1]). Elle possède un gymnase et des fortifications en assez bon état. Ses rues sont régulières et bien bâties; son commerce en grains et en toiles de lin assez actif.

Au nord de la principauté que nous venons de décrire, s'étend la principale partie de celle de LIPPE-SCHAUENBOURG, ou de *Schauenbourg-Lippe*, ou encore de *Schaumbourg-Lippe*. Elle en est séparée par le territoire hessois de Rinteln, qui la circonscrit à l'est. Au nord, elle est bornée par le Hanovre, à l'ouest et au midi par la province prussienne de Westphalie. La seconde est située au sud de la précédente, entre la principauté de Lippe-Detmold, le territoire de Pyrmont et le royaume de Hanovre. Les possessions du prince de Lippe-

([1]) Voyez le Dictionnaire géographique de *La Martinière*.

Schauenbourg ont à peu près 27 lieues carrées.

Les terrains de la principauté de Lippe-Schauenbourg sont de la même nature que ceux de la principauté de Lippe-Detmold. On y exploite de la houille; on y connaît plusieurs sources minérales, entre autres celles d'Eilsen et de Stadthagen. Le sol, assez fertile, est riche en blé, en lin, en arbres fruitiers et en bois de haute futaie. Les marais de Hagenbourg et de Steinhude donnent beaucoup de tourbe.

Les habitants jouissent d'un gouvernement représentatif, comme dans la principauté précédente; c'est depuis l'an 1810 que toutes les charges de servitude corporelle ont été abolies. Le peuple des campagnes est seulement soumis à quelques corvées et à plusieurs redevances qui ont été conservées. En 1816, le prince conféra aux députés des districts le droit d'examiner les dépenses administratives, de régler la quotité des contributions et leur mode de perception, de délibérer sur les lois, et enfin de faire des propositions relatives aux intérêts du pays. Tous les ans ils se constituent en assemblée générale par ordre du gouvernement.

Cette petite principauté comprend deux villes et deux villages. La capitale est *Bückebourg* ou *Bückenbourg*, sur la petite rivière de l'Aue. Elle renferme un château qui est la résidence du prince, un gymnase, et 3,000 habitants. *Stadthagen*, à trois lieues au nord-est de la précédente, est située dans une vallée agréable, sur un ruisseau appelé le Diemen. Elle est entourée de murailles ouvertes de trois portes. On y remarque un château auquel tient une église; celle de la ville renferme les tombeaux des princes de Schauenbourg. Cette cité, qui n'a pas 1,600 habitants, possède des eaux minérales, une maison d'orphelins, et une école latine dans laquelle le célèbre géographe Busching, qui est né à Stadthagen, reçut sa première éducation.

Les princes de la Lippe ont la prétention de descendre de Witikind, ce qui donnerait à cette maison une antiquité de près de onze siècles. Cependant les généalogistes, peu satisfaits d'une origine aussi reculée, la font remonter à la noblesse germaine du temps de la domination des Romains. Ce qu'il y a de certain, c'est que sous Charlemagne encore elle jouissait d'une si grande considération, que lorsqu'en temps de guerre les peuples des bords du Weser choisissaient un chef, ils le prenaient de préférence parmi ces princes. Charlemagne leur conféra le titre de comte; mais on ne peut suivre leur filiation qu'à partir du commencement du douzième siècle. Dès cette époque, on les voit figurer sous le titre de waldgraves de Westphalie. C'est au commencement du dix-septième siècle que s'établit la branche de Schauenbourg-Lippe. Elle entra en 1808 dans la Confédération germanique avec la branche de Lippe-Detmold.

- Les territoires qui constituent la PRINCIPAUTÉ DE WALDECK comprennent l'ancien comté de Waldeck proprement dit et celui de Pyrmont, formant une superficie totale de 60 lieues carrées. La principauté de Waldeck est bornée d'un côté par la province prussienne de Westphalie, de l'autre par la Hesse électorale et une enclave du grand-duché de Hesse-Darmstadt. Le comté de Pyrmont, plus septentrional, touche vers le nord au Hanovre, vers l'est à une partie du duché de Brunswick, vers le sud à une enclave la Prusse, et vers l'ouest à la principauté de Lippe-Detmold. Ces deux parties sont peuplées de 60,000 habitants. La famille régnante paraît descendre directement de Witikind, qui portait en effet le titre de comte de Swalenberg et de Waldeck.

L'ancien comté de Waldeck, qui forme la plus grande partie de cette principauté, présente une superficie de 55 lieues. C'est un des pays les plus élevés de l'Allemagne. Les monts Rothaar et les monts Egge, dont les ramifications le traversent du sud-ouest au nord-est, sont composés de schistes et de roches de sédiment inférieur. Les plus hautes cimes sont le Poen et le Dommel. Dans la partie orientale, on remarque quelques volcans éteints, dont le plus considérable est le Lammsberg. Le centre de ce comté appartient à la formation de grès bigarrés et de marnes irisées. La partie occidentale comprend des schistes et des calcaires anciens analogues à ceux de Göttingue; la partie orientale est formée d'argile plastique et d'autres dépôts de sédiment supérieur. D'après cet aperçu, on doit penser que cette contrée est généralement pierreuse et médiocrement fertile; l'air y est vif, mais sain. Dans les montagnes, on exploite plusieurs mines de fer, de cuivre et de plomb, des carrières de marbre et des ardoisières; dans les vallées, le cours des rivières renferme des sables aurifères: il y a des lavages d'or à Alforden et à Hernhausen, sur les bords de l'Eder; le pays possède aussi plusieurs sources minérales.

Les produits agricoles sont peu importants; ils consistent en pommes de terre et en céréales : cependant le blé y est assez abondant pour constituer un des branches du commerce d'exportation. La filature des laines, la fabrication de divers tissus, l'exploitation des mines et quelques papeteries, sont les principaux genres d'industrie qui occupent la population.

Dans l'ancien comté de Pyrmont, entre la principauté de Lippe-Detmold et les possessions du duc de Brunswick, se termine la chaîne des monts Egge. Ce petit territoire, qui n'a que 5 lieues carrées, et qui compte environ 5,000 habitants, est montueux et couvert de forêts. Le centre en est occupé par un massif de grès bigarrés, entouré d'une bande de calcaire. Le pays renferme des sources d'eaux minérales. Les habitants exportent une grande quantité de bas tricotés.

Ces deux territoires sont arrosés par l'Aar, le Diemel et l'Eder. Les bords du Diemel sont fertiles, mais exposés à de fréquentes inondations.

Depuis 1816, le gouvernement représentatif est établi dans cette principauté; les possesseurs des biens seigneuriaux, les treize villes et la classe des paysans et des agriculteurs, nomment des députés dont l'assemblée se réunit tous les ans. Ce sont eux qui examinent le budget, qui votent les impôts, qui discutent les lois, et qui proposent au prince les améliorations dont l'administration du pays est susceptible. Cependant certains droits féodaux y sont encore tellement en vigueur, qu'en 1832 un garde-chasse du prince fut récompensé pour avoir tué un braconnier.

Corbach, ou *Korbach*, qui ne renferme que 2,000 habitants, prend le titre de capitale; elle est entourée de murailles; elle possède un château et quelques établissements utiles. *Sachsenberg* a des foires assez fréquentées. *Arolsen*, résidence ordinaire du prince, est bien bâtie; on n'y compte que 2,000 habitants. Le château qui est remarquable par son étendue, renferme une galerie de tableaux, un cabinet d'histoire naturelle et de médailles, et

EUROPE. — PAYS DE SCHWARZBOURG.

une bibliothèque de 30,000 volumes. A *Nieder-Wildungen*, il y a un château.

Dans l'ancien comté, aujourd'hui le bailliage de Pyrmont, on remarque le village de *Friedensthal*, peuplé d'une colonie de quakers qui s'occupent à fabriquer de l'acier et divers objets de coutellerie. *Pyrmont* ou *Neustadt-Pyrmont*, ville de 2,500 habitants, est, depuis le quinzième siècle, célèbre par ses sources minérales. Pendant la saison des eaux, les bals, les concerts, le spectacle lui donnent l'apparence d'une cité importante. Elle renferme quelquefois près de 2,000 étrangers. La promenade est formée de plusieurs allées de tilleuls, et bordée de boutiques élégantes et bien assorties; le prince y possède un joli château. Pyrmont exporte annuellement près de 300,000 bouteilles de ses eaux, dont les droits de sortie produisent plus de 12,000 thalers.

Le *Pays de Schwarzbourg* est, sous le point de vue administratif, un petit dédale. Il se compose de trois territoires séparés; le premier, au nord des deux autres, est enclavé dans la province prussienne de Saxe : il a 11 lieues dans sa plus grande longueur de l'ouest à l'est, et 5 dans sa plus grande largeur du nord au sud; le second, à 10 lieues au sud du précédent, est situé entre la province prussienne de Saxe et les duchés de Saxe-Weimar, de Saxe-Altenbourg et de Saxe-Cobourg-Gotha; il a 9 lieues de longueur et environ 6 de largeur; le troisième, à une lieue et demie à l'est du précédent, est entouré par la principauté de Reuss-Schleitz, par une petite enclave de la Prusse, et par les duchés de Saxe-Meiningen et de Saxe-Cobourg-Gotha; il a 3 lieues de largeur sur 3 et demie de longueur.

Ces trois territoires forment une superficie de 106 lieues carrées. Il semblerait naturel qu'appartenant à deux branches d'une même famille, celui du nord fût l'apanage de l'une, et les deux du sud celui de l'autre : il n'en est point ainsi. La branche de Schwarzbourg-Rudolstadt règne sur une grande partie du territoire septentrional, sur l'extrémité orientale de l'un des territoires du sud, et sur la partie occidentale de l'autre; de telle sorte que le prince de Schwarzbourg-Sondershausen gouverne la plus grande partie du nord et la plus petite du sud.

La constitution géognostique du territoire septentrional présente des marnes irisées, des grès bigarrés, des calcaires de sédiment inférieur et du gypse. Le plus grand des deux territoires méridionaux comprend, vers le nord, le même calcaire ancien, et vers le midi les roches schisteuses qui constituent généralement les hauteurs du Thuringer-wald; le centre est formé de grès bigarrés et de marnes irisées. Ceux de la partie la plus petite ne sont composés que de schistes argileux, au milieu desquels s'élèvent çà et là des mamelons de calcaire de sédiment inférieur. La chaîne du Thüringer-wald se prolonge dans la partie méridionale de la plus grande des deux portions méridionales. On y remarque des sommités couvertes de forêts qui s'élèvent à 1,300 ou 1,400 pieds de hauteur.

Au bas des pentes de ces montagnes, se trouvent quelques plaines et plusieurs vallées fertiles, parmi lesquelles on doit citer celle de Helm. On y trouve aussi des mines de fer, de cuivre, de plomb argentifère et de cobalt. La richesse industrielle du pays consiste principalement dans l'emploi de ces métaux, dans des exploitations de sel, dans des fabriques de porcelaine, de poteries de grès, de tissus de différentes espèces, des verreries et des distilleries; enfin en 13 forges et usines, où l'on fabrique du fer-blanc. Le blé et le lin y abondent; les bestiaux y sont très nombreux.

La PRINCIPAUTÉ de SCHWARZBOURG-RUDOLSTADT comprend une superficie de 57 lieues carrées; la population était, en 1837, de 64,000 habitants.

Le gouvernement représentatif y est établi depuis 1816. L'assemblée législative se compose de trente-six députés élus pour six années, dont six sont pris parmi les possesseurs des biens seigneuriaux, six parmi les propriétaires de terres non seigneuriales, six choisis par les villes, et dix-huit librement élus par les citoyens les plus imposés. Rudolstadt, Frankenhausen et Stadt-Ilm sont les principales villes du pays.

Rudolstadt renferme 4,600 habitants; c'est la résidence du prince; son château, et les collections qu'il renferme sont dignes de l'intérêt des curieux. Cette jolie ville, arrosée par la Saale et située dans le plus grand des deux territoires méridionaux, possède un cabinet d'histoire naturelle riche surtout en coquilles, une bibliothèque de 50,000 volumes, un gymnase, une maison d'éducation pour les filles pauvres, et des fabriques de porcelaine et d'étoffes de laine. Le château, situé sur un rocher qui domine la ville à une petite distance, est maintenant transformé en une maison de force. *Frankenhausen*, sur le Wipper, est peuplée de 4,000 âmes; c'est le siége d'une surintendance, d'un consistoire, d'une chambre fiscale et d'une administration des forêts. Cette ville a un château seigneurial, deux églises, un hôpital et une imprimerie; on y voit des fabriques d'instruments de musique et des teintureries. Dans ses environs, se trouvent des établissements d'eaux minérales, une mine de sel qui produit 20,000 hectolitres, et le château de Rathsfeld, où naquit, en 1726, le poëte Zacharie. *Stadt-Ilm*, ou simplement *Ilm*, porte le nom de la rivière qui l'arrose et qui prend sa source dans le Thuringer-wald; elle est bien bâtie et renferme un château. L'industrie de ses 2,200 habitants consiste principalement dans la fabrication de diverses étoffes de laine; on y compte 2 à 300 métiers. *Leutenberg* n'est remarquable que par le château de Fridenbourg, qui domine cette petite ville. *Schwarzbourg* n'est qu'un village; mais on y voit encore, sur un roc escarpé, le château d'où sont sortis les princes de Schwarzbourg, et, au pied de ce rocher, une maison de correction où l'on travaille le marbre et l'albâtre; une riche carrière d'ardoise est exploitée dans ses environs. Le prince de Schwarzbourg-Rudolstadt possède en commun avec le comte de Stollberg, sous la souveraineté du roi de Prusse, *Heringel* et *Kelbra*, dans la régence prussienne de Mersebourg; mais ces deux villes, peuplées d'environ 1,700 âmes chacune, n'ont rien d'intéressant.

Une superficie de 49 lieues carrées, un revenu d'environ 675,000 francs, une dette publique de 550,000 francs, une population de 56,000 âmes, sont des renseignements qui peuvent donner une idée de la principauté de SCHWARZBOURG – SONDERSHAUSEN. On voit qu'elle est moins importante que la précédente.

Dans cette principauté, point de députés librement élus; aucune institution qui rappelle celles des gouvernements représentatifs, si ce n'est l'institution d'États provinciaux, organisés depuis 1830; le prince, chef de la branche aînée de la famille de Schwarzbourg, jouit d'un pouvoir absolu.

Parmi les villes qu'elle renferme, *Sondershausen* a le rang de capitale. Elle est située au confluent du Wipper et de la Bebra. Environnée de murs percés de trois portes, elle possède un gymnase, une maison de travail et une d'orphelins. Sa population est estimée à 5,000 âmes. Près de la ville, se trouve, sur une hauteur, le château du prince, qui renferme un théâtre dont l'orchestre est fort bien composé, et un beau cabinet d'histoire naturelle et de curiosités, parmi lesquelles on remarque le Pustrich, idole des Wendes, coulé en bronze. A un quart de lieue de là, les bains de Gunther, avec une source d'eau sulfureuse, attirent un grand nombre de baigneurs et de promeneurs qui vont jouir du beau parc qui dépend de cet établissement. Sur le mont Frauenberg, on voit encore les restes du château de Jechabourg, que les Huns détruisirent en 933. A *Greussen*, ville de 2,000 âmes, on compte plusieurs manufactures de toiles et de flanelles; on cultive beaucoup de lin dans ses environs. *Arnstadt* est la seconde ville de la principauté. Elle renferme 4,500 habitants; la Géra la divise en deux parties; c'est le siége des colléges du pays; elle possède un lycée, un hospice des orphelins, trois églises, et un musée des productions de l'art et de la nature dans lequel on remarque une collection très curieuse de poupées vêtues des costumes de différentes époques; elle a des fabriques de toile et de laiton; il s'y fait un commerce assez important. Elle renferme un château; mais le plus remarquable de ses édifices est l'église de Notre-Dame, que l'on prétend avoir été bâtie par les templiers. C'est dans ses environs que se trouve la principale mine de cuivre du pays.

La maison de *Reuss* se compose de plusieurs princes unis par les liens de l'amitié comme par ceux du sang. La branche aînée possède la principauté la plus riche; la branche cadette se subdivise en deux rameaux, dont les possessions sont très inégales en population et en superficie. Les généalogistes font remonter l'origine de cette maison jusque vers l'an 950, et la font descendre d'Eckbert, comte d'Osterode, dans le Harz. Dès le douzième siècle, les princes de cette famille étaient préfets de l'Empire. Ce titre de préfet (en allemand *Vögte*) fit donner au pays qu'ils administraient le nom de *Vogtland*, ou *Voigtland*, qui s'est conservé jusqu'à ce jour. L'un de ces princes, Henri III, surnommé *le Riche*, partagea ses domaines entre ses quatre fils, qui formèrent les branches de *Greitz*, de *Weida*, de *Gera* et de *Plauen*. La première s'éteignit en 1226, la seconde en 1535 et la troisième en 1550. Ce fut un des princes de la branche de Plauen, Henri-le-Jeune, qui fit donner le nom de Reuss à la famille dont il fut la souche. On prétend que ce nom de Reuss, ou de Ruzzo, c'est-à-dire *le Russe*, est un surnom que lui valut une circonstance assez singulière de sa vie aventureuse : il faisait la guerre en Terre-Sainte avec l'empereur Frédéric II, vers l'an 1238, lorsqu'il fut pris par les musulmans et vendu à un marchand russe qui l'emmena dans son pays, où il le garda pendant douze ans comme esclave ; mais des Tatares étant venus ravager la partie de la Russie où il se trouvait, le conduisirent en Pologne et en Silésie, d'où il s'échappa, et vint se réfugier à la cour de l'empereur. Il conserva le surnom qui rappelait le peuple chez lequel il était resté prisonnier, et le transmit à ses deux fils, souches de deux branches de cette maison [1], dont tous les princes portent le nom de Henri, suivi d'un numéro de 1 à 100, et dont les différentes séries, commencées en 1668, se renouvellent sans cesse.

Les trois principautés de Reuss comprennent deux territoires séparés par une distance de 2 lieues. Le septentrional, ou le plus petit, est situé entre la province prussienne de Saxe au nord, le duché de Saxe-Altenbourg à l'est et à l'ouest, et le grand-duché de Saxe-Weimar au sud ; il a 6 lieues de longueur de l'est à l'ouest, et 4 de largeur du nord au sud. Le territoire méridional est borné à l'est par le royaume de Saxe, au sud par la Bavière, à l'ouest par le duché de Saxe-Meiningen, la principauté de Schwarzbourg-Rudolstadt et l'enclave prussienne de Ziegenrück, et au nord par le grand-duché de Saxe-Weimar ; il a 16 lieues de longueur dans la direction du nord-est au sud-ouest, et 7 dans sa plus grande largeur du nord au sud.

La constitution géognostique de la partie septentrionale est plus variée que celle de la méridionale. Dans la première on voit au centre, sur une longueur de 2 à 3 lieues, et sur 2 de largeur, le calcaire ancien appelé *zechstein* par les Allemands, entouré à l'ouest, au nord et à l'est, par des grès bigarrés et des marnes irisées, tandis qu'au sud et à l'est ce sont des schistes argileux. Ces mêmes schistes occupent toute la partie méridionale. Dans celle-ci on exploite du fer, des ardoises et des argiles à poteries.

Les deux territoires sont parsemés de collines couvertes de forêts, dont les plus considérables sont celles de Greitz et de Pollwitz. L'Elster les traverse du sud au nord, mais la Saale n'arrose que la partie méridionale.

La PRINCIPAUTÉ DE REUSS-GREITZ, limitrophe du royaume de Saxe, appartient à la branche aînée de cette famille. Elle se compose de la partie orientale et de la partie occidentale du territoire méridional, c'est-à-dire de la seigneurie de Greitz et de celle de Burg. Sa superficie est de 19 lieues carrées. Son territoire, qui renferme des montagnes et des vallées, est fertile, et son industrie est fort active : elle consiste en manufactures d'étoffes de laine, en forges, en usines et en fabriques d'acier.

Greitz, la capitale, située près de l'Elster, dans une vallée agréable et fertile, renferme deux châteaux, dont l'un a été rebâti en 1802, et dont l'autre est sur une colline au milieu de la ville. Elle a des manufactures importantes et 7,000 habitants. *Zeulenroda*, petite ville commerçante de 4,300 âmes, a un arsenal et un hôpital. Ce sont les deux seules villes de la principauté.

La branche cadette de Reuss se divise aujourd'hui en deux rameaux : celui de Reuss-Schleitz et celui de Reuss-Lobenstein-Ebersdorf.

La PRINCIPAUTÉ DE REUSS-SCHLEITZ a 27 lieues carrées de superficie, en y comprenant la moitié du territoire de Géra. Sa capitale est *Schleitz* sur le Wiesenthal. Dire que cette ville renferme 4,700 individus, un collége, une maison de pauvres, une d'orphelins, un séminaire pour les maîtres d'école, une école du soir pour les ouvriers, et des fabriques de draps, de toiles et de mousselines, c'est en donner une idée suffisante. *Tanna*, où se tiennent des foires considérables, n'a que 1,300 habitants.

Deux petites seigneuries en Silésie, celle de *Quarnbeck*, dans le Schleswig, et quelques villages dans la province de Brandebourg et

---

[1] Voyez *Zopfen*, Reussiche Geravische stadt und Land-Chronica, 1678.

dans le royaume de Saxe, forment encore une population de 8,000 âmes soumise au prince de Reuss-Schleitz.

Un territoire de 38 lieues carrées, y compris la moitié de celui de Géra, constitue la PRINCIPAUTÉ DE REUSS-LOBENSTEIN-EBERSDORF. Son territoire produit une assez grande quantité de fer pour alimenter plusieurs forges importantes, ainsi que de l'alun et du vitriol, dont la vente forme une partie de son commerce.

Le prince fait sa résidence à *Lobenstein*, petite ville que l'on peut regarder pour cette raison comme la capitale de la principauté, et dont les 3,000 habitants possèdent des tanneries et des filatures de laine et de coton. *Ebersdorf* n'est qu'un bourg, mais riche de ses fabriques de broderies, de cotonnades, de savon et de tabac. *Géra* qui, ainsi que son territoire, appartient en commun aux deux princes de la branche cadette de Reuss, est une petite ville que l'on peut regarder comme importante, si on la compare aux trois capitales que nous venons de décrire. Elle est peuplée de 8,000 âmes; elle est riche et industrieuse, et quoiqu'elle ait été presque entièrement détruite en 1780 par un incendie, son commerce a pris une telle extension, qu'on l'a surnommée en Allemagne le *Petit Leipsick*. Elle renferme une maison de détention, un gymnase, et quelques écoles dont une est destinée aux enfants des pauvres. Mais ce qui contribue à l'enrichir, ce sont ses fabriques de cotonnades, d'étoffes de laine, de chapeaux, de porcelaine, et ses tanneries. Plusieurs de ces établissements tirent un grand parti des eaux de l'Elster qui l'arrose.

Nous ne parlerons point de la branche séparée de *Reuss-Köstritz*, dont le petit territoire forme la principauté médiate de ce nom, et qui reconnaît la suzeraineté des deux branches principales des princes de Reuss. Elle réside dans le bourg de *Hohenleuben*.

Entrons dans les États des princes de la maison de Hesse. Ces États, au nombre de trois, la *Hesse-Électorale* ou la *Hesse-Cassel*, le grand-duché de *Hesse-Darmstadt*, et le landgraviat de *Hesse-Hombourg*, sont fort inégaux en population et en superficie.

« On prétend que les *Catti* ont été les ancêtres des Hesses; que le nom de ce peuple, en germain *Catzen*, a été changé en *Hatzen* ou *Hassen*; que le mont Malches, dans la Bergstrasse, canton du grand-duché de Hesse, a été appelé *Melibocus* par les Romains, d'où une partie des *Catti* a dû prendre le nom de *Catti Meliboci*, lequel a été changé en *Catzen-Ellenbogen*, etc., etc.

» Nous ferons observer que le mot *Ellenbogen*, en allemand, veut dire *coude*, et que probablement *Catzen-Ellenbogen* ne veut dire autre chose que le district du pays des Cattes, qui forme pour ainsi dire un coude entre le Rhin et le Mein.

» Quelques-uns disent que la Hesse propre tire son nom d'une petite rivière appelée *Esse* ou *Asse*. Nous n'approfondirons point ces questions oiseuses.

» Tous ces pays appartenaient, dans le moyen âge, aux Francs et aux Thuringiens. Vers l'an 902, on voit paraître des *comtes de Hesse*, dont une ligne vint en possession du landgraviat de Thuringe.

» Le dernier landgrave de Thuringe, Henri-Raspe, mort en 1249, laissa pour héritière une nièce nommée Sophie, qui avait épousé Henri V, duc de Brabant; elle en eut un fils, Henri, surnommé l'Enfant, de qui tous les landgraves descendent. Sophie, comme tutrice de son fils, chercha à se mettre en possession de toute la succession de Henri Raspe; mais les armes victorieuses des margraves de Misnie la forcèrent à se contenter de la Hesse propre.

» En 1294, la Hesse eut le titre de principauté, qui insensiblement a été changé en celui de landgraviat. Il paraît que les descendants d'Henri-l'Enfant s'appelèrent princes de Hesse et landgraves de Thuringe. La dignité personnelle des souverains fut, par abus, transférée à ces États; l'Empire, sans donner à ce titre une sanction formelle, l'a cependant reconnu par un usage constant.

» Philippe-le-Magnanime, landgrave de toute la Hesse, embrassa la réforme de Luther, et joua un grand rôle dans les guerres de religion qui en furent la suite. Il mourut en 1567. Guillaume IV et George Ier, fils de Philippe, fondèrent, le premier la ligne de Hesse-Cassel, le second celle de Hesse-Darmstadt ([1]). »

Maurice, successeur de Guillaume IV, fut

([1]) *Malte-Brun*: Géogr. mathématique, physique et politique, etc., tom. V.

moins heureux : au lieu d'accroître ses États, il fut obligé de renoncer à ses droits sur Marbourg, vit son fils Guillaume V se révolter contre lui, et fut contraint d'abdiquer. Amalie-Elisabeth, veuve de Guillaume V, et régente au nom de son fils Guillaume VI, se distingua par ses vertus, sa valeur et sa prudence : elle acquit Marbourg, et par d'habiles négociations au traité de Westphalie, elle devint maîtresse d'une partie de la principauté de Schauenbourg-Lippe. Frédéric Ier, par suite de son mariage avec la princesse de Suède Ulrique-Éléonore, en 1720, occupa le trône suédois, et confia à son frère Guillaume le gouvernement de la Hesse-Cassel, qui s'augmenta, en 1736, du territoire de Hanau. Cette principauté resta à peu près dans cet état jusqu'en 1801, que par le traité de Lunéville elle perdit Saint-Goar et Rheinfels. En 1803, Guillaume IX, le prince qui la gouverne, changea son titre de landgrave en celui d'électeur. En 1806, il perdit ses États, qui furent répartis entre le royaume de Westphalie et le grand-duché de Francfort; mais il les recouvra par suite des événements de 1813 et 1814.

L'histoire de la Hesse-Darmstadt n'offre pas moins de variations dans l'étendue de son territoire. George Ier, fils de Philippe-le-Magnanime, mis par son père en possession de la ville de Darmstadt, vit ses domaines s'augmenter à la mort de celui-ci; mais Louis V, son fils, céda à Frédéric, son frère, le territoire de Hombourg, qui devint un landgraviat distinct. En 1801, Louis X perdit, par le traité de Lunéville, la partie du comté de Lichtenberg située sur la rive gauche du Rhin. En 1803, il céda plusieurs portions de ses États au grand-duc de Bade et au prince de Nassau-Usingen, et reçut en indemnité le duché de Westphalie, les villes de Worms et de Friedberg et plusieurs petits territoires. Bientôt il céda au grand-duché de Bade Worms et Mayence, en échange de plusieurs autres pays. En 1806, il prit, au lieu du titre de landgrave, celui de grand-duc, entra dans la confédération du Rhin, et jouit d'une augmentation de territoire qu'il perdit en 1815.

A l'époque de la formation de la confédération du Rhin, le landgrave de Hesse-Hombourg avait été dépouillé de ses États en faveur du grand-duc de Hesse-Darmstadt : le congrès les lui restitua, et ajouta même la seigneurie de Meisenheim.

Telle est en peu de mots l'histoire des trois branches de la maison de Hesse.

Après les petits États que nous avons parcourus, la HESSE-ÉLECTORALE paraît plus digne d'intérêt. Une population de 652,000 âmes, une superficie de 575 lieues carrées, lui donnent en effet dans la Confédération germanique un rang assez important.

Cette principauté est bornée au nord par la province prussienne de Westphalie et par une partie du royaume de Hanovre; à l'est par la régence prussienne d'Erfurt, le grand-duché de Saxe-Weimar, le duché de Saxe-Meiningen, et le cercle bavarois du Bas-Mein; au sud par ce même cercle et le grand-duché de Hesse-Darmstadt; à l'ouest par ce même duché et la principauté de Waldeck. Elle possède aussi le cercle de Schmalkalden, enclavé entre le territoire prussien de Schleusingen, et les duchés de Saxe-Cobourg-Gotha et de Saxe-Meiningen; plus le cercle de Schauenbourg, situé loin de la principale masse de la principauté, entre celles de Lippe-Detmold et de Schauenbourg-Lippe, le Hanovre et la province prussienne de Westphalie; enfin elle possède plusieurs petites enclaves dans la Saxe-Ducale et la Hesse-Darmstadt.

Les principaux cours d'eaux qui arrosent la Hesse-Electorale sont d'abord le Weser, qui y reçoit le Diemel; la Fulda, qui s'y grossit des eaux de l'Eder; la Werra qui, sur le territoire hanovrien, va se jeter dans le Weser; enfin le Mein, qui borde une petite partie de sa frontière méridionale. Le pays renferme un grand nombre d'étangs poissonneux, et plusieurs sources minérales, parmi lesquelles celles de Geismar, Hofgeismar, Schwalheim, Vielbel, Volksmarsheim, et Wilhelmsbad, jouissent de quelque réputation.

Les formations géologiques que l'on observe dans la Hesse-Electorale sont très variées : elle offre, dans toute son étendue, des grès bigarrés et des marnes irisées, au milieu desquels s'étendent, à l'ouest et au sud de Cassel, des argiles et des calcaires de sédiment supérieur. Sur la rive gauche du Weser et de la Fulda, s'élèvent çà et là des sommets volcaniques. A l'ouest de la capitale, on voit des calcaires anciens et des marnes bleues inférieures à ces calcaires. Ces marnes règnent aux environs de

Ziegenhayn, sur une longueur de 9 lieues et une largeur de 1 à 2.

Le *Rhōne-gebirge*, chaîne de montagnes qui commence en Bavière, envoie des ramifications dans la partie du sud-est de la Hesse-Electorale, où elle se joint aux *Vogelgebirge*. Un de leurs rameaux porte, le long de la Fulda, le nom de *Fulda-gebirge*. De ces monts dépendent le *Reinhards-wald* et le *Habrichts-wald*, qui couvrent le nord-ouest de la principauté. Quelques hauteurs qui dépendent de la chaîne du Spessart se montrent vers l'extrémité méridionale. Toutes ces montagnes, qui sont composées de calcaire et de marne bleue, sont bordées de basaltes et de volcans éteints. Elles forment les nombreuses vallées qui sillonnent le sol : aussi renferment-elles plus de pâturages et de forêts que de terres propres à l'agriculture. C'est dans le *Fulda-gebirge* que l'on trouve les sommets les plus élevés : le *Milzebourg* atteint la hauteur de 3,290 pieds au-dessus du niveau de la mer, et le *Dammersfeld* celle de 3,640 pieds.

Dans la partie septentrionale de l'électorat, on remarque deux séries de montagnes différentes : au sud-est du bassin de Cassel, elles sont formées de grès bigarrés, en couches horizontales; au nord-ouest, elles sont calcaires et couronnées de basaltes. C'est là que se fait remarquer, sur une longueur de 5 lieues, le *Habrichts-wald*, dont le sommet en plate-forme est garni de forêts, et dont les flancs recèlent des couches de bois bitumineux, exploitées comme des bancs de houille; plus loin, le *Halberg*, montagne de forme conique, mais moins élevée que la précédente, et sur laquelle on voit encore les ruines d'un vieux château, contient des amas de combustible dont l'exploitation est plus considérable encore. Mais à 6 lieues de Cassel s'élève le mont *Meisner*, le plus curieux peut-être par les roches et les substances qui le composent. Un savant géologiste [1] en a donné une description à laquelle nous emprunterons quelques détails intéressants. Cette montagne, séparée de toutes celles qui l'environnent, les domine en s'élevant à 700 mètres au-dessus du niveau de la mer. Depuis sa base jusqu'à son sommet, terminé par une plaine de deux lieues de long sur une de large, on remarque d'abord une masse considérable entièrement composée de calcaire coquillier et de grès; au-dessus une assise de sable, puis une couche de lignite ou de bois bitumineux fossile, dont l'épaisseur a jusqu'à 30 mètres, et recouverte de 100 à 150 mètres de basalte. « L'observateur, après
» avoir étudié la composition de cette monta-
» gne, et jeté les yeux sur les contrées voi-
» sines, ne pourra se dispenser de dire : L'é-
» norme tas de bois qui repose sur cette cime
» y a été certainement charrié; tous ces arbres
» n'ont pas crû sur le lieu même; les eaux
» qui les ont amenés venaient de plus haut,
» et le sol sur lequel elles les ont déposés était
» ainsi un bas-fond; le courant basaltique qui
» les a recouverts sortait d'un cratère placé à
» un niveau encore supérieur. La haute con-
» trée d'où ils sont venus, et d'où la lave est
» sortie, n'existe plus; la montagne domine
» aujourd'hui tout le pays d'alentour, à 15
» lieues à la ronde; et au-delà, dans toute la
» basse Allemagne, il n'y a au-dessus d'elle
» qu'un petit nombre de cimes isolées. Tout
» le terrain contigu qui lui était supérieur a
» donc disparu; il a été détruit et emporté, et
» il ne peut l'avoir été par une cause violente
» et momentanée; la main seule du temps, à
» l'aide des éléments atmosphériques, a pu
» tailler ainsi la montagne dans tout son pour-
» tour, en faire une masse isolée et dégagée de
» tous côtés. » Nous pourrions ajouter à ces réflexions que les bois fossiles du Meisner sont, comme tous les lignites, dus à des dépôts d'eau douce; ainsi la masse de cette montagne, après avoir été formée au fond de l'Océan, sera devenue l'emplacement d'un lac, après quoi l'action volcanique l'aura soulevée; ce qui est plus simple à admettre que la destruction de tous les plateaux qui, dans la première hypothèse, ont dû la dominer.

Les schistes bitumineux et cuivreux des environs de Riegelsdorf renferment, comme ceux de Mansfeld, des poissons fossiles assez bien conservés pour qu'on puisse reconnaître les genres auxquels ils appartiennent. Ces débris d'une création à jamais anéantie, diffèrent presque tous des poissons connus. On a remarqué que les mêmes espèces s'y trouvent ordinairement ensemble, comme si, de leur vivant, elles avaient formé de grandes familles réunies. Le naturaliste allemand Riess a prétendu qu'on avait trouvé dans ces schis-

---

[1] M. *d'Aubuisson de Voisins* : Traité de géognosie, tom. I, pag. 230 et suivantes.

tes la main d'une espèce de singe; mais il est probable que c'était plutôt quelque reste de lamantin ou d'autre mammifère marin, puisqu'on ne connaît aucun exemple bien constaté de quadrumane que dans des couches supérieures du terrain supercrétacé.

Sur le territoire de Hanau, on recueille du cuivre et de l'argile, que l'on emploie dans les fabriques de faïence; près de Konnefeld, de l'albâtre gypseux très blanc, propre à la fabrication de plusieurs objets de luxe, et des grès que l'on emploie à la bâtisse; dans la partie occidentale, arrosée par la Lahn, des tripolis et des jaspes; près des frontières de la Hesse-Darmstadt, et sur le territoire de Schmalkalden, de nombreuses sources salées produisent annuellement plus de 100,000 quintaux de sel; aux environs de cette ville, on exploite des mines qui fournissent plus de 13,000 quintaux de fer en barres, et 4,000 d'acier naturel. L'arrondissement de Cassel possède aussi des richesses minérales : près du bourg de Carlshafen, au pied du Reinhardswald, une source saline occupe trois ou quatre chaudières. A Allendorf, une autre source plus riche et plus abondante alimente 22 bâtiments de graduation, et 24 chaudières, et donne lieu à un produit d'environ 400,000 francs. A Oberkirchen, il y a des houillères, et une mine de fer emploie une soixantaine d'ouvriers; une seconde à Homberg, et une troisième à Rommershausen occupent chacune à peu près le même nombre d'hommes. A peu de distance de Gross-Almerode, la montagne du Hirschberg renferme des couches de schistes dont on retire annuellement environ 400 quintaux d'alun; près de Riegelsdorf, on exploite une mine de cobalt et une mine de cuivre, dont les produits, évalués à 25,000 quintaux, font vivre plus de 1,000 individus. D'autres mines cuivreuses, mais moins considérables, s'étendent à l'ouest de Cassel. Sur les bords de l'Eder, on a établi depuis long-temps des lavages d'or. Enfin, dans plusieurs parties de la Hesse, il existe des houillères, quelques mines de plomb argentifère, des eaux thermales sulfureuses.

Le climat de la Hesse, quoique tempéré, est plutôt froid que chaud, si ce n'est près des bords du Mein, où les chaleurs de l'été sont très fortes. Comme dans tous les pays montagneux, les vallées et les plateaux y présentent, sous le rapport de la température, des différences qui influent plus ou moins sur la nature des produits agricoles. Aux environs de Cassel et de Hanau, on récolte dans les plaines des céréales, des légumes farineux, des fruits de vergers; sur quelques collines, du raisin; dans plusieurs vallées, du lin et du chanvre, et dans les lieux où la culture ne s'est point trop étendue, les bois sont abondants. Dans toutes les dépendances de l'électorat, on compte, suivant Hassel, 1,337,420 arpents de terres labourables, 329,688 employés en jardins, 436,675 en prés ou pâturages, et 984,160 en forêts.

La préparation du lin, l'art de tisser la toile, la fabrication des poteries communes, des faïences, de la porcelaine et du verre; la confection de diverses étoffes de laine et l'emploi des métaux, forment la principale industrie des habitants de la Hesse. C'est surtout aux deux extrémités de l'électorat, sur les territoires de Cassel et de Hanau, que les produits industriels sont le plus considérables. Cependant, malgré la protection que le gouvernement accorde à l'industrie, on pourrait désirer plus de liberté sous ce rapport, et surtout moins de corporations; leur influence routinière, l'esprit qui les anime toutes, sont plutôt nuisibles qu'utiles au perfectionnement. Ce n'est que depuis quelques années qu'il est permis d'exercer tous les métiers dans les villages. Au surplus, le soin qu'on a pris d'établir un conseil des arts et métiers, chargé du maintien des règlements en usage, de l'examen des diverses observations relatives aux inventions et aux améliorations proposées, et de la distribution des médailles d'encouragement pour les plus beaux ouvrages faisant partie de l'exposition industrielle qui a lieu à différentes époques, donnera au gouvernement hessois les moyens de s'éclairer sur les intérêts de ses fabriques.

Le commerce de la Hesse consiste dans l'exportation de ses produits et le transit des marchandises expédiées par Francfort, pour le nord de l'Allemagne. Le Weser, la Werra et la Fulda facilitent ses moyens de transport. Suivant Stein, Cassel expédie chaque année, pour les foires étrangères, du fil et de la toile, dont la valeur représente environ 5,000,000 de francs, plus 120,000 cruches d'eau minérale, ainsi qu'un grand nombre d'autres marchandises, en échange desquelles elle reçoit du sucre, du café, du coton, des vins de France et d'Allemagne, de la graine de lin et de chanvre, etc. Quoique la balance commerciale soit un mot vide de sens, puisque chaque État est toujours obligé de fournir pour le commerce une valeur égale à celle qu'il reçoit, on peut dire que, dans ses rapports avec les pays étrangers, la Hesse doit avoir l'avantage, parce que la classe des industriels y est sobre et économe, et que par conséquent elle consomme moins qu'elle ne produit.

Le gouvernement de la Hesse-Électorale est une monarchie constitutionnelle : le pouvoir du prince y est tempéré par celui des États. La liberté de la presse, celle des débats parlementaires, et celle de l'industrie ; le service militaire limité à 5 ans ; l'affranchissement des communes, et la reconnaissance publique de leurs droits ; l'organisation d'une garde bourgeoise, et le principe admis par le gouvernement d'une sorte de concours pour l'admission aux emplois publics, et d'un jugement pour en être destitué : telles sont les principales bases de la constitution que le chef de l'État, cédant au vœu général de la nation, a promulguée le 8 janvier 1831 [1].

Le catholicisme est en minorité dans l'électorat de Hesse ; on y comptait en 1832 environ 375,600 réformés, 156,300 luthériens, 114,100 catholiques, 5,880 israélites, et près de 120 mennonites. Plusieurs familles descendent des

---

[1] Voici quelques uns des principaux articles de cet acte :

« Les droits des israélites seront réglés par une loi particulière. — Les corvées de différents genres n'auront plus lieu, ou bien elles seront modifiées ou rachetées.

» Il ne sera plus accordé de priviléges pour le commerce ni l'industrie. Les monopoles existants seront abolis par une loi particulière. — Il sera délivré par le gouvernement des brevets d'invention, mais pas pour plus de dix ans.

» Il y aura liberté entière de la presse et de la librairie. — Une loi statuera sur les délits de la presse. — La censure n'aura lieu que dans les cas fixés par les lois de la Confédération.

» La violation du secret des lettres sera poursuivie criminellement. — Personne ne pourra être poursuivi pour la libre expression de simples opinions.

» Tout homme en état de porter les armes doit ses services à la patrie en cas de nécessité. — Le service dans l'armée active ne s'étendra pas au-delà de cinq ans.

» L'organisation de la garde bourgeoise sera fixée par une loi. — Les droits et les obligations des communes seront réglés par une loi municipale. — Les biens ou les revenus communaux ne pourront jamais être réunis à ceux de l'État.

» Les emplois et charges de l'État ne seront conférés qu'après un examen qui aura constaté la capacité du candidat. Aucun fonctionnaire ne pourra être démis de ses fonctions, ou son traitement diminué, que sur un jugement. »

La composition de l'assemblée des États est déterminée ainsi qu'il suit :

1° Un prince de la maison électorale pour chacune de ses lignes apanagées ;

2° Les chefs de chacune des maisons princières ou comtales autrefois États de l'Empire possessionnées dans l'électorat ;

3° Le sénieur de la famille de Riedesel ;

4° Un des supérieurs des chapitres nobles de Kauffungen et de Wetter ;

5° Un député de l'université ;

6° Un député de la noblesse de l'ancienne Hesse, pour chacun des cinq districts de Diemel, de la Fulda, de la Schwalm, de la Werra et de la Lahn ;

7° Un député de la noblesse du comté de Schauenbourg ;

8° Un député de l'ancienne noblesse immédiate de la province de Fulde et Hunfeld ;

9° Un député de l'ancienne noblesse immédiate et de la noblesse possessionnée de la province de Hanau ;

10° 16 députés des villes, savoir : 2 de Cassel, 2 de Hanau, 1 de Marbourg, 1 de Fulde, 1 de Hersfeld ou de Melsungen alternativement, 1 de Schmalkalden, 1 des villes de Rinteln, Obernkirchen, Oberndorf, Rodenberg et Sachsenhagen, etc., etc. ;

11° 16 députés pour les districts des campagnes.

« Lors de l'élection d'un député, on choisit en même temps un suppléant pour le cas où il serait empêché de vaquer à ses fonctions.

» Lorsqu'un député est nommé fonctionnaire de l'État, une nouvelle élection a lieu. Le même député peut être réélu.

» Les députés ne votent que d'après leur conscience, et non en obéissant aux termes d'un mandat.

» Les résolutions sont prises en séance, à la majorité absolue des voix. Il faut qu'il y ait au moins présents les deux tiers de tous les députés. — Lorsque les voix sont également partagées, l'affaire est remise à la séance suivante. — S'il n'y a pas encore alors de majorité, la voix du président décide exceptionnellement de la préférence. Dans ce cas, l'opinion de la minorité se communique au gouvernement. — Les membres votent sans égard à la différence de conditions ou de districts. — Les séances de l'assemblée des États sont ordinairement publiques.

» Les députés et leurs suppléants sont nommés pour trois ans. — A la fin de la troisième année, on procède à de nouvelles élections, sans qu'il y ait convocation de la part du gouvernement.

» Le souverain convoque les États toutes les fois qu'il le juge nécessaire. — Il doit y avoir au moins une session dans l'espace de trois ans. — Il y aura une session sans convocation à chaque changement de règne. — Le souverain peut ajourner et dissoudre les assemblées. — Les ajournements ne pourront pas être de plus de trois mois. — Lors d'une dissolution,

réfugiés français qui, au nombre de 3,000 à 4,000, quittèrent la France après la funeste révocation de l'édit de Nantes; mais elles ont oublié leur langue maternelle, et sont tellement confondues avec les familles allemandes qu'on dirait que les devoirs de l'hospitalité et ceux de la reconnaissance n'ont pas peu contribué à compléter cette sorte de fusion.

Nous avons fait voir que sous le rapport commercial la Hesse-Électorale est une des plus riches puissances du troisième ordre; il en est de même sous le rapport financier : elle n'a plus de dette publique. Sa force militaire est aussi dans une proportion analogue. On sait qu'en 1814 la levée générale qu'elle fit, sous le nom de *landsturm*, s'éleva à 82,000 hommes d'infanterie et à 2,000 de cavalerie. En 1816, son armée se composait d'environ 22,000 hommes, y compris 6,000 de *landwehr*; aujourd'hui elle est réduite à 2,400 hommes, sans compter le contingent qu'elle doit fournir à la Confédération. Un corps de dragons, organisé comme notre gendarmerie, est destiné à maintenir la tranquillité publique.

L'électorat renferme 62 villes, dont les moins importantes sont *Hofgeismar*, connue par le château ducal et le bel établissement de bains situés à une demi-lieue de ses murs; *Eschwege*, arrosée par la Werra, et enrichie par le commerce de transit et par la culture du tabac; au pied du mont Meisner, *Allendorf*, dont les environs renferment une source saline qui produit plus de 90,000 quintaux de sel; *Rothenbourg*, résidence du landgrave de Hesse-Rothenbourg, qui possède, sous la souveraineté de l'électeur et du duc de Nassau, 8 villes et 219 villages, mais qui, par suite d'arrangements particuliers, reçoit une rente annuelle de 300,000 francs; *Homberg*, dominé par une colline que couronne un vieux château, dans lequel on voit un puits de 480 pieds de profondeur ; enfin sur une montagne élevée, que baigne la petite rivière de Kinsig, *Gelnhausen*, dont le territoire est riche en vignobles; ville entourée de murailles, et défendue par un fort situé dans une île. Près de là se voient les ruines du château de *Pfalz*, ancien séjour de l'empereur Frédéric-Barberousse. Cependant plusieurs cités assez importantes occupent le territoire de la Hesse.

Cassel, sa capitale, est la plus considérable. Sa population ne s'élève pas à moins de 30,000 âmes. Bâtie sur la Fulda, elle est divisée en trois quartiers principaux : la vieille ville, la nouvelle ville basse et la nouvelle ville haute, ou la ville française. Les deux premières sont anciennes et conséquemment mal bâties; la dernière, qui est plus la récente, est composée de rues larges et alignées, dans lesquelles on remarque plusieurs maisons construites avec élégance; la plus belle de ces rues est celle de *Bellevue*, d'où l'on aperçoit le château. Ses principales places sont la place Royale, celle de la Parade, celle de Frédéric, et celle des Gendarmes. Sur la première on remarque un écho qui répète les sons plusieurs fois ; la seconde est très belle ; sur la troisième, on a rétabli, depuis la restauration, la statue du landgrave Frédéric II. La place Charles est ornée de la statue du landgrave de ce nom. De tous les édifices de Cassel, les plus importants sont l'église catholique de Saint-Martin, l'arsenal, et le palais électoral qu'un incendie réduisit en cendres en 1811, mais qu'on a commencé à rétablir en 1817. Cette ville possède un lycée, un séminaire de maîtres d'école, un observatoire, une académie de peinture et plusieurs autres établissements consacrés à l'instruction. Le musée Frédéric, qui forme

les colléges électoraux seront convoqués immédiatement, et une nouvelle session aura lieu dans les six mois.

» Le souverain fait l'ouverture et la clôture des sessions en personne ou par un commissaire. — Les sessions ne devront pas durer, dans la règle, plus de trois mois.

» Hors le cas du flagrant délit, les membres de l'assemblée des États ne peuvent, pendant la durée des sessions, et six semaines avant ou après, être arrêtés que du consentement des États. — Les États veilleront à ce que l'héritier de la couronne remplisse, à son avénement, les conditions voulues par le paragraphe 6, qui porte qu'il promettra de maintenir la constitution et de gouverner conformément à ses lois, et qu'il signera à cet effet un document qui sera déposé dans les archives, après quoi on lui prêtera serment.

» Le territoire ne pourra, en tout ou en partie, être grevé d'une dette qu'avec le consentement des États.

» Le gouvernement rend seul les décrets qui ont pour objet le maintien et l'exécution des lois ex stantes. — Il peut prendre sans tarder, lorsque les États ne sont pas assemblés, les mesures d'urgence que commande la sûreté du pays, avec la coopération toutefois du comité des États, qui reste en fonction d'une session à l'autre. — L'assemblée sera ensuite convoquée immédiatement. »

le plus bel ornement de la place de ce nom, renferme une belle bibliothèque, une riche collection d'antiques, d'objets de curiosités et d'instruments de physique et de mathématiques. Le jardin de Bellevue l'esplanade et le beau parc de l'Augarten, sont les principales promenades de la ville. Cassel ne peut point être rangée parmi les villes de haut commerce, cependant il s'y tient deux foires considérables. On y fabrique des toiles, des tissus de laine et des faïences qui imitent celles d'Angleterre.

Ce que l'on admire le plus dans ses environs, c'est la belle maison de plaisance de *Wilhelmshöhe*, qui, lorsque Cassel était la capitale du royaume de Westphalie, portait le nom de *Napoleonshöhe*, séjour enchanteur et peut-être unique en Allemagne. « La véritable merveille de cette résidence, c'est le château des Géants, communément nommé l'Octogone, bâtiment bizarre, mais imposant, qui couronne la cime du mont Karlsberg. Cet édifice est composé de trois rangs d'arcades soutenues par 192 énormes piliers; sur la plate-forme qui couvre ces arcades s'élève une pyramide de 96 pieds d'élévation, laquelle porte un Hercule en cuivre, haut de 31 pieds. Le creux de la massue du demi-dieu peut contenir sept ou huit personnes. On peut aussi monter, mais avec quelque danger, dans le creux de la statue même. Dans le centre de l'Octogone se trouve un bassin profond de 100 pieds, où se rassemblent toutes les eaux des montagnes voisines, pour se répandre dans le parc. La grande cascade qui est au pied de l'Octogone est défigurée par une foule de bassins ou de fontaines, où l'on voit l'eau jaillir tantôt de la bouche d'un géant, tantôt des feuilles d'un artichaut. L'Italien Gueneri, qui a imaginé tout ceci, avait un goût très faux. En simplifiant les constructions, on obtiendrait la cascade artificielle la plus majestueuse qu'il soit possible de trouver.

» Le jet d'eau produit par les eaux de la cascade forme une colonne de 160, ou, selon d'autres, de 180 pieds d'élévation.

» Sur une autre montagne, au milieu des bois, s'élève le château du Lion ou le Löwenbourg. C'est l'imitation exacte de la demeure d'un ancien paladin. Des ponts-levis, des tours à créneaux, des vitraux, des meubles antiques, des armures et de vieux portraits, tout rappelle ici les siècles de la chevalerie. Dans une petite bibliothèque on trouve une collection complète de tous les romans de chevalerie dont l'Allemagne est inondée. »

Marbourg, sur la Lahn, prend le titre de capitale de la haute Hesse; c'est une ville de 10,000 habitants. Elle possède une belle église gothique qui renferme des tableaux et des sculptures de Durer, et les tombeaux de plusieurs princes de la Hesse; une université qui date de 1527, et dans laquelle les jeunes théologiens sont obligés d'étudier l'économie rurale; une bibliothèque de 55,000 volumes, une société d'histoire naturelle, fondée en 1817, et des manufactures de serge et de camelot.

Smalcalde ou *Schmalkalden*, qu'arrose une petite rivière qui porte le même nom, est une ville bâtie à l'antique, environnée d'une double muraille et d'un fossé à sec : on y remarque deux châteaux appartenant à l'électeur : celui de *Hessenhof*, qui est fort ancien, et celui de *Wilhelmsbourg*. Dans un État comme la Hesse, une ville qui renferme 5,400 habitants, qui possède une saline dont le produit est évalué à 12,000 quintaux, des usines et des manufactures de quincaillerie, une imprimerie renommée, et une papeterie, doit prendre place parmi les principales cités; mais ce qui lui donne plus d'importance aux yeux de l'historien, c'est que Smalcalde a été le théâtre des conférences et des traités qui eurent lieu à diverses reprises, depuis l'an 1529 jusqu'en 1540, entre les princes protestants qui entreprirent, dans l'intérêt de la réformation, de résister à Charles-Quint, qui s'était fait le protecteur de Rome, après l'avoir pillée. Smalcalde est la patrie de Christophe Cellarius, l'un des plus savants philosophes du dix-septième siècle, auquel on doit la réimpression de plusieurs auteurs anciens, et un assez bon traité de géographie. Il faut visiter, dans les environs de cette ville, le célèbre Stahlberg, ou la montagne d'Acier, qui n'est pour ainsi dire qu'une masse de fer.

Rinteln, à environ 20 lieues de Cassel, sur la rive gauche du Veser, renferme 4,000 habitants, et un gymnase qui remplace son ancienne université, qui fut supprimée sous le règne de Jérôme Napoléon.

Fulde, située sur la Fulda, est plus considérable que Smalcalde : sa population est de

10,000 âmes au moins. C'est le siége d'un vicariat épiscopal, d'une cour supérieure de justice, d'une administration forestière et d'une inspection des ponts et chaussées. On vante son pont en pierre et sa ci-devant cathédrale, ou l'église de Münster, qui renferme les restes de l'apôtre allemand saint Boniface, en grande vénération dans le pays, et le palais de l'évêque-souverain qui gouverna le duché de Fulde jusqu'en 1803, époque à laquelle la principauté dont elle était autrefois le chef-lieu passa entre les mains du prince de Nassau-Orange, et, par suite de conventions particulières, devint plus tard une province hessoise. La ville de Fulde est formée de rues étroites et de maisons anciennes. Son sol est à 600 pieds au-dessus du niveau de la mer. Le gymnase, la bibliothèque, l'école des arts et métiers, l'école d'accouchements, et d'autres utiles établissements, sont bien entretenus. Du temps de son évêque, elle renfermait plusieurs couvents dont les bâtiments ont reçu depuis une destination plus utile. Les capucins et les franciscains ont été réunis dans la même maison, aux environs de la ville; deux couvents de femmes, auxquelles on confie l'éducation des jeunes personnes, ont été également conservés.

Le pays de Fulde, quoique peu étendu, est intéressant sous plusieurs rapports : on y récolte en abondance du blé, des fruits et du bon vin, peut-être moins bon cependant que lorsque les principaux vignobles appartenaient à des moines qui, en le conservant pendant dix ans dans de grands foudres, en décuplaient la valeur. Quelques uns de ces vins se vendaient alors jusqu'à 9 florins la bouteille. Partout, dans cette province, le peuple est industrieux, actif et laborieux.

Après Cassel, la ville la plus considérable de la Hesse est *Hanau*, chef-lieu de province, et peuplée de 15,000 individus. Cette cité est divisée en vieille et nouvelle ville : cette dernière seulement est bâtie avec régularité, mais à la manière hollandaise, parce qu'elle doit son origine à des Wallons et des Hollandais, qui la fondèrent vers l'an 1600. On y remarque la place de l'hôtel-de-ville. L'ancienne ville, mal bâtie, renferme une belle place d'armes et un château où réside souvent le prince. Hanau possède, au nombre de ses établissements utiles, un vaste hôpital, un arsenal, un mont-de-piété, un gymnase et une académie de dessin ; et parmi ses curiosités, le musée de la société des naturalistes de Wettéravie, et le cabinet de minéralogie de M. de Leonhard, professeur distingué. Située au confluent de la Kinsig et du Mein, cette ville est dans une position agréable. L'électeur a dans ses environs une maison de plaisance appelée *Philippsruhe*; à *Wilhelmsbad*, qui n'est cependant pas à une lieue de Hanau, et dont le nom indique un établissement thermal, on remarque un autre château appartenant au prince. Ses jardins considérables, bien dessinés, mais entretenus avec parcimonie, sont le rendez-vous des baigneurs et de tous les habitants des environs. A *Salmünster*, il y a un couvent de franciscains, et à *Schlüchtern*, qui n'a pas 1,500 habitants, une école latine.

Nous sommes entrés dans des détails assez longs sur la Hesse-Électorale ; mais que pouvons-nous dire du LANDGRAVIAT DE HESSE-HOMBOURG, d'une principauté qui, d'après des renseignements officiels et des calculs rigoureux, ne compte pas 25,000 habitants, sur une superficie de 20 lieues carrées ; dont les revenus ne s'élèvent pas à plus de 320,000 francs, tandis que sa dette publique est de 1,100,000, et dont la force militaire ne se compose que de 250 hommes ? Malgré son peu d'importance, elle a encore le désavantage d'être formée de deux petits territoires, éloignés l'un de l'autre de plus de 20 lieues. L'un est celui de *Hombourg*, situé entre les possessions de la Hesse-Darmstadt, et celles de Nassau ; l'autre, qui est le plus étendu, est celui de *Meissenheim*, sur la rive gauche du Rhin, entre le cours de la Nahe et celui de la Glan, et limitée à l'ouest par la principauté de Birkenfeld, au sud par celle de Lichtenberg, à l'est par les provinces rhénanes de la Bavière, et au nord par la régence prussienne de Coblentz. Le premier comprend 6 lieues carrées, et le second 14.

Le sol des deux portions du landgraviat de Hesse-Hombourg est fertile en produits agricoles et riche en mines : le territoire de Hombourg en renferme quelques unes; celui de Meissenheim possède des forges et des houillères : la formation du schiste argileux domine dans les deux principautés. *Hombourg-vor-der-hohe*, ou *devant la hauteur*, surnommé ainsi pour le distinguer du Hombourg qui appartient à la Bavière, est la capitale du landgraviat. Cette ville est située au pied d'une hauteur sur laquelle est le château du prince ; elle est petite, mais assez bien bâtie. Sa population est de 3,500 âmes ; son industrie consiste en fabriques de toiles, de soieries, de flanelles et de bas de laine. *Meissenheim*, sur la rivière de Glan, n'a que 1,800 habitants, dont le commerce consiste dans la vente des produits d'une verrerie et de deux usines où l'on travaille le fer, d'une mine de mercure, que l'on exploite dans ses environs, et des vins de son territoire.

Le GRAND-DUCHÉ DE HESSE-DARMSTADT est un peu moins étendu que l'électorat de Hesse ; cependant il est plus peuplé. Sa superficie est de 490 lieues carrées, et sa population de 761,000 individus. On peut juger, par cette évaluation, de la richesse de ce grand-duché. Il est formé de deux portions séparées par le territoire de Francfort-sur-le-Mein, et la province hessoise de Hanau. La partie septentrionale est limitée, à l'ouest, par le duché de Nassau et la province prussienne de Westphalie, au nord, à l'est et au sud, par la Hesse-Électorale. La seconde est bornée au nord par la principauté de Nassau, le territoire de Francfort et l'électorat de Hesse ; à l'est par la Bavière, au sud par le grand-duché de Bade, et à l'ouest par les provinces rhénanes bavaroises et la régence prussienne de Coblentz. La partie septentrionale a 21 lieues de long sur 12 de large, l'autre 23 sur 15. Outre ces deux principales parties, la Hesse-Darmstadt possède neuf autres petits territoires, dont trois, ceux de Eimelrode, Höringhausen et Vöhl, sont enclavés dans la principauté de Waldeck ; trois autres, ceux de Finkenhof, Helmhof et Wimpfen, se trouvent dans le grand-duché de Bade, et les trois dernières, moins considérables encore, sont entre le duché de Nassau, la Hesse-Hombourg, la Hesse-Électorale et le territoire de Francfort.

Les terrains du territoire de la Hesse-Darmstadt, situé au nord de Francfort, sont composés, comme ceux de la Hesse-Electorale, de calcaires anciens, de grès de sédiment supérieur appelé mollasse, de marnes bleues, inférieures au calcaire du Jura, et de montagnes volcaniques. Ceux qui s'étendent au sud de Francfort appartiennent, sur la rive gauche du Rhin, à une époque à peu près contemporaine de celle des terrains parisiens. A l'est de Darmstadt, ce sont des porphyres ; au sud, des roches granitiques appelées syénites ; et plus au sud encore, des granites anciens. Sur ces trois formations différentes reposent, dans toute la partie orientale, des grès bigarrés et des marnes irisées. Dans la Hesse septentrionale s'étend la chaîne basaltique du Vogelsberg, couverte de forêts, et dont les sommets aigus comme ceux du Feldberg, ne dépassent point 2,600 pieds. Sur les bords du Rhin, c'est-à-dire dans la contrée méridionale, le Malclenberg s'élève à 600 toises au-dessus du niveau de la mer. Les montagnes sont assez riches en cuivre, en plomb et surtout en fer. Les produits annuels du cuivre sont d'environ 1,000 quintaux, et ceux du fer, de 15 fois autant. On y exploite aussi beaucoup de pierres de taille et d'ardoises ; mais les houillères et les salines ne suffisent pas à la consommation.

Dans l'intérieur de la partie méridionale, les montagnes font place à des plaines qui se prolongent depuis l'Odenwald jusqu'à la rive droite du Rhin ; ce fleuve y reçoit le Mein sur sa droite, et la Nahe sur sa gauche. Dans la partie septentrionale, les principaux cours d'eau sont la Lahn, la Nidda et le Wetter, affluent de celle-ci.

La plus fertile des deux contrées est celle qui borde le Rhin. Dans presque toute cette partie de la Hesse, les coteaux sont garnis de riches vignobles, dont les plus estimés sont ceux de Bodenheim, Bingen, Dienheim, Gaubischofsheim, Kostheim, Laubenheim, Mayence, Nackenheim, Nierstein, Oppenheim et Worms. Grosswinterheim, Heidesheim, Niederingelheim et Oberringelheim, produisent de très bons vins rouges ; les plaines et les vallées sont couvertes de beaux vergers et de champs d'une grande fécondité. La partie montagneuse présente seule quelques exceptions à cet ensemble général, mais elle offre en compensation des richesses minérales assez importantes ; d'ailleurs le peuple y est plus industrieux que dans les pays de plaines, quoique, en général, le Hessois paraisse être très laborieux et doué d'une grande activité. Les arrondissements agricoles exportent du blé, des vins, des fruits secs, des bêtes à cornes et des brebis ; ceux des pays de montagnes livrent au commerce diverses étoffes de laine, des toiles de coton et de lin, des cuirs, des métaux et des objets de quincaillerie. Les avantages que l'industrie retire de la fécondité et de la richesse du sol sont encore encouragés par un gouvernement sage et éclairé, qui s'est empressé d'adopter en 1820 le système représentatif. La nation hessoise ne pouvait pas attendre moins d'un descendant de Philippe-le-Magnanime. Mais ce système ne serait qu'une triste déception, s'il ne servait qu'à entraver légalement l'essor des libertés publiques.

Nous pouvons donner une idée de l'industrie de la Hesse-Darmstadt en citant quelques branches de fabrication. Les manufactures où l'on travaille les métaux sont peu importantes, si l'on en excepte les forges et toutes les usines ou l'on travaille le fer ; mais on comptait, il y a quelques années, dans le pays, 13 papeteries, 22 fabriques de potasse, 20 manufactures de tabac et environ 2 de soieries, 3 de cartes à jouer, 4 d'amidon, 3 de toiles cirées et 4 de draps. Le commerce est favorisé par le cours du Rhin et celui du Mein, qui forment une partie des limites du grand-duché, et par des routes entretenues avec soin. Il est vrai que ce qui neutralise l'heureuse situation de la Hesse sous le rapport commercial, ce sont les entraves apportées par le système des douanes.

Dans ce grand-duché, on trouve un plus grand nombre de mennonites que dans les autres principautés allemandes ; on en comptait, en 1832, plus de 1,200 ; celui des israélites s'élevait à environ 20,000, celui des luthériens à 400,000 et celui des réformés à près de 86,000 ; le reste de la population se compose de catholiques. On y compte 635 églises pour le culte de la confession d'Augsbourg, 126 temples réformés et 166 églises catholiques.

Suivant l'acte constitutionnel, il y a dans le grand-duché une chambre des députés et une chambre haute, dont une partie est héréditaire et dont 10 membres sont nommés à vie par le prince ; l'âge auquel ils peuvent prendre part aux délibérations est fixé à 25 ans. La seconde chambre se compose de 6 députés nobles, de ceux des villes d'Alsfeld, Bingen, Darmstadt, Friedberg, Giessen, Mayence, Offenbach et Worms, et de 34 députés des bailliages ou districts. L'une des bases fondamentales de cette constitution est la liberté de la presse.

Le grand-duc convoque les députés des États lorsqu'il s'agit de lever de nouvelles contributions. Depuis 1819, un code de lois a été rédigé sur le modèle des codes autrichiens ; une cour suprême d'appel est chargée de la révision de toutes les affaires criminelles; malheureusement l'inamovibilité des juges n'a point encore été admise en principe. Un conseil suprême, présidé par le grand-duc, surveille tous les travaux publics du pays. Dans chaque province, les justices de paix sont soumises à une régence qui remplit les fonctions de cour de première instance ; d'autres cours sont chargées de tout ce qui a rapport à l'administration de la justice ; enfin la révision des comptes des caisses provinciales, et tout ce qui regarde les contributions et les finances, est soumis à des collèges chargés de les contrôler.

La force militaire de cet État se compose d'environ 8,000 hommes ; son contingent pour la Confédération germanique s'élève à plus de 7,000. En temps de guerre, il peut mettre à sa disposition un corps assez considérable de *landwehr* ; on sait qu'en 1814 cette masse irrégulière se composait de 95,000 hommes, dont plus de 16,000 étaient armés de fusils. D'après un décret du 24 août de la même année, cette institution fut déclarée permanente, et, depuis 1817, une grande partie a été armée et habillée d'une manière uniforme.

Nous avons donné au gouvernement de ce pays les éloges qu'il mérite pour les encouragements qu'il accorde au commerce et à l'industrie ; cependant nous ne pouvons nous dispenser de lui reprocher une sorte de parcimonie dans la répartition des bienfaits de l'éducation et des lumières. Le grand-duché renferme, il est vrai, des écoles et une université qui suffisent peut-être aux besoins de la nation ; mais était-il nécessaire de tracer des lignes de démarcation pour les familles qui veulent faire donner à leurs enfants une éducation au-dessus de leur état? Afin de diminuer le nombre de ceux qui désirent s'adonner aux sciences, dit Stein, un décret du mois de juin 1812 ordonna qu'à l'avenir nul individu de la classe des bourgeois ou de celle des paysans ne pourra destiner ses enfants aux études universitaires, s'il n'a préalablement fourni les certificats de capacité nécessaires et s'il n'en a obtenu la permission du souverain. Quel danger peut-il y avoir à admettre dans les écoles des enfants de bourgeois et de paysans, qui peuvent un jour devenir des hommes utiles à la patrie? N'est-ce point assez que ceux qui sont privés des moyens de payer une éducation qui exige toujours des sacrifices pécuniaires considérables, soient forcés de ne donner à leurs enfants qu'une instruction limitée?

Le grand-duché est divisé en trois provinces : celle de Starkenbourg, dont les principales villes sont Darmstadt et Offenbach; celle de la Haute-Hesse, ayant pour chef-lieu Giessen, et comprenant huit villes de 2,000 à 3,000 âmes; enfin celle du Rhin, dont le chef-lieu est Mayence, et dont les autres villes les plus importantes sont Worms et Bingen. Nous commencerons notre description par la Haute-Hesse.

Giessen, ville de 8,000 habitants, est située au confluent du *Wieseck* et de la *Lahn*. C'est une ancienne place de guerre, dont les remparts ont été convertis en promenades; elle est célèbre dans la Hesse par son université, fondée en 1607, et que fréquentent annuellement 3 à 400 étudiants. Deux bibliothèques publiques, un observatoire, des jardins botaniques, où l'on enseigne tout ce qui a rapport à l'économie rurale et forestière, une école d'accouchement, des écoles élémentaires gratuites, des sociétés savantes et littéraires, prouvent que les arts, comme les sciences utiles, y sont cultivés. On y compte plusieurs manufactures de lainages et de cotonnades. Le village d'*Oberklée*, situé dans ses environs, a donné naissance à Hert, célèbre jurisconsulte, plus connu par son nom latin de Hertius, auteur de divers ouvrages estimés, et de plusieurs mémoires sur l'histoire et la géographie de l'ancienne Germanie.

Les villes les plus importantes de la province, après Giessen, sont *Lauterbach*, qui n'a que 3,400 habitants; *Alsfeld*, qui fabrique beaucoup de draps communs, et qui a un château, deux églises, et un hospice des orphelins; *Schlitz*, qui fait un bon commerce de cervelas et de saucisses; *Schotten*, sa rivale dans la même branche d'industrie; *Gernsheim*, moins peuplée, renferme un bel hôtel-de-ville; *Gräningen*, qui n'est presque qu'un village, fait partie des possessions du prince de Solms-Braunfels, dont la famille l'engagea à la Hesse, en 1755, pour sûreté d'un prêt.

Darmstadt, la capitale, n'est point la ville la plus considérable du grand-duché, depuis que Mayence fait partie de cette principauté. Elle renferme 24,000 habitants; la petite rivière de Darm lui a donné son nom. Darmstadt est divisée en vieille et nouvelle ville : la première, entourée d'une antique muraille, est noire, triste, et ne renferme rien de remarquable; dans la seconde, qui est assez bien bâtie, se trouvent le château grand-ducal, le musée, contenant une galerie de tableaux, une salle remplie de statues et d'armures antiques, et un cabinet d'histoire naturelle; le gymnase *grand-ducal*, qui existe depuis plus de deux siècles; le séminaire destiné à former des instituteurs primaires; l'école royale, fondée en 1826; l'académie de dessin pour les militaires; l'école des arts et métiers, et une bibliothèque de plus de 90,000 volumes. On cite parmi ses édifices le vaste bâtiment destiné aux exercices militaires, la salle de l'opéra, la caserne d'artillerie, le palais du prince héréditaire, et la principale église, qui renferme les tombeaux des anciens princes de la maison régnante.

Au nord de Darmstadt, sur la rive gauche du Mein, s'élève la jolie ville d'*Offenbach*, peuplée de 8,000 âmes, et riche de ses manufactures de soieries, de toiles cirées, de tabac et de passementerie. *Heppenheim*, sur une belle route qui traverse la montagne de Bergstrasse, est une petite ville murée, avec deux faubourgs. On voit près de là, sur l'Odenwald, les restes du château de Starkenbourg, qui a donné son nom à la province. C'est la résidence des princes d'Isenbourg-Birstein. Au confluent du Rhin et de la Nahe, *Bingen*, située dans un canton riche et agréable, fait un commerce considérable de blés, de vins, de cuirs et d'étoffes de laine; on ne lui donne que 4,000 habitants. Depuis 1689 que Louis XIV la démantela, elle n'a plus recouvré l'importance stratégique que sa position lui donnait.

Sur la rive droite du Rhin s'élève à pic le mont *Rudesheim*, que couronne le vieux château d'*Ehrenfels*; sur l'autre rive, les rochers amoncelés sont couverts de ruines qui ne sont que les restes de vieux donjons du moyen âge. C'est au bas de ces rochers que le Rhin forme une cataracte appelée *Bingerloch*, qui présente au navigateur un obstacle dont on exagère les difficultés, mais qui n'est réellement dangereux que lorsque les eaux sont basses. Au-dessous de cette chute on voit sur un rocher, au milieu du fleuve, le *Mausthurm* ou la *Tour-des-Souris*, vieil édifice sur lequel les anciennes légendes racontent une foule de récits plus ou moins fabuleux. Il paraît que cette tour, ainsi que le château d'Ehrenfels, datent du commencement du treizième siècle.

Worms, qui paraît être la ville de *Borbetomagus*, que Ptolémée désigne comme la principale cité des *Vangiones*, peuple dont nous parlerons en décrivant les provinces rhénanes de la Bavière, reçut, sous la seconde race de nos rois, le nom de *Vormatia*, originaire de celui qu'elle porte. Les Vandales la ruinèrent en 407, les Huns en 451, les Normands en 891, et les Français en 1689. Cette antique cité ne renferme que des rues étroites et sombres; on y remarque la cathédrale, beau monument du style byzantin, l'hôtel des monnaies, l'hôtel-de-ville et le musée d'antiquités romaines. Sa population est de 8,000 âmes, et son commerce, très productif, consiste principalement dans la vente des vins qu'elle récolte sur les fertiles terrains de la rive gauche du Rhin, au bord duquel la ville est située.

Un peu au-dessous du confluent du Rhin et du Mein, s'élève *Mayence* (en allemand *Mainz*), la ville la plus considérable du grand-duché de Hesse. Elle renferme 31,000 habitants ([1]), quelques beaux édifices et plusieurs établissements utiles. Cependant sa construction est loin d'être régulière; ses maisons, presque toutes bâties en grès rouge, lui donnent un aspect désagréable; presque toutes ses rues sont étroites et tortueuses; on n'en cite que trois qui soient alignées : la plus belle est celle appelée *Grosse-Bleiche*. La place Verte et celle du Marché sont ses deux seules places passables; sa cathédrale, appelée le *Dôme*, est curieuse par sa construction, son antiquité, et le trésor considérable qu'elle renferme. Elle fut fortement endommagée par le bombardement de 1793, mais elle a été peu à peu restaurée. On y remarque plusieurs tombeaux. A l'extrémité septentrionale de cette ville, l'une des quatre places fortes de la Confédération, on voit les restes de l'ancien château électoral et une vaste place d'armes. Tout près de là est le palais grand-ducal, qui appartenait autrefois à l'ordre Teutonique. Une galerie le met en communication avec l'arsenal, qui n'est pas fort éloigné du pont de bateaux qui traverse le Rhin, et que Napoléon avait projeté de remplacer par un pont en pierre. Depuis 1818 on a découvert dans le fleuve plusieurs piles d'un pont que les Romains avaient construit : elles ne sont visibles que pendant les plus basses eaux. Ce pont de bateaux a 523 mètres de longueur : le droit de péage que l'on perçoit sur les piétons, les voitures et les navires qui le traversent, rapporte 40,000 florins, ou plus de 86,000 fr. à la ville; mais son entretien est de 18,000 florins, ou près de 39,000 fr. : ne serait-il pas plus avantageux de réaliser le projet de Napoléon? Près du pont est le port de décharge pour les navires venant du haut Rhin et du Mein, et pour ceux qui sont destinés pour le bas Rhin : parmi ceux-ci, il y en a qui transportent un chargement de 600 tonneaux.

De vieux murs avec des plates-formes et des batteries flottantes protègent la ville du côté du fleuve. Sur le côté opposé, elle est défendue par de vastes fortifications que l'on améliore sans cesse. On sait que Napoléon en voulait faire un des principaux boulevards de l'empire français. Mais on a peut-être trop étendu les travaux de défense, car ils exigeraient en temps de guerre une garnison de 30,000 hommes. Ces fortifications se lient à la citadelle, dont un bastion renferme un vieux monument, appelé en allemand *Eichelstein*, c'est-à-dire *pierre du gland;* c'est une tour ronde dont la construction est attribuée aux Romains. Du haut de cette masse de pierres, on jouit d'une très belle vue sur la ville et le fleuve. Un autre édifice antique, que nous ne devons point passer sous silence, est l'aqueduc dont il reste 59 piliers. Le bâtiment qui mérite le plus de

([1]) Voici le mouvement officiel de sa population pendant les années 1819, 1822, 1825 et 1828.

ANNÉES.	NAISSANCES.	ENFANTS LÉGITIMES.	DÉCÈS.
1819.	1,086	802	790
1822.	1,093	775	960
1825.	1,001	643	818
1828.	979	685	921

fixer l'attention des curieux est celui qui renferme les principales collections de la ville, telles que trois cabinets de médailles, une galerie de tableaux, un musée d'histoire naturelle, une belle suite d'instruments de physique, et la bibliothèque, composée de 90,000 volumes, parmi lesquels il s'en trouve un très grand nombre des premiers temps de l'imprimerie. On a construit en 1829 une salle de spectacle presque sur l'emplacement de l'église de Notre-Dame, qui, après avoir été à peu près détruite pendant le siége de la ville, fut démolie sous l'administration française. Le muséum des antiquités romaines recueillies dans ses murs ou dans ses environs est riche et fort curieux ; on sait que cette ville était déjà considérable sous la domination romaine, qu'elle fut long-temps habitée par Drusus, et que les Romains la nommèrent *Moguntiacum*, puis *Moguntia*.

Mayence est administrée par un bourgmestre, un adjoint, deux commissaires de police et un conseil municipal composé de 30 membres; ses revenus sont estimés à 150,000 florins (324,000 francs). Le chapitre de la cathédrale, si riche lorsque cette ville était gouvernée par un prince-archevêque, ne compte plus que quatre chanoines. A la place de l'université qui existait du temps des électeurs, à la place du lycée établi par le gouvernement français, le grand-duc de Hesse a fondé un gymnase qui renferme 170 à 180 élèves. Un gymnase particulier est annexé au séminaire catholique, qui entretient 32 jeunes théologiens. La ville a 5 écoles primaires pour les garçons et 4 pour les filles, indépendamment d'une grande école établie dans l'ancien couvent des Carmélites pour les enfants indigents. Cet établissement se charge aussi de mettre en apprentissage 350 enfants des deux sexes. Ces dépenses sont couvertes par les fonds que fournit la ville et par des souscriptions volontaires qui se sont élevées dans certaines années, tant pour l'éducation des pauvres que pour les hôpitaux, à la somme de 70,000 florins, somme énorme pour une ville de la population de Mayence. Outre ces écoles, Mayence possède une école vétérinaire et une de médecine.

L'industrie de cette ville se distingue particulièrement dans l'ébénisterie, la carrosserie, la lutherie, la fabrication des fausses perles et la tannerie. Elle possède 4 librairies et autant d'imprimeries. Ses manufactures ne lui fournissent pas de grands moyens d'exportation, mais la richesse de son territoire lui offre une importante compensation. Elle expédie annuellement 30,000 quintaux de grains, 16,000 d'huile et de légumes, et 40,000 de vins. Ajoutons à ces produits ses excellents jambons, qui depuis long-temps l'ont rendue célèbre chez les gastronomes. Si le Rhin était affranchi des entraves qu'opposent au commerce les États riverains, elle serait l'une des plus florissantes des villes qui bordent le fleuve.

Aucune autre cité des bords du Rhin ne répond mieux que Mayence à la situation qu'on s'accorde à donner à la ville que fonda Claudius Drusus Germanicus, dix ans avant l'ère chrétienne. A la chute de l'empire romain, elle fut successivement envahie et conséquemment ravagée par les Vandales, les Quades, les Sarmates, les Alains, les Gépides, les Hérules, les Saxons, les Bourguignons, les *Alemani* et les Suèves. Crocus en fit la conquête le dernier jour de l'an 406 ; elle fut ruinée, et ses fortifications furent rasées. Quelques années plus tard, elle commençait à peine à se rétablir de tous ses désastres, qu'Attila y porta la dévastation : sa destruction fut si complète, que le petit nombre d'habitants échappés au carnage l'abandonnèrent pour jamais. Un demi-siècle s'était à peine écoulé, que Majorien, empereur d'Occident, essaya d'en relever les murs ; Théodebert, fils de Clovis, lui rendit en partie son ancienne importance ; Charlemagne la restaura complétement et y bâtit une église métropolitaine. Elle fut soumise aux rois d'Austrasie depuis l'an 843 jusqu'en 1025. En 747, saint Boniface en avait été le premier archevêque ; ses successeurs, dès l'année 1026, y exercèrent la souveraineté sous la protection et la suzeraineté des empereurs d'Allemagne jusqu'en 1255, que l'extension qu'avaient prise le commerce et l'industrie fit naître cette confédération des villes du Rhin, qui, jusqu'en 1462, fut pour Mayence une ère de splendeur et de liberté. Mais dans cette période, qui vit naître Jean Guttemberg, elle eut constamment à lutter contre les prétentions de ses évêques. Enfin l'électeur Adolphe, en 1462, la prit d'assaut, la réduisit en cendres, en décima la population, et lui ravit tous ses privilèges. Ce fut dans cet état qu'elle rentra sous la domination de ses archevêques. Les guerres religieuses du seizième siècle furent encore une calamité pour cette ville. En 1631, les Suédois s'en emparèrent et la conservèrent jusqu'en 1635. Elle tomba au pouvoir des Français en 1644, en 1688 et en 1792. En 1797, ceux-ci la reprirent sur les Prussiens; la possession leur en fut garantie par le traité de Lunéville : elle devint alors le chef-lieu du département du Mont-Tonnerre. Enfin, depuis 1815, elle fait partie du grand-duché de Hesse-Darmstadt.

D'après le règlement militaire définitivement arrêté par la diète germanique, la ville hessoise de Mayence doit avoir en temps de paix une garnison de 6,000 hommes environ, en troupes autrichiennes et prussiennes. En temps de guerre cette garnison sera de 12,000 hommes au moins et de 21,000 au grand complet, y compris 600 hommes de cavalerie. L'Autriche et la Prusse y envoient chacune 7,000 hommes, et les principautés de Saxe, d'Anhalt et de Hesse fournissent le complément.

Bien que Strasbourg et Harlem lui disputent l'honneur de l'invention de l'imprimerie, il est constant que Guttemberg y naquit en 1400, et que ce fut à Strasbourg, en 1436, qu'il fit les premiers essais de cet art qui assure à jamais le triomphe des lumières sur l'ignorance et la barbarie : ce qui n'empêcha pas qu'en 1450 il ne contractât une association avec Faust à Mayence, où il mourut en 1468, après y avoir imprimé plusieurs ouvrages. Mayence a donc été aussi le berceau de la typographie ; mais elle ne paraît pas en avoir beaucoup profité, tant elle a été peu féconde en savants et en écrivains.

Toutefois cette ville n'a pas manqué de reconnaissance envers son illustre compatriote. Le 14 août 1837, elle inaugura sa statue en bronze, fondue à Paris dans les ateliers de M. Crozatier d'après le modèle exécuté par Thorwaldsen. Cette statue, d'environ 12 pieds de hauteur, décore l'une des principales places de la ville. Guttemberg est représenté debout, dans le costume de son siècle ; il tient dans la main droite un paquet de caractères mobiles, et dans la main gauche le premier ouvrage important qu'il ait imprimé, une Bible. Le piédestal est en marbre rouge, et orné de bas-reliefs en bronze et de deux inscriptions latines, dont voici la traduction :

« En l'année 1837, les habitants de Mayence » ont érigé ce monument à J.-G. Guttemberg » leur compatriote, avec l'argent recueilli dans » toute l'Europe ([1]). »

« Cet art inconnu aux Grecs et aux Ro- » mains, l'esprit inventif d'un Allemand l'a » trouvé. Maintenant, grâce à lui, les travaux » du génie des anciens et des modernes sont » devenus l'héritage commun de tous les peu- » ples. »

A l'extrémité du pont de Mayence s'étend comme son faubourg, sur la rive droite du Rhin, la petite ville de *Cassel* ou *Castel*, le *Castellum Trajani* des anciens. Comprise dans le vaste système de fortifications qui entoure Mayence, elle est considérée comme un point stratégique fort important. C'est un lieu de passage très fréquenté où l'on remarque une assez belle église, et où il se tient chaque année un marché considérable de bestiaux.

C'est aux environs du bourg de **Hockheim**, à peu de distance de la ville, que l'on récolte les meilleurs vins : on dit que dans les années favorables la pièce de 600 pintes se vend jusqu'à 2,000 francs prise au pressoir. Les beaux vignobles qui s'étendent sur les collines qui dominent le Rhin donnent au bassin de Mayence l'aspect le plus riche que l'on puisse imaginer. Le fleuve, qui se dirige majestueusement vers le couchant, et dont les eaux présentent une surface de 1,400 pieds de largeur ; qui, vers le midi, se prolonge en formant un rideau terminant une plaine immense ; les hautes montagnes qui, vers le nord, semblent devoir l'arrêter dans son cours rapide ; les îles couvertes de verdure qui sortent de son sein ; les

([1]) Il n'est peut être pas sans intérêt de faire voir dans quelle proportion l'Europe a contribué à l'érection de ce monument.

Le grand-duché de Hesse (en grande partie le grand-duc).	3,900 fr.
Les habitants de Mayence.	26,367
Les différents États de l'Allemagne.	13,400
La France.	2,075
L'Italie.	500
La Russie.	1,175
L'Angleterre.	125
La Belgique.	35
La Hongrie.	23
La Suède.	20
Total.	47,620

villages qui s'élèvent en amphithéâtre sur les pentes des hauteurs ; la variété des points de vue qui vous entourent ; la teinte bleuâtre que prend la vieille cité de Mayence au milieu de ces masses de verdure, forment un tableau dont la magnificence frappe l'homme le moins sensible aux beautés de la nature, enrichie par les efforts de l'industrie et de l'agriculture.

Les anciennes villes hanséatiques de Brême, de Hambourg et de Lubeck semblaient avoir acquis le droit de redevenir libres, lorsque le congrès de 1815 détermina la division politique de l'Allemagne. Elles n'avaient perdu leur indépendance que pour être incorporées à l'empire français ; il parut juste, aux yeux des ministres européens, qu'après la chute du conquérant elles fussent rétablies dans leurs anciens priviléges ; d'ailleurs, leur situation aux extrémités de l'Allemagne devait éloigner toute crainte que leur exemple ne devînt contagieux ; l'établissement d'une petite *république*, presque au centre de la Confédération germanique, n'est donc point sans intérêt, lorsqu'on pense qu'elle fut fondée à l'époque même où les gouvernants paraissaient accorder à regret aux peuples quelques institutions qui admettaient la liberté comme un droit plutôt que comme une simple concession révocable selon les circonstances. L'époque de l'affranchissement de *Francfort* remonte, il est vrai, à une antiquité aussi reculée que celui des villes libres que nous venons de nommer ; mais elle n'avait point été considérée comme une conquête de Napoléon, elle n'avait point été réunie à la France, elle était, depuis 1806, la capitale du grand-duché soumis au prince-primat, lorsqu'en 1815 elle fut déclarée *ville libre*. Aucune considération majeure ne s'opposait alors à ce qu'elle devînt l'une des plus belles possessions d'un des États de la Confédération ; mais soit que son importance ait été un sujet de convoitise pour les principautés de Nassau, de Hesse-Darmstadt et de la Hesse-Électorale, au milieu desquelles son territoire est enclavé, on a préféré lui restituer son antique indépendance ; et, sous le rapport de son commerce, elle n'a pu qu'y gagner.

Le territoire de la RÉPUBLIQUE DE FRANCFORT se compose de trois petites parties, dont la plus considérable, située sur les deux rives du Mein, est enclavée dans les possessions de la Hesse-Darmstadt ; les autres sont limitrophes de cette principauté et de celle de Nassau. Toutes les terres qui lui appartiennent comprennent une superficie de 5 milles carrés d'Allemagne, ou de 13 lieues géographiques de France. Outre la capitale, il renferme 2 bourgs et 6 villages ; la population totale était, d'après les derniers recensements, de près de 66,000 habitants [1]. La ville seule a plus de 50,000 âmes. On n'y compte que 5 à 6,000 catholiques, 2,000 réformés et 5,000 israélites ; le reste suit le culte de la confession d'Augsbourg. Elle est le siége de la diète germanique.

Francfort n'est point une belle ville, quoiqu'elle possède des monuments importants, plusieurs beaux palais, et des maisons bien bâties ; ses rues, au nombre de 168, sont généralement sombres, étroites et tortueuses, mais elles sont bien pavées et éclairées la nuit. Les plus belles sont le *Wallgraben* et le *Ziel*. Elle renferme plusieurs places publiques, dont les plus remarquables sont le marché aux chevaux, la place d'armes, le *Liebfrauenberg* et le *Romerberg*. Nous allons citer ses édifices les plus curieux : la cathédrale, ou l'église de Saint-Barthélemi, dans laquelle plusieurs empereurs ont été couronnés, passe pour être l'ouvrage du roi Pepin, et peut-être de Louis-le-Pieux, roi de Germanie, qui mourut à Francfort en 876 ; elle renferme un monument érigé à la mémoire du poëte Gunther, né en 1695 à Striegau en Silésie. A l'hôtel-de-ville, appelé le *Römer*, on conserve précieusement la bulle d'or de l'empereur Charles IV, vieux parchemin de 43 feuilles que l'on vit pendant long-temps à Paris : c'est dans cet édifice que les empereurs tenaient leur cour ; pendant la foire on y établit des boutiques. Le *Saalhoff*, que défigurent plusieurs constructions modernes, fut la résidence de Louis-le-Débonnaire. Nous citerons encore le palais du prince de Tour et Taxis, où se tiennent les séances de la diète germanique, le beau bâtiment de la bibliothèque publique, la salle de spectacle,

[1] *Hassel* portait en 1824 la population de son territoire à 52,200, et *Stein* à 70,000 individus. Nous ne comprenons pas comment M. *Balbi*, qui dans son *Abrégé de Géographie*, publié en 1838, ne donne que la population de 1826, porte, page 253, celle de Francfort à 60,000 âmes, et page 637, celle de la ville avec son territoire à 54,000. Ce dernier chiffre seul se trouve exact pour 1832, d'après le recensement publié en 1833 dans l'*Allgemeine Zeitung*.

la bourse et le pont sur le Mein, d'où l'on jouit d'une vue magnifique, et dont la longueur est de plus de 400 pieds.

Le nom de *Frankfurt* ou de *Frankenfurt* (¹) semble confirmer la tradition que c'est sur l'emplacement qu'occupe cette ville que les Francs ou Français se rassemblèrent au cinquième siècle pour entrer dans les Gaules; elle avait déjà le titre de ville, lorsque Charlemagne l'augmenta après avoir défait les Saxons sous ses murs. Le faubourg situé sur la rive gauche du Mein, qui le sépare de la ville, conserve encore dans son nom de *Sachsenhausen* le souvenir d'un lieu qu'habitait une partie de ce peuple. Francfort est l'une des villes qui s'empressèrent d'adopter la réformation de Luther : les questions religieuses y furent même un sujet de troubles et de révoltes, jusqu'à ce que la plus grande partie de sa population eût embrassé, en 1530, les idées du réformateur; elle joua aussi un grand rôle dans la ligue de Smalcalde. Les richesses que lui procure son commerce contribuent à y multiplier les constructions modernes, qui la mettront sans doute un jour au rang des plus belles villes de l'Allemagne. Le nouveau quai, appelé avec raison *Belle-Vue* (*Schöne-Aussicht*), et le quartier du *Wollgraben*, qui continue à s'embellir et à s'agrandir, deviendront avec le temps la plus belle et peut-être la plus importante partie de la ville.

Ce n'est point ici comme à Hambourg : les arts et les sciences y trouvent une foule d'amateurs au sein de la classe aisée. Ce serait sortir de notre sujet que de citer les galeries de tableaux, les riches cabinets de gravures, d'antiquités et d'histoire naturelle que possèdent plusieurs particuliers; les établissements publics sont également dignes de la richesse de cette petite république. Pour l'instruction, on compte deux gymnases, dont l'un est pour les protestants, et l'autre pour les catholiques; une école de médecine et de chirurgie, une d'architecture, de peinture et de gravure, avec de belles collections d'objets d'art; une de mathématiques, et plusieurs écoles d'arts et métiers. La bibliothèque publique contient plus de 100,000 volumes, ainsi que plusieurs livres rares et une Bible sur parchemin, imprimée par Faust en 1462. Le même établissement renferme un beau cabinet de médailles. Le jardin botanique est fort bien entretenu ; le cabinet d'histoire naturelle renferme une collection de papillons qui passe pour une des plus belles qui existent. Le musée comprend une belle galerie de tableaux et quelques morceaux de sculpture, dont l'un des plus remarquables est une Ariane assise sur un tigre, ouvrage d'un sculpteur wurtembergeois, Danecker. Plusieurs savants, et des amis zélés des sciences et de la littérature, ont fondé une société d'histoire naturelle, dite de *Senkenberg*, une de littérature allemande, et une d'histoire ancienne, principalement de celle d'Allemagne. La ville compte parmi ses principaux établissements utiles une société biblique, une maison d'orphelins, un hôtel-dieu, une maison de réclusion et de travail, un bel hôpital, et une maison de santé qui renferme un amphithéâtre anatomique. Au lieu d'un mont-de-piété, dont les secours usuraires sont plutôt une calamité qu'un bienfait pour les classes indigentes, elle a établi une caisse destinée à aider dans leur commerce ou dans leur industrie les petits marchands ou les artisans qui ont besoin de fonds.

D'après la constitution de 1816, acte qui présente un mélange d'aristocratie et de démocratie, la souveraineté réside, à Francfort, dans le sénat, le corps législatif et les députés permanents de la bourgeoisie. Le sénat possède le pouvoir exécutif : il gouverne l'État, administre la justice, et surveille les communautés des trois cultes chrétiens. Le corps législatif discute et vote les lois, règle la levée des impôts, l'établissement de la force armée, surveille l'administration, et confirme toutes les conventions de l'État. Le sénat se compose de 42 membres ; savoir : 14 échevins, 14 jeunes sénateurs, et 14 conseillers. Chaque sénateur doit avoir 30 ans accomplis, et n'être au service d'aucune puissance étrangère. Le corps législatif est composé de 20 sénateurs, de 20 députés de la bourgeoisie, et de 45 membres nommés par les bourgeois qui professent la religion chrétienne. Un collége électoral, composé de 75 bourgeois, choisit chaque année ces 45 membres : les autres députés, au nombre de 51, sont permanents. Tous les ans, le sénat et ces députés permanents choisissent les membres d'entre eux qui doivent faire partie de l'assemblée législative. Le corps des 51 députés de la bourgeoisie ne peut délibé-

---

(¹) *Furt* signifie gué, passage.

rer, si les deux tiers de ses membres ne sont présents. Quiconque est élu député ne peut refuser la candidature, sous peine de perdre ses droits de citoyen. Le sénat ne peut accorder le droit de bourgeoisie aux étrangers qui résident depuis dix ans à Francfort, qu'autant que ceux-ci possèdent une fortune indépendante.

Nous avons vu que, sous le rapport du culte, la population est partagée en trois grandes communautés chrétiennes ;' elles pourvoient chacune séparément, sous la surveillance du sénat, à l'entretien de leurs prêtres, de leurs églises et de leurs écoles ; mais on est étonné de voir, comme à Hambourg, au dix-neuvième siècle, un gouvernement composé d'hommes sages et éclairés renouveler à l'égard des juifs les exclusions qui rappellent l'ignorance et la superstition du moyen âge. Si c'est par suite d'une rivalité d'industrie que les notables de Francfort ont imaginé de refuser aux israélites l'exercice de tous les droits de citoyens, cette mesure, aussi injuste qu'impolitique, quoiqu'elle paraisse être en faveur du plus grand nombre, n'en est pas moins extraordinaire. Quoi qu'il en soit, un quartier séparé est destiné à la seule population juive ; il lui est permis d'apprendre et d'exercer divers métiers; mais ce qu'on aura peine à croire, c'est que, par une décision prise en 1817, le gouvernement n'autorise par an que 15 mariages entre les israélites ([1]).

L'industrie de Francfort entretient des fabriques d'étoffes de soie, de tissus de laine communs, de toiles de coton et de lin ; des manufactures de tabac et de cartes à jouer ; des fonderies de caractères d'impression ; enfin des blanchisseries de cire, et des fabriques de faïence estimées ; mais ce qui constitue sa principale richesse, c'est son commerce avec l'Allemagne, dont elle est le principal entrepôt ; ce sont ses relations continuelles avec les pays qui l'environnent ; ce sont les débouchés faciles qu'entretient la navigation du Rhin et du Mein ; ce sont surtout ses deux importantes foires de Pâques et de septembre, qui y attirent plus de 1,600 négociants des différentes contrées de l'Europe.

Francfort se glorifie d'être le siége de la diète de la Confédération, et d'être la patrie de Charles-le-Chauve ; mais, selon nous, elle possède d'autres titres à la célébrité : elle donna naissance à l'immortel Goëthe, et c'est dans ses murs que fut publiée la plus ancienne gazette allemande.

([1]) Voyez la Géographie de *Stein*, en allemand.

TABLEAUX STATISTIQUES

DES ETATS DE L'ALLEMAGNE CENTRALE.

I. DUCHE DE BRUNSWICK.

SUPERFICIE en lieues, 196.	POPULATION ABSOLUE en 1835, 251,000.	POPULATION par lieue carrée, 1,280.

(12 villes. — 11 bourgs. — 423 villages et hameaux).

Districts.	Populat.	Villes et bourgs.	Populat. des villes et des bourgs
BLANKENBOURG.	20,000	Blankenbourg.	3,300
		Hasselfelde.	1,600
HARZ.	43,000	Gandersheim.	2,000
		Neustadt, b.	1,000
		Seesen.	2,200
SCHÖNINGEN.	40,500	Helmstedt.	6,000
		Königslutter.	2,600
		Schöningen.	2,100
WESER.	37,500	Thedinghausen, b.	1,500
		Holzminden.	4,000
WOLFENBÜTTEL	110,000	Wolfenbüttel.	8,500
		Brunswick.	37,000
		Scheppenstedt.	2,200

Revenus en francs.	Dette publique.	Liste civile.
5,400,000.	2,000,000.	340,000.

ARMÉE.

Contingent.	Pied de paix.
2,510 hommes.	2,096 hommes.

II. DUCHÉ D'ANHALT-DESSAU.

SUPERFICIE en lieues, 45.	POPULATION ABSOLUE en 1832, 61,200.	POPULATION par lieue carrée 1,360.

(8 villes. — 4 bourgs. — 114 villages et hameaux.)

Bailliages.	Chefs-lieux.	Population.
DESSAU.	Dessau.	12,000
	Oranienbaum.	1,500
KLEUTSCH.	Kleutsch, vill.	500
WÖRLITZ.	Wörlitz.	2,000
LIBBESDORF.	Libbesdorf, vill.	500
REUPZIG.	Reupzig, vill.	300
RADEGAST.	Radegast, b.	1,100
FRASSDORF.	Frassdorf.	1,700
	Jesnitz.	1,800
SCHEUDER.	Scheuder.	»
RETZAU.	Retzau, vill.	200
REHSEN.	Rehsen, vill.	200
SANDERSLEBEN.	Sandersleben.	1,700
GROSS-ALSLEBEN.	Gross-Alsleben, b.	900
GRÖBZIG.	Gröbzig.	2,700
ZERBST.	Zerbst.	8,500
LINDAU.	Lindau, b.	1,000

Revenus en francs.	Dette publique.
1,500,0000.	1,600,000.

ARMÉE.

Contingent.	Pied de paix.
612 hommes.	700 hommes.

III. DUCHÉ D'ANHALT-BERNBOURG.

SUPERFICIE en lieues, 43.	POPULATION ABSOLUE en 1832, 40,800.	POPULATION par lieue carrée, 948.

(7 villes. — 67 villages et hameaux.)

Principautés.	Bailliages.	Chefs-lieux.	Populat.
PRINCIPAUTÉ SUPÉRIEURE.	Ballenstedt.	Ballenstedt.	3,500
	Harzgerode.	Harzgerode.	2,200
	Gernrode.	Gernrode.	1,700
	Hoymb.	Hoymb.	1,800
	Gunthersberg.	Gunthersberg.	800
PRINCIPAUTÉ INFÉRIEURE.	Koswik.	Koswik.	2,000
	Bernbourg - Plotzkau.	BERNBOURG.	6,000
		Gross-Mühlin-	
	Mühlingen.	gen.	800

Revenus en francs.	Dette publique.
1,200,000.	1,700,000.

ARMÉE.

Contingent.	Pied de paix.
408 hommes.	500.

IV. DUCHÉ D'ANHALT-KÖTHEN.

SUPERFICIE en lieues, 41.	POPULATION ABSOLUE en 1832. 36,720.	POPULATION par lieue carrée, 895.

(4 villes. — 3 bourgs. — 93 villages.)

Bailliages.	Chefs-lieux.	Population.
KÖTHEN.	Köthen.	6,700
NIENBOURG.	Nienbourg.	1,200
WARENSDORF.	Warensdorf, b.	900
WULFEN.	Wulfen, b.	900
DORNEBOURG.	Dornebourg, v.	500
LINDAU.	Lindau, b.	1,000
ROSLAU.	Roslau.	900

Revenus en francs. Dette publique.
700,000. 3,000,000 ?

ARMÉE.

Contingent. Pied de paix.
367 hommes. 350.

V. DUCHÉ DE NASSAU.

SUPERFICIE en lieues,	POPULATION ABSOLUE en 1837.	POPULATION par lieue carrée,
251.	374,000.	1,490.

(31 villes. — 36 bourgs. — 816 villages.)

Bailliages.	Chefs-lieux.	Population
BRAUBACH.	Braubac.	1,500
DIEZ.	Diez.	2,600
DILLENBOURG.	Dillenbourg.	2,500
ELTVILLE.	Eltville.	2,000
SAINT-GOARSHAUSEN.	Saint-Goarshausen.	800
HADAMAR.	Hadamar.	1,600
HAGENBOURG.	Hagenbourg.	1,200
HERBORN.	Herborn.	2,200
HÖCKHEIM.	Hockheim.	1,800
HOCHST.	Höchst.	1,700
IDSTEIN.	Idstein.	1,800
	Niederselters, vill.	3,000
KÖNIGSTEIN.	Königstein.	1,200
LANGENSCHWALBACH.	Langenschwalbach.	1,600
LIMBOURG.	Limbourg.	2,800
MARIENBERG.	Marienberg, vill.	500
MEUDT.	Meudt., b.	700
MONTABAUR.	Montabaur.	2,400
NASSAU.	Nassau.	1,000
NASSTÄLTEN.	Nasstälten.	1,400
REICHELSHEIM.	Reichelsheim, b.	800
RENNEROD.	Rennerod.	1,100
RUDESHEIM.	Rudesheim, b.	2,200
RUNKEL.	Runkel.	900
SELTERS.	Selters, vill.	700
USINGEN.	Usingen.	1,800
WEHEN.	Wehen.	1,200
WEILBOURG.	Weilbourg.	2,000
WIESBADEN.	Wiesbaden.	9,000
	Biebrich, b.	2,000

Revenus en francs. Dette publique.
6,200,000. 15,700,000.

ARMÉE.

Contingent. Pied de paix.
3,740 hommes. 4,200.

VI. PRINCIPAUTÉ DE LIPPE-DETMOLD.

SUPERFICIE en lieues,	POPULATION ABSOLUE en 1837.	POPULATION par lieue carrée.
57.	80,000.	1,403.

(6 villes. — 6 bourgs. — 155 villages et hameaux.)

Bailliages.	Chefs-lieux.	Population
BARENTRUP.	Barentrup.	1,000
BLOMBERG.	Blomberg.	1,800
BRAKE.	Lemgo.	4,000
DETMOLD.	Detmold.	3,000
HORN.	Horn.	1,400
LIPPERODE (¹).	Lipperode.	600
OERLINGHAUSEN.	Oerlinghausen.	500
SCHIEDER.	Schieder, vill.	400
SCHÖTTMAR.	Schöttmar, vill.	400
SCHWALENBERG.	Schwalenberg, vill.	800
STERNBERG.	Sternberg, vill.	500
WARENHOLZ.	Warenholz, vill.	400

Revenus en francs. Dette publique.
1,450,000. 1,600,000.

ARMÉE.

Contingent. Pied de paix.
800 hommes. 900.

VII. PRINCIPAUTÉ DE SCHAUENBOURG-LIPPE.

SUPERFICIE en lieues,	POPULATION ABSOLUE en 1837.	POPULATION par lieue carrée,
27.	26,000.	963.

(2 villes. — 2 bourgs. — 100 villages et hameaux.)

Bailliages.	Chefs-lieux.	Population.
AHRENSBOURG.	Ahrensbourg.	400
BÜCKEBOURG.	Bückebourg.	3,000
HAGENBOURG.	Hagenbourg, b.	1,000
STADTHAGEN.	Stadthagen.	1,600
ALVERDISSEN.	Alverdissen, b.	700
BLAUBERG.	Blauberg.	?

Revenus en francs. Dette publique.
520,000. 1,100,000.

ARMÉE.

Contingent. Pied de paix.
260 hommes. 300.

VIII. PRINCIPAUTÉ DE WALDECK.

SUPERFICIE en lieues,	POPULATION ABSOLUE en 1837.	POPULATION par lieue carrée,
60.	60,000.	1,000.

(13 villes. — 1 bourg. — 106 villages et hameaux.)

Bailliages.	Chefs-lieux et villes.	Population
DIEMEL.	rolsen.	2,000
	Rhoden.	1,000

(¹) Ce bailliage comprend la moitié de la ville de Lippstadt.

TABLEAUX.

Bailliages.	Chefs-lieux et villes.	Population.
EISENBERG.	Corbach	2,000
	Sachsenberg	1,200
	Furstenberg	800
EDER.	Niederwildungen	1,800
	Züschen	700
	Waldeck	900
	Sachsenhausen	800
	Freyenhagen	800
PYRMONT.	Pyrmont	2,500

Revenus en francs. 1,100,000.
Dette publique. 3,000,000.

ARMÉE.

Contingent. 600 hommes.
Pied de paix. 650.

IX. PRINCIPAUTÉ DE SCHWARZBOURG-RUDOLSTADT.

SUPERFICIE en lieues,	POPULATION ABSOLUE en 1837,	POPULATION par lieue carrée,
57.	64,000.	1,122.

(4 villes. — 2 bourgs. — 175 villages et hameaux.)

Bailliages.	Chefs-lieux.	Population.
EHRENSTEIN.	Teichmansdorf (ch.-fort)	»
STADT-ILM.	Stadt-Ilm	2,200
KÖNIZ.	Köniz, vill.	500
LEUTENBERG.	Leutenberg	800
PAULINZELLA.	Paulinzella	400
RUDOLSTADT.	Rudolstadt	4,600
SCHWARZBOURG.	Schwarzbourg, v.	300
FRANKENHAUSEN.	Frankenhausen	3,600
SEEBERGEN.	Seebergen, vill.	500
SCHLOTHEIM (prévôté)	Schlotheim, b.	600

Revenus en francs. 1,000,000.
Dette publique. 600,000.

ARMÉE.

Contingent. 640 hommes.
Pied de paix. 770.

X. PRINCIPAUTÉ DE SCHWARZBOURG-SONDERSHAUSEN.

SUPERFICIE en lieues,	POPULATION ABSOLUE en 1837,	POPULATION par lieue carrée,
49.	54,000.	1,102.

(2 villes. — 6 bourgs. — 168 villages et hameaux)

Bailliages.	Chefs-lieux.	Population.
EBELEBEN.	Ebeleben, b.	800
KEULA.	Keula, b.	1,600
KLINGEN.	Klingen, b.	800
SCHERNBERG.	Schernberg, b.	600
SONDERSHAUSEN.	Sondershausen	5,000
ARNSTADT.	Arnstadt	4,500
GEHREN.	Gehren, b.	1,400

Revenus en francs. 675,000.
Dette publique. 550,000.

ARMÉE.

Contingent. 540 hommes.
Pied de paix. 500.

XI. PRINCIPAUTÉ DE REUSS-GREITZ.

SUPERFICIE en lieues,	POPULATION ABSOLUE en 1838.	POPULATION par lieue carrée,
19.	30,940.	1,628.

(2 villes. — 1 bourg. — 95 villages.)

Seigneuries.	Villes.	Population
GREITZ.	Greitz	7,000
BURG.	Zeulenroda	4,300

Revenus en francs. 460,000.
Dette publique. 500,000.

ARMÉE.

Contingent. 309 hommes.
Pied de paix. ?

XII. PRINCIPAUTÉ DE REUSS-SCHLEITZ.

SUPERFICIE en lieues,	POPULATION ABSOLUE en 1838.	POPULATION par lieue carrée,
27.	32,600.	1,207.

(2 villes. — 1 bourg. — 41 villages.)

Bailliages.	Villes et bourgs.	Population
SCHLEITZ.	Schleitz	4,700
	Tanna	1,300
REICHENFELS.	Hohenleuben, b.	2,000

Revenus en francs. 450,000.
Dette publique. 600,000 ?

ARMÉE.

Contingent. 326 hommes.
Pied de paix. ?

XIII. PRINCIPAUTÉ DE REUSS-LOBENSTEIN-EBERSDORF.

SUPERFICIE en lieues,	POPULATION ABSOLUE en 1838.	POPULATION par lieue carrée,
32.	28,780.	899.

(3 villes. — 2 bourgs. — 29 villages.)

Seigneuries.	Villes et bourgs.	Population
LOBENSTEIN.	Lobenstein	3,000
EBERSDORF.	Ebersdorf, b.	1,200
GERA.	Gera	11,000
	Langenberg, b.	900
	Köstritz, vill.	1,100
	Saalbourg.	1,300

Revenus en francs. 530,000.
Dette publique. 800,000 ?

ARMÉE.

Contingent. 287 hommes.
Pied de paix. ?

XIV. HESSE-ÉLECTORALE.

SUPERFICIE en lieues,	POPULATION ABSOLUE en 1838.	POPULATION par lieue carrée,
575.	716,400.	1,245.

(62 villes. — 38 bourgs. — 1,275 villages et hameaux.)

Provinces.	Population.	Cercles.	Villes et chefs-lieux.	Population.
BASSE-HESSE ou CASSEL..	348,700	CASSEL.	Cassel.	30,000
		ESCHWEGE.	Eschwege.	5,000
		FRIZLAR.	Frizlar.	2,400
		HOF-GEISMAR.	Hof-Geismar.	2,500
		HOMBERG..	Homberg.	3,000
		MELSUNGEN.	Melsungen.	3,100
		ROTHENBOURG	Rothenbourg.	3,000
		SCHAUENBOURG.	Rinteln.	4,000
		WITZENHAUSEN..	Witzenhausen.	3,000
			Allendorf.	3,600
		WOLFSHAGEN.	Wolfshagen.	?
HAUTE-HESSE. (Ober Hessen.)	123,800	FRANKENBERG.	Frankenberg.	2,800
		KIRCHHAIN.	Kirchhain.	1,800
		MARBOURG.	Marbourg.	10,000
		ZIGAINHAIN.	Zigainhain.	1,700
FULDE (Fulda).	139,900	FOULDE.	Foulde.	10,000
		HERSFELD.	Hersfeld.	5,800
		HÜNFELD.	Hünfeld.	1,800
		SCHMALKALDEN..	Schmalkalden.	5,400
HANAU.	104,000	GELNHAUSEN.	Gelnhausen.	2,800
		HANAU.	Hanau.	15,000
		SALMÜNSTER.	Salmünster.	1,500
		SCHLÜCHTERN.	Schlüchtern.	1,450

Revenus en francs. 11,000,000.

Dette publique. Nulle.

ARMÉE.

Contingent. 7,164 hommes.

Pied de paix. 2,477.

XV. LANDGRAVIAT DE HESSE-HOMBOURG.

SUPERFICIE en lieues,	POPULATION ABSOLUE en 1838.	POPULATION par lieue carrée.
20.	24,400.	1,220.

(3 villes. — 1 bourg. — 58 villages et hameaux.)

Seigneuries.	Population.	Chefs-lieux.	Population.
HOMBOURG.	8,180	Hombourg.	3,500
MEISENHEIM.	14,720	Meisenheim.	1,800

Revenus en francs. 320,000.

Dette publique. 1,100,000.

ARMÉE.

Contingent. 244 hommes.

Pied de paix. 250.

XVI. GRAND-DUCHÉ DE HESSE-DARMSTADT.

SUPERFICIE en lieues, 490.	POPULATION ABSOLUE en 1838. 761,485.	POPULATION par lieue carrée, 1,554.

(97 villes. — 56 bourgs. — 2,156 villages et hameaux.)

Provinces.	Population.	Villes.	Population.
HAUTE HESSE (divisée en 15 districts).	272,150	Giessen.	8,000
		Alsfeld.	3,000
		Friedberg.	3,000
		Riedenkopf.	2,800
		Lauterbach.	3,400
		Schlitz.	3,200
		Herbstein.	1,700
		Schotten.	2,000
		Gerusheim.	2,500
		Grünberg.	2,500
STARKENBOURG (divisée en 14 districts).	299,225	Darmstadt.	24,000
		Offenbach.	8,000
		Gross-Gerau.	1,700
		Diebourg.	2,300
		Rheinheim.	1,500
		Heppenheim.	3,600
HESSE-RHÉNANE (divisée en 11 cantons.	190,110	Mayence.	31,000
		Cassel.	2,000
		Alzey.	3,400
		Bingen.	4,000
		Worms.	8,000

Revenus en francs. 12,660,000.		Dette publique. 30,920,000.
	ARMÉE.	
Contingent. 7,614 hommes.		Pied de paix. 8,421.

XVII. RÉPUBLIQUE DE FRANCFORT.

SUPERFICIE en lieues, 13.	POPULATION en 1838. 63,936.	POPULATION par lieue carrée, 4,918.

(1 ville. — 2 bourgs. — 6 villages et hameaux).

Revenus en francs. 1,600,000.		Dette publique. 5,300,000.
	ARMÉE.	
Contingent. 630 hommes.		Pied de paix. 600.

LIVRE SOIXANTE-QUATORZIÈME.

Suite de la Description de l'Europe. — Description de l'Allemagne. — Septième section. — Allemagne centrale. — Deuxième division. — Royaume et duchés de Saxe.

Nous voici arrivés dans cette partie de l'Allemagne centrale qui fut tant de fois traversée par les armées victorieuses de Napoléon, et qui le vit, après des désastres dont l'histoire n'avait point encore offert d'exemples, à la tête de quelques débris de ses vieilles phalanges échappées aux glaces de la Moscovie, et soutenues par de jeunes cohortes à peine exercées au maniement des armes, résister à la Prusse et à la Russie, enhardies par la défection de ses alliés. Lützen et Bautzen, Dresde même, furent encore des théâtres glorieux de la valeur française; mais Leipsick vit, pendant une journée terrible, l'armée saxonne quitter nos drapeaux, et diriger tout-à-coup son artillerie sur nos troupes accablées déjà par le nombre. Ces événements ne sont pas étrangers au démembrement du royaume de Saxe; mais avant de faire la description des États saxons, il est utile de tracer une esquisse historique relative aux princes de la maison de Saxe.

Nul doute que cette maison, l'une des plus anciennes et des plus illustres de l'Allemagne, ne descende de Witikind, duc des Saxons. On sait qu'elle posséda d'abord le landgraviat de Thuringe, puis le margraviat de Misnie; que Frédéric-le-Belliqueux, qui eut la gloire de fonder l'université de Leipsick, fut le premier margrave qui porta le titre d'électeur de Saxe, en 1422, et que Frédéric-le-Bon, son successeur, fut le père des deux princes Ernest et Albert, fondateurs des deux branches appelées de leur nom *Ernestine* et *Albertine*, qui règnent encore aujourd'hui sur les États saxons. La première, qui est l'aînée, eut, avec la dignité électorale, le duché de Saxe et la Thuringe; la seconde, le margraviat de Misnie et toutes ses dépendances.

Frédéric-le-Sage, de la branche Ernestine, refusa prudemment la couronne impériale, et, sans se déclarer ouvertement pour Luther, protégea ce réformateur contre ses persécuteurs. Jean-le-Constant, zélé partisan de la réforme, accéda, en 1530, à la célèbre ligue des protestants, à Schmalkalden. Jean-Frédéric, surnommé le Magnanime, fut, avec le landgrave de Hesse, choisi pour commander les armées protestantes; mais, avec toute sa grandeur d'âme, il ne possédait pas les talents militaires ni la prudence politique, si nécessaires pour le rôle qu'il avait accepté, et surtout pour pouvoir tenir tête au puissant Charles-Quint. Battu près de Mühlberg, il tomba au pouvoir de l'empereur, qui le fit condamner à mort, et il ne sauva sa tête qu'en cédant à Maurice la dignité électorale et la presque totalité de ses États. C'est à ces événements, qui se passèrent depuis l'année 1547 jusqu'en 1566, que la branche Albertine dut l'avantage qu'elle a conservé de posséder quatre fois autant de pays que la branche Ernestine.

Le rusé Maurice avait atteint son but; mais, devenu puissant, il résolut, en trahissant les intérêts de Charles-Quint, de rétablir les affaires des protestants, qui semblaient désespérées. Il se ligue secrètement avec la France et les princes protestants, et, sous prétexte d'exécuter le ban de l'empire contre Magdebourg, il lève une puissante armée, feint de mettre le siège devant cette ville, se fait prêter de l'argent par Charles-Quint lui-même, et soudain tombe sur ce prince qu'il manque de faire prisonnier, et le presse si vivement, qu'il lui arrache, en 1552, la favorable convention de Passau. L'année suivante, la mort arrêta dans ses vastes projets cet homme extraordinaire.

Son frère Auguste, qui lui succéda et qui se prétendait théologien, se fit l'instrument de la haine et de la vengeance des partisans de Luther contre ceux de Calvin. Jean-George I*er*, qui, dirigé par les conseils de son confesseur, se conduisit envers Gustave-Adolphe avec déloyauté, et plusieurs autres princes, ne nous offrent, sous leur règne, aucun événement remarquable. Frédéric-Auguste I*er* était appelé à jouer un rôle plus important, bien que par ses talents il ne s'élevât pas au-dessus du vulgaire. Après avoir abjuré, en 1697, la réforme de Luther, il eut la couronne de Pologne. Cette funeste couronne valut à la Saxe une visite de Charles XII, qui tira 23,000,000 d'écus du pays. Le comte de Brühl, qui gouvernait Frédéric-Auguste II et la Saxe, se flattait de conquérir Magdebourg et de participer au partage de la monarchie prussienne; ce fut par cette amorce que l'Autriche l'entraîna dans la terrible guerre de Sept ans, qui changea les riantes et fertiles campagnes de la Saxe en affreux déserts. L'électeur-roi eut cependant la consolation de voir la paix conclue en 1763, et de pouvoir revenir à Dresde. Frédéric-Christian régna à peine une année; mais Frédéric-Auguste III, prince sage, économe et ennemi des plaisirs, était l'homme qu'il fallait pour rétablir les finances délabrées. En 1793, il fournit un faible contingent à l'armée des princes coalisés contre la France; ensuite il accéda à la neutralité armée, jusqu'en 1806, qu'il réunit toutes ses troupes à celles de la Prusse. L'anéantissement de cette dernière, dans la campagne de 1807, mit la Saxe entre les mains de Napoléon, qui attacha les Saxons à sa cause par des augmentations de territoire, en érigeant l'électorat de Saxe en royaume, et en ajoutant à la couronne du nouveau roi la Pologne prussienne, sous le titre de grand-duché de Varsovie. En 1809, Napoléon réunit encore à la Saxe plusieurs territoires cédés par l'Autriche.

Les désastres qui terminèrent si malheureusement la glorieuse campagne de Moscou rendirent la Saxe le théâtre d'une lutte sanglante et acharnée entre les armées prussienne et russe et l'armée française. La trahison força celle-ci à la retraite; mais elle ne fut point payée de reconnaissance par les puissances coalisées. Le congrès de Vienne enleva au ROYAUME DE SAXE un territoire considérable et une population de 8 à 900,000 habitants.

Aujourd'hui ce royaume n'occupe plus qu'une superficie de 938 lieues carrées, et ne comprend plus qu'une population d'environ 1,600,000 habitants. Il est borné au nord et à l'est par la Prusse, au sud par la Bohême et la Bavière, et à l'ouest par les duchés de Saxe et la Prusse. Sa plus grande longueur, de l'orient à l'occident, est d'environ 50 lieues, et sa plus grande largeur, du midi au nord, de 30 lieues.

La partie méridionale du royaume est formée par les dernières pentes des *monts Métalliques*, en allemand, *Erz-gebirge*, longue chaîne qui va joindre à l'orient celle que l'on connaît sous le nom de Riesen-gebirge. Ces montagnes, dont le noyau est granitique, sont en grande partie couvertes de *gneiss*: M. de Leonhard [1] fait observer que leurs pentes sont ordinairement plus raides vers l'occident que vers l'orient. Il ajoute que vers le sud-ouest, de même que vers la partie opposée, c'est-à-dire aux environs de Freyberg, leurs masses paraissent reposer sur une immense base granitique. Mais à leur extrémité orientale, le granit est recouvert de roches d'une formation moins ancienne; telles que des bancs de grès appelés *psammites*, et des calcaires compactes. Dans d'autres parties, le granit repose sur des *talcs*, entremêlés de couches de schistes qui le recouvrent quelquefois, et qui d'autres fois supportent des cimes de *gneiss*. Ainsi l'Erz-gebirge présente, comme plusieurs autres chaînes, des granits qui semblent appartenir à des époques différentes. M. Naumann, autre savant géologiste, a confirmé ce fait en prouvant qu'entre Dresde et la Bohême les granits sont postérieurs au terrain de sédiments les plus inférieurs. Au centre de cette chaîne, le *mica-schiste* occupe de grands espaces; vers son extrémité occidentale, il s'élève jusqu'à ses sommités; c'est même cette roche qui constitue la cime du Schneekopf. La roche appelée *pegmatite*, composée de quartz et de feldspath, y forme aussi, suivant M. de Bonnard [2], un groupe particulier. Enfin, tout-à-fait à l'est, on trouve des collines de grès. M. d'Aubuisson [3] a observé dans les montagnes de la Saxe des basaltes qui ne lui ont pas paru être d'une origine volcanique. On a donc donné à ces roches, en Saxe, un nom qui ne leur convient point. Au surplus, le géologue que nous venons de citer a, depuis la publication de son mémoire, modifié un peu son opinion [4] à cet égard.

Descendons de ces monts, nous trouverons une roche porphyrique, l'*eurite porphyroïde*, qui contient la substance combustible appelée anthracite, comme on le voit dans les localités

---

[1] Charakteristik der Felsarten. — [2] Essai géognostique sur l'Erz-gebirge, 1816. — [3] Voyez Journal de physique, tom. LVIII. — [4] Voyez Traité de géognosie, tom. II, pag. 601 et suiv.

de Lischwitz et de Frauenstein. Depuis Dresde jusqu'à l'extrémité orientale du royaume, on peut parcourir, sur une longueur de 20 lieues et sur une largeur moyenne de 8 à 10, un espace où le granit se montre partout à nu. Au sud de ces granits et sur les deux rives de l'Elbe, s'étend sur une vaste superficie le grès de Pirna, qui fait une excellente pierre de construction et de pavage, et dont la position géologique est inférieure à la craie. A l'ouest de Dresde, une bande étroite de calcaire compacte repose sur ce grès. Plus loin, dans la même direction, on ne voit plus que des gneiss et des micaschistes, sur lesquels reposent, vers le nord, autour de Plauen, des schistes argileux dont on tire de bonnes ardoises. En allant de Schneeberg à Zwickau, on trouve le terrain houiller, et l'on remarque au village de Planitz une houillère qui brûle depuis un grand nombre d'années. Si l'on se dirige vers le nord-ouest, en suivant la grande route de Leipsick, on traverse encore la formation granitique, puis les schistes argileux et les bancs de grès analogue à celui des environs de Pirna. Enfin, dans les plaines qui entourent Leipsick, on remarque que les roches schisteuses qui descendent de l'*Erz-gebirge* s'enfoncent sous le sol, et qu'elles sont recouvertes par des porphyres qui se présentent, dit M. de Bonnard, en collines isolées dont la base repose au milieu des sables et des argiles de ces plaines.

L'Erz-gebirge est tellement riche en métaux de diverses espèces, que la dénomination de *monts métalliques* lui convient parfaitement. Leur exploitation occupe une population nombreuse; c'est dans cette contrée de l'Allemagne que l'art du mineur est devenu depuis long-temps une science qu'ont honorée plusieurs hommes estimables par leurs travaux et leur capacité; c'est à Freyberg enfin que le célèbre Werner fonda la chaire de géologie qui a rendu son nom si cher à cette science qu'il sortit du chaos, et qui n'était avant lui que l'art de bâtir des systèmes auxquels leurs auteurs donnaient le titre pompeux de *théories de la terre*.

L'Elbe traverse le royaume du sud-est au nord-ouest: ce fleuve en est le seul cours d'eau navigable. Entre le Riesen-gebirge et 'Erz-gebirge, il coule dans une vallée profonde et ses rives sont escarpées. Il reçoit, sur le territoire saxon, la Müglitz et la Weistritz, qui descendent de l'Erz-gebirge. Ces montagnes donnent également naissance à l'Elster, à la Pleisse et à la Mulde qui passe à Freyberg, ainsi qu'à la Mulde qui traverse Zwickau.

Le royaume de Saxe jouit d'un climat sec et tempéré; la région montagneuse est seule exposée à un froid assez rigoureux, à tel point qu'on y voyage encore en traîneaux lorsque dans les contrées basses la neige est fondue depuis long-temps. M. Engelhardt[1] assure même que l'on commence à y voir réussir le blé, l'avoine et les pommes de terre, tandis que dans les plaines on récolte déjà les asperges. C'est en effet dans les parties les plus basses, comme aux environs de Leipsick, que la température est la plus douce. Ce qui prouve que le climat y est sain, c'est que la mortalité y est moins considérable que dans les contrées voisines, et que les hommes y parviennent souvent à un âge avancé.

De belles forêts bien entretenues couvrent les montagnes, qui forment de jolies vallées cultivées avec soin et riches en beaux pâturages. Les terres du royaume de Saxe sont partout d'une bonne qualité; l'agriculteur y est intelligent, les produits en sont nécessairement considérables. La race des moutons y est belle; on en élève de nombreux troupeaux dont la laine, fort estimée, forme une branche de commerce importante. Plusieurs sociétés d'agriculture encouragent l'éducation des abeilles, l'amélioration des bêtes à cornes et des chevaux. D'autres sociétés ont pour but de favoriser dans plusieurs cantons la propagation de la vigne; celle-ci produit des vins de bonne qualité, mais dont la quantité ne suffit point à la consommation. Les récoltes des céréales sont également insuffisantes, mais beaucoup d'habitants y suppléent par la pomme de terre, qui y réussit parfaitement. Enfin les légumes et les fruits y sont abondants. Dans quelques cantons on cultive avec succès le lin, le chanvre, le houblon et le tabac.

Les richesses minérales que possède la contrée surpassent encore celles que produit un sol cependant fertile. On les estime à un revenu brut de plus de 8,300,000 francs. Les mines d'Ausbringen sont comprises dans cette

[1] Handbuch der Erdbeschreibung der Königreichs Sachsen.

somme pour 2,450,000 francs, et celles de Freyberg pour 350,000. On évalue à 3,200,000 francs la valeur de l'argent fin que l'on retire annuellement des mines de la Saxe. On compte environ 9,000 ouvriers mineurs qui peuvent extraire par an 3,000 quintaux de cuivre, 80,000 de fer, 10,000 de plomb, 2,500 d'étain, plus de 5,000 quintaux d'arsenic, et une quantité plus ou moins considérable d'autres métaux. Le nombre des mineurs ne s'élève qu'à 400 dans la justice de Dresde. Mais dans la chaîne de l'*Erz-gebirge*, si riche en métaux, en quartz blanc et en améthystes, en agates, en jaspes, en grenats et en kaolin, dont la belle qualité a contribué pendant si long-temps à la supériorité de la porcelaine de Saxe sur toutes celles de l'Europe, de nombreux ouvriers recueillent annuellement, suivant Stein, près de 1,200,000 quintaux de soufre, d'alun et de nitrate de potasse. Enfin, plusieurs houillères considérables sont exploitées sur le territoire saxon; mais les plus importantes sont celles des environs de Dresde, qui rapportent annuellement près de 800,000 francs. Si à la valeur de l'argent et de la houille on ajoute 50,000 francs de cuivre, 1,500,000 de fer manufacturé, 130,000 de plomb, 300,000 d'étain, 15,000 de bismuth, 65,000 d'arsenic, 1,830,000 de cobalt, 2,000 de manganèse, 27,000 de sulfate de fer, 4,000 de basalte, 2,000 de kaolin et d'autres terres, enfin 8,000 fr. d'échantillons de minéralogie, on aura pour le produit des substances minérales du royaume la somme de 7,900,000 francs; pour obtenir cette somme, on dépense environ 400,000 francs en achat de diverses matières nécessaires à l'exploitation et que l'on tire de l'étranger.

Les salines que possédait la Saxe avant les derniers traités, livraient du sel à la consommation pour des sommes considérables; mais lorsque le congrès de Vienne lui enleva les terrains dans lesquels on le recueille, il fut stipulé que la Prusse, à laquelle on donnait ces terrains, délivrerait tous les ans à la Saxe 250,000 quintaux de sel à un taux assez modique pour que le gouvernement saxon pût, sans en élever le prix accoutumé, obtenir, par ce monopole, un bénéfice équivalent à celui qu'il en retirait avant le traité de 1815.

Les manufactures de la Saxe ne sont dépourvues ni de cette activité ni de ce zèle nécessaires pour arriver aux améliorations qui en augmentent les produits. On y fabrique des toiles, des étoffes de soie, de laine ou de coton, des blondes, des dentelles, des rubans, des mousselines, des chapeaux de paille, du papier, des instruments de musique, des armes, enfin des porcelaines et des faïences également estimées. Ces établissements industriels occupent un grand nombre de bras. Ainsi on comptait encore, il y a quelques années, plus de 800,000 individus occupés à la fabrication de ces divers objets. Les fabriques de draps en employaient près de 25,000; celles de chapeaux de paille 5,000; celles de divers objets en métaux 50,000; enfin les filatures seules de coton près de 400,000.

Le point de perfection auquel sont parvenus quelques uns de ces établissements n'est pas seulement dû à l'intelligence et à l'industrie naturelle au peuple saxon; le gouvernement a depuis 20 ans employé tous les moyens propres à leur donner plus d'essor. Non seulement il accorde des primes et des récompenses aux inventeurs des machines les plus utiles, mais des médailles aux fabricants les plus habiles. Il a fondé des sociétés d'encouragement, et il a mis à leur disposition des sommes considérables destinées à faciliter l'accomplissement de ses projets. Sur son ordre, ces sociétés ont établi des concours pour les questions dont la solution ne tend qu'à éclairer sur leurs intérêts les agriculteurs et les manufacturiers; il a même été, pour atteindre ce but, jusqu'à diminuer quelques uns des impôts. Quelle impulsion de pareils moyens ne peuvent-ils pas donner aux transactions commerciales! aussi sont-elles fort étendues en Saxe. La valeur totale du commerce intérieur a été évaluée par Stein à 12,000,000 de reichsthalers (44,400,000 fr.). Dans les trois grandes foires de Leipsick, il se traite annuellement pour 18,000,000 de reichsthalers d'affaires (66,600,000 francs). Celles de librairies seules s'élèvent de 8 à 10,000,000 de francs. Mais le commerce serait plus important encore, si les routes étaient mieux entretenues, et si, pour obvier à l'inconvénient de ne posséder qu'un seul cours d'eau navigable, la Saxe établissait un bon système de canaux qui faciliteraient les moyens de transport.

Déjà ce royaume a commencé à entrer dans la voie des progrès matériels par la construction d'un chemin de fer de 23 lieues de longueur, qui met en communication Dresde et Leipsick, et dont l'ouverture solennelle s'est faite le 24 avril 1837. Mais le progrès vers les idées de tolérance religieuse, de civilisation et de liberté politique et commerciale, éprouve encore beaucoup d'obstacles dans les chambres saxonnes. Ainsi l'on voit toujours figurer dans le code la peine du bâton et celle du carcan ; l'établissement du régime constitutionnel n'a point amené l'abolition des justices seigneuriales instituées au moyen âge ; enfin les juifs, qui ne forment dans tout le royaume qu'une population de 700 à 800 individus, sont encore soumis par une loi nouvelle à des restrictions humiliantes. Il leur est défendu d'habiter d'autres villes que Dresde et Leipsick ; le commerce de détail leur est interdit ; ils ne peuvent exercer les professions de pharmacien, de restaurateur, de cabaretier, de distillateur ; il leur faut une autorisation spéciale pour faire le commerce de friperie ; enfin il serait trop long de mentionner les petites vexations qui pèsent encore sur les israélites de la Saxe. Toutefois, il faut le dire, une amélioration morale a eu lieu dans ce royaume : c'est l'abolition des loteries.

Le gouvernement de la Saxe est une monarchie héréditaire et constitutionnelle ; le roi est majeur à 18 ans ; il nomme à toutes les charges, à tous les emplois civils ou militaires. Quelques seigneuries ne sont cependant point soumises à tous les droits de la couronne ; plusieurs seigneurs lèvent dans l'étendue de leurs terres des contributions dont un tiers seulement appartient au gouvernement. Les provinces nomment des députés dont l'assemblée générale se réunit sous le nom d'États, et d'après l'ordre seul du souverain, ce qui a lieu ordinairement tous les six ans à Dresde. Ces États se composent de trois ordres : le clergé, la noblesse et les députés des villes. Ils règlent la quotité des impôts, fixent le montant du budget, et délibèrent sur les lois que le roi soumet à leur décision. S'ils refusent les subsides, le roi peut pendant un an continuer à lever les anciens ; mais six mois avant l'expiration de ce terme, il doit convoquer des États extraordinaires. Les séances des États sont maintenant publiques. Ils se divisent en deux chambres, mais ni l'une ni l'autre n'a le droit d'initiative dans la présentation des lois ;

celles-ci sont proposées par les ministres, et les chambres ne peuvent les repousser ni refuser les impôts que conditionnellement. L'administration est confiée à un conseil de cabinet, un conseil des finances, un conseil militaire ; la justice à une haute cour d'appel, et les cultes à un consistoire supérieur ecclésiastique. Chacun des 5 cercles qui forment la division territoriale a une cour de justice et une administration particulière. Les paysans jouissent complétement de la liberté individuelle.

Les revenus de la Saxe s'élèvent à environ 11,000,000 de florins (28,490,000 francs). En 1820, la dette publique montait à 32,000,000 de la même monnaie, ou à 82,880,000 francs.

L'armée se compose d'un régiment des gardes, de trois d'infanterie, d'un de cavalerie, d'un d'artillerie à pied, de deux brigades d'artillerie a cheval, d'un bataillon du train, d'un bataillon de chasseurs et de deux compagnies d'invalides, formant en tout 12,800 hommes. Son contingent dans la Confédération germanique est de 16,500 hommes. L'armée se recrute sur une réserve que l'on pourrait appeler *landsturm*, et qui comprend, sauf un grand nombre d'exceptions, les hommes de 18 à 31 ans. Cette réserve n'est point organisée. Les villes possèdent des gardes nationales composées de tous les citoyens qui peuvent s'équiper, et qui sont obligés à ce service jusqu'à l'âge de 60 ans. Enfin la sûreté des routes est protégée par un corps de gendarmerie à cheval.

L'allemand que l'on parle en Saxe passe pour le plus pur et le plus correct. Cependant on reproche, dit-on, aux habitants des villes une prononciation traînante et affectée. Presque tous les Saxons professent le culte de la confession d'Augsbourg : nous avons vu qu'au seizième siècle leurs électeurs furent ardents à défendre les principes et à protéger l'établissement de la réformation que prêcha Luther ; mais depuis Frédéric-Auguste, qui embrassa en 1697 le catholicisme pour se faire élire roi de Pologne, la maison régnante est restée attachée à cette croyance.

Cette différence de religion entre la famille régnante et le peuple fut même un des motifs de l'insurrection qui éclata dans la capitale, au mois de septembre 1830, contre la cour et l'armée. Le roi, pour apaiser ce mouvement

DRESDE.

populaire, rendit le 13 septembre un édit par lequel il s'adjoignit, en qualité de co-régent, son neveu Frédéric-Auguste, jeune prince qui jouissait de l'attachement public, et en faveur duquel son père Maximilien, héritier de la couronne, abdiqua ses droits au trône de la Saxe.

Ainsi la Saxe a eu sa révolution de 1830, puisque les conséquences de ce mouvement populaire furent l'établissement d'un gouvernement représentatif, la rédaction d'un nouveau code civil et d'un nouveau code criminel, la construction de plusieurs routes, la rédaction d'un nouveau règlement relatif à l'industrie, et la promesse d'une loi sur la liberté de la presse.

La population du royaume de Saxe était, en 1837, de plus de 1,652,114 habitants, dont la répartition est de 1,761 par lieue carrée. Cette riche contrée renferme 3,197 villages, 57 bourgs et 145 villes, dont nous ne décrirons que les plus importantes.

Lorsqu'on arrive dans la capitale de la Saxe par la rive droite de l'Elbe, la richesse de ses environs, la variété des sites que l'on y remarque, la beauté de la route que l'on suit, la largeur et la propreté des rues des faubourgs qui précèdent la ville, la longueur du magnifique pont qui traverse le fleuve, donnent une haute idée de *Dresde*. Ce pont, bâti en grès, est formé de seize arches; il est long de 1,420 pieds et large de 36. On y a placé des bancs de distance en distance, et sur le douzième pilier un crucifix doré, que supporte un morceau de roc brut d'environ 30 pieds de hauteur. Le maréchal Davoust fit sauter le quatrième pilier, le 19 mars 1813, pour ménager la retraite de l'armée française; mais il a été rétabli, depuis 1815, par les souverains étrangers. La hauteur moyenne de l'Elbe sous ce pont est à 261 pieds au-dessus du niveau de l'Océan. Dresde, que les Allemands appellent *Dresden*, a vu, en 1810, transformer ses hautes murailles en belles promenades, et trois ans après, de nouveaux remparts construits par les Français la protéger contre les armées coalisées. Ces derniers travaux ont disparu. Divisée en vieille et nouvelle ville, elle est accompagnée de trois faubourgs, dont les plus importants sont *Neustadt,* et surtout *Friedrichstadt.*

Parmi ses 18 églises, dont 16 sont consacrées au culte protestant, on en compte 4 qui méritent de fixer l'attention. La première, située dans la vieille ville, est surnommée *Frauen kirche* (l'église de Notre-Dame). Elle est construite sur le modèle de Saint-Pierre de Rome; les colonnes légères qui la surmontent soutiennent une espèce de tour qui s'élève au-delà de 340 pieds. La seconde, appelée l'église de la cour ou de Sophie, parce qu'elle a été en partie construite en 1602 par une princesse de ce nom, veuve de Christian Ier, est remarquable par les sculptures qui ornent son portail, par ses tableaux, et par l'un de ses autels orné de colonnes qui ont appartenu, dit-on, au temple de Jérusalem, et qui furent rapportées, en 1476, de la ville sainte par le duc Albert. Celle de *Sainte-Croix* est un énorme tas de pierre que nous ne citons que pour sa haute tour, qui domine toute la ville. Celle que l'on appelle la nouvelle église des catholiques, surmontée aussi d'une tour fort élevée, passe pour l'une des plus belles de l'Allemagne, et mérite d'être au premier rang parmi les constructions qui embellissent cette capitale. Les autres édifices de Dresde sont la chancellerie, l'hôtel des finances, la monnaie, l'hôtel des États, remarquable par son architecture, l'arsenal, l'hôtel-de-ville, les théâtres, l'*Augusteum*, autrefois le palais Japonais, celui du prince Maximilien, celui de Brühl, celui des princes, et enfin celui du roi.

Ce bâtiment vaste, mais d'une architecture irrégulière, comprend une tour de 300 pieds d'élévation; son extérieur ne répond point à la richesse des diverses collections qu'il renferme; son intérieur rappelle un fait historique remarquable. Lorsque Frédéric II pénétra dans l'électorat de Saxe, après avoir déclaré à Frédéric-Auguste II, électeur et roi de Pologne, qu'il n'y entrait que pour sa propre sûreté et qu'il ferait observer la discipline la plus sévère à ses troupes, ce prince courut se mettre à la tête de son armée rassemblée à Pirna; mais la reine, sa femme, douée d'une fermeté et d'un courage au-dessus de son sexe, refusa de fuir, et attendit de pied ferme les événements. Ferdinand de Brunswick entre sans résistance à Leipsick, qu'il met au pillage; le roi de Prusse arrive à Dresde; il fait demander à la reine les clefs des archives, elle refuse de les donner. Ses soldats alors pénètrent dans le palais; ils veulent enfoncer les portes des archives, la reine se précipite au-devant d'eux ; mais sans égard ni pour son rang ni pour son sexe, les archives sont envahies de force; et, malgré les recherches de Frédéric, on n'y trouve point le traité d'alliance offensif qu'il prétendait avoir été fait contre lui entre la Russie, l'Autriche et la Saxe, et qui était le prétexte de sa conduite.

La salle du grand Opéra tient au palais du roi ; elle mérite d'être citée moins par la richesse de ses ornements que par sa grandeur; elle contient environ 5 à 6,000 spectateurs. La vue dont on jouit du palais de Brühl rend cette habitation fort agréable ; la belle galerie de tableaux qu'il renferme en fait une des curiosités de la ville.

Dresde possède cinq hôpitaux, sans compter l'hospice des orphelins et celui des enfants trouvés. On y a fondé, vers la fin de 1828, une maison de correction destinée à recevoir les enfants vagabonds, et une école spéciale pour les enfants pauvres et abandonnés par leurs parents. On y compte aussi un grand nombre de maisons d'éducation, dont l'une est réservée aux jeunes filles catholiques; deux gymnases; plusieurs écoles spéciales, telles que celle des cadets, celle d'artillerie et du génie; une institution pour les aveugles, une école de médecine et de chirurgie, une école vétérinaire, une pour les instituteurs primaires et trois d'industrie; un institut d'arts et métiers, une école d'architecture et cinq écoles de charité. On y a établi des sociétés bibliques et économiques, et plusieurs qui sont consacrées à l'encouragement des arts et des sciences; enfin une académie des arts. Des cabinets de médailles, des collections d'antiquités, une des principales galeries de tableaux que l'on puisse citer en Europe; un jardin botanique, trois bibliothèques publiques, dont l'une des plus riches est celle que renferme l'*Augusteum,* sont à la disposition des personnes qui consacrent une partie de leur temps à l'étude. Mais la bibliothèque la plus importante est celle du roi; elle renferme 250,000 volumes, 4,000 manuscrits et 20,000 cartes géographiques.

Dresde est aujourd'hui l'une des villes de l'Europe dont l'éclairage est le plus satisfaisant, depuis que, par une méthode ingénieuse, on se sert du gaz pour cet usage. C'est aussi depuis 1829 l'une de celles où le service du transport des lettres se fait le mieux; on y compte 14 bureaux de postes, et les levées s'y font trois fois par jour.

Elle renferme plus de 70,000 âmes; le cours de l'Elbe y favorise un commerce que son industrie et ses foires rendent considérable.

Les environs de la capitale présentent plusieurs lieux remarquables. Tout près de ses murs, se trouvent les beaux bains de *Link,* sur les bords de l'Elbe; plus loin, *Pillnitz,* ou *Pöllnitz,* village qui renferme un château royal célèbre par le congrès dans lequel, en 1791, les souverains étrangers signèrent une convention pour soutenir les Bourbons sur le trône de France ; en 1818, il devint la proie des flammes, mais il a été rebâti depuis avec un grand luxe. C'est la résidence habituelle du roi pendant l'été. *Pirna,* aux pieds de rochers escarpés que couronne la forteresse de Sonnenstein, est fortifiée, et possède un ancien château, converti aujourd'hui en hospice d'aliénés ; cette petite ville n'a que 4,200 habitants. *Meissen,* au confluent de l'Elbe et de la Meissa, est une autre petite cité entourée de murs et dominée par les ruines d'un château-fort bâti par l'empereur Henri Ier. C'est la patrie du poète Schlegel et de l'historien du même nom.

Altenberg, à six lieues de Dresde, dans l'Erz-gebirge, est connu par son exploitation d'étain, le meilleur après celui de l'Angleterre, par sa culture en grand du lin, par ses dentelles et par sa fabrication d'horloges en bois, dont l'origine remonte à une époque très reculée.

La ville la plus importante de la Saxe, après Dresde, est *Leipsick,* ou *Leipzig.* Fondée vers la fin du quinzième siècle, elle porta d'abord le nom slave de *Lipzk,* qui signifie *tilleul,* parce qu'elle était environnée d'une plantation d'arbres de cette espèce. Avantageusement placée au confluent de l'Elster-Blanc, de la Partha, et de la Pleisse, dans une plaine fertile, le commerce y a tellement répandu l'aisance, multiplié les moyens de délassement et les occasions de plaisirs, que beaucoup de personnes riches préfèrent son séjour à celui de la capitale. Pendant l'été, les promenades et les bosquets autour de la ville, le petit bois de *Rosenthal,* les jardins de *Hendel, Gehlis* et ses environs, sont les points de réunion les plus fréquentés. Ces lieux, que le fléau de la guerre avait dévastés en 1813, ont repris leur première fraîcheur et tous les attraits qui les faisaient rechercher; il n'y a pas de maux irréparables là où le commerce et l'industrie exercent leur bienfaisante influence. Cependant, au centre de ces divers points de réunion, les sujets de distraction qu'on y cherche forment un singulier contraste avec quelques uns des monuments de douleur et de regrets qu'on y remarque. Le jardin de Resch renferme le tombeau du fabuliste Gellert; près des jardins de *Hendel*, se trouve celui du physicien Gallisch; enfin, au milieu des bosquets de Reichenbach, on remarque celui de Poniatowski, mort en héros après avoir eu la douleur de voir au milieu d'un combat les alliés des Français tourner leurs armes contre eux. Pendant l'hiver, les habitants de Leipsick trouvent au théâtre national, à l'académie de musique, dans les casinos, dans les jardins d'hiver de *Breiter*, au grand bal et au sein des diverses sociétés qu'on appelle *Ressources*, des délassements variés. Dans la ville, qui renferme plus de 45,000 âmes, et à laquelle il ne manque que des rues plus larges pour être citée parmi les villes bien bâties, on remarque de beaux édifices, tels que l'hôtel-de-ville, construit en 1556; l'édifice connu sous le nom de Cloître (*Kloster*); le *Gewand-haus*, bâtiment qui renferme une bibliothèque et une salle de bals et de concerts; le nouveau théâtre, la bourse, le superbe hôpital de Saint-George, la maison des orphelins et celle de détention. Ses églises les plus belles sont celle de Saint-Nicolas, ornée de marbre et décorée de quelques tableaux du peintre Oeser, et celle de Saint-Thomas, où l'on voit un superbe jeu d'orgues; celle de Saint-Jean renferme un monument érigé à Gellert. Il ne reste des anciennes fortifications qu'une enceinte de murs percée de quatre belles portes, et le château de Pleisenbourg, qui ressemble à la citadelle de Milan; il renferme une église dont l'une des tours sert d'observatoire, un beau laboratoire de chimie, et le local où se réunit l'académie d'architecture et de peinture. Sur la nouvelle esplanade d'un des quatre faubourgs, on remarque la statue en marbre du dernier roi de Saxe. Plusieurs maisons de particuliers méritent d'être comptées au nombre des édifices qui ornent la ville; mais il en est deux qui offrent un intérêt historique : l'une est celle qu'habita Luther, l'autre celle où le général Tilly signa la capitulation de Leipsick. Depuis l'an 1409, cette ville possède une université, l'une des plus célèbres de l'Allemagne et même de l'Europe; on y compte plus de 80 professeurs et environ 1,400 étudiants; une bibliothèque de 40,000 volumes, un cabinet d'histoire naturelle, un établissement de clinique et l'observatoire, en dépendent. Ses écoles sont nombreuses; les principales sont celles de Saint-Thomas et de Saint-Nicolas, l'école bourgeoise, celle dite des francs-maçons, et celle des pauvres, où l'on compte aujourd'hui près de 1,200 enfants. Ses sociétés des arts et des sciences sont connues dans le monde littéraire et savant : ce sont les sociétés économique et philologique, celle des naturalistes et celle des antiquaires allemands; son musée des arts est riche en machines et en modèles; enfin son jardin botanique, son cabinet de curiosités et d'histoire naturelle, et ses bibliothèques, sont dignes d'une ville qui réunit à une industrie variée, à une grande richesse commerciale, le plus important commerce de librairie que l'on connaisse. On y compte environ 200 cabaretiers, aubergistes et restaurateurs; 80 libraires, 200 fondeurs en caractères, 22 imprimeries qui occupent plus de 500 ouvriers et 128 presses, 3 à 400 cordonniers, 530 tailleurs, 340 merciers et 3 à 400 négociants. Les trois foires qui s'y tiennent à l'époque du nouvel an, à la Saint-Michel et à Pâques, sont les plus importantes que l'on connaisse, surtout la dernière. On évalue à près de 80,000,000 de francs le montant des ventes qui se font dans ces grandes réunions. Nulle part on ne fait d'aussi importantes affaires en librairie; le nombre seul des ouvrages qui s'y vendent est de 4 à 5,000, et celui des exemplaires est si considérable, qu'il s'élève, année commune, à la valeur de 8 à 10,000,000 de francs.

« La grande foire de Leipsick mérite sans doute d'être visitée par un philosophe qui veut étudier les mœurs des peuples; mais cette foire offre plutôt un tableau raccourci de l'Europe qu'une image fidèle de la Saxe. Des négociants, marchands, fabricants de toutes les espèces et de tous les pays : le Lyonnais avec ses soieries, l'Anglais avec sa coutellerie et ses étoffes de coton, le Hambourgeois avec ses immenses cargaisons de sucre et de café, le Russe avec ses lourdes fourrures, le Polonais avec ses chevaux lestes et jolis ; enfin des individus de toutes les nations européennes, et souvent même des Turcs, des Arméniens et autres, fourmillent dans toutes les rues. Les marchandises qu'ils viennent vendre ou acheter ne forment pas un assemblage moins bigarré. On voit à côté l'un de l'autre la porcelaine éclatante et la poterie noire, les quincailleries de toute l'Allemagne, des bijoux et des hochets, de nouveaux systèmes de philosophie et de nouvelles capotes de Paris, des sermons orthodoxes et des romans licencieux, des images de saints et des bustes de Bonaparte. Une foule de baladins, d'histrions affluent dans la ville et dans ses faubourgs ; là le grave acteur allemand se croit un prêtre de la morale en débitant un drame larmoyant ; ici l'harmonie enchanteresse de la musique italienne attire un public nombreux, moins nombreux cependant que cette foule qui se presse au cirque d'équitation. D'autres objets curieux, affichés avec pompe, des géants, des nains, des éléphants, raniment la curiosité émoussée des badauds. L'homme qui aime la belle nature et les charmes du printemps naissant visite le joli *Rosenthal* (vallée de roses), le jardin de Richter, les esplanades qui entourent la ville. Il faut encore voir les tables des restaurateurs, où l'élégance supplée à l'abondance, et où l'on boit quelquefois de l'excellent champagne mousseux de fabrique saxonne. Ajoutez à tout cela une foule toujours mouvante, foule de juifs circoncis et baptisés, foule de grands et de petits libraires, foule d'auteurs et de traducteurs, foule de gens curieux ou empressés, enfin un concours considérable de beautés saxonnes et autres, qui viennent jouir des spectacles, des bals et des autres amusements, et vous aurez une idée assez exacte de la foire de Leipsick, considérée du côté moral et sans égard pour l'importance du commerce qui s'y fait ([1]). »

La petite ville de *Chemnitz* ou *Alt-Chemnitz*, qui porte le même nom que la rivière sur laquelle elle est située, peut être comptée au nombre des plus agréables et des mieux bâties de la Saxe ; sa population est évaluée à 18,000 habitants. La description de ses six

([1]) *Malte-Brun*: Géographie mathématique, physique et politique de toutes les parties du monde, tom. V.

églises, de son collége, de ses quatre hôpitaux, de la triple muraille qui l'entoure, du vieux château qui la défendait jadis, serait d'un faible intérêt ; nous devons seulement rappeler que cette cité qu'enrichissent de nombreuses fabriques de toiles, de mousselines, de calicots et de machines, prétend avoir donné naissance au célèbre Puffendorf ; mais il paraît que cet honneur appartient à la petite ville de *Dippoldiswalde*, située sur la Weistritz.

La petite ville de *Hohnstein*, à 3 lieues de Chemnitz, sur la pente d'une haute montagne, possède une belle église, un hospice de pauvres et d'orphelins, et plusieurs manufactures de tissus de coton. Elle est le point central de la culture du lin propre au tissage du linge damassé. On exploite dans ses environs des mines d'or, d'argent, de cuivre et d'arsenic.

Plauen, qui ne renferme que 8,000 âmes, s'enrichit, comme Chemnitz, du produit de ses toiles, de ses mousselines et de ses calicots. Cette ville est située dans une belle vallée, sur la rive gauche de l'Elster-Blanc. Elle est entourée de murs et dominée par le château royal de Ratschauer. C'est le siége d'une grande maîtrise des eaux et forêts, et d'une cour de justice. On y trouve plusieurs manufactures importantes. Elle a vu naître le théologien Wolfgang et Bottcher qui inventa la porcelaine de Saxe. La petite ville d'*Adorf*, à 3 lieues au sud-est de Plauen, jouit de quelque célébrité en Saxe par ses fabriques de draps et de toutes sortes d'instruments de musique.

Freyberg, du territoire de laquelle nous avons déjà vanté l'importance, dans l'aperçu que nous avons donné du produit des mines de la Saxe, mérite sous plusieurs rapports une mention particulière. Elle est peuplée de 12,000 âmes, et arrosée par la Mulde ; son sol est élevé de près de 1,200 pieds au-dessus du niveau de la mer ; plusieurs édifices anciens lui donnent l'aspect d'une vieille ville, cependant on y voit quelques rues bien alignées, et des maisons d'une élégante construction. La cathédrale, la plus belle de ses cinq ou six églises, renferme les tombeaux de quelques uns des anciens électeurs de Saxe ; l'hôtel-de-ville possède une riche collection de vieilles armures ; un gymnase et une bibliothèque publique se font encore remarquer dans cette ville ;

mais ce qui la rend surtout célèbre, c'est son école des mines, établissement qui peut servir de modèle dans ce genre, et qui, depuis que Werner en a augmenté les collections et rectifié le mode d'enseignement, a fourni des hommes célèbres dans l'art de tirer du sein de la terre les richesses qu'elle renferme. Plusieurs marchands de minéraux font à Freyberg un commerce assez considérable. Outre plusieurs fabriques de draps, de tissus de coton, de blanc de céruse et de quincaillerie, il existe un martinet pour le cuivre, une fonderie de canons et deux moulins à poudre. On a établi aux environs, à Halsbrück, des bains de scories, qui sont très fréquentés, et dont l'effet salutaire a déjà été reconnu dans diverses maladies. *Tharand* ou *Granaten*, qui renferme à peine 1,000 habitants, doit son second nom à la grande quantité de grenats que l'on trouve dans ses environs. Sa situation près d'une forêt de 10,000 arpents y a fait établir une école royale forestière. *Annaberg*, à 10 lieues au sud-ouest de Freyberg, est le point central de la Saxe pour la fabrication et le commerce des dentelles.

Glaucha ou *Glauchau*, résidence des comtes de Penigk, renferme 3 châteaux, 2 églises et 2 hôpitaux. Elle possède plusieurs fabriques de différents tissus de laine et de coton, des tanneries et des usines pour le fer et le cuivre, et de plus elle est le principal entrepôt des produits du cercle de l'Erz-gebirge. Elle est la patrie du célèbre minéralogiste Agricola. A *Swickau*, ville de 7 à 8,000 âmes, il existe une école scientifique, une bibliothèque, une église où l'on remarque un superbe tableau de Luc Cranach, une fabrique de produits chimiques; et près de ses portes, au château d'Osterstein, une importante maison de travail et de correction. *Schneeberg* est le siège d'une intendance des mines.

Un pays de montagnes, un peuple de mineurs dont les mœurs diffèrent de celles des habitants du reste de la Saxe, donnent aux villages que l'on trouve aux environs de Chemnitz et de Schneeberg un aspect tout particulier; mais si l'on veut traverser un pays tout-à-fait digne d'intéresser le dessinateur ou le naturaliste, il faut aller de Freyberg à *Königsstein* et à *Schandau*, petites villes dont la population est peu importante, mais dont la situation est des plus pittoresques. La première est une forteresse imprenable; elle est bâtie sur un rocher élevé de 1,200 pieds au-dessus du cours de l'Elbe; un puits de 900 pieds de profondeur fournit en tout temps une eau fraîche et limpide. Cette forteresse renferme des champs, des jardins et des prairies. C'est au pied de la montagne qu'elle couronne que la ville est bâtie. La seconde, située aussi sur le bord de l'Elbe, à une lieue de la précédente, est entourée de montagnes et de rochers qui s'élèvent en amphithéâtre; son port est animé par une navigation active, et près de la ville, un bain d'eau minérale chaude y attire tous les ans un grand nombre de malades. Le pays auquel appartiennent ces deux villes est rempli de tant de sites romantiques, qu'il a été surnommé la *Suisse saxonne*.

Vers l'extrémité orientale du royaume, *Zittau* occupe un joli vallon sur les bords du Mandau et de la Neisse. Sa population est de 8,500 individus; son commerce consiste en toiles blanches ou imprimées, et en draps. Elle possède un gymnase et un séminaire de maîtres d'école, un cabinet d'histoire naturelle, une collection de médailles, cinq hôpitaux, un hospice pour les orphelins, et une maison de détention. Sa plus belle église est celle de Saint-Jean, qui ne paraît pas devoir jamais être achevée. En sortant de la ville par la porte de Bohême, le village de *Herrnhut* doit son nom à une population de 400 individus, tous de la secte des frères moraves, qui ont leur pasteur et leur église, et qui ne s'occupent presque exclusivement que de la culture des jardins. *Gross-Schoenou*, village de 4,000 habitants, à 4 lieues à l'ouest de Zittau, s'enrichit par le produit des fabriques de toiles damassées.

Nous terminerons notre excursion par la ville de *Bautzen* ou *Budissin*, située sur un rocher qui domine la rivière de la Sprée : un commerce considérable et de nombreuses manufactures en ont fait une cité importante. Elle est peuplée de 12,000 habitants; ses fortifications, à moitié ruinées, attestent son ancienneté, mais des rues alignées et bien bâties lui donnent l'apparence d'une ville moderne; il est vrai qu'elle a acheté cet avantage par de nombreux incendies qui ont successivement détruit ses anciens quartiers. On y remarque de belles promenades, un théâtre, un gymnase, un collége de prédicateurs, deux bibliothèques publiques, et une maison de correction. Cette ville est du petit nombre de celles qui offrent un de ces exemples de tolérance religieuse que nous voudrions voir imiter partout : l'église de Saint-Pierre est partagée par une grille en deux parties, dont l'une est réservée au culte catholique, et l'autre à la communion luthérienne. Sur la rive gauche de la Sprée, s'élève, à peu de distance de la ville, la montagne du *Protschen*, sur laquelle on aperçoit encore les ruines d'un ancien autel où les dieux des Wendes rendaient leurs oracles. La construction du château qui, avec les fortifications, défendait la ville, remonte, dit-on, au neuvième siècle; cependant l'histoire ne fait mention de Bautzen que vers l'an 1078; mais cette ville sera longtemps célèbre dans les fastes de l'Allemagne par la lutte sanglante que l'armée française épuisée soutint avec avantage, en 1813, contre les puissances coalisées.

Parcourons maintenant la Saxe ducale, qui ne se compose plus, depuis 1825, époque à laquelle la mort frappa le duc de Saxe-Gotha, que de quatre principautés : le grand-duché de Saxe-Weimar, et les duchés de Saxe-Cobourg-Gotha, de Saxe-Meiningen et de Saxe-Altenbourg.

Le GRAND-DUCHÉ DE SAXE-WEIMAR ou de *Saxe-Weimar-Eisenach*, la plus considérable des quatre principautés, se compose de trois parties détachées, accompagnées chacune de quelques enclaves. La première, ou le cercle de Weimar-Iena, est bornée au nord par la province prussienne de Saxe, à l'ouest par la même province et la principauté de Schwarzbourg-Rudolstadt, au sud par le duché de Saxe-Altenbourg, qui la limite aussi à l'est : sa longueur de l'est à l'ouest est de 15 lieues, et sa largeur du nord au sud de 11. La seconde, ou le cercle de Neustadt, au sud-est de la précédente avec laquelle elle forme la principauté de Weimar, est entourée par le duché de Saxe-Altenbourg, et par les principautés de Reuss, au nord et au nord-est; au sud par la province prussienne de Saxe, et à l'ouest par le duché de Saxe-Meiningen : elle a 10 lieues de l'est à l'ouest, et 4 du nord au sud. La troisième, qui forme le cercle ou la principauté d'Eisenach, à l'ouest des deux autres, est bornée au nord par la province de Saxe, à l'ouest par la Hesse-Electorale, au sud par la Bavière, et à l'est par les duchés de Saxe-Meiningen et de Saxe-Cobourg-Gotha : elle a 15 lieues du sud au nord, et 4 de l'est à l'ouest. Deux principales enclaves appartiennent au cercle de Weimar-Iena : ce sont celles d'Ilmenau au sud-ouest, et celle d'Allstedt au nord. Parmi celles qui appartiennent au cercle d'Eisenach, nous citerons celle d'Ostheim au sud, et celle de Zillbach à l'est.

La superficie de tout le grand-duché est de 185 lieues, et sa population était, en 1832, de près de 234,000 âmes.

Nous ne dirons qu'un mot de sa constitution géognostique. La partie du sud-est ou la plus considérable, celle dont le centre est occupé par la ville de Weimar, comprend, au nord, des marnes irisées et des gypses recouverts, au sud, par un vaste dépôt d'un calcaire ancien, appelé *muschelkalk* par les Allemands, parce qu'il est rempli de coquilles au milieu desquelles se trouvent de nombreux débris de sauriens; on trouve aussi sur le même territoire des grès blancs et ferrugineux. Quelques petites montagnes qui s'étendent du nord-est au sud-ouest, et qui vont se réunir à la chaîne du Thuringer-wald, forment, dans la principauté de Weimar, de larges vallées où coulent la Werra, la Saale et l'Ilm. Le sol y est généralement gras et fertile. La principauté d'Eisenach renferme des terrains de la même nature que ceux de la précédente; elle contient en outre des grès bigarrés, des marbres, des charbons de terre; sur les bords de la Werra, on remarque quelques anciens volcans qui font partie du groupe qui se prolonge jusque sur la rive gauche du Rhin. La partie méridionale de cette principauté est couverte par les rameaux du Rhône-gebirge.

En général, le grand-duché n'est pas fort riche en substances minérales : les mines d'argent et de cuivre sont maintenant épuisées; on en trouvait aux environs d'Ilmenau, dans la principauté de Weimar; mais aujourd'hui on n'y exploite plus que du fer et du manganèse. Dans la principauté d'Eisenach, il existe près de Creutznach une saline, celle de Wilhelm-Glacksbrun; à Kammerberg, une houillère, et à Kaltennordheim on exploite une mine de lignite ou bois bitumineux, qui fournit annuellement 10,000 quintaux de ce combustible. Le cercle de Neustadt renferme de la tourbe et de l'albâtre. La principauté d'Eisenach est très riche en argile à poterie et en terre à foulon. Le duché ne possède que deux sources minérales ; la première, près de *Berka*, aux environs de Weimar ; la seconde à *Ruhla*, près d'Eisenach.

Dans les deux principautés, presque toutes les hauteurs sont couvertes de forêts : le bois est une des principales richesses du pays. Le sol est en général peu fertile, et la condition des cultivateurs laissant beaucoup à désirer, il en résulte que les produits de l'agriculture ne sont pas très considérables ; cependant la principauté de Weimar récolte assez de blé pour pouvoir en exporter dans les bonnes années. Celle d'Eisenach, peu riche en céréales, produit beaucoup de pommes de terre, de lin, de colza, de pavots et de chanvre. Les fruits sont abondants, mais d'une médiocre qualité ; on cite cependant les pommes de Boursdorf et les cerises des environs d'Ostheim, dans la principauté d'Eisenach. Quant au vin, celui d'Iena, et celui de Kunitz dans celle de Weimar, sont d'une qualité tout-à-fait inférieure. Les animaux domestiques, principalement les bêtes à cornes, sont élevés avec soin dans les environs d'Eisenach, et sur le territoire de Neustadt, dans la principauté de Weimar. A Allstedt, il y a un beau haras ; les moutons fournissent une laine très fine, qui se vend sous le nom de laine électorale.

Les principales villes du grand-duché de Saxe sont Weimar, Apolda, Neustadt, Iéna et Eisenach. Elles sont trop peu importantes pour que nous nous y arrêtions long-temps : nous les passerons rapidement en revue. *Weimar*, située dans une jolie vallée arrosée par l'Ilm, renferme 12,000 habitants. On remarque dans l'église principale les tombeaux des princes et princesses de la famille ducale, celui de Herder, et quelques peintures de Luc Cranach, dont on remarque le tombeau dans l'ancien cimetière. Cette ville, que l'on a surnommée avec raison l'*Athènes de l'Allemagne*, possède des écoles publiques, un collége, une académie de peinture et quelques établissements de bienfaisance. Parmi ses édifices, le plus remarquable est le palais du prince : l'escalier passe pour un chef-d'œuvre, et l'intérieur est cité pour la magnificence de l'ameublement et la richesse des collections, qui consistent en armures, en médailles et en tableaux de prix. Le parc, dessiné à l'anglaise, est regardé comme un des plus beaux de l'Allemagne. Nous ne devons pas oublier de citer parmi les établissements utiles de Weimar l'Institut géographique, où l'on publie huit écrits périodiques et une foule de matériaux destinés à répandre le goût de la géographie.

Le grand-duc possède aux environs de Weimar une charmante maison de plaisance, connue sous le nom de Belvédère, et dont on cite l'orangerie et le jardin, l'un des plus riches de l'Europe en plantes exotiques. A *Tieffurth*, le prince a établi à ses frais une belle école d'agriculture, et il a eu soin de conserver le beau jardin de la dernière duchesse douairière, dans lequel on remarque les monuments élevés à la mémoire des princes Constantin de Weimar et Léopold de Brunswick. A *Osmannstedt* reposent les cendres du célèbre Wieland. C'est à *Berka*, à 2 lieues au sud de Weimar, petite ville de 900 âmes qui possède une manufacture de velours, que sont établis des bains sulfureux très fréquentés. *Apolda*, peuplée de 3,500 individus, est connue par ses fabriques de draps. *Neustadt-sur-l'Orla* (*Neustadt-an-der-Orla*) renferme deux grandes manufactures de draps estimés. Il s'y tient chaque année des foires importantes.

Iena, avec 6,000 âmes, tient un rang honorable parmi les villes universitaires de l'Allemagne. De belles bibliothèques, dont une de 100,000 volumes, un musée d'histoire naturelle, un jardin botanique, un observatoire, un amphithéâtre d'anatomie, des établissements de clinique, servent puissamment à l'instruction de la jeunesse ; tandis que des sociétés savantes, telles que celle de minéralogie, celle d'histoire naturelle, et la société latine, contribuent, avec la Gazette universelle de littérature, à répandre le goût de l'étude et des occupations utiles. L'université d'Iéna a été fondée en 1548. Cette ville, entourée de murailles flanquées de tours, est située dans une vallée arrosée par la Saale, que l'on y traverse sur un beau pont en pierre : c'est dans ses environs que s'est livrée, le 14 octobre 1806, la célèbre bataille qui porte son nom. *Eisenach* est une jolie ville de 9,500 habitants, bâtie sur une élévation qui domine la Neisse. Elle est entourée de murs, et possède un château ducal, un hôtel des monnaies, une école de dessin, un collège et plusieurs établissements utiles. La fondation de cette cité industrieuse remonte à l'an 1070.

Plusieurs dépendances de la principauté d'Eisenach sont enclavées dans la Bavière, dans les duchés de Saxe-Meiningen et de Saxe-Cobourg-Gotha, mais elles sont trop peu importantes pour que nous en parlions; il en est de même d'un territoire situé dans la province prussienne de Saxe, et dont la seule ville, *Allstedt*, qui dépend du cercle d'Iena, renferme 2,000 habitants. *Ruhl* ou *Ruhla* est intéressante par ses établissements industriels: il y a un institut normal forestier; plusieurs manufactures de quincaillerie; de pipes, de limes, de gants, de bas de laine, et d'autres objets. Peuplée de 2,600 habitants, elle est divisée en deux parties par le ruisseau du Ruhl, qui lui donne son nom: l'une, de 1,100 habitants, appartient au duché de Saxe-Weimar; l'autre, de 1,500, à celui de Saxe-Cobourg-Gotha.

Il règne dans le duché de Saxe-Weimar une grande activité commerciale: à Eisenach on fabrique annuellement plus de 100,000 pièces d'étoffes de laine, beaucoup de rubans et de la céruse; à Iéna et Apolda on compte de nombreux métiers à faire des bas et des tissus. *Kaltensundheim* est peuplée de tisserands; *Bürgel* renferme plus de 40 fabricants de poterie, et des distilleries de vinaigre; Weimar, des tanneries et des fabriques de toile et de bas de poil de lapin. *Stutzerbach*, des verreries et des papeteries; enfin, *Ilmenau* et ses environs possèdent des forges et des usines, des manufactures de porcelaine et de boutons.

D'après la constitution promulguée en 1816, le gouvernement du grand-duché est constitutionnel. C'est sans doute à cette organisation que le pays doit l'avantage de n'avoir été troublé que par quelques émeutes populaires, quand au mois de septembre 1830 le royaume de Saxe fut le théâtre d'une révolution. Chaque district ou bailliage nomme un député. Dix sont choisis dans la classe des bourgeois, et dix dans celle des paysans et des agriculteurs. Tout individu qui, à Weimar ou à Eisenach, possède une propriété de 500 reichsthalers de revenu, et dans les autres villes une de 300, est éligible; un paysan ou un agriculteur dont les biens sont reconnus valoir 2,000 reichsthalers a le droit d'être député de district. Nul ne peut être privé de son droit à l'éligibilité, quels que soient son rang, sa naissance ou sa religion. Les députés sont élus pour six ans; les élections se font librement, à l'abri de toute influence de l'autorité. L'assemblée des députés nomme des conseillers à vie, qui ont le droit de siéger dans son sein et de donner leur suffrage. Elle se réunit tous les trois ans; mais une commission, composée de deux députés et d'un maréchal ou chef de district élu par ceux-ci, est constamment en permanence pour veiller en quelque sorte à la conservation des intérêts généraux. L'assemblée, de concert avec le prince ou avec ses ministres, vérifie les budgets, vote ou rejette les impôts. Elle a le droit de faire des représentations au prince sur ce qui concerne les besoins du peuple, la liberté individuelle et la sûreté des fortunes; enfin sur les abus qui peuvent s'introduire, et même sur la conduite des ministres. L'initiative des lois appartient également à l'assemblée et au prince, qui a le droit de rejet sans être obligé d'exprimer ses motifs. Si une loi proposée par l'assemblée est rejetée par le prince, l'assemblée peut renouveler sa proposition dans deux autres réunions. Mais si le prince propose une loi, les députés ne peuvent la rejeter qu'après avoir motivé leur refus. Enfin si une loi sanctionnée par les divers pouvoirs de l'État n'était point mise à exécution, les districts, après un jugement de la cour d'appel d'Iena, et sur les plaintes portées devant l'assemblée générale, peuvent s'adresser à la Confédération germanique. Tels sont les éléments de prospérité de ce petit État, qui par sa constitution pourrait offrir aux législateurs de quelques puissants royaumes des sujets de méditation.

Les principales autorités dans la hiérarchie administrative sont le ministère, divisé en plusieurs départements, huit conseillers privés, la chambre des députés, la chancellerie d'Etat, l'administration de la justice, le tribunal suprême d'appel d'Iéna; dans les autres branches, le collége des finances, l'intendance des bâtiments, la chambre de révision des impôts, celle des comptes et le bureau mathématique; dans les affaires ecclésiastiques, les deux consistoires suprêmes.

La majorité des habitants est protestante: on ne compte que 10 à 12,000 catholiques, et environ 1,500 israélites.

L'instruction est très répandue, surveillée et bien encouragée dans ce grand-duché. Outre l'excellente université d'Iéna, on y compte 2 gymnases, 69 écoles bourgeoises, 2 écoles normales et 343 écoles des campagnes.

Le DUCHÉ DE SAXE-MEININGEN, ou de *Saxe-Meiningen-Hildbourghausen* (¹), est borné au nord par la principauté saxonne d'Eisenach, une enclave de la Prusse et la principauté de Schwarzbourg; la Bavière forme sa limite à l'ouest et au sud; à l'est ce sont le duché de Saxe-Cobourg-Gotha, les principautés de Reuss et de Schwarzbourg, ainsi que deux enclaves prussiennes et une du grand-duché de Saxe-Weimar. Toute la partie que nous venons d'indiquer forme une bande circulaire longue de 35 lieues et large de 5, en y comprenant quatre enclaves : celle de *Cambourg*, entre le grand-duché de Saxe-Weimar et les Etats prussiens; celle de *Kranichfeld*, entre les mêmes Etats et les principautés de Schwarzbourg; le territoire de *Sonnenfeld*, entre le duché de Saxe-Cobourg-Gotha et la Bavière, et enfin dans ce royaume le pays de *Königssberg*. Sa superficie est de 116 lieues.

Une grande partie du sol de cette principauté est montagneuse, boisée, et riche en fer, en sel, en soufre, en cobalt, en houille, en pierres de taille, en marbre, en ardoise, et en argile à foulon. Il y a bien quelques mines d'or, d'argent et de plomb, mais elles ne sont pas assez importantes pour être exploitées. Les deux salines les plus considérables sont celles de Salzungen et de Friedrichshall. Tout le nord appartient à la formation des marnes irisées et du gypse supérieur au terrain salifère; les environs de Meiningen dépendent de celle du calcaire ancien appelé *muschelkalk*, au-dessus duquel s'élèvent des mamelons basaltiques. Des rameaux appartenant au Frankenwald à l'est, au Thüringer-wald vers le nord, et au Rhône-gebirge vers l'ouest, se prolongent sur son territoire.

Le gouvernement de ce duché est monarchique et constitutionnel depuis l'an 1824; mais les agrandissements qu'il obtint par héritage, à l'extinction de la branche de Saxe-Gotha en 1826, nécessitèrent quelques modifications dans la constitution. D'après ces modifications, l'intégrité du territoire est admise en principe; le duc et ses successeurs sont reconnus majeurs à 21 ans; dans la répartition des emplois publics, la religion du candidat ne peut être considérée ni comme un avantage ni comme un obstacle : malheureusement pour les israélites, cet article ne s'applique point à eux. Toutes les communions chrétiennes jouissent de la protection de la loi et d'une entière liberté de conscience. Aucune différence de rang n'exempte des devoirs communs à tous les habitants, et n'établit de privilége pour l'acquisition de biens et de droits seigneuriaux, ou pour les charges publiques. Le nombre des députés aux Etats est de 24, savoir : 8 pour les propriétaires de biens seigneuriaux, 8 pour la bourgeoisie, et 8 pour les paysans. Toute disposition du souverain doit être contre-signée par un membre responsable du conseil privé ou du ministère. Tout fonctionnaire public poursuivi sur l'accusation des Etats peut obtenir sa grâce du souverain, mais il ne peut rester en fonctions, ni y rentrer, ni recevoir de pension assignée sur une caisse de l'Etat. A chaque changement de règne, le nouveau duc doit jurer d'observer et de maintenir la constitution.

L'instruction publique n'est pas moins encouragée dans ce duché que dans celui de Saxe-Weimar : on y compte 3 gymnases, 2 écoles normales, 1 école forestière, 17 écoles bourgeoises et 212 écoles des campagnes.

Ses villes principales sont Meiningen, Hildbourghausen, Saalfeld, Pösneck et Sonnenberg. Ces cités et plusieurs villages ont une industrie fort active, dont les établissements consistent en usines, en verreries, en papeteries et en fabriques de diverses étoffes.

Meiningen ou *Meiningen*, la capitale, environnée de montagnes et située sur la rive droite de la Werra, est une jolie petite ville de 5,000 âmes. Ses établissements utiles sont un collége, un gymnase et une maison d'orphelins; ses édifices, une église, le palais ducal, vaste et d'une élégante architecture, et un beau bâtiment où se tient l'assemblée des Etats. Le palais du duc renferme une bibliothèque de 24,000 volumes, un cabinet de curiosités et le dépôt des archives. La ville est entourée de remparts et de fossés. Son industrie se borne à fabriquer des futaines, des crêpes et d'autres étoffes de laine.

(¹) Crome : Geographisch-statistische Darstelung der Staats-Kraefte, etc. Tome IV, 1828.

La petite ville de *Kranichfeld* appartient à la fois au duché de Saxe-Meiningen et à celui de Saxe-Weimar.

Le village de *Liebenstein* possède des eaux minérales très fréquentées et une fabrique de couteaux et de cadenas. On fait remarquer dans ses environs le rocher sur lequel saint Boniface, l'apôtre de la Germanie, fit ses premières prédications. A *Dreissigacker*, autre village, il y a un château ducal dans lequel on a établi une académie foréstière et un cabinet d'histoire naturelle. La petite rivière de Steinach, dans laquelle on trouve des perles, donne son nom à deux villages, *Steinach* et *Obersteinach*, où sont établies plusieurs usines.

Sonnenberg, petite ville située dans une vallée étroite sur le Röten, ne consiste qu'en une seule rue d'une grande longueur : elle est remarquable par ses fabriques de quincaillerie, son commerce de jouets d'enfants, et par le mouvement industriel qu'elle a contribué à répandre dans tout son territoire.

Le pays de Sonnenberg, peu important par son étendue, est fort intéressant par son industrie. Il offre un nouvel exemple de la prospérité à laquelle une population peut parvenir par le travail et l'économie. Cet arrondissement, couvert de montagnes et de forêts, retire annuellement de ses produits, peu importants en apparence, une somme de 400,000 francs ; la main-d'œuvre seule leur donne quelque valeur : ce sont des jouets d'enfants, des boîtes et des coffrets en bois, des billes en marbre, des boutons d'habits en verre, et divers articles de quincaillerie. On peut dire de ces montagnards que l'intérêt commercial les a naturellement portés à diviser le travail pour trouver dans la main-d'œuvre une plus grande économie de temps. L'un ne fait que des corps de poupées, l'autre que des bras ou des jambes ; celui-ci les réunit, celui-là les orne des couleurs exigées ; il en est de même de tout ce qu'ils fabriquent en bois ou en carton ; d'où il résulte que tout ce qui sort de leurs mains se vend à très bas prix, et qu'ils peuvent donner, par exemple, pour 3 ou 4 francs 70 douzaines de petites trompettes d'enfants. Ce qui sort de ce pays se répand dans les diverses parties de l'Allemagne, et se vend, sous le nom d'ouvrages de Nuremberg, à Francfort, à Leipsick, à Dresde, à Nuremberg, à Munich, et dans d'autres villes commerçantes, qui expédient ces produits dans toutes les contrées de l'Europe et jusqu'en Amérique.

Hildbourghausen, arrosée aussi par la Werra, est une jolie ville de 4,000 habitants, ceinte de murailles, entourée de deux faubourgs, et divisée en deux parties, la vieille et la nouvelle ville. Elle était la capitale du duché de Saxe-Hildbourghausen, avant l'extinction de la branche de Gotha, c'est-à-dire avant 1826. A *Roda*, située dans une vallée boisée, il y a un château ducal et une maison de charité. A *Kahla*, sur la Saale, est un grand entrepôt de bois flotté. *Saalfeld*, ville de 4,000 âmes, a un beau château ducal, un collège, un hôtel des monnaies, une direction des mines, une école latine et plusieurs manufactures. Dans ses environs, il existe au Rotheberg une importante exploitation de fer. On remarque, à peu de distance de Saalfeld, le monument élevé à la mémoire du jeune prince Louis-Ferdinand de Prusse, sur la place même où il fut tué le 10 octobre 1806. *Pöseneck* ou *Pösneck*, entourée de murs, n'a que 3,000 habitants ; mais elle possède des fabriques de tissus de laine, des tanneries et une manufacture de porcelaine.

Le DUCHÉ DE SAXE-ALTENBOURG se compose de deux portions principales, séparées par la seigneurie de Gera, qui appartient à la principauté de Reuss-Lobenstein-Ebersdorf. La partie orientale est bornée, au nord et à l'est, par le royaume de Saxe ; au sud, par ce royaume et le duché de Saxe-Weimar ; à l'ouest, par ce duché, la seigneurie de Gera et la province prussienne de Saxe. La partie occidentale touche, au nord et à l'ouest, à la principauté de Weimar ; au sud, au duché de Saxe-Meiningen, et à l'ouest à celui de Saxe-Weimar. La première a 9 lieues de longueur sur 5 de largeur ; la seconde, 10 de longueur sur 3 de largeur. La superficie des deux, réunie à celle de plusieurs petites enclaves, est de 66 lieues carrées.

La partie orientale montre à découvert des roches de formations anciennes, telles que des schistes argileux à l'ouest d'Altenbourg, des marnes et des grès bigarrés à l'est et au sud. Ces grès et ces marnes s'étendent sur toute la partie occidentale. On exploite dans tout le duché du fer, du cuivre, du cobalt, de la houille, du gypse, du sel, du porphyre et du kaolin.

La partie orientale présente de belles plaines, tandis que l'autre offre un grand nombre de collines qui appartiennent aux ramifications les plus septentrionales de l'Erzgebirge. La première est très fertile en blé, la seconde renferme beaucoup de bois. Dans l'une et dans l'autre, les moutons fournissent une laine très fine, qui se vend, comme dans les autres pays saxons, sous le nom de laine électorale.

Le gouvernement de ce duché est, comme celui des deux précédents, monarchique et constitutionnel.

Altenbourg, sa capitale, assez bien bâtie, forte de 12,700 âmes, renferme quatre églises, un gymnase, une bibliothèque publique et un cabinet d'histoire naturelle. Le château ducal, situé sur un rocher, mérite d'être visité. *Ronnebourg*, à 5 lieues d'Altenbourg, possède un château qui n'a rien de curieux, une population qui s'élève à un peu plus de 4,000 âmes, et un bel établissement d'eaux minérales qui, malgré sa situation agréable et les dépenses qu'on a faites pour l'embellir, est peu fréquenté. *Eisenberg* ou *Eisenbourg*, petite ville peuplée comme la précédente, et dominée par un château, renferme un observatoire et quelques établissements industriels, dont le plus considérable est une manufacture de porcelaine.

Terminons ce que nous avons à dire sur les diverses principautés saxonnes, en nous hâtant de jeter un coup d'œil sur le DUCHÉ DE SAXE-COBOURG-GOTHA. Il comprend deux principautés séparées par des portions d'autres petits États. La *principauté de Gotha*, qui est la plus considérable et la plus septentrionale, est bornée au nord et à l'est par la province prussienne de Saxe, à l'ouest par la principauté d'Eisenach, et au sud par une enclave de la Prusse. Nous négligeons de nommer d'autres parties d'États qui la bordent à l'est et à l'ouest. La *principauté de Cobourg*, la plus méridionale, touche, au nord et à l'ouest, le duché de Saxe-Meiningen ; au sud et à l'est, le royaume de Bavière.

La principauté de Gotha offre, dans sa constitution géognostique, des marnes irisées et du gypse, entourés de tous côtés par un vaste dépôt de calcaire ancien (*muschelkalk*) qu'ils dominent ; ces dépôts s'appuient sur des grès bigarrés qui reposent sur les porphyres rouges du Thüringer-wald. Dans le pays de Cobourg, ce sont en partie les mêmes formations, mais principalement les marnes irisées, le *muschelkalk* et le grès bigarré.

La principauté de Gotha est bornée au sud par le Thüringer-wald, qui étend jusque dans son centre ses rameaux peu élevés. Celle de Cobourg est couverte, dans sa partie septentrionale, par les montagnes qui joignent le Frankenwal au Rhône-gebirge ; elle offre la grande vallée de l'Itz, nommée *Itz-gründe* et plusieurs autres vallées fertiles. Les productions minérales consistent en fer, en houille, en magnésie et en porphyre, que l'on exploite pour en faire des meules. On récolte dans tout le duché une assez grande quantité de blé, d'épeautre, de pommes de terre et de lin, surtout dans la principauté de Gotha, qui produit aussi des carottes estimées et des truffes qui ne le sont pas moins. Dans les deux principautés, le gros bétail est une des principales richesses ; on y nourrit des moutons dont la laine est recherchée.

Le duché de Saxe-Cobourg-Gotha jouit d'une constitution semblable à celle du grand-duché de Saxe-Weimar. Il occupe, avec cette principauté et celles de Saxe-Altenbourg et de Saxe-Meiningen, le douzième rang dans la Confédération germanique, et s'unit à elles pour une voix dans les assemblées particulières. Son contingent a été fixé à 1,300 hommes. Ses revenus doivent être évalués à 2,540,000 francs, et sa dette publique à environ 11,660,000.

Disons un mot de ses principales villes. *Gotha*, la plus jolie de toute la Saxe ducale, est une de celles qui possèdent les établissements scientifiques les plus remarquables. Son gymnase, où l'on compte une vingtaine de professeurs, est célèbre ; son observatoire, situé sur le Séeberg, aux portes de la ville, est l'un de ceux qui ont rendu le plus de services à l'astronomie par les travaux qu'y ont faits les savants barons de Zach et de Lindenau ; l'école normale est peut-être la plus ancienne de l'Allemagne. Outre ces établissements, il y a une école d'industrie et de commerce, une école militaire, une école d'accouchement et plusieurs écoles élémentaires gratuites. Gotha est agréablement située sur le penchant d'une colline au-dessus de la Leine. Elle renferme de belles fontaines et quelques édifices d'une élégante construction. L'ancien château du-

-cal, appelé *Friedenstein*, qui la domine, possède une terrasse qui rivalise avec celle de Windsor en Angleterre. On y a réuni des collections précieuses qui, depuis plusieurs années, sont ouvertes au public; elles consistent en une bibliothèque de 150,000 volumes, comprenant plus de 2,000 manuscrits ; une galerie de tableaux occupant douze salons distribués par écoles; un cabinet d'histoire naturelle et de curiosités; une collection de médailles, l'une des plus riches de l'Europe; un cabinet de physique ; un musée d'antiques ; enfin un musée oriental, où l'on a rassemblé un grand nombre d'objets chinois. Ce château renferme aussi un arsenal. Il est à 1,240 pieds au-dessus du niveau de l'Océan. Parmi les églises de Gotha, il y en a 7 qui sont destinées au culte évangélique : l'une des plus remarquables est celle des orphelins ; la chapelle catholique de Sainte-Marguerite renferme les tombeaux des ducs de Saxe-Gotha ; dans le parc du palais de Friedrichsthal, on remarque les tombeaux du duc Ernest, de ses jeunes fils et du duc Auguste. Cette ville, qui fut bâtie vers l'an 964 par un archevêque de Mayence, compte 11,000 habitants. Elle possède plusieurs établissements de bienfaisance. Elle fait un commerce important du produit de ses manufactures de porcelaine et de ses fabriques d'étoffes de laine et de coton, de papiers peints, de tabac, d'instruments de musique et de chirurgie. Elle est l'entrepôt d'un commerce actif entre Leipsick et le reste de l'Allemagne. C'est la patrie de quelques hommes distingués, tels que les médecins Gaspard Hoffmann, Thomas Reinesius et le poëte Gotter.

Cobourg fabrique aussi plusieurs tissus et de la porcelaine ; on y fait divers objets de luxe en bois pétrifié ; mais son commerce principal consiste en tabac, en vins et en étoffes de laine. Sa situation sur la rive gauche de l'Itz, dans un belle vallée, ajoute aux sujets de distraction qu'elle offre aux étrangers. On y trouve un casino, une salle de spectacle, des redoutes, des concerts et une réunion agréable appelée *Erholung*. Elle est en réputation chez les gastronomes allemands, pour ses excellents saucissons. Ses plus beaux édifices sont le magnifique château d'Ehrenbourg, l'une des résidences du prince, l'hôtel-de-ville, l'arsenal et l'église de Saint-Maurice. Sans être, sous le rapport des arts et des sciences, la rivale de Gotha, elle possède cependant un gymnase de première classe, un séminaire de maîtres d'école, un observatoire, un cabinet de physique et d'histoire naturelle, et une bibliothèque ducale. Sa population est de 8,000 habitants. Elle est défendue par une citadelle.

Dans la principauté de Gotha, la petite ville de *Friedrichsrode*, siège d'une administration des mines, celle d'*Ohrdruff*, où l'on voit un château appartenant aux princes d'Hohenlohe, et celle de *Zeller*, sont importantes par leur industrie. A *Tonna*, où l'on a découvert une source minérale, on a établi une maison de bains. Près de ce village, on a plusieurs fois trouvé des ossements d'éléphants au milieu du terrain d'alluvion qui constitue le sol. On récolte dans ses environs de l'anis, de la garance et la plante connue sous le nom de pastel (*isatis tinctoria*), dont la qualité l'emporte sur celle que produit le reste de l'Allemagne.

Dans la principauté de Cobourg, *Rodach* possède un haras, avec un petit château qui sert de rendez-vous de chasse ; *Neustadt*, surnommée *An-der-Hayde*, rivalise avec Sonnenberg pour la fabrication des jouets d'enfants.

TABLEAUX STATISTIQUES
DES ÉTATS SAXONS.

I. ROYAUME DE SAXE.

SUPERFICIE en lieues carrées, 938.	POPULATION en 1837, 1,652,114.	POPULATION par lieue carrée, 1,761.

(145 villes. — 57 bourgs. — 3,197 villages.)

Cercles.	Population en 1832.	Villes et chefs-lieux de bailliages.	Population.
MISNIE	349,811	Dresde	70,000
		Grossenhayn	4,500
		Hohnstein	3,000
		Meissen	4,000
		Moritzbourg, vill.	500
		Oschatz	4,000
		Pirna	4,000
		Radeberg	2,000
		Stolpen	1,200
ERZ-GEBIRGE	539,021	Freyberg	12,000
		Altenberg	4,000
		Augustusbourg, vill.	600
		Chemnitz	18,000
		Dippoldiswalde	1,800
		Frauenstein	900
		Tharand	1,000
		Grunhayn	1,000
		Zobelitz	1,000
		Nossen	1,100
		Frankenberg	4,000
		Schwarzenberg	1,500
		Stolberg	2,000
		Wiesenbourg	2,000
		Wolkenstein	2,000
		Schnéeberg	6,000
		Annaberg	5,000
		Zwickau	7,500
LEIPSICK	253,551	Leipsick	45,000
		Borna	2,500
		Colditz	1,800
		Grimma	4,000
		Leissnig	2,700
		Mugeln	1,200
		Mutzschen	800
		Pegau	2,600
		Rochlitz	3,000
		Wurtzen	1,300
LUSACE	188,567	Bautzen	12,000
		Zittau	8,500
		Zönigssbrück	1,200
VOIGTLAND	104,726	Plauen	8,500

Revenus en francs. 28,490,000. — Dette publique. 82,880,00.
ARMÉE. Contingent 16,500 hommes. — Pied de paix. 12,800.

II. GRAND-DUCHÉ DE SAXE-WEIMAR.

SUPERFICIE en lieues carrées, 185.	POPULATION en 1837, 241,046.	POPULATION par lieue carrée, 1,302.

(30 villes. — 12 bourgs. — 508 villages et hameaux.)

Principautés.	Cercles.	Villes.	Populat.
WEIMAR	WEIMAR-IENA	Weimar	12,000
		Büttstedt	2,000
		Apolda	3,500
		Dornbourg	1,200
		Burgel	1,200
		Iéna	6,000
	NEUSTADT	Lobeda	800
		Magdala	700
		Berka	1,000
		Neustadt-an-der-Orla	3,600
EISENACH	EISENACH	Eisenach	9,500
		Creutzbourg	1,800
		Geisa	1,700
		Berka	1,100
		Ostheim-ver-der-Rhön	2,400
		Vach	1,600

Revenus en francs. 4,850,000. — Dette publique. 15,330,000.
ARMÉE. Contingent 2,400 hommes. — Pied de paix. 2,380.

III. DUCHÉ DE SAXE-MEININGEN-HILDBOURGHAUSEN.

SUPERFICIE en lieues carrées, 116.	POPULATION en 1837, 146,005.	POPULATION par lieue carrée, 1,250.

(17 villes. — 15 bourgs. — 381 villages et hameaux.)

Principautés.	Villes.	Population.
MEININGEN	Meiningen	5,000
	Themar	1,200
	Römbild	1,600
	Kranichfeld	800
	Schalkau	900
	Sonnenberg	3,000
HILDBOURGHAUSEN	Hildbourghausen	4,000
	Eisfeld	2,500
	Heldbourg	1,000
	Saalfeld	4,000
	Pöseneck	3,000

Revenus en francs. 1,945,000. — Dette publique. 4,640,000.
ARMÉE. Contingent 1,460 hommes. — Pied de paix. 900.

IV. DUCHÉ DE SAXE-ALTENBOURG.

SUPERFICIE en lieues carrées,	POPULATION en 1837.	POPULATION par lieue carrée,
66.	120,500.	1,825.

(8 villes. — 2 bourgs. — 458 villages et hameaux.)

Bailliages.	Villes.	Population
ALTENBOURG. . . .	*Altenbourg*. . . .	12,700
RONNEBOURG. . . .	*Ronnebourg*. . . .	4,000
KAHLA.	*Kahla*.	2,200
EISENBOURG. . . .	*Eisenbourg*. . . .	4,000
RODA.	*Roda*.	2,700

Revenus en francs. 1,565,000. — Dette publique. 3,240,000.

ARMÉE.

Contingent. 1,200 hommes. — Pied de paix. 800.

V. DUCHÉ DE SAXE-COBOURG-GOTHA.

SUPERFICIE en lieues carrées,	POPULATION en 1837.	POPULATION par lieue carrée,
130.	135,000.	1,038.

(9 villes. — 10 bourgs. — 521 villages et hameaux.)

Bailliages.	Villes.	Populat.
GOTHA. . . .	GOTHA.	11,000
	Friedrichsrode. . . .	1,600
	Ohrdruff. . . .	3,500
	Zeller.	1,500
COBOURG. . . .	*Cobourg*.	8,000
	Rodach.	1,500
	Neustadt-an-der-Hayde.	1,600

Revenus en francs. 2,540,000. — Dette publique. 11,660,000.

ARMÉE.

Contingent. 1,300 hommes. — Pied de paix. 900.

N. B. Dans ces tableaux, les noms en MAJUSCULES indiquent les capitales, et ceux en *italiques* les chefs-lieux de principautés, de cercles et de bailliages.

LIVRE SOIXANTE-QUINZIÈME.

Suite de la Description de l'Europe. — Description de l'Allemagne. — Huitième section. — Description du royaume de Wurtemberg.

Nous venons de terminer une description fatigante par le nombre et la faible importance des États qui en ont été l'objet. Les pays que nous allons parcourir, plus considérables dans leur ensemble, n'étaient pas moins divisés avant l'érection du grand-duché de Bade et des royaumes de Wurtemberg et de Bavière : le cercle de Franconie comprenait les margraviats d'Anspach et de Bayreuth, et le territoire libre de la ville de Nuremberg ; le cercle de Souabe se composait du duché de Wurtemberg, du margraviat de Baden, et des villes impériales d'Ulm et d'Augsbourg ; enfin le cercle de Bavière était formé de l'électorat de Bavière, des évêchés de Salzbourg, de Passau, de Freysingen et des possessions de la ville libre de Ratisbonne. Les divisions territoriales de cette partie de l'Allemagne ont subi, comme celles d'une grande partie de l'Europe, des changements déterminés par la prépondérance que la France exerça sur la politique européenne, sous le règne de Napoléon. Par suite de la conclusion du traité de Presbourg, en 1805, ces anciens cercles et ces territoires libres reçurent une nouvelle organisation : les petites principautés de Hohenzollern et de Lichtenstein furent conservées ; mais on vit s'élever dans la Confédération germanique le royaume de Wurtemberg, le grand-duché de Bade, et le trône de Bavière. Les derniers traités ont nécessité quelques modifications dans les limites de ces États ; mais dans la nouvelle organisation de l'Allemagne, ils ont acquis une influence supérieure à celle dont ils jouissaient sous le protectorat de la France. La Bavière est restée un royaume puissant qui, après la Prusse, occupe le premier rang dans la Confédération. Sa description et celle des autres principautés feront le sujet des livres suivants. Occupons-nous du Wurtemberg.

Le royaume de Wurtemberg est situé entre la Bavière et le grand-duché de Bade, qui l'entourent de toutes parts. Son étendue, évaluée par Stein à 34,819 milles géographiques carrés, forme une superficie de 970 lieues [1],

[1] D'après les évaluations de M. A. *Balbi*, ce royaume aurait 5720 milles de 60 au degré, ou 993

couverte de montagnes et sillonnée par de larges vallées dont la plus étendue est celle que traverse le Neckar ou Necker. Une branche considérable du *Schwarz-wald* ou de la *Forêt-Noire* forme, sur une longueur de 28 lieues, la limite occidentale de ce royaume. Une seconde, celle du *Rauhe-Alp*, que les géographes français désignent sous le nom d'*Alpes de Souabe*, part de la précédente et se prolonge vers le nord-est, entre le cours du Necker et celui du Danube. Ces deux chaînes, qui ne sont que les rameaux d'une souche qui part des bords du Rhin vis-à-vis de Bâle, et qui se bifurquent en formant une partie des limites naturelles du Wurtemberg, au sud-ouest, renferment plusieurs montagnes élevées de 3 à 4,000 pieds; mais les moins considérables sont celles du *Rauhe-Alp* [1].

Les rivières qui ont leurs sources dans ces montagnes sont le Necker, ainsi que l'Enz, la Fils, le Rems, le Kocher et le Iaxt, affluent du Necker; le Tauber, affluent du Rhin; le Danube et quelques petites rivières, telles que la Riess, le Roth et l'Iller, y prennent aussi naissance. Le plus considérable des lacs de l'intérieur du royaume est le Federsée, dont la longueur est de près d'une lieue, et la largeur d'une demi-lieue. Nous ne parlerons point du lac de Constance, qui forme seulement la limite méridionale du Wurtemberg.

Les parties septentrionale et orientale de ce royaume, c'est-à-dire les vallées du Tauber, de l'Iaxt, du Kocher et de l'Enz, présentent à découvert le calcaire ancien appelé *muschelkalk*, et supérieur aux grès bigarrés. Le centre ou les vallées que parcourent le Necker, le Rems et plusieurs petites rivières au pied du Rauhe-Alp, offrent des marnes irisées, reposant sur le calcaire précédent; toute la chaîne du Rauhe-Alp est formée de *lias* ou de calcaire bleu, supérieur à ces diverses formations; au sud de ces montagnes s'étend, jusque sur les bords du Danube, le calcaire moins ancien encore appelé *jurassique*. Toute la chaîne de la Forêt-Noire est formée du même calcaire que le Rauhe-Alp. Dans la vallée du Necker, aux environs de Canstadt, on a trouvé des ossements fossiles d'éléphants et d'autres animaux antédiluviens.

Les formations que nous venons de nommer reposent en plusieurs endroits sur des roches antérieures aux êtres organisés, telles que le gneiss et le granite; ainsi aux environs de Schramberg, dans la Forêt-Noire, le grès houiller s'appuie sur le granit.

A cet égard, deux géologistes allemands ont publié quelques observations intéressantes sur le gisement des sources minérales du Wurtemberg [1]. Ainsi les eaux chaudes et tièdes ne sortent que du granit et du grès qui repose dessus. Les eaux acidules manquent dans les marnes irisées, mais se trouvent dans le *muschelkalk*, qui donne aussi l'eau salée et l'eau tenant en dissolution du carbonate de magnésie. Les eaux chargées de carbonate, de sulfate et d'hydrochlorate de soude, sortent du gneiss, du granit, des marnes irisées et du *lias*, bien que ces roches ne contiennent pas de soude. Les principales sources minérales en usage sont celles de Liebenzell, de Göppingen, de Deinach, de Canstadt, de Giengen et d'Heilbronn.

Le royaume est riche en charbon de terre, en soufre, en sel, en ardoisières, en carrières de marbre et en divers calcaires propres aux constructions. Les montagnes de la Forêt-Noire, couvertes de forêts, renferment encore quelques mines de fer, de cuivre et même d'argent, mais en petite quantité.

Avant de donner un aperçu du climat et des ressources agricoles et manufacturières du Wurtemberg, disons quelques mots de ses habitants.

Ammien Marcellin [2] et quelques autres auteurs parlent d'un peuple qu'ils nomment *Alemanni*, et qui habitait la contrée située entre le haut Danube, le haut Rhin et le Mein. Cette contrée est occupée aujourd'hui par le grand-duché de Bade et le royaume de Wurtemberg. Les *Alemanni*, que les anciens nomment aussi *Alamanni* et *Alambani*, sont donc les ancêtres de ceux qui habitent aujourd'hui les États du roi de Wurtemberg. Agathias et Jornandès [3], qui vivaient sous le règne de l'empereur Justinien, nous ont conservé quelques renseignements précieux sur ces peuples

lieues géographiques carrées. Le Dictionnaire géographique universel porte sa superficie à 960 lieues.

[1] Voyez pour la hauteur de ces montagnes, pag. 21, tom. II.

(1) MM. Sigwart et Leipprand : *Uber die mineralwasser*, etc. — Tubingen, 1831. — (2) Rer. gest. XXVIII, 5. — (3) De Reb. Get. 17.

barbares; le premier nous donne même l'origine du nom d'*Alemanni ;* il dit qu'il signifie une réunion d'hommes de différentes nations de la Germanie : en effet, *all*, tout, *mann,* homme, semblent être l'étymologie de ce nom. Les *Alemanni* descendaient probablement des *Suevi;* leur gouvernement était monarchique, ou du moins ils se choisissaient un chef lorsqu'ils entreprenaient une guerre; leur religion était la même que celle des autres Germains ; leurs mœurs étaient même plus féroces : il est certain que leur haine contre les Romains les porta à plusieurs actes de cruauté envers les prisonniers qu'ils leur firent. Caracalla marcha contre eux et les défit sans les soumettre : ce n'est qu'à force d'argent qu'il put en enrôler quelques uns dans ses troupes. Vers le milieu du troisième siècle, ils s'emparèrent des forts que les Romains avaient bâtis sur les bords du Rhin, et ravagèrent une partie de la Gaule. Maximin les refoula sur leur territoire, où il mit tout à feu et à sang; enfin leur histoire présente de nombreuses alternatives de victoires et de défaites jusque vers l'an 388, qu'ils se soumirent à Maxence.

Vers le milieu du onzième siècle, le Wurtemberg formait un comté situé dans le cercle de Souabe : il ne fut érigé en duché que vers l'an 1495, par l'empereur Maximilien. Sous Ulric VIII, qui s'engagea dans la ligue de Smalkalde, une grande partie de ce pays embrassa la croyance de la communion d'Augsbourg, dont ce prince approuvait les principes, et maintenant on y compte plus de 1,000,000 de protestants.

Le duché de Wurtemberg avait, en 1796, une superficie de 416 lieues et 608,000 habitants; il acquit ensuite, avec le titre d'électorat, une augmentation de 103 lieues et de 118,000 habitants. Ces acquisitions consistaient principalement en plusieurs villes libres et impériales, avec leur territoire, enclavées dans le duché, telles que Hall, avec des salines, Heilbronn, ainsi que la riche prévôté d'Ellwangen. Le traité de Presbourg procura à l'électeur le titre de roi, et une grande partie des possessions autrichiennes en Souabe, telles que le comté de Hohenberg, avec 40,000 habitants; le landgraviat de Nellenbourg, qui passa en 1810 au grand-duché de Bade, auquel il appartient encore ; enfin plusieurs petites villes sur les deux rives du Danube, fleuve dont l'ancien duché de Wurtemberg n'atteignait pas les bords. Le roi a gagné considérablement encore en soumettant à sa domination toutes les petites souverainetés appelées *seigneuries immédiates,* et qui constituaient, au milieu même du royaume, des enclaves considérables.

Le climat du Wurtemberg est en général sain et tempéré; mais sur les hauteurs et dans les forêts qui s'étendent sur leurs pentes, la température est froide, et les hivers durent long-temps. La terre y est féconde en diverses productions agricoles : plus de la moitié de sa superficie est employée en grande culture; les vignobles en occupent près d'un cinquantième, les prés environ un septième; le reste est occupé par des forêts. Les vignes de ce pays ont été apportées de l'Alsace, de la Bourgogne, de la Valteline et de la Hongrie; on a même vu des plants de Chypre et de Perse y réussir parfaitement. Les belles plaines qui occupent le centre du Wurtemberg produisent en abondance du froment, de l'épeautre, du seigle et d'autres grains. Les pentes de la Forêt-Noire et du Rauhe-Alp offrent de beaux pâturages; à leurs pieds, on voit dans les vallées des forêts d'arbres fruitiers. En un mot, le Wurtemberg attache à chaque pas les regards du voyageur par le contraste d'une nature sauvage et pittoresque avec les ouvrages de l'industrie humaine. Il est riche en chevaux, en porcs, en bêtes à cornes et en brebis, parmi lesquelles on compte un grand nombre de mérinos. Les bois et les champs sont tellement peuplés de gibier, que, dans l'intérêt de l'agriculture, le gouvernement a cru devoir prendre, depuis 1817, une mesure fort sage, celle d'encourager la destruction des lièvres, des lapins, et du gibier qui sort des forêts. Les gardes-forestiers sont tenus de rembourser aux agriculteurs les dégâts causés par ces animaux, et chaque commune a le droit de charger deux hommes dignes de confiance de chasser sur ses terres.

Les manufactures du Wurtemberg sont, en général, peu importantes; mais elles sont nombreuses et surtout fort actives. Dans les pays de plaines, on compte beaucoup de filatures de coton, de fabriques de toiles et de tricot. On estime à environ 18,000 le nombre de métiers à tisser. Des fabricants d'horlogerie habitent les montagnes; dans les vallées sont établies plusieurs papeteries, des tanneries, des forges, des usines, et divers autres établissements. Le chiffre des brasseries s'élevait il y a quelques années à plus de 1,500. Les distilleries sont au nombre de plus de 5,000 : on en compte dans le canton de Heilbronn 30, dans celui de Bahlingen 226, dans celui de Biberach 63. A Mössingen, la même industrie occupe 280 cuves. L'esprit qu'on fabrique dans ces distilleries n'est point tiré du vin, de la pomme de terre ni du grain; on l'extrait du fruit de ce merisier qui se multiplie si facilement dans les montagnes de la Forêt-Noire, que la liqueur spiritueuse qu'on en retire, connue sous le nom de *kirschen-wasser*, donne lieu à un produit annuel de plus de 130,000 florins [1], et à une industrie qui fait vivre plus de 120 familles. Que les gourmets estiment à tort ou avec raison cette eau-de-vie germanique, les habitants du *Schwarzwald* ne devraient-ils point élever une statue à Thomas Leodgar, qui en est l'inventeur, et à qui ils sont redevables de l'aisance dont ils jouissent?

Le haut commerce du royaume consiste principalement dans l'exportation de ses bois, de ses vins, de ses grains, de ses fruits secs, de ses cuirs, de ses toiles, de son kirschenwasser et des horloges en bois fabriquées dans ses montagnes. On récolte annuellement plus de 300,000 hectolitres de vin, et plus de 5,400,000 kilolitres de grains, dont 300,000 sont exportés. La Suisse, la France, la Bavière et l'Autriche sont les pays avec lesquels il a des relations suivies. Il en retire des draps, de l'huile, des laines fines, de la soie brute et des soieries, des tabacs et diverses denrées coloniales. Quant au commerce intérieur, il est alimenté par certains produits que le système des douanes a cru favoriser en évitant la concurrence étrangère, ou par le monopole que le gouvernement a établi dans plusieurs branches; ainsi, l'étoffe de coton qui porte le nom de la ville chinoise d'où on la tire ne peut point entrer dans le royaume; le fer brut n'en peut point sortir, et le sel ainsi que le tabac sont vendus exclusivement par le gouvernement. Mais, dans la vue de faciliter le commerce intérieur, l'autorité suprême a, depuis vingt ans, établi un système uniforme de poids et mesures, fondé sur le calcul décimal;

[1] La valeur du florin est de 2 francs 16 centimes

elle s'est de plus attachée à entretenir les routes : ce qui, avec le secours des rivières, contribue à encourager les communications commerciales. M. Memminger [1] estimait en 1824 la valeur des marchandises du royaume à 33,000,000 de florins, dont environ 16,000,000 pour les produits naturels, et 17,000,000 pour les produits industriels. En 1837, on portait la valeur des exportations à environ 37,000,000, et celle des importations à 35,000,000 de francs.

Les revenus du Wurtemberg s'élèvent à plus de 58,000,000 de francs; la dette publique est évaluée à plus de 57,000,000.

Dans ce pays, où les dîmes enlèvent au cultivateur la moitié de son revenu net, où les impôts en absorbent un cinquième, où la disette des récoltes se fait souvent sentir, il n'est pas étonnant que le paysan se détermine à émigrer, soit dans les provinces méridionales de la Russie, soit en Amérique. Le géographe Stein rapporte que dans les quatre premiers mois de l'année 1817, les émigrations se sont élevées à 12,000 individus. Il est vrai que certaines idées religieuses en engagèrent un grand nombre à prendre ce parti, et que l'aurore boréale que l'on aperçut dans le Wurtemberg au mois de février de la même année fut regardée par plusieurs personnes comme un signe que le Ciel favorisait leur détermination.

Depuis 1819, l'armée doit se composer de 5,000 hommes en temps de paix, sans compter un corps de gendarmerie d'environ 370 hommes. Le contingent que l'État doit fournir à la Confédération est de 16,000 hommes. Il existe en outre une loi par laquelle tous les célibataires, depuis 18 ans jusqu'à 40, font partie d'une milice générale, qui forme 60 cohortes de 1,000 hommes, dont ceux de 40 ans constituent la réserve. Le temps fixé pour le service militaire est de 10 ans pour la cavalerie, et de 8 pour l'infanterie. La punition de la bastonnade, si fréquemment infligée dans les armées allemandes par les officiers, a été abolie. Cette peine humiliante, qui n'est pas même supportable dans les pays où règne l'esclavage, ne peut plus être prononcée que par les conseils de guerre, dans des circonstances graves fort rares. D'après une ordonnance de l'année 1812, les veuves des sous-

[1] *Würtembergische Iahr-bücher*, etc., 1824.

officiers et soldats morts sur le champ de bataille jouissent, à titre de pension, de la solde de leurs maris, et leurs enfants ont le droit d'être élevés dans la maison royale des orphelins à Stuttgart ou à Ludwigsbourg, s'ils appartiennent à une famille qui n'a pas le moyen de les soutenir.

La loi qui, avant 1817, ne donnait qu'à un petit nombre de personnes le droit de port d'armes, a été sagement modifiée depuis cette époque; ce droit est accordé non seulement aux possesseurs de domaines, à leurs intendants, aux employés du gouvernement, aux magistrats et aux chasseurs communaux, mais aux habitants des maisons isolées, aux propriétaires de fabriques et de magasins, et, de plus, chaque commune peut disposer d'un certain nombre de fusils déposés chez le maire, qui les confie, dans l'occasion, à ceux qui veulent détruire les animaux dangereux ou se tenir en garde contre les vagabonds.

Dès le commencement du seizième siècle, les ducs de Wurtemberg partageaient la souveraineté avec l'assemblée des États, composée des 14 principaux ecclésiastiques et de 89 députés des villes et des districts. Lorsque Napoléon érigea ce duché en royaume, l'assemblée des États fut dissoute; mais, depuis la délivrance de l'Allemagne, pour nous servir de l'expression allemande, ou depuis l'établissement de la nouvelle confédération germanique, les districts et les anciens seigneurs du royaume réclamèrent l'établissement d'une nouvelle constitution qui déterminât les droits de la souveraineté absolue en fondant une représentation nationale. Ces vœux furent exaucés en 1819. D'après la constitution, le roi est majeur à 18 ans; sa personne est inviolable; il peut exercer indistinctement l'un des cultes des diverses communions chrétiennes; à lui seul appartient la sanction et l'exécution des lois, le droit de rendre la justice, celui de faire la paix ou la guerre, et le commandement de l'armée. Par la loi fondamentale du royaume, la liberté de conscience et l'égalité des cultes ont été proclamées; aucune loi ne peut être mise en vigueur que lorsqu'elle a été approuvée par l'assemblée générale des districts; les contributions sont également votées par elle; enfin la liberté individuelle a été garantie et la confiscation des biens abolie. La chambre des nobles se compose de 13 membres choisis parmi les propriétaires de biens seigneuriaux, de 6 ecclésiastiques protestants, d'un évêque et de deux ecclésiastiques catholiques; enfin de quatre docteurs appartenant aux diverses sociétés savantes du royaume. Le tiers des membres est nommé à vie par le roi, les deux autres tiers sont héréditaires. On exige pour ceux-ci un revenu de 6,000 florins; ils ont droit de siéger à l'âge de leur majorité. La seconde chambre se compose de députés élus par la bourgeoisie. Dans les villes, on nomme un député par 200 habitants. A moins de dissolution extraordinaire, ces députés sont élus pour six ans. Une caisse spéciale, dont les fonds sont pris sur les contributions, fournit aux dépenses de l'assemblée générale, ainsi qu'aux frais de voyage des députés. Les députés de districts sont élus par des colléges particuliers, composés de citoyens ayant des possessions dans le district, et qui, pour jouir du droit d'électeur, doivent avoir atteint leur vingt-cinquième année. Les membres de l'une et de l'autre chambre fournissent à la haute cour de justice la moitié de ses membres. La chambre haute et celle des députés désignent pour la présidence trois membres, parmi lesquels le roi choisit celui qu'il croit digne de remplir cette fonction; les séances de cette dernière sont publiques.

Dans ce royaume, le gouvernement, dans le but de maintenir le régime constitutionnel et les institutions qui en sont la base, a créé un conseil général, que l'on pourrait appeler conservateur de la constitution, composé de jurisconsultes et de magistrats inamovibles, dont la moitié est nommée par le roi, et l'autre par l'assemblée des districts. C'est devant ce conseil que sont renvoyés les fonctionnaires publics et les membres mêmes des districts qui sont accusés d'avoir tenu une conduite inconstitutionnelle; il est aussi chargé de juger les différends qui peuvent s'élever entre les districts et les ministres eux-mêmes sur la manière d'interpréter la loi fondamentale du royaume. Les districts ont le droit de mettre en accusation les ministres du roi; mais ceux-ci ne peuvent déplacer aucun fonctionnaire public pour lui donner un emploi inférieur, encore moins le destituer, que lorsque son incapacité est prouvée ou qu'il s'est rendu coupable de quelque délit.

Depuis l'année 1823, l'organisation municipale du Wurtemberg pourrait être enviée par plus d'un des États qui prétendent jouir du régime constitutionnel. Le gouvernement n'intervient ni dans la nomination des membres de l'administration communale, ni dans les délibérations des conseils municipaux.

En 1829, l'institution des juges de paix a été adoptée dans ce royaume, et le nombre de plus de 60,000 procès terminés à l'amiable dans le cours de la première année par leur médiation en a confirmé l'utilité.

Au 1ᵉʳ juillet de cette même année, on a mis en vigueur la nouvelle loi des hypothèques, et aujourd'hui le système hypothécaire est répandu dans tout le royaume, ainsi que celui du cadastre.

Dans le Wurtemberg, la liberté de la presse n'est point illimitée; elle est soumise à certaines restrictions contre lesquelles les partisans des libertés publiques ont réclamé jusqu'à présent en vain. Sous le prétexte d'éviter les prétendus abus d'un droit qui est devenu un besoin chez les peuples civilisés, une loi du 30 janvier 1817 permet la publication des ouvrages qui ne renferment rien de contraire aux mœurs et à la tranquillité de l'État. Les journaux sont libres dans les circonstances ordinaires. En temps de guerre seulement, ils doivent être soumis à la censure. Mais les tribunaux sont chargés de poursuivre les auteurs des écrits qui blessent la morale ou la religion, répandent la calomnie sur les particuliers, attaquent la conduite des fonctionnaires publics et des députés, ou portent atteinte à la majesté royale et aux agents des puissances étrangères.

L'instruction des différentes classes de la nation est un des objets de la sollicitude du gouvernement de ce royaume; toutes les villes un peu importantes possèdent des gymnases, et les autres des institutions d'un ordre inférieur. En 1833, on comptait dans le royaume 2,187 écoles primaires, savoir: 1,400 écoles évangéliques et 787 catholiques. Partout où il y a une école primaire, on est sûr d'en trouver une des arts et métiers. Ces établissements sont destinés aux enfants de 6 à 14 ans, et pour ceux qui sont en apprentissage, ils peuvent, jusqu'à l'âge de 18 ans, fréquenter des écoles ouvertes le dimanche. Chaque village renferme une école gratuite, et dans les hameaux trop éloignés pour pouvoir profiter de ces établissements, un maître d'école réunit deux ou trois fois par semaine les enfants des divers groupes d'habitations voisines. En général, ceux-ci ne peuvent cesser de fréquenter les écoles que lorsqu'ils savent lire, écrire et calculer. Tous ces établissements sont sous la surveillance immédiate des pasteurs et des curés, et chaque année des professeurs, envoyés de Stuttgart et de Tubingue, sont chargés d'aller inspecter ces diverses maisons. Les écoles industrielles prennent, depuis plusieurs années, un accroissement sensible: en 1823, on en comptait 260 qui recevaient 10,064 élèves, et en 1825 leur nombre s'élevait à 342, et celui des écoliers à 14,087; à la fin de 1830, 458 écoles de ce genre recevaient 19,160 enfants, parmi lesquels 10,500 appartenaient à la classe indigente. Le nombre des ouvriers qui suivent l'enseignement des écoles du dimanche est de 15 à 1,600. Pour répandre dans les classes inférieures les connaissances horticoles, on a établi 44 jardins-modèles publics, 53 vergers et 250 pépinières; en 1830, ces établissements instruisaient 7,800 enfants. Tous les jeunes gens qui sortent des écoles élémentaires sont soumis à un examen et reçoivent un certificat de capacité, sans lequel il est défendu de leur onner de l'emploi.

Les maîtres qui dirigent les collèges et les écoles sont tirés du séminaire général d'Esslingen, école normale fort bien tenue. Dans les institutions particulières seulement, on compte quelques ecclésiastiques. Quant aux jeunes gens pauvres qui désirent embrasser l'état ecclésiastique dans les communions protestante et catholique, ils sont élevés et instruits aux frais de l'État. Il y a aussi une institution pour les jeunes femmes qui se destinent à l'enseignement.

Les signes distinctifs destinés à récompenser le mérite civil et le courage militaire consistent, dans le royaume de Wurtemberg, en deux ordres de chevalerie, et en une médaille en or pour les officiers, et en argent pour les soldats. La croix de l'Aigle-d'Or, fondée en 1702, portant pour devise, *Virtutis amicitiæque fœdus*, est destinée aux militaires et aux princes étrangers. Les statuts de cet ordre portent l'obligation d'une union intime entre tous les membres, de se secourir dans les combats, et de s'accorder une assistance mutuelle dans toutes les circonstances de la vie. Le nombre des décorations est fixé à 50; mais comme il exige la preuve d'une noblesse assez ancienne, l'ordre du Mérite-civil a été fondé en 1806 pour ceux qui ne peuvent prétendre à la décoration de l'Aigle-d'Or; il porte pour devise : *Bene merentibus*. Un traitement est affecté aux grand'croix, aux commandeurs et aux chevaliers de cet ordre. Ces distinctions honorifiques, la fortune, la diversité des états et l'importance des emplois civils, servent, depuis 1811, à partager en 10 classes les habitants du Wurtemberg.

Le royaume est divisé en quatre cercles, qui portent les noms des rivières qui les traversent ou des montagnes principales qui forment la limite occidentale de cet État. Ainsi, au nord s'étendent ceux du Necker et du Iaxt; à l'ouest celui du Schwarz-wald ou Forêt-Noire, et au sud celui du Danube. Ces quatre grandes divisions comprennent 12 justices provinciales et 64 justices moins importantes.

Au milieu d'une jolie vallée bordée de coteaux et de vignobles, s'élève, sur le bord du Nehenbach, *Stuttgart*, la capitale du royaume. Nouvellement augmentée, cette ville comprend avec ses faubourgs 2,000 maisons, et une population qui s'élevait en 1823 à 27,780 habitants, et qui en renferme aujourd'hui 8 à 9,000 de plus, sans compter la garnison. Elle est entourée d'un mur et d'un fossé. La ville proprement dite est mal bâtie; ses rues sont étroites et ses maisons en bois; les faubourgs sont plus modernes et plus réguliers; on y remarque deux rues larges, alignées et bien bâties, dont la plus belle est le *Graben*. C'est le siège des colléges suprêmes du royaume; le roi y possède deux châteaux, dont le nouveau, situé dans le faubourg d'Esslingen, sur une esplanade symétriquement plantée, est d'une belle construction et d'une grande richesse dans son intérieur : on y remarque une belle collection de tableaux et de statues. L'ancien renferme les bureaux du gouvernement. Stuttgart compte encore d'autres beaux édifices, au nombre desquels nous citerons l'église principale, la chancellerie et le théâtre de l'Opéra. Autour du nouveau palais s'élèvent les principaux établissements publics : ici c'est une bibliothèque renfermant plus de 300,000 volumes, une collection de 12,000 Bibles en soixante langues et un grand nombre de manuscrits; là le musée d'histoire naturelle, plus loin l'académie de peinture et de sculpture, et le jardin botanique. Le gymnase de Stuttgart jouit d'une grande réputation; c'est une sorte de petit collége; une trentaine de maîtres y sont attachés; il possède un observatoire et une riche collection d'instruments de physique et de mathématiques. Il y a dans cette ville un hôtel des monnaies, une école des arts et métiers, un magnifique haras, une école vétérinaire et une école forestière. Les deux écoles de Catherine et de Pauline sont destinées à recevoir des enfants pauvres, que l'on met ensuite en apprentissage. La caisse d'épargne, fondée en 1818, possède maintenant un capital d'environ 200,000 florins. L'industrie et le commerce de cette capitale consistent en fabriques de draps, de toiles, de teintures, de soieries, de machines à vapeur et d'ouvrages en bronze. Dans les environs, on remarque un joli château, appelé *la Solitude*, bâti sur la pente d'une montagne et d'où l'on jouit d'une vue délicieuse : la salle de concert, celle de l'Opéra, la ménagerie, les jardins et la chapelle consacrée à la mémoire de la dernière reine, y fixent principalement l'attention. Le nouveau cimetière de la ville renferme quelques beaux mausolées. C'est là que se trouve le caveau de la famille royale, qui depuis 1827 possède les restes mortels de Schiller; sa tête avait été déposée à la bibliothèque : elle a été réunie à ses ossements.

Si nous suivons les sinuosités du Necker, nous remarquerons, en remontant cette rivière, *Esslingen* ou *Esslingue*, siège du collége suprême de justice. Cette ville de 8 à 9,000 âmes, autrefois au nombre des cités libres, n'est pas dans une situation moins agréable que Stuttgart : elle est entourée de vignobles et de forêts. A 3 ou 4 lieues au-dessous de la capitale, nous ferons remarquer, sur la rive gauche, la jolie petite ville de *Ludwigsbourg*, ou *Louisbourg*, résidence royale où l'on voit un beau château, un hospice d'orphelins, une maison de correction pour les femmes, et l'académie militaire, que l'on y a transférée de Stuttgart. Les manufactures de draps, de toiles, de porcelaine qu'on y a établies avec les secours du gouvernement, n'ont pu porter la population de cette ville à plus de 10,000 âmes, sans compter la garnison et la cour.

A 6 lieues plus loin, sur la rive opposée, *Heilbronn*, ville un peu plus considérable, autrefois libre et commanderie de l'ordre Teutonique, cité qui s'enrichit par ses ouvrages en orfévrerie, par le produit de ses vignobles, de ses fonderies de plomb à tirer, de ses distilleries et par la navigation active du Necker, possède une bonne académie. A 10 lieues à l'est de cette ville, s'étend celle de *Hall*, que l'on distingue de plusieurs autres du même nom par la désignation de *Hall de Souabe* (*Schwabisch-Hall*). Située sur les bords du Kocher, entourée de rochers, peuplée de plus de 6,400 âmes, elle doit sa fondation aux abondantes sources salées de ses environs. *Ellwangen*, sur le Iaxt, chef-lieu de cercle, est, malgré son gymnase, son lycée, sa cour royale et son commissariat épiscopal, moins intéressante que *Gmünd*, arrosée par le *Rems*, ancienne place forte, que défendent encore des murs flanqués de tours : ville tombée d'une population de 18,000 à celle de 6 ou 7,000 habitants, et connue par ses diverses fabriques, où l'on travaille avec art les métaux précieux. L'industrie de la petite ville de *Geislingue* ou *Gesslingen*, consiste en divers petits ouvrages tournés en os, en ivoire et en bois, dont elle exporte par an pour plus de 90,000 florins. 4,500 habitants forment la population de *Gœppingue* ou *Göppingen*, arrosée par la Fils. Elle renferme des fabriques de draps et de poteries.

Les eaux minérales du village d'*Ueberkingen* attirent des étrangers dans ses environs, riches en sites pittoresques. On voit à peu de distance le bourg de *Hohenstaufen*, placé sur une hauteur d'où la vue est magnifique. Le vieux château ruiné qui domine ce bourg fut pendant long-temps le séjour de l'empereur Barberousse. Le dernier rejeton de la famille de Hohenstaufen était le jeune Conrad, qui périt sur l'échafaud, l'an 1269, à Naples, pour avoir essayé de s'emparer du trône de Sicile qu'avait occupé son père, et que le pape venait de donner à Charles d'Anjou ([1]). *Beutlingue* ou *Beutlingen*, autrefois ville libre, ne mérite d'être citée que parce qu'elle est le chef-lieu du cercle de Schwarz-wald, qu'elle

([1]) Voyez Hohenstaufen ein Lesebuch, par *J.-F. Ammermuller*.

contient 9,000 habitants, et qu'elle possède un lycée. Ses vignobles, qui tapissent les pentes du Rauhe-Alp et du Georgenberg, ses tanneries et ses fabriques de dentelles et de quincaillerie contribuent à l'enrichir.

Tubingue ou *Tübingen*, entre la rive gauche du Necker et la droite de l'Ammer, ne renferme que 8 à 9,000 habitants ; mais elle est importante par son université, où l'on fait de très bonnes études. Cet établissement, qui fut fondé en 1477 par Eberhard-le-Barbu, compte 44 professeurs, près de 900 étudiants, et possède une bibliothèque publique de 60,000 volumes, un amphithéâtre d'anatomie, un institut clinique, un jardin botanique et une faculté de théologie. C'est au vieux château de Pfalz que se trouvent la bibliothèque, l'observatoire et le cabinet d'histoire naturelle. L'église collégiale renferme les cendres des ancêtres de la maison régnante. Il y a encore dans la ville un séminaire pour les pasteurs évangéliques, une école vétérinaire et divers autres établissements qui justifient le rang qu'elle occupe ; mais elle est triste et mal bâtie. Cette ancienne ville a été la résidence des comtes palatins de Souabe : c'est dans ses murs que fut réglé, en 1514, l'acte connu sous le nom de *Tübingervertrag*, qui fut jusqu'en 1819 la charte du Wurtemberg.

Ulm, peuplée de 15 à 16,000 individus, était autrefois ville libre et impériale, et sa population était plus considérable qu'aujourd'hui. Sa situation au confluent du Blau et du Danube, sur la frontière de la Bavière, les fortifications qui la défendent, ses fabriques et ses blanchisseries de toiles, ses manufactures de tabac, les expéditions, les transports et les commissions de transit qui alimentent son commerce déchu, en font encore la seconde ville du Wurtemberg. Il est vrai que ce qui reste de ses remparts ne rappelle guère la forteresse qui capitula devant Napoléon, mais avec quelques dépenses elle pourrait devenir encore une place forte respectable. La diète de 1815 a décrété qu'elle serait complétement fortifiée. Comme elle ne fit point résistance à l'approche des Français, ses édifices sont restés intacts : on cite parmi ceux-ci la bibliothèque publique, l'arsenal, l'hôtel-de-ville et ses peintures à fresque, mais surtout l'église appelée le *Münster*, qui, par sa riche architecture ogivale, son magnifique portail, sa longueur de

416 pieds sur 160 de largeur, passe pour un chef-d'œuvre. En voyant diminuer l'importance de ses transactions commerciales, cette ville a conservé ses titres à l'estime des gastronomes : les pâtisseries renommées sous le nom de pains d'Ulm, les asperges qu'elle récolte, et les escargots qu'elle engraisse, sont toujours en réputation : croirait-on qu'elle exporte par an plus de 4,000,000 de ces mollusques ?

C'est à ses papeteries, à ses fabriques de futaine que *Biberach,* arrosée par la Riss et peuplée de 5,000 âmes, doit sa prospérité. Nous citerons encore *Rothenbourg,* divisée par le Necker en deux parties, dont celle de la rive droite, appelé *Ehingen,* formait autrefois une ville distincte ; *Freudenstadt,* fondée en 1600 pour servir d'asile aux protestants chassés des Etats héréditaires d'Autriche ; *Mergentheim* ou *Marienthal,* dont les remparts servent de promenades, et dont le château était autrefois la résidence du grand-maître de l'ordre Teutonique ; la jolie petite ville de *Kirchheim,* qui fait un commerce actif en bestiaux et en laine. A *Calw* on fabrique des étoffes de laine pour 400,000 florins ; à *Urach,* sur l'Erms, on fait 8,000 pièces de toile par an. Non loin de cette petite ville, on voit un couloir long de 900 pieds, pavé en fer, et par lequel on fait descendre vers le bord de la rivière les bois de construction coupés dans les montagnes du Rauhe-Alp ; *Friedrichshafen,* avec un millier d'habitants, est un petit port franc sur le lac de Constance, et l'entrepôt du commerce du royaume. La pêche y est fort active, et l'on y construit des bateaux à vapeur pour la navigation du lac.

Le sol du Wurtemberg n'est pas sans intérêt pour l'antiquaire : la partie méridionale renferme plusieurs tombelles ; aux environs de Rothenbourg, sur le Necker, on a trouvé les restes d'un aqueduc de 3 lieues de longueur, et le fameux *mur du Diable,* qui s'élève sur le bord du Danube, et qui n'est qu'un des restes de la vaste ligne de fortifications construites par les Romains, a été reconnu à peu de distance d'Ellwangen. Non loin de Stuttgart, entre Weiblingen et Endersbach, on a découvert des fours de potiers romains et un assez grand nombre de vases. Près de là on a trouvé aussi un autel et plusieurs bas-reliefs. Quelques noms de lieux ont même conservé des traces d'antiques souvenirs. *Beinstein* ou *Beystein* signifie *près de la pierre,* et indique l'ancienne existence d'un monument considérable ; et le canton de *Kalkofen,* dans lequel on a trouvé, il y a peu d'années, des poteries romaines, a toujours porté ce nom, qui signifie *four à chaux;* ce qui donne à ces établissements détruits une haute antiquité. Le gouvernement prend depuis quelques années les mesures nécessaires pour la conservation de tous les restes antiques et du moyen âge. Une ordonnance de 1829 recommande aux baillis de veiller à ce que les anciens châteaux, les vieilles églises, et les débris romains soient respectés, et que les objets faciles à transporter soient recueillis par eux.

Le peuple wurtembergeois a conservé la franchise, la gaieté et la bonhomie des anciens Germains. « Leur dialecte rude et leurs manières brusques les exposent aux railleries des Allemands septentrionaux. Dans le moyen âge, la Souabe fut la Provence de l'Allemagne ; les chansons des *minnesangers* respiraient la même galanterie, la même vivacité que les romances des troubadours. A notre avis, les recueils de ces poésies antiques ont plus d'intérêt que beaucoup de productions modernes des muses allemandes. Encore à présent, les assemblées des bergers du Wurtemberg retracent l'image de l'Arcadie. On y voit les jeunes villageoises, légèrement vêtues, disputer le prix de la course. Les jeux commencent avec le jour, les danses se prolongent dans la nuit, à la clarté de la lune. Il règne pourtant dans ces assemblées, comme dans celles de la Suisse, beaucoup de décence et d'ordre [1]. »

---

[1] *Malte-Brun :* Mélanges scientifiques et littéraires.

TABLEAU STATISTIQUE

DU ROYAUME DE WURTEMBERG.

SUPERFICIE en lieues, 981.	POPULATION en 1837, 1,634,525.	POPULATION par lieue carrée, 1,666.

(131 villes. — 183 bourgs. — 1,671 villages et 3,180 hameaux.)

Cercles.	Villes.	Population
NECKER ou *Neckar*	Stuttgart	36,000
	Ludwigsbourg	10,000
	Heilbronn	11,000
	Esslingen	8,500
	Kannstadt ou Canstadt	5,000
FORÊT-NOIRE *Schwarz-wald*	Reutlingen	11,500
	Rottweil	3,500
	Rothenbourg	6,000
	Tubingue	8,600
	Calw	4,600
	Freudenstadt	3,000
	Nagold	1,900
	Tuttlingen	5,000
	Urach	3,400
DANUBE (*Donau*)	Ulm	15,600
	Blaubenern	21,000
	Göppingen	4,500
	Ehingen	3,000
	Kirchheim	4,000
	Biberach	5,000
	Friedrichshafen	1,100
	Geislingen	2,000
IAXT	Ellwangen	2,500
	Hall	6,500
	Gmündt	6,700
	Marienthal ou Mergentheim	3,000
	Heidenheim	2,700

EMPLOI DU SOL.

Propriétés imposées. — hectares.

Terres arables	769,191 »
Vignobles	24,436 »
Jardins et vergers	47,464 »
Prairies	232,650 »
Pâturages	105,733 »
Forêts	373,971 »
	1,553,445

Propriétés non imposées.

Forêts de l'État	189,060 »
Autres	57,595 »
	1,800,100

Nombre d'animaux domestiques.

Taureaux	110,000	
Vaches	336,000	682,000
Bœufs	236,000	
Porcs		122,000
Chevaux		88,000
Anes		800
Chèvres		24,000
Moutons indigènes	286,000	
Idem de race batave	132,000	493,000
Idem de race espagnole	75,000	
		1,409,800

Nombre d'habitants par religions.

Protestants et réformés	1,081,283
Catholiques	484,376
Réformés	1,338
Sectaires divers	380
Israélites	10,670
Total	1,578,047

Budget de 1833 à 1836 (¹).

RECETTES.

Domaines et régales.

	fr.
Revenus des domaines.	13,888,162
Administration des forêts.	4,822,964
Chasse.	155,520
Bois d'agrément.	190,080
Usines et mines.	1,071,489
Salines.	3,956,293
Fabrique d'armes d'Oberndorf.	19,440
Postes.	453,600
Monnaie.	10,420
Revenus divers.	98,514

Impôts directs.

Impôt territorial.	11,205,923
Impôt sur les routes.	698,512
Impôt sur les bâtiments.	2,807,998
Impôt sur les capitaux.	1,555,200
Impôt sur les traitements.	583,200
Impôt sur l'industrie.	2,106,000

Impôts indirects.

Douanes.	4,668,600
Accise.	2,557,971
Impôt sur les chiens.	14,960
Impôt sur les boissons.	5,317,510
Menus suffrages (sportel).	2,257,200
Total.	**58,466,556**

(¹) Dans le royaume de Wurtemberg le budget est voté pour trois ans.

DÉPENSES.

	fr.
Liste civile.	3,500,000
Apanages et douaires.	1,730,737
Entretien des châteaux et parcs d'apanages.	54,372
Dette. — Intérêt.	6,781,322
Fonds d'amortissement.	1,535,533
Rentes.	495,083
Indemnités.	542,776
Pensions éventuelles.	1,181,175
— légales.	1,410,476
— supplémentaires.	255,841
Caisse des veuves des ministres de la religion et autres.	823,761
Invalides.	207,066
Gratifications.	204,768
Secrétairerie d'État.	190,171
Conseil privé.	246,240
Ministère de la justice.	4,466,809
Ministère des affaires étrangères et archives.	1,231,228
Ministère de l'intérieur.	7,193,370
Culte et écoles.	6,172,877
Ministère de la guerre.	11,455,795
Pensions militaires.	224,290
Ministère des finances.	5,700,036
Fonds de réserve.	421,200
Total.	**56,324,925**
Excédant des revenus sur les dépenses.	2,141,231

La dette publique s'élevait en 1833 à 57,554,368 f. 56 c. (26,645,941 florins (¹)).

(¹) Le florin vaut 2 fr. 16 c.

ARMÉE.

Infanterie.	2,928	hommes.
Cavalerie.	1,252	»
Artillerie.	394	»
Sapeurs.	36	»
Train.	96	»
Garnison.	200	»
Total sur le pied de paix.	4,906	»
Sur le pied de guerre.	16,824	»
Contingent.	15,000	»

LIVRE SOIXANTE-SEIZIÈME.

Suite de la Description de l'Europe. — Description de l'Allemagne. — Neuvième section. — Description du grand-duché de Bade.

Toutes les vallées qui, des sommets de la Forêt-Noire, s'abaissent vers le Rhin, ainsi que tous les rivages orientaux de ce fleuve, depuis Bâle jusqu'au-delà de Manheim, appartiennent au grand-duché de Bade. Cet État possède encore toutes les pentes de la Forêt-Noire jusqu'au bord du Rhin, et compte parmi ses dépendances quelques districts au nord et à l'ouest du lac de Constance. Il est borné au nord par le grand-duché de Hesse et la Bavière; à l'est il est limitrophe avec le royaume de Wurtemberg et les principautés de Hohenzollern, qui limitent aussi, au sud-est, ses contours irréguliers. Nous ne dirons rien des anciens peuples qui occupaient son territoire; ce sont ces mêmes *Alemanni* dont nous avons parlé dans notre description du Wurtemberg.

Cette principauté d'environ 65 lieues de longueur, large de 11 au nord, de 31 au sud, et de 4 dans sa partie centrale, occupe une superficie évaluée par Crôme à 274 milles carrés allemands, dont la réduction en mesures françaises donne environ 761 lieues géographiques. Elle renferme les défilés et les passages les plus importants, soit pour couvrir la ligne du Rhin, soit pour pénétrer en Souabe. La cime la plus élevée est celle du Feldberg, qui atteint 4,275 pieds au-dessus du niveau de la mer; la moins importante est celle du Winterhauch, qui ne dépasse pas 1,640 pieds. Le Storenberg, le Roskopf, le Pölle et le Todnauerberg, sont célèbres dans les fastes de la stratégie par la belle retraite du général Moreau en 1796. A l'extrémité septentrionale du duché, s'étendent le Herberg et une partie de l'Odenwald, chaînes de montagnes dont le Kniebis est l'un des points les plus élevés.

Les montagnes de la Forêt-Noire les plus rapprochées du Rhin sont formées de roches granitiques; celles qui se dirigent vers le Wurtemberg sont composées de grès et d'autres roches qui caractérisent la formation que l'école de Werner appelle intermédiaire; la chaîne qui s'étend au nord jusque sur les bords du Necker appartient à la même époque. On a remarqué dans ces montagnes des roches trappéennes, et d'autres qui paraissent être aussi d'une origine volcanique. Sur le versant occidental du Schwarz-wald, s'étend une bande de calcaire secondaire ou de *muschelkalk*, qui repose sur une autre bande formée de marnes irisées et de grès bigarrés; mais au-delà, c'est-à-dire sur le bord du Rhin, depuis Manheim jusqu'à Bâle, ce sont des terrains de transport et d'alluvion, et depuis cette ville jusqu'au lac de Constance, ce sont des grès appelés *molasses*, et des argiles à lignites.

A l'exception de ce lac, appelé en allemand *Bodensée*, il n'existe sur le territoire du grand-duché que de grands étangs, que l'on appelle improprement lacs; ils sont presque tous situés dans la région la plus montagneuse et à une hauteur assez considérable : celui de Schluch est sur le Feldberg, à 2,287 pieds de hauteur; celui d'Echner et plusieurs autres sont élevés de 1,467 pieds au-dessus du niveau de la mer.

Dans les parties basses de ce pays, c'est-à-dire près des bords du Rhin, du Mein et du Necker, la température est douce et agréable; mais dans les montagnes et particulièrement dans la chaîne du Schwarz-wald, le froid est très rigoureux pendant l'hiver, et pendant l'été l'air y est toujours très vif; il est même rare que la neige fonde dans la région la plus élevée.

Les forêts du grand-duché de Bade occupent une superficie de 1,580,000 arpents; les terres arables en forment 1,300,000, les prairies 335,000, et les vignes 74,000. On en compte 209,000 en terrains incultes, et 150,000 appartenant aux communes. Au-dessous de la région des forêts, les parties élevées fournissent avec peine au cultivateur quelques chétives avoines et des pommes de terre; les cerises n'y mûrissent qu'en septembre; mais descendez dans les vallées, le spectacle change : la vigne, l'amandier, le châtaignier, les arbres fruitiers les plus variés, les céréales, le chanvre, le lin, et les plantes les plus utiles a l'homme croissent avec facilité, et contribuent à répandre chez le cultivateur la richesse et l'abondance.

Le pays abonde en divers produits dont l'importance et la variété sont dues à sa constitution physique. Nous ne parlerons pas des nombreux animaux qui peuplent les forêts, du gibier dont les champs abondent, et du produit que procure leur chasse. La pêche du Rhin et du lac de Constance forme un revenu assez considérable ; les saumons paraissent fréquemment dans le fleuve ; il n'est point de table bien servie qui ne réserve une place d'honneur à la carpe du Rhin ; on en prend souvent qui pèsent jusqu'à 40 livres ; mais l'un des poissons les plus utiles et qui cependant est moins connu que ceux que nous venons de nommer, c'est l'ablette (*cyprinus alburnus*, Linn.). L'écaille de ce poisson blanc est un objet de commerce considérable : on l'exporte en Saxe, en France et en Suisse, où elle est employée à donner à la perle de verre un éclat qui le dispute à celui de la perle fine.

Les richesses minérales y sont peu considérables, mais variées ; on y exploite annuellement près de 12,000 quintaux de fer, 700 de plomb, 500 marcs d'argent, du cuivre, du zinc, de l'arsenic, de l'alun, du soufre, de la houille, et près de 4,000 quintaux de sel. Les terres propres à la fabrication des poteries fines et grossières, les ardoises, le marbre et l'albâtre y sont communs ; l'or même est d'un produit que nous ne devons pas passer sous silence. C'est sur les bords du Rhin qu'on le recueille ; les terrains d'alluvion que traverse le fleuve en contiennent des parcelles ; 120 individus s'occupent de le rechercher, mais la valeur de ce métal ne s'élève par an qu'à la modique somme de 15,000 francs.

La partie de la Forêt-Noire comprise dans le grand-duché de Bade rivalise, pour la fabrication du kirschenwasser, avec celle qui appartient au Wurtemberg. Sur les bords du Rhin et du Mein, on cite plusieurs vignobles qui produisent des vins généreux et pleins de feu : tel est entre autres celui d'Affenthal, aux environs de Bade. Nous ne prononcerons pas entre ceux de Steinbach, de Lautenbach, de Hamsbach, d'Ordenbourg ; nous ne dirons pas, comme quelques Badois, que sur les bords du lac de Constance ce sont les coteaux de la Bourgogne sous le ciel de la Suisse : il nous suffira de faire remarquer que ces vins sont une source de richesse pour le pays, puisque dans certaines années on en a exporté pour la valeur de plus de 2,000,000 de florins. C'est dans les environs de Badenweiler que l'on récolte le vin de Margrave (*Markgräfler*), regardé comme le meilleur de tout le grand-duché. A l'exception des chevaux, la plupart des animaux domestiques sont de belle race et assez nombreux.

Dans la plus grande partie du pays, les habitants s'occupent de la filature du lin et du chanvre, ainsi que de la fabrication de divers tissus. Le territoire d'Ettenheim exporte annuellement pour 30,000 florins de chanvre brut ou filé ; dans celui de Pforzheim, on fabrique pour plus de 1,700,000 florins de quincaillerie. Dans la Forêt-Noire, on fait beaucoup de petits ouvrages en bois et en paille. Malgré la stagnation du commerce, cette contrée tire un grand produit de ses fabriques d'horloges en bois, de ses cuillers en fer étamé, et d'autres branches d'industrie qu'il serait trop long de détailler ; 6 à 700 horlogers y fabriquent annuellement plus de 187,000 horloges de bois évaluées à la somme de 562,000 florins. Pour donner une idée du mouvement industriel qui règne dans le grand-duché, il suffit de dire qu'il y a quelques années encore on y comptait près de 75,000 ouvriers en différents genres.

Le commerce de transit est très actif ; les exportations sont encore considérables ; elles consistent principalement en bois de construction qu'on expédie pour la Suisse, la France et les Pays-Bas. Nous avons déjà parlé des vins et du chanvre ; ajoutons-y le blé, les fruits secs, le kirschenwasser, le tabac, des eaux minérales et divers objets de quincaillerie, nous aurons donné une idée suffisante de la richesse commerciale du pays, qui reçoit en échange des vins de France, du sel, des denrées coloniales, des chevaux et des tissus de luxe.

Quelques généalogistes font descendre la maison de Bade des rois goths, et d'autres d'un duc d'Alsace, en 684. Mais ce qu'il y a de certain, c'est que la seigneurie de Bade fut érigée en margraviat par Henri-l'Oiseleur, au commencement du dixième siècle. Hermann, fils de Berthold, est le plus ancien prince dont parlent les chroniques vers le onzième siècle; il tenait de Judith sa femme, héritière de Bade, la principauté qui donna à son fils Hermann Ier et à ses successeurs le titre de margrave. Ce marquisat passa entre les mains de plusieurs familles qui s'éteignirent successivement. Les diverses branches de la maison de Bade furent celles de Hochberg, de Sauzenberg et de Bade; en 1503, toutes leurs possessions furent réunies sur la tête du margrave Christophe, dont les fils fondèrent les branches de Bade-Bade et de Bade-Durlach. Celle qui règne aujourd'hui dans cette principauté, qui reçut en 1802 le titre d'électorat, et, quelques années après, celui de grand-duché, est un rejeton de la dernière branche.

Nous avons déjà laissé entrevoir que la population de l'Allemagne éprouve annuellement un accroissement sensible; le grand-duché de Bade confirme nos assertions à cet égard. En 1813, Stein évaluait le nombre de ses habitants à 1,001,630; Hassel, en 1822, à 1,040,700. Mais l'augmentation a été plus rapide depuis cette époque. M. Adrien Balbi porte sa population, en 1826, à 1,130,000 (¹). Stein fait observer, dans sa géographie, qu'en 1813 le nombre des femmes dépassait considérablement, dans ce duché, celui des hommes; en effet, suivant ses calculs, on comptait 31,343 femmes de plus que d'hommes (²); il attribuait cette disproportion au fléau de la guerre et au soin que prenaient plusieurs jeunes gens de se soustraire à la conscription en quittant leur patrie; mais elle ne venait probablement point de cette seule cause, puisque, trois ans après le dernier traité de paix, Hassel évaluait le nombre des femmes à 27,400 de plus que celui des hommes, et que d'ailleurs, en 1826, la proportion était encore à peu près la même. Ce n'est donc point seulement à l'état de paix dont jouit l'Europe depuis long-temps qu'il faut attribuer l'accroissement de la population; les nouvelles institutions, les bienfaits de la vaccine, en sont sans doute les principales causes; la guerre, malgré ses désastres, n'a point empêché pendant vingt ans la population de s'accroître. Quant à la différence du nombre d'hommes comparé à celui des femmes dans le grand-duché de Bade, il faut sans doute l'attribuer aux émigrations de la classe ouvrière, objet important dont les faiseurs de statistiques ne parlent point. Nous aurons toujours beaucoup de peine à croire, comme Stein, que le nombre des hommes qui cherchaient à se soustraire à la milice ait été aussi considérable qu'il semble le croire: ce serait rabaisser beaucoup trop le caractère badois; et d'ailleurs, chez toutes les nations, le nombre des lâches est toujours bien peu important.

Voici des résultats positifs: la population officielle de 1827 était de 1,164,000. Depuis l'année 1819, l'augmentation avait été de 12.8 sur 100. Dans cette période, il y avait eu un mariage sur 146 habitants, et un décès sur 39. Dans l'année 1827, le rapport des naissances aux décès était comme 3 à 2. On comptait plus de 5 habitants par famille (¹). Enfin la population officielle, publiée depuis peu en Allemagne, donnait au grand-duché de Bade 1,223,000 habitants au 1er janvier 1832 (²).

La maison régnante de Bade est attachée à la confession d'Augsbourg, mais près des deux tiers de la population suivent le rit catholique; le reste est partagé entre la foi luthérienne et le culte réformé: ceux de cette dernière communion sont quatre fois moins considérables que les luthériens. On y compte aussi des mennonites et des juifs, mais ceux-ci ne jouissent point de tous les droits de citoyen. Il existe encore dans le grand-duché plusieurs couvents de femmes, mais ils sont considérés comme faisant partie des maisons d'éducation. Depuis 1811, personne ne peut être appelé à prononcer des vœux dans ces établissements avant l'âge de 21 ans accomplis; le terme de ces vœux est fixé à 3 ans, après lesquels chaque religieuse a le droit de rentrer dans le monde et de participer aux charges et aux avantages communs. Le silence et l'austérité, et en général toutes les obligations attachées à certaines règles des différents ordres religieux, ont été abolis depuis cette époque.

Le gouvernement du grand-duché est une monarchie constitutionnelle. Le grand-duc pu-

(¹) Voyez son tableau de la Balance politique du globe, publiée en 1828, et son Abrégé de géographie. — Paris, 1833 et 1838. — (²) Handbuch der geographie und statistik.

(¹) *Iahrbucher der Geschichte und Staats Kunst.* — (²) *Allg. Zeitung.*

blia, le 16 mars 1816, un décret par lequel il annonçait que, disposé à assurer la tranquillité, le bonheur et la liberté de ses sujets, il ne pouvait mieux atteindre ce but que par une constitution qui déterminât les droits de la couronne et ceux de la nation. D'après la loi fondamentale publiée en 1818, au prince appartient le droit de proposer des lois et de lever les contributions ; de donner des lettres de grâce et de conférer la noblesse ; d'approuver ou de défendre l'établissement des sociétés religieuses ; de surveiller tout ce qui a rapport au culte, et de faire la paix ou la guerre. Il partage avec les États, composés de deux chambres qui doivent être convoquées au moins tous les deux ans, le droit de fixer les impôts et de prendre des mesures propres à assurer la prospérité du pays.

La première chambre se compose de membres héréditaires qui doivent justifier d'un patrimoine de 300,000 florins, de 8 membres nommés par le prince, de 8 autres élus par la noblesse, et enfin de 4 à la nomination des universités. Ceux que nomme le prince jouissent de leurs fonctions pendant toute leur vie ; ceux que la noblesse élit siègent pendant huit années, et ceux qu'élisent les universités pendant quatre. L'âge fixé pour siéger à cette chambre est de 21 ans pour les membres héréditaires et de 25 pour les autres.

La deuxième chambre se compose d'environ 60 membres.

La conscription a été conservée ; mais le code français, long-temps en vigueur, a été remplacé par le rétablissement des lois romaines et des anciennes coutumes en vigueur dans le duché avant le protectorat de Napoléon jusqu'à la publication d'un nouveau code badois en rapport avec les mœurs des habitants. Le seul bienfait que ce pays ait conservé de ses relations avec la France est l'établissement d'un nouveau système de mesures basé sur la division décimale. Cependant le gouvernement du pays de Bade est dans la voie du progrès : en 1832, une ordonnance a supprimé les corvées seigneuriales, et tout fait espérer que la liberté de la presse et l'émancipation des juifs y seront bientôt admis en principe.

Quoique le gouvernement badois favorise l'instruction par de nombreux établissements dont les bienfaits s'étendent chaque jour ; qu'il entretienne deux universités, celle d'Heidelberg et celle de Freybourg ; qu'il ait fondé quatre lycées, ceux de Constance, de Bade, de Carlsruhe et de Manheim, et dans les principales villes 10 gymnases et 15 écoles, dont 7 où l'on enseigne le latin ; qu'il ait encouragé la fondation de plusieurs institutions spéciales, telles que celle des sourds-muets, celle des élèves forestiers, celle des architectes, les académies de commerce de Manheim et de Carlsruhe, et qu'il ait fondé dans cette dernière ville le séminaire des pasteurs protestants, et à Merseburg un séminaire catholique, il a cru devoir mettre quelques restrictions à la faculté que doit avoir chaque père de famille de faire donner à ses enfants une éducation proportionnée à sa fortune. D'après une ordonnance de 1815, on n'accorde point la permission d'étudier le droit et de se destiner à la carrière du barreau, aux fils de paysans, de bourgeois ou de marchands qui ne peuvent justifier de l'espérance d'un patrimoine de 8,000 florins, à moins qu'ils ne se distinguent par des dispositions qui laissent entrevoir l'avenir d'un grand talent. Cette mesure a été nécessitée par la difficulté d'employer les avocats et les jurisconsultes du pays, dont le nombre est trois fois plus considérable que ne l'exigent les affaires appelées aux tribunaux.

Afin de pouvoir donner une idée exacte de la sollicitude éclairée du gouvernement badois en faveur de l'instruction primaire, on nous permettra sans doute d'ajouter quelques détails. Il y a des écoles dans toutes les communes ; les enfants sont tenus de les fréquenter dès l'âge de 7 ans, jusqu'à 13 pour les filles, et jusqu'à 14 pour les garçons. Mais si, à l'époque fixée pour leur sortie des écoles, ils n'ont pas acquis l'instruction nécessaire, ils doivent y rester une année de plus, et ne peuvent en être dispensés que par les motifs les plus urgents. Les enfants qui s'absentent des leçons par paresse ou par négligence sont soumis à des peines corporelles légères ; lorsque leur absence est causée par la faute de leurs parents, ceux-ci supportent de petites amendes de 12 à 60 kreutzers au profit des pauvres de la commune, ou bien ils sont punis d'une détention de 4 à 24 heures dans la prison bourgeoise. Les absences ne sont autorisées que pendant la moisson et la fenaison.

Les ministres de chaque paroisse et le premier magistrat sont chargés de la surveillance des écoles. On y enseigne la lecture, l'écriture, le calcul, le chant, l'histoire de la Bible et les premiers éléments de l'instruction religieuse. Mais outre ces écoles élémentaires, il y a dans chaque localité importante quatre écoles de perfectionnement: la première est destinée à l'instruction religieuse; la seconde, appelée école d'industrie, n'est ouverte que l'hiver: les filles y apprennent à filer, à coudre et à tricoter; les garçons y reçoivent les premières notions d'un métier quelconque; la troisième est l'école du dimanche: les jeunes gens s'y perfectionnent dans l'instruction morale et religieuse, le chant, la lecture, l'écriture et la langue du pays; la quatrième enfin est l'école réale, où l'on enseigne aux garçons le calcul supérieur, le dessin linéaire et la géométrie appliquée aux arts industriels.

Ces écoles, qui sont organisées pour les campagnes, existent également dans les villes, mais sur un pied plus élevé: ainsi, dans les écoles réales urbaines on enseigne la géographie et l'histoire de l'Allemagne, les mathématiques, la langue française, et dans les villes principales on joint à cet enseignement des notions assez étendues de technologie, pour que les enfants puissent se déterminer sur l'état qu'ils doivent embrasser. Enfin, il existe encore deux sortes d'écoles latines, les unes élémentaires et les autres supérieures, destinées aux jeunes gens qui doivent terminer leurs études dans les universités.

En prenant pour base du revenu de cet État le rapport fait aux chambres en 1825 sur les gestions des années 1821 à 1823, on verra que le terme moyen du revenu annuel peut être évalué à 9,586,000 florins. D'après les renseignements concernant la dépense, on peut la porter à 9,497,000 [1]. La dette publique s'élevait en 1820 à 19,000,000 de florins. Dans les dépenses, la liste civile figure pour 2,000,000 de la même monnaie.

Le grand-duché de Bade est tenu de fournir à la confédération germanique un contingent de 12,236 hommes; sa force militaire se compose d'un effectif de 11,000 hommes et d'une réserve de 7,000. Les juifs de cet État s'étant constamment montrés peu zélés pour le service militaire, on leur a depuis long-temps accordé la faculté de déposer à la caisse du ministère de la guerre une somme de 400 florins pour chacun de leurs coreligionnaires que le sort a désignés lors du tirage de la conscription. Cette somme est destinée à indemniser le remplaçant qui ne manque point de se présenter à la place de l'Israélite.

Jusqu'au 1er mai 1832, le grand-duché était divisé en 6 cercles, portant les noms de différentes rivières [1] et du lac de Constance; mais afin de simplifier les rouages du gouvernement et d'obtenir des économies importantes, cette division a été abolie, ainsi que les régences qui en faisaient partie. Il n'y a plus aujourd'hui que quatre cercles: ceux du Haut-Rhin, du Rhin-Moyen, du Bas-Rhin et du Lac. Il renferme 36 villes, 108 bourgs, 2,427 villages et hameaux, et 154,710 habitations estimées au plus bas, il y a quelques années, à environ 350,000,000 de florins par la caisse générale contre l'incendie.

Les habitants parlent un dialecte dur qui paraît être le résultat du mélange de l'ancien allemand et du slave, et qui cependant diffère dans plusieurs cercles, principalement aux deux extrémités de la contrée; ainsi l'on reconnaît facilement à sa prononciation le peuple du Schwarz-wald et celui de l'Oden-wald.

Mais il est temps de parcourir les lieux dignes de quelque attention.

Wertheim, ville située au confluent du Mein et du Tauber, est une possession médiate du prince de Lowenstein-Wertheim, sous la souveraineté du grand-duc de Bade. Elle est entourée de murailles et renferme deux châteaux et 3,500 habitants, qui s'enrichissent par la vente des produits de leurs tanneries, de leurs distilleries, de leurs vins, et par un com-

---

	Florins.		Florins.
[1] 1821 Recettes.	9,651,827	Dépenses. . .	9,849,287
1822. . . .	9,597,938	. . . . . .	9,323,624
1823. . . .	9,508,955	. . . . . .	9,320,444

Voyez l'ouvrage allemand intitulé *Hertha*, 1825.

[1] Ces cercles étaient, en commençant par le nom est:

	Chef-lieu.
1° celui du Mein et du Tauber. —	*Wertheim.*
2° celui du Neckar.	*Manheim.*
3° celui du Murg et du Pfinz . . .	*Dourlach.*
4° celui du Kinzig.	*Offenbourg.*
5° celui du Treizam.	*Freybourg.*
6° celui du Lac.	*Constance.*

merce de transit qu'alimente le cours du Mein. *Mannheim*, ou *Manheim*, la plus considérable ville du grand-duché, a trois fois éprouvé en un siècle et demi les funestes effets du fléau de la guerre. D'abord elle s'éleva tout-à-coup, en 1606, par les soins de Frédéric IV, comte palatin du Rhin, et de Frédéric V, son fils, du rang de simple village à celui de place de guerre; ce fut la cause de ses malheurs. Dévastée en 1622 par les Bavarois, elle avait à peine réparé ses maux, qu'elle fut comprise dans la destruction du Palatinat, dont l'arrêt barbare déshonore à jamais le ministère de Louvois. On dit que la fureur des soldats de Louis XIV alla jusqu'à profaner dans ses murs les tombeaux des électeurs palatins. Rebâtie par ses princes, elle fut bombardée en 1795 par l'armée française, et plusieurs de ses édifices devinrent la proie des flammes. Cependant sa situation avantageuse au confluent du Necker et du Rhin, l'activité de son commerce, l'importance de ses fabriques de toile, d'étoffes de laine et de bijouterie fausse en un alliage connu sous le nom d'*or de Manheim*, ont puissamment contribué à lui conserver l'importance dont elle jouit encore. Ses remparts, détruits par les Français, ont été convertis en jardins qui contribuent à l'agrément de ses environs tout-à-fait pittoresques. Sa population s'élève à plus de 22,000 habitants; ses rues sont droites et bien alignées. On y remarque six places publiques, deux belles fontaines, un château ducal assez bien conservé, un vaste bâtiment orné de portiques, dans lequel se tiennent la bourse et la douane; sept églises, dont la plus belle fait partie de l'ancienne maison des jésuites, qui atteste la richesse et la splendeur passées de ceux-ci. L'observatoire, enrichi de tous les instruments utiles aux observations astronomiques, est digne d'une ville de premier ordre; sa tour a 108 pieds d'élévation. La ville possède un amphithéâtre d'anatomie, des écoles de commerce, de dessin et de musique, une école militaire, une de chirurgie et une de sages-femmes, un jardin botanique, un cabinet d'histoire naturelle, une bibliothèque de 60,000 volumes dans une des salles du château, ainsi qu'une galerie de tableaux et une collection d'antiquités. Nous ne parlerons point de son gymnase, qui occupe la maison des Jésuites; mais nous devons dire qu'il s'y trouve une académie de peinture et de sculpture, une société littéraire et une société météorologique[1], et qu'elle est le siége de la cour suprême du grand-duché.

A 10 lieues au sud-est de Manheim, en remontant le Necker, on voit sur ses bords, et adossée à une montagne, la ville universitaire d'*Heidelberg*, dont la fondation remonte au douzième siècle; elle est assez bien bâtie. On y admire la place de Charles, et l'on ne peut voir sans intérêt avec quel soin sont tenus les divers établissements d'instruction qui concourent, avec le jardin botanique, les cabinets de physique, de minéralogie, de chimie, et les bibliothèques, à attirer chaque année dans cette ville, forte de 10,500 habitants, près de 700 étudiants. Son université est l'une des plus anciennes de l'Allemagne; elle date de l'an 1386. Au seizième siècle, cette ville était le rendez-vous des savants les plus distingués; c'est dans ses murs que se retira la célèbre Olympia-Fulvia Morata, qui s'illustra par ses mœurs et sa piété autant que par la supériorité de son savoir et de son esprit. Réfugiée en Allemagne, parce qu'elle avait embrassé avec chaleur la cause du protestantisme, elle y occupa une chaire de langues anciennes, et mourut à Heidelberg à l'âge de 29 ans, après avoir passé, si jeune encore, pour un prodige d'érudition[2]. Ses restes reposent dans l'église de Saint-Pierre; dans celle du Saint-Esprit, on voit les tombeaux de plusieurs électeurs. Parmi les savants auxquels cette ville donna le jour, on doit citer François Junius, auteur de plusieurs ouvrages estimés sur les langues anciennes du nord et sur les antiquités; le littérateur Gérard-Voss, ou Vossius; l'antiquaire Laurent Beger et le théologien Alting.

La montagne qui s'élève auprès d'Heidelberg est dominée par le château, dont les caves renferment le fameux tonneau qui remplaça celui qui fut détruit pendant la guerre de Trente-Ans, ou plutôt c'est le second qui fut construit après celui-là : ainsi, en 1664, l'électeur palatin Charles-Louis en fit élever un qui surpassa le premier en capacité; réparé en 1728, il fut remplacé en 1751 par un troi-

---

[1] Voyez Die sternwarte zu Mannheim beschrieben vom staatsrath *Kuber*. — [2] Voyez Musée des Protestants célèbres, tom. II. Notice de Renée de France, par M. J.-J.-N. Huot.

sième plus grand et peut-être plus magnifique que les deux autres : il fut construit par l'électeur Charles-Théodore. Long de 30 pieds 7 pouces, et d'un diamètre de 21 pieds 6 pouces, il contient 284,000 litres ; on y monte par un escalier de 50 marches, et l'on évalue à 12 milliers le poids du fer employé à le cercler.

On ne peut rien voir de plus magnifique que ce qui reste du vaste château d'Heidelberg ; que devait-il être cependant lorsque Turenne, servile exécuteur des ordres de son maître, en fit la plus importante des ruines modernes de l'Allemagne? La nation badoise a pu oublier les brigandages des Français qui, sous le règne de Louis XIV, ravagèrent le Palatinat ; mais ce qui reste de cette imposante construction est un monument qui atteste le vandalisme des soldats de ce prince que d'indignes flatteurs décoraient de son vivant du titre pompeux de grand roi. Pourquoi faut-il, nous le répétons, que le nom de Turenne se trouve ici réuni à celui de Louvois ? C'est dans ce château que furent établies les premières serres que l'on vit en Europe. De son balcon, on jouit d'une vue magnifique. De ce point élevé, l'œil se promène avec plaisir sur l'une des plus riches contrées de l'ancien Palatinat, et sur les vignobles estimés d'Heidelberg et de *Weinheim*, petite ville de 4,500 habitants, située près des frontières du grand-duché de Hesse.

Schwetzingen, à 2 lieues d'Heidelberg, est un bourg d'environ 2,500 habitants, remarquable par son vaste château ducal, et surtout par son jardin botanique, l'un des plus riches de l'Europe, et peut-être même le plus riche en plantes alpines.

Philippsbourg, qui se nommait anciennement *Udenheim*, et qui dut son nouveau nom à Philippe-Christophe, évêque de Spire, le fondateur de ses fortifications, vers le commencement de la guerre de Trente-Ans, n'est plus défendue par ses remparts, qui tombèrent en 1644 au pouvoir de Louis de Bourbon, et 40 ans plus tard, de Louis, dauphin de France. Restituée à son évêque, elle ouvrit ses portes aux Français en 1734 et en 1799, et c'est depuis 1802 qu'elle appartient au pays de Bade. Dans la jolie ville de *Bruchsal*, peuplée de 6,000 âmes, on remarque le château de l'ancien prince évêque de Spire ; ses jardins, bien dessinés, servent de promenade publique.

Durlach ou *Dourlach*, situé dans une plaine fertile sur le Pfinz, a un ancien château et 4 à 5,000 habitants.

Carlsruhe, que l'on prononce *Carlsrouhé*, est la capitale du grand-duché de Bade ; son sol est élevé de 370 pieds au-dessus du niveau de la mer ; elle est bâtie avec beaucoup de régularité, et toutes ses rues alignées partent en face du château ducal, en divergeant comme les branches d'un éventail ; cette singulière disposition forme un très beau coup d'œil le soir, à la clarté des réverbères. La demeure du prince est d'une élégante simplicité ; ce qui la rend surtout agréable, ce sont les jardins et la forêt qui s'étend dans la partie opposée à celle qu'occupe la ville. Le château renferme une belle bibliothèque et de riches collections. D'autres collections, et surtout le musée, rendent la ville intéressante sous ce rapport. Les édifices qui l'embellissent sont nombreux : on y compte 13 palais particuliers, et de nouvelles constructions qui s'élèvent chaque jour contribuent à l'embellir encore. L'église évangélique et l'église catholique passent pour deux chefs-d'œuvre du célèbre architecte Weinbrenner. La salle de spectacle, ou le théâtre de la cour, construit dans le goût romain, est remarquable ; l'hôtel-de-ville est un édifice nouvellement construit ; les portes de *Durlach* et d'*Ettlingen* sont d'une belle architecture. Le lycée, l'école militaire, l'école royale, l'institut des sourds-muets, l'école vétérinaire, l'école normale protestante, et la nouvelle école polytechnique, sont les principaux établissements d'instruction de cette ville, qui en renferme un grand nombre. La dernière surtout mérite de fixer l'attention : fondée en 1825, elle diffère de celle de France sous plusieurs rapports, principalement par l'âge d'admission, fixé à 13 ans ; elle renferme 150 élèves destinés à divers services publics, principalement aux ponts-et-chaussées, aux mines et au corps des ingénieurs-géographes. Carlsruhe, en un mot, ville de plaisir, fière de son élégance, riche de ses établissements utiles, peuplée de 21,000 individus, se dédommage du peu d'importance de son commerce par son industrie dans la fabrication des objets de luxe : elle est renommée pour sa bijouterie, son horlogerie, ses meubles et ses voitures.

Reuchlin, l'un des hommes les plus remarquables du seizième siècle par son érudition et par ses idées sur la réformation de la religion chrétienne, s'efforça de prouver que *Pforzheim*, sa ville natale, avait été fondée par le Troyen Phorcy ; d'autres savants de la même époque ont prétendu que cette ville s'appelait autrefois *Orcynheim*, et qu'elle devait son nom à cette vaste forêt dont parle Jules César, et que les anciens connaissaient sous le nom de *Sylva Hercynia* ou *Orcynia*. Ces étymologies forcées ne prouvent point, comme quelques-uns l'ont cru, que Pforzheim ait dû porter, sous la domination romaine, le nom de *Porta Hercyniæ* ; il est très vraisemblable, au contraire, que cette ville n'est point fort ancienne. Elle est située au pied de la Forêt-Noire, au confluent de l'Enz et de la Nagold ; sa population est de 7,000 âmes. Elle renferme une maison de correction et une maison d'orphelins ; on y confectionne beaucoup d'objets de bijouterie et d'horlogerie ; on y fabrique des draps, des maroquins et des produits chimiques ; mais son commerce, qui est d'une grande importance, consiste principalement en blé, en huile, en vins, en bestiaux et en bois de construction.

Entre Durlach, jadis la résidence des margraves de Bade et *Ettlingen*, siége d'une cour criminelle, on a découvert en 1802 les restes d'une maison de plaisance romaine, les débris d'une chaussée, et un monument qui paraît avoir été consacré à Neptune. Sur le bord de la Murg, petite rivière de 16 lieues de cours, qui prend sa source dans la Forêt-Noire, et qui sert à transporter jusqu'au Rhin les bois de cette région montagneuse, nous voyons *Rastadt*, ville célèbre par plusieurs congrès et par l'assassinat des députés de la république française. Sa population est de 5,500 habitants ; son château ducal, surmonté d'une statue colossale dorée qui représente un Jupiter armé de la foudre, est remarquable par la belle vue dont on jouit du haut de son belvédère, et par les trophées turcs et les collections scientifiques qu'il renferme. Pour éviter des répétitions, nous ne dirons rien de son église, de son gymnase et du séminaire des maîtres d'école ; mais nous ne devons point oublier de dire que son commerce est important, et que ses fabriques d'acier et de tabatières en pâte de papier ont de la réputation en Allemagne, aussi bien que ses voitures et ses armes à feu.

Bade ou *Baden-Baden*, à 2 lieues de Rastadt, doit son nom à ses sources minérales et à ses bains connus et fréquentés du temps des Romains, et qui chaque année réunissent 6 à 7,000 étrangers. Les antiquités trouvées dans ses environs forment une collection intéressante ; l'ancien collége des jésuites est l'édifice le plus remarquable de cette ville de 3,500 âmes, si l'on en excepte toutefois les ruines du vieux château, que l'on range avec raison parmi les plus belles et les plus pittoresques de l'Allemagne. Il existe dans cette ville une école normale pour les catholiques, établie sur le même plan que celle de Carlsruhe pour les protestants.

De Bade à Offenbourg, si l'on passe par le village de *Salzbach*, on ne remarquera pas sans émotion le vieux noyer au pied duquel le grand Turenne expira, le 27 juillet 1675. Le 27 juillet 1829, le gouvernement a fait inaugurer à la mémoire de ce guerrier célèbre un monument en granit. Le courage et la gloire n'ont point de patrie, tous les hommes savent les apprécier : c'est avec un respect qui ferait croire que Turenne est mort dans les dernières campagnes d'Allemagne, que le vieil invalide allemand, préposé à la garde de ce lieu, vous montre le boulet qui trancha les jours du héros. *Offenbourg*, petite ville entourée de murs, et peuplée de 3,000 âmes, possède un territoire riche en vignobles. *Lahr*, qui renferme aujourd'hui 4,700 habitants, est une des cités les plus industrielles du duché. Quelques unes de ces maisons se font remarquer par de belles façades.

Au pied des montagnes de la Forêt-Noire, *Fribourg* ou *Freybourg* s'élève sur les bords du Treizam ; elle renferme 12,500 habitants, un gymnase et une administration supérieure des forêts. Son université célèbre, fondée en 1456, ses collections scientifiques, sa société de statistique et d'antiquités, et son commerce, la placent au rang des villes les plus importantes du grand-duché ; on y voit de belles maisons et quatre églises, dont une, appelée Münster, est remarquable par sa belle architecture gothique et sa tour, l'une des plus hautes de l'Europe. *Brisach* ou *Vieux-Brisach*, que les Allemands appellent *Alt-Breisach*, passe pour avoir été fondée par Drusus ; elle serait alors l'ancienne capitale des *Brisagavi*, petit peuple qui dépendait des *Alemanni*. Elle était autrefois célèbre par ses fortications, que détruisit Marie-Thérèse. Un mur l'environne encore. Elle fut presque réduite en cendres, les 15 et 16 septembre 1793, par le feu des Français, dirigé de la rive opposée du Rhin. Ce fleuve, qui l'arrose, n'a point favorisé le commerce chez ses 2,500 habitants ; la fabrication du tabac est sa principale industrie.

La partie méridionale du grand-duché de Bade est celle qui renferme le moins de villes dignes d'être décrites. Les montagnes de la Forêt-Noire sont en effet peu convenables à l'établissement de quelque cité un peu importante. Nous ne pourrons citer que *Willingen* et *Constance*. Mais avant de traverser la crête du Schwarz-wald, nous remarquerons au pied du mont *Blauen* le village de *Badenweiler*, renommé par ses eaux thermales depuis près de vingt siècles : il paraît que les Romains y avaient fondé un établissement considérable, autant qu'on en peut juger par les vestiges de leurs ouvrages, qui ont environ 220 pieds de longueur sur 80 de largeur. Vers les frontières du royaume de Wurtemberg, on remarque, dans une vallée élevée et sur les bords du Brig, *Willingen*, peuplée de 3,300 habitants ; le cercle dont elle dépend ne renferme qu'une seule ville un peu plus importante, c'est *Constance* ou *Constanz*, qui donne son nom au lac sur les bords duquel elle s'étend. Cette ville est célèbre par le concile de 1451, dont le résultat fut le martyre de deux des plus zélés précurseurs de la réformation, Jean Huss et Jérôme de Prague, qui, indignés de la corruption du clergé, préférèrent être brûlés vifs que de nier la nécessité d'abolir les abus qu'ils signalaient dans le culte.

Les *cicerone* de Constance ne manquent point de vous faire voir, dans le faubourg de Bruel, la place où Jean Huss fut brûlé ; et, dans l'ancien couvent des franciscains, la tour qui lui servit de prison. Son supplice fut suivi de celui de Jérôme de Prague, qui partageait ses opinions. On rapporte que le bourreau voulant allumer le bûcher par-derrière, il lui dit : « *Mettez le feu par-devant;* » si je l'avais craint, je pouvais facilement » m'y soustraire. »

Constance, ville ancienne, autrefois impériale et libre, est assez bien bâtie, mais elle est triste et peu peuplée pour son étendue ; elle ne renferme que 5,000 habitants ; elle a trois faubourgs : l'un appelé Kreuslingen, l'autre le Paradis, et le troisième Petershausen, sur la rive droite du Rhin, avec lequel elle communique par un pont de bois. Des fortifications la défendent. Le château ducal, le palais épiscopal et la cathédrale, bâtiments gothiques, sont ses principaux édifices. Du haut du clocher de l'église, on jouit d'une vue magnifique : en se tournant vers le nord, on voit à sa droite s'étendre, à 10 lieues à l'est, la principale partie du lac de Constance (*Bodensée*); devant soi se prolonge l'un de ses deux bras, appelé lac d'Uberlingen (*Uberlingensée*), et sur la gauche l'autre bras, nommé lac Inférieur (*Unter-sée*), au milieu duquel s'élève la grande île de *Reichenau*. Au sud s'étendent les montagnes de l'Appenzell sur la rive gauche du Rhin, et sur la droite celles du Vorarlberg. A l'entrée de l'église, une plaque indique la place où Jean Huss entendit son arrêt de mort ; mais dans la nef il est représenté de grandeur colossale ; soutenant la chaire et faisant de hideuses contorsions. L'ancien couvent de dominicains, où se tint le fameux concile qui dura depuis 1414 jusqu'en 1418, porte aujourd'hui le nom de Kaufhaus : c'est un édifice où se tient le marché aux toiles. On y montre les sièges de l'empereur et du pape, et le cachot de Jean Huss. Ce concile, dans lequel ce réformateur et son disciple Jérôme de Prague furent condamnés à mort, dégrada le pape Jean XXIII, déposa Grégoire XII et Benoît XIII, et excommunia Frédéric d'Autriche pour avoir favorisé l'évasion du pape Jean. Le lycée, l'école normale et l'hôpital de Constance sont bien entretenus. Quoique cette ville ne soit pas très commerçante, elle possède une bourse. Ses établissements industriels consistent en fabriques de toiles peintes ; c'est la principale branche de son commerce, auquel elle joint les grains, les bois et les vins.

L'administration du grand-duché de Bade est sage, éclairée, économe. Dans la civilisation du dix-neuvième siècle, où les chiffres jouent un rôle presque aussi important que les institutions, un des établissements qui peuvent le mieux donner une idée des germes de prospérité que renferme un pays, c'est la caisse d'amortissement : à Carlsruhe, cette caisse fait tous les ans des économies sensibles ;

ses fonds ne sont point employés à encourager la passion de l'agiotage, qui, dans les États, est aussi funeste à l'économie publique que l'amour du jeu est contraire au bonheur des familles. Le gouvernement se montre zélé à encourager les projets dont l'utilité est reconnue. En 1824, un particulier [1], animé de cet esprit philanthropique qui sait entraîner les hommes au soulagement de leurs semblables, parvint à déterminer un grand nombre de ses compatriotes à souscrire pour faire les fonds destinés à la fondation d'une maison de travail où tous les ouvriers sans ouvrage peuvent trouver de l'occupation, et dans laquelle tout homme malheureux, exerçant une industrie quelconque, est sûr de se procurer des moyens d'existence. Cette institution, qui possède un local particulier réservé aux vagabonds et aux condamnés, a reçu l'approbation et les secours de l'administration. Enfin le gouvernement a aussi encouragé les mesures prises par un comité composé de riches particuliers, de fonctionnaires, de négociants et d'ecclésiastiques, pour procurer constamment des secours et du travail aux pauvres, aux enfants trouvés, et même aux étrangers.

Des intérêts plus généraux, ceux du commerce, n'ont pas été l'objet d'une sollicitude moins grande de la part du gouvernement : une convention faite entre le grand-duché de Hesse a établi depuis 1824 la plus grande liberté sous ce rapport. Cette disposition a pour but de faciliter et d'étendre les relations commerciales des deux principautés avec les autres pays étrangers, et d'affranchir la circulation des produits industriels de ces entraves qu'une étroite politique regarde comme le gage de la prospérité des Etats. Les gouvernements étrangers n'ont point encore adopté les vues éclairées qui ont présidé aux conventions réciproques dont l'effet est d'unir par les liens du commerce les deux grands-duchés. Mais ce n'est point un spectacle indigne d'intérêt que celui de deux puissances de troisième ordre, donnant au monde commercial l'exemple de cet accord qui doit rendre désormais inutiles ces armées de douaniers dont l'action n'a d'autre résultat que d'encourager la fraude et d'empêcher chaque nation de jouir de tous les avantages de l'industrie qui lui est propre.

Malheureusement l'année 1831 s'est terminée par l'adhésion de la chambre des députés de Bade au traité de douanes prussien, qui doit avoir des résultats funestes pour le commerce badois, tant sont onéreux les droits établis par la Prusse. C'est peut-être pour atténuer en partie l'effet de cette mesure impolitique que le gouvernement badois a déclaré en 1832 la franchise du port d'Heidelberg.

[1] M. *Sommelatt*, auteur d'un mémoire intitulé : *Einladung an alle Menschenfreunde und patrioten Badens.*

TABLEAU STATISTIQUE
DU GRAND-DUCHÉ DE BADE.

SUPERFICIE en lieues,	POPULATION en 1833,	POPULATION par lieue carré,
761.	1,223,584.	1607.

(36 villes. — 108 bourgs. — 2,427 villages.)

Villes.	Population.	Villes.	Population.
Carlsruhe.	21,000	Weinheim.	4,500
Ettlingen.	3,500	Offenbourg.	3,000
Durlach.	6,000	Lahr.	4,700
Bruchsal.	6,000	Fribourg.	12,500
Rastadt.	5,500	Vieux-Brisach.	2,500
Bade.	3,500	Lörrach	2,000
Pforzheim.	7,000	Philippsbourg.	1,300
Wertheim.	3,500	Constance.	5,000
Bischoffsheim.	2,000	Willingen.	3,300
Manheim.	22,000	Uberlingen.	2,500
Heidelberg.	11,000	Donaueschingen.	2,200
Schwetzingen.	2,500		

Revenus en francs.	Dette publique.
20,695,000.	41,000,000.

ARMÉE.

Contingent.	Pied de paix.
12,236 hommes.	10,000.

RÉPARTITION DE L'IMPÔT SUR CHAQUE HABITANT.

IMPÔT FONCIER.	IMPÔT SUR L'INDUSTRIE.	TOTAL.
Florin.	Florin.	Florins.
1.7.	0.5.	2.2.

MOYENNE DE L'ACCROISSEMENT DE LA POPULATION PAR CULTES, DE 1819 A 1827.

Catholiques. . . . . 12 1/4 pour 100.
Protestants. . . . . 12 1/80 »
Israélites. . . . . . 13 8/9 »

LIVRE SOIXANTE-DIX-SEPTIÈME.

Suite de la description de l'Europe. — Description de l'Allemagne. — Dixième section. — Description des principautés de Hohenzollern-Sigmaringen, de Hohenzollern-Hechingen et de Lichtenstein.

Nous terminerons la description des petits États allemands par celle des trois principautés les plus méridionales de l'Allemagne. C'est pour éviter la confusion qui résulte nécessairement de l'ensemble de tout le corps germanique, que nous réservons un *Livre* spécial pour ce que nous avons à dire de trois États si peu importants. Commençons par la maison de Hohenzollern.

Si nous nous en rapportons à quelques généalogistes, cette maison, dont la branche aînée occupe le trône de Prusse, existe depuis plus de mille ans; mais on compte tant de familles princières allemandes qui prétendent remonter à une époque non moins reculée, que cette ancienneté nous semble peu intéressante à prouver ou à discuter.

On peut suivre la filiation des princes de cette maison depuis Eitel-Frédéric, qui vivait en 1252, et qui épousa Elisabeth, sœur de l'empereur Rodolphe Ier. Ce fut en 1547 que naquit Charles II, comte de Hohenzollern, qui fonda la branche de Sigmaringen, tandis que Eitel-Frédéric II, mort en 1512, fut le chef de la branche d'Hechingen.

Le pays de Hohenzollern est enclavé entre le royaume de Wurtemberg, celui de Bavière et le grand-duché de Bade. Sa longueur totale est d'environ 20 lieues, sa largeur moyenne de 3 et sa superficie de 70. Les principaux cours d'eau qui la traversent sont le Necker et le Danube. Sa constitution géognostique offre trois formations distinctes : dans la partie septentrionale, qui comprend le territoire d'Haigerloch, ce sont principalement des marnes irisées, sur lesquelles repose, aux environs d'Hechingen, le calcaire bleu appelé *lias* ; celui-ci est recouvert dans tout le reste du pays par un calcaire compacte, analogue à celui du Jura. On y exploite du fer, de la pierre de taille, du gypse et de l'argile à poterie. Il y a une source minérale assez fréquentée au village d'Imnau, sur la rive droite de l'Eyach, et une d'eau sulfureuse, près du bourg de Glatt.

Ce pays est irrégulièrement partagé entre les deux branches de Sigmaringen et d'Hechingen : ainsi la principauté de HOHENZOLLERN-SIGMARINGEN comprend la partie du nord-ouest de tout le pays, et toute la partie méridionale. Nous laissons au centre l'autre principauté, dont nous parlerons tout-à-l'heure.

La portion septentrionale du Hohenzollern-Sigmaringen a 5 lieues de longueur sur 3 dans sa plus grande largeur. La partie méridionale est longue de 12 lieues, et large de 3 ou 4. Toute la superficie de cette principauté est de 56 lieues carrées. Les terres situées au sud du Danube sont fertiles, et jouissent d'un climat tempéré, tandis que le reste est généralement pierreux et ingrat, et sous l'influence d'une température âpre, produite par le voisinage des montagnes du Rauhe-Alp et des immenses forêts qui les couvrent. Cependant les encouragements que le gouvernement de ce petit pays a su donner à l'agriculture sont tels, que les récoltes en blé sont plus que suffisantes pour la consommation des habitants. L'industrie y est peu répandue : elle ne consiste que dans l'exploitation de quelques mines de fer, que dans deux ou trois usines où l'on travaille ce métal, que dans la filature du lin et le tissage de la toile.

La population de cette principauté était, en 1832, de 42,767 individus ; tous professent le culte catholique ; ses revenus sont évalués à 600,000 francs ; sa dette publique est de 1,500,000 francs, et son contingent à l'armée fédérale, de 428 hommes.

La principauté se divise, sous le rapport politique, en deux parties : l'une qui dépend immédiatement du prince, et qui comprend les bailliages de Sigmaringen, Vöhringen, Haigerloch et Glatt ; l'autre qui forme la seigneurie de Fürstenberg, celle de Tour-et-Taxis, et la baronnie de Speth, possessions médiates de ces trois familles.

Cette principauté vient d'être admise à jouir des avantages d'un gouvernement représentatif. Vers la fin de 1831, le prince avait déclaré, par une ordonnance, sa ferme intention d'exécuter définitivement l'article 13 de l'acte fédéral germanique, par la voie d'un accord avec les députés du pays. Cette promesse tardive est aujourd'hui réalisée : la principauté possède une constitution depuis le mois de juillet 1833.

Sigmaringen, sur la rive droite du Danube, entourée de murs, et précédée d'un faubourg, est la capitale de la principauté et la résidence du prince : le château de celui-ci est sur une hauteur, au nord de la ville. Il y a dans cette petite capitale 1,500 habitants et une école normale. *Vöhringen*, à deux lieues au nord de Sigmaringen, est une ville de 1,200 âmes.

Hettingen n'est qu'un bourg de 6 à 700 habitants. Il est dans la baronnie de Speth : on y voit un château. *Gammertingen*, chef-lieu de cette baronnie, est situé dans une vallée, sur la rive gauche du Lauchart : le château sert de résidence au baron.

La petite ville de *Trochtelfingen*, qui n'est guère plus peuplée que les deux bourgs précédents, est un chef-lieu de bailliage, dans les possessions des princes de Fürstenberg, et dans la partie septentrionale du Hohenzollern.

Glatt, est un bourg si peu considérable, que le bailliage dont il est le chef-lieu ne forme pas, avec celui-ci, une population de 1,200 âmes. La ville d'*Haigerloch* renferme 1,500 habitants ; elle est située dans une contrée agréable, sur la rive gauche de l'Eyach, au pied d'une montagne au sommet de laquelle est un château entouré de hautes murailles. Sa situation au milieu de rochers majestueux est une des plus pittoresques que l'on puisse imaginer. C'est dans ses environs que sont les bains d'Imnau.

La principauté de HOHENZOLLERN-HECHINGEN est, ainsi que nous l'avons déjà dit, entre les deux portions de celle de Hohenzollern-Sigmaringen. Elle est limitée au nord et au sud par le royaume de Wurtemberg. Sa longueur est de 6 lieues, sa largeur de 2 à 3, et sa superficie de 14. C'est un pays montagneux, que traverse une partie du Rauhe-Alp, qui y élève trois sommets remarquables : le Zellerhorn, le Zollerberg et le Heiligenberg. Leur hauteur ne dépasse point 3,100 pieds. Ces montagnes sont couvertes de forêts. Les vallées qui s'étendent au pied de ces sommets sont fertiles, bien cultivées, et produisent assez de blé pour la consommation des habitants. Ceux-ci sont au nombre de 21,500.

Les revenus de la principauté s'élèvent à 300,000 fr., et sa dette publique à 1,200,000. Le contingent qu'elle fournit à la Confédération est de 215 hommes.

Hechingen, la capitale et la seule ville de ce petit État, est située sur une colline au pied de laquelle coule le Starzel. C'est la résidence du prince et le siége des autorités. Elle est entourée de murs et renferme un palais, trois églises, un couvent, un gymnase et plusieurs fabriques dont la plus importante est celle où l'on tisse diverses étoffes de laine. Sa population est de 3,000 habitants.

Sur une montagne voisine s'élève le vieux château de Hohenzollern, d'où l'on jouit de la vue la plus étendue. Il remplaça au quinzième siècle celui qui avait été détruit par Henriette, comtesse de Wurtemberg et de Montbelliard. La nouvelle construction se fit avec une rare solennité : Josse-Nicolas, comte de Hohenzollern, Philippe, duc de Bourgogne, Albert, électeur de Brandebourg, Charles, margrave de Bade, et Albert, duc d'Autriche, armés de truelles et de marteaux d'argent, en posèrent la première pierre en 1460. Cet antique édifice renferme une riche collection d'armures.

L'une des deux plus petites principautés de l'Allemagne est celle de LICHTENSTEIN. Sa longueur, du nord au sud, est de 5 lieues ; sa largeur moyenne, de l'est à l'ouest, est d'une lieue et demie, et sa superficie de 6 lieues carrées. Elle est peuplée de 6,150 habitants ; elle fournit 61 hommes à la Confédération germanique. Son revenu public est de 44,000 francs, et sa dette passe pour être d'environ 6,000,000 ; mais c'est probablement en y comprenant les dettes particulières du prince, qui jouit personnellement d'un revenu de plus de 3,000,000, par les grandes propriétés qu'il possède en Moravie, en Silésie et en Autriche, ainsi que dans d'autres parties de l'Allemagne. Telles sont, entre autres, les belles principautés de Troppau et de Iogerndorf, dont il jouit sous la souveraineté de l'Autriche et de la Prusse ; il peut donc passer pour l'un des plus riches particuliers de l'Europe. Il entretient une garde d'honneur de 12 hommes et une compagnie de 87 grenadiers. La maison de Lichtenstein descend d'Azo IV d'Est, mort en 1037. Elle a possédé jusqu'à 73 seigneuries pendant les siècles qui suivirent. Les membres de cette famille sont restés catholiques ainsi que leurs sujets.

La principauté est située à 5 lieues au sud du lac de Constance, sur les bords du Rhin. Un rameau des Alpes la couvre au sud et la traverse du sud au nord, en divisant le pays en deux parties : à l'ouest, c'est la vallée du Rhin ; à l'est, celle de la Samina, petite rivière qui va se jeter dans l'Ill, qui est lui-même un affluent du fleuve. On y jouit d'une douce température ; le sol y est presque partout fertile ; ses forêts sont belles, et les habitants élèvent beaucoup de bêtes à cornes.

Ce pays est divisé en deux seigneuries : celle de Vadutz et celle de Schellenberg.

Lichtenstein, autrefois *Vadutz*, bourg de 1,800 habitants, est la résidence habituelle du prince ; sa situation près de la rive droite du Rhin en fait un séjour agréable ; le château est assez bien bâti. Dans la seigneurie de Schellenberg, il y a un château qui est la résidence d'un landamman, magistrat chargé de la justice.

C'est à Vadutz que siège l'administration de la principauté ; elle se compose de la chancellerie de la cour du prince, d'un juge, d'un receveur des impôts, d'un intendant et d'un garde forestier.

TABLEAUX STATISTIQUES

DES

PRINCIPAUTÉS DE HOHENZOLLERN-SIGMARINGEN, DE HOHENZOLLERN-HECHINGEN ET DE LICHTENSTEIN.

I. PRINCIPAUTÉ DE HOHENZOLLERN-SIGMARINGEN.

SUPERFICIE en lieues,	POPULATION en 1833,	POPULATION par lieue carrée,
56.	42,767.	763.

(4 villes. — 7 bourgs. — 70 villages et hameaux.)

Bailliages.	Villes et bourgs.	Population
SIGMARINGEN.	Sigmaringen..	1,500
HAIGERLOCH..	Haigerloch.	1,500
GLATT.	Glatt, b.	600
WÖHRINGEN.	Vöhringen.	1,200
Seigneurie de Fürstenberg, TROCHTELFINGEN.	Trochtelfingen..	900
IUNGNAU.	Jungnau, b.	800
Seigneurie de Tour-et-Taxis, STRASBERG.	Strasberg, b.	?
Baronnie de Speth.	Gammertingen, b.	700

Revenus en francs.	Dette publique.
600,000.	1,500,000.

ARMÉE.

Contingent.	Pied de paix.
428 hommes.	?

II. PRINCIPAUTÉ DE HOHENZOLLERN-HECHINGEN.

SUPERFICIE en lieues,	POPULATION en 1833,	POPULATION par lieue carrée,
14.	21,500.	1,535.

(1 ville. — 1 bourg. — 24 villages et hameaux.)

N. B. Cette principauté ne renferme aucune subdivision.

Revenus en francs.	Dette publique.
300,000.	1,200,000.

ARMÉE.

Contingent.	Pied de paix.
215 hommes.	?

III. PRINCIPAUTÉ DE LICHTENSTEIN.

SUPERFICIE en lieues,	POPULATION en 1833,	POPULATION par lieue carrée,
6.	6,150.	1,025.

(2 bourgs. — 9 villages et hameaux.)

Seigneuries.	Chefs-lieux.	Population.
VADUTZ.	Vadutz ou Lichtenstein, b.	1,800
SCHELLENBERG.	Schellenberg (château)..	»

Revenus en francs.		Dette publique.
Revenus publics...	44,000	
Id. du prince...	3,000.000	
Total.....	3,044,000	6,000,000

ARMÉE.

Contingent.	Pied de paix.
61 hommes.	99.

LIVRE SOIXANTE-DIX-HUITIÈME.

Suite de la Description de l'Europe. — Description de l'Allemagne. — Onzième section. — Description du royaume de Bavière. — Première division. — Vieille Bavière.

L'ancien duché de Bavière était l'une des principautés allemandes les plus considérables, et celle qui, suivant Hassel, entretenait l'armée la plus nombreuse. L'augmentation de territoire qu'elle obtint en 1806 avec le titre de royaume, les nouvelles acquisitions qu'elle fit par les derniers traités, les bienfaits qui y furent répandus par une administration sage, économe et éclairée, méritent que nous entrions dans de nombreux détails en parlant de cet État.

Il est borné au nord par le royaume et les duchés de Saxe et la Hesse-Electorale; à l'ouest par les grands-duchés de Hesse et de Bade, et par le royaume de Wurtemberg; au sud et à l'est par les États de la monarchie autrichienne. Sa superficie est de 1,359 milles géographiques allemands, ou de 3,778 lieues; mais si on y ajoute les terrains qui lui ont été accordés sur la rive gauche du Rhin par les derniers traités, sa superficie totale est de 1,499 milles, ou de 4,167 lieues. Fidèle à la marche que nous avons adoptée pour la Prusse, nous considèrerons tout le territoire compris entre le Wurtemberg et l'Autriche comme le royaume de Bavière proprement dit; et après avoir décrit sous les rapports physique et statistique son importante superficie, nous considèrerons séparément sous les mêmes rapports la province bavaroise des bords du Rhin.

La Bavière proprement dite, ou la vieille Bavière, occupe presque tout le bassin formé à l'ouest par le *Rauhe-Alp* et le *Spessart*; au nord par le *Rhöne-gebirge*, le *Thüringer-wald*, le *Franken-wald* et le *Fichtel-gebirge*, ou la *Chaîne des pins*; à l'est par le *Böhmer-wald*, et au sud par divers prolongements des *Alpes tyroliennes*. Ce vaste bassin se divise naturellement en deux parties ou *bassins secondaires*. Le premier, ou le septentrional, est celui que traverse la *Regnitz*; il n'est, à proprement parler, que celui du Mein. Il est circonscrit par deux branches partant du point où la Regnitz prend sa source, et dont l'une se dirige à droite, sous le nom de *Franken-wald*, pour aller se rattacher au *Fichtel-gebirge*; tandis que l'autre, sous celui de *Steiger-wald*, se prolonge jusqu'à la chaîne du *Spessart*, dont elle n'est séparée que par le cours du Mein. La principale pente de ce bassin est dirigée du sud au nord; c'est aussi cette direction que suit la Regnitz avant d'aller se réunir au Mein. Le second bassin, ou le méridional, plus important que le premier, est traversé par le Danube; il est formé par les ramifications du *Franken-wald* et du *Steiger-wald*, et par les autres montagnes que nous avons nommées: celles qui s'élèvent au nord du fleuve sont bien moins importantes que celles qui se prolongent au sud; aussi les affluents qu'il reçoit sur sa rive gauche sont-ils moins considérables que ceux de la rive droite. Les trois qui méritent d'être cités par leur étendue sont l'*Altmühl*, qui descend du *Steiger-wald*, le *Naab*, qui descend du *Fichtel-gebirge*, et la *Regen*, qui prend sa source dans le *Böhmer-wald*. Mais sur sa rive droite, ce sont l'*Iller*, le *Lech*, l'*Isar* ou l'*Iser*, et l'*Inn*, qui ont leurs sources dans les Alpes. La principale pente de ce bassin est dirigée vers le nord-est. Les diverses ramifications de ces montagnes forment des vallées larges et des plaines basses dont le sol est ordinairement marécageux. La plaine la plus étendue occupe l'espace compris entre Ratisbonne et Osterhofen, c'est-à-dire une longueur de 15 lieues sur une largeur un peu moins considérable.

Le bassin du Danube nous montre donc d'une manière distincte la séparation de deux grands systèmes de montagnes: celui des *Alpes* au sud du fleuve, et celui des monts *Hercynio-Carpathiens* au nord, comme nous l'avons dit dans les généralités sur la géographie physique de l'Europe [1].

Nous avons indiqué la disposition de ces montagnes. Cependant quelques détails sur le *Spessart*, le *Rhöne-gebirge* et le *Böhmer-wald*, nous donneront les moyens de compléter la géographie physique de la Bavière.

[1] Voyez tom. II.

La chaîne du *Spessart* commence sur les bords du Mein, à l'endroit où le cours de cette rivière la sépare de la chaîne de l'Oden-wald. L'extrémité la plus rapprochée du Mein porte le nom d'*Engelsberg*; elle se dirige vers le nord en projetant des rameaux au sud-ouest et au sud-est, et va se rattacher à la chaîne de *Rhône-gebirge*; plusieurs ruisseaux, la plupart tributaires du Mein, y prennent leur source. On trouve dans le Spessart quelques roches volcaniques ; mais celles qui s'y montrent le plus fréquemment sont le granit, le gneiss, la syénite et le porphyre, sur lesquelles s'appuient des grès et quelques collines calcaires renfermant des bancs argileux. Les roches primordiales, et principalement les secondaires, contiennent des filons de cuivre, de cobalt, de plomb et de fer. Ces montagnes offrent des formes arrondies et prolongent au loin leurs pentes adoucies ; ce n'est que près d'Aschaffenbourg qu'elles présentent des rochers escarpés et des sommités pyramidales [1].

Le *Rhône-gebirge* ou *Rhœne-gebirge* occupe une étendue plus considérable que le *Spessart*; à l'ouest il va se rattacher à la chaîne du *Vogelsberg*, et à l'est à celle du Thüringerwald; il fournit au Mein deux affluents, le *Sinn* et la *Saale*. A son extrémité occidentale, on voit s'élever des roches granitiques dont les pentes supportent des calcaires secondaires sur lesquels s'élèvent des sommets pyroïdes et divers dépôts basaltiques.

Le *Fichtel-gebirge*, qui unit le Rhône-gebirge au Böhmer-wald, est en grande partie granitique comme ces deux chaînes. Sa cime la plus élevée est le mont *Oehsen-Kopf*. Deux petites rivières en descendent pour former le Mein : l'une est le *Mein blanc*, et l'autre, au sud de celle-ci, est le *Mein rouge*. Le lit de la première à Culmbach, comparé à celui de la seconde à Bayreuth, est de 136 pieds plus haut. La pente du bassin du Mein, de l'est à l'ouest, est considérable : on l'évalue à plus de 600 pieds, depuis Bayreuth jusqu'à Würzbourg, c'est-à-dire sur une étendue de près de 30 lieues [2].

Le *Böhmer-wald* se rattache, ainsi qu'on vient de le voir, au *Fichtel-gebirge*; il commence aux sources de l'Eger, et se termine aux monts Moraves. Long de 85 lieues, sa largeur au nord-ouest est de 6 lieues, au centre de 8, et au sud de 13. Depuis son extrémité septentrionale, il s'élève graduellement jusqu'auprès de Waldmunchen ; près de Swiesel, il atteint sa plus grande élévation, puis il diminue graduellement jusqu'à son point de jonction avec les monts Moraves. Ses plus hautes sommités sont l'Arber, le Rachel et le Dreysel, ou Drey-Sesselberg. Cette chaîne, très escarpée du côté de la Bavière, offre des pentes beaucoup moins rapides du côté de la Bohême ; elle projette sur le sol de la première plusieurs ramifications dont les plus importantes sont le Greiner-wald, qui, s'élevant près de Waldmunchen, voit couler au bas de ses pentes méridionales la Regen, affluent du Danube, et le Bayer-wald, qui se détache du mont Rachel et va se terminer près de Ratisbonne, en séparant le cours du Danube de celui de la *Regen*. Cette rivière n'est pas la seule importante qui descende du Böhmer-wald pour suivre les pentes du bassin du Danube : plusieurs des cours d'eau qui forment le *Naab* prennent leur naissance dans cette chaîne et dans celle du Fichtel-gebirge ; il faut encore y ajouter l'*Ilz*, qui a sa source au pied du mont Rachel. La base du Bohmerwald est granitique ; on remarque sur le granite des masses de gneiss et de micaschiste. Ses roches offrent des cimes décharnées, des pointes en forme de pyramides et d'aiguilles, des abîmes profonds et de nombreux marais. Les forêts qui en occupent les pentes sont peuplées d'ours et de lynx.

Le cours du Danube partage le sol de la Bavière en deux grandes formations géologiques. Au nord du fleuve, les terrains, y compris ceux du bassin de la Regnitz et du Mein, appartiennent à la formation ancienne, comprenant le *calcaire oolithique*, le *muschelkalk*, le *zechstein*, et d'autres roches analogues, ainsi que des grès bigarrés, le *quadersandstein* et d'autres dépôts quartzeux. Au sud s'étendent, depuis le lac de Constance jusqu'au confluent de l'Inn et du Danube, de vastes dépôts appartenant à la formation tertiaire, placés sur des roches plus anciennes qui vont s'appuyer sur les granites de la chaîne des Alpes. C'est au nord du fleuve que les terrains d'alluvion et

---

[1] Voyez l'Essai topographique sur le Spessart, par M. Behlen, en allemand. — [2] Voyez la Correspondance astronomique et géographique du baron *de Zach*, tom. XIII.

de transport plus anciens que ceux de la Bavière méridionale, ont offert aux recherches de la zoologie géologique des ossements de ces anciens animaux qui habiterent notre planète avant qu'elle pût offrir à l'espèce humaine un climat et une nourriture propres à sa conservation. Les os fossiles de tapirs et de rhinocéros découverts dans la vallée de la Regen ; les crocodiles des schistes calcaires de la vallée de l'Altmühl ; les débris d'éléphants, qui par leurs dimensions annoncent une taille de 13 à 14 pieds, et qui furent trouvés aux environs de Schweinfurth et d'Arnstein dans la vallée du Mein ; enfin les cavernes remplies d'ossements de lions et d'hyènes découvertes dans le Steiger-wald, annoncent combien ce pays est intéressant pour tout ce qui tient aux recherches de la plus attrayante des sciences naturelles.

La partie la plus élevée et la plus méridionale de la Bavière se ressent du voisinage et de l'influence des Alpes ; les lacs y sont nombreux, plusieurs ont une étendue considérable ; ainsi, sans compter celui de Constance, dont une très faible partie dépend de ce royaume, nous pouvons en citer huit importants par leur superficie : celui de *Ammer*, d'où sort une rivière de ce nom qui va se jeter dans l'Isar ; celui de *Würm*, celui de *Chiem*, qui alimente la petite rivière d'Alz, affluent de l'Inn, et d'où s'élèvent plusieurs îles, sont les plus étendus ; ajoutons le *Staffel*, le *Kochel*, le *Walchen*, le *Tegern*, et le *Bartholomœus*, ou le *lac Royal*, nous aurons relaté ceux qui méritent le plus d'être cités. D'autres moins vastes, ainsi que beaucoup d'étangs, sont, avec ceux que nous venons de nommer, une sorte de richesse pour cette partie de la Bavière, par les pêches abondantes auxquelles ils donnent lieu (¹).

On compte aussi dans la Bavière beaucoup de sources minérales : les plus fréquentées sont celles de *Siechersreuth* ou d'Alexandre, situées dans la contrée pittoresque du *Fichtel-gebirge*; les bains de *Kissingen*, dans une vallée arrosée par la Saale, à 13 lieues au nord de Würzbourg ; dans la même contrée, les eaux acidules et ferrugineuses de *Bocklet* et de *Brückenau*; et dans la partie méridionale du royaume, celles de *Hardecker*, qui se consomment presque exclusivement à Munich.

Le climat de ce pays est généralement sain et tempéré : l'élévation du sol et le voisinage des montagnes apportent cependant des modifications considérables dans la température : au midi du Danube, l'air est vif, on éprouve des hivers longs et rigoureux ; c'est la partie la plus élevée de la Bavière ; c'est celle qui est la plus exposée à l'influence des glaciers éternels des Alpes. Dans la région du *Böhmerwald*, les vents du nord-est rendent le climat sec et âpre ; au nord, le *Fichtel-gebirge* donne à la contrée du haut Mein une âpreté moins grande peut-être, parce que les vallées s'y étendent de l'est à l'ouest, et que les montagnes y modifient l'influence des vents du nord. Dans un grand nombre de lieux, le printemps et l'été sont humides et pluvieux ; mais dans les vallées ouvertes au sud, les chaleurs de l'été sont souvent excessives. De toutes les saisons, la plus belle est ordinairement l'automne.

Avant de nous occuper des produits naturels, des richesses agricoles et de l'industrie de la Bavière, jetons un coup d'œil en arrière, voyons quels étaient les peuples antiques qui habitaient cette contrée.

Elle était occupée jadis par deux nations considérables que séparait le Danube. Au nord du fleuve s'étendaient les *Hermunduri*, au sud les *Vindelici*. Les pentes du *Bohmer-wald* ou de la forêt de Bohême, que les anciens appelaient *Gabrita Sylva* (¹), jusqu'au bord du Danube, et depuis l'embouchure du Naab jusqu'à celle de l'Ilz, étaient habitées par les *Narisci*, peuple moins considérable que les deux précédents. Les *Hermunduri* adoraient, suivant Tacite, Mars et Mercure ; ils eurent souvent des démélés et des guerres sanglantes avec les *Catti* leurs voisins, mais situés plus au nord. Dans ces luttes cruelles, ils vouaient l'armée ennemie à leurs dieux ; alors, s'ils étaient vainqueurs, ils massacraient sans pitié les hommes et les chevaux de l'armée vaincue(²). Ces peuples se soumirent cependant aux armes

---

(¹) Voici, d'après les cartes les plus authentiques, l'étendue de ces lacs :

	Long.	Larg. moy.
Le Ammer. . . .	4 lieues.	1 lieue.
Le Würm. . . .	4 1/2	»
Le Chiem. . . .	3 1/2	1 1/2
Le Staffel. . . .	1 1/2	» 1/2
Le Kochel. . . .	1 1/2	1 »
Le Walchen. . .	2 »	1 »
Le Tegern. . . .	1 1/2	» 1/2
Le Bartholomœus.	1 1/2	» 1 2

(¹) Ptolém., l. II, c. II. Strabon la nomme Gabreta Sylva, l. VII, c. II. — (²) *Tacit.*, Ann., l. XIII, § 57.

des Romains, dont ils devinrent les alliés les plus fidèles; aussi étaient-ce les seuls Germains, dit l'historien latin, qui communiquassent librement avec les Romains et qui pussent parcourir sans gardes les colonies limitrophes; « et tandis, ajoute-t-il, que nous ne faisons voir aux autres peuples que nos armes et nos camps, nous ouvrons à ceux-ci nos maisons de la ville et de la campagne, qui n'excitent point leur cupidité (¹). »

Les *Narisci*, qui, suivant Tacite encore, habitaient près des *Hermunduri*, ne leur cédaient point en bravoure (²); nous avons peu de renseignements sur ce peuple. Ptolémée et Dion Cassius ne donnent sur leur compte aucune particularité remarquable; mais nous devons faire observer que le premier de ces deux auteurs les appelle *Varisti*, et le second *Naristæ*.

Les *Vindelici* s'étendaient depuis le lac de Constance (*lacus Venetus*) jusqu'au confluent de l'Inn et du Danube; ce fleuve leur servait de limite. Suivant d'Anville (³), ils doivent leur nom à deux rivières, le *Vindo*, qui est aujourd'hui la *Wertach*, et le *Licus*, aujourd'hui le *Lech*, sur le bord desquelles ils avaient dès la plus haute antiquité leurs principaux établissements. Cette étymologie paraît assez naturelle. Les *Vindelici* furent soumis par les Romains, et leur pays reçut de ceux-ci le nom de *Vindelicia*; il fut joint ensuite à la *Rhétie* (*provincia Rhætia*), dans laquelle furent établies plusieurs colonies romaines. La plus importante paraît avoir été celle qui reçut d'Auguste le nom d'*Augusta Vindelicorum*, aujourd'hui *Augsbourg*, que dans les transactions commerciales on désigne encore sous le nom d'*Auguste*. Une autre assez considérable fut *Gambodunum*, qui paraît être *Kempten*. *Ratisbonne*, sur le Danube, a conservé dans celui de *Regensberg* son ancien nom de *Regina*, qui lui vient de la rivière de la Regen à l'embouchure de laquelle elle se trouve. *Passau* est l'ancienne *Batava-Castra*. Enfin, *Neu-Œtting*, près de *Muhldorf*, paraît être le lieu nommé *Pons-OEni*, ainsi que le confirment les restes d'une voie romaine découverte dans ses environs.

La Bavière est le plus ancien duché de l'Allemagne; elle a conservé depuis le cinquième siècle son titre, son nom et même une partie de son antique constitution; les Allemands l'appellent *Bayern*, et ce nom rappelle celui de *Boii*, l'un des peuples germains refoulés dans la Bohême par les Romains, et qui en sortirent vers l'an 450 avec les Barbares connus sous le nom d'*Ostrogoths*. Ce duché était encore appelé *Boiaria* dans le moyen âge : il s'étendait plus loin vers l'est que le royaume actuel. Le premier chef ou duc des Bavarois paraît être Aldiger ou Aldeger. On croit qu'il prit le titre de roi en 456, titre que ses successeurs conservèrent jusqu'au neuvième siècle presque sans interruption. Il se ligua avec d'autres princes allemands dans le dessein de suivre Clovis dans ses conquêtes et de les partager avec lui; mais après la victoire de Tolbiac, Clovis repoussa les Allemands dans leurs premières limites, força les Bavarois et leur chef à reconnaître son pouvoir, établit pour contenir ces peuples une colonie de Francs dans la partie de l'Allemagne qui prit de là le nom de Franconie, et dont les princes devinrent les suzerains des princes de Bavière. En 560, vers la fin du règne de Theudon III, petit-fils d'Aldiger, les Bavarois commencèrent à embrasser le christianisme. Ce quatrième roi de Bavière fut baptisé par saint Robert, évêque de Strasbourg. Au sixième siècle, après le partage du vaste royaume des Francs, les princes de Bavière se soumirent à la domination des rois d'Austrasie. La faiblesse des derniers Mérovingiens fut une heureuse occasion pour les Bavarois de secouer le joug de ceux-ci; la Bavière fut libre jusque vers l'an 786; mais à cette époque, Thassilon III, de l'ancienne famille ducale des Agilolfingiens, suscite des troubles en Allemagne; Charlemagne marche contre lui, et l'oblige à le reconnaître pour son suzerain. L'année suivante, Thassilon se révolte encore; cité à la diète d'Ingelheim, accusé du crime de lèse-majesté, il est condamné à mort; mais Charles commue sa peine, et après l'avoir dépouillé de ses États, lui fait raser les cheveux et le fait enfermer dans l'abbaye de Lauresheim, et de là dans celle de Jumiége. Thassilon y prouva qu'un prince inhabile peut devenir un très bon moine, car il y mourut en odeur de sainteté. Depuis cette époque, Charles s'empara de la Bavière, la divisa en plusieurs comtés, et la fit gouverner par des princes de son choix. Le partage

(¹) *Tacit.*, De Morib. Germ., § 42. — (²) *Tacit.*, De Morib. Germ., § 41. — (³) Géographie ancienne, tom. I, p. 47.

de la monarchie entre les fils de Louis Ier changea encore une fois le sort de cette contrée: elle échut, avec toute l'Allemagne, à Louis surnommé le Germanique, qui choisit Ratisbonne pour sa résidence. Après lui ses fils se partagèrent ses possessions, et Carloman devint roi de Bavière. Ce pays resta soumis à Arnoult, fils naturel de Carloman, élu roi de Germanie.

Luitpold ou Léopold est probablement le premier qui fut nommé margrave par les rois allemands au neuvième siècle. Otton III, comte de Wittelsbach, qui régna en 1101, est regardé comme la souche de la maison qui règne aujourd'hui. Otton V, en 1180, fut le premier duc de cette branche. Le Palatinat du Rhin fut acquis en 1215 à Louis Ier, duc de Bavière. En 1253, le duché fut divisé en deux: Louis II eut le Palatinat et la haute Bavière; Henri fut duc de la basse Bavière. Ce Louis II ou *le Sévère*, de la maison de Wittelsbach, laissa deux fils, Rodolphe et Louis, qui devinrent les fondateurs de la branche *palatine* ou *rodolphine*, et de la branche *bavaroise* ou *ludovicienne*. Cette dernière reçut une grande illustration dans la personne de ce même Louis IIIe du nom, élu empereur d'Allemagne en 1314.

De funestes partages empêchèrent la Bavière de se maintenir au rang qu'elle avait occupé. On vit même les deux branches bavaroise et palatine se faire la guerre. C'est en suivant une politique si peu généreuse que Maximilien Ier réussit, dans la guerre de Trente-Ans, à dépouiller le malheureux comte palatin Frédéric V de la dignité électorale et de la plus grande partie du haut Palatinat. Il fut nommé électeur en 1623. L'imprudente Bavière croyait combattre pour la foi catholique: elle ne fit qu'accélérer l'agrandissement de l'Autriche. La branche *ludovicienne* conserva par succession directe le duché de Bavière; mais elle s'éteignit en 1777, et ce fut l'une des branches de la ligne *palatine*, celle de Deux-Ponts, qui conserva jusqu'à ce jour la souveraineté de la Bavière (¹).

« Louis XIV sut s'attacher la maison de Bavière; mais l'issue peu heureuse de la guerre de la succession d'Espagne frustra Maximilien II des avantages que son alliance avec la France lui avait permis d'espérer. En 1742, l'électeur de Bavière, élu empereur sous le nom de Charles VII, se vit dépouiller de tous ses Etats par l'Autriche; et ce triste César, réfugié dans le camp des Français, porta d'exil en exil cette couronne impériale que la maison d'Habsbourg frémissait de se voir arracher.

» En 1777, l'ignorance des médecins mit fin à la vie de Maximilien III et à la ligne bavaroise masculine. Charles-Théodore, de la branche palatine, réunit à ses domaines la Bavière, et reprit dans le collège électoral la place due à sa maison. Il pouvait alors compter 2,250,000 sujets; mais une armée désorganisée et des finances épuisées laissaient l'État sans considération et sans force. L'Autriche essaya de s'en emparer; elle fut obligée de se contenter du quartier de l'Inn, peuplé de 120,000 habitants. Charles-Théodore mourut en 1799, et Maximilien IV lui succéda.

» Entraînée dans la guerre de la coalition, la Bavière, depuis l'avènement de ce prince, n'a cessé de se rapprocher de la France. Aussi les pertes qu'elle avait faites par la cession de la rive gauche du Rhin ont-elles été amplement compensées par le recez des indemnités. En 1803, l'électeur de Bavière resta souverain de 2,450,000 sujets. De nouvelles acquisitions en portèrent le nombre au-delà de 3,000,000. ».

En 1805, la Bavière s'était montrée fidèle alliée de la France pendant la guerre que termina la bataille d'Austerlitz: le 1er janvier 1806, l'empereur des Français l'érigea en royaume. La paix de Presbourg lui valut le Burgau, le Vorarlberg, plusieurs petites seigneuries, le territoire de Lindau, le Tyrol avec Trente et Brixen, et plusieurs portions qui complétaient ce qu'elle avait obtenu des évêchés de Passau et d'Eichstädt. En entrant dans la Confédération du Rhin, la Bavière obtint d'autres augmentations, dont les principales sont les villes de Nuremberg et d'Augsbourg. En 1810, elle eut encore Ratisbonne, Salzbourg, Berchtesgaden, la principauté de Bayreuth et une partie de l'Hausruck en Autriche; mais elle céda le Tyrol italien au royaume d'Italie, plusieurs territoires au grand-duc de Würzbourg, et d'autres, avec la ville d'Ulm, au royaume de Wurtemberg.

(¹) Voyez Historisch-Statistische Uebersicht sammtlicher Provinzen und Bestandtheile des Kœnigreichs Baiern, par J. Marx, seigneur de Liechtenstern. 1803.

Vers la fin de 1813, quand les plus grandes calamités menaçaient la France, la Bavière, oubliant ce qu'elle devait à son alliée, renonça à la Confédération du Rhin et se jeta dans les bras de l'Autriche. En 1814, elle restitua à celle-ci ce qui lui restait du Tyrol, le Vorarlberg, Salzbourg, le Hausruck et quelques autres portions de territoire. Celle-ci lui céda la principauté d'Aschaffenbourg et de Würzbourg. Enfin, en 1816, elle reçut pour dernière compensation, en France, une petite partie de l'ancienne province d'Alsace avec Landau, une portion des évêchés de Worms et de Spire, et l'ancien duché de Deux-Ponts.

La Bavière a été jusque dans ces derniers temps le pays de l'Allemagne le plus arriéré sous le rapport de l'agriculture. L'influence d'un clergé bigot et ignorant en fut long-temps la principale cause : non content d'être le possesseur d'une partie considérable des terres du pays, il avait exigé l'expulsion des protestants et la stricte observation de fêtes nombreuses qui encourageaient chez les paysans les habitudes de paresse et d'indolence, l'ignorance et la superstition. Les progrès de l'agriculture datent de l'époque de la révolution française. Ce fut alors que le gouvernement s'empara des terres de l'église, qui furent vendues aux particuliers, qu'il établit des écoles dans chaque paroisse pour l'éducation des basses classes, et que l'enseignement des principes de l'agriculture dans ces écoles devint presque général. Aujourd'hui cette branche si utile des connaissances humaines n'est point aussi avancée en Bavière que dans l'Allemagne septentrionale, mais elle y fait des progrès malheureusement trop lents.

En vertu d'une loi de l'Etat, toutes les grandes routes sont bordées d'arbres fruitiers, principalement de cerisiers et de pommiers. Ces arbres sont élevés dans des pépinières aux frais du gouvernement et vendus au prix de revient à tous les particuliers.

Le sol des régions montagneuses de la Bavière proprement dite est d'une qualité médiocre ; mais dans les plaines basses et dans les vallées il est très productif. Dans le nord, les terres livrées à la culture sont généralement légères ; dans la partie méridionale, elles sont grasses et fortes. Le gouvernement bavarois cherche à encourager l'agriculture, mais il aura bien à faire pour vaincre l'indolente apathie et l'ignorance routinière des paysans, qui sont autant d'obstacles à toute espèce de perfectionnement. Près d'un tiers des terrains de l'Isar, du bas Danube et de la Regen est encore inculte. Près d'un cinquième de la superficie de la Bavière proprement dite est composé de terres vagues qui ne produisent que de mauvais pâturages. L'administration a, dans ces dernières années, fait dessécher des marais et rendu à la culture des terres considérables ; mais ces opérations utiles exigent des dépenses qui s'opposent à l'accomplissement rapide d'un projet dont la nécessité et les résultats sont du plus haut intérêt. A quoi tiennent les différences que l'on remarque entre le rapport des terres de même qualité, dans une contrée soumise à la même administration, si ce n'est au degré de lumières et d'instruction des cultivateurs ?

Le cercle du haut Danube, ceux du haut et du bas Mein, celui de l'Isar et celui de la Rezat, sont les mieux cultivés et ceux qui récoltent le plus de céréales. Les produits n'y sont point, il est vrai, aussi considérables que dans la basse Saxe et dans la Flandre, mais les habitants sont laborieux et susceptibles de comprendre leurs intérêts : ces cercles de la vieille Bavière seront donc long-temps les plus riches et ceux dont l'abondance des récoltes compensera l'insuffisance de celles des autres cercles. Les deux derniers que nous venons de nommer produisent non seulement des grains, mais du vin, des légumes et des fruits. Dans les montagnes du Spessart l'agriculture, autrefois négligée, fait chaque jour de nouveaux progrès : les pommes de terre forment avec le pain la principale nourriture des habitants. Dans quelques autres districts, comme dans ces montagnes, les récoltes suffisent à peine à la consommation ; cependant, nous devons le dire, l'administration veille aux moyens de répandre les lumières chez le peuple, et la Bavière trouvera un jour dans l'agriculture des éléments de prospérité.

La Bavière produit beaucoup plus de céréales qu'elle n'en consomme. On y récolte annuellement 70,000 quintaux de houblon, dont 30,000 sont vendus à l'étranger. La culture de la vigne est un objet important dans les deux cercles du Mein, ainsi que dans ceux du Rhin et de la Rezat. Parmi les vins que fournissent ces contrées, celui que l'on nomme

Steinwein jouit d'une grande réputation. On peut évaluer à 1 million d'hectolitres la quantité de vins que produisent les vignobles du territoire bavarois.

Les bestiaux forment, après l'agriculture, la principale branche de la richesse territoriale : les prés qui s'étendent le long des rivières en favorisent l'accroissement et la multiplication ; il est même à remarquer que dans les départements où la culture est arrivée à un certain degré de perfection, les moyens d'améliorer les races se sont multipliés : dans les cercles du haut et du bas Mein, et dans celui de la Rezat, le système des irrigations, pratiqué avec zèle, a donné naissance à de magnifiques prairies qui servent à engraisser de nombreux troupeaux ; il semblerait qu'une industrie ne s'établit point sans en faire naître une autre. Cependant on y voit peu d'animaux de belle race : la contrée la plus riche sous ce rapport est celle qui s'étend sur les pentes des Alpes : les bêtes à cornes pourraient y rivaliser par la beauté avec celles de quelques cantons de la Suisse ; il est vrai aussi qu'elles forment la principale richesse de cette partie élevée de la Bavière qui s'étend au sud de Munich. Les chèvres sont nourries avec soin dans cette contrée, ainsi que dans la plupart des montagnes qui bornent le royaume. Le plus sale des animaux, le porc, est engraissé dans presque toute l'étendue de la Bavière ; la chair de cet utile animal est dans beaucoup de cantons la principale nourriture des habitants. Les Bavarois ont jusqu'à présent encore moins réussi à améliorer la race des chevaux que celle des autres animaux : leur nombre, diminué considérablement depuis les dernières guerres, ne s'est point suffisamment accru depuis la paix ; à la vérité le cheval est rarement employé par l'agriculteur, qui tire du bœuf des secours suffisants ; mais en ne veillant point aux moyens de multiplier et de perfectionner les haras, le gouvernement se met dans la nécessité de rester, sous ce rapport, tributaire de l'étranger. L'amélioration des bergeries commence à devenir le but des soins et des essais des agriculteurs ; partout on s'occupe avec beaucoup d'intelligence de croiser les races indigènes avec les mérinos : depuis long-temps les manufactures de draps s'aperçoivent de l'avantage qu'elles peuvent retirer de cette importante branche d'industrie. Les cercles les plus riches un chevaux sont ceux de l'Isar, du haut et du bas Danube ; en bêtes à cornes, ceux du haut Danube, de l'Isar et du bas Mein ; en brebis, ceux du bas Mein, de la Rezat et de l'Isar. Enfin, l'éducation des abeilles est encore une des occupations les plus lucratives de quelques propriétaires. Elle est cependant moins répandue qu'autrefois, quoique l'usage de la cire le soit beaucoup plus : c'est dans les cercles du haut Danube et de la Rezat qu'on s'en occupe avec le plus de succès. Il en est donc de l'entretien des animaux domestiques comme de l'agriculture : les Bavarois sont également arriérés dans ces deux branches de l'économie rurale. Mais c'est sur la qualité comme sur la quantité qu'ils doivent porter leurs soins ; car le nombre des bestiaux n'est pas considérable, puisqu'il y a quelques années la moyenne du royaume ne présentait qu'une bête à cornes sur cinq arpents. En 1835, on comptait dans la Bavière proprement dite 350,000 chevaux, 2,500,000 bêtes à cornes, 600,000 porcs, et 1,200,000 brebis. Nous devons donc répéter ici ce que nous avons dit à propos de la culture des terres : l'ignorance, et nous pouvons même dire la superstition du peuple des campagnes, sont dans cette classe les principaux obstacles aux améliorations. Tant qu'on verra le paysan, négligeant les moyens curatifs qui peuvent neutraliser ou faire cesser les ravages causés par les épizooties, conduire en pèlerinage les bestiaux malades, il y aura peu de perfectionnement à espérer dans tout ce qui tient à l'agriculture [1].

La science du jardinage, ou, pour nous servir d'une expression plus convenable, la science de l'horticulture, a pris plus d'extension ; on cite plusieurs établissements importants de jardiniers-fleuristes et de pépiniéristes. La culture des légumes s'étend principalement dans les environs des grandes villes. Nous avons déjà dit que le cercle du bas Mein et celui de la Rezat possèdent plusieurs vignobles ; c'est dans le premier que se font les vins de Franconie, dont les meilleurs crus se trouvent sur les

---

[1] En 1820, plus de 18,000 cultivateurs allèrent en pèlerinage avec leurs bestiaux à Griesbach : l'année suivante, près de 30,000 effectuèrent le même voyage. — Voyez l'ouvrage de M. *Rudhart*, directeur de la régence de Ratisbonne, intitulé : *Ueber den Zustand des Kœnigreichs Baiern*, 1825.

bords du Leiste, près du Steinberg, aux environs de Saleck et de Würzbourg. On cite encore les vignes de *Calmuth*, d'*Eiweilstadt*, de *Sommerach* et d'*Eschendorf*. La Bavière en possède aussi sur les bords du lac de Constance. En général, la vigne paraît être cultivée dans ce pays avec intelligence.

La conservation des bois et des forêts est un des objets dont s'occupe le plus le gouvernement bavarois ; leur exploitation fait vivre plusieurs milliers d'individus. Les arbres les plus communs sont le chêne et le hêtre : le premier y déploie un grand luxe de végétation ; le second, beaucoup plus commun, atteint fréquemment une hauteur de plus de 100 pieds. La culture y a introduit le bouleau, le frêne et plusieurs espèces de conifères. Les forêts les plus considérables sont celles du *Spessart*, du *Rhône-gebirge*, du *Zwiesler*, du *Mitten*, du *Kulwald*, du *Retzer*, du *Lorenz*, et celles des environs de *Kempten*. Les cercles les plus riches en forêts sont ceux de l'Isar, du bas Mein, de la Regen et du haut Danube. On peut évaluer leur superficie à environ 5,740,000 journaux, ou arpents du pays. On a calculé qu'elles occupent 29 pour 100 des terres du royaume, ce qui fait à peu près 8 arpents par famille[1].

L'ignorance du peuple des campagnes n'est point la seule entrave aux améliorations que le gouvernement bavarois a projetées dans l'intérêt de la propriété foncière. Il existe encore en Bavière des débris d'institutions féodales qui résistent depuis long-temps aux efforts de l'administration : les redevances seigneuriales, les droits de chasse, les dîmes, les corvées inhérentes au sol, et d'autres coutumes non moins surannées, maintenues par les efforts de ceux qui en profitent, sont autant de plaies dangereuses qui dans cet État s'opposent au développement des germes de prospérité. En vain une loi récente a-t-elle déclaré que tout individu peut utiliser sa propriété comme bon lui semble : tant que des charges entachées de servitude pèseront sur les terres, le droit de propriété restera presque illusoire ; en vain a-t-elle proclamé la liberté de culture : tant que celle des bois restera sous la surveillance des agents forestiers ; tant que celle de la vigne sera soumise à des règlements, et que les seigneurs fonciers auront le droit de s'assurer si les biens ruraux sont gérés et cultivés convenablement, l'agriculture restera dans l'enfance. C'est en admettant en principe le morcellement des terres, en accordant gratuitement le défrichement et le partage des forêts dont l'étendue est trop considérable, en concédant sans frais les terres incultes, en exemptant les nouveaux propriétaires de toutes charges et contributions pendant un temps plus ou moins long, en leur donnant même des primes d'encouragement, en livrant à la culture des pâturages trop maigres pour avoir quelque influence sur l'amélioration des bestiaux, en abolissant le droit de pâture et de parcours sur les terres d'autrui ; en engageant les habitants à donner la meilleure nourriture possible à leurs troupeaux, et à éviter qu'ils ne restent jour et nuit exposés aux intempéries de l'atmosphère ; en accordant aux cultivateurs la faculté de faire détruire les arbres forestiers situés dans les prairies où ils ne sont destinés qu'aux plaisirs du propriétaire de la chasse ; en ne déterminant point le *minimum* des terres qui doivent être possédées dans une famille, et surtout en n'exigeant point la possession d'une certaine quantité de terres pour qu'un particulier ait le droit de bâtir une maison, que le gouvernement pourra espérer de voir le pays jouir enfin de la prospérité que la nature de son sol lui montre en perspective[1].

La Bavière possède des carrières de meules, plusieurs exploitations de pierres à aiguiser, des houillères, des mines de plomb et de cuivre ; mais ces diverses substances minérales ne sont point à comparer, pour l'importance des produits, à ceux qu'elle retire de ses salines et de ses mines de fer. Les sources salées les plus considérables sont celles du cercle de l'*Isar*, celles de *Reichenhall*, de *Traunstein* et de *Rosenheim*. Elles produisent par an près de 400,000 quintaux de sel ; la mine de *Berchtesgaden* en fournit plus de 150,000, celle d'*Orb* 24,000, celle de *Kissingen* 16,000 ; mais, pour satisfaire aux besoins de la population, le gouvernement, par suite d'un traité spécial, reçoit annuellement de Hall, dans le Tyrol, environ 260,000 quintaux de sel, qui,

[1] Voyez l'ouvrage de M. *Rudhart*, cité ci-dessus.

[1] Voyez sur ces questions la Lettre adressée aux États provinciaux, en 1822, par M. *de Hazzi*, conseiller d'État de Bavière, sur le projet de loi relatif à l'agriculture (en allemand).

après l'épuration nécessaire, se réduisent à 190,000. Les plus importantes mines de fer sont celles du territoire d'*Amberg*, produisant 40, à 50,000 quintaux ; celles du cercle du haut Mein 80 à 90,000 ; celles de l'*Isar*, près de la montagne de *Kressen*, 120,000 ; et les autres cercles environ 20,000, ce qui fait un total de près de 300,000 quintaux. Dans la Bavière proprement dite, le cercle du haut Mein est le seul où l'on exploite de la houille, mais le produit ne dépasse pas 35,000 quintaux ; c'est à peu près le tiers de ce que l'on retire du cercle du Rhin.

L'industrie est encore moins avancée en Bavière que l'agriculture ; cependant les manufactures y sont assez nombreuses. On compte 16 forges dans les seuls cercles de la Regen et du haut Mein, 14 hauts-fourneaux, plusieurs fabriques de fil de fer et 2 manufactures d'armes. Quelques établissements ne pourront parvenir au degré de perfection convenable qu'à force d'encouragement : les filatures sont encore dans l'enfance, les tisserands ne livrent à la consommation que des toiles grossières : on tire de l'étranger les toiles fines. Il en est de même des tissus de laine ; aussi les draps et les casimirs forment-ils une branche considérable d'importation. La Bavière ne peut donner en échange de ces produits que des fils de chanvre et de la laine filée pour les tapis communs. Les toiles de coton et tout ce qui tient à la bonneterie se fabriquent et se consomment dans le pays. Il est pourtant quelques branches d'industrie dans lesquelles les Bavarois ont acquis sur leurs voisins une supériorité reconnue ; ainsi les cuirs, qui sont un objet important d'exportation ; les papiers, dont ils fournissent la Saxe ; les instruments de musique, de chirurgie et de mathématiques fabriqués à Munich sont recherchés en Allemagne ; et les cartes à jouer de Nuremberg sont expédiées dans les différentes parties du monde. Il existe aussi en Bavière environ 50 manufactures de tabac, 132 papeteries, 48 verreries ; des manufactures de glaces, de faïence et de porcelaine ; et, dans diverses autres branches de fabrication, plus de 230,000 établissements. Les produits de ces diverses branches d'industrie prélèvent annuellement sur l'Allemagne et sur l'Europe un tribut de plus de 75,000,000 de francs. Nous ne parlerons point des manufactures de coutil, de batiste et de dentelles ; leur nombre, assez restreint, n'occupe point une place importante dans l'industrie de ce pays. Toutefois, n'oublions pas d'annoncer que le gouvernement, qui semble s'être fait un devoir de détruire par degrés tout ce qui rappelle les abus de l'ancien régime, abolit en 1827, dans l'intérêt de l'industrie, les maîtrises et les jurandes.

D'après ce que nous venons de dire des produits industriels de la Bavière, on ne sera point étonné que son commerce soit peu important ; heureusement pour ce pays que sa situation favorise les communications entre plusieurs Etats et entretient une grande activité dans le commerce de transit. Ce royaume ne possède qu'un seul canal navigable, qui sert à faire communiquer le Rhin avec la vallée de la Franconie ; celui qu'avait commencé Charlemagne pour joindre le Danube au Rhin est à jamais interrompu. Le cours des principales rivières navigables, telles que le Danube, le Rhin, le Mein, la Reignitz, l'Inn et le Salzach ; les routes nombreuses et assez bien entretenues, qui occupaient déjà en 1812 une étendue de plus de 1,080 milles allemands, ou 1,793 lieues ; le service des postes, très cher, mais fort expéditif, favorisent les transactions commerciales. Autrefois le commerce des grains était considérable ; mais les entraves que le gouvernement y a mises, il y a quelques années, lui ont porté un coup mortel. On n'exporte annuellement que 300,000 boisseaux de blé. On est étonné qu'il y ait si peu d'hommes d'Etat qui possèdent les plus simples notions d'économie politique. Que le vulgaire croie que ceux qui trafiquent sur les grains ne sont que des accapareurs, qui n'ont d'autre but que de faire naître les disettes et de s'enrichir aux dépens du peuple, cela se conçoit ; mais que ceux qui sont appelés au gouvernement des Etats partagent encore ces préjugés et ne sentent point que les produits de toute nature appartiennent au commerce, et qu'il n'y a point de véritable commerce sans une entière liberté, c'est ce qu'on ne peut voir sans étonnement après les excellents écrits des Smith, des Say, des Condillac et de tant d'économistes célèbres. Cependant les ministres de la Bavière se sont occupés sérieusement d'encourager la navigation intérieure, et, depuis 1823, le Danube porte des bâtiments à voiles construits aux frais de l'Etat (¹); cet exemple sera sans doute imité par les capitalistes. L'Isar et le Mein, couverts de bâtiments de la même espèce ou de bateaux à vapeur, faciliteront par la suite le transport des produits agricoles, qui semblent devoir être un jour la principale source de richesses du pays.

D'après les documents publiés par l'administration, la population du royaume de Bavière était, au commencement de 1826, de 4,037,000 individus; au commencement de 1836, elle était de 4,319,887, ce qui fait une augmentation de 282,887 habitants pour les 10 années, ou de 28,288 par an. Dans ces différentes évaluations se trouve comprise celle qui est relative au cercle du Rhin; mais si nous ne considérons que la Bavière proprement dite, nous devons la porter, pour 1836, à 4,700,000 individus, dans lesquels les catholiques forment au moins les trois cinquièmes.

Les tableaux que nous donnerons à la suite de la description des possessions bavaroises présenteront des renseignements assez étendus pour que nous nous dispensions d'entrer ici dans de plus grands détails; disons seulement que la Bavière ne reconnaît point de *religion de l'État*, les consciences y sont libres: les catholiques, les luthériens et les réformés jouissent de droits égaux; le gouvernement n'intervient jamais dans les questions qui ont rapport au culte, mais il exerce sur tous une surveillance impartiale. D'après le dernier concordat, le royaume est divisé en deux archevêchés, dont l'un est à Munich et l'autre à Bamberg, et en six évêchés: ceux de Passau, de Ratisbonne et d'Augsbourg, et les évêchés suffragants d'Eichstädt, de Würzbourg et de Spire. Le culte protestant est sous l'autorité du consistoire général de Munich, et les israélites sous celle de leurs rabbins, dont la nomination est soumise à l'approbation du gouvernement.

Les peuples de la Bavière ont conservé quelques traits caractéristiques des différentes souches dont ils sortent: l'habitant de l'ancienne Souabe est ignorant, superstitieux et sobre; le Franc, ou peuple de l'ancienne Franconie, est rusé, actif et entreprenant; le Bavarois proprement dit, celui qui descend du mélange des *Vindelici* et des *Boii*, est sérieux, loyal, fidèle à ses engagements, constant dans ses affections, attaché aux cérémonies religieuses plutôt qu'aux préceptes de la religion, et prêt à tout faire pour la patrie, si le prêtre le lui prescrit au nom de la Divinité. Chez ces peuples, les mœurs ne sont point aussi pures qu'on pourrait le croire: dans les villes, la corruption n'est que trop visible et facile à expliquer; mais jusque dans les montagnes, le nombre des enfants naturels annonce une dépravation qui n'est probablement que la suite du défaut d'éducation. Déjà le gouvernement a senti cette grande vérité; il s'occupe à la mettre à profit. Depuis long-temps des notions assez étendues d'agriculture font partie de l'enseignement primaire. Chaque paroisse possède une école élémentaire; un temps viendra sans doute où chaque village en possèdera une. La classe aisée est mieux partagée sous ce rapport: des lycées, des colléges et des universités sont établis dans plusieurs villes, mais leur nombre est loin d'être suffisant pour une nation qui a le droit de prétendre à tenir un rang parmi les plus éclairées, et qui paraît digne de la liberté.

Ce que nous venons de dire du caractère et de l'éducation de la nation bavaroise nous conduit naturellement à parler de sa constitution, car c'est maintenant par les chartes que les lumières se répandent chez les nations. Par l'acte constitutionnel du 26 mai 1818, la Bavière forme un royaume indivisible; les domaines de l'Etat sont inaliénables; la couronne est héréditaire, et la personne du roi est inviolable. Il peut professer la religion catholique ou protestante à son choix. Le trône n'est dévolu aux femmes qu'à défaut de mâles. L'assemblée générale des Etats se compose de deux chambres: celle des pairs est formée de la réunion des princes de la famille royale, des dignitaires de la couronne, des deux archevêques, des chefs des principales familles seigneuriales, d'un des évêques nommés par le roi, du président du consistoire général protestant, et de tous ceux que le roi désigne, soit comme membres héréditaires, soit comme pairs à vie. Cependant le nombre de ceux-ci ne doit point dépasser le tiers de la totalité. On exige des membres héréditaires un bien-fonds

---

(¹) Voyez Wochenblatt des Lundw. Vereins in Baiern, 1823.

payant 300 florins d'impositions, l'âge de 21 ans pour siéger, et 25 ans pour ceux qui sont nommés à vie. La chambre des députés se compose de 115 membres, dont un huitième appartient à la noblesse, un huitième au clergé, un quart à la bourgeoisie, et la moitié aux propriétaires fonciers; de plus, chaque université nomme un député qui doit avoir 30 ans révolus, et qui doit appartenir à l'une des trois communions chrétiennes. Le nombre des membres de cette chambre est déterminé d'après celui des familles, de manière que 7,000 familles sont représentées par un député; la candidature se renouvelle tous les six ans. Ils sont convoqués tous les trois ans. Les Etats sont investis du pouvoir législatif et de la faculté de voter les impôts. Le pouvoir exécutif est entre les mains du roi; les deux autorités centrales sont le ministère, composé de cinq ministres, et le conseil d'Etat, considéré comme autorité consultative et comme le pouvoir délibérant le plus élevé. D'après la loi fondamentale, nul ne peut être soustrait à ses juges naturels; tous les citoyens sont appelés à remplir les divers emplois de l'Etat, et le service militaire est obligatoire pour tous [1].

Nous nous abstiendrons de toute réflexion sur ce que cette constitution renferme de louable ou de blâmable. Elle porte d'ailleurs le germe de toutes les améliorations, puisqu'on y a prévu la nécessité de quelques modifications. Lorsqu'elle fut promulguée, elle fut regardée par quelques esprits sages comme l'aurore de la régénération de la Bavière. Des hommes supérieurs en attaquèrent cependant avec franchise plusieurs dispositions. Voici ce que l'un des plus éclairés publiait en 1819 sur le texte de cette loi [2]: « Les Bavarois seront peu sensibles à l'abolition de la servitude personnelle, tant que les roturiers et les paysans, sur l'ordre d'un magistrat, tant que les soldats, par le caprice d'un officier, pourront, comme des esclaves, être liés sur une planche et cruellement fustigés. Le sort des cultivateurs ne sera pas amélioré, tant que les corvées, les services, les droits féodaux de toute espèce seront exigés, et que le rachat, autorisé en termes vagues, ne pourra s'effectuer faute de base pour en

[1] Voyez la Géographie de *Hassel*, en allemand.
[2] M. *de Hazzi*, conseiller d'État. — Voyez son ouvrage intitulé: *Ueber die standpuncte der Baierischen Verfassmeys-Urkunde*, etc. 1818.

régler le prix. La liberté de conscience est accordée; mais les mennonites, les moraves, les anabaptistes, les juifs, tous ceux enfin qui ne sont ni catholiques, ni luthériens, ni calvinistes, sont privés des droits politiques. Un Bavarois ne peut quitter son pays qu'avec une autorisation, et seulement pour s'établir dans l'un des Etats confédérés qui consent à le recevoir. En cas de désertion, les biens des contrevenants sont confisqués. »

On compte en Bavière cinq ordres de chevalerie, dont le roi est grand-maître, savoir: l'ordre de Saint-Hubert, celui de Saint-George, celui de Saint-Michel, l'ordre militaire de Max-Joseph, et l'ordre du Mérite-Civil.

L'armée qu'entretient la Bavière répond par son importance au rang que cet État occupe dans la Confédération germanique. La force militaire de ce royaume se compose de 55,000 hommes de troupes et de 20,000 en temps de paix, qui se recrutent par la conscription; d'une réserve importante et d'une garde nationale. Son contingent pour la Confédération est de 42,000 hommes. Le temps du service est fixé à 5 ans. La gendarmerie, instituée pour la sûreté du pays, est forte de 1,693 hommes. Tous les hommes valides sont assujettis à faire partie de l'armée, soit dans le service actif, soit dans la réserve ou dans la landwehr.

Le revenu de la Bavière est d'environ 65,000,000 de francs, et sa dette publique de plus de 265,000,000. Ces résultats sont peu satisfaisants; mais de nombreuses réformes, des économies sagement entendues, faites non seulement dans les dépenses de l'État, mais dans celles de la cour, ne peuvent manquer d'améliorer la situation financière du royaume. Déjà les promesses du gouvernement se sont réalisées à cet égard, et sont sans doute un gage de la ponctualité avec laquelle seront exécutées celles que le discours du trône a faites à l'ouverture de la session de 1828. La nécessité d'établir des conseils provinciaux, de rendre moins coûteuse l'administration publique et celle de la justice, de répartir l'impôt d'une manière plus égale, d'établir des traités de commerce avec les pays limitrophes, d'introduire dans les tribunaux l'usage de la publicité des débats, et de rédiger enfin un code pénal approprié aux besoins de la société, manifestée hautement par le monarque, semble un sûr garant de la prospérité future de ce pays.

Les possessions de la Bavière forment huit cercles ou départements, qui portaient il y a peu d'années les noms de cercles de l'*Isar*, du *Danube inférieur*, de la *Regen*, du *Mein supérieur*, de la *Rézat*, du *Danube supérieur*, du *Mein inférieur* et du *Rhin*. Ces noms étaient aussi rationnels que ceux que portent les départements français. Le roi Maximilien-Joseph Ier l'avait jugé ainsi; mais le gouvernement actuel, qui a plus d'une fois manifesté sa propension à retourner en arrière et à restaurer le passé, publia, vers la fin du mois de novembre 1837, une ordonnance royale qui changeait ces dénominations consacrées déjà par un long usage.

« La Providence, disait le roi dans l'introduction de cette ordonnance, a réuni sous notre sceptre plusieurs des plus nobles tribus allemandes, dont le passé est riche en modèles sublimes de vertus et de gloire. Dans le dessein de rattacher le souvenir de ce glorieux passé au présent plus étroitement et par des liens durables; dans le dessein de rétablir les anciennes démarcations consacrées par l'histoire des pays à nous soumis; voulant ramener la division de notre royaume et la dénomination de ses parties principales à la base respectable de l'histoire; fortifier et corroborer de plus en plus le dévouement fidèle et éprouvé de nos sujets, nous avons décrété et décrétons que les huit cercles porteront à l'avenir les noms suivants :

» *Haute-Bavière* (ci-devant en grande partie le cercle de l'Isar); *Basse-Bavière* (ci-devant Bas-Danube); *Palatinat* (ci-devant cercle du Rhin); *Palatinat supérieur* et *Ratisbonne* (ci-devant cercle de la Régen); *Haute-Franconie* (ci-devant cercle du Haut-Mein); *Franconie-moyenne* (ci-devant cercle de la Rézat); *Basse-Franconie* et *Aschaffenbourg* (ci-devant cercle du Bas-Mein); *Souabe* et *Neubourg* (ci-devant Haut-Danube). »

Ce changement n'est pas exactement conforme aux traditions historiques que l'ordonnance a la prétention de faire revivre; elle donne même à certains cercles des noms que pouvaient plus justement revendiquer quelques parties du grand-duché de Bade et du royaume de Wurtemberg.

Quoi qu'il en soit, réservons le Palatinat pour une description particulière, ainsi que nous l'avons annoncé, et commençons notre excursion chorographique par la Haute-Bavière, dont le chef-lieu est en même temps la capitale du royaume.

Au milieu d'une vaste plaine, et entre les collines de l'*Isar* et du *Galgen*, *Munich* s'annonce de loin comme une grande cité; après Vienne, on peut la compter au nombre des plus belles villes de l'Allemagne. C'est d'ailleurs une de celles qui se sont embellies et agrandies le plus rapidement, malgré l'ingratitude de son climat et du sol de ses environs; depuis 1827 surtout, elle n'est plus reconnaissable. Gustave-Adolphe disait de Munich : « C'est une selle dorée sur le dos d'un mauvais cheval; » mais ce mot n'est plus exact depuis les embellissements qu'ont éprouvés tous les lieux qui entourent cette capitale. Son sol, arrosé par l'Isar, qui n'y est pas navigable et qui y forme plusieurs îles, est élevé de 1,920 pieds au-dessus du niveau de la mer. Elle a une enceinte murée, 7 portes et 6 faubourgs : ceux d'*Au*, de *Ludwig*, de *Schönfeld*, de *Maximilien*, de *Sainte-Anna* et de l'*Isar*. La ville n'est pas régulièrement bâtie. Au milieu de constructions modernes, on voit s'élever plusieurs édifices du moyen âge; cependant on y remarque beaucoup de rues larges, bien alignées, bordées de trottoirs, garnies de maisons élégantes et de magnifiques hôtels, du moins en apparence, car plusieurs de ces habitations, ornées de colonnes et de portiques, ne sont que des édifices en briques revêtues de plâtre. Nous pourrions citer quelques palais qui passent pour être remarquables par leur architecture, qui ont même été cités avec éloge par des géographes, et que nous avons reconnus pour de fastueuses décorations. Elle renferme près de 4,800 maisons et environ 95,000 habitants ([1]); elle est divisée en

([1]) Pendant le dernier semestre de 1828 et le premier de 1829, le mouvement de la population de cette ville a présenté les résultats suivants :
Naissances :
Enfants légitimes 1548 — illégitimes 1127. = Total 2675.
Décès :
Du sexe masculin 1393 — féminin. 1147. = Total 2540
Excédant des naissances sur les décès . 135
Mariages. 456

quatre quartiers, appelés *Anger*, *Hacken*, *Graggenauer-Viertel* et *Kreuz*. Cette division est déterminée par les quatre rues principales : la *Neuhauser-gasse*, qui fait suite au *Kaufinger-gasse*; le *Thal*, la *Sendlinger-gasse*, qui s'aligne avec le *Rinder-markt*; et la *Schwabinger-gasse*, continuée par la *Weinstrasse*, qui aboutissent toutes les deux à la place principale (*haupt-platz*), au centre de la ville. Ce qui contribue à embellir Munich, ce sont ses places publiques, telles que celle que nous venons de nommer, qui est entourée de portiques et de belles plantations d'arbres; la place d'Armes, celle de Max-Joseph, celle d'Anger, celle de Maximilien; ce sont les palais de Max, de Guillaume ou de Fugger, des Etats-Généraux; le ministère de l'intérieur, l'hôtel-de-ville, la nouvelle monnaie, la douane, l'arsenal, le nouveau manége; les deux principaux théâtres, dont l'un, le nouvel Opéra, est un des plus beaux de l'Europe; le palais de Leuchtenberg; l'hôpital général, celui du Saint-Esprit; le muséum; la Glyptothèque ou musée de sculpture, l'un des plus beaux édifices de l'Allemagne; la *Pinacothèque* ou musée de peinture, monument qui n'est pas moins remarquable que le précédent; l'Académie des sciences, jadis collége des jésuites, et le plus magnifique qu'ils possédassent en Europe; et surtout le palais royal, dont l'architecture est irrégulière, mais dont l'intérieur est de la plus grande magnificence et l'étendue si considérable, que l'on disait autrefois qu'on y pourrait loger tous les rois de la chrétienté. Nous citerons, pour son élégance et sa richesse, la chapelle de la cour, dans laquelle on admire un tableau de Michel-Ange et plusieurs autres curiosités.

Au nombre des collections d'objets d'art que renferme encore ce palais, se trouvent le cabinet des miniatures, dont le nombre, porté à cent trente, est estimé au-delà de 600,000 francs, et la galerie Maximilienne, dans laquelle on remarque des tableaux de choix des plus grands maîtres. La nouvelle résidence royale, appelée *Königsbau*, et bâtie en grès sur le modèle du palais Pitti, à Florence, efface encore la magnificence de ce palais.

Parmi les vingt-six églises de Munich, nous n'en citerons que trois : celle de Notre-Dame (*Frauen-Kirche*), ou la cathédrale, renferme plusieurs tableaux de prix et le beau mausolée de l'empereur Louis de Bavière. Ses deux tours, élevées de 333 pieds, sont souvent visitées par les curieux qui vont y jouir d'une vue magnifique. Celle de la Trinité passe à tort pour avoir été bâtie sur le modèle de celle du Vatican à Rome : c'est une rotonde avec une coupole qui repose sur 18 colonnes d'ordre corinthien. Celle de Saint-Michel est une des plus belles églises de l'Allemagne. On y remarque un monument à la mémoire du prince Eugène Beauharnais, qui fait honneur au ciseau du célèbre Thorwaldsen.

Munich possède plusieurs collections publiques du plus haut intérêt; le musée royal de peinture ou Pinacothèque compte plus de 1,600 tableaux de différents maîtres célèbres; ce musée se compose de huit salles principales comprenant l'école allemande moderne, l'école allemande du moyen âge, l'école flamande, l'école française, l'école espagnole et l'école italienne. La bibliothèque de la cour et de l'Etat contient plus de 400,000 volumes, environ 16,000 manuscrits, et plus de 20,000 exemplaires qui datent de l'enfance de l'imprimerie, ainsi qu'une Bible de Guttemberg et Faust, de 1454. La bibliothèque de l'Université renferme plus de 160,000 volumes. Le Conservatoire général comprend plusieurs collections précieuses, telles que le cabinet des médailles qui se compose d'une suite de plus de 10,000 grecques ou romaines en or; le cabinet de zoologie, celui de minéralogie et le musée brésilien, qui se compose d'objets d'art et de produits naturels recueillis au Brésil. L'académie des sciences, fondée en 1759, a sous sa surveillance ces diverses collections ainsi que l'observatoire et le jardin botanique. Cette académie, qui est le principal corps savant de la Bavière, se divise en trois classes : 1° celle de philologie et de philosophie, composée de six membres titulaires et d'un membre adjoint; 2° celle de mathématiques et de physique, formée de treize membres titulaires et de deux adjoints; 3° celle d'histoire, qui compte huit membres. Chaque classe a son secrétaire perpétuel et des membres honoraires. L'académie, dont le roi est membre protecteur et président-né, a un secrétaire-général. Munich possède en outre une académie des arts, composée d'un directeur, d'un secrétaire-général, de huit membres ordinaires, de trente honoraires et do quatre correspondants.

La *Glyptothèque* ou musée des Antiques se compose de treize salles : on y remarque les marbres de l'île d'Egyne, et les sculptures des écoles les plus anciennes d'Athènes, de Corinthe et d'Argos.

Cette capitale a plusieurs établissements d'instruction de divers genres : le principal est l'université, qui était autrefois à Landshut, et qui, après avoir subi de grandes améliorations, est devenue l'une des plus considérables de l'Europe; l'Institut royal des études, qui se divise en quatre écoles de différents degrés, et dans lequel plus d'un millier d'élèves se préparent à suivre les cours de l'université; l'école de médecine et de clinique, l'école centrale vétérinaire, l'école des beaux-arts, celle de topographie pour l'instruction des ingénieurs-géographes; l'école forestière, destinée à former les gardes et les inspecteurs des forêts; l'académie militaire, celle d'artillerie, l'école polytechnique centrale, celle de construction; enfin l'institut des sourds-muets, celui des demoiselles appelé institut Maximilien, et destiné aux jeunes filles des familles distinguées; le lycée et deux gymnases. Nous ne devons point oublier l'institut mathématique et mécanique de Reichenbach, renommé pour le fini et la précision des instruments sortis de ses ateliers; l'institut géographique fondé par le baron Cotta, et le grand établissement lithographique de M. Sennenfelder, inventeur de la lithographie, qui, apportée par lui en France, y est parvenue au plus haut degré de perfection.

Outre ces établissements qui font honneur à Munich, il en est plusieurs exclusivement réservés à l'éducation des classes pauvres : telles sont l'école destinée aux jeunes gens sans fortune et l'école gratuite des dimanches et fêtes pour les hommes et les femmes. Elle possède aussi des sociétés philanthropiques et plusieurs établissements publics destinés au soulagement des indigents. Hôpitaux pour les deux sexes, maisons d'orphelins, hospice d'enfants trouvés, établissement pour les aliénés, rien ne manque sous ce rapport à Munich. Ce qu'il y a de plus intéressant, c'est que la plupart de ces établissements sont dus aux fondations vraiment pieuses et philanthropiques de quelques habitants de cette ville; quelques unes de ces fondations existent depuis près de quatre siècles : il semble que depuis cette époque les citoyens vertueux, guidés par une noble émulation, aient cherché à soulager dans des établissements publics et durables tous les genres d'infortunes et de misère, sans être encouragés ni soutenus par la coopération du gouvernement et de la noblesse. Aujourd'hui que l'administration a suivi cet exemple, les secours n'en sont devenus que plus puissants, les moyens de répression contre la mendicité que plus sévères et plus efficaces; aussi a-t-on remarqué qu'il y a peu de villes où il y ait moins de mendiants qu'à Munich. On y voit rarement des enfants s'habituant de bonne heure à vivre dans l'oisiveté, en comptant sur les aumônes des passants qu'ils importunent; ceux que l'on surprend à mendier dans les villes et dans les campagnes sont soustraits à cet état dégradant qui engendre tant de vices, et sont élevés aux frais du gouvernement jusqu'à ce que par leur travail ils soient en état de gagner leur subsistance. Plusieurs maisons d'arrêt et de correction sont destinées aux criminels et aux vagabonds; enfin, pour terminer ce que nous avons à dire sur les établissements de bienfaisance et d'utilité publique, rappelons celui dont le plan fut proposé à Munich par l'un des hommes auxquels l'humanité et l'économie domestique doivent le plus de reconnaissance. Le projet du comte de Rumford a reçu une exécution complète : dans un édifice destiné à cet usage, 600 indigents reçoivent chaque jour gratuitement leur nourriture; une porte secrète, qui communique de l'extérieur dans le bâtiment est réservée à ceux qui aiment mieux souffrir que de montrer leur misère. Parvenus à un guichet, ils y reçoivent, sans être vus, une ration d'aliments sains et suffisants. On assure que plusieurs individus respectables, mais victimes de vicissitudes de la fortune, trouvent ainsi dans la ville les moyens de supporter plus facilement le poids de leur indigence.

La plus grande partie de la population de Munich ne subsiste que des dépenses de la cour et des emplois du gouvernement. Quoique la ville renferme quelques fabriques de drap, de quincaillerie et de bijouterie, plusieurs tanneries, des brasseries considérables, et une manufacture de tapisseries de haute-lice, que l'on prétend être au niveau de celle des Gobelins; quoiqu'il s'y tienne plusieurs foires par an, et des marchés de grains toutes les semaines, on peut dire que le commerce y est peu important : le seul qui ait quelque activité est celui d'expéditions.

Plusieurs places publiques que nous avons nommées servent de promenades aux habitants de Munich. Sur l'une de celles-ci, la Place Caroline, on a érigé un obélisque de 100 pieds de hauteur, portant l'inscription suivante : *Aux 30,000 Bavarois qui ont péri dans la guerre de Russie. — Élevé par Louis Ier, roi de Bavière. — Achevé le 18 octobre 1833. — Eux aussi ils sont morts pour la délivrance de la patrie.* Sur la Place Max-Joseph que décorent le nouveau palais du roi, le Grand-Théâtre, l'Hôtel des Monnaies et l'Hôtel des Postes, s'élève une assez belle statue en bronze du premier roi de la Bavière. Parmi les principales promenades nous citerons le *Prater,* dans une île de l'Isar : c'est un jardin qui sert de rendez-vous aux fumeurs; le *Jardin anglais*, qui est pour cette capitale ce qu'est le *Thiergarten* pour Berlin. Ce jardin est traversé par l'Isar; il est très vaste et fort bien dessiné. Près de là se trouve le jardin de la cour (*Hofgarten*), entouré d'arcades sous lesquelles on a fait exécuter par les meilleurs artistes bavarois une suite de peintures à fresque qui représentent les principaux événements de l'histoire de Bavière, depuis le treizième siècle jusqu'à nos jours.

Les environs de Munich présentent en outre un grand nombre de lieux qui attirent les promeneurs pendant les jours de fête : tels sont principalement *Gross-Hesselohe*, le village de *Paesing*, dont la route est charmante ; celui de *Bogenhausen*, où l'on voit un château, des bains, et un nouvel observatoire; les bords de l'Isar, sur lequel on a élevé près de la ville un nouveau pont de fer ; enfin les différents châteaux royaux situés à des distances plus ou moins considérables de la ville. Le roi réside ordinairement l'été à *Nymphenbourg*, village situé à une lieue et demie au nord-ouest de Munich. Le château est bâti sur le modèle de celui de Versailles : on y remarque une belle galerie de tableaux ; le parc et ses belles eaux en font un séjour délicieux. *Schleissheim*, à 3 ou 4 lieues au nord de la capitale, est regardé comme une des plus magnifiques résidences de l'Allemagne : on y admire un superbe salon et un grand escalier. Ce palais renferme plus de 1,600 tableaux. On y a établi une importante école d'économie rurale. *Biederstein* est une autre jolie maison de plaisance avec de beaux jardins.

Au nord-ouest de Munich, le roi possède le château de *Landshut*, situé au bord de l'Isar, sur la pente d'une montagne que domine celui de *Trausnitz*, bâti par les anciens ducs de Bavière. Divisée en vieille et nouvelle ville, Landshut compte parmi ses plus beaux édifices l'ancien bâtiment où fut établie l'université, la chancellerie, l'hôtel-de-ville et l'église de Saint-Martin, dont la tour a 420 pieds de hauteur. Ses établissements de bienfaisance consistent en deux hôpitaux et en deux maisons pour les pauvres. Il y a peu d'industrie dans cette ville, on n'y trouve que cinq fabriques ; son commerce est presque nul. Sa population est peu importante et ne s'élève qu'à 8,500 habitants. *Freising*, située sur l'Isar, a une égale distance de Landshut et de Munich, renferme un château, une belle cathédrale, un séminaire de maîtres d'école, et un institut de sourds-muets. Sa population est de 3,600 habitants. L'évêché dont elle était le siège a été transféré en 1817 à Munich, et érigé en archevêché. Dans la petite ville de *Pfaffenhofen*, il existe une école d'industrie et de dessin. *Landsberg*, sur la rive droite du Lech, ceinte de murailles et dominée par un château, a 10 églises et 4 hôpitaux, bien que sa population soit à peine de 4,000 âmes.

Dans notre course rapide nous ne devons parler que des villes qui, par leur importance, les souvenirs qu'elles retracent ou les monuments qu'elles renferment, méritent que nous nous y arrêtions ; n'oublions pas que la Bavière ne ressemble point aux petites principautés que nous avons décrites ; dans ce royaume, qui renferme des cités importantes, les villes de 2 à 3,000 âmes sont généralement peu dignes de fixer l'attention.

Vers l'extrémité méridionale du royaume, un village appelé *Tegernsée*, parce qu'il est situé sur le lac de Tegern, mérite de nous arrêter quelques instants. C'est le chef-lieu d'une seigneurie de ce nom. Sa position au pied des Alpes tyroliennes, la beauté du lac qui a 2 lieues de longueur et qui est entouré de montagnes boisées, en rendent l'aspect tout-à-fait pittoresque. Ce village n'a que 80 maisons; mais de vastes bâtiments y attirent les regards : ce sont ceux d'une riche abbaye, qui a été sécularisée en 1802 et convertie depuis en maison de plaisance. Chaque année le roi y passe une partie de l'été. C'est la résidence la plus agréable pendant la saison de la chasse; toutes les forêts et les montagnes des environs sont remplies de sangliers, de daims et de chamois.

Nous venons de décrire les lieux les plus importants du cercle de la haute Bavière, nous allons successivement parcourir les autres départements. *Passau*, chef-lieu de celui du Danube inférieur, est, suivant toute probabilité, l'une des plus anciennes villes de la Bavière; sa situation au confluent de l'Ilz, de l'Inn et du Danube, est extrêmement agréable. Elle est divisée en quatre parties : la vraie ville, l'*Innstadt*, sur la rive droite de l'Inn ; *Ilzstadt*, sur la rive droite de l'Ilz, et le faubourg d'*Anger*, fortifié et défendu par les châteaux d'*Oberhaus* et d'*Unterhaus*, et par huit forts, qui portaient autrefois des noms de généraux français. Les faubourgs d'Innstadt et d'Ilzstadt communiquent avec la ville par des ponts. Le premier de ces faubourgs n'est pas mal bâti, mais le second n'est formé que de chétives maisons, habitées par des pêcheurs et des laboureurs. Passau, ou la vraie ville, est au contraire très propre. Elle renferme un ancien et beau palais épiscopal, une cathédrale magnifique, trois églises paroissiales, dont celle de Notre-Dame des Capucins était célèbre par ses miracles; une maison de santé, un hospice d'orphelins et cinq hôpitaux, un séminaire, une école d'industrie où l'on enseigne un grand nombre de sciences, et un lycée qui occupe l'ancien collége des jésuites. Malgré sa position avantageuse, son industrie et son commerce sont peu importants : la première consiste en manufactures de tabac, de porcelaine, de poterie et de creusets estimés, de papier, de tabatières ; en brasseries importantes et en usines où l'on travaille le fer et le cuivre; le second a pour objet la vente de la soie, des céréales et du vin ; la navigation seule y est active. Les femmes ont la réputation d'y être belles. La ville est peuplée de 10,500 habitants, y compris les faubourgs. Elle est célèbre par le traité conclu en 1552 entre Charles-Quint et Maurice de Saxe, traité qui cimenta la réformation de Luther en Allemagne. C'est dans ses environs que se trouvent les châteaux de plaisance de *Freudenheim*, de *Löwenhof* et de *Rabengut*. Près de l'Ilzstadt on voit, sur une montagne appelée le Mariahilfberg, une chapelle qui est un des lieux de pèlerinage les plus célèbres de la Bavière. A peu de distance de cette montagne, il en est une où l'on exploite le carbone naturel appelé *graphite* et dont on fabrique les crayons de mine de plomb.

On pêche dans l'*Ilz*, à peu de distance de la ville, des perles que forme un mollusque connu sous le nom vulgaire de moule, et des conchyliologistes sous celui de *mulette margaritifère*. Ce coquillage, qui produit à proportion beaucoup plus de perles que l'*avicule perlière* que l'on pêche dans l'océan Indien, doit, suivant Linné, cette faculté aux soins que l'animal prend de se défendre des attaques d'un ennemi redoutable. L'illustre naturaliste suédois a remarqué que le ver aquatique, qui se nourrit aux dépens de la mulette, en perce la coquille pour atteindre l'animal, qui n'a d'autre moyen de se défendre que de se hâter de sécréter de son corps la matière calcaire propre à remplir la brèche faite par l'assaillant. Si la sécrétion est trop considérable, elle forme une protubérance, un tubercule plus ou moins rond, qui souvent se détache du fond de la coquille, et que l'on recherche lorsqu'il est blanc et d'un bel orient.

Straubing, ville de 7,000 habitants, est avantageusement située sur une hauteur, au bord du Danube ; c'est l'ancienne *Castra Augustana* des Romains; elle est aujourd'hui célèbre par ses creusets et par ses poteries. Un château, sept églises, dont celle de Saint-Jacques a une tour de 270 pieds de hauteur, quatre hôpitaux, une maison d'orphelins, le bâtiment de la régence et l'hôtel-de-ville, sont ses principaux édifices. Elle a un arsenal et une fonderie de canons. Elle renferme un gymnase et plusieurs écoles : c'est dans ses environs que se trouve la belle abbaye de l'*Ober-Altaick*, qui possède une superbe bibliothèque. *Bodenmais* n'est qu'un bourg dont le nom est connu des minéralogistes par les minéraux qu'on recueille dans ses environs, et des dessinateurs par les belles chutes d'eau du Riss et du Mosbach. Il passe pour important par ses mines et par ses fabriques de vitriol qui en fournissent annuellement près de 2,000 quintaux.

Ratisbonne, chef-lieu du Palatinat supérieur, fut jadis la capitale de la Bavière et la résidence des anciens rois allemands de la race des Carlovinglens. Sous l'empereur Frédéric Ier, elle reçut le titre et les priviléges de ville libre et impériale. En 1486, elle rentra sous la domination bavaroise ; mais en 1502 elle redevint indépendante jusqu'en 1803, qu'elle échut en partage au prince primat. Enfin, lorsque le grand-duché de Francfort fut fondé, elle fut comprise, ainsi que son territoire, dans les Etats de la Bavière. Depuis 1662 jusqu'à cette époque, elle avait été le siége de la diète de l'Empire ; depuis l'an 891 jusqu'en 1642, cette ville, qui renfermait beaucoup de constructions en bois, fut sept fois sur le point d'être réduite en cendres. En 1418, on y brûla deux ecclésiastiques qui blâmaient la sentence du concile de Constance à l'égard de Jean Huss ; mais en 1542 la mémoire de ces deux victimes de l'intolérance et du fanatisme fut réhabilitée par une grande partie de la population, qui adopta publiquement la confession d'Augsbourg. Sous ses murs se livra, en 1809, entre les Français et les Autrichiens, la célèbre bataille qui dura cinq jours, et dans laquelle Napoléon reçut une légère blessure au talon ; la ville eut beaucoup à souffrir de cette lutte : 134 maisons furent incendiées, et sa perte s'éleva à 1,500,000 florins. Cette vieille cité, que les Allemands appellent *Regensburg*, parce que la Regen s'y jette dans le Danube, porta du temps des Romains le nom de *Castra Regina*, puis celui de *Augusta Tiberii*; vers le commencement du sixième siècle, elle prit celui de *Reginenburg*. On y compte plus de 26,000 habitants. Elle est entourée de vieux remparts peu susceptibles de défense. La plus belle de ses vingt-huit églises est la cathédrale, bâtie en 1400. L'église de Saint-Emmeran est décorée de plusieurs bons tableaux. Nous ne citerons point ses hôpitaux et ses nombreux établissements destinés à l'instruction ; ses musées et ses collections scientifiques sont dignes d'une ville plus considérable ; sa galerie de tableaux est riche ; ses bibliothèques ne le sont pas moins. Au nombre de ses plus importantes constructions, on cite le pont de quinze arches sur le Danube, de 1,091 pieds de longueur ; la célèbre abbaye de Saint-Emmeran, aujourd'hui habitée par le prince de Tour-et-Taxis, qui y a réuni de riches collections d'objets d'art et de science, et l'hôtel-de-ville, bâtiment d'une médiocre architecture, dans lequel s'assembla la diète germanique pendant une période de 144 ans, c'est-à-dire depuis 1662 jusqu'en 1806. Le monument élevé à la mémoire de Kepler, qui mourut dans cette ville, est digne de fixer l'attention ; il semble que les boulets ont respecté ce monument, qui rappelle le génie qui sut calculer les révolutions et les orbites des corps célestes : construit en 1808, il ne reçut aucune atteinte pendant les désastres de Ratisbonne. Les rues de cette ville sont étroites et tortueuses, mais propres et bien pavées. Les maisons sont fort élevées et construites dans le goût allemand. Les manufactures y sont peu nombreuses et peu importantes. On y construit des navires pour la navigation du fleuve, qui procure aux habitants un commerce considérable de transit et de commission. C'est dans la ville de Ratisbonne que naquit l'un des plus grands capitaines du seizième siècle, don Juan d'Autriche, fils naturel de Charles-Quint, qui gagna contre les Turcs la bataille de Lépante, qui maintint les Pays-Bas sous le pouvoir de l'Espagne, et qui mourut empoisonné par les ordres de son frère Philippe II, parce que ce tyran soupçonneux craignait qu'il ne se déclarât souverain de la Flandre. *Stadt-am-Hof*, ou *la ville de la cour*, est en quelque sorte un faubourg de Ratisbonne, dont elle n'est séparée que par un pont. Cette petite cité fut réduite en cendres en 1809, et rebâtie avec plus de solidité et d'élégance : elle contient environ 1,500 habitants.

Le Vils, rivière qui se jette dans le Naab, traverse *Amberg* à 12 lieues au nord de Ratisbonne. Cette ville est entourée de murailles flanquées de 70 tours. Ses rues sont larges, alignées et assez bien bâties. Le château royal, le collége, l'arsenal et l'hôtel-de-ville, bâtiment gothique, sont ses principaux édifices. Elle renferme dix églises, six hôpitaux, une maison de santé, plusieurs écoles, un séminaire de maîtres, une bibliothèque et 8,000 habitants. Sa manufacture d'armes occupe 60 ouvriers ; les montagnes de ses environs renferment des mines de fer qui produisent par an 5,400 quintaux. Le Vils est navigable pour les petits navires qui descendent vers le Danube. Cette facilité de communication avec Ratisbonne et plusieurs autres villes, ses fabriques de tabac, d'étoffes de coton, de faïence et de cartes à jouer, entretiennent dans Amberg un commerce important. C'est dans les plaines qui l'entourent que l'archiduc Charles força, en 1796, l'armée française, sous le commandement du général Jourdan, à battre en retraite jusqu'au Rhin.

Ingolstadt, sur la rive droite du Danube, passait autrefois pour l'une des plus importantes villes de la Bavière; sa population est d'environ 6,000 âmes. Ses fortifications ont été détruites en 1800 : il n'en reste plus qu'une enceinte murée percée de trois portes. Cette ville est assez bien bâtie; mais la peinture dont on prétend orner les façades des maisons ne leur donne qu'un aspect bizarre. De jolies fontaines, un château royal et plusieurs églises, s'y font remarquer. Celles-ci sont au nombre de neuf : il en est une où l'on voit le tombeau du général Tilly, et celui d'Eckius, l'un des antagonistes de Luther; une autre, celle du ci-devant collège des jésuites, est décorée de belles peintures à fresque. Une école de latin remplace l'université qui y fut fondée en 1472, et qui, après avoir été transférée à Landshut, a été, depuis peu d'années, définitivement installée à Munich. *Abensberg*, sur la petite rivière d'Abens, est l'ancienne *Abusina*, cité des *Vindelici;* on trouve encore près de ses murs des antiquités romaines. Cette petite ville de 1,200 habitants est ceinte de murailles flanquées de 32 tours rondes et de 8 carrées : c'était autrefois la résidence des comtes d'Abensberg, dont il reste encore un château. *Eichstädt*, arrosée par l'Altmühl, dans une vallée étroite, mais agréable, est entourée de murailles; on y compte 4 faubourgs, 3 places publiques et 3 grandes rues; c'est le chef-lieu de la principauté qui fut cédée, sous la souveraineté de la Bavière, à Eugène Beauharnais. Le château qu'elle possède est une très belle résidence; après cet édifice on peut citer la cathédrale, qui renferme le tombeau du martyr Wilibald, et l'église de Walpurg : ces deux églises, ainsi que quatre autres moins importantes, sont réservées au seul culte catholique. Cette ville possède un gymnase, une école, une bibliothèque et quelques collections. Sa population s'élève à plus de 8,000 habitants. Le territoire d'Eichstädt est fertile et produit du blé, du houblon, du lin, des fruits et des légumes. On y élève peu de bestiaux, mais il abonde en poissons et surtout en gibier. Ses montagnes contiennent quelques mines de fer, des carrières de pierres, de marbres et d'ardoises. Il y a dans le même cercle, à 8 lieues au nord-est d'Amberg, le bourg de *Leuchtenberg*, qui fut aussi érigé en duché en faveur du prince Eugène Beauharnais.

Bayreuth, chef-lieu du cercle de la Haute-Franconie, est située sur le Mein dans une position agréable, au fond d'une vallée formée par les rameaux du Fichtel-gebirge. L'élévation de son sol est de 608 pieds au-dessus du niveau de la mer. Entourée de vieilles murailles et de trois faubourgs, au nombre desquels se trouve la petite ville de *Saint-George*, ses rues sont larges, régulières et bien bâties. Parmi ses édifices on ne peut cependant citer que le vieux château de *Sophienbourg* et le nouveau palais, où l'on remarque la statue équestre du margrave Chrétien-Ernest, deux salles de spectacle et un vaste manége bâti en pierre. Ses habitants, au nombre de 14,000, ne comptent pas 1,000 catholiques : ceux-ci y possèdent une église et les juifs une synagogue. Bayreuth renferme plusieurs hôpitaux, un gymnase, un théâtre et quelques manufactures. *Bamberg*, arrosée par la *Regnitz*, n'est point l'ancien *Bergium* dont parle Ptolémée, comme quelques auteurs l'ont cru; elle ne fut bâtie que vers le dixième siècle; c'était la résidence des anciens comtes de ce nom. Son étendue, sa population, qui s'élève sans la garnison à près de 22,000 âmes, ses maisons bâties en pierre de taille, ses deux superbes ponts qui la divisent en trois parties, dont la plus haute s'élève majestueusement en amphithéâtre adossé sur plusieurs collines, en font une des plus belles villes de la Bavière. Elle possède un château magnifique, le *Petersberg*, une belle église qui renferme les tombeaux de l'empereur Henri II et de Cunégonde son épouse, 23 autres églises, 15 chapelles, 3 hôpitaux, une maison de santé et une vaste maison de correction. Le château de *Petersberg* contient une bibliothèque publique, un cabinet d'histoire naturelle et les archives du pays. On a érigé une croix à la place où le prince Berthier mourut, le 1ᵉʳ juin 1815, après s'être jeté d'une croisée, par suite, dit-on, du désespoir que lui avaient causé les revers éprouvés par l'armée française. Bamberg offre une singulière compensation avec Bayreuth : elle ne renferme pas 1,000 protestants. On n'y voit qu'un seul couvent de religieuses. Ses établissements d'instruction sont nombreux : elle a un lycée fréquenté par 50 étudiants, un gymnase qui renferme 214 écoliers et 6 professeurs, un séminaire ecclésiastique, un séminaire pour 30 ou 40 instituteurs, plusieurs écoles élémentaires, une de médecine et de chirurgie, et un institut pour les cours d'accouchement. Elle a donné naissance au célèbre philologue Joachim Camerarius. Cette ville est renommée pour ses jardins potagers ; ses manufactures ne sont pas sans importance; on y compte environ 1,400 maîtres ouvriers de toutes classes, 1,100 compagnons et 300 apprentis, 4 pharmacies, 56 brasseries et 5 librairies (¹).

Hof, à peu de distance de la frontière orientale du royaume, est arrosée par la Saale ; elle contient plusieurs établissements d'éducation, un hôpital fort riche, une bibliothèque et 8,000 habitants. L'industrie y est fort active : la filature et le tissage du coton y emploient un grand nombre de bras; une seule de ses fabriques fournit de l'ouvrage à plus de 800 ouvriers, et livre annuellement au commerce 30,000 pièces de mousseline et 45,000 douzaines de mouchoirs. *Kulmbach*, sur les bords du Mein-Blanc, est, par sa position entre deux montagnes, une des villes les plus agréables de ce département; elle est entourée de murs ; ses rues sont irrégulières, mais bien pavées ; la place du marché est grande et belle. Comme toutes les villes un peu importantes de ce cercle, elle renferme un nombre suffisant d'hôpitaux et d'institutions de bienfaisance. Sa population s'élève à un peu plus de 4,500 habitants. Sur l'une des deux cimes qui dominent la ville, s'élève la forteresse de Plassenbourg, qui sert de prison d'Etat.

Ne quittons point le cercle du haut Mein sans parler du village de *Gailenreuth*, situé sur la rive gauche du *Wiesent*, dans le bassin de la Regnitz, et célèbre par ses cavernes naturelles remplies d'ossements fossiles qui ont excité dans ces derniers temps l'attention des naturalistes. La plus considérable, qui porte le nom du village, est percée dans un rocher vertical ; son entrée est haute de 7 pieds ½ : on y voit d'abord une première grotte longue de 80 pieds, elle communique à une seconde par un trou de deux pieds de haut ; celle-ci en a 130 de longueur sur 40 de largeur. Sa hauteur est d'abord de 18 pieds, puis elle devient de plus en plus basse, jusqu'à n'avoir que 5 pieds de haut. A l'extrémité, on trouve un passage étroit, puis divers corridors par lesquels on arrive à une troisième grotte, dont le diamètre peut avoir 30 pieds et la hauteur 5 à 6. Ici l'on est frappé d'étonnement en examinant le sol qui est pétri de dents et de mâchoires. A l'entrée de cette grotte, une cavité de 15 à 20 pieds, dans laquelle on descend par une échelle, conduit à une voûte de 15 pieds de diamètre sur 30 de haut ; près de cette voûte, on voit une grotte toute jonchée d'ossements. En descendant encore un peu, une nouvelle arcade conduit à une autre grotte de 40 pieds de longueur. Elle est terminée par un nouveau gouffre de 18 à 20 pieds de profondeur : on y descend, et l'on arrive encore à une caverne d'environ 40 pieds de haut, remplie d'ossements. Un couloir conduit à une autre grotte de 25 pieds de long sur 12 de large ; un second couloir mène à une autre de 20 pieds de haut ; et enfin à une de 80 pieds de largeur sur 24 de hauteur, qui contient encore plus d'ossements que les précédentes. Mais ce n'est point l'extrémité de ce dédale ; il faut encore marcher avant d'arriver à la sixième et dernière grotte. Elles forment un ensemble qui décrit à peu près un demi-cercle. Peut-être ne s'est-on pas assuré si quelques fentes que l'on aperçoit dans la roche calcaire ne communiquent point à d'autres cavernes : en 1784, une fente semblable fit découvrir une nouvelle grotte de 15 pieds de longueur sur 4 de largeur, que l'on trouva toute pleine d'ossements d'hyènes et de lions. On observa que l'ouverture en était beaucoup trop petite pour que ces animaux aient pu s'y introduire ; un canal particulier, qui aboutissait dans celle-ci, offrit dit M. Cuvier, une quantité incroyable d'os et de têtes entières (¹). On a reconnu parmi ces débris d'animaux des ours, des hyènes, des tigres, des loups, des renards, des gloutons, des putois et quelques herbivores, comme des cerfs et des chevreuils, mais les carnassiers y sont dans une proportion si considérable, que sur 100 ossements on est sûr d'en trouver 3 d'hyènes, 5 de loups ou de renards,

---

(¹) Voyez Bamberg wie es einst war, wie es iest ist, par M. *Jacek*.

(¹) Recherches sur les ossements fossiles, tom. IV pag. 295.

NUREMBERG.
(Vue de la Place du Marché)

2 de tigres, 3 de gloutons et 87 d'ours. Tous ces animaux diffèrent de ceux d'aujourd'hui ; ils attestent l'antique existence d'un monde qui n'est plus, et lorsqu'on veut se rendre compte de la cause qui a amoncelé ces ossements dans ces cavités souterraines, on est porté à se faire deux questions. Servaient-elles d'asile à des bêtes féroces qui y entraînaient les cadavres des herbivores dont elles se nourrissaient? Ou bien une catastrophe, telle qu'une irruption des eaux, a-t-elle accumulé dans ces cavernes une énorme quantité de carnassiers avec des animaux d'un autre ordre? En voyant celle de Gailenreuth, on est tenté de la regarder comme ayant été remplie de cette dernière manière.

Le cercle de la Franconie moyenne est celui qui renferme le plus de villes manufacturières et commerçantes de la Bavière. Son chef-lieu est *Ansbach*, que l'on appelait autrefois *Onolzbach*, mais qui est plus connu sous celui d'*Anspach*. Cette ville, arrosée par la Rézat, est entourée de murailles et renferme 18 édifices publics dont les plus importants sont le château et la chancellerie. Les habitants sont au nombre de 17,000, parmi lesquels il n'y a pas 300 catholiques. On y trouve un gymnase, une bibliothèque et plusieurs écoles élémentaires ; elle a des manufactures de divers tissus et des tanneries, mais son commerce est peu considérable. C'est la patrie du célèbre médecin Stahl. Anspach est une résidence agréable par ses nombreuses promenades.

Erlangen, sur la Regnitz, est entourée d'un mur et divisée en vieille et nouvelle ville ; ses rues sont larges et régulières : elle possède la seule université protestante du royaume ; tous les établissements nécessaires à l'instruction y sont réunis. L'académie impériale des naturalistes y existe depuis l'an 1666. Il y a vingt ans qu'on y a fondé une société de physique et de médecine, et une d'agriculture et d'économie. On est étonné qu'une ville de 12,000 âmes soit le siège de tant d'établissements utiles. Son château royal n'a rien de remarquable. Ses fabriques sont nombreuses et florissantes. Sous le rapport du commerce et de la population, *Fürth* est plus importante qu'Erlangen ; elle est aussi bien bâtie et s'élève au confluent de la Rednitz et de la Pegnitz. Les juifs forment environ le quart de sa population, qui s'élève à 16,800 âmes ; ils entretiennent à leurs frais un tribunal particulier, une université, deux imprimeries, trois écoles, un hôpital et quatre synagogues ; ce qui suffirait pour prouver à ceux que de misérables préjugés portent à regarder cette nation comme incapable de former de bons et utiles citoyens, que lorsqu'elle est admise à jouir de ses droits politiques, elle égale en lumières les chrétiens qui croient avoir le droit de la mépriser. Fürth est l'une des villes les plus industrieuses de la Bavière ; sa manufacture de glaces est importante.

Au milieu d'une plaine fertile, quoique sablonneuse, la Pegnitz divise *Nuremberg* ou *Nürnberg* en deux parties : la *Sebalderseite* au nord, et la *Lorenzerseite* au sud. Une vieille muraille, flanquée de tours et entourée d'un fossé, forme son enceinte, qui figure à peu près un carré. Ses rues sont irrégulières, mais plusieurs sont larges et toutes sont assez bien pavées ; tout, jusqu'au *Richsveste*, vieux château qui la domine, et qui n'est plus digne du titre de forteresse, rappelle ces anciennes cités dans lesquelles s'enfermaient, au temps de la féodalité, ces princes et ces comtes qui n'étaient puissants que par la faiblesse de leurs voisins. Cet édifice a servi de résidence aux empereurs pendant le moyen âge ; lorsque la ville est devenue libre, il a été le séjour de son premier magistrat : aujourd'hui il sert de magasin. Dans l'une de ses cours, on voit un puits de 536 pieds de profondeur. Les peintures qui couvrent les maisons de Nuremberg leur donnent un singulier aspect ; l'hôtel-de-ville, qui date de l'an 1619, est un très bel édifice, remarquable principalement par les tableaux et les curiosités qu'il renferme. On y conserve avec soin le gobelet de Luther. Dans plusieurs de ses huit églises, on trouve de belles peintures. On admire les vitraux de l'ancienne cathédrale ; ceux de l'église de Sainte-Claire sont curieux par leur date : ils remontent à l'an 1278. Dans celle de Saint-Ægidius, on admire un tableau de Van-Dyck. Il existe dans cette ville un grand nombre d'écoles, dont les principales sont un gymnase qui passe pour un des meilleurs de l'Allemagne, trois écoles latines, un séminaire de professeurs, une école polytechnique, une académie de peinture et une école de dessin ; plusieurs sociétés d'arts et de sciences y prospèrent : telles sont la société physico-médicale, celle de la Pegnitz et celle d'industrie et d'agriculture ; enfin elle possède un musée et sept bibliothèques publiques. Nuremberg, après avoir été l'une des villes les plus importantes de l'Allemagne, puisqu'elle a eu jusqu'à 90,000 habitants, en est encore une des plus industrieuses ; elle renferme 490 manufactures de différents produits, et principalement d'instruments de musique et de mathématiques, de lunettes, d'épingles, d'aiguilles, de jouets d'enfants, etc.; les chapelets seuls occupent plus de 47 fabriques. Son commerce est très étendu : on y compte 350 maisons de négociants, plusieurs magasins d'objets d'arts et de quincaillerie dont les assortiments surpassent en importance ceux de la plupart des autres villes de l'Allemagne, deux bourses, une banque et un mont-de-piété. Les catholiques forment le vingtième de sa population, estimée à 76,000 individus. Depuis 1835 que Nuremberg communique avec Fürth par un chemin de fer, ces deux villes ont acquis chacune plus d'importance. Nuremberg est la patrie du célèbre peintre Albert Durer, et de plusieurs hommes d'un mérite distingué ; et si l'on veut compter les inventions utiles qui ont eu lieu dans ses murs, Nuremberg a des titres à la reconnaissance du genre humain. Pierre Hell y inventa les montres vers la fin du quinzième siècle ; Traxdorf, les pédales ; Rudolphe, les filières à étirer le fil de fer ; Jean Lobsinger, les fusils à vent ; un inconnu, les batteries d'armes à feu ; Christophe Denner, la clarinette ; Erasme Ebener, l'alliage connu sous le nom de cuivre jaune ; Martin Behaim, la sphère terrestre, dont l'usage contribua sans doute à la découverte de l'Amérique ; enfin, Jean Muschel y perfectionna la trompette.

Les villes dont nous avons encore à parler nous paraîtront bien peu intéressantes après Nuremberg. *Fürth* est industrieux et commerçant : on y fabrique une grande quantité d'objets de quincaillerie, de bimbeloterie et d'ébénisterie. *Schwabach*, sur la rivière de ce nom, est renommée par ses fabriques d'aiguilles, d'épingles, de fil d'archal, de cire à cacheter, de papiers, de draps et d'indiennes ; elle doit sa prospérité à une colonie de protestants français qui s'y réfugièrent après la révocation de l'édit de Nantes. Le nombre de ses habitants est de 7,500. La petite ville de *Bayerdorf*, sur la Regnitz, est connue par ses clous et ses chaudrons. *Rothenbourg*, entourée de hautes murailles et bâtie dans le goût gothique, a un bel hôtel-de-ville, une jolie fontaine, une bibliothèque riche en manuscrits rares, et une population de 8,000 habitants. *Dinkelsbühl*, entourée de hautes murailles, flanquées de tours et bâtie comme la précédente, compte 7,000 âmes. Ses fromages jouissent de quelque réputation. *Nördlingen*, dont la charcuterie est recherchée des gourmands, exporte annuellement plus de 30,000 oies : bâtie sur l'Eger, elle est entourée de fossés, de remparts et de tours : celle de l'église Sainte-Madeleine est élevée de 343 pieds. Ses 7,600 habitants font le commerce du produit de leurs diverses fabriques de toiles, de bas de laine, de futaines et de couvertures pour les chevaux.

Le cercle de *Basse-Franconie* et d'*Aschaffenbourg* se compose de l'ancien grand-duché de Würzbourg, de la province d'Aschaffenbourg, de plusieurs parties du territoire de Fulde et de quelques cessions faites par la Hesse. Son chef-lieu est *Würzbourg*. Peuplée d'environ 24,000 âmes, cette ancienne ville impériale, qui fut ensuite soumise au pouvoir d'un évêque dont l'une des prérogatives était de faire porter une épée nue devant lui, est entourée d'une haute muraille et d'un fossé profond. Le Mein la divise en deux parties : celle de la rive droite est l'*ancien Würzbourg* ; celle de la rive gauche porte le nom de *quartier du Mein*. On communique de l'une à l'autre par un beau pont de huit arches, long de 540 pieds. Dans le quartier du Mein s'élève, sur un rocher de 400 pieds de haut, la forteresse de *Marienberg*, au milieu de laquelle une antique construction est regardée comme les restes d'un temple de la déesse Freya, la Vénus des Skandinaves. La ville proprement dite n'est pas régulièrement bâtie, mais on y cite quelques édifices : le château royal est un des plus beaux de l'Allemagne ; la cathédrale, qui renferme plusieurs monuments et une chaire d'un travail achevé, est la plus remarquable de ses trente-trois églises. Le grand hôpital de Julius, douze autres hôpitaux et plusieurs établissements de bienfaisance ; des bibliothèques, un observatoire, un jardin botanique, et d'autres collections scientifiques de divers genres ; de nombreuses écoles de différents degrés, telles qu'une école vétérinaire, un gymnase, une école centrale d'industrie, un institut agricole, un séminaire ecclésiastique, et surtout une université qui a plus de 400 ans d'antiquité, et dans laquelle 31 professeurs donnent l'instruction à environ 700 étudiants; enfin un commerce considérable, surtout en vins, font de cette ville une des plus belles acquisitions de la Bavière.

Les vignobles des environs de Würzbourg sont renommés depuis le treizième siècle : les gourmets connaissent les vins de Franconie : celui de *Leiste* est le plus estimé, celui de *Stein* se récolte sur un terroir qui appartient au grand hôpital : lorsqu'il est vieux, on le vend plus de 5 francs la bouteille. On cite encore celui de *Schalksberg* et celui de *Calmus*. Presque tous ces vins sont chauds et liquoreux. *Carlstadt*, sur le Mein, fait également un grand commerce de vins; le Mein arrose aussi *Schweinfurth*, ville de 7,000 habitants, qui, dans sa vieille enceinte de murailles, renferme une haute école fondée par Gustave-Adolphe, un gymnase, quatre écoles élémentaires et 37 fontaines publiques. Ses environs produisent des céréales, du tabac et du vin. L'excellent vin de *Saalek* constitue le commerce de la petite ville d'*Hammelbourg*, sur la Saale. Les 5,000 habitants de *Kitzingen* se livrent au commerce de vins et d'expéditions pour l'Allemagne méridionale. Ce qu'il y a de plus remarquable dans cette petite ville, entourée de murailles et de tours, c'est le pont sur le Mein, par lequel on communique avec le faubourg d'Edwashausen : il a 15 arches et 1,000 pieds de long. Sa longueur paraît d'autant plus considérable qu'il n'a que 16 pieds de largeur. *Kissingen* est encore une ancienne ville murée, mais petite et peuplée comme un simple village, malgré sa position sur la Saale, malgré plusieurs sources minérales dont on expédie un grand nombre de bouteilles, un bel établissement de bains, et des salines qui fournissent 16,000 quintaux de sel par an. Le village de *Bocklet*, à deux lieues de là, est célèbre en Bavière par ses bains d'eau sulfureuse et d'eau ferrugineuse.

Au bas des pentes occidentales du Spessart s'élève, au bord du Mein, une colline sur laquelle est bâtie *Aschaffenbourg* ; 7,000 habitants peuplent cette ville, dont les rues sont étroites, mais que des écoles et des collections d'arts et de sciences rendent intéressante, et qu'un superbe château, qui possède un beau parc, une faisanderie et une orangerie, embellit. Aschaffenbourg était pendant l'été la résidence des électeurs de Mayence. Des tanneries et des fabriques de sucre de betterave y sont établies ; c'est l'entrepôt de toutes les marchandises qui descendent le Mein, et des bois de construction que l'on tire de la forêt du Spessart.

Retournons sur nos pas, et parcourons le cercle de *Souabe* et *Neubourg*, auquel plusieurs villes importantes donnent de l'intérêt, et que certaines branches d'industrie enrichissent : c'est de tous les départements de la Bavière celui qui renferme le plus de moulins à papier. *Augsbourg*, son chef-lieu, est, après Munich et Nuremberg, la plus importante ville du royaume : nous avons parlé de son antiquité, voyons ce qu'elle renferme de curieux, quels sont ses établissements et ses sources de richesses. Elle est située dans une plaine vaste et fertile, entre le cours du Lech et celui du Wertach, qui se réunissent au pied de ses remparts et à quelque distance de ses fossés, pour porter au Danube le tribut de leurs eaux. Ses rues étroites et irrégulières, qui semblent contraster avec l'aisance, et nous pouvons dire la richesse de ses 35,000 habitants, ne sont cependant qu'une conséquence de son ancienneté ; on n'en compte que quelques unes d'alignées : au nombre de celles-ci, la rue du May est magnifique. De belles fontaines embellissent la ville et contribuent à l'assainir. Ses principales places sont celles du May, la place Neuve et celle de Caroline ; son hôtel-de-ville est peut-être le plus vaste et le plus régulièrement bâti de toute l'Allemagne. On y remarque la salle d'Or, dont la longueur est de 92 pieds et la largeur de 48. L'ancien palais épiscopal, aujourd'hui l'hôtel du gouvernement, est célèbre par la lecture de la confession d'Augsbourg, faite en présence de Charles-Quint, l'an 1530. L'arsenal est le principal dépôt d'armes de tout le royaume. La cathédrale, ornée de superbes vitraux, de plusieurs tableaux de prix, et de trente colonnes colossales, est la plus remarquable de ses 12 églises, dont 6 appartiennent au culte catholique et 6 à la communion luthérienne ; cependant celle de Saint-Ulric, dans laquelle les deux cultes ont leurs jours d'office particuliers, est citée pour la hardiesse de ses voûtes, et celle des Récollets pour les dimensions de son orgue; les autres édifices sont la halle et le théâtre. Augsbourg est la résidence d'un évêque dont la puissance est bien déchue : ses revenus ne sont plus à comparer à ce qu'ils étaient jadis. Il y a plus de 1,000 ans, l'évêché était l'un des plus riches de la chrétienté. Ceux qui le possédaient portaient le titre de princes de l'Empire. C'est en 590 qu'elle eut son premier évêque ; parmi ses successeurs il en est plusieurs qui se distinguèrent par le zèle avec lequel ils en augmentèrent le patrimoine. L'évêque Brunon, frère de l'empereur Henri II, se distingua sous ce rapport : il ne se contenta pas de l'enrichir de ses propres biens, ce fut lui qui obtint le premier que la dignité de prince fût attachée à cet évêché, et que le droit de chasse et plusieurs péages fussent compris parmi ses revenus. Au treizième siècle, l'évêque Hartman, comte de Dillingen, donna en toute propriété les biens de sa famille et le comté de *Wittislingen* à cet évêché déjà si riche. L'évêque Wolfhart de Roth l'augmenta encore de plusieurs villages, et l'évêque Henri VI porta l'empereur Louis à engager à cet évêché une prévôté considérable avec les villages qui en dépendaient. Voilà comment l'antique *Augusta Vindelicorum*, la principale cité des *Vindelici*, devint l'un des principaux évêchés de la chrétienté. On y voit encore plusieurs restes de constructions romaines. Son importance s'accrut successivement jusqu'à l'époque où il partagea le sort de presque tous les chapitres de l'Allemagne. Augsbourg a un gymnase et plusieurs établissements d'éducation, une école polytechnique, une bibliothèque publique et une belle galerie de tableaux, pour la plupart de l'école allemande, des hôpitaux et diverses maisons de bienfaisance dont les revenus s'élevaient, en 1827, à plus de 7,000,000 de florins. L'industrie manufacturière y était autrefois plus active qu'aujourd'hui ; cependant son commerce est encore très considérable : il enrichit environ 2,000 négociants, dont les affaires s'élèvent annuellement à plus de 47,000,000 de florins. Le change de Vienne avec le reste de l'Allemagne se règle sur celui de cette place. Elle possède des fabriques de toute espèce ; on prétend que c'est dans ses murs que les premières futaines ont été faites. Les affaires de commission et de change en font un des points principaux de l'Europe commerçante.

Neubourg, ville de 7,000 âmes, sur la rive droite du Danube, est entourée de murailles et dominée par un château royal bâti sur une hauteur ; cet édifice, d'une assez belle architecture, renferme un cabinet d'antiquités. Dans la ville, qui se divise en haute et basse, des casernes, trois églises, un séminaire, des hôpitaux, une maison d'orphelins et un collége pour la jeunesse noble, un institut royal, et quelques beaux tableaux dans l'église de Saint-Pierre, ne nous arrêteront point. Nous sommes entourés de lieux féconds en souvenirs. Ici s'élève la tombe de La Tour d'Auvergne, de ce héros qui n'ambitionna que le titre de premier grenadier de France, et qui fut tué, en 1800, sur le chemin de Neubourg à *Donawert* ou *Donau-wörth*. C'est dans cette petite ville que Louis-le-Sévère fit décapiter Marie de Brabant sa femme. Ses environs sont célèbres par plusieurs batailles sanglantes : en 1703, les Impériaux y furent défaits par les Français et les Bavarois, commandés par le maréchal de Villars ; en 1704, les Français et les Bavarois, sous le commandement de Tallard, y furent battus par les Impériaux que commandaient Marlborough et le prince Eugène, et le maréchal français y fut fait prisonnier. C'est près du village de *Blenheim* qu'eut lieu cette sanglante affaire connue sous le nom de bataille d'*Ochstädt*. En 1780, on y déterra une si grande quantité d'ossements, qu'on s'en servit pour faire les fondements d'une chaussée. Mais les revers de Tallard, auquel l'intrigue fit donner le commandement d'une armée que Villars aurait sans doute conduite à la victoire, furent vengés sur le même lieu en 1796 et en 1800.

Memmingen, autrefois ville impériale, est arrosée par l'*Ach*, et peuplée de 8,000 âmes. Au nombre de ses principaux édifices il faut mettre l'hôtel-de-ville, l'arsenal et la chancellerie. Elle renferme un lycée, un conservatoire de musique, une bibliothèque publique et plusieurs écoles pour les deux sexes. C'est la patrie de Heiss, de Sichelbein et de plusieurs autres artistes ; elle fait un grand commerce de toiles, de serge et de houblon. *Kempten* rivalise avec la précédente pour l'industrie et le commerce ; elle est située sur le bord de l'*Iller* et entourée de montagnes. Sa fondation remonte au-delà du huitième siècle : on sait que Hildegarde, femme de Charlemagne, donna au chapitre de cette ville tous les biens qui lui venaient de l'héritage de sa mère. Les dépendances du couvent qui porte le nom de cette impératrice sont si considérables, qu'elles forment une seconde ville de Kempten à côté de la première. On trouve dans celle-ci un grand nombre d'établissements de bienfaisance, des écoles, un théâtre et des collections scientifiques. A une demi-lieue de la ville, les bains d'Aich sont connus sous le nom de Kempten.

Sur le bord du lac de Constance s'élève une ville de 6,000 âmes, qui était jadis libre et impériale: on la nomme *Lindau*. Sa construction, en partie sur pilotis, au milieu de trois îles, l'activité de son commerce d'expédition, son port, ou plutôt le bassin Maximilien, qui peut contenir près de 300 bateaux, lui ont fait donner le nom de *petite Venise*. Elle possède un château qui fut pendant long-temps une abbaye de chanoinesses dont l'abbesse était princesse de l'Empire ; du haut de cet édifice on jouit d'une vue magnifique.

Les différents cercles que nous venons de décrire sont administrés chacun par un commissaire-général, qui a sous ses ordres les autres membres de l'administration, qui se divise en deux branches, l'intérieur et les finances ; la police y est soumise à l'autorité de plusieurs autres commissaires. Chaque cercle est ensuite subdivisé en diverses justices qui ont chacune leur chef-lieu ; plusieurs de ces justices sont sous la dépendance de quelques seigneurs privilégiés, ce qui leur fait donner le nom de justices médiates et seigneuriales : nous n'en avons point parlé, parce que nous avons pensé que l'énumération en serait fastidieuse et sans intérêt. La cour souveraine d'appel de Munich est le premier tribunal du royaume ; tous les tribunaux d'appel de cercle lui sont subordonnés, de même que les tribunaux de cercles, ceux des villes et des campagnes : les justices patrimoniales et seigneuriales sont subordonnées, à leur tour, à la cour d'appel de chaque cercle.

LIVRE SOIXANTE-DIX-NEUVIÈME.

Suite de la Description de l'Europe. — Description de l'Allemagne. — Onzième section. — Royaume de Bavière. — Seconde division. — Bavière Rhénane.

Le territoire que nous allons parcourir forme le *cercle du Rhin* ou du *Palatinat,* comme on l'appelle aujourd'hui. Il est pour la Bavière ce que la *province Rhénane* est pour la Prusse : c'est un pays où l'agriculture, l'industrie et l'instruction sont plus avancées que dans les autres Etats de la monarchie à laquelle il appartient; c'est un pays où l'amour des libertés publiques est répandu dans toutes les classes ; c'est un pays enfin où les besoins matériels et intellectuels semblent exiger de nombreuses et importantes réformes dans l'action gouvernementale.

Le *cercle du Palatinat* est formé de la plus grande partie de l'ancien département français du *Mont-Tonnerre,* d'une petite portion enlevée à l'extrémité septentrionale de celui du *Bas-Rhin*, et d'une autre qui appartenait à celui de la *Sarre*. Il fut d'abord donné à l'Autriche par le congrès de Vienne, mais en 1816 il passa à la Bavière. Sa superficie est de 140 milles allemands, ou de 389 lieues ; sa longueur de l'est à l'ouest est de 23 lieues, et sa largeur du nord au sud de 18. Il est borné au nord et à l'ouest par la province prussienne Rhénane et par quelques possessions du duché de Saxe-Cobourg-Gotha et du landgraviat de Hesse-Hombourg ; au sud par la France, et à l'est par les grands-duchés de Bade et de Hesse. Séparé du reste de la monarchie bavaroise par un intervalle de 13 lieues, qu'occupe une partie du grand-duché de Hesse-Darmstadt, ce cercle est en quelque sorte une colonie de la Bavière.

Une grande partie de sa surface est occupée par l'extrémité septentrionale des Vosges : la cime la plus élevée est celle du *Donnersberg* ou du *Mont-Tonnerre*, qui n'a pas plus de 2,000 pieds d'élévation au-dessus du niveau moyen du Rhin. Ces montagnes sont presque partout couvertes de forêts, dont les deux plus considérables sont celle de Bien, qui a 4 à 5 lieues de longueur sur 2 de largeur, et celle de la Harth, qui a plus de 30,000 arpents de superficie. En général, le cercle du Rhin contient plus de 253,000 hectares de forêts, c'est-à-dire que sa richesse en bois égale presque celle du plus boisé des départements de France, celui de la Côte-d'Or. Les pentes méridionales des rameaux de cette chaîne de montagnes sont garnies de vignes; les jardins et les vignobles forment une superficie de plus de 15,000 hectares : de sorte que l'on peut comparer la quantité de vignes de ce cercle à celle que possède notre département de la Nièvre; d'ailleurs leur produit est considérable, puisqu'on l'évalue année commune à 818,000 hectolitres. Enfin il y a dans ce pays dix fois moins de terrains incultes sur une superficie égale que dans le plus fertile des autres cercles de la Bavière. Sa population, en 1832, était d'environ 542,900 âmes, ce qui offrait 1,952 habitants par lieue carrée. On y comptait 12 villes, 29 bourgs, 713 villages ou hameaux et près de 70,000 maisons.

Malgré l'importance de sa population, l'agriculture y est portée à un tel point de perfection, que le sol y produit le double de ce qui est nécessaire à la consommation, les bestiaux surtout sont élevés avec le plus grand soin, et l'on peut même dire que c'est là tout le secret de la richesse agricole de ce pays. La propriété y est très divisée : il y a peu de grands propriétaires; mais aussi il n'est pas un habitant de la campagne, si peu riche qu'il soit, qui ne possède une maison et un champ. La mendicité y est inconnue comme la disette; et celle-ci y est si peu à craindre, que lorsque la saison est défavorable aux céréales, elle favorise la végétation des racines potagères; de sorte que lorsqu'il y a diminution d'un côté, il y a compensation de l'autre. Les principales récoltes, outre celle du vin, consistent en seigle, en épeautre, en orge, en avoine, en chanvre, en lin, en tabac, en garance, en pommes de terre, en fruits savoureux, et surtout en noix et en châtaignes. L'épeautre dont il est ici question est connu en Allemagne sous le nom de *dinkel ;* c'est un grain dont la farine est jaunâtre et recherchée principalement pour la pâtisserie : il a l'avantage sur les autres grains de pouvoir être semé dans des terres où le froment ne réussirait pas.

Les rivières qui arrosent le pays descendent de la chaîne des Vosges. A l'est de ces montagnes, la *Lauter,* qui a 16 lieues de cours, la *Queich* qui en a 12, la *Spire* ou le *Speyerbach* qui en a 14, vont se jeter directement dans le Rhin ; à l'ouest l'*Erbach*, qui n'a que 8 lieues de cours, va se joindre à la *Blies*, affluent de la Sarre; le *Glan* et l'*Alsenz* se rendent dans la Nahe.

Le climat est sain et généralement doux ; mais il est plus froid dans les montagnes et sur le versant occidental que sur le versant opposé et dans les plaines qui s'étendent jusqu'au Rhin.

La constitution géognostique de ce pays est assez intéressante : toute la partie montagneuse appartient à la formation du grès bigarré et à celle de cette roche formée de cailloux roulés réunis par un ciment siliceux qui a reçu en France le nom de grès vosgien, et que l'on peut regarder comme une dépendance de la formation du grès rouge. A l'est et surtout à l'ouest de ces montagnes, s'étend une longue bande de calcaire appelé *muschelkalk*, et qui s'appuie sur le grès bigarré, qui repose lui-même sur le grès vosgien. De chaque côté de la rivière du Glan, règne, de l'est à l'ouest, un long et étroit dépôt de tourbe. L'extrémité nord-ouest du pays, depuis Rorbach jusqu'aux rives de l'Alsenz, présente une vaste formation houillère bordée de bandes de porphyre noir et parsemée de mamelons de la même roche, qui est supérieure au dépôt de houille. Vers les bords du Rhin, on ne trouve plus que des dépôts de transport.

Malgré la grande quantité de bois et de houille que renferme ce pays, les habitants ne négligent pas d'exploiter leurs tourbières. Les mines d'argent, de cuivre, de cobalt et de plomb sont peu productives; mais on livre annuellement aux usines 85,000 quintaux de houille, 33,000 de plomb, et environ 6 à 700 de mercure. On y recueille encore de l'argile propre à la fabrication des briques et de la poterie grossière, du porphyre, du marbre, des grès, de la pierre à chaux et du sel gemme.

L'industrie sait tirer parti des richesses de toute nature qu'offrent les entrailles de la terre comme la superficie du sol. Ainsi l'on compte dans le cercle du Rhin 26,500 établissements industriels, dont les plus importants sont environ 20 manufactures de tabacs, autant de papeteries, 23 scieries, 3 verreries, des forges, des fabriques de potasse, des manufactures de différents tissus, des féculeries et des distilleries d'eau-de-vie. Les objets d'exportation sont les grains, le tabac, l'huile de navette, le vin, l'eau-de-vie, la graine de trèfle et de lin, les fruits secs, les bois de construction, les planches de sapin et le bois de chauffage, e fer, le mercure, le papier, les tissus de laine, les bestiaux, et principalement les porcs.

Les *Nemètes* habitaient, du temps de César, le versant oriental des montagnes de ce cercle et s'étendaient jusqu'au Rhin. Les *Mediomatrici* occupaient le versant occidental. Tout ce qu'on sait de l'histoire des *Nemètes*, c'est que peu de temps avant la guerre des Romains contre Arioviste, ce peuple fut un de ceux qui forcèrent les *Mediomatrici* à abandonner la rive gauche du Rhin pour aller s'établir au-delà des Vosges; les *Nemètes* habitaient auparavant sur la rive droite du fleuve. Tacite ne les regarde pas comme Gaulois (¹). « Nul doute, dit-il, que les *Vangiones*, les *Triboci* et les *Nemètes* ne soient d'origine germaine. » Il paraît, d'après le même auteur, qu'ils servirent comme auxiliaires dans les armées romaines (²).

Le cercle du Rhin n'est point soumis à la même organisation que les autres provinces de la Bavière : on y a conservé, sauf quelques modifications, celle que le gouvernement français y avait établie, de même qu'on y a respecté la prédilection que les habitants n'ont cessé de témoigner pour la législation française. Le pays est donc divisé en 4 districts, subdivisés en 32 cantons.

Le chef-lieu, le siége des autorités départementales, est *Spire*. Cette ville, appelée en allemand *Speyer*, arrosée par une petite rivière qui porte le même nom et qui se jette à peu de distance de là dans le Rhin, est entourée de murailles percées de cinq portes. L'hôtel-de-ville, remarquable par son architecture, la cathédrale, qui renferme les cendres de huit empereurs et de trois impératrices dont les mausolées ont été détruits par les troupes de Louis XIV, 15 églises catholiques et 2 temples protestants, un gymnase, une maison d'orphelins et plusieurs autres établissements utiles, lui donnent une importance plus grande que ne l'annonce sa population. Elle ne renferme que 8,200 habitants, mais elle pourrait en contenir deux fois plus, si les espaces vides qu'on y remarque étaient garnis d'habitations (¹). Elle jouit cependant d'une industrie et d'un commerce qui ne manquent pas d'activité. Il existe dans ses environs des sources d'eaux minérales. Spire a donné le jour à quelques hommes distingués, entre autres au célèbre médecin et chimiste J.-J. Becher, qui fonda une théorie chimique sur laquelle Stahl établit ensuite la sienne.

Cette ville existait avant l'ère chrétienne; elle s'appela d'abord *Noviomagus*, puis *Augusta Nemetum*, du nom des *Nemètes*, dont elle était la principale cité. En 348, elle était déjà le siége d'un évêché. Ruinée au commencement du cinquième siècle par les Vandales et les Alains, elle tomba au pouvoir des rois de France : Dagobert I, en 630, la restaura et rétablit son évêché. Vers le huitième siècle, elle prit le nom de la petite rivière qui l'arrose; au onzième, son évêque, Rodiger ou Roger, la fit entourer de murailles. Sous l'empereur Henri IV, elle devint ville libre et impériale, tout en reconnaissant l'autorité de son évêque; mais celui-ci n'avait pas même le droit d'y résider. Ce fut en 1529 que se tint dans cette ville la célèbre diète où le nom de *protestant* prit naissance. Enfin Spire était riche, peuplée et ornée de beaux édifices, lorsqu'au mois de septembre 1688 les troupes de Louis XIV, sous les ordres de Montclas, se présentèrent devant la ville. Les habitants n'avaient point oublié les ravages opérés par Turenne, en 1674, dans tout le Palatinat, où deux villes et vingt villages avaient été réduits en cendres : pour éviter les malheurs d'un siége, et pleins de confiance dans les promesses du chef ennemi, ils ouvrirent leurs portes. Après avoir vu raser leurs fortifications, après avoir supporté pendant huit mois le poids accablant de toutes les contributions de guerre, ils attendaient encore la réalisation des promesses qu'on leur avait faites, lorsque le 13 mai 1689 on publia à son de trompe que

---

(¹) De Morib. German. XXVIII. — (²) Annal., lib. XII, § 26.

(¹) Cette population, qui est celle de 1830, se composait alors de 4,980 protestants, 2,950 catholiques, 255 juifs, et environ 15 mennonites.

tous les habitants eussent à évacuer la ville dans l'espace de sept jours, parce que passé ce terme on la livrerait aux flammes; que le roi regrettait d'autant plus d'en agir ainsi, qu'il n'avait aucun sujet de plainte contre eux, mais qu'ayant besoin ailleurs de ses troupes, il ne voulait point que ses ennemis trouvassent de la subsistance dans cette place. Cet ordre, émané de Louis XIV et contre-signé par Louvois, fut rigoureusement exécuté. Le général français avait promis de respecter le dôme ou la cathédrale; il le devait au nom du roi très chrétien, par respect pour les dépouilles royales qui y reposaient en paix. Il permit aux habitants d'y déposer ce qu'ils ne pourraient emporter. Le terme fatal expiré, la flamme dévora en un jour cette grande et célèbre cité, à la vue des hommes, des femmes et des enfants désolés, errant sans asile dans les environs. Malgré les promesses les plus sacrées, la cathédrale fut livrée au pillage, les tombeaux des empereurs Henri III, Conrad II, Henri IV, Henri V, Philippe, Rodolphe Ier, Adolphe et Albert Ier, furent profanés, et l'édifice fut livré aux flammes, dont la violence fut encore augmentée par l'incendie des meubles que les bourgeois y avaient déposés. On n'accorda des passe-ports qu'aux membres du clergé et de la chambre impériale; on voulait forcer le reste des habitants à aller s'établir en France; mais la plupart préférèrent se réfugier dans les bois où ils trouvèrent le moyen de tromper la surveillance des patrouilles répandues dans les environs et de gagner la rive droite du Rhin. Les officiers étaient honteux de se voir contraints d'être les instruments de ces persécutions qui s'étendirent sur tout le Palatinat, et qui cependant ne furent pas les dernières. On sollicita en vain à la paix de Riswick une indemnité en faveur des malheureux habitants de Spire, de Landau, de Frankenthal, et d'autres lieux également incendiés : ce ne fut qu'après la signature de ce traité, en 1697, que Spire commença à se relever de ses ruines. Le dôme ne fut même restauré qu'en 1772. En 1794, les cruautés dont Louis XIV avait le premier donné l'exemple furent renouvelées par ordre du comité de salut public, qui avait résolu aussi de mettre un désert entre la France et ses ennemis. Enfin, sous le gouvernement français, le Palatinat acquit un degré de prospérité qu'il n'avait jamais eu, et Spire, qui n'avait que à 4,000 âmes, a presque doublé de population depuis qu'elle est le chef-lieu du cercle du Rhin.

Les autres villes de ce cercle ne retracent aucun souvenir remarquable, et conséquemment offrent peu d'intérêt. *Frankenthal,* dont le nom rappelle le royaume de Franconie, n'a que 4,800 habitants; mais elle est bien bâtie et la plus industrieuse cité du département. On y trouve des fabriques de tissus de laine, d'étoffes de soie, de toiles, de rubans, de tapisserie, de papiers peints, de tabac et de porcelaine qui rivalise avec celle de la Saxe. Au moyen de la navigation du Rhin, qui n'en est éloigné que d'une petite lieue, elle fait avec l'Allemagne un grand commerce de grains et des divers produits de ses manufactures. *Grünstadt*, bâti au milieu d'un territoire fertile, arrosé par la Liss, possède des fabriques de faïence et de cotonnades. *Kaiserslautern*, qui renferme un gymnase, un séminaire de maîtres d'école et 4,600 habitants, n'est connu que par le souvenir qu'on y conserve de l'empereur Frédéric Barberousse qui y possédait un vaste château, remplacé aujourd'hui par une prison, et pour avoir été le théâtre de deux batailles que se livrèrent dans ses environs les Français et les Prussiens en 1793 et 1794. *Pirmasens,* qui retrace le souvenir de la sanglante journée du 17 septembre 1793, pendant laquelle le duc de Brunswick battit l'armée française, est bien bâtie, possède un beau château et 5,000 habitants. *Deux-Ponts* ou *Zwei-Brücken,* qui en a 1,000 de plus, est une jolie petite ville agréablement située sur l'Erlbach, et dont les rues sont droites, propres et bien bâties. On y voit un superbe château; celui des anciens ducs de Deux-Ponts a été entièrement détruit. *Landau*, sur le Queich, fortifiée par Vauban, place réservée pour la Confédération, mais occupée seulement par les troupes bavaroises, est remarquable par ses fortifications. La ville, qui n'a que deux portes et qui a la même population que Deux-Ponts, est bâtie au milieu de ces travaux : ses rues sont régulières. On y voit une belle place d'armes, des casernes garanties contre la bombe et des magasins considérables. Cette ville, qui appartenait à la France depuis 1713, qui fut assiégée vainement en 1793 par les Prussiens et en 1814 par es Russes, lui fut enlevée par les traités de 1815, et depuis ce temps son commerce et sa prospérité passés n'ont cessé de décroître. *Germersheim*, située sur la même rivière, à peu de distance du Rhin, ne mérite d'être citée que parce qu'on y voit encore une des tours de la vieille forteresse dans laquelle mourut l'empereur Rodolphe de Habsbourg, et que dans ses environs on a établi un lavage d'or sur le bord du fleuve. Cette petite ville, qui s'élève sur l'emplacement du *Vicus Julius* des Romains, possédait sous les rois francs un château royal. Aujourd'hui elle est une des places de la Confédération : elle est défendue d'un côté par des murailles, et de tous les autres par le Rhin, le Queich et des marais, ainsi que par des travaux nouvellement construits.

Nous pourrions citer encore dans le cercle du Rhin plusieurs bourgs et villages, qui par leur population passeraient pour de petites villes; mais nous en avons dit assez pour donner une idée exacte de ce pays intéressant, dont le commerce doit son activité à l'industrie des habitants et à la navigation du fleuve; cependant nul doute qu'il ne devint plus considérable encore, si le canal de Frankenthal et celui de Deux-Ponts, que le gouvernement a négligés, étaient terminés et entretenus.

Nous n'avons point détaillé pour chaque ville les établissements scientifiques et d'éducation qu'elles renferment presque toutes ; sous ce rapport, la Bavière a fait pour ce pays plus que le gouvernement français. Nous avons évité de donner, dans notre rapide énumération, la population de plusieurs villes de ce cercle et de quelques unes des diverses provinces de la Bavière proprement dite ; mais le tableau suivant renfermera ces utiles renseignements, et tous ceux qui sont indispensables pour donner une idée complète de la statistique du royaume.

TABLEAUX STATISTIQUES

DU

ROYAUME DE BAVIÈRE.

	SUPERFICIE		POPULATION en 1838.	POPULATION par lieue carrée.
	en milles.	en lieues.		
Vieille Bavière.	1,337	3,717	3,766,532	1,013
Bavière Rhénane.	100	278	553,355	1,990
Monarchie Bavaroise.	1,437	3,995	4,319,887	3,003

Nombre de villes, bourgs, villages, hameaux et maisons par cercle.

ANCIENS CERCLES.	NOUVELLES DÉNOMINATIONS depuis 1837.	VILLES.	BOURGS.	VILLAGES et HAMEAUX.	MAISONS.
Isar.	Haute-Bavière.	16	41	6,550	152,802
Regen.	Palatinat supérieur et Ratisbonne.	27	60	2,688	113,785
Haut-Danube.	Souabe et Neubourg.	23	72	2,730	114,142
Bas-Danube.	Basse-Bavière.	12	42	4,511	125,965
Rézat.	Franconie moyenne.	41	65	2,764	137,833
Haut-Mein.	Haute-Franconie.	42	63	2,370	142,424
Bas-Mein.	Basse-Franconie et Aschaffenbourg.	45	32	2,326	175,436
Rhin.	Palatinat.	12	29	713	69,465
Totaux.		218	404	23,652	1,031,852(¹).

(¹) Parmi lesquelles, en 1824, on en comptait 484,000 assurées contre l'incendie, ainsi que 447,500 bâtiments dépendant de ces habitations, le tout pour la somme de 385,739,235 florins.

Tableau de l'emploi du sol dans le royaume, en arpents de Bavière.

ANCIENS CERCLES.	NOUVELLES DÉNOMINATIONS depuis 1837.	TERRES arables.	PRÉS.	JARDINS et vignobles.	FORÊTS.	TERRAINS en friche et pâturages.	LACS et fleuves.
Isar.	Haute-Bavière.	1,525,319	827,544	80,642	1,436,209	230,604	141,029
Regen.	Palatinat supérieur et Ratisbonne.	1,350,000	200,000	35,000	796,404	441,212	60,000
Haut-Danube.	Souabe et Neubourg.	1,294,430	575,087	35,822	753,175	236,753	35,822
Bas-Danube.	Basse-Bavière.	1,054,228	430,030	36,153	655,569	278,109	43,349
Rézat.	Franconie moyenne.	1,090,348	243,327	29,510	532,696	310,840	175,671
Haut-Mein.	Haute-Franconie.	1,693,324	474,202	25,541	714,416	65,968	8,552
Bas-Mein.	Basse-Franconie et Aschaffenbourg.	1,161,500	214,200	79,300	851,701	387,784	44,000
Rhin.	Palatinat.	711,059	127,800	42,819	704,706	26,421	20,000
Totaux.		9,880,208	3,092,190	363,807	6,444,876	1,977,691	528,423

TABLEAUX.

Répartition des forêts en arpents.

ANCIENS CERCLES.	NOUVELLES DÉNOMINATIONS depuis 1837.	A L'ÉTAT.	Aux COMMUNES et aux fondations.	Aux PARTICULIERS.	TOTAL des arpents.
Isar..........	Haute-Bavière........	521,560	101,096	813,553	1,436,209
Regen.........	Palatinat supérieur et Ratisbonne.	258,010	126,661	411,733	796,404
Haut-Danube....	Souabe et Neubourg....	173,533	783	481,253	655,569
Bas-Danube.....	Basse-Bavière........	217,627	160,699	374,849	753,175
Rézat..........	Franconie moyenne.....	225,386	151,243	165,067	541,696
Haut-Mein......	Haute-Franconie......	416,545	100,342	197,529	714,416
Bas-Mein.......	Basse-Franconie et Aschaffenbourg.	233,601	337,524	190,576	761,701
Rhin...........	Palatinat............	366,067	268,550	70,089	704,706
Totaux.		2,412,329	1,246,898	2,704,619	6,363,876

TABLEAU des propriétés seigneuriales et du nombre de familles par mille carré en 1826.

ANCIENS CERCLES.	NOUVELLES DÉNOMINATIONS depuis 1837	NOMBRE DE PROPRIÉTÉS (¹) seigneuriales.	NOMBRE DE FAMILLES par mille carré.
Isar..........	Haute-Bavière........	227	877
Regen.........	Palatinat supérieur et Ratisbonne.	179	444
Haut-Danube....	Souabe et Neubourg.	78	610
Bas-Danube.....	Basse-Bavière........	153	499
Rézat..........	Franconie moyenne.....	64	781
Haut-Mein......	Haute-Franconie......	100	566
Bas-Mein.......	Basse-Franconie et Aschaffenbourg.	77	622
Rhin...........	Palatinat............	0	809

Fiefs relevant de la couronne.

Principautés. 11
Comtés. 13

(¹) L'aperçu du nombre de familles qui possèdent des biens seigneuriaux fait voir que dans les cercles où elles sont en plus grand nombre la population est généralement moins considérable, à moins de circonstances particulières qui atténuent l'effet de ces propriétés sur l'industrie agricole du pays, comme le prouve le cercle de l'Isar, qui fait seul exception. Dans celui du Rhin il n'existe point de propriétés privilégiées; la population y est aussi plus forte que dans les autres.

TABLEAU de la population par sexes et par religions en 1832.

ANCIENS CERCLES.	NOUVELLES DÉNOMINATIONS depuis 1837.	HOMMES.	FEMMES.	TOTAL.	CATHOLIQUES.	ÉVANGÉLIQUES.	MENNONITES et ANABAPTISTES.	JUIFS.
Isar.....	Haute-Bavière...	304,131	306,895	611,026	601,350	8,648		737
Regen....	Palatinat supérieur et Ratisbonne	207,753	233,294	441,047	416,060	24,018		751
Haut-Danube..	Souabe et Neubourg	247,580	282,642	530,222	487,046	38,337		4764
Bas-Danube..	Basse-Bavière...	208,961	218,818	427,779	426,301	1,596	400	13
Rézat...	Franconie moyenne.	271,414	294,488	565,902	124,328	426,235		15,440
Haut-Mein..	Haute-Franconie.	272,284	277,450	549,734	281,279	261,754		6,932
Bas-Mein..	Basse-Franconie et Aschaffenbourg..	281,983	287,642	569,625	460,173	90,988		18,166
Rhin.....	Palatinat....	267,351	275,519	542,870	227,862	297,822	3,558	13,647
Totaux..		2,061,457	2,176,748	4,238,205	3,024,399	1,149,398	3,958	60,450(*)

(*) Sur 10,788 familles juives, on en compte :
— Exerçant le commerce. 10,330
— divers métiers 350
— l'agriculture. 106

TABLEAU du nombre de bestiaux et d'établissements industriels.

ANCIENS CERCLES.	NOUVELLES DÉNOMINATIONS depuis 1837.	CHEVAUX	BÉTAIL.	BREBIS.	ÉTABLISSEMENTS Industriels.
Isar..	Haute-Bavière.	103,683	288,388	159,000	25,589
Regen..	Palatinat supérieur et Ratisbonne.	29,160	212,313	91,328	21,000
Haut-Danube.	Souabe et Neubourg.	65,667	307,010	97,327	36,556
Bas-Danube..	Basse-Bavière.	51,102	214,858	135,359	20,541
Rézat.	Franconie moyenne.	31,260	240,000	180,000	41,536
Haut-Mein.	Haute-Franconie.	7,295	208,659	139,491	33,435
Bas-Mein..	Basse-Franconie et Aschaffenbourg.	11,826	260,000	210,000	26,979
Rhin.	Palatinat.	24,998	164,459	133,804	26,462
	Totaux,	324,991	1,895,687	1,138,100	232,098

TABLEAU de la répartition des impôts par cercle.

ANCIENS CERCLES.	NOUVELLES DÉNOMINATIONS depuis 1837.	IMPÔT foncier.	IMPÔT sur les maisons.	IMPÔT dominical.	IMPÔT sur l'industrie.	IMPÔT des familles.
		Florins.	Florins.	Florins.	Florins.	Florins.
Isar.	Haute-Bavière.	749,020	68,165	81,101	119,553	119,143
Regen..	Palatinat supérieur et Ratisbonne.	540,604	45,039	70,359	77,560	72,773
Haut-Danube.	Souabe et Neubourg.	694,245	63,077	88,729	129,753	96,787
Bas-Danube..	Basse-Bavière.	577,370	28,700	55,370	66,300	72,670
Rézat.	Franconie moyenne.	912,738	97,435	90,825	141,376	124,311
Haut-Mein.	Haute-Franconie.	879,819	59,148	52,737	90,031	81,620
Bas-Mein..	Basse-Franconie et Aschaffenbourg.	2.976.914	?	?	152,403	?
Rhin.	Palatinat.		?	»		?
	Totaux.	7.330.710			776,976	(¹)

(¹) La plupart de ces tableaux sont extraits de l'ouvrage de M. Hoeck, intitulé : *Statistische Uebersicht des Königreichs Baiern.* — Heidelberg, 1830.

TABLEAU de la population des principales villes et chefs-lieux de chaque cercle.

CERCLE DE LA HAUTE-BAVIÈRE, DIVISÉ EN 27 PRÉSIDIAUX OU JUSTICES.

(3 juridictions seigneuriales.)

Munich.	95,000	Rosenheim.	2,500	
Berchtesgaden.	10,000	Schongau.	1,300	
Dachau, b.	1,200	Starnberg, vill.	300	
Eberberg, b.	900	Teisendorf, b.	700	
Erding.	1,800	Tittmaning.	1,100	
Freising.	3,600	Tölz, b.	1,200	
Landsberg.	4,000	Trauenstein.	3,000	
Landshut.	8,500	Trostberg, b.	900	
Laufen.	2,600	Vilsbibourg.	1,000	
Miesbach, b.	800	Wasserbourg.	1,500	
Moosbourg.	1,300	Weilheim.	1,800	
Mühldorf.	1,400	Werdenfels.	1,500	
Pfaffenhofen.	1,600	Wolfrathshausen.	1,200	
Reichenhall.	3,500			

Juridictions seigneuriales.

Brannenberg, vill.	400	Tegernsée, vill.	300
Hohenaschau, vill.	500		

CERCLE DU PALATINAT SUPÉRIEUR ET RATISBONNE, DIVISÉ EN 20 PRÉSIDIAUX.

(7 juridictions seigneuriales.)

Ratisbonne.	26,500	Neubourg.	5,600
Abensberg.	1,200	Parsberg, b.	500
Amberg.	8,000	Pfaffenberg, b.	400
Beilngries.	1,000	Regenstauf, b.	1,500
Burglengenfeld.	1,800	Riedenbourg, b.	900
Hemmau.	900	Roding, b.	1,000
Ingolstadt.	6,000	Stadt-am-hof.	1,500
Kastel ou Castel, b.	1,100	Sulzbach.	2,400
Kellheim.	2,800	Tresswitz, vill.	500
Nabbourg, b.	1,500	Waldmünchen, b.	800
Neumarkt.	2,700		

TABLEAUX.

Juridictions seigneuriales.

Eckmühl, vill.	100
Eichstädt.	7,000
Ipfenberg, b.	800
Aberweiting, vill.	500
Wackerstein.	?
Winklarn.	?
Wörth, vill.	300

CERCLE DE SOUABE ET NEUBOURG, DIVISÉ EN 32 PRÉSIDIAUX.
(18 Juridictions seigneuriales.)

Augsbourg..	35,000	Lindau.	6,000
Aichach.	2,000	Mindelheim.	2,400
Buchloe, b.	700	Neubourg.	7,000
Burgau.	2,400	Oberdorf, b.	1,100
Dillingen	3,400	Obergunzbourg, b.	800
Donauwörth.	3,000	Ottobeurn.	1,700
Friedberg.	2,000	Rain.	1,200
Füssen.	2,000	Roggenbourg (paroisse).	1,800
Göggingen, b.	1,500		
Grönenbach.	1,000	Schwab-münchen, b.	2,600
Günzbourg.	4,000	Schrobenhausen.	1,600
Höchstädt.	2,500	Sonthofen, b.	1,100
Illertissen, b.	1,200	Turkheim, b.	1,500
Immenstadt, b.	1,300	Ursberg, vill.	200
Kaufbeuren.	4,500	Weiler.	?
Kempten.	6,000	Wertingen.	1,400
Lauingen.	4,000	Zusmarshusen.	?

CERCLE DE LA BASSE-BAVIÈRE, DIVISÉ EN 19 PRÉSIDIAUX.
(1 juridiction seigneuriale.)

Passau.	10,500	Mitterfels, vill.	500
Altenötting, b.	1,000	Pfarrkirchen, b.	1,400
Burghausen.	2,200	Regen, b.	1,100
Cham.	2,000	Simbach, vill.	300
Deggendorf.	2,800	Straubing.	7,000
Eggenfelden, b.	1,300	Vilshofen, b.	900
Grafenau.	700	Vegscheid.	?
Griesbach, b.	800	Viechtach.	?
Kötzting, b.	1,100	Wolfstein.	?
Landau.	1,300		

Juridiction seigneuriale.

Irlbach, vill. 400

CERCLE DE LA MOYENNE FRANCONIE, DIVISÉ EN 29 PRÉSIDIAUX.

Anspach.	17,000	Hilpolstein, b.	600
Altdorf.	2,300	Lauf.	1,600
Markt-Bibert..	1,200	Leutershausen.	1,000
Cadolzbourg, b.	900	Monheim.	1,500
Dinkelsbühl.	7,000	Neustadt-an-der-Aisch.	2,000
Erlangen.	12,000		
Furth.	16,800	Nördlingen.	7,600
Markt-Erlbach.	900	Nuremberg.	76,000
Feuchtwangen.	2,000	Pleinfeld, b.	800
Greding.	2,000	Rotenbourg-au-der-Tauber.	8,000
Guzenhausen.	1,800		
Heidenheim, b.	2,000	Schwabach.	9,500
Heilsbrenn, b.	800	Uffenheim.	1,600
Herrieden.	1,000	Wassertrudingen..	2,200
Hersbruck.	1,600	Weissenbourg.	5,000
Herzogen-Aurach.	1,500	Windsheim.	3,500

CERCLE DE LA HAUTE-FRANCONIE, DIVISÉ EN 54 PRÉSIDIAUX.
(6 Juridictions seigneuriales.)

Bayreuth.	14,000	Münchberg.	1,800
Bamberg.	22,000	Naila, b.	1,500
Bourg-Eberach, b.	600	Neustadt-am-Kulmen.	1,000
Ebermanstadt.	1,600		
Eschenbach.	1,100	Pegnitz.	1,000
Forchheim.	3,000	Pottenstein.	800
Gefrees, b.	1,100	Rehau.	1,100
Grafenberg.	1,000	Schesslitz.	900
Höchstadt.	1,400	Selb.	1,600
Hof.	8,000	Sesslach.	800
Hollfeld.	1,000	Stadtsteinach.	1,200
Kemnath.	1,500	Teuschnitz.	800
Kirchlamitz, b.	1,100	Trischenreuth, vill.	700?
Kronach.	3,000	Waldsassen.	?
Kulmbach.	4,500	Weidenberg.	2,000
Lauenstein, b.	500	Weissmain.	?
Lichtenfels.	1,800	Wunsiedel.	3,000

Juridictions seigneuriales.

Banz, vill.	300	Mitwitz, vill.	300
Ebnat, vill.	900	Tambach, vill.	300
Presseck, b., chef-lieu de la seign. de Heinersreuth.	800	Thurnau, b.	1,300

CERCLE DE BASSE-FRANCONIE ET ASCHAFFENBOURG, DIVISÉ EN 48 PRÉSIDIAUX.

Wörzbourg	24,000	Klingenberg.	900
Alzenau, vill.	500	Königshofen – im-Grabfelde.	1,500
Arnstein.	2,000		
Aschaffenbourg.	7,000	Lohr.	3,500
Aura, b.	1,300	Mainberg, vill.	200
Bischofsheim.	1,600	Markt-Breit.	8,000
Brückenau.	1,500	Markt-Steft, b.	1,200
Carlstadt.	2,200	Mellrichstadt.	2,000
Dettelbach.	2,200	Münnerstadt.	1,600
Ebern.	1,000	Neustadt-an-der-Saale.	1,700
Etteman.	?		
Euerndorf, vill.	700	Obernbourg.	1,500
Fladungen.	800	Ochsenfurt.	2,000
Frammersbach.	2,200	Orb.	3,700
Gemünden.	1,200	Prölsdorf, b.	400
Gerolzhofen.	2,000	Röthenbuch, vill.	800
Glensdorf, b.	400	Röttingen.	1,300
Hammelbourg.	2,300	Schweinfurt.	7,000
Hassfurt.	2,000	Sulzheim, vill.	300
Hilters, b.	900	Wolkach.	1,600
Hofheim.	1,300	Klein-Waldstadt, b.	600
Hombourg, b.	600	Werneck, b.	900
Kaltenberg, vill.	400	Weyers, b.	800
Kissingen.	1,000	Wolfmunster.	?
Kitzingen.	5,000	Zeil.	1,000

CERCLE DU PALATINAT, DIVISÉ EN 4 DISTRICTS ET 32 CANTONS.

Noms des districts.	Chefs-lieux de cantons.	
Spire.	Spire.	8,000
	Durkheim.	3,500
	Frankenthal.	4,800
	Grünstadt.	2,500
	Mutterstadt, b.	1,600
	Neustadt-an-der-Harth.	3,000
Deux-Ponts.	Deux-Ponts.	6,000
	Bliescastel, b.	1,500
	Dhan.	700
	Hombourg.	1,800
	Neu-Hornbach.	1,100
	Landsthul.	800
	Medelsheim, b.	400
	Pirmasens.	5,000
	Waldfischbach, b.	500
	Waldmohr, b.	600
Landau.	Landau.	6,000
	Anweiler.	2,200
	Bergzabern.	1,500
	Edenkoben, b.	3,400
	Germersheim.	1,600
	Kandel.	2,500
Kaiserslautern.	Kaiserslautern.	5,600
	Gölheim, b.	1,000
	Kirchheim-Poland.	2,000
	Kussel.	1,400
	Lauterecken.	900
	Obermoschel.	700
	Otterberg.	1,500
	Rockenhausen.	1,100
	Winweiler, b.	900
	Wolfstein, vill.	400

Population par nations et par cultes.

Allemands	4,257,275	Catholiques	3,074,686
Français	216	Protestants et réformés	1,178,476
Italiens	237	Mennonites, etc.	4,566
Grecs	104	Grecs	104
Israélites	62,055	Israélites	62,055
	4,319,887		4,319,887

BUDGET *du royaume de Bavière, d'après les comptes soumis aux chambres dans une série de plusieurs années.*

RECETTES.

Florins.

Impôts directs.
- Impôt foncier . . . 7,000,000
- Id. sur les maisons . . . 400,000
- Id. dominical . . . 500,000
- Id. sur l'industrie . . . 800,000
- Id. des familles . . . 700,000

Total: 9,400,000

Impôts indirects.
- Droits de douanes . . . 2,000,000
- Id. de timbre . . . 1,900,000
- Id. de consommation . . . 4,600,000
- Taxes . . . 1,200,000

Total: 9,700,000

Revenus des propriétés.
- Forêts et chasses . . . 2,080,000
- Exploitations rurales et brasseries . . . 420,000

Total: 2,500,000

Revenus féodaux de biens-fonds, de dîmes et de justice . . . 4,900,000

Droits régaliens.
- Salines et mines . . . 1,920,000
- Postes . . . 352,000
- Monnaies . . . 8,000
- Loterie . . . 1,200,000
- Journal intitulé : *Gesets und Intelligens-blatt* . . . 20,000

Total: 3,500,000

Total: 30,000,000

Recettes diverses . . . 2,000,000

Total . . . 32,000,000

DÉPENSES.

Florins.

- Intérêts et amortissement de la dette publique . . . 8,300,000
- Liste civile . . . 3,000,000
- Ministère de la maison du roi et des affaires étrangères . . . 500,000
- Id. de la justice . . . 1,700,000
- Id. de l'intérieur . . . 1,200,000
- Id. des finances . . . 1,000,000
- Id. de la guerre . . . 8,000,000
- Instruction publique . . . 700,000
- Culte . . . 1,250,000
- Industrie et agriculture . . . 70,000
- Cadastre . . . 200,000
- Ponts-et-chaussées . . . 1,270,000
- Pensions . . . 4,400,000
- Fonds de réserve . . . 410,000

Total . . . 32,000,000
Total en francs . . . 69,120,000

DETTE PUBLIQUE EN FRANCS, 265,000,000.

ARMÉE.

	Contingent.	Pied de paix	Pied de guerre.
Infanterie	32,865	10,800	42,000
Cavalerie	6,048	5,750	9,250
Artillerie	3,063	3,000	3,700
Génie	406	450	450
	42,382	20,000	55,400

LIVRE QUATRE-VINGTIÈME.

Suite de la Description de l'Europe. — Description de l'Allemagne. — Douzième section. — Empire d'Autriche. — Première division. — Royaume de Bohême

Les possessions de la maison d'Autriche ne forment pas, comme la France ou l'Espagne, une de ces divisions éternelles du globe où la politique n'a besoin que de maintenir l'unité déjà établie par les mains de la nature. On peut considérer l'empire autrichien comme partagé naturellement en neuf grandes divisions, dont deux seront décrites avec les peuples slaves : la Galicie et la Hongrie avec ses annexes. Il nous reste encore à parcourir, pour terminer ce que nous avons à dire sur l'Allemagne, six parties distinctes qui, bien qu'elles ne soient pas entièrement peuplées d'Allemands, n'en font pas moins partie de l'Allemagne sous le rapport politique, puisque le congrès de 1815 a décidé qu'elles seraient comprises dans la Confédération germanique : ce sont la Bohême, la Moravie avec la Silésie, l'archiduché d'Autriche, le comté du Tyrol, le duché de Styrie, enfin le royaume d'Illyrie. Nous renvoyons à la description de l'Italie le royaume Lombard-Vénitien.

La Bohême, que nous allons examiner sous ses divers points de vue, est un pays qui, sous le rapport de la géographie physique, comme sous celui de la géographie politique, est entièrement séparé des pays qui l'entourent. On ne conçoit même point à quel titre la Bohême, dont la population est aux deux tiers slave, a pu être incorporée à l'Allemagne. Sa superficie est d'environ 953 milles carrés d'Allemagne, ou de 2,649 lieues géographiques de France. Limitrophe à l'ouest avec la Bavière, au nord avec la Saxe et la Silésie prussienne, elle est entourée par des chaînes de montagnes qui forment un bassin naturel que l'on pourrait au premier abord considérer comme une antique mer Caspienne, au fond de laquelle se déposèrent les différentes roches calcaires, les grès rouges et les dépôts houillers dont nous parlerons bientôt; mais les montagnes qui en forment le contour, en s'abaissant graduellement vers le centre de la contrée, présentent plutôt un remarquable exemple de soulèvement qui existe en Europe.

La partie la plus septentrionale du bassin est celle qui présente la pente la plus rapide; aussi l'Elbe qui traverse cette partie est-il grossi de tous les cours d'eau qui descendent des montagnes et qui se jettent, soit dans son lit, soit dans celui de la *Moldau*, qui se réunit elle-même à l'Elbe. L'issue par laquelle ce fleuve quitte le bassin de la Bohême pour aller se jeter dans la mer du Nord, semble être celle par laquelle les eaux qui en occupaient l'intérieur durent aller se réunir à l'Océan : peut-être doit-on attribuer à cette irruption une partie des sables qui couvrent les provinces prussiennes de Magdebourg et de Brandebourg, le Mecklenbourg et le Hanovre. Qu'on nous pardonne ces hypothèses fondées sur des faits, elles se rattachent à la partie la plus intéressante de la géographie physique.

Quatre chaînes principales forment les contours de ce bassin : celle du *Böhmer-wald* s'étend du sud-est au nord-ouest jusqu'à celle de l'*Erz-gebirge*; celle-ci se prolonge du sud-ouest au nord-est jusqu'au *Riesen-gebirge*, qui, suivant une direction contraire, va se rattacher au *Mæhrisches-gebirge* ou aux monts Moraves, dont la direction est du nord-est au sud-ouest, et qui vont se joindre aux derniers chaînons du *Böhmer-wald*. L'ensemble de ces quatre chaînes forme, ainsi que l'ont fait remarquer quelques géographes, un quadrilatère irrégulier, dont la circonscription, en isolant la Bohême au milieu de l'Europe, a peut-être eu une grande influence sur sa civilisation comme sur sa constitution politique. Les moins hautes de ces montagnes sont celles qui se dirigent du nord-est au sud-ouest et au sud, et qui séparent la *Bohême* de la *Moravie* et de la *basse Autriche*. Vers les sources de la *Moldau*, à l'extrémité méridionale du Bohmerwald, une petite chaîne que l'on appelle les montagnes du Diable ou *Teufels gebirge*, semble indiquer le souvenir d'un culte idolâtre.

Complétons la géographie physique de la Bohême en examinant ses terrains et ses roches sous le point de vue géologique. Le Böhmer-wald est une chaîne primitive, composée de granit et de gneiss à petits grains, de la roche schisteuse appelée micaschiste, de l'espèce de granit connue sous le nom de syénite; enfin de schistes argileux propres à faire des ardoises, et de diverses autres variétés de roches appartenant à la même époque. Au sud, près de la ville de *Krumau*, sur les bords de la Moldau, en un mot dans les monts Moraves, dans les monts Géants et dans les monts Métalliques, on retrouve les mêmes roches. Les montagnes qui s'élèvent dans l'intérieur du bassin de la Bohême, principalement celles qui, séparées par le cours de l'Elbe, portent, à l'est de ce fleuve, le nom de *Lausitzer-gebirge*, et à l'ouest celui de *Mittel-gebirge*, ou de monts du Milieu, sont remarquables, non point par leur hauteur, mais par leurs sommets et leurs flancs arrondis, indices de l'origine ignée des roches qui les composent. Jusqu'aux dernières pentes qui se terminent à quelques lieues au nord de *Bunzlau*, ces montagnes offrent des trachytes, des basaltes et d'autres roches qui paraissent avoir été modifiées par l'action des feux souterrains. Souvent on voit un vieux château élever ses tours gothiques au milieu de ces roches prismatiques, avec lesquelles il semble se confondre et par ses formes et par sa teinte noirâtre. Depuis le cours de l'Eger jusqu'à celui de l'Isar, les deux petites chaînes que nous venons de nommer présentent, sur une longueur de 27 lieues du sud-ouest au nord-est, et sur une largeur de 6 à 7, en imposant massif de ces roches volcaniques. Ces montagnes et les sommets basaltiques qui s'élèvent à droite et à gauche jusque sur les cimes des monts Géants et des monts Métalliques, sont entourés de dépôts calcaires, de grès et d'argiles remplis de coquilles fossiles; ainsi, au sein de ce vaste bassin, des volcans vomissaient des torrents de laves. Le *Riesen-gebirge* présente, du côté de la Bohême, les mêmes roches que le *Böhmer-wald;* mais ses dernières pentes renferment de plus des grès et des calcaires en couches parallèles. Dans les monts *Moraves*, et surtout vers le nord, on remarque des grès qui par leur texture se dégradent facilement : ils prennent alors les formes les plus singulières et trompent de loin l'œil du voyageur, qui croit apercevoir des tours et des villages là où il n'existe aucune habitation. Ils occupent une superficie de plus d'un tiers de tout le bassin.

Lorsqu'on descend de ces montagnes, dont les pentes sont couvertes de forêts, on trouve, ainsi que nous l'avons dit, dans tout le bassin de la Bohême, des calcaires qui s'y sont déposés lorsqu'il était occupé par les eaux. Ces calcaires sont souvent recouverts par d'autres dépôts. Dans la partie occidentale du bassin, aux environs de *Plan*, on trouve des amphibolites, roches composées d'amphibole et qui tiennent le milieu entre les dépôts primitifs et les secondaires; à *Tein*, ce sont des granits et des schistes argileux; à l'est et à l'ouest de *Pilsen*, s'élèvent, au milieu d'un vaste dépôt schisteux qui se prolonge jusqu'au nord de Prague, des masses de terrain houiller; aux environs de *Pograd*, au sud d'*Eger*, des dépôts d'alluvions dans lesquels on trouve des bois fossiles et des mines de fer qui contiennent 62 p. 100 de métal. Ces roches de transport reposent sur des micaschistes. Aux environs de *Prague*, entre *Marienbad* et *Oger lochin*, on remarque à peu près la même disposition. Cependant aux portes de cette ville, sur la rive gauche de la Beraun, on remarque, sur une étendue de plusieurs lieues, un massif de calcaire appartenant aux dépôts de sédiments les plus inférieurs : il est évidemment supérieur à la formation houillère. A quelques lieues au sud de la capitale, c'est une importante masse de syénite; et à l'est un vaste dépôt de grès bigarré. Près d'Eger, le *Commerberg* présente un cône volcanique couvert de laves et de scories; d'autres montagnes semblables se succèdent jusqu'à *Carlsbad* ([1]). Près de *Töplitz*, où l'on retrouve encore les traces des volcans, on remarque un porphyre rouge d'où sortent les célèbres sources d'eaux minérales; sur cette roche repose un calcaire marneux à couches horizontales; mais dans quelques localités le soulèvement qu'a éprouvé le porphyre leur donne une assez forte inclinaison; enfin le *Mittel-gebirge*, qui domine le cours de l'Elbe, paraît suivant un naturaliste allemand ([2]), avoir été le centre des phénomènes volcaniques dont on retrouve tant de traces sur les pentes méridionales de l'*Erz-gebirge*. Aux environs de Carlsbad, on remarque aux pieds des montagnes des masses

([1]) *Gœthe*, Natur-wissenschaft. — ([2]) *Leonhard*, Zeitschrift fur mineralogie.

de granits dont les contours anguleux indiquent qu'elles n'ont point été transportées loin de leur place originaire ; tout porte à croire qu'elles sont dues au soulèvement du granit par l'apparition de roches ignées plus récentes (¹).

Quoique les volcans de la Bohême rentrent dans la classe de ceux qui brûlèrent avant l'époque où la terre était habitée par l'homme, le sol y est quelquefois ébranlé par les secousses que produisent les feux souterrains. Le 16 décembre 1821, à Prague, le 1ᵉʳ octobre 1822, et depuis le 6 janvier 1824 jusqu'au 5 février, on en ressentit plusieurs dans la chaîne de l'Erz-gebirge et dans les districts d'Eger et d'Elnbogen. La direction des secousses de ce dernier tremblement de terre était du nord au sud, au sud-ouest et au sud-est. Dans quelques localités, ces secousses furent accompagnées d'un bruit semblable à celui de la foudre ; dans d'autres, plusieurs sources furent taries (²).

Un pays dont les roches sont aussi variées et qui présente tant de traces des feux souterrains, est ordinairement riche en sources minérales ; la Bohême confirme cette règle. C'est surtout dans la partie septentrionale qu'existent les plus renommées : les eaux de *Sedlitz*, dans le cercle de *Saatz*; celles de *Satzkame*, dans le district de *Kaurzin*; celles de *Strobnitz*, dans celui de *Bechin*; en outre, les eaux amères et salines de *Pallon*, près de *Brix*; les sources alcalines de *Bilin*, celles de *Carlsbad* et de *Töplitz*; les sources ferrugineuses de *Bechin*, près de *Trautnau* et d'*Eger*, dans le cercle d'Elnbogen ; les bains de *Kleinkuchel*, dans le district de *Beraun*; ceux de *Tetschen*, dans celui de *Leitmeritz*; enfin ceux de *Marienbad*, connus depuis peu d'années, mais cependant très célèbres, suffisent pour donner, sous ce rapport, une idée de la richesse de la Bohême.

Les eaux de Toplitz, de Carlsbad et de Sedlitz jouissent d'une si grande réputation, que nous ne pouvons nous dispenser de donner quelques détails à leur sujet. Les premières sont ferrugineuses, salines et alcalines ; leur température est de 117° du thermomètre de Fahrenheit (65° de celui de Réaumur); elles contiennent du sulfate et de l'hydrochlorate de soude, du carbonate de soude et de chaux, de la silice, de l'oxide de fer et de l'acide carbonique ; elles sortent d'un porphyre rouge qui paraît être d'origine ignée. Les traditions recueillies par l'annaliste bohémien Hayek font remonter à l'an 762 la découverte de la source de Töplitz. A l'époque du fameux tremblement de terre de Lisbonne, elle cessa de couler pendant quelques minutes, et reparut chargée d'une matière rougeâtre.

Un des hommes les plus remarquables de l'Allemagne comme littérateur et comme savant (¹), a cherché à expliquer la formation des sept sources de Carlsbad, dont la température est de 78° (Réaumur). Elles sont composées (²) de sulfate et de carbonate de soude, de chlorure de sodium, de carbonate, d'hydrofluate et de phosphate de chaux, de magnésie pure, de carbonate de strontiane, de sous-phosphate d'alumine, d'oxide de fer et de manganèse, de silice et d'acide carbonique. Il pense que dans les granits des environs d'où sortent ces sources, il se passe des effets chimiques et galvaniques qui, au moyen de l'action des eaux non minérales, expliquent leur formation et leur température. Selon lui, la rivière du *Tepel* alimente ce laboratoire naturel. Il fonde cette opinion sur un fait bien connu : c'est qu'en effet les sources sont moins fortes dans les temps de sécheresse que dans les temps de pluie. Il se fonde aussi sur ce que l'eau de la rivière laisse souvent échapper des bulles de gaz. D'autres naturalistes attribuent la chaleur de ces sources au feu central de la terre. On ne possède point encore assez de faits pour pouvoir tenter une explication satisfaisante de pareils phénomènes que l'on a observés déjà dans plusieurs localités. Ces eaux, reconnues pour toniques et apéritives, sont employées avec succès contre l'hystérie et l'hypochondrie (³).

Les eaux purgatives de Sedlitz, dont on fait des expéditions considérables dans toute l'Europe, s'emploient avec plus de succès peut-être que les précédentes dans les affections hypochondriaques. Elles sont trop connues pour que nous rappelions leur limpi-

---

(¹) M. *Meyer* : Iahrbuch fur mineralogie. — 1832. — (²) Voyez les observations publiées par M. *Hallaschka*. Archiv. fur die gesamte natur-lehre, t. I, p. 320.

(¹) *Gœthe* : Natur-wiesenschaf, t. VI, pag. 211. — (²) Suivant M. *Berzelius*. — (³) M. *Alibert* : Précis historique sur les eaux minérales les plus usitées en médecine.

dité, leur saveur salée et amère et leurs autres caractères. Elles présentent à l'analyse du sulfate et du carbonate de chaux et de magnésie, ainsi que du gaz acide carbonique [1].

La Bohême est un des pays de l'Europe les plus riches en productions minérales, et l'Erzgebirge est de toutes les montagnes de ce royaume celle qui donne lieu aux exploitations les plus considérables. Sur les pentes de cette chaîne, sont situées les seules mines d'étain un peu importantes non seulement de la Bohême, mais de tout l'empire d'Autriche; leur produit ne s'élève cependant annuellement qu'à 5,000 quintaux. Au bas du Riesengebirge, on a commencé depuis plusieurs années la recherche de quelques mines d'or. Le district de Kaursin était, il y a huit siècles, tellement riche en filons aurifères, que, vers l'an 998, la seule mine de *Tobalka* produisait environ 100,000 marcs; ce filon, qu'on exploitait dans une montagne des environs d'*Eule*, a été perdu pendant les troubles des hussites. Jusqu'à présent, les essais que l'on a pu faire sur plusieurs points n'ont pas répondu à l'attente des mineurs; cependant on continue toujours avec succès l'opération du lavage sur les bords de l'Eule, de la Sazawa, de la Wottawa, de la Lesnitz et d'autres rivières qui coulent au milieu de terrains d'alluvions aurifères. Dans le district de *Tabor*, sur le versant des monts Moraves, il existe des mines d'argent; elles sont peu productives. En général, dans la partie du sud-ouest, les mines célèbres dans les temps anciens sont aujourd'hui tout-à-fait épuisées. D'autres cantons renferment aussi plusieurs mines de cuivre; mais elles sont loin d'égaler en produits celles de plomb, quoique ces dernières ne rendent pas plus de 7 à 8,000 quintaux; celles d'argent fournissent 2,400 marcs. Les seules vraiment importantes sont les mines de fer; on en exploite dans presque toutes les montagnes; la quantité de ce métal forgé s'élève à 200,000 quintaux. Le zinc, l'arsenic et le mercure donnent lieu aussi à diverses exploitations. Les houillères sont abondantes; mais, faute d'une quantité suffisante de canaux et de chemins de fer qui facilitent le transport de leurs produits, on n'en tire pas tout le parti qu'on pourrait en obtenir. Ainsi elles ne produisent qu'environ 220,000 quintaux, dont 30,000 proviennent des mines de la couronne, et 190,000 de celles des particuliers. Ce n'est point exagérer que d'estimer qu'elles pourraient donner un produit dix fois plus considérable; il est vrai que dans l'état actuel elles suffisent à la consommation de la Bohême. Il en est de même des sources salées, dont le produit est assez considérable pour alimenter non seulement ce royaume, mais une grande partie de la basse Autriche.

Ce pays renferme aussi un grand nombre de substances minérales recherchées dans les collections; quelques unes des pierres précieuses que l'on y trouve sont utilisées dans les arts de luxe. Le grenat, le rubis, le saphir, l'améthyste, l'hyacinthe et la topaze sont employés par les lapidaires; le jaspe, la cornaline et la calcédoine y sont réservés à différents usages. L'emploi de la pierre de construction, du marbre et de la serpentine y est assez fréquent; enfin on y recueille différentes roches propres à faire des meules, des schistes utilisés comme pierres à aiguiser, et du kaolin pour les manufactures de porcelaine.

Donnons une idée du système hydrographique de la Bohême.

Les deux principaux affluents de l'Elbe sont la *Moldau* et l'*Eger*. La première traverse le royaume depuis son extrémité méridionale jusqu'à Melnik; son cours est d'environ 70 lieues; elle se grossit de la *Sarawa* à droite, et de la *Beraun* à gauche; elle est large, rapide, très poissonneuse, et commence à être navigable à Hohenfurth, à 37 lieues au sud de Prague. Le canal que l'on a projeté d'établir pour la faire communiquer au Danube sera très favorable pour les relations commerciales. A partir du *Teufels-gebirge* jusqu'à Prague, sur une longueur d'environ 40 lieues, sa pente est de 269 pieds. Elle devrait avoir le rang de fleuve, que l'Elbe a usurpé, puisqu'au point de jonction de ces deux cours d'eaux, ce dernier n'a parcouru qu'une longueur de 45 lieues. L'Eger, qui prend sa source dans le Fichtel-gebirge, au point de jonction de cette chaîne avec le Böhmer-wald, et qui se jette dans l'Elbe à Theresienstadt après un cours de 46 lieues, suit une pente un peu moins rapide; elle est de 158 pieds sur une longueur de 32 lieues [1].

---

[1] *F. Hoffmann* : De acidularum et ther marum usu et abusu. Voyez aussi l'analyse qu'en a faite *Neumann*.

[1] Umriss einer geographisch-statistischen Schil-

On compte en Bohême plusieurs lacs considérables : les plus importants sont celui de *Teschmitz*, dans le district de Klattau; celui de *Plokenstein*, dans les montagnes de ce nom, et celui de *Kummer*, dans le district de Saatz. Les étangs y sont très nombreux. En 1786, on en comptait plus de 20,000, qui, d'après les calculs que l'on fit de leur superficie pour régler les contributions dont ils devaient être frappés, s'élevaient à plus de 132,700 *jochs*, ou arpents du pays ; mais depuis cette époque, le nombre en a été réduit par des desséchements successifs. L'un des plus vastes est celui d'*Ezeperka*, près de Pardubitz; il contient quelques îles considérables couvertes de bois. Plusieurs marais, formés par les débordements annuels des rivières ou par les eaux qui, dans quelques parties basses, descendent des montagnes, sont épars çà et là dans le royaume; mais comme ils n'atteignent pas une étendue considérable, nous nous dispenserons d'en parler.

Le climat de la Bohême est d'autant plus varié que ce pays est couvert de montagnes élevées, de plaines étendues et de profondes vallées. Il est tempéré au centre et vers les frontières du sud-ouest; mais les cimes couvertes de forêts influent sur la température jusqu'à une assez grande distance de leurs pentes. A Prague, la variation du thermomètre de Réaumur présente une moyenne annuelle de + 7,7. A l'observatoire de cette ville, on a constaté que les chaleurs les plus fortes sont de 23 à 24 degrés, et le froid le plus ordinaire de 16. A l'extrême frontière occidentale, c'est-à-dire à Eger, les variations thermométriques présentent pour résultat moyen + 7,4. A Krumau, vers l'extrémité méridionale, la moyenne est de + 6,9. Le vent qui domine ordinairement en Bohême est celui du sud-est; celui qui souffle ensuite le plus fréquemment est le vent du sud-ouest. Le vent d'est, comme celui du nord-est, est presque toujours accompagné d'un temps humide; mais ceux du nord, du nord-ouest et du sud-ouest sont toujours un signe de sécheresse. Il tombe dans ce pays 18 à 19 pouces d'eau par an ; l'évaporation observée à l'ombre est de près de 14 pouces. Dans une série de 18 années, on a évalué que le nombre des jours pluvieux s'élève annuellement à 90 ;

derung des Kœnigreichs-Bœhmer, par *J.-M. de Liechtenstern.*

les jours d'orages, y compris ceux où le ciel est chargé de nuages, comparés à ceux d'une parfaite pureté, sont dans le rapport de 5 à 1 ([1]).

On n'a point de documents précis sur l'origine de l'antique population de la Bohême; on sait seulement qu'elle fut subjuguée et en grande partie détruite par les *Boii*, qui, sous le commandement de Sigovèse, vinrent s'y établir environ six siècles avant notre ère. Strabon, Pline et d'autres auteurs parlent de ces peuples, auxquels la Bohême doit le nom qu'elle porte.

Comme les *Boii* ont été long-temps vainqueurs de leurs voisins ou repoussés par eux, les auteurs anciens nous les montrent tantôt établis au-delà du Danube, c'est-à-dire dans le bassin de la Bohême ; tantôt entre le Danube et la Drave ; enfin dans la Thrace et dans l'Illyrie. De là naît une sorte de confusion à l'égard des contrées qu'ils occupaient, ce qui explique comment Pelloutier les faisait tous sortir des Gaules ou de l'Italie. Mentelle nous semble être le seul auteur français qui ait jeté quelque jour sur la marche que suivirent ces peuples : selon cet écrivain, les *Boii* accompagnèrent Bellovèse, qui marchait à la tête de plusieurs peuplades, dans son expédition contre l'Italie. Ces *Boii* étaient alors établis sur le versant septentrional des Apennins, dans le territoire actuel de Bologne ; leur nom semble prouver qu'ils n'étaient qu'une colonie appartenant à la nation qui occupait la Bohême. Après la tentative infructueuse de Bellovèse, les *Boii*, repoussés par les Romains, se retirèrent sur le Danube, près des frontières de l'Illyrie; mais détruits par les *Gètes*, la contrée dans laquelle ils venaient de s'établir demeura déserte : c'est celle que Strabon désigne sous le nom de désert des *Boii*([1]). Le gros de la nation, fixé au centre des montagnes de la Bohême, n'y demeura pas long-temps à l'abri des attaques des peuples voisins. Les *Cimbri*, 280 ans avant J.-C., tentèrent de les soumettre, mais ils furent vaincus ; ce ne fut que 30 ou 40 ans après notre ère que les *Marcomani* les repoussèrent et vinrent se fixer dans cette contrée. Les *Boii*, forcés d'abandonner leur patrie, cherchèrent un refuge dans les plaines qu'arrose le Danube,

([1]) Voyez l'Essai de M. *de Liechtenstern*, cité plus haut. — ([2]) *Strabon*, lib. VII, c. II, § 5 ἡ Βοίων ἐρημία).

et qui forment une partie du royaume de Bavière; c'est ce qui fait dire à Tacite que le nom de Bohême subsiste encore en mémoire des anciens peuples qui l'habitaient, quoiqu'ils aient été remplacés par d'autres (¹). Ces peuples, chassés de leur territoire par les *Marcomani*, jouissaient cependant d'une grande considération parmi les Germains; ce sont eux qui se joignirent aux *Helvetii* et qui se jetèrent dans les Gaules pendant que les *Ædui* combattaient contre César; après leur défaite, ceux-ci obtinrent du général romain qu'il ne forcerait point les *Boii* à se retirer dans les montagnes de la forêt *Hercynie*, mais qu'en considération de leur valeur et de leur courage, il leur permettrait de s'établir sur une partie de leur territoire. Ainsi l'on voit par ces détails qu'ils ont plusieurs fois changé de patrie; il faut donc bien se garder de croire que les divers établissements des *Boii* indiquent cinq peuples portant le même nom : c'est au contraire le même peuple qui, à différentes époques, se répartit dans cinq contrées différentes.

Au rapport de Tacite, les *Marcomani* étaient les peuples les plus considérables de ceux qui occupaient l'espace compris entre le Danube et la forêt *Hercynie*; la conquête qu'ils firent de la Bohême en est une preuve. Ils étaient gouvernés par des rois tirés des premières familles de leur nation; mais depuis le règne d'Auguste, Rome leur imposa des souverains étrangers. La force constituait le droit de ceux-ci. Rome ne les aidait point de ses armes : suivant l'historien latin, elle leur fournissait seulement de l'argent (²). L'un des princes *marcomani* qui joue le plus grand rôle dans les Annales de Tacite, est Maroboduus. Strabon dit qu'après avoir passé sa jeunesse à Rome, et joui de la bienveillance d'Auguste, il fut appelé à gouverner ses compatriotes. Ses débuts furent d'abord brillants : ce fut lui qui conduisit les *Marcomani* à la conquête de la Bohême et qui s'empara de la contrée qu'occupaient les *Boii*. Il soumit plusieurs peuples voisins; il s'enrichit de leurs dépouilles : il exerça une grande influence sur une partie de la Germanie; enfin, enhardi par ses succès, il dirigea une coalition composée des *Hermunduri*, des *Quadi*, des *Semnones*, des *Longobardi* et d'autres peuples, contre Hermann ou Arminius, que la défaite des légions de Varus avait rendu puissant; mais il succomba dans cette lutte. En vain il implora le secours des Romains; ceux-ci voyaient avec une secrète joie les divisions affaiblir des ennemis qui résistaient à leur joug. Abandonné par ses alliés, sans autorité sur ses peuples, il n'eut d'autres ressources que d'implorer la protection de Germanicus, qui obtint pour ce prince un asile en Italie, où il termina ses jours.

A l'époque où la puissance romaine commençait à chanceler, les descendants des *Marcomani*, pressés par des peuples dont les Romains connaissaient à peine les noms, furent à leur tour obligés de leur céder leur territoire. Ces nations, sorties de la Pologne et du nord de la Hongrie, sont connues sous la dénomination de *Slaves*. L'époque de leur première tentative contre la Bohême est incertaine : ce n'est que vers le sixième siècle que l'histoire commence à en parler d'une manière plus précise. Ils ont reçu des Slaves occidentaux le nom de *Tchekhes* ou *Czechs*, qui signifie dans leur langue *les premiers*, parce que la contrée qu'ils habitaient était la plus rapprochée de l'Allemagne. Leur gouvernement fut d'abord populaire; mais dans la crainte de se voir chassés de la Bohême par les *Avares* et les *Huns*, ils se donnèrent un chef; ce fut, s'il faut en croire la tradition, un marchand franconien nommé Samo, homme de tête et de courage. Il les gouverna avec sagesse et sut les affranchir du joug des Avares. Sa mort fit tomber les rênes du gouvernement entre les mains d'une régence jusqu'à l'élection de Krock, auquel succéda sa fille Libussa, surnommée *la Magicienne*, qui régna avec Przemysl, son époux, entre les années 722 et 745. La couronne fut héréditaire pendant plusieurs générations; mais rien n'est plus obscur que les premiers temps de l'histoire de la Bohême : elle ne sort des ténèbres que vers le milieu du neuvième siècle. Restés idolâtres jusqu'à cette époque, les *Slaves* eurent à résister aux attaques des rois allemands et aux prédications des religieux que Rome ne cessait de leur envoyer; ce ne fut qu'en 894 que quatorze de leurs princes et leur grand-duc Borziwoy se firent baptiser, et sous Boleslas ou Boleslaw II, en 972, Prague fut érigée en évêché.

(¹) Manet adhuc Boihemi nomen, significat que loci veterem memoriam, quamvis mutatis cultoribus. Tacite, De Morib. Germ., § 28. — (²) Tacite, De Morib. Germ., § 42.

Jusqu'à la moitié du onzième siècle, la dignité de grand-duc était élective; Brzetislaw érigea le premier, en 1053, la succession héréditaire en loi fondamentale de l'État; mais elle ne fut point long-temps observée. Othon Ier subjugua la Bohême et la soumit à l'Empire; en 1086, Henri V donna au duc Brzetislaw I le titre de roi; depuis ce temps, le royaume fut électif. Vers le neuvième siècle, un grand nombre d'Allemands s'établirent successivement en Bohême, ce fut un bien; ce pays, isolé des autres nations, n'avait commencé à sortir de la barbarie que depuis l'établissement du christianisme, qui, en ouvrant des correspondances avec Rome, préparait la civilisation des *Slaves*. Au commencement du treizième siècle, Ottocar encouragea de tout son pouvoir l'établissement des artistes et des ouvriers allemands. Sous ce prince, l'industrie se répandit dans les villes; le commerce fut affranchi de ses entraves; l'ordre et la tranquillité publique furent maintenus par des lois que les principales villes conservèrent écrites. Ottocar II, appelé au trône d'Autriche, étendit son pouvoir non seulement sur la Bohême, mais sur une partie de la Silésie, de la Pologne et de la Prusse. Doué d'un esprit juste, il continua l'œuvre de son père, protégea les arts et les sciences, et favorisa dans le royaume de Bohême l'établissement de la langue allemande, comme le seul moyen d'éclairer ses sujets. Pour son malheur il refusa avec dédain la couronne impériale, et Rodolphe de Habsbourg, son grand-maréchal, choisi par les électeurs, lui enleva l'Autriche, la Carniole, la Styrie, et ne lui conserva la Bohême que sous la condition qu'il lui rendrait hommage.

Au quatorzième siècle, les mœurs et le langage des habitants avaient subi de grandes modifications : les lois étaient écrites en allemand. Prague, qui était déjà l'une des villes les plus importantes de l'Allemagne, devint le siége des arts et des sciences. L'empereur Charles IV avait été élu roi de Bohême, mais les Etats du royaume déclarèrent la couronne héréditaire pour ses descendants; c'est à ce prince que la capitale doit la fondation de son université. Sous son fils Wenceslas VI, en 1378, le pays vit réformer l'ordre judiciaire, et la langue nationale employée dans les tribunaux; ce fut à cette époque qu'on vit paraître Jean Huss et Jérôme de Prague, dont les vues sages et éclairées relativement à la réforme du culte, dont les vertus, les talents et le noble désintéressement furent inappréciés par leurs compatriotes. Ces apôtres de la réformation étaient venus un siècle trop tôt : ils ne furent point compris, on les calomnia; des intrigants se servirent de leurs propres paroles pour fomenter la guerre civile; et les excès qui en furent la suite, en illustrant Ziska, le chef farouche, mais désintéressé, de la révolte, ne servirent qu'à autoriser les abus dont quelques bons esprits demandaient l'abolition. Après la mort de Wenceslas, le royaume redevint électif.

En 1426, la couronne échut à l'archiduc Ferdinand d'Autriche; son règne fait époque, non seulement parce qu'il établit dans sa maison la succession héréditaire, et qu'il restreignit les prérogatives des États de la Bohême dans le seul droit de l'élection des souverains, mais encore parce que le pays commença à prouver que les lumières y avaient fait de grands progrès. En vain ce prince cherchat-il à entraver la marche de la civilisation en chassant de ses Etats tous ceux qui étaient soupçonnés d'approuver quelques uns des principes de la réformation; en vain favorisa-t-il l'établissement des jésuites; en vain établit-il la censure des livres : le mouvement était imprimé, rien ne pouvait l'arrêter; l'art typographique répandait dans les classes aisées les écrits des anciens, les chefs-d'œuvre de littérature dans toutes les langues, l'Ancien et le Nouveau-Testament; Ferdinand lui-même donna de la vogue aux ouvrages d'Erasme en acceptant la dédicace des œuvres de ce docteur, traduites en langue bohême. Ainsi, sans le vouloir, il atténuait l'effet du système qu'il avait conçu. Maximilien II, son successeur, suivit une autre marche : doué d'un esprit sage et tolérant, il accorda, en 1567, à tous les cultes une liberté illimitée; mais ceux qui craignaient l'effet d'une pareille liberté ne manquèrent point d'exciter contre les protestants quelques fanatiques déterminés : on vit naître alors de part et d'autre des controverses violentes, des plaintes réitérées et des prétentions excessives. Mathias, qui régna ensuite, crut de son devoir de soumettre les protestants à de nouvelles entraves : au lieu de controverses, il y eut des rixes et des révoltes. La guerre de Trente-Ans ajouta encore aux malheurs de la Bohême. Sa population diminuée, ses finances épuisées faisaient craindre que de long-temps elle ne pût réparer ses pertes, lorsque le règne de Marie-Thérèse cicatrisa ses plaies encore saignantes. La Bohême doit à cette impératrice l'abolition de l'esclavage et la liberté de l'industrie; c'est à cette femme célèbre et à ses successeurs que ce royaume est redevable d'une grande amélioration dans l'ordre judiciaire, de plusieurs lois sages, d'un meilleur système d'éducation et de quelques institutions qui, sans être comparables à la plupart de celles qui depuis dix à quinze ans ont assuré la prospérité de plusieurs Etats de l'Europe, n'en sont pas moins un bienfait pour le peuple dont le gouvernement croit devoir se traîner à pas lents sur la route des gouvernements éclairés.

D'après l'acte fédératif de 1815, la Bohême fait partie de la Confédération germanique. La succession au trône appartient en ligne directe à la dynastie régnante, comme partie intégrante de la monarchie autrichienne; suivant la loi fondamentale du royaume, son organisation politique reste assise sur les mêmes bases que dans les siècles passés. Le roi, lors de son couronnement, prête le serment de ne point aliéner le royaume, de respecter la constitution, de protéger les États, et de leur conserver les privilèges qu'ils ont obtenus des empereurs Ferdinand II, Ferdinand III et de leurs successeurs; de maintenir la justice et de soutenir de tout son pouvoir la religion catholique, apostolique et romaine.

Les États sont divisés en quatre classes: celle du clergé, celle de la noblesse supérieure ou des seigneurs, celle de la noblesse inférieure ou des chevaliers, et celle des villes royales. Leurs députés se constituent en assemblée générale aux époques fixées par le roi, sous la présidence d'un commissaire royal; leurs fonctions se bornent à aviser aux moyens d'exécuter les propositions faites par la couronne; toute supplique ou proposition de leur part ne peut être faite, si elle n'a été approuvée par le gouvernement ou par le président; car, suivant l'expression de M. de Liechtenstern, le roi de Bohême est, comme il a toujours été, souverain absolu de son pays. Dans ces grandes assemblées, le clergé, qui, d'après une ordonnance de Ferdinand, est encore considéré comme le premier de tous les ordres, doit prêter le serment de fidélité au trône; il est représenté par les archevêques, les évêques, le grand-prieur de l'ordre de Malte et les autres prélats du royaume. Les ducs, les princes, les comtes et tous les seigneurs jouissant de majorats représentent la noblesse supérieure; parmi les privilèges accordés à celle-ci, on doit mettre en première ligne celui d'occuper les huit principales charges publiques. Bien que le nombre des villes royales s'élève à 48, quatre seulement ont le droit, par les députés qu'elles nomment, de les représenter toutes. Ces villes privilégiées sont *Prague*, *Budweis*, *Pilsen* et *Kuttenberg*. Une autre classe de villes se compose de celles qui sont immédiatement soumises au gouvernement; trois de ces dernières, *Saatz*, *Kommotau* et *Kaaden*, ont le droit de se faire représenter à l'assemblée; enfin la dernière classe des villes privilégiées comprend les cités *protégées*, qui, à ce titre, sont affranchies de la servitude et des impôts seigneuriaux, quoiqu'elles puissent faire partie d'une seigneurie: la plupart des villes dont le territoire possède des mines appartiennent à cette classe.

Malgré ces catégories et celles qui distinguent encore les paysans en quatre classes, selon qu'ils sont propriétaires de maisons ou de terres, qu'ils sont fermiers ou simplement journaliers, la répartition de la justice n'admet point de différence personnelle dans les individus. La police exerce une égale surveillance sur tous; cependant il faut le dire, celle-ci montre à l'égard de la population juive une sévérité qui suffirait pour justifier non seulement ce que nous avons dit sur la place que semble occuper le gouvernement autrichien parmi les gouvernements de l'Europe, mais encore pour prouver que l'habitant de la Bohême restera long-temps entaché des préjugés populaires du moyen-âge. La haine et le mépris que le christianisme entretient contre les juifs dans la classe la moins éclairée d'une nation sont aisés à concevoir pour celui qui sait combien il est difficile de modifier certaines idées que fortifient les croyances religieuses; mais ce que l'on comprend plus difficilement, c'est que ceux qui sont appelés au timon des affaires ne sentent pas qu'une classe d'individus dégradée par le mépris ne peut recouvrer sa dignité humaine que lorsque l'éducation tend à favoriser le développement de ses facultés, que lorsque la loi ne se rend point complice du mépris qu'on lui porte. Mais comment s'étonner que le juif de la Bohême n'ait pas depuis un demi-siècle fait un pas dans la route de la civilisation; qu'il persiste dans la stricte observance des préceptes fondamentaux d'une religion qui le sépare des autres peuples; qu'il touche avec dégoût le verre, l'assiette et le couteau qui ont servi à un chrétien; qu'il regarde comme une nourriture impure la chair de l'animal tué par un boucher chrétien; qu'en voyage même il refuse de boire d'autre vin que celui qui a été mis en pièce ou en bouteille par un juif, quand on sait que souvent le peuple s'est porté aux plus coupables excès envers les israélites; que plusieurs fois leur renvoi hors du royaume a été mis en question par le gouvernement, et qu'ils n'ont conjuré l'orage qu'en s'attirant par des services pécuniaires ou par des présents la protection des grands; que depuis peu d'années (¹) une loi, rendue dans le but de nuire à l'accroissement des juifs, s'oppose à leur mariage avant 18 ans pour les femmes et 22 ans pour les hommes; déclare nulle toute union contraire à cette disposition, et condamne au bannissement le rabbin qui aurait présidé à sa célébration? Dira-t-on après cela que l'israélite jouit en Bohême de tous les droits de citoyen; que sa fortune et sa tranquillité sont protégées à l'égal des autres sujets; que le gouvernement montre ses vues paternelles à son égard en le considérant comme étant en dehors de la législation commune; en encourageant l'immoralité et l'adultère par une loi qui défend à un homme de 21 ans et à une femme de 17 de s'unir par des liens sacrés, et en faisant peut-être par ce moyen naître le libertinage et la débauche chez un peuple qui montre plus de respect pour la foi conjugale que la plupart des chrétiens?

L'auteur auquel nous avons emprunté quelques uns de ces détails (²) est d'une opinion bien différente sur le compte des juifs de la Bohême; il prouve par là qu'on peut unir à de vastes connaissances d'injustes préjugés. A l'entendre, il semble que ce peuple ne soit composé que de brutes incapables d'éducation et de sentiment généreux. Ce n'est pas sans raison, dit-il, qu'il y a 30 ans le conseiller Rieger prétendait que le nombre des juifs de ce royaume était un pesant fardeau pour le pays. Ils ont toujours été l'objet de la malveillance populaire, et dans ces derniers temps encore leur accroissement graduel, qui rend illusoire la surveillance de la police contre eux, les fait regarder partout comme nuisibles à la société. Nous verrons plus tard sur quels faits l'auteur s'appuie pour justifier sa prévention à leur égard; et si toute cette accusation repose sur le prétendu crime de l'usure et sur l'esprit mercantile qui distingue les juifs et qui excite la jalousie du reste de la nation, la question se trouvera simplifiée. Revenons à ce qui concerne la religion dans ce pays.

Jusqu'à ce que Joseph II eût rendu son édit sur la tolérance, la rigueur avec laquelle on punissait ceux qui étaient soupçonnés de partager les opinions du protestantisme aurait pu faire croire à l'unanimité des habitants en faveur du catholicisme; mais dès que la liberté de conscience fut proclamée, on ne vit pas sans étonnement des communes entières embrasser ouvertement l'une des deux communions protestantes. Depuis ce temps, il suffit d'appartenir à l'un des divers cultes chrétiens pour jouir de la protection du gouvernement; cependant le nombre des protestants est peu considérable: il est, à l'égard de celui des catholiques, à peu près dans la proportion de 1 à 33. Aussi, malgré l'effet que produisit l'édit de Joseph II, les cloîtres sont-ils très nombreux en Bohême: on compte environ 76 couvents, chapitres ou confréries, dont seulement 5 de femmes. L'archevêque de Prague, qui prend le titre de prince du royaume, et qui reçoit de Rome celui de légat du saint-siége, jouit du rang et des prérogatives de prince, sa nomination, ainsi que celle des évêques, appartiennent au roi: le pape ne fait que les approuver. Aucune bulle ne peut être publiée sans le consentement du gouvernement. Les communions protestantes sont sous la surveillance des consistoires de Prague et de Vienne. Le culte israélite est soumis à l'inspection d'un conseil composé du grand rabbin de Prague et de deux adjoints.

Le nombre des habitants de la Bohême s'élevait, en 1818, à 3,275,866 individus, dont 1,520,934 du sexe masculin, et 1,754,932 du sexe féminin. En 1825, il était de 3,698,596. Le recensement de 1827 portait la population à 3,783,630 individus, parmi lesquels le nom

(¹) Depuis 1817. — (²) M. *de Liechtenstern.*

bre des femmes dépassait celui des hommes de 162,166. On y comptait alors 46,790 étrangers. Enfin, en 1832, le royaume renfermait 3,895,117 habitants. Il est facile de voir, par ces divers recensements, que l'augmentation de la population est loin de suivre une marche constante, puisque de 1818 à 1825 l'accroissement a été de 422,730 individus, tandis que de 1825 à 1832 il n'a été que de 196,621.

Trois nations principales composent cette population : les Tchèkhes ou Slaves, les Allemands et les Juifs; les premiers forment les deux tiers des habitants du royaume; le nombre des Allemands qui occupent le cercle d'Elnbogen en totalité, et plusieurs autres cercles en partie, ne s'élève pas à plus de 850,000; quant à celui des Juifs, on peut l'évaluer à environ 50,000. Lorsque vers le neuvième siècle les Allemands commencèrent à s'introduire dans ce pays, la plupart sortis de la Saxe, se firent employer à l'exploitation des mines; les autres, presque tous artisans, arrivés de quelques parties des bords du Rhin, alors trop peuplées, s'établirent dans les villes, ainsi que nous l'avons déjà dit. Au commencement du quatorzième siècle, ils étaient si nombreux à Prague, ils y exerçaient déjà une si grande influence par les richesses qu'ils avaient acquises, que les charges d'échevins étaient occupées par plusieurs d'entre eux ; et lorsque, dans le même siècle, l'université de Prague fut fondée, cet établissement contribua encore à en augmenter le nombre par la grande quantité de jeunes gens que le désir de s'instruire y attirait, et dont plusieurs finissaient par s'établir dans le pays; enfin, quand les partisans de Jean Huss, qui tous appartenaient à la nation tchèkhe, furent persécutés et obligés de quitter leur patrie, on confisqua la plus grande partie de leurs propriétés, et on les distribua à plusieurs familles allemandes nobles, qui, semblables à la noblesse française que Louis XIV enrichissait des dépouilles des protestants, ne se faisaient point scrupule d'accepter des biens aussi mal acquis. A ces motifs, déjà si favorables à l'établissement des Allemands en Bohême, ajoutons la faveur dont ils durent jouir lorsque ce pays passa sous la domination de l'Autriche, qui eut toujours soin de nommer les Allemands aux principales places de l'État, et l'on concevra ement que, malgré leur petit nombre, ils aient accru leur influence, et que leur langue soit devenue d'un usage général ; cependant la classe inférieure du peuple tchèkhe a conservé la sienne, et dans la classe moyenne on parle les deux généralement.

La langue tchèkhe ou bohême est un des dialectes slaves que M. A. Balbi désigne sous le nom de *bohémo-polonais* ([1]); elle se distingue des autres dialectes, tels que le polonais, le croate et le ragusain, non seulement par ses formes grammaticales, mais encore par l'usage des lettres allemandes, tandis que ceux-ci se servent des lettres latines. On reconnaît le Bohême d'origine tchèkhe à sa prononciation particulière ; le Bohême allemand conserve la prononciation bavaroise, saxonne, silésienne ou autrichienne, selon qu'il descend de ces différentes nations, ou qu'il habite les frontières qui en sont limitrophes. Le plus ancien monument de la langue tchèkhe est un chant d'église composé vers l'an 990.

L'habitant de la Bohême est robuste, laborieux, d'une taille généralement moyenne et rarement gras. Suivant des calculs publiés en Allemagne ([2]), sur cent personnes il en meurt annuellement trois; les décès, comparés aux naissances, sont dans le rapport de 1,000 à 1,344 ; sur 10,000 enfants, il y en a 199 morts-nés ; le nombre des naissances est à la population comme 1 est à 23. Le nombre total des décès s'élève à près de 90,000, dont environ 770 sont causés par des morts violentes ou des accidents. Cependant quelques cantons isolés des districts de *Beraun*, *Bitschow*, *Bunzlau*, *Chrudin*, *Czaslau*, *Klattau* et *Prachin* offrent des exceptions en faveur de la vitalité; le nombre des morts y est à peine égal au 40ᵉ ou au 45ᵉ de la population. La Bohême offre beaucoup d'exemples de longévité. On y compte un grand nombre de vieillards de 90 à 100 ans ; en 1801, il en existait 5,935, dont 750 qui avaient dépassé la centaine, et 29 de plus de 110 ans. Sur 100 enfants, on en comptait à cette époque près de 8 illégitimes, ou 76 sur 1,000. La durée moyenne des mariages est d'environ 22 années et 2 mois, et le nombre moyen des enfants qui naissent de chaque mariage de 4 environ ; enfin on compte un mariage sur 134 habitants.

([1]) Voyez l'Atlas ethnographique du globe. — ([2]) Par M. *Rieger* et par M. *de Liechtenstern*.

Quant aux juifs, il en meurt à peine 1 sur 62, mais aussi il n'en naît qu'un sur 43.

Sous le rapport moral, l'Allemand et le Tchèkhe diffèrent autant que par leur langage; ils ne se ressemblent que par leur fidélité à remplir les devoirs de la religion, par leur dévouement pour le souverain, et l'espèce d'inimitié qu'ils portent à la noblesse seigneuriale. Ce qui distingue le Slave de l'Allemand, c'est le soin qu'il prend de ses propriétés et le désir constant qu'il montre d'en acquérir; il est moins laborieux, moins susceptible d'attachement et de fidélité dans ses affections, plus disposé à rechercher la société et les sujets de dissipation. Il se pique d'une grande prudence et se montre ordinairement méfiant, surtout dans ses rapports avec l'Allemand, qu'il regarde toujours comme une sorte d'ennemi; mais, dans le service des armes, l'Allemand et le Slave rivalisent de zèle et de courage. L'habitant des montagnes a pour caractère distinctif une sorte d'aptitude aux arts, et une noblesse, une fierté dans les sentiments qu'on observe rarement chez l'habitant des plaines.

« Il règne parmi ces montagnards un **mélange** bizarre d'usages antiques et d'idées introduites par le commerce et l'aisance. Les noces se célèbrent avec des solennités singulières. Les hautbois et les cors de chasse annoncent au loin la marche d'un nombreux cortége, conduit par un maître de cérémonies chamarré de galons. Ordinairement ce grand personnage est en même temps chargé du rôle d'orateur et de celui de bouffon; tantôt il harangue le couple heureux avec une gravité boursouflée, tantôt il excite de longs éclats de rire par des lazzis et des contes grivois; on l'appelle en bohémien le *plemplatich,* c'est-à-dire le bavard.

» Le jour des Cendres, les jeunes gens des villages vont, masqués, de maison en maison, et demandent l'aumône à toutes les demoiselles; le soir, celle qui s'est montrée la plus charitable est conduite au bal rustique, dont elle est proclamée la reine. Ces montagnards conservaient encore, il y a un demi-siècle, quelques restes de superstitions païennes. L'Esprit des montagnes, ou le *Rybezahl*, est encore redouté des enfants et des femmes; cet esprit a, dit-on, parmi d'autres caprices, celui de retenir par les pieds tout paysan qui passe par les montagnes en souliers garnis de clous de fer ([1]). »

Le voyageur qui parcourt la Bohême ne peut s'empêcher d'observer des différences marquées entre les costumes des habitants. Ce n'est point, comme dans beaucoup de pays, les seules nuances de condition et de fortune qui constituent ces différences; elles servent encore à distinguer le Slave de l'Allemand et l'Allemand de l'Israélite. Dans les montagnes comme dans les plaines, on reconnaît l'habillement slave à sa ressemblance avec l'habillement polonais. Quelques Allemands ont, il est vrai, adopté ce costume, mais un caractère particulier de physionomie empêche l'œil observateur de les confondre; cependant ce n'est que chez le peuple que l'on peut faire cette distinction. La classe moyenne, comme les riches, s'habillent à la française, et nos modes même sont promptement adoptées par ceux qu'on est convenu d'appeler les gens du bon ton. La plupart des juifs ont conservé l'ancien costume resté en usage chez la classe ouvrière; mais ils sont tous reconnaissables par le désordre qui règne dans leur habillement et surtout par leur malpropreté. On remarque aussi des différences frappantes dans la nourriture des habitants du peuple; mais elles tiennent plus à la richesse ou à la pauvreté des cantons qu'à la richesse ou à la pauvreté des habitants. Partout règne une grande sobriété. Dans les montagnes, la farine de seigle, celle d'avoine, le lait et les pommes de terre sont les aliments habituels, surtout chez le laboureur; la bière y est réservée pour les jours de fête. Mais dans les vallées et dans les plaines, où la nature, moins avare, récompense l'agriculteur de ses soins et de ses peines, la nourriture est plus substantielle et plus variée; l'usage de la viande y est moins rare, et, chez les riches cultivateurs, la bière est la boisson habituelle; le vin la remplace quelquefois, mais l'eau-de-vie est réservée pour le dimanche et les repas de cérémonie. Le juif, plus sobre encore que les autres habitants, semble se priver de la nourriture nécessaire; sa maigreur seule suffirait pour le faire reconnaître. Ce n'est que le soir qu'il prend quelques aliments chauds, et, malgré l'état de misère et de dégradation dans lequel

([1]) *Malte-Brun:* **Mélanges scientifiques et littéraires,** t. I.

il est tombé, jamais on ne le voit chercher à s'en consoler en se livrant aux excès du vin, tandis que l'ivresse semble être la jouissance du chrétien dans les jours de désœuvrement.

A voir avec quel mépris le paysan regarde celui qui ne possède point de terres, on croirait que l'agriculture est très avancée en Bohême, et que l'agriculteur sait tirer du sol tout le parti convenable ; néanmoins il est peu de pays où l'industrie agricole soit plus arriérée. L'indolence et la paresse du cultivateur en sont les principales causes, puisque c'est dans les cantons où la qualité de la terre semblerait devoir produire les plus abondantes récoltes, que l'on est étonné de leur médiocrité. Dans les montagnes, au contraire, l'aridité d'un terrain pierreux et l'inclémence des saisons, qui sont de puissants obstacles à la fertilité, ont rendu le peuple plus actif et plus intelligent. Grâce à ses efforts, quelques cantons produisent plus que ne l'exige la consommation locale, et l'on a même surnommé, dans la chaîne centrale, le canton de Leitmeritz *le paradis de la Bohême*. Si dans la partie basse du royaume, celle qui est la plus susceptible de richesse, l'instruction agricole était répandue par des conseils et des exemples ; si le gouvernement excitait l'agriculteur au travail en favorisant la circulation de ses produits, en ouvrant des débouchés au commerce qui en serait le résultat, en encourageant la propagation des bestiaux dont le nombre se montre partout insuffisant, on verrait ce pays prendre une tout autre physionomie et une importance politique qui en ferait un des plus beaux fleurons de la couronne autrichienne.

Les bergeries sont négligées non seulement dans la chaîne du *Riesen-gebirge*, qui renferme cependant d'assez bons pâturages, mais en général dans tout le royaume. Pourquoi la Bohême ne nourrirait-elle pas des brebis comparables à celles de la Saxe et de la Silésie ? Leur produit ne serait-il pas préférable à celui des chèvres qui deviennent tous les jours plus nombreuses ? Le cheval est dans ce pays l'animal privilégié : on y compte beaucoup de haras, dont plusieurs, entretenus aux frais du gouvernement, ont naturalisé une race pleine de vigueur et d'autres qualités. Les plus importants sont ceux de *Blatto*, *Alt-Bunzlau*, *Chlumetz*, *Josephstadt*, *Klattau*, *Königsgrätz*, *Nemoschutz*, *Nimbourg*, *Pardubitz*, *Pilsen*, *Pisek*, *Podiebrad*, *Prague*, *Tabor*, *Theresienstadt* et *Kladrubg*.

La nature ne paraît point favoriser en Bohême la culture de la vigne : on n'estime qu'à 2,600 *eimer*, ou environ 1,400 hectolitres, la quantité de vin qu'elle produit. Cependant voilà plus de 600 ans qu'elle y a été introduite. On prétend même que dans le quatorzième siècle, sous le règne de Charles IV, qui fit venir des plants de la Bourgogne et des bords du Rhin, elle fut tellement répandue qu'on put, sans inconvénient, s'opposer à l'introduction des vins étrangers [1].

La culture des arbres fruitiers est d'un produit avantageux ; leur nombre a augmenté considérablement depuis 20 ans ; et cependant à cette époque on en comptait près de 11,000,000, principalement des pommiers, des poiriers, des pruniers et des cerisiers, surtout dans les districts de *Bidschow*, *Königsgrätz*, *Bunzlau*, *Saatz*, *Leitmeritz*, *Prachin* et *Rakonitz* ; leur récolte annuelle est une branche importante de commerce.

Après ces végétaux, les deux plantes les plus productives sont le lin, et surtout le houblon : cette dernière est cultivée dans tous les terrains doués de quelque fertilité. On en compte deux espèces, celui des champs et le houblon vert, qui se propage de lui-même.

Les forêts de la Bohême renferment toutes les espèces d'arbres connues en Allemagne ; leurs coupes réglées produisent 6,936,000 stères ; cette quantité est plus que suffisante pour les besoins de la population, aussi en exporte-t-on beaucoup.

L'éducation de ces industrieux insectes qui nous fournissent le miel et la cire, est très répandue dans le royaume, et nous ne croyons pas qu'on puisse estimer à moins de 60,000 le nombre des ruches réparties chez les divers propriétaires.

La chasse est très productive dans ce pays ; les montagnes et les forêts abondent en gibier de différentes espèces, dont quelques unes même se multiplient dans les plaines livrées à la culture. La pêche est surtout d'un produit considérable : la seigneurie de *Pardubitz*, dans le district de *Chrudim*, vend à elle seule annuellement plus de 2,000 quintaux de poisson,

[1] J.-M. de Liechtenstern, Umriss einer geographisch-statistischens childerung des Kœnigreichs-Bœhmen.

celui de *Bidschow* fournit une grande quantité de truites ; dans quelques étangs on pêche assez fréquemment des carpes de 20 à 30 livres. Dans la Moldau, dans l'Elster et plusieurs autres rivières, on recueille un grand nombre de perles produites par la *mulette margaritifère* ; dans l'Elbe on prend souvent des saumons, et surtout le poisson appelé par les Allemands *welsfisch*, de 90 à 100 livres : c'est le *silure commun* (*silurus-glanis* Linn.). Ce poisson, bien qu'il n'atteigne pas dans l'Elbe la même dimension que dans le Danube, est, après l'*esturgeon*, le plus gros de tous ceux qui peuplent les eaux douces : sa tête a un peu la forme d'une pelle ; sa bouche, fort grande, est garnie de nombreuses petites dents recourbées ; son dos est rond et d'un noir verdâtre, son ventre d'un vert clair, son corps parsemé de taches noirâtres ; ses nageoires, jaunâtres, sont bordées de bleuâtre et couvertes de points de la même couleur. Il est très vorace ; la nuit il va chercher le frai sur le bord des rivières, et quelquefois même des cadavres de quadrupèdes ou d'oiseaux que les eaux rejettent sur la grève. Un naturaliste [1] prétend même que dans l'estomac de quelques uns de ces gros poissons on a trouvé des enfants. Comme le *silure* est lent dans ses mouvements et que ses nageoires sont courtes, il s'empare difficilement de sa proie à la nage, ce qui le porte à se tenir constamment, pendant le jour, sous des pierres, sous les racines des plantes ou dans des trous. Caché par le limon, sa couleur obscure le rend invisible aux autres poissons ; immobile, il attend patiemment sa proie ; ses longs barbillons qui sortent de la vase, agités par les eaux, ressemblent par leurs mouvements et leur grosseur à des vers ; les petits poissons s'approchent de l'animal pour s'emparer de cet appât ; mais il tient sa large gueule ouverte ; ils y entrent, et ne s'aperçoivent du danger que lorsqu'il n'est plus temps de l'éviter. Ce *silure* croît lentement, sa vie est conséquemment longue ; on le prend à l'hameçon ou à la fouène, espèce de croc en forme de lance : sa chair est blanche, grasse, mais lourde ; celle qui entoure la partie postérieure de l'animal est assez estimée.

Depuis près de 20 ans, l'industrie a fait en général des progrès assez rapides en Bohême. C'est surtout la fabrication des tissus de laine et des tissus de coton qui a acquis le plus d'importance. On comptait en 1830, dans la seule ville de Reichenberg, plus de 530 métiers à fabriquer le drap : on y emploie annuellement 15 à 16,000 quintaux de laine, dont on tire 50 à 60,000 pièces de draps pour la valeur de 3,000,000 de florins. A Reichenberg et dans ses environs, plus de 2,000 métiers sont employés à tisser le coton. Il sort annuellement de ses fabriques 32,000 pièces de cotonnades, dont la valeur est de 1,600,000 florins. La fabrication de la toile n'est pas aussi considérable qu'en 1800 ; cependant Reichenbach en fournit pour plus de 700,000 florins, et l'on estime ce qui sort annuellement de toutes les fabriques du royaume à plus de 600,000 pièces de toiles, qui produisent plus de 9,000,000 de florins. Le produit des tanneries peut être estimé à près de 2,200,000 florins ; celui de la chapellerie à 900,000 ; enfin celui des objets d'art de toute nature à plus de 23,000,000, dont la valeur totale des matières premières ne s'élève pas au quart de cette somme ; il y a donc pour cette seule classe d'objets fabriqués un bénéfice net d'environ 16,000,000 de florins qui se répartissent entre les mains des ouvriers, des manufacturiers et des négociants. Il existe aussi à *Hirschenstand* et dans d'autres villages du cercle d'Elnbogen, des fabriques de dentelles et de blondes qui sont connues depuis plus de 40 ans. Elles occupent environ 8,600 individus. Enfin on comptait en 1827, dans tout le royaume, plus de 70,000 artisans en possession de métiers, sans compter ni leurs femmes, ni leurs enfants, ni les ouvriers-compagnons.

Un coup d'œil jeté sur le commerce de la Bohême suffira pour expliquer la jalousie et la haine dont les juifs de ce pays sont entourés : on leur reproche de ne s'adonner à aucun métier qui exige un travail manuel ; mais nous ne craignons point de dire que, s'ils prenaient ce parti, au lieu d'être haïs de la classe des marchands, ils le seraient de la classe ouvrière : les juifs le sentent bien, et d'ailleurs, entourés de nombreux enfants, la plupart d'entre eux auraient-ils les moyens de les nourrir pendant un long apprentissage ? Ils font tous le métier de courtiers. Ce métier, beaucoup plus facile que tout autre, n'exige ni études, ni avances

[1] *Bosc*, de l'Académie des sciences.

de fonds : l'exemple du père suffit à l'éducation du fils. On dit qu'en Bohême, là où les juifs sont nombreux, les fabricants sont bientôt entraînés vers leur ruine ; si le fait est vrai, il prouverait seulement contre l'imprévoyance des fabricants, dont plusieurs peut-être, comme partout, s'établissent sans avoir un capital suffisant pour exercer leur industrie. Il arrive bien quelquefois que le juif, qui dépense le moins qu'il peut, emploie ses économies à faire des avances au petit fabricant ; si ce dernier ne peut remplir ses engagements vis-à-vis de l'israélite, et qu'il lui donne en paiement ses marchaudises à perte, bien certainement il ne tardera pas à être entraîné vers sa ruine ; mais doit-il l'imputer au juif ? Celui-ci ne fait que vendre son argent le plus cher possible, comme le marchand vend sa marchandise au plus haut prix : c'est la loi du commerce en grand comme en petit.

La Bohême n'exporte qu'une petite partie des produits de son industrie : l'excédant de sa consommation en toile de lin et de chanvre est expédié en Saxe ; la plupart des provinces de la monarchie autrichienne consomment ses tissus de coton ; le système de douanes établi dans les Etats limitrophes, tels que la Bavière, la Saxe et la Prusse, a considérablement diminué les exportations de draps : on n'en envoie plus que quelques milliers de pièces en Bavière ; cependant Vérone, Bergame, Parme, Modène, le Piémont, la Toscane, les Etats de l'Eglise et la Turquie en reçoivent aussi. Tous ces produits et ceux de la culture, tels que les grains, les légumes, les fruits, et les bois que les forêts produisent en sus de la consommation du pays, constituent un commerce d'exportation assez considérable pour que la Bohême puisse se procurer en échange les denrées coloniales nécessaires à ses besoins. Le produit de ses pêcheries est en grande partie consommé par l'Autriche ; mais ce qui anime surtout le commerce de cette contrée, ce sont ses foires annuelles, dont les plus considérables se tiennent à Prague et à Pilsen.

Le transport des marchandises se fait principalement par l'Elbe, la Moldau et l'Eger, sur des bateaux qui portent depuis 300 jusqu'à 1,200 quintaux. La navigation contre le courant se fait souvent à l'aide de voiles, tant que les vents du nord et du nord-est règnent dans les contrées que l'Elbe arrose ; lorsque le canal projeté, qui doit faire communiquer le Danube et la Moldau, sera exécuté, la Bohême en tirera de grands avantages. Depuis plusieurs années le gouvernement a pris à tâche de faciliter la navigation. Ainsi le lit de la Moldau, qui, dans sa partie supérieure, notamment depuis Frauenberg jusqu'à Prague, coule entre des rives escarpées et interrompues par des torrents impétueux, a été débarrassé des masses de pierres et de sable qui s'y étaient accumulées et qui en gênaient la navigation : en sorte que la profondeur de l'eau y est constamment maintenue à 18 pouces au moins. Pour obtenir même plus de profondeur, on entretient avec soin douze batardeaux établis sur cette rivière depuis Budweis jusqu'à Moldau-Stein. Depuis la première de ces villes jusqu'à Melnik, on a construit un chemin de halage, au moyen duquel on a pu resserrer le lit de la rivière pour lui donner plus de profondeur ; et dans le pays plat, depuis Weltruss jusqu'à Melnik, on a couvert de fascines les rives qui ne présentaient pas assez de solidité, et l'on a creusé ainsi de nouveaux lits. Le même système de travaux a été appliqué au cours de l'Elbe, depuis sa jonction avec la Moldau jusqu'à la frontière de Saxe, et à la Béraun jusqu'à son embouchure dans la Moldau.

Les routes principales qui, en 1817, ne formaient pas une longueur totale de plus de 350 lieues, en présentent une aujourd'hui de 650. Les 21 principales sont celles de Leipsick et de Vienne, les deux plus importantes routes de commerce et de poste ; et celles de Carlsbad, de Budweis, de Dresde, d'Eger, de Fisch, de Glatz, de Königsgrätz, de Lintz, de Leitmeritz, de Littau, de Melnik, de Pilgram, de Policzka, de Reichenberg, de Rumbourg, de Saatz, de Silésie, de Tabor et de Töplitz. Le service des diligences et de la poste appartient au gouvernement.

Plusieurs entreprises particulières ont contribué encore à augmenter les moyens de communication : tels sont les canaux ouverts par le prince de Schwarzenberg depuis le lac de Plekenstein jusqu'à Harlach, et depuis la forêt de Huberbach jusqu'à la Wotawa ; tels sont encore les deux chemins de fer entrepris par actions, dont l'un va de Budweis à Lintz et l'autre de Prague à Pilsen.

Les détails dans lesquels nous sommes entrés suffisent pour donner une idée exacte de la Bohême ; nous allons essayer de décrire ses principales villes.

Presqu'au centre du royaume est située *Prague,* sa capitale, que les Bohêmes nomment *Praha.* Sur les bords de la Moldau, qui la traverse, s'étendent quatre quartiers : d'un côté, la vieille ville (*Altstadt*), et la nouvelle ville (*Neustadt*); de l'autre, le petit quartier (*Kleine-seite*), et la ville haute appelée *Hradschin*. On peut même dire qu'elle comprend un cinquième quartier, puisque la vieille ville renferme celui des juifs (*Iuden-stadt*). Au sud-ouest s'étend le faubourg de *Smichow.* On considère ordinairement comme appartenant aussi à la ville le *Wischerad,* qui en est l'ancienne citadelle, et qui cependant appartient administrativement au cercle de Kaurzim. Le Wischerad est encore très bien fortifié et renferme l'arsenal ; car Prague est une place forte, mais commandée par des hauteurs, et conséquemment peu susceptible d'une longue défense. Le nombre total des habitants s'élevait, en 1826, à 117,000, y compris ceux de Wischerad, que l'on porte à 1,337, et une garnison de 12,000 hommes. On y comptait aussi 7 à 8,000 juifs. Aujourd'hui l'on porte sa population sans la garnison à 121,000 âmes, y compris 10,000 israélites.

Le cours de la Moldau, qui pendant ses moyennes eaux a 280 toises de largeur ; la beauté des environs, la vue des montagnes de *Schwein* et de *Petrin*, qui bornent une partie de l'horizon, font de Prague une ville agréablement située. Son étendue est considérable : il faut quatre heures pour en faire le tour. Les maisons, au nombre de 3,400, sont presque toutes construites en pierres et à trois étages. Chaque quartier possède quelques curiosités. La *vieille ville* a son pont sur la Moldau, long de 1,800 pieds, supporté par 16 arches, orné de 28 statues de saints, et construit en 1338 par l'empereur Charles IV ; on voit aussi dans ce quartier le *Carolinum* ou l'université, ainsi appelée parce qu'elle fut fondée en 1371 par le même empereur ; c'est en ce genre un des plus anciens établissements de l'Allemagne : on y compte 55 professeurs et 1,500 étudiants. C'est dans son enceinte que Jean Huss et Jérôme de Prague firent entendre pour la première fois ces prédications qui précédèrent la réforme, et que commença la sanglante opposition de leurs sectateurs contre les abus de l'Église romaine. Le même quartier renferme l'hôtel-de-ville, bel édifice orné d'une tour, où se trouve l'horloge astronomique construite par Tycho-Brahé. On y montre la salle où fut proclamée la guerre de Trente-Ans. Ce fut par les fenêtres de cet édifice que les hussites ou partisans du réformateur Jean Huss firent jeter les 13 membres du conseil municipal ; on y voit aussi l'église de Thein, où l'on remarque le mausolée de Tycho-Brahé ; la belle église de Sainte-Croix ; le cabinet d'histoire naturelle et l'observatoire, qu'illustra le célèbre astronome. Ce quartier renferme quatre grandes places : le *Tandel-markt,* le *Kohlmarkt,* le *Kleine-ring* et le *Grosse-ring,* orné de la façade de l'hôtel-de-ville. La *nouvelle ville* est formée de rues larges et bien bâties ; elle comprend deux places, le *Ross-markt* et le *Grosse-viehmarkt*, la plus grande de Prague. Le *petit quartier*, plus élégant peut-être que le précédent, se fait remarquer par ses beaux hôtels, par la magnifique église de Saint-Nicolas, par celle de Saint-Thomas, dont le maître-autel est orné d'un beau tableau de Rubens, et par le palais de Wallenstein, dont le jardin est ouvert au public. C'est dans la ville haute qu'est situé le *Burg,* ou le château royal, en bohême le *Hradchin,* avec ses magnifiques salles gothiques, dont la construction dura plusieurs siècles, et qui fut achevé par Marie-Thérèse. Il renferme plusieurs centaines d'appartements et quelques salles immenses. De ce palais on jouit d'une vue magnifique. Près de cet édifice s'élève le dôme ou la cathédrale, dont l'architecture gothique est d'un très beau style, et qui contient les tombeaux de plusieurs souverains de la Bohême et celui de saint Jean Népomucène, que le roi Venceslas fit précipiter dans la Moldau pour n'avoir pas voulu lui révéler la confession de la reine. Plus loin, le magnifique palais archiépiscopal, et l'église de Saint-Veit, digne de fixer l'attention par son antiquité, par les monuments qu'elle renferme, et par son clocher, qui passe pour le plus haut de la ville. Outre un grand nombre d'édifices publics, Prague renferme plus de 68 palais : nous n'avons cité que celui de Wallenstein ; mais il y a encore ceux du grand-duc de Toscane, de Schwarzenberg et de Czernin, que l'on peut mettre au premier rang, surtout pour leur étendue ; puis ceux de Nostitz, de Salm, de Clam

Galas et de Colloredo. Le nombre des églises est de 48, dont deux seulement pour le culte protestant. Nous ne devons pas passer sous silence les principaux établissements de bienfaisance et d'instruction. Parmi les premiers se trouvent le grand hôpital, et l'hôpital militaire établi dans l'ancien collège des jésuites, l'un des plus beaux édifices de la ville. Il y a en outre deux maisons d'orphelins et un hospice pour les femmes en couches. Au nombre des seconds, et en première ligne, nous avons déjà placé l'université. Viennent ensuite le séminaire, les trois gymnases, l'école vétérinaire, celle d'accouchement, celle de chirurgie, l'institut polytechnique, l'académie de peinture et le conservatoire de musique. Les collections scientifiques dignes d'être citées sont : la bibliothèque de l'université, qui contient environ 130,000 volumes et un grand nombre de manuscrits, parmi lesquels se trouve un Pline ; le cabinet d'histoire naturelle et le musée national, qui comprend un grand nombre d'objets précieux et une bibliothèque. Des hommes éclairés ont fondé aussi dans cette ville une société des sciences et une société économique.

Tels sont les édifices et les principaux établissements de cette ville antique, qui fut, de 1833 à 1836, le séjour de Charles X et de sa famille. Mais comment peindre l'aspect singulier que présentent dans leur ensemble les montagnes qui la dominent, la large rivière qui y forme plusieurs îles ; des édifices noircis par le temps et offrant les caractères d'architecture des différentes époques du moyen âge, à côté de palais somptueux bâtis à l'italienne ; cent tours s'élevant de tous côtés et dominées par celle du Hradschin, avec les grandes et vieilles constructions qui rendent ce quartier si pittoresque ?

On croit que Prague occupe l'emplacement de la cité des Marcomani appelée *Marobudum* (¹), du nom de leur roi Marobod ou Maroboduus. Quelques auteurs la regardent comme la *Casurgis* de Ptolémée. Ruinée par l'invasion des barbares, les Slaves la relevèrent en 611 ; elle acquit de l'importance en 723, et vers le quinzième siècle sa population était si considérable, que son université comptait 7,000 étudiants. Les persécutions excitées contre Jean Huss, qui naquit dans les environs

(¹) Voyez l'Histoire de la Bohême, par *Æneas Sylvius*.

de cette ville, et la révolte des hussites causèrent la ruine de cet établissement, qui ne s'est relevé depuis que par la munificence des rois. Prague renferme des manufactures de toiles de fil et de toiles de coton, de fichus et de mouchoirs, des tanneries où l'on prépare des cuirs à la manière du *ioufte* de Russie, des fabriques d'acide nitrique et des verreries ; la chapellerie commune y emploie un grand nombre de bras. Elle est le centre commercial de la Bohême et l'entrepôt général du royaume. On y compte plus de 30 maisons de commerce dont près de la moitié sont juives. Cependant, malgré sa population importante et sa position avantageuse, la ville n'offre point l'apparence de l'aisance, et les classes inférieures paraissent même y être dans la misère.

Après la capitale, il est peu de villes qui méritent une description détaillée : dire que *Reichenberg* est après Prague la plus importante ville du royaume, bien qu'elle n'ait que 14,000 habitants, et que c'est le Manchester de la Bohême ; que *Josephstadt*, autrefois *Pless*, en est une des principales places fortes ; que *Kuttenberg* et *Joachimsthal* doivent leur importance aux riches mines de métaux utiles que renferment leurs environs ; que *Iung-Brunzlau*, petite ville bâtie en 973 par Boleslaw II, sur la rive gauche de l'Isar, renferme 3,600 habitants, riches de leur industrie et de leur commerce ; rappeler que la petite cité manufacturière de *Reichstadt* fut l'apanage du fils de Napoléon ; citer parmi les villes les mieux bâties *Leitmeritz*, petite place forte, peuplée seulement de 4,000 individus, et siége d'un évêché dont la cathédrale est très belle ; dans ses environs la forteresse de *Theresienstadt* sur le bord de l'Eger, près de son embouchure dans l'Elbe, qui domine une petite ville de 1,000 habitants ; *Kamnitz*, siége principal du commerce de verrerie ; le fameux village de *Warnsdorf*, le plus grand de toute la Bohême, et qui par ses 800 maisons bien bâties, ses édifices et son industrie, est plus important que beaucoup de villes ; *Töplitz*, dont les 2,600 habitants s'enrichissent du produit de ses sources jaillissantes ; *Saatz*, en bohême *Zatecz*, sur la rive droite de l'Eger, peuplée de 3,800 individus, et fondée en 718 par un riche seigneur bohême nommé Schwach ; *Carlsbad*, presque aussi célèbre par ses épingles et ses ouvrages en acier que par ses eaux, petite ville entourée de forêts et de hautes montagnes, et dont les sources, qui constituent sa richesse, furent signalées, dit-on, pendant une chasse de l'empereur Charles IV, par les cris d'un de ses chiens tombé dans une mare bouillante, ce qui détermina ce prince à essayer leur vertu salutaire; *Eger*, peuplée de 8,500 individus, dont l'industrie consiste à fabriquer des cotonnades, des tuyaux de chanvre et des limes; *Pilsen*, aussi peuplée, mais enrichie par ses manufactures de drap, par ses 4 foires annuelles, par son institut philosophique et ses autres établissements littéraires, et par les exploitations de fer et d'alun de ses environs; *Pisek*, qui passe pour être une des plus jolies villes du royaume; *Budweis*, qui renferme un gymnase, un arsenal et 6,000 habitants, et qui communique par un chemin de fer avec Freystadt, dans la haute Autriche; *Tabor*, sur une hauteur et jadis fortifiée, célèbre pendant les guerres des hussites; *Königsgrätz*, en bohémien *Kralowy-hradecz*, jolie ville de 6,000 âmes, autrefois plus considérable, aujourd'hui siége d'un évêché, fortifiée par Marie-Thérèse et renfermant des écoles et des collections ; citer, nous le répétons, ces différentes villes, c'est prouver le peu d'importance de celles que nous n'avons point comprises dans cette énumération.

Le gouvernement de la Bohême s'attache depuis long-temps à répandre l'instruction et les lumières dans toutes les classes de la population. Il est d'ailleurs à remarquer que tous les habitants de la Bohême, et surtout ceux de la race slave, montrent beaucoup de dispositions pour les arts et les sciences. L'université de Prague, l'école polytechnique, l'école normale, les 26 gymnases et les écoles d'industrie sont richement dotés; les écoles élémentaires et les institutions particulières sont nombreuses, les israélites mêmes en possèdent un nombre suffisant. Il ne manque à tous ces établissements qu'une meilleure direction pour qu'on en obtienne les plus grands avantages; à cet égard, quelques particuliers ont montré leur zèle pour les arts en fondant à leurs frais, à Prague, une société dont tous les membres se font un devoir de réunir dans une galerie les différents objets d'arts qu'il est utile de mettre au jour pour former le goût de la jeunesse, et une école dans laquelle sont admis aux leçons des professeurs les étudiants recommandés par la société. Une autre société, établie sur le même plan, a pour but de répandre le goût et de favoriser l'étude de la musique, ainsi que de former des virtuoses pour le chant et les différents instruments. Un fonds de 1,330,000 florins est destiné à faire donner l'éducation universitaire à 780 jeunes étudiants sans fortune qui désirent se livrer aux sciences ou à la carrière de l'instruction. Prague possède encore l'unique société savante des anciennes provinces de la monarchie autrichienne: elle occupe un rang distingué en Europe.

Ce qui fait surtout honneur au gouvernement et à la classe aisée de la Bohême, c'est le nombre de ses établissements de bienfaisance : dans presque toutes les villes on trouve des hôpitaux pour les malades, pour les orphelins, pour les pauvres. On estime annuellement plus de 2,180,000 florins les dépenses affectées à ces établissements, et à plus de 3,300 le nombre des individus qui y sont reçus. Qu'on ajoute à ces maisons de secours les sociétés bienfaisantes qui, pour les pauvres de différentes classes, entretiennent la distribution d'un grand nombre d'aliments pendant toute l'année, de bois et de couvertures pendant l'hiver, d'avances pécuniaires aux ouvriers et aux particuliers même qui ont éprouvé des malheurs; qu'on y comprenne encore les associations destinées à secourir les veuves, les médecins, les jurisconsultes et les commerçants; qu'on énumère enfin dans la capitale les maisons de santé réservées aux malades et aux femmes en couches dans l'indigence, et les nombreuses succursales réparties dans la ville pour procurer des soulagements aux individus qui ont été victimes de quelque accident, on avouera que, sous le rapport de l'exercice de la bienfaisance, la Bohême pourrait être présentée comme modèle dans les pays mêmes où la philanthropie n'est point entravée par l'indifférence.

Les revenus du royaume s'élèvent à plus de 25,000,000 de florins; son armée a plus de 50,000 hommes, sans compter la *landwehr*, qui est de 22,000 hommes. La conscription y est établie depuis long-temps. Un géographe allemand ([1]) fait remarquer avec raison qu'il est peu de pays plus faciles à défendre contre une invasion étrangère. Sans entrel

([1]) M. *de Licchtenstern.*

dans des considérations stratégiques hors de notre sujet, nous ferons seulement observer qu'il est naturellement défendu par ses montagnes; qu'une armée ennemie y manœuvrerait difficilement; que plus elle serait nombreuse, plus elle serait facile à arrêter par des forces disséminées qui la harcèleraient sur différents points, et que les cours d'eau qui divisent le pays seraient, avec ses forêts, ses montagnes et leurs gorges, des obstacles qui diminueraient de beaucoup les chances d'une attaque. Au surplus, si les avantages que présente la Bohême pour sa propre sûreté sont un point de tranquillité pour elle, ils ne sont point aussi importants pour l'ensemble de la monarchie autrichienne : la tactique adoptée par les puissances européennes, depuis que Napoléon leur apprit à se défendre et à attaquer, trouverait facilement le côté faible dans une guerre contre cette puissance.

LIVRE QUATRE-VINGT-UNIÈME.

Suite de la Description de l'Europe. — Description de l'Allemagne. — Douzième section. — Empire d'Autriche. — Deuxième division. — Moravie et Silésie autrichienne.

La *Moravie,* en allemand *Mœhren,* tire son nom de la *Morawa,* rivière ainsi nommée par les anciens Slaves, et que les Allemands appellent *March.* Cette province, qui porte le titre de comté ou de margraviat, est réunie à la Silésie autrichienne sous le rapport politique, et forme une province encore moins allemande que la Bohême, puisque les peuples slaves en font plus des trois quarts de la population. Nous allons examiner d'abord ces deux parties séparément sous le point de vue physique.

L'étendue de la Moravie est de 45 lieues du nord au sud, et de 52 du nord-est au sud-ouest. Elle est bornée à l'ouest par la Bohême, au sud et à l'est par l'archiduché d'Autriche et la Hongrie, au nord par la Silésie. Plus de la moitié de ce pays est couverte de montagnes, qui forment, surtout vers le sud, des vallées agréables et fertiles. Le sol est élevé de 500 à 900 pieds au-dessus du niveau de la mer : sa pente est principalement inclinée vers le sud; la March, sa principale rivière, qui prend sa source dans les monts Sudètes, coule du nord au midi et reçoit la plupart des cours d'eau qui descendent des montagnes; elle va se réunir à la Taya, sur la frontière méridionale de la province.

Au centre de la Moravie, le géologue peut observer les roches schisteuses appelées *psammites,* du milieu desquelles s'élèvent de grands dépôts de grès bigarrés et de marnes irisées, puis le grès analogue à celui de Pirna, qui entouré de longues bandes de calcaire jurassique : à l'est, au nord et à l'ouest, les montagnes lui offriront une grande variété de roches intéressantes par leur position; il y remarquera plusieurs dépôts houillers, à la vérité moins importants que ceux de la Bohême, mais exploités cependant avec avantage aux environs de *Rossitz* et de *Blawon,* où ils occupent le fond d'un bassin composé de gneiss. Au sud, au lieu de houille, il verra se succéder des dépôts d'eau douce, caractérisés par les bois fossiles appelés *lignites*[1]. En général, les terrains de la Moravie sont caractérisés, comme ceux de la Bohême, par l'absence des formations comprises entre le grès rouge et la craie.

Franchissons les montagnes qui séparent la Moravie de la Silésie; montons sur l'*Alt-Vater,* qui, ainsi que l'indique son nom, semble être le *vieux père* de la chaîne de *Gesenke,* dont les sommités vont se joindre à celles des Sudètes, qui se prolongent au loin vers le royaume de Saxe. De cette haute montagne on voit s'étendre, du sud-est au nord-ouest, la longue et étroite Silésie autrichienne, qui occupe 38 lieues dans cette direction, sur une largeur moyenne de 8 à 9 lieues. En traversant ces monts élevés, on ne peut s'empêcher de re-

[1] Voyez le travail de M. *Riepl,* Annales de l'institut polytechnique impérial et royal de Vienne, et les différentes cartes géologiques de l'Allemagne.

marquer la belle cascade qui tombe du *Hungersberg*, et le *Bischofskappe*, dont la cime atteint 3,000 pieds de hauteur. La contrée qui occupe le versant septentrional de la chaîne de *Gesenke* est la partie la plus élevée des deux Silésies : on y exploitait jadis de riches mines d'or et d'argent, surtout au *Hackelberg*. Suivant une tradition, les Mongols enlevèrent, en 1421, non seulement les ouvriers employés à l'extraction de ces mines, mais la plupart des mineurs de la Silésie. Ces exploitations, reprises depuis à diverses époques, ne paraissent pas devoir être aujourd'hui d'un grand avantage.

Cette ancienne province autrichienne offre aux géologues et aux minéralogistes de quoi les dédommager de leurs pénibles recherches. Sur les pentes des Sudètes, des Gesenke et d'une portion des Karpathes, on trouve d'abord plusieurs petits bassins isolés formés de grès, d'argile schisteuse, de houille, de fer argileux et de porphyre; puis des calcaires métallifères contenant du plomb, du fer et du zinc, le calcaire appelé *muschelkalk*, une formation salifère, gypseuse et argileuse, des argiles renfermant divers métaux et des dépôts considérables d'alluvions (¹). Au centre, on voit s'étendre jusque dans la Moravie des calcaires que les uns considèrent comme primitifs, et les autres comme appartenant à l'époque intermédiaire, c'est-à-dire placés entre les plus anciens terrains et ceux que les Allemands appellent secondaires. Les grès houillers occupent, au nord, un espace d'environ 32 lieues. Tous ces dépôts sont circonscrits par des psammites qui constituent sur la limite de la Moravie la chaîne des Karpathes. Le granit se montre sur tous les points élevés, mais le gneiss et le micaschiste se font voir dans les parties basses. Dans les terrains d'alluvions, l'argile bleue est abondante : c'est à ce terrain que la Silésie doit l'aspect uni que présente la surface de ses plaines (²).

Les *Quadi*, l'un des plus anciens peuples de la Moravie, étaient voisins et alliés des *Marcomani*, qui, ainsi que nous l'avons vu, se rendirent maîtres de la Bohême. Les *Quadi* sont les mêmes peuples que Strabon appelle *Coldui* (¹); leur histoire est fort obscure jusqu'au temps de Caracalla, qui tua leur roi Gaiobomar. Tacite en parle dans ses *Annales*, sous le nom de *Suevi*, par lequel il désigne les différentes nations qui habitaient la partie septentrionale de la Germanie : il dit que les Suèves furent placés par les Romains (²) entre la *March* et la *Cuse*, ou le *Waag*, et qu'on leur donna pour roi Vannius ou Wann, de la nation *quade*. Ce passage prouve combien est ancien le nom que porte encore la rivière que les Slaves ont appelée Morawa. Les *Quadi*, unis aux *Marcomani*, furent quelquefois redoutables aux Romains : Domitien marcha contre eux pour les punir d'avoir donné des secours aux Daces; ils lui proposèrent la paix, mais il refusa leurs conditions avec hauteur, et après avoir été battu par eux, il fut forcé d'en accepter de honteuses. Les *Quadi* tentèrent plusieurs fois d'étendre leur territoire jusque dans la Pannonie; Marc-Aurèle, pour les contenir, fut obligé de faire cantonner chez eux un corps de 20,000 hommes. Jusqu'au règne de l'empereur Numérien, qui remporta sur eux une victoire importante, leur histoire présente une succession continuelle de soumissions et de révoltes. Valentinien, pour les contenir, résolut de faire élever des forts sur les rives du Danube; les *Quadi* envoyèrent un de leurs chefs près de Maximin, préfet des Gaules, pour lui représenter que la construction de forteresses romaines sur une terre étrangère était une infraction aux droits des gens. Maximin reconnut en apparence la force de ces raisons; sous le prétexte de terminer, à la satisfaction réciproque de l'empereur et des *Quadi*, les difficultés qui s'étaient élevées, il engagea le chef de ceux-ci à rester quelques jours chez lui pour conférer ensemble sur cet important objet, mais il le tua au milieu d'un repas. Les *Quadi*, justement irrités, prirent les armes et ravagèrent les possessions romaines; cependant, vaincus par les troupes de l'empereur, la plupart se réfugièrent dans les montagnes, et le plus petit nombre dans la forteresse d'*Iglare*. La place fut emportée d'assaut; les *Quadi*, consternés, se rendirent à *Bregetia* en Pannonie, où était l'empereur, et implorèrent leur pardon. Valentinien, à l'aspect de ces hommes épuisés de fatigues et

---

(¹) Voyez le Mémoire de M. *Manès*, dans les Annales des mines de 1825. — (²) *Oeynhausen*: Versuch einer geognostischen beschreibung von Ober-Schlesien.

(¹) *Strabon*, liv. VII, ch. II, § 3. — (²) Liv. II, part. LXIII, inter Marcum et Cusum.

mal vêtus, crut que c'était pour l'insulter que les *Quadi* lui envoyaient de tels ambassadeurs; il leur parla avec tant d'emportement, qu'un vaisseau se rompit dans sa poitrine, et qu'il expira noyé dans son sang. C'était le 17 novembre 375. Suivant Ptolémée, les *Quadi* possédaient plusieurs cités importantes : *Rhobodunum*, aujourd'hui Hradisch; *Philecia*, que l'on croit être Olmütz; *Coridorgis*, à peu de distance de Brünn; *Phurgisatis*, près de Znaïm; et *Mediolunum*, dans les environs de Freudenthal, à l'ouest de Troppau.

Au septième siècle, les descendants des *Quadi* fondèrent le royaume de Moravie, qui s'étendait jusqu'à Belgrade, et comprenait conséquemment une grande partie de la Hongrie. Vers la fin du neuvième siècle, les Francs et les Huns attaquèrent les Moraviens des deux côtés, et bientôt leurs vastes possessions devinrent la proie de toutes les nations voisines. On fixe la destruction totale de cet empire au règne de Suatobog et à l'année 908. Deux cents ans plus tard, les Slaves dirigèrent leurs conquêtes sur ce point, et joignirent au royaume de Bohême la Moravie, qui fut érigée en margraviat; mais depuis le règne de Mathias, roi de Bohême et de Hongrie au quinzième siècle, la Moravie n'a plus eu de margraves particuliers.

Les Slaves, trois fois plus nombreux que les Allemands, habitent en grande partie le centre du pays, et les Allemands les montagnes. Les premiers se divisent en plusieurs branches : les *Hannaques*, les *Straniaques*, les *Slowaques* ou *Charwates*, les *Horaques* ou *Poohoraques*, les *Podzulaques* et les *Wallaques*. Les Hannaques tirent leur nom de la petite rivière de *Hanna*; ils ont un langage, des mœurs et un costume particuliers; leur principale richesse consiste en troupeaux et en volailles. Les *Straniaques* habitent près des frontières de la Hongrie. Les autres peuplades se distinguent également entre elles; mais la plus remarquable est celle que l'on nomme *Wallaque*. Elle ne descend point de la Valachie, comme on pourrait le croire; elle paraît avoir pris son nom du *Waag* ou du *Waha*, dont elle habitait autrefois les bords, avant qu'elle se fût établie sur le versant occidental des petits Karpathes. Ces Wallaques parlent un dialecte bohême, et portent le costume hongrois vert ou bleu. Avant le dernier siècle, lorsque d'immenses forêts de hêtres et d'érables couvraient encore les montagnes qu'ils habitent, ils y recueillaient une grande quantité d'amadou dont ils faisaient un commerce important; aujourd'hui leur sol défriché les oblige à se livrer à l'agriculture. Ils recueillent bien encore l'utile agaric que l'on vend sous le nom d'*amadou*, mais au lieu de cent charretées par an, ils n'en expédient plus que cinq ou six que l'on dirige sur Leipsick. Ils se font remarquer par leur propreté, et surtout par la blancheur de leur linge. Ils sont braves à la guerre, tolérants dans leur religion, et d'une probité scrupuleuse dans leurs relations habituelles [1]. Les Hannaques et les Slowaques paraissent descendre des *Marcomani*.

La langue slave, corrompue chez ces diverses peuplades, dérive du *tchèkhe* ou du *bohême*. Les consonnes y sont multipliées; mais elle est riche, harmonieuse même, et se prête facilement aux diverses intonations du chant. Sa littérature est plus ancienne que la littérature polonaise. Ses principaux monuments sont un hymne composé vers l'an 990 par l'évêque Adalbert, le psautier latin-bohême de Wittemberg du douzième ou du treizième siècle, la chronique de Dalemil, en vers, qui date à peu près de l'an 1310, et la traduction de la Bible. Elle perdit en Bohême, où elle était cultivée par les littérateurs et les savants, un grand nombre d'ouvrages qui furent brûlés ou détruits pendant les troubles religieux et politiques du quinzième et du dix-septième siècle. L'étude de cette langue, encouragée depuis une quinzaine d'années par le gouvernement autrichien, a fait naître un grand nombre de productions originales et de traductions. Elle est employée dans la publication de deux feuilles politiques et de trois ou quatre journaux littéraires. A Vienne on publie maintenant une collection de 300 chansons populaires d'une haute antiquité, recueillies dans les différents cercles de la monarchie.

Non seulement en Bohême, mais en Moravie et en Silésie, on reconnaît encore les différents dialectes du *bohémo-polonais* chez les peuplades slaves, malgré le mélange de mots allemands qu'elles y ont introduits. Le *hannaque* est rude dans sa prononciation; le *slowaque* se divise en deux sous-dialectes :

---

[1] Voyez Mittheilungen der Mœbrisch-Schlesisch. gesellschaft, par M. *Fichtner*.

le *slowaque-morave*, en usage chez les *Slowaques* et les *Wallaques*, et le *slowaque-silésien*, mélange de polonais, d'allemand et de slowaque. Tous deux se distinguent des autres par leur douceur (¹).

La nation allemande se subdivise aussi en quatre branches, que l'on distingue par les noms suivants : les *Hochlanders*, ou Silésiens, qui habitent la chaîne du Gesenke; les *Kuhhändlers*, qui occupent la partie orientale du pays; les *Paijaners*, ou Allemands-Autrichiens, et les *Schönhängstlers*, situés sur le versant oriental des monts Moraves.

Les peuples qui se fixèrent le plus tard dans la Moravie sont les descendants des Allemands, qui s'y sont établis pendant la guerre de Trente-Ans; les *Croates*, que l'on reconnaît encore dans la seigneurie de Dürnholm; les *Français*, dans celle de Göding; et les *Juifs*, dans les différentes villes commerçantes.

Lorsque Joseph II eut fondé la liberté de conscience, on vit paraître sur tous les points de la Moravie une foule de dissidents chrétiens qui conservaient dans l'ombre et la doctrine de Jean Huss et les principes de Luther et de Calvin. Les frères moraves, qui trois siècles auparavant avaient joué un rôle important dans ce pays ainsi qu'en Bohême, mais qui depuis le règne de Ferdinand n'avaient cessé, comme tous les protestants, d'être persécutés, se montrèrent en grand nombre. Les Wallaques offrirent, au milieu de leurs montagnes, le singulier spectacle d'une peuplade se déclarant tout-à-coup contre le rite catholique, sans se déterminer à en adopter un autre. Quelques années après le décret de Joseph II, on comptait déjà plus de 20,000 individus qui suivaient publiquement le culte des diverses communions protestantes; aujourd'hui la Silésie autrichienne renferme beaucoup de luthériens, et, pour quelques affaires religieuses, elle est une des dépendances du diocèse de Breslau. Le culte protestant est sous la direction du consistoire général de Vienne; quant aux catholiques, ils ont pour chefs spirituels l'évêque de *Brünn* et l'archevêque d'*Olmütz*. Comme en Bohême, les couvents sont ici très nombreux.

Malgré son élévation au-dessus du niveau de la mer, le climat de la Moravie est plus doux que dans plusieurs contrées situées sous le même parallèle. Au-delà du 49° degré, on cultive encore la vigne avec assez de succès. Dans les plus grandes chaleurs, le thermomètre monte à 28°, mais aussi dans certains hivers on le voit descendre à 22. A Olmütz, la température moyenne est de 7°,3; les montagnes sont exposées à un climat beaucoup plus rude que le centre du pays; aussi les récoltes se font-elles cinq ou six semaines plus tôt vers le centre de la Moravie que dans la contrée montagneuse de la Silésie. A Brünn, par exemple, les cerises sont en pleine maturité au mois de juin, tandis qu'en Silésie elles ne commencent à se colorer que dans les premiers jours d'août. Le vent du nord-est est celui qui règne ordinairement dans ces deux pays. La direction des montagnes et des vallées a d'ailleurs une grande influence sur l'action des vents en Moravie et en Silésie; ceux de l'ouest, du sud-ouest et du sud sont ordinairement accompagnés de pluie, d'orages et de brouillards; ceux du sud-est rendent au contraire l'air pur et serein.

Le pays nourrit beaucoup de gibier, de volailles, de poissons, d'abeilles et d'animaux domestiques; les bestiaux constituent la principale richesse du Silésien. Ce peuple, sobre et laborieux, ne jouit point d'une grande aisance. Les récoltes en céréales surpassent, en Moravie et en Silésie, les besoins de la population; cependant on récolte peu de blé pour l'exportation. Les pommes de terre, la plupart des légumes, l'anis, le houblon, le lin, le chanvre, la garance, le safran et le sénevé y sont abondants. Le lin est cultivé en grand, principalement dans les cercles de Brünn et d'Olmütz, mais il est moins estimé que celui de la Silésie. Outre la vigne, les arbres fruitiers y réussissent; mais celui qui y est le plus commun est le noyer. On exporte une grande quantité de vin; cependant une ordonnance de 1803 a restreint la culture de la vigne, qui avait pris trop d'extension pour les besoins du pays et pour ceux du commerce extérieur. Des coupes de bois faites inconsidérément ont diminué sensiblement les produits des forêts; mais depuis que celles-ci sont administrées avec plus de soin, elles commencent à promettre pour l'avenir d'importants revenus. Dans les plaines, les prairies et les pâturages sont peu considérables; mais ils sont assez

(¹) Voyez l'Atlas ethnographique de M. *A. Balbi*.

étendus dans les vallées et les montagnes pour que l'on doive espérer que les bestiaux et les moutons deviendront aussi nombreux qu'en Bohême; déjà on y élève plus de chevaux que dans ce royaume.

Les richesses minérales de la Moravie et de la Silésie sont assez variées; l'or et l'argent y étaient abondants jadis, ainsi que nous l'avons dit. Les mines exploitées aujourd'hui sont principalement celles de fer, de houille et de plomb; l'alun, le marbre et diverses autres roches y sont utilisés; mais nous devons dire aussi que les eaux de sources y sont généralement malsaines.

Sous le rapport de l'industrie, la Moravie est l'une des provinces les plus riches de la monarchie autrichienne. Les plus importantes manufactures sont celles de draps, de toiles et de cotonnades. Elles consomment les matières premières que fournit le pays et une grande partie de celles des provinces voisines; ainsi, par exemple, les laines de la Hongrie et le lin de la Silésie et de la Galicie sont employés par les fabriques de la Moravie. Il est fâcheux, pour le commerce de cette province, que la March ne puisse porter que des bateaux d'un petit tonnage, ce qui oblige l'habitant à expédier presque toutes les marchandises par terre, et encore deux routes seules servent-elles à ces transports, l'une sur Vienne et l'autre sur Prague. Si les communications étaient plus faciles, le pays en tirerait de grands avantages; mais, dans l'état actuel, ses revenus ne sont estimés qu'à 7,200,000 florins.

C'est depuis 1783 que les deux provinces de Moravie et de Silésie n'en forment qu'une, divisée en 8 cercles. Cette province est administrée par un gouverneur qui a le titre de *statthalter* ou de *landeshauptmann*. Les intérêts du pays sont confiés à des États dont les députés sont divisés en quatre classes: ceux du clergé, ceux de la haute noblesse, les chevaliers et les députés des sept villes royales. L'empereur les convoque tous les ans en assemblée générale sous la présidence du gouverneur. Après la clôture, une députation permanente s'occupe de toutes les affaires qui peuvent se présenter dans l'intervalle des sessions. La justice est rendue par des tribunaux établis dans chaque cercle et par une cour d'appel qui siège à Brünn.

La capitale de toute la province est *Brünn*, située entre les rivières de *Schwarza* et de *Zwittawa*, au pied d'une montagne. Elle est digne du rang qu'elle occupe par sa population, qui est de plus de 38,000 âmes. Ses anciennes fortifications sont en partie démolies, le reste tombe en ruines; sa citadelle seule est conservée pour servir de prison d'État. De ses principaux édifices nous ne citerons que l'hôtel-de-ville, le théâtre et l'ancien couvent des Augustins, aujourd'hui l'hôtel du gouvernement. Dans la salle où s'assemblent les États, on voit encore la charrue avec laquelle Joseph II, à l'exemple des souverains de la Chine, retourna un champ près de *Rausnitz*. L'une des plus belles places est celle du Marché aux Choux (*Kraut-Markt*); elle est ornée d'une superbe fontaine. De ses neuf églises, les deux plus remarquables sont celle de Saint-Jacques et celle des Augustins dans l'*Alt-Brünn*, ou la vieille ville. La première, dont l'architecture gothique est hardie et légère, renferme un grand nombre de statues: elle est couverte en cuivre; dans la seconde, un autel en argent, surmonté d'une image de la Vierge, digne du pinceau de Luc Granach, attire l'attention des connaisseurs. L'église de Saint-Jacques possède un manuscrit du quatorzième siècle, dans lequel l'auteur retrace les faits relatifs au siège de Troie, d'après deux antiques manuscrits grecs conservés à Athènes, et composés, dit-on, par deux témoins de ce siège ([1]). Les glacis ont été transformés en promenades. Près de la ville s'élève le *Spielberg*, montagne de 800 pieds de hauteur, dont l'extrémité, appelée le *Frandzensberg*, était autrefois un calvaire. Les rochers arides qui le couronnent ont fait place à une plantation au milieu de laquelle on a construit, en 1818, un obélisque en marbre de 60 pieds de hauteur, portant une inscription à la gloire des armées autrichiennes pour les campagnes de 1813, 1814 et 1815. De cette promenade on jouit d'une très belle vue, et l'on aperçoit

---

([1]) Le manuscrit de l'église Saint-Jacques est intitulé: *Liber historiæ Trojanæ, per magistrum Guidonem, de columnis de Nessuna, de græco translatus in latinum*: ce Guido vivait en 1287. La copie de son travail a été faite par un Allemand nommé Grunhagen, comme le prouve la dernière phrase, ainsi conçue: *Explicit historia seu chronica Trojanorum scripta per Johannum Grunhagen; anno Domini 1348*, etc. Archiv. fur Geschischte. 1825.

à 4 lieues, vers le sud-est, le village et le champ de bataille d'Austerlitz. Brünn est le siége d'un évêché : on y trouve plusieurs hôpitaux, des écoles et des séminaires, un collége supérieur appelé *Institut philosophique*, une société d'agriculture et d'histoire naturelle, une bibliothèque publique et un jardin botanique. Dans le palais épiscopal on a établi un très beau muséum. Le commerce de cette ville consiste principalement dans la vente de ses draps, de ses soieries, de ses chapeaux et de ses toiles de coton. Elle est considérée comme la plus importante de l'empire pour la fabrication des tissus de laine. C'est à l'accroissement de son industrie qu'elle doit l'augmentation rapide que sa population a éprouvée depuis peu d'années.

La petite ville d'*Austerlitz* est remarquable par un château dont les constructions souterraines sont une des curiosités de la Moravie. A 4 lieues à l'est d'Austerlitz, le bourg de *Buchlowitz*, peuplé de 1,300 habitants, est connu par ses eaux minérales sulfureuses et par ses excellents fruits. Plus loin, dans les montagnes, se trouve le village de *Luhatschowitz*, dont les bains sont très fréquentés : la fontaine de *Vincent* et celle d'*Armand* sont entourées de jolis édifices en forme de temples ; tous les ans elles sont le rendez-vous de malades attaqués de rhumatismes ou d'affections cutanées. *Poleschowitz* est un bourg qui s'enrichit du produit de ses vignobles : ses vins sont les meilleurs de la province. Quelques ruines que l'on remarque dans ses environs passent pour être les restes de l'habitation de saint Cyrille, premier évêque de la Moravie ; on voit encore à *Hradisch* celles de la première église qu'il fit construire.

Ce chef-lieu de cercle est situé dans une plaine fertile, mais exposée aux fréquentes inondations de la March ; il occupe une île au milieu de cette rivière, et renferme 1,500 habitants. Sa position l'oblige à entretenir 39 ponts dont un a plus de 300 pas de longueur. Hradisch était, au quinzième siècle, une forteresse importante que Mathias, roi de Bohême et de Hongrie, assiégea plusieurs fois sans succès. Dans l'hôtel-de-ville on conserve 4 sabres d'honneur qui furent donnés par le roi Wladislas à cette cité, en récompense de la bravoure de ses citoyens ; la grande place est ornée d'une belle statue de la Vierge. Sur le mont *Iaworsina*, le village de *Strany* est habité par une partie de ces Wallaques dont nous avons parlé, et qui se distinguent des autres habitants par leurs mœurs, leur langage et leur habillement ; ils ont conservé des restes de leurs anciennes habitudes guerrières : dans les jours de fêtes, ils se livrent avec ardeur à une danse caractéristique, qu'ils appellent la danse des voleurs, et dans laquelle ils agitent leurs sabres avec beaucoup de dextérité. Du haut des montagnes des environs de Strany, qui forment la frontière de la Moravie, un œil exercé distingue, à 30 lieues de là, la tour de Saint-Étienne [1].

Vers l'extrémité méridionale de la province, s'élève, au milieu d'une plaine, la ville commerçante de *Nikolsbourg* ou *Mikulow*, peuplée de 8,000 habitants, dont près de la moitié sont israélites. On y remarque un très beau château et un vaste édifice dans lequel est établi un gymnase. *Znaïm*, ville de la même population, y compris ses trois faubourgs, est située sur la rive gauche de la Taya, dans une contrée fertile et couverte de riches vignobles. Ses principaux édifices sont la maison de justice, la régie des salines et l'église paroissiale de Saint-Nicolas, d'une belle architecture gothique. Près de la ville, dont il est séparé par une vallée profonde, on remarque le chapitre de *Pöltemberg*, de l'ordre des chevaliers de la Croix. Znaïm a deux couvents et un gymnase. Les dames de la bourgeoisie s'y font remarquer par leur haute coiffure en étoffe d'or, et les hommes de la même classe par leurs habits bleus : la langue slave est la langue dominante. Plus loin, sur le bord de la Taya, le bourg d'*Eisgrub* est célèbre par la belle maison de plaisance du prince de Lichtenstein : le château est peu considérable, mais le parc, que traverse la rivière, est l'un des mieux dessinés et des plus agréables que l'on connaisse.

Au milieu des monts Moraves on trouve *Iglau*, en bohémien *Gihlawa*, arrosée par un ruisseau qui se jette près de là dans l'Igla. Elle renferme une belle place carrée, longue de 173 toises et large de 63. Sa population est de 13,000 habitants ; elle a trois églises paroissiales, un couvent de minorites fondé par Ottocar II, un gymnase et un hôpital. L'église

[1] Handbuch fur reisende in dem œsterreichischen kaiserstaate · par *Rodolphe de Jenny*.

de Saint-Jacques est ornée de beaux tableaux et renferme quelques antiques tombeaux. Celle qui appartenait aux Jésuites est décorée de peintures à fresque. Le cimetière de la ville est planté d'arbres et sert de promenade. En descendant des monts Moraves, *Trebitsch*, entourée de murs et située dans une vallée profonde au bord de l'Iglawa, ne mérite quelque attention que par la disposition pittoresque de ses habitations renfermant 5,000 âmes, par le grand château qui la domine, par sa vieille église et le couvent des Capucins. Si l'on veut jouir d'une vue aussi belle qu'étendue, il faut monter sur le *Mistkogel*, montagne élevée dont le sommet est arrondi : de là on voit se succéder, jusqu'à Nikolsbourg, des plaines riches et fertiles : on aperçoit la triste et profonde vallée de l'Igla, les ruines du vieux château de *Tempelstein*, dont le puits a, dit-on, 500 aunes de profondeur, et sur la rive gauche de la Rokitna, la petite ville de *Kromau*, dominée par des hauteurs couvertes de bois et disposées de manière à présenter l'aspect d'un vaste amphithéâtre de verdure. Ces collines et ces montagnes renferment des mines de houille, dont l'exploitation constitue la principale industrie des 1,400 habitants de Kromau.

En suivant une route pénible dans les monts Moraves, on arrive, sur les bords de la *Schwartza*, dans la petite ville d'*Ingrowitz*, qui ne possède que 1,100 habitants, mais qui fait un commerce considérable de lin et de toiles écrues ; c'est le siége du surintendant des communions réformées moraves. En se dirigeant sur cette ville, on ne peut s'empêcher de remarquer le mont *Prositschka*, sur lequel les anciens Slaves allaient rendre grâces à leurs dieux. Sa cîme, qui se couronne de nuages aux approches du mauvais temps, tient lieu de baromètre aux paysans de la contrée. Lorsque le ciel est clair, on y jouit d'une vue assez étendue pour apercevoir la ville de Konigsgrätz en Bohême.

L'ancienne capitale de la Moravie était *Olmütz*, en slavon *Holomauc*. Ses fortifications, toujours entretenues, et sa citadelle, qui servit de prison au général Lafayette, en font une place de guerre qui paraît d'autant plus importante, que les travaux qui la défendent sont très étendus. Sa population et celle de ses cinq faubourgs sont de 13,000 âmes. La ville, divisée en deux parties, Olmütz, proprement dite, et le quartier du Dôme, est bien bâtie ; elle est le siége de la justice du district et la résidence de l'archevêque, qui a pour suffragant l'évêque de Brünn. L'archevêché d'Olmütz est l'un des plus riches de l'empire d'Autriche. Le lycée d'Olmütz et ses autres écoles sont célèbres, ses établissements de bienfaisance entretenus avec soin, son arsenal très bien garni. Ses fontaines, d'une construction élégante, font honneur au ciseau de Donner. Le plus beau de ses édifices est l'hôtel-de-ville. Le lycée, qui est une sorte d'université, puisqu'on y enseigne la théologie, le droit, la médecine et la philosophie, possède une bibliothèque de 50,000 volumes, un cabinet d'histoire naturelle et une belle collection d'instruments de physique. On compte dans cette ville plusieurs fabriques de tissus de laine et des tanneries ; elle entretient de grandes relations avec la Pologne, la Russie et la Moldavie, par son commerce de bestiaux. On montre à Olmütz le lieu où l'empereur d'Autriche eut une entrevue avec Napoléon peu de temps avant la bataille d'Austerlitz. Quelques savants prétendent que cette ville est la même que celle que Ptolémée désigne sous le nom d'*Eburum*.

La March, qui arrose Olmütz, descend vers le sud et traverse la plaine où l'on voit *Kremsier*, en bohême *Kromerzig* ou *Krowierzitz*, l'une des plus belles villes de la province, et résidence de l'archevêque pendant la belle saison ; elle est à 8 lieues au sud de la précédente. Le château de ce prince de l'Église est de la plus grande magnificence : les galeries de tableaux, les collections scientifiques et la bibliothèque, les jardins, embellis par d'élégantes fabriques et des cascades, répondent à l'architecture de l'édifice. La population de cette petite ville est de 4,000 âmes. *Prerau*, en slave *Przérow*, sur la Betschwa, est un peu moins peuplée ; c'est une des plus anciennes villes de la contrée : on y voit un grand édifice qui appartenait aux templiers. *Weisskirchen*, peuplée de 5,000 âmes, à peu de distance de la Betschwa, est fréquentée par les baigneurs qui vont prendre les eaux d'un autre *Töplitz*, qu'il ne faut point confondre avec celui de la Bohême, et qui est situé à une demi-lieue de cette ville. Près de l'établissement thermal, on remarque un précipice de 450 pieds de profondeur, au fond duquel se trouve un étang d'eau gazeuse nommé *Geratzerloch*.

Tels sont les principaux lieux de la Moravie; mais si nous franchissons les montagnes qui la séparent de la Silésie, nous remarquerons au pied du Buzberg, au milieu d'une magnifique vallée, *Iagerndorf*, ville de 4,700 habitants, qui renferme un théâtre. Elle est entourée de murailles et dépend d'un duché appartenant au prince de Lichtenstein; la montagne qui la domine est fréquentée par les botanistes: sa cime supporte une magnifique église. Sur les limites de l'empire d'Autriche, *Troppau*, chef-lieu de la Silésie autrichienne, est une ville forte dont les rues sont larges et alignées, et la population de 10,000 âmes. Le vieux bâtiment de l'hôtel-de-ville, un théâtre, des églises et le château ducal de Lichtenstein, tels sont ses principaux édifices. C'est le siége des tribunaux de première instance et de commerce de la province, et du collége des caisses publiques; c'est la résidence d'un commandant de division militaire: elle renferme quelques manufactures, et ses savons sont estimés.

Sur les pentes des Karpathes, dans une contrée couverte de forêts et de pâturages, on voit, au bord de l'Olza, *Teschen*, peuplée de 6,000 âmes: c'est une ville entourée de murs et de trois faubourgs, et dominée par un château. On y fabrique des draps, des toiles et des armes à feu estimées. En remontant vers le sud-est, on aperçoit dans une vallée le village de *Weichsel* ou *Vistule*, remarquable par une chute d'eau de 200 pieds de hauteur: les sources qui la fournissent sont celles du fleuve qui traverse la Pologne. Enfin, sur la frontière du royaume de Galicie, *Bielitz* est renommée pour ses fabriques de draps: sur 5,000 habitants, 3,300 s'occupent de la fabrication des tissus de laine.

LIVRE QUATRE-VINGT-DEUXIÈME.

Suite de la Description de l'Europe. — Description de l'Allemagne. — Douzième section. — Empire d'Autriche. — Troisième division. — Description de l'archiduché d'Autriche.

Autour du pays que nous allons décrire, se groupent les différentes possessions de la monarchie autrichienne, de cet empire qui offre la singulière réunion de peuples étrangers les uns aux autres, gouvernés au nom d'un même souverain, mais d'après des lois différentes. Chez quelques uns, nouvellement conquis, l'amour de la patrie est un mot vide de sens, et l'obéissance passive l'unique devoir; chez quelques autres, cette obéissance même est un effet de la crainte plutôt que de l'ignorance, et l'espoir de l'indépendance fait encore palpiter leurs cœurs. Les uns, soumis depuis longtemps, ne semblent connaître d'autre bien que le repos; les autres, jaloux de leur indépendance, croient l'avoir conservée parce que leur pays porte les noms de duchés et de royaumes; tous enfin sont isolés par leurs mœurs et par leur langage plus que par les chaînes de montagnes qui les séparent.

L'ancien archiduché d'Autriche, en y comprenant le duché de Salzbourg, est borné à l'ouest par la Bavière et le Tyrol, au nord par la Bavière, la Bohême et la Moravie, à l'est et au sud-est par la Hongrie, et au sud par le duché de Styrie. Ce pays, dont la superficie est de 708 milles carrés [1], est divisé par l'*Ens* en deux parties à peu près égales: celle qui est située à la gauche de cette rivière porte le nom de *pays au-dessus de l'Ens* ou *gouvernement de la haute Autriche*, et la partie opposée, celui de *pays au-dessous de l'Ens* ou *gouvernement de la Basse-Autriche*. Les montagnes du midi de la Bohême et les Alpes Noriques bordent un large bassin que le Danube traverse majestueusement de l'ouest à l'est. Ces montagnes prolongent leurs rameaux jusque vers les bords du fleuve; elles forment un grand nombre de vallées et quelques petites plaines: aussi la haute Autriche est-elle l'une des contrées les plus agréables et les plus romantiques de l'Europe. Les montagnes de *Manhart* et la chaîne du *Greiner-wald* sont d'une élévation peu considérable, mais celles

[1] Suivant M. *Max.-Freid. Thielen*, 708 milles 6/10, ou 1,970 lieues géographiques de France.

qui s'étendent au sud du Danube atteignent une grande hauteur (¹); quelques unes sont couvertes de glaciers éternels.

Si nous jetons un coup d'œil général sur ce pays, nous remarquerons que les montagnes qui s'étendent depuis Vienne jusque vers la chaîne calcaire des Alpes renferment plusieurs dépôts de houille : tels sont ceux de *Thomasberg* et de *Meyersdorf*. Sous le rapport géologique, ils offrent de l'intérêt. Ils sont accompagnés de grès argileux, calcaires et quartzeux, d'argile et de marnes schisteuses, dans lesquels on remarque des impressions de plantes et des coquilles marines calcinées. On trouve aussi de la houille aux pieds des Alpes dans la vallée de l'Ens (²). À l'est de cette rivière, des terrains d'époques et de nature différentes contiennent des mines de fer, de plomb et même d'argent, ainsi que des houillères. Le district élevé de Monasberg est couvert, dans plusieurs localités, de divers dépôts de transport. Depuis l'extrémité occidentale de l'Autriche jusqu'à l'extrémité opposée, c'est-à-dire depuis les sources de la Salza jusqu'à l'embouchure de la March dans le Danube, les formations qui dominent dans la contrée sont disposées en quatre bandes parallèles qui s'étendent de l'ouest à l'est. Ces bandes sont composées de la manière suivante : au sud règnent des micaschistes, que recouvrent plus loin des schistes argileux ; ensuite se montre une large bande de calcaire ancien, que recouvre enfin un long dépôt de grès et d'argile de sédiment supérieur. Dans les environs de Vienne, s'élèvent, du milieu de ce dépôt, des masses de calcaire ancien. A l'ouest de l'Ens, le nombre et la hauteur des montagnes rendent les environs de Salzbourg et le pays de Berchtesgaden plus intéressants pour le géologue ; elles font partie des Alpes Noriques. Composées de granit, de grès ou de psammites et de calcaire, le quartz;

(¹) Nous avons donné (tom. II, p. 10 et suiv., l'élévation des principaux sommets des chaînes Rhétiennes et des Alpes Noriques. On remarque cependant sur la frontière de l'Autriche plusieurs montagnes importantes qu'il est bon de relater

À l'Est ou au-dessous de l'Ens.		À l'Ouest ou au-dessus de l'Ens.	
	Pieds.		Pieds.
Le Hochhorn	10,667	L'OEtscher	6,062
Le Dachstein	9,285	Le Wechselberg	5,574
Le Hoher Kreuzberg	8,726	Le Huthwisch	2,710
Le Gradstein	8,598		

(²) Voyez le Mémoire de M. *Riepl*, Annales de l'Institut polytechnique de Vienne, tom. II.

le grenat et quelques pierres précieuses, l'amiante, le marbre et le sel gemme, le feldspath et la serpentine, ainsi que la plupart des métaux, s'y trouvent à différentes hauteurs. Les montagnes calcaires semblent y surpasser en élévation celles de granit ; cette illusion est produite par la petitesse de leurs plateaux et par la rapidité de leurs pentes ; mais, sans avoir recours à l'opération du baromètre, il est facile de remarquer que les montagnes granitiques ne paraissent moins élevées que parce qu'elles sont vues dans un plus grand éloignement : en effet, à l'approche de l'hiver, celles-ci sont toujours les premières couvertes de neige. La basse Autriche ne possède pas de grandes richesses minérales. Les mines d'argent et de plomb des environs d'Annaberg, si riches autrefois, sont à peu près abandonnées. A Saint-Pölten et aux environs de Schottwein, on exploite encore du fer, mais tout au plus 34,000 quintaux par an. Il est vrai que cette partie de l'Autriche renferme d'importantes houillères aux environs de Schauerleithein, de Klingenfurt et de Thalern : leur produit s'élève à plus de 230,000 quintaux par an. La haute Autriche possède surtout de riches salines : Hassel prétend que si le gouvernement autrichien n'avait point intérêt à ménager le combustible, ce pays pourrait fournir de sel toute l'Allemagne. Celles de Hallein seules produisent annuellement 900,000 quintaux de ce minéral. Dans le district de Salzach, l'un des plus importants en mines, leur exploitation donne lieu à un produit de 300 marcs d'or, 700 d'argent, 3 à 400 quintaux de cuivre, 500 de plomb, 15,000 de fer, 10 d'arsenic et 53 de sulfate de fer.

Les montagnes calcaires sont, pour le botaniste, intéressantes par la richesse et la variété de leur végétation. Il est probable que leur composition géognostique, et surtout leur hauteur moins considérable, sont les principales causes de cette abondance de plantes variées. Les lichens et presque tous les cryptogames y manquent, tandis que les montagnes schisteuses et granitiques en sont abondamment revêtues. Dans les premières, les sources sont rares, tandis que dans les secondes elles sont fort abondantes ; les escarpements, les déchirements rapides et profonds y multiplient les cascades. Le terrain s'élève graduellement du nord au sud dans le pays de Salzbourg; et si l'on compare le niveau des plaines basses avec la hauteur des sommités les plus élevées, tel que celui du Wisbachshorn, la différence est de plus de 10,000 pieds.

Ordinairement en Autriche, dans les montagnes d'une moyenne hauteur, le printemps commence en juin et l'hiver en octobre: c'est vers cette époque que les bergers retournent avec leurs troupeaux dans les vallées et près de leurs cabanes. Dans les hautes Alpes, le printemps commence en juillet, l'été en août, l'automne en septembre et l'hiver en octobre, et dure jusqu'à la fin de juin. Certaines cimes et quelques gorges sont au contraire le domaine exclusif de l'hiver; d'autres jouissent d'un printemps presque perpétuel; d'autres enfin ne conservent l'été que pendant quelques jours. Dans quelques parties des Alpes, les saisons sont pour ainsi dire réunies: ainsi, quelques gorges sont remplies de neige en juillet et en août; mais à mesure que cette neige fond sur les contours, ceux-ci se couvrent de plantes, parmi lesquelles on remarque la *soldanella alpina*, le *ranunculus alpestris* et la *dentaria enneaphylla*, et plusieurs autres encore. Ailleurs les premières fleurs s'épanouissent, tandis que non loin de celles-ci on aperçoit, sur quelques cimes exposées aux rayons du soleil, l'*azalea procumbens* de Linné, petit arbrisseau qui forme aujourd'hui le genre *Loiseleuria*; plusieurs espèces de saxifrages, le *cistus oelandicus*, l'*aster alpinus*, l'*achillea clavennæ*, et d'autres végétaux, ornements de l'été des Alpes. Enfin plus bas, sur les terrasses que forment les montagnes, on rencontre les *gentiana asclepiadea* et *pannonica*, plusieurs espèces d'aconit, les *cacalia alpina* et *albifrons*, le *veratrum album*, et beaucoup d'autres belles compagnes de l'automne des Alpes, autour des paisibles cabanes des bergers. En général, le printemps, l'été et l'automne sont très courts dans les montagnes du Salzbourg: c'est ce qui fait que, sur 300 espèces de plantes qui y vivent, 20 à peine sont annuelles ou bisannuelles, tandis que toutes les autres sont vivaces [1].

Quittons les montagnes, nous verrons que la partie méridionale du pays au-dessus de l'Ens est la plus froide, parce qu'elle est la plus élevée de l'archiduché: le raisin y vient rarement à maturité; le climat est plus doux dans

[1] Voyez Salzburg und Berchtesgaden, par M. *F. Ant. de Braune*.

la vallée du Danube; mais partout l'air est pur et sain. Il y tombe annuellement 24 à 30 pouces d'eau. Les vents les plus fréquents sont ceux de l'ouest, du nord-ouest et de l'est. Au-dessous de l'Ens le climat est tempéré, mais variable; le thermomètre n'y descend pas à plus de 19 degrés, et n'y monte pas à plus de 25. Le nombre des jours secs est environ double de celui des jours pluvieux.

A l'est et à l'ouest de l'Ens il existe des terrains marécageux d'une grande étendue et plusieurs sources minérales estimées. La partie de l'archiduché au-dessus de l'Ens contient quelques lacs ou étangs considérables: les deux principaux sont l'*Atter*, dont la superficie est de 7,288 iochs ou arpents d'Autriche, ou 4,194 hectares, et le *Traun*, de 3,777 iochs seulement, ou de 2,173 hectares, mais dont la position pittoresque et les sites environnants sont en réputation dans la contrée. Ce dernier est formé par la rivière de la Traun, qui lui apporte les eaux d'un autre lac, celui de *Hallstadt*. Sa longueur est de 3 à 4 lieues, et sa plus grande largeur de près d'une lieue. Il est surtout remarquable par sa profondeur, que l'on dit être de 300 toises.

Les plus importantes rivières tributaires du Danube sont au nord la *March*, et au sud l'*Ens*, l'*Anisus* des anciens, dont le cours est de 54 lieues; et la *Traun*, qui sort d'un petit lac dans les Alpes Noriques près d'Aussée; traverse celui de *Hallstadt*, puis celui de Traun, et tombe près de Lambach en formant une cascade au milieu de roches de 60 pieds de hauteur. La navigation de cette rivière, de 30 lieues de cours, n'est point interrompue par cette chute: on a établi en cet endroit un canal parallèle d'environ 700 pieds de longueur.

Maintenant que nous connaissons la contrée qui comprend les deux gouvernements de l'ancien archiduché d'Autriche, voyons quels sont les peuples qui l'habitaient jadis.

Les terres comprises entre le Danube et les Alpes étaient, suivant Ptolémée, occupées par les *Ambilici* et les *Ambidrani*, qui faisaient partie des *Norici*. Ce pays portait chez les Romains le nom de *Noricum*. Les environs de Vienne appartenaient à la Pannonie supérieure; la rive gauche du Danube était peuplée de quelques *Norici* et de *Quadi*. L'histoire des *Norici* est fort incertaine; on croit qu'avant leur soumission aux Romains ils étaient gouvernés par un roi. Sous le règne d'Auguste, le *Noricum* devint une province romaine assez importante pour être divisée en deux parties, dont la plus rapprochée du Danube portait le nom de *Noricum ripense*; et l'autre, près des Alpes et au-delà, celui de *Noricum mediterraneum*. Les principales cités étaient, sur les bords du fleuve, *Lauriacum*, aujourd'hui le village de *Lorch*; *Arelate*, qui n'est remplacé par aucune autre ville; et, dans les montagnes, *Ovilabis* (*Wels*) et *Invavum* (*Salzbourg*). Tant que les Romains furent puissants, les *Quadi*, les *Marcomani* et d'autres peuples voisins respectèrent les *Norici*; mais dans la suite les Goths les soumirent, Alaric les ravagea, les Suèves et les Hérules leur succédèrent.

Vers le sixième siècle, un peuple originaire des vallées de l'Oural, les *Avares*, occupèrent une partie de l'archiduché d'Autriche; il est probable qu'ils y fondèrent un royaume, que les peuples situés à l'occident appelèrent *OEsterreich* (royaume oriental). Charlemagne s'en empara et le divisa en plusieurs comtés. Les excursions fréquentes qu'y firent les *Magiars* ou Hongrois déterminèrent, en 928, Henri l'Oiseleur à les ériger en un margraviat dont il donna l'investiture à son neveu Léopold. Frédéric-Barberousse en fit un duché. Au treizième siècle, Ottocar, roi de Bohême, s'en empara; mais ce prince ayant refusé de rendre hommage à Rodolphe de Habsbourg, élu empereur, celui-ci le tua dans une bataille, et fit entrer dans sa famille ce duché, qui participa de l'importance que sut aquérir depuis la maison d'Autriche. Telle fut l'origine de cette maison que plusieurs généalogistes font remonter, les uns jusqu'au cheval de Troie, les autres jusqu'à l'arche de Noé.

Les invasions dont l'Autriche a été le théâtre ont tellement mélangé le sang des peuples qui s'y sont établis, qu'il est difficile d'y reconnaître les nuances qui les distinguaient jadis. Cependant près des frontières de la Moravie, dans le pays au-dessous de l'Ens, on trouve encore quelques Slaves; dans le pays au-dessus de l'Ens, les descendants des *Norici* ne démentent point leur antique origine: leur langage diffère de celui des autres nationaux; les habitants du district de Salzach surtout montrent dans leurs mœurs et dans leur caractère les restes d'un type particulier. La plupart d'entre eux sont laborieux et doués d'une grande probité.

L'allemand-autrichien, langage moins pur que celui que l'on parle au centre de l'Allemagne, est un des sous-dialectes du *danubien* ([1]). Dans le pays de Salzbourg, on parle un patois bavarois; mais dans le reste de l'archiduché le langage offre plusieurs variétés distinctes: toutes sont riches en diminutifs, mais plus dures que le bavarois.

L'Autriche était peu exposée aux ravages des maladies épidémiques, avant l'invasion récente du choléra asiatique qui a fait de grands ravages à Vienne. Ordinairement la mortalité y est plus considérable que dans les autres possessions de la monarchie autrichienne: le nombre des décès, comparé à la population, est dans le rapport de 1 à 34. Dans les montagnes des environs de Salzbourg, on est fréquemment peiné à la vue de ces êtres dégradés moralement et physiquement, si connus sous le nom de *crétins*.

L'Autrichien est laborieux: le soin d'accroître son patrimoine se remarque chez les habitants de toutes les classes: c'est là ce qui explique comment l'agriculture et l'industrie sont parvenues dans l'archiduché à un degré d'avancement qui semble être en opposition avec l'idée faussement répandue de l'apathie de ce peuple. C'est plutôt à la mauvaise qualité du sol qu'à l'ignorance de l'agriculteur qu'il faut attribuer l'insuffisance des récoltes en céréales dans les deux gouvernements au-dessus et au-dessous de l'Ens. Sous ce rapport, le pays consomme plus qu'il ne produit. Sur la rive gauche de l'Ens, les arbres fruitiers sont assez nombreux; les fruits que l'on fait sécher forment une branche d'exportation; mais sur la droite de cette rivière ceux que l'on recueille dans les vergers représentent une valeur considérable, surtout dans les environs de Vienne, qui fournissent aussi les légumes les plus recherchés dans cette capitale. Si dans la contrée au-dessus de l'Ens le climat s'oppose à la réussite de la vigne, dans le reste de l'archiduché la culture de cette plante, à laquelle on donne un soin particulier, constitue l'une des principales richesses agricoles. Les meilleurs vins sont ceux de *Mauerbach*,

---

([1]) Voyez le tableau des peuples classés par familles et par langues, t. II, p. 62 et suiv.

de *Klosternenbourg*, de *Feldsberg*, de *Grinzing*, de *Rötz* et de *Bisamberg*. Au-dessous de l'Ens, le lin, le chanvre et le safran sont cultivés avec avantage ; mais les prairies sont insuffisantes, inconvénient qui s'oppose à la propagation des bestiaux, dont le nombre ne satisfait point à la consommation qu'on en pourrait faire; et les forêts, long-temps négligées, ne fournissent point assez de bois pour qu'il puisse se maintenir à la portée de toutes les fortunes. Au-dessus de l'Ens, au contraire, les prairies sont tellement nombreuses, que c'est, de toutes les parties de la monarchie autrichienne, celle qui fournit le plus de fourrages; et malgré la quantité de bois que le froid oblige à consommer, il se passera encore du temps avant que l'usage de la houille ait besoin d'être encouragé dans l'intérêt des forêts qui garnissent les montagnes.

Dans la basse Autriche, on élève beaucoup plus de volailles que de bestiaux; mais la race des brebis s'y améliore et les chevaux y sont beaux et bons. Dans la haute Autriche, la bonté des pâturages a porté les habitants à imiter les Suisses dans le soin qu'ils prennent des bêtes à cornes : on y élève aussi des chevaux estimés pour leur vigueur. Les forêts de cette contrée recèlent des loups, des ours, des chamois et beaucoup de gibier, tandis que la basse Autriche voit diminuer avec ses forêts les animaux recherchés par le chasseur.

Sur la gauche de l'Ens, le fer travaillé est de tous les métaux celui qui occupe le plus de bras. Dans le district de Traun, plus de 50,000 familles vivent du produit de toutes sortes d'ouvrages en fer; les fabriques de tissus de laine, de toiles et de mousselines y sont aussi fort nombreuses. La basse Autriche est plus riche encore en industrie; elle surpasse même sous ce rapport tous les autres pays de la monarchie; ce n'est en quelque sorte qu'un vaste atelier. Des filatures de coton, des fabriques de toiles, des tanneries, des forges, des usines, des verreries, des papeteries; des manufactures de chapeaux, de rubans et de draps, sont ses principaux établissements. Nous ne pouvons nous dispenser de citer aussi les armes à feu de Steyer, les belles glaces de Neuhaus, les pianos, la porcelaine, les équipages, les souliers et l'orfévrerie de Vienne. Un géographe [1] évalue le produit des fabriques de la haute et de la basse Autriche à 85,000,000 de florins du pays.

Une si grande variété d'objets manufacturés doit nécessairement entretenir un commerce considérable; mais tout se concentre à Vienne, qui, par son rang de capitale, sa position et ses affaires de change et de banque, est depuis long-temps le principal comptoir de l'Autriche. *Linz, Salzbourg, Steyer, Neustadt* et quelques autres villes, servent d'intermédiaires avec Vienne. On ne peut pas estimer à moins de 15,000,000 de florins la valeur des marchandises exportées, à pareille somme les importations, et à 5,000,000 le commerce de transit. Nous ne chercherons point, à l'exemple de quelques auteurs, à établir si ce qu'ils appellent la balance commerciale est à l'avantage de l'archiduché. Pour tout esprit juste, il est bien clair que dans les importations et les exportations d'un État il y a toujours balance, puisqu'il faut toujours donner une valeur contre la marchandise importée. Les transports par eau se font sur l'Ens, la March, la Traun, et surtout le Danube, qui porte souvent des bateaux chargés de 3 à 4,000 quintaux, ainsi que par le canal de Neustadt et de Vienne, fréquenté chaque année par environ 3,000 bateaux, qui transportent près de 800,000 quintaux métriques de marchandises. Les transports par terre se font sur onze routes principales, dont trois dans la haute Autriche ont 81 milles de longueur totale, et huit dans la basse Autriche forment plus du double, et par deux chemins de fer, dont l'un commence au bourg de Manthausen, sur la rive gauche du Danube, et se dirige sur Budweis, en Bohême, tandis que l'autre va de Linz à Gmunden.

L'archiduché d'Autriche présente, sous le rapport de la religion comme sous beaucoup d'autres, ce contraste de priviléges et de restrictions qui est le caractère des pays soumis à ce qu'on appelle le régime du bon plaisir. Ce n'est point un reproche que nous prétendons faire à l'administration, mais seulement à la masse des habitants. Ils ont bien prouvé sous Joseph II qu'ils n'étaient point préparés à profiter des institutions que ce prince était disposé à leur accorder. On est étonné de voir que dans la même province on donne d'un côté l'exemple de la liberté des cultes, et de l'autre celui de l'intolérance. Ainsi que dans

[1] M. *Liechtenstern*, sa Géographie, en allemand.

les autres États de la monarchie autrichienne, la religion catholique est celle qui domine, et c'est celle qui compte le plus de partisans dans la basse Autriche. Cependant les protestants, les grecs et les juifs y jouissent d'une égale protection et possèdent des temples et des consistoires; et dans la haute Autriche, qui renferme 24,000 luthériens libres de professer leur culte, les juifs ne sont point tolérés.

Nous n'ignorons pas que les nuances qui existent dans les libertés et les priviléges de quelques provinces tiennent aux conditions qui furent stipulées à l'époque de leur réunion à la couronne. La contrée au-dessous de l'Ens était dans l'origine le grand duché d'Autriche; le pays situé sur l'autre rive y a été annexé plus tard. Pendant la longue durée de l'empire d'Allemagne, le grand-duché jouissait d'importants priviléges; c'est même en raison de ces titres, et comme roi de Bohême, que l'empereur d'Autriche possède la présidence de la Confédération germanique. Cependant le pouvoir du monarque, en vertu de traités qui ont près de 400 ans d'antiquité, est censé modifié par les États du pays, que le prince, à son avènement au trône, jure de maintenir. Organisés comme nous l'avons vu en Bohême; composés du haut clergé, de la noblesse et des députés de quelques villes; divisés en assemblées générales et en une commission permanente, ils ne se réunissent que d'après l'ordre du souverain. La haute et la basse Autriche sont divisées chacune en cinq cercles et ont aussi chacune leurs États provinciaux. Dans la première, un tribunal de première instance, siégeant à Linz, ne s'occupe que des causes de la noblesse et des classes privilégiées; 355 tribunaux inférieurs jugent les différends qui s'élèvent entre les roturiers. Dans la seconde, on compte 612 tribunaux destinés pour les affaires de la roture, 216 présidiaux pour la poursuite des crimes, et la noblesse est jugée par la cour suprême de Vienne, qui prononce en dernier ressort sur les jugements rendus en première instance dans les autres tribunaux. C'est à Linz et à Vienne que siègent les deux conseils de censure, chargés non seulement de revoir les livres publiés dans le pays, mais encore ceux qui viennent de l'étranger.

On évalue les revenus de la haute Autriche à environ 18,000,000 de francs, et ceux de la basse Autriche à près de 57,000,000 Dans l'une et l'autre, toutes les classes d'habitants, depuis le seigneur jusqu'au paysan, jouissent d'une aisance que l'on remarque rarement ailleurs. Que d'arguments les partisans du régime du bon plaisir pourraient tirer de ce fait, qui, placé dans son véritable jour, prouve seulement que, sous un gouvernement absolu, la noblesse peut ne point abuser de ses priviléges, et le peuple conserver ses droits, si les lois sont exécutées; et surtout qu'un peuple économe et laborieux peut s'enrichir partout où la propriété est respectée! Mais l'homme n'a-t-il d'autre jouissance que celle de satisfaire ses besoins physiques? n'a-t-il toujours d'autre désir que celui de la paix et du repos? Heureux aujourd'hui sous un sceptre paternel, qui sait si le paisible Autrichien n'enviera pas un jour le sort de quelques uns des peuples de l'Allemagne qui ont fait quelques pas dans la voie des améliorations politiques?

Nous savons qu'on nous répondra que l'Autriche n'est point un pays plongé dans l'ignorance; que le gouvernement a soin de répandre l'instruction parmi le peuple. Et, en effet, il existe dans tous les villages des écoles dont les maîtres sont payés par l'État. On a même employé les moyens les plus efficaces pour parvenir à vaincre sur ce point l'apathie naturelle des classes inférieures. Ainsi aucun individu ne peut se marier s'il ne sait lire, écrire et compter; nul maître ne peut, sous peine d'amende, employer un ouvrier qui ne sait ni lire ni écrire, et, pour répandre les principes de morale, de petits livres, rédigés dans ce but avec beaucoup de soin, sont distribués à très bas prix parmi le peuple des villes et des campagnes. Mais c'est que le gouvernement autrichien a senti qu'en répandant l'instruction et la morale, il rendrait le peuple moins vicieux et plus capable de remplir ses devoirs. C'était un trait de sagesse; car pour gouverner facilement les classes laborieuses, lorsque déjà elles possèdent les moyens de vivre sans trop de privations, il ne faut que leur inculquer, par une instruction appropriée à leurs besoins, le sentiment du devoir. Aussi les crimes sont-ils fort rares dans les deux gouvernements de l'Autriche; à peine si dans une année Vienne est le théâtre de deux ou trois exécutions capitales.

VIENNE.
(Vue du Prater.)

Laissons ces généralités, et voyons ce que renferment d'intéressant les différentes villes de l'archiduché d'Autriche. Commençons notre excursion par le magnifique bassin dont le centre est occupé par la capitale et par une partie du Danube.

Sans exagérer la beauté des environs de Vienne, à l'exemple de ces voyageurs, qui, lorsqu'ils ont quitté leurs pénates, trouvent à s'extasier sur tout; sans en diminuer le mérite, comme ces Français exclusifs qui blâment dans les autres villes tout ce qui ne leur rappelle pas Paris, ses mœurs et ses alentours, essayons d'en donner une idée exacte en promenant nos regards sur ce vaste panorama. Vers le nord, l'œil cherche à suivre les différents bras du fleuve, dont la rapidité, la largeur et la navigation animée embellissent et vivifient ce riche tableau. Des îles couvertes d'arbres ajoutent encore à la beauté du point de vue que nous indiquons. Vis-à-vis de Vienne, la surface de ses eaux est de 480 pieds au-dessus du niveau de la mer. A l'est, les bords du bassin sont formés de montagnes couvertes d'habitations; elles se réunissent à celles qui le terminent au sud; vers l'ouest, le bassin s'élargit et s'étend jusqu'aux monts *Manhart*, dont les flancs sont couverts de forêts; au nord, l'œil s'égare dans une plaine dont il ne peut mesurer l'étendue; enfin, au sud, les hauteurs sont couronnées de villages et de maisons de campagne qui se détachent et se groupent çà et là au milieu de bouquets de verdure. Derrière ces riants coteaux, des cimes élevés prennent dans le lointain une teinte bleuâtre dont les différentes nuances se fondent insensiblement avec l'azur du ciel.

Vienne, en allemand *Wien*, fondée, en 1142, par Henri Ier, duc d'Autriche, est la plus grande ville de l'Allemagne. Elle porte le nom d'une petite rivière qui se jette dans le Danube, et qui coule au pied de ses remparts entre la partie méridionale de la cité et ses faubourgs. Le sol de cette capitale est élevé de 460 pieds au-dessus du niveau de la mer; sa circonférence, en y comprenant celle des faubourgs, est de trois milles d'Allemagne, ou de 6 lieues de poste. C'est à peu près la même étendue que celle de Paris. Mais quelle différence dans la population de ces deux métropoles! Vienne renfermait, en 1834, 326,000 habitants, 5,000 étrangers et une garnison de 14,000 hommes : ainsi sa population était de 331,000 âmes sans la garnison. A peu près au centre du terrain qu'elle occupe, se trouve la véritable ville, entourée de fossés et de remparts, et communiquant par 12 portes à 34 faubourgs, d'autant plus étendus qu'ils renferment d'immenses promenades, des jardins et des champs en culture. Cependant ils font de jour en jour place à des constructions; dans la seule année 1826, les faubourgs se sont augmentés de plus de 600 maisons. En 1837 on comptait dans la ville et les faubourgs 8,205 habitations y compris 123 palais, mais sans compter 21 couvents, 34 églises, 19 chapelles et 2 synagogues. Vienne ne ressemble déjà plus à cette ville dans laquelle les Français entrèrent plusieurs fois en vainqueurs : trente ans l'ont rendue presque méconnaissable. Il y a déjà long-temps que ses bastions et ses remparts sont garnis de belles promenades; que le *Bourg-Bastey* et le *Bastey de Rothenthurm* sont embellis par d'élégants cafés; mais vis-à-vis du *Bourg*, ou du palais impérial, le mur de la ville, reculé sur le glacis, laisse à découvert une belle plate-forme bordée de jardins, dont l'un est destiné à la cour et l'autre au public. Ce dernier, appelé *Volksgarten* (jardin du peuple), renferme un temple construit sur le modèle de celui de Thésée à Athènes, et dans lequel on admire l'un des chefs-d'œuvre de Canova, ce beau groupe en marbre blanc représentant Thésée vainqueur d'un centaure.

L'intérieur de la cité indique son ancienneté par l'irrégularité de plusieurs de ses rues. Ses vingt places sont d'une médiocre étendue; ses cent vingt-sept rues sont pour la plupart étroites, mais pavées en larges pierres de grès et de granit, et d'une propreté remarquable, bien qu'elles n'aient point de ruisseaux. Les maisons sont grandes, élevées, et d'une architecture massive; leur population moyenne est de plus de quarante personnes; mais il en est plusieurs qui en contiennent davantage : la maison Tratner, par exemple, est habitée par quatre cents locataires, et produit plus de 60,000 florins, ou 156,000 fr.; celle de l'ancien hôpital bourgeois, *Burger-Spital*, propriété particulière, espèce de petite ville avec dix cours, et habitée par deux cents ménages, est d'un revenu de plus de 80,000 florins (208,000 francs).

Les rues de Vienne sont embellies par d'élégants magasins, dont quelques uns pourraient être comparés aux plus beaux magasins de Paris. On les remarque surtout dans les rues et sur les places les plus fréquentées : telles que la rue appelée le *Fossé* (*Graben*), celle de l'Évêché (*Bischosguffe*), celle de la Tour rouge (*Rotren thum strass*), et la place Saint-Étienne. Si ces magasins n'offrent point, comme ceux de Paris, des devantures en glaces d'une dimension remarquable, leurs volets pliants sont souvent décorés de peintures que l'on doit à des artistes distingués.

La plupart des places sont ornées de fontaines ou d'autres monuments; celle du *Hof* est la plus grande et la plus régulière : elle est décorée d'une statue colossale de la Vierge et de deux belles fontaines ornées de figures allégoriques en bronze, fondues par Fischer; sur la place de *Joseph* s'élève la statue équestre, également en bronze, de Joseph II; une fontaine, dont les figures en plomb représentent les quatre principaux fleuves de la basse Autriche, se fait remarquer sur la place de *Neue-Markt*; deux belles fontaines décorent aussi le *Hohe-Markt*; sur le *Burg-Platz* se développe le palais impérial; mais sur la plus fréquentée de toutes, celle du *Graben*, située au centre de la ville, et que l'on pourrait plutôt appeler une large rue qu'une place, on voit le beau monument en marbre consacré par Strudel à la Trinité, en commémoration de la peste qui ravagea Vienne en 1713, et deux fontaines décorées de statues en plomb. Cette place et le *Kohl-Markt*, grande et belle rue qui y aboutit, sont les rendez-vous des élégantes Viennoises, qui viennent y visiter les principaux magasins de modes et de nouveautés. Le soir les promeneurs se réunissent pour prendre des glaces et d'autres rafraîchissements devant les deux principaux cafés du Graben.

Entre le palais impérial et le boulevard qui entoure la ville proprement dite s'étend une vaste place ornée de plantations et s'élève la plus belle porte de la ville, appelée Porte du château (*Burythor*), sorte de colonnade formée de douze grandes colonnes d'ordre dorique, qui n'a d'autre défaut à nos yeux que d'être couverte d'un badigeon éclatant de blancheur, et qui lui donne l'aspect d'un monument en plâtre. Le badigeonnage est au surplus la plaie qui attaque les principaux édifices de Vienne.

La place sur laquelle s'élève l'église de Saint-Étienne, la cathédrale de Vienne, est une des principales de la ville. Sa partie méridionale communique à une petite place appelée Place de la Souche dans le Fer (*Stock-im-Eisen-Platz*), remarquable par le singulier monument d'antiquité qui lui donne son nom. La Souche dans le Fer (*Stock-im-Eisen*) est un tronc d'arbre qui prouve que la forêt de Vienne *Wiener-wald*), s'étendait jadis jusque dans cette partie de la ville. A cette époque reculée les garçons serruriers qui traversaient la forêt enfonçaient un clou dans le tronc d'un arbre qu'ils avaient choisi, pour prouver qu'ils avaient passé dans cet endroit. Cet arbre n'était pas remarquable par sa grosseur, et les clous dont il fut successivement percé le firent bientôt périr; mais la coutume adoptée par les apprentis serruriers n'en continua pas moins, et à la longue il fut tellement couvert de clous, qu'il n'y aurait pas moyen aujourd'hui d'en placer un nouveau. Ce tronc d'arbre, haut d'environ 2 mètres, est en vénération chez le peuple viennois : aussi a-t-il toujours été respecté. Il s'appuie à une maison dans le mur de laquelle il est attaché par une barre de fer et une serrure, que suivant la tradition populaire le pouvoir de Satan empêche d'ouvrir.

En tête des plus beaux édifices de Vienne il faut mettre le palais impérial, appelé le *Bourg*, bâtiment irrégulier dont plusieurs parties modernes sont d'un très beau style. On y voit encore quelques parties bâties en 1210 par Léopold Ier : tel est le long corps de logis du sud, habité par l'empereur Ferdinand Ier. L'intérieur de ce palais n'offre rien de remarquable; la grande salle des cérémonies, qui est la pièce la plus vaste et la mieux décorée, est, selon nous, loin d'être comparable à la salle dite des Maréchaux au château des Tuileries. A l'exception de quelques tableaux, nous n'avons vu dans les appartements de parade rien qui rappelle la majesté d'un souverain puissant. Les Viennois font remarquer aux étrangers sur une place du château où était autrefois la chancellerie de la chambre de l'empire, deux portes ornées de chaque côté de groupes de figures colossales en pierres représentant quelques uns des travaux d'Hercule, comme un beau travail du statuaire Mathielly ; mais ces groupes sont tellement encroûtés par le badigeon, qu'ils ne nous ont point paru aussi remarquables qu'on nous le disait.

Ce qui distingue ce palais de beaucoup d'autres résidences royales, ce sont les riches collections scientifiques que l'on y a réunies. La plus grande partie des bâtiments qui règnent sur la place Joseph est occupée par la *bibliothèque impériale et royale*. La principale salle est longue de 240 pieds sur 54 de largeur. Au milieu s'élève une belle coupole soutenue par huit colonnes et décorée de peintures. Sous cette coupole sont placées douze statues des principaux princes de la maison de Habsbourg, ainsi que celle de Charles VI, et le buste en marbre de Van-Swieten, qui était autrefois sur son monument dans l'église des Augustins. Le plafond du reste de la salle est orné aussi de peintures. Cinq autres salles, dont une est réservée aux lecteurs, composent le local de cette bibliothèque. On porte à 300,000 le nombre de volumes de ce riche dépôt, et à plus de 16,000 celui des manuscrits. On y remarque 800 volumes de gravures et 217 de portraits. Les plus précieux de ces ouvrages viennent des bibliothèques de Tycho-Brahé, de Kepler, du P. Gassendi et du prince Eugène. L'un des conservateurs me fit voir dans une armoire particulière une belle suite de classiques français, format in-folio, très bien reliés et sortis des presses de notre célèbre typographe Didot. Parmi les manuscrits les plus curieux, nous citerons les hiéroglyphes mexicains, monuments marquants qui n'ont point encore leur Champollion ; un manuscrit de Dioscorides de l'an 375, orné de dessins de plantes sur vélin ; la célèbre carte routière dite de Peuttinger, manuscrit du treizième siècle, copié d'un autre du troisième ; l'atlas géo-hydrographique dressé par le Génois Pierre Visconti en 1308 ; la mappemonde des frères Pizigani de 1367 ; un petit Coran relié et coupé à huit pans, un peu plus grand qu'une pièce de 5 francs, qui fut trouvé dans la tente de Kara Mustapha au siége de Vienne en 1683, mais que l'on ne considère point comme ayant appartenu à ce grand-visir ; le second manuscrit de la *Jérusalem délivrée* de la main même du Tasse ; enfin un précieux monument en bronze que l'on peut classer parmi les manuscrits, c'est un exemplaire d'un sénatus-consulte rendu l'an 568 de Rome ou 186 ans avant notre ère, sous le consulat de Martius Philippus et de Posthumius Albinus, contre la célébration de la fête des Bacchanales, qui avait dégénéré en une série de scènes de la plus licencieuse immoralité.

L'une des riches collections établies dans le palais impérial est celle des *antiquités* ; elle occupe cinq salles. Dans l'une se trouvent rangés environ 2,000 objets en bronze formant deux séries, celle des antiques et celle des monuments du moyen âge. Une seconde salle renferme plus de 1,300 vases grecs et romains ; plus de 1,000 lampes et autres objets en terre cuite, ainsi que des fragments précieux de verre et de mosaïque. La troisième salle est garnie de dix armoires contenant des monnaies du moyen âge et des monnaies orientales, savoir : 16,000 thalers et florins à différents types, 23,000 ducats et gros (groschen), 2,000 monnaies de différents pays de l'Orient, et une collection complète de pièces chinoises et japonaises. La quatrième salle renferme dans huit armoires, environ 31,000 médailles romaines et 25,000 médailles grecques. Enfin la dernière salle contient une magnifique suite de pierres gravées, composée de 1,207 camées antiques, de 597 camées modernes, de 509 plâtres d'après l'antique, et de 79 vases. Nous y avons remarqué le camée en agate représentant l'apothéose d'Auguste : il est d'un tiers moins grand que celui du cabinet des Antiques de la bibliothèque royale de Paris, mais le travail paraît en être plus fini. Une coupe en agate dite orientale y attire aussi l'attention, par ses belles couleurs et par sa taille : elle a 28 pouces de diamètre.

L'une des salles du palais renferme le trésor impérial ; il serait difficile de décrire les objets précieux qui en font partie, tels que les insignes du chef de l'empire et les joyaux de la couronne. Cependant il est impossible de regarder sans intérêt, parmi les premiers, l'épée de Charlemagne, sa couronne en filigrane d'or, ornée de pierres précieuses non taillées ; son globe impérial également en filigrane d'or et son sceptre en argent ; parmi les joyaux l'un des diamants de Charles-le-Téméraire pesant 133 carats, et le nœud en brillants de l'ordre militaire de Marie-Thérèse. Dans ce trésor se trouvent les reliques du Saint-Empire, parmi lesquelles on vous fait remarquer la lance avec laquelle fut percé Jésus-Christ, un clou de la vraie croix, une dent de saint Jean-Baptiste, un morceau de la robe de saint Jean l'Evangéliste, un fragment de la nappe qui couvrait la table le jour de la Cène, et plusieurs autres objets du même genre, et que l'on regarde à Vienne comme très authentiques.

Le goût que l'empereur François Ier, les archiducs ses frères et M. de Metternich lui-même ont toujours montré pour l'histoire naturelle, suffit pour expliquer la richesse de certaines parties du musée d'histoire naturelle établi dans l'une des ailes du palais impérial. La collection des mammifères y est fort belle; celle des oiseaux, classée d'après le système de Linné, est une des plus complètes qui existent : elle se compose de plus de 8,000 individus appartenant à 2,500 espèces; celle des poissons comprend environ 1,500 espèces et plus de 3,000 individus; celle des insectes s'élève à plus de 35,000 espèces; celle des vers intestinaux, presque unique dans son genre, occupe plus de 3,400 flacons remplis d'alcool. Les autres branches d'histoire naturelle offrent des collections non moins remarquables. Ainsi la minéralogie et la géologie présentent dans quelques parties de très belles suites; telle est celle des aérolithes, qui nous paraît être la plus complète de toutes celles qui existent.

Le jardin du palais impérial, qui s'ouvre sur la galerie, renferme environ 1,500 plantes exotiques; vers le milieu s'élève la statue équestre de l'empereur François Ier, époux de Marie-Thérèse; on y voit de belles serres, dont une des salles est décorée d'un groupe en marbre blanc, représentant Bellérophon qui tue la Chimère, ouvrage d'un élève de Canova, et à l'autre extrémité des serres une salle ornée d'un grand vase en porcelaine blanche dorée portant le chiffre de l'empereur François et de sa femme. Ce vase prouve que la porcelaine de la manufacture impériale de Vienne est, du moins pour les pièces d'une grande dimension, fort au-dessous de celle de Sèvres.

Dans la ville proprement dite, nous mentionnerons après le palais impérial quelques uns des principaux édifices. Le palais du prince Charles, qui communique avec celui de l'empereur par un passage souterrain, n'offre rien de remarquable dans son architecture; la plus grande simplicité règne dans son intérieur : point de dorures, point de meubles précieux; mais de beaux tableaux de l'école italienne; des parquets en marqueterie d'un travail élégant, une belle salle de musique où l'on voudrait voir des statues en marbre plutôt qu'en plâtre, et décorée du *Panharmonicon*, sorte d'orchestre mécanique qui fut pendant longtemps montré publiquement à Paris, sont tout ce que l'on peut citer de ce palais que les Viennois admirent.

La chancellerie de Bohême et d'Autriche est un assez bel édifice. On peut en dire autant de la chancellerie de la cour, du conseil aulique de la guerre, où l'on voit une très belle salle; du palais des États de la basse Autriche, ancien édifice qui comprend quelques parties dans le style ogival et où l'on remarque une grande salle ornée de fresques peintes par Peluzzi; du palais de la banque nationale, de la douane, de l'hôtel-de-ville, du palais de l'Université et du vaste bâtiment construit en 1819 sur l'emplacement du couvent de Saint-Laurent pour y placer les bureaux de la cour des comptes et de la censure générale des livres. Nous pourrions citer encore quelques hôtels appartenant à de riches particuliers, tels que le palais du prince Esterhazy et celui du prince de Lichtenstein, ainsi que l'hôtel de l'ambassade de France, édifice du temps de la renaissance, décoré à l'extérieur d'une élégante frise représentant des amours debout, mais dans des positions variées.

L'arsenal civil, sur la place du Hof, est encore un des beaux édifices de Vienne; c'est plutôt un musée qu'un arsenal, car les 16,000 armes qu'il renferme existent depuis un et plusieurs siècles. On y remarque plusieurs armures curieuses, l'étendard du grand-maître de l'ordre de Malte, le linceul et le crâne du grand-visir Kara-Mustapha, qui commandait l'armée turque au blocus de Vienne en 1683, et qui, l'année suivante, fut étranglé à Belgrade.

Dans le grand arsenal impérial, on voit autour de la cour l'énorme chaîne de 8,000 anneaux avec laquelle les Turcs voulurent barrer le Danube à Bude en 1529. On nous a assuré que le nombre d'anneaux que nous venons d'énoncer était exact et qu'elle pesait 1,600 quintaux. Nous n'avons point voulu contredire l'officier qui nous donnait ces détails, en lui faisant observer que les Français emportèrent une partie de cette chaîne que l'on peut voir autour du péristyle du Musée d'artillerie de Paris. Autour de la cour de cet arsenal règne au premier étage une immense galerie dont les côtés du plafond sont complétement tapissés de sabres, d'épées, de baïonnettes et d'armes à feu disposées de manière à former les dessins les plus variés. On y conserve le collet de cuir d'élan que Gustave-Adolphe portait à la bataille de Lutzen en 1532, la cotte de mailles de Montécuculi, le ballon à l'aide duquel les Français gagnèrent la bataille de Fleurus, et plusieurs drapeaux français du temps de la république.

La cité renferme encore d'autres constructions remarquables, ce sont les principales églises. Celle de *Saint-Étienne* jouit du titre de cathédrale. Ce bel édifice, qui fut commencé en 1144 et continué en 1359, n'est malheureusement pas achevé. Sa teinte sombre contraste avec les constructions de Vienne, si régulièrement badigeonnées. Sa toiture est formée de tuiles couvertes d'émail dont les différentes couleurs forment des dessins réguliers. Il a 333 pieds de longueur, 222 de largeur, 86 de hauteur dans la nef, et 105 jusqu'au comble. La tour qui s'élève, non du faîte de l'église, mais de la surface du sol, ressemble à un obélisque gigantesque accolé à l'un des côtés de l'édifice; l'élégance de ses ornements dissimule l'énormité de sa masse; elle fut terminée en 1433; elle a 428 pieds de hauteur. Elle porte plusieurs cloches dont une, qui pèse 354 quintaux, fut faite avec les canons pris sur les Turcs lorsqu'ils levèrent le siège de Vienne. Ce temple renferme 38 autels en marbre, le tombeau de l'empereur Frédéric III, celui de Rodolphe II, celui d'Eugène de Savoie, ceux des cardinaux Klesel, Collonitsch et Trantson, et enfin celui de Jean Cuspinien, plus connu en Allemagne sous le nom de Spiesshammer, qui fut célèbre comme médecin, poëte, orateur, historien et philosophe. Il y a trente caveaux sous l'édifice; l'un d'eux est destiné depuis Ferdinand II à recevoir dans des urnes de cuivre les entrailles de chacun des membres de la famille impériale.

Parmi les autres églises du moyen âge comprises dans l'enceinte de Vienne, nous citerons celle de *Saint-Michel*, bâtie en 1220 par Léopold VII, duc d'Autriche. Ce joli monument, du style ogival, est précédé d'un portail dans le goût italien, surmonté du groupe de l'archange terrassant le démon. Le corps de Métastase repose dans les caveaux de cette église.

L'église paroissiale de la cour, ou l'église des Augustins, près du palais impérial, est, comme nous le disait un Viennois, un monument touchant de la fidélité allemande. Elle fut fondée en 1330 par Frédéric-le-Bel, pour accomplir le vœu qu'il avait fait pendant sa captivité dans le château de Trauznitz. On y admire un monument sépulcral que l'on peut considérer comme le principal chef-d'œuvre de Canova: c'est le mausolée érigé à l'archiduchesse Christine par le duc Albert de Saxe-Teschen, son époux. Ce tombeau consiste en une grande pyramide en marbre blanc dont la partie supérieure est occupée par un groupe représentant une jeune nymphe fixant au monument le portrait de l'archiduchesse, et un amour prêt à y attacher une palme. La porte de la pyramide est ouverte et en laisse deviner l'étendue par sa profonde obscurité. On lit au-dessus de cette porte: *Uxori optimæ Albertus*. Le génie de l'hymen y entre suivi d'une nymphe en pleurs qui porte une urne funéraire; un second génie suit ces deux personnages; une jeune femme, un vieillard et un enfant, représentant les malheureux auxquels l'archiduchesse prodiguait des soins et des secours, marchent à quelque distance en exprimant leur profonde douleur; sur la droite, un génie en pleurs tenant l'écusson du prince s'appuie sur un lion couché, près duquel on voit l'écusson d'Autriche, et le noble animal paraît aussi accablé de regrets. Toutes ces figures sont complétement détachées du monument et placées sur plusieurs plans; ce sont des personnages réels et non des statues, et l'illusion est tellement complète, qu'à la vue de ce mausolée, dont on a de la peine à se détacher, on se sent saisi d'émotion.

Les caveaux de cette église renferment le tombeau de l'empereur Léopold II et ceux du feld-maréchal comte de Daun, et du célèbre médecin Van-Swiéten. L'une des chapelles, celle de Lorette, fondée par Éléonore de Mantoue, épouse de Ferdinand II, est consacrée à conserver dans des urnes d'argent les cœurs des membres de la famille impériale. C'est dans cette église que Sobieski fit chanter le *Te Deum* après qu'il eut fait lever le siège de Vienne.

L'église de *Saint-Rupert* est intéressante par les parties fort anciennes qu'elle présente. Elle a été bâtie en 740 et restaurée en 1436 et en 1703; on y remarque surtout les fonts baptismaux.

Parmi les églises de l'époque moderne, il en est deux qui méritent d'être citées : celle de *Saint-Pierre* passe pour être construite sur le modèle de la magnifique basilique de ce nom à Rome; mais ce n'est une erreur. Elle ne consiste qu'en une coupole elliptique. Son portail est décoré de statues en plomb d'un assez beau style; son intérieur est orné de fresques peintes par Rotheneyer et Bibiena, ainsi que de statues dont plusieurs sont dorées. Le maître-autel est fort riche de dorures. L'*église des Capucins*, ainsi appelée parce qu'elle appartient au couvent des religieux de l'ordre de Saint-François, est située sur la place du Nouveau-Marché. Bâtie au commencement du dix-septième siècle par l'impératrice Anne, femme de Mathias, elle a été agrandie par Marie-Thérèse; et cependant ce n'est encore qu'une petite église dont l'intérieur est aussi simple que l'extérieur. Est-ce pour cette raison qu'elle a été choisie pour servir de dernière demeure aux empereurs d'Allemagne et d'Autriche? Il y aurait là un beau sujet de réflexions sur la vanité des grandeurs humaines. Quoi qu'il en soit les empereurs et les princes du sang reposent dans le caveau de cette modeste église, tandis que leurs entrailles se trouvent à Saint-Étienne et leurs cœurs dans l'église des Augustins. Un seul jour de l'année, le 2 novembre, ce caveau est ouvert au public; mais tous les jours à certaines heures les étrangers, en frappant à la porte du couvent, peuvent obtenir du révérend père capucin la permission de le visiter. C'est une sorte de cave éclairée sur la rue par des soupiraux, et dans laquelle on descend par un étroit escalier d'une vingtaines de marches, précédé d'un des frères qui porte une lanterne. A partir de celui de Mathias, 84 tombeaux très peu espacés garnissent tellement cette cave qu'il semble impossible qu'on en fasse tenir encore plus de cinq ou six : ils sont tous en bronze; quelques uns, tels que celui de Joseph II et celui de Marie-Thérèse et de son époux, sont des monuments dignes d'une plus belle enceinte par les figures, les attributs et les bas-reliefs qui les couvrent. Je remarquai qu'on avait enlevé plusieurs lettres aux inscriptions en or qui ont été placées sur les plus beaux de ces cercueils, qui sont en très petit nombre : la plupart ne sont que des coffres posés sur trois pieds, et n'ayant d'autres ornements que trois anneaux placés à leur partie inférieure, et une plaque de bronze portant en latin le nom et les titres du prince qu'ils renferment. Au milieu des cercueils le plus récemment placés dans cette cave aux murs humides et dénués d'ornements s'élève celui du dernier empereur; décoré des attributs de la puissance impériale, seul il repose sur un socle de marbre noir. Près de là contre la muraille repose la tombe du fils de Napoléon, sur laquelle est gravée une inscription dont voici la traduction ([1]):

« A l'éternelle mémoire de Joseph-Charles-François, duc de Reichstadt, fils de Napoléon, empereur des Français, et de Marie-Louise, archiduchesse d'Autriche, né à Paris, le 20 mars 1811.

» A son berceau il fut salué du titre de roi de Rome. Dès son jeune âge il fut doué de toutes les facultés de l'esprit et de tous les avantages du corps : sa taille était haute, son visage paré de tous les charmes de la jeunesse, ses discours étaient pleins d'affabilité. Il montrait une aptitude étonnante dans l'étude et les exercices de l'art militaire, lorsqu'il fut atteint par la phthisie; il a été enlevé par la mort la plus déplorable, à Belle-Fontaine, près de Vienne, le 22 juillet 1832. »

La cité ne renferme pas tous les édifices et établissements importants; il en est encore plusieurs dans les faubourgs; tels sont les palais d'été de *Schwarzenberg*, d'*Esterhazy*, de *Lichtenstein* et de *Rasoumowski;* tels sont encore l'institut polytechnique, dont les vastes bâtiments datent de 1816, et qui compte chaque année 700 étudiants; le collège fondé par Marie-Thérèse et appelé *Theresianum*, ou Académie impériale des nobles, établi dans

---

([1]) Æternæ. memoriæ. Jos. Car. Francisci. Ducis. Reichstadiensis. Napoleonis. Gall. Imperatoris. et. Mar. Ludovicæ. Arch. Austr. Filii. Nati. Parisiis XX. mart. MDCCCXI. In. Cunabulis. Regis. Romæ. Nomine. Saluti. Ætate. Omnibus. Ingenii. Corporisque. Dotibus. Florentem. Procera. Statura. Vultu Juveniliter. Decoro. Singulari. Sermonis. Comitate. Militaribus. Studiis. et. Laboribus. Mire. Intentum. Phthisis. Tentavit. Tristissima. Mors. Rapuit. In. Suburbano. Augustorum. ad. Pulchrum. Fontem. Probe. Vindobonam. XXII. Jul MDCCCXXXII.

la résidence d'été que l'empereur Charles VI avait surnommée la Favorite; l'Institut impérial vétérinaire, l'une des meilleures écoles de l'Europe, et l'une des plus nombreuses puisqu'elle renferme plus de 800 élèves; le *Josephinum* ou l'Académie royale médico-chirurgicale, où l'on compte plus de 550 élèves; la Manufacture impériale de porcelaine, l'Institut impérial des sourds-muets qui renferme environ 65 élèves; le beau jardin botanique de l'université; d'autres établissements seront plus loin mentionnés spécialement.

La ville communique avec les faubourgs par 72 ponts jetés sur le Danube, la Vienne, et deux ruisseaux appelés l'Alser et l'Ottakrin qui servent à l'écoulement des égouts de Vienne. Deux de ces ponts sont en chemins de fer, l'un des deux ne sert qu'aux piétons, les autres ponts construits en bois ou en pierre n'ont rien de remarquable. *La ville de Léopold* (*Leopoldstadt*), située dans une île formée par le Danube, est l'un des plus beaux faubourgs; une belle promenade, appelée *Brigitten-au*, plantée en quinconce, terminée par un petit bois, sert de point de réunion à plus de 50,000 personnes le jour de Sainte-Brigitte, patronne de l'église paroissiale.

La même île renferme le quartier appelé la *Route des chasseurs* (*Jägerzeile*), habité par la haute société, embelli par plusieurs palais, un théâtre, et surtout par la magnifique promenade du *Prater*, à laquelle peu de promenades en Europe peuvent être comparées. C'est un bois dont la riche végétation est favorisée par les vapeurs qui, durant les plus chaudes nuits d'été, s'élèvent du Danube qui le coupe en deux parties. Il faut une heure et demie environ pour le traverser. Six grandes allées de marronniers le traversent dans diverses directions; de vertes prairies, où se réunissent des troupes nombreuses de cerfs tellement familiarisés avec le bruit des équipages, les troupes de cavaliers et la foule des piétons, qu'ils se laissent volontiers approcher; une maison de chasse, un cirque olympique, un panorama, un cosmorama, des théâtres, des orchestres, des jeux de bague, des balançoires russes et une foule d'autres jeux, des cafés élégants pour la haute société, des cabarets où le peuple boit de la bière, sont dispersés le long des avenues, tandis que le promeneur qui aime le silence et la solitude peut s'égarer au milieu des touffes d'arbres et loin de la circulation des équipages aux riches livrées.

Entre le Prater et le Brigitten-au s'étend l'*Augarten*, grand parc destiné par Joseph II à servir de promenade publique.

Au sud du Prater, de l'autre côté du Danube, s'étend le faubourg appelé *Landstrasse*, lieu des plus importants par son commerce. C'est dans ce quartier que s'élève le palais du Belvédère, qui fut bâti par le prince Eugène de Savoie, et dans lequel se trouve le musée impérial de peinture, riche collection composée d'environ 2,500 tableaux classés par école dans chaque salle. L'école italienne est la plus nombreuse : elle se divise en école vénitienne, romaine, florentine, bolonaise, lombarde et napolitaine; aux différents étages se présentent les écoles flamande et hollandaise, et l'école allemande ancienne et moderne. On y admire plusieurs chefs-d'œuvre de Raphaël, du Titien et de Rubens.

On remarque dans le même faubourg l'hôtel des Invalides, qui possède une belle chapelle et où sont logés 64 officiers et 615 soldats.

Dans le faubourg de *Wieden*, la plus régulière de toutes les églises de Vienne, celle de Saint-Charles-Borromée, fut construite en accomplissement d'un vœu de l'empereur Charles IV pour faire cesser la peste de 1713. Ses deux tours ou colonnes isolées qui renferment les cloches sont revêtues de bas-reliefs représentant les principaux traits de la vie du saint patron; mais le badigeon qui en cache les détails ne permet pas de porter un jugement sur cet œuvre d'art qui, du reste, paraît assez médiocre.

Les faubourgs de Vienne, malgré leur irrégularité, sont plus beaux que la ville : ils semblent être une réunion de palais et de jardins; les rues en sont très larges, mais les petits cailloux dont elles sont pavées les rendent fatigantes pour les piétons.

Les écoles spéciales et d'instruction publique sont nombreuses à Vienne. Dans l'institut polytechnique on enseigne tout ce qui a rapport aux arts, à l'industrie et au commerce. L'université, qui compte 44 professeurs, 7 suppléants et 5 maîtres de langues, est fréquentée par 4,000 étudiants et possède une bibliothèque de 104,000 volumes : on y professe l'anatomie, la chimie, la physique et les sciences naturelles. L'école des orientalistes est destinée à former des interprètes pour faciliter les relations de l'Autriche avec la Porte ottomane. Outre ces écoles, il en existe d'autres pour les jeunes gens de la noblesse. Les beaux-arts sont enseignés dans un établissement spécial; dans d'autres on s'occupe de leur application aux divers produits de l'industrie. Une académie forme des ingénieurs; un conservatoire impérial, des musiciens distingués (¹); une école normale, des professeurs habiles; un séminaire, des ecclésiastiques instruits et zélés; enfin, on compte dans la ville trois grands colléges ou gymnases, une université protestante avec 50 élèves; deux écoles normales primaires ayant 1,800 élèves; quatre écoles principales où environ 5,000 enfants des deux sexes reçoivent l'éducation affectée à la classe moyenne; 60 écoles populaires où l'on donne l'éducation première à près de 34,000 élèves: dans celle de *Neubaugasse*, ouverte gratuitement aux enfants de la bourgeoisie des deux sexes, on apprend la lecture, l'écriture, le calcul et le dessin; les filles, séparées des garçons, s'exercent en outre aux ouvrages de leur sexe. Les corrections corporelles sont bannies de cet établissement. Les autres écoles gratuites sont ouvertes le dimanche, depuis neuf heures jusqu'à onze, pour les enfants d'artisans. Un grand nombre de jeunes filles appartenant à des familles aisées sont élevées dans des couvents, mais il existe une institution destinée aux filles d'officiers. Tous les grands établissements d'instruction possèdent des collections analogues aux sciences et aux arts que l'on y enseigne.

Les institutions de bienfaisance ne sont pas moins nombreuses; nous ne citerons que les plus importantes: le grand hôpital, dans le faubourg de l'*Alser*, est à la fois un édifice remarquable par ses vastes dimensions, sa belle tenue et son utilité: il comprend 7 cours plantées d'arbres, 111 salles contenant 3,000 lits, et reçoit par an 25 à 30,000 malades; l'hospice impérial des enfants trouvés renfermant 13,000 enfants, et enfin l'hospice des orphelins qui en contient 400 et en fait soigner 3,000 hors de son enceinte, sont des établissements dignes de la capitale d'un vaste empire.

A Vienne, la mendicité craint de montrer ses honteux lambeaux. La ville destine dans un des faubourgs situés entre les deux petites rivières de l'Alster et de la Vienne, une maison de correction et de travail pour tous les mendiants de la province; une maison de détention est réservée pour les vagabonds qui ne sont coupables d'aucun délit: on a soin de ne pas les mettre en communication avec les criminels; une maison semblable est destinée aux jeunes gens des classes élevées.

Comme dans toutes les grandes villes, les habitants jouissent à Vienne de mille sujets de distraction, de mille occasions de plaisir. On y trouve cinq théâtres: le principal est le théâtre de la Cour, au palais impérial, où l'on ne joue que des pièces allemandes; celui de l'Opéra, celui de la Vienne, celui du faubourg Joseph (*Joseph stadt*) où l'on ne joue que de petites pièces, et celui du faubourg Léopold (*Leopold stadt*) dont le genre est tout-à-fait comique et populaire. Ces théâtres ne sont remarquables ni par leur architecture, ni par leurs ornements intérieurs, et ils sont assez mal éclairés. La capitale de l'Autriche possédait, en 1837, de belles et nombreuses promenades dont nous avons cité les principales, plusieurs jardins publics; 80 cafés, 300 marchands de vins et restaurateurs; un grand nombre d'hôtels garnis et d'auberges; 660 fiacres, près de 300 voitures de remises; un grand nombre d'*omnibus*; 250 chars-à-bancs de place pour les environs; 755 chariots qui stationnent aux barrières, et, pour tout dire, enfin 27 chaises à porteurs.

Vienne est, par ses manufactures, la plus importante ville de la monarchie autrichienne: elles sont au nombre d'environ 120 et occupent près de 60,000 individus. On y fabrique des soieries, des étoffes d'or et d'argent, des rubans, des cotonnades, des objets de quincaillerie, des instruments de mathématiques, des aiguilles, des papiers de tenture, et des voitures excellentes. Elle a plusieurs manufactures de porcelaine, dont une seule, celle du gouvernement, emploie 150 peintres et 3,000 ouvriers. Sa fonderie de canons est importante, et chaque année il sort plus de 30.000 armes de sa manufacture impériale.

(¹) Cet établissement, unique en Europe, compte 375 élèves des deux sexes. Il renferme des archives musicales considérables, une bibliothèque composée d'ouvrages théoriques et historiques relatifs à la musique, et une collection d'instruments antiques et modernes de tous les peuples de la terre.

On confectionne également dans cette ville de jolis objets en acier, de la bijouterie et de l'horlogerie, des instruments de musique très estimés, et divers produits chimiques. Elle est aussi le point central du commerce de l'Autriche et de la circulation du numéraire. Les produits de son industrie, qui rapportent annuellement plus de 2,400,000 florins, donnent lieu à des exportations assez considérables pour fournir le chargement de plus de 6,000 bateaux et de près de 2,000,000 de voitures. Le canal de Neustadt, terminé depuis 1803, sert de moyen de communication entre le Danube et la capitale : les bateaux remontent, à l'aide d'écluses, jusque dans le bassin placé devant l'hôtel-de-ville. On compte dans la cité et dans les faubourgs environ 1,000 établissements de commerce. Il s'y tient trois foires principales. Le 12 février 1833, on y a ouvert un vaste bâtiment destiné à l'exposition annuelle de tous les produits naturels et industriels des Etats autrichiens.

Les fortifications intérieures que l'on remarque autour de la ville proprement dite, pas plus que les murailles qui forment l'enceinte des faubourgs, ne suffisent pour faire de Vienne une place qui puisse offrir quelque résistance; sa garnison ne dépasse pas 10 à 12,000 hommes.

Malgré son importance, cette ville a vu naître peu d'hommes célèbres : on cite parmi ceux-ci quelques écrivains qui ont honoré la littérature allemande, tels que l'historien Schröckh, le médecin *Collin*, le poëte Henri de *Collin*, J.-B. Alxinger et le littérateur Mastalier.

A Vienne, les jouissances du luxe et de la table sont plus recherchées et moins coûteuses que dans les autres capitales de l'Europe. Les richesses de la noblesse viennent s'y enfouir de tous les points de l'empire, et enrichir le commerce et l'industrie. Le désœuvrement et l'ennui y font rechercher, par les riches, les plaisirs des théâtres, qui cependant n'ont point en Allemagne une grande réputation; la littérature y fait peu d'honneur à la langue allemande; les sciences y jouissent de quelque considération depuis que les membres de la famille impériale et des hommes d'Etat en font un utile délassement; mais la musique seule y est cultivée avec beaucoup de succès.

Il est peu de villes catholiques où l'on s'acquitte avec plus de ponctualité des cérémonies et des dehors de la religion : la crédulité, la superstition et la bigoterie se font remarquer dans tous les rangs. Quelques voyageurs ont jugé très sévèrement le peuple de Vienne ([1]). Malgré l'ignorance presque générale qu'on lui reproche, ce qui est assez singulier après ce que le gouvernement fait pour répandre l'instruction, les mœurs n'y sont cependant pas dépravées : la probité chez les hommes, la fidélité chez les femmes, et presque toutes les vertus privées règnent au sein de la plupart des familles. Rien ne contraste plus, a-t-on dit, avec la haute idée que les Viennois ont d'eux-mêmes que le ridicule dont on les accable dans le reste de l'Allemagne : leurs manières, leur dialecte, tout en eux est l'objet de la critique la plus amère à Berlin, à Dresde, à Hambourg.

Un peu plus de liberté, en imprimant une salutaire impulsion à la capitale, changerait à son avantage toute la population autrichienne. Cependant ce que l'on reproche aux Viennois ne s'applique pas aux habitants des autres villes de l'Autriche. La police, inquiète et sévère, exerce à Vienne une surveillance scrupuleuse; et ce qui prouve combien la censure y est vétilleuse, c'est le mot de l'empereur François Ier, sortant d'un théâtre où l'on venait de donner une première représentation : « Je suis bien aise d'avoir vu cette pièce, dit-il, car je suis sûr qu'ils vont la défendre. »

A la vue des bastions qui protégèrent la ville contre les attaques des Turcs, que de souvenirs s'offrent à l'esprit! Deux fois, sous un chef qui n'eut point de rivaux en gloire, les Français y entrèrent; mais Vienne n'a pas à rougir de ces deux époques: l'exemple de tant d'autres capitales qui ouvrirent leurs portes à nos soldats suffirait pour consoler l'Autrichien s'il portait l'esprit national jusqu'à garder le souvenir des revers de la fortune. Prise en 1241 par Frédéric II, duc d'Autriche; en 1277, par l'empereur Rodolphe Ier; vainement assiégée en 1477 par les Hongrois, mais obligée de céder huit ans après aux attaques de Mathias, roi de Bohême et de Hongrie, Vienne résista aux troupes ottomanes en 1529 et en 1683. Ce dernier siége est resté dans la mémoire du peuple. Jamais événement ne fut sur le point d'être plus fu-

([1]) Voyez le Voyage de lord *J. Russell*, publié à Édimbourg, en 1824.

neste à l'Allemagne et peut-être à l'Europe. Kara-Mustapha, gendre et grand-visir de Mahomet IV, poussé par l'ambition d'asservir l'Occident au joug humiliant de son maître, traverse la Hongrie, et se présente dans les plaines de l'Autriche à la tête d'une armée de plus de 200,000 hommes, et d'une artillerie de 300 pièces de canon, moyens formidables, surtout à cette époque. Le duc de Lorraine, Charles V, obligé de céder au nombre, se replie en toute hâte sur Vienne ; la consternation se répand dans cette ville ; l'empereur Léopold, forcé tout-à-coup de s'éloigner avec sa famille, traverse la foule fugitive qui encombre la route de Linz. C'est dans ces moments de crise que les rois sentent le malheur de n'être point entourés de l'amour de leurs peuples, dans cette marche pénible l'empereur n'est plus qu'un infortuné, isolé au milieu d'une population en désordre. La famille impériale éplorée passe la nuit dans les bois, et l'impératrice enceinte n'a pour se reposer que quelques bottes de paille ; tandis que l'on apercevait encore, pendant l'horreur de cette première nuit, la lueur des flammes qui consumaient la basse Hongrie et s'avançaient vers l'Autriche, où elles précédaient les hordes ottomanes. La terreur était à son comble ; tout était perdu sans Sobieski. Kara-Mustapha cerne la capitale ; le comte de Stahremberg est réduit à résister avec une faible garnison de 16,000 hommes ; il fait brûler les faubourgs, arme les étudiants ; mais après vingt-trois jours de siége, la garnison exténuée, sans vivres, obligée de combattre et d'éteindre le feu des bombes, perd tout espoir : l'ennemi venait de s'emparer de la contrescarpe. Cependant Sobieski se présente, suivi de 74,000 hommes ; il examine les positions du visir : « Cet homme, dit-il, est mal campé, c'est un ignorant, nous le battrons. » Il donne le signal du combat, et la formidable armée de Mustapha est taillée en pièces et réduite à prendre la fuite. Jamais plus beau triomphe ne succéda à de plus grandes alarmes : le butin fut immense, Vienne fut sauvée, et la chrétienté dut rendre des actions de grâces au courage et au sang-froid d'un héros. Et ce héros et ceux qu'il commandait, il est triste de le rappeler aujourd'hui, étaient les ancêtres de ces mêmes Polonais si lâchement et tant de fois sacrifiés depuis à la politique ambitieuse des rois.

Cette ville antique, appelée *Castra Fabiana* ou *Faviana*, puis *Vindobona*, devint considérable sous les premiers empereurs : au temps de Ptolémée, la dixième légion germanique y tenait garnison ; Marc-Aurèle y mourut ; Gallien la céda aux *Marcomani*, en épousant la fille d'un de leurs rois ; Aurélius la réunit de nouveau à l'empire ([1]). Les travaux d'agrandissements que l'on a faits il y a quelques années dans le jardin botanique ont donné lieu à la découverte de plusieurs antiquités, telles que des monnaies, des vases, des briques, etc. L'emplacement de ce jardin était donc autrefois dans l'enceinte de *Vindobona*. En élargissant la chapelle du couvent des Capucins, destinée à la sépulture des empereurs, on a découvert à peu près à la même époque un tombeau romain, des fragments de vases funéraires, et d'autres objets qui font présumer que la route de *Vindobona* à Rome passait sur le terrain qu'occupe le couvent. Ces découvertes ont éveillé l'attention du gouvernement ; il a consacré des fonds au paiement des fouilles qui pourraient être faites dans l'intérêt de l'archéologie, et en 1830 une de ces fouilles a mis au jour un torse antique de la plus grande beauté, ainsi que plusieurs médailles rares.

Nous avons parlé du beau coup d'œil qu'offrent sur les hauteurs les châteaux de plaisance des environs de Vienne ; ils sont si nombreux, que ce serait beaucoup que d'entreprendre la description de ceux qui appartiennent à la famille impériale : citons cependant *Schönbrunn* (*Belle-Fontaine*), qui ne fut d'abord qu'un rendez-vous de chasse bâti par l'empereur Mathias, mais qui fut reconstruit par Marie-Thérèse. Il n'a rien de la magnificence que lui trouvent les bons bourgeois de Vienne. Du côté de la cour et du côté du parc, sa façade est simple et n'est ornée que par quelques colonnes ; sa toiture plus simple encore est en tuiles. La partie du jardin qui s'étend entre le château et une galerie en pierre qui couronne une colline est dans l'ancien style français : on y remarque quelques statues en marbre qui se détachent sur le fond d'une muraille de verdure formée de charmilles d'une hauteur extraordinaire. Le

---

([1]) Voyez le bel ouvrage du baron de *Hormayer*, intitulé : *Vien seine, Geschichte und seine denkwürdigkeiten*.

reste du parc est dessiné à l'anglaise. Ce qui mérite le plus de fixer l'attention, ce sont les belles serres de cette résidence : elles ne sont point à comparer pour l'élégance aux nouvelles serres du Jardin des Plantes de Paris, mais elles renferment de plus beaux végétaux des tropiques. La ménagerie de Schönbrunn mérite aussi d'être visitée : elle est divisée en un grand nombre de compartiments qui partent d'une place ronde dont le centre est occupé par une rotonde élégamment décorée de peintures à l'intérieur et réservée à des oiseaux précieux tels que des aras, des loris, des perruches et des kakatoës.

Le village de Schönbrunn n'a que 400 habitants. *Lachsenbourg*, qui, dès le treizième siècle, était connu sous le nom de Laxendorf, a 900 âmes. On y voit deux châteaux appartenant à l'empereur : l'un, construit en 1377 par le duc Albert III, est dans le style gothique, entouré de fossés et couronné de créneaux qui lui donnent l'apparence d'une petite forteresse ; décoré à l'intérieur dans le même goût qu'à l'extérieur, et renfermant un grand nombre d'antiquités du moyen âge, il forme un ensemble très pittoresque avec le parc qui l'entoure et qui passe pour l'un des plus beaux de l'Europe, et un singulier contraste avec la régularité du bourg qui s'étend près de ses murs ; l'autre, bâti par l'empereur François II, qui y passait une partie de la belle saison, renferme un joli théâtre et un manége. Le parc de Lachsenbourg a deux lieues de tour, et est arrosé par la Schwaecha : ses portes sont ouvertes au public.

Près de Schönbrunn, le village de *Maria-Hietzing* est un des plus beaux de l'Autriche ; on y voit un théâtre et un établissement de bains, des fabriques de tapis, de liqueurs et de vinaigre. *Penzing* est connu par ses importantes fabriques de rubans, d'étoffes de soie et de cotonnades ; il a 2,000 habitants ; on admire dans son église une statue qui a été achevée par un élève de Canova : elle représente une femme qui semble s'élever vers le ciel. *Mödling*, remarquable par ses bains d'eaux minérales, et sa chapelle de saint Pantaléon bâtie dans le style saxon, a 3,500 habitants, un théâtre, des manufactures de cotonnades et des tanneries. Cette petite ville est située à l'entrée d'une des plus pittoresques vallées des environs de Vienne. Des points de vue délicieux, embellis par des ruines factices et d'autres constructions dues au prince de Lichtenstein, font de cette vallée du Briel un immense jardin anglais.

Quittons ces lieux, qui semblent rivaliser par leur richesse et leur élégance, descendons dans la plaine, et visitons quelques unes des villes de la basse Autriche.

Kloster-Neubourg, sur le bord du Danube, mérite d'être citée non pour son importance, puisqu'elle ne renferme que 3,300 habitants, mais pour son magnifique couvent de l'ordre de Saint-Augustin. Elle est à 2 ou 3 lieues de Vienne ; le cours du Kirlinger la divise en haute et basse ville. Les anciens murs qui l'entourent tombent en ruines. Ses rues sont mal alignées. L'abbaye fut fondée en 1114 par le margrave Léopold IV, dont le corps a été déposé dans l'église de ce monastère. Celui-ci fut rebâti en 1730. Il renferme un trésor dont l'un des principaux objets précieux est la couronne archiducale dont l'archiduc Maximilien lui fit présent en 1616, et que l'on transporte à Vienne pour le couronnement de chaque nouveau souverain. Il possède de plus une bibliothèque de 25,000 volumes, avec plus de 400 manuscrits, et un cabinet d'histoire naturelle et de médailles. Il paraît que les chanoines de cette riche abbaye sont amateurs de bon vin, puisque l'on remarque dans leurs vastes caves un tonneau qui contient plus de 60,000 litres. La ville possède deux églises paroissiales, une école supérieure, un hôpital civil, une caserne de pontonniers, des fabriques de maroquin, de dentelles et de produits chimiques, et un chantier de construction pour des barques armées.

Baden, à quelques lieues au sud de la capitale, sur la pente septentrionale du Calvarienberg, dominée à l'est par de riants coteaux, et dominant à l'ouest une plaine fertile, n'est peuplée que de 3,000 habitants ; mais ses eaux minérales, dont on a reconnu l'efficacité contre les affections rhumatismales, sont tellement fréquentées, que dans la saison des bains on y compte souvent plus de 5,000 étrangers. Les promenades des environs de cette ville sont charmantes, et l'on y jouit de l'agrément de pouvoir visiter librement la plupart des parcs qui l'entourent. C'est dans ses environs qu'est situé le magnifique palais de *Weilbourg*, construit par l'archiduc Charles. Ses jardins, embellis par les points de vue qu'on y a ménagés sur les beaux sites qui l'environnent, et la charmante vallée de Sainte-Hélène qui en fait partie, sont tous les dimanches le rendez-vous des promeneurs de Baden.

Neustadt, ou *Wienerisch-Neustadt*, est, après la capitale, la plus jolie ville de l'archiduché. Sa population est, suivant M. Thielen[1], d'environ 8,300 habitants; ses rues sont bien pavées et ses maisons bâties avec élégance, ses trois places publiques sont belles, ses fabriques sont florissantes, ses établissements d'instruction sont nombreux. Il existe dans son enceinte une école militaire qui renferme 500 élèves et une école d'équitation; elle fournit de beaux marbres de ses environs toute la basse Autriche. C'est de cette ville que se dirige le canal dont nous avons parlé et qui sert à approvisionner Vienne de bois, de charbon de terre et de pierres de construction.

De Neustadt, on ne peut s'empêcher d'admirer la cime du Schneeberg, qui s'élève à 5 lieues à l'ouest de cette ville. Il est difficile de résister au désir de gravir cette montagne, qui passe pour l'une des plus curieuses de la basse Autriche. Elle est couverte de nuages pendant plus de neuf mois de l'année; il serait même imprudent d'en entreprendre le voyage lorsqu'on n'y est point invité par un ciel serein. En y montant par la route la plus fréquentée, on se trouve bientôt au-dessus d'une étroite et profonde vallée, dont le centre est occupé par un lac noirâtre. Après avoir traversé la région des arbres, on arrive à une plate-forme sur laquelle on a construit une petite maison destinée à servir d'asile au voyageur que la nuit y surprend. Au-dessus de cet asile, la végétation ne se compose plus que de lichens. Après avoir franchi des rochers nus et décharnés, après avoir évité des précipices effrayants, on arrive, non sans dangers, au sommet, dont la hauteur est telle qu'on y jouit d'un horizon qu'il est difficile de mesurer. Au nord, on aperçoit les chaînes boisées du Wiener-wald et du Manhart; l'œil parcourt le plus beau panorama qu'il soit possible d'imaginer. Vienne se présente alors comme un simple bourg, et le Danube comme un fil d'argent jeté sur un tapis de verdure; on peut compter de là toutes les villes, et quoique l'éloignement les fasse paraître comme des points placés sur une carte géographique, aucune sommité n'est plus convenable pour faire apprécier d'un coup d'œil l'importance et la richesse de l'archiduché. Si l'on se tourne vers le sud, la chaîne des Alpes, qui se déploie sur une longueur de plus de 60 lieues, offre un spectacle magnifique; à l'ouest, on distingue les montagnes de la haute Autriche, les Alpes de Salzbourg et même celles du Tyrol; au sud-est, la vaste plaine hongroise se prolonge jusqu'auprès de Raab et d'Ofen; à quelques pas de la cime, on domine un affreux précipice de 1,000 toises de profondeur. De tous ces lieux habités, dont nous contemplions la richesse en remontant le canal de Neustadt, nous n'avons cité que ceux qui se trouvaient sur notre route; mais du point élevé où nous nous trouvons, nous pouvons compléter le tableau de la basse Autriche.

Sur la rive droite du Danube, au bord de la Leytha, *Bruck*, au milieu d'une vallée, possède une douane et renferme un marché orné d'une superbe fontaine. Cette petite ville est célèbre dans toute la contrée par sa fabrique de machines, façon anglaise, pour filer, et par le beau château du comte de Haarach, dont le jardin botanique est regardé comme l'un des plus riches de l'Empire. A peu de distance du fleuve, au pied d'un rocher sur lequel s'élève un vieux château, *Haimbourg*, avec 3,000 habitants, a la plus importante fabrique de tabacs de l'Autriche. Vers l'ouest, sur la rive gauche du Danube, on voit *Krems* et *Stein*, petites villes, l'une de 3,600 habitants, l'autre de 1,500, séparées par une allée d'arbres garnie d'une rangée de maisons; ce qui a donné lieu au dicton populaire : *Krems et Stein sont trois villes*. L'industrie de Krems est active, et son commerce est considérable; celui de Stein ne dure que le temps favorable à la navigation du fleuve. Vis-à-vis de cette dernière, on voit, sur la rive opposée, *Mautern*, près de laquelle, en 1484, Mathias, roi de Hongrie, remporta une grande victoire sur les Autrichiens. *Dürrenstein* conserve encore les ruines du château dans lequel Richard-Cœur-de-Lion, revenant de la Palestine, fut enfermé contre le droit des gens par Léopold,

---

[1] Alphabetisch-topographisches Postreise-Handbuch fur den OEsterreichischen Kaiserstaat, etc.; par M. F. *Thielen*. Vienne, 1827.

duc d'Autriche. *Tuln*, sur la droite du Danube, qui y reçoit la Tulner, est petite, sale et peu peuplée, mais elle a une église qui passe pour avoir été un temple romain ; ses environs fournissent de légumes les marchés de Vienne. Ses vieilles murailles annoncent une ancienne place de guerre ; elle était encore fortifiée en 1683, lorsque Jean Sobieski y passa le Danube pour aller délivrer la capitale de l'Autriche, assiégée par les Turcs. *Mœlk*, sur la même rive, n'est qu'un bourg, mais il est remarquable par la magnifique abbaye de bénédictins, bâtie sur un rocher qui le domine. Ce couvent occupe l'emplacement d'une forteresse romaine, et renferme un gymnase, des collections d'histoire naturelle et d'antiquités, et une bibliothèque. Entre le Danube et le *Wiener-wald*, on voit, au milieu d'une plaine agréable, couverte de champs bien cultivés, de jardins et de belles prairies, *Saint-Pölten*, ville de 4,000 âmes et siège d'un évêché suffragant de Vienne ; elle doit son origine à une abbaye de chanoines de Saint-Augustin, fondée au huitième siècle et supprimée en 784.

D'autres lieux, quoique moins importants, méritent encore d'être cités : *Awischofen*, avec sa manufacture de glaces ; *Aloosdorf*, où l'on cultive beaucoup de safran ; *Mistelbach*, dont les 3,000 habitants font un commerce considérable de grains ; *Aleiben*, où l'on voit une des plus belles bergeries impériales de l'Autriche ; *Maria-Taferl*, sur une montagne d'où l'on jouit d'une vue magnifique : ce n'est qu'un village, mais il est célèbre par les processions que l'on y fait ; plus de 100,000 pèlerins s'y rendent tous les ans ; enfin, dans la plaine, *Wagram*, ou *Teusch-Wägram*, village qui rappelle la célèbre bataille du 6 juillet 1809.

Il est temps de traverser l'Ens et de visiter la haute Autriche.

Linz, qui en est la capitale, n'est pas sans importance ; elle compte 20,000 habitants ; son nom dérive de celui de *Lentia*, qu'elle portait sous la domination romaine. La ville, qui se divise en vieille et nouvelle, est moins considérable et moins belle que ses trois faubourgs. La première, qui ne consiste qu'en une longue rue, comprend le château archiducal que l'on aperçoit sur une hauteur. La seconde renferme une grande place ornée d'une manière assez bizarre : au centre, une colonne a été érigée par Charles IV à la Trinité, puis, à droite et à gauche, s'élèvent deux fontaines, dont l'une est ornée de la statue de Neptune et l'autre de celle de Jupiter. Linz est le siège d'un évêché ; ses principaux édifices sont le palais épiscopal et l'hôtel-de-ville, où se tient la diète. Elle possède des établissements importants et des collections scientifiques ; entre autres un institut pour les sourds-muets, une école normale, un lycée, un séminaire et une école du génie, une bibliothèque publique et un magnifique théâtre. Ville d'industrie et de commerce, elle renferme une manufacture impériale de draps et de tapis qui livre annuellement pour environ 250,000 francs de produits estimés, des fabriques de bonnets rouges pour la Turquie, de poudre de guerre, de glaces, de tamis, et plusieurs tanneries. C'est l'entrepôt des faux et des fers de la Styrie ; il s'y tient deux foires annuelles importantes ; mais elle deviendra plus florissante encore par l'exécution du canal qui doit aller de cette ville à la Moldau. Quoique les montagnes de la Bohême la garantissent des vents du nord, le thermomètre de Réaumur y marque souvent 14 à 15 degrés de froid ; les vents d'ouest, très fréquents, y sont fort incommodes. Les femmes de Linz sont renommées par leur beauté. La position de cette cité la rend propre à devenir un point militaire important ; aussi l'a-t-on entourée tout récemment de fortifications qui en font une des principales places d'armes de l'empire d'Autriche.

L'Ens arrose *Steyer*, ville de 10,000 âmes, placée dans une vallée que traverse la petite rivière du même nom. Le Bourg, vieux château du prince de Lamberg, en est le seul édifice digne d'attention : il fut construit au dixième siècle par le margrave Ottocar Ier. Elle est ornée de plusieurs belles fontaines, et possède une manufacture impériale d'armes à feu et des fabriques importantes de toutes sortes d'objets en fer, et qui présentent un mouvement extraordinaire. C'est là que ce métal montre sa supériorité sur l'or par son utilité. Dans la ville et dans ses environs, des milliers de bras donnent toutes les formes au fer que l'on retire des mines du mont Erzberg. L'Ens, qui fait mouvoir de nombreux marteaux, sert à transporter le produit des usines et de l'industrie la plus variée. Steyer expédie des limes en Allemagne, en Suisse, en Italie et dans le Levant ; des rasoirs à moins d'un florin la douzaine pour l'Orient ; des couteaux de poche à 15 ou 20 florins le mille pour la Moravie, la Silésie et la Galicie ; des alènes de cordonnier pour l'Allemagne, la Suisse et la France. Quarante fabriques des environs du mont Priel envoient une immense quantité de guimbardes à Steyer, qui en fournit une partie de l'Europe ; enfin, d'autres ouvrages en fer sortent de ses murs pour se répandre dans toutes les contrées.

Près de son embouchure dans le Danube, l'Ens baigne les murs d'une ville de 4,000 habitants, à laquelle elle donne son nom : c'est l'une des plus antiques cités de l'Autriche, s'il est vrai qu'elle ne faisait qu'une avec le village de *Lorch* ou *Laurach*, l'ancien *Lauriacum*, colonie romaine que les Huns détruisirent en 450. Cependant il paraît qu'il y eut dans le voisinage une ville d'*Anisia*, autrement appelée *Ensium civitas*, qui aurait été la résidence de plusieurs préfets, et qui, détruite aussi par les barbares, aurait été rebâtie au neuvième siècle par les Bavarois pour protéger leurs frontières contre les Avares. C'est cette ville qui, nommée d'abord *Ensburg*, porte aujourd'hui le nom d'*Ens*. On voit sur sa grande place une tour isolée, bâtie par Maximilien Ier. En remontant la Traun, près du lac, se présente la jolie petite ville de *Gmunden*. Sa population n'est que de 1,100 âmes, et ses plus beaux édifices sont l'hôtel-de-ville, l'administration et les magasins des salines. Ce qui donne de l'intérêt à sa position, c'est le lac sur lequel elle est bâtie. Il est long de plus de 6,000 toises et large de plus de 1,500 ; ses eaux, ordinairement d'un vert sombre, deviennent noires dans les temps d'orage. Près de là se trouve, dans le bourg de *Garsten*, un chapitre de bénédictins dont la fondation remonte à plus de 800 ans. L'église en est magnifique : elle renferme de beaux tableaux et le tombeau d'Ottocar IV. Mais ce chapitre n'est point à comparer à celui que l'on voit au bourg de *Krems-Munster*, dans une belle vallée sur la rive gauche du Krems. Cette abbaye a été fondée en 777 par Tassilon, duc de Bavière. La grandeur de l'édifice, la beauté de l'observatoire, le nombre immense de tableaux, la richesse de la bibliothèque et des collections d'histoire naturelle et d'instruments de mathématiques, le luxe intérieur, l'orangerie et les jardins, mettent ce monastère au premier rang de ceux de l'Allemagne. Il existe près de ce lieu des sources incrustantes, dont les eaux déposent sur les végétaux qui y croissent un sédiment calcaire tellement abondant qu'on l'exploite en pierres destinées pour la bâtisse. *Halstadt*, autre bourg de 1,800 habitants, n'est important que par ses salines d'où l'on retire environ 10 millions d'hectolitres de sel. Il est au pied du Salzberg. Près de ses murs s'étend un lac de 4,200 toises de long, de 1,100 de large, et d'une profondeur que les gens du pays disent incalculable, mais que l'on a reconnu être de 105 toises. Ses eaux, d'un vert noirâtre, nourrissent de très beaux poissons. On croit reconnaître le *Brundunum* des Romains dans la ville de *Braunau*, fortifiée, et peuplée de 2,000 habitants. Le bourg de *Mondsée* est remarquable par sa position pittoresque au bord d'un lac long d'une lieue et demie, large d'une lieue, et de 200 toises de profondeur. Près du bourg de *Bischofshofen*, qu'arrose la Salza, tombe avec fracas, d'un rocher de 400 pieds de hauteur, la magnifique cascade de *Bachsfall*.

Les nombreux lacs, les chutes d'eau, les petites vallées arrosées par des torrents, sont autant de caractères propres aux Alpes Noriques au milieu desquelles nous nous trouvons. Nous avons devant nous cette longue vallée de la Salza ou Salzach, qui traverse dans toute sa longueur le cercle de Salzbourg ; à l'ouest de cette vallée se trouve celle de Mitter-Pinsgau, qu'arrose la Saala, et au sud-est celle de Lungau, élevée de 3,225 pieds au-dessus de l'Océan et dans laquelle la Muhr prend sa source : les deux principaux endroits que l'on y remarque sont *Mauterndorf*, bourg de 1,100 âmes, et celui de *Tamsweg*, deux fois plus peuplé. On ne trouve aucune ville de quelque importance dans ces montagnes ; mais le bourg de *Saalfalden*, bien qu'il n'ait qu'un millier d'habitants, mérite d'être visité par les curieux. Il est situé sur la droite de l'Urselauerbach, qui un peu plus bas se jette dans la Saala.

C'est près de ce bourg que s'étend, sur une longueur de 3 lieues, un désert tellement rempli de roches qu'il a reçu le surnom de *Mer* pierreuse. Deux montagnes le dominent, le *Hundstod* et le *Schindelkopfk*, dominés à leur tour par le *Seehorn*, élevé de 7,883 pieds. Les amateurs de beaux points de vue, ceux surtout qu'attirent ces sites silencieux et sauvages si communs dans les contrées montagneuses, seront dédommagés de leurs peines en gravissant le *Schafberg*, qui s'élève au bord de 5 lacs : *Altersée*, *Krottensée*, *Mondsée*, près du bourg dont nous avons parlé plus haut, *Schwarzensée* et *Wolfangsée*. Cette montagne porte elle-même trois lacs : le *Krollensée*, le *Mönchsée* et un autre plus petit ; du haut de sa cime, qui, d'après la moyenne des différentes mesures qui en ont été prises [1], dépasse 5,500 pieds, on aperçoit 11 autres lacs. Le *Weichselbach*, dans la vallée de Fusch, arrose un établissement d'eaux thermales connu sous le nom de *Saint-Wolfgang*. La maison de bains et celle du maître baigneur sont les seules habitations qu'on trouve auprès de cette source ; plus haut dans les montagnes on ne voit plus que quelques chalets. Ce qu'il y a de remarquable, parce que cela peut s'appliquer à la théorie géologique des feux souterrains et du soulèvement, c'est que les quatre vallées parallèles de Fusch, Grossarl, Gastein et Rauvis se dirigent du sud au nord comme un grand nombre de commotions volcaniques et ont chacune une source minérale.

Descendons la Salza, et terminons notre course par *Salzbourg*, l'une des villes les plus intéressantes de la contrée. Elle a porté successivement les noms de *Juvavium*, de *Hadriana* et de *Petena*. L'an 448, elle fut ruinée par Attila, et rebâtie ensuite par les ducs de Bavière, à la recommandation de saint Rupert. La Salza, ou si l'on veut la Salzach, y sépare deux quartiers alignés et bien bâtis ; un rempart entoure la ville, et 3 faubourgs appelés *Müllen*, *Nonnthal* et *Stein* en précèdent l'entrée. Sa population de 14,000 âmes n'est point assez importante pour la largeur de ses rues : le peu de mouvement qui y règne, joint à l'uniformité de ses maisons construites à l'italienne, lui donnent un aspect qui attriste. Sa principale porte est taillée dans un roc, sur une longueur de 150 pieds, et sur une largeur de 20 à 24. On a élevé devant cette entrée une statue en marbre haute de 15 pieds, représentant saint Sigismond. La place de la cour est ornée d'une superbe fontaine, et celle de la cathédrale d'arcades et de galeries. Cette église, l'une des 17 que renferme la ville, passe, selon un géographe allemand [1], pour être construite sur le modèle de Saint-Pierre de Rome ; mais il ne faut pas être un connaisseur habile pour reconnaître que la cathédrale de Salzbourg se recommande plutôt par sa solidité que par son élégance ; et à l'aspect de son portail surmonté de deux tours, il faut être bien facile en fait de ressemblance ou même d'analogie pour en trouver la moindre entre cet édifice et le plus majestueux de la chrétienté ; on admire cependant la statue en bronze de la Vierge qui décore la principale façade. Les autres constructions importantes de cette ville sont le palais archiépiscopal et le château-fort appelé Hohen-Salzbourg, parce que, placé sur un rocher, il domine toute la ville. L'archevêché de Salzbourg a pour suffragants les évêchés de Brixen, dans le Tyrol ; Gurk, en Illyrie ; Lavant, Leoben et Seckau, en Styrie. Cette ville a un lycée qui possède une bibliothèque de 20,000 volumes, un cabinet de physique et une collection zoologique ; une école médico-chirurgicale, un gymnase, une école normale, un séminaire et une haute école. En 1623, on y fonda une université qui fut supprimée en 1809. L'abbaye de Saint-Pierre possède une bibliothèque de 36,000 volumes. Salzbourg a vu terminer les jours du fameux alchimiste Paracelse, dont les cendres reposent dans le cimetière de Saint-Sébastien ; l'hôpital Saint-Jean renferme les restes de superbes bains bâtis par les Romains ; diverses antiquités ont été rassemblées par plusieurs riches particuliers. Salzbourg enfin qui est peu importante par son industrie, mais qui sert aussi d'entrepôt aux faux de la Styrie, est depuis les travaux faits à Linz la seconde forteresse de la haute Autriche ; la température y est très variable et fait naître beaucoup de maladies.

L'Autrichien est sobre et fidèlement attaché à son souverain. Comme la plante, il semble différer selon la nature du sol ; il a moins de moralité dans les cantons vignobles que dans les cantons agricoles. Dans les plaines il est

---

[1] Le Schafberg a, selon M. *de Braune*, 5577 pieds d'élévation ; selon M. *Wierthaler*, 5570 ; et selon *Kleyle*, 5373.

[1] *Rudolphe de Jenny* : 1822.

robuste et trapu, mais dans les montagnes il est agile et d'une taille élancée.

L'habitant de la haute Autriche est naturellement religieux, comme la plupart des peuples montagnards. Il embrassa de bonne heure la foi chrétienne : dès l'an 350, Lorch était le siége d'un évêché. La réformation a eu peu de succès chez ce peuple : le nombre des luthériens et des réformés, comparé à celui des catholiques, est dans la proportion de 1 à 61. Ce peuple est doux, résigné, soumis et sérieux ; il conserve même dans ses plaisirs une teinte de gravité qui se manifeste jusque dans la couleur dominante de son costume : en général il ne porte que des étoffes brunes ou noires. Les hommes se coiffent d'un petit chapeau entouré d'un large ruban de soie. Ils s'habillent d'une longue redingote garnie de boutons de métal ou de soie verte et doublée en toile de coton rouge ; sous ce vêtement descend une veste de coton, garnie d'une longue rangée de gros boutons ; leurs culottes sont en cuir noir et soutenues par des bretelles en coton, ou par une ceinture en cuir ; leurs bas sont presque toujours bleus, et leurs souliers garnis de larges boucles en cuivre ou en argent. Les femmes portent des jupons fort courts et de longs corsets, les uns et les autres en une étoffe d'une couleur foncée ; leur bonnet seul est blanc et d'une forme ronde ; leur chaussure consiste, comme celle des hommes, en bas bleus et en souliers à boucles. Ce peuple parle l'allemand ; mais presque tous les montagnards font en outre usage d'un dialecte particulier, rude et désagréable à l'oreille.

LIVRE QUATRE-VINGT-TROISIÈME.

Suite de la Description de l'Europe.— Description de l'Allemagne.— Douzième section.— Empire d'Autriche. — Quatrième division. — Description du comté de Tyrol.

Les belles contrées du Tyrol vont nous montrer leurs montagnes couvertes de neige, leurs rochers arides et nus. Nous y verrons des vallées qui offrent à la fois et la sévérité d'un site sauvage et les richesses de la culture.

Les deux versants des *Alpes rhétiennes* ou *rhétiques*, qui ne sont que la continuation des Alpes de la Suisse, constituent la plus grande partie du Tyrol. Cependant, si l'on y voit moins de pointes élevées, on y remarque des masses plus étendues en largeur ; des montagnes que personne n'a tenté de gravir, et qui paraissent être presque aussi hautes que le Mont-Blanc ; des profondeurs effrayantes, quelques cascades magnifiques ; des glaciers de plusieurs lieues d'étendue, mais moins beaux qu'en Suisse ; des torrents et des ruisseaux qui sillonnent des vallées étroites, sinueuses et d'une pente rapide ; d'un côté, le souffle glacial des vents du nord ; de l'autre, le hâle brûlant du sirocco : tel est en peu de mots le tableau de ce pays montagneux.

Le Tyrol doit son nom à un ancien château situé sur une montagne qui domine l'Adige, près de Méran. Il devint par héritage la propriété des ducs d'Autriche en 1363. Ce comté est limité au nord par la Bavière, à l'ouest par la Suisse, au sud et à l'est par le royaume lombard-vénitien, l'Illyrie et la haute Autriche. Suivant un géographe autrichien [1], sa superficie est de 5,164 milles géographiques carrés, ce qui donne à peu près 1,436 lieues de France.

Les *Rhæti* sont les plus anciens peuples connus du Tyrol ; ils se composaient de plusieurs peuplades, telles que les *Vennonii*, ou les *Vennones*, dont parlent Ptolémée et Strabon [2], et les *Brixantes*, dont la capitale paraît avoir occupé l'emplacement de *Brixen*. Pline [3] dit qu'ils étaient originaires de l'Étrurie. Il faut croire qu'ils en auront été chassés par quelque cause politique ; il est peu probable qu'une nation renonce de son plein gré aux douceurs d'un climat comme celui de l'Italie, pour aller s'établir dans une contrée comme le Tyrol. Les *Rhæti* furent subjugués par les Romains sous le règne d'Auguste, et leur pays reçut le nom de *Rhætia prima* ; ce-

[1] M. Max.-Fried. Thielen. — [2] Lib. IV. — [3] Lib. III., c. xix.

lui des *Vindelici* porta celui de *Rhætia secunda*.

Le voyageur, placé à peu de distance des sources de l'Inn, voit se prolonger sur la droite de cette rivière une chaîne moins considérable que les autres, et qui porte le nom d'*Arlberg*, ou de montagne de l'Aigle, ce qui fait donner à la portion du nord-ouest de la province la dénomination de *Vorarlberg*. Une autre chaîne, plus haute, et qui s'étend de l'ouest à l'est, est celle que, depuis les anciens, on appelle *Alpes rhétiennes*, du nom de la province romaine de *Rhætia*. Il s'en détache, sur la frontière orientale, une branche importante qui prend le nom d'*Alpes noriques*, parce que ses deux versants formaient le *Noricum* des Romains.

Après l'*Ortler* (1), la principale cime des *Alpes rhétiques* est le *Tschernowand*. Les glaciers les plus importants sont le *Gebatsch* et le *Rofner*. Le Tyrol présente deux grands bassins : au nord celui de l'*Inn*, qui se dirige vers le nord-est ; au sud celui de l'*Etsch*, ou de l'*Adige*, qui va se jeter dans le golfe Adriatique.

Sur le versant méridional des *Alpes rhétiennes*, ainsi que dans la vallée de l'Adige, on trouve beaucoup de roches anciennes. Un savant géologiste (2) a fait plusieurs observations importantes sur la disposition singulière qu'y présente le calcaire magnésifère appelé *dolomie*. Rien n'est plus surprenant, en effet, que les formes hardies, que les escarpements inaccessibles qu'offre cette roche aux environs de la vallée de Fassa ; elle surpasse tout ce que l'imagination peut se représenter de plus bizarre. M. de Buch pense que ce calcaire blanc, grenu et presque friable, était compacte, coloré, rempli de corps organisés et stratifiés, avant que le porphyre pyroxénique qui le supporte eût, en le pénétrant de magnésie, détruit ses débris organiques et changé ses caractères. Ce porphyre a éprouvé un soulèvement si considérable, qu'il a élevé dans les airs les masses colossales qui le surmontent. Sans entrer dans les grandes conceptions d'un savant aussi distingué que M. de Buch, nous ajouterons que son opinion nous semble très probable, car le pyroxène qui caractérise ces porphyres semble les assimiler aux produits ignés ; mais M. de Buch alla plus loin, lorsqu'il regarda toutes les chaînes de montagnes comme le résultat d'un soulèvement analogue. Cette idée a été depuis confirmée par d'autres faits.

La vallée du Lech et celle de l'Inn, dans le nord du Tyrol, sont garnies de dépôts de sédiment supérieur, principalement de grès mollasse à lignites ou bois fossiles, et à coquilles marines et fluviatiles. Dans les lignites de Héring, les botanistes ont reconnu plusieurs phyllites et des espèces appartenant au genre *comptonia*, *junipérites*, *lycopodiolites*, etc. ; les coquilles marines sont principalement des huîtres, des lucines, des cérites et des rostellaires, et celles d'eau douce sont des paludines, des mélanopsides et des cyclades. Ces dépôts forment des couches d'une inclinaison semblable à celle du calcaire ancien qui les supporte ; ce qui prouve, ainsi que l'ont fait remarquer deux géologistes anglais (1), que la chaîne alpine a dû subir un grand soulèvement postérieurement à la formation de ces dépôts formés à l'embouchure de la vallée de l'Inn ; ce qui prouve aussi que cette vallée existait déjà à peu près telle qu'elle est aujourd'hui avant l'époque du grès mollasse à lignites, et que la dislocation de la chaîne primitive a dû précéder aussi cette époque.

Aux environs de Klausen, dans la vallée de l'Eisach, qui appartient au bassin de l'Adige, on a remarqué des masses de diorite et de syénite placées entre du gneiss et du micaschiste. Ces roches sont traversées par des filons de sulfures de plomb, de cuivre, de fer et de zinc, et même par des filons d'argent natif. Quelquefois ces minerais s'y présentent sous forme de boules composées de zones chacune d'une substance différente. Comment expliquer la formation de ces masses sphériques ? Nous ne nous étendrons pas davantage sur la constitution géognostique du Tyrol. Il suffit de dire que la chaîne rhétique, qui en occupe le centre, est essentiellement composée de granit et de gneiss, et que les deux autres, au nord et au sud-est, sont formées de roches de sédiment inférieur et moyen, ou, si l'on veut, de terrains intermédiaires et secondaires.

---

(1) Voyez sa hauteur, mesurée par M. *de Welden*, t. II, pag. 19. — (2) M. *de Buch*, voyez ses Mémoires lus à l'académie royale de Berlin, janvier 1822 et février 1823.

(1) MM. *Murchison* et *Sedgwick*.

La richesse végétale des montagnes du Tyrol est connue de tous les botanistes ; on y trouve beaucoup de légumineuses, d'orchidées, de labiées, de crucifères et de composées ; des cytises, des genêts et des euphorbes ; des saxifrages, des gentianes et des rhododendrons. Pendant la nuit, l'air est embaumé par l'odeur qui s'exhale du *silene nutans*. L'entomologiste y peut recueillir un grand nombre d'insectes ; on y trouve près de 600 espèces de coléoptères et 100 de lépidoptères. Les diverses espèces de gibier sont très communes ; des loups, des sangliers et des ours de petite taille peuplent les forêts ; les fentes des rochers servent d'asile aux marmottes, et sur les cimes élevées le bouquetin et le chamois cherchent un refuge contre les poursuites du chasseur.

Les bœufs, les vaches et les chevaux y sont petits, mais d'une bonne race ; les chèvres, plus nombreuses que les bêtes à laine.

Le Tyrol possède très peu d'eaux minérales chaudes, mais un grand nombre de sources ferrugineuses. Le produit des métaux qu'on y exploite n'est pas très considérable ; celui de l'or n'excède pas 100 marcs ; celui de l'argent est de 2 à 3,000 marcs. Ce métal s'y trouve presque toujours uni au plomb ; on obtient 9 à 10,000 quintaux de celui-ci. Le cuivre, dont on tire environ 3,500 quintaux, passe pour y être plus malléable, et conséquemment plus pur que dans plusieurs autres contrées ; les exploitations de zinc fournissent 5 à 6,000 quintaux ; le fer est le métal le plus abondant. On y trouve aussi le cobalt, l'arsenic, le soufre et de riches salines qui ne sont que la continuation de celles de Salzbourg ; une seule, près de *Hall*, fournit annuellement plus de 400,000 quintaux. Les houillères donnent un produit que l'on ne peut guère estimer au-delà de 100,000 quintaux. Le travail des mines est un moyen d'existence pour le Tyrolien ; mais elles ne sont pas d'un grand rapport pour le gouvernement, qui d'ailleurs les fait faiblement exploiter.

L'habitant tire un meilleur parti de son sol ; il a porté l'agriculture à un grand point de perfection ; il ignore ou dédaigne l'usage des jachères. On dirait que le sol s'empresse de répondre aux soins assidus et à l'activité du laboureur : chaque espace est utilisé ; la terre végétale est transportée sur les sommets escarpés ; l'herbe même qui croît sur les pentes des précipices est recueillie pour la nourriture du bétail ; l'action de la nature sur les roches qu'elle décompose est mise à profit par l'homme : il transforme leurs détritus en champs cultivés. Il faut voir le paysan tyrolien, une corbeille sur la tête, descendre à l'aide d'une corde et d'un piquet le long des roches inaccessibles jusqu'au fond des précipices, pour mettre à contribution quelques pieds de terre qu'il livre à la culture. Il obtient du maïs d'abondantes récoltes ; mais les céréales que produit le pays sont insuffisantes pour la consommation des habitants. Le froment est cultivé principalement dans le Wippthal et le cercle de Roveredo ; la pomme de terre l'est surtout dans le nord, et le millet dans le sud. Les vignobles occupent la partie méridionale. Les coteaux favorables à la vigne sont couverts de ceps vigoureux ; il est vrai que le vin qu'ils produisent ne se conserve pas long-temps, mais s'il ne peut être un objet d'exportation, il alimente le commerce intérieur. C'est principalement dans la vallée de l'Adige que s'étendent les vignobles. Ils tapissent les pentes des environs de *Brixen* et de *Tramin*; ceux de ce bourg sont les plus estimés. Le Tyrolien cultive aussi des arbres fruitiers ; on cite les pommes de Meran. Mais les forêts surtout sont d'un grand rapport ; il en exporte des bois de construction jusqu'à Venise.

Malgré toute leur activité, 800,000 habitants ne pourraient point vivre dans cette contrée s'ils ne cherchaient ailleurs que dans l'agriculture leurs moyens d'existence. Quelques uns n'ont d'autre richesse que leurs bestiaux ; mais qui croirait que l'oiseau qui des îles Canaries fut transporté en Europe, où ses chants le font rechercher plus que son beau plumage jaune, élevé chez le Tyrolien, est un objet de commerce ? Ce peuple tire parti de tout, et vendre des serins hors de son pays n'est point un métier qu'il dédaigne. Ce commerce d'ailleurs fait entrer annuellement dans le pays une valeur de 50 à 60,000 florins. Il ne borne point là son industrie : le Tyrol renferme peu de fabriques ; mais aussi chaque habitant est ouvrier ou fabricant. A défaut d'autre état, il se fait colporteur, jusque dans les contrées les plus lointaines, et revient toujours dans sa patrie jouir du fruit de ses économies. A 6 ans le Tyrolien quitte ses montagnes, part pour la foire de Kempten, en Bavière, et s'y rend utile pour la garde des oies ou des bestiaux ; plus tard il émigre comme maçon, charpentier, mineur ou marchand de tableaux. On en compte plus de 30,000 qui s'expatrient tous les ans. L'un, entraîné par une sorte d'amour de la guerre, parcourt les montagnes en chasseur, et ne craint point de s'exposer aux plus grands dangers pour atteindre sa proie ; l'autre y recherche les plantes médicinales, que dès l'enfance il apprit à connaître aussi facilement que le plus habile botaniste. Parmi ceux qui n'émigrent point, il en est qui exécutent avec la plus grande adresse divers ouvrages en bois ; dans le Vorarlberg, ils profitent de leurs vastes forêts pour construire en bois des boutiques, des maisons même, dont les différentes pièces numérotées sont expédiées jusque sur les bords du lac de Constance, et transportées de là dans les pays voisins. Ce genre d'industrie rapporte au Tyrol près de 200,000 florins.

Il semble que le Tyrolien soit né mécanicien : les ruisseaux qui parcourent ses vallées sont utilisés par des moyens ingénieux pour obvier au défaut de bras ; les eaux font mouvoir de distance en distance des roues façonnées à cet usage. A-t-il besoin de farine ; désire-t-il se procurer de l'huile pour son ménage : comme chaque individu se suffit en quelque sorte à lui-même, il n'y a point de meuniers, il n'y a point de fabriques d'huile ; mais le ruisseau voisin est chargé de moudre le grain ou de pressurer la plante oléagineuse. Un voyageur allemand (¹) dit avoir vu un enfant dans son berceau balancé d'un mouvement uniforme à l'aide d'une roue que l'eau faisait mouvoir. Tandis que les hommes se livrent à leurs travaux, les femmes s'adonnent à des occupations productives : les unes tricotent des bas, les autres font des gants de peau de chèvre ; celles-ci brodent des mousselines ; celles-là tressent la paille qu'elles façonnent ensuite en élégants chapeaux. L'industrie manufacturière se borne à un petit nombre d'objets. Dans l'Unter-inthal on travaille principalement les métaux : à Elmau on fabrique 30,000 faux par an ; dans l'Oberinthal et le Vorarlberg on tisse des tapis et des étoffes de coton ; dans les cercles de Roveredo et de Trente on recueille et on travaille la soie.

Les métiers de soieries fournissent annuellement plus de 75,000 aunes. Les tapis de la vallée de Lienz sont les plus renommés. Le pays s'enrichit encore par le commerce de transit entre l'Allemagne et l'Italie.

La bonté, la franchise, la fidélité à remplir ses engagements, l'attachement à son souverain et l'amour de son pays sont les principales vertus qui distinguent le Tyrolien. Ami de l'indépendance et de la liberté, il a horreur de la conscription, et dédaigne, méprise même la tactique militaire ; mais soldat volontaire il affronte avec calme les dangers et se bat en héros pour la défense de la patrie. Sévère dans ses mœurs, loyal dans ses relations, ami généreux, la paix et la gaieté règnent dans son intérieur. Naturellement dévot, mais superstitieux, il lui faut un culte imposant par ses cérémonies, une religion qui parle à son cœur comme à son imagination, et qui entretienne son ignorante crédulité. Il aime à peupler les sombres forêts qui l'entourent, ou les cimes de ses montagnes, d'esprits, de démons et d'êtres surnaturels ; il se plaît dans les récits d'apparitions de fantômes : il est peu de villages qui ne renferment une sorcière ou un sorcier. Aussi ne voit-on ni réformés ni luthériens dans le Tyrol : à l'exception de huit ou dix familles juives, toute la population est catholique.

« Le Tyrolien, dit un voyageur homme d'es-
» prit (¹), est naturellement gai, sans cepen-
» dant être léger. Dans les campagnes, au fond
» des bois, le long des routes, sur les places
» des villages et des petites bourgades, on
» entend pendant tout le jour les éclats de rire
» des hommes mêlés aux chants des femmes,
» surtout parmi le peuple, le paysan. La classe
» moyenne est plus allemande ; et parmi elle
» vous rencontrez souvent de ces physionomies
» longues et calmes, fumant avec une sorte
» de gravité froide et fort comique l'énorme
» pipe d'écume de mer. Peut-être aussi le cha-
» peau pointu (remplaçant la casquette plate
» du bourgeois tyrolien), la veste courte et
» les culottes, contribuent-ils à donner au
» campagnard un air moins grave, moins rassis
» et plus éveillé.
» Les femmes sont fortes, souvent jolies,
» quelquefois fort belles : le calcul sur la beauté
» m'a presque toujours donné 3 sur 12. Leur

(¹) M. *Rohrer*. Voyez aussi le Voyage dans le Tyrol, aux salines de Salzbourg, etc., par M. *de Bray*.

(¹) M. *Frédéric Mercey* : Le Tyrol et le nord de l'Italie. Tom. 1, pag. 370 et suiv. — Paris, 1833.

» costume assez éclatant varie peu. C'est une
» espèce d'uniforme qui ne diffère que par le
» bonnet et les parements. Les jeunes femmes
» qui ont un peu d'aisance portent volontiers
» quelque chaîne ou quelques bijoux d'or ou
» d'argent. Leur gros bonnet d'ours ou de laine,
» leur jupon bleu ou noir, leur corsage rouge
» et blanc, leur donnent dans la campagne,
» lorsqu'une procession défile, l'aspect d'un ba-
» taillon de grenadiers.

» Cependant, à Inspruck, le cône de four-
» rure qui recouvre la tête des femmes, et
» même celle des hommes, est tronqué. Peu
» d'habitants au reste font usage de cette plai-
» sante coiffure, et beaucoup de femmes n'en
» portent pas d'autre que celle que la nature
» leur a donnée. Elles mêlent toutefois aux
» tresses de leur chevelure de longues chaînes
» d'argent, et toutes sortes d'ornements de
» métal qui pendent quelquefois jusqu'à terre.
» Quant à l'ensemble du costume, il se com-
» pose communément d'un corsage qui pré-
» sente d'une épaule à l'autre une ligne droite
» bridée, fort laide. Leur robe forme un nom-
» bre de plis incalculable, et leur donnerait
» assez l'apparence d'un gros sac bien rem-
» bourré, n'était leur magnifique *tournure*,
» dont les formes rebondies et les prodigieuses
» dimensions défient la nature la moins avare :
» d'ordinaire leurs jupons arrivent au-dessous
» du genou. Trois couleurs dominent dans
» leurs vêtements, le rouge, le bleu léger et
» le noir. Cependant leur corsage et les bre-
» telles qui le retiennent sont ornés de nuan-
» ces aussi variées que le pourrait désirer le
» coloriste le plus difficile. »

Il y a plus d'éléments de liberté politique dans le Tyrol que dans les autres provinces de la monarchie autrichienne. Depuis 1816, le gouvernement a confirmé les anciens droits dont il jouissait ; il lui a accordé une constitution plus appropriée à ses besoins. Tandis que dans les autres pays autrichiens la nation n'est représentée que par le clergé, la noblesse et quelques députés des villes, les États tyroliens non seulement se composent de députés de ces différentes classes, mais encore de celle des paysans. Le *Vorarlberg* jouit de quelques prérogatives particulières. En n'établissant point la conscription dans le Tyrol, le gouvernement a senti qu'il s'en faisait un rempart plus sûr contre l'invasion étrangère ; en temps de guerre chaque Tyrolien devient soldat ; habitué à la fatigue, adroit et bon chasseur, il est peu d'armées qui pourraient résister à ce peuple, levé en masse pour la défense de ses foyers. Il ne fournit à l'État, qui le ménage, que quatre bataillons de chasseurs, formant en tout 5 à 6,000 hommes, et qui ne sont tenus qu'à un service d'intérieur ; aucune troupe autrichienne ne peut séjourner dans le pays qu'avec l'autorisation des États ; et, délivré des douanes, ses contributions forment un revenu assez considérable, que l'on évalue à plus de 2,500,000 florins d'Autriche.

Le comté de Tyrol renferme 21 villes, 32 bourgs et 1,558 villages dont quelques uns sont aussi peuplés que des villes ; la plupart de celles-ci sont peu considérables. Dans le *Vorarlberg*, *Bregenz*, sur les bords du lac de Constance, contient 2,500 habitants ; elle est fort ancienne : c'est la *Brigantia* de l'Itinéraire d'Antonin, et son vieux château, appelé *Pfannenberg*, offre des restes de constructions romaines. *Feldkirch*, siège d'un évêché et d'une cour supérieure de justice, renferme à peine 2,000 habitants. *Achenrein* est un village qu'enrichit la plus belle usine de la contrée : ses cuivres laminés et ses fers-blancs donnent un bénéfice net de 65,000 florins. Il existe dans ses environs une verrerie qui occupe plus de 200 ouvriers. Dans l'Inuthal supérieur, sur la rive droite du Piger, *Imst*, ville de 3 à 4,000 âmes, expédie des serins jusqu'aux extrémités de l'Europe : ce commerce lui produit annuellement plus de 45,000 francs. Elle est propre et composée de maisons peintes de toutes les couleurs. *Scharnist*, passage dans les montagnes, sur la frontière de la Bavière, est l'ancien défilé que les Romains désignaient sous le nom de *Porta Claudia*.

Inspruck, ou plutôt *Innsbruck*, dont le nom signifie *pont sur l'Inn*, est au milieu d'une vallée formée par des montagnes de 6,000 à 8,000 pieds de hauteur, qui dans les mois de mai et de juin sont encore couvertes de neige ; c'est la principale ville et la capitale du Tyrol ; sa population est de 12,000 âmes. Quelques unes de ses rues sont ornées d'arcades ; la principale, presque aussi large que les boulevards de Paris, la traverse dans toute sa longueur, bordée de vastes maisons dont la beauté de l'architecture disparait sous le badigeonnage de différentes couleurs dont le goût des habitants croit les décorer. Cette rue est arrosée dans toute sa longueur par un ruisseau d'eau vive qui alimente plusieurs fontaines placées de distance en distance. Ses cinq faubourgs, formés d'habitations modernes, sont le séjour des nobles et des riches. L'hôtel de la poste aux lettres, le palais du gouvernement, ancienne résidence des comtes de Tyrol que décore la statue équestre en bronze de Léopold V; l'hôtel-de-ville, grand et spacieux; le théâtre et quelques unes de ses 21 églises sont les seuls édifices que nous ayons à citer dans cette capitale. L'église des Prélats, située hors des murs de la ville, et la cathédrale, plus petite et bâtie sur le même modèle, méritent d'être mentionnées. Le principal défaut à reprocher aux églises du Tyrol, c'est leur extrême blancheur à l'intérieur comme à l'extérieur, produite par le badigeonnage dont on les couvre fréquemment, et qui, en détruisant l'effet des sculptures, leur donne plutôt l'aspect d'une salle de danse que celui d'un lieu de recueillement. Celle des Récollets, bâtie par Collins de Mechelm sous Ferdinand Ier, est remarquable par le beau mausolée de Maximilien Ier. Ce vaste monument occupe une partie considérable de la nef. Il se compose d'un sarcophage en marbre blanc, couvert d'inscriptions en lettres d'or qui se détachent sur une table noire, et entouré de 24 bas-reliefs du plus beau travail, représentant les actions les plus mémorables de la vie de Maximilien; la statue de ce prince, agenouillée et la face tournée vers l'autel, surmonte ce tombeau, autour duquel semblent veiller 28 figures en bronze de 7 pieds de proportion, représentant des rois, des reines et des princes. Un autre petit édifice qui mérite d'être cité est la chapelle que Marie-Thérèse fit ériger en mémoire de son époux François-Étienne, duc de Lorraine, puis empereur d'Allemagne sous le nom de François Ier, à l'endroit même où il expira subitement en 1765. On voit dans une des salles de l'université d'Inspruck, fondée en 1672, et divisée en quatre facultés, le célèbre globe de Pierre Anich, pâtre tyrolien, qui devint un habile géographe, et qui dressa la meilleure carte qui existe du Tyrol. La bibliothèque de cet établissement contient un grand nombre d'ouvrages rares. Inspruck ne possède aucun reste de constructions antiques qui justifient l'opinion qu'elle occupe l'emplacement de la cité romaine de *Veldidena*; mais on trouve en fouillant son sol un grand nombre de médailles qui indiquent au moins qu'elle est située dans la direction d'une voie romaine dont il n'existe d'ailleurs aucune trace, bien qu'on y ait découvert plusieurs bornes milliaires.

A trois quarts de lieue au sud-est de cette ville, il faut visiter dans le village d'*Amras* ou d'*Ambras* une sorte de château-fort que fit bâtir l'archiduc Ferdinand, et qui renferme une grande quantité d'objets de curiosité. Dans l'une des salles on voit une belle collection d'armures du moyen âge; dans une seconde, des lances d'une dimension gigantesque, et plusieurs selles fort anciennes, qui toutes ont appartenu à des souverains; d'autres sont décorées de drapeaux pris sur les Turcs; enfin des collections de tableaux et d'objets sculptés ou tournés en ivoire ou en bois, chefs-d'œuvre de patience et d'adresse, y sont entassés. C'est du haut de ce vieux castel que le fameux Walldstein, élevé par son père dans le protestantisme, et n'étant encore qu'un des pages du margrave de Burgau, se laissa tomber en dormant sans se blesser. Cette circonstance décida de son avenir : persuadé qu'il devait la vie à la protection spéciale de la Providence, il embrassa la religion catholique, et devint l'homme le plus superstitieux et le plus entreprenant de son époque.

C'est à 3 lieues d'Inspruck, au pied du mont *Schönberg*, que commence une petite vallée appelée le *val de Stubei*, et que dominent les glaciers de *Serlesberg*. Cette vallée est arrosée par le torrent du Ruzbach, qui, grossi par d'autres torrents à l'époque de la fonte des neiges, déborde et cause souvent de grands ravages. Elle a environ 14 lieues de superficie : après le Wippthal, c'est la plus grande de tout le Tyrol septentrional. On y compte cinq villages : *Schönberg* a 300 habitants; *Mieders*, 500; *Telfes*, 600; *Fulpmes*, 1,000, et *Neu-stift*, 1,500. Ces villages renferment de bonnes auberges et de grandes églises. La vallée de Stubei est une des plus industrieuses du Tyrol. Elle approvisionne Inspruck d'œufs et de volailles; on y engraisse des bestiaux; l'apprêt des laines et la filature du lin y occupent les femmes, tandis que les hommes font toutes sortes d'objets de quincaillerie. Ils livrent annuellement à la consommation environ 1,500 quintaux de métaux façonnés ; et bien que leurs exportations aient beaucoup diminué depuis une dizaine d'années, ils fabriquent encore pour la valeur de plus de 100,000 florins.

Hall, à trois quarts de lieue au-dessous d'Inspruck, sur la rive gauche de l'Inn qui y est navigable, est le chef-lieu de la direction des salines ; elle renferme 5,000 habitants ; ses belles mines de sel sont à 5,000 pieds au-dessous du niveau de la mer. *Schwatz* est peuplée de 7,450 habitants, dont 2,000 sont occupés aux mines de son territoire qui produisent une grande quantité de fer et de cuivre ; mais les mines d'argent, autrefois si riches, indemnisent à peine aujourd'hui des frais d'exploitation. *Zierl*, village sur l'Inn, est dominé par des rochers qui rappellent une aventure arrivée à l'empereur Maximilien Ier en avril 1490. Ce prince, entraîné par l'ardeur de la chasse, s'était tellement avancé au milieu de ces pointes escarpées, que c'en était fait de lui sans le secours d'un chasseur. Le peuple raconte cette histoire en montrant l'endroit périlleux sur lequel s'élève une croix de 40 pieds de hauteur ; mais l'amour du merveilleux lui fait dire que le prince fut sauvé par un ange. *Sterzing*, ville de 2,000 individus, est celle que les Romains appelaient *Urbs Stiraciorum* (¹) ; elle fait un grand commerce de fer et de vins ; mais rien n'est plus sale et plus sombre que ses rues formées de hautes maisons de toutes les formes et de toutes les couleurs, sans toits, crénelées et percées d'une multitude de fenêtres étroites comme des meurtrières.

Brunecken ou *Prunecken*, chef-lieu du cercle de Pusterthal, est le siége d'une cour de justice souveraine. Il y a dans ses environs des bains d'eaux minérales. *Brixen*, dans le même cercle, est quatre fois plus peuplée : c'est une ville de 4 à 5,000 âmes. Placée au milieu d'une large vallée, il est difficile de trouver une position plus agréable que la sienne. « Les belles collines qui la dominent
» à l'orient, couvertes d'une forte végétation,
» sont parsemées de jolis villages et d'habita-
» tions riantes ; au-dessus de ces collines ap-
» paraissent les cimes jaunâtres du *Plossberg*

(¹) Voyez Handbuch fur reisende in dem OEsterreichischen kaiserstaate, par M. *R. Jenny*, et Alphab. topog. Postreise-Handbuch, par M. *Thielen*.

» que décorent quelques maigres broderies
» d'une neige tardive. Dans la ville, bien bâ-
» tie, mais un peu déserte, la propreté alle-
» mande s'unit au laisser-aller italien ; les
» places sont vastes, mais l'herbe y croît ;
» et comme dans beaucoup de cités d'Italie,
» ici le culte a tout envahi, et les seuls édifi-
» ces un peu remarquables sont ceux qui lui
» sont consacrés. On peut ranger dans cette
» catégorie le palais des anciens évêques, le
» grand séminaire, et un vaste couvent de ca-
» pucins, qui ne contient plus, dit-on, au-
» jourd'hui que 22 frères. L'église de Saint-
» Julien et la cathédrale, mélange de goût
» allemand et de goût italien, méritent d'être
» visitées : c'est dans cette cathédrale que
» s'assembla en 1080 le concile qui déposa le
» pape Grégoire VII ; car, dans ces siècles reli-
» gieux, chaque concile déposait son pape (¹). »
Au milieu d'une foule de tableaux médiocres qui décorent cet édifice, on remarque quelques ouvrages de Cristofora, qui, sous Pie VI, contribua à orner plusieurs salles du musée Clémentin à Rome, et un Christ mourant du peintre tyrolien Schæf.

Botzen, ou *Bolzano*, présente plutôt l'extérieur d'une ville italienne que d'une ville allemande : la vallée au milieu de laquelle elle s'étend offre l'aspect d'un beau jardin planté de vignes et d'arbres fruitiers, orné de maisons de campagne, et terminé par de hautes montagnes qui s'élèvent en amphithéâtre ; mais l'intérieur de la ville ne répond point à l'idée qu'on s'en fait ; ses rues sont étroites et ses places très resserrées. Sa population est de 8,000 âmes ; son ancien nom romain est *Pons Drusi*.

« Cette ville est placée entre deux torrents
» considérables qui semblent prêts à la dévo-
» rer, mais l'industrie des habitants y a mis
» bon ordre ; une digue de près d'une demi-
» lieue de longueur a été placée le long du
» torrent le plus faible, mais que sa pente et
» ses crues énormes rendent le plus dange-
» reux, le Talferbach, qui descend de l'Ober-
» botzen : dans quelques endroits, cette énorme
» jetée, formée de grosses roches liées par un
» ciment solide, a près de vingt-quatre pieds
» d'épaisseur. Une rampe a été placée le long
» de ses bords ; du côté du torrent, et elle

(¹) Le Tyrol et le nord de l'Italie, par M *F Mercey*. Tom. II. — Paris, 1833.

» sert de promenade aux habitants; des vignes
» abritées par ce mur couvrent la campagne
» et mûrissent à plusieurs pieds au-dessous du
» niveau du torrent, dont les graviers amenés
» par les eaux ont considérablement élevé le
» lit ; le pont de bois qui traverse ce torrent a
» deux cents pas de longueur.

» Les costumes des Botzenois et des habi-
» tants des campagnes voisines sont moins
» variés que ceux des Tyroliens septentrio-
» naux. Les gens du peuple et même les gens
» aisés ont gardé le long justaucorps de leurs
» ancêtres et le gilet de couleur sombre ;
» ils laissent aussi tomber leurs cheveux en
» longues tresses sur leurs épaules, ce qui
» donne à leur tournure quelque chose de pa-
» triarcal.

» Le costume des femmes est surtout re-
» marquable par une étrange abondance de
» jupons, tous de longueur différente. Elles
» en portent quelquefois jusqu'à trois ou qua-
» tre l'un sur l'autre, étagés comme les cols
» d'un carrick. Elles se coiffent avec un cha-
» peau rond et noir, projetant horizontale-
» ment et dans toutes les directions de lon-
» gues cornes ou oreilles qui encadrent leur
» visage de la manière la plus ridicule et la
» plus désagréable.

» Outre les grands toits plats, les colonnes
» et les arcades voûtées, les bâtiments de cette
» ville ont encore emprunté aux édifices ita-
» liens les stucs qui pavent et lambrissent leurs
» salles, et les briques enduites de ciment et
» disposées avec assez d'élégance qui rem-
» placent les carreaux de couleur dans les cor-
» ridors et les escaliers.

» Aux habitudes physiques cette ville réu-
» nit quelques habitudes morales, italien-
» nes aussi. Le sigisbéisme commence à se
» montrer assez fréquemment et avec peu
» de ménagements : mais ici, dans ces sor-
» tes de liaisons, la constance est encore
» plus obligatoire que dans les villes d'Italie.
» Changer de sigisbé ou de maîtresse, c'est
» faire un éclat, s'afficher, et la réputation
» des *partners* en serait fortement compro-
» mise.

» Le prêtre, cet autre besoin moitié physi-
» que, moitié moral, des pays méridionaux,
» a aussi une grande influence sur le peuple,
» et cette influence, il l'emploie d'une ma-
» nière moins gaie et moins heureuse qu'en

» Italie. Il y a quelques années, on construisit
» un théâtre à Bolzano : les prêtres tonnèrent
» contre cette impiété, appelèrent sur la ville
» le feu de Sodome et de Gomorrhe ; leurs vio-
» lentes déclamations soulevèrent le peuple,
» qui, craignant le châtiment céleste dont on
» le menaçait, s'attroupa, et, le jour de l'ou-
» verture de la salle, faillit mettre en pièces
» les comédiens, qui prirent la fuite et n'y sont
» pas revenus ([1]). »

Malgré ses murs de 10 pieds de hauteur, auxquels les habitants donnent le nom de fortifications, Trente, en allemand *Trient*, en italien *Trento*, l'antique *Tridentum*, ne serait point, en temps de guerre, à l'abri d'un coup de main. C'est ici qu'on pourrait se croire dans une ville italienne : des rues larges, des maisons bien bâties, des fontaines et des constructions en marbre, de beaux tableaux dans les églises, des couvents et des hôpitaux feraient tout-à-fait illusion sous ce rapport, si ses 15,000 habitants étaient plus familiarisés avec la langue italienne. Son château-fort, construit dans le style gothique, est vaste et décoré de marbres et de peintures à fresque. La ville renferme plusieurs maisons ornées à l'extérieur de peintures du même genre, qui datent des quinzième et seizième siècles, et qui, malgré les injures de l'air et l'ardeur du soleil, se sont parfaitement conservées. Trente est le siège d'un évêché; sa cathédrale n'offre rien de remarquable. Dans l'église de Sainte-Marie-Majeure, où se tint le concile qui dura depuis 1545 jusqu'en 1563, on voit le tableau qui représente cette célèbre réunion. L'Adige, qui arrose cette ville, y est de la même largeur que la Seine à Paris, mais elle coule avec la vitesse d'un torrent, et quelquefois ses crues subites portent la terreur dans les quartiers voisins de ses rives. Les montagnes qui s'élèvent de chaque côté de cette rivière, ne sont pas les moins considérables des Alpes. Pendant l'été la contrée est exposée à une chaleur insupportable, et pendant l'hiver à un froid excessif.

Le commerce de fruits et de soie donne de l'importance à *Roveredo*, en allemand *Rovereith*, située au centre de l'agréable vallée de *Lagarina*, qui, parsemée de mûriers, de poi-

---

([1]) Le Tyrol et le nord de l'Italie, par M. *F. Mercey*.

riers, de pommiers et de coguassiers unis entre eux par d'immenses guirlandes de vignes, ressemble à un vaste verger. La principale rue de la ville en donne une idée très favorable : elle est formée de maisons en marbre blanc d'une architecture riche en ornements, qui annoncent plutôt sa splendeur passée que sa prospérité actuelle. Mais nous devons dire aussi que depuis quelques années son industrie commence à se relever; aujourd'hui sa population est d'environ 12,000 âmes. Elle a un gymnase, une bibliothèque publique et une académie *degli agiati*, ou *des sans-gêne*, qu'une femme bel-esprit, Laura Bianca Saibanti, fonda dans le dernier siècle, et qui eut un moment de célébrité.

Dans la partie la plus méridionale du Tyrol nous ne trouvons plus qu'une ville qui mérite d'être citée, encore n'a-t-elle que 2,000 âmes : c'est *Riva*, ou *Reif*, qui fabrique beaucoup d'objets de quincaillerie, entre autres 800,000 guimbardes par an. Ses environs sont délicieux; les autres lieux sont sans aucune importance : *Pieve*, *Castello* et *Cinte* sont des villages connus pour le commerce de tableaux; *Brentonico* ne l'est pas moins pour son talc verdâtre employé par les peintres sous le nom de *terre de Vérone*.

LIVRE QUATRE-VINGT-QUATRIÈME.

Suite de la Description de l'Europe. — Description de l'Allemagne. — Douzième section. — Empire d'Autriche. — Cinquième division. — Description du duché de Styrie.

Sous le nom de *Noricum*, les Romains comprenaient une grande partie de la *Styrie*; le reste appartenait à la province qu'ils appelaient *Pannonia*. Les *Norici* étaient gouvernés par un roi, lorsque, sous le règne d'Auguste, leur pays devint une province romaine. Suivant Ptolémée, le *Noricum* renfermait plusieurs peuples; à l'occident et vers le nord étaient les *Ambisontii*, à l'orient et vers le midi les *Ambidrani*, les *Ambilici*, et principalement les *Norici*. Après leur soumission aux Romains, ces peuples virent leur pays changer d'aspect, et sentirent eux-mêmes les bienfaits de la civilisation. Leurs marais furent desséchés, leurs forêts défrichées, et la vigne bientôt y fut naturalisée. Les habitants, de chasseurs farouches et de pâtres indolents qu'ils étaient, devinrent de laborieux cultivateurs. Ce fut encore sous l'administration romaine que la religion chrétienne, introduite chez eux, contribua à rendre leurs mœurs moins sauvages, et que s'élevèrent plusieurs villes là où l'on ne voyait que de misérables cabanes. Les plus importantes de ces cités furent *Celeia* (Cilly), *Idunum* (Iudenbourg), *Novidunum* (Rau), *Petovio* (Petau), *Rogando* (Rohitsch), et *Viana* (Voitsberg). Vers la fin du quatrième siècle, les hordes d'Alaric s'emparèrent de cette contrée; elles voulurent d'abord y fixer le siège de leur empire, mais elles poursuivirent le cours de leurs conquêtes; les *Suèves* et les *Hérules* ne tardèrent point à s'y succéder.

« Des légions de barbares sortis du nord
» pour chercher un ciel plus heureux, les Os-
» trogoths, les Lombards, les Wendes, les
» Avares et les Huns vinrent fondre, dans le
» dixième siècle, sur la Norique et la Panno-
» nie. Les Wendes, sous la conduite des ducs
» de Frioul, se fixèrent dans la partie méri-
» dionale de la Styrie; mais les Avares, com-
» mandés par Samo, leur succédèrent bientôt,
» et mirent fin à la domination des ducs de
» Frioul. Ces hordes barbares ravagèrent les
» pays qui se trouvèrent sur leur passage;
» elles saccagèrent les villes romaines, détrui-
» sirent les monuments des sciences, et ne
» tardèrent pas à replonger la Styrie dans l'é-
» tat sauvage dont elle avait eu peine à sortir
» sous la domination des Romains [1]. »

Cependant les Wendes et les Avares, fatigués de leur vie tranquille, entreprirent des excursions sur les possessions de Charlemagne. Mais repoussés de tous côtés et complé-

[1] Voyage en Autriche, par M. *Marcel de Serres*, t. II.

tement défaits en 792, les premiers se retirèrent entre la Drave, la Save et la Muhr, dans le pays qu'ils avaient habité, et les autres se réfugièrent en Hongrie. Lorsque l'armée de Charlemagne se retira de la Styrie, un grand nombre de Saxons, et surtout de Bavarois, s'y fixèrent, particulièrement dans la partie septentrionale, appelée alors la haute Pannonie, et y apportèrent de nouveau la religion chrétienne, que les Wendes et les Avares avaient anéantie. Ce sont ces Allemands qui fondèrent Grätz, qui porta le nom de Bayerisch-Grätz, et Sachsenfeld, qui n'est plus aujourd'hui qu'un bourg.

Les Magyars tentèrent plusieurs fois de s'emparer de la Styrie; leurs invasions se renouvelèrent jusque vers les années 924 et 933, qu'ils furent complétement repoussés en Hongrie par l'empereur Othon. Celui-ci partagea la Styrie en plusieurs petites souverainetés. Vers le commencement du douzième siècle, les comtes de Steyer la réunirent à leurs domaines, et elle prit depuis cette époque le nom de *Steyer-mark*, ou de Marche-Styrienne, qu'elle a conservé jusqu'à ce jour, bien que depuis long-temps la ville de Steyer n'en fasse plus partie.

Erigée en duché par Frédéric I*er*, elle échut par droit de succession à la maison d'Autriche en 1186. Séparée de l'archiduché d'Autriche, elle en fit une seconde fois partie en 1232; enfin Ottocar II, roi de Bohême, s'en rendit maître; mais Rodolphe de Habsbourg, devenu possesseur de la couronne impériale, s'empara de cette principauté, qui resta province autrichienne (¹).

Malgré les différentes invasions dont ce pays fut le théâtre au moyen-âge, on y distingue encore deux peuples, les Allemands et les *Wendes*, descendants des *Slaves;* les premiers forment une population de 505,000 individus, et les seconds d'environ 316,000. Ceux-ci occupent principalement les cercles de *Cilly* et de *Marbourg*. Ils diffèrent autant par leurs caractères physiques et moraux que par le langage. Le Styrien allemand ou l'habitant de la haute Styrie est grand et robuste, probe, franc et laborieux. Le Styrien *wende* ou l'habitant de la basse Styrie est faible, nonchalant, frivole, libertin, et pourtant religieux (²).

(¹) *Merian*, Topographia Styriæ. — (²) *Hassel*: voyez sa Géographie, en allemand.

La plus grande partie de la population est catholique; on y compte à peine 3,000 protestants; quant aux juifs, ils n'ont pas la permission de s'établir dans le duché. Le nombre des nobles est dans la proportion de 1 sur 300 habitants, et celui des ecclésiastiques de 1 sur 627. On compte en Styrie 5 individus par famille; le nombre des femmes dépasse de 28,000 celui des hommes.

Le duché de Styrie, borné par le royaume d'Illyrie, l'archiduché d'Autriche et le royaume de Hongrie, comprend une superficie de 399 milles, ou 1,109 lieues carrées. Cette contrée, couverte de montagnes, présente plusieurs chaînes importantes : au nord les *Alpes noriques*, vers l'est les *Alpes styriennes*, et à l'ouest une branche des *Alpes juliennes*. Les plus élevées occupent la région du nord, et les moins considérables celle du sud : ce qui fait diviser le pays en haute et basse Styrie (¹). Ses principaux cours d'eaux sont l'*Ens*, la *Muhr* et la *Drave;* le bassin de la Muhr est le plus étendu. Cette rivière reçoit plus de 100 affluents; elle fait mouvoir 78 moulins à farine, 43 scieries et 60 moulins à foulon. Sa pente, qui lui donne presque la rapidité d'un torrent, l'empêche de se laisser arrêter par les glaces : de mémoire d'homme on ne l'a jamais vue gelée. La pêche, qui est abondante dans toutes les rivières de la Styrie, est considérable dans la Muhr; la carpe y est rare, mais la truite, l'ombre, le brochet et le barbeau y sont communs (²). Les lacs sont nombreux, mais peu considérables.

Les montagnes qui forment le bassin de la Muhr sont composées de micaschiste sur lequel reposent, en montant vers le nord, des schistes argileux qui forment une longue bande dirigée de l'est à l'ouest, et recouverte à son tour d'un calcaire qui paraît être moins ancien que le *muschelkalk*. Suivant un professeur que nous avons déjà cité (³), ces monta-

(¹) Au nombre des montagnes de cette province qui n'ont point été mentionnées dans le tableau placé au commencement du tom. II, nous pouvons citer les suivantes :

Le haut Grimming. . . . . 7,540 pieds.
Le Kempel. 4,798
Le Schœkel. 4,778
L'Erzberg. 4,590

(²) M. *Schmutz*: voyez Steyermark Zeitschreib. 1821.
— (³) M. *Riepl*, professeur d'histoire naturelle à l'institut polytechnique de Vienne.

gnes contiennent des dépôts houillers. Dans la vallée de la Muhr on trouve des dépôts considérables de combustibles qui pourraient donner lieu à d'importantes exploitations ; mais ce sont plutôt des lignites que des houilles. Ils gisent au milieu de grès, d'argiles et de marnes coquillières qu'entourent et que supportent les montagnes de sédiment inférieur ou de l'époque intermédiaire. Cette grande vallée de la Muhr est remplie de dépôts de sédiment supérieur. La plaine des environs de Grätz est composée d'alluvions modernes et entourée de coteaux formés de dépôts anciens d'alluvions, dans lesquels on remarque une grande quantité de cailloux de granit et de gneiss. Ces alluvions anciennes renferment des ossements d'hippopotames et de mammouths. Les montagnes autour de la ville, surtout vers l'ouest et le nord, sont composées de schiste argileux, de calcaire et de grès de sédiment inférieur. Celle que couronne le château de Grätz est elle-même une masse de calcaire de la même époque (¹).

La plupart des montagnes calcaires de la Styrie, principalement autour de Bruck et de Gratz, offrent des cavernes dont quelques unes méritent la célébrité dont elles jouissent. L'une des plus vastes est celle qui porte le nom du village de Mixnitz, près duquel elle est située : on la désigne aussi sous celui de *Kogellucken ;* il faut à peu près une heure et demie de marche pour en atteindre le fond ; l'abondance des stalactites qui la décorent est ce qui frappe le plus au premier abord ceux qui la visitent ; mais elle offre un autre intérêt par la quantité d'ossements fossiles que l'on y trouve en creusant le sol à un ou deux pieds de profondeur. Une autre excavation naturelle non moins remarquable, c'est celle que l'on a appelée *Heidnischekirche* ou l'église païenne, parce que l'on croit qu'elle a servi au culte des anciens Wendes ; elle se compose d'une salle immense, qui communique ensuite à une multitude d'autres cavernes latérales, qui forment une sorte de labyrinthe dans lequel il serait dangereux de s'engager ; enfin la grotte de *Brandstein* offre une autre particularité qui la rend unique en Allemagne : c'est qu'on y trouve de la glace en été, et qu'elle paraît chaude en hiver.

Les mines forment la principale richesse du pays. Des lavages d'or sont établis sur la Drave et la Muhr ; les filons de plomb, qui rendent annuellement 3 à 400 quintaux, fournissent environ 900 marcs d'argent ; le cuivre n'est pas très abondant : toutes les exploitations réunies ne donnent qu'un produit de 5 à 600 quintaux ; celles de cobalt en rendent à peu près 7 à 800. Le fer y est tellement répandu qu'on pourrait le croire inépuisable : on n'en retire cependant pas plus de 400,000 quintaux. Les autres métaux, tels que l'antimoine, le bismuth, l'étain et le zinc, sont très rares. La houille et le sel gemme sont assez abondants : le produit de la première de ces deux substances pourrait être plus considérable : il n'est que d'environ 40,000 quintaux ; mais celui du sel est à peu près de 300,000. Le soufre y est aussi en assez grande abondance pour fournir 3 à 400 quintaux. C'est principalement sur l'emploi des métaux que s'exerce l'industrie des habitants : ainsi on compte en Styrie un grand nombre d'usines, et plus de 36 fabriques de faux.

Les sources minérales sont nombreuses : les établissements de bains les plus fréquentés sont ceux de Doppel, d'Einöderbad, de Felsberg, de Neuhaus, de Sauerbrunn, de Seckau et de Zlattendorf.

La Traun, l'Ens, la Muhr, la Raab, la Drave et la Save sont les principaux cours d'eaux de la Styrie. Dans les parties septentrionale et occidentale, il y a un grand nombre de lacs peu considérables : les plus remarquables sont l'*Alten-aussée*, le *Grundel-sée*, le *Langen-sée* et le *Wild-sée*.

A l'extrémité des montagnes calcaires de la Styrie, le *Lantsch*, près de Grätz, donne asile, sur ses flancs escarpés et sur les bords de ses précipices, à des plantes qui semblent se soustraire aux recherches du botaniste. Les bois qui couvrent ses cimes sont les seuls où croît le *delphinium intermedium :* il y atteint la hauteur de 5 pieds et charme l'œil par ses jolies fleurs bleues. Les pentes de cette montagne présentent le seul exemple de la *peltaria alliacea* vivant dans l'état sauvage.

L'air est en général très pur en Styrie : il y règne cependant des fièvres endémiques, mais c'est principalement dans les parties marécageuses. Les goitres, et même le crétinisme, sont des affections assez répandues dans la haute Styrie. Au milieu des montagnes l'air

---

(¹) *Mémoire géologique de M. Anker sur les environs de Grätz (Steyermark Zeitschrift),* cahier 9.

est vif et souvent même très froid ; cependant les vallées jouissent d'une température plus chaude que dans la plupart de celles des Alpes. A Grätz, la chaleur moyenne est de 7 à 8 degrés, et la hauteur du baromètre d'environ 27 pouces. Dans tout le duché il tombe annuellement 14 à 15 pouces d'eau ([1]). La basse Styrie est exposée à un climat assez doux pour que le raisin y parvienne à maturité : son produit en vin est d'environ 11,000,000 d'hectolitres. Les vins de Styrie deviennent potables en peu de temps ; ils sont en général d'une bonne qualité ; plusieurs même égalent par leur force les vins du Rhin. Le blé n'y produit point d'abondantes récoltes, mais le lin y est remarquable par sa longueur et sa finesse. Le froment des montagnes donne une meilleure farine que celui des plaines : année commune, il ne fournit pas au-delà de 5 à 7 pour un. Quant au lin, il réussit aussi beaucoup mieux dans les lieux élevés que dans les plaines. L'orge est peu cultivée ; mais il n'en est pas de même de l'avoine. Ce n'est que dans la basse Styrie que l'on sème le maïs et le sarrasin, ainsi que le chanvre. Cette dernière plante atteint quelquefois 7 à 8 pieds de hauteur. Les légumes et les fruits réussissent parfaitement aussi : le navet, la betterave et la pomme de terre y sont excellents ; les poires, les pommes et les prunes y sont plus belles que dans aucune autre province de la monarchie autrichienne.

Les forêts de la Styrie sont tellement considérables, qu'on évalue leur superficie au tiers environ de celle de toute la province. Ces forêts se composent principalement d'arbres verts, parmi lesquels dominent le mélèze, le sapin et le pin (*larix europæa, abies picea, pinus cimbra*). Les autres arbres sont l'érable, le peuplier, l'orme et quelques chênes.

Les pâturages occupent une superficie d'environ 160 lieues carrées, et les prairies près de 120 lieues ; de plus, les progrès que l'agriculture a faits en Styrie ont multiplié les prairies artificielles : celles-ci donnent ordinairement trois ou quatre récoltes par an. Dans les montagnes les bêtes à cornes sont d'une bonne race : elles passent pour être les plus belles de toute la monarchie autrichienne ; partout les bergeries sont nombreuses. En général, l'éducation des bestiaux prend un grand accroissement en Styrie depuis une vingtaine d'années. Le pays nourrit encore une énorme quantité de volailles, et surtout d'oies. Le chasseur y trouve en abondance la perdrix rouge, la gelinotte, le coq de bruyère et d'autre gibier ; dans les montagnes il rencontre les chamois par troupeaux.

La Styrie est divisée en cinq cercles, dont les chefs-lieux sont *Grätz*, *Bruck*, *Iudenbourg*, *Marbourg* et *Cilly* ; elle est gouvernée comme la plupart des provinces de l'empire d'Autriche. Ses États se composent de trois classes de députés : ceux de la haute noblesse, parmi lesquels figurent les évêques ; ceux de la petite noblesse, et les députés des villes et des bourgs, jouissant du privilège de se faire représenter dans les assemblées. Le pays recrute deux régiments d'infanterie et fournit des hommes pour la cavalerie. Il y a 224 circonscriptions d'enrôlement. La Styrie dépend du même gouvernement militaire que l'Illyrie. Ses exportations de toute nature, qui se répandent en Autriche, en Hongrie, et jusque dans l'empire ottoman, peuvent être estimées à 4,000,000 de francs ; ses revenus publics sont d'environ 15,000,000.

Élevons-nous dans la région montagneuse qui s'étend à l'extrémité occidentale de la Styrie ; prenons une idée de la richesse et de la population de ce duché en jetant un coup d'œil sur ses principaux lieux habités, depuis le nord jusqu'au midi. Près d'un lac, et à la jonction de trois petites rivières qui forment la *Traun*, est situé le bourg d'*Aussée*. On exploite dans ses environs plusieurs salines dont le produit annuel est de plus de 200,000 quintaux. *Eisenarzt*, bourg dont l'église fut fondée par Rodolphe de Habsbourg, est entouré de mines en exploitation ; on en tire plus de 200,000 quintaux de fer. Au nord-est et sur la frontière, *Zell* ou *Maria-Zell* est le pèlerinage le plus célèbre de l'Autriche ; c'est le Lorette de la contrée. Son église est une des plus belles et sans contredit la plus grande de toute la Styrie. La beauté de son orgue, la grandeur de sa chaire en marbre rouge, la richesse de la chapelle de la Vierge, dont l'image vénérée est placée sur un autel d'argent, la grille du même métal qui ferme la chapelle, et les objets précieux renfermés dans son trésor, attestent combien sont nombreuses les offrandes des 100,000 pèlerins qui s'y rendent tous les ans. *Bruck*, sur la *Muhr*, jolie

([1]) Suivant *Liechtenstern*. 14. et suivant *Sartori*. 15.

ville et chef-lieu de cercle, a dans ses environs un couvent de capucins, des ardoisières et des mines productives. En remontant la même rivière, on trouve *Léoben*, l'une des villes les mieux bâties de la haute Styrie : elle n'a que 3,500 habitants. C'est dans ses murs que furent signés, le 8 avril 1797, les préliminaires du traité dit de Campo-Formio, entre la France et l'Autriche. Elle possède de belles casernes, des forges importantes et des magasins de sel. Elle donne son nom à un évêché dont le titulaire réside au bourg de *Göss*, à trois lieues au sud-ouest de Bruck, sur la rive droite de la Muhr.

Plus haut, *Iudenbourg*, autre chef-lieu de cercle, ne renferme que 1,000 habitants : on croit qu'elle occupe l'emplacement de l'ancienne ville romaine d'*Idunum*. Pendant le douzième et le treizième siècle, elle était en grande partie habitée par des juifs, comme son nom l'indique. L'importance qu'ils avaient su donner à leur commerce leur attira la haine et les persécutions des chrétiens, qui parvinrent à les chasser ou à les détruire vers l'année 1312. Ses maisons sont construites dans le goût gothique. En 1807 elle éprouva un violent incendie dont elle eut beaucoup de peine à réparer les pertes. Son couvent de franciscains est devenu une auberge, et le château ducal une caserne. Elle possède la seule imprimerie de toute la haute Autriche. *Rohitsch* ou *Rohtisch*, en slave *Rojatek*, paraît avoir été une ville romaine : on y trouve beaucoup d'antiquités. Ses eaux minérales *acidules* sont renommées : elle en expédie annuellement plus de 800,000 bouteilles en Pologne, en Hongrie et en Italie.

Dans la belle vallée de la Muhr, *Grätz*, chef-lieu de cercle, est la capitale de la province, le siège du gouvernement et la résidence de l'évêque de Seckau. Elle porta d'abord le nom de *Bayerisch-grätz*, mais les Slaves la nommèrent *Niemetzki-Grad*. Sa population s'élève à 40,000 habitants, dont la plus grande partie habite les faubourgs. Suivant un voyageur allemand, la rue Herren est la plus large, la rue Sporr la plus incommode, la rue Schmidt la plus tumultueuse, et la rue Muhr la plus peuplée[1]. On cite parmi ses édifices la cathédrale, le théâtre, l'hôtel du gouvernement, où se tiennent les États du pays, l'hôtel-de-ville nouvellement bâti, et le bel établissement du *Johanneum*. L'église de Sainte-Catherine renferme le mausolée de l'empereur Frédéric II. Au total, Grätz renferme 10 églises paroissiales et 12 succursales, 5 couvents d'hommes et 2 de femmes, un grand hôpital, une maison pour les femmes en couches, une pour les aliénés, et un hospice d'enfants trouvés. Ses établissements instructifs consistent en une université fondée en 1826, une académie de dessin, une école de commerce, un institut des cadets, une école normale principale, un collège, des gymnases pour les garçons, et des écoles pour les jeunes filles. Elle possède plusieurs sociétés savantes, telles que celle d'agriculture et celle d'histoire naturelle et de géographie nationale. Le *Johanneum*, qui doit son nom à l'archiduc Jean, son fondateur, est digne de fixer l'attention. Des professeurs distingués y donnent des cours de plusieurs sciences ; il possède une riche bibliothèque, un beau jardin botanique et un musée très remarquable en objets d'histoire naturelle et d'antiquités. On y voit 42 cylindres en pierres gravées, trouvés dans les ruines de Babylone, et relatifs au culte de l'ancienne Perse, ainsi qu'un savant distingué l'a prouvé dans un mémoire rempli de recherches curieuses[1]. Outre cet établissement, la ville possède un observatoire et une bibliothèque publique renfermant 105,000 volumes et 3,500 manuscrits. Grtäz était autrefois une place de guerre importante que défendait une citadelle située sur un rocher escarpé ; mais les Français détruisirent ses fortifications. Elle n'a plus qu'un mur d'enceinte, et sa citadelle, qui n'est plus entretenue, sert de prison d'État. Parmi ses nombreuses fabriques on distingue celles où l'on travaille le fer et l'acier pour en faire toutes sortes d'objets du plus beau fini ; ses manufactures de cotonnades, de mousseline, d'étoffes de soie, de tissus de laine, de chapeaux et de fer-blanc. Son commerce avec l'étranger est fort important ; il s'y tient chaque année deux foires où se réunissent des Grecs, des Hongrois, des Polonais, des Russes et des Turcs. On remarque sur une hauteur, à peu de distance de la ville, un magnifique calvaire, une église et plusieurs chapelles.

[1] *Rudolphe de Jenny*.

[1] M. *J. de Hammer* : Mémoire sur les cylindres et pierres gravées du *Johanneum*.

Radkersbourg, que l'on pourrait surnommer la jolie, est bâtie sur une île au milieu de la Muhr; ses fortifications, mal entretenues, ne la garantissent point des fréquentes inondations de cette rivière. Dans ses environs, on voit, sur une hauteur, le village de *Riegersbourg* et son antique château, moins remarquable par sa situation pittoresque, ses fortifications taillées dans le roc, ses fossés profonds et les curiosités du moyen âge qu'il renferme, que par l'intérêt qu'il offre depuis qu'un célèbre orientaliste, M. de Hammer, l'a en quelque sorte illustré en payant un tribut d'attachement et de regret à ses anciens propriétaires.

Sur la rive droite de la Muhr, le bourg de *Leibnitz*, ou *Libnitza*, paraît être la ville de *Mureola*, citée par Ptolémée, si l'on en juge surtout par ses nombreuses antiquités et par les sculptures et les inscriptions romaines employées dans la construction de la tour de *Seckauberg*, bâtie dans le douzième siècle.

Marbourg, au confluent de la Drave et de la Muhr, renferme 5,000 habitants. Ce chef-lieu de cercle ne possède aucun édifice important; il fait un grand commerce de blés et de vins. Plus loin, sur la rive gauche de la Drave, s'élève la petite ville de *Pettau*, ou *Petau*, en slave *Ptuja*. Elle n'a que 1,700 habitants, mais on y voit un hôtel des invalides, trois couvents de dominicains, de minorites et de capucins. C'est la ville la plus ancienne de la Styrie; on croit qu'elle existait avant la domination romaine, cependant il est probable qu'alors elle était située sur l'autre rive. *Luttemberg*, à l'est de *Pettau*, sur la rive droite du Stainz, est un bourg renommé par ses vins. Dans la petite ville de *Cilly*, ou *Zilli*, on remarque un beau château et beaucoup d'antiquités. Elle fut fondée par l'empereur Claude, l'an 41 de notre ère, et reçut le nom de *Celeia*. Ses murs sont en partie construits avec des débris antiques; son plus bel édifice est la caserne nouvellement bâtie; elle a un château, un couvent, un collége et une école normale. Suivant les légendes, c'est dans cette ville que fut décapité, en 284, Maximilien, son premier évêque. Au bas des montagnes, au sud de Cilly, il existe un *Töplitz*, appelé aussi *Neuhaus*, et connu par ses eaux thermales tres fréquentées.

A l'extrémité méridionale de la province, sur la gauche de la Save, *Rän*, en Slave *Pröschze*, est une petite ville entourée de murailles en ruines, avec un faubourg, un château, un haras et un millier d'habitants. Son territoire est fertile; le vin est la principale branche de son commerce. Aux approches de l'automne, les eaux rapides de la Save se couvrent d'embarcations formées de tonneaux vides, liés ensemble et montés par des mariniers qui descendent jusqu'à la ville, lorsque le dieu des vendanges promet aux habitants d'abondantes récoltes. On croit que Rän est le *Novidunum* des Romains. En 1495, à la suite d'une bataille sanglante, ses environs furent ravagés par les Turcs. On exploite près de cette ville des houillères et des carrières de marbre.

A l'ouest de Grâtz, sur la rive gauche de la Muhr, le canton de *Voitzberg*, entouré de montagnes qui le séparent de la haute Styrie et de l'Illyrie, est un pays dont la partie élevée ressent pendant sept mois les rigueurs de l'hiver. Les orages y sont fréquents et terribles; mais, dans la partie basse, les vallées abondent en fruits et en vins. Le sol fournit de la houille et des pierres à aiguiser recherchées en Styrie. Le canton élève de bons chevaux de trait. L'industrie y est répandue; on y voit des usines, des papeteries, des clouteries, des tuileries et des moulins. Les habitants sont affectés du goître. La petite ville de *Voitzberg*, 3 bourgs et 20 communes composent ce canton.

LIVRE QUATRE-VINGT-CINQUIÈME.

Suite de la Description de l'Europe. — Description de l'Allemagne. — Douzième section. — Empire d'Autriche. — Sixième division. — Description du royaume d'Illyrie. — Coup d'œil général sur l'ensemble de la Monarchie autrichienne.

Le nom d'*Illyrie* rappelle d'antiques souvenirs ; c'est un des plus anciens royaumes de l'Europe. Philippe, roi de Macédoine, soumit les Illyriens méridionaux, et fit de leur pays une province appelée Illyrie grecque. Les Romains firent la guerre à Teuta, reine des Illyriens septentrionaux. 168 ans avant notre ère, le Romain Anicius fit la conquête de ce royaume, qui n'en conserva pas moins son titre ; et les Illyriens, impatients du joug de Rome, tour à tour vaincus et insurgés, ne furent complétement soumis que par Tibère, vers la fin du règne d'Auguste. Leur royaume, érigé en province romaine, conserva le nom d'*Illyricum*, et il fut augmenté de la *Liburnie* et de la *Dalmatie*, fruits de nouvelles conquêtes. Ce fut pour avoir trempé dans la révolte des Illyriens contre l'empereur Claude que le Romain Cecinna Pœtus, conduit à Rome pour y être jugé, reçut dans sa prison, de sa femme Arria, l'exemple d'une mort héroïque qu'il s'empressa d'imiter. Pline [1] place dans l'*Illyricum* les *Peucetiæ* et les *Japides*, situés entre l'Istrie et la Liburnie ; nous devons y ajouter les *Carni*, qui occupaient le versant méridional des *Alpes carniques*. On croit que ces peuples étaient d'origine celtique. Mentelle [2] prétend que la *Carnia*, aujourd'hui la *Carniole*, tire son nom du mot *Karn*, qui veut dire seigle ; mais si le nom de ce pays vient de la langue germanique, ce ne peut être que du mot *Korn*, qui signifie, comme chacun sait, blé, seigle, et toutes espèces de grains. Il reste à savoir si c'est à l'abondance de ses récoltes que le pays a dû son nom ; il se serait alors appelé originairement *Kornia*. Cette conjecture serait appuyée sur l'existence d'une médaille romaine frappée en l'honneur des victoires de Scaurus sur les *Carni* ; on y voit au revers un Mercure et une corne d'abondance pleine d'épis.

Sous la domination romaine, l'Illyrie, augmentée de diverses provinces, était si considérable, qu'après le partage de l'empire entre Honorius et Arcadius, elle fut divisée en deux parties, dont l'une appartint à l'empire d'Orient et l'autre à celui d'Occident [1]. A la chute de ce dernier, elle tomba au pouvoir des empereurs de Constantinople ; vers le sixième siècle, des colonies slaves s'emparèrent de quelques unes de ses parties et les réunirent aux royaumes de Dalmatie et de Croatie, qu'elles fondèrent. Successivement partagée par les Vénitiens, les Hongrois et les Turcs, l'Illyrie avait perdu jusqu'aux traces de son nom antique, ou du moins il n'était conservé par la chancellerie autrichienne qu'à l'égard de quelques possessions de l'Autriche sur la rive droite de la Drave, lorsque Napoléon, après la paix de Presbourg, s'étant fait céder *Krainbourg*, le *Frioul*, l'*Istrie*, la *Croatie* au sud de la Save, une partie de la *Dalmatie* et du *Tyrol*, les incorpora, sous le nom de *provinces illyriennes*, à son vaste empire. Rentrée dans ses possessions en 1814, l'Autriche réunit la *Carniole* et la *Carinthie*, le territoire de *Trieste*, une partie de la *Croatie*, le *Frioul autrichien* et quelques parties du *Frioul vénitien*, l'*Istrie vénitienne*, l'*Istrie autrichienne*, et une partie du *littoral hongrois* et du *comitat d'Agram*, et créa le *royaume d'Illyrie*, pour distinguer sous ce nom une partie de l'ancien *Illyricum* des provinces hongroises et de celles qui s'étendent au sud de la Drave ; mais en 1822, les deux derniers territoires qui avaient appartenu à la Hongrie lui ont été rendus. On voit, par ce que nous venons de dire, que l'Illyrie actuelle est si peu allemande, qu'on est étonné qu'elle ait pu être comprise dans la Confédération germanique ; et, en effet, les Allemands n'y forment qu'un cinquième de sa population. Il est vrai que la presqu'île d'Istrie, qui constitue la plus grande partie du cercle de ce nom, n'appartient point à la Confédération.

Ce royaume est divisé en deux gouverne-

---

[1] Liv. III, ch. xxi. — [2] Voyez Encyclopédie méthodique. Dictionnaire de la géographie ancienne, par *Mentelle*.

[1] *Rufus*, Notices de l'Empire.

ments indépendants : celui de *Laybach* et celui de *Trieste*. Il est borné au nord et à l'est par l'*archiduché d'Autriche*, le *duché de Styrie*, la *Croatie* civile et le littoral hongrois; au sud, par le généralat de *Carlstadt* et le golfe Adriatique, et à l'ouest par le royaume lombard-vénitien et le comté du *Tyrol*. Sa superficie est, suivant M. Thielen, de 519.70 milles allemands, ou de 1,445 lieues carrées de France.

Ce royaume est traversé dans différents sens par de hautes chaînes de montagnes; les bords de la mer sont plats et sablonneux, mais à l'est ils sont marécageux. La partie méridionale du *gouvernement de Trieste* comprend la presqu'île de l'Istrie, terminée au sud par le cap appelé *Promontore*. Les vallées du district de *Villach* et de celui de *Klagenfurt*, dont le sol est couvert de fragments calcaires, sont assez productives; les terrains des cercles de *Laybach*, de *Neustadt* et d'*Adelsberg*, tantôt pierreux, ou couverts de marais, de grès et de sable, ont peu de fertilité. Dans la partie occidentale, baignée par le golfe Adriatique, la sécheresse du sol qui repose sur des roches calcaires, et la rareté de l'eau, ne paraissent point nuire à la végétation. Il est seulement à remarquer, relativement à la végétation naturelle, que les plantes du versant méridional de ce royaume offrent beaucoup d'analogie avec celles des bords de la mer Noire.

Toute la partie haute de l'Illyrie, au nord de Villach et de Klagenfurt, est composée de micaschiste; entre la Drave et la Save s'étend, de l'ouest à l'est, un rameau des *Alpes carniques*, composé à l'ouest du même micaschiste, puis de schiste argileux, de dolomie ou de calcaire magnésien jusqu'à l'extrémité orientale de la province. Toute la partie méridionale est composée de calcaire ancien, au milieu duquel se trouve le schiste bituminifère qui renferme les célèbres mines d'Idria.

Deux principales chaînes étendent leurs rameaux en Illyrie : au nord les *Alpes carniques*, au midi les *Alpes juliennes*. Elles sont en grande partie, surtout les dernières, composées de roches calcaires que les géologues appellent *secondaires*, et dont la tendance à se désagréger par places, de manière à former des cavités nombreuses et considérables, pourrait les faire désigner sous le nom de calcaire *caverneux*. Il semble que toutes ces montagnes soient creuses : on y compte presque autant de rivières qui passent dessous que dessus. Lorsque l'on suit leur cours, on est étonné de les voir tour à tour sortir du sein de la terre et y rentrer à quelque distance; plusieurs se dessèchent totalement à certaines époques, et reparaissent ensuite.

On citerait plus de mille cavernes dans la chaîne qui, du nord-ouest au sud-est, traverse le royaume d'Illyrie. La plus importante est celle d'*Adelsberg* : elle est située près du bourg de ce nom, dans une petite vallée. On lui donne 2 lieues de longueur : c'est un labyrinthe dont il est difficile de suivre les pentes rapides et les passages étroits ou sinueux qui communiquent à des salles immenses. Les stalactites qui les décorent, et qui présentent tantôt les ruines d'un vieux palais, tantôt des colonnades majestueuses; un torrent qui roule avec fracas dans ses cavités, dont les échos répètent le bruit terrible; les ossements fossiles dont le sol est pétri, mettent cette caverne au rang des plus curieuses [1]. A une lieue plus loin, on trouve celle de *Magdalena*, moins étendue, mais plus haute et plus remarquable sous le rapport des stalactites : il semble que des cariatides colossales en soutiennent la voûte, dont les concrétions calcaires se montrent sous les formes les plus variées. A son extrémité, on remarque un petit étang, dont les eaux nourrissent cette espèce de salamandre connue sous le nom de *Protée* (*Proteus anguinus*).

Dans les montagnes de l'Illyrie, on trouve une grande quantité de lacs très poissonneux : le plus digne des méditations du naturaliste est celui de *Czirknitz*, sur lequel se succèdent, quelquefois dans la même année, le pêcheur, le chasseur, le cultivateur et le moissonneur. Il est entouré de tous côtés par des montagnes calcaires : au midi le mont *Javornick*, au nord le *Sliviza*. Dans les années de sécheresse, sa circonférence est de 4 à 5 lieues, et de 7 à 8 dans les années humides. Il reçoit les eaux de 8 ruisseaux; au milieu du lac s'élèvent 4 ou 5 îles : un village occupe la plus grande, appelée *Vorneck*. A certaines époques irrégulières,

---

[1] Voyez la description qu'en donne M. *Rudolphé de Jenny*, dans son Itinéraire de l'Autriche déjà cité, et M. *Bertrand Geslin* dans sa lettre à M. *Brongniart*, insérée dans les Annales des sciences naturelles, tom. VII, pag. 258.

les eaux s'écoulent tout-à-coup par une quarantaine de trous ou de crevasses, qui occupent le fond de son lit; l'habitant des lieux voisins se hâte alors de pêcher le poisson que les eaux n'ont point entraîné, et de chasser les oiseaux aquatiques qui y font leur demeure. Il ensemence le fertile limon abandonné par les eaux, espérant que ses peines trouveront leur récompense dans une abondante récolte; mais souvent il perd le fruit de ses travaux, ses déboursés et ses espérances. Par les issues qui servirent à leur écoulement, les eaux surgissent subitement avec un bruit épouvantable, semblable à celui du tonnerre; les poissons reparaissent, les sarcelles et les autres oiseaux reviennent occuper leur asile, et l'homme seul se plaint de son imprévoyance.

Le royaume est riche en substances minérales : la Carinthie est connue par ses fers carbonatés, ses mines de plomb et de zinc qui gisent dans les terrains de sédiment inférieur, ainsi que l'argent et le cuivre. La Carniole n'est pas moins abondante en filons métalliques; mais ses plus fameuses mines sont celles de mercure, aux environs d'Idria; avec celles de Deux-Ponts, dans la Bavière rhénane, et d'Almaden en Espagne, elles approvisionnent l'Europe. Ce métal y est à l'état de sulfure ou natif, dans des schistes bitumineux. On trouve, dans les autres parties de l'Illyrie, de l'alun, du salpêtre et de la houille. Le produit total des mines de plomb est d'environ 60,000 quintaux; celui des filons de zinc de 40,000, et les exploitations de mercure de 10,000 quintaux. Ces diverses richesses minérales circulent dans la contrée par le cours de la *Drave* et de la *Save*, qui sont ses principales rivières, et par l'*Isonzo* ou le *Lisonzo* et le *Quieto*, qui se jettent dans le golfe Adriatique.

L'Illyrie n'est point un pays fertile, à en juger par un seul fait; c'est que plus d'un tiers de son sol est encore inculte. Les parties cultivées le sont cependant avec intelligence : on y récolte peu de froment et d'orge, mais une assez grande quantité de seigle et d'avoine. Le chanvre y est peu répandu, mais le lin y vient en abondance.

La vivacité de l'air dans les montagnes des environs de Villach et de Klagenfurt s'oppose à la réussite de la vigne; au sud de ces montagnes, on jouit d'un climat sain et tempéré.

Entre Laybach, Neustadt et Adelsberg, la chaleur commence à se faire sentir, et augmente à mesure que l'on descend vers le midi. La vigne et le châtaignier y réussissent : ils n'éprouvent d'autre obstacle que celui de la mauvaise qualité du sol. Dans les environs de Trieste, le figuier, le mûrier et l'olivier même ont rarement à craindre l'influence de la gelée. La vigne y est très productive, mais les vins s'y conservent difficilement; il faut cependant en excepter celui de la vallée de *Vinodol*, qui, mousseux et pétillant, est le champagne de ces contrées. Les bestiaux et les bêtes à laine y vivent en très grand nombre, ce qui tient à l'abondance des pâturages; mais ces animaux paraissent être d'une race appauvrie. L'habitant des vallées se livre avec succès à l'éducation de l'insecte qui se nourrit de la feuille du mûrier. Les forêts occupent plus du cinquième de la superficie du sol; elles sont en grande partie composées de chênes, si ce n'est dans les montagnes, et fournissent de beaux bois de construction pour la marine. Dans la presqu'île d'Istrie, les chênes donnent de très belles noix de galle.

L'Illyrie n'est point un pays de manufactures; cependant les Illyriens se livrent activement à diverses branches d'industrie. C'est surtout de la filature et du tissage du coton, du lin et de la laine, ainsi que de la préparation du maroquin, qu'ils s'occupent le plus généralement dans les villes; mais dans les campagnes, c'est l'exploitation des mines et le travail des métaux qui fournit du pain à la classe ouvrière. On compte dans le royaume plus de 20 hauts-fourneaux, près de 300 forges, et un grand nombre d'autres usines et fabriques qui livrent au commerce plus de 50,000 quintaux de fer ouvré de diverses façons. C'est surtout dans les environs de Trieste et de Fiume que l'industrie a pris le plus d'extension. Vers les bords de la mer, la pêche et la construction des navires emploient un grand nombre de bras; le reste du royaume s'occupe du transport et du transit des marchandises apportées par le golfe Adriatique, et destinées pour Vienne et la Hongrie. Les principales places de commerce sont, dans l'intérieur, Klagenfurt, Laybach et Villach; et, sur le littoral de l'Adriatique, Capo-d'Istria, Citta-Nuova, Pirano, Rovigno et Trieste.

Dans certaines parties du littoral adriatique, les vapeurs qui s'exhalent des lagunes sont nuisibles à la santé; l'homme y est rarement robuste, mais c'est à d'autres causes que celles du climat et de l'air qu'il faut attribuer le peu d'importance de la population : elle n'est que de 825 individus par lieue carrée. Composée de Wendes, de Slaves, de Croates, d'Allemands, d'Italiens, etc., elle ne s'élève pas à 1,200,000 habitants. La plupart professent la religion catholique : le nombre des protestants s'élève à peine à 18,000.

Dans presque tout le royaume l'allemand est le langage de la noblesse; mais dans le gouvernement de Trieste, l'idiome en usage est l'italien corrompu. Quelques *Serbes* ont conservé des restes de leur dialecte slavon. La liberté des paysans est soumise à quelques restrictions : le royaume est censé indépendant; il a ses États, ou plutôt la Carinthie et la Carniole possèdent des États provinciaux ; mais ils ne prennent aucune part à la législation. Composés des députés du clergé, de la noblesse et des villes, ils s'occupent seulement du vote et de la répartition de l'impôt. Les revenus du royaume sont de 5,500,000 florins.

Visitons les différents lieux de l'Illyrie. Sur les bords de la Drave, *Ferlach* est un grand village de 3,000 habitants, où sont établies deux manufactures d'armes qui fournissent annuellement 30,000 fusils. La petite ville de *Saint-Veit* est l'entrepôt général des fers de la Carinthie; au seizième siècle, elle en était la capitale. Sa principale place est ornée d'une fontaine que l'on regarde comme antique. *Klagenfurt*, chef-lieu de cercle, sur la rivière du Glan, est régulièrement bâtie en forme de quadrilatère, au bord d'un canal qui communique avec le lac de *Wörth*. Ses places sont ornées de fontaines; celle du Marché est décorée d'une statue équestre en marbre de Léopold Ier, et de celle en bronze de Marie-Thérèse. Dans le palais de l'évêque de Gurk, on voit de belles collections. Cette ville de 10,000 âmes renferme sept églises, un gymnase, un lycée qui possède une riche bibliothèque, un séminaire ecclésiastique, une école supérieure de jeunes demoiselles, un musée de peinture et de sculpture, une société d'agriculture et des arts, quatre hospices; une maison d'accouchement, une de santé, et plusieurs manufactures d'étoffes de laine, de soie et de coton. C'est la ville du royaume où l'on parle l'allemand le plus pur; on voit dans ses environs des ruines que l'on suppose être celles de l'antique *Tiburnia*. L'ancienne cité de *Villach* et le village de *Bleiberg*, situé dans ses environs, sont célèbres, la première par ses carrières de marbre blanc, et le second par ses mines de plomb, qui passent pour être les plus belles de l'Europe, et dont on extrait annuellement près de 35,000 quintaux de métal pur. Villach est dans une vallée profonde, mais fertile; une vieille muraille forme son enceinte; sa principale église est intéressante par les tombeaux qu'elle renferme. *Krainbourg*, ville bien bâtie, au confluent de la Save et du Kauker, fut habitée par les Slaves au huitième siècle ; on croit qu'elle est sur l'emplacement de *Santicum*.

Laybach, en slavon *Lublana*, est située sur les deux rives du Laybach. Des étymologistes allemands prétendent que son nom dérive du mot slave *Luba*, qui signifie forêt. Ses rues sont bien pavées et garnies de trottoirs, mais elles sont étroites et irrégulières. On vante sa cathédrale pour ses beaux tableaux, et son hôtel-de-ville pour son architecture gothique. Nous devons citer aussi la maison des États, le théâtre, et parmi ses 11 églises, celle des Ursulines, qui est sans contredit la plus belle. L'ancien château archiducal, bâti sur une montagne, sert maintenant de prison. Le château-fort qui domine la ville est sa seule défense, bien que son arsenal la range parmi les places fortes. Laybach est le siége du gouvernement et du conseil de censure. Elle s'enrichit par le commerce d'expédition pour l'Italie, la Croatie et la Bavière. Autrefois ses manufactures d'étoffes de laine étaient florissantes; aujourd'hui ses tanneries sont les seuls de ses établissements qui prospèrent encore. Sa population est d'environ 12,000 âmes; mais cette cité est importante par son lycée, qui jouit des priviléges d'une université; par son gymnase, son séminaire épiscopal, son observatoire, sa bibliothèque publique, son école d'industrie pour les jeunes filles, et ses sociétés d'agriculture et philharmonique.

Gurkfeld ou *Kersko*, sur un coteau planté de vignes, au pied duquel coule la Save, a 2,200 habitants, un château, quatre églises, et un établissement d'eaux thermales. Plusieurs antiquités qu'on y a découvertes ont fait présumer qu'elle était l'ancien *Noviodunum*, mais la question est fort incertaine : quelques auteurs ont placé cette antique cité près de la petite ville de Rän, presque au confluent du Gurk et de la Save. *Neustädt*, que les Illyriens nomment aussi *Novumestu* ou *Rudolphswerth*, parce qu'elle fut bâtie en 1365 par Rodolphe IV, archiduc d'Autriche, est fréquentée, dans la saison des eaux, par les baigneurs établis aux deux sources chaudes de *Töplitz*, petit village qui n'en est qu'à 2 lieues.

Au pied des montagnes de *Huskoken*, qui occupent une longueur de 16 lieues, s'élève, sur la rive gauche de la Kulpa, la ville de *Möttling*, connue par les pèlerinages que l'on y fait. La renommée dont elle jouit chez les bons paysans, qui s'y rendent en foule à certaines époques, n'a point touché le cœur des montagnards. Les *Huskoken* forment encore une peuplade à demi civilisée, qui ne vit que de pillage et qui appartient à l'Église grecque. C'est cette peuplade que l'on désigne aussi sous le nom de *Serbe*.

Arrosée par la Riese, *Gottschée*, appelée en slavon *Hotzschevie*, petite ville de 1,600 âmes, possède un château bien construit. Dans ses environs, les *Gottschers*, au nombre de 44,000, se distinguent des autres habitants par les mœurs, le langage et l'habillement; ils font beaucoup de toiles et différents petits ouvrages en bois qu'ils exportent en Autriche et en Hongrie : on les reconnaît à une petite hache dont ils sont toujours armés. Au milieu d'une étroite et profonde vallée, et sur le revers des Alpes juliennes, *Idria*, peuplée de 5,000 habitants, est célèbre non seulement par son calvaire placé à une grande élévation, mais par ses mines de mercure, dont l'entrée est au centre de la ville.

Dans le gouvernement de Laybach, les noms de lieux rappellent des consonnances allemandes, mais dans celui de Trieste la plupart des noms sont italiens. *Gorice*, en allemand *Goritz* ou *Görz*, en italien *Gorizia*, paraît tirer son nom du mot slave *gora*, montagne. Cheflieu du cercle, et peuplée de 10,000 âmes, elle est située sur les bords du Lisonzo, dans une vallée fertile. Elle se divise en haute et basse ville : la première, vieille et irrégulière, est entourée de murs et défendue par un vieux château; la seconde, sur la rive gauche de la rivière, est assez bien bâtie. Cette ville est le siège d'un évêché. On y trouve une société d'agriculture, des arts et du commerce. La cathédrale et les autres principaux édifices n'offrent rien de bien remarquable. Charles X est mort à Goritz le 6 novembre 1836. Ses restes ont été déposés dans l'église des Franciscains. Dans les environs de cette ville se trouve *Monte Santo*, connu par ses bons vins.

Sur les bords de la petite rivière d'*Anfora* s'élevait une cité romaine qui fut détruite en 452 par les Huns. Elle n'a changé ni de place ni de nom : c'est encore aujourd'hui la petite ville d'*Aquilée* ou d'*Aquileja*, l'antique *Aquileia*. Mais après avoir été le séjour favori d'Auguste et de plusieurs empereurs; après avoir renfermé 130,000 citoyens, sans compter les esclaves et les enfants, elle n'a plus aujourd'hui que 1,500 habitants. Elle fut la patrie de quelques hommes célèbres, entre autres de Cornelius Gallus, poëte élégiaque à qui Virgile dédia une de ses plus belles Églogues. Forte de ses remparts bâtis par Auguste, le tyran Maximin l'assiégea vainement : ce fut sous ses murs qu'il fut massacré par ses propres soldats. Les femmes d'Aquilée donnèrent pendant ce siège une grande preuve de dévouement : comme on manquait de cordes pour les arcs, elles en firent tresser avec leurs cheveux, qu'elles coupèrent. Le sénat de Rome, pour perpétuer le souvenir de cette belle action, fit élever un temple à Vénus sans cheveux. Cette ville passait pour une des principales places de l'empire romain, lorsqu'Attila se présenta devant ses murs. Les habitants se défendirent pendant trois ans; il était sur le point de lever le siège, lorsqu'une idée superstitieuse releva son courage abattu : une cigogne avec ses petits abandonne l'édifice le plus élevé de la ville : « La fuite de cet oiseau, » dit-il à ses soldats, est d'un heureux pré-» sage. » En communiquant aux troupes l'ardeur qui l'animait, il donna de nouveau le signal de l'attaque. Les assiégés, perdant tout espoir de salut, eurent recours à un stratagème : ils placèrent pendant la nuit sur les remparts un grand nombre de statues, que les Huns au point du jour prirent pour des soldats en sentinelle; et ce ne fut que lorsque Attila vit des oiseaux se percher sur ces soldats immobiles, qu'il donna le signal de l'assaut ; mais la ville était en partie évacuée : 37,000 habitants cependant furent massacrés.

C'est sur le territoire d'Aquilée que l'on récoltait le vin généreux appelé *vinum pucinum*, auquel l'impératrice Livia attribuait le mérite d'avoir prolongé les jours d'Auguste. Les fertiles collines y sont encore couvertes de vignes et d'arbres fruitiers. Les lagunes de Marano, qui entourent Aquileja, exhalent des vapeurs pestilentielles qui s'opposent à l'accroissement de sa population. Dès l'an 1765, le gouvernement autrichien commença à établir des canaux pour les dessécher ; il a même changé en terres labourables quelques uns de ces marais ; mais ces travaux n'ont point encore suffi pour réparer les maux qu'un trop long abandon a répandus sur le petit territoire de cette ville.

Trieste, chef-lieu de gouvernement, était autrefois le principal port de l'Autriche ; son château, qui fut ruiné en 1813 par le commandant français, n'a plus qu'une batterie destinée à saluer les navires qui entrent dans la rade. La ville est divisée en quatre parties : la vieille ville, la nouvelle ville, appelée aussi Theresienstadt ; la ville de Joseph et le faubourg François. La nouvelle s'étend au pied de la montagne que couronne le château. A l'exception de l'église des Jésuites dont la façade est assez belle, de l'hôtel-de-ville, du nouveau théâtre et du palais de la bourse, chef-d'œuvre d'architecture, la plupart de ses édifices sont peu remarquables ; cependant tout y rappelle le goût italien. Les maisons sont bien bâties et les rues larges, surtout dans la nouvelle ville et dans le faubourg ; mais dans la vieille ville les constructions sont irrégulières, les rues sales et infectes : lorsqu'il pleut, il est impossible de les traverser ; si l'on veut éviter les torrents qui tombent des gouttières, il faut se jeter au milieu de ruisseaux transformés en rivières. Trieste renferme 182 rues, 31 places, un musée national, une bibliothèque publique, une école royale de navigation, et un établissement littéraire nommé *la Minerve*. Elle est le siège de deux évêchés, l'un catholique et l'autre grec. La cathédrale, qui paraît fort ancienne, n'est remarquable à l'extérieur que par les restes d'antiquités romaines qui ont servi à sa construction, et à l'intérieur que par le monument élevé à la mémoire de Winckelmann.

On sait que ce célèbre archéologue fut assassiné à Trieste, le 8 juin 1768, par un misérable nommé Arcangeli, qui ayant eu l'occasion de lui rendre quelques services, conçut le projet de le tuer pour s'emparer de ses médailles d'or et d'argent. Ce tombeau, orné de bas-reliefs, est surmonté de la figure d'une muse pleurant sur l'urne funéraire de Winckelmann. Trieste possède quelques monuments antiques dignes de fixer l'attention : tels sont un arc de triomphe érigé à Charlemagne, les restes d'un amphithéâtre romain qui fut déterré dans la vieille ville, ainsi qu'un aqueduc souterrain qui sert encore à la conduite des eaux. Elle occupe l'emplacement de l'antique *Tergeste*.

Les derniers travaux du port de Trieste en rendent l'entrée facile pour les vaisseaux de haut-bord : il jouit du privilége d'une entière liberté, ce qui assure la prospérité de son commerce, et le rend chaque année un rival de plus en plus dangereux pour Venise. C'est à ces avantages qu'est dû le rapide accroissement de la population de la ville. Sous le règne de Marie-Thérèse, Trieste n'avait que 6,000 habitants ; la franchise de son port éleva en peu d'années sa population à 14,000 âmes ; en 1802, elle en avait plus de 27,000 ; en 1808, 33,000 ; en 1817, 42,000 ; en 1821, 45,000 ; en 1829, 47,000 ; et en 1832, 50,000. Il est vrai que dans cette population on comprend sa banlieue pour 10,000 individus, sa garnison pour 2,000, et les troupes de mer pour 6,000 : ce qui donne à la ville seule 32,000 habitants qui occupent 17 à 1800 maisons.

Capo-d'Istria, ville maritime de 5,400 âmes, construite sur un rocher communiquant par un pont avec le continent, est le siège d'un évêché. C'était autrefois la capitale de l'Istrie. *Pirano*, qui s'élève en pyramide à l'extrémité d'un cap, renferme 6,500 individus dont la plupart s'occupent de la pêche, de la construction des navires, de la culture de la vigne et de celle de l'olivier. Son église principale, édifice gothique, est située sur une hauteur au centre de la ville ; son commerce est considérable, surtout en sel tiré de ses lagunes. Dans la cathédrale de la petite ville de *Parenzo*, on montre des mosaïques du dixième siècle, c'est-à-dire de 80 ans plus vieilles que celles de Saint-Marc à Venise. Cet édifice est surmonté d'une belle coupole. L'évêché est suffragant du patriarcat de Venise; la ville est sur une presqu'île qui y forme un bon port abrité par plusieurs îles; la population est de 4,000 âmes; les terrains marécageux des environs y entretiennent un air malsain. *Rovigno*, sur une langue de terre entourée de rochers, est bien bâtie. On y remarque une ancienne église gothique d'un très beau style, qui était autrefois une cathédrale. Un commerce considérable, la pêche et le cabotage enrichissent ses 10,000 habitants, et en font une des villes les plus florissantes de l'Istrie.

Près du cap appelé *Promontore*, on voit dans la petite ville de *Pola* les restes de cette importante cité que César fit détruire parce qu'elle était dévouée à Pompée. Est-ce à la vue magnifique dont on y jouit, est-ce à l'intérêt qu'inspirent toujours la fidélité et l'attachement, que cette ville dut l'honneur d'être rebâtie par Auguste, à la prière de sa fille Julia, ce qui lui fit donner le nom de *Pietas Julia?* L'air empesté qui s'élève de ses lagunes a sans doute contribué à la décadence de cette ville, qui ne renferme plus que 2,000 habitants. En la parcourant on ne sait si l'on est dans une ville moderne ou dans une ville romaine; ses rues et ses places sont couvertes d'herbes, et sur le sol on voit encore d'antiques débris; la plupart de ses maisons ne sont point habitées; son vieux château, qui n'est point achevé, semble aussi désert que la ville. La cathédrale est construite sur l'emplacement et avec les restes d'un temple romain. Deux autres temples, dont l'un assez bien conservé porte la dédicace d'Auguste; un superbe arc de triomphe, une porte (*Porta aurea*), monument précieux de l'amour conjugal; les ruines d'un théâtre, d'un palais et d'un établissement de bains; un amphithéâtre dont les dimensions annoncent qu'il contenait au moins 15,000 spectateurs; d'autres débris antiques non moins intéressants attestent les dépenses qu'Auguste fit pour relever cette ville. Pola est le siége d'un évêché suffragant de celui d'Udine. La pêche du thon donne quelque activité à son port. C'est de ses environs que Venise tire le sable qu'emploient ses manufactures de glaces.

Entre les côtes d'Istrie et le littoral hongrois, dans le golfe de Quarnero, s'élèvent plusieurs îles que nous ne devons point passer sous silence, puisqu'elles font partie du royaume d'Illyrie. La plus considérable et la plus proche de la presqu'île d'Istrie est *Cherso*, l'antique *Crepsa*. Séparée de cette presqu'île par un canal de trois quarts de lieue de large dans sa partie la plus étroite, elle en a 18 de longueur et 2 dans sa plus grande largeur. Ses belles forêts fournissent des bois de construction; ses pâturages nourrissent des moutons et du gros bétail; ses habitants, dont on porte le nombre à 10,000, naturellement industrieux, fabriquent des draps, la liqueur appelée *rosoglio* et des *trabaccoli*, petits bâtiments avec lesquels ils font le cabotage. Le chef-lieu de l'île porte aussi le nom de *Cherso*; cette petite ville de 4,000 âmes est située au fond d'une baie qui partage l'île en deux portions presque égales; c'est le siége d'un évêché.

A l'est de la précédente on voit l'île de *Veglia*, longue de 8 lieues et large de 2 à 4. Elle est comme Cherso riche en bois, et nourrit beaucoup de moutons, de chèvres et de chevaux. Au nord et à l'est elle est montagneuse et stérile; mais on exploite dans cette partie de très beau marbre, tandis que le reste fournit du vin, des fruits, et nourrit des mûriers utiles aux habitants qui élèvent un grand nombre de vers à soie. Sa population est de 17,000 âmes: son chef-lieu, appelé *Veglia*, renferme 4,000 habitants. C'est aussi le siége d'un évêché.

Les autres îles de l'archipel illyrien sont Osero, Unia, Sansego, et les deux petits îlots de Santo-Pietro di Nembo. *Osero* ou *Losini*, l'ancienne *Apsorus*, au sud-ouest de Cherso, est quatre ou cinq fois plus petite, et cinq fois moins peuplée. *Lussin-Piccolo*, village de 1,500 habitants, est son chef-lieu, bien qu'il en ait 200 de moins que *Lussin-Grande*. La petite île d'*Unia*, longue de 4 lieues et large d'une demie, n'a que 2 à 300 habitants; *Sansego* en a 600; enfin les deux îles de *Santo-Pietro di Nembo*, séparées l'une de l'autre par un canal de 160 toises de largeur, qui offre aux navires un abri sûr contre les vents, ne sont peuplées que de deux ou trois familles.

Arrivés à l'extrémité méridionale des États autrichiens allemands, il est important d'entrer dans quelques considérations sur l'ensemble de la Monarchie autrichienne. Ces possessions, composées de la Bohême, de la

Moravie et de la Silésie, de l'archiduché d'Autriche, de la Styrie, du Tyrol et de l'Illyrie, ont un peu plus de 3,578 milles carrés, ou 9,948 lieues de 25 au degré, et une population de 10,964,000 habitants, c'est-à-dire un peu plus du tiers de la superficie et de la population de tout l'empire. Les Allemands ne forment qu'un peu plus de la moitié de la population, et c'est peut-être exagérer que d'en porter le nombre à 6,000,000. Il est facile de juger par là combien la différence de langage et de mœurs doit en affaiblir l'esprit national et la force politique. Considérée comme Etat fédératif, l'Autriche n'en offre point les avantages : si les provinces allemandes se montrent attachées au gouvernement et à la patrie, il est facile de remarquer dans la Hongrie et ses annexes, et surtout dans le royaume de Galicie, une sorte d'indifférence, sentiment qui, dans les provinces italiennes, passe à la haine pour le pouvoir qui les régit. Le gouvernement autrichien a tout employé pour faire disparaître ces nuances ; mais peu disposé à confondre tant d'intérêts par des institutions qui seraient peut-être dangereuses dans l'état actuel de la civilisation de ces peuples, il s'est accommodé plutôt à leurs préjugés. Loin d'imiter Joseph II dans ses projets de régénération heurtée, il marche lentement sur une route anciennement frayée ; et jetant ses regards en arrière, il a même accordé récemment aux jésuites une sorte d'indépendance : la seule Galicie leur était ouverte ; l'empire entier les verra peut-être un jour aussi influents qu'au temps de leur splendeur. Qu'on ne s'imagine pas cependant que toutes les provinces autrichiennes soient en dehors du mouvement progressif qui se développe dans les autres parties de l'Europe, ou indifférentes aux améliorations sociales qui se préparent pour un avenir plus rapproché que certains esprits prévenus n'affectent de paraître le croire : ce serait une erreur. La révolution de juillet, considérée comme acte de résistance au système du pouvoir absolu, a retenti dans la Galicie, comme dans la Hongrie et dans la Bohême, et la victoire d'un peuple justement irrité y a trouvé plus d'une sympathie.

L'empire autrichien, cette puissance riche de son sol, de ses mines, de l'industrie de ses habitants ; cette puissance qui comprend une population de plus de 37,000,000 d'individus, qui entretient en temps de paix une armée de 270,000 hommes, et qui doit fournir à la Confédération germanique un contingent de 109,643 hommes, n'est point aussi redoutable qu'on pourrait le croire.

Plusieurs géographes allemands, tels que Stein et Liechtenstern, portent le nombre de manufactures de tous genres répandu dans la totalité des possessions autrichiennes à 2,365,000, et la valeur annuelle de leurs produits à 1,245,000,000 de florins, ce qui ferait 3,237,000,000 de francs. Les revenus de tout l'empire s'élèvent au plus à 180,000,000 de florins [1], ou à 468,000,000 de francs. Sa dette publique est de 680,000,000 de florins, ou de 1,768,000,000 de francs. Sa marine ne se compose que de 4 vaisseaux de ligne, de 9 frégates et d'environ 60 bâtiments inférieurs.

Tout l'empire est divisé en 15 grands gouvernements militaires. Il possède 18 places de guerre de première classe et 14 de seconde, 6 arsenaux, 8 fonderies de canons et 5 manufactures impériales d'armes. Le drapeau national est noir et jaune.

L'Autriche, par les derniers traités, obtint, pour l'une de ses limites occidentales, le cours de l'Inn, pendant si long-temps objet de ses vœux ; mais ce n'est point du côté de la Bavière qu'elle a besoin d'être invulnérable : désormais à l'abri d'une invasion étrangère de ce côté, trop forte pour craindre le croissant qui la fit trembler deux fois, ses regards inquiets doivent se porter vers le nord-est : la Galicie, qui lui sert de boulevard de ce côté, est dépourvue de défenses naturelles.

Le gouvernement autrichien, jaloux de favoriser la fusion de toutes les provinces de la monarchie, mais craignant comme un moyen dangereux l'emploi d'un système administratif plus libéral, a cru pouvoir arriver à son but en satisfaisant les besoins d'un bien-être matériel : sous ce rapport sa marche est empreinte d'un caractère remarquable d'habileté et de sagesse. C'est ainsi que l'instruction primaire est partout répandue, que les moyens de communication sont partout encouragés ; que les perfectionnements de l'agriculture et de toutes les branches de l'industrie sont favori-

[1] *Liechtenstern* ne les porte qu'à 130,000,000.

sés avec un zèle éclairé, et que le commerce a vu se briser les entraves qui le gênaient. Depuis peu d'années les lignes de douanes qui séparaient comme des contrées étrangères des provinces déjà trop séparées par leurs mœurs et leur langage, sont tombées devant un intérêt mieux entendu. Aujourd'hui un nouveau tarif général de douanes s'applique à toutes les provinces de l'empire, et des traités commerciaux conclus avec les pays étrangers favorisent l'exportation de certains produits indigènes et l'introduction d'un grand nombre de matières précédemment frappées de droits prohibitifs. Nous n'ajouterons rien à ces généralités ; on trouvera dans les tableaux qui termineront ce livre des renseignements propres à résoudre les questions que le lecteur serait tenté de se faire sur les ressources, les lumières et la situation des provinces allemandes de l'empire autrichien.

TABLEAUX STATISTIQUES

DES PROVINCES ALLEMANDES DE LA MONARCHIE AUTRICHIENNE

A. ROYAUME DE BOHÊME,

DIVISÉ EN 16 CERCLES.

SUPERFICIE en lieues.	POPULATION ABSOLUE en 1838,	POPULATION par lieue carrée,
2,649.	4,276,994.	1,610.

(286 villes. — 275 bourgs. — 11,924 villages. — 541,074 maisons.)

Cercles	Population en 1837.	Chefs-lieux et autres villes.	Populat.
BERAUN..	167,483	Béroun....	2,600
		Przibram...	2,400
		Horzowitz...	1,600
BIDSCHOW.	244,138	Neu-Bidschow.	3,500
		Hohenelbe...	2,500
BUDWEIS..	201,048	Budweis....	6,000
		Krumau....	5,500
BUNZLAU..	383,436	Jung Bunzlau...	3,600
		Reichenberg...	11,000
		Turnau.....	2,000
CHRUDIM...	288,367	Chrudim....	4,800
		Hohenmauth..	4,000
		Policzka...	3,000
		Leutomischel.	4,800
		Landskron..	3,000
CZASLAU...	232,428	Czaslau....	2,700
		Kuttenberg...	7,000
ELNBOGEN..	224,664	Elnbogen...	2,200
		Carlsbad...	2,600
		Joachimsthal..	3,800
		Schlackenwald.	3,000
		Eger.....	8,500
KAURZIM..	185,922	Kaurzim...	1,700
		Neu-Kollin..	4,500
		Bohmisch-brod.	1,300
KLATTAU..	169,230	Klattau....	4,200
		Tauss.....	4,500
KÖNIGSGRÄTZ.	315,440	Königgrätz...	6,000
		Pless.....	1,100
		Braunau...	3,000
		Trautenau...	2,000
		Reichenau...	3,500
	2,750,632		

Cercles.	Population en 1827.	Chefs-lieux et autres villes.	Populat.
Report.	2,750,632		
LEITMERITZ..	338,476	Leitmeritz...	4,000
		Rumbourg...	3,800
		Kamnitz....	2,300
PILSEN...	193,291	Pilsen.....	8,500
		Mies.....	2,300
		Tepl.....	2,600
PRACHIN..	250,677	Pisek.....	4,200
		Prachatitz..	2,500
RAKONITZ.	164,129	Schlan.....	3,000
		Rakonitz...	2,200
		Raudnitz...	2,000
SAATZ...	139,048	Saatz.....	3,800
		Kaaden....	4,000
		Kommotau...	3,500
TABOR...	190,146	Tabor.....	3,000
		Bechin....	1,200
		Postchatek...	3,000
		Neuhaus...	5,500
Capitanat de Prague.	107,395	PRAGUE....	121,000
Total...	3,795,318		

Nombre d'animaux domestiques en 1827.

Chevaux...	138,000	Porcs....	226,000
Bêtes à cornes.	903,000	Chèvres...	62,000
Moutons...	1,100,000	Mulets...	150

Nombre de congrégations religieuses en 1825.

Capucins....	15	Report..	52
Augustins....	7	Chevaliers de la Croix	1
Minorites.....	3	Piaristes.....	14
Dominicains...	3	Ursulines....	1
Franciscains...	14	Carmélites....	1
Bénédictins....	3	Sœurs de Sainte-Élisabeth.	2
Prémontrés....	4	Cisterciens, Servites, etc.....	4
Frères de la miséricorde.....	3		
A reporter..	52	Total...	76

Établissements d'instruction en 1824.

Université.	1
Lycées.	6
Gymnases.	26
Écoles élémentaires catholiques.	2,512 ⎫
— — réformées.	48 ⎪
— — mêlées.	380 ⎬ 2,961
— — juives.	21 ⎪
Institut polytechnique.	1
Conservatoire de musique.	1
Nombre de professeurs.	6,709
— d'étudiants à l'université.	2,055 ⎫
— d'écoliers aux lycées.	660 ⎪
— Id. aux gymnases.	6,500 ⎪
— Id. à l'institut polytechnique.	795 ⎬ 411,085
— Id. au conservatoire de musique.	75 ⎪
— Id. aux écoles élémentaires.	401,000 ⎭

Emploi du sol.

Champs.	3,828,500	jochs ou arpents
Jardins.	86,000	
Vignes.	4,400	
Prairies.	799,000	
Pâturages.	610,000	
Forêts.	2,310,000	
Étangs.	132,700	
	7,770,600	

Population par nations en 1832.

Tchèkhes.	2,477,000 ⎫	
Allemands.	1,358,117 ⎬	3,895,117
Juifs.	60,000 ⎭	

Population par cultes.

Catholiques.	3,777,500 ⎫	
Réformés.	45,000 ⎪	3,895,117
Luthériens.	12,617 ⎬	
Juifs.	60,000 ⎭	

B. MARGRAVIAT DE MORAVIE AVEC LA SILÉSIE, DIVISÉE EN 8 CERCLES.

SUPERFICIE en lieues,	POPULATION en 1838.	POPULATION par lieue carrée,
1,339.	2,240,864.	1,673.

(119 villes. — 178 bourgs. — 3,673 villages. 289,000 maisons.)

Cercles.	Chefs-lieux et autres lieux.	Population.
IGLAU.	Iglau.	15,000
	Teltsch.	3,500
	Trebitsch.	5,000
	Triesch.	3,200
ZNAÏM.	Znaïm.	5,000
	Eibenschütz.	?
BRÜNN.	Brünn.	38,800
	Austerlitz.	2,000
	Boskowitz.	4,000
	Nikolsbourg.	8,000
HRADISCH.	Hradisch.	1,600
	Holeschau.	4,500
	Ungarisch-Brod.	3,000
OLMÜTZ.	Olmütz.	13,600
	Mährisch-Neustadt.	3,000
	Prosnitz.	8,000
	Schomberg.	3,500
	Sternberg.	8,000
PRERAU.	Weisskirchen.	3,000
	Kremsier.	4,000
	Neutischen.	5,000
	Prerau.	3,500
TROPPAU.	Troppau.	13,000
	Iægerndorf.	4,500
	Yauernick, b.	2,000
	Oderau.	2,500
TESCHEN.	Teschen.	5,500
	Bielitz.	5,000
	Iblunkau.	1,700

Animaux domestiques.

Chevaux.	128,000
Bœufs.	56,500
Vaches.	301,000
Moutons.	403,000

Congrégations religieuses.

Couvents de femmes.	?

Établissements d'instruction en 1824.

Académie.	1
Institutions philosophiques.	2
Lycée.	1
Académie permanente.	1
Gymnases catholiques.	12
Id. luthérien	1
Écoles normales principales.	2
Écoles secondaires.	20
Écoles primaires.	1630
Écoles de filles.	12
Écoles d'industrie.	3
Écoles des dimanches.	1,550
Nombre d'écoliers.	154,000

Emploi du sol.

Champs.	2,200,400	jochs ou arpents
Jardins.	58,000	
Vignes.	51,000	
Prairies.	325,000	
Pâturages.	429,000	
Forêts.	1,120,000	
Étangs.	41,800	
Terres incultes.	596,300	
	4,821,500	

Population par nations en 1832.

Allemands.	477,000 ⎫	
Slaves.	1,566,500 ⎬	2,078,584
Juifs.	34,000 ⎪	
Zigueunes.	1,084 ⎭	

Population par cultes en 1832.

Catholiques.	1,964,500	
Réformés.	17,084	2,078,584
Luthériens.	63,000	
Juifs.	34,000	

C. ARCHIDUCHÉ D'AUTRICHE,

DIVISÉ EN 9 CERCLES.

SUPERFICIE en lieues, 1,970.	POPULATION en 1838, 2,296,490.	POPULATION par lieue carrée, 1,165.

(52 villes. — 352 bourgs. — 11,126 villages. — 275,000 maisons.)

Cercles.	Chefs-lieux et autres lieux.	Populat.
	BASSE AUTRICHE.	
Capitanat de Vienne.	VIENNE.	331,000
BAS WIENER-WALD.	Traiskirchen, b.	1,000
	Baden.	3,000
	Kloster-Neubourg.	3,000
	Haimbourg.	3,000
	Schwächat.	2,000
	Wiener-Neustadt.	8,300
HAUT WIENER-WALD.	Saint-Pölten.	4,000
	Baierisch-Waidhofen	2,000
	Mœlk.	1,000
	Tuln.	1,600
BAS MANHARTSBERG.	Korneubourg.	2,000
	Feldsberg.	2,500
	Laa.	1,500
HAUT MANHARTSBERG.	Krems.	3,600
	Stein.	1,500
	HAUTE AUTRICHE.	
MÜHL.	Lintz.	20,000
	Freystadt.	2,000
	Mauthausen, b.	1,100
INN.	Ried, b.	2,500
	Brana.	1,800
	Schärding.	2,000
HAUSRUCK.	Wels, b.	1,500
	Lambach, b.	3,000
TRAUN.	Steyer.	10,000
	Ens.	4,100
	Gmünden.	1,100
	Halstadt.	1,800
	Ischl, b.	4,500
	Krems-münster. b.	1,100
SALZBOURG.	Salzbourg.	14,000
	Gastein, b.	1,000
	Hollein.	4,400
	Radstadt.	1,000

Animaux domestiques.

Chevaux.	100,000
Bœufs.	120,000
Vaches.	500,000
Brebis.	700,000

Congrégations religieuses.

Couvents d'hommes et de femmes.	45

Établissements d'instruction en 1824.

Université.	1
Institution philosophique.	1
Lycées.	3
Gymnases.	11
Académies.	7
Id. des arts et métiers.	2
Écoles de médecine, du génie et des forêts.	3
— militaires.	2
— de langues orientales.	1
— normales.	2
— primaires et secondaires de filles.	35
— d'industrie.	50
— principales allemandes.	20
— protestante.	1
— populaires.	2,000
Id. des dimanches.	120
— de villages.	4,500
Nombre d'enfants fréquentant les écoles.	160,000

Emploi du sol.

Champs.	2,120,000 iochs ou arpents
Jardins.	81,000
Vignes.	79,000
Prairies.	753,000
Pâturages.	1,064,000
Forêts.	1,830,000
Terres incultes.	883,500
	6,810,500

Population par nations en 1832.

Allemands.	2,109,280	
Slaves.	7,050	
Grecs.	366	2,118,481
Arméniens.	210	
Juifs.	1,575	

Population par cultes.

Catholiques.	2,081,700	
Luthériens.	} 34,900	2,118,481
Réformés.		
Grecs.	400	
Juifs.	1,681	

D. COMTÉ DU TYROL,

DIVISÉ EN 7 CERCLES.

SUPERFICIE en lieues, 1,435.	POPULATION ABSOLUE en 1838, 881,431.	POPULATION par lieue carrée, 614.

(21 villes. — 32 bourgs. — 1,558 villages. — 98,800 maisons.)

Cercles.	Chefs-lieux et autres lieux.	Population par lieue carrée
Bas Inntral.	Inspruck	12,000
	Hall	5,000
	Schwatz	7,500
Haut Inntral.	Imst	3,400
	Nauders, b.	1,100
Pusterthal.	Brunecken	1,200
	Brixen	4,700
	Sterzing	2,000
Etsch (Adige) ou Botzen.	Botzen	8,000
	Meran	2,200
Trente.	Trente	15,000
	Pergine	8,000
	Borgo-di-Valsugana	3,400
Roveredo.	Roveredo	12,000
	Avio, b.	3,000
	Ala, b.	2,200
	Riva	3,200
Vorarlberg.	Bregentz	2,500
	Dornbirn, b.	1,000
	Feldkirch	1,900

Animaux domestiques.

Étalons	1,100
Chevaux et jumenls	15,000
Mulets	1,100
Bœufs	44,500
Vaches	210,000
Brebis	137,500
Chèvres	60,300
Porcs	40,400

Congrégations religieuses.

Couvents d'hommes et de femmes. . . . 22

Établissements d'instruction en 1824.

Lycées	2
Gymnases	6
Écoles normales	2
Collèges	15
Écoles élémentaires	740
Écoles de filles	60

Emploi du sol, non compris celui du Vorarlberg.

Champs	152,000 iochs ou arpents
Vignes	17,300
Prairies	292,600
Forêts	1,508,600
Terres incultes	2,906,700
	4,978,200

Population par nations en 1822.

Allemands	631,860	
Italiens	171,620	803,574
Juifs	94	

E. DUCHÉ DE STYRIE,

DIVISÉ EN 5 CERCLES.

SUPERFICIE en lieues,	POPULATION ABSOLUE en 1838.	POPULATION par lieue carrée,
1,110.	980,331.	883.

(20 villes. — 96 bourgs. — 3,539 villages. — 163,100 maisons.)

Cercles.	Chefs-lieux et autres lieux.	Populat.
Cilly.	Cilly	1,800
	Rohitsch, b.	500
Marbourg.	Marbourg	5,000
	Pettau	1,800
Grätz.	Grätz	41,500
	Feistritz, b.	600
	Radkersbourg.	1,200
Bruck.	Bruck	1,600
	Eisenärzt, b.	1,500
	Léoben	3,500
	Maria-zell	900
Judenbourg.	Judenbourg	1,600
	Admont, b.	1,000
	Aussée, b.	1,200

Animaux domestiques.

Chevaux	44,700
Bœufs	82,400
Vaches	206,300
Brebis	126,300

Congrégations religieuses.

Couvents. 27

Établissements d'instruction en 1824.

Lycée	1
École philosophique	1
Gymnases, y compris le Johanneum	5
École normale	1
Écoles principales	7
Maisons d'éducation pour les filles	2
Écoles primaires	200

Emploi du sol.

Champs	610,400 iochs ou arpents
Jardins	9,000
Vignes	51,800
Prairies	437,200
Pâturages	644,400
Forêts	1,507,200
Étangs	700
Terres incultes	552,300
	3,812,800

Population par nations en 1832.

Allemands	505,400	
Wendes	316,400	876,252
Hongrois, Italiens, Français, etc.	54,425	

Population par cultes.

Catholiques	872,700	876,252
Luthériens	3,552	

F. ROYAUME D'ILLYRIE,

DIVISÉ EN 2 GOUVERNEMENTS ET EN 7 CERCLES.

SUPERFICIE en lieues.	POPULATION ABSOLUE en 1838.	POPULATION par lieue carrée.
1,445.	1,264,456.	875.

(54 villes. — 57 bourgs. — 6,848 villages. — 167,100 maisons.)

GOUVERNEMENT DE LAYBACH.

Cercles.	Chefs-lieux et autres lieux.	Populat.
VILLACH.	Villach.	4,700
	Bleiberg, vill.	4,000
	Tarvis, b.	1,000
KLAGENFURT.	KLAGENFURT.	10,000
	Ferlach.	3,000
	Huttenberg, vill.	600
	Saint-Veit.	1,500
LAYBACH.	LAYBACH.	14,000
	Bischoflaack.	2,000
	Neumarktl, b.	1,000
NEUSTADTL.	Neustadtl.	1,800
	Gottschée.	1,600
ADELSBERG.	ADELSBERG, b.	1,100
	Idria.	5,000
	Ober-Laybach, b.	1,000

GOUVERNEMENT DE TRIESTE.

Cercles.	Chefs-lieux et autres lieux.	Populat.
GORICE.	Gorice.	10,000
	Gradiska.	1,000
District de Trieste	TRIESTE.	71,000
ISTRIE.	Pisino.	1,700
	Capo-d'Istria.	5,400
	Grado.	2,500
	Pirano.	6,500
	Rovigno.	10,000

Animaux domestiques.

Chevaux.	33,000
Bœufs.	97,500
Vaches.	167,400
Moutons.	235,000

Congrégations religieuses.

Couvents.	18

Établissements d'éducation.

Lycées.	3
Gymnases.	6
Écoles normales.	2
Colléges.	5
Écoles pour les filles.	3
Académie d'agriculture.	1
Académie de marine.	1
Académie des beaux-arts.	1

Emploi du sol.

	(iochs ou arpents)
Champs.	728,200
Jardins.	24,200
Vignes.	34,400
Prairies.	561,700
Pâturages.	856,200
Forêts.	1,359,500
Étangs.	48,500
Terres incultes.	2,462,900
	6,075,600

Population par nations en 1832.

Allemands.	233,000	
Wendes, Slaves, etc.	902,140	
Serbes.	1,050	1,192,217
Italiens.	52,630	
Grecs.	750	
Juifs.	2,647	

Population par cultes.

Catholiques.	1,171,100	
Grecs.	750	1,192,217
Luthériens.	17,720	
Réformés.		
Juifs.	2,647	

Accroissement de la population de l'Autriche allemande (¹).

	En 1823.	En 1825.	Accroissement.	En 1832.	Accroissement.
Bohême.	3,539,441	3,698,596	159,155	3,895,117	196,521
Moravie et Silésie.	1,910,000	1,968,713	58,713	2,078,584	109,871
Autriche.	1,956,334	2,008,970	52,646	2,118,481	109,511
Tyrol.	755,401	762,053	6,652	803,574	41,521
Styrie.	805,847	829,731	23,884	876,252	46,521
Illyrie.	1,089,175	1,124,193	85,018	1,192,217	68,024

(¹) M. Kudler a calculé que dans la Bohême la population doublait en 230 ans; dans la Moravie et la Silésie, en 296 années. Les autres provinces présentent d'assez grandes variations.

TABLEAU *des poursuites criminelles qui ont eu lieu dans les provinces allemandes de l'Empire d'Autriche pendant une série de trois années.*

	HOMICIDES.			VOLS AVEC VIOLENCE.			INCENDIES.			ESCROQUERIES ET FAUX.			VOLS et ABUS DE CONFIANCE.		
	1821.	1822.	1823.	1821.	1822.	1823.	1821.	1822.	1823.	1821.	1822.	1823.	1821.	1822.	1823.
Bohême..	»	63	63	»	33	16	»	12	7	»	223	207	»	1908	1324
Moravie et Silésie..	46	48	26	33	9	28	15	20	19	91	95	64	695	597	500
Haute et basse Autriche	9	28	56	9	25	36	1	16	10	210	514	489	683	1480	1427
Tyrol.	41	19	21	44	18	12	9	3	4	121	102	97	318	215	228
Styrie.	?	?	33	?	?	360	?	?	?	?	?	40	?	?	?
Illyrie.	?	51	37	?	25	18	?	7	5	?	82	115	?	461	412

TABLEAU *des places fortes et des lieux où sont établis des arsenaux et des fonderies.*

PLACES FORTES.		ARSENAUX.	FONDERIES.
1re CLASSE.	2e CLASSE.		
Lintz (Autriche). Salzbourg (Id.). Prague (Bohême). Olmütz (Moravie). Komorn (Hongrie). Szegedin (Id.). Alt-Orsova (Id.). Esseck (Id.). Arad (Id.). Munkacs (Id.). Alt-Gradiska (Esclav. militaire). Belovar (Hongrie). Brod (Esclav. militaire). Temesvar (Hongrie). Mantoue (royaume lombard-vénitien). Sebenico (Dalmatie). Cattaro (Id.). Zara (Id.	Gradiska (Illyrie). Capo-d'Istria (Id.). Kuffstein (Tyrol). Theresienstadt (Bohême). Königsgrätz (Id.). Josephstadt (Id.). Leitmeritz (Id.). Bude ou Ofen (Hongrie). Carlstadt (limites militaires). Peterwardein (limites militaires). Karlsbourg (Transylv.). Cronstadt (Id.). Peschiera (royaume lombard vénitien). Legnano (Id.).	Vienne (Autriche). Prague (Bohême). Budweis (Id.). Bude ou Ofen (Hongrie). Temesvar (Id.). Milan (royaume lombard-vénitien).	Ebergassing (Autriche). Dobschau (Hongrie). Brescia (royaume lombard-vénitien). Ferlach (Illyrie). Karlsbourg (Transylv.). Teschen (Moravie). Trieste (Illyrie). Troppau (Moravie).

LIVRE QUATRE-VINGT-SIXIÈME.

Suite de la Description de l'Europe. — Description de l'Allemagne. — Coup d'œil général sur cette contrée.

Sous les rapports moraux, intellectuels, civils et politiques, quel effet l'Allemagne produit-elle sur l'observateur qui la traverse dans tous les sens et qui la juge avec impartialité? Ce vaste État fédératif est-il uni par des intérêts communs? est-il puissant par les ressources mutuelles que peuvent s'offrir les États qui le composent, ou n'est-ce plutôt qu'une contrée dont les peuples ne sont unis que par le langage? Les lumières qui germèrent pendant si long-temps sur son sol, les institutions nouvelles qu'elles ont nécessitées, ont-elles amélioré sa situation? Telles sont les différentes questions qu'il nous semble utile d'examiner rapidement.

Lorsque plus de 300 États représentés à la diète germanique reconnaissaient la suprématie d'un chef élu sous le titre d'empereur, l'Allemagne pouvait être considérée comme une vaste contrée divisée en principautés, et pour ainsi dire en préfectures. Plus séparés du reste de l'Europe, les Allemands pouvaient être considérés comme formant un seul corps de nation; mais aujourd'hui que l'Allemagne se réduit à 39 souverainetés indépendantes, dont quelques unes sont assez importantes pour se suffire à elles-mêmes, des intérêts opposés ont en quelque sorte détruit le lien fédératif: il n'y a donc plus, à proprement parler, d'Allemagne, ou du moins elle diffère entièrement de celle du seizième siècle. Aussi les peuples allemands aspirent-ils à obtenir un jour cette véritable nationalité dont ils n'ont que le simulacre; et avec la nationalité, les institutions qui en garantiront la force et la durée. De là cette sorte d'agitation et d'inquiétude qui règne dans la partie éclairée de l'Allemagne; de là cette lutte constante entre les gouvernants et les gouvernés, et qui serait peut-être le signal d'une révolution générale, si la force et la violence venaient à être imprudemment employées. L'adoption d'un système représentatif dans les États du second et du troisième ordre, les tentatives pour obtenir quelques adoucissements dans les charges publiques, indiquent complètement la situation des esprits en Allemagne. Les princes et les peuples y sont sous la verge des deux grands États, et tous sentent profondément l'inconvénient de cette sujétion forcée, qui devient un obstacle aux améliorations sociales.

Jadis le clergé et la noblesse jouissaient en Allemagne d'une prépondérance et de prérogatives onéreuses au peuple. La réformation religieuse a miné, puis détruit le pouvoir temporel du clergé; la tolérance est devenue le besoin du plus grand nombre; l'esprit de liberté a fait quelques conquêtes, et tout a changé. Délivré aujourd'hui des corvées et de la plupart des redevances seigneuriales, les Allemands n'ont pu que gagner à cet ordre de choses. Les impôts ont été répartis avec plus de régularité, les routes ont offert des moyens de communications plus faciles, et l'aisance s'est accrue dans toutes les classes. Il n'est pas jusqu'au fléau de la guerre qui n'ait contribué à quelques améliorations : Si aujourd'hui, dit un auteur allemand, les maisons sont partout numérotées, on le doit à la nécessité de loger les soldats français, comme on dut à la guerre de Sept-Ans l'usage d'éclairer les rues [1]. Depuis l'occupation de nos armées, les maisons sont mieux construites et mieux décorées, les logements plus commodes et les meubles plus élégants. Si les guerres de Napoléon furent désastreuses pour l'Allemagne, elle doit peut-être à cet homme célèbre autant de reconnaissance qu'elle lui témoigna de haine lorsqu'il l'accablait du poids de sa puissance : le système continental a développé chez elle les germes de l'industrie dont elle brille aujourd'hui.

Le Thüringerwald sépare l'Allemagne en deux régions : celle du nord et celle du midi. L'Allemand du nord, nourri de pommes de terre, de beurre et de fromage, abreuvé de bière et d'eau-de-vie, est le plus robuste, le plus frugal et le plus éclairé; c'est aussi chez lui que le protestantisme compte le plus de

[1] Deutschland, oder Briefe eines in Deutschland reisenden Deutschen.

prosélytes. Délicat dans sa manière de vivre, habitué au vin, quelquefois même adonné à l'ivresse, l'Allemand du midi se montre plus gai, mais aussi plus superstitieux. Dans l'Allemagne septentrionale, les habitations nombreuses, les villages ornés de fontaines, les maisons propres et bien entretenues, les routes belles et bordées d'arbres fruitiers, et les champs bien cultivés, annoncent les lumières et l'aisance des habitants. Dans toute l'Allemagne les monuments sont bien entretenus, les plus anciens ne tombent point en ruines faute d'entretien, mais seulement lorsque la faux du temps se montre plus prompte à détruire que la main de l'homme à conserver.

Une femme célèbre (¹) a peint l'Allemagne d'un seul mot, en l'appelant *la patrie de la pensée*; c'est là que prirent naissance tant de systèmes de philosophie et de métaphysique plus ou moins connus, depuis le profond Leibnitz jusqu'à l'incompréhensible Kant. On a dit avec raison que cette contrée fourmille de savants; ils ne sont pas, comme dans les autres États, établis au sein des capitales : les plus petites villes en renferment. Quant aux sciences physiques et naturelles, elles y sont cultivées avec autant de succès que dans le reste de l'Europe; les gouvernements les encouragent avec plus de zèle même que chez la nation qui se vante d'être la plus éclairée. Quelque pénible qu'il soit pour un Français d'humilier l'orgueil national devant des étrangers si longtemps nos inférieurs, nous devons avouer que la paix du continent a procuré à quelques uns des États allemands l'occasion de nous égaler dans les connaissances les plus attrayantes et les plus utiles : il suffit de visiter les collections de Vienne, de Munich, de Berlin, de Francfort même; il suffit d'entretenir la plupart des hommes célèbres de l'Allemagne, pour se convaincre qu'elle a peu de choses à nous envier sous ce rapport. La théologie, le droit, la médecine, l'histoire et la philologie la mettent au rang de la plupart des autres nations; ce n'est que dans les sciences politiques qu'elle se montre inférieure, mais qui sait si un jour elle ne les dépassera pas? Déjà les moyens de publicité y sont plus actifs que chez nous : on y imprime au-delà de 600 journaux et feuilles d'annonces.

Les méthodes d'instruction adoptées dans les universités sont supérieures à celles de nos colléges, et, pour le dire en passant, huit années n'y sont point nécessaires pour donner à un élève la connaissance du latin, et cependant il est peu de pays où l'on trouve autant de gens qui connaissent les auteurs anciens et qui soient instruits en archéologie. L'enseignement primaire y est généralement aussi complet qu'il est possible de le désirer; et la loi, dans la plupart des États de l'Allemagne, oblige les parents à envoyer leurs enfants dans les écoles publiques. Dans plusieurs États de l'Allemagne la gymnastique fait partie de l'éducation : on y a senti que les exercices du corps n'étaient pas seulement nécessaires pour le rendre souple et robuste, mais qu'ils donnaient au physique les moyens d'exercer une influence salutaire sur le moral; le jeune homme qui s'adonne aux jeux du gymnase chérit et conserve la pureté des mœurs : son corps, fatigué par un exercice salutaire, fuit les dangereuses fatigues du libertinage auxquelles la mollesse et le repos entraînent trop souvent la jeunesse.

Les Allemands se livrent à la littérature avec d'autant plus d'ardeur, que chez eux la société offrant peu d'agréments, les jouissances de la lecture et de l'étude y sont nécessairement mieux appréciées que partout ailleurs. Chez eux la musique semble être un art inné : les étudiants qui aux jours de fêtes se promènent en répétant en chœur des chants consacrés à la gloire de la Divinité; le paysan qui se délasse de ses travaux en improvisant quelques airs sur un mauvais clavecin; le pâtre qui de sa flûte harmonieuse fait retentir les échos, sont des scènes fréquentes dans les diverses contrées de l'Allemagne.

L'Allemagne nourrit 36,281,000 habitants répartis sur une superficie de plus de 32,000 lieues, ce qui fait environ 1,133 individus par lieue carrée. On y compte environ 19,200,000 catholiques, 16,680,000 protestants, 26,000 herrenhuters ou piétistes et mennonites, 15,000 grecs et 360,000 juifs.

Elle n'a malheureusement pas un seul port de mer militaire; elle manque de canaux, surtout dans sa partie méridionale : mais lorsqu'elle aura comblé sa dette; lorsque le régime représentatif y sera mieux assis; lorsqu'elle possèdera une marine; lorsque son commerce intérieur sera moins entravé par les douanes,

(¹) Madame de Staël : de l'Allemagne.

organisées aujourd'hui au profit de la Prusse ; lorsqu'elle aura adopté un système de mesures et de monnaies uniforme ; lorsqu'enfin ses peuples seront unis, elle deviendra florissante au-dedans, et sera respectée au-dehors.

Nous terminerons cet aperçu général de l'Allemagne par un exposé rapide de l'organisation de la Confédération germanique.

Par l'acte fédératif du 8 juin 1815, tous les Etats de la Confédération sont égaux en droits. Les affaires sont confiées à une diète qui se réunit soit en assemblée *ordinaire,* soit en assemblée *générale.* Dans l'assemblée ordinaire, les Etats sont représentés par leurs plénipotentiaires, qui votent soit individuellement, soit collectivement. Le nombre des voix est de 17. Ainsi les quatre duchés de Saxe n'en forment qu'*une;* ceux de Brunswick et de Nassau, *une;* les deux grands-duchés de Mecklenbourg, *une;* le grand-duché de Holstein-Oldenbourg, les trois duchés d'Anhalt et les deux principautés de Schwarzbourg, *une;* les principautés de Lippe, de Waldeck, de Reuss, de Lichtenstein et de Hohenzollern, *une;* le landgraviat de Hesse-Hombourg et les quatre villes libres de Brême, Lubeck, Hambourg et Francfort, *une;* le duché de Luxembourg, *une;* le Danemark, pour les deux duchés de Holstein et de Lauenbourg, *une;* et enfin chacun des autres Etats de l'Allemagne, *une.*

La diète ne se constitue en assemblée générale que lorsqu'il s'agit de délibérer sur une loi fondamentale ou sur une affaire d'un intérêt commun. Dans cette assemblée, les voix sont réparties en raison de l'importance des Etats. Ainsi l'Autriche, la Prusse, la Bavière, la Saxe, le Hanovre et le Wurtemberg en ont chacun *quatre;* le grand-duché de Bade, la Hesse électorale, le grand-duché de Hesse, le Danemark pour le Holstein et le Lauenbourg, et enfin le duché de Luxembourg, en ont chacun *trois;* les duchés de Brunswick, de Mecklenbourg-Schwerin et de Nassau en ont chacun *deux;* les 25 autres Etats en ont chacun *une.* Il est cependant nécessaire de faire observer que les quatre duchés de Saxe ont cinq voix par suite de l'extinction de la branche de Saxe-Gotha, en 1822 ; que la seigneurie de Kniphausen n'ayant été déclarée Etat souverain que depuis l'organisation de la Confédération, n'a pas de voix individuelle, et que les trois principautés de Reuss, partagées en deux branches, n'ont que deux voix à la diète. Le nombre total des voix est de 70.

Dans l'assemblée ordinaire il suffit de la majorité absolue des suffrages pour décider une question, tandis que dans l'assemblée générale il faut les deux tiers des voix. Lorsqu'il y a partage, le président, qui est toujours un représentant de l'Autriche, décide la question.

En cas de guerre, tous les Etats de la Confédération sont solidaires ; aucun d'eux ne peut entamer de négociations particulières avec l'ennemi sans le consentement des autres. Dans les démêlés qui pourraient s'élever entre eux, les Etats confédérés s'engagent par l'acte fédératif à ne point se faire la guerre, mais à soumettre leurs différends à la décision de la diète. La ville libre de Francfort-sur-le-Mein est le siége de la diète, et à ce titre peut être considérée comme la capitale de la Confédération.

D'après les dispositions prises par la diète, en 1822, l'armée fédérale, qui se compose du contingent de chacun des Etats confédérés, à raison d'un homme sur 100, s'élevait à 301,637 hommes ; mais l'augmentation qu'a éprouvée la population en 1832, la porte, pour 1833, à 362,815.

Cette armée est commandée par un général que désigne la diète ; elle est divisée en 10 corps :

	Hommes.
Le 1er, le 2e et le 3e sont fournis par l'Autriche et forment un total de	109,643
Le 4e, le 5e et le 6e, fournis par la Prusse, s'élèvent à	100,812
Le 7e, fourni par la Bavière, est de	42,382
Le 8e, composé des contingents du royaume de Wurtemberg, des grands-duchés de Bade et de Hesse, du landgraviat de Hesse-Hombourg, des principautés de Hohenzollern et de Lichtenstein, et de la république de Francfort, forme 3 divisions :	
1° Wurtemberg	15,947
2° Bade	12,236
3° Les autres principautés	8,944
Sa force totale est de	37,127
Le 9e est formé de 2 divisions :	
La première, fournie par le royaume de Saxe, les duchés de Saxe-Cobourg-Gotha, Meiningen, Altenbourg, et les principautés de Reuss, est de	19,276
La seconde, composée des contingents de la Hesse électorale, des grands-duchés de Luxembourg et de Saxe-Weimar, des duchés de	
A reporter	19,276 289,964

Reports...	19,276	289,964
Nassau et d'Anhalt, et des principautés de Schwarzbourg, présente un effectif de........	18,144	
Sa force totale est de..		37,420
Le 10e est formé de 2 divisions : La première, fournie par le royaume de Hanovre, le duché de Brunswick, et les principautés de Waldeck et de Lippe, est de ..	20,678	
La seconde, composée des contingents des grands-duchés de Holstein-Oldenbourg et de Mecklenbourg, des duchés de Holstein et de Lauenbourg, de la principauté de Kniphausen et des villes libres de Brême, Lubeck et Hambourg, est de	14,753	
Sa force totale est de..		35,431
D'où il suit que l'effectif de l'armée fédérale doit être de ...		362,815

La Confédération possède plusieurs places fortes, dont les principales sont: *Luxembourg*, dans le grand-duché de ce nom; *Mayence*, dans le grand-duché de Hesse; *Landau*, dans la Bavière rhénane; *Germersheim*, dans la vieille Bavière, et *Ulm*, dans le royaume de Wurtemberg. *Hombourg*, dans la Bavière rhénane, est destinée aussi à compléter le système des forteresses fédérales.

Au sein de la Confédération germanique, il existe 84 petits États *médiatisés*, c'est-à-dire qui dépendent des princes sur le territoire desquels ils sont situés. Ces Etats, érigés en duchés, principautés, comtés ou baronnies, sont des restes de l'ancienne organisation féodale de l'Allemagne. Comme il est utile de les connaître, parce que plusieurs appartiennent à des familles illustres, nous allons en donner un tableau complet, qui servira à faire juger de leur importance relative.

TABLEAUX.

TABLEAU *des états médiatisés de l'Allemagne.*

NOMS des ÉTATS MÉDIATISÉS.	TITRES des PRINCES.	POPULATION.	REVENU EN FLORINS de convention.	ÉTATS auxquels ILS SONT AGRÉGÉS.
Autriche-Schaumbourg.	Archiduc.	3,581	30,000	Nassau.
Aremberg.	Duc.	79,171	750,000	Prusse, Hanovre.
Bentheim-Teklenburg.	Prince.	10,493	60,000	Prusse.
Bentheim-Bentheim.	Prince.	26,109	160,000	Hanovre, Prusse.
Bentink.	Comte.	8,129	150,000	Oldenbourg.
Bœmelberg.	Baron.	2,800	20,000	Prusse.
Castell.	Comte.	9,449	60,000	Bavière.
Colloredo.	Prince.	1,894	200,000	Wurtemberg.
Croy.	Duc.	9,533	150,000	Prusse.
Dietrichstein.	Prince.	2,235	250,000	Wurtemberg.
Erbach-Erbach.	Comte.	15,614	110,000	Hesse, Wurtemberg.
Erbach-Furstenean.	Comte.	10,715	75,000	Hesse.
Erbach-Schœnberg.	Comte.	11,914	75,000	Hesse.
Erdœdy-Aspremont.	Comtesse.	281	70,000	Wurtemberg.
Esterhazy.	Prince.	830	1,800,000	Bavière.
Furstenberg.	Prince.	85,071	600,000	Bade, Wurtemberg, Hohenzollern.
Fugger-Kirchberg.	Comte.	11,980	60,000	Bavière, Wurtemberg.
Fugger-Glœtt.	Comte.	3,912	40,000	Bavière.
Fugger-Kirchheim.	Comte.	2,334	35,000	Bavière.
Fugger-Nordendorf.	Comte.	600	15,000	Bavière.
Fugger-Babenhausen.	Prince.	11,005	100,000	Bavière.
Giech.	Comte.	12,000	80,000	Bavière.
Gœrz.	Comte.	6,898	60,000	Hesse.
Grote.	Baron.	518	15,000	Prusse.
Hohenlohe-Langenbourg.	Prince.	17,500	90,000	Wurtemberg.
Hohenlohe-Ingelfingen.	Prince.	20,000	115,000	Wurtemberg.
Hohenlohe-Kirchberg.	Prince.	16,500	70,000	Wurtemberg.
Hohenlohe-Bartenstein.	Prince.	23,000	100,000	Wurtemberg.
Hohenlohe-Iaxtberg.	Prince.	10,800	80,000	Wurtemberg.
Hohenlohe-Schillingfurst.	Prince.	17,698	100,000	Wurtemberg.
Isenburg-Birstein.	Prince.	25,957	180,000	Hesse électorale.
Isenburg-B dingen.	Comte.	10,960	60,000	Hesse.
Isenburg-Waechtersrach.	Comte.	5,530	30,000	Hesse électorale, Hesse.
Isenburg-Meerholz.	Comte.	6,998	45,000	Hesse électorale, Hesse.
Kœnigsegg-Aulendorf.	Comte.	4,828	100,000	Wurtemberg.
Leiningen.	Prince.	87,010	568,000	Bade, Bavière.
Leiningen-Bulligheim.	Comte.	1,963	15,000	Bade.
Leiningen-Neudenau.	Comte.	1,860	15,000	Bade.
Leiningen-Westerbourg.	Comte.	4,751	25,000	Nassau.
Leyen.	Prince.	5,000	100,000	Bade.
Lœwenstein-Freudenberg.	Prince.	21,708	170,000	Bavière, Wurtemberg, Bade.
Lœwenstein-Rosenberg.	Prince.	28,352	400,000	Bavière, Wurtemberg, Bade.
Looz et Corswaren.	Duc.	20,967	175,000	Prusse.
Neipperg.	Comte.	3,175	45,000	Wurtemberg.
OEttingen-OEttingen.	Prince.	14,933	115,000	Bavière, Wurtemberg.
OEttingen-Wallerstein.	Prince.	41,954	350,000	Bavière, Wurtemberg.
Ortenburg.	Comte.	2,300	25,000	Bavière.
Pappenheim.	Comte.	7,117	50,000	Bavière.
Plettenberg.	Comte.	1,250	86,000	Wurtemberg.
Puckler.	Comte.	5,255	40,000	Wurtemberg.
Quadt-Isny.	Comte.	2,000	70,000	Wurtemberg.
Rechberg.	Comte.	38,164	85,000	Wurtemberg.
Rechtern-Limpurg.	Comte.	6,695	15,000	Wurtemberg.
Salm-Salm.	Prince.	8,875	400,000	Prusse.
Salm-Kirbourg.	Prince.	18,442	190,000	Prusse.
Salm-Horstmar.	Prince.	45,779	200,000	Prusse.
Salm-Krautheim.	Prince.	15,005	80,000	Wurtemberg, Bade.
Schaesberg.	Comte.	1,200	50,000	Wurtemberg.
A reporter.		869,522	9,264,000	

NOMS des ÉTATS MÉDIATISÉS.	TITRES des PRINCES.	POPULATION.	REVENU EN FLORINS de convention.	ÉTATS auxquels ILS SONT AGRÉGÉS.
Reports..		869,522	9,264,000	
Schœnborn-Wiesentheid.	Comte...	10,330	250,000	Bavière, Hesse.
Schœnburg-Waldenbourg.	Prince...	42,500	150,000	Saxe.
Schœnburg-Bochsbourg...	Comte...	6,500	20,000	Saxe.
Schœnburg-Penigk....	Comte...	15,000	40,000	Saxe.
Schwarzenberg.....	Comte..	20,000	45,000	Saxe.
Solms-Braunfels.....	Prince...	12,065	300,000	Bavière, Wurtemberg.
Solms-Braunfels.....	Prince...	27,743	110,000	Prusse, Wurtemberg, Hesse.
Solms-Lich......	Prince...	9,033	35,000	Prusse.
Solms-Laubach.....	Comte...	5,490	30,000	Hesse.
Solms-Rœdelheim....	Comte...	5,681	30,000	Hesse.
Stadion, ligne de Frédéric..	Comte...	2,060	30,000	Wurtemberg.
Stadion, ligne de Philippe...	Comte...	1,478	90,000	Bavière.
Sternberg......	Comte...	3,497	50,000	Wurtemberg.
Stolberg-Wernigerode.....	Comte...	10,736	325,000	Prusse, Hanovre, Hesse.
Stolberg-Stolberg.....	Comte...	5,205	50,000	Prusse, Hanovre.
Stolberg-Rosla.....	Comte...	10,990	75,000	Prusse, Hesse.
Thurn et Taxis.....	Prince...	30,746	500,000	Bavière, Wurtemberg, Hohenzollern.
Tœrring......	Comte...	1,938	30,000	Wurtemberg.
Waldbott-Bassenheim..	Comte...	620	40,000	Wurtemberg.
Waldburg-Waldsée....	Prince...	15,000	70,000	Wurtemberg.
Waldburg-Trauchbourg...	Prince...	9,700	40,000	Wurtemberg.
Waldburg-Wurzuch....	Prince...	6,900	30,000	Wurtemberg.
Wied.......	Prince...	38,898	230,000	Prusse, Hesse.
Windischgraetz.....	Prince...	2,235	100,000	Wurtemberg.
Witgenstein-Berlebourg...	Prince...	6,845	100,000	Prusse.
Witgenstein-Witgenstein...	Prince...	10,777	130,000	Prusse.
Totaux......		1,187,489	12,184,000	

TABLEAU de la position géographique des principales villes du Danemark et de l'État de la Confédération germanique, d'après le méridien de Paris.

VILLES.	LATITUDES.	LONGITUDES.	VILLES.	LATITUDES.	LONGITUDES.
DANEMARK.			**VILLES HANSÉATIQUES.**		
	deg. min. sec.	deg. min. sec.		deg. min. sec.	deg. min. sec.
Kopenhague....	55 41 4 N.	10 14 51 E.	Lubeck.....	53 54 18 N.	8 20 37 E.
Elseneur.....	56 2 17 N.	10 17 47 E.	Hambourg.....	53 32 51 N.	7 38 22 E.
Holbeck......	55 43 2 N.	9 23 25 E.	Brème......	53 4 38 N.	6 27 45 E.
Presloe......	55 7 36 N.	9 43 29 E.	**GRAND-DUCHÉ DE HOLSTEIN-OLDENBOURG.**		
Korsoer......	55 20 22 N.	8 48 51 E.			
Odensée.....	55 24 0 N.	8 4 16 E.			
Svendborg.....	55 3 49 N.	8 17 33 E.	Oldenbourg....	54 20 0 N.	8 30 0 E.
Alborg......	57 2 32 N.	7 36 26 E.	Neuenbourg....	53 22 55 N.	5 35 19 E.
Hiörring......	57 33 0 N.	11 35 0 E.	**ROYAUME DE HANOVRE.**		
Aarruus......	56 9 35 N.	7 53 50 E.			
Viborg......	56 27 11 N.	7 5 26 E.	Hanovre.....	52 22 25 N.	7 22 40 E.
Sleswig......	54 31 27 N.	7 13 42 E.	Lunebourg....	53 15 7 N.	8 4 37 E.
Hadersleben....	55 15 15 N.	7 10 34 E.	Stade......	53 36 32 N.	7 8 19 E.
Tondern.....	54 56 30 N.	6 33 27 E.	Osnabruck....	52 16 35 N.	5 40 56 E.
Flensborg.....	54 47 14 N.	7 6 40 E.	Aurich......	53 28 12 N.	5 7 7 E.
Sonderbourg....	54 54 55 N.	7 26 58 E.	**GRAND DUCHÉ DE MECKLENBOURG-STRELITZ.**		
Husum......	54 28 59 N.	6 44 27 E.			
Frederichshawn...	57 27 0 N.	8 13 0 E.			
Tonningen.....	54 19 25 N.	6 38 30 E.	Neu-Strelitz....	53 21 0 N.	10 42 0 E.

TABLEAUX.

VILLES.	LATITUDES.	LONGITUDES.
GRAND-DUCHÉ DE MECKLENBOURG-SCHWERIN.		
	deg. min. sec.	deg. min. sec.
Schwerin.	53 33 0 N.	9 11 0 E.
Wismar.	53 49 25 N.	9 16 0 E.
Rostock.	54 0 1 N.	9 51 53 E.
PRUSSE.		
Province de Prusse.		
Königsberg.	54 42 12 N.	18 8 44 E.
Gumbinnen.	54 34 37 N.	19 51 0 E.
Dantzik.	54 20 48 N.	16 17 47 E.
Grand-duché de Posen.		
Posen.	52 19 24 N.	15 2 0 E
Poméranie.		
Stettin.	53 23 20 N.	12 12 44 E.
Colberg.	54 7 0 N.	13 17 0 E.
Stralsund.	54 19 0 N.	11 12 0 E.
BRANDEBOURG.		
Potsdam.	»	»
Berlin.	52 31 41 N.	11 2 0 E.
Frankfort.	52 22 8 N.	12 13 0 E.
SILÉSIE.		
Breslau.	51 6 30 N.	14 42 3 E.
Oppeln.	50 36 30 N.	15 37 0 E.
Magdebourg.	52 8 4 N	9 18 44 E.
Mersebourg.	51 21 33 N.	10 0 1 E.
Erfurt.	50 58 45 N.	42 11 E.
Munster.	51 58 10 N.	5 16 6 E.
Minden.	52 17 42 N.	6 25 18 E.
PROVINCE RHÉNANE.		
Cologne.	50 55 21 N.	4 35 0 E.
Dusseldorf.	51 13 42 N.	4 26 10 E.
Coblentz.	50 22 0 N.	5 14 0 E.
Aix-la-Chapelle.	50 55 0 N.	3 55 0 E.
Trèves.	49 46 37 N.	4 18 5 E.
DUCHÉ DE BRUNSWICK.		
Blankenbourg.	53 9 15 N.	5 55 15 E.
Wolfenbuttel.	52 8 44 N.	8 11 39 E.
DUCHÉ D'ANHALT-DESSAU.		
Dessau.	51 50 6 N	9 56 46 E.
Lindau.	47 31 44 N.	7 21 0 E.
DUCHÉ D'ANHALT-BERNBOURG.		
Bernbourg.	»	9 25 13 E.
DUCHÉ D'ANHALT-KÖTHEN.		
Köthen.	51 46 0 N.	9 42 0 E.
Nienbourg.	52 38 35 N.	6 51 7 E.
DUCHÉ DE NASSAU.		
Marienberg.	54 1 31 N.	16 41 34 E.

VILLES.	LATITUDES.	LONGITUDES.
PRINCIPAUTÉ DE LIPPE-DETMOLD.		
	deg. min. sec.	deg. min. sec.
Blomberg.	51 56 47 N.	6 43 47 E.
Brake.	53 20 5 N.	6 6 37 E.
PRINCIPAUTÉ DE SCHAUENBOURG-LIPPE.		
Buckebourg.	52 15 45 N.	6 41 11 E.
Stadthagen.	52 19 40 N.	6 50 54 E.
Hagenburg.	52 26 21 N.	6 57 45 E.
PRINCIPAUTÉ DE WALDECK.		
Eisenberg.	50 2 20 N.	10 27 28 E.
Waldeck.	51 12 44 N.	6 41 18 E.
PRINCIPAUTÉ DE SCHWARTZBOURG-RUDOLSTADT.		
Rudolstadt.	50 43 51 N.	9 0 30 E.
PRINCIPAUTÉ DE SWARTZBOURG-SONDERSHAUSEN.		
Arnstadt.	50 40 57 N.	8 37 15 E.
Sondershausen.	51 22 33 N.	8 30 6 E.
PRINCIPAUTÉ DE REUSS-LOBENSTEIN-EBERSDORF.		
Ebersdorf.	50 29 33 N.	9 20 8 E.
Géra.	50 53 22 N.	9 43 46 E.
HESSE ÉLECTORALE.		
Cassel	51 19 20 N.	7 15 3 E.
Marbourg.	46 34 42 N.	13 22 45 E.
Fulde.	50 33 57 N.	7 23 45 E.
Hanau	50 51 0 N.	6 31 0 E.
LANDGRAVIAT DE HESSE-HOMBOURG.		
Hombourg.	51 54 14 N.	7 16 54 E.
GRAND-DUCHÉ DE HESSE-DARMSTADT.		
Giessen.	50 36 0 N.	» E.
Grumsberg.	51 57 0 N.	13 11 15 E.
Darmstadt.	49 56 24 N.	6 14 34 E.
Mayence.	49 59 50 N.	» E.
Worms.	49 37 49 N.	6 0 57 E.
RÉPUBLIQUE DE FRANKFORT.		
Frankfort.	50 7 29 N.	6 15 45 E.
SAXE.		
Dresde.	51 2 50 N.	11 22 46 E.
Freyberg	50 53 0 N.	10 57 0 E.
Leipsick.	51 19 14 N.	10 2 8 E.
Bautzen.	51 10 35 N.	12 4 50 E.
GRAND-DUCHÉ DE SAXE-WEIMAR.		
Weimar.	50 59 12 N.	8 44 20 E.
Iéna.	50 56 28 N.	9 17 6 E.
Eisenach.	50 57 58 N.	9 37 15 E.
GRAND-DUCHÉ DE SAXE-MEININGEN-HILDBOURGHAUSEN.		
Meiningen	50 35 26 N.	8 3 58 E.
Saalfeld.	53 47 0 N.	17 12 36 E.

VILLES.	LATITUDES.	LONGITUDES.	VILLES.	LATITUDES.	LONGITUDES.
DUCHÉ DE SAXE ALTENBOURG.			**MORAVIE ET SILÉSIE.**		
	deg. min. sec.	deg. min. sec.		deg. min. sec.	deg. min. sec.
Altenbourg	46 14 9 N.	20 46 2 E.	Iglau	49 23 29 N.	13 16 0 E.
DUCHÉ DE SAXE-COBOURG-GOTHA.			Znaïm	48 51 15 N.	13 42 36 E.
			Brünn	49 11 28 N.	14 15 6 E.
			Hradisch	49 36 22 N.	14 57 15 E.
Gotha	50 56 8 N.	8 23 45 E.	Olmütz	49 32 0 N.	14 49 0 E.
Cobourg	50 15 18 N.	8 37 45 E.	Troppau	49 50 0 N.	15 30 50 E.
ROYAUME DE WURTEMBERG.			Teschen	49 41 0 N.	16 12 30 E.
			AUTRICHE (BASSE-).		
Stuttgart	48 46 15 N.	6 50 45 E.			
Reutlingen	48 29 15 N.	6 48 20 E.	Vienne	48 12 40 N.	14 2 30 E.
Ulm	48 23 20 N.	7 38 51 E.	Saint-Pölten	48 12 22 N.	13 15 52 E.
Ellwangen	48 58 0 N.	7 43 0 E.	Kornenbourg	48 21 22 N.	13 58 45 E.
GRAND-DUCHÉ DE BADE.			Krems	48 21 30 N.	13 15 45 E.
			Lintz	48 18 54 N.	11 56 30 E.
Carlsruhe	48 49 55 N.	6 0 30 E.	Wels	48 9 13 N.	11 41 13 E.
Manheim	49 29 18 N.	6 7 45 E.	Steyer	48 4 45 N.	11 59 30 E.
Heidelberg	49 24 40 N.	6 21 23 E.	Salzbourg	47 48 10 N.	10 41 9 E.
Bruchsal	49 6 45 N.	12 55 26 E.	**COMTÉ DU TYROL.**		
BAVIÈRE.			Inspruck	47 16 8 N.	9 3 30 E.
			Imst	47 14 20 N.	8 23 30 E.
Munich	48 8 20 N.	9 14 15 E.	Botzen	46 47 50 N.	8 48 0 E.
Ratisbonne	49 0 53 N.	9 46 0 E.	Trente	46 6 26 N.	8 43 30 E.
Augsbourg	48 21 46 N.	8 34 27 E.	Roveredo	45 55 36 N.	8 40 20 E.
Landau	40 11 38 N.	5 47 15 E.	Bregentz	47 30 30 N.	7 23 40 E.
Anspach	49 14 30 N.	8 10 0 E.	**DUCHÉ DE STYRIE.**		
Bayreuth	49 56 50 N.	E.			
Wurzbourg	49 44 6 N.	7 35 15 E.	Cilly	46 40 0 N.	13 4 30 E.
Spire	49 18 51 N.	6 6 1 E.	Marbourg	46 31 42 N.	13 22 45 E.
Hombourg	51 54 14 N.	7 16 54 E.	Gratz	47 4 9 N.	13 7 0 E.
Germersheim	49 12 30 N.	5 58 30 E.	Bruck	47 24 31 N.	12 55 26 E.
ROYAUME DE BOHÊME.			Judenbourg	47 43 20 N.	12 22 30 E.
Budweis	48 59 43 N.	13 29 0 E.	**ILLYRIE.**		
Bunzlau	51 15 0 N.	13 15 0 E.			
Chrudim	49 52 0 N.	33 25 0 E.	Villach	46 35 0 N.	11 32 0 E.
Czaslau	49 50 0 N.	13 18 0 E.	Klagenfurt	46 37 10 N.	11 59 45 E.
Elnbogen	50 20 0 N.	10 26 0 E.	Laybach	46 1 48 N.	12 26 25 E.
Klatteru	49 23 42 N.	11 1 0 E.	Adelsberg	45 38 10 N.	12 3 10 E.
Königsgrätz	50 12 38 N.	» E.	Gorice	45 57 30 N.	11 8 30 E.
Pilsen	49 45 10 N.	11 3 1 E.	Trieste	45 38 50 N.	11 25 24 E.
Tabor	49 24 23 N.	» E.	Capo-d'Istria	45 32 20 N.	11 22 20 E.

LIVRE QUATRE-VINGT-SEPTIÈME.

Suite de la Description de l'Europe. — Description du royaume de Galicie ou de la Pologne autrichienne. — De la langue et des antiquités polonaises.

Les possessions autrichiennes dans la ci-devant Pologne portent aujourd'hui le titre officiel de *Galitzie* et de *Lodomérie* ([1]). Ce dernier nom n'est plus en usage hors des documents publics, et le premier a été francisé d'une manière assez maladroite; car pourquoi les géographes se créent-ils eux-mêmes une source de confusion ? Le nom véritablement corrompu de Galicie ([2]) ressemble trop à celui de la province espagnole de Galice. Mais occupons-nous d'une recherche plus essentielle, celle de l'origine et de l'histoire de ces royaumes.

« La Haute-Pologne et la Russie-Rouge, formant ensemble le haut pays de la ci-devant Pologne et le revers septentrional des monts Karpathes, étaient, au commencement de l'histoire, le siége des *Carpi*, des *Biessi*, des *Saboci*, et d'autres peuples dont les noms paraissent être slavons. Les *Carpi* sont les plus célèbres dans les quatrième et cinquième siècles; et comme leur véritable nom paraît avoir été *Karpathes,* ou, dans la prononciation polonaise, *Krapathes* ou *Chrabates*, ce furent sans doute eux qui, depuis le sixième siècle, dominèrent sur le pays de la *Grande-Chrobatie,* ou, selon une autre explication, la *Chrobatie-Blanche*. Cette contrée montagneuse, car c'est ce que le nom signifie, fut la principale souche des peuplades slaves qui inondèrent l'empire romain.

» Les Russes occidentaux, les *Russniaky* des auteurs polonais pouvaient bien être confondus sous le nom générique de Slaves ou *Slavini* : il est donc superflu de supposer qu'ils y soient arrivés vers les quatrième ou cinquième siècles, comme une colonie des Russes orientaux du Dnieper. Leur existence comme nation distincte des autres Slaves, et surtout des Polonais, est reconnue vers l'an 884, époque des migrations des Hongrois; mais ils ont dû exister comme peuple, comme masse d'habitants, quelques siècles auparavant. Les Hongrois, agrégation de nations finnoises sortie des provinces qui forment à présent la Russie centrale, attaquèrent d'abord le grand État russe de Kiovie; mais soit de gré, soit par la force des circonstances, ils firent un arrangement avec les Russes pour porter dans d'autres régions leurs armes et leurs projets de conquêtes; ils traversèrent donc en paix les deux principautés russes de *Galitz,* ou, selon l'orthographe polonaise, *Halicz,* et de *Vladimir* ou *Lodomer;* y séjournèrent plusieurs semaines, y reçurent des otages, de riches présents, et même quelques renforts; enfin, guidés par ces nations russes, les Hongrois franchissent les monts Karpathes par la forêt *Houos*, et s'établissent dans les comtés d'Ungh et de Beregh. Cette marche détermine la position de deux principautés russes. D'un autre côté, lorsque, en 981, Vladimir, grand-duc de Kiovie et suzerain de ces principautés, fait la guerre aux *Lèches* ou Polonais, la ville principale qu'il leur enlève est *Przemysl*. Dans les conquêtes de Boleslas, c'est aussi par la reprise de Przemysl que les Polonais commencent. Dans les guerres continuelles entre les Russes kioviens, les Polonais et les Lithuaniens, nous apprenons à connaître une foule de chefs-lieux de petits États, entre autres, Iaroslavl, Lubaczow, Trembovla; et en 1200 le prince Léon fonde la ville de *Leopolis* ou *Lwow*, en allemand *Lemberg*. L'extension de la nation russe occidentale était donc alors la même à peu près du côté de la Pologne que celle de la *Russie-Rouge*. La ville de Vladimir en Volhynie paraît avoir été la plus septentrionale, et touchait aux limites de la Russie-Noire, vassale de la Lithuanie. Dans tous les historiens polonais et hongrois, la Russie ou Ruthenie est située au nord de la Hongrie, et en est séparée par les Karpathes. Le nom de *Gallisia, Galitza* ou *Galléa*, était déjà connu des géographes arabes, des Byzantins et des Islandais au milieu du douzième siècle. Ce nom spécial se confond peu à peu avec celui de Russie, et c'est sous ce nom que la

---

([1]) En allemand *Galizien und Lodomirien*. — ([2]) Ou *Gallicie,* comme on l'écrit ordinairement, mais à tort.

AVERTISSEMENT DU CONTINUATEUR.

Les pages suivantes qui renferment la plus grande partie du tome VI de la première édition, c'est-à-dire les *royaumes de Galicie*, de *Hongrie*, d'*Esclavonie*, de *Croatie*, de *Dalmatie*, la *Grande-Principauté de Transylvanie*, la *Russie d'Europe*, le *royaume de Pologne* et la *république de Krakovie*, sembleraient n'avoir exigé de notre part qu'une simple révision relative principalement à la population de ces différents Etats, puisque leur description, faite par *Malte-Brun*, ne date que de l'année 1826, et qu'elle constitue en quelque sorte le dernier travail géographique de ce célèbre auteur. Mais le désir de mieux connaître, afin de mieux juger, désir qui se manifeste de jour en jour davantage parmi les lecteurs éclairés, nous faisait une loi de mettre à profit les renseignements qui ont été publiés depuis 1826, ceux qui nous ont été fournis par des personnes en position d'être consultées avec toute confiance, et ceux que nous avons recueillis en traversant en 1837 la Hongrie, dans un voyage que nous fîmes jusqu'aux extrémités orientales de l'Europe, et qui avait pour but la description géologique de la Krimée.

On avait reproché, avec quelque raison, à *Malte-Brun* de s'être écarté, dans sa description de la Russie, de sa marche habituelle, en ne la faisant pas précéder d'un coup d'œil général sur les caractères physiques de cette contrée : nous avons réparé cette faute, ou, si l'on veut, cette omission. Les villes importantes occupent une plus grande place que précédemment, et ont exigé de notre part des détails tout nouveaux. Les progrès que l'industrie et la civilisation font en quelques années dans cet empire sont tels, que les travaux statistiques publiés par M. *Weydemeyer* en 1828, que le tableau qu'a donné l'année suivante M. *Ad. Balbi*, et qu'il a reproduit dans son *Abrégé de Géographie*; enfin, que l'excellente statistique de la Russie faite avec tant de conscience et de soin par M. *Schnitzler*, et qui a paru en 1829, ne sont déjà plus l'expression exacte de la situation de cet empire, sous les rapports que nous venons d'indiquer. Nous les avons consultés; le dernier ouvrage surtout nous a été fort utile : mais les détails statistiques que nous donnons, principalement dans le coup d'œil général, et dans les tableaux qui terminent la géographie de la Russie, sont les plus récents qui aient été publiés. Nous les devons aux relations que nous avons établies avec des personnes instruites qui habitent ce pays, et surtout à nos liaisons intimes avec un homme d'Etat russe, que, par devoir, nous ne pouvons nommer.

Les soins que nous avons mis à donner une peinture exacte de la Russie n'ont point été négligés pour la Pologne; un savant, réfugié polonais, s'est empressé de revoir notre travail. Quant aux Etats de la monarchie autrichienne qui font partie de ce volume, parce qu'ils sont peuplés de Slaves, nous avons consulté, pour plus d'exactitude, les ouvrages allemands les plus récents, et même, ainsi que nous l'avons indiqué, quelques travaux manuscrits qui nous ont été confiés.

Malgré tous ces changements, nous avons pris à tâche de mettre le lecteur à portée de distinguer le travail de *Malte-Brun* de celui dont nous avons cru devoir l'augmenter: c'est un hommage que nous devions à la mémoire d'un savant qui nous sert de guide et de modèle. Ainsi, partout où nous reproduisons ses propres expressions, soit textuellement, soit avec de simples rectifications ou de courtes additions, des *guillemets* placés au commencement des paragraphes indiquent que les passages appartiennent au célèbre géographe ; le reste est le résultat de nos propres recherches.

Hongrie, par les traités de 1412 et 1423, en céda la possession à la Pologne (¹), bien que les rois de Hongrie conservassent le titre et les armoiries de ducs de Galicie et de Lodomérie.

» L'histoire de ces États n'est qu'une longue et confuse série de révolutions calamiteuses, où les rois de Hongrie interviennent quelquefois comme vengeurs et restaurateurs de quelque prince détrôné, quelquefois comme conquérants en leur propre nom. Nous n'entrerons pas dans ces détails ; nous ferons remarquer seulement que, lors de la cession, le roi de Hongrie ne renonça à ses droits que *pour le présent*, expression équivoque, et qui laissait ouverture aux reprises. Mais la Russie-Rouge, seule partie occupée par les Hongrois, n'embrassait nullement la partie de la Haute-Pologne, aujourd'hui incorporée dans la Galicie.

» D'après le droit public hongrois, et d'après le serment que les rois de Hongrie prêtent lors de leur couronnement, toute ancienne province de la couronne, aussitôt qu'elle est récupérée, doit être réunie de nouveau au royaume. Cependant, lors du premier partage de la Pologne, Marie-Thérèse, ayant revendiqué les royaumes de Galicie et de Lodomérie au nom de la Hongrie, en forma une souveraineté à part. Les réclamations de la diète restent encore sans effet. Au second partage, l'Autriche augmenta les deux royaumes de plusieurs possessions polonaises ; mais la Lodomérie parut en être détachée, et le royaume de Galicie fut divisé en Galicie orientale et occidentale. En 1809, presque toute cette dernière fut cédée à Napoléon, qui la comprit dans le grand-duché de Varsovie : elle fait encore partie du royaume actuel de Pologne, et le reste de la Galicie forme aujourd'hui le royaume de ce nom. »

La Galicie est dans sa partie méridionale un pays montagneux ; quoique ses principales élévations, inférieures à celles de la Hongrie, n'atteignent pas 6,000 pieds, et restent généralement au-dessous de 4,000. On leur donne plus habituellement le nom de *Czerna* que celui de Karpathes ; la seule cime célèbre est celle de *Babia-gura*, séparée des monts Tatra en Hongrie par une plaine élevée, et d'où la vue domine sur une grande partie de la Galicie, de la Pologne et de la Silésie. Cette montagne qui, suivant Wahlenberg, s'élève à 1,560 mètres au-dessus du niveau de l'Océan, est composée de roches d'agrégation appartenant aux formations granitiques et porphyriques, telles que des mimophyres, et d'autres moins anciennes, telles que des psammites. Mais il y a sur l'extrême frontière quelques sommets formés de calcaire compacte et de *grauwacke*, qui ont plus d'élévation. Les escarpements de la Babia-gura et des autres montagnes au midi de Krakovie se présentent sous la forme de remparts taillés à pic, et dont les énormes quartiers de roche semblent prêts à s'écrouler (¹). La masse des montagnes de la Galicie paraît être composée de calcaires et de grès rouge appartenant aux terrains de sédiment inférieur, reposant sur des grès moins anciens qu'ont soulevés des miellschistes, et que recouvrent la craie, ainsi que des grès et des calcaires enveloppant des dépôts de sel gemme. Plus bas, en descendant du midi au nord, commencent des collines généralement formées d'argile et de sable, mais où se montre aussi le grès à lignite (²) : ces dépôts appartiennent au terrain de sédiment supérieur. Le Prouth et le Dniester coulent au milieu de terrains d'alluvion, d'où l'on voit s'élever des collines de calcaire analogue à celui des environs de Paris. Les substances minérales que renferment ces collines sont des grains verts ou du silicate de fer, quelques morceaux de succin, du soufre, très peu de fer sulfuré, du fer argileux, des silex cornés et pyromaques, de l'argile smectique, des

---

(¹) *Suhm*, sur la Galicie et la Lodomérie, dans les *Mémoires de la Société de Kopenhague*, XI, p. 471.
Ces faits prouvent que l'opinion de Malte-Brun, que nous avons respectée relativement à la question du partage de la Pologne (voyez ci-après, livre 98), serait sujette à quelque controverse ; car il est évident que la véritable Russie, c'est-à-dire la Galicie, la Volhynie, la Podolie et le grand-duché de Kiovie ont, pendant des siècles, été polonaises, et tout-à-fait distinctes de la Moscovie. D'un autre côté, il semblerait que Pierre Iᵉʳ, en échangeant le nom de Moscovie en celui de Russie, prévoyait que ses successeurs réuniraient sous ce nom presque toutes les anciennes provinces russes. C'est une chose assez remarquable, de voir le pays du peuple conquérant abandonner son nom pour celui du pays conquis.
J. H.

(¹) *Rzaczynski*, Tract. III, sect. 1, art. 2.
(²) Carte géologique de *Beudant*, comparée aux observations faites par M. *Lill de Lilienbach*.

cristaux de chaux carbonatée, des lames de mica et des débris de bois carbonisé. Il paraît même, d'après un savant géologue (¹), que le sel gemme appartient à ces terrains.

Les alluvions anciennes contiennent des débris de végétaux, des os, des dents d'éléphant et d'un animal qui paraît être le mastodonte. Dans la vallée du Dniester, depuis Sambor, et dans celle du San, depuis Iaroslavl, les terrains d'alluvions forment des prairies et des tourbières. De Krakovie à Lemberg, une longue lisière de sables mouvants ne nourrit que des pins résineux rouges (²). Les environs de Lemberg jusqu'à Komorn à l'ouest, et jusqu'à la frontière du royaume à l'est, présentent un plateau argileux, rempli de lacs et faisant le partage des eaux. La chaîne de collines qui couronne ce plateau porte le nom de *Monts Biesczad* (³). Entre le cours inférieur de la *Podhorce*, du *Sered*, de l'*Olchowiec* et de la *Zlota-Lipa*, qui se jettent dans le Dniester, s'élèvent des collines crayeuses. Les montagnes septentrionales de la Galicie sont formées des mêmes roches que celles du sud.

Les cours d'eau qui descendent du sud pour se jeter dans le Dniester sont peu larges et fort profonds : les vallées qu'ils parcourent ont plusieurs centaines de pieds de profondeur, de manière que leurs pentes sont très escarpées, et que le voyageur, après avoir parcouru les plateaux qui les dominent, est étonné de trouver devant lui des fonds si abruptes, qui sont en quelque sorte les seuls points habités. Les autres rivières qui descendent du nord coulent dans des vallées plus larges et à pentes plus douces. Il en est de même de celles qui sont tributaires du Prouth : aussi tous ces cours d'eau font-ils souvent de grands ravages par leurs débordements. Néanmoins le Sered et la Suczawa traversent çà et là de petits bassins. Dans les endroits où les eaux se sont creusé un lit profond jusqu'aux roches les plus inférieures et les plus dures, comme dans une partie du bassin du Dniester, des contours très prononcés caractérisent le cours des rivières ; au contraire ils coulent sur une ligne très peu ondulée lorsqu'ils n'ont eu qu'à se frayer une route à travers des dépôts d'alluvion ou de craie qui sont facilement détruits : les vallées au nord du Dniester en offrent plusieurs exemples.

Le plateau qui domine les bords septentrionaux du fleuve offre plusieurs particularités physiques assez remarquables : telles sont les cavernes naturelles creusées dans le gypse. Dans la vallée étroite du Sered on entre, près de Bilcza, dans un vaste labyrinthe de galeries souterraines qui ne sont qu'à quelques toises au-dessous du sol, et qui se dirigent dans tous les sens. Les parois de ces cavernes ne sont pas perpendiculaires, mais arrondies, et leur fond est en partie couvert de terre entraînée par les eaux pluviales, de manière que leur hauteur n'excède guère une toise. Leur étendue paraît être considérable, quoiqu'elles deviennent inaccessibles à la distance de 100 toises, par suite de leur rétrécissement. L'absence de toute source jette de l'obscurité sur l'origine de ces cavernes et de plusieurs autres que l'on remarque dans les dépôts calcaires.

Le bassin de la Galicie n'offre que des sources sulfureuses, si l'on excepte les nombreuses eaux acidules et ferrugineuses des Karpathes septentrionales. On cite principalement celles de Sklo et de Lubinie, près de Lemberg, celle de Rodatycze, celle de Malinowka, celle qui se trouve entre Lubinie et Sroki, celle de Rozdol sur le Dniester, celles de Postanity et de Chocimierz, non loin de Stanislawow, et celle de Herodanka, près de Zalesczyky (¹).

« L'exposition générale de la Galicie y fait dominer le vent du nord-est, qui, venant du plateau central de la Russie, produit des froids excessifs. L'humidité y est aussi très grande, et il y pleut bien plus que dans aucune contrée voisine. La mauvaise préparation du pain, l'abus de l'eau-de-vie et la disette de bons médecins sont les mêmes qu'en Pologne. Les fièvres inflammatoires et bilieuses y sont rares ; mais les fièvres rhumatiques et nerveuses, ainsi que la phthisie, l'hydropisie, la syphilis et la plique, y rappellent toutes les misères du peuple polonais (²).

» A cette esquisse du sol et du climat de la

(¹) M. A. Boué. — (²) *Zollner*, Voyage, etc., I, p. 255. — (³) *Rzaczynski* les fait commencer à Gorlice, et *Dlugossi* à Soby. Il y a encore d'autres versions que nous sommes hors d'état d'apprécier.

(¹) Ces détails sur les cours d'eau, les vallées, les sources minérales, les minéraux et les fossiles, sont extraits d'un Mémoire manuscrit de M. *Lill de Lilienbach*. — (²) *Schultes*, Lettre XVII.

Galicie, joignons un aperçu de ses productions. Les grains y sont au premier rang. En général, pour ce qui a rapport à la culture des céréales, on peut diviser le terroir de ce royaume en trois parties presque égales. Les montagnes et les marais formeront la première, où il n'est presque pas possible de faire passer la charrue; la seconde sera formée par les plaines de sables mouvants, qui ne portent que rarement des grains d'hiver; enfin la troisième sera de la bonne terre labourable, qui rend cinq et six pour un. On y recueille toutes les espèces de grains et de légumes, mais surtout du froment, de l'avoine et du blé noir (¹). Les meilleures terres sont dans les cantons à l'est de Lemberg et dans quelques parties du cercle de Belz. En général, on compte dans les bonnes années sur le quintuple de la semence. Quant aux parties sablonneuses et montueuses, on y sème rarement des grains d'hiver; mais quand cela arrive, la semence n'est que quadruplée, quelquefois triplée seulement, même dans les bonnes années. Le froment est exporté; l'avoine et le blé sarrasin servent à la consommation, de même que la pomme de terre, répandue depuis quelques années, surtout dans le cercle de Iaslo (²). Les asperges, les melons d'eau et plusieurs autres plantes y croissent spontanément et en abondance. Le genévrier est l'un des arbrisseaux les plus communs. Il y a eu, aux environs de Lemberg, des vignobles en petit nombre; mais la rigueur du climat, quoique sous le parallèle de Paris, a fait cesser cette culture. Depuis quelques années, que l'on y revient, on n'a obtenu que des succès partiels. On récolte dans toute la Galicie 20 à 30,000 quintaux de tabac. A Makrotyn, il y a des champs de rhubarbe qui renferment plus de 40,000 plantes. »

On cultive beaucoup de lin et de chanvre, principalement dans le cercle de Przemysl; pendant long-temps on n'en faisait que de très grosses toiles, qui ne laissaient pas que d'avoir un grand débit; aujourd'hui cette industrie acquiert une perfection notable. Les montagnes sont peuplées de tisserands, d'ouvriers en fer et d'autres manufacturiers ou fabricants; il ne manque à leurs ouvrages que la beauté du coup d'œil, car, pour la toile surtout, il serait impossible d'en trouver de meilleure qualité; on en fait en quantité de très fine, qui est même très bonne et à bas prix. Le gouvernement autrichien a beaucoup encouragé les fabriques de draps, qui sont déjà très nombreuses.

La Galicie renfermait, en 1817, plus de 1,100,000 bêtes à cornes et plus de 311,000 chevaux; mais la race de ceux-ci était petite et mal soignée. Depuis cette époque, les haras ont éprouvé une amélioration sensible, et les Autrichiens en tirent de quoi remonter une grande partie de leur cavalerie. Les marchands juifs font un commerce de chevaux très lucratif avec les pays voisins, quelquefois avec plusieurs parties de l'Italie. Le royaume pourrit encore 500,000 brebis et des milliers de volailles.

On trouve un grand nombre de forêts en Galicie. Ce sont les parties élevées qui sont ordinairement les plus boisées; les arbres qui y dominent sont le *sapin* et le *thuya*. Près des bords de la *Lipnika*, dans les environs de Bochnia, on rencontre dans ces forêts solitaires des fourmilières qui étonnent par leurs dimensions. Un savant français (¹) en a mesuré une qui avait plus de 5 pieds de hauteur et près de 10 de diamètre à sa base; c'était, dit-il, une véritable colline de petits morceaux de bois accumulés. Les forêts recèlent des ours, des loups, du gibier de toute espèce, et surtout beaucoup de lièvres. On assure que l'on rencontre des castors sur les bords du Bog.

Il n'existe point de véritables lacs en Galicie, mais on y voit plusieurs milliers de beaux et vastes étangs, dont les plus grands sont dans le district de Lemberg. Il y a de ces étangs, ou viviers, qui ont une lieue de long et de large, et qui rapportent la valeur de 60,000 florins (²). Les Galiciens prennent un grand soin des abeilles, et le miel qu'ils recueillent est excellent.

Les mines de fer, mieux exploitées sous le gouvernement autrichien, ne sont pourtant pas encore d'une grande importance. Les forges de Jakobeny, dans le cercle de Czernowitz, sur la rive gauche de la Bisztritz, don-

---

(¹) *Rsaczynski*, p. 67 et 68. — (²) *Hassel*, XI, p. 433.

(¹) M. *Beudant*: Voyage minéralogique et géologique en Hongrie, tom. II, p. 159. — (²) *Starovolski*, p. 36. *Opalinski*, Pol. defensa. Il y a dans la Galicie orientale 3,859 étangs.

nent au-delà de 200,000 kilogrammes ; celles qui sont situées dans les districts de Stry, de Sambor, de Zolkiew, sont aussi fort riches ; on exploite du cuivre à Poschoryta et du plomb argentifère à Kerlibaba. A Nowytarg, à Sandecz et à Lanczko, on trouve de l'argent ; les sables de la Bisztritz roulent quelquefois des paillettes d'or. Le cercle de Stanislawow, ou l'ancienne Pokutie, donne quelques marbres médiocres. Dans la partie des monts Karpathes qui dépend de la Galicie, on extrait en abondance de l'huile de pétrole, dont l'odeur est moins désagréable que celle du pétrole du commerce ; on s'en sert dans le pays pour graisser les roues des voitures et pour cirer le cuir noir, auquel elle donne un beau brillant. On creuse des fosses dans les localités où elle existe, et elle s'élève en bouillonnant au-dessus de l'eau ; en plusieurs endroits, elle sort naturellement du sol. La source principale est à Truscawec ; il y en a de considérables à Slaboda et dans d'autres localités. En 1816, on fit des expériences pour l'employer à l'éclairage des rues à Vienne et à Prague ; on reconnut qu'avec une mèche du tiers de la grosseur d'une mèche ordinaire de lampe, on obtenait une lumière quatre fois plus vive. Mais la quantité de naphte que donne la source de Truscawec n'est pas suffisante pour éclairer Prague, qui en consommerait seule 250 quintaux par an ; à Drohobicz cependant, on s'en sert pour l'éclairage. On a remarqué que depuis que les prisons et les mines de Truscawec sont éclairés avec le naphte au lieu d'huile de lin, on ne voit plus aucun malade, et qu'une lampe de naphte y brûle là où, faute d'oxigène, une lampe ordinaire s'éteint ([1]).

« Les sources salées ont donné à la ville de Halicz ou Galitch son nom, qui est devenu celui d'un royaume, et qui probablement est aussi la souche des noms des anciens *Halizones*. Il y a vingt-six sources salées exploitées en Galicie, mais les célèbres carrières de sel gemme de *Bochnia* et de *Wieliczka* appellent de préférence notre attention.

» Tout le long de la chaîne des Karpathes, du côté du nord, s'élèvent des collines aplaties, composées d'argile gypseuse, de cailloux, de marnes et de grès.

« On entre ordinairement dans les mines
([1]) Letter kund. magaz. — 1823, p. 91.

» par le grand puits d'extraction, parce qu'on
» est plus tôt arrivé par ce moyen que par les
» escaliers, et que d'ailleurs tout est disposé
» de manière à ce qu'on n'ait rien à craindre.
» Ce puits peut avoir 3 mètres de diamètre à
» son ouverture ; mais il s'élargit considéra-
» blement dans le bas. Il a 64 mètres de pro-
» fondeur jusqu'à la première galerie, au-delà
» de laquelle on descend partout par de su-
» perbes escaliers. La première partie du puits
» est boisée, parce qu'elle traverse un terrain
» de sables mouvants ; mais la partie infé-
» rieure, qui est taillée dans la masse de sel
» ou dans l'argile salifère, n'a besoin d'aucun
» étai. La manière dont on descend est assez
» extraordinaire ; dans nombre de mines que
» j'ai visitées, j'étais souvent descendu assis
» ou debout sur le bord de la tonne aux mi-
» nerais, tenant d'une main un câble et de
» l'autre une lampe. Cette méthode peut déjà
» paraître assez effrayante aux personnes qui
» n'y sont pas habituées ; mais celle de Wie-
» liczka ne l'est guère moins, et, de plus, elle
» est assez singulière. On attache à un nœud
» du câble un certain nombre de cordes, sui-
» vant le nombre des personnes qui doivent
» descendre. Chaque corde, pliée en deux,
» comme une balançoire, porte dans le bas une
» petite sangle qui doit servir de siége, et une
» autre qui forme un petit dossier : il en ré-
» sulte une espèce de petit fauteuil aérien, sur
» lequel on se place. Pour s'y asseoir on tire
» une corde au bord du puits, et lorsqu'on y
» est bien arrangé, on laisse la masse repren-
» dre la verticale ; on reste alors suspendu au
» milieu du gouffre jusqu'à ce que tout le
» monde se soit placé : il en résulte un paquet
» d'hommes en manière de lustre, qui est
» d'autant plus singulier, que chacun porte
» une bougie à la main. S'il y a un grand nom-
» bre de personnes à descendre, on fait plu-
» sieurs paquets les uns au-dessus des autres.
» Les chevaux marchent, et en très peu d'in-
» stants on arrive au bas du puits, où l'on est
» reçu très civilement par les mineurs ([1]). »

« Selon les historiens et les géographes polonais, les salines de Bochnia furent découvertes en 1351. Ils attribuent cette découverte à sainte Cunégonde, princesse hongroise, épouse du duc Boleslas V, mais avec des circonstan-

([1]) *Beudant :* Voyage minéralogique et géologique en Hongrie, t. II, p. 140.

ces fabuleuses, d'où cependant on pourrait conclure qu'elle a amené des mineurs hongrois (¹). Les exploitations régulières et bien connues ne remontent qu'à l'an 1442; mais aujourd'hui les salines de Bochnia sont moins considérables que celles de Wieliczka (²). Le produit des unes et des autres, sous le gouvernement polonais, s'élevait, selon Moczinski, à dix millions de florins de Pologne, dont les frais absorbaient les neuf dixièmes. D'après les améliorations faites sous le gouvernement autrichien, ces salines devraient donner un produit plus considérable qu'autrefois. La mine de Bochnia, selon M. Schober, consiste en un long corridor souterrain qui a 750 pieds de largeur du nord au sud, et dont la longueur de l'est à l'ouest est de 10,000 pieds; la plus grande profondeur est de 1,000 à 1,200 pieds. La mine commence d'abord par les cristaux, et le sel s'y trouve tout par filon; il est un peu plus fin que celui de Wieliczka, surtout quand on creuse en profondeur. On le taille en petits morceaux pour être mis dans des tonneaux. On y remarque souvent des morceaux de bois brisés et noircis. Du reste, sur toute l'étendue du roc, il y a si peu d'humidité, que l'on n'y trouve que de la poussière. Il y a de l'albâtre dans cette mine (³).

(¹) *Dlugossi*, lib. VII, p. 719. *Sarniki*, chronogr. au mot *Bochnia*. Quelques auteurs prétendent que le nom de Wieliczka est dû à un berger *Wielick* ou *Willick*, qui découvrit cette célèbre mine que Cunégonde fit ouvrir au commencement du treizième siècle. J. H.
(²) *Carosi*, Voyage, t. I, pag. 182. — (³) D'après M. *Lill de Lilienbach*, voici les successions de couches que présentent quelques uns des puits ouverts pour l'exploitation du sel dans les environs de Bochnia et de Wieliczka.

	Toises.	Pieds.	Pouc.
Puits n° 1. Terre végétale.	»	2	»
Argile jaune.	2	»	»
Argile muriatifère.	13	4	»
Argile sableuse, marneuse, à grains de gypse.	15	5	»
Les couches inclinent au sud-ouest de 58 degrés.			
Puits n° 2. Marne argileuse schisteuse foncée.	»	5	9
Cailloux.	»	2	»
Argile muriatifère.	1	2	»
Marne ondulée et stratifiée.	5	5	9
Marne sablonneuse à source d'eau douce.	»	»	3
Argile marneuse à grains gypseux.	2	4	»
Grès fins qui inclinent de 58 degrés au nord.	»	2	»

Les salines de Wieliczka se divisent en trois parties : les *Monts-Vieux* (Gory Stare), les *Monts-Neufs* (Gory Nowe), et les *Monts-Saint-Jean* (Gory Janinskie). Dans ces trois

	Toises.	Pieds.	Pouc.
Argile sableuse.	1	2	»
Grès.	»	2	»
Argile marneuse à grains de gypse.	1	2	»
Les couches inclinent plus bas à l'est, et offrent un grès compacte à sources d'eau douce.	»	6	»
Argile marneuse.	»	1	9
Argile marneuse à grains de gypse.	9	»	»
Puits n° 3. Terre végétale.	»	1	»
Argile marneuse jaune mêlée de cailloux.	»	2	»
Cailloux.	»	2	6
Argile marneuse.	3	»	»
Marne argilo-sableuse à sources d'eau douce.	2	5	»
Grès à gypse.	1	1	»
Grès coquillier où dominent les huîtres.	6	3	»
A la profondeur de 14 toises on trouve une eau salée donnant 10 p. 100 de sel.			
Grès grossier.	»	2	6
Argile marneuse saline.	1	»	6
Idem à cailloux de grès et de silex.	2	2	»
Grès.	»	»	4
Les couches inclinent à l'ouest de 20 degrés.			
Argile marneuse.	»	2	»
Idem à cailloux de grès et de silex, et à coquilles.	18	2	»
A la profondeur de 42 toises on se dirigea un peu au sud-ouest, et l'on traversa dans cette galerie les couches suivantes :			
Argile marneuse bleuâtre et à stratification ondulée, à cailloux de grès, beaucoup de coquilles, et avec une eau salée abondante.	8	»	»
Argile marneuse et argile muriatifère inclinées de 60 degrés au sud-ouest.	31	»	»

Les fossiles trouvés dans ce groupe sont le *pecten pleuronectes*, le *pectunculus pulvinatus*, la *lucina albula*, le *cardium obliquum*, des *cérites* et plusieurs autres coquilles qui prouvent, ainsi que M. *Boué* l'a fait observer le premier, que les dépôts salifères de la Galicie appartiennent aux terrains de sédiments supérieurs.

	Toises.	Pieds.	Pouc.
Puits n° 6. Gravier grossier.	3	»	»
Argile salifère.	»	5	»
Idem avec cristaux de gypse.	2	2	»
Idem avec gypse fibreux.	2	2	»
Argile marneuse et grès.	»	7	»
Argile muriatifère donnant 10 p. 100 de sel et avec les mêmes fos-			

Monts ou *Champs* se trouvent onze ouvertures ou puits. La ville est non seulement toute minée, mais les mines s'étendent encore de chaque côté, savoir, de l'est à l'ouest de 6,000 pieds, du sud au nord de 2,000, et dans le plus bas du vallon de 800 de profondeur, selon Busching; mais selon Hansen et Zollner, de 1,100 *lachter* de 5 pieds du sud au nord, de 400 *lachter* de l'est à l'ouest, et de 123 *lachter* de profondeur. Le puits qu'on nomme *Wodna Gora* ne sert qu'à faire sortir les eaux qui s'infiltrent des terrains supérieurs, car, ainsi que cela se conçoit, aucune source ne prend naissance dans la masse même du sel. Dans le puits *Leszno*, le roi Auguste III a fait construire un escalier tournant de 476 marches et qui a coûté 40,000 florins de Pologne [1]. C'est par le puits *Danielowitz* que les voyageurs descendent au moyen de cordes. Arrivé dans la première mine, on admire la grandeur et la propreté des allées et des voûtes. Dans plusieurs de celles-ci on trouve des chapelles et des autels taillés dans le roc, c'est-à-dire dans le sel, et ornés d'un crucifix ou de quelque image de saint devant lequel brûle continuellement une lampe. La chapelle de Saint-Antoine a 30 pieds de hauteur. Il y a des chambres aussi vastes qu'une grande église; quelques unes servent de magasins pour les tonneaux pleins de sel, d'autres pour le fourrage des chevaux; dans d'autres on loge ces animaux, qu'on y tient au nombre de 20 à 30, selon la quantité des transports à faire. Dans quelques endroits où il y a eu de l'eau, le pavé et les parois sont couverts de cristaux de sel entassés les uns sur les autres par milliers, dont plusieurs pèsent une demi-livre et plus, et qui forment un coup d'œil assez brillant quand on en approche plusieurs flambeaux, mais moins éblouissant que ne l'avaient dit quelques anciens voyageurs enthousiastes. Dans la chapelle de Sainte-Cunégonde, on voit la statue du roi Auguste II taillée en sel. « Ailleurs, dit M. Beudant, ce sont des ter- » rasses au bord des excavations, des portes » figurant l'entrée d'un château-fort, un obé- » lisque rappelant la visite de l'empereur » François, toutes construites régulièrement » en pierre de sel. Dans d'autres points, ce » sont des inscriptions qui rappellent la pré- » sence des souverains; des radeaux ornés sur » lesquels ils ont parcouru les amas d'eau ou » lacs de la mine; des peintures sacrées, dé- » diées, par la vénération des ouvriers, aux » patrons des travaux; enfin on rencontre à » chaque pas des traces des magnifiques illu- » minations qui ont eu lieu à diverses époques, » au milieu de ces profondeurs. Tels sont, en » général, les faits réels qui ont été embellis » par mille fictions poétiques, et auxquels on a » ajouté des rêveries de tous les genres [1]. »

« L'air est très sain, quoiqu'il s'y forme du deutoxide d'azote qui s'élève vers le toit des galeries, où il s'enflamme quelquefois par l'approche des flambeaux. Il brûle lentement avec une lueur rougeâtre. Ne serait-ce pas plutôt l'hydrogène carboné [2]? La sécheresse que l'on remarque dans ces mines a été remarquée par les naturalistes; mais c'est un phénomène qui se présente dans toutes les mines de sel. Les accidents malheureux y sont fort rares. On laisse d'espace en espace de gros piliers de sel pour soutenir le toit; cependant il y eut, en 1745, un écroulement considérable. Il y a beaucoup d'échafaudages en bois. Le feu prit dans les souterrains par négligence en 1644 et 1696, et s'y entretint long-temps. Dans les deux premiers étages le sel se trouve par grosses masses informes, où

siles que dans la galerie du puits n° 3.	15	3	10

Les couches courent au nord-ouest, et inclinent de 50 degrés. A cette profondeur une galerie de 15 toises de longueur fut ouverte dans la direction des couches, et elle traversa les dépôts suivants.

Argile salifère coquillière. . . .	11	»	»
Idem avec fer sulfuré, et débris d'argile schisteuse noire.	»	1	2
Idem avec sel gemme.	»	1	2
Argile marneuse à cailloux. . . .	»	4	»
Grès.	»	1	»
Argile marneuse à cailloux et argile gypsifère.	2	1	»

(¹) *Zollner*, Voyage, t. 1, p. 281.

[1] On y a vu des sources et des ruisseaux d'eau douce; on y a placé un moulin à vent; on y a imaginé des maisons à plusieurs étages même, comme dans une ville; et on a inventé enfin que les ouvriers une fois entrés n'en sortaient jamais (il n'y a que les chevaux qui soient dans ce cas); qu'il y en avait même qui étaient nés dans ces mines et n'avaient jamais vu le jour: ce sont autant de fables dont le bon sens seul fait justice (Note de M. *Beudant*). — Voyage minéralogique et géologique en Hongrie, tom. II, p. 143. — [2] *Zollner*, t. 1, p. 305.

l'on pourrait tailler des blocs de 300, 400 et 500 pieds cubes. Les terres ou roches sont de trois sortes. Il y a une marne d'une couleur grise et foncée, humide au toucher, quelquefois entremêlée de gypse. C'est dans cette marne qu'on trouve l'espèce de sel nommé *ziélona*, ou sel vert (*grünsalz*) : il prend cette couleur d'un peu d'argile qu'il contient. Au second étage, on distingue le *spisa* qui est de couleur grisâtre ; c'est le sel commun : on en exploite une immense quantité pour l'exportation à l'étranger ; le *lodowata*, ou sel glacé, est mélangé avec de la marne ; enfin le *iarka :* c'est pour ainsi dire du sable salin. La seconde espèce de terre est une marne sablonneuse qui renferme beaucoup de coquillages. Enfin, la troisième nature de la roche offre un mélange de sel impur avec du gypse et des pyrites : c'est dans ce mélange, nommé *zuber*, qu'on trouve le sel gemme ou les cristaux de sel, qui sont ou des cubes ou des prismes rectangulaires. Après ces nids de sel, souvent fort irréguliers, on traverse des lits de marne pour arriver à la *szybakowa*, ou couche régulière de sel fossile plus compacte et plus pur que celui des couches précédentes, et que l'on nomme *szybik*. » Enfin la dernière couche est celle que l'on appelle *oczkowata*, et qui est le sel gemme dans toute sa pureté. Autrefois on en faisait un commerce considérable avec la Hollande et la Grande-Bretagne ; aujourd'hui on en fabrique des vases, des bijoux de toutes sortes de formes que l'on vend aux visiteurs des salines. Ces couches se dirigent, avec un fort abaissement, de l'occident à l'orient ; elles s'inclinent principalement vers le midi, et par conséquent vers les monts Karpathes. Les couches de sel sont en général fortement ondulées par en haut, tandis que leur base présente un niveau régulier ([1]). Dans la mine de Bochnia, le sel se présente en couche dès les premiers lits, et non en rognons comme dans celle de Wieliczka. Les bancs d'argile ou de sel y sont ondulés et d'une épaisseur inégale. Le sel y est tantôt brun, tantôt rougeâtre et bleuâtre, et quelquefois limpide : ces couleurs ne sont pas disposées en zones parallèles. On y trouve aussi du sel fibreux.

Le nombre des ouvriers des salines de Bochnia et de Wieliczka dépend du plus ou moins de travaux que les circonstances exigent : il y a quelques années on en comptait 1,200. Ils travaillent à la lueur des lampes pendant 8 heures par jour, et sont soigneusement visités à leur sortie de la mine. On peut estimer le produit annuel du sel à environ 2 millions de cetnars, ou à 100 millions de kilogrammes, dont les frais d'exploitation, à un demi-florin de Vienne par cetnar ou par 50 kilogrammes, s'élèvent à un million de francs. Les quatre sortes de sel que l'on exploite se vendent sur les lieux 3, 5, 6 et 12 florins le cetnar : en évaluant cette mesure à 4 florins seulement, le produit brut s'élèvera à 8 millions de florins ou de francs, et le produit net à 7 millions.

Au lieu de nous traîner d'arrondissement en arrondissement pour décrire des villes souvent insignifiantes, plaçons-nous de suite dans la capitale du royaume de Galicie. *Lemberg*, en polonais *Lwow*, et *Léopol* en polonais latinisant, capitale autrefois de la Russie-Rouge, aujourd'hui de toute la Galicie, est une grande et belle ville, en y comprenant les faubourgs, car la ville proprement dite ne renferme pas plus de 300 maisons. Ses rues sont assez larges, droites, bien pavées et proprement entretenues, chose rare dans ce pays. Les édifices sont dans un style noble qui étonne le voyageur accoutumé à la vue des masures polonaises. Nous attribuerons volontiers ce phénomène à un fait historique : des Grecs se sont souvent réfugiés à Léopol dans le treizième siècle ([1]) ; ils y auront entretenu le goût des beaux-arts. Il y avait autrefois 72 églises, plus riches et plus belles les unes que les autres ; sous le règne de Joseph II, le nombre en a été réduit à une vingtaine ; il n'y en a plus que 14 aujourd'hui : ce qui doit suffire à une population de 55,000 individus, parmi lesquels il y a plus de 15,000 juifs ; un autre tiers de la population consiste en Arméniens et en Grecs. Toutes ces communions ont leur temple, et, comme dans toute la Galicie, elles jouissent d'une grande liberté pour leur culte. Lemberg est la résidence de trois prélats chrétiens : un évêque catholique, un archevêque arménien et un évêque pour le culte

---

([1]) *Zollner*, pag. 292, 296, etc.

([1]) *Bladimir* (Wlodomir, Vladimir), régent de Halicz, était très lié avec l'empereur Manuel. Andronicus se réfugia chez *Ierosthlabus* (Iaroslaw), autre roi de Halicz. Cinnam. l. IV, c. 11, l. V, c. XIV-XVI. Nicetas, t. I, p. 68, 69.

grec-uni ; il y a aussi un consistoire calviniste et une surintendance luthérienne. Au centre de la ville on remarque une belle place, sur laquelle s'élèvent l'hôtel-de-ville, la prison et une citerne à chaque coin. La cathédrale catholique est surmontée de coupoles et de tours très hautes; l'un des neuf couvents, celui des Dominicains, possède une église digne de fixer l'attention ; elle est bâtie sur le modèle de celle de Saint-Charles à Vienne, mais dans de plus petites proportions, et renferme un beau monument en marbre de Carrare érigé à la mémoire de la comtesse Borowska, et exécuté par le célèbre sculpteur suédois Thorwaldsen. Plus loin se trouvent la bibliothèque publique et le muséum national fondé par le comte Ossolinski. Les établissements d'instruction sont une université fondée en 1817, un gymnase, une école principale, et plusieurs écoles destinées aux jeunes gens appartenant aux cultes dissidents. Parmi les édifices consacrés à la bienfaisance, on doit citer l'hôpital, construit avec magnificence. Lemberg fait un commerce étendu et avantageux avec la Russie, la Turquie et les autres pays voisins. Elle est en quelque sorte l'entrepôt du commerce des ports de la mer Noire avec l'intérieur de l'Allemagne. Il s'y tient des foires considérables où les Russes apportent des peaux et des fourrures, où les Moldaves amènent des bestiaux dont on approvisionne l'Autriche et la Silésie. La ville a un rempart qu'on a changé en rues et en promenades ; hors de cette ancienne enceinte s'élève au nord une colline de sable, appelée le Sandberg, que dominent les ruines d'un vieux château, d'où l'on jouit d'une belle perspective sur la ville et sur une vaste plaine qui s'étend vers l'ouest. A peu de distance se trouve isolé sur une petite élévation le magasin à poudre ; vis-à-vis le Sandberg, sur l'autre côté de la vallée, dans le faubourg de Krakovie et sur une hauteur, on remarque la magnifique résidence de l'archevêque arménien, qui se présente de loin comme une petite forteresse, et que l'on peut regarder comme l'un des principaux ornements de la ville. Les faubourgs, au nombre de quatre, qui portent les noms de *Halicz*, de *Krakau* ou de Krakovie, de *Zolkiew* et de *Brody*, sont très grands et très jolis. On trouve à peu de distance des jardins publics, dont le plus fréquenté est celui des jésuites.

Les environs offrent une foule de vues riantes. L'esprit des habitants répond aux agréables dehors de leur ville.

« Vous voyez vivre dans la meilleure harmonie, dit un voyageur sévère, l'archevêque et le surintendant, l'évêque grec et le latin, le pontife arménien et le grand rabbin. La plus grande tolérance y règne, et même beaucoup de relâchement dans la discipline; car plusieurs prêtres catholiques abandonnent le célibat pour les saints nœuds du mariage, ailleurs incompatibles avec les ordres sacrés, et personne ne leur reproche leur femme, leur ménage et leurs nombreux enfants. L'ombre de Joseph II semble protéger encore ce pays; c'est la même liberté publique, la même tolérance religieuse ([1]). »

Winnike près de Lemberg est un bourg important par ses manufactures impériales de tabac, qui fournit annuellement au commerce 3,500,000 kilogrammes.

« Maintenant nous partagerons le reste de la Galicie avec ses villes et villages en deux divisions, fondées sur l'ethnographie et l'histoire. La première est la partie qui appartient à la *Petite-Pologne*, et qui est habitée par des Polonais. »

Dans les pays en plaine, voisins de la Vistule, nous remarquerons *Rzeczow* ou *Rzeszow*, chef-lieu de cercle, jolie ville de 5 à 6,000 âmes, qui s'élève dans une plaine fertile sur la rive gauche de la Wisloka. On y voit un grand château où s'assemble le tribunal criminel. Elle possède un gymnase, une école de cercle et un pensionnat de jeunes demoiselles. On y fabrique de la bijouterie fine et fausse, dont elle fait, par l'entremise des juifs, un commerce important avec la moitié de l'Europe. A *Lancut* ou *Landshut*, près des bords du San, dans le même cercle, il y a un beau château, celui du prince Lubormiski, remarquable surtout par ses jardins. Cette ville fabrique beaucoup de toile de lin.

Tarnow, près de la rive droite de la Biala, est située sur une hauteur. Elle renferme une école de cercle, un gymnase et une école juive allemande ; des fabriques de boissellerie, de toiles, de linge de table et des tanneries. La vente de ces produits s'élève chaque année à

([1]) *Schultes*, Lettres, dans les anciennes *Annales*. Mais il n'y a plus de *mollahs*, l'Autriche n'ayant pas conservé la possession des villages tatars.

2 ou 3 millions de francs. On remarque dans son église collégiale le tombeau du prince d'Ostrog et celui du comte de Tarnow-Tarnowski : ces deux monuments en marbre sont d'un très beau travail ; ils ont 60 à 70 pieds de hauteur. Près de la ville on voit le château de plaisance de la famille de Sanguszko, et les jardins à l'italienne appelés *Gymniska*. Plus loin s'élève le mont Saint-Martin, dont les flancs portent, d'un côté, les ruines d'un vieux château, et de l'autre une église en bois que l'on prétend avoir trois siècles d'existence. De ce point on aperçoit, vers le nord, une vaste plaine, et vers le sud la chaîne des Karpathes ; à l'occident on voit la Biala unir ses eaux à celles du Dunajec ; dans le lointain, des cascades, des maisons de campagne, des châteaux et des églises complètent la variété de ce beau paysage.

Bochnia, ville de 5,500 habitants, à une demi-lieue de la rive droite de la Raba, est bien bâtie. C'est le siége de la justice du cercle et d'une administration des mines et des salines. Les bancs de sel qu'on y exploite fournissent annuellement 250,000 quintaux et occupent 300 ouvriers. A 5 lieues à l'est, *Wieliczka*, qui renferme plus de 6,500 individus, est aussi le siége d'une administration des mines. La plupart de ses anciennes maisons sont en bois, et les nouvelles en briques séchées au soleil. Ses mines de sel, dont le produit annuel est de 1,500,000 quintaux métriques, réunies à celles de Bochnia, s'étendent sur une longueur de 6,691 toises, et une largeur de 1,115.

Vis-à-vis de Krakovie, au bord de la Vistule, nous trouvons *Podgorze*, ville nouvelle, favorisée par un commerce actif et par plusieurs priviléges ; aux pieds de la Babia-Gora, *Andrichow* et *Kenty*, avec des fabriques de toile et de linge de table ; *Biala*, avec des manufactures de draps et plusieurs usines ; enfin, d'autres villes peu importantes, mais industrieuses ; plus haut, dans les Karpathes, *Nowy-Sandec*, en allemand *Neu-Sandec*, chef-lieu de cercle, ville assez spacieuse, mais mal bâtie, sise sur le bord du Dunajec, au milieu d'une plaine fertile de 6 à 8 lieues d'étendue et bornée par des montagnes qui s'élèvent en amphithéâtre. *Wadowice* est un petit chef-lieu de cercle, mais situé dans une très fertile contrée. A deux lieues de cette ville, *Landskrona*, entourée de forêts, est dominée par un vieux château, célèbre dans l'histoire des derniers temps de la Pologne. Nous voyons encore *Stary-Sandec* ou *Vieux-Sandec*, en allemand *Alt-Sandec*, à 2 lieues au sud-ouest de la précédente, résidence d'un vicaire général qui dépend de l'évêché de Tarnow ; *Gorlitz* ou *Gorlice*, surnommé le petit Dantzig, à cause de son activité manufacturière et commerçante : près de cette ville on remarque des tertres qui indiquent d'anciennes sépultures d'ariens ; *Krosno*, entrepôt important des vins de la Hongrie ; *Jaslo*, petite ville insignifiante, quoique chef-lieu de cercle, et qui n'est remarquable que par les imposantes ruines d'un vieux château ; *Sanok*, autre chef-lieu qui n'est pas plus important ; enfin, dans les vallées qu'arrose le haut San, plusieurs villages remarquables par l'exploitation du fer.

Au pied d'un rameau des Karpathes et à une égale distance de Sanok et de Sambor, c'est-à-dire à 8 ou 9 lieues de l'une et de l'autre de ces villes, est située sur la Wiar la petite cité de *Dobromyl*, célèbre autrefois par ses presses typographiques, où s'imprimèrent les œuvres de Duglosz, de Kadlubek et d'Orzechowski, historien polonais, et plusieurs autres ouvrages importants.

« Cette partie de la Galicie ou de la ci-devant Haute Pologne est habitée par deux variétés de Polonais : les *Mazurakes*, dans la plaine, ont peu de traits distictifs ; mais les *Gorales*, ou montagnards, méritent que nous les décrivions, d'après un voyageur moderne ([1]).

» Ils paraissent former une race particulière, distinguée des autres races slaves par une taille plus svelte, une physionomie plus marquée, un nez plus allongé, des lèvres plus fines. Leurs yeux plus petits et leurs os zygomatiques plus saillants les rapprochent néanmoins de la race slave. Plus vifs, plus agiles, plus robustes, plus dociles et plus rusés que les Slaves de la plaine, ils portent à ceux-ci une ancienne haine. Plus riches et plus puissants que les montagnards, les habitants de la plaine ne laissaient passer autrefois aucune occasion de les opprimer ou de leur intenter quelque chicane ; les montagnards irrités ont plus d'une fois envahi la plaine et attenté aux propriétés de leurs oppresseurs, qui enfin n'osaient plus pénétrer dans les gorges des montagnes, certains de ne plus en revenir : mais

([1]) *Schultes*.

depuis que la maison d'Autriche est en possession de ces pays, ces désordres ont cessé par le supplice de plusieurs *Gorales*, qui a réprimé l'audace des autres. Ils se promènent encore dans ces montagnes, la hache à la main, malgré les défenses, mais ce n'est plus que pour braver par leur contenance une loi qu'ils n'osent enfreindre par des actions, et tout voyageur peut maintenant traverser le pays, ou y séjourner en toute sûreté. D'ailleurs, la hache ne pouvait guère être interdite tout-à-fait aux Gorales; c'est une arme nationale dont ils se servent avec la plus grande dextérité : ils la lancent à plus de quarante pas sans jamais manquer leur but. Elle leur sert aussi d'ornement, et ils ne la quittent jamais, pas même dans leurs jeux et dans leurs danses.

» Les *Gorales* reviennent des plaines, au commencement de la mauvaise saison, apportant à peine de quoi pourvoir à leur subsistance. Le plus souvent, après avoir passé l'été au milieu des déserts à soigner les bêtes à laine, ils sont obligés, peu de temps après, de s'éloigner de leurs cabanes pour aller ailleurs chercher leur vie.

» Cependant quelques uns d'entre ces montagnards possèdent des moyens de subsistance plus certains et plus abondants. Ce sont les *Gorales* qui, livrés aux métiers de tisserands, de colporteurs et de merciers, se répandent çà et là dans toute la monarchie autrichienne. Mais le chanvre et le lin que l'on cultive dans ces montagnes sont si gros, si durs et d'une si petite hauteur, qu'ils ne méritent pas d'être travaillés, quoique l'indigence des habitants les force à s'en occuper. Ils y joignent encore une industrie particulière; ils fabriquent des meubles grossiers qui ne seraient recherchés nulle part ailleurs qu'en Pologne, mais l'espèce de bois dont ils se servent devient chaque jour de plus en plus rare. La stérilité du sol se refuse à produire du froment ; l'orge et l'avoine y croissent, ainsi que le sarrasin, dont cependant la culture n'est pas bien connue dans ces montagnes.

» L'avoine est ainsi à peu près la seule *fromentacée* qui leur donne du pain ; ils la broient eux-mêmes, pour la plupart dans un moulin à main, et de la farine grossière qu'ils en retirent avec la petite paille, ils se font une pâte sans levain et sans sel ; ils lui donnent la forme d'un gâteau rond, d'un pied de diamètre et haut d'un demi-pouce, qu'ils font cuire sous la cendre et dont ils se servent au lieu de pain. Cette espèce de gâteau d'avoine, qu'ils appellent *platski*, des pommes de terre et des choux, du petit-lait, du beurre et du fromage, voilà toute la nourriture de ce peuple frugal. Une santé inaltérable, une longévité rare, sont toujours la récompense d'une vie simple et d'une frugalité sévère. Ce pays compte beaucoup de vieillards : on cita à M. Schultes plusieurs centenaires, et entre autres un homme de cent douze ans, labourant ses champs aussi bien qu'un jeune homme de vingt ans. « A cent » onze ans il devint père de nouveau, et per» sonne ne révoquait en doute la fidélité de » son épouse, qui est sa troisième femme. » Nous n'eûmes pas de peine à croire ce qu'on » ajouta ; c'est que ce patriarche ne buvait que » très peu de liqueurs fortes. »

» L'habillement de ces montagnes est aussi simple que leur nourriture ; aussi sont-ils leurs propres tailleurs, leurs tisserands et leurs cordonniers. Ils fabriquent le cuir de leurs chaussures, qu'ils fixent avec des courroies, à la manière des anciens. L'été, ils portent des caleçons d'une forte toile de chanvre avec une chemise pareille, en dehors de la culotte, serrée seulement au milieu du corps avec une large courroie. En hiver, c'est un drap blanc très grossier qui forme leurs caleçons ; ils y joignent pour habit une casaque très courte, d'un drap brun, aussi grossier que l'autre. Eux-mêmes se fabriquent ces draps et se servent, pour les fouler, de leurs moulins à scie. Ce drap est si compacte, que la pluie la plus forte ne saurait le pénétrer. Ils se passeraient ainsi de l'univers entier s'ils n'étaient pas obligés de recourir au bourg voisin pour leur coiffure ; ils achètent à Makou leurs chapeaux, qui sont de forme ronde. »

Nous reprenons notre tournée topographique pour parcourir la partie orientale de la Galicie, habitée par un peuple du sang russe. Les deux premières villes qui réclament notre attention sont *Przemysl* et *Iaroslav* ou *Jaroslaw*, jadis les sièges de princes ou grands-ducs particuliers. Toutes les deux sont situées sur le San, et toutes les deux ont quelques fabriques et 7 à 8,000 habitants chacune. Un château-fort sur un rocher domine Przemysl. On y traverse le San sur un beau pont couvert de 48 toises de longueur : c'est le plus long de tous ceux de la Galicie, et peut-être le mieux construit de l'empire d'Autriche. Cette ville était florissante dès le onzième siècle ; ses églises, l'architecture de ses maisons et ses rues étroites prouvent son ancienneté ; elle est entourée de murailles, et son vieux château tombe en ruine ; siége d'un évêché catholique et d'un évêché grec, on y voit 2 cathédrales, 14 églises consacrées aux deux cultes, et un couvent de bénédictines. Elle renferme un hôpital, plusieurs écoles et un corps-de-garde magnifique. A Jaroslaw, située sur une colline riante, on voit aussi un château ; on y admire la belle église de Panna-Maria, c'est-à-dire de la Sainte-Vierge, et le charmant site de l'ancien collége des jésuites. Le commerce des cierges et de la cire y est considérable. On y fabrique beaucoup de toiles et des draps pour l'habillement des troupes ; c'est un des principaux entrepôts de sel de la Galicie. Les forêts voisines sont remplies de ruches d'abeilles.

Dans les arrondissements les plus septentrionaux, l'agriculture occupe toutes les mains ; cependant *Belz*, non loin du Bog, dans une plaine environnée de forêts, a des fabriques de potasse dont les produits s'expédient à Odessa, à Dantzig et en Bohême. A *Zolkiew*, chef-lieu de cercle, on voit un superbe château qui appartenait jadis à l'illustre famille des Sobieski. Sur la frontière nord-est, la ville privilégiée de *Brody*, peuplée de 24 à 25,000 habitants, dont près des trois quarts sont juifs, fait un grand commerce avec la Russie ; c'est en quelque sorte le pendant de Trieste ; mais quoique les riches israélites entretiennent une école savante et une école de commerce, ils n'embellissent pas leurs maisons. Les édifices les plus remarquables sont l'hôtel-de-ville, l'hôtel de la douane et le château de la famille Potocki, dont les souterrains servent de magasins. La ville est située dans une plaine bornée par des forêts ; elle est environnée d'un rempart transformé en promenade. *Zloczow*, chef-lieu de cercle, est entourée de forêts, d'étangs et de cours d'eaux qui vont se jeter vers le nord-est dans le Bog. Cette ville a un vieux château qui jadis était fort. *Tarnopol*, près de la rive gauche du Sered, qui y forme un étang, doit à l'activité de ses tanneries une population de plus de 10,000 âmes. *Brzezany*, sur la Zlota-Lipa, pourrait être passée sous silence, bien que ce soit un chef-lieu de cercle,

qu'elle possède une manufacture d'armes, et qu'on y fabrique des toiles à voiles.

Dans la partie méridionale nous distinguons, sur le Dniester, une ville passablement bâtie, *Sambor*, qui a 9,000 habitants, des manufactures et des blanchisseries de toile, et qui est le siége de l'intendance des salines du cercle, dont elle est le chef-lieu. Plus loin, en remontant le fleuve, on voit le *Vieux-Sambor* ou *Alt-Sambor*, appelé aussi *Stare-Miasto* ; à l'est de cette ville, celle de *Drohobycz*, avec 8 faubourgs, peuplée de plus de 10,000 habitants et très commerçante, grâce à la synagogue qu'elle possède, à la richesse des terres qui l'environnent et aux salines qui l'entourent. Il s'y tient des foires très fréquentées pour les grains et les bestiaux ; des fonderies sont établies à ses portes ; des salines qui produisent 740,000 quintaux sont ouvertes à quelque distance, ainsi qu'à *Modrzyc*, à *Solek* et à *Bebnik*. *Stry*, chef-lieu de cercle, est sur la gauche d'une rivière du même nom, qui, un peu au-dessus, se divise en un grand nombre de bras. C'est une ville de 9,000 âmes, dont les habitations servant à la population juive sont en bois, tandis que les Polonais et les Allemands habitent des maisons propres dans des rues assez bien alignées. Elle est entourée de remparts et de fossés. *Halicz*([1]), l'ancienne capitale de la Galicie, ne compte que 4,000 habitants ; ce sont pour la plupart des juifs de la secte des karaïtes, et leur séjour y remonte au-delà du douzième siècle, car les Byzantins observent déjà que « les *Chalisii*, alliés » de l'empereur Manuel, suivaient la loi de » Moïse ([2]). » *Stanislawow*, ville bien plus considérable, paraît destinée à être la forteresse principale du pays ; elle est défendue par des travaux avancés. On y remarque une très belle église. Dans la contrée entre le Prouth et les montagnes nommées *Pokutie* ([3]), on

([1]) Le nom de Halicz tire son origine du sel qu'on y exploite, par suite du mot grec ἅλς, qui signifie *sel*. Plusieurs villes d'Allemagne, telles que *Halle* en Tyrol, *Halle* dans la province de Magdebourg, *Halle* en Saxe, *Halle* en Souabe, et *Reichenhalls* en Bavière, prennent aussi leur nom à la même source. M. Neale (Voyage en Allemagne et en Pologne, p. 278) se trompe donc lorsqu'il dit que *Hal* est un mot slavon qui signifie *sel*. — Tableau de la Pologne, t. I, ch. xv. — ([2]) *Cinnamus*, l. IV, c. VIII — ([3]) C'est-à-dire *Terre de pénitence*, d'exil, selon *Sarnicki*, Chorog. polon. Mais cette étymologie est contredite par la fertilité du pays

trouve la florissante ville de *Sniatyn*, peuplée de 6 à 7,000 âmes, et très fréquentée à cause des tanneries qu'elle renferme et des foires qui s'y tiennent. On y vend des bœufs, des chevaux, de la cire et du miel; ces objets viennent de la Moldavie. *Kuty* ou *Kutow* renferme, ainsi que la précédente, une colonie d'Arméniens qui fabriquent du maroquin.

« Les habitants de toutes ces provinces centrales et orientales de la Galicie, bien qu'ils aient aujourd'hui en partie, et surtout dans les plaines, adopté un langage mélangé du russe et du polonais, descendent de la race à laquelle les Polonais donnent le nom de *Russini* ou *Rousniaques*, pour les distinguer des *Rosyanie* ou *Moskalé*, qui sont les Grands-Russes. Nous parlerons de ceux qui habitent la Hongrie. Un voyageur dit, au sujet de ceux de la Galicie : « Un air particulier dans la physionomie des » habitants vous avertit que vous êtes au mi» lieu d'une horde slave différente; ce sont les » *Rousniaques*, gens moins civilisés encore, » mais en revanche moins dépravés que les Ga» liciens : leur frugalité est encore plus grande » que la leur; ils paraissent aussi plus adon» nés au travail, quoique plus ignorants en » agriculture. Je n'ai jamais vu, par exemple, » des femmes galiciennes filer leur quenouille » en gardant leurs troupeaux, comme on le » voit chez les femmes rousniaques. Ils sont de » la religion grecque; leurs curés sont mariés, » et comme ils sont plus mal payés que les au» tres ecclésiastiques, et qu'ils ont de plus la » charge d'une famille, ils sont dans l'hono» rable nécessité de travailler; ils prêchent » donc d'exemple, et ce n'est point en vain. » Les églises se distinguent de celles des vil» lages catholiques, en ce qu'elles ont trois » clochers de grandeur différente : ces bonnes » gens entendent par là figurer les trois per» sonnes divines de la sainte Trinité; ils ne » croient pas apparemment que ces personnes » soient égales. Le principal clocher est en » l'honneur de Dieu le Père, Dieu le Fils est » représenté par le second clocher, et le troi» sième rappelle le Saint-Esprit. Telle est l'ex» plication qu'ils donnent de cette singularité. »

» Les habitants de la Pokutie ont conservé plus que les autres Rousniaques leurs mœurs particulières; mais les *Houcoules* ou *Houçoules*, pâtres qui demeurent dans les Karpathes, gardent même quelques traces de la vie sauvage, et mériteraient d'être mieux observés.

» La Galicie était, comme toute la Pologne, dans un état de barbarie, suite des guerres civiles et des invasions turques et cosaques. Les villes ruinées annonçaient partout les ravages des combats. Le voyageur s'y croyait loin de l'Europe. Entrait-il le soir dans un village, un bourg, une ville même, il n'était pas sûr d'y trouver de la paille à défaut d'un lit. Les privations qu'il éprouve sont encore très grandes; les habitations sont dépourvues des boissons les plus communes; la bière n'est qu'un vinaigre trouble que surpasse encore en aigreur le vin qu'on vous apporte, et dont le verre vous coûte plus d'un florin. En revanche, l'eau-de-vie, ce poison de la Pologne, s'y trouve partout. Les montagnes vous offrent, il est vrai, leur eau claire et salubre; mais elles manquent de pain, le premier aliment de la vie. Une pâte crue, composée de farine d'avoine et de paille même, si la faim vous a forcé de l'avaler, absorbe, par une digestion laborieuse, vos forces au lieu de vous en rendre. On fait souvent un détour pour gagner une ville; mais à l'auberge on vous refuse tout, jusqu'à la permission de faire votre cuisine. Heureux si, à des prix exorbitants, vous obtenez, après l'avoir quêté l'argent à la main, un peu de viande et quelques œufs!

» Ces traces de barbarie s'effacent peu à peu sous la sage administration autrichienne et par l'exemple des colonies allemandes, qui déjà s'élèvent à plus de 80,000 individus. Il est pourtant des inconvénients difficiles à vaincre. Les paysans croupissent dans une ignorance et une paresse sans pareilles; la servitude, qui ne pèse cependant pas sur le plus grand nombre, leur ôte pour ainsi dire l'intelligence et le courage. L'agriculture, qui, grâce à la qualité du sol, devrait faire la richesse du pays, y est tellement négligée, que l'habitant des campagnes en retire à peine ce qui est nécessaire à sa nourriture. Celui-ci est tellement placé dans la dépendance des juifs, qu'il leur cède ordinairement l'excédant de la récolte avant même qu'elle soit effectuée. Dans la campagne, tous les chevaux ne sont pas ferrés, et les charrettes n'ont jamais de ferrure; il est même rare que le cultivateur prenne la peine de porter des engrais dans ses champs. Les propriétaires des biens-fonds sont ou des grands seigneurs qui possèdent des terrains plus vastes que plusieurs principautés de l'Allemagne, ou de petits nobles, ou bien quelques paysans libres. Les premiers, pour la plupart du temps, font administrer leurs terres par des officiers chassés de l'Allemagne et de la Bohême. Ces régisseurs les volent au point de se mettre en peu d'années dans le cas de quitter le service de leurs maîtres et d'acheter leurs terres. Il n'est pas rare de voir ces parvenus coupables affecter bientôt le ton et le rang des petits seigneurs. Quelques princes et grands propriétaires, pour éviter ces friponneries, cèdent leurs terres à des fermiers, qui épuisent le sol en lui demandant, dans l'espace de deux étés, ce qu'il n'aurait dû donner qu'en celui de dix ans.

» Les seigneurs de la seconde classe, fixés sur leurs terres, ne manquent point de zèle, mais ils manquent de lumières sur l'économie rurale. Des circonstances délicates, et la cupidité naturelle au cœur humain, ont engagé beaucoup de nobles à sacrifier l'avenir au moment présent. Les terres se trouvent donc ruinées pour long-temps, parce qu'on leur a fait rendre des récoltes forcées. La petite noblesse, quoique respectable par ses sentiments et ses mœurs patriarcales, ne se distingue des paysans que par les droits de propriété qu'elle a sur leurs personnes : il y a donc peu à espérer de cette caste; car l'homme doit avoir l'esprit cultivé, si l'on veut qu'il cultive son champ.

» Le clergé, qui devrait être plus instruit que la noblesse, offre à cet égard bien moins de ressources. Les curés s'élèvent peu au-dessus des paysans libres. Le domaine public donne de justes espérances d'une bonne culture; mais long-temps le choix des régisseurs n'a pas été heureux : c'est une amélioration qu'il faut attendre du temps et de l'expérience des ministres autrichiens, qui aiment tout ce qui est bon, mais qui craignent tout ce qui n'est pas allemand. Un développement plus libre des institutions nationales pourrait seul achever la civilisation si bien commencée. La situation géographique du pays fait que le commerce y occupe la plus grande partie des habitants.

» Déjà l'industrie a fait des progrès considérables. La fabrication des toiles s'est répandue sur les frontières de la Silésie et dans les montagnes. Ce n'était au commencement que de la grosse toile; mais elle était, au reste, d'une bonne qualité. On apprend maintenant peu à peu à lui donner la finesse et la beauté du coup d'œil. Une autre branche importante est la fabrication des couvertures de laine. La filature et les fabriques de tissus de coton et de nankin, établies au village de *Nawsie*, égalent celles du Levant. Parmi les verreries, celle de *Lubaczow* est considérable. Aux environs de Wieliczka on fait, dans une cinquantaine de forges, de bons ouvrages en fer, et cette industrie est répandue dans toute la partie montagneuse. Les tanneries, les blanchisseries de cire, les fabriques de bougie, d'eau-de-vie, de salpêtre, de potasse et autres, sont déjà dans un état qui promet beaucoup. Une grande route commerciale contribue à animer les exportations; c'est un bienfait de Joseph II. Les nobles de Galicie ont la bonne habitude de consommer leur argent dans le pays; bien peu d'entre eux vont se ruiner à la cour ou à l'étranger.

» Nous devons placer ici la *Bukowine* ou *Boukovine*, qui est unie sous le rapport administratif à la Galicie, sous le nom de *cercle de Czernowicz* ou *Tchernowitz*, mais qui a ses Etats provinciaux à part, et une population bien différemment composée. Le nom même, qui signifie *pays des hêtres*, indique une nuance de climat et de culture; des forêts de hêtres, mêlés de pins et de sapins, couvrent les flancs pittoresques des Karpathes; et dans les vallées de la *Moldava*, du *Sereth* et du *Prouth*, les blés, les pâturages, les fruits abondent; on y voit la vigne en treilles. De nombreuses sources salines, des paillettes d'or dans la Bistritza, du plomb argentifère au village de *Kirlibaba*, du cuivre près de celui de *Poschorita*, du fer aux environs de celui de *Jakobeny*, où l'on en exploite 9,000 quintaux, forment les richesses minérales du pays.

» *Suczawa*, jadis résidence des *despotes* de Moldavie, dont on voit encore le château ruiné, comptait, au quinzième siècle, 16,000 maisons; elle n'en renferme aujourd'hui que 1,000, avec 6,500 habitants. Elle est arrosée par une rivière qui porte le même nom et que l'on traverse sur un pont couvert. Des vignes garnissent ses environs. Son intérieur renferme trois églises grecques, un temple arménien et une synagogue. Sous la domination romaine, l'emplacement de cette ville était occupé par une station appelée *Sucidava*. La petite cité de *Sereth*, sur la rivière du même nom, n'offre rien d'intéressant. *Czernowitz* ou *Tchernowitz* mérite quelque attention, parce qu'elle est chef-lieu de cercle ou capitale de la Bukowine. Elle renferme plus de 8,000 habitants. Sa situation sur une hauteur non loin du Prouth lui donne un aspect pittoresque. On y voit une cathédrale grecque et une église catholique; elle renferme plusieurs établissements utiles, tels qu'un hôpital, une école d'accouchement, un institut des études philosophiques, un gymnase et une école primaire, avec quelques beaux édifices, quoique en général la ville soit mal bâtie. La principale industrie de ses habitants consiste à travailler l'or et l'argent et à fabriquer des voitures. Elle fait un commerce considérable avec l'Allemagne et la Moldavie.

» La population de la Bukowine, évaluée à plus de 260,000 habitants, se compose principalement des *Moldoveny*, semblables en tout aux autres Valaques, de religion grecque, et soumis à la domination de leurs boyards, qui forment aujourd'hui l'ordre des seigneurs, comme les *masiles* celui des chevaliers. Des colonies allemandes, arméniennes, juives, et même magyares, se sont établies dans ce beau pays; mais celle des *Philippons* ou *Lippowany* est la seule remarquable. Ce sont des Russes de l'ancien rite, ayant des cérémonies et des doctrines particulières en partie peu connues. Émigrés de la Crimée, où les Tatares et les Russes les vexaient tour à tour, ils vinrent ici demander un asile à Joseph II, et se montrent dignes de la liberté qui leur est accordée, par leur conduite tranquille et leurs mœurs frugales.

» La Bukowine était le berceau de la nation moldave. En 1496, une armée polonaise de 80,000 hommes, ayant assiégé Suczawa, fut repoussée et entièrement défaite par les troupes de l'hospodar Etienne-le-Grand ; plus de 20,000 nobles polonais furent faits prisonniers : le vainqueur les fit atteler à la charrue, et ils furent obligés de semer des graines de hêtre sur le champ de bataille. Le hêtre est appelé *bois de sang* par les Valaques, qui croient que la croix divine du Sauveur en était faite. Les Turcs aussi s'en servent pour empaler leurs victimes. De là le nom de forêt de sang, qui équivaut à celui de Bukowine. Lorsque les Autrichiens eurent envahi ou repris la Galicie, Joseph II se fit faire par un officier supérieur un rapport judicieux et profond, d'où il résulte « que la possession de la Buko-
» wine est nécessaire pour flanquer convena-
» blement les provinces autrichiennes qui font
» face à la Pologne et à la *Moscovie;* qu'elle
» fournit une ligne de communication militaire
» entre la Galicie et la Transylvanie, ce bastion
» avancé de l'empire ; enfin que, dans le cas
» d'une guerre avec le Turc ou le *Moscovite*,
» elle assure aux Autrichiens le terrain domi-
» nant les positions des ennemis (¹). » Ces raisonnements, parfaitement justes, décidèrent le maintien de l'occupation déjà exécutée, et les Turcs, espérant l'appui de l'Autriche contre les *Moscovites*, y donnèrent un consentement secret. L'hospodar Ghika osa protester solennellement contre ce démembrement de la Moldavie ; mais le lendemain, sa tête mise devant ses pieds fit connaître la politique de la Porte.

» La Galicie avec la Bukowine exportent pour 20,000,000 de sel, grains, bétail, chevaux, cuirs bruts et apprêtés, laine, cire, miel, bougies et hydromel, tabac en feuilles, lin, chanvre, suif, soies de porc, surtout en Autriche et en Moravie. Avec une population de plus de 4,000,000 d'habitants, ce royaume fournit des recrues à 11 régiments d'infanterie et à 4 régiments d'*houlans* ou cavalerie légère, ainsi qu'à un bataillon de chasseurs. C'est là le plus important sacrifice du pays ; car les revenus ne s'élèvent qu'à environ 30,000,000 de francs, dont il reste un excédant sur les dépenses. Ce royaume devrait surpasser la plupart des Etats en bonheur, industrie et richesse ; tout commerce y est libre, l'accise y est inconnue, les contributions y sont très modérées ; la nature lui prodigue ses dons ; mais le manque de débouchés naturels depuis que la Prusse est en possession de la Vistule, l'abrutissement des paysans, et enfin la trop grande prépondérance de ces fénerateurs et brocanteurs juifs qui obstruent toutes les villes, voilà les maux qui compriment l'essor de la civilisation.

» Sous le titre de royaume, la Galicie fait partie intégrante de la monarchie autrichienne. Ce pays est régi par une administration supé-

(¹) Voyez *Schlœtzer*, Staats-anzeigen, I, p. 38-60.

rieure qui siége à Lemberg, et qui est présidée par un fonctionnaire auquel on donne le titre de vice-roi : il jouit d'une sorte de représentation nationale appelée l'assemblée des Etats; celle-ci se réunit tous les ans une fois sur la convocation de l'empereur. Les députés se divisent en quatre classes : ceux du clergé, ceux de la haute noblesse, ceux des chevaliers ou nobles nés dans le pays et payant une contribution foncière de 75 florins, et ceux de la bourgeoisie, que l'on choisit parmi les seuls habitants de Lemberg. Ces députés reçoivent un traitement du gouvernement. Les attributions des Etats consistent principalement dans la répartition des contributions directes et dans l'administration des secours à allouer pour les logements militaires. Ils ne peuvent envoyer des députations à l'empereur sans en avoir reçu l'autorisation. Dans l'intervalle des sessions, une commission permanente est consultée au besoin par l'administration supérieure. Tout ce qui concerne les affaires militaires est dans les attributions du commandant-général militaire, qui réside aussi à Lemberg.

» D'après ce que nous avons dit précédemment, nous pouvons, sans crainte d'être taxés d'exagération, considérer la Galicie comme l'État le moins éclairé de tous ceux qui composent la monarchie autrichienne. Ce n'est que dans ces derniers temps que l'on a cherché à y répandre l'instruction. En 1816, la seule université du royaume, celle de Lemberg, a été fondée; précédemment, il n'y existait qu'une simple académie. En 1817, la Galicie ne possédait que 9 gymnases; aujourd'hui elle en a 13. En 1817, il n'existait pour les sciences philosophiques qu'un seul institut, celui de Czernowitz; aujourd'hui on en trouve un second à Przemysl et un troisième à Tarnopol, où l'on voit aussi un institut de théologie avec un séminaire catholique-romain. Il y a maintenant dans chaque district ou cercle une école principale, 15 écoles primaires dans les principales villes, 16 écoles pour les filles et 220 écoles populaires. En 1829, on comptait en Galicie 4 imprimeries, savoir: 2 à Lemberg, où l'on a imprimé six ouvrages en polonais, et 2 à Bochnia, où l'on a publié quatre ouvrages dans la même langue. Tel est l'état actuel de l'instruction du pays.

TABLEAU *de la division territoriale et de la population du royaume de Galicie et de Lodomérie en 1838.*

POPULATION ABSOLUE en 1838, 4,582,094.	SUPERFICIE en lieues géographiques carrées. 4,304.	POPULATION par lieue carrée en 1832, 1,064.

Cercles.	Villes.	Population.
WADOWICE.	Wadowice.	2,600
	Andrychow.	2,850
	Biala.	2,750
	Kenty.	3,300
	Oswiecim.	2,200
BOCHNIA.	Bochnia.	5,500
	Podgorze.	1,650
	Wieliczka.	6,400
	Woynicz.	1,200
SANDEC.	Neu-Sandec.	3,700
	Alt-Sandec.	2,800
	Ciez-Kowice.	1,200
JASLO.	Jaslo.	1,850
	Osiec.	900
TARNOW.	Tarnow.	5,000
	Pilsno.	1,650
	Ropczyce.	1,100
RZESZOW.	Rzesrow.	5,000
	Lancut.	2,200
SANOK.	Sanok.	1,600
	Brzozow.	2,150
	Dubiecko.	1,500
	Dobromyl.	1,200
SAMBOR.	Sambor.	8,700
	Alt-Sambor.	2,150
	Strasol.	3,600
	Drohobycz.	7,400
PRZEMKSL.	Zrzemysl.	7,664
	Iaroslaw.	8,250
	Iaworow.	2,450
ZOLKIEW.	Zolkiew.	4,160
	Lubaczow.	1,500
	Belz.	2,000
	Sokal.	3,000
LEMBERG.	LEMBERG.	55,500
	Grudek.	6,500
	Szczerzec.	1,200
ZLOCZOW.	Zloczow.	7,500
	Brody.	24,000
	Busk.	3,000
TARNOPOL.	Tarnopol.	10,500
	Mikulince.	2,000
	Husiatyn.	1,600
BRZEZANY.	Brzezany.	4,500
	Burstyn.	2,000
	Brzozdowce.	1,400
	Robatyn.	2,000
	Bobrka.	2,750
	Podkamien.	1,200

Cercles.	Villes.	Population.
STRY.	Stry.	5,000
	Halicz.	3,000
STANISLAWOW.	Stanislawow.	8,700
	Maryanpol.	1,500
	Solotwina.	2,200
CZORTKOW.	Czortkow.	1,800
	Iezierzany.	1,200
	Iazlowiec.	2,000
	Zaleszczyky.	2,700
	Buczacz.	2,300
KOLOMEA.	Kolomea.	6,800
	Kuty ou Kutow.	4,200
	Sniatyn.	6,500
CZERNOWITZ ou BUKOWINE.	Czernowitz.	8,300
	Sereth.	3,400
	Suczawa.	6,500

POPULATION PAR NATIONS.

Polonais.	1,854,800
Rousniaques.	1,891,300
Valaques.	281,650
Juifs.	455,000
Allemands.	80,000
Lippowanys.	10,000
Arméniens.	6,500
Zigueunes (ou Bohémiens).	2,180
Grecs.	664
	4,582,094

Revenus en francs. 30,000,000

ÉGLISES CLASSÉES PAR CULTES.

Culte catholique romain.

Diocèses.	Siéges.
Archevêché.	Lemberg.
Évêché.	Przemysl.
Idem.	Tyniec.

Culte grec-uni.

Archevêché de Lemberg, Halicz et Kamieniec. . . . . Lemberg.
Évêché. . . . . Przemysl.

Culte arménien-uni.

Archevêché. . . . . Lemberg.

Culte grec-non-uni.

Évêché de Bukowine. . . . . Czernowitz.

Communion de la confession d'Augsbourg.

Surintendance soumise au consistoire de Vienne. . . . . Lemberg.

Communion réformée.

Idem. . . . . Idem.

LIVRE QUATRE-VINGT-HUITIÈME.

Suite de la Description de l'Europe. — Description physique générale de la Hongrie et de ses annexes.

« La Hongrie réunit autour de l'antique croix de saint Étienne diverses nations : le Magyar, accouru sur ses coursiers indomptés des bords du Volga ; le Slovaque et ses frères, descendus des monts Karpathiens ou des Alpes Noriques ; le Germain, arrivé en longeant le Danube, et les Valaques, pasteurs des Alpes de Dacie; tous Européens ou semi-Européens, malgré la différence pittoresque de leur costume ; tous chrétiens, malgré les nuances de leurs rites. La Transylvanie, sœur de la Hongrie, sous ses lois indépendantes, unit à peu près les mêmes éléments civils et religieux. Pourquoi séparerions-nous ces deux masses homogènes ? Il est vrai que la Croatie et la Dalmatie appartiennent à une autre région physique ; mais dans une science historique, comme la géographie, les divisions usuelles doivent prédominer sur les divisions systématiques, et les petites fractions, créées par l'histoire ou la politique, doivent être annexées aux grandes masses de la manière la plus commode pour la mémoire du lecteur. Voici donc l'ensemble que nous allons embrasser dans une seule et même description. Les monts *Karpathiens* ou Karpathes, appelés *Krapack* en polonais (¹), environnent au nord et à l'est la vaste plaine où le Danube semble s'arrêter au milieu de son cours, et qui forme la principale partie de la Hongrie. A l'est de cette plaine, la *Transylvanie* occupe trois grandes vallées entre les branches des monts Karpathiens. A l'ouest, l'*Esclavonie* s'étend entre la Drave et la Save; plus loin encore, la *Croatie* s'appuie aux dernières branches des Alpes Juliennes. La *Dalmatie* descend sur les rivages de l'Adriatique. Telle est la situation générale des provinces dont nous allons tracer d'abord le tableau physique général, ensuite la description topographique et ethnographique. »

Les monts Karpathiens, dans leur ensemble, s'étendent sur une ligne demi-circulaire d'environ 300 lieues, dont 100 font partie de la grande arête européenne, et forment la limite des deux grands versants de la mer Noire et de la Baltique. On peut les diviser en trois parties : les *Karpathes occidentales*, qui ont 40 lieues de longueur et sont liées aux monts Sudètes, l'une des dépendances du système alpique ; les *Karpathes centrales*, qui occupent une longueur d'environ 100 lieues ; enfin les *Karpathes orientales*, qui se prolongent sur une étendue de 160 lieues, et décrivent un demi-cercle jusqu'au bord du Danube. C'est dans les Karpathes centrales que se trouve le groupe de Tatra. Toute la partie du sud-est répond aux *Alpes Bastarniques* ou *Daciques* des anciens, du nom de deux peuples qui habitaient dans son voisinage. Bien que les Karpathes soient loin d'égaler les Alpes en hauteur, elles peuvent être comptées au nombre des montagnes les plus élevées de l'Europe. Nous y distinguons plusieurs groupes, chaînons et promontoires, en combinant les observations d'un savant français, M. Beudant (¹), avec celles d'un excellent botaniste hongrois, M. Kitaibel (²), et en les assujettissant les uns et les autres à l'étude de la carte.

Le groupe de *Tatra* est le plus haut de tous, et ses sommets s'élèvent jusqu'à 2,420 mètres. Il s'étend de l'est à l'ouest, et s'élance brusquement à l'est au-dessus des plaines de Kesmark et des montagnes arénacées qui servent de limites entre la Hongrie et la Galicie orientale. Il est compris entre le Poprad, qui y prend sa source au sud et tourne brusquement au nord ; le Dunajec, qui prend sa source au nord ; le Waag ou Vag et l'Arva, qui le séparent au sud et à l'ouest des montagnes voisines. Deux groupes particuliers, au nord-ouest du premier, forment les limites naturelles entre la Hongrie, la Galicie orientale et la Moravie. L'un d'eux, nommé le *Baszkid*, s'étend entre l'Arva, le Vag, la rivière de Kiszucza et les sources de la Vistule ; l'autre

---

(¹) Prononcez *Cra-patsk*. Voy. à la fin du Liv. 89.

(¹) *Beudant*, Voyage en Hongrie, t. I, p. 21-26. Voyez aussi l'Atlas, *carte géognostique*. — (²) Description topographique de la Hongrie, à la tête de l'ouvrage : Comitis *Waldstein*, etc. et Pauli *Kitaibel*, M. D., *Descriptiones et Icones plantarum rariorum Hungariæ*, vol. 1, Vienne, 1802.

se dirige au sud-ouest, depuis la Kiszucza jusqu'à Presbourg, et se nomme généralement le *Javornik* (³). Il s'étend sur une longueur d'environ 15 lieues entre la Krivaja et le Drin. C'est le défilé de Jablunka qui les sépare en masse. Des recherches locales y feront distinguer diverses terrasses.

« On comprend généralement en Hongrie sous le nom de *Fatra* tout cet amas de montagnes moyennes et riches en mines qui s'étendent depuis le Vag jusque vers Kaschau ; mais cette dénomination s'applique encore dans un sens spécial, tantôt à la montagne de Kœnigsberg avec ses prolongations, et tantôt à deux autres, dont l'une, étant située sur les limites des comitats ou comtés de Thurotz et de Liptau, s'appelle le grand *Fatra*, et l'autre, située dans le comté d'Arva, le petit *Fatra*. Il vaut mieux distinguer les diverses parties par des limites géographiques. Une petite chaîne (et non pas un groupe, comme le dit M. Beudant) s'étend entre les rivières de Vag, de Nyitra et de Thurotz, du nord-est au sud-ouest, depuis Predmir jusqu'à Freystadt. Entre la rivière de Nyitra et celle de Gran s'élève un groupe parallèle au dernier, et qui s'étend depuis Nyitra jusqu'à Kremnitz ; il est lui-même formé de trois petits groupes, dont le plus remarquable se nomme le *Klak*. Au nord de ce groupe se présente, entre les rivières de Thurotz et de Revucza, la petite chaîne des montagnes de *Fatra* proprement dites, qui s'étend entre Rosemberg et Neusohl. Les habitants allemands donnent le nom d'*Alpes de Liptau* à une chaîne faussement nommée groupe par M. Beudant, et qui s'étend de l'ouest à l'est, parallèlement au Tatra, entre les rivières de Vag et de Gran, depuis le *Prossiva* jusqu'au *Kralova-hora*, et qui semble se lier à une multitude de montagnes particulières entre la rivière de Hernat, qui coule dans les plaines de Leutschau, et celle de Sajo. Plus au sud, à la gauche du Gran, jusqu'aux bords des rivières de Sajo et d'Ipoly, qui se dirigent en sens contraire, l'une à l'est et l'autre à l'ouest, se présente une masse de montagne composée d'un si grand nombre de petits groupes particuliers, qu'il est presque impossible de les classer. M. Beudant distingue un groupe dont le *Polanaberg* est en quelque sorte le centre ; un autre qui se rattache au mont *Vepor* ; un troisième compris entre la rivière de Rima, celle de Sajo, et la partie la plus orientale du Gran ; un quatrième entre la partie supérieure de la rivière de Sajo, la Hernat et la Bodva ; un cinquième entre le Sajo inférieur et la Bodva. Mais comment retenir ces divisions sans dénominations? Dans le sixième de ces petits chaînons, ou le groupe de Schemnitz, compris entre le Gran, la Szlatina et la Krupina, nous reconnaissons enfin le *Szitna*, haut de 1,045 mètres. Le groupe entre la Krupina et la rivière d'Ipoly a l'*Ostrosky* pour centre. Ici le terrain s'abaisse, ainsi qu'au sud des rivières d'Ipoly et de Sajo qui coulent dans des vallées très larges, où l'on n'aperçoit que des collines très basses ; on distingue sur les bords de la grande plaine une suite de promontoires ou massifs qui avancent en saillie. A la gauche de la rivière d'Ipoly, dans le coude qu'elle fait de l'ouest au sud pour se rendre dans le Danube, un petit massif de hauteurs se termine au *Nagyszal*, qui domine la ville de Waizen ou Waitzen. Un groupe, à l'est du premier, entre l'Ipoly et la Zagyva, qui s'étend jusqu'à la droite des rivières de Rima et de Sajo, comprend les montagnes de *Czerhatz* et de *Karancs* : la plus grande élévation de ces dernières est de 738 mètres.

» Presque entièrement détaché de tous ces groupes, le *Matra* s'élève subitement à une assez grande hauteur au-dessus de la plaine, et se trouve compris entre la petite rivière de Zagyva et celle de Tarna : le Sasko, qui appartient à ce groupe, a 900 mètres d'élévation, et le Kekes 1,010. On donne le nom d'*Osztra*, ou de *Buk-Hégy* (¹), au petit pays montueux compris entre la rivière de Tarna et celle de Sajo.

« Un groupe assez étendu, dit encore M. Beu-
» dant, et parfaitement distinct, se dirige du
» nord au sud, d'Epériès à Tokay. Il est com-
» pris entre les rivières de Hernat, de Topla
» et de Bodrog, et se trouve partout entouré
» de vastes plaines. » Dans cette indication un peu sèche, hâtons-nous de reconnaître le chaînon, et non pas le groupe si célèbre en Hongrie sous le nom de *Hégy-Allya*, ou monts inférieurs, dont les parties méridionales produisent le vin le plus généreux de l'Europe. *Fekete-Hégy* en est le point le plus élevé ; les collines de Tokay en forment la pointe sud-est. A nord-est du Hégy-Allya, un groupe parti-

( ) Cartes de *Lipsky* et de *Liechtensterr*.

(¹) *Buk*, hêtre, *Hégy*, montagne, colline.

culler s'élève en avant des montagnes de sable qui forment les limites de la Galicie orientale ; c'est le groupe de *Vihorlet*, compris entre les plaines des rivières de Laborcza et de Ungh.

» Nous arrivons maintenant à une question très difficile : il s'agit de décider si l'ensemble des Karpathes est sans liaison véritable avec l'ensemble des Alpes Transylvaniennes ; si la Hongrie se termine au nord-nord-est par un plateau faiblement élevé au-dessus de la Galicie. A cette question de géographie physique se rattachent les considérations historiques et même politiques les plus importantes. Si la Hongrie est d'un accès facile de ce côté, les Goths, et surtout les Visigoths, les Sarmates et les Huns, n'ont-ils pas pénétré par cette porte aussi bien que par d'autres points faibles de l'Europe? N'est-ce pas cette absence de hautes montagnes qui a fait passer les Rousniaques en Hongrie? N'est-ce pas cette circonstance qui a facilité aux Magyars eux-mêmes l'entrée de leur nouvelle patrie? Et si la science abaisse les Karpathes, que devient ce fameux boulevard de l'empire d'Autriche? Les forces russes ne viendront-elles pas rouler comme un déluge à travers ces Alpes désormais imaginaires? Nous allons entendre deux témoins oculaires et contradictoires.

» Écoutons d'abord le géologiste. « Quant » aux montagnes de sable qui forment les » limites de la Galicie orientale, il paraît » qu'elles constituent une espèce de talus as-» sez uniforme d'une extrémité à l'autre; elles » se terminent souvent par des plateaux plus » ou moins étendus, et qui s'abaissent succes-» sivement en pente douce des deux côtés, » pour se confondre avec les plaines. Çà et là » elles présentent quelques pointes de roches » solides qui percent au milieu des sables, et » qui semblent indiquer, d'une part le pro-» longement des montagnes transylvaniennes, » et de l'autre celui des montagnes du Tatra (¹). » Les deux grandes masses de montagnes de » Hongrie et de Transylvanie sont comme » deux citadelles à l'entrée d'un immense » golfe. Entre elles on remarque au nord-est » une série de montagnes beaucoup plus bas-» ses, ayant à peine la moitié de l'élévation » des premières, et dont les sommets, ainsi » que les flancs arrondis mollement, descen-» dent en pentes douces pour se confondre » avec les plaines. Elles se composent presque » en totalité de sables fins plus ou moins » agrégés ; de grandes alluvions de matières » arénacées, en remplissant l'ouverture entre » les deux masses de hautes montagnes, ont » interrompu l'ancienne communication entre » les plaines de la Hongrie et celles de la Po-» logne (¹). »

» Laissons maintenant parler le botaniste. « Les monts Tatra, avoue-t-il, diminuent ra-» pidement en hauteur du côté oriental, vers » la vallée, par où le Poprad descend en Ga-» licie. On aperçoit une nouvelle série de » montagnes de hauteur moyenne. » Mais plus loin il trace le tableau suivant des montagnes du nord-est dans les comitats d'Ungh, de Béregh et de Marmaros. « Les montagnes, dit-» il, s'étendent de la rivière de Latorcza vers » l'est; le comté de Marmaros est hérissé de » leurs groupes, qui, de même que celles du » comté de Béregh, égalent presque en hau-» teur les Alpes; les monts de *Bersava* ou de » *Polonyina* paraissent dominer sur toutes » les autres ; mais pour contempler l'enchaî-» nement de ces groupes, on n'a qu'à gravir » la montagne de *Cuttin*, située près Kapnyk-» Banya, et du haut de sa cime on peut les voir » et les embrasser d'un seul coup d'œil; on » distingue particulièrement les masses qui » occupent le comté de Marmaros. Cependant, » en regardant les montagnes qui marquent » les frontières de la Galicie et de la Bukowine, » elles paraissent encore plus élevées que les » premières. Celles de *Pop-Ivan*, de *Farky*, » de *Czerna-Hora*, de *Homrel*, de *Qusky* et » de *Pietrosa*, ne le cèdent point en hauteur » aux monts de Tatra; mais leur forme exté-» rieure en diffère beaucoup; n'étant ni si » escarpées ni chargées de tant de roches nues » et monstrueuses, elles s'élèvent sur une » base étendue et terminent leur cime en forme » d'un pic convexe (²). »

» Auquel des deux témoignages s'en rapporter? La mesure isolée du *Szninszky-Kamen*, par Wahlenberg, qui lui donne 1,075 mètres, ne prouve pas un abaissement général, et celle du *Pietrosa*, qui tend à démontrer le contraire, n'est guère certaine. L'abaissement de la crête des Karpathes ne paraît pas s'étendre au-delà

(¹) *Beudant*, Voyage en Hongrie, t. I, p. 31.

(¹) *Beudant*, Voyage en Hongrie, t. I, p. 28.
(²) *Kitaibel*, p. 4-8.

des comitats de Saros et de Zemplin; plus à l'est elle se relève, sans peut-être atteindre tout-à-fait celle des monts Tatra, mais en joignant sans interruption complète les Alpes de la Transylvanie.

» Celles-ci présentent des chaînes bien marquées à côté de quelques groupes moins déterminés. Un grand système de montagnes se montre à l'extrémité la plus orientale, où les rivières de Maros, de Küküllö, d'Aluta, de Szamos, de Bisztritz-Moldavique et de Moldava, prennent naissance; mais il nous paraît que, formé de plusieurs groupes particuliers, il a plus de largeur que d'élévation. A l'endroit où les frontières de la Hongrie, de la Transylvanie et de la Bukowine se rencontrent, une chaîne se détache au nord-ouest de cette grande masse précédente, entre le Szamos oriental et la Theiss; elle se prolonge à l'ouest par Kapnik, et renferme des sommets élevés, entre autres le *Rosaly*. Une grande et puissante chaîne, coupée néanmoins par l'Aluta, forme les limites de la Transylvanie et de la Valachie. C'est là que sont les sommets les plus vantés : ceux du *Butetsch;* mais ils ne sont pas encore mesurés avec les soins nécessaires. C'est l'extrémité occidentale de cette grande chaîne qui forme les montagnes de *Bannat,* groupe particulier, dont on peut observer, du haut du mont *Szemenik* la masse médiocrement élevée, mais hérissée de rochers escarpés. Elles semblent s'unir par des rochers qui embarrassent le cours du Danube aux montagnes de la Servie.

» Tels sont les sommets dont l'ensemble décrit un demi-cercle irrégulier sur les frontières orientales et méridionales de la Transylvanie. Le milieu de ce pays forme un terrain plus bas, dont les roches presque entièrement arénacées renferment de nombreuses mines de sel, et où les rivières roulent de l'or. Ce plateau, traversé par quelques petits chaînons, se maintient à une élévation considérable au-dessus de la Basse-Hongrie, et se relève même vers l'ouest en montagnes qui forment deux massifs particuliers. Le premier se trouve compris entre le bras occidental du Szamos, les sources de la Kraszna, du Berettyò et du Sebes-Körös ou Kœrœs-Rapide; il renferme le *Bihary-Hégy*, le *Czaf*, le *Vaskho* et plusieurs autres groupes distincts. Le deuxième massif, qui est une véritable chaîne, se prolonge entre le Maros au sud, l'Aranyos au nord, et nourrit les sources du Fejer-Körös où Kœrœs-Blanc; elle renferme le *Gaina*, le *Kladowa,* et se termine avec le *Villagos.* Tout ce pays montagneux entre la Transylvanie et la Basse-Hongrie est imparfaitement connu; mais Kitaibel le compare aux Karpathes elles-mêmes.

» Nous devons encore remarquer deux chaînes de montagnes qui, du côté occidental, entrent dans la Hongrie. Ce sont des branches des Alpes Styriennes. La première, allant de sud-est à nord-est, forme, au nord du lac Balaton, les monts *Bakonny*, hauts de 637 mètres et se termine par les monts *Pilicz* vers Gran; l'autre suit le cours de la Drave vers le sud-est, et, s'étant presque effacée dans la plaine de l'Esclavonie, se relève dans la Syrmie pour former les pittoresques collines de *Fruska-Gora.*

» Les Alpes Juliennes, qui commencent dans la Carniole, se continuent entre la Croatie et la Dalmatie hongroise, vers la Dalmatie vénitienne, où elles joignent la chaîne albano-dalmate, branche du système du mont Hæmus : nous y reviendrons dans la topographie.

» La Hongrie renferme deux des plus grandes plaines de l'Europe; l'une, longue de 40 lieues et large de 25, embrasse sa partie occidentale, bornée par les montagnes de l'Autriche à l'ouest, celles du comitat de Nyitra au nord, et le Bakony au sud-est; l'autre, longue de 120 lieues et large de 80, forme la Basse-Hongrie dans le sens physique, et présente en grande partie un désert salin et sablonneux, terminé vers le Danube et la Theiss par d'immenses marais. On prétend que le niveau de la plaine basse est de 110 mètres au-dessus du niveau de la mer, et que celui de la plaine supérieure n'a que 10 mètres de plus; mais elle s'élève en grande partie par des pentes insensibles vers les hauts pays qui les circonscrivent; elle n'éprouve pas non plus les brûlantes chaleurs de la grande plaine. Celle-ci est une Afrique européenne. Un horizon sans limites fatigue l'œil du voyageur. Le mirage, produit d'un ciel ardent, le tourmente d'illusions perfides; et souvent le brouillard malsain, enveloppant toute cette scène d'un voile épais, lui dérobe les indices de la route et l'environne d'une solitude absolue. Entendra-t-il le mugissement des troupeaux? apercevra-t-il la hutte du berger, ou s'égarera-t-il parmi les roseaux des marécages?

» Il existe en Hongrie deux lacs d'une très grande étendue, le lac *Balaton* (¹) et le lac de *Neusiedel* (²). Le premier est situé entre les comitats de Szalad et de Schimegh. Sa plus grande étendue est d'environ 17 lieues du sud-ouest au nord-est : sa plus grande largeur est à peu près de 2 à 3 lieues ; mais il est des points où il est plus étroit et ne présente guère que ⅐ de lieue. Sa profondeur est d'environ 30 pieds. Sa hauteur barométrique est d'à peu près 140 mètres. Vers son extrémité nord-est, il est presque barré par une petite masse de montagnes ou presqu'île, qui s'avance d'environ une lieue au milieu de ses eaux. Ce lac, dont la superficie est évaluée, en y comprenant à la vérité les marais environnants, à 66 lieues carrées ⅐ (24 milles d'Allemagne carrés), est principalement alimenté par la rivière de Szalad ; il reçoit en outre 8 autres rivières : la quantité d'eau qui s'y jette paraît cependant peu volumineuse relativement à sa superficie, qui doit fournir à une évaporation considérable ; aussi à peine a-t-il un débouché, car la petite rivière de Sio, qui semble en sortir pour se jeter dans le Danube, n'est qu'un marais avec lequel le lac communique par son bord méridional, et qui ne devient rivière qu'après avoir reçu les eaux des montagnes orientales du comitat de Schimegh.

» Le lac de Neusiedel se trouve entre le comitat d'OEdenbourg et celui de Wieselbourg. Sa plus grande dimension est du nord au sud, et peut avoir environ 8 lieues et demie ; sa largeur vers ses deux extrémités est d'environ 3 lieues, mais il se rétrécit au milieu et peut alors avoir environ une lieue et demie ; il n'a que 3 à 4 pieds de profondeur ; il communique à sa partie méridionale avec des marais considérables qui s'étendent à l'est, et qui, après la réunion de plusieurs ruisseaux, finissent par s'écouler dans la rivière de Raabnitz depuis l'an 1800, que le prince d'Esterhazy a fait ouvrir un canal d'écoulement de 6 mètres de largeur et de 2 de profondeur, qui s'étend depuis ce lac jusqu'aux marais de Wasen-Hanschag sur une longueur de 6 à 7 lieues. Il paraît encore ici que l'évaporation à la surface du lac et des marais voisins doit à peu près compenser le volume des eaux qui viennent s'y rendre par divers ruisseaux, dont le plus considérable est la Vulka ; en sorte que la rivière de Raabnitz est beaucoup moins forte qu'on ne pourrait le présumer, d'après l'étendue de terrain dont elle devrait recevoir toutes les eaux. Celles de ce lac sont purgatives, et tiennent en dissolution, selon les uns, du nitrate de potasse, et selon d'autres du sulfate de soude. Il est sujet à des débordements : en 1789, il s'éleva, dit-on, de près de 5 mètres en 48 heures.

» Il paraît prouvé que le lac de Neusiedel n'est pas du tout le *Peiso* de Pline, *Pelso* d'Aurélius Victor, et *Pelsodis* de Jornandès, situé dans la *Pannonia Prima*, et sur lequel l'empereur Galerius, en lui donnant un écoulement dans le Danube, gagna des terres labourables. Aucun géographe ancien, ni la Table de Peutinger, ni les itinéraires, ne placent un lac dans cette position. Un acte public de 1339 parle d'une rivière de Ferto, et un autre acte désigne des villages situés dans le terrain où s'étend le lac. Ces circonstances peuvent faire croire que le lac s'est formé peu à peu dans le dixième ou onzième siècle par la stagnation des eaux de la rivière, qui, à la suite de quelques éboulements, n'ont pu trouver un débouché (¹). Encore, en 1725, un éboulement a-t-il fait accroître la salure des eaux, qui, en 1763, à la suite d'un petit tremblement de terre, parurent comme en ébullition (²). Mais où était donc le Pelso? Les uns en reconnaissent les traces entre Saint-George et Landsitz ; les autres, avec plus de probabilité, le regardent comme identique avec le Balaton. A la vérité, ce lac n'a été desséché que pour une petite partie, mais on voit les traces de travaux anciens et modernes ; et comment un si grand lac aurait-il pu échapper aux regards des anciens ? car le lac *Ulkea* de Dion Cassius, l'*Hiulkas* de Zozime, qu'on a voulu regarder comme répondant au Balaton, est dans une autre position (³).

» Les autres grands lacs se confondent avec les marais qui les entourent ; tel est, par exem-

---

(¹) *Balaton-Tava*, en hongrois ; *Platten-see*, en allemand. — (²) *Ferto-Tava*, en hongrois.

(¹) *Bredetzky*, Beytræge zur Topographie, etc., vol. III, art. II. — (²) *Busching*, Erdbeschreibung, II, p. 360. — (³) *Mannert*, Géographie des Grecs et des Romains. Germania, p. 664.

ple, le *lac de Palicz* ou *Palitsch*, près de Thérésienstadt, qui a, dit-on, jusqu'à 12 mètres (6 toises) de profondeur, et dont le fond dur et solide est sur une couche de sel alcalin, appelé par les chimistes sous-carbonate de soude. Plusieurs lacs qui sont indiqués sur les cartes au milieu de la plaine ne sont que des flaques d'eau, qui le plus souvent sont à sec pendant les chaleurs de l'été.

» La langue hongroise, qui a été obligée d'emprunter du turc un terme pour désigner la mer, est riche en mots pour distinguer les diverses espèces de marais; ceux dont les eaux se couvrent d'une souche flottante d'herbes aquatiques s'appellent *lap*; ceux dont le terrain boueux produit des roseaux et des joncs sont nommés *motsar* ([1]). Les marais sont extrêmement étendus dans la Hongrie, et particulièrement au milieu de la grande plaine, sur les bords de la Theiss et du Danube, ainsi que dans les larges vallées où coulent la Drave et la Save. Le baron de Liechtenstern évalue la surface du terrain envahi par les marais à 300 lieues carrées (108 milles géogr. d'Allem. carr.; 1,732,800 arpents de Paris, ou 592,421 hectares), ce qui pourrait bien être au-dessous de la réalité. De plus, comme les rives de plusieurs rivières sont extrêmement basses, il arrive souvent, après les débordements, que certaines parties des pays de plaines conservent pendant long-temps, même pour toujours, des eaux croupissantes. Les Hongrois éclairés s'occupent sérieusement de diminuer les marais de leur pays; ce serait non seulement le moyen de rendre à la culture une immense quantité de terrains, mais encore de mettre les habitants à l'abri des miasmes putrides auxquels ils se trouvent exposés dans tant de lieux différents où règnent le scorbut et les fièvres intermittentes. Quoique ces influences malignes s'étendent sur un terrain d'environ 300 lieues carrées, il reste encore plus de 15,000 lieues carrées dans les Etats hongrois où le climat n'est pas plus insalubre qu'en France ou en Allemagne ([2]).

» Les fleuves appellent encore notre attention. Le Danube, *Donau* en allemand, *Duna* en hongrois, après le Volga le plus grand fleuve de l'Europe, entre dans la Hongrie au bourg de Deven, à l'instant où il reçoit à sa gauche la rivière de March ou Morava. Il présente au-dessous de Presbourg un grand nombre d'îles, et se partage bientôt en trois bras principaux, dont le plus considérable se dirige à l'est-sud-est. Les deux autres, après avoir formé deux grandes îles, se réunissent au bras principal: l'un au-dessous de Raab, après avoir reçu du sud les rivières de *Laita* et de *Raab*; l'autre à Komorn, après avoir reçu la rivière de *Vag*, qui, dans un cours de 36 milles, forme plus de cent tourbillons. A partir de Raab, le fleuve coule directement à l'est, et son cours semble se resserrer à l'approche des montagnes entre lesquelles il passe au-dessous de Gran, après avoir reçu à sa gauche les eaux des rivières de *Gran* et d'*Ipoly*. Après quelques sinuosités entre les rochers, il atteint la petite ville de Waizen, où tout-à-coup il se détourne au sud, en longeant le pied des collines de Saint-André et de Bude; sa pente depuis Ingolstadt jusqu'à Bude est de 8 pieds([2]); son changement brusque de direction paraît déterminé par les collines dépendantes du mont Czerhatz et par le niveau de la grande plaine, incliné davantage à l'ouest. A peine le Danube est-il entré dans les plaines de la Hongrie, qu'il commence de nouveau à s'étendre et à former des îles considérables; ses eaux paisibles n'ont pas un demi-mètre de pente par lieue; ses bords deviennent extrêmement marécageux, surtout dans la partie méridionale du comitat de Pesth, et dans les comitats de Bacs et de Tolna, vers l'embouchure de la *Drave*, qu'il reçoit à la droite. Sa direction au sud se continue jusqu'aux limites de l'Esclavonie, où les premières collines de la *Fruska-Gora* suffisent pour retarder sa réunion avec la Save. Le fleuve reprend son cours vers l'orient, et, longeant ce petit groupe de montagnes, il se détourne encore au sud-est pendant quelque temps, reçoit la *Theiss*, puis la *Save* à Belgrade, le *Temesch* à Pantschova, et roule alors ses eaux plus rapides au pied des montagnes de la Servie. Bientôt son lit se resserre, et ses flots impétueux se pressent; il s'échappe entre les montagnes du Bannat et celles de la Servie par des gorges très profondes, qu'il semblerait lui-même avoir creusées. Enfin à Neu-Orsova il sort des Etats hongrois; et plus tard, ayant franchi les digues qui semblaient s'opposer à son passage, il s'étend de nouveau dans les

—([1]) *Kitaibel*, p. 14. — ([2]) *Beudant*, I, p. 41, II, p. 146.

([1]) *Hainrich*. V. *Hassel*. t. I, p. 53.

vastes plaines de la Valachie et de la Moldavie, où ses eaux s'unissent enfin à la mer Noire.

» La *Theiss*, *Tissa* en hongrois, est, après le Danube, la rivière la plus considérable de la Hongrie. Elle se forme, à l'extrême limite du Marmaros et de la Bukowine, par la réunion de la Theiss-Blanche et de la Theiss-Noire, qui descendent du versant occidental des Karpathes : la première du mont Pietros, et la seconde du mont Csorna. Elle traverse les vastes marais des comitats de Szathmar et de Szabolcs, et après un circuit considérable tourne tout-à-fait au sud dans les vastes plaines de la Hongrie, à travers lesquelles elle coule jusqu'au Danube, où elle se jette entre Semlin et Peterwardein. Cette rivière reçoit dans son cours presque toutes les eaux de la Transylvanie et la plus grande partie de celles des montagnes septentrionales de la Hongrie. Parmi celles que la Theiss reçoit de Transylvanie, nous remarquerons d'abord le *Szamos* qui présente deux branches, dont la plus grande vient des montagnes les plus orientales de la principauté, et ensuite le *Körös* ou *Kœrœs*, dont les différentes branches naissent au milieu des montagnes qui forment les limites du comitat de Bihar et de la Transylvanie ; on en distingue trois sous les noms de Kœrœs *rapide*, de Kœrœs *noir*, et de Kœrœs *blanc* ; il résulte de leur réunion une rivière assez forte, qui va porter à la Theiss, vis-à-vis de Csongrad, la plus grande partie des eaux rassemblées sur les pentes occidentales des premières montagnes de Transylvanie. Tout le terrain que traversent les trois Kœrœs est extrêmement marécageux ; le baron de Vay évalue à 28,089 hectares (55,000 arpents) la quantité de terrain usurpé seulement par le Kœrœs rapide, et à 35,750 hectares (70,000 arpents) la quantité des terrains fangeux qui sont inondés de temps à autre. Le *Maros* ou *Marosch* (*Mureschul*, en valaque), qui est encore une des grandes rivières de Hongrie, prend sa source au fond de la Transylvanie, au mont *Magos*, dans les hautes montagnes du siége de Csik ; elle reçoit l'*Aranyos*, venant par un circuit des montagnes occidentales de la Transylvanie, et les deux *Kukullo* (*Kuckel* en allemand, *Tœrnava* en valaque), qui prennent au contraire leurs sources dans les parties orientales de la principauté. Le Maros aboutit à la Theiss vis-à-vis Szegedin. Parmi les rivières que la Theiss reçoit des montagnes du nord de la Hongrie, on distingue le *Bodrog*, qui lui apporte, au-dessous de Tokay, toutes les eaux des comitats de Zemplin, de Unghvar et de Béregh ; le *Hernath*, qui, prenant sa source dans le comitat de Zips, reçoit par la Tarcza les eaux du comitat de Saros, et par le Sajo toutes celles des environs de Gömor et de Torna ; enfin, les petites rivières d'Eger, de Zagyra, etc., qui portent à la Theiss les eaux des montagnes de Matra, de Czerhatz, etc.

» C'est ainsi qu'au milieu des plaines de la Hongrie la Theiss roule une masse d'eau considérable, et la jonction du Maros, près Szegedin, n'a pas moins de 600 pieds de large. Les Hongrois disent qu'il y a dans la Theiss autant de poissons que d'eau. Comme la Theiss, le Maros, le Körös, le Szamos, le Bodrog, sont navigables dans une grande partie de leur cours, on devrait s'attendre à les voir animés par un commerce actif ; mais les rives trop basses, et bordées de marais impraticables, empêchent souvent la communication d'un endroit à l'autre. On ne remonte pas la Theiss au-dessus de Szegedin, quoiqu'elle porte bateau à Szigeth, et cette rivière ne sert guère que de communication avec l'intérieur de la Transylvanie, au moyen du Maros, qui est navigable jusqu'à Karlsbourg. Une plaine basse, mais solide, sépare la Theiss du Danube ; on la coupe par le *canal François*, long de 14 milles allemands, et navigué par 1,100 bateaux.

» La *Save*, *Szava* en illyrien, *Szava-vize* en hongrois, *Sau* en allemand, qui forme en partie la limite méridionale des Etats hongrois, vient des montagnes de la Carniole, à travers la Styrie, et entre dans la Hongrie près de Zagrab ; elle reçoit la *Kulpa*, l'*Unna*, le *Verbas*, la *Bosna* et la *Drina* ; elle coule sur un lit d'argile mêlée de sable et de grès ; sa pente est peu considérable, aussi déborde-t-elle fréquemment et couvre-t-elle alors toutes les plaines basses qui l'avoisinent, où elle laisse souvent des eaux stagnantes pendant la plus grande partie de l'année. On l'a encaissée par des digues dans un assez grand nombre d'endroits ; mais il arrive souvent que ces travaux sont emportés par la violence des eaux. Cette rivière, de 110 lieues de longueur, qui est navigable dans la plus grande partie de son cours, ṛst la voie ordinaire de l'exportation des grains et des tabacs dans la Dalmatie et l'Italie. Les bateaux remontent jusqu'à Sziszek, d'où ils se dirigent par la Kulpa jusqu'à Karlstat; de là les chargements sont transportés par terre.

La *Drave*, en allemand *Drau*, qui, sous le nom primitif de *Drage*, prend sa source dans le Tyrol, se porte directement au sud-est pour se jeter dans le Danube au-dessous d'Eszek. Cette rivière forme la limite naturelle entre la Hongrie et les deux provinces de Croatie et d'Esclavonie; elle a 160 lieues de longueur; le principal cours d'eau qu'elle reçoit est la *Mur*, venant de la Styrie. A partir de Legrad, le cours de la Drave commence à se ralentir, et, arrivée dans l'Esclavonie, où sa pente est encore moins considérable, cette rivière se répand fréquemment dans les terres, et y laisse beaucoup d'eaux stagnantes, surtout vers son embouchure. Elle commence à être navigable à Villach; le grand nombre d'arbres qu'elle a entraînés dans sa course en rend la navigation très dangereuse.

» Une seule petite rivière, mais cependant navigable, refuse au Danube le tribut de ses eaux; c'est le *Poprad*, qui prend sa source au pied méridional des montagnes de Tatra, dans le comitat de Zips; elle tourne subitement au nord pour se jeter dans le Dunajec, dont les sources se trouvent en Galicie, sur la pente septentrionale du Tatra, et qui va bientôt lui-même, après un cours de 34 lieues, grossir la Vistule.

» L'*Aluta*, ou l'*Alt*, se distingue aussi par un cours singulier : née dans les montagnes orientales de la Transylvanie, les Nagy-Hagyrnas, elle traverse du nord au sud une vallée alpine, revient sur elle-même au nord, vers les limites du district de Kronstadt, coule ensuite à l'ouest, et enfin, arrivée dans le district d'Hermanstadt, se courbe subitement au sud pour s'échapper au passage de la Tour-Rouge, traverser la Valachie, et se jeter dans le Danube près de Nikopoli, après un cours de 90 lieues.

» Le climat de la Hongrie varie surtout d'après l'élévation du sol. Le Tatra seul garde des neiges éternelles; mais sur plusieurs autres montagnes, même dans la Transylvanie, les neiges restent encore au mois de juillet. Le nord de la Hongrie, moins rempli de montagnes élevées, participe pourtant au climat froid des deux hauts massifs qui l'avoisinent. Dans les comitats d'Arva, de Liptau et de Zips, au nord-ouest, et dans le Marmaros, au nord-est, l'hiver étale toutes ses rigueurs pendant six mois de l'année; la neige tombe quelquefois en septembre, et ne fond souvent que dans les premiers jours de juin; les grains y fleurissent à peine vers le 20 juin, où ils sont mûrs dans la plaine. Le climat s'adoucit à mesure que les montagnes s'abaissent. Une ligne courbe tirée de Neutra, par le comitat de Honth, à Kaschau, nous paraît marquer la région où les chênes, les hêtres, les arbres fruitiers et le blé commencent à prospérer; tandis qu'une autre ligne courbe tirée par Vacz, Gyöngyös, Erlau, Tokay, signale le climat le plus doux, le climat où la vigne atteint sa perfection, et où les melons couvrent les champs sans que l'on éprouve encore les brouillards et les ardeurs des plaines inférieures. Ces collines heureuses s'élèvent généralement de 6 à 900 pieds au-dessus du niveau de la mer Noire[1]; elles forment comme le rivage verdoyant d'un golfe de plaines. Les montagnes qui séparent la Transylvanie des plaines de la Basse-Hongrie tempèrent considérablement l'air de toute cette province, dont le milieu ne produit que des vins aigrelets, quoique le niveau ne soit que de 666 pieds à Mediasch, et de 882 à Schasbourg, au-dessus de la mer Noire, et quoique la latitude soit de 2 degrés plus méridionale que Tokay.

» La plaine supérieure, garantie par la petite chaîne boisée des monts Bakonie contre les chaleurs excessives, jouit d'une température heureuse, et ses coteaux, parsemés de vignobles, sont un pays de santé comme de plaisir. Cependant les grandes îles du Danube, entre Presbourg et Komorn, ainsi que le vaste marais de Wasen-Hausag, à l'est du lac Ferto, se couvrent de brouillards nuisibles au blé. La plaine inférieure, ou la Hongrie centrale et basse, présente des caractères climatériques tout-à-fait différents : chaleur brûlante dans le jour, froid humide pendant la nuit, exhalaisons des terrains nitreux, miasmes putrides qui s'élèvent des marais, brouillards comme sur un vaste lac, telles sont les qualités dominantes de ce climat. On y ignore à peu près la neige, et l'habitant du milieu

---

[1] Gyöngyös, 155 mètres; Erlau, 180; Tokay, 118; mais c'est le sol des rues.

de cette immense prairie, ne pouvant d'aucun côté apercevoir une montagne, s'étonne de voir le Danube amener des glaçons. Pendant les chaleurs de l'été, les landes de Kecskemet et de Debreczin sont le théâtre de ce phénomène physique appelé mirage, et que les Hongrois nomment *Delibaba*, ou la fée du midi.

» On a beaucoup exagéré l'insalubrité de ces régions basses ; mais elle ne saurait être niée, et elle tient à des causes trop puissantes pour être facilement diminuée. C'est sans doute en partie à l'incurie des habitants qu'il faut attribuer les épizooties et les maladies endémiques, si fréquentes dans les parties basses de la Hongrie. Des eaux stagnantes y exhalent, pendant les fortes chaleurs de l'été, les vapeurs les plus méphitiques et les plus nuisibles à la santé des hommes. Mais comment une population plus nombreuse et plus industrieuse ferait-elle pour absorber cette masse d'eau qui descend de tous les pays environnants ? Les Hongrois proprement dits paraissent en souffrir moins que les Allemands et les Esclavons. Il faut convenir, d'un autre côté, que les eaux salées et nitratées, dans plusieurs comtés, infectent tellement toutes les sources, qu'on ne peut obtenir qu'à force de filtrations une eau tant soit peu propre aux besoins domestiques. L'usage immodéré des viandes a été considéré par quelques anciens médecins comme la cause de plusieurs maladies fréquentes dans ce pays, particulièrement de celle connue sous le nom de *charbon de Hongrie*, ainsi que du scorbut. Mais les savants modernes ont prouvé par de nombreuses observations que la classe d'habitants la plus exposée à ces maladies est celle des Valaques, qui, conformément aux préceptes de leur religion, passent 238 jours de l'année sans manger de viande ; les femmes surtout, qui vivent d'eau et de légumes, en meurent fréquemment [1].

« C'est à tort, dit M. Beudant, qu'on a souvent présenté la Hongrie comme le tombeau » des étrangers. Il est de fait que le climat y » est en général très sain ; que les maladies » n'y sont ni plus fréquentes ni plus meur» trières que dans toutes les contrées environ» nantes, et que les habitants conservent leur » énergie et leur force aussi long-temps qu'ail» leurs. Il est vrai que l'étranger peut avoir » besoin de prendre quelques précautions ; » que les jours sont souvent extrêmement » chauds, tandis que les nuits sont très frai» ches ; que souvent, au milieu du jour, il » s'élève dans telle ou telle localité des bises » dont il est nécessaire de se garantir. Mais » il n'est aucun pays chaud qui ne présente des » inconvénients de ce genre, et où le voya» geur ne doive un peu se guider d'après les » habitudes des indigènes. Il est nécessaire, » en Hongrie, de se couvrir assez pour ne pas » avoir à craindre les changements subits de » température, lorsqu'on passe d'un lieu dans » l'autre, ou la fraîcheur des nuits, lorsqu'on » se trouve exposé à les passer à peu près en » plein air. D'un autre côté, les vins de Hon» grie sont très spiritueux, et l'abus auquel » leur excellente qualité ne porte que trop ai» sément, peut enflammer le sang et causer » de graves accidents. En général, s'il m'est » permis de citer ma propre expérience, je » puis affirmer que, malgré toutes les fatigues » et toutes les privations que j'ai éprouvées » pendant mon séjour dans cette contrée, je » n'ai jamais ressenti les effets de l'insalu» brité que j'avais vus souvent cités dans les » livres, et sur laquelle, à Vienne même, on » entend faire encore mille contes absurdes. »

» Nous n'avons pas l'obligation de tracer un tableau géognostique de la Hongrie, mais nous emprunterons à MM. Beudant, Kitaibel, Esmark et Lefebvre, quelques grands traits sur la constitution du sol de ce pays. Les roches granitiques dominent dans le groupe de Tatra, dans les montagnes les plus orientales du Marmaros, et dans la grande chaîne méridionale de la Transylvanie. Les cimes du Tatra montrent le granite à nu ; mais un peu plus bas cette roche est recouverte par d'immenses couches de calcaire compacte et plus généralement saccharoïde, sur lequel s'appuient à leur tour des schistes argileux [1]. Dans la Transylvanie, c'est la roche nommée *grauwacke*, et composée de sable quartzeux et de mica, qui recouvre ou environne, la plupart du temps, le pied des montagnes granitiques ; mais au sud de la grande chaîne, une

---

[1] Gœmeri, de Indole aeris hungarici. Vienne, 1765. — Schrand (*Proto-medicus* de la Hongrie); Notice sur le scorbut. Vienne, 1803.

[1] *Esmark*, Journal des mines, N° XLVII p. 819. *Lefebvre*, même Journal, XII, 39.

masse de calcaire compacte appartenant à la formation intermédiaire ou de sédiment inférieur, separe la Valachie du Bannat, et c'est cette même roche qui, après avoir resserré le lit du Danube, reparaît en Servie et en Bosnie (¹). Arrivés aux terrains secondaires, les géologues entrent en guerre, comme c'est leur usage. « Les chaines moyennes, dit l'un d'eux, qui ont une direction transversale à celle de la grande chaîne, se composent ici de porphyre-syénite, là de calcaire grenu ; c'est dans ces montagnes que sont déposés les trésors métalliques dont la nature a si libéralement pourvu la Hongrie et la Transylvanie. Dans le calcaire grenu, les métaux sont par bancs ; dans le porphyre, ils sont par filons (²). » C'est encore entre ces montagnes, et quelquefois même aux pieds de la chaîne calcaire intermédiaire, et au-dessus d'un grès de sédiment moyen auquel on a donné le nom de grès des Karpathes (*Karpathes-Sandstein*), que se montrent les immenses dépôts de sel gemme, dépôts dont on ne connaît pas toute l'étendue, et qui se retrouvent également de l'autre côté des Karpathes, en Pologne ou en Galicie (³). Après la région des métaux et du sel, viennent encore des hauteurs qui s'avancent dans la plaine comme autant de promontoires, et dont la masse principale consiste en roches calcaires de seconde formation, remplies ou accompagnées de débris de corps marins, et ayant à leurs côtés des terrains meubles, déposés par couches, pleins de bois fossile ; enfin des terrains d'alluvions, dans le langage des géologues (⁴). On est bien autrement frappé quand on descend dans la plaine. Déjà, entre les collines, on voit jaillir plus de 300 sources salées, la plupart très chargées. D'autres sources sont imprégnées de nitre ; on en trouve depuis Szamos jusqu'aux environs de Vienne, et depuis les Karpathes jusqu'aux bords de la Drave et du Danube. Enfin, des lacs, ou plutôt des mares pleines de soude carbonatée ou de natron, remplissent toutes les plaines, mais principalement celles du comitat de Bihar : desséchées dans l'été, elles présentent l'aspect d'un creux couvert d'une efflorescence blanchâtre (⁵) ; ajoutez à ces phénomènes généraux l'arrangement régulier de tous ces sels, les marais de natron entourés de magnésie sulfatée, mais sans aucun mélange ; les terres d'alun et de nitre séparées par couches parallèles ; du sel blanc et du sel brun étendu, près Thorda, en couches alternatives (¹) ; enfin, dans le centre du pays, une plaine tracée au niveau et pétrie de coquillages.

» Si l'on considère maintenant que cette plaine se termine par une gorge unique et étroite, puisqu'il est certain qu'il existe au midi de la Hongrie un rapprochement entre les montagnes de la Transylvanie et celles de la Servie, qui tiennent aussi aux Alpes par la Dalmatie, rapprochement tout-à-fait semblable à celui qui, en Autriche, resserre le cours du Danube, il semble assez naturel de supposer que la Basse-Hongrie (²) a pu être le bassin d'un lac dans le fond duquel se seraient déposées toutes les cristallisations salines et alcalines dont le sol de ce pays est imprégné. Les coquillages qui y abondent auraient également habité ce lac, et auraient péri lors de la révolution qui, en ouvrant ou en élargissant le détroit par où passe le Danube, a dû le laisser à sec.

» Mais laissons aux voyageurs futurs le soin de développer, de confirmer ou de réfuter cette hypothèse. Nous rappellerons encore quelques traits curieux sur les montagnes isolées et sur les terrains les plus remarquables. M. Beudant, plus méthodique que ses devanciers, a démontré que le porphyre-syénite de Schemnitz et de Kremnitz est environné circulairement d'un grand massif de trachyte, roche mélangée, à texture quelquefois poreuse et toujours d'origine volcanique (³), et il retrouve cette roche au mont Matra, dans l'Hégy-Allya, dans le Vihorlet et dans la branche intérieure du massif oriental de la Transylvanie ; le trachyte ainsi domine dans les montagnes de seconde hauteur de tous ces pays. Les montagnes plus basses du nord de la Hongrie, et presque toutes celles de la Galicie, se compo-

---

(¹) *Beudant*, Carte géologique de la Hongrie. — (²) *Esmark*, Journal des mines, 815. — (³) *Fichtel*, Histoire du sel gemme, *passim*. — (⁴) *Schedius*, Journal de Hongrie, n° III, art. VI. — (⁵) Divers mémoires dans les *Annales de chimie* de *Crell*.

(¹) *Esmark*, loc. cit., p. 820. — (²) On prend ici l'épithète *basse* dans le sens *physique*, et non pas dans celui de la géographie politique. — (³) Le *trachyte* d'Haüy est le *trapp porphyr* de Werner : son nom est tiré du grec (τραχὺς), qui signifie *rude*, parce que le caractère que présente cette roche au toucher est la *rudesse*. Elle est formée d'une pâte pétro-siliceuse enveloppant des cristaux de l'espèce de feldspath appelée *albite*.   J. H.

sent, selon M. Beudant, de grès houiller, au milieu duquel s'élèvent des pics de roche calcaire et de grauwacke. Le grès houiller occupe aussi toute la partie centrale de la Transylvanie; il y supporte des dépôts de sel gemme encore plus abondant qu'en Pologne (¹). Les basaltes couronnent en beaucoup d'endroits le massif métallifère autour de Schemnitz, où le *Mont du Calvaire* (Calvarien-berg), cône isolé de 734 mètres, renferme un filon de bois carbonisé (²). Le pays au nord de Matra, vers les sources de l'Ipoly et de la Zagira, en offre beaucoup de masses; mais le groupe le plus remarquable se trouve par-dessus les montagnes de grès à lignite, au nord, à l'ouest et au sud du lac Balaton. A moins de prendre les éruptions qui ont fait jaillir les basaltes pour des révolutions volcaniques, on trouve peu de traces certaines de l'action des volcans dans la Hongrie; les prétendues laves de M. Fichtel sont très douteuses. On peut, si l'on veut, avec MM. Beudant et de Buch, considérer les terrains trachytiques comme le produit du feu sous les eaux d'une mer ancienne; mais ce feu prodigieux du globe encore en mal d'enfant, ne doit être assimilé au feu de nos volcans que comme l'étincelle à l'incendie. »

Dans toute son étendue, le sol de la Hongrie présente les masses de dépôts que nous allons énumérer, en commençant par la partie septentrionale, bornée par les Karpathes. Ces montagnes offrent, depuis le cours du Gran, des cimes de calcaire compacte, s'élevant sur des masses de grauwacke; depuis le Gran jusqu'au Sajo supérieur, des gneiss, des grauwackes, des calcaires; depuis le Sajo jusqu'au Hernat, se succèdent des grauwackes, des calcaires magnésiens, des grès à lignites; entre le Hernat et le Bodrog, s'élève un groupe de montagnes de trachyte. Le Tatra se compose de granite, de gneiss, de grauwacke et de calcaire compacte : les montagnes de Vihorlet sont formées de trachyte. Au nord de tous ces monts, la chaîne des Karpathes est presque entièrement composée de grès houiller, sur lequel s'élèvent çà et là des bandes de porphyre. Le trachyte domine encore à l'ouest et au sud du mont Borlò, entièrement formé de calcaire compacte. Au nord et au sud de la Haute-Theiss, on trouve des dépôts salifères.

(¹) *Beudant*, Carte géologique. —(²) *Esmark*, Journal des mines, XLVII, p. 806.

Dans la partie orientale, nous signalerons, entre la Theiss et le Szamos, les environs de Felsö-Banya et de Najy-Banya, qui, sur une étendue de 15 lieues de longueur et de 5 lieues de largeur, sont entièrement porphyriques. A l'ouest de ces porphyres, s'étendent des dépôts de grès à lignite, et au sud de grès houiller, avec de dépôts salifères qui se prolongent jusque près des bords de l'Aluta, qui coule au milieu du grès à lignite, appuyé au sud sur des gneiss et des granits, tandis qu'une ceinture de montagnes de trachyte, et plus à l'orient de grauwacke, forme la frontière de la Hongrie. A l'est du vaste dépôt de grès houiller, se continue la bande de grès à lignite au milieu de laquelle coule l'Aluta : cette bande se divise en trois parties, dont deux s'étendent au nord et l'autre au sud. Les deux premières entourent des masses de granit, de calcaire secondaire à encrinites, de grauwacke, de porphyre, de calcaire parisien, et des mamelons de calcaire compacte. La troisième entoure une masse de grès houiller qui s'appuie sur le granit.

La partie occidentale présente, au bas des Karpathes, un vaste dépôt de grès à lignite qui remonte jusque dans la Croatie, et du milieu duquel s'élèvent des sommets de grauwacke, de calcaire magnésien, de trachyte, de porphyre et de calcaire parisien. A l'ouest de ce grès, tout le bassin du Danube, depuis Gran jusqu'à Presbourg, est formé de dépôts d'alluvions, et toute la Hongrie centrale et méridionale comprend les mêmes dépôts, du milieu desquels on voit s'élever çà et là des mamelons de calcaire grossier parisien, et du calcaire lacustre; seulement, au sud de Péterwardein, une longue bande de grès à lignite s'étend encore sur la rive droite du Danube, et est dominée vers le centre par des masses de la roche feldspathique appelée *euphotide*.

« Où s'égarent nos pas? Laissons là les géologistes, et occupons-nous des productions aussi abondantes que précieuses dont la Hongrie est enrichie par les mains de la nature. Un ancien proverbe hongrois dit que Neusohl est ceint de murs de cuivre, Schemnitz de murs d'argent, et Kremnitz de murs d'or. Les métaux de toute espèce, à l'exception de l'étain, se trouvent dans les montagnes karpathiennes; les mines d'or de *Schemnitz* et de *Kremnitz* ont cependant beaucoup perdu de leur ancienne richesse; on n'y trouve aujourd'hui que peu d'or massif, et le quintal de minerai ne contient que 2 ou 3 drachmes de ce métal. Le produit annuel monte de 2 à 3,000 marcs d'or, et de 80 à 90,000 marcs d'argent (¹). La mine la plus profonde de Schemnitz est de 200 toises au-dessous du sol : néanmoins elle est encore à 162 toises au-dessus de la surface de la mer. Les mines de *Felso* et de *Nagy-Banya*, dans le comitat de Szathmar, sont assez productives. On trouve de l'or pur sur le mont Ponor, dans le comitat de Bihar(²). Mais l'or de Botza, dans le comitat de Liptau, qui se trouve mêlé avec l'argent dans du schiste gris, est regardé comme le plus fin de la Hongrie, et en général de toute l'Europe. Toutes les rivières de la Transylvanie charrient de l'or; mais l'*Aranyos* est celle qui en porte les plus grandes paillettes. Parmi les 40 mines de ce pays, les unes se trouvent dans les montagnes de grès de Véraespatax, les autres dans la roche amphibolique (*hornstein*) de Fazebay; celle de *Nagy-ag* offre un minerai singulièrement riche, et remarquable sous plusieurs rapports minéralogiques; il contient depuis 45 jusqu'à 170 onces d'argent au quintal, et 200 à 210 deniers d'or au marc; ainsi il donne un tiers d'or et deux tiers d'argent. Malgré cela, ces mines, après avoir commencé par donner un bénéfice net de 20,000 florins par mois, sont maintenant exploitées à perte(³). Les filons ne se trouvent point dans une roche volcanique, comme quelques auteurs l'avaient affirmé; c'est un porphyre-syénite singulièrement décomposé et dénaturé; les filons s'entrecroisent de la manière la plus bizarre. C'est dans le minerai de Nagy-ag que M. Kitaibel a le premier découvert le métal nommé *tellure*(⁴). Le lavage d'or dans la Drave, aux confins de la Croatie, de la Hongrie et de la Styrie, donne 1,800 marcs par an; dans le comitat de Temesch, qui fait partie du Bannat, on retire des rivières 12,000 marcs d'or. Plusieurs traces d'anciennes exploitations semblent prouver que les Romains ont connu les trésors métalliques de la Transylvanie et du Bannat de Temeswar, qui faisaient partie de la province de *Dacie*.

» Le fer se trouve dans les comitats de Gömor, de Sohl, de Honth, de Veszprim, de Zips, d'Abaujvar, dans le Bannat de Temeswar, dans la Transylvanie, à Wagda, Hunyad, Donsatra et autres endroits. Le produit annuel s'élève à 3 ou 400,000 quintaux.

» Le cuivre abonde surtout dans les mines de Neusohl, Herrengrund, Rosenau, Schmölnitz, Gölnitz, Dobkau, en Hongrie propre; à Dognaczscha et Deutsch-Orawitz, dans le Bannat de Temeswar; à Deva, Wesel et Guraszada, en Transylvanie. La Hongrie seule produit annuellement 38,000 quintaux de cuivre d'une qualité supérieure; la Sibérie est le seul pays de l'ancien continent qui ait une plus grande abondance de ce métal.

» Le plomb, le mercure natif, l'antimoine, l'orpiment, ou sulfure d'arsenic, le cinabre, ou sulfure de mercure, le soufre, le vitriol de cuivre et de zinc, l'alun, méritent encore d'être cités parmi les minéraux de la Hongrie. Le produit n'en est pas si considérable que celui des mines d'or, d'argent et de cuivre; néanmoins elles seraient remarquées et vantées dans bien d'autres pays. On y exploite plus de 24,000 quintaux de plomb. La seule mine de Zlatna, en Transylvanie, donne 760 quintaux de mercure (¹); les exploitations d'antimoine produisent 5,200 quintaux. Dans les environs de Debreczin et de Grosswardein, l'alcali minéral, ou le natron, se trouve en une efflorescence légère sur des terrains sablonneux; quelquefois le lac Kis-Maria en est couvert. Le produit annuel en est estimé à 10,000 quintaux.

» Une production bien plus importante, c'est le sel, soit fossile, soit de source. Les immenses dépôts de sel minéral accompagnent principalement les dépôts de sédiment supérieur, et semblent, comme ceux-ci, avoir été couverts par les eaux de la mer. Dans cette région où, pour ainsi dire, chaque rocher est un bloc de sel, on voit passer à côté de ces masses salines des ruisseaux limpides dont les eaux n'ont aucun goût saumâtre; mais

---

(¹) *Demian* dit que toute la Hongrie produit 87,000 marcs. Il a été frappé à Kremnitz, depuis 1740 jusqu'en 1773, pour 100 millions de florins en monnaie d'or et d'argent. *Demian*, I, 203. — (²) Journal de Hongrie, IV, 5. — (³) La mine est proprement à *Szekerembe*, à un mille et demi de Nagy-ag. La gangue est du quartz blanc. Cette mine, probablement exploitée par les Romains, fut retrouvée en 1747 par un Valaque. *Stutz*, Phys. miner. beschreib. von Nagy-ag Vienne. 1803. — (⁴) *Schodius*, Journal de Hongrie, I, p. 275 à 277.

(¹) *Hassel*, Statist. d'Autriche, p. 120.

descendu dans la plaine, on rencontre à chaque pas des sources saumâtres et même très salées qui jaillissent au pied des collines (¹). Le sel de roche et de source se trouve en quantité étonnante, surtout en Transylvanie, à Torda, Vizaka, Kolos, Szek, Dées, et plus encore à Parajd. Il y a dans cette province 6 mines de sel, 25 endroits où il s'en trouve des indices, et 120 puits salés. La production annuelle monte à plus d'un million de quintaux. Rhonaszek dans le comitat de Marmaros, mérite le premier rang parmi les salines de la Hongrie propre. Celle de Nagy-Bosca, de Szlatina et autres en sont voisines. Cette province seule produit environ 600,000 quintaux par an (²). Le gouvernement retire un immense profit de cette propriété. Quelques uns l'évaluent à 10 millions de florins.

» La Hongrie ne manque pas de ces roches et de ces pierres que recherchent l'industrie, le luxe des arts ou la curiosité des amateurs. On trouve dans le Bannat une sorte de pouzzolane qui sert aux mêmes usages que celle de l'Italie, des pierres ponces qui offrent tous les caractères et le degré d'utilité de celles des îles volcaniques de la Méditerranée; du marbre de différentes qualités, surtout du rouge, à Grosswardein et à Dotis; d'autre dans le comitat de Krasso, qui rivalise avec celui de Carrare ; de l'albâtre, de l'aimant, de l'asbeste fibreuse verte, à Dobschau; du cristal de roche à double pyramide hexagone, qu'on vend pour des diamants (³); de l'aventurine, des calcédoines, des jaspes, des grenats ordinaires qui sont contenus dans la mine de cuivre à Dognaczka ; dans le Bannat, des opales nobles, soit irisées soit couleur de topaze jaune, à Czerwenica, près Kaschau, seule mine en Europe; de prétendues topazes enfumées, des améthystes, des bois opalisés et du bois bitumineux à odeur de truffe. Une richesse plus réelle, c'est la houille ; elle ne paraît pas abondante ; cependant une houillère près OEdenbourg a fourni, en 1806, près de 300,000 quintaux.

» La Hongrie est riche en sources minérales. Nous en pourrions citer un grand nombre, en ne nous arrêtant qu'aux plus importantes. Dans le comitat de Saros, les eaux de *Bartfeld* ou de *Tapoly* sont situées à un quart de lieue de cette ville dans une vallée arrosée par la rivière de Tapoj. Trois sources y fournissent des eaux à boire et trois autres des eaux thermales. Elles sont efficaces surtout dans les affections intestinales et rhumatismales. Les eaux de *Fured*, dans le comitat de Szalad, se trouvent sur le *Plattensée;* elles sont la propriété du couvent de Tihany, et sous tous les rapports elles remplacent les eaux de Spa. Les bains d'*Hercule*, au fond d'une étroite vallée traversée par la Czerna, jouissaient déjà d'une grande réputation au temps des Romains. On y voit encore des monuments des empereurs et de quelques sénateurs qui les ont fréquentées. On y distingue huit sources, toutes d'une température différente, mais si élevée qu'il est impossible d'y rester plus de dix minutes : on dit qu'elles ont de 30 à 40 degrés du thermomètre de Réaumur. Elles sont prescrites dans les affections rhumatismales et dans les fièvres intermittentes. Le comitat d'Abaujvar possède les eaux de *Keket*, situées près du village de ce nom, à quelques milles de Kaschau. Ces eaux ont été long-temps négligées; mais leur situation dans une contrée agréable a déterminé la construction d'un établissement convenable sous tous les rapports et très fréquenté depuis que les médecins en crédit les recommandent contre les toux opiniâtres, la goutte et les hémorroïdes. Les eaux de *Lublau*, près de la ville de ce nom, sur la rive droite du Poprad, ne sont avantageusement connues que depuis l'an 1808 : elles peuvent remplacer celles de Pyrmont et de Spa. Les cinq bains de *Bude* ou d'*Ofen* sont connus pour leurs vertus salutaires; ils n'ont que le seul inconvénient d'être un peu éloignés de la ville. La source minérale de *Postyen*, dans le village de Téplitz (¹), sur la rive droite du Waag, dans le comitat de Neutra, est à la température de 48 à 50 degrés de Réaumur : on la recommande en boisson contre la paralysie, les crispations de nerfs et les obstructions. Les eaux de *Szalatnya*, dans le comitat de Honte, sont au nombre des plus précieuses de l'Europe. Celles de *Szkleno*, entre Alstatht et Schemnitz, dans le comitat de Barse, comprennent six sources dont la température est à 44 degrés de Réaumur. Elles sont très fréquentées. Celles de

---

(¹) *Fichtel*, Histoire du sel gemme. — (²) *Demian*, I, 187. *Fichtel*, etc. — (³) *Beudant*, II, 299, 303.

(¹) Ce nom vient du slavon *teply* (chaud) : il est probable que les autres *Téplitz* ou *Tœplitz* ont la même étymologie.

Szobrantz, à deux milles d'Unghvar, sont célèbres par leur efficacité contre les affections scrofuleuses, la goutte et d'autres maladies (¹).

» Le règne végétal n'offre ni moins de richesse ni moins de variété que le règne minéral. Ici, ce sont les campagnes les plus riantes, où le froment, le blé sarrasin, le millet, le riz, le maïs, récompensent un travail léger par une moisson immense; là, ce sont des vignobles qui produisent les meilleurs vins de toute l'Europe ; plus loin, des pâturages nourrissent des troupeaux aussi nombreux, aussi beaux que ceux de l'Oukraine. Quoique l'économie rurale soit ici de beaucoup inférieure à celle d'Allemagne, néanmoins l'extrême bonté du sol et l'influence bienfaisante du climat procurent aux Hongrois, presque sans travail, toutes ces richesses qui rarement ailleurs se trouvent réunies. Aussi toutes les provinces ne participent-elles pas également à ces bienfaits de la nature; les contrées montagneuses du nord manquent même quelquefois de grains, et on y est souvent forcé de manger, comme en Norwége et en Ecosse, du pain d'avoine. On y cultive une variété particulière de seigle, nommée *ikrista*, et qui est venue de Moravie. Il y a aussi des plaines stériles dans le milieu, le long du Danube. Le comitat de Bihar surpasse tout le reste pour les blés. Les provinces méridionales de la Hongrie abondent surtout en une variété de maïs qu'on nomme *kukurus* (koukourous) ou *kukurutza*, et qui a souvent des épis d'un pied de long. Les cinq plantations de riz qui existaient en 1802 dans le Bannat (²) ont eu le plus grand succès, et ont servi à répandre plus loin cette culture, bien convenable aux parties marécageuses de la Hongrie. »

Un auteur hongrois, peut-être un peu trop prévenu en faveur de son pays, dit que la vigueur de la végétation y est telle, que 6 à 8 prunes de Hongrie pèsent une livre; qu'on a vu des cerises dont il ne fallait que 17 pour faire le même poids; que dans le comitat de Beregh on récolte des pommes qui pèsent une livre un quart; que les poires des environs de Presbourg sont à peu près du même poids; que près de Beregh les sapins atteignent la hauteur de 216 pieds, et un diamètre de plus de 6; que l'on y voit des chênes très droits qui ont plus de 114 pieds de hauteur sur un diamètre de 6 pieds, et des érables hauts de 84 pieds sur 34 de circonférence (¹).

« C'est dans le comitat de Zemplin, dans le district de Tokay, près le village de Tarczal, sur le mont Mézès-Malé (c'est-à-dire rayon de miel), que croit le fameux *vin de Tokay*, regardé par les Hongrois comme un nectar digne de la table des dieux. Ce vin, qui même dans son canton natif est fort rare, doit ses excellentes qualités en partie au sol, qui n'est qu'une poussière brune, douce, friable et légère, fermentant avec les acides, et ressemblant à du basalte décomposé, et en partie au soin qu'on a de cueillir d'avance les premiers raisins mûrs, de les sécher, et d'en extraire une essence semblable au miel pour le goût et à la thériaque pour la vue. C'est en mélant cette essence au vin ordinaire du canton qu'on produit le véritable vin de Tokay, dont il y a deux sortes, l'une appelée *ausbruch*, l'autre *amsklass*; le premier se vend par *antals*, le second par barils qui contiennent deux antals : dans le masklass, il y a deux fois autant de vin ordinaire, avec la même quantité de l'essence, que dans l'ausbruch. Keresztur, Sator-Wihely, Tallya, Mada, Toltswa, Sator-Allya, et autres vignobles voisins, fournissent tout le vin qui dans le commerce porte le nom de Tokay. Ceux qui se prétendent doués au plus haut degré de la science du gourmet, assurent que les vins de Tokay propre, de Tarczal et de Mada, ont le plus de douceur, celui de Tallya le plus de corps, et celui de Zombor le plus de force; ils ajoutent que ceux de Szegi et Zsadany offrent le bouquet le plus exquis, et que le Toltswa et le Benye petillent d'un feu plus vif que les autres. C'est aux soins du roi Bela IV que la Hongrie doit ces précieux vignobles : il en fit venir, en 1241, les premiers plants, qui avaient été choisis parmi les meilleurs de l'Italie et de la Grèce. Une espèce, qu'on nomme encore *formint*, descend, dit-on, de ces fameuses collines de Formies qui, selon Horace, fournissaient la table de Mécène; d'autres plants ont été apportés de Malvoisie, en Morée, par les Vénitiens. On prétend que les prélats du concile de Trente, et le pape lui-même, ont reconnu la

---

(¹) *Szepeshazy* et *Thiele*: Mekwurdigkeiten des Kœnigsreichs Ungarn; 1825. — (²) *Struve*, Aventures et courses, etc., 1802, en allemand, cité par Demian.

— (¹) *Csaplovics*: Gemahlde von Ungarn. 1829.

supériorité de ces vins sur ceux d'Italie et de France. Il est certain que le savant Hermann Conring vantait déjà ces vins en 1576, quoiqu'il paraisse que leur grande célébrité, et la meilleure méthode de les faire, ne datent que de l'an 1650. Aujourd'hui le produit annuel de tout le canton est de 400,000 *eimer* ou 232,000 hectolitres. La principale consommation s'en fait à Vienne et à Varsovie (¹).

» Outre ce vin fameux, la Hongrie en possède encore de très bonnes sortes. Celui de Menès égale presque le Tokay en feu et en arome; il remplace parfaitement le Malaga. Le vin de Rusth, sur le lac de Neusiedel, doit, selon Busching, « brûler comme de l'alcool. » OEdenbourg, Wersitz dans le Bannat, et les montagnes autour de Bude, donnent des vins qui, selon les Hongrois, égalent le Bordeaux, tandis que ceux de Villany et de Vagh-Ujhely seraient comparables aux meilleurs vins de Bourgogne. Il paraît que les vins de Schiracs, Vashegy, Szeredny et Magyarad ont toute la pétulance du champagne mousseux. Mais c'est dans la partie occidentale de l'Esclavonie, connue sous le nom de Syrmie, qu'il faut chercher les vins les plus spiritueux et les plus séduisants après celui de Tokay. Le vin rouge de Syrmie égale le Monte-Pulciano. Le plus ancien vignoble est celui du mont Alma; les premiers plants furent mis en terre par l'empereur Probus, l'an 270. Mais ni les vins d'Esclavonie, ni ceux de Croatie, ne supportent le transport; ceux de la Transylvanie le supporteraient, mais ne le valent guère. La Hongrie propre renferme plus de 911,000 arpents de vignobles qui, année commune, donnent 18,230,000 *eimer* (10,318,180 hectolitres) de vin.

» Le lin et le chanvre viennent surtout dans le Bannat, dans les comitats d'Arva, d'Eisenbourg, de Zips et de Saros. Le pastel et la garance sont cultivés dans le comitat de Borsod, près d'Apatin, et dans le Bannat. Les melons et les arbouses à chair rouge, les pruniers, les cerisiers à fruit gros et excellent, enrichissent toutes les tables. On exporte près de 200,000 quintaux de tabac. Les *Safraniczi*, ou cultivateurs du safran, sont des paysans du nord de la Hongrie; on y a de très bonnes noix de galle.

» La Hongrie n'est pas riche en bois; elle ne renferme des forêts, d'ailleurs peu considérables, que vers le nord et l'ouest, ainsi que dans la Transylvanie. La grande plaine où les fleuves du pays se réunissent, manque d'arbres; les habitants de cette partie sont obligés d'employer, pour se chauffer, des roseaux, de la paille et d'autres combustibles semblables. La forêt de Bakony, la plus considérable parmi celles de la Hongrie, est remplie de chênes de la plus grande beauté; il y en a qui sont presque aussi droits et aussi hauts que les sapins. Les monts Karpathiens sont couverts de *pinus pumilio*, appelés ici *krumholz*, et dont on tire un suc connu sous le nom de baume de Hongrie. Parmi les arbres qui fournissent du joli bois de menuiserie, on distingue l'if et le coudrier de Byzance (*corylus cornuta* L.); on y trouve aussi le tilleul blanc, qu'on croyait n'appartenir qu'à l'Amérique. Toute la Hongrie renferme 8,942,740 arpents de bois de haute futaie.

» Terminons cette esquisse du règne végétal par l'indication des zones qu'un savant botaniste a déterminées de la manière suivante: 1° la plaine cultivée en blé et en arbres fruitiers jusqu'aux premières montagnes, à peu près à 1,500 pieds au-dessus de la mer; 2° la région montueuse où le hêtre prospère avec les chênes et les châtaigniers, jusqu'à 4,000, ou, plus exactement, 3,935 pieds; 3° la région subalpine, depuis 4,000 pieds, où cesse le hêtre, jusqu'à 4,600 pieds, où le sapin disparaît; c'est la région des arbres conifères, et on n'y voit pas le bouleau, comme en Skandinavie, dépasser le sapin et former la limite des arbres; 4° la région alpine inférieure de 4,600 à 5,600 pieds, où le pincrin (*pinus mugho*) cesse de croître; c'est le séjour des plantes alpines, des arbustes conifères et de quelques sapins rabougris et isolés; 5° la région alpine supérieure, qui peut elle-même être subdivisée en deux bandes, l'une jusqu'à 6,500 pieds, où l'on aperçoit de temps à autre quelques plantes alpines et un *pinus mugho* languissant; l'autre jusqu'au sommet, ou à 8,000 pieds environ, où la roche nue se couvre de noirs lichens (¹). Cette classification

---

(¹) *Notitia Hist. pol. œcon. montium viniferorum comit. Zemplin*; par M. *Szermay*. A Kaschau, 1798. *Uber Tokais wein bau*; par M. de Deresen. Vienne, 1795.

(¹) *Wahlenberg*, Flora Carpathorum, LXVII, p. 308, 311.

sera sans doute modifiée et augmentée, si un botaniste-géographe parcourt de nouveau toute la Hongrie, et principalement s'il observe l'intérieur de la Transylvanie, où une température plus froide et une sorte de clôture circulaire de montagnes font supposer une végétation particulière. Si les montagnes de Bihar s'élèvent à plus de 4,600 pieds, comme on doit le conclure d'après Kitaibel, il serait intéressant de savoir s'il s'y montre une flore subalpine. Quant à la région des plaines de M. Wahlenberg, il faut, ce nous semble, distinguer la plaine supérieure d'avec la plaine inférieure. Dans celle-ci, le nénufar du Nil flotte sur toutes les eaux courantes. Mais le trait le plus important à observer, ce serait les rapports entre la flore des Karpathes et celles des montagnes de Bosnie, de Croatie, de Styrie et du sud-ouest de la Hongrie. Cette flore de Pannonie tire-t-elle un caractère particulier de la latitude plus méridionale et de la nature du sol, où le calcaire et le grès à lignite prédominent? En laissant ces problèmes aux voyageurs à venir, occupons-nous du règne animal.

» Le bétail à cornes est de la plus forte race; il a le poil et les cornes d'une longueur extraordinaire; il se distingue encore par sa couleur grise. Les troupeaux les plus nombreux paissent dans les grandes plaines, entre Debreczin, Gyula, Temeswar et Pesth; mais les bœufs que nourrit la Transylvanie sur ses collines verdoyantes ont la chair plus délicate. On trouva, en 1786, que le nombre des bœufs de la Hongrie était de 2,394,000; on croit qu'il a diminué. On en conduit tous les ans 150,000 têtes en Autriche et en Italie. La Hongrie renferme 1,486,000 arpents de prairies qui donnent par an 17,000,000 de quintaux de foin (¹) et 6,229,000 arpents de pâturages.

» Mais à côté des prairies que la nature elle-même revêt de la verdure la plus riante, l'indolent Hongrois laisse de vastes communaux en proie aux eaux stagnantes et aux mauvaises herbes. C'est là qu'il envoie paître ses moutons et ses chevaux.

» Le mouton indigène de Hongrie est d'une espèce particulière; c'est l'*ovis strepsiceros* L. Ce mouton se distingue par sa grande taille et ses cornes tournées en spirale; sa laine est courte et grossière. Du croisement de cette race indigène avec les moutons de Turquie, il est résulté une variété répandue dans le midi de la Hongrie, et dont la peau, garnie de sa laine, fournit une jolie pelisse. Dans la Hongrie occidentale, et surtout dans le comitat de Raab (¹), on a introduit des moutons d'Espagne, dont la laine se vend 120 florins, tandis que la laine ordinaire n'en vaut que 40. On s'occupe beaucoup depuis plusieurs années d'améliorer la laine des moutons; mais les troupeaux passent une grande partie de l'année en plein air, usage qui leur est souvent préjudiciable.

» Les chevaux des seigneurs sont beaux et légers, mais petits. Les grands propriétaires commencent aussi depuis quelques années à en améliorer la race: il en est un assez grand nombre qui ont des haras particuliers dans leurs terres. Le haras royal, près de Mézohegyes, dans le comitat de Csanad, renferme toujours environ 10,000 étalons et cavales. Les Arméniens élèvent surtout de beaux chevaux. Les paysans hongrois en ont très peu et d'une mauvaise espèce. L'Autriche ne saurait remonter de ses propres moyens sa grosse cavalerie. Les grands seigneurs se servent des chevaux napolitains pour la selle, et des holstenois ou danois pour l'attelage (¹). On a des buffles, des mulets et des ânes, mais en petite quantité. Les porcs se trouvent surtout dans le centre de la Hongrie, au nombre de plusieurs millions: la plus grande partie de ces immenses troupeaux ont été achetés maigres dans la Bosnie et la Servie: les paysans hongrois les engraissent; leur chair est une nourriture favorite dans le pays. Le porc de Hongrie est de la variété commune; mais celui de Servie, nommé *mongoulitza*, a le poil crépu. Les poules et les oies de la Hongrie occidentale égalent en qualité celles de la Styrie et de la Bohême; on en exporte beaucoup sous le nom de ces deux pays: tant un *nom* peut donner de mérite, même à des oies! »

Aucune espèce de gibier ne manque ni dans la Hongrie ni dans les pays annexes: cerfs, daims, chamois, marmottes, ours, loups, loutres, martres, loups-cerviers, *lemmings* ou rats de montagnes, aigles et vautours,

---

(¹) *Gretmann*, Éclaircissements de statistique, en allem.

(¹) Mich. *Nemeth*, dans la *Feuille périodique de Hongrie*, 1804, n° I. — (²) *Townson* confond tous ces détails dans une condamnation générale.

coqs de bruyère, perdrix, gelinottes, francolins, bécasses, faisans, oies et canards sauvages, outardes et pélicans : voilà les quadrupèdes et les oiseaux les plus communs dans les forêts de la Hongrie. Rien n'égale la profusion du poisson, soit dans les rivières, soit dans les innombrables lacs et étangs. Le lac Balaton est le seul qui nourrisse le délicieux *fagas* (*perca lucio parca*, L.), poisson que M. Csaplovics prétend à tort ne se trouver que dans le Nil et dans les fleuves de la Sibérie, puisqu'il vit dans les lacs et les fleuves de l'Europe orientale, ainsi que dans la Perse et même en Suède. On estime beaucoup sa chair blanche et tendre. Il atteint ordinairement quatre pieds de longueur. Nous pouvons, dit le même auteur hongrois, nous procurer l'esturgeon de la mer Noire par le Danube et la Theiss, et les saumons délicieux de la Baltique par la rivière de Poprad ([1]). On doit remarquer le huson, ou le grand esturgeon du Danube, dont les œufs servent à faire le caviar. Les carpes étaient, en 1798, en si grande abondance, qu'on en donna la centaine pour cinq florins du Rhin, ce qui fait onze francs le cent, ou onze centimes la pièce; c'était de la meilleure espèce. La Hongrie fournit Vienne de tortues et de grenouilles. On trouve dans quelques rivières des *unio* ou mulettes qui produisent des perles.

« Cette variété d'excellentes productions ferait de la Hongrie le plus beau pays du monde, si la paresse des habitants et les défauts de l'administration féodale n'y retardaient pas les progrès de la civilisation. La partie montagneuse de la Hongrie pourrait égaler les plus beaux pays de la France septentrionale, et la partie basse pourrait rivaliser avec la Lombardie; mais il faudrait, pour arriver à ce but, plus de population, plus de canaux, plus d'industrie, moins de priviléges, et, après tout, la prospérité du pays dépendrait toujours de la domination du Danube, qui en est le seul débouché naturel. »

LIVRE QUATRE-VINGT-NEUVIÈME.

Suite de la Description de l'Europe. — Description topographique et ethnographique de la Hongrie et de ses annexes.

« Nous allons parcourir les provinces, les villes et les lieux mémorables des pays hongrois ou liés à la Hongrie; mais afin d'éviter une sécheresse fastidieuse, nous allons entrecouper la description des lieux par la peinture des nations qui les habitent. Nous prendrons une marche entièrement géographique en partant du centre, et en examinant successivement les parties extérieures par masses, autant qu'il se peut, naturelles, et qui rappellent pourtant les grandes divisions politiques, dont le détail est renvoyé aux tableaux et aux cartes. Comme chaque endroit a deux noms au moins, et quelquefois cinq, savoir, en hongrois, en latin-hongrois, en allemand, en slavon et en valaque, nous devons, après toutes nos précautions contre l'ennui, demander l'indulgence de ceux qui n'aiment pas les nomenclatures. »

([1]) *Csaplovics*: Gemahlde von Ungarn.

Remarquons d'abord dans le centre *Ofen*, en hongrois *Buda*, en slavon *Budin*, sur la rive droite du Danube, ville libre, royale, et ancienne capitale de toute la Hongrie, qui, après avoir long-temps vu Presbourg usurper la première place, a recouvré ses droits, mais non pas toute son ancienne splendeur. On y conserve la couronne hongroise, regardée par toute la nation comme une espèce de *palladium*. Joseph II l'avait fait transférer à Vienne; mais peu de jours avant sa mort il se vit forcé de la faire ramener solennellement à Bude, qui devint alors le siège du conseil de lieutenance royale, c'est-à-dire du suprême corps administratif de la Hongrie. Cette ville, qui passe pour avoir été la résidence d'Attila, l'*Etzelburg* des *saga's*, tant allemandes que skandinaves, doit, dit-on, son nom hongrois à Buda, frère d'Attila. Quelques auteurs font dériver son nom de celui de *Budini*, peuplade scythe dont parle Hérodote; d'autres pensent qu'il vient du mot slave *Voda* qui signifie *eau*, parce qu'il existe plusieurs sources minérales dans les environs de cette ville, et que par la même raison il a pu recevoir des Allemands la dénomination de *Bad*, *Bod* ou *Bud*, dans les différents patois germaniques, d'où les Esclavons auront fait *Budin*, et que les Hongrois auront transformé en *Bada*, *Boda* ou *Buda*. Quant au nom allemand de *Ofen*, on s'accorde à le faire dériver des *fours à chaux* (*Kalk-Öfen*) qui se trouvent dans ses environs[1]. Cette ville fut érigée en ville royale par le roi Bela IV et agrandie par Mathias. Elle a été entre les mains des Turcs depuis 1529 jusqu'en 1686[2]; elle porte encore les traces des dévastations qu'elle a subies. Les bains chauds construits par les Turcs méritent d'être vus.

Sur le plateau d'une montagne isolée s'étend la plus grande partie de la ville, appelée la *Ville haute*, entourée de fortifications qui furent célèbres pendant la guerre contre les Turcs. Tout autour s'étend la ville basse; au nord le quartier appelé *Christinastadt* ou le quartier Christine, au sud le *Raisenstadt* ou le quartier des Rasciens: brûlé en 1810, il a été rebâti dans le meilleur goût. En remontant le cours du Danube on trouve le *Fischerstadt* et le *Wasserstadt*, comme on dirait le quartier poissonnier et le quartier aquatique. Dans le *Neustift* on voit sur la place principale la colonne de la Trinité, haute de 50 pieds. La circonférence de toute la ville est de deux lieues et demie. Le palais du vice-roi, construit dans le style le plus moderne au milieu de la forteresse, domine la ville haute: il est remarquable par son étendue et sa position magnifique. On y conserve les joyaux de la couronne de Hongrie. On remarque encore le palais qui renferme l'ancien observatoire, et sur une montagne voisine appelée Blocksberg, haute de 278 pieds au-dessus du Danube, le nouvel observatoire dépendant de l'université de Pesth. Outre cet établissement, on doit citer l'archigymnase (*archigymnasium*), deux écoles principales (*Hauptschulen*), une école de dessin, un collège pour les Illyriens et plusieurs maisons d'éducation pour les jeunes personnes, ainsi que divers établissements de bienfaisance, tels qu'un hôpital et un hospice d'orphelins. On y compte quatre couvents et cinq églises dont les tours carrées se terminent par de petites coupoles. Quatre d'entre celles-ci sont catholiques, et la cinquième est grecque. Dans la belle saison, époque à laquelle la noblesse vit dans ses terres, cette ville est fort triste; mais l'hiver elle très animée. Elle compte environ 35,000 habitants.

Les eaux minérales d'Ofen jouissent d'une certaine célébrité. Ses quatre principaux bains, ceux du bloc (*Blocksbad*), des *Rasciens* (*Raiserbad*), du pont (*Brückbad*), et de l'empereur (*Kaiserbad*), sont à différents degrés de chaleur: le dernier est à 46 degrés (Fahr.) L'une des promenades les plus fréquentées de ses environs est l'île *Marguerite*, ou du *Palatin*, qui s'étend un peu plus haut au milieu du Danube; le premier de ces noms lui vient d'un couvent qui n'existe plus, et dans lequel vécut Marguerite, fille du roi Bela IV. Cette île, transformée en un charmant jardin, a 1,000 pas de longueur sur 400 de largeur. Les vignes que l'on cultive près de la ville produisent annuellement 150,000 *eimer* (87,000 hectolitres) de vin. Ofen renferme 16 cafés et possède une centaine de fiacres. Son commerce consiste principalement dans la vente de ses vins; son industrie est peu digne de fixer l'attention: cependant nous devons dire qu'on y fabrique des soieries, des voitures, des liqueurs et des cuirs vernis. Elle compte plusieurs imprimeries: celle de l'université consomme annuellement 1,500 rames de papier. Des vestiges de temples, de bains et d'aqueducs, que l'on a découverts dans la ville haute annoncent qu'Ofen remplace une ville romaine que l'on croit être *Sicambria*.

On ne peut regarder Bude que comme la forteresse de *Pesth*, ville libre, royale, située sur la rive gauche du Danube, et qui communique de l'une à l'autre par un pont de bateaux long de 450 mètres, et qui sera bientôt remplacé par un pont suspendu en fer. Le nom slave de cette dernière est *Pessi*. Au mois de mars 1838 cette ville a été ravagée par le Danube, qui s'éleva à 9 mètres au-dessus de son niveau ordinaire. Le fleuve charriait des glaces, et comme depuis le mois de janvier toutes les caves étaient remplies d'eau, des rues entières furent renversées; on compta plus de

---

[1] Beudant, Voyage minéralogique et géologique en Hongrie; t. II, pag. 365. — [2] *Max. Fried. Thielen*: Alphabetisch-topographisches Postereisehandbuch für den Oesterreichischen Kaiserstadt.

1,500 maisons qui furent détruites. L'inondation fut causée par l'amoncèlement des glaçons au-dessous de Pesth, qui arrêtèrent les eaux du fleuve et le firent refluer dans la ville. Ces désastres ont été réparés, et comme ce n'est pas la première fois que Pesth éprouve les effets des inondations, la plupart des maisons ont été rebâties sur pilotis. On y trouve les tribunaux supérieurs de tout le royaume, les bureaux du gouvernement, des rues larges, de belles maisons, quelques palais de la noblesse, et de jolies promenades. Une magnifique place entourée de beaux édifices borde son port. C'est dans ses murs que s'assemble ordinairement la diète de Hongrie, et que réside le surintendant de la confession helvétique, qui comprend dans sa juridiction le cercle en-deçà du Danube. Pesth est une des plus grandes et des plus belles villes du royaume. Le mouvement qui y règne contraste avec le silence qui distingue Bude. Elle est environnée de quatre beaux faubourgs remplis de jardins agréables. Elle se divise en ancienne et nouvelle ville. Toutes les deux se composent de rues assez régulières, mais la dernière est généralement mieux bâtie. Les édifices qui s'y font le plus remarquer sont l'hôtel des Invalides, ou la grande caserne, qui renferme 3,000 hommes outre un bataillon de la garnison; une autre caserne, appelée le nouveau bâtiment (*Neugebaude*), le nouveau théâtre, l'un des plus grands de l'Europe, et les bâtiments de l'Université où l'on compte 40 professeurs et plus de 800 étudiants, et qui renferme une collection d'histoire naturelle et une bibliothèque considérable, mais un peu ancienne.

Le Musée national mérite une mention toute particulière: on y remarque la belle collection de manuscrits du conseiller Keler, toutes les richesses que renfermaient les galeries de Sankowicz et que le gouvernement a achetées 1,400,000 florins; un grand nombre de manuscrits des auteurs classiques, entre autres un Tite-Live copié au douzième siècle, des chroniques allemandes qui remontent jusqu'au huitième siècle; enfin une collection de poëtes hongrois qui commence par Janus Pannonius, et qui consiste en 375 ouvrages en latin et 1,000 en hongrois. Parmi les objets d'antiquité on cite un Jupiter-Sérapis, haut de 16 pouces, taillé dans une agate onyx.

Pesth possède aussi un grand nombre d'écoles primaires et secondaires; plus de 4,000 enfants y reçoivent l'instruction. On n'y compte cependant que trois imprimeries, six librairies, mais on y cite une centaine d'auteurs. Il y avait dans cette ville, en 1829, 26 cafés, 800 tavernes et 134 fiacres. Elle offre un assemblage de plusieurs cultes et de diverses nations : on y entend parler hongrois, latin, allemand, slave et grec. Dans le quartier de Josephstadt, c'est le slowaque qui règne; les Rasciens y conservent aussi leur idiome. Dans l'église gréco-valaque on célèbre le culte alternativement en grec et en valaque; les juifs, au nombre de 5 à 6,000, y ont deux synagogues; les catholiques, que l'on porte à 50,000, y possèdent 4 églises; les protestants, évalués à 3,500, y ont 2 temples, et les grecs, au nombre de 1,500, 2 églises. Pesth est, après Vienne, la ville la plus commerçante des bords du Danube; il s'y tient quatre foires; pendant la durée de l'une, qui est de quinze jours, 13 à 14,000 charrettes passent à l'octroi. Elle possède aussi quelques manufactures, mais elle manque de fortifications. Les Hongrois l'appellent leur Vienne, et même leur Londres. La population de Pesth est de plus de 60,000 habitants; réunie à celle de Bude, elle forme un ensemble de plus de 95,000 individus, nombre qui rappelle la population des capitales du second ordre. La fameuse plaine de *Rokasch* est à quelques lieues de Pesth. C'était là que la nation hongroise s'assemblait pour élire ses rois. Quelquefois on y vit 80,000 tentes, sous lesquelles campait toute la noblesse du royaume.

Aux environs de ces villes centrales, en montant au nord, nous voyons *Vacz*, en allemand *Waizen* que l'on prononce *Vaitzen*, ville bien peuplée, sur le Danube, vis-à-vis l'île fertile de Saint-André : elle est la résidence d'un évêque; elle possède un séminaire, un collége de piaristes, un gymnase et un établissement militaire appelé *Ludovizeum*, destiné à former des officiers. Sa magnifique cathédrale, construite sur le modèle de Saint-Pierre de Rome, est une des plus belles églises de la Hongrie : les plus beaux marbres y ont été partout prodigués; elle est décorée de peintures à fresque et de mosaïques. Waizen fait un commerce considérable en céréales, en vins et en bestiaux. *Gödöllo*, en slave *Gedelow*, avec un superbe palais du prince Grassalkowitz, est un bourg de 1,800 habitants où l'on fait un commerce assez important du miel qu'on recueille dans ses environs. A *Vissegrad*, où l'on voit les restes d'une muraille crénelée, il y avait un château royal habité par le grand Mathias Corvin, dans une magnifique exposition, mais aujourd'hui tombé en ruines. *Gran*, ville royale et libre, chef-lieu de comitat, près du confluent du Gran et du Danube que l'on y traverse sur un pont volant, est le siège d'un archevêché catholique; mais le titulaire, primat de Hongrie, ne l'habite plus; elle est la résidence d'un évêque grec-uni. Cette ville est riche en noms; elle s'appelle *Esztergom* en hongrois, *Ostrihom* en slavon, et *Strigonium* en latin officiel. Elle s'appuie à une colline où l'on voit les restes d'une ancienne forteresse qui commandait le fleuve. Une belle église bâtie sur le plan d'une croix grecque, mais qui malheureusement n'est point achevée, couronne dignement la colline. On remarque dans cette cité une autre église, le palais de l'archevêque, un vaste séminaire, l'hôtel-de-ville, et la colonne de la Trinité. Parmi ses établissements industriels on ne peut citer qu'une fabrique de draps. Gran est la patrie du martyr Stéphan, premier titulaire de l'archevêché. Elle a des bains chauds très renommés. Cependant un voyageur anglais raconte sérieusement que les grenouilles en tirent plus de profit que les habitants.

Nous allons parcourir la partie nord du cercle *cis-danubien* de la prétendue *Hongrie inférieure*, terme absurde, car nous voyons approcher les montagnes. Aussi a-t-on tout-à-fait abandonné la division géographique qui faisait appeler *haute Hongrie* toute la partie qui s'étend à l'est de la Theiss, et *basse Hongrie* celle qui occupe toute la région à l'ouest de cette rivière. Fixons nos regards sur *Presbourg*, en hongrois *Posony*, en slave *Pressporek*, une des plus belles villes de la Hongrie, et même long-temps regardée comme sa capitale. Elle a perdu ce rang définitivement en 1790, bien que la diète s'y soit assemblée cinq ou six fois depuis cette époque. Elle est sur une colline dont le sommet, élevé de 30 mètres au-dessus du Danube, est couronné par un château, vaste édifice quadrangulaire flanqué d'une tour carrée à chaque angle, et qui tombe en ruines. Au bas de la ville le fleuve se partage en plusieurs bras, dont l'un est traversé par un pont de bateaux de plus de 480 toises de longueur. De l'autre côté du fleuve s'étend une agréable promenade où toute la haute société se rassemble. Les fortifications qui séparaient Presbourg de ses faubourgs n'existent plus; ceux-ci sont plus beaux que la ville: les rues en sont plus larges et les maisons mieux bâties; les faubourgs renferment plusieurs jolies places publiques, tandis que la ville n'en a que deux, dont la plus grande est ornée d'une fontaine et la plus petite d'une fontaine et d'une colonne érigée par Léopold Ier en l'honneur de la Vierge. La cathédrale, surmontée d'un haut clocher, est d'une belle architecture ogivale. C'est dans cette église que les rois de Hongrie se faisaient autrefois couronner. Presbourg possède une bibliothèque publique, un institut pour la littérature slave, un archigymnase, un séminaire et le principal gymnase luthérien de la Hongrie. Le comte d'Appony y a fait transférer de Vienne sa riche bibliothèque qu'il ouvre à tous ceux qui le désirent, afin qu'elle contribue à répandre les lumières et l'instruction dans sa patrie. Elle a aussi une académie des sciences. Le commerce sur le Danube, quelques manufactures de lainages, de soieries, de tabac et des tanneries, ainsi que la proximité de Vienne, concourent à animer cette ville peuplée de 40,000 individus dont environ 32,000 appartiennent au culte catholique, 5,500 à la confession d'Augsbourg, plus de 2,000 au culte israélite et quelques centaines au rite grec. On croit que Presbourg a été fondé par les Iazyges, long-temps avant la domination romaine. La *Colline royale* (*Kœnigsberg*) mérite d'être remarquée: c'est une sorte de tribune en pierre garnie d'une balustrade, au sommet de laquelle chaque roi de Hongrie après son couronnement monte en grand costume royal et à cheval en brandissant l'épée de saint Étienne vers les quatre points cardinaux, pour indiquer qu'il défendra le royaume contre tous ses ennemis.

Les plaines et les collines des environs de Presbourg sont fertiles en blé et en vins; les pâturages nourrissent de beaux bestiaux et une race de béliers remarquable par sa grosseur et la beauté de ses cornes.

Au sud de Presbourg s'étend la grande île de *Schütt*, en hongrois *Czaòllköz*, fertile en fruits et en herbages, mais exposée à des brouillards qui détruisent le blé, et dont les habitants sont sujets aux goîtres. Le district appelé *Szek-Vaika*, « le siége de Vaika, » est un petit Etat à part, formé d'une partie des domaines de l'archevêque de Gran ; les petits nobles qui les tiennent en fief s'appellent *prædialistes*, et vivent sous une administration spéciale. *Komorn*, en hongrois *Komarom*, en slave *Komarna*, ville antique de plus de 12,000 habitants, est situé à l'extrémité orientale de l'île, au confluent du Donau-Vaag, de la Neutra et du Danube ; elle appartient au cercle *trans-danubien*; sa citadelle n'a jamais été prise : elle passe pour une des plus fortes de l'Europe ; on y entretient une nombreuse garnison. Charlemagne battit les Huns-Avares dans cette île. Quatre églises, dont une dédiée à saint André, est assez belle ; des quais spacieux, des maisons d'une bonne apparence annoncent que l'aisance règne dans cette ville.

Au nord de Presbourg, nous remarquons *Tyrnau*, en hongrois *Nagy-Szombath*, ville manufacturière et bien bâtie, mais malsaine. On y remarque les vastes bâtiments de la maison des Invalides. Son principal commerce est la vente des vins de Hongrie : on cite les vastes caves d'une seule maison de commerce qui renferment ordinairement 40 à 50,000 *eimer* de vins (22,640 à 28,300 hectolitres), et dans lesquelles se trouve un tonneau qui contient 119,440 litres, c'est-à-dire beaucoup plus que le fameux foudre d'Heidelberg. *Modern*, en hongrois *Modor*, est une petite ville qui a le titre de royale et qui est le siége d'une surintendance de la confession d'Augsbourg. *Landsitz*, ou *Cseklesz*, est un bourg qui renferme une manufacture d'indiennes, avec un magnifique château appartenant aux comtes Esterhazy. Plus au nord nous verrons *Léopoldstad*, ou *Léopoldvara*, petite forteresse située près de la rive droite de Waag dans une plaine marécageuse ; *Miava*, bourg industrieux de 10,000 habitants, est célèbre pour ses distilleries et surtout ses confitures. *Pösteny*, ou *Püschtin*, et *Rajecz*, bourg avec des sources chaudes, ainsi que le village appelé *Teplitz*, et en slave *Teplicz*.

Entrons dans le pays des mines. Au fond d'un sombre vallon nous découvrons *Kremnitz*, *Körmöcz-Banya* en hongrois, siége de la chambre royale des mines, avec un hôtel des monnaies. Ces établissements sont dans les faubourgs : la ville n'est formée que d'une quarantaine de maisons, au milieu desquelles s'élève une église catholique. Mais *Schemnitz*, *Selymecz-Banya* en hongrois, *Sstavnica* en slavon, est la première parmi les villes de mines par sa population et l'activité du travail. Elle renferme 22,000 habitants. Bien qu'elle soit bâtie avec irrégularité, on y remarque un grand nombre d'habitations propres et même élégantes, et quelques belles églises. La célèbre école des mines de cette ville fut fondée par Marie-Thérèse : on y a attaché une chaire des sciences forestières. Il est fâcheux que cet établissement soit maintenant au-dessous de la réputation qu'il s'était acquise ; c'est du moins l'opinion qu'on doit s'en former d'après le témoignage d'un de nos savants les plus aptes à porter un jugement sur de semblables questions.

« L'école des mines établie à Schemnitz
» par l'impératrice Marie-Thérèse a acquis à
» sa naissance une juste célébrité par toute
» l'Europe. Les encouragements donnés à tous
» ceux qui se livraient aux sciences, les ta-
» lents des professeurs, des améliorations no-
» tables dans les procédés d'extraction, dans
» le traitement des minerais, y ont attiré de
» toutes parts un nombreux concours d'élèves,
» comme aussi de savants très distingués.
» Mais à peine existe-t-il maintenant quelques
» traces de cette splendeur passagère. Plus
» occupée aujourd'hui de réaliser des produits
» que de propager les connaissances utiles, la
» chambre des mines ne semble mettre d'inté-
» rêt qu'à surveiller la gestion des finances ;
» c'est le principal emploi qu'elle confie à ses
» officiers ; tout ce qui regarde la science, et
» même le perfectionnement de l'art, est comme
» un objet subalterne qui semble à peine mé-
» riter son attention. Aussi point de profes-
» seurs livrés spécialement à l'étude des di-
» verses branches de la science du mineur,
» quelques officiers des mines sont seulement
» chargés, comme par surcroît, de faire quel-
» ques cours, auxquels ils ne peuvent jamais
» sacrifier que le temps qu'ils dérobent aux
» affaires administratives. On ne fait aucune
» différence entre l'ingénieur et le mineur ; les
» mêmes leçons doivent servir à tous deux, et
» il en résulte nécessairement qu'elles ne con-

» viennent ni à l'un ni à l'autre. Il n'y a pour
» laboratoire qu'une salle dépourvue des us-
» tensiles nécessaires, et pour collection qu'un
» amas confus d'échantillons mal choisis, en-
» tassés pêle-mêle, et couverts de poussière.
» Tel est l'état dans lequel se trouve aujour-
» d'hui cette école célèbre; et sa décadence
» entraînera la ruine totale de ces belles ex-
» ploitations, qui commencent déjà à se sentir
» fortement de cet impardonnable abandon.
» Il y a des hommes de mérite parmi les of-
» ficiers des mines; mais leurs efforts sont
» paralysés par l'esprit entièrement fiscal qui
» règne dans toute l'administration. La quo-
» tité des produits est en quelque sorte or-
» donnée d'avance, et la chambre refuse d'en
» distraire les fonds les plus indispensables,
» non seulement pour l'avantage de la science,
» mais encore pour l'accroissement même de
» cette branche importante de revenus. Heu-
» reusement les travaux que l'insouciance n'a
» pu encore détruire, rappellent aux voyageurs
» le génie qui les a conduits dans des temps de
» prospérité (¹). »

Les mines de Schemnitz sont les plus importantes de l'Europe : elles renferment de l'or,
de l'argent, du plomb, du cuivre, du fer, du
soufre et de l'arsenic. On y a poussé les travaux jusqu'à la profondeur de 1,100 pieds ;
des machines simples et ingénieuses y sont
employées à retirer les eaux. Leur produit a
beaucoup diminué depuis plusieurs années :
cependant on l'évalue encore à la somme de
2 millions de florins. Elles sont la propriété
du gouvernement ; mais tout propriétaire d'un
terrain peut y ouvrir une mine, sous la condition de vendre le métal au gouvernement à un
prix établi. En 1828 on a introduit dans ces
mines l'usage d'une machine qui tire les eaux
d'une profondeur de 304 pieds. Nous devons
citer encore d'autres lieux importants par leur
richesse minérale : tel est le village d'*Herrengrund*, en hongrois *Urvolgy*, situé à 5 lieues
au nord de Kremnitz, où l'on a adopté depuis
long-temps, pour perdre le moins possible de
métal, l'usage de faire passer sur de vieilles
ferrailles les eaux qui se chargent continuellement de sulfate de cuivre ; ce sulfate alors se
décompose, et le cuivre se dépose à l'état métallique sur la surface des morceaux de fer. On

(¹) Beudant, Voyage minéralogique et géologique
en Hongrie, t. I.

tire aussi de ces mines environ 1,500 quintaux
de cuivre et 600 marcs d'argent. Nous citerons encore la ville de *Neusohl*, en hongrois
Bestercze-Banya, en slavon *Bánska-Bystrice*,
ville libre et royale, siége d'un évêché suffragant de l'archevêché de Gran, d'une surintendance de la confession d'Augsbourg, d'une
direction et d'un tribunal des mines, renfermant un vaste et vieux château, et une belle
église couverte en cuivre et remplie d'ornements précieux. On y fabrique des armes blanches, et l'on exploite dans ses environs un minerai de cuivre noir qui donne quelques onces
d'or par quintal. *Altsohl*, en hongrois *Zolyom*,
en slavon *Zwolen*, à 3 ou 4 lieues de la précédente, paraît avoir eu jadis des mines en
exploitation dans son voisinage. Il en est de
même de la petite ville de *Königsberg*, que les
Hongrois nomment *Uj-Bania*, et les Slovaques *Nova-Banya* ou *la Nouvelle-mine* : les
mines d'or que l'on exploitait dans ses environs ont été comblées par des éboulements.
Cette cité, qui jouit du double titre de libre et
de royale, mériterait à peine le rang de village en France : à l'exception de l'hôtel-de-
ville, que la reine Marie fit construire en 1382.
elle n'offre qu'un assemblage irrégulier de misérables habitations. « Tout aux environs, dit
» M. Beudant, présente un aspect triste et
» sauvage ; ce n'est qu'en portant ses regards
» vers le fond de la vallée qu'on découvre un
» paysage qui serait sans doute fort insigni-
» fiant partout ailleurs, mais qui, par compa-
» raison, produit ici un effet assez riant.
» D'épaisses forêts couronnent les hautes mon-
» tagnes ; les toits des diverses machines
» d'extraction, les petites maisons des mineurs,
» qui, dans le bas, s'élèvent çà et là au milieu
» des arbres, une église un peu plus élevée,
» qui se trouve sur le premier plan, ne laissent
» pas que de présenter un tableau assez agréa-
» ble ; mais il faut se garder d'approcher, car
» bientôt des amas de déblais tirés des mines,
» et qui se décomposent à l'air, enlèvent toute
» illusion. En tout, c'est un séjour fort triste,
» et sans doute jamais voyageur qui n'aura
» pas l'étude de la nature pour objet, ne s'ar-
» rêtera en ces lieux. »

« Toute la population qui s'occupe des travaux de mines, quoique laborieuse, sobre et
religieuse, présente l'extérieur de la pauvreté
et presque de la misère. Le genre de leurs oc-

capatious et la rigueur du climat excluent l'élégance des vêtements; la nature sombre et grande qui les environne leur interdit les pensers joyeux, et au milieu de ces trésors qui agitent le monde, leur indifférence et leur frugalité les rendent comme étrangers à la terre. Mais comme leur regard étincelle d'un feu concentré lorsqu'un voyageur s'intéresse à leurs travaux ! comme ils offrent avec enthousiasme leurs services à celui qui veut descendre dans leurs galeries souterraines ! »

Descendons vers les rives de la Neutra, affluent du Waag, nous y verrons la petite ville de *Neutra*, chef-lieu d'un comitat du même nom. C'est le siège d'un évêché qui passe pour l'un des plus anciens de la Hongrie. Aux lisières du pays des mines, on trouve près de la rive gauche de la Rima, que l'on passe sur un beau pont, *Rima-Szombath*, en allemand *Gross-Steffelsdorff*, en slave *Rymawska-Sobota*, bourg florissant par ses manufactures, ses tanneries et ses fabriques de pipes; *Saint-Niklas*, en hongrois *Szent-Miklos*, où il y avait un beau collége de jésuites; *Saint-Martin*, où l'on voit une assez belle église, et *Skleno*, autrement *Glashütte*, avec des bains chauds très fréquentés.

Les montagnes calcaires, dans les comtés de Thurocz, de Liptau et d'Arva, renferment entre leurs bancs, très vastes et horizontaux, d'immenses creux qui forment des cavernes nombreuses. Les plus célèbres sont celles de *Drachenhœhle*, près *Demanova* ou *Demeny-Falva*; elles renferment des ossements d'animaux gigantesques. La plus riche en ce genre de curiosités s'appelle la *Caverne du Dragon* ([1]). On prétend aussi avoir trouvé des ossements dans celle qui se nomme *Okno* ([2]). Dans le comitat de Gömör, le village d'*Agtelek* donne son nom à une caverne que l'on nomme aussi Boradla, et qui est célèbre dans le pays par son étendue et les stalactites qu'elle renferme: elle est traversée, dit-on, par une rivière souterraine ([3]). La grotte de *Szilicza* ou *Szilitze* est remplie de glace. Les eaux souterraines ont formé dans celle qu'on surnomme *czierna* (ou noire), des obélisques de glace dont l'éclat contrasté avec les sombres voûtes qui les couvrent. On s'est beaucoup étonné de voir de la glace dans ces cavernes pendant les chaleurs de l'été, et de ne point en voir au commencement de l'hiver. De là, par suite de l'amour que la plupart des hommes ont pour le merveilleux, on a prétendu que ces cavités étaient beaucoup plus froides l'été que l'hiver. Ce qu'il y a de certain, c'est qu'en tout temps elles sont à la température de la glace fondante, c'est-à-dire à zéro. Dans l'été, cette température paraît d'autant plus basse que l'air extérieur est plus chaud; dans l'hiver, comme on n'y éprouve aucune sensation de froid, elles paraissent d'autant plus chaudes que la température extérieure est plus basse. Ajoutons que, lorsqu'on y entre au commencement de l'hiver, on n'y trouve point de glace, ou du moins très peu, tandis qu'elles en renferment beaucoup au commencement de l'été : ce qui fait croire aux hommes peu instruits qu'elle s'y forme pendant cette saison. Voici ce que les lois de la physique démontrent et ce qu'une observation attentive constate : dans le courant de l'hiver, les glaces s'y accumulent, et il s'y en amasse d'autant plus que cette saison a été plus longue et plus froide; elles y augmentent même alors qu'il ne gèle plus à l'extérieur, parce que l'air de la caverne est long-temps à se mettre en équilibre de température : aussi le maximum de la quantité de glaces n'y existe-t-il que dans le courant du printemps; à partir de cette époque, les glaces commencent à se fondre, et sont entièrement fondues, ou du moins à une petite quantité près, lorsque l'hiver recommence, pour reproduire les mêmes phénomènes. On conçoit que l'entrée de la caverne étant du côté du nord, c'est une raison de plus pour que l'abaissement de la température soit plus grand pendant l'hiver et l'élévation moins grande pendant l'été.

« En montant vers le Tatra, d'autres merveilles sont indiquées au voyageur. C'est un ruisseau « qui passe pour tirer du sang des « pieds, » près Trztina; objet bien moins effrayant que son nom, car c'est simplement un cours d'eau brunâtre, où il y a quelque minéral dissous, et qui nuit à la santé de ceux qui pour faire les foins marchent long-temps dans la froide prairie qu'il arrose; ce sont les *rochers de Szulyo*, qui enferment dans un amphithéâtre taillé à pic un village solitaire du même nom; ce sont les trois lacs,

---

[1] Bredetzki, Beytræge zur topog., I, p. 140; *Ungarisches Magazin*, VI, 43-49, 279, 430. — [2] Sartori, Naturwunder, IV, p. 186. — [3] Csaplovics, Gemælde von Ungarn.

vert, noir et *blanc*, qui tirent ce nom des accidents de couleurs produits en partie par la qualité de leur fond, en partie par le reflet des rochers voisins. Le lac vert est en grande partie de couleur noire, mais des sources jaillissant avec force d'un fond de sable blanc, y produisent en beaucoup d'endroits une teinte verte ([1]). »

Le lac de *Palitsch*, près de Theresienstadt, est un de ceux qui déposent sur leurs bords du sous-carbonate de soude : ce qu'il est bon de faire observer, c'est que la formation de ce lac, qui n'a pas moins de 4 à 5 lieues de circonférence, ne date que de la fin du siècle dernier. Il attire une foule innombrable d'oiseaux aquatiques. Les lacs de natron ou de ce sous-carbonate de soude qu'on a souvent confondu avec le salpêtre, se trouvent dans les comitats de Bacs et de Pesth; mais ils sont très nombreux entre Debreczin et Nagy-Varad, surtout dans les landes situées dans toute la région de la haute Theiss. Les efflorescences salines qui se déposent au bord de ces lacs, dont la plupart se dessèchent pendant l'été, leur ont fait donner le nom de *Lacs-Blancs*, en hongrois *Fejer-to*. Elles se renouvellent trois ou quatre jours après qu'elles ont été enlevées, en sorte que pendant la belle saison on en ramasse des quantités considérables qu'on transporte à Debreczin, tant pour la fabrication du savon que pour l'exportation. On en livre ainsi annuellement au commerce plus de 10,000 quintaux, et l'on pourrait en obtenir cinq ou six fois plus si les besoins l'exigeaient, parce qu'on néglige l'exploitation de lacs très riches, uniquement à cause de leur éloignement. Tout le terrain qui les entoure est couvert de *salicornia*, de *salsola*, et d'autres plantes des côtes maritimes, qu'on recueille aussi pour en tirer le même sel par incinération. Le sol sur lequel croissent ces plantes présente un sable quartzeux micacé, blanchâtre ou grisâtre, imprégné de matières salines. Au bord des lacs on trouve une espèce d'argile grise qui paraît noire lorsqu'elle est mouillée, et qui est toujours plus ou moins mélangée de sable.

« Au milieu de ces scènes de la nature, nous passons sans nous en douter dans le cercle endeçà de la *Theiss*, partie de la Hongrie supérieure ; mais continuons à noter les particularités remarquables. Les habitants, allemands, de seize villes libres du comté de Zips, ou plutôt de seize bourgs, méritent l'attention du philosophe. C'est probablement une colonie de la Silésie allemande, appelée par le roi Geysa en même temps que celle de la Transylvanie. Ils jouissent d'une haute réputation de probité et de persévérance, mais ils redoutent la moindre innovation et retiennent jusqu'aux petites manières de leurs ancêtres; cependant, après de mûres réflexions, les hommes ont adopté le pantalon hongrois, tandis que les femmes conservent rigoureusement la forme de leur bonnet. Leur démarche est grave, leur conversation cérémonieuse; mais ce cadre antique ne doit pas faire dédaigner l'intéressant tableau qu'il renferme. Partout on travaille et on prie; les familles sont aussi assidues à l'église qu'aux champs de lin ; les jeunes filles mettent des soins extrêmes à préparer ces matériaux dont leurs frères tirent un tissu solide et élégant. Chaque croisée, chaque petit jardin étale des roses, des narcisses, des giroflées et des œillets, élevés par le soin du beau sexe, qui se pare les dimanches de ces innocents atours. Le nom de *Szasz*, ou saxon, qu'on donne en Hongrie aux Allemands de Zips et de Transylvanie, est un nom générique de toutes les nations germaniques. La colonie allemande de Zips a de grands rapports de dialecte et de mœurs avec la partie montagnarde et industrielle de la Silésie, ce qui n'exclut pas l'origine thuringienne ou rhénanique que l'on a voulu lui assigner ([1]). »

Neudorf, en hongrois *Iglo*, en slave *Nowawes*, est la plus riante des seize villes privilégiées du comitat de Zips, et la plus importante sous le rapport administratif, parce qu'elle est le siège des autorités du comitat, d'un tribunal et d'une direction des mines. L'hôtel-de-ville y est assez beau ; on y trouve des fabriques et des blanchisseries de toiles, des papeteries, des scieries et des usines pour le cuivre et le fer que l'on exploite dans ses environs. On y compte environ 5,500 catholiques et 2,500 luthériens. *Bela*, sur la rive gauche du Poprad, est la plus gothique de

---

([1]) *Beudant*, Voyage, II, p. 116-120.

([1]) *Adelung*, Mithridates, II, 219, et *suppl.* p. 374. *Ungarisches Magazin*, II, 480. Genersich, Mémoires sur Kesmark, à Kaschau, 1804, etc., etc.

ces villes, qui, nous devons le dire, ne sont désignées que sous le titre de bourgs par l'administration. *Kesmark*, bourg industrieux, surtout en fabrication de toiles, est une station favorite des voyageurs. Le *Siége des dix lanciers*, district privilégié, est un reste curieux des institutions féodales de la Hongrie; la noblesse qui l'habite devait fournir une garde de lanciers attachés immédiatement à la personne du roi.

Descendons des Karpathes vers la plaine, par Eperies, Kaschau et Erlau; c'est la grande route de Pologne à Bude et Pesth. La ville royale d'*Eperies*, en slavon *Bressowa*, est le siége d'une cour de justice, d'un évêché grec-uni suffragant de celui de Gran et d'une surintendance de la confession d'Augsbourg, dont la juridiction s'étend sur tout le cercle en-deçà de la Theiss; elle a quelques fortifications, de grands faubourgs; de beaux édifices, entre autres la cathédrale et l'hôtel-de-ville; un gymnase catholique, un collége académique luthérien qui jouit d'une grande réputation, des fabriques de draps et de toiles. Près de *Sowar*, ou *Salzbourg*, village de 4,000 habitants, à trois quarts de lieue d'Eperies, il y a des salines très importantes. *Kaschau*, en hongrois *Kassa*, en slavon *Kossice*, ville libre royale, est regardée comme la capitale de la Hongrie supérieure; elle a joué un rôle dans les guerres civiles. Elle possède une université fondée en 1657, une cathédrale construite avec goût et ornée d'un grand nombre de sculptures, un beau palais épiscopal, un collége luthérien, un grand arsenal, un théâtre assez bien construit, des bains d'eau minérale, des tanneries, des fabriques de tabac et de poteries, et fait un commerce considérable en vins. On lui donne plus de 13,000 habitants. L'air, qui y était malsain, a été corrigé par le dessèchement des marais. Dans les montagnes à l'ouest de cette route, on remarque *Leutschau*, en hongrois *Locze*, ville peu importante, mais connue pour son hydromel. C'est dans son enceinte que fut établie la première imprimerie hongroise; on y voit un bel hôtel-de-ville et une superbe église. *Schmœlnitz* est un grand bourg, avec une des meilleures mines de cuivre de toute la Hongrie; on y exploite aussi de l'or, de l'argent, du fer et du soufre. *Rosenau*, en hongrois *Rozsno-Banya*, siége d'un évêché suffragant d'Erlau, a de grandes blanchisseries de toile, une manufacture de draps, des bains d'eau minérale, et, dans ses environs, de riches mines de cuivre et de mercure. Enfin *Dobschau*, ou *Dobsina*, dans une étroite vallée, renferme les principales usines et forges du comitat de Gömör.

Dans le pays des petites montagnes où nous arrivons en quittant Kaschau, nous voyons, au milieu de vignobles estimés et de champs de melons, le populeux bourg de *Miskolcz* avec plus de 21,000 habitants, dont plusieurs osmanlis; celui de *Gyöngyös*, non moins agréablement situé, avec 8,000 habitants; puis *Erlau*, ville autrefois plus considérable, et qui compte encore près de 18,000 habitants; elle possède un grand collége avec un observatoire astronomique. Depuis 1803, elle est le siége d'un archevêché qui a pour suffragants les évêchés de Szathmar, de Rosenau, de Zips et de Kaschau. Parmi ses édifices, on cite la cathédrale et l'archevêché, mais surtout les bâtiments de l'université. Tous ces édifices, vus des hauteurs voisines, donnent à la ville un aspect assez imposant. Son commerce de vin et ses fabriques de draps la rendent florissante. Le voyageur anglais Townson, impatienté de n'avoir pu goûter dans son auberge le fameux vin d'Erlau, a cru devoir dire beaucoup de mal des habitants; il eût été de meilleure humeur s'il avait dîné à *Fuorcontrasti*, superbe château de l'évêque d'Erlau, à une lieue de cette ville, qui, en hongrois, se nomme *Eger*, en slavon *Iager*, et en latin *Agria*. Sur les deux rives de l'Eger, qui partage la ville en deux parties, il y a des eaux thermales dont les bains, nommés *épiscopaux*, sont les plus fréquentés.

En repartant d'Erlau dans la direction nord-ouest, nous passons le gros bourg d'*Uj-Hely*, appelé généralement *Satorallya-Ujhely*, peuplé de 7 à 8,000 âmes, avec 300 celliers taillés dans le rocher, et le célèbre *Tokay*, ou *Tokai*, dont le nom s'écrit aussi *Tokaj*, ou plus exactement *Nagy-Tokaj*. Ce bourg ne mériterait pas d'être cité, s'il n'était justement célèbre par ses vins; la Theiss, qui le borde, en facilitant son commerce, en fait un séjour assez animé; on y remarque quelques maisons bien bâties; les habitants ont généralement un air d'aisance qui tient à la fertilité du pays.

La culture des vignes dans les environs de *Szanto*, d'*Ujhely* et de *Tokay*, se fait avec un soin tout particulier. « La plantation, la taille,
» les labours, les binages, le terrage pour
» abriter les souches pendant l'hiver, tout
» est surveillé scrupuleusement par le pro-
» priétaire même, qui s'occupe de ses plants
» de vigne avec l'attention qu'un amateur
» pourrait porter à la culture des plantes les
» plus rares et les plus délicates; aussi les
» vignes présentent-elles partout une propreté,
» une symétrie et un air de vigueur qu'on ne
» rencontre pas communément dans les vignes
» ordinaires. Les échalas sont droits, bien
» plantés, les pampres liés avec soin et in-
» telligence, les intervalles entre les ceps mé-
» nagés à propos, les chemins bien tracés, et
» de manière à ce qu'on peut circuler partout,
» visiter tous les points avec la plus grande
» facilité. Mais les vignes sont aussi gardées
» scrupuleusement par des hommes chargés
» de veiller à ce qu'il ne s'y commette au-
» cun dégât, surtout vers la fin de la sai-
» son, lorsque les raisins commencent à
» mûrir.

» La vendange se fait toujours fort tard et
» communément à la fin d'octobre, parce qu'on
» attend que le raisin soit parvenu à sa plus
» grande maturité, et qu'une partie se soit à
» demi desséchée sur les ceps. La qualité du
» vin dépend surtout du temps qu'il fait pen-
» dant l'automne; il faut, pour que le fruit
» puisse mûrir et se dessécher convenable-
» ment, qu'une chaleur suffisante vienne se
» combiner avec la fraîcheur et la rosée des
» nuits, avec les brouillards qu'il fait à cette
» époque; si l'une de ces circonstances vient
» à l'emporter trop sur l'autre, si des gelées
» précoces viennent à se faire sentir, le raisin
» ne parvient point au degré de maturité né-
» cessaire, et les plus belles espérances de
» récoltes s'évanouissent. »

« *Sarospatak* doit nous arrêter : ce bourg de 8,000 habitants renferme un excellent collége, avec plus de 1,200 étudiants appartenant à la religion réformée, et de belles collections scientifiques, ainsi qu'une école catholique, avec une bibliothèque de 20,000 volumes. C'est Ragoczy, l'illustre chef des insurgés, qui a fondé ce collége d'après le plan de Comenius, célèbre et laborieux philologue.

» Nous voilà dans les pays montagneux sur la haute Theiss, premier siége des Hongrois lors de leur entrée dans le royaume. Le château fortifié de *Ung-Var* est un des premiers établissements des Hongrois. *Munkacs*, ou *Munkatsch*, citadelle plus forte, occupe un grand rocher porphyrique, isolé, et presque inaccessible; elle sert de prison à des hommes détenus par raison d'Etat. La digne épouse du patriote Tækæli (que nous nommons Tékéli) défendit cette citadelle pendant trois ans contre les Autrichiens. La forteresse date de l'an 1360; le bourg de Munkacs renferme au-delà de 5,000 âmes; on y fabrique beaucoup de bas; les plus grandes salpêtrières des Etats autrichiens y sont établies. C'est à *Podhering*, à une petite lieue de Munkacs, qu'existe une importante fabrique d'alun où l'on traite le minerai qui s'exploite aux environs de *Bereghszask*.

» En passant dans « le cercle au-delà de la Theiss, » nous y distinguons le bourg d'*Huszth*, avec un château-fort sur un rocher à pic; *Szigeth*, bourg de près de 7,000 habitants qui expédient le sel tiré des mines de *Rhonaszek*; *Nagy-Karoly*, avec 8,000 habitants, et les beaux jardins du comte Karoly; la ville royale de *Nagy-Banya*, c'est-à-dire grande mine, en allemand *Neustadt*, avec 5,000 habitants, un hôtel des monnaies, un tribunal des mines et d'autres établissements, et près de cette ville le bourg de *Felsö-Banya*, c'est-à-dire mine haute, qui surpasse la ville en population; enfin, *Szathmar*, ville entourée en partie de murs, faisant un commerce actif de vins et ayant plus de 12,000 habitants. Le grand marais d'*Ecsed* fournit en abondance de la soude : le bourg qui donne son nom à ce marais renferme deux églises pour les réformés et une pour les unitaires. Il y existe un château, autrefois très fort, où l'on conserva pendant long-temps la couronne de Hongrie.

» Nous nous arrêtons pour jeter un coup d'œil sur les nations qui peuplent toutes ces contrées de la Hongrie septentrionale. Les Magyars ou Hongrois n'y sont pas nombreux; ce sont les *Slowaques* ou *Slovaques*, peuples slavons, anciens sujets du royaume de la grande Moravie, qui habitent toute la partie nord-ouest, et qui s'étendent aussi le long de la frontière septentrionale; ensuite les *Rousniaques*, frères de ceux de la Russie-Rouge, qui dominent dans tout le nord-est. Les Magyars n'occupent que les lisières de la grande plaine, le pays des collines autour de Presbourg, Erlau, Szathmar, et ils ont aussi pénétré dans les montagnes moyennes, vers Torna, Gömör, Kaschau; il en reste dans les comitats d'Unghvar ou Ungh-var et de Beregh. Jetons un coup d'œil sur les deux nations dominantes, l'une et l'autre branches de la grande race slavonne.

» Les Slovaques forment la population presque entière des comitats de Neutra, de Trentschin, de Turocz, d'Arva, de Liptau, de Sohl, de Zips, de Bars, de Saros; ils en forment la moitié, ou un grand tiers, dans ceux de Presbourg, de Honth, de Néograd, de Gömör, de Torn, d'Abaujvar, de Zemplin; ils s'étendent encore dans ceux de Gran et de Pesth, au sud, et dans celui d'Unghvar, au nord-est. Ils sont plus actifs, plus industrieux que les Hongrois; ils s'étendent successivement, et, de nos jours même, il s'en est établi des colonies dans le pays plat et dans beaucoup d'endroits où il n'en existait pas auparavant. Dans tous les lieux où ces Slavons se trouvent établis parmi les Hongrois ou les Allemands, ces derniers cessent bientôt de prospérer; ils perdent leur langue et deviennent Esclavons, ou s'éteignent entièrement. Aussi beaucoup d'endroits qui n'étaient jadis peuplés que d'Allemands, comme, par exemple, les villes de mines, sont-ils aujourd'hui tout-à-fait slavons; et ce qui rend, dit M. Schwartner, cette dénationalisation plus frappante, c'est que les noms de familles et les noms de villes rappellent encore aujourd'hui leur origine allemande.

» Les Slovaques sont en général d'une assez belle taille, et les habitants des hautes montagnes, nommés *Kopaniczares* ([1]), se distinguent même par des formes gigantesques. Le tempérament sanguin des Slaves leur donne une gaieté, une légèreté, une adresse qui en font le contraste complet des Allemands; mais aussi la volupté les domine; ils n'ont ni la probité des Allemands, ni la fierté des Hongrois, ni la bienveillante hospitalité de l'un et de l'autre. La servitude les a flétris; leur langue, qui n'est cultivée que depuis peu, leur

([1]) De *kopanica*, labour fait avec la bêche. Ils sont pour la plupart protestants. Voyez *Fabri*, Mémoires géographiques, t. I, p. 358.

fournit peu de moyens de civilisation intellectuelle; mais leur aptitude pour les mathématiques appliquées, pour les arts mécaniques, pour l'agriculture, les rend des sujets très utiles; leur industrie leur donne de l'aisance; aussi les voit-on les jours de fêtes vêtus avec propreté, quelquefois même avec élégance. Des pantalons de drap, des bottines, un gilet de drap sans manches, garni de très gros boutons d'argent, en forme de grelots ciselés et ouvragés à la surface, voilà ce qui compose leur habillement d'été: le gilet ouvert et flottant par-devant laisse voir la chemise, qui est brodée sur la poitrine, et quelquefois même sur les manches: une ceinture de cuir sert à maintenir les habits autour du corps, et renferme le briquet, l'amadou, la pipe et le sac à tabac; dans l'hiver, une grande pelisse de drap ou de peau de mouton les garantit des rigueurs de la saison. Quant à la coiffure, elle varie dans les différents lieux: souvent nu-tête, les cheveux huilés et assez bien peignés, ils portent ici un large chapeau rond, là une espèce de long tuyau de poêle sans rebord, d'un pied et demi de hauteur; ailleurs, une simple calotte de feutre. Les femmes s'annoncent de loin par le bruit que font leurs bottines à talons de cuivre, et ornées de grelots; elles portent un jupon de drap, et un corset sans manches, ordinairement de couleur foncée; leur chemise, le plus souvent brodée sur les manches, présente quelquefois une garniture en dentelle grossière. Les jeunes filles sont en cheveux, réunis par-derrière en une queue garnie de rubans de toutes couleurs qui flottent sur le dos. Les femmes se coiffent avec une longue bande de toile, qui se place par le milieu sur la tête, vient croiser sur le menton, et les deux bouts, après avoir tourné en arrière du cou, reviennent tomber élégamment sur la poitrine: leur visage est tellement enveloppé par cet ajustement, qu'à peine on aperçoit leur nez. Cette coiffure assez bizarre garantit le cou de la froidure du vent ([1]).

» L'idiome parlé par les Slovaques est un peu différent du slavon de Bohême et de Moravie; mais les sermons sont prononcés en bohême, ou *czéche* (*tchéqhe*) pur et régulier, surtout parmi les protestants. Les livres slovaques

([1]) *Beudant*, Voyage minéralogique et géologique en Hongrie, t. I.

que nous avons vus sont imprimés en caractères allemands. Le total des Slovaques, que l'on distingue, selon les dialectes, en *Horniaques*, *Szotaques*, *Trpaques* et *Krekacses*, etc. dépasse 3,000,000 d'individus.

» Les *Rousniaques* ou *Ruthènes*, qu'on nomme aussi *Orosz*, et par abus Grecs, à cause de la religion qu'ils professent, sont originaires de la Russie-Rouge (Galicie orientale), d'où il paraît que les guerres civiles, les changements de dynastie et l'oppression féodale les ont fait émigrer en Hongrie vers le douzième siècle; ils y habitent particulièrement les comitats de Saros, de Beregh, de Ugocs, de Unghvar, de Zemplin, et une partie du Marmaros : placés ainsi sur la limite de leur pays natal, ils entretiennent des liaisons avec leurs compatriotes qui sont restés en Galicie, dans les cercles de Stanislawow, les Slavons de Stry et de Sambor. Il s'en est aussi établi dans la Bukowine, même en Transylvanie, où ils se sont confondus avec les Valaques. Leur nombre en Hongrie s'élève presqu'à 560,000 individus, que l'on distingue d'après les dialectes, en *Lissaques* et en *Lemaques*.

» C'est une des peuplades demi-sauvages de l'Europe. Sans industrie, sans activité, les Rousniaques mènent en général une vie assez misérable. Arrivés comme fugitifs, ils vivent encore entre eux, et quoique leur langue soit aussi un dialecte slave, il ne paraît pas qu'ils se soient liés avec les autres Esclavons; ce qui tient sans doute en partie à leur religion; les uns suivent le rit grec-uni, les autres le rit grec oriental. Le mariage n'est pas assujetti chez eux à un ordre légal bien fixe; leurs filles, qu'ils fiancent ordinairement à l'âge de cinq ou six ans, sont élevées dans la maison de leurs belles-mères jusqu'à l'âge de nubilité, mais quelquefois un ravisseur enlève une fille restée chez ses parents. Dans le village de *Krasnibrod*, près d'un monastère de l'ordre de saint Basile, il se tient un marché aux filles trois fois dans l'année. A *Maté-Szalka*, dans le comitat de Szathmar, il y a une réunion de ce genre tous les ans à la Sainte-Madeleine. Des milliers de Rousniaques y font un pèlerinage; les filles s'y présentent les cheveux flottants et ornés de guirlandes; les veuves se distinguent par une couronne de feuilles vertes. Dès qu'un homme aperçoit une personne qui lui plaît, il l'entraîne dans l'église malgré la résistance, peut-être simulée, qu'elle ou ses parents lui opposent; s'il réussit à passer le seuil du temple, il est aussitôt fiancé. Le jour des noces, les deux familles se réunissent; la fiancée fait semblant de se cacher dans la foule; les autres femmes la découvrent et lui présentent leurs dons d'amitié. La loi défend aujourd'hui ces sortes de mariages, mais l'antique coutume se renouvelle encore en secret. Chez ces peuples, il faut d'ailleurs le faire observer, les femmes sont chargées des travaux les plus rudes : ne serait-ce pas à cette cause qu'il faudrait attribuer la répugnance avec laquelle les femmes semblent se résoudre à contracter l'union conjugale? Il perce dans ces usages, qu'un Allemand, auteur de statistique, trouve détestables, quelque chose de pastoral et de poétique ; un voyage parmi ces anciens indigènes des Karpathes offrirait une moisson de remarques curieuses, surtout si le voyageur eût eu soin d'étudier la langue, les chants nationaux et les usages des Serviens, car c'est probablement ici le pays primitif de ce peuple ([1]). »

Dans le comitat de Zemplin, un mélange de Slovaques, de Rousniaques et de Magyars, a reçu le nom de *Szotacks* ou *Szotaques*. Ils diffèrent des autres Slaves que nous venons de décrire par leur dialecte et par leurs mœurs. Le seul caractère physique qui les distingue est la couleur de leurs cheveux; ils sont d'un blond presque blanc; rarement on en trouve parmi eux quelques uns qui aient les cheveux noirs. Ils vivent généralement en famille et d'une manière patriarcale. Le père confie le gouvernement de la maison à celui de ses fils qu'il en croit le plus digne, et les autres respectent ses ordres, quand même il serait le plus jeune. Ils s'occupent principalement de l'éducation du bétail; d'autres font le métier de rouliers : ils transportent des marchandises en Pologne, en Russie, en Prusse et en Autriche. Afin de moins fatiguer leurs chevaux, jamais un Szotaque d'un âge mûr ne monte sur l'un des chevaux attelés à une voiture : ceci n'est permis qu'aux jeunes gens. On a remarqué que leurs attelages comprennent toujours un cheval blanc; c'est afin que pendant

---

([1]) *Rohrer*, dans les *Feuilles nationales autrichiennes*, 1810, d'après *Memorabilia provinciæ Czetnick*, par *Bartholomaï*, 1799.

la nuit le conducteur puisse les diriger plus facilement. Les Szotaques s'allient rarement avec d'autres peuples; ils conservent soigneusement leur langue et se gardent bien d'y introduire des mots étrangers.

« Disons adieu aux Karpathes et descendons dans les plaines de la Hongrie méridionale. Dans la contrée fertile, quoiqu'en partie marécageuse, au nord du Maros, notre attention se porte d'abord sur *Debreczin*, la plus industrieuse ville de toute la Hongrie, et la plus peuplée après Pesth, quoiqu'elle n'ait ni sources d'eau potable, ni bois de chauffage, ni matériaux de bâtisse; c'est à ses manufactures seules qu'elle doit sa splendeur. Des étoffes de laine, entre autres des *goubas*, imitant une peau de mouton; des *zischmes*, ou bottes à la hongroise; des tanneries, des fabriques de savon, de têtes de pipes et de rosaires, voilà quelques uns des produits de ce Sheffield ou Birmingham de la Hongrie. Il s'y tient trois foires par an, et un marché de porcs chaque semaine. Mais Debreczin mérite plutôt le nom d'un village immense que celui d'une ville; plusieurs de ses maisons sont couvertes de chaume; il n'y a point de pavé; les habitants, quoique riches, n'aiment ni les plaisirs ni l'élégance. Le rigorisme de la religion calviniste n'est pas la cause unique de cette disposition triste et sombre; nous la chercherons plutôt dans le grand nombre de manufactures sédentaires. Il y a ici une université ou collège de la religion réformée, avec une bibliothèque de 20,000 volumes. »

C'est encore dans la grande plaine que nous trouvons *Nagy-Varad*, nommé en allemand *Gross-Wardein*, forteresse et ville de 16,000 âmes, sur la rivière de Körös; siége de deux évêchés, l'un catholique, l'autre grec-uni, d'une académie royale que l'on peut assimiler à une petite université, d'un archigymnase catholique, et de plusieurs autorités. La cathédrale, qui fut fondée par Ladislas-le-Saint en 1080, est un bel édifice : on y voit le tombeau de ce prince, mort en 1095, celui du roi Sigismond, mort en 1436, et celui de la reine Marie son épouse. Gross-Wardein est entouré de belles fortifications. Ses eaux thermales sont assez fréquentées. Au sud-ouest de cette ville nous voyons aussi, sur le Körös Blanc, *Nemet-Gyula* ou *Magyar-Gyula*, bourg de 5,000 habitants, ayant 6 églises catholiques, 2 réformées et deux grecques; plus loin, celui de *Szarvas*, où 14,500 habitants vivent au milieu de marais et de prairies où ils élèvent un grand nombre de bestiaux; vers le sud, celui d'*Oroshaza* dont la population est de plus de 9,000 individus. Non loin des bords de la Theiss, *Hodmezo-Vasarhely* est un grand bourg plus considérable qu'aucun des précédents : il renferme 25,500 habitants et une société savante qui cherche à répandre les connaissances physiques. Sur les deux rives du Maros, les deux *Arad* attirent notre attention. *O-Arad*, en allemand *Alt-Arad* ou le Vieux-Arad, sur la rive droite, est la résidence d'un évêque grec; c'est le principal marché aux bestiaux de toute la Hongrie : c'est là que s'approvisionnent les marchands de Vienne et des autres parties de l'Allemagne. Près de là est l'ancien château d'Arad qui donne son nom au bourg et au comitat de ce nom. Ce château, qui fut célèbre dans les guerres contre les Turcs et pendant les troubles du dix-septième siècle, tombe maintenant en ruines. *Uj-Arad*, en allemand *Neu-Arad* ou le Nouvel-Arad, est sur la rive opposée : il fut bâti par les Turcs, et fortifié par le prince Eugène de Savoie. On y fait un commerce considérable de bois de construction qui descend de la Transylvanie par le Maros. A quatre lieues des deux Arad, *Menes*, est un village dont le vin rouge est le meilleur de la Hongrie après celui de Tokay. Toutes ces plaines, fertiles en blé, vin, tabac, melons, et remplies d'immenses pâturages, ont pour habitants des Hongrois et des Valaques.

Nous allons parcourir les villes et autres lieux remarquables situés dans la plaine entre le Danube et la Theiss. En partant de Pesth, que nous avons choisi pour centre, nous trouvons *Ketskemet*, le plus grand bourg de la Hongrie : il est peuplé de 31,500 habitants, la plupart Hongrois; il donne son nom à une lande, où l'on ne trouve que du sable mêlé de coquillages; ses environs sont cependant bien cultivés. Ce bourg renferme 5 églises, un collège, deux gymnases, un hospice d'orphelins et un hôpital militaire. On y trouve des tanneries et plusieurs manufactures de savon, et il s'y fait un grand commerce de bestiaux et de laine. *Nagy-Körös*, également un simple bourg, quoique peuplé de 12,000 habitants, possède de bons vignobles. En remontant le Danube, nous apercevons *Raczköve*, bourg dans l'île de Csepel où le célèbre prince Eugène fit bâtir un château; *Eugeniusberg*, autre château qui rappelle également la mémoire de ce grand capitaine : il s'y délassait par l'étude de l'agriculture ; il fut le premier qui y fit venir des brebis d'Arabie pour perfectionner la race du pays ; plus bas, *Kalocza*, ville ancienne et déchue, où réside un archevêque. Dans l'intérieur, nous remarquons *Theresienstadt* ou *Maria-Theresianopel*, jadis bourg, appelé *Szabatka*, aujourd'hui ville libre et royale, peuplée de 30 à 40,000 Hongrois, Croates et Serviens, c'est une colonie de Rasciens ou Serviens, attirés à force de grandes immunités et autres avantages commerciaux, qui a créé la prospérité de cette grande cité ou plutôt de cette réunion de plusieurs villages. Un grand nombre de tanneries, des fabriques de toile, de tapis et de savon, ainsi qu'un commerce considérable de chevaux, de bétail, de laine et de peaux, expliquent l'accroissement rapide de sa population, qui en 1827 ne s'élevait qu'à 28,000 âmes. Son territoire rural, le plus vaste d'aucune ville des États autrichiens, renferme 160,000 arpents hongrois, ou 17 milles carrés; est planté en vignobles. *Szegedin* ou *Szeged*, ville libre et royale, forteresse de seconde ligne, au confluent de la Theiss et du Maros, bien bâtie, entourée de six faubourgs, est la résidence d'un protopope grec, et le centre d'un commerce actif. On y construit une grande quantité de bateaux, et l'on y compte 32,000 habitants : ceux de la classe inférieure s'y font remarquer par leur air martial et par leur costume qui ressemble à celui des Tatars et des Persans; mais ce qu'il y a de remarquable, c'est que la langue latine est généralement en usage chez les habitants de cette classe. Plus au sud nous voyons *Zombor* ou *Sombor*, ville libre royale, bien peuplée, qui, avant 1751, n'était qu'un bourg ; *Neo-Planta*, nom gréco-latin, que les Hongrois rendent par *Uj-Videk* et les Allemands par *Neusatz*, est celui d'une ville libre qui, en 1770, ne comptait que 4,000 habitants ; aujourd'hui elle en renferme 16 à 17,000, la plupart Serviens, ou Rasciens et Arméniens : c'est la résidence de l'évêque de Bacs.

Faisons remarquer plusieurs districts particuliers renfermés dans cette région. Entre la basse **Theiss**, le Danube et Neusatz, s'étend le district militaire des *Czaïkistes* ou *Tchaïkistes*, dont *Titul* est le chef-lieu. Ces *Tchaïkistes* sont des Illyriens destinés à monter la flotte danubienne, qui consiste en galères appelées *tchaïkes*, et portant 4 à 12 canons. Ils fournissent un corps composé de 11 à 1200 hommes, leur chef est toujours Illyrien de nation. Le bourg de Titul renferme les chantiers, l'arsenal, et les maisons pour l'état-major. On y admire les restes d'un retranchement des Romains qui s'étendit des bords du Danube à ceux de la Theiss, et qui probablement servit à couvrir un établissement semblable à celui des Tchaïkistes. On a trouvé des proues de vaisseaux (*rostra*), des ancres, des outils de construction, des monnaies romaines et autres antiquités, dont une grande partie se conserve dans l'arsenal de Titul.

En remontant vers le nord nous traverserons la *Petite-Kumanie* ou mieux *Koumanie* (*Kis-Kunsag*), située en deux morceaux principaux, et trois autres plus petits entre Pesth et Theresienstadt, entre le Danube et la Theiss. Elle comprend une superficie d'environ 130 lieues carrées, et une population de plus de 42,000 habitants, catholiques et réformés, avec *Felegy-Haza*, bourg de 10,000 âmes. C'est une plaine d'une fertilité moyenne, arrosée par quelques cours d'eau ; les champs de blé, les vergers, les vignobles, sont clair-semés parmi d'immenses pâturages, où l'on rencontre beaucoup de lacs de natron, point d'arbres, à peine des broussailles : aussi y est-on réduit à employer comme combustible la fiente et le fumier des bestiaux. Les ardeurs de l'été multiplient ici le phénomène du mirage ; c'est la fée du midi, *Delibaba*, qui s'amuse à montrer au berger et à son troupeau languissant des lacs azurés, couronnés de palais en ruines, et des forêts imaginaires. Dans les steppes de la Petite-Kumanie paissent de grands troupeaux de bêtes à cornes, de chevaux, de moutons et de porcs : on y élève aussi beaucoup d'abeilles.

La *Grande-Kumanie*, en hongrois *Nagy-Kunsag*, est située entre Pesth et Debreczin, sur la rivière de Berettyo ; c'est une plaine parfaite où abondent le froment, le vin, les melons, les abeilles et les tortues. Sur une superficie de 55 lieues carrées, elle nourrit plus de 33,000 Kumans, la plupart de religion réformée. *Kardzag*, grand bourg de 9,000 habitants, est leur chef-lieu.

Les *Kumans*, ou *Koumans*, tribu tatare, jouaient un grand rôle dans les onzième et douzième siècles : originaires peut-être des bords de la Kama, ils parcouraient, dévastaient ou dominaient les pays entre le Volga et le Danube. Subjuguées en 1237 par les Mongols, leurs nombreuses tribus frappèrent encore dix et vingt ans plus tard les regards observateurs de Carpini et de Rubruquis. Réfugiés en Hongrie dès l'an 1086, mais encore en plus grand nombre du temps de Tchinghiz-Khan, ils se mêlèrent dans toutes les dissensions civiles; mais, après avoir adopté les mœurs et la langue des Hongrois, ils reçurent le baptême en 1410. Ils ont perdu tout souvenir même de leur idiome, et le dernier individu qui s'en rappelait quelques mots était un bourgeois de Kardzag, mort en 1770. Cependant, des oraisons dominicales conservées en kuman prouvent que le tatare ou turc y dominait (¹). Nous ne pouvons entrer dans les discussions encore très embrouillées auxquelles l'histoire de ce peuple a donné lieu; seraient-ils les mêmes que les Ouzes ou Polowzes? seraient-ils une branche des Petchenègues? formeraient-ils un ancien démembrement de la grande nation hongroise, et auraient-ils bâti la ville de *Magyar* dans les steppes de la Kama? auraient-ils quelques rapports avec les Kunsag, ou Awares du Caucase? Ce sont des questions qui ne pourraient être abordées que dans des mémoires spéciaux. Les savantes recherches de M. Klaproth ont fait naître dans notre esprit une idée différente de celles qu'on a proposées jusqu'ici. Le fleuve Kama est appelé *Kuma* en idiome permiake et siriaine; ces nations finnoises, voisines de la Grande-Hongrie du moyen âge, se nomment elles-mêmes *Komi*, et, dans l'idiome vogoule, *Kum* signifie peuple (²). Les Kumans pourraient donc bien être une nation originairement finnoise des bords de la grande Kama, devenue puissante après l'émigration des Hongrois ou Magyars, mêlée ensuite, dans le cours de ses expéditions lointaines et de ses vicissitudes politiques, à des peuples turcs, aux Chazares, aux Ouzes, aux Petchenègues, et ayant adopté une partie des idiomes turcs de ces nations, mais ayant ensuite repris ses liaisons anciennes avec les Magyars, qui lui donnèrent asile comme à des frères (¹).

La *Iazygie*, ou pays des *Iasz* ou *Iazyges* (en hongrois *Iaszzag*), se trouve au nord-ouest de la Grande-Kumanie, et au nord de la Petite : c'est une plaine marécageuse, arrosée par la Zagyva qui y reçoit la Tarna et qui se joint à la Theiss. Le sol est fertile en blé, en maïs, en tabac, en vin, en pâturages, mais dénué de bois; on y élève aussi beaucoup de bestiaux et de chevaux. *Iasz-Bereny*, le chef-lieu, avec 13,000 habitants, mais sans industrie, sans arts et métiers, n'est qu'un immense village. On y remarque encore *Iasz-Apaty* et *Arok-Szallas*. Les *Iasz* sont au nombre de plus de 55,000, sur un territoire d'environ 47 lieues carrées. Malgré le nom que la latinité officielle hongroise leur a imposé, il n'est pas suffisamment prouvé qu'ils descendent des *Iazyges-Metanastœ* établis dans le nord de la Dacie au-delà du *Tibiscus* (la Theiss) dans l'angle que forme cette rivière avec le Danube. C'est plutôt une tribu de Kumans qui servaient dans l'avant-garde comme archers, ce qu'exprime leur nom hongrois (²). Les chancelleries ont aussi traduit ce nom par *Balistarii*, et quelques auteurs hongrois en ont fait celui de *Philistæi*.

Dans une île de la Iazygie, formée par la Zagyva, et dans laquelle on voit un couvent de franciscains, on prétend que fut trouvé le tombeau d'Attila, roi des Huns, mort en 458.

Les trois tribus kumaniennes jouissent d'un grand nombre d'immunités; leur territoire fait partie du domaine de la couronne. Placées sous l'autorité directe du palatin du royaume, elles ont leurs tribunaux, leur système d'impôts, et même, à la diète, leur députation spéciale.

Les *Haïduckes* ou *Haydouques*, qui possèdent aussi quelques priviléges, ne sont qu'un corps militaire à part; leurs villages, décorés du titre de villes des *Haydouques*, sont situés au nord-est de la Grande-Kumanie, entre Debreczin et Tokay; on en compte six dont le chef-lieu est *Böszörmeny*, bourg assez bien bâti et peuplé de 6 à 7,000 âmes. Le pays des

---

(¹) Thunmann, Mémoire couronné sur les Kumans dans les *Acta Jablonov. Soc.* IV. Dugonics, Ethelka, en hong., t. II, p. 384, etc. Voyez *Mithridates*, I, 480. — (²) Klaproth, Asia polyglotta. texte. p. 187, 192.

(¹) Dans Horvath (de Jazygum et Cumanor. init. et moribus. Pesth, 1803), l'identité de race des Kumans et des Hongrois paraît être démontrée par d'autres raisons; mais Adelung, qui lui donne tort (*Mithridates*, I, 480, II, 775), n'expose pas son opinion. — (²) *Iasz*, nominatif pluriel *Iaszok*.

Haydouques est, comme celui des Kumaniens, généralement plat et marécageux, mais cependant très fertile en blé, en vin et en tabac. On y élève de même un grand nombre de bestiaux. Les habitants, au nombre de 50,000, jouissent de priviléges qu'ils tiennent du régent de Hongrie Jean Corvin, qui les leur accorda au quinzième siècle, en récompense de leurs services militaires. Ils sont gouvernés par un colonel-général; ils ne paient pour toute contribution qu'une somme fixe de 22,000 florins, et envoient 2 députés à la diète hongroise.

Visitons la partie de la Hongrie située à l'ouest du Danube, et que l'on désigne administrativement sous le nom de cercle *transdanubien*, espèce de carré oblique, que bornent de trois côtés le Danube et la Drave, et qui par le quatrième côté joint les contrées montagneuses de Styrie et d'Autriche.

Nous partons de Bude, et, traversant les collines agréablement boisées de Pilis, nous remarquons *Dotis* ou *Tata*, bourg de plus de 9,000 habitants, avec des eaux thermales très fréquentées, près desquelles on a découvert un grand nombre d'antiquités romaines. Il y a dans ce bourg une grande manufacture de draps, plusieurs fabriques de diverses étoffes, des moulins à foulon et à farine, ainsi que des scieries. Ce bourg occupe une hauteur baignée d'un côté par la Tata, et de l'autre par un petit lac dont les bords sont couverts de maisons qui forment en quelque sorte un faubourg ou plutôt un autre bourg nommé *Tavoros* ou la *ville du lac*. Plus loin on voit *Saint-Martin*, en hongrois *Szent-Marton*, bourg au pied d'une colline nommée *le mont sacré de Pannonie* par les bénédictins, qui possèdent la superbe abbaye que le roi Geysa y a fondée. *Raab*, en hongrois *Györ*, ville de 16,000 habitants, mérite quelque attention : c'est la mieux bâtie de ce cercle et la plus importante comme place de guerre et place de commerce. Elle est située sur un bras du Danube qui y reçoit la Raab et la Rabnitz. Divisée en ville intérieure et ville extérieure, la première est fortifiée et séparée de la seconde par des glacis. Le seul inconvénient qu'on y éprouve est le manque d'eau potable. A quoi sert donc que cette ville soit baignée par trois rivières! Siége d'un évêché catholique, ses plus beaux édifices sont le palais épiscopal et la cathédrale. Elle possède une académie royale fondée en 1750, un archigymnase et une école normale. Sa principale industrie consiste en fabriques de coutellerie et d'armes blanches; mais le commerce y est favorisé par la largeur du Danube qui est de 400 pas, et sur lequel naviguent sans cesse de petits bâtiments. Raab était déjà sous les Romains une place forte que l'on nommait *Arabo*, *Arabonia*.

A une lieue de la côte occidentale du lac Neusiedel s'élève presque au pied du mont Brennberg, où l'on exploite une importante houillère, *OEdenbourg*, en hongrois *Soprony*, ville manufacturière et commerçante; c'est de là surtout que se fait l'exportation des porcs de Hongrie pour l'Autriche; la ville possède 1,920,000 *klafter* (toises) carrés de vignobles qui produisent 32,000 *eimer* de vin. C'est le siége d'une surintendance de la confession d'Augsbourg, dont la juridiction s'étend surtout le cercle au-delà du Danube. La ville proprement dite est bien bâtie et petite, mais elle a de grands faubourgs et une population de 14,000 âmes. On y trouve des manufactures de draps, de cotonnades, et une raffinerie de sucre. Dans ses grands marchés de bestiaux il se vend annuellement plus de 40,000 têtes de gros bétail et plus de 80,000 porcs. On croit qu'OEdenbourg est l'ancienne *Sempronium* qui servait de garnison à la 15e légion romaine.

A côté du lac de Neusiedel, dont les bains sont, dit-on, prescrits pour remplacer ceux de mer, s'étend jusque dans le comitat de Raab l'immense marais de Hansag, qui ne produit que des roseaux et du foin que l'on exporte pour Vienne. Le sol verdoyant qui couvre les eaux de ce marais, que l'on a vainement essayé de dessécher, a une épaisseur de 3 pieds: il tremble sous les pas des marcheurs; on ne se hasarderait pas à le traverser sur des voitures chargées.

A trois lieues d'OEdenbourg nous apercevons la petite ville d'*Eisenstadt*, en hongrois *Kis-Marton*, dans laquelle un couvent de franciscains renferme les sépultures de la maison d'Esterhazy, et près de laquelle on voit un magnifique château des Esterhazy, qui ont établi ici la haute administration de leur vaste principauté. *Neusiedel-am-sée*, sur les bords septentrionaux de son lac, n'est qu'un bourg de 1,800 habitants, nommé en hongrois *Nizider*; sur ses bords occidentaux la petite ville de *Rusth*, qui possède de célèbres vignobles, est souvent ravagée par des inondations. Sur les rives méridionales du lac, le village d'*Esterhazy* est le Versailles aujourd'hui délaissé des princes qui en tirent leur nom.

En tournant au sud nous distinguons *Güns*, ville libre royale, où siège le tribunal suprême de ce cercle; et en descendant la Güns *Steinam-Anger*, c'est-à-dire rocher sur la plaine, petite ville épiscopale qui occupe l'emplacement de l'antique *Sabaria*, l'une des principales cités romaines dans les colonies illyriennes, et à laquelle, sous le règne de Claude, on donna le nom de *Claudia Augusta*. Le château et l'archevêché sont remplis de divers objets d'antiquités que l'on a trouvés dans cette ville; les principales sont deux belles colonnes de porphyre, le torse d'une statue de Minerve, des tombeaux, des urnes renfermant encore la cendre des morts, des lacrymatoires, et plusieurs objets qui servaient aux sacrifices. Cette ville se nomme en hongrois *Szombat-Hely*; c'est le lieu natal de saint Martin, évêque de Tours.

Traversons cette région montagneuse et boisée, connue sous le nom de forêt de Bakony (*Bakony-Wald*), dans laquelle le roi André Ier, défait par son frère Bela, erra longtemps et périt de misère, et dans laquelle aussi les habitants de la Hongrie trouvèrent si souvent un refuge contre la fureur des hordes étrangères. C'est au bord du lac Balaton qu'est situé le bourg de *Keszthely*, avec un château des comtes Fesztetics, qui y ont établi une excellente école d'agriculture et d'économie appelée le *Georgicon*, où l'on enseigne les mathématiques, l'histoire naturelle, la botanique, l'économie rurale, et la mécanique. Ce bourg possède aussi une école de droit et une école normale. On y fabrique des draps et l'on y fait un grand commerce des vins de ses environs. Passons rapidement devant *Saint-Gothard*, en hongrois *Szent-Goth*, bourg fameux par la grande victoire que Montecuculli remporta sur les Turcs en 1664, et devant *Strigau* ou *Strido*, où naquit un homme de génie, un Père de l'Église, saint Jérôme.

Les contrées au sud et au sud-est du lac Balaton, quoique fertiles en blé et en vin, sont arriérées en civilisation et renferment peu de villes populeuses. *Kanisa* ou *Nagy-Kanisza*, bourg, autrefois place de guerre très forte; *Szigetvar* ou *Ujsziget*, qui l'est encore, et qui a été illustré en 1566 par la défense et la mort héroïque du comte Zrini, le Léonidas hongrois; *Funfkirchen*, en hongrois *Pecs*, ville jolie, d'une seule rue, et siège d'un évêché dont l'église passe pour la plus ancienne de la Hongrie, se trouvent le long de la Drave, mais à quelque distance de cette rivière. *Mohacs*, bourg sur le Danube, est fameux par la terrible défaite des Hongrois en 1526, dans laquelle Louis II, leur roi, périt de la main des Turcs; et par celle non moins grande des Turcs en 1687. Le fleuve forme en face de ce bourg une île considérable nommée *Mohacs* ou *Margarethen*.

Tolna, sur le Danube, *Simonsthurm*, dans les plaines marécageuses du Sarviz, dans lesquelles un haras est établi et près desquelles on récolte d'excellents vins rouges; et enfin *Hogvesz*, avec le château des comtes Appony, n'arrêtent guère un voyageur; mais nous devons, en remontant au nord, distinguer *Stuhl-Weissembourg*, en hongrois *Székes-Feyer-Var*, en slavon *Bilyhrad*, ville libre, royale, de 18 à 20,000 habitants, où les rois étaient anciennement couronnés et enterrés. Elle a une cathédrale très riche, un séminaire, des fabriques de draps et de flanelles, et trois superbes avenues bordées de maisons et de jardins. Nous terminons notre tournée à *Veszprim*, ville épiscopale, non loin de l'extrémité septentrionale du lac Balaton, et dont les foires réunissent dans leurs costumes variés et bigarrés de couleurs éclatantes les paysans de toutes les contrées voisines.

» Dans la partie de la Hongrie que nous venons de parcourir, les Magyars ou Hongrois forment les trois quarts de la population; mais vers la frontière occidentale deux autres nations sont en grand nombre. Les *Allemands* vivent surtout dans les comitats d'Œdenbourg, de Wieselbourg et d'Eisenbourg; ils y ont introduit leur système d'agriculture, leur industrie et leurs mœurs, originaires de la Styrie et de l'Autriche; les autres (et ce sont les plus récemment établis) viennent de la Souabe; ils parlent des dialectes durs et sonores.

» Les prétendus *Vandales* sont surtout nombreux dans les comtés de Szalad et de Sumeg, et en partie dans ceux d'Œdenbourg et d'Eisenbourg; ils occupent en tout 160 villages, mais leur noyau est dans la seigneurie de Bellatinz, où *Turnischa* est leur chef-lieu (¹). Leur nom, si fameux dans l'histoire, excite d'autant plus l'attention, que les anciens Vandales, réfugiés en Pannonie, y vécurent quarante ans en sujets romains (²), et y exercèrent ensuite d'horribles ravages (³); mais ils étaient de race gothique, selon l'opinion générale; et ceux de Hongrie s'appellent *Slovènes*, et ne diffèrent un peu des autres peuplades slaves que par leur idiome; ils ne se distinguent que par leur religion protestante de leurs voisins les Wendes, ou Windes de la Styrie, dont ils paraissent être une branche (⁴). La chancellerie hongroise les aura décorés du nom de Vandales comme étant plus célèbre, et d'ailleurs employé par la plupart des latinistes du moyen âge comme synonyme de celui de Wendes. Cependant cette peuplade mériterait un nouvel examen. »

Au sud du Maros, c'est-à-dire dans l'ancien *Bannat de Temesvar*, qui jusqu'en 1718 resta au pouvoir des Turcs, et qui ne fut formellement réuni à la Hongrie qu'en 1779, nous remarquons *Temesvar* où *Temeschwar*, en valaque *Timisioara*, forteresse grande et régulière, avec des rues larges et droites et des maisons à l'italienne, mais entourée de marais, qui sont plus avantageux à sa défense militaire qu'à la santé de ses habitants; cette ville est le chef-lieu du comitat de *Temes* ou *Temesch*, l'un des trois qui divisent l'ancien Bannat, et qui doit son nom à la rivière du *Temes* ou *Temesch*, affluent de la Theiss. Ses quatre faubourgs sont en grande partie habités par des Rasciens. Parmi ses édifices publics on remarque sa belle cathédrale, dans le style gothique, l'hôtel du comitat, la maison de ville, la synagogue, le lazaret militaire et l'hôpital civil. Les produits de ses fabriques consistent principalement en draps, en huile, en tabac, en papier, en fil de fer et en soie filée; elle est le centre d'un grand commerce de transit, principalement en grains, en vins et en soie que l'on récolte dans ses environs. Selon d'Anville, Temesvar serait le *Tibiscus* qui servit de lieu d'exil à Ovide.

En s'élevant vers les montagnes, on trouve dans une vallée agréable et fertile la ville royale et libre de *Werschitz* qui renferme 13,000 habitants, rasciens et allemands. Nous pouvons citer encore sur les bords du Temes *Lippa*, résidence d'un protopope grec; les deux *Lugos*, que sépare la rivière; sur la rive droite *Olah-Lugos*, en allemand *Lugosch-Wallachisch*, en valaque *Logosul-Rumunyeszh*, dont les 6,000 habitants se composent d'Allemands, de Valaques et de Rasciens; sur la rive gauche *Nemet-Lugos*, en allemand *Deutsch-Lugosch*, en valaque *Logosul-Nemczieszh*, moins important que le bourg précédent.

Dans le district du *Régiment-Valaque-Illyrien*, qui comprend un territoire d'environ 300 lieues carrées borné par la Valachie, la Transylvanie, les bords du Danube et une ligne tirée de la Bisztra au fleuve, nous devons signaler les lieux les plus remarquables. *Karansebes*, ou simplement *Sebès*, sur la rive droite du Temes, est la résidence de l'état-major du district régimentaire; c'est un entrepôt de marchandises turques; on croit que ce bourg occupe l'emplacement d'une colonie romaine. *Mehadia*, sur la rive gauche de la Bella-Recca, occupe un défilé nommé *la Clef de Mehadia*, parce qu'il est regardé comme celle du Bannat. Il y a dans ce bourg une administration des salines, et à ses portes les bains d'Hercule, que nous avons déjà cités, et qui ont conservé la célébrité dont ils jouissaient du temps des Romains. Près des bords du Danube, vis-à-vis une grande île que forme ce fleuve, le bourg de *Moldova*, aujourd'hui presque ruiné, était autrefois une forteresse redoutable. On y a trouvé des restes de constructions antiques qui prouvent que les Romains y exploitaient des mines de cuivre et de plomb qui y existent encore. Dans les chaînes de montagnes qui se terminent à peu de distance du Danube, on connaît une célèbre caverne, celle de Veterani, qui s'étend en plusieurs ramifications entre les rivières de Cserna et de Nera jusqu'au fleuve qu'elle domine dans une sorte de défilé. On prétend que les Romains l'avaient fortifiée; plusieurs retranchements en rendent la défense facile; c'est un poste important pour le passage du Danube; mais la citerne qui y est creusée ne donne qu'une eau mauvaise.

Tout le Bannat, y compris le district de la

(¹) *Busching*, Erdbeschreibung, II, 486. — (²) *Jornandes*, de Reb. Get., c. XXII. — (³) *Hieronym.*, opp., I, p. 26, 93. — (⁴) *Anton.*, Litterarisch. Anzeiger, 1797, n° 81. *Schwartner*, dans sa Statistique, les compte mal à propos parmi les Allemands.

limite militaire, offre sur un sol humide et gras, et sous un ciel ardent, d'immenses récoltes de blé, de maïs, de riz, de tabac; il a pour habitants des Valaques, des Serviens, et quelques colonies allemandes et hongroises.

Dans le district régimentaire du *Bannat allemand*, dont la superficie n'est que de 200 lieues carrées, nous ne signalerons qu'un seul lieu digne de quelque attention : c'est *Pancsova*, en allemand *Pantschowa*. Cette ville, agréablement située près du confluent du Témes et du Danube, compte plus de 6,000 habitants et possède une école de mathématiques et une école normale allemande.

« Nous placerons ici quelques traits sur les Valaques de Hongrie. Ils occupent, outre le Bannat, les comitats de Marmaros, de Szathmar, de Bihar, d'Arad; leur nombre s'élève à plus de 1,000,000 d'individus; la Transylvanie en renferme, selon M. de Lichtenstern, 800,000, et ce nombre est aujourd'hui au-dessous de la vérité; enfin la Bukowine en compte 200,000, de sorte qu'il vit sur le territoire autrichien plus de 2,000,000 de Valaques, en y comprenant les *Zinzares*, ou Valaques venus de Macédoine. Toute cette nation suit le rite grec, mais leur religion se borne à la stricte observation d'un carême qui remplit une grande partie de l'année et que rien ne peut leur faire interrompre. Un voleur même de cette nation, pendant ses brigandages, l'observe très scrupuleusement; il dit « que Dieu ne bénirait pas ses entreprises sans cela. » Les popes, ou prêtres de cette nation, sont extrêmement ignorants, et n'ont des chrétiens d'autre vertu théologale que l'intolérance, dans laquelle « ils surpassent (selon un auteur catholique) tous les autres Grecs schismatiques. » Nous qui ne traitons personne de schismatique, et qui n'épousons point la haine de la cour de Rome contre l'Église patriarcale d'Orient, nous ne répétons qu'avec crainte et défiance la peinture peu favorable que les Autrichiens nous ont transmise des Valaques. Lorsque, dit-on, ils sont entrés par mégarde dans une église catholique, et qu'ils y ont été aspergés d'eau bénite, ils se font purifier par leurs popes, qui ne manquent pas, moyennant un certain honoraire, de les arroser amplement de bonne eau bénite en prononçant plusieurs formules d'exorcisme. Leurs prêtres se sont arrogé le droit de pardonner, au nom de Dieu, les meurtres prétendus involontaires; ces crimes sont en conséquence assez fréquents. En revanche, par un reste de judaïsme, aucune femme n'oserait tordre le cou à une poule.

» Les enterrements sont ce que les Allemands trouvent de plus plaisant chez eux. Ils transportent leurs morts avec des hurlements effroyables, et, lorsque le corps est posé dans la tombe, ils crient tout d'une voix que le mort avait tant d'enfants, tant d'amis, tant de troupeaux; ils lui demandent pourquoi il s'est laissé mourir. On met ensuite sur la tête des morts une croix et une grande pierre, afin, disent-ils, qu'aucun vampire ne les vienne sucer; on parfume le tombeau, et l'on y verse du vin à dessein de le purifier. Ensuite ils retournent à la maison, et mangent du pain de froment dans l'intention de s'attirer la bienveillance de l'âme du défunt; après quoi on célèbre un festin aussi brillant que les moyens de la maison le permettent. On va encore pendant quelques jours crier auprès du tombeau et l'arroser avec du vin. Quelquefois on honore le mort d'une manière encore plus éclatante en plaçant sur sa tombe une perche à laquelle sa veuve attache une couronne de fleurs, un bout d'aile d'oiseau et un morceau de drap. Peut-être nos lecteurs éclairés et sensibles ne verront-ils, comme nous, dans ces usages, qu'une expression naïve de sentiments naturels et respectables; les libations, les parfums, les guirlandes, sont des cérémonies païennes, il est vrai, mais touchantes, et dont l'Eglise primitive chrétienne a sagement admis une partie. Mais il est incontestable que les Valaques sont dépourvus d'instruction et qu'ils conservent quelques superstitions bizarres.

» Jamais les Valaques n'oseraient se servir d'une broche de hêtre pour faire rôtir leur viande; la cause en est que cet arbre, au printemps, est couvert d'un suc rougeâtre, et que les Turcs se servent surtout de pieux de hêtre pour empaler les chrétiens. Une éclipse est aux yeux du Valaque un combat de dragons chassés de l'enfer. Ils se flattent, en faisant un grand bruit et en tirant un grand nombre de coups de fusil, de pouvoir empêcher que le soleil ne soit dévoré par ces dragons. De tous les supplices, celui de la corde leur est le plus odieux; il leur répugne beaucoup moins d'être roués, parce que, dans ce dernier supplice, l'âme, disent-ils, sort du corps par la bouche, au lieu que l'âme d'un pendu, ne pouvant sortir par la voie ordinaire, est forcée de s'esquiver par un chemin moins honorable. Le peuple, en Angleterre, semble partager ces idées.

» Voilà ce que les voyageurs allemands nous racontent sur l'état moral des Valaques, en Hongrie. Mais un voyageur français, sans nier que ce peuple ait les vices inhérents à la servitude, à la misère et à l'ignorance, observe que ce sont les conséquences de l'état d'oppression où ils sont tenus, et il avance que, grâce à leur frugalité, à leur activité, surtout celle des femmes, la population valaque se multiplie et couvre successivement des contrées naguère désertes [1]. Si des Valaques s'établissent dans un canton où il y a des Rousniaques et des Serviens, ceux-ci perdent peu à peu leur langage, leurs coutumes, et deviennent Valaques. Cette race a certainement valu mieux autrefois, lorsqu'elle donnait à la Hongrie plus d'une famille noble, et même deux héros célèbres, Jean Hunyad et son fils le roi Mathias Corvin.

» Lorsque deux ou plusieurs individus veulent se vouer une amitié inviolable, ils mettent dans un vase quelconque une croix, du pain et du sel; ils en mangent ensemble; ils y versent ensuite du vin et en boivent de même; ils terminent le tout en jurant par la croix, le pain et le sel (*pe cruce, pe pita, pe sare*), de ne se quitter qu'à la mort. Cette cérémonie s'appelle *mangar de cruce* (manger sur la croix), et les amis, ainsi liés, sont appelés *frace de cruce*, c'est-à-dire frères de la croix. On peut comparer cette espèce de confraternité à celle que les héros de la Skandinavie se juraient jadis; et dans les temps de chevalerie, la même coutume fut généralement adoptée en Europe. »

Visitons les royaumes d'*Esclavonie* et de *Croatie*, États qui font partie du royaume de Hongrie, et dont la géographie physique doit nous arrêter quelques instants.

L'*Esclavonie*, ou la *Slavonie*, en hongrois *Tot-Orszag*, est bornée au nord par le Danube et la *Drave*, qui la séparent de la Hongrie proprement dite; au sud par la *Save*, qui la sépare de la Turquie d'Europe; à l'est par cette rivière, qui se joint au Danube, et par la basse Theiss, qui se jette aussi dans ce fleuve; à l'ouest par l'*Illova*, la *Lonya* et la Save, qui la séparent en partie de la Croatie. Sa superficie est d'environ 860 lieues carrées, en y comprenant le territoire des Tchaikistes qui, sous le rapport administratif, en fait partie.

Cette contrée est, comme on le voit, une sorte de grande île entourée presque de tous côtés par des rivières, et traversée dans toute sa longueur par une chaîne de montagnes qui n'est qu'une ramification des Alpes Carniques. Cette chaîne porte dans le pays le nom de *Carievitza*. Elle n'est pas généralement d'une grande élévation; cependant elle présente quelques pics assez considérables, tels que le *Papuk*, qui s'élève de 458 toises au-dessus du niveau de la Save. Ces montagnes, composées de gros quartiers de roches calcaires, et portant sur leurs sommets escarpés de magnifiques forêts, offrent des aspects très pittoresques et même des vues riantes, surtout vers Possega, où elles s'abaissent et forment de grandes vallées. Quelques unes présentent des rochers nus, presque tous taillés à pic; vers Peterwardein on remarque des serpentines, des porphyres et d'autres roches appartenant aux terrains de cristallisation, qui alternent avec des roches de sédiment inférieur. Dans la partie occidentale de la chaîne on trouve çà et là des gisements de différents métaux, particulièrement de fer, de cuivre et de plomb argentifère; mais ils sont peu exploités. Les collines qui forment les derniers degrés de ces montagnes sont composées de grès à lignite. Les montagnes de *Fruska-Gora*, dans la Syrmie ou l'Esclavonie orientale, renferment des houillères. Ces collines sont garnies de vignobles et de vergers; les grandes plaines basses qui s'étendent à leurs pieds produisent en abondance toutes sortes de denrées. Presque tout le sol de la partie orientale est formé d'alluvions argileuses et noirâtres dont les portions les plus fertiles sont quelques plaines centrales et les bords de la Save et de la Drave.

La température de ce pays est en général douce et presque comparable à celle de l'Italie. Dans les montagnes l'air est vif et salubre; dans le voisinage des rivières il est

---

[1] Beudant, Voyage de Hongrie, I, 73.

presque toujours malsain par suite de leurs fréquents débordements.

« Pendant huit mois de l'année la chaleur et l'humidité entretiennent en Esclavonie une verdure perpétuelle ; on voit constamment éclore des fleurs nouvelles ou mûrir de nouveaux fruits[1]. Dès que les eaux rassemblées pendant l'hiver disparaissent, les prairies se couvrent spontanément de divers espèces de trèfles et d'autres herbes nutritives ; aussi le bétail y parvient-il à une grosseur égale à celle des bœufs de la Hongrie. Le nombre des moutons s'élève à deux millions et demi, s'il faut en croire Taube ; mais peut-être cette estimation est-elle exagérée.

» L'agriculture, quoique peu aidée des lumières de la science, produit en Esclavonie de très abondantes récoltes. Le maïs donne le centième et quelquefois le deux-centième grain. On récolte une grande quantité de froment, mais il est mêlé de toutes sortes de mauvaises graines ; la paresse empêche les habitants de sarcler les champs et de trier les blés. Tout le produit de l'Esclavonie en grains s'évalue à 4 millions de *metzen* (2,459,840 hectolitres) par an. Outre les blés cultivés, ce pays abonde en une espèce de grain qu'on appelle *manne* ; c'est le *festuca fluitans* de Linné. Toutes sortes de fruits et de légumes viennent ici en abondance ; les pêchers, les amandiers, les figuiers les châtaigniers, les pruniers, sont surtout très communs. Il y a des plantations de pruniers si vastes, qu'on les prendrait pour des forêts. Les Esclavons tirent des pruneaux une boisson forte et saine, qu'ils nomment *raki*, ou *sliva vitcha*. Les auteurs allemands assurent que cette liqueur est préférable au rhum. La culture du tabac est d'une grande importance, surtout à Possega, où le tabac égale celui de Turquie. Les mûriers blancs réussissent parfaitement dans ce pays, et par conséquent la soie qu'on y récolte est de très bonne qualité. La garance y vient spontanément, et les Autrichiens, en ayant apporté des plants du jardin de Schœnbrunn, furent étonnés de trouver ceux du pays meilleurs. La réglisse d'Esclavonie est excellente. Les cochons y découvrent partout des truffes aussi aromatiques que celles du Piémont, mais on néglige cette production. On ne tire non plus aucun parti du frêne à fleurs (*fraxinus ornus* L.), qui en Calabre donne une manne précieuse, et qui, de même que le peuplier d'Italie, vient aussi bien en Esclavonie qu'au pied des Apennins. »

Les vastes forêts de la partie occidentale fournissent en bois de chêne d'excellents matériaux pour la marine. Les animaux qui peuplent ces forêts sont l'ours, le loup, le renard, le lynx ou loup-cervier (*felis-lynx*), la fouine et le blaireau. Les loutres peuplent les rivières ; on voit quelques castors établis dans les canaux formés par les îles de la Save.

L'Esclavonie se divise en deux parties principales : l'*Esclavonie civile*, qui comprend presque les deux tiers de tout le pays, et qui a pour capitale Esseck ; et l'*Esclavonie militaire*, qui entoure la précédente au sud et à l'est, et qui a Peterwardein pour chef-lieu. Commençons notre description des principales villes par la partie civile.

Esseck ou *Eszek*, en slavon *Oszick*, ville fortifiée, sur la rive droite de la Drave, est au milieu de marais qui en rendent l'air malsain ; ce fut dans cette ville que Soliman-le-Grand, en 1566, fit construire un pont de bois, ou plutôt une suite de ponts et de jetées, longue de 8,565 pieds, ouvrage qui, pendant un siècle entier, fit l'orgueil des Turcs et l'effroi de la Hongrie. Cette ville se compose de la forteresse et de trois grands faubourgs qui en sont un peu éloignés. Depuis 1775 on a établi sur les marais qui l'environnent une digue d'une lieue de longueur. Eszek occupe l'emplacement de *Mursia*, colonie romaine fondée sous Adrien et capitale de la Pannonie inférieure. Dès l'an 335 elle devint le siége d'un évêché qui fut supprimé vers la fin du cinquième siècle. Réduite à l'état de village, elle conserva cependant son ancien nom ; au onzième siècle on y construisit un fort que l'on appela Eszek : ce fut l'origine de son nom moderne, mais la forteresse actuelle ne date que du dix-septième siècle.

Possega, ville royale peu importante, a un château en ruines et un belle église catholique. Nous verrons ensuite *Vukovar*, *Naschitz*, *Pakracz* et autres bourgs remarquables par leur grandeur, quoique en général mal bâtis. Celui d'*Iregh*, au pied de la montagne de Karlowitz, est entouré de vignobles ; à *Ilok*

---

[1] *Taube*, Description de l'Esclavonie et de la Syrmie, 3 vol. en allemand, Leipsick, 1778. *Busching* en a donné une analyse excellente.

ou *Slok*, sur la rive droite du Danube, il y a un château et un couvent de franciscains dont l'église renferme le tombeau du dernier duc de Syrmie, mort en 1525. Ce bourg était jadis fortifié : on prétend même que les trois châteaux en ruines qui s'élèvent sur les hauteurs voisines ont été construits par les Romains.

Visitons maintenant l'Esclavonie militaire. Nous remarquerons d'abord, sur le bord du Danube, *Peterwardein*, en hongrois *Petervar*, place importante, qui se compose de plusieurs parties bien fortifiées et d'ouvrages avancés. Elle ne renferme que 4,000 habitants. En 1716 le prince Eugène y remporta sur les Turcs une victoire mémorable qui nous a valu une des plus belles odes qu'il y ait en français. Près de cette ville on aperçoit *Karlowitz*, ville qui comprend 900 maisons dont à peine la moitié est en pierre, tandis que les autres ne sont que des cabanes. Elle est le siége d'un archevêché grec qui a pour suffragants les évêchés d'Arad, de Bacs, de Bude, de Karlstadt, de Pakracs, de Temesvar, et de Vessecs. La trève conclue en 1699 entre l'Autriche, Venise, les Polonais et les Turcs a rendu cet endroit célèbre ; on eut alors le bon esprit de ne faire qu'une trève de 25 ans au lieu d'une paix éternelle. A sept lieues au sud-est de cette ville, le village de *Szalankement* ou *Sztari* est célèbre par deux défaites des Turcs, l'une en 1697, l'autre en 1716.

Arrêtons-nous dans la partie la plus basse de l'Esclavonie, à *Semlin*, en hongrois *Zimony*, qui n'était autrefois qu'un bourg, et qui, depuis 1739, s'est élevé au rang de la seconde ville de commerce de la Hongrie. C'est le passage ordinaire de tout ce qui s'expédie de l'Autriche pour la Turquie. Il y a à Semlin un conseil de santé qui, en cas de besoin, fait subir la quarantaine aux voyageurs et aux marchandises. Cette ville, de 9,000 âmes, est très avantageusement située sur le Danube près de l'embouchure de la Save. Elle est défendue du côté du fleuve par un bastion en terre ; sur les autres points elle est adossée à des collines ou entourée de marais. Ses rues sont larges, droites et pavées ; nous y avons remarqué quelques maisons assez bien bâties, dont quelques unes ont de grands toits comme en Suisse, quelques églises et une place sur laquelle se tient le marché. Dans les parties éloignées du centre, les maisons sont en bois.

Mitrowitz, grand bourg, à huit lieues de Peterwardein et quinze de Belgrade, est à une petite lieue de l'emplacement de l'ancienne ville de *Sirmium*, capitale de l'*Illyricum*, du temps des Romains. C'est la résidence de l'état-major du régiment de Peterwardein, et l'entrepôt d'un grand commerce de peaux et de bestiaux venant de la Servie et de la Bosnie. Douze couvents grecs de l'ordre de saint Basile animent les vallées pittoresques de la *Fruska-Gora*. *Ratscha*, à cinq lieues de Mitrowitz, est un village qui s'élève sur la rive gauche de la Save, et qui ne mérite d'être cité que parce qu'il possède une forteresse qui défend le passage de la rivière vis-à-vis de l'embouchure du Drin ; mais *Brod*, chef-lieu du district régimentaire de ce nom, est à la fois une place de guerre et une place de commerce très active ; il s'y tient un marché considérable de cuir, de laine et de coton. Le *Nouveau-Gradiska*, en croate *Nova-Gradiska*, sur la Ternava, est un autre chef-lieu du district régimentaire de ce nom, que défend une forteresse ; tandis que sur la rive gauche de la Save une autre petite place-forte appelée *Vieux-Gradiska*, siège d'un évêché catholique, s'élève vis-à-vis une forteresse turque appelée aussi Gradiska.

« La *Croatie* avec ses dépendances comprend, sur une superficie de 1,280 lieues carrées, trois régions physiques : le pays couvert de montagnes, de vallées et de plaines, que parcourent la Drave, la Save et la Kulpa ; le plateau formé par les diverses branches des chaînes de montagnes connues sous le nom de *Kapella*, de *Wellebitchi* et autres ; enfin, le côte maritime qu'on a long-temps appelée Dalmatie hongroise, et qui est incorporée aujourd'hui à la Hongrie avec l'Esclavonie et la Croatie. Toutes ces montagnes sont une dépendance des Alpes Juliennes. De ces trois régions, le plateau offre les phénomènes les plus intéressants pour la géographie physique. Les montagnes dont il est formé s'élèvent à des hauteurs considérables : le *Plissivitza* a 925 toises de Vienne de haut (environ 5,500 pieds) ; le principal sommet des monts *Wellebitchi* atteint le niveau de 900 toises ; beaucoup d'autres sommets parviennent à 700 ou 800 toises : les monts *Kapella* restent à 500. Ces groupes de montagnes présentent la même constitution géognostique que celles de l'Esclavonie : ce sont des roches calcaires, des porphyres, des serpentines et des grès à lignites. Les masses calcaires, singulièrement escarpées, crevassées dans tous les sens, sont percées de cavernes immenses, et coupées par d'affreux précipices. Sur le dos de ce massif de montagnes, principalement dans la partie méridionale, s'étendent des vallées souvent fermées de tous côtés, et dans lesquelles coulent des rivières qui, ne trouvant aucun débouché, se perdent dans les entrailles de la terre, d'où probablement leurs eaux arrivent par des conduits souterrains jusqu'au lit de la Kulpa. Souvent ces rivières, enflées par les pluies, et ne pouvant s'écouler assez rapidement dans les cavités qui les reçoivent, inondent toute la vallée et en font un lac (¹). On distingue parmi ces vallées celles qui forment les cantons de *Licavie* et de *Corbavie*, habitées par des peuplades à demi sauvages, dont nous décrirons autre part les mœurs et les usages. Outre les rivières de *Lika* et de *Corbava*, celle de *Gyula* mérite d'être remarquée parmi celles qui n'ont aucun écoulement visible. La *Szluinchicza*, avant de s'engouffrer, forme 43 belles cascades, et fait mouvoir un nombre égal de moulins. Cette région, quoique parsemée de petits vallons pittoresques et cultivés avec soin, peut en général être considérée comme stérile sous le rapport de la végétation. Les marbres les plus beaux et les plus variés y abondent ; on en a construit tous les ponts et les parapets de la *voie Joséphine*, et la plupart des maisons à Fiume, Zeng et Porto-Ré (²).

» Le fléau de ces contrées est le vent du nord, qu'on désigne ici sous le nom grec et albanais de *bora* : rien n'égale le froid qu'il apporte, si ce n'est la véhémence avec laquelle il souffle ; on l'a vu soulever de grosses pierres qui retombaient à des distances considérables. Il y a même un canton nommé Rudaicza, que ce vent rend inhabitable et presque inaccessible. L'étroite lisière qui se trouve entre les montagnes et la mer, ou plutôt le golfe de Guarnero, jouit, partout où le *bora* ne pénètre pas, du climat de l'Italie, et voit mûrir les figues, les citrons, et d'autres fruits du Midi.

» La plus grande partie de la Croatie, celle qu'arrosent la Drave et la Save, offre de vastes terrains fertiles en seigle, maïs et avoine, beaucoup d'arbres fruitiers, surtout des pruniers, quelques vignobles et des forêts immenses de chênes d'une hauteur surprenante. La Croatie produit environ 3,700,000 *metzen*, ou minots de Vienne, de toutes sortes de grains. Un établissement pour le perfectionnement des moutons à laine fine, formé à Merkopaly, a obtenu de grands succès. La mine de *Szamobor* donne par an 8,000 quintaux de cuivre. En général, ce pays ressemble à la partie occidentale de l'Esclavonie. »

Le royaume de Croatie se divise en *Croatie civile* et *Croatie militaire* : la première au nord et la seconde au sud de la Save ; la première comprenant les comitats d'Agram, de Warasdin et de Körös ; la seconde renfermant les généralats de Karlstadt, de Warasdin et du Bannat-Gränze. Les comitats sont divisés en *marches* ou *jaras*, et les généralats en districts régimentaires.

Nous allons visiter en idée les lieux les plus remarquables de ces divisions administratives.

Sur une hauteur aux bords de la Save, nous voyons *Agram*, en croate *Zagrab*, en italien *Sagabria*, et anciennement *Grecs* ou *Grætz*, c'est-à-dire le château, la ville forte. Elle est la capitale de la Croatie ; c'est une ville libre royale, siège du *ban*, c'est-à-dire résidence du vice-roi de la Croatie et du commandant général des districts militaires croates, et de plus, siège d'un évêché. Il y a une université et une imprimerie. Sa position à une demi-lieue de la rive gauche de la Save est très pittoresque. Elle est bien fortifiée et divisée en deux parties, l'une appelée ville royale, et l'autre ville épiscopale. L'évêque est tenu d'entretenir un bataillon de soldats, dont le colonel, pris parmi les chanoines, est en même temps commandant du fort de Dubitza. Agram n'a point de manufactures ; mais la navigation de la Save y entretient un commerce considérable : c'est dans ses marchés que se vendent une partie des tabacs et des blés de la Hongrie, ainsi que les porcs que nourrit la Bosnie. Sa population, qui s'élève à plus de 17,000 individus, se compose en grande partie de nobles.

Il y a peu de choses à dire sur *Warasdin*,

(¹) Voyages dans les Alpes Dinariennes, Juliennes, Carniques, etc., par *Balthazar Hacquet*, 2 vol. Leipsick, 1785 (en allemand). — (²) *Demian*, Statistique, II, 182.

ville fortifiée aux bords de la Drave, si ce n'est qu'elle est bâtie en forme de carré, entourée de bastions et de fossés; qu'elle possède un vieux château qui menace de tomber en ruine; que ses rues sont assez régulières et bien pavées, et qu'elle renferme quelques beaux édifices, tels que l'hôtel du comitat. *Körös-Vasarhely*, nommée en croate *Krisevczi*, en allemand *Kreutz*, prétend avoir été la capitale du royaume. C'est aujourd'hui le siége d'un évêché de grecs-unis. Nous n'oublierons pas *Krapina*, bourg d'où doivent être sortis les deux frères Czech et Lech, premiers fondateurs des monarchies bohémienne et polonaise, si l'on veut croire les historiens de ces peuples. Près de ce bourg se trouve la montagne de *Krapina-Gora*, qui renferme des houillères, et dans ses environs des établissements de sources thermales.

Dans le district de Kreutz se trouve *Kaproncza* ou *Kopreinitz*, ville de 3,500 habitants. *Carlstadt* ou *Karlstadt*, forteresse importante, sur la Kulpa, siége d'un évêché grec-uni, suffragant de l'archevêché de Karlowitz, et station du régiment de Szluin, est le chef-lieu d'un généralat très étendu, qui comprend les places de *Petrinia*, *Goszpich*, *Ottochacz*, *Ogulin*, *Szluin*, *Zeny*, et nombre d'autres; car dans la Croatie, comme dans la Bosnie et la Dalmatie, il n'y a si petite colline qui n'ait une espèce de fort. *Belovar*, ville nouvellement bâtie, la plus jolie de toute la Croatie, est le chef-lieu de l'état-major des deux régiments du Bannat.

Tels sont les détails qu'il était utile de donner sur ces deux provinces, intitulées royaumes, quoique l'Esclavonie n'ait guère que 6 à 700,000 habitants, et la Croatie un peu plus de 1 million, y compris les districts militaires.

« Dans cette population il n'entre que très peu de Hongrois, mais un nombre considérable de Serviens, principalement pour la Syrmie. Le dialecte slavonien se rapproche, par sa douceur, de celui de Servie. Les *Croates*, anciennement *Horwather*, *Hrowathes* ou *Chrobaies*, c'est-à-dire montagnards, forment seuls la population de leur pays; c'est une branche particulière de la grande famille slavonne; leur dialecte, infiniment plus dur et surtout plus guttural que les divers dialectes serviens, forme un anneau de transition entre les Slavons orientaux ou Russes, et les Slavons occidentaux ou Polonais-Bohêmes: l'idiome croate se rapproche spécialement de celui des Slovaques de Hongrie, et des Bohêmes, ou Czêches. Venus probablement des monts Karpathes dans le septième siècle, les Croates furent appelés par l'empereur Héraclius pour délivrer la Dalmatie du joug des Abares, Avares ou Awares; ils s'y établirent et soumirent les peuplades anciennes d'une partie de l'Illyrie et du *Noricum*, peuplades proto-slaves, selon notre opinion, et dont les Wendes actuels nous paraissent les descendants. Renforcés par tant de frères, ils fondèrent les duchés ou principautés, en leur idiome *zupanies*, de Carinthie, de Frioul, de *Liburnie*, ou Croatie propre, de *Jadra* en Dalmatie, d'Esclavonie, et autres. Ces petits États plièrent en partie sous Charlemagne, mais en général ils s'allièrent avec l'empire grec. Cependant, lors du schisme, l'Église de Rome conserva sur eux son autorité spirituelle, tandis que l'Allemagne leur transmit quelque chose de son esprit féodal. Leur premier *archizupan* connu fut Crescimir dans le dixième siècle, dont le fils, Dircislav Ier, prit le titre de roi. La Croatie s'étendait alors sur la partie occidentale de la Dalmatie et de la Bosnie; la capitale, qui se nommait *Beligrad*, semble avoir été sur les bords de la mer Adriatique, à l'endroit nommé *Zara-Vecchia* par les Vénitiens, mais *Biograd* dans le pays [1], quoique d'autres pensent que ce pourrait être l'endroit nommé encore *Biograd*, *Belligrad* ou *Bielgrad*, sur la petite rivière de Pliva, qui se jette dans le Verbas, vis-à-vis Jaïcza [2]. Vers l'an 1100, la Croatie fut incorporée à la Hongrie.

» Les Croates, jadis très belliqueux, ont continué jusque dans la dernière moitié du dix-huitième siècle de ravager le territoire ottoman par de petites incursions d'où ils revenaient en triomphe dans leurs villages [3]. Le gouvernement autrichien les a soumis à une discipline plus régulière; mais ils préfèrent encore les hasards de la guerre aux travaux de la paix. Ceux qui vivent plus loin de la frontière turque ont pris des habitudes plus labo-

---

[1] *Kruse*, Atlas historique. *Busching*, IV, 220. —
[2] *Busching*, Erdbeschreib, II, 429. Il cite des documents de 1059 et de 1102, d'après *Lucius*, *de regno Dalmat*. — [3] Lettres sur la Croatie, écrites en 1798 dans *Schlœtzer*, Journal de Politique *St ats-anzeigen*, I, p. 360-374).

rieuses. Sans civilisation, ils ne sont pas sans vertus; leur rudesse sauvage se joint souvent à des sentiments généreux, et surtout à une grande fidélité envers un gouvernement qui sait manier leur caractère. Révoltés contre l'Autriche, en 1755, pour repousser des innovations administratives, ils montraient en 1809 un désespoir sans bornes de se voir céder à la France. Leurs maisons ne sont que de vastes granges sans fenêtres, sans cheminées, et où l'homme, le bœuf et le cochon vivent sous le même toit; cependant un voyageur prétend que cet antique usage n'exclut pas la propreté ([1]) : mais il n'a vu que ceux qui sont établis dans le sud-ouest du cercle trans-danubien. Leurs femmes aiment à réunir dans leur habillement les couleurs les plus variées et les plus éclatantes. Plus de la moitié des Croates vivent dans les districts militaires; ce peuple a l'air d'une armée momentanément arrêtée dans sa marche, et un voyage parmi eux animerait le talent d'un historien des nations militaires du moyen âge. »

La lisière étroite qu'on appelle tantôt *Dalmatie hongroise,* tantôt plus exactement *littoral d'Illyrie* ou de *Croatie,* et, d'après la dénomination officielle adoptée par le gouvernement autrichien, *littoral hongrois,* renferme quelques villes remarquables, parmi lesquelles nous distinguerons *Fiume,* en allemand *Saint-Veit-Am-Pflaum,* en croate *Reka,* ville assez florissante, surtout depuis que la belle chaussée *Louise* (*Louisenstrasse*), lui ouvre une communication avec l'intérieur du pays.

Cette belle chaussée, construite par Charles IV, a 65,000 pas de long, et aboutit à Karlstadt; les rochers percés, les abîmes comblés, les précipices joints par des ponts en briques, rappellent les grands ouvrages des Romains. Le port de Fiume reçoit 12 à 1,500 bâtiments, et la valeur des échanges commerciaux s'élève à 4 millions de florins; c'est le Trieste de la Hongrie, et, comme Trieste, c'est une ville italienne par le langage, les mœurs et le théâtre; mais les vents impétueux qui bouleversent le *golfe Quarnero* en rendent l'accès difficile et quelquefois périlleux. Fiume est le siège de l'évêché de Modruss, d'une cour d'appel, d'un tribunal de commerce, et d'un comité sanitaire. Elle est défendue par deux forts, l'un sur une montagne, et l'autre sur la côte. Les anciens quartiers sont composés de rues étroites et tortueuses; mais les nouveaux, beaucoup mieux bâtis, s'embellissent de jour en jour. Les plus beaux édifices sont les églises, principalement la cathédrale : on peut y joindre aussi le théâtre. Pour le dire en un mot, Fiume est une ville industrieuse autant que commerçante : on y compte plusieurs fabriques de draps, de toile, de chapeaux, de liqueurs, de faïence, etc. Tombée au pouvoir des Français en 1809, elle fut comprise dans les provinces françaises illyriennes, qui ne furent restituées à l'Autriche qu'en 1814. Le nombre des habitants de cette ville dépasse 10,000. Hors de ses murs on remarque le magnifique bâtiment de la compagnie des sucres, qui est un des plus vastes établissements de ce genre.

Nous décrirons les îles du golfe Quarnero avec celles de la Dalmatie.

Autour de Fiume demeurent les *Sbiztri,* qui, selon les uns, sont d'anciens *Carni,* selon les autres, d'anciens *Liburniens;* mais qui paraissent avoir parlé un dialecte slavon qu'ils ont oublié pour l'italien ([1]).

Les autres petits ports du littoral hongrois, tels que *Zengg* ou *Segna, Kralievicza* ou *Porto-Ré,* et *Karlobago* ou *Carlopago,* ont moins d'importance, quoique ce dernier, dans lequel Joseph II a fait creuser un bassin profond et défendu contre les vents du sud-ouest par deux îles, soit le point où aboutit la magnifique chaussée établie à grands frais par-dessus des montagnes jadis inaccessibles, et où roulent maintenant des voitures et des caissons d'artillerie; les distances y sont marquées par des pyramides de marbre blanc, portant des cadrans solaires, et au pied desquelles jaillissent des fontaines rafraîchissantes.

Nous ne sortirons pas de cet intéressant coin de terre sans avoir fait remarquer le petit canton de *Turopolia* (plaine de Turo), qui se compose de 33 villages, dont les habitants, depuis Bela IV, jouissent des privilèges de noblesse, s'administrent eux-mêmes sous un landgrave (*comes terrestris*), exercent la juridiction criminelle, et envoient à la diète de Hongrie un député spécial.

Vingt fois les caprices administratifs ont changé de forme et de place ce littoral; vingt

---

([1]) *Beudant,* Voyage, I, 66.

([1]) Comparez *Busching,* Erdbeschreibung, II, p. 496. *Mithridates,* II, p. 649, 658.

fois l'esprit bureaucratique des statisticiens allemands a déplacé les villes et les ports naturellement dépendants de la Croatie. Mais la Hongrie a obtenu la restitution de cette dépendance.

» Des rapports de langue et d'histoire lient à la Croatie et à l'Esclavonie trois petites contrées situées sur la mer Adriatique, et aujourd'hui réunies par l'administration autrichienne sous le nom de *royaume de Dalmatie*. C'est le littoral de la région physique à laquelle appartiennent l'Albanie et la Bosnie ; nous reviendrons sur son caractère général. Roches calcaires, terrains arides, marais et eaux stagnantes, rivières en partie sans débouchés, cavernes et gouffres souterrains ; le soleil de l'Italie, mais quelquefois le souffle glacial du *bora* ; au lieu d'hiver, un déluge de pluie pendant six semaines ; les fleurs et les arbustes les plus délicats végétant toujours en plein air; d'épaisses forêts dans les vallées intérieures ; à peine de l'herbe sur la côte, mais des olives, du raisin de Corinthe, des vins doux et chauds; une immensité de poissons dans les nombreux golfes ; tels sont les traits dominants de ces contrées. La première est la *Dalmatie ex-vénitienne*, la seconde le ci-devant territoire de *Raguse*, la troisième le district des *Bouches de Cattaro*.

» Parmi les rivières qui arrosent la *Dalmatie ex-vénitienne*, il en est deux qui se distinguent par leurs beautés pittoresques : la *Kerka*, née dans une grotte, bondit à travers de nombreuses petites cascades, et forme surtout cinq grandes cataractes, dont celle de Scardona offre le coup d'œil le plus romantique ; la *Cettina* a un caractère plus sombre : deux de ses sources jaillissent du sein de cavernes noirâtres ; la rivière, roulant entre des précipices sauvages, tombe, près de Velika-Gubovitza, de 150 pieds de hauteur dans un abîme.

» *Zara*, siège des autorités, avec un port fortifié, possède des fabriques de rosoglio et d'étoffes en soie et en laine ; *Zara-Vecchia* ou *Biograd*, ancienne résidence des rois de Croatie ; *Scardona*, sur la rive droite de la Kerka, qui forme un peu au-dessus une cascade magnifique, ancien chef-lieu de la province romaine de Liburnie, aujourd'hui siège d'un évêché suffragant de Spalatro, petite ville que défendent une muraille et deux forts, et qui s'est tellement accrue depuis plusieurs années par son commerce avec la Turquie, que sa population est de plus de 8,000 individus ; *Sebenico*, avec une cathédrale dont on admire la hardiesse et la légèreté, un vaste port, que le fort San-Nicolo protège, et une enceinte de rochers qui la défendent mieux que ses tours et ses mauvais bastions ; telles sont d'abord les villes qui attirent nos regards. *Salona* ne s'est pas relevée depuis sa destruction au septième siècle par les barbares ; patrie de Dioclétien, intéressante par les antiquités que l'on y a découvertes en 1828 ; des fonds ont été affectés par l'empereur d'Autriche à y faire des fouilles et à former à Spalatro un musée de tout ce que l'on trouverait d'intéressant. Près de là nous voyons *Trau*, en slavon *Tragur*, siège d'un évêché, aussi bien que *Nona*, l'ancienne *Ænona*, petite ville réduite à une population de 500 âmes, située à quelques lieues au nord de Zara, dans une île jointe au continent par deux ponts ; *Spalatro* ou *Spalato*, siège d'un archevêché fondé en 650, et qui a pour suffragants tous les évêchés de la Dalmatie, à l'exception de ceux du cercle de Raguse ; ville entourée de murailles en partie ruinées, pourvue d'un port excellent, divisé en deux bassins, l'un extérieur, profond de 90 pieds, et pouvant renfermer 60 bâtiments de 300 tonneaux ; l'autre intérieur, profond de 10 pieds et contenant 20 navires de 100 tonneaux. Cette ville a été bâtie au milieu des vastes ruines d'un palais de Dioclétien et d'autres antiquités romaines : la cathédrale remplace un temple de Diane ; l'église de Saint-Jean-Baptiste occupe l'emplacement d'un temple d'Esculape ; une autre n'est qu'un temple de Jupiter auquel on a ajouté une flèche. Les restes les plus remarquables du palais que Dioclétien fit construire pour lui servir de retraite après son abdication, sont des murailles dont l'épaisseur a résisté sans peine au temps et aux efforts de l'homme ; ici se voit encore un portique soutenu par des colonnes en granite, à l'entrée duquel on remarque un sphinx en syénite : sous ce portique est établi le café de la noblesse ; plus loin, trois portes bien conservées, les restes d'un vaste bâtiment dont la destination est demeurée incertaine ; enfin les ruines d'un magnifique aqueduc, construit par Dioclétien, en pierres de taille d'une énorme dimension. Le musée, dans lequel on a rassemblé les antiquités découvertes à Salona, renferme déjà des médailles, divers bijoux et ornements en or, des vases précieux, différents ustensiles, des pierres gravées, des flacons de verre destinés à recevoir les essences, des encriers en bronze renfermant encore de l'encre desséchée, une belle tête de Junon en marbre, et plusieurs pierres chargées d'inscriptions. Spalatro fait un grand commerce de viandes fumées et salées, d'huile, de vin et de figues; ses foires sont importantes; elle a des fabriques d'étoffes de laine, de soie, de liqueurs, des tanneries, des pêcheries considérables; enfin son port en fait un des principaux comptoirs du royaume, et ses 6,000 habitants l'une des villes les plus peuplées. Mais environnée de rochers d'où s'échappent des sources sulfureuses que l'on emploie avec succès dans les affections chroniques, elle n'a, pour ses besoins habituels, que de l'eau de citerne. En suivant la côte, nous voyons *Almissa*, à l'embouchure de la Cettina, au pied d'une montagne escarpée que domine un petit château ruiné : les bords marécageux de la rivière en rendent l'air malsain ; son territoire produit des vins qui valent ceux d'Espagne, et beaucoup de bois de construction. *Macarsca*, siége d'un évêché, possède un port d'où l'on exporte une grande quantité de figues et d'autres fruits. Telles sont les principales villes du continent dalmatien. Dans les montagnes de l'intérieur on cite un bourg appelé *Imoschi*, habité par une peuplade robuste et d'une haute stature, qui s'occupe avec soin de l'agriculture, et qui connaît parfaitement l'art de dresser les chevaux. L'ancienne place forte de *Sign* a tellement été ravagée par les tremblements de terre, qu'à l'exception d'une caserne de cavalerie, les bâtiments militaires ne sont plus que des ruines. Une fontaine d'eau salée jaillit au nord de Sign, et est appelée par les habitants *zlanestine* ou pierre salée.

« L'ancienne république de *Raguse*, dont le territoire est aujourd'hui incorporé à la Dalmatie sous le titre de cercle, conservera quelques pages honorables dans l'histoire. Héritière de l'ancienne Epidaure, dont l'emplacement était près de Molonta (¹), la vieille Raguse devint l'asile des anciens colons romains;

mais des tremblements de terre les obligèrent à se transporter dans le site actuel. Là se développa, pendant les siècles orageux du moyen âge, une civilisation, une industrie, une politique, dignes d'un plus grand théâtre. Raguse, sous une constitution aristocratique, a quelquefois rivalisé avec Venise en navigation, en commerce et en manufactures; elle a exploité les mines de la Dalmatie et de la Bosnie; elle a produit des poëtes, des géomètres, des artistes, des historiens, et mérite d'être considérée comme l'Athènes de la littérature slavo-illyrienne (¹). Vaincue par les armes vénitiennes, ayant sacrifié sa marine par suite de son attachement à l'Espagne, elle éprouva encore, en 1667, les ravages d'un grand tremblement de terre : dès lors elle n'a pu se relever, et après avoir végété sous la protection assez bienveillante de la Porte-Ottomane, elle a péri, en même temps que Venise et Gênes, dans la grande invasion de l'Europe par les Français, des mains desquels elle a passé au pouvoir de l'Autriche. »

Le territoire de Raguse, resserré entre la mer et une haute chaîne de montagnes, occupe une surface de 79 lieues carrées ordinaires, et se compose d'un étroit littoral montagneux, rocailleux, aride, où cependant, sur quelques coteaux et dans quelques vallons privilégiés, la vigne, l'olivier et toutes sortes de fruits prospèrent sous la main d'un cultivateur industrieux. Ce littoral, de 34 lieues de longueur, et de trois dans sa plus grande largeur, se termine au nord en une presqu'île appelée *Sabioncello*, et est bordé de quelques îles d'une nature semblable. Il nourrit, dit-on, environ 15,000 porcs, 10,000 moutons, 2,000 bœufs, 800 mulets, 600 ânes et 200 chevaux. Le blé qu'on y récolte ne suffit que pendant 3 mois à la nourriture des habitants ; mais la vigne y est si bien soignée, que le vin y est bon et en surabondance, et la culture des oliviers y est tellement importante, que l'huile y est excellente et compose la principale branche d'exportation des Ragusains; du reste, le pays ne produit pas assez de bois pour le chauffage, et l'industrie manufacturière s'y borne à la préparation des cuirs et à la fabrication d'une chaussure à la mode turque

(¹) *Appendini*, notizie istoriche critiche, etc. Raguse, 1802; et l'extrait qu'en a donné M. *Depping*, dans les *Annales des Voyages*.

(¹) *Mannert*, VII, p. 350, et *Tab. Peuting*.

particulière au peuple, et à celle des housses et des couvertures de chevaux.

Raguse, en slavon *Dobronik*, ville bâtie à l'italienne, et où dominent aujourd'hui la langue et les mœurs de l'Italie, conserve encore le palais de la république et quelques manufactures en soie, ainsi que des fabriques de rosoglio; on lui donne, probablement avec les faubourgs, 7,000 habitants, parmi lesquels on compte beaucoup de Grecs. Cette ville, entourée d'une double enceinte de murailles épaisses, de bastions et de tours. défendue aussi par les forts Mollo et San-Lorenzo, par un troisième que les Français construisirent sur la petite île de Lacroma, et par un quatrième qu'ils élevèrent au sommet escarpé du mont Sergio, et auquel on donna le nom de fort Napoléon, est composée de rues généralement étroites, à l'exception de celle qui la traverse du nord au sud. Elle est le siége d'un archevêché; le palais du gouverneur et la cathédrale sont ses plus beaux édifices. C'est dans ses murs que naquit le mathématicien Boscovich, dont on remarque le mausolée dans la cathédrale. Le port de Raguse est petit, et c'est à *Gravosa* que sont les chantiers et les magasins des Ragusains; ils possèdent encore 300 bâtiments de commerce. De la capitale à Gravosa s'étend une suite de maisons de campagne.

« Les vergers du district de *Canali*, dominés par le mont *Sniecznicza*, où l'on voit quelquefois des neiges; la vallée d'*Ombla*, couverte de maisons de campagne jusqu'au bord de la mer; la petite ville de *Stagno*, située sur deux golfes, mais qui reçoit par celui du nord les exhalaisons pestilentielles des marais de la Narenta, et dont le port excellent, qui peut recevoir 300 navires, fait un commerce important du produit de la pêche des sardines; la péninsule de *Sabioncello*, nommée *Peliesatz* par les indigènes, et peuplée de bons marins; voilà les traits de la topographie ragusaine qui peuvent trouver place dans cet ouvrage. Nous ne pouvons nous arrêter à décrire les fêtes de saint Blaise, protecteur de la république, ni les usages intéressants de la *Druczina,* ou fraternité des jeunes nobles, ni le caractère patriarcal des mariages de jeunes paysannes, protégées de dames nobles, ni tant d'autres détails des mœurs anciennes, soit slaves. soit romaines, conservées long-temps au sein de cette petite nation, évaluée au plus haut à 45,000 individus. »

Les *Bouches de Cattaro* sont une véritable curiosité géographique. Un golfe profond pénètre en zigzag parmi des montagnes très escarpées, et se termine sans recevoir d'autre cours d'eau que des torrents. Il a environ 20 à 30 lieues de circonférence. Les écueils de *Zagniza* et *della Madona* forment les trois entrées nommées Bouches de Cattaro; la principale de ces trois bouches, formée par la pointe d'Ostro et l'écueil de Zagniza, a près d'une demi-lieue de largeur et assez de profondeur pour que les vaisseaux de ligne puissent y passer sans danger; la deuxième bouche, entre l'écueil de Zagniza et celui della Madona, est large d'un tiers de lieue et profonde de 30 brasses; la troisième, entre l'écueil della Madona et la pointe de Zagniza, a 60 mètres de largeur, et la mer y est si basse qu'on peut souvent la traverser à gué. Derrière ces embouchures, la partie étroite du golfe porte le nom de canal de Cattaro. Sur les dernières pentes des rochers, se groupent des oliviers, des figuiers, des vignes, des arbres fruitiers de toute espèce. Au milieu de ces masses de rochers et de verdure, une bourgade suit l'autre, et les vaisseaux sont mouillés près des maisons. Ce singulier paysage est couronné par les sombres forêts du Montenegro. Dans cette espèce de vallée aquatique, la température des étés égale celle de Naples; l'oranger et le limonier prospèrent en pleine terre; la neige est inconnue, et pendant l'hiver, qui n'est qu'une saison pluvieuse, la verveine *triphylla*, la fleur de passion et d'autres végétaux délicats ornent la campagne.

Le territoire qui forme aujourd'hui le cercle de *Cattaro* a environ 15 lieues de longueur sur 5 de largeur, et présente une superficie de 69 lieues carrées. Il est séparé en deux parties par les bouches de Cattaro. Les habitants sont plus éclairés et plus policés que les autres Dalmates, bien qu'ils soient d'un caractère ombrageux et jaloux. Jadis ce territoire formait une république; mais l'énormité de ses dettes relativement à ses ressources engagea cet État à proposer de se réunir à la république de Raguse, sous la condition que ses patriciens seraient admis dans le conseil. L'État de Raguse rejeta ces propositions. **La république de Cattaro s'offrit alors sans autre** condition que le paiement de ses dettes aux Vénitiens, qui acceptèrent, ce qui les aida à conquérir l'Albanie turque. A l'époque où les Français dominaient en Dalmatie, ils possédaient aussi le territoire de Cattaro, qui depuis 1814 est rentré sous la domination de l'Autriche, à laquelle il avait été cédé par le traité de Campo-Formio en 1797.

Nous citerons les endroits remarquables : *Cattaro*, au fond du golfe, petite ville fortifiée, avec des habitants plus hospitaliers et plus italianisés que les autres. Elle est située en partie sur le golfe et en partie sur un rocher du mont Pella ; quelques fortifications et le château-fort de San-Giovanni, élevé de 400 pieds au-dessus du niveau de la mer, la mettent dans un bon état de défense. Cattaro est le siége d'un évêché suffragant de l'archevêché de Bari, dans le royaume de Naples. Ses casernes, assez bien entretenues, peuvent loger 2,000 hommes. Son port est très beau et fort animé. *Dobrota*, bourg surnommé le *très catholique*, et dont les habitants ne se marient qu'entre eux ; *Persagno*, village avec des maisons élégantes et des mœurs sociables ; *Perasto*, petite ville dominée par un château-fort, se présente avec éclat sur un amphithéâtre ; *Risano* est le siége d'un évêché, ancien chef-lieu du golfe de Cattaro, et dont les habitants, long-temps pirates et encore un peu sauvages, conservent un reste du costume romain. Vient ensuite le détroit de *la Chaîne*, qui peut être défendu par de la mousqueterie. La crainte des invasions de pirates paraît jadis avoir fait resserrer les habitations en dedans de cette barrière naturelle ; aujourd'hui même on ne voit sur les rivages du golfe extérieur que la bourgade de *Théodo*, composée de maisons de campagne, et la ville de *Castel-Nuovo*, fortifiée, mais petite et triste ; au sud des Bouches proprement dites, le canton de *Zuppa*, avec le grand port de *Traste*, et celui de *Pastrovich*, sont peuplés d'une race belliqueuse, toujours aux coups de fusil avec les Monténégrins.

« C'est l'extrémité méridionale de ces provinces maritimes que la Hongrie réclame, mais qui ont une administration autrichienne particulière. Les *Boccheses*, ou habitants des Bouches, joignent à la constitution robuste des Slaves la vivacité italienne ; dévots, jaloux, avides du gain, livrés en grande partie à la navigation, ne quittant le fusil que pour la rame ou le gouvernail, ils conservent quelque chose de rude et de féroce. Le sang pour le sang a long-temps été la seule justice sociale à leurs yeux. Encore en 1802 on lapidait les filles devenues enceintes hors du mariage. Chaque canton a ses immunités, ses magistrats ; et un si petit pays, peuplé de 35,000 individus, est encore partagé en faction catholique et faction grecque. On l'appelle quelquefois *Albanie autrichienne* ([1]). »

Visitons maintenant les principales îles de la Dalmatie, en commençant par les plus méridionales, c'est-à-dire par celles du cercle de Raguse. *Meleda* s'offre d'abord à nos regards séparée de la presqu'île de Sabioncello par un canal dont la moindre largeur est d'une lieue. Elle en a 8 de longueur et une et demie dans sa plus grande largeur. Hérissée de montagnes calcaires, elle est entrecoupée d'environ 85 vallées, dont 15 sont plus grandes que les autres, entre lesquelles se trouvent une innombrable quantité de précipices en forme d'entonnoirs. La plus grande de ses vallées est celle de *Babinopoglie* : elle a une lieue de longueur et porte le nom du chef-lieu de l'île ; dans sa partie septentrionale on remarque les deux grottes d'Ostaferizza et de Movrizza, remplies de belles stalactites. Le fond de la vallée de Blata se transforme l'hiver en un lac d'eau saumâtre de 500 toises de longueur ; en été l'eau disparaît, et le terrain qu'occupait le lac est mis en culture. En général toutes les vallées de Meleda sont fertiles, mais cultivées avec peu de soin par une population d'un millier d'habitants, qui ne tirent de la culture que la nourriture nécessaire pour le quart de l'année, mais qui obtiennent de la pêche autour de leur île une grande quantité de thons, de congres, de raies, de sardines et de coraux, dont ils font un grand commerce ou dont ils se nourrissent ; ajoutons à ces produits du vin assez bon, de l'huile, des fruits, du miel, de la cire, de la soie, et la laine de leurs moutons. Les vagues battent avec violence la côte méridionale, et, dans quelques endroits, la mer, en se précipitant entre les gouffres formés par les rochers, y produit un bruit épouvantable. La commune de Babinopoglie, la plus impor-

([1]) Tableau des Bouches du Cattaro, par un officier autrichien, avec une carte (*Annales des Voyages*, IV, 145).

tante de l'île, se compose de 105 maisons disséminées dans la vallée et groupées en partie au pied de la montagne escarpée de Veliki-Grad. L'île renferme 5 autres villages et hameaux, savoir: dans la partie orientale, *Coritta*, *Maranovich* et *Progiura*, et dans la partie occidentale, *Blatta* et *Govegiari*. Elle est gouvernée par un préteur de 3e classe, auquel est adjoint un chancelier: sous la préture il y a la *podestaria*, composée d'un podestat et d'un secrétaire communal; une garde territoriale, composée de 24 pandours, est aux ordres du préteur. Les précipices en forme d'entonnoirs, qui donnent un si singulier aspect au sol de Meleda, sont semblables à ceux qu'on observe fréquemment dans les roches calcaires de la Dalmatie et du sud de la Croatie. Plusieurs fois des détonations souterraines se sont fait entendre dans l'île; depuis le mois de mars 1822 jusqu'en 1823, elles furent si violentes que les habitants craignirent sa destruction prochaine, et que le gouvernement autrichien y envoya une commission scientifique chargée d'examiner ce singulier phénomène, qui avait été précédemment observé par plusieurs autres savants.[1] La commission considéra ces détonations comme étant liées à l'action volcanique. Il fut constaté que depuis juillet 1823 jusqu'en août 1824, on avait ressenti 22 secousses dans l'île. Mais M. Stulli, de Raguse, prétendit que ces commotions n'avaient aucun rapport avec les volcans, et qu'elles étaient produites par des décharges souterraines de gaz formé dans les cavités de la terre. Ces deux opinions, qui pourraient bien être admises l'une et l'autre, sont restées jusqu'à ce jour en présence pour diviser des savants également estimables [2].

A l'ouest de Meleda nous voyons l'île de *Lagosta* ou d'*Agusta*, avec ses remparts naturels, sa grotte et ses inscriptions dites phéniciennes. Au sud de l'extrémité septentrionale de la presqu'île de Sabioncello, *Corzola* ou *Curzola*, l'ancienne *Corcyra-Nigra*, importante par ses bois de construction, par ses 7,000 habitants répartis en 16 villages, un bourg et une ville du même nom entièrement bâtie en marbre, et siége d'un évêché suffragant de l'archevêché de Raguse, produit 80,000 barils de vin, mais est mal pourvue d'eau. Nous pouvons citer encore *Giupina* ou *Scipan*, couverte de vignes, de vergers et de jardins. Cette île, ainsi que Mezzo et Calamata, étaient nommées anciennement *Elaphites*, parce qu'elles nourrissaient un grand nombre de cerfs.

Au nord de la presqu'île de Sabioncello s'élèvent les îles qui appartiennent au cercle de Spalatro. D'abord c'est *Lesina*, l'antique Pharos, dont les côtes sont poissonneuses, dont le centre est occupé par des rochers stériles dans lesquels on a ouvert des carrières de marbre rouge et de marbre couleur de chair, dont les fertiles vallées sont couvertes d'oliviers, de vignes et d'arbres fruitiers, et dont le chef-lieu, *Lesina*, siége d'un évêché, renferme un palais pour le gouverneur, un autre pour l'évêque. une cathédrale et plusieurs autres églises dignes d'être remarquées, tandis que la ville joint à ces avantages celui de posséder un port spacieux et d'être défendue par un château qui la domine. *Lissa*, à 7 lieues au sud-est de la précédente, avec laquelle ses produits rivalisent, possède un port fortifié sous Napoléon. *Brazza* produit 180,000 pièces du meilleur vin de la Dalmatie, et fabrique d'excellents fromages; *Santi-Petri* ou *Saint-Pierre*, son chef-lieu, a un port abrité par un môle, et le bourg de *Milna* a un grand chantier de construction pour les navires marchands. L'île de *Solta* ou de *Solita*, est renommée pour l'excellent miel qu'on y recueille; *Bua* renferme une carrière d'où l'on retire de l'asphalte.

Parmi les îles qui dépendent du cercle de Zara, nous citerons *Coronata* ou *Incoronata*, longue de 6 lieues et large d'une demi-lieue, qui nourrit beaucoup de menu bétail, et exporte le meilleur fromage de la Dalmatie; *Mortero*, ancien refuge des pirates, dont les habitants fabriquent un gros canevas avec les fibres d'une espèce de genêt; *Isola-Grossa*, l'ancienne *Scardona*, longue de 10 lieues sur une demie de largeur, riche en vins, en olives, en salines, mais dépourvue d'eau; *Melada*, trois fois plus large, mais moitié moins longue, habitée seulement par des pêcheurs; *Pago*, singulièrement découpée en petites presqu'îles, et dont les salines produisirent, sous la domination française, jusqu'à 140,000 quintaux de sel; enfin *Arbe* ou *Barbado*, avec de beaux bois de construction. un sol fertile, et de nombreux

---

[1] Entre autres Breislack, Configliachi, Stulli, Menis, Krascovich, etc. — [2] *Partsch*, Bericht uber das Detonations-Phenomen auf der Insel Meleda. Vienne, 1826.

troupeaux de moutons que le vent bora fait quelquefois mourir de froid.

« La Dalmatie exerce peu d'industrie, si ce n'est dans la construction des navires. Le pays possédait, en 1816, près de 3,000 petits bâtiments qui allaient jusque dans l'archipel. On a ouvert deux grandes routes, l'une de Zara à Kirin, et de là vers Sign; l'autre le long de la côte. Les fabriques s'occupent surtout à produire des liqueurs, telles que le rosoglio, le marasquin, qu'on tire des cerises acides cultivées dans les îles, et l'eau-de-vie, extraite du fruit de l'arbousier, dont les îles incultes sont couvertes (¹). On estime l'exportation du vin à 650,000 *eimer* autrichiens (367,900 hectolitres) (²). La pêche, principalement celle des sardines, du thon, du maquereau, produit annuellement 17,910,000 *lire* de Venise.

» Le Dalmate indigène est d'origine slavonne comme le Bosniaque; mais les habitants des villes, placés depuis le huitième siècle sous la protection de Venise, ont adopté la langue, les mœurs, la dévotion, la jalousie et le cérémonial des Italiens d'autrefois. Une tribu particulière s'est établie dans l'intérieur de la Dalmatie sous le nom de *Morlaques*. Ils se nomment eux-mêmes *Vlach*, c'est-à-dire Valaques, mais ils portent l'empreinte d'une origine particulière : ceux qui demeurent au nord, sur les bords de la Kerka, ont le teint blanc, les yeux bleus, la chevelure blonde ; en même temps, ils ont le nez un peu aplati, la bouche large et un air de douceur; on dirait un mélange de Goths et de Tatares ; ceux qui demeurent plus au sud, le long de la Cettina et vers la Narenta, ont le teint olivâtre, le visage long, les cheveux noirs et l'air menaçant ; tous parlent un dialecte slavon mêlé de mots latins ou plutôt valaques. Leurs romances tragiques ont attiré l'admiration des littérateurs (³). Deux opinions sur leur origine méritent notre attention. Selon M. Engel, ils seraient des Bulgares devenus Slavons par la langue, et mêlés de Valaques ; ils se seraient établis ici vers l'an 1019, et auraient pris le nom de *More-Vlaques*, Valaques maritimes (⁴). Selon Mannert, leur origine remonterait jusqu'aux Avares ou Awares, qui, domptés dans le septième siècle par les Slavons-Croates ou Chrobates, seraient restés parmi eux en conservant quelque chose de leur physionomie originaire (¹). Ni l'une ni l'autre hypothèse, prise isolément, n'expliquent la subdivision des Morlaques en deux tribus physiquement distinctes. Nous recommandons cet objet aux voyageurs futurs. Un canton de la Dalmatie conserve, sous la monarchie autrichienne, des formes républicaines ; c'est la *Poglitza*, au nord-est de Spalatro : trois castes, formant en tout 16,000 individus, occupent ce pays ; c'est de la noblesse hongroise, de la noblesse bosniaque, et une masse de Morlaques ; la peuplade se réunit annuellement dans un *zbor* ou assemblée, pour choisir ses magistrats, parmi lesquels le grand-comte doit toujours être un Hongrois. Tous soldats, les Poglitzans ne paient au souverain qu'un tribut fixe.

» Il ne nous reste qu'une seule province à parcourir, c'est la *Transylvanie*, qui politiquement forme un État particulier avec le titre de *grand-duché*, mais qui, aux yeux de la géographie naturelle, n'est qu'une continuation de la Haute-Hongrie. On dispute toujours pour expliquer le nom allemand de *Siebenburgen* qu'on donne à ce pays ; ce nom veut-il dire *sept montagnes* ou *sept bourgs* ? Vient-il de sept chefs hunniques qui s'y établirent, ou d'une dénomination semblable d'un groupe de montagnes sur les bords du Rhin (*Siebengebirge*) ? Serait-ce un ancien peuple nommé *Sibyni*, qui aurait laissé ici des traces obscures, entre autres le nom de *Szeben* ou *Cibinium*, donné à une ville importante ? Nous n'avons pu nous former aucune opinion sur ce point ; nous dirons seulement que les Hongrois, d'après la situation ou relation de ce pays, l'ont nommé dans leur langue *Erdely*, ce qui a été traduit en latin par *Ultrasylvania*, et ensuite par *Transylvania*(²). Déjà nous avons tracé la géo-

---

(¹) Vaterlandische Blætter, et *Nouvelles Annales des Voyages*. — (²) *Liechtenstern*, Statistique, III, p. 1830. — (³) On en trouve une dans *Fortis*, Viaggio in Dalmazia. — (⁴) *Mithridates*, II, p. 642.

(¹) *Mannert*, Géographie des Grecs et des Romains, VII (X), p. 305. Il s'appuie sur *Constant Porphyrogenet*, de Administ. imperio., c. xxx. — (²) Les forêts qui firent donner au comté de Szolnok, dans le nord de la Transylvanie, le nom hongrois *Silágy*, en latin *Sylvania*, valurent à celle-ci les noms de *Terra ultra sylvas*, *Partes Transsylvanæ* ou *Transsylvanenses*, d'où l'on fit *Transylvania* : ce fut vers le douzième siècle qu'on l'appela *Ultra-Sylvania*. Le nom de *Erdely*, que lui donnent les Hongrois, dérive de *Erdos*, forêt. Ses noms slaves sont *Sedmo-Hradzna*, *Kragina* ou *Zeme* ; les Valaques la nomment *Ardalu* ou *Tzara-Erdelyaske*, et

graphie physique de cette contrée ; ses Alpes, ses fleuves, ses productions, son climat, ont été décrits autant que les rapports des voyageurs et des géographes ont pu les faire connaître. Parcourons les districts et les villes principales.

» Trois nations sont reconnues politiquement comme ayant droit de représentation à la diète de Transylvanie ; ces trois nations habitent trois parties distinctes de cette principauté. Le pays des *Hongrois* forme principalement la partie nord et ouest ; le pays des *Szeklers* borde les frontières orientales, et le pays des *Saxons* occupe la partie méridionale. Les Valaques, presque égaux en nombre à toutes ces nations constituées, n'ont pas de district particulier ; ils sont pour la plupart établis dans les parties centrales et orientales. Il est encore une autre division administrative : c'est celle des districts militaires ou du généralat.

» Les Saxons possèdent *Hermanstadt*, ville de 18,000 âmes, ceinte de murs, bien bâtie, chef-lieu de la nation saxonne, résidence du commandant militaire et de plusieurs autorités supérieures de la Transylvanie. Il y a deux gymnases, dont l'un pour les luthériens, qui a le rang d'université, un musée national renfermant une galerie de tableaux, une collection de médailles et une bibliothèque, enfin plusieurs établissements d'instruction et une société savante des philo-historiques. Cette ville, située dans une plaine fertile, élevée de 12 à 1,300 pieds au-dessus du niveau de l'Océan, et traversée par le Ziblin, qui s'y divise en deux bras, est le siège d'un évêché grec ; elle est divisée en ville haute et ville basse : la première est bâtie sur une colline que couronnait une vieille citadelle ; elle est séparée de la seconde par une plaine appelée la *Struedtereau*. Une double muraille, percée de 5 portes et précédée d'un fossé, entoure les deux quartiers. Les rues sont étroites, tortueuses, sans pavés, et garnies de maisons d'un extérieur gothique ; mais on y remarque une belle place décorée d'une statue et d'une fontaine. Les casernes, la maison des orphelins et le palais Brukenthal sont ses principaux édifices. Le nom d'Hermanstadt provient d'un certain Hermann, de Nuremberg en Franconie, l'un des chefs de la colonie saxonne ou allemande qui s'y établit du temps des premiers rois saxons. Il est regardé comme le fondateur de cette ville ; mais les Hongrois la nomment *Szeben*, ou en latin *Cibinium*, sans que les documents à notre connaissance indiquent l'origine de cette dénomination ([1]).

» La porte de la *Tour-Rouge* (Rothen-Thurmer-Pass), au-dessous du village de *Boitza*, est un célèbre passage à quelque distance d'Hermanstadt. L'Atula y pénètre à travers une vallée étroite, et se précipite dans les plaines de la Valachie. *Reps*, qui possède un haras, une source saline et une mine de soufre, et qui tient une grande foire de chevaux ; *Heltau*, où l'on fabrique beaucoup de draps ; *Rosinar* ou *Resinar*, siège d'un évêché grec-valaque ; *Gross-Schenck*, et autres bourgs très considérables, sont, ainsi qu'Hermanstadt, situés dans l'*Altland*, c'est-à-dire *vieux pays, vieille colonie.*

» *Schässbourg*, en hongrois *Segesvar*, divisée en ville haute et ville basse, dont la première est fortifiée et située sur une montagne de 228 pieds d'élévation, tandis que la seconde est ouverte et occupe une plaine, est importante par ses manufactures de draps et ses filatures de coton ; *Medwisch* ou *Mediasch*, ville libre royale, est renommée pour les vins de ses environs, et regardée comme la *Colonia Media* des Romains ; enfin *Berthelm* ou *Berethalom*, en allemand *Birthelm*, est un grand bourg où réside l'intendant des églises luthériennes. Ces lieux se trouvent dans la contrée nommée *Wein-Land*, c'est-à-dire *pays des vignobles.*

» *Mühlenbach*, où l'on fabrique beaucoup de bière ; *Reismarkt* ou *Reussmarkt*, qui récolte de bon vin ; et *Szaszvaros*, en allemand *Broos*, bien peuplée, bien bâtie, avec un vaste château, sont les principales villes de la contrée dite *avant les forêts.*

les Turcs *Erdel-Ban* : quant au nom de *Siebenbürgen*, par lequel les Allemands la désignent, il pourrait se traduire par celui de *Sept-Châteaux*, s'il vient des sept premiers ducs qui y bâtirent sept forteresses ; mais ceux qui pensent que ce nom signifie les *sept bourgs* en attribuent l'origine aux sept villes saxonnes qui s'y trouvent, et qui sont Bisztritz, Hermanstadt, Klausenbourg, Kronstadt, Mediasch, Mühlenbach et Schässbourg.   J. H.

([1]) On trouve dans le diplôme du roi André II « comes *Chibiniensis.* » Le *Sibini* était un peuple de Sarmatie ; *sybina*, en ancien macedonien, était une espèce de javelot ; *szyb*, en polonais, est un javelot d'enfant.

» *Fogaras* ou *Fagaras*, bourg garni de jolies maisons, siége d'un évêché grec-uni, sur la rive gauche de l'Aluta, que l'on traverse sur un beau pont de 864 pieds de longueur, avec une grande place et des édifices élégants, est situé dans un district qui n'appartient aux Saxons que par un contrat de bail, ce qui paraîtra singulier aux publicistes français; mais nous sommes ici dans un coin de la vieille Europe, où l'on respecte les droits acquis. *Kronstadt* ou *Burzenland*, en hongrois *Brasso*, première ville de la Transylvanie, tant en richesse qu'en population, puisqu'elle fait un grand commerce, qu'elle possède des forges, plusieurs manufactures, et plus de 30,000 habitants, a quelques fortifications, des colléges luthérien et catholique, une douane et un théâtre. On évalue à 7 millions de florins la valeur des marchandises achetées et vendues, dont 5 millions pour le compte de la compagnie grecque. Ses nombreuses manufactures ne sont que des établissements particuliers. Le *Burzenland*, c'est-à-dire le pays des tempêtes [1], dont Kronstadt est le chef-lieu, occupe l'extrémité orientale de la Transylvanie qui touche les limites militaires, et compte parmi ses habitants 60,000 Valaques. *Bisztritz* ou *Beszterze*, ville libre royale et fortifiée, avec un collége de calvinistes, 2 hôpitaux et 3 églises, est le chef-lieu d'un district isolé qui comprend le pays de *Nosn*, vers les frontières de la Bukowine.

» La fondation et l'existence d'une petite nation allemande au milieu des pays slavons, valaques et hongrois, sont des phénomènes historiques et géographiques. C'est le roi Geysa II qui, en 1143, appela un grand nombre de familles allemandes, principalement de Franconie, de Westphalie et de Thuringe, pour occuper les déserts à l'orient de la Hongrie, et pour garder le royaume de ce côté contre les invasions des barbares. Cependant Hermann, fondateur de la ville qui porte son nom, est censé avoir assisté aux noces du roi Etienne Ier, en l'an 1002 ou 1003. Le roi André II, par un diplôme de 1224, accorda à ses hôtes teutoniques [2] des immunités qui en ont fait un corps de nation jouissant de son propre droit politique et municipal; ces priviléges ont été conservés à travers diverses luttes élevées par le despotisme, depuis 1580 jusqu'en 1790, c'est-à-dire depuis Bathory jusqu'à Joseph II, qui déclara, mais en vain, « la nation saxonne éteinte. » On ignore si les colons allemands trouvèrent ici quelques restes des Goths; probablement ils y rencontrèrent quelques villages slavons; mais on sait avec certitude qu'ils reçurent en don « les fo» rêts des *Blaches* (Valaques), et des *Bissènes* » (Petchenègues), avec lesdits Blaches et Bis» sènes [1]. » Ils employèrent ces peuples à la garde des troupeaux, et ne tolérant parmi eux-mêmes aucune aristocratie héréditaire, ils n'imposèrent à leurs vassaux aucun joug féodal [2]. Sous leurs magistrats et leurs sénats électifs, ils jouissent d'une grande liberté civile, et leurs députés participent dans les diètes de Transylvanie à la liberté politique des Hongrois [3]. Leurs règlements municipaux contiennent des dispositions très curieuses pour le maintien des mœurs; ils divisent la population en fraternités, en voisinages et en dizaineries, en assignant à ces corporations et à leurs membres des devoirs réciproques, et en établissant partout une sorte de police de famille. Les habillements, les cérémonies, les fêtes, tout y est réglé, et souvent avec beaucoup de sagesse. L'esprit novateur a fait fléchir sur beaucoup de points ces institutions fortes et élevées; la religion évangélique conserve encore son ancienne pureté, et partout la jeunesse apprend dans les saintes Ecritures les éléments de sa langue. Ces Allemands s'appellent toujours *Deutsche*, et le nom latin officiel de *Saxons* leur a été donné par les Magyars, qui probablement l'avaient adopté de leurs ancêtres finnois [4].

» Les Saxons transylvains sont, en général,

[1] De *burza*, tempête en slavon. Nous supposons que les Slovaques des monts Karpathes s'étendaient jusqu'ici. — [2] « Hospites nostri *theutonici*. »

[1] Diplôme du roi André II. — [2] Selon quelques auteurs, il faut diviser la nation teutonique de la Transylvanie en deux classes : 1° les anciens colons sortis non seulement du midi de l'Allemagne, mais encore de la Flandre; 2° les nouveaux colons, qui s'établirent dans le siècle dernier, et qui ne viennent point des mêmes pays. J. H.

[3] Voyez le mémoire intitulé : *Der Verfassungs-Zustand der sachsischen nation in Siebenburgen*; Hermanstadt, 1790. Analysé dans *Schlœtzer*, Staatsanzeigen Journal politique), vol. XVI, p. 468 et suiv. — [4] Les Finnois ne connaissent les Allemands que sous le nom de *Saxa-Lainen*; l'Allemagne se nomme *Saxan-Maa*, et ainsi de suite. *Juslenii*, Fennici lexici *Tentamen*, p. 332.

» d'une haute stature, vigoureux et bien con-
» formés. Une mâle sévérité se peint sur leur
» visage. Leur démarche, leur langage, et
» jusqu'au moindre de leurs mouvements,
» toute leur personne, portent l'empreinte
» d'un calme et d'un phlegme qui contrastent
» singulièrement avec la pétulance des Hon-
» grois. On trouve, en général, parmi eux
» beaucoup d'éducation, des connaissances
» étendues dans les sciences, et même une
» vraie érudition. Leur langue nationale est
» une sorte d'allemand fort grossier et aujour-
» d'hui tellement corrompu, qu'il est presque
» inintelligible. Ce langage diffère de l'alle-
» mand proprement dit par la prononciation,
» et surtout parce qu'il offre une foule de
» mots propres, à peu près comme les dialec-
» tes vénitien et toscan. Cependant ils em-
» ploient dans leurs livres, ainsi que dans
» leurs actes, un allemand assez pur, que les
» paysans comprennent même assez bien.
» Quant au patois saxon, ils n'en font usage
» que dans le commerce ordinaire de la vie.
» Cette nation possède une grande facilité
» pour passer d'un dialecte à un autre; aussi
» les prédicateurs, qui font leurs sermons en
» patois, ne manquent pas de prêcher en al-
» lemand lorsqu'ils voient entrer des étran-
» gers dans l'église.
» Les Saxons ont, en général, de l'activité
» et un grand amour pour le travail; l'élé-
» gance de leurs demeures l'annonce déjà. En
» effet, autant leurs habitations se font re-
» marquer par la propreté et la solidité de
» leur construction, autant celles des Hon-
» grois et des Valaques sont faciles à distin-
» guer par leur aspect triste et dégoûtant; ce
» ne sont, presque toutes, que des huttes de
» terre couvertes en chaume ou en roseaux,
» qui n'offrent dans l'intérieur aucune sorte
» de commodité. Les maisons des Saxons,
» généralement élevées, ont, du moins pour
» la plupart, des tuiles pour couvert, ce qui
» est un objet de luxe dans ce pays. Ces der-
» nières, construites avec régularité et bien
» alignées, forment de larges rues, au mi-
» lieu desquelles dominent les fours communs.
» La plus grande propreté règne dans l'inté-
» rieur de ces maisons. Le besoin et la gêne
» dans laquelle vivent quelques uns de ces
» Saxons leur ont fait perdre en grande partie
» la probité qui caractérisait les anciens Alle-
» mands. Leurs discours ainsi que leurs ac-
» tions annoncent de la méfiance ou le désir
» de tromper. Ils ont, en général, un carac-
» tère morose et mélancolique; aussi se réu-
» nissent-ils fort peu. Peut-être en doit-on
» chercher la cause dans l'économie, qui leur
» est si nécessaire. Les étrangers ne peuvent
» les trouver aimables; ils leur paraissent
» même dédaigneux, tant ils mettent de ré-
» flexion dans les moindres actions de la vie.
» Les Saxons qui habitent la Transylvanie
» s'adonnent beaucoup à la culture de la vi-
» gne. Ils mènent tous une vie très frugale:
» un peu de lard et quelques légumes compo-
» sent leur nourriture habituelle. Quant au
» vêtement des hommes, on le voit formé, en
» général, d'une longue redingote fourrée,
» qui tient le milieu entre l'habit hongrois et
» l'ancien costume allemand. Les femmes
» portent une robe blanche et un tablier noir
» en soie, à la manière de nos soubrettes. Elles
» relèvent leurs cheveux sur le haut de la
» tête avec autant de grâce que d'élégance;
» quelquefois aussi un long voile, qui des-
» cend jusque sur les épaules, couvre leur
» tête et enveloppe entièrement leur coiffure.
» Ce costume, qui ne laisse pas que d'avoir
» une certaine dignité, sied très bien à celles
» qui ont de la physionomie et une taille élan-
» cée. Les jeunes filles se font distinguer par
» la manière dont elles arrangent leurs che-
» veux : elles les laissent aller sur le devant
» de leur tête tout-à-fait à l'abandon, tandis
» qu'elles les tressent avec beaucoup de soin
» sur le derrière de leur coiffure. Elles ont le
» soin de relever la beauté de leur teint par
» des rubans dont les couleurs sont générale-
» ment vives ou du moins bien nuancées ([1]). »

« Dans la contrée des *Sicules*, ou *Siciliens*, en allemand *Szeklers*, on ne rencontre généralement que de grands bourgs, tels que *Szent-Miklos*, avec une belle église arménienne; *Szekely-Udvarhely*, avec 6,000 habitants; *Sepsi-Szent-Gyorgy*, quartier-général de l'état-major du régiment des hussards Szeklers; *Kezdi-Vasarhely*, résidence des chefs du 2ᵉ régiment d'infanterie des Szeklers; *Czik-Szereda*, où se tiennent chaque année de grandes foires; *Miklos-Var*, *Illyefalva* et autres, ainsi que celui de *Felvincz*, chef-lieu du

([1]) M. *Marcel de Serres*, Voyage en Autriche, t. IV, p. 87, etc.

siége d'Aranyos, enclavé dans le pays des Hongrois. Cependant il y a une ville royale, *Maros-Vasarhely*, ou *Szekely-Vasarhely*, en allemand *Neumarkt*, peuplée de 10,000 âmes et formée de deux quartiers distincts : l'un sur une hauteur et entouré de murailles; l'autre ouvert, et bâti dans une plaine. On y remarque quelques beaux édifices, entre autres le palais de Tékély, qui renferme une collection de minéraux et une bibliothèque de 60,000 volumes. Les contrées habitées par les Szeklers sont hérissées de montagnes, mais fertiles en grains et en fruits; cependant les habitants du district de *Czik* émigrent pour gagner leur vie.

» Les Szeklers nous paraissent un reste de Patzinakites qui ont adopté la langue hongroise. Voués au service militaire, ils vivent de leurs champs, de leurs bestiaux, de la coupe de leurs bois, et quoique leur nom ait retenti relativement aux crimes de Rastadt, ils sont moins barbares que grossiers.

« Les Szeklers, que quelques uns ont fait
» descendre des Huns, qui possédaient une
» partie de la Transylvanie en 376, parai-
» traient avoir la même origine que les Hon-
» grois; du moins la langue dont ils font
» usage, ainsi que leur extérieur et toutes
» leurs habitudes, tendent à confirmer cette
» opinion. Ce qui les distingue des autres Ma-
» gyars dépend peut-être de l'influence du
» pays qu'ils habitent. Ils ont pu du moins y
» conserver leur caractère et leurs mœurs pri-
» mitives; aussi, habitant de hautes monta-
» gnes qui les protègent contre les invasions
» des nations étrangères, ont-ils plus de con-
» stance et d'amour de la liberté que les Hon-
» grois proprement dits. D'une taille moyenne,
» mais généralement forts et vigoureux, ils
» ont su de tous temps se distinguer par leur
» bravoure; et, moins ennemis du travail que
» les Magyars, ils jouissent aussi d'une plus
» grande aisance. Cependant leur activité se
» borne jusqu'à présent à se procurer les choses
» les plus nécessaires à notre existence (¹). »

Les Hongrois habitent seuls ou conjointement avec les Valaques et les Saxons les lieux que nous allons passer en revue : *Klausenburg*, en hongrois *Kolosvar*, en valaque *Klus*, importante comme capitale de la Transylvanie

(¹) M. *Marcel de Serres*, Voyage en Autriche, etc. t. IV, p. 86.

et par sa population de 22,000 âmes, siége ordinaire des diètes de la principauté, siége également d'une surintendance unitaire dont la juridiction s'étend sur toute la principauté, d'un consistoire réformé, d'une université catholique, et de deux gymnases académiques, l'un appartenant aux calvinistes, l'autre aux sociniens ou unitaires. La ville proprement dite est petite; mais elle est environnée de cinq faubourgs, et défendue par une muraille et un fossé, et par un fort placé sur une colline isolée. Elle est divisée en ville vieille et en ville nouvelle, dont aucune des deux n'est pavée. On y remarque quelques belles rues, plusieurs palais élégants, des maisons bien bâties, un théâtre hongrois et de jolies promenades. L'hiver elle devient le séjour de la noblesse et prend un aspect assez animé; mais l'été, abandonnée par les personnes opulentes qui se retirent à la campagne, elle n'est plus qu'un séjour fort triste. Depuis 1825, il s'y tient chaque année, au mois d'août, une importante foire pour les chevaux de luxe, à laquelle se rendent un grand nombre de seigneurs et plusieurs milliers d'étrangers. On a lieu de croire que la vieille ville a été fortifiée par les Romains, qui y entretenaient la sixième colonie appelée *Claudiopolis* : une inscription en l'honneur de Trajan se voit encore sur une des portes de la ville. C'est la patrie du roi Mathias Corvin. C'est du bourg d'*Apafi-Falva* que furent originaires les princes Apafiens, derniers souverains de la Transylvanie; *Gyalar*, village avec un château considérable, renferme les plus belles usines de fer de toute la Transylvanie; *Thorenbourg* ou *Thorda*, bourg de 8,000 habitants, est divisé en deux : le vieux et le nouveau Thorenbourg; outre un gymnase, il possède une école militaire pour une cinquantaine d'élèves; cet endroit était la garnison de la 7ᵉ légion romaine : on y a trouvé de nombreuses inscriptions funéraires. Près de là s'élèvent sur une colline les ruines de l'antique forteresse de *Salinæ*, et s'étend le champ de bataille sur lequel Trajan défit les Daces. Aux environs on trouve des mines de sel, une belle caverne, et une exploitation d'albâtre très estimé. *Zalatna* ou *Zlatna*, qui a donné son nom à un bon poëme allemand, jouit d'une situation charmante; *Nagy-Enyed*, en allemand *Strasbourg*, avec un gymnase de calvinistes, et une population de 6,000 âmes, est du nombre des bourgs affranchis de la juridiction de leur comitat qu'on nomme *Oppida nobilia*. *Torosko*, et *Körös-Banya*, ou *Altenbourg*, sont des bourgs de mines dans une contrée riche en or; *Deva*, en allemand *Dimrich* ou *Schlossberg*, est un bourg grand et florissant, qui passe pour être l'ancienne cité dace appelée *Decidava*, dans laquelle Decebalus, dernier roi des Daces, a été enterré. On exploite dans ses environs une mine de cuivre et une houillère. Non loin de là se trouve la *Porte-de-fer*, en hongrois *Vas-Kapa*, défilé fameux qui mène dans la plaine de Temesvar.

La ville royale de *Karlsbourg* mérite quelque attention : les Hongrois l'appelaient autrefois *Gyula-Fejervar*; ils la nomment aujourd'hui *Karoly-Fejervar*, et les Valaques *Belgrad*. Les anciens paraissent l'avoir appelée d'abord *Apulum*, puis *Alba Julia* en l'honneur de Julia Augusta, mère de l'empereur Marc-Aurèle. Elle est située sur la rive droite du Maros qui y reçoit l'Ompoly. Divisée en deux parties, on y distingue la ville proprement dite et le quartier de la forteresse, qui, bâtie sur une colline, domine les deux quartiers. Elle est le siége de l'évêché catholique de la Transylvanie. Sa cathédrale renferme les tombeaux de Jean Corvin, de son fils Ladislas, de la reine Isabelle et du duc Sigismond; l'église de Bathory est décorée du superbe mausolée élevé par Étienne Bathory, roi de Pologne, à son frère le prince de Transylvanie. Cette ville, assez bien bâtie, et peuplée de 11,000 âmes, possède une école de théologie, une bibliothèque publique et un observatoire. Comme elle est dans le district le plus riche en mines d'or de tout l'empire d'Autriche, elle renferme un hôtel des monnaies et un établissement pour la préparation du mercure.

Abrud-Banya, en allemand *Gross-Schlatten*, bourg où siégea long-temps la chambre des mines de la Transylvanie, possède aussi une direction des mines : on prétend que ce bourg existait au temps des Romains sous le nom d'*Auraria*. *Veröspatak* est encore célèbre par ses mines d'or, qui ont commencé à être exploitées par les anciens; aux environs de *Kapnik-Banya* on extrait des minerais d'or, d'argent et de plomb. *Szamos-Ujvar*, en allemand *Armenienstadt*, jolie colonie d'Arméniens, qui y nomment le magistrat, est une petite ville royale, défendue par un château-

fort, et environnée de sources salées et de mines de sel. *Élisabethstadt* ou *Ebesfalva*, est une autre jolie ville où les Arméniens font un bon commerce de laines et de vins. Nous remarquerons encore dans le comitat d'*Hunyad*, les ruines de l'ancienne capitale de la Dacie, la *Sarmizagethusa* des Daces, et l'*Ulpia-Trajana* des Romains; elles se réduisent à quelques tas de pierres près du village de *Varhely* ou de *Gradisten*, où l'on trouve beaucoup d'antiquités romaines.

Les frontières qui bordent la Turquie au sud et à l'est sont divisées en cinq districts régimentaires. Le 1er régiment *Valaque*, sur la limite méridionale, s'étend de l'ouest à l'est depuis l'extrémité occidentale de la Transylvanie jusqu'au district de Fagaras; les hussards *Szeklers* se prolongent jusqu'aux terres occupées par le 11e régiment *Szekler*, situées au sud du district de Kronstadt, et qui bordent la frontière orientale jusqu'au territoire du 1er régiment *Szekler*, qui continue à la circonscrire dans la même direction jusqu'aux terres occupées par le 11e régiment *Valaque*.

« Nous terminerons la topographie par une remarque sur le nom des monts *Karpathes*. Ce nom, qui se trouve pour la première fois dans Ptolémée, n'est pas étranger à la géographie grecque la plus ancienne : l'île de *Karpathos*, et la partie de la mer à laquelle cette île montagneuse a donné son nom, figurent déjà dans les poëmes d'Homère. Il y a plus, ce nom subit en grec précisément la même métathèse que dans les idiomes slavons; on écrit *krapathos*, au lieu de *karpathos*. C'est ainsi que les Polonais et les Bohêmes disent *hrapac* (1), tandis que les Russes et les Serviens, s'ils étaient habitants de ces régions, écriraient certainement *karpat*, selon le génie de leur langue. Que ce nom ait des rapports avec *chrebet*, montagnes (en russe); avec *chrapien*, gravir, *chropawy*, inégal (en polonais); avec les noms de peuple *Chrobates*, *Chorwates* et autres; que même le nom grec des monts *Riphéens* en soit un homonyme défiguré, c'est ce que nous ne discuterons pas ici. Mais quelques uns de ces rapprochements ont beaucoup de probabilité; et il n'est pas douteux qu'une partie des traditions grecques relatives aux monts Riphéens ne se rapporte aux montagnes de Hongrie et de Transylvanie. »

(1) Prononcez *Krapats*.

LIVRE QUATRE-VINGT-DIXIÈME.

Suite de la Description de l'Europe. — Fin de la Description de la Hongrie et de ses annexes. — De la nation hongroise. — Recherches sur l'origine des Hongrois. — Coup d'œil général sur le royaume de Hongrie et sur les Etats qui en dépendent.

« Dans le cours de la description spéciale des provinces et des villes, nous avons tracé le portrait des nations diverses assujetties, incorporées ou associées à la Hongrie; mais nous avons réservé pour ce coup d'œil général les notions que nos lecteurs attendent sur la nation hongroise elle-même. Ces notions embrassent nécessairement l'origine des Hongrois, l'un des problèmes les plus compliqués que l'ethnographie présente.

» Etudions d'abord les Hongrois dans leur manière d'être au physique et au moral. Entrés dans le bassin de la Theiss et du Danube par la plaine où s'élancent les châteaux d'Unghvar et de Munkacs, ils ont envahi tout le pays plat, en laissant les contrées montagneuses du nord-ouest et du nord aux Slovaques, reste de l'empire de Moravie, ou *Maravania*, et en s'arrêtant au sud-ouest aux pieds des montagnes de la Styrie et de la Croatie, où ils rencontraient également des tribus slavonnes, les Wendes et les Croates. C'étaient leur vie pastorale et le grand nombre de leurs troupeaux qui les fixaient dans ces grandes plaines; c'était aussi ce pays ouvert que les Pannoniens, les Sarmates, les Huns et les Awares, s'étaient successivement arraché. Mais une ou même plusieurs tribus hongroises paraissent, selon nous, s'être établies de bonne heure dans les montagnes qui remplissent le nord-ouest de la Transylvanie, ou le bassin des deux Szamos. La *Hongrie Noire* nous paraît avoir compris ces contrées lors de sa réunion à la Hongrie proprement dite, en l'an 1002. Enfin nous avons déjà vu que les *Szeklers*, dans la partie orientale de la Transylvanie, sont une tribu hongroise ou semi-hongroise, établie dans son pays actuel dès le neuvième siècle. La totalité de la nation hongroise, en y comprenant les Koumaniens et les *Iasz*, ou Jazyges, s'élève aujourd'hui à plus de 4,300,000 individus, dont un demi-million en Transylvanie. Elle est toujours inférieure en nombre aux nations slaves réunies, mais supérieure à toute autre race.

» Les Hongrois sont en général d'une taille moyenne, mais d'une constitution vigoureuse. Les membres très musculeux, les épaules larges, la figure carrée, les traits prononcés, sont les caractères physiques qui frappent immédiatement l'observateur; bientôt cependant il distingue dans la noblesse quelques races d'une taille plus svelte et quelquefois plus élancée; mais peuple et noblesse, tout Magyar a reçu en partage cet air de fierté qui annonce le sentiment de la force, cette valeur martiale qui se plaît aux fatigues de la guerre, cette vivacité un peu rude qui tient à des mœurs militaires, et cet enjouement qui caractérise les enfants de la nature. Les cheveux brun-clair paraissent communs, mais, selon quelques rapports, les cheveux noirs seraient prédominants. Le tempérament sanguin et le tempérament bilieux se partagent la nation.

» Mais à ces traits généraux il faudrait pouvoir ajouter quelques modifications selon les classes. Or, qu'est-ce que les voyageurs nous ont appris? Peu de chose, ou rien. Elevée dans le système général de la civilisation européenne, maîtresse d'immenses revenus, attachée par des mariages et par des dignités à la cour de Vienne, la haute noblesse de Hongrie a pris dans les mœurs allemandes, anglaises et même françaises, ce qu'elles offrent de plus saillant; elle cherche à briller tour à tour par des fêtes magnifiques et par des établissements patriotiques; elle éclipse les courtisans allemands par sa tournure élégante, par ses folles dépenses, comme elle déroute ou cherche à dérouter les ministres allemands par son opposition énergique ou du moins bruyante dans les diètes; mais, n'ayant au fond rien à gagner à des changements politiques, elle s'assimile de plus en plus à l'aristocratie autrichienne et à l'aristocratie galicienne. La noblesse peu fortunée forme une classe très différente par ses intérêts, ses sentiments et sa manière de vivre; elle aime la vie des champs, autant par nécessité que par goût elle montre une grande ardeur pour sa langue nationale ; elle voudrait étendre et fortifier ses priviléges ; le christianisme selon l'Evangile, soit dans la forme luthérienne, soit dans la forme calviniste, est très répandu dans cette classe.

» Tous les nobles hongrois, riches ou pauvres, se distinguent par des manières franches et hospitalières, par une affabilité cordiale, par une conversation aimable et enjouée. Le grand seigneur, maître d'un revenu de plusieurs millions, et le gentilhomme cultivateur sous son toit de chaume, accueillent avec la même bonté l'étranger qui se présente sous des dehors honnêtes ; un voyageur qui saurait parler hongrois pourrait presque parcourir le pays sans avoir besoin d'auberges. Il faudrait sans doute qu'il n'affectât ni la gravité magistrale des Allemands, ni la hauteur britannique ; qu'il ne s'offensât pas de la coutume de boire des liqueurs dans le même verre, de fumer après le repas ; qu'il ne se moquât pas de quelques bizarreries de la cuisine nationale. Les Autrichiens, pleins d'antipathie pour les Hongrois, ne connaissent ce peuple que par les auberges, qui sont souvent mal fournies, inconvénient naturel dans un pays où il circule peu de voyageurs aisés. Quelques villes allemandes, ou semi-allemandes, présentent seules des exceptions sous ce rapport. Mais, encore une fois, qui a voyagé parmi les Hongrois ? qui a causé avec eux dans leur belle langue ? qui s'est plié à leurs usages ? qui a étudié leurs goûts, partagé leurs joies et leur tristesse ?

» Le paysan forme la masse du peuple hongrois, et nous verrons plus bas qu'il est loin d'éprouver les malheurs d'une servitude rigoureuse. C'est dans cette race robuste qu'un observateur physiologiste et philologue pourrait étudier à fond les traits caractéristiques de la nation magyare. Ce qu'on en sait ne touche qu'aux surfaces. Le costume du paysan hongrois est celui d'un climat froid et d'une vie de pasteurs. Un large pantalon couvre le bas du corps, tandis que le haut est défendu, outre la veste, par une *gouba* ou tissu imitant parfaitement une peau de mouton. Le bonnet de feutre, ou le *kalpak*, devenu une partie élégante du costume des cavaliers et même des rois, conserve chez le paysan sa forme tatare ou finnoise. Les bergers du comitat de Schi-

megh, ou Sumegh, paraissent avoir conservé le type le plus rustique de l'habillement national. Une chemise et des pantalons de toile bien enduits de graisse, afin d'en prolonger la durée et d'éloigner la vermine, pendent sur le corps de ces demi-sauvages jusqu'à ce qu'ils en tombent par lambeaux ; les pieds sont enveloppés dans des chiffons de toile, et un morceau de cuir, assujetti avec des courroies, tient lieu de semelles. Quelques uns portent le *gouba*, ou le manteau de laine, d'autres une simple peau de mouton ; tous ornent de rubans leur grossier chapeau, tandis que les cheveux, graissés de lard, sont attachés derrière les oreilles avec des nœuds. Une besace est suspendue sur l'épaule par une courroie ornée de boutons de métal ; mais ce qui complète le costume de ces sauvages, c'est la *valaska*, ou la petite hache fixée à un long manche, arme qu'ils savent manier avec une grande adresse, et qui sert quelquefois à commettre des meurtres [1]. Tels sont encore les *Iouhasz*, et tels ils figuraient peut-être dans les armées d'Attila.

» Les paysans hongrois, fidèles à leurs coutumes tatares, n'entrent presque jamais dans les auberges ; ils passent les nuits au milieu de leurs troupeaux ou dans leurs charrettes, exposés aux injures de l'air ; même lorsqu'ils sont chez eux, on les voit souvent coucher dans un tas de foin ou sur un banc, couverts de quelques peaux ; les porcs, qui leur fournissent leur nourriture ordinaire, habitent sous le même toit qu'eux, et en sont tout au plus séparés par un grillage. La goutte et la fièvre, maladies épidémiques, surtout dans la basse Hongrie, proviennent sans doute autant de la manière de vivre du peuple que de l'insalubrité de l'air ; mais en général le paysan hongrois résiste aux maladies qui enlèvent les étrangers, et sa constitution physiologique mériterait une étude particulière.

» Le caractère enjoué de la nation se manifeste dans des réunions fréquentes et bruyantes. Les danses du peuple sont de plusieurs sortes : quelques unes très fatigantes, d'autres mêlées d'une espèce d'action dramatique ; ces dernières méritent surtout notre attention : trente ou quarante jeunes filles sont rangées sur deux lignes et se font face à la distance de douze à quinze toises ; les filles de chaque ligne

[1] *Bredetsky*, Beiträge, II, art. VIII.

se tiennent toutes par la main et agitent leurs bras d'après la cadence très lente d'une chanson. Elles changent de temps en temps de place ; les filles d'une ligne passent sous les bras de celles de l'autre, celles-ci leur donnent au passage une bonne tape sur le dos. Les chansons sont à peu près du genre de celles que les Grecs appelaient *amoibaea*; elles consistent en demandes et réponses analogues à l'état des personnes qui les chantent. Une ligne, par exemple, demande à l'autre : « Quel est l'objet de vos soupirs secrets? Mes amies, que vous faudrait-il pour être heureuses? » L'autre ligne répond : « Un beau jardin bien garni de fruits ; une bonne ferme bien pourvue de bétail ; un mari jeune et fidèle. » Ce spectacle n'est pas sans doute comparable aux danses de l'Arcadie et aux jeux des bergers dans les vallées de Tempé ; mais il pourrait toutefois fournir un joli tableau à un Théocrite hongrois.

» Si par la faute des voyageurs nous n'avons pu réunir autant de traits caractéristiques sur la nation hongroise que nous en aurions désiré, nous chercherons du moins du fond de notre cabinet à suppléer à leur impardonnable négligence à l'égard de la langue magyare. Elle n'est point un mélange de tous les idiomes de l'Asie et de l'Europe, idée absurde partout, et spécialement à l'égard d'une nation qui se montre toujours dans l'histoire avec un caractère d'unité ; elle n'est pas non plus, comme on l'a dit avec plus d'élégance que de fondement, « une vierge sans mère, » sans sœurs et sans filles ; » elle a reconnu, des rivages de la Laponie jusqu'au-delà des monts Ouraliens et le long du Volga, ses sœurs et sa famille. La langue hongroise est très positivement alliée à l'idiome lapon, finnois, permiaque, vogoule, tchérémisse, tchouvache et autres, qu'on désigne sous le nom général de famille *tchoude*, ou *finnoise*, ou *ouralienne*, dénominations peu commodes et peu précises, mais qu'on ne peut pas encore remplacer par une meilleure. Ce fait, déjà deviné par Comenius, Strahlenberg et Fischer, a été mis dans un grand jour par Sainovics, compagnon de voyage du jésuite Hell, dans son expédition astronomique au cap Nord, lors du passage de Vénus sur le disque du soleil en 1769. Le voyageur hongrois, étonné de comprendre quelques phrases de l'idiome des Lapons, étonné de pouvoir se faire comprendre par eux, étudia la grammaire lapone du Danois Leem, et quelques autres écrits publiés dans le Nord : ayant établi avec succès beaucoup de points de comparaison évidents, mais isolés, il proclama « que l'idiome des Hongrois et celui des Lapons est le même [1], » assertion exagérée, mais qu'un autre Hongrois, M. Gyarmathi, a réduite à des termes plus modérés et plus précis [2]. La ressemblance ne se borne pas seulement aux mots, elle se manifeste encore dans les formes grammaticales, principalement dans l'usage de marquer les cas du substantif, les relations du pronom possessif, les copulations et les interrogations par des *suffixa*, ou syllabes ajoutées à la fin. Le verbe *être* en lapon est presque identique avec le verbe *devenir* en hongrois. La ressemblance des mots a surtout été démontrée par le rapprochement qu'en a fait Klaproth, avec les dialectes des Ostiaks de Beresof, et d'autres peuplades situées entre les monts Ourals et le fleuve Obi [3]. Ces tribus, qui formaient l'ancienne *Iougorie* [4], ont conservé beaucoup de mots hongrois, qui ne paraissent pas connus aux tribus finnoises plus civilisées. Klaproth indique encore beaucoup de mots samoyèdes qui ressemblent à des mots hongrois, et nous retrouvons jusque chez les Motores, et dans la Dzoungarie, le mot hongrois *to*, ou *tou*, dans l'acception de *lac*, ou marais [5]. Mais ces traces isolées disparaissent bientôt. Les rapports du hongrois avec le turc, consistant dans quelques mots empruntés, nous paraissent infiniment moins remarquables que les ressemblances grammaticales avec l'arménien ; les nominatifs du pluriel en *k* sont formés dans les deux langues avec une cacophonie identique ; le datif du pluriel hongrois rappelle l'*instrumental* de l'arménien, et cette fatigante répétition d'une des consonnes les plus dures accable l'oreille dans les verbes hongrois

[1] *Sainovics*, Demonstratio idioma Hungarorum et Laponum idem esse. Kopenhague, 1770 Ce mémoire, présenté à l'académie des sciences de Kopenhague, a été inséré (traduit en danois) dans les *Mémoires* de cette société, vol. X, année 1770 p. 653. — [2] *Gyarmathi*, Affinitas linguæ hungaricæ cum linguis finnicæ originis grammatice demonstrata. Gœttingæ, 1799. — [3] *Asia polyglotta*: Tableau des langues finnoises, dans l'*Atlas* et p. 188 et suivantes. —[4] Karta Iougorskoi zemlii. Pétersbourg.— [5] Carte de l'*Asia polyglotta* (lacs *Temur-Tou*, *Alak-Tou*,

plus encore que dans le verbe arménien. Comment deux langues très différentes par leurs mots ont-elles adopté les mêmes formes, surtout ces formes dures ne convenant nullement à la douceur mélodieuse du hongrois? Enfin nous devons signaler un rapport jusqu'ici à peu près inconnu entre le hongrois et le skandinave, qui, regardés comme tout-à-fait étrangers l'un à l'autre, nous ont cependant offert un certain nombre de mots en commun, et des mots qui n'ont pas pu être transmis par la civilisation moderne, mais qui tiennent à la haute antiquité de l'une et de l'autre de ces langues, à ces siècles primitifs où les Huns, les Goths, les Iotes, les Ases, les Magyars, et bien d'autres peuples étaient réunis autour des anciens autels d'Odin (¹). La langue hongroise, qui, en perdant son bizarre caractère d'un isolement absolu, n'en devient que plus intéressante comme monument, mérite encore notre attention sous d'autres points de vue. Harmonieuse, riche, flexible, elle se prête à l'éloquence naturelle de la nation qui est fière de la parler; elle possède aujourd'hui des historiens, des poëtes, des journaux littéraires et savants; c'est le langage usuel de la diète, quoique la politique autrichienne ait cherché à y maintenir l'empire de la langue latine, qu'une sorte d'équité envers les habitants slavons et allemands avait fait adopter.

« Les Hongrois nobles, divisés en magnats ou grands dignitaires; en nobles possessionnés, et en armalistes ou gentilshommes sans biens; le clergé, dans lequel sont compris les archevêques, évêques, quelques abbés commendataires, et quelques doyens de chapitres; les villes libres royales, les bourgs privilégiés, les tribus des Koumans et des Iazyges, avec quelques autres petites corporations: voilà ce qui forme constitutionnellement la nation hongroise, *populus hungaricus*, dans le style officiel de la diète. A la nation appartient le droit d'élire un roi en cas d'extinction de la dynastie régnante, le droit de faire des lois d'accord avec le monarque, et celui de s'imposer elle-même dans des diètes qui doivent légalement être réunies tous les trois ans. Le reste des habitants est appelé le peuple des contribuables, « *misera contribuens plebs*, » et ne participe à aucun droit politique. Le roi exerce le droit de faire la paix et la guerre, quoique sous la condition d'entendre le vœu de la nation (²); il peut ordonner la levée en masse de la noblesse (*insurrectio*); mais toutes les contributions extraordinaires et les levées de troupes doivent être légalisées par la diète. Le roi fait serment à la constitution et signe le

---

(¹) Nous citerons quelques exemples en plaçant le mot hongrois le premier:

Ag, rivière; *ua*, id.;
Asszoni, femme; *asynia*, déesse ou femme *ase* (Edda);
Alumni, dormir; *lügn*, *luun*, tranquillité, repos;
Bor, vin; *bior*, bière;
Eg, le ciel; *ey*, éternel (d'où *eyglo*, soleil chez les Iotes). *Voyez* Alvismâl et Hyndluliod dans l'Edda.
Elet, vie; *elem*, je vis; *ala*, imparf., *el*, engendrer, nourrir.
Essæ, pluie; *œse*, verser;
Eletn, élan (animal); *elend*, en all., *els*, en dan.
Estwe, soir; *sol-est*, coucher du soleil, en jutlandais (normanno-iotique);
Fa, arbre; *vallar-fax*, forêt, proprement crinière des collines (Edda); comparez aussi *fagus* et *fayau*;
Fœld, la terre; *fold*, id., chez les Ases (Alvismâl),
Felsæ et *fell*, en haut; *fiell*, montagne;
Feyer, blanc; *fagr*, en skandinave; *fair*, en anglais, beau, blanc;
Fekete, noir, *feigr* et *feikr* (Solarliod, str. 36), pâle, mourant, lâche;
Feri, homme; *fir*, id. (Edda);
Gœs, brouillard; *guse*, id., dans *Hav-Guse*, brouillard maritime, en jutlandais;
Hay, cheveux; *haar*, id.;
Had, guerre; *had*, haine, querelle;

Hegy, montagne; *hœy*, colline, élévation;
Heves, chaud; *hver*, source chaude, isl.;
Hold, lune; *hvel*, roue, figure de la lune (Alvismâl, str. 14);
Iol, bon; *iont*, doucement, en jutlandais;
Level, feuille; *lœv*, feuillage;
Magas, haut, grand; *mogt*, *megin*, puissance, etc.;
Menny, le ciel, le firmament; *mœnning*, sommet du toit, en jutlandais;
Nyak, cou; *nakke*, id.;
OEckœr, bœufs, *œxen*, id., au pluriel; *œg*, animal, en jutlandais;
OEsz, automne; *hœst*, automne, moisson;
Szarv, corne; *skaur*, tête, éminence; et *skarp* pointu;
Szulum, je parle; *thula*, discours; et *thulr*, orateur;
Tel, hiver; *tœl* et *tiela*, glace dans la terre;
Var, château-fort; *varde*, poste élevé et gardé;
Var-megye, territoire d'un castellan; de *var* et de *megye*; voyez plus haut *megin*.

Adelung, dans le Mithridates, II. p. 777, cite des mots allemands introduits dans le hongrois, mais ce sont presque tous des termes de la civilisation moderne; cependant le vieux allemand fournira peut-être beaucoup de mots comparables.

(²) Diplôme de Léopold, art. 13, et articles de 1608, art. 2.

diplôme du roi André, en protestant toutefois contre l'article qui « autorise les Hongrois à » prendre les armes contre lui dans le cas où » il violerait leurs privilèges (¹). » Les rois sont obligés de faire exécuter les décisions des cours judiciaires, de ne destituer personne sans jugement, de maintenir les limites du royaume, et de lui faire restituer celles de ses anciennes provinces que le sort des armes leur aurait fait recouvrer. Enfin, la Hongrie est un royaume indépendant et une monarchie tempérée par une assemblée aristocratique. »

Les diètes se composent de deux chambres ou, comme on dit, *tables*, chacune subdivisée en deux ordres ; la première, ou la chambre haute, se compose des magnats, savoir : les archevêques et évêques, les princes, comtes et barons du royaume, et les gouverneurs des comitats ; la seconde est formée de la réunion des prélats, des abbés, des députés des comitats, de ceux des chapitres et de ceux des villes libres royales. Par un ancien abus, les magnats absents envoient des députés qui prennent place parmi les députés des comitats. On compte quelquefois dans ces assemblées jusqu'à 661 députés parmi lesquels plus de 200 magnats. Les décisions de la diète se prennent en votant par quatre ordres ; mais dans chaque ordre, c'est la majorité qui décide. Les députés sont liés par les instructions de leurs commettants. La diète se réunit tous les trois ans au moins, soit à Bude, soit à Presbourg, dans une vaste salle, à l'extrémité de laquelle s'élève une chaire pour le président. Des tables sont placées dans toute la longueur : elles sont couvertes de drap vert et de tous les objets nécessaires pour écrire. A la droite du président, mais plus bas que lui, siègent les évêques et les autres dignitaires de l'Eglise, qui représentent le clergé. Les autres membres portent le costume hongrois, qui consiste en une veste de hussard, un pantalon de drap brun, un kalpak en fourrure, et des bottes à la hussarde armées d'éperons. Chaque membre a l'épée au côté. Les débats ont lieu en latin, langue dans laquelle la plupart des députés s'expriment avec facilité et même avec éloquence, bien que les discours ne durent jamais plus de 10 minutes.

« Les diverses classes de la nation jouissent de divers privilèges ; ainsi le noble, comme

(¹) Dipl. Andreæ, art. 31. Quodsi veró nos.

citoyen de l'Etat, peut posséder des terres dans toute l'étendue du royaume ; le bourgeois, comme citoyen de sa seule ville, ne peut acquérir des biens-fonds que dans la banlieue. Mais les biens de la noblesse retournent à l'Etat lors de l'extinction de la ligne masculine. Tant que celle-ci existe, elle peut exercer, comme les propriétaires fonciers en Norvége, le droit de revendiquer les biens de famille vendus, en remboursant le prix de la vente : institution des peuples du Nord qui présente un côté intéressant, mais qui, jointes à d'autres privilèges, arrête les progrès de l'agriculture et la circulation des capitaux. Parmi les autres privilèges dont jouissent les nobles, nous citerons ceux de ne pouvoir être arrêtés qu'en vertu d'une condamnation, de ne payer aucune contribution ordinaire, et d'être seuls aptes à toutes les places. »

Les autorités chargées de l'administration des affaires publiques du royaume sont : un palatin ou vice-roi (*Nandor Ispan*) dont l'élection ne peut se faire que conjointement avec les Etats ; un commandant général ; la chancellerie hongroise de Vienne jouit des pouvoirs les plus étendus ; le conseil royal du gouvernement, ou conseil d'Etat, qui siège à Bude (*consilium regium*) sous la présidence du palatin ; le conseil du gouverneur général, formé de 25 conseillers, et la chambre des finances.

« L'administration des comitats est en grande partie indépendante de la couronne ; chaque comitat a un gouverneur qui correspond directement avec l'administration centrale ; treize palatins, ou *ispans*, possèdent leurs dignités par droit héréditaire, et les autres officiers du comitat sont élus par la congrégation, ou assemblée de la province, qui les salarie de sa propre caisse. Les villes ont également leurs administrations municipales, et ressortissent de leurs propres tribunaux suprêmes. L'indigénat hongrois est requis pour remplir une place quelconque, et c'est la diète qui seule naturalise les étrangers. »

Quant aux limites militaires, leur administration dépend directement du conseil aulique de guerre qui siège à Vienne. Elle est confiée, dans chaque régiment, à un commandant qui a sous lui plusieurs officiers. Toutes les affaires sont traitées militairement, ainsi que semble l'exiger une organisation par laquelle le peuple est à la fois soldat et cultivateur.

La réunion des lois rendues par les divers souverains et acceptées par les Etats, et celle des décrets de la diète, forment le code civil et criminel; l'ouvrage publié par Stephan Werbicz en 1514, et connu sous le titre de *Tripartitum*, est un code systématique d'après lequel la justice est rendue. Dans certains cas particuliers, les tables des lois de districts (*districtnal-tafeln*) servent à prononcer les peines. Cependant, dit M. Beudant, les divers peuples qui habitent les provinces ont chacun quelques lois ou coutumes particulières, quelques priviléges qu'ils tiennent des différents princes par lesquels ils ont été gouvernés, et qui leur ont été assurés lors de leur réunion; il en est même qui sont entièrement régis par le code germanique. Relativement à l'application des lois, chacun des Etats du royaume, chaque peuple ou chaque ville qui possèdent des lois spéciales ont leurs magistrats particuliers, et en général nul ne peut être jugé que par ses pairs, mais tous peuvent en appeler aux cours suprêmes, au moins pour les cas qui ne sont pas spécialement prévus par les lois.

« Les paysans hongrois, descendants des pasteurs nomades, paraissent d'abord être devenus des cultivateurs mercenaires; mais, libres de leur personne, ils pouvaient quitter les terres d'un seigneur pour se fixer sur celles d'un autre; ce droit leur avait été confirmé par un grand nombre d'ordonnances légales [1]. La servitude personnelle et perpétuelle était connue des Hongrois comme punition infligée à des paysans révoltés; et depuis les grandes rébellions, sous Vladislas, les occasions ne manquèrent pas d'étendre l'application de cette peine, et de multiplier le nombre des serfs attachés à la glèbe. La majeure partie du peuple des campagnes restait pourtant dans l'état de métayers temporaires engagés par contrat à cultiver les terres d'un seigneur, les unes pour son profit immédiat, les autres pour leur propre entretien, ne pouvant les quitter qu'en remboursant les avances faites par le seigneur, ni en être expulsés sans être eux-mêmes dédommagés de leurs dépenses. Mais cette dépendance, fondée dans la nature même de la propriété agricole par grandes masses, cette dépendance qui était réciproque, et qui, sous un seigneur équitable, assure un bonheur supérieur à celui des petits cultivateurs de bien d'autres pays, se dénaturait par les abus résultant des termes vagues dans lesquels les devoirs mutuels étaient spécifiés. Le travail, qui dans ce système remplace le loyer des terres, a été déterminé par un code rural, nommé l'*urbarium*, et publié par Marie-Thérèse en 1764. Par un décret de Joseph II, la servitude personnelle fut abolie en 1795 dans les endroits où elle existait. La diète, rétablie sous Léopold II dans l'exercice de ses droits légitimes, a généreusement confirmé les mesures qui protègent le paysan dans sa personne et ses jouissances; mais elle n'a pas sanctionné la faculté accordée par Joseph II à presque tout le monde d'acquérir des terres, encore moins les essais de soumettre toutes les terres à un impôt égal. « Ce sont, dit la noblesse, » nos priviléges qui établissent ces différen- » ces; la loi en prive ceux d'entre nous qui sont » convaincus de quelque grand crime; quel » est donc le crime de toute la noblesse?... » De plus, la Hongrie est un royaume aussi » indépendant de l'Autriche, que l'Angleterre » l'est du Hanovre; l'*empereur* n'est rien pour » nous, nous ne reconnaissons que notre *roi*. » Joseph II l'est-il? Il n'a pas été couronné; » il n'a pas fait de serment; il est usurpa- » teur [1]... » Tels étaient les murmures que le philosophe-despote entendit retentir autour de son lit de mort; il révoqua ses ordonnances, abolit ses réformes, brisa son édifice, et son dernier soupir fut celui du désespoir. Mais la nation hongroise, redevenue maîtresse chez elle, ne prendrait-elle pas en considération les résultats désavantageux pour la propriété territoriale elle-même, du système qui la restreint dans la seule classe des nobles ou citoyens de l'Etat? Sans étendre les nobles droits de cette classe, le cultivateur pourrait obtenir les droits civils, et être admis à participer à cet intérêt de propriété qui, parmi des peuples éclairés, contribue si efficacement à élever la valeur des terres et de leurs produits. La noblesse hongroise, si jalouse de rivaliser avec les Anglais, ne doit pas ignorer plus long-temps les abus que ses intendants se permettent envers les paysans, ni les rigueurs exercées par les

---

[1] « *Jus liberæ emigrationis.* » Décret de Sigismond, 1405; de Ferdinand Ier, en 1541 et 1550; de Maximilien Ier, en 1566.

[1] Voyez les pièces insérées dans *Schlœtzer*, Staats anzeigen, vol. XIV, p. 121, vol. XV, p. 336, etc. etc., etc.

petits officiers de justice villageoise, ni les exactions arbitraires des employés du gouvernement [1]. En élevant ses métayers à un rang inférieur de sujets libres, elle garantira mieux l'élévation où ses libertés la placent elle-même au-dessus de tous les peuples voisins [2]. »

« Ces priviléges importants de la noblesse, » quoique peu justes dans le fond, et surtout » fort éloignés des idées actuelles de la plus » grande partie de l'Europe, n'ont pourtant » pas, à l'égard du paysan, tous les inconvé- » nients contre lesquels on s'est plu tant de » fois à déclamer amèrement. Il fut un temps » sans doute où le paysan hongrois était réel- » lement attaché à la glèbe; mais aujourd'hui » il est libre, il s'en glorifie, et le bonheur » n'habite pas moins sous le chaume que dans » les palais. Les lois et l'empire de l'usage » sont tels, que le sort du paysan, en Hon- » grie, est souvent au-dessus de celui que la » même classe peut avoir dans les contrées les » plus libres de l'Europe. La noblesse pos- » sède, à la vérité, toutes les terres, et, en » général, a seule le droit de propriété; mais » le seigneur est obligé de partager ses do- » maines en fermes d'un rapport déterminé, » qu'il donne aux paysans cultivateurs. Ceux- » ci ont, par conséquent, comme dans les pays » les plus policés de l'Europe, des terres à » faire valoir, et auxquelles ils prennent un » intérêt réel; la seule différence est que la » location ne se paie pas en argent, mais en » services de journées et en redevances. Comme » services, le paysan qui a une ferme com- » plète doit au seigneur 54 jours de travail par » an, avec une charrette et un double atte- » lage; comme redevance, le fermier doit li- » vrer annuellement au seigneur le neuvième » des produits de la terre (pour la première » récolte seulement, car s'il y en a une se- » conde, il ne doit rien), le neuvième des » agneaux, des chevreaux, du produit des ru- » ches, etc. Il supporte en outre diverses char- » ges déterminées et proportionnées à diffé- » rents droits qu'il peut acquérir. Mais si, » avec la permission du seigneur, il a défriché » une terre jusqu'alors inculte, il en jouit sans » redevances, sans services, et le seigneur ne » peut la reprendre qu'il ne soit suffisamment » indemnisé de ses soins.

» Au moyen de ces transactions, qui sont » loin sans doute d'être onéreuses, et dont » partout ailleurs beaucoup de fermiers et de » petits cultivateurs se trouveraient fort satis- » faits, le paysan hongrois jouit réellement » du prix de son travail. Il peut disposer » comme bon lui semble des huit neuvièmes » du produit des récoltes, qui lui restent pour » compenser ses frais et payer son industrie; » il devient propriétaire de biens mobiliers, » de troupeaux, etc., qui passent à ses en- » fants; mais il y a plus, le paysan hongrois » est plus sûr de son existence que beaucoup » de petits propriétaires que nous retrouvons » à chaque pas dans les autres Etats. Si, par » un accident quelconque, ses récoltes sont » perdues, ses bestiaux détruits, c'est sur le » seigneur que retombe le soin de la famille, » c'est lui qui pourvoit à sa nourriture, et qui » même doit payer les dettes, remplir les en- » gagements que le paysan a contractés avec » son approbation.

» Le paysan qui n'a point de terres à cul- » tiver n'est pas plus maltraité de son seigneur.

---

[1] *Bright*, Travels in Hungary, pages 113, 445.
— [2] Le progrès des lumières se fait sentir depuis long-temps en Hongrie, et fait entrevoir dans un avenir peu éloigné le terme des abus qui pèsent sur la plus grande partie des habitants. L'inégalité des charges, l'injustice attachée à certains priviléges, l'insuffisance des lois criminelles, ont particulièrement attiré l'attention du gouvernement autrichien. Dans sa session de 1833, la diète hongroise a été chargée d'examiner et de discuter différentes propositions royales; la première, concernant une loi à rendre pour régler les relations qui existent entre les seigneurs propriétaires de biens-fonds et leurs vassaux, relations qui n'avaient été réglées que provisoirement sous le règne de Marie-Thérèse et par la diète de 1792; la seconde sur les moyens d'obtenir plus de promptitude dans l'administration de la justice, sur la rédaction d'un nouveau code criminel qui mette fin à l'arbitraire qui règne dans l'application des peines, et sur la nécessité d'établir de nouveaux tribunaux et de rédiger un code de procédure destiné à mettre des bornes à la durée des procès ; la troisième concernant une plus juste répartition des impôts et des autres charges publiques; la quatrième sur les traitements que reçoivent les députés des provinces; d'autres enfin sur les mines, la presse, le culte et le clergé, le littoral hongrois et la délimitation des frontières du royaume. Au début de cette cession, la diète a déclaré qu'il serait temps qu'une *presse libre* fût accordée à la Hongrie, et que des représentations seraient adressées à ce sujet au roi. Les députés ont en outre demandé que la langue magyare ou hongroise fût employée désormais dans les actes civils ainsi que dans les commandements militaires, et que les officiers autrichiens fussent peu à peu exclus des régiments hongrois. J. H.

» Habite-t-il une chaumière, c'est le seigneur
» qui a dû la faire construire, et qui fournit
» encore les matériaux pour l'entretien et les
» réparations : quant à lui, il ne doit annuel-
» lement que dix-huit journées de travail. Oc-
» cupe-t-il en outre une portion de terre, il
» en livre le neuvième en nature ou en argent;
» mais il ne doit de journées de services que
» dans le cas où la pièce qu'il cultive est au
» moins un huitième de ce qui compose une
» ferme entière (¹). »

« La liberté des cultes honore encore la nation hongroise. La religion catholique est celle de la moitié des habitants; elle jouit de grands priviléges politiques; son clergé occupe dans la diète des places déterminées, et s'y est constamment montré attaché à la cour. Les prélats possèdent des revenus exorbitants. L'archevêché de Gran rapporte 7 à 800,000 francs; celui de Kalocsa n'est estimé qu'à un septième de cette somme; mais parmi les évêques, celui d'Erlau a un revenu annuel de 4 à 500,000 fr.; celui de Grosswardein tire 200,000 francs, et l'ordinaire est de 60 à 100,000 francs. Aussi les premières familles briguent-elles ces siéges, et un roi de Hongrie fit même une loi pour réserver l'évêché d'Erlau pour toujours au quatrième fils du prince régnant. Un grand nombre d'évêques sont gouverneurs nés des comtés où ils résident; d'autres possèdent des monopoles sur le vin et sur le sel. Mais, à côté de tous ces avantages, le clergé catholique voit avec chagrin la liberté légale des autres cultes. La profession de foi selon les réformes de Calvin est très répandue parmi la noblesse hongroise; elle est publiquement prêchée partout où un nombre suffisant de paroissiens veut entretenir ce culte modeste. La croyance luthérienne ne s'est guère répandue que parmi les mineurs et les artisans allemands; elle s'est maintenue dans toute la rigueur des idées du seizième siècle, et son clergé a long-temps gardé des préventions contre ceux qu'il appelle calvinistes. Le parti catholique profite de ces antipathies, et les plaintes des protestants retentissent sans cesse comme sans effet auprès du gouvernement. Dans des actes publics, le clergé catholique déplore les progrès que font les opinions évangéliques. L'Église grecque orientale, qui a répandu les premiers germes du christianisme dans la Hongrie (¹), a constamment perdu du terrain, et a même vu plus d'un tiers de ses membres s'unir à l'Église catholique; cependant elle est encore celle de la majorité dans les provinces les plus méridionales. Le rit grec-uni a surtout été adopté parmi les Rousniaques et ceux des Valaques qui habitent près d'eux. Ces luttes de croyance ou de culte ne sont pas sans importance.

» La Transylvanie, qui est représentée par une diète à part, où figurent à côté des magnats les députés de la noblesse hongroise, ceux des Szeklers, sans distinction de naissance et ceux de la nation libre saxonne, compte encore plus de religions légalement reçues; car outre les catholiques, les réformés, les luthériens, les lois reconnaissent une Église d'*unitaires*, la seule au monde qui se soit conservée depuis le temps de Socin. La grande majorité de la population, composée de Valaques, suit le rite grec oriental, et n'a jusqu'ici que les droits d'une Église tolérée.

» Les institutions de la Hongrie ont conservé toute la vigueur du moyen âge, mais elles en conservent aussi la gênante immobilité. Les universités, les gymnases, les colléges, dans toutes les communions religieuses, ne se sont point écartés des formes et des méthodes surannées. Chez les catholiques, c'est l'influence d'un clergé peu instruit qui va jusqu'à obliger un évêque à demander au pape, « s'il est permis de se servir d'instruments » astronomiques fabriqués en pays hérétique. » Chez les protestants, c'est la crainte de se voir accusées d'innovations, qui compromettraient les fondations pieuses consacrées à les soutenir. Cependant les lumières se font jour; une noble émulation anime les patriotes hongrois, et sans les autorités, quelquefois malgré les autorités, l'instruction publique s'étend, s'épure et se perfectionne. Les nouvelles fondations se multiplient. Il se forme beaucoup de bibliothèques; et, malgré la dispersion des anciennes collections, un voyageur bibliographe trouverait encore en Hongrie bien des livres curieux. Les sciences naturelles sont protégées. »

Si le peuple est resté plongé dans une ignorance et une superstition que le gouvernement tend à diminuer par les efforts qu'il fait pour

(¹) *Beudant*, Voyage minéralogique et géologique en Hongrie, t. I, p. 95.

(¹) *Schwartz* (sous le nom de *Juxta Hornad*), Initia religion. christ. inter Hungaros, etc.

propager l'instruction élémentaire, les classes élevées ne manquent pas de lumières; les arts commencent à faire sentir leur influence : déjà la musique compte des amateurs d'un talent distingué; la sculpture et la gravure ont fourni quelques artistes recommandables, et le goût de l'art dramatique se répand dans les grandes villes. La littérature magyare y est la plus répandue : les littératures allemande et slovaque viennent en seconde et en troisième ligne. Quant aux autres peuples de la Hongrie, on sait qu'ils n'écrivent pas.

L'industrie se ressent de la longue éclipse des lumières, ainsi que de la contrainte que les corporations imposent aux talents individuels. A l'exception des objets de première nécessité, parmi lesquels il faut compter les *goubas* ou manteaux de laine, les *zischma*'s ou bottes hongroises, les têtes de pipe et les chapelets, la fabrication des huiles de lin, de chènevis et de navette, et celle de la toile, il n'existe en Hongrie qu'un petit nombre de fabriques, et leurs produits ne sont ni abondants, ni de qualité supérieure. Les draps, les verreries, les faïences se consomment dans l'intérieur, et ne peuvent lutter avec les mêmes objets fabriqués en Autriche. Les principales manufactures de draps se trouvent dans les villes de Güns, Œdenbourg, Tyrnau, Skalitz, Modern et quelques autres; le produit des verreries ne suffit pas à la consommation; on fabrique de la poterie dans toutes les parties du royaume, mais elle est de mauvaise qualité : ce n'est qu'à Szielnicz, dans le comitat de Shol, qu'on fait d'excellents creusets. Les toiles communes, fabriquées par les bourgeoises dans la haute Hongrie, attestent l'influence du génie allemand; la fabrication en est tellement répandue, que dans certains comitats les hommes mêmes mettent la main au fuseau : aussi l'exportation s'en élève-t-elle chaque année à plusieurs millions d'aunes. Le comitat de Zips fabrique des toiles fines pour 6 millions de florins; mais les soieries, si favorisées par le climat, languissent, de même que la fabrication des toiles de coton. Le savon de Hongrie est excellent; les tanneries de ce pays fournissent à une exploitation considérable. Le tabac, que l'on doit considérer comme une des principales productions hongroises, occupe plusieurs fabriques, principalement à Bude, Pesth, Agram et Presbourg. Quarante papeteries établies dans le royaume ne fournissent qu'un très mauvais papier. Malgré la grande quantité de fer que l'on exploite en Hongrie, la fabrication des ouvrages en fonte est peu considérable, de même que celle de l'acier. Il existe à Bartfeld, dans le comité de Saros, et à Hradek, dans celui de Gömör, deux usines qui se distinguent pour la confection des instruments aratoires. Ce n'est que dans les comitats d'Abaujvar et à Raab que l'on fabrique des faux, mais d'une mauvaise qualité, et dans celui de Pesth seul que l'on taille des limes; de même aussi ce n'est qu'à Bude et à Pesth qu'on fabrique des rasoirs et des instruments de chirurgie; les couteaux de Legrad, dans le comitat de Szalad, jouissent de quelque réputation. La Hongrie a peu de fabriques d'armes blanches; quant aux armes à feu, le petit nombre d'armuriers disséminés dans le royaume ne s'occupent que de leur réparation et de la confection des platines. On trouve aussi des fabriques de clous à Pesth, Œdenbourg, Eisenstadt et Warasdin; mais ce sont en général les Zigueunes ou Bohémiens qui s'occupent de ce genre d'industrie en employant le fer qu'ils ont volé dans leurs courses vagabondes. Neusolh, Pesth et Raab renferment des fabriques de fil de fer de différentes espèces. Les fabriques de fer-blanc et d'aiguilles n'offrent que des produits ordinaires.

L'emploi du cuivre est plus répandu dans le royaume que celui du fer : à Deutsch-Orawitz dans le comitat de Krassova, à Neusohl, à Wallendorf et à Schmölnitz dans le comitat de Zips, ainsi que dans celui de Presbourg, on fait différents vases en cuivre; Presbourg, Neusohl et Zeben offrent des fabriques de fil de laiton. Raab est particulièrement connue par ses bijoux en or faux (*Rauschgold*). L'horlogerie est encore dans son enfance en Hongrie. L'exploitation des mines occupe plus de 30,000 ouvriers. On estimait, il y a peu d'années, à 40,000 le nombre d'individus vivant des arts et des métiers; mais ce nombre augmente tous les jours. Nous avons remarqué en Esclavonie, et surtout en Dalmatie, une industrie très active pour la fabrication des liqueurs spiritueuses, depuis l'eau-de-vie de prune jusqu'au marasquin. Une autre tendance particulière, c'est l'habileté des Slovaques à extraire des baumes et des résines odorantes. Ce peuple travaille avec beaucoup de succès le *rajeczer* rouge et jaune (faux maroquin), dont les jeunes filles se font des bottines.

En un mot, chaque peuple en Hongrie a son genre d'industrie spécial : les Magyars, qui habitent ordinairement de vastes villages, s'occupent presque exclusivement de l'agriculture et de l'éducation des bestiaux ; les Allemands, du commerce, de la culture, et de l'exploitation des mines ; les Valaques sont aubergistes, et quelques uns mineurs ; les Esclavons et les Croates se livrent à l'agriculture et au commerce ; les juifs et les Arméniens trafiquent et prennent des terres à ferme ; les Bohémiens travaillent le fer, jouent du violon, et exercent le métier de maquignons ; les Slovaques font toutes sortes d'états, et sont d'excellents mariniers, chasseurs et voituriers.

« Mais si l'industrie n'est encore que dans l'enfance, les produits naturels de la Hongrie, ses bœufs, ses farines, ses vins, ses laines, ses métaux, lui fournissent la matière d'un commerce lucratif, bien que gêné dans diverses localités. Les Hongrois n'ont d'autres débouchés sûrs pour leurs denrées que l'Autriche, les autres pays de la monarchie autrichienne et quelques États limitrophes, tels que la Pologne pour les vins et l'Italie pour les blés. Les voisins de la Hongrie, en général, recherchent peu de ses denrées. La Galicie ne prend ni bétail ni blé ; elle ne consomme que peu de vin. La Turquie n'a besoin ni de bétail ni de vin ; quant aux blés, l'Autriche n'en permet l'exportation qu'en petite quantité. Le chemin de Trieste est trop difficile et d'ailleurs trop long pour la plus grande partie de la Hongrie ; les charrois, les droits et autres dépenses montent presqu'à une somme égale à la valeur des marchandises. On dira bien que ce pays possède de superbes rivières, mais malheureusement leur cours est contraire à celui de son commerce ; il eût fallu, pour que le pays en tirât un profit considérable, ou que le Danube coulât vers l'ouest, ou qu'il fût tout entier sous la domination autrichienne. La conquête de la Bosnie pourrait encore suffire pour vivifier le commerce de la Hongrie, car elle ouvrirait une communication avec la Dalmatie vénitienne. Mais de tous ces obstacles, le plus grave c'est la politique de l'Autriche, qui, ne pouvant vaincre la généreuse obstination des Hongrois à maintenir leurs libertés constitutionnelles ainsi que leurs priviléges, s'obstine de son côté à les traiter dans ses douanes en nation étrangère.

L'Autriche ne considère ce royaume que comme son dépôt des matières brutes, et comme un débouché pour ses manufactures. Non seulement les Hongrois sont forcés de prendre en Autriche plusieurs objets qu'ils pourraient avoir ailleurs en meilleure qualité et à meilleur marché, mais ils se voient, même en apportant leurs denrées à Vienne, grevés par des droits plus onéreux que ceux que paient les Polonais. La réflexion la plus légère suffit pour comprendre quels doivent être les funestes effets d'une organisation aussi vicieuse et d'une injustice aussi ouverte. Les Hongrois, qui voient leurs riches pâturages couverts de troupeaux, leurs caves remplies d'excellent vin, leurs greniers surchargés de blé sans pouvoir les vendre qu'au prix fixé par les Viennois, perdent toute envie d'améliorer l'économie rurale de leur pays. Le noble se contente de tirer assez de revenus de ses domaines pour pouvoir subsister ; le paysan ne travaille que ce qu'il faut pour ne pas mourir de faim ; mais aussi les patriotes hongrois accusent hautement la maison d'Autriche d'ingratitude envers une nation qui a souvent été son unique soutien, et dont l'esprit d'indépendance n'est point à craindre si on la traite avec équité. Il est juste d'observer que les Autrichiens répondent à ces reproches, en disant : « Notre monarchie doit » être regardée comme une fédération de plu- » sieurs États, dont chacun conserve et quel- » quefois s'obstine à conserver ses priviléges, » ses droits et ses institutions : » le gouvernement suprême ne peut donc pas, en favorisant la Hongrie, déjà si richement dotée par la nature, permettre que toutes les richesses et toutes les forces vitales de l'État aillent se concentrer dans cette seule contrée. Malgré toutes ces entraves, la Hongrie exporte pour 20 à 25 millions de florins, et n'achète que pour les trois quarts de cette valeur. La taxation intérieure, dépendant légalement de la volonté des états-généraux, reste fort au-dessous de ce que le génie financier de l'Autriche désirerait en faire ; l'impôt financier, qui pèse uniquement sur les paysans, dépasse de très peu 5 millions de florins ; le droit régalien sur le sel s'élève à 6, et le produit net des douanes à 4 ; le total des revenus est d'environ 38 millions de florins, ou près de 98 millions de francs selon ceux qui ont essayé d'en deviner le secret. »

Depuis 1836, la Hongrie a fait un grand pas vers les améliorations utiles en s'associant au mouvement politique et social de l'Europe occidentale : une ligne de bateaux à vapeur, qui partent de Vienne et descendent le Danube jusqu'à Galatz, en Moldavie, met en communication la Hongrie avec l'Allemagne d'un côté, et avec la mer Noire de l'autre.

A la même époque, l'amour des Hongrois pour leur langue nationale a remporté un triomphe signalé en obtenant que désormais les lois seraient rédigées dans cette langue. Bientôt le latin ne sera plus en Hongrie que ce qu'il est dans le reste de l'Europe : la langue des hommes instruits.

Enfin, depuis 1836, la condition du paysan hongrois s'est considérablement améliorée : il peut quitter son seigneur quand cela lui convient; celui-ci ne peut plus, comme autrefois, le renvoyer selon son caprice ; et le paysan peut vendre la jouissance de la terre qu'il tient de son seigneur.

« La Hongrie, qui entretient, d'après M. Schwartner, 46,000 hommes d'infanterie et 17,000 hussards, pourrait au besoin lever 100,000 hommes de bonnes troupes, auxquelles la Transylvanie en joindrait 20,000. De plus, une longue lisière de territoire, depuis la Dalmatie jusqu'à la Bukowine, est, nous le rappelons, organisée comme une espèce de camp perpétuel.

» On appelle ces districts les *limites* ou *confins militaires*. Tous les habitants, nous l'avons déjà dit, y sont soldats et laboureurs à la fois ; ils possèdent héréditairement les champs qu'ils cultivent et qui sont divisés en terres de famille qui ne peuvent être partagées, et en terres libres. Chaque *maison*, ou réunion de familles alliées, forme une communauté dont le plus ancien membre, sous le titre de *gospodar*, exerce un pouvoir patriarcal. Les biens d'une maison, même les troupeaux, sont en commun ; les membres individuels ne possèdent que des meubles et de l'argent ; si une fille entre par mariage dans une maison, elle ne reçoit qu'un trousseau. Tout le monde travaille ; le nombre de personnes qui se vouent à l'état ecclésiastique et au commerce, ou plutôt au trafic en détail, est limité par les lois. Qui s'absente sans la permission des *gospodards* est puni comme déserteur. C'est une nation guerrière, pleine de talents, de vivacité, d'enjouement, peu instruite, peu civilisée et subordonnée à une administration militaire, mais faisant cependant partie de la Hongrie et de la principauté de Transylvanie. Aussi avons-nous décrit les villes des districts militaires avec celles des provinces dont ils sont des démembrements.

» Tels sont les principaux traits de la nation hongroise. Mais de quel point de l'Europe ou de l'Asie est-elle venue occuper les bords du Danube? Quelle est son origine? Nous avouons que ce problème, après bien des recherches, nous paraît toujours environné de quelque obscurité. La langue hongroise ou magyare semblerait en offrir la décision authentique; et si elle avait été un objet de nos études, nous prendrions peut-être un parti, au lieu de faire l'office de rapporteur. La langue hongroise prouve incontestablement que la masse de la nation a dû consister en tribus finnoises-ouraliennes; mais la partie étrangère aux idiomes finnois qu'elle renferme provient-elle d'une différence entre la souche primitive du magyar, ou d'un mélange de quelques peuples inconnus, soit turcs, soit mongols, soit enfin hunniques? Toutes ces opinions ont été habilement soutenues ([1]); des esprits systématiques ont même voulu pousser plus en avant dans le mystérieux Orient, et un Hongrois a prétendu que sa nation était d'origine égyptienne ([2]). Pourquoi n'en chercherait-on pas la souche dans le *Maghada*, sur les bords du Gange, ou parmi les *Magi* de la Perse? Sans entrer dans des conjectures aussi hasardées, nous allons essayer une combinaison, à beaucoup d'égards nouvelle, des faits les plus probables que l'histoire et la géographie peuvent entrevoir dans les migrations primitives des Hongrois ou Magyars.

» Dès le premier siècle de l'ère chrétienne, les *Ouni* demeuraient au nord de la mer Caspienne, et cent ans plus tard nous voyons les *Chouni* sur les bords du Borysthène. Ces peu-

---

([1]) *Gyarmathi*, voyez ci-dessus. *Sainovics*, idem. *Bel* de Vera orig. Hunnorum, Avar. et Hungar., Leipsick, 1757. *Fischer*, Quæstiones Petropolit., 1770. Pour l'origine turque, *Desguignes*, Histoire des Huns ; *Pray*, Annales Hunnorum, dissertatio quarta.
— ([2]) *Thomas*, Conjecturæ de orig., prima sede et migrat. Hungaror. Pesth. 1802.

ples étaient probablement les mêmes que les Huns, devenus si fameux dans le quatrième et le cinquième siècle ; les noms et les positions sont les mêmes. Ils n'étaient pas de la race gothique, puisque nous les voyons en guerre générale avec les blonds Alains et avec les Ostrogoths. Jornandès, l'Hérodote des Goths, fait descendre les Huns de l'union des démons des forêts avec les sorcières, chassées du milieu des peuples gothiques (¹). Cette tradition, rendue en langue historique, veut dire que les Huns habitaient un pays de forêts et se livraient à la magie. C'est le double caractère sous lequel les Finnois se montrent chez Tacite et dans les *saga's*. Un peuple de géants et de sorcières, habitants des forêts et des cavernes, au nord-est des pays gothiques, et même enclavé parmi ces pays, tel est un des faits les plus clairs de l'histoire semi-mythique des Skandinaves. Les Huns n'étaient pas non plus Slaves, puisque ceux-ci sont signalés comme s'étant soulevés contre eux. A moins d'en faire une race à part, il faut donc les considérer comme parents des peuples finnois ou tchoudes, et peut-être comme la branche principale de cette race. Le signalement que les historiens donnent de leurs difformités physiques, signalement qui convient plus aux Mongols qu'aux Tchoudes, peut-être écrit sous la dictée de la peur, n'est bien applicable qu'à une tribu mongole dominant sur toute cette masse de tribus vassales. Avec cette hypothèse, tout ce qu'on sait sur les migrations des Huns et des Hongrois se lie ensemble ; la subite puissance des premiers, au lieu d'être l'effet inconcevable d'une invasion, devient le résultat d'une agglomération des peuples anciens de la Russie, se levant contre la race blonde d'Odin, qui les qualifiait de chiens (*hund*), en abusant de leur nom général indigène *khun*, peuple. On conçoit comment il est resté après la mort d'Attila, dans les provinces de son empire, de très nombreux essaims de Huns. Un de ces débris était le *Hunni-Var*, indiqué déjà par Jornandès, dans la partie nord-est de la Hongrie (²). C'était un commencement de la nation hongroise ; les Magyars, appelés dans le huitième siècle pour combattre les Moraviens, trouvèrent ici un renfort de frères. Sans cela,

comment expliquer leur grande population ? Un autre reste de Huns demeurait au nord du Caucase ; ils avaient le surnom de *Sabiri* ; mais un auteur byzantin, qui décrit leurs terribles invasions en Asie, les nomme *Samen*, ce qui répond à *Suomen*, nom général que les peuples finnois donnent aux contrées qu'ils habitent (¹). Peut-être faut-il aussi remettre en autorité l'assertion d'un auteur byzantin, d'après lequel les Avares étaient proprement des *Ougres*, ou Hongrois, vassaux des Avares ou Awares (²). Enfin les *Hunugari* ne sont que les Ougres, ou Hongrois, vassaux des Huns, et dont les restes, habitants de la Iougorie, entre les monts Ouraliens et le fleuve Obi, furent subjugués par les Russes de Novgorod, vers 1150, et où les Vogulitzes et les Ostiaks conservent encore plus de mots hongrois qu'aucune autre peuplade finnoise.

» Mais les Huns, quoique de race finnoise, doivent avoir eu des relations avec les Turcs du mont Altaï, soit comme conquérants, soit comme conquis ; s'ils faisaient partie de l'empire des Turcs, ou *Tu-Kiou*, ils ont dû avoir reçu le surnom de *Turcs*. De là le mélange des langues ; de là l'usage des Byzantins de les appeler Turcs ; de là les traditions skandinaves sur les Turcs, faisant partie du cortége d'Odin, et qui paraissent identiques avec les Huns ou Hunes, dont un essaim est désigné comme ayant pénétré dans la Skandinavie (³). La Turquie, ou *Tyrkland* des historiens islandais, était située au sud et au sud-est du *Biarmaland*, ou de la Permie, et des hautes montagnes qui limitent le grand *Svithiod* (⁴). La *grande Hongrie* des voyageurs du moyen âge, spécialement de Rubruquis, répond aux contrées des monts Ouraliens méridionaux ; mais à une époque inconnue, antérieure à la puissance des Turcs d'Altaï, la Hongrie primitive a pu s'étendre fort loin au nord et au sud-est. La Iougorie de l'histoire russe en a dû faire partie ; les *Fervir* de Jornandès étaient probablement des Hongrois, tirant leur nom de *ferifi*, homme ; dans la direction opposée,

---

(¹) *Aliorumnæ*; c'est le mot skandinave *alruna*. — (²) *Jornandès*, de Reb. Get. Bel. prodrom. Hung., t. II, sect. 1.

(¹) *Theophanes*, Corp. Byzant., VI, p. 110. Comp. p. 119. *Malala* les appelle *Ugni*. Ibid. t. XXIV, part. II, p. 44. — (²) *Theophilact.*, Corp. Byzant., t. III, p. 259, lib. VII, cap. VIII. — (³) *Suhm.* (Orig. des peuples du Nord, II, 60, 72, 381. Odin, 87) a traité cette matière, que nous ne pouvons ici qu'indiquer. — (⁴) *Svithiod hin mikla*. (Nous reviendrons dans un autre endroit sur ce nom.)

la ville d'*Égrégia*, ou *Égrygaya*, qui tourmente les commentateurs de Marco-Polo ou Marc-Pol, porte un nom hongrois encore commun à des bourgades de la Hongrie actuelle.

» Les *Ougres, Ungres*, ou Hongrois, étaient donc à la fois une branche puissante de la race ouralienne que nous appelons finnoise, faute de mieux, et de la confédération hunnique, comme, par exemple, les Saxons sont Teutons par le sang, et Germains ou Allemands par leurs liaisons historiques.

» Voyons maintenant si les traditions indigènes des Hongrois s'accordent avec les combinaisons que nous venons d'essayer d'après les témoignages des historiens et des géographes.

» Au fond de la Scythie, disaient les anciens chants nationaux des Magyars, sont trois contrées : *Dent* ou *Dentu*, *Moger* ou *Magar*, et *Bostard*. Là, tout le monde se revêt d'hermine ; les rivières roulent des pierres fines ; l'or et l'argent y abondent. *Magog* est le voisin oriental de *Gog*. Magog était un petit-fils de Japhet, et le premier roi de la Scythie. Selon d'autres, les deux premiers monarques, *Magor* et *Hunor* (¹), avaient cent huit descendants qui fondèrent autant de tribus. Attila, ou *Éthele*, descendait de Japhet, et *Ugek* d'Attila. Le fils d'Ugek était *Almus*, c'est-à-dire celui qui a été prévu en songe ; c'est sous lui que les Hongrois firent leur seconde émigration de la Scythie, la première ayant eu lieu sous Attila (²). La surabondance de population était le motif de l'émigration ; il partit de chacune des cent huit tribus 2,000 hommes, ce qui fait 216,000 hommes divisés en sept armées (ou hordes), chacune de 30,857 hommes, sous la conduite de sept princes ou ducs, qu'on nomme les *Hetou Moger*, ou les sept magyars, et dont la tradition conserve les noms individuels, savoir : *Almus, Eleud, Kundu, Ound, Tosu, Tuba* et *Tuhutum* (³).

(¹) C'est-à-dire seigneurs (*or* ou *our*) des Magyars et des Huns. — (²) *Anonymus Belæ*, Not. cap. I, III, v, XI, XIV, XVI, XLIV, XLVI. Dans *Schwandtner*, Scriptor. rer. Hungar. t. I. *Thurocz*, Chronica Hung. c. I-VII, p. 2. Comp. *Pray.*, Annales Hunn. Avar. et Hungar., p. 342. — (³) Il y a ici quelques noms de tribus déguisés : *Kunda* et *Oundija* sont des rivières connues ; *Tuba* est un affluent considérable du Ienisel. Mais *Eleud* ne doit pas nous rappeler les Eleuthes, ou *Celoei*, attendu que le nom peut s'expliquer par la langue hongroise.

Les Hongrois passèrent le Volga près d'un endroit nommé *Tulbora*, et marchèrent sur *Souzdal*, qui est peut-être l'ancienne capitale du royaume d'Attila, nommée *Susat*. De là, ils vinrent s'établir au pays de *Lebedias*, probablement autour de Lebedian, ville du gouvernement de Voroneje (Voronesch), et c'est là qu'ils reçurent l'invitation du roi Arnulphe d'Allemagne de venir combattre Sviatopolk, roi de la grande Moravie. Le duc Almus se mit en marche à travers les Etats des Slaves de Kiovie, battit l'armée que les Russes lui opposèrent, et arriva sur les confins de la Hongrie par la principauté russe de Lodomirie, ou Vladimir. Son fils Arpad passa les Karpathes, et envahit les contrées sur la haute Theiss, où la forteresse *Ungh-Var* fut construite en 884. Selon d'autres versions, des Hongrois étaient déjà entrés en Transylvanie en 862, et en avaient été chassés en 889 par les Petchenègues, ou Patzinakites ; mais nous regardons ces Hongrois comme des tribus indépendantes d'Arpad.

» Telle est l'histoire des migrations des Hongrois selon leurs propres traditions, malheureusement dédaignées et mutilées par les moines, qui seuls auraient pu nous les conserver intactes. Nous devons avouer qu'elles ne présentent rien de contraire à la saine critique. Les trois contrées de *Dentu*, de *Mager* et de *Bostard*, nous paraissent répondre au pays de *Tenduch*, où régnait un prince nommé *Ungh-Khan*, ou roi des Unghs, et qui est peut-être le même que Turfan ; au pays des *Magyars*, ou grande Hongrie, premier domicile connu des Magyars, et connu aussi sous ce nom des Orientaux ; enfin, au pays des Bachkirs, ou *Baschkurt*, dont parle Rubruquis sous le nom de *Pascatir*, diversement estropié dans les auteurs (¹). L'extension que ces explications donneraient aux possessions primitives des Hongrois n'a rien d'exagéré ; les noms de sept princes, ou de sept tribus, et d'autres indices, semblent même la corroborer. Rapprochée des témoignages de l'histoire écrite, et combinée avec notre hypothèse sur la parenté des peuples hunniques et finniques, la migration des Hongrois à travers la Russie, déjà remplie d'essaims hunno-finniques, ainsi que leur établissement dans le *Hunni-Var*

(¹) *Carpini* les nomme *Bastarks*. Voyez *Forster*, Voyages au Nord, I, 158, trad. franç.

parmi les restes des Huns et peut-être des Avares, se conçoivent sans difficulté. Seulement, l'époque et la durée de la migration avant l'an 800 nous paraissent susceptibles de divers doutes. Sans examiner si dans le commencement les exploits des Huns sous Attila ne sont pas confondus avec ceux des Magyars, nous dirons que l'établissement de ceux-ci dans *Lebedias* nous paraît avoir été plus durable qu'on ne l'a pensé jusqu'ici. Les passages où Constantin Porphyrogénète parle de la position respective des *Mazares*, des *Chazares*, des *Petchenègues*, des *Russes*, dans les premières années du dixième siècle, sont très embrouillés; mais (en conservant le texte sans aucune correction arbitraire) ils prouvent pourtant, selon nous, qu'il existait un état des Magyars sur le haut Don quelque temps après que les *Ougres*, nommés *Turcs* par les Byzantins, avaient été s'établir dans le *Hunni-Var*, dont bientôt le nom se confondit avec le leur. Mais nous ne devons pas entrer ici dans les discussions étendues où cet objet nous entraînerait; nous devons terminer ce tableau de la Hongrie par l'aperçu des événements qui ont tour à tour agrandi ou resserré les frontières de ce pays.

» Les irruptions des Hongrois en Allemagne et en Italie cessèrent à la suite des victoires remportées sur eux par Henri Ier à Mersebourg, en 933, et par Otton Ier, près d'Augsbourg, en 955. Ils se montrèrent alors comme un peuple semi-barbare, livré à des croyances superstitieuses, à des opérations magiques, à l'instar des Finnois, mangeant de la chair de cheval dans leurs festins religieux comme les Skandinaves; mais on ignore les noms de leurs divinités.

» Ce fut en 973 qu'ils commencèrent à professer la religion chrétienne, à l'exemple de leur prince *Geysa* ou *Gheysa*. Son fils et successeur, baptisé en 983 sous le nom d'*Etienne*, prit le titre de roi en 1000, et fut, après sa mort, mis au nombre des saints. Vingt princes descendants de saint Etienne occupèrent successivement le trône de Hongrie. Parmi ceux-ci Ladislas-le-Saint, qui conquit la Croatie, l'Esclavonie et la Dalmatie, obtint le plus de considération. Sous Geysa II, de nombreuses colonies allemandes civilisèrent la Transylvanie. Bela III conquit la Galicie, la Servie et le duché de Chulm en Dalmatie. En 1222, André II reconnut formellement le droit d'insurrection, droit auquel la nation hongroise fut forcée de renoncer en 1688. Ce fut encore sous cette dynastie que la Bulgarie devint tributaire; mais les irruptions des Mongols en rendirent les derniers règnes très malheureux. La dynastie hongroise s'éteignit en 1301. Douze princes de différentes maisons se succédèrent sur le trône. Nous remarquons parmi ceux-ci Louis Ier, qui réunit entièrement au royaume la Dalmatie, souvent reprise par les Vénitiens sur les Hongrois; qui conquit la Lodomérie, ou la Russie-Rouge, la Servie, la Bulgarie, la Valachie, la Moldavie, et sous lequel la monarchie hongroise embrassa une étendue aussi grande que l'empire d'Autriche actuel. Il fut de plus élu roi de Pologne. Ses successeurs ne purent maintenir tant de grandeur. Sigismond, battu par les Turcs à Nicopolis en 1396, fut obligé de céder à la Pologne les provinces à l'est des Karpathes. L'histoire distingue encore Mathias Corvin, à qui les Bohèmes cédèrent la Silésie et la Moravie; Vladislas II, qui fixa le droit coutumier, partie importante de la législation hongroise; et Louis II, qui perdit la bataille de Mohacz contre les Turcs, et y périt lui-même.

» Le royaume, envahi presque tout entier par les Turcs, devint une arène sanglante où les armées chrétiennes et musulmanes s'égorgèrent pendant un siècle. La Transylvanie, séparée de la Hongrie en 1526 à la mort de Louis II, fut le principal objet de ces guerres; mais bientôt la réforme ecclésiastique de Luther, adoptée par les uns, proscrite par les autres, envenima encore les discordes civiles. Un parti nombreux voulut porter le woïvode de la Transylvanie, Jean Zapolya, sur le trône de Hongrie: la guerre entre lui et son rival, Ferdinand d'Autriche, finit par un arrangement qui garantit à Zapolya la possession de la Transylvanie et d'une grande partie de la Hongrie. Les Turcs eurent toujours la politique de soutenir les princes de Transylvanie contre les rois austro-hongrois. Les deux Bathory, Bethlen Gabor, Etienne Botschkaï ou Bostkaï, qui conquit toute la haute Hongrie; Gabriel Bethlen, qui fut pendant quelque temps en possession de toute la Hongrie; les deux Rakotzy, parmi lesquels le second du nom fut long-temps la terreur des Autrichiens et des Polonais; enfin, Tékély, qui, après des efforts héroïques, mourut fugitif à Brousse, dans l'Anatolie : tels furent les hommes célèbres qui, dans cette longue série de guerres civiles, déployèrent toutes les grandes qualités, mais souvent aussi tous les défauts de leur nation. La politique lente et méthodique de l'Autriche triompha en 1713 ; les droits héréditaires de la maison autrichienne furent désormais reconnus sans contestation. Les essais de reconquérir la Servie et la Valachie n'eurent qu'un succès éphémère, et les provinces polonaises, quoique revendiquées et reprises au nom de la Hongrie, sont restées formant un royaume séparé. »

TABLEAUX STATISTIQUES
DE LA HONGRIE ET DES ANNEXES.

I. ROYAUME DE HONGRIE.

(En hongrois *Magyar-Orszag*; en allemand *Ungarn*; en slave *Uherska-Kragin*).

SUPERFICIE (¹)		POPULATION		POPULATION par lieue carrée
en milles all.	en lieues.	en 1829.	en 1838.	en 1838.
4,181.	11,620.	9,659,686.	12,193,053.	1,049.

A. Hongrie proprement dite,
a. *Cercle au-delà du Danube ou trans-danubien.*
(Population en 1838 — 2,494,742.)

Nombre de communes, de domaines et de maisons.		Nombre de communes dans lesquelles les peuples sont répartis.	
Villes libres royales.	8	Hongrois-Daces.	1,744
Villes épiscopales.	2	Allemands.	346
Bourgs.	190	Croates.	313
Villages et hameaux.	2,571	Slaves.	62
Prædia (domaines).	1,059	Serviens.	26
Maisons.	206,000	Vandales ou Wendes.	160

COMITATS OU DISTRICTS.		SUPERFICIE en milles.	VILLES ET BOURGS.	POPULATION
Noms allemands.	Noms hongrois.			
Wieselbourg.	Mosony.	35.20	Wieselbourg, b. (²).	3,100
			Altenbourg, b.	1,700
			Karlbourg, b.	1,800
Gedenbourg.	Soprony.	57.70	Gedenbourg, v. r.	11,000
			Rusth, v. r.	1,200
			Eisenstadt, v. r.	3,000
Raal.	Gyar.	28.80	Raab, v. r.	16,000
			Martinsberg, b.	1,600
Komorn.	Komarom.	53.70	Komorn, v. r.	12,000
			Dotis, b.	9,000
			Szöny, b.	1,600
Stulh-Weissenbourg.	Székes-Fejer-Varmegye.	75.80	Stulh-Weissenbourg, v. r.	20,000
			Moor, b.	2,600
			Kaloz, b.	2,000
Veszprim.	Veszprem.	74.40	Veszprim, v. é.	9,000
			Palota, b.	4,500
			Zapa, b.	14,000

(¹) La superficie est donnée d'après M. M. F. Thielen, et la population de 1829, d'après la carte du colonel *Traux*, publiée à Vienne, en 1829.
(²) *Abréviations*. v. r., ville royale ; v. é., ville épiscopale ; b., bourg. La capitale du royaume est écrite en MAJUSCULES.

COMITATS OU DISTRICTS.		SUPERFICIE en milles.	VILLES ET BOURGS.	POPULATION
Noms allemands.	Noms hongrois.			
Eisenbourg	Vas-Varmegye.	96.	Eisenbourg, b	1,200
			Güns, v. r.	5,500
			Gussing, b.	1,300
			Körmönd, b.	3,000
			Steinamanger, v. é	4,000
Szalad	Szala.	100.20	Szala-Egerszeb, b.	3,200
			Csaktornya, b.	3,000
			Keszthely, b.	8,000
Schûmegh.	Somogy-var-megye.	114.60	Kaposvar, b.	2,400
			Szigetvar, b.	3,000
			Jgal, b.	2,000
Tolna.	Tolna.	65.	Tolna, b.	2,400
			Duna-Foldvar, b.	2,600
			Szekszard, b.	7,000
Baranya.	Baranya.	91.	Funfkirchen, v. é.	9,000
			Mohacs, b.	8,000
			Siclos, b.	2,000

b. Cercle en-deçà du Danube ou cis-danubien.

(Population en 1838 — 3,309,909.)

Nombre de communes, de domaines et de maisons.		Nombre de communes dans lesquelles les peuples sont répartis.	
Villes libres royales.	20	Slaves-Daces.	1,840
Villes épiscopales.	6	Hongrois.	655
Bourgs.	176	Allemands.	136
Villages et hameaux.	2,507	Serviens.	74
Prædia (domaines).	593	Rousniaques.	2
Maisons.	268,500	Valaques.	2

COMITATS OU DISTRICTS.		SUPERFICIE en milles.	VILLES ET BOURGS.	POPULATION
Noms allemands.	Noms hongrois			
Bacs.	Bacs-Varmegye.	170.80	Bacs, b.	7,500
			Zombor, v. r.	18,500
			Neusatz, v. é.	20,000
			Theresienstadt, v. r.	36,000
Pesth.	Pest.	191.	Pesth.	60,500
			Buda ou Ofen, cap.	35,000
			Alt-Ofen	8,000
			Saint-André, b.	8,000
			Vaizen, v. é.	6,000
			Kolocsa, v. é.	8,000
Neograd.	Nograd.	77.70	Neograd, b.	1,800
			Losoncz, b.	3,000
			Gyarmath-Balassa, b.	4,500
Sohl.	Zolyom.	50.60	Neusohl, v. é.	10,000
			Libethen, v. r.	1,500
			Karpfen, v. r.	3,000
			Altsohl, v. r.	1,800
Honth.	Hont.	46.10	Spoly-Sagh, b.	900
			Schemnitz, v. r.	22,000
			Pukantz, v. r.	2,500

COMITATS OU DISTRICTS.		SUPERFICIE en milles.	VILLES ET BOURGS.	POPULATION.
Noms allemands.	Noms hongrois.			
Gran.	Esztergom-Varmegye.	19.10	Gran, v. é.	9,000
			Parkang, b.	1,500
Bars.	Bars-Varmegye.	49.20	Kœnigsberg, v. r.	4,000
			Bars, b.	800
			Kremnitz, v. r.	10,000
Neutra.	Nyitra.	121.	Neutra, v. é.	4,000
			Holitsch, b.	4,000
			Skalitz, v. r.	6,000
			Neustadtl-Underwaag, b.	3,000
			Freystädtl, b.	2,500
Presbourg.	Posony.	62.70	Presbourg, v. r.	40,000
			Tyrnau, v. r.	6,500
			Modern, v. r.	4,000
			Pösing, v. r.	4,000
			Saint-Georgen, v. r.	2,400
			Gross-Schützen.	3,000
Trentschin.	Trencsen.	87.80	Trentschin, v. r.	2,500
			Csacsa, b.	1,500
			Rajecz, b.	4,500
Turotz.	Turocz.	21.50	Saint-Martin, b.	2,000
			Schutschan, b.	2,000
			Turocz-Zsambokreth, b.	1,000
Arva.	Arva.	37.40	Turdoschin, b.	1,500
			Welitichna, b.	1,800
			Also-Kubin, b.	1,200
			Also-Lipnicza, vill.	1,800
			Felso-Lipnicza, b.	3,500
Liptau.	Lipto.	42.	Saint-Miklos, b.	1,200
			Rosenberg, b.	2,200

c. *Cercle en-deçà de la Theiss ou cis-tibiscain.*

(Population en 1838 — 2,059,353.)

Nombre de communes, de domaines et de maisons.		Nombre de communes dans lesquelles les peuples sont répartis.	
Villes libres royales.	7	Slaves-Daces.	1,10
Villes épiscopales.	2	Hongrois.	917
Bourgs.	120	Rousniaques.	313
Villages et hameaux.	2,285	Allemands.	68
Prædia (domaines).	505	Valaques.	9
Maisons.	182,500	Polonais (à Pudlein).	1

COMITATS OU DISTRICTS.		SUPERFICIE en milles.	VILLES OU BOURGS.	POPULATION.
Noms allemands.	Noms hongrois.			
Zips.	Scepes.	66.50	Käsmarkt, v. r.	4,000
			Leutschau, v. r.	4,500
			Lublau, b.	2,200
			Bela, v. r.	2,000
			Schmölnitz, b.	6,000
Göor.	Gömör-Varmegye.	76.20	Gomör, b.	2,000
			Ratko, b.	4,000
			Rima-Szecs, b.	3,500
			Rosenau, v. r.	5,500
			Dobschau, b.	4,000

COMITATS OU DISTRICTS.		SUPERFICIE en milles.	VILLES ET BOURGS.	POPULATION.
Noms allemands.	Noms hongrois.			
Heves..	Heves..	120.70	Heves, b.	2,000
			Gyöngyös, b.	8,000
			Erlau, v. é.	18,000
Borsod.	Borsod-Varmegye.	65.50	Miskolcz, b.	23,000
			Mezo-Kereszatos, b.	2,500
			Onod, b.	2,000
			Saint-Peter, b.	3,000
Torn.	Torna.	10.80	Torna, b.	3,000
			Szilicze, b.	1,500
Abaujvar ou Abauj.	Abauj-Varmegye.	52.70	Kaschau, v. é.	13,000
			Joss ou Josschau, b.	1,200
			Goncz, b.	3,000
Sarosch.	Sarós.	65.10	Gross-Scharos ou Nagy-Saros, b.	2,200
			Zeben, v. r.	4,000
			Bartfeld, v. r.	3,000
			Eperiés, v. r.	8,000
Zemplin.	Zemplen.	108.40	Zemplin, b.	2,000
			Saros-Patak, b.	2,500
			Tarczul, b.	2,000
			Tokay, b.	3,000
			Ujhely, b.	7,000
Unghvar.	Unghvar.	59.50	Unghvar, b.	5,000
			Szobrancz, b.	1,500
Beregh.	Beregh.	67.50	Munkacs, b.	5,500
			Berghszasz, b.	4,500

d. *Cercle au-delà de la Theiss ou trans-tibiscain.*

(Population en 1838 — 2,871,316.)

Nombre de communes, de domaines et de maisons.

Villes libres royales. 6
Villes épiscopales. 3
Bourgs. 113
Villages et hameaux. 1,782
Prædia (domaines). 478
Maisons. 302,600

Communes par nations.

Valaques-Daces. 1,061
Hongrois. 564
Rousniaques. 125
Allemands. 83
Serviens. 59
Slavons. 13

COMITATS OU DISTRICTS.		SUPERFICIE en milles.	VILLES ET BOURGS.	POPULATION.
Noms allemands.	Noms hongrois.			
Marmarosh.	Marmaros.	178.	Szigeth, b.	6,500
			Tecso, b.	2,000
Ugotsch.	Ugocs.	22.60	Huszth, b.	4,200
			Halmi, b.	1,500
Sathmar.	Szathmar.	106.500	Gross-Szöllös.	2,300
			Szathmar, v. é.	12,000
			Neustadt, v. r.	6,000
Szaboltsch..	Szabolcz.	115.802	Felsö-Banya, v. r.	5,000
			Nagy-Kallo, b.	2,000
			Bogdany, b.	1,500
			Nyaregyhaza, b.	8,200

COMITATS OU DISTRICTS.		SUPERFICIE en milles.	VILLES ET BOURGS.	POPULATION.
Noms allemands.	Noms hongrois.			
Bihar..	Bihar..	200.	Nagir-Bathor, b.	2,000
			Grosswardein, v. é.	16,000
			Debreczin, v. r.	45,000
Bekesch.	Bekes..	65.40	Belenyès, b.	5,000
			Bekes, v. r.	12,000
			Nemet-Gyula, b.	5,000
Tschongrad..	Csongrad..	62.10	Szarvas, b.	14,500
			Szegedin, v. r.	32,000
			Csongrad, b.	1,200
Tschanad.	Csanad.	29.10	Vasarhely, b.	3,000
			Mako, b.	7,000
Arad..	Arad..	108.10	Csanad, b.	1,500
			Boros Ienö, b.	3,000
			O-Arad ou Altarad, b.	4,000
Kraschow..	Krasso.	108.90	Buttyin ou Boköny, b.	3,000
			Deutsch-Orawitz, b.	2,300
			Dognaczka, b.	2,000
			Deutsch-Lugosch, b.	1,500
Temesch..	Temes-Varmegye.	116.50	Wallachisch, b.	6,200
			Temeschvar ou Temeswar, b.	13,000
			Lippa, b.	2,600
			Werschitz, v. r.	12,500
			Theresiopel, b.	35,000
Toronthal.	Torontal..	132.10	Nagy-Bestkerek, b.	2,000
			Gross-Saint-Niklas, b.	3,000
			Hatzfeld, b.	2,000

ROYAUMES INCORPORÉS. { *Esclavonie*, en hongrois... *Toth-Orszag.*
Croatie, en hongrois... *Horvath-Orszag.*
Dalmatie. . . . . } d'après les prétentions de la Hongrie.
Galicie et *Lodomérie.* . . . .

B. ROYAUME D'ESCLAVONIE,

448,093 habitants.

Nombre de communes, de domaines et de maisons.		Nombre de communes dans lesquelles les peuples sont répartis.	
Villes royales.	4	Slavons-Daces.	486
Bourgs.	22	Serviens.	102
Villages.	571	Hongrois.	4
Prædia (domaines).	28	Allemands.	2
Maisons.	35,600	Rousniaques.	1

COMITATS OU DISTRICTS.		SUPERFICIE en milles.	VILLES ET BOURGS.	POPULATION.
Noms allemands.	Noms hongrois.			
Syrmie.	Szeram-Varmegye.	43.30	Vukovar.	4,500
			Illok ou Slok, b.	2,500
			Scherengrad, b.	1,500
			Kamenicz, b.	1,600
			Iregh, b.	1,200
Werovitz.	Veracze.	83.70	Werovitz, v. r.	3,000
			Eszek, v. r.	10,000
			Wucsin, b.	2,000
			Deakovar, b.	3,000
			Naschitz, b.	1,800
Poschega.	Posega.	45.20	Posega, v. r.	4,200
			Pakracz, b.	1,600
			Daruvar, v. r.	3,000

C. ROYAUME DE CROATIE,

756,716 habitants.

Nombre de communes, de domaines et de maisons.		Nombre de communes dans lesquelles les peuples sont répartis:	
Villes libres royales.	5		
Bourgs.	8		
Villages.	1,136	Croates-Daccs.	1,149
Prœdia (domaines).	7		
Maisons.	33,600		

COMITATS OU DISTRICTS.		SUPERFICIE en milles.	VILLES ET BOURGS.	POPULATION.
Noms allemands.	Noms hongrois.			
Kreutz.	Körös.	30.20	Kreutz, v. r.	3,000
			Kopreinitz, v. r.	3,300
			Ludbregh, b.	1,500
			Raszina, b.	1,200
Warasdin.	Varasd.	34.20	Warasdin, v. r.	5,500
			Krapina, b.	2,000
			Klanyecz, b.	1,500
Agram.	Zagrab Varmegye.	108.	Agram, v. r.	17,000
			Karlstadt, v. r.	5,000
			Jaszka, b.	1,500
			Ozali, b.	1,200?

TABLEAUX.

D. DISTRICTS PARTICULIERS

Sous la juridiction du palatinat du royaume,

252,924 habitants.

COMITATS OU DISTRICTS.		SUPERFICIE en milles.	VILLES ET BOURGS.	POPULATION.
Noms allemands.	Noms hongrois.			
a. *Iasygie.* (3 bourgs, 8 villages.)	*Iaszag..*		Jasz-Bereny, b.	2,500?
			Jasz-Apati, b.	1,200?
			Arok-Szallas, b.	11,200
b. *Grande-Kumanie.* (1 bourg, 5 villages.)	*Nagy-Kunsag..*	85.40	Kardszag, b.	11,000
c. *Petite-Kumanie.* (3 bourgs, 5 villages.)	*Kis-Kunsag..*		Felegyhaza, b.	2,000

Sous la juridiction de la lieutenance royale.

d. *Pays des Haïduckes.* (6 bourgs décorés du titre de villes. *Oppida Haydanicalia).*	Haj. du *Varosok.*	17.80	Böszörmeny, b.	6,000
e. *Littoral hongrois.* (2 villes, 4 bourgs.)		6.30	Fiume, v. r.	10,000
			Buccari, v. r.	4,000
			Porto-Re ou Kralievicza, b.	1,200
			Novi, b.	1,500

II. GOUVERNEMENT DES LIMITES MILITAIRES.

SUPERFICIE		POPULATION		POPULATION par LIEUE CARRÉE
en milles.	en lieues.	en 1829.	en 1838.	en 1838.
609,60.	1,695.	924,315.	1,131,603.	666.

a. Généralat de Karlstadt, Warasdin et du ban de Croatie réunis.

(Résidence du commandant général : *Agram.*)

RÉGIMENTS.	SUPERFICIE en milles.	VILLES ET BOURGS.	POPULATION.
1° *Régiment de Lika ou Licca.* (1 ville, 2 bourgs, 105 villages.)	47 50	Goszpich, b.	800
		Carlopago, v.	2,500
2° *Régiment d'Ottochacz.* (1 ville, 1 bourg, 79 villages.)	50.60	Ottochacz, b.	1,500
3° *Régiment d'Ogulin.* (2 bourgs, 95 villages.)	46.	Ogulin, b.	900
		Dubicza, b.	1,100
4° *Régiment de Szluin.* (2 bourgs, 315 villages.)	26.60	Szluin, b.	800
5° *Régiment de Kreutz.* (1 ville, 1 bourg, 191 villages.)	29.60	Ivanich, v.	800
		Chasma, b.	1,000
6° *Régiment de Saint-George.* (1 ville, 1 bourg, 71 villages.)	37.80	Belovar, v.	1,200
		Saint-George, b.	1,500
7° 1ᵉʳ *régiment banal.* (1 bourg, 140 villages.)	25.30	Glina, b.	800
8° 2ᵉ *régiment banal.* (2 villes, 2 bourgs, 138 villages.)	24.70	Petrinia, v.	3,000
		Kosztainicza, v. r.	1,200

b. *Généralat d'Esclavonie.*

(Résidence du commandant général : *Peterwardein.*)

RÉGIMENTS.	SUPERFICIE en milles.	VILLES ET BOURGS.	POPULATION.
1° *Régiment de Brod.* (2 bourgs, 60 villages.)	36.	Brod, b.	3,000
2° *Régiment de Gradiska.* (2 bourgs, 131 villages.)	30.40	Neu Gradiska, b. Alt Gradiska (forteresse).	1,500 300
3° *Régiment de Peterwardein.* (3 villes, 3 bourgs, 69 villages.)	56.60	Peterwardein, v. Mitrowitz, v. Semlin, v. Karlowitz, v.	4,000 4,000 8,500 6,000
4° *Bataillon des Tchaïkistes.* (13 villages.)	16.50	»	»

c. *Généralat du Bannat.*

(Résidence du commandant général : *Temesvar.*)

1° *Régiment banatique allemand.* (1 ville, 1 bourg, 45 villages.)	75.30	Pansova, v.	7,500
2° *Régiment valaque-illyrien.* (1 ville, 2 bourgs, 111 villages.)	106.90	Karansébès, b. Weisskirchen, v. Mehadia, b.	2,200 5,500 1,500

III. TRANSYLVANIE ou GRANDE PRINCIPAUTÉ DES SEPT-BOURGS.

(En allemand *Sieben-Bürgen*; en hongrois *Erdely Orszag*).

SUPERFICIE		POPULATION		POPULATION PAR LIEUE CARRÉE	
en milles.	en lieues.	en 1829.	en 1838.	en 1829.	en 1838.
1,109.80.	3,086.	2,027,566.	2,096,989.	657.	679.

a. *Pays des Hongrois.* — (En hongrois *Magyarok-Resze.*)

COMITATS.		SUPERFICIE en milles.	VILLES ET BOURGS.	POPULATION.
Noms allemands.	Noms hongrois.			
Hunyad.	*Hunyad.*	106.40	Vadja-Hunyad, b. Illye, b. Deva, b.	2,500 3,000 2,500
Zarand.	*Zarand.*	25.50	Altenbourg, b.	2,000
Kraschna.	*Kraszna.*	20.80	Somlyo, b.	2,000
Szolnok-moyen (Mittel-Szolnok).	*Köszep-Szolnok.*	39.60	Tasnad, b. Siben (village).	2,000 1,500
Szolnok-intérieur (Inner Szolnok).	*Belzö-Szolnok.*	63.	Armenierstadt ou Szamos-Ujvar, v. r. Décs, b. Retteg, b.	2,500 4,000 2,000

TABLEAUX.

COMITATS		SUPERFICIE	VILLES ET BOURGS.	POPULATION.
Noms allemands.	Noms hongrois.	en milles.		
Debok.	Doboka.	56.80	Szek, b.	2,000
			Doboka, b.	1,200
Klausenbourg.	Kolos.	91.30	KLAUSENBOURG, v.	22,000
			Gyalu, b.	1,800
			Salzgrub, b.	4,000
			Teckendorf, b.	1,200
Thorenbourg.	Thorda.	87.30	Thorenbourg, b.	8,000
			Egerbegy, b.	1,400
Kokelbourg.	Kukullo.	28.30	Kokelbourg, b.	2,000
			Elisabethstadt, v. r.	4,500
Weissenbourg-inférieur.	Alsö-feyer.	94.	Karlsbourg, v. r.	11,500
			Zalathna, b.	3,000
			Benedek, b.	3,500
			Strassbourg ou Nagy-Enied, b.	6,200
			Balasfalva, b.	2,000
Weissenbourg-supérieur.	Felsö-feyer.	30.40	»	»

DISTRICTS.

Fagarasch ou Fogarasch.	Fagaras ou Fogaras.	32.10	Fagaras, b.	5,200
			Segesvar ou Schæssbourg, v. r.	6,500
Kövar.	Kovar.	18.10	Kapnik-Banya, b.	2,500

b. Pays des Szeklers.

(En hongrois *Szekelyek-Resze*; en latin officiel *pars Siculorum*.)

SIÉGES OU JURIDICTIONS.

Aranyosch.	Aranyos.	6.10	Felvincz, b.	2,200
Marosch (quelquefois Neu-Markt).	Maros.	26.40	Neu-Markt, v. r.	10,000
Udvarhely.	Udvarhely.	51.	Keutz, b.	2,000
			Szekely-Udvarhely, b.	6,000
Csik.	Csik-Szeke.	84.	Györgyo-St.-Miklos, b.	1,500
Haromszek.	Haromszek (¹).	54.80	Bereczk, b.	1,200
			Sepsi-St.-Gyorgy, b.	2,200

c. Pays des Saxons. — (En hongrois *Szajzok-Resze*.)

SIÉGES OU JURIDICTIONS.

Reps ou Rappes.	Kö-kalom (²).	10.70	Reps, b.	2,600
Schässbourg.	Seges-var.	10.30	Schässbourg, v. r.	6,500
Gross-Schenk.	Nagy-Senk.	14.60	Gross-Schenk, b.	1,800
Mediasch ou Medwisch.	Medgyes.	12.10	Medwisch, v. r.	6,000
Leschkirch.	Uj-Egyhaz.	5.80	Leschkirch, b.	2,000
Hermanstadt.	Szeben-Szeke.	37.10	Hermanstadt, v. r.	18,000
Reissmarkt.	Szerdahely (³).	3.80	Reissmarkt, b.	2,000
Muhlenbach.	Szasz-Sebes.	5.60	Muhlenbach, v. r.	4,200
Broos.	Szasz-Varos.	8.10	Broos, b.	9,000

DISTRICTS.

Bistritz.	Beszlercz.	57.20	Bistritz, v. r.	5,000
Kronstadt.	Brasso-Videke.	32.60	Kronstadt ou Burzenland, v. r.	30,000

(¹) *Sedes Trisedinensis*. Harom signifie trois ; ce siége est formé par la réunion de trois autres — (²) *Sedes Rupensis*. — (³) *Sedes Mercuriensis*. Le bourg de Reissmarkt ou de Szerdahely est nommé *Mercurium* dans des anciens documents qui remontent, dit on, à l'an 1200.

d. *Généralat des limites militaires de Transylvanie.*

RÉGIMENTS.	POSITION.	POPULATION en 1839.
1° 1er régiment de Szeklers.	(au nord du siége de Csik).	37,751
2° 2e régiment de Szeklers.	(dans le Haromszek).	33,371
3° 1er régiment Valaque.	(dans le sud de Hermanstadt).	27,061
4° 2e régiment Valaque.	(autour de Kronstadt).	32,621
5° Régiment de hussards Szeklers.	(villages disséminés).	28,316
		159,120 (¹)

AUTRE DIVISION USUELLE DU PAYS DES SAXONS.

Altland (vieux pays). Hermanstadt (²), Reps, Gross-Schenk, Leschkirch.
Veinland (pays du vin). Schæssbourg, Mediasch.
Land vor dem walde (pays en avant de la forêt). Muhlenbach, Reissmarkt, Broos.
Burzen land (pays des tempêtes). Kronstadt.

(¹) La population militaire est comprise dans celle des divisions de la Transylvanie. — (²) *Le vieux pays* paraît être le *Fundus regius Saronicus*, autrement le *Comitatus chibyniensis* des diplômes royaux.

IV. ROYAUME DE DALMATIE,

Réclamé par les États-généraux de Hongrie.

SUPERFICIE		POPULATION		POPULATION PAR LIEUE CARRÉE.	
en milles.	en lieues.	en 1829.	en 1838.	en 1829.	en 1838.
273.70.	761.	329,727.	380,624.	433.	500.

Lieux habités : 17 villes. — 32 bourgs. — 932 villages.

CERCLES.	SUPERFICIE en milles.	VILLES ET BOURGS.	POPULATION.
Zara.	101.13	Zara, v. é.	8,200
		Sebenico, v. é.	7,000
		Scardona, v. é.	6,800
Spalato ou *Spalatro.*	126.50	Spalatro, v. é.	6,000
		Sign, v.	4,000
		Trau, v.	3,000
		Almissa, v.	1,200
		Clissa, v.	1,300
Raguse.	28.49	Raguse.	7,000
		Stagno, v.	1,400
		Slano, b.	1,100
Cattaro.	17.63	Cattaro, v. é.	3,000
		Perasto, v.	2,500
		Risano, v.	3,200
		Budua, v.	600
		Castelnuovo, v.	400
		Pastrovich, b.	2,500

TABLEAUX.

Principales îles de la Dalmatie.

CERCLES dont elles font partie.	ILES.	POPULATION.	LIEUX HABITÉS.	POPULATION.
ZARA.	Arbe ou Barbado....	4,100	Arbe, v. é........	1,100
	Pago............	4,000	Pago, v...........	2,000
	Isola-Grossa.......	13,000	Sale, b...........	2,000
	Coronata ou Incoronota.	900	»	»
	Mortero...........	600	»	»
	Zuri..............	500	»	»
SPALATRO...	Brazza............	6,000?	Saint-Pierre de Brazza, b..	400
	Bua..............	3,400	Santa-Croce ou Bua, b..	1,400
	Lesina............	16,000	Lesina, v.........	1,500
	Lissa.............	6,000	Lissa, b..........	3,000
	Solta.............	1,400	»	»
RAGUSE.	Corzola ou Cursola...	6.600	Curzola, v........	2,000
	Lagosta ou Agosta....	1,100	»	»
	Meleda...........	1,000	Babinopoglie (village)..	600
	Giupana ou Scipan....	900	»	»
	Mezzo............	400	»	»
	Calamata..........	400	»	»

Revenus du royaume de Dalmatie : 2,460,000 fr.

Division de la population de la Hongrie et de ses annexes, par races et par religions, en 1829.

HONGRIE, ESCLAVONIE ET CROATIE CIVILES ET MILITAIRES.

Population d'après les races

MAGYARS.
- Magyars propres. 3,660,000
- Kumans.... 85,000
- Iazyges.... 55,000
— 3,800,000

SLAVES..
- Slovaques... 3,300,000
- Szotaques... 80,000
- Rousniaques ou Ruthènes... 560,000
- Polonais.... 2,500
- Wendes (ou Vandales).... 45,000
- Schokzes (¹)... 188,000
- Croates.... 385,000
- Serviens.... 194,000
- Bulgares.... 6,000
— 4,760,500

- Allemands...... 550,000
- Valaques....... 1,250,000
- Grecs.......... 600
- Macédo-Valaques ou Zinzares. 900
- Albanais....... 2,000
- Arméniens...... 1,200
- Juifs........... 180,000
- Zigueunes ou Bohémiens.. 36,000
- Français, Italiens et autres peuples....... 2,801
— 2,023,501

Total... 10,584,001

Population d'après les religions.

- Catholiques romains.... 5,449,701
- *Idem* grecs....... 700,000
- Arméniens............ 1,200
- Chrétiens orientaux..... 1,902,700
- *Idem* protestants (réformés et luthériens).... 2,350,400
- Juifs................. 180,000
— 10,584,001

(¹) Slaves et Valaques mélangés en Esclavonie.

GRAND-DUCHÉ DE TRANSYLVANIE ET LIMITES MILITAIRES.

Population d'après les races.

- Magyars et Szeklers.... 526,000
- Slaves............... 10,500
- Saxons.............. 483,000
- Valaques............ 920,000
- Arméniens........... 6,000
- Zigueunes........... 80,000
- Italiens.............. 2,066
— 2,027,566

Population d'après les religions.

- Catholiques.......... 154,000
- Grecs-unis........... 200,000
- Grecs orientaux...... 1,145,500
- Luthériens........... 210,000
- Réformés............ 262,500
- Unitaires ou sociniens.. 55,566
— 2,027,566

ROYAUME DE DALMATIE.

Population d'après les religions.

- Catholiques romains... 268,000
- *Idem* grecs....... 61,727
— 329,727

Superficie de la Hongrie, de l'Esclavonie et de la Croatie civiles, en terres cultivées, en prairies, en forêts et en étangs.

	JAUCHARTS ou arpents autrichiens.	HECTARES.
Champs en culture..	4,897,218	2818569.33
Jardins...........	638,767	367639.15
Vignobles.........	911,176	524422.79
Prairies et pâturages.	7,715,225	4400459.19
Forêts............	8,942,740	5146949.29
Etangs...........	850.000	499213.25

LIVRE QUATRE-VINGT-ONZIÈME.

Suite de la Description de l'Europe. — Description de la Russie européenne. — Généralités physiques.

« Les contrées occidentales et centrales de l'Europe ont passé sous nos yeux ; il faut nous élancer dans ces immenses plaines où depuis les Karpathes jusqu'à l'Oural, sur une ligne de 500 lieues, aucune montagne ne coupe l'horizon uniforme, ni n'oppose une barrière aux vents. Toute cette moitié de l'Europe n'est que la partie européenne de l'*empire russe*. Généraliser les faits physiques pour une aussi grande étendue de pays, ce serait, sous certains rapport, revenir sur ce que nous avons déjà dit dans notre Introduction à l'Europe, et dans le tableau comparé des dix-sept régions physiques dont la Russie européenne embrasse huit. »

Toutefois, en évitant les répétitions, nous pouvons dans un aperçu rapide offrir quelques uns des principaux traits qui distinguent ce pays du reste de l'Europe.

La Russie européenne s'étend du nord au sud depuis l'océan Glacial arctique jusqu'à la crête du Caucase, et de l'est à l'ouest depuis les monts Ourals jusqu'à la mer Baltique. On estime sa superficie à 261,000 lieues carrées, c'est-à-dire à plus de la moitié de la superficie de l'Europe ([1]). Les contours profondément découpés que présentent les côtes de la Russie forment dans les mers qui la baignent plusieurs golfes importants dont nous ne citerons que les principaux. Dans la mer Noire, le *Liman*, ou l'estuaire du Dnieper, est un golfe de 20 lieues de longueur sur 3 dans sa moyenne largeur ; celui de *Pérékop*, long de 25 lieues et large de 15 à son entrée, est formé par les terres qui s'étendent au sud de l'embouchure du Dnieper et par la presqu'île de Krimée ; à l'est de celle-ci, la *mer d'Azof* peut être considérée comme un grand golfe : elle a 84 lieues de longueur, 48 dans sa plus grande largeur, et 30 à 40 pieds de profondeur. Vers le nord-est elle se termine par la baie de Taganrok, longue de 36 lieues. Cette petite mer, ou ce grand golfe, communique à la mer Noire par le détroit de Taman ou d'Iénikalé, que l'on nomme aussi détroit de Kéfa ou de Caffa et quelquefois de Kertch ; c'est le Bosphore cimmérien des anciens : sa longueur est de 9 lieues ; vers le milieu il en a 8 de largeur, et à peine une dans ses extrémités. Les principaux golfes de la mer Caspienne se trouvent sur les côtes de l'Asie ; sur celles de l'Europe nous ne citerons que celui d'*Agrakhan* près de l'embouchure du Térek : il a environ 7 lieues de longueur sur 3 dans sa plus grande largeur. Dans l'océan Glacial arctique, deux grands golfes ont reçu le nom de mers : le plus oriental est la *mer de Kara*, en russe *Karskoé-Moré*, qui baigne à la fois l'Europe et l'Asie : il a 150 lieues de longueur du sud-ouest au nord-est ; les glaces l'encombrent presque continuellement vers son entrée septentrionale. Le plus occidental est la *mer Blanche* (*Beloé-Moré*) : sa longueur est égale à celle de la précédente, et sa moyenne largeur de 20 à 25 lieues ; elle se divise en quatre golfes considérables : celui de Mezen, celui de Dvina, et celui d'Onéga, qui portent le nom des principaux cours d'eau qui s'y jettent, et celui de Kandalask qui communique avec le lac Kovdozero par la rivière de Kovda. Entre ces deux mers on remarque encore deux grands golfes : celui de *Tchesk*, en russe *Tcheskaïa*, séparé de la mer Blanche par la presqu'île de Kanin, ou Chemokhonskiva, et à l'est de ce golfe l'estuaire de la Petchora. Le plus considérable des golfes de la mer Baltique, celui de *Bothnie*, baigne une partie des côtes occidentales de la Russie : il a de 20 à 50 brasses de profondeur, 50 lieues de largeur et 150 de longueur ; mais celui de Finlande et celui de Livonie s'enfoncent au milieu des terres de cet empire. Le premier, long d'environ 100 lieues et large de 10 à 25, varie beaucoup dans sa profondeur : elle diminue à mesure que l'on avance vers son extrémité ; d'abord de 50 à 60 brasses à son entrée, elle se réduit graduellement à 10 et même à 4 ; enfin, près de Cronstadt, elle n'est plus que de 2 brasses. Le second,

---

([1]) La superficie de l'Europe étant évaluée 484,910 lieues carrées, celle de la Russie européenne en comprend les 7/13.

long de 40 lieues et large de 25, renferme des bancs de sable qui en rendent la navigation fort dangereuse.

Les presqu'îles et les caps que forme le territoire russe en Europe sont en très grand nombre, ainsi qu'on doit s'y attendre. Dans la mer Noire on remarque celle de *Kinbourn* qui circonscrit une partie de l'estuaire du Dnieper; la *Krimée* par son étendue mérite une description spéciale que nous donnerons plus tard : du reste, cette mer n'offre sur les côtes d'Europe aucun cap qui mérite notre attention : il en est de même de la mer Caspienne. Dans l'océan Glacial s'avance à 15 minutes au nord du 68e parallèle le cap *Kanin*, qui forme la pointe la plus septentrionale de la presqu'île de ce nom; mais la langue de terre la plus septentrionale est le cap *Sviatoï* (*Saint*) sous le 69e degré de latitude. Dans la mer Blanche le cap *Voronof* s'avance jusque sous le cercle polaire.

Parmi les îles qui bordent les côtes de la Russie il en est plusieurs d'une grande importance par leur position ou leur étendue : nous ne parlerons pas de *Tendra* dans la mer Noire, ni des innombrables îles des bouches du Volga et qui garnissent les côtes au sud et au nord de ce fleuve depuis l'embouchure de la Kouma jusqu'à celle de l'Oural; c'est au nord de la Russie que nous trouverons les plus considérables. Telle est dans l'océan Glacial arctique l'île de *Waïgatch* ou *Vaïgatz* de 20 lieues de longueur sur 15 de largeur; telle est encore au nord de celle-ci la *Nouvelle-Zemlie*, improprement appelée *Nouvelle-Zemble* par les Français, puisque son nom russe *Novaïa-Zemlia* signifie *Nouvelle-Terre*. Celle-ci est composée de deux parties qui en font deux îles séparées par un canal étroit, auquel on a donné le nom du navigateur russe *Matochkine* qui le découvrit.

La Nouvelle-Zemlie a 250 lieues de longueur sur 150 de largeur et 800 de circonférence : elle est traversée du sud au nord par un prolongement des monts Ouraliens. Dans sa partie septentrionale elle est entourée de tous côtés par des montagnes de glaces. Son intérieur est rempli de lacs parmi lesquels il s'en trouve un d'eau salée; quelques petites rivières sillonnent son sol couvert de rochers arides et dépourvu de bois : à peine y trouve-t-on un petit nombre d'arbustes rabougris et quelques plantes des régions polaires. Elle est peuplée de rennes, d'ours blancs, de renards, et de diverses espèces d'oiseaux aquatiques et marins. Ses parages sont fréquentés par des morses et autres espèces d'animaux amphibies. Aussi, chaque année, sert-elle de rendez-vous à des chasseurs et à des pêcheurs russes, qui sont obligés de se vêtir à la manière des Samoyèdes pour pouvoir résister au froid extrême qui y règne la plus grande partie de l'année. Les vents du nord y soufflent presque constamment; ceux de l'ouest et du sud y amènent de la neige et de la pluie. Pendant trois mois une nuit obscure s'étend sur la Nouvelle-Zemlie. C'est vers le 15 novembre que l'on perd ordinairement de vue le soleil; on l'aperçoit ensuite vers la fin de janvier, après un crépuscule de quatorze jours. Les aurores boréales diminuent la tristesse de ces longues nuits. Pendant l'obscurité complète qui dure quelquefois plus de huit jours de suite, d'effroyables tempêtes, accompagnées de pluies violentes, et plus souvent d'une neige fine et épaisse, empêchent les pauvres pêcheurs de sortir de leurs cabanes enfumées dans la crainte de ne pouvoir plus les retrouver.

Au nord de la presqu'île de Kanin et à 20 lieues de ses côtes on aperçoit l'île de *Kalgouef*, montueuse vers le centre, et arrosée par quatre rivières dont deux peuvent être remontées assez haut par de grosses barques. Elle a environ 20 lieues de longueur sur 14 de largeur. Son sol est couvert de marais et garni de mousses et d'arbustes. On y trouve des renards, des isatis et une grande quantité d'oies sauvages, de cygnes et d'autres oiseaux aquatiques, dont le duvet et même la chair forment une branche considérable de commerce pour le petit nombre de Samoyèdes qui l'habitent.

Dans la mer Blanche, à l'entrée du golfe Onéga, l'île de *Solovetzkoï* ou de *Solvki* (Ile des Rossignols), longue de 6 lieues et large de 4, paraît être le résultat d'un soulèvement du sol granitique. On y recueille des lames de mica pour le vitrage des vaisseaux et les lanternes marines.

La mer Baltique renferme plusieurs îles importantes pour la Russie. L'archipel d'*Abo* n'est qu'un assemblage d'îlots : *Nagu* seule est une île de 2 lieues et demie de long sur 2 de large; mais l'archipel d'*Aland*, dont le nom signifie *pays des rivières*, comprend une île du même nom beaucoup plus considérable : elle a 9 lieues de longueur sur 7 de largeur. Son intérieur est hérissé de collines calcaires, et arrosé par plusieurs petites rivières. Ses côtes sont profondément découpées et offrent plusieurs ports excellents. Son sol est fertile, garni de forêts de sapins et de bouleaux et couvert çà et là d'excellents pâturages. Il y existe un filon de minerai de fer. Les plaines y sont peuplées de lièvres, et les bois de renards, de lynx, et même de quelques ours, tandis que les plages y sont fréquentées par un grand nombre d'oiseaux de mer, et les côtes par des phoques dont la pêche est très productive.

Au sud-est de ces îles on en remarque deux beaucoup plus considérables à l'entrée du golfe de Livonie. La plus septentrionale est celle de *Dago*, séparée du continent par un détroit large de 5 lieues. Elle a 12 lieues et demie de longueur et 10 lieues et demie dans sa plus grande largeur. Ses côtes, extrêmement découpées, sont entourées d'écueils dangereux. Son sol est sablonneux et calcaire, peu fertile, et cependant couvert de bons pâturages. Ses bois sont remplis de gibier, de loups et de canards. En hiver on pêche près de ses côtes un grand nombre de phoques. La seconde île, appelée *OEsel*, et en estonien *Kure-Saar* ou *Saarma*, est située à 4 lieues de la côte d'Estonie; c'est une des plus considérables de la Baltique : elle a 20 lieues de longueur sur 10 dans sa plus grande largeur. Ses côtes, très découpées et élevées, forment vers le sud une presqu'île qui s'avance à 10 lieues dans la mer. Son sol est hérissé de petites collines calcaires et arrosé par un grand nombre de ruisseaux, de sources et de petits lacs; il est fertile en blé et en chanvre, et couvert de forêts considérables; ses pâturages nourrissent une grande quantité de bestiaux et de bêtes à laine. Son climat, plus doux que les parties du continent qui en sont le plus près, est généralement tempéré. Le gibier y est peu commun, mais ses côtes sont très poissonneuses.

Examinons maintenant le sol de la Russie. Toute sa superficie ne présente qu'une immense plaine ondulée, bornée à l'est par les monts Ourals, au sud par les montagnes de la Tauride et le Caucase, et au nord par les montagnes de la Finlande et de la Laponie. Au centre on ne trouve guère que des collines qui forment des plateaux plutôt que des chaînes, et auxquelles on donne improprement le nom de montagnes : telles sont les collines de *Valdaï*, celles que plusieurs géographes désignent sous le nom de *Schemockonski*, celles qui séparent le cours inférieur du Don de celui du Volga; ce n'est qu'au nord du lac Onéga que ces collines prennent le rang de montagnes sous le nom de monts *Olonetz* et de monts *Maanselka*; mais elles n'ont qu'une faible élévation, jusqu'au point où elles se réunissent aux dernières ramifications de la chaîne des Dofrines. Dans la presqu'île de Krimée, les plus hautes cimes sont celles de Tchatir-dagh et du Temirdji, qui ont environ 1,100 toises d'élévation. Nous entrerons dans quelques détails sur les monts Ourals et le Caucase en décrivant l'Asie.

La constitution géologique de la Russie d'Europe ne paraît pas très compliquée : nous allons en donner une idée en peu de mots. Dans la partie méridionale, les pentes du Caucase nous montrent des grès, des schistes et des calcaires appartenant tous au terrain jurassique, et du milieu desquels sortent des roches d'origine ignée; la chaîne Taurique, qui forme dans la partie méridionale de la Krimée une bande de 36 lieues de longueur sur une largeur moyenne de 8 lieues, est composée de grès et de schistes appartenant à l'étage du lias et supportant des calcaires grisâtres, noirâtres ou jaunâtres de l'étage oolithique, sur lesquels repose au nord le terrain crétacé recouvert de calcaires récents qui vont former le sol des immenses steppes que l'on voit s'étendre au nord des montagnes. Celles-ci ont évidemment été soulevées par des roches d'origine ignée que l'on voit surgir çà et là dans la partie méridionale de la péninsule. Depuis le 47e parallèle jusqu'au 48e, le Dnieper traverse des masses de granite et de gneiss, ou de grès et de calcaires anciens. Entre le Dnieper et le Don, le Donetz coule au pied de dépôts appartenant au terrain carbonifère : la houille y abonde, mais en couches peu puissantes; sur les bords septentrionaux du lac *Bolch* ou *Bolchoï* on retrouve encore deux petits plateaux de grès et de calcaire jurassique : les mêmes roches se montrent au nord du cours inférieur du Volga; sous le 52e parallèle ce fleuve traverse les mêmes terrains jusqu'à son confluent avec le Mologa. Entre les pentes schisteuses de l'Oural, le cours du fleuve et les bords de l'océan Glacial, s'étendent de grands espaces formés des mêmes terrains, ainsi que de dépôts salifères : Moscou en est entourée, de même que le lac Ilmen, près duquel on voit aussi du gypse, du mercure et du sel gemme ; on les retrouve aussi sur les deux rives de la Dvina près du golfe de Livonie, et sur les pentes septentrionales et orientales du Valdaï. Depuis les côtes méridionales de celui de Finlande, ou, pour mieux dire, depuis l'extrémité occidentale de l'Estonie jusqu'au lac Onéga, le sol est traversé par une double bande de roches schisteuses et calcaires ; les montagnes et toutes les pentes de la Finlande sont formées de roches micacées et feldspathiques parmi lesquelles de belles syénites se font remarquer ; enfin toutes les plaines de la Russie, tous les vastes espaces compris entre les points dont nous venons de désigner la nature géognostique, sont composés de dépôts d'alluvion et de sédiment supérieur.

Les petits espaces occupés sur le sol de la Russie européenne par les roches schisteuses et cristallines, annoncent que la richesse minérale y est peu importante : c'est en Asie que se trouvent les plus considérables dépôts métallifères. La Russie d'Europe ne possède des mines de fer que dans les collines de Valdaï ; le cuivre abonde dans le gouvernement d'Olonetz, au sein des montagnes qui entourent à l'est et au nord le lac Onéga. Les gouvernements de Saratof, de Simbirsk, de Perm, de Novgorod, et la Tauride, fournissent annuellement plus de deux millions de quintaux métriques de sel : les lacs d'Ielton et d'Ilmen sont surtout très importants sous ce rapport ; la houille se trouve dans plusieurs des terrains que nous avons indiqués, ainsi que l'ardoise et le gypse ; le carbonate de chaux, propre à faire d'excellente chaux vive, est très commun, surtout dans les provinces centrales. La Tauride fournit de l'argile propre à dégraisser les draps et à fabriquer la faïence ; le pétrole et le naphte découlent des dépôts de sédiments récents de l'extrémité orientale de la Krimée, de la presqu'île de Taman, et des pentes du Caucase ; les côtes de la mer Baltique, et le sol des forêts de la Lithuanie, recèlent de l'ambre et du succin ; enfin les montagnes de la Finlande et celles du gouvernement d'Olonetz fournissent des granites, des syénites et des marbres d'une grande beauté ([1]).

« En donnant à la Russie d'Europe 402,100,552 » dessaitines de surface, on trouve que ce » nombre comprend 156 millions de dessaiti-» nes ([2]) de forêts ; 178 millions de terres in-» cultes ou couvertes d'eaux ou d'habitations » et occupées par des routes ; 61,500,000 des-» saitines de terres labourables, et un peu plus » de 6 millions de dessaitines de prairies. On » voit combien les pâturages sont rares dans » la Russie en général ; leur augmentation, en » permettant d'entretenir plus de bétail, of-» frirait le moyen de donner plus. d'engrais » aux champs. Ils ne sont considérables qu'en » Livonie et en Courlande, où ils forment la » sixième partie de la surface. Les forêts, au » contraire, couvrent d'immenses étendues, » quoique très inégalement ; car, tandis que le » plateau du nord est hérissé de forêts, la Pe-» tite-Russie en manque, et le bois, en géné-» ral, commence à devenir cher dans la Russie » d'Europe. En somme, on trouve toujours » une dessaitine de bois sur 2 ½ qui en sont » dépourvues ; proportion assez forte et n'at-» testant pas une fertilité extraordinaire ([3]). »

Le blé forme la principale richesse du sol russe : dans la partie européenne on en sème, année commune, 50 millions de tchetvertes ([4]) qui donnent environ 167,500,000 tchetvertes. Presque toutes les provinces en récoltent plus qu'il ne leur en faut pour leur consommation. Il n'y a, dit M. Schniztler, que les gouvernements de Pétersbourg et de Moscou, à cause de leur population, ceux d'Arkhangel et de Vologda, par la rigueur de la température, et celui de Perm, où l'on s'occupe surtout de l'exploitation des mines, qui consomment beaucoup plus qu'ils ne produisent. Le seul gouvernement d'Orel fournit annuellement 5 à 6 millions de tchetvertes au-delà de sa consommation ; il est avec ceux de Kazan, de Nijni-Novgorod, de Penza, de Tambof et de Koursk, un de ceux dont la récolte en blé est la plus abondante. Les grains que l'on cultive le plus généralement en Russie, sont le seigle

([1]) *Georgi* : Geographische, physikalische und naturaliche Beschreibung. — *Hermann* : Beitrage zur Physik, etc. — ([2]) La dessaitine égale 1 hectare 93/1000. — ([3]) *Schniztler* : Statistique et Itinéraire de la Russie. — ([4]) Doubles boisseaux de 206 litres.

et l'avoine : on en évalue le produit à près de 585 millions de francs. On y récolte aussi près de 30 millions de kilogrammes de tabac : c'est principalement en Oukraine qu'on le cultive, et en général dans toutes les provinces méridionales. Le chanvre et le lin forment deux branches de culture remarquables : le premier se trouve en abondance aux environs de Novgorod, de Tver et de Riga ; il croît même naturellement sur les bords du Volga, du Térek et de l'Oural. Le second est d'une excellente qualité dans toute la Russie centrale et dans les provinces baltiques : celui des bords de la Kama est le plus estimé pour sa longueur. Le houblon croît dans une foule d'endroits sans culture : une grande partie est exportée.

« Les vignes sont bien plus rares, et leur » première plantation ne date guère que d'un » siècle. On estime surtout les raisins d'As- » trakhan, pour leur grosseur et leur goût sa- » voureux ; on les conserve tout l'hiver. Comme » fruit, ils forment un article de commerce ; » mais ils ne sont point propres à donner du » vin. Les vins de la Krimée et ceux du Cau- » case sont d'une qualité très médiocre ; aussi » ne les boit-on que mêlés avec des vins étran- » gers ou avec de l'eau-de-vie. Des vignerons » étrangers ont été appelés en Russie pour per- » fectionner la préparation du vin. En atten- » dant, les Cosaques du Don préparent leur » *vino marozka* ou vin gelé, avec des raisins, » toutes sortes de baies et de l'eau-de-vie, in- » grédient essentiel de toute bonne boisson » chez les Russes et leurs voisins (¹). »

L'influence de deux grandes villes a fait perfectionner la culture des légumes dans les gouvernements de Pétersbourg et de Moscou. Dans celui de Iaroslavl, les environs de Rostof sont renommés sous ce rapport : on en expédie des légumes, et surtout des primeurs, pour les contrées les plus éloignées de l'empire. Les jardiniers de Rostof jouissent d'une grande réputation : ils vont exercer leur industrie dans différentes provinces, et surtout en Pologne. A l'exception des *choux*, qui forment la nourriture habituelle du peuple, la plupart des légumes sont généralement d'un prix assez élevé. Les *navets* diffèrent des nôtres par un goût plus exquis et une saveur plus sucrée. Les ognons de Borovsk, dans le gouvernement de Kalouga, sont renommés pour leur grosseur.

Les fruits sont moins rares que les légumes, quoiqu'on en tire pour des sommes immenses des pays étrangers. « La Russie produit des » cerisiers, des pruniers et des pommiers sau- » vages ; les fruits des mêmes arbres sont cul- » tivés au centre et à l'est de l'empire, où, » toutefois, les espèces européennes ne sont » connues encore que par le commerce. Celles » qui y viennent sont toutes originaires de » l'Asie. Les pommes de Kirevsk sont remar- » quables par leur énorme grosseur : un seul » de ces fruits pèse quelquefois jusqu'à quatre » livres. Les pommes *nalivniè*, c'est-à-dire » remplies d'un suc transparent, des gouver- » nements de Moscou et de Vladimir, sont » très estimées : on les croirait artificielles. » Les pommes de Kalouga et de Rostof, et les » cerises de Vladimir, sont particulièrement » connues. On fabrique en quantité du cidre et » du vin de cerises ; ce dernier surtout dans les » steppes. Mais le fruit le plus commun en » Russie et dont la consommation passe toute » croyance, ce sont les noisettes. Les pro- » vinces méridionales produisent des fruits » du sud : le melon, l'arbouse et le melon » d'eau, dont il se fait aussi une grande con- » sommation en été, y viennent en abon- » dance (¹). »

Le pays d'Astrakhan fournit du *coton* et de la *garance*. Cette plante tinctoriale croît aussi dans la Tauride et sur les bords du Volga et de l'Oka. Le poivre croît sur les rives de la Samara.

« Il reste à parler des *forêts*, source de ri- » chesses qui restera long-temps inépuisable, » et qui le serait à un plus haut degré, si elles » étaient entretenues d'une manière plus mé- » thodique et plus soignée. Toutefois, depuis » 1802, année où fut publié un règlement » forestier, cette branche de l'économie rurale » a fait de grands progrès. Soixante-dix mil- » lions d'arpents russes, ou *dessaitines*, sont » encore absolument couverts de pins, de sa- » pins et d'autres arbres à aiguilles, sans » compter les chênes, les érables, les hêtres, » les peupliers et les charmes, qui tous ne sont » pas rares dans les latitudes qui ne dépas- » sent pas le 52ᵉ degré, et les bouleaux, qui

---

(¹) *Schnitzler* : Ouvrage déjà cité.

(¹) *Schnitzler* : Ouvrage déjà cité.

» viennent encore dans les contrées les plus
» boréales. On comptait en 1804, 8,195,295
» pins propres à servir de mâts, et ayant au
» moins 30 pouces de diamètre, et 374,804
» chênes de 24 pouces et au-dessus. Près de
» 87 millions de pins pouvaient fournir du
» bois de construction. Les pins, les sapins,
» les tilleuls et les bouleaux, sont les arbres
» les plus communs ; ces derniers dominent
» jusqu'au 55ᵉ degré de latitude, au-dessus
» duquel on trouve encore de vastes forêts de
» pins et de sapins. Le gouvernement de Nov-
» gorod et celui de Tver sont surtout couverts
» de forêts ; la forêt de Volkhonski, qui s'é-
» tend jusque vers les collines de Valdaï, est
» une des plus vastes que l'on connaisse. Dans
» le gouvernement de Perm, sur 18 millions
» de dessaitines, 17 millions sont couverts de
» forêts. Ces bois immenses sont un grand bien-
» fait pour un pays situé sous un ciel si inclé-
» ment, ils le défendent en partie contre les
» vents des mers glaciales. Les provinces si-
» tuées vers le sud n'ont pas le même besoin ;
» aussi sont-elles dépourvues de bois au point
» qu'on y brûle de l'herbe et de la fiente (¹). »

Le règne animal offre à la Russie européenne des ressources importantes. Les rennes sont les animaux les plus utiles de la zone
arctique; un riche habitant de ces contrées en
possède quelquefois des troupeaux de 20,000
à 50,000. Le cheval y forme la richesse du
paysan, et le principal objet de luxe du seigneur russe ou tatare. Le plus pauvre villa-
geois possède au moins un de ces animaux ;
un khan nomade en a souvent jusqu'à 10,000.
La race la plus commune se distingue par la
laideur de ses formes, mais elle est sobre,
agile, infatigable ; les plus belles se trouvent
chez les Kirghiz, les Kalmouks et les Bachkirs. L'âne est un animal très répandu dans la
Tauride ; la même contrée possède une espèce
voisine appelée le *djiguetai*, ou mulet sauvage,
et le chameau à une ou à deux bosses. Le
bœuf russe est généralement d'une petite
taille ; néanmoins ceux de l'Oukraine, de la
Podolie et de la Volhynie sont d'une très belle
race ; les plus estimés sont ceux du gouvernement d'Arkhangel, et les veaux de Kholmo-
gori pèsent quelquefois jusqu'à six quintaux.
Le mouton russe n'est couvert que d'une

laine dure et grossière ; mais la race commence à s'en améliorer depuis l'introduction
des mérinos et des moutons de Saxe. On estime que le nombre des bêtes à laine s'élève
en Russie à près de 60,000,000 ; plusieurs riches particuliers en possèdent des troupeaux
de près de 50,000. Toute l'Europe occidentale connaît cette jolie fourrure que l'on obtient en dépouillant les jeunes agneaux de la
Tauride. « Le cochon se trouve en grande
» quantité, surtout vers le nord ; ses soies for-
» ment un objet majeur d'exportation. Les
» chèvres de toute espèce sont communes
» chez les peuples nomades, où des particu-
» liers en possèdent des troupeaux de 1,000
» têtes et au-delà. La chèvre tachetée des Kir-
» ghiz, à poil fort long, est sans cornes, et
» sa figure est singulièrement laide ; celle de la
» Grousinie se recommande par la finesse de
» son poil. La *kaberga*, ou chèvre sauvage de
» la Tauride, vit sur les hautes montagnes (¹). »

Parlons maintenant des animaux sauvages.
La chasse, qui se fait par bandes nombreuses, est le plaisir de la noblesse russe ; le
cerf, le daim, l'élan, l'ours, le loup, le lynx
et le lièvre sont poursuivis avec ardeur
dans ces sortes d'expéditions. Les belettes,
les fouines, les renards, les marmottes, les
martes, les rats-taupes et les hamsters, sont
communs en Russie ; on trouve, jusque dans
les régions centrales, le lièvre hybride, qui
blanchit en hiver, mais incomplétement. Les
bords de l'Oural nourrissent des loutres, et
ceux du Volga et de la Kama le desman (*my-
gale moscovitica*), la gerboise naine (*dipus
minutus*), et deux espèces de campagnols.

La Russie possède aussi un grand nombre
de volatiles : tels que la perdrix, la gélinotte,
le coq de bruyère, la bécasse, la bécassine,
l'oie, le canard sauvage et l'outarde. Les côtes septentrionales, et principalement celles
de la Nouvelle-Zemlie, nourrissent une multitude de canards de l'espèce appelée *anas mol-
lissima*, qui fournit l'édredon. Quelques espèces, comme le pigeon et le corbeau, y sont
plus nombreuses que dans les autres contrées
de l'Europe, parce que, chez le peuple des
campagnes et même des villes, le premier est
un objet presque de vénération, comme le
symbole de l'Esprit saint, et que le second

(¹) *Schnitzler* : Ouvrage déjà cité.

(¹) *Schnitzler* : Statistique et Itinéraire de la Russie.

passe pour purifier l'air en se nourrissant des substances animales en putréfaction. Il serait trop long de citer tous les oiseaux de passage ou particuliers à la Russie; il suffit de dire que les oiseaux remarquables par leur chant, à l'exception du rossignol, sont les seuls qui n'y soient pas en grand nombre.

Pour donner une idée de la quantité de poissons qui peuplent les eaux douces, nous citerons le témoignage d'un auteur digne de confiance. « Dans les rivières et les lacs, on
» pêche une quantité prodigieuse de poissons,
» qui, dans de vastes contrées, sont presque
» la seule nourriture de toute la population,
» et qui, pendant les longs carêmes, tiennent
» partout lieu de la viande, dont l'Église in-
» terdit l'usage. La pêche du Volga et celle de
» l'Oka sont surtout productives. Sans parler
» des carpes, des brochets, des truites, des
» harengs, surtout de ceux qu'on nomme rei-
» pouchki, et des sardines (strœmlinge), nous
» citerons les esturgeons et les belougues, ainsi
» que les saumons, les lamproies marinées et
» les maquereaux de la Krimée. Le sterlet du
» Volga n'est qu'une nuance de l'esturgeon;
» ses œufs, ainsi que ceux de la belougue,
» donnent le caviar, dont la consommation est
» immense en Russie. Un seul sterlet en donne
» de 10 à 30 livres; et, d'une seule belougue,
» on peut en recueillir, dit-on, jusqu'à 120
» livres (¹). Ce sont les Cosaques de l'Oural qui
» font le meilleur caviar. La pêche de l'estur-
» geon est en général d'un grand rapport;
» 1,850,500 poissons de cette espèce, pêchés
» en 1793 dans le Volga, près d'Astrakhan,
» ont donné 124,970 pouds de caviar et 3,575
» pouds de colle de poisson (²). Les côtes, vi-
» sitées par des cachalots, des baleines et
» d'autres cétacés, et où l'on recueille beau-
» coup d'huîtres et de moules perlières, four-
» nissent encore des morues et une abondance
» de harengs, dont la plus grande pêche se
» fait dans la mer de Kamtchatka. Toutes ces
» pêcheries russes donnent annuellement un
» produit net de plus de 10,000,000 de rou-
» bles (³). »

Parmi les insectes utiles qui vivent sur le sol russe, nous n'en citerons que trois espè-ces : l'abeille donne une quantité prodigieuse de cire et de miel, substances d'un grand usage dans un pays où le culte des images est répandu dans toutes les classes, et où l'hydromel remplace le vin chez le peuple. Le ver à soie est une richesse pour les provinces voisines du Caucase. Le *coccus polonorum*, qui vit en Oukraine sur une plante nommée *polygonum minus*, donne une belle couleur cramoisie, et remplace la cochenille. On ne connaît cet insecte que depuis peu d'années, mais il donne un produit considérable (¹).

Terminons cet aperçu physique par quelques mots sur le système hydrographique de la Russie européenne. Son sol est si légèrement ondulé, que ce serait abuser de la valeur des mots que de considérer comme de véritables bassins les espaces que parcourent les fleuves de cette contrée, bien qu'elle renferme cependant les plus importants cours d'eau de l'Europe. Il ne serait peut-être pas plus exact de donner le nom de bassins à la mer Noire et à la mer Caspienne, à l'océan Glacial et à la Baltique, où ces fleuves vont porter leurs eaux; nous préférons désigner par la dénomination de *versants* les pentes du sol qui s'inclinent vers ces mers, et nous les nommerons versants *taurique, caspien, glacial* et *baltique*. Le *versant taurique*, que nous désignons ainsi parce que tous les cours d'eau qui y descendent ont leurs embouchures autour de la presqu'île de la Tauride, est arrosé par le *Dniester*, le *Dnieper*, le *Boug* et le *Don*; le *versant caspien*, dont les eaux se jettent dans la mer Caspienne, est sillonné par le *Térek*, le *Volga* et l'*Oural*; le *versant glacial*, formé des terrains inclinés vers la mer Blanche et l'océan Glacial, est arrosé par la *Petchora*, le *Mezen* et la *Dvina du nord*; enfin le *versant baltique* comprend tous les cours d'eau qui descendent dans la Baltique, dont les plus importants sont le *Torneo*, ou le *Tornea*, la *Néva*, qui sort du lac Ladoga, la *Dvina du sud*, ou la *Duna*, et le *Niemen*.

Un vaste système de canalisation, dont la conception est due au génie de Pierre Ier, embrasse la plupart des grands cours d'eau de la Russie. Il existe trois communications entre la mer Caspienne et la mer Baltique : au sud, elle se fait par le canal de *Vouichni-Volotchok*, au moyen de la *Tvertsa*, au milieu

---

(¹) On emploie rarement les œufs de belougue pour faire le caviar. — (²) Le poud est de 33 livres de France, ou de 40 livres russes. — (³) *Schnitzler: Statistique et Itinéraire de la Russie.*

(¹) Le même. Ouvrage déjà cité.

par le canal de *Tikhvine* et la Mologa ; au nord par le canal de *Marie* et les eaux de la Chexna.

Le canal de *Vouichni-Volotchok* joint, au moyen de la Tsna et de la Chlina, la Tvertsa au Msta. Celle-ci se jette dans le lac Ilmen, d'où sort le Volkhof, rivière navigable qui se jette dans le lac Ladoga. Ce canal a trois quarts de lieue de long et trois écluses. Le canal de *Tikhvine*, commencé et achevé sous le règne d'Alexandre, unit la Tikhvinka à la Somina. Le canal de *Marie*, achevé en 1808, joint la mer Caspienne au golfe de Finlande et à la mer Blanche, par l'intermédiaire du lac Onéga. Il unit le Kovja et la Vouitegra. Le canal de *Ladoga*, commencé en 1718, et ouvert en 1731, forme le point de réunion des trois systèmes exposés ci-dessus : 16 écluses y conduisent les eaux de plusieurs rivières ; 16 autres servent à faire écouler dans le Ladoga les eaux superflues. Pour faire apprécier l'importance de ce canal, il suffit de dire avec M. Schnitzler que 25,000 transports de toute espèce, portant une valeur de 200 millions de francs, franchissent annuellement sa principale écluse, celle de Schlusselbourg. Le canal de *Novgorod* ou de *Sievers*, achevé en 1802, est destiné à faciliter la communication ouverte par celui de Vouichni-Volotchok. Sa longueur est d'environ 2 lieues ; il fait éviter la navigation, souvent dangereuse, du lac Ilmen. Le canal de *Svir* en a 10 de longueur : il se rattache au système de celui de Marie. Le canal de *Siass* est entre celui de Ladoga et celui de Svir. Celui de *Koubensk*, ou du *duc Alexandre de Wurtemberg*, joint la Chexna au lac de Koubensk, et en réunissant le Volga, la Néva et la Dvina, il ouvrira une communication entre la mer Baltique, la mer Blanche et la mer Caspienne. Le canal du *Nord* (*Severo Iekaterinski*), commencé sous Catherine Ire, et terminé en 1820, a presque le même but que le précédent : en réunissant la Keltma au Dgouritch, il ouvre une route par eau entre Arkhangel et l'intérieur de l'empire.

D'autres canaux forment un autre système de communication : le canal de *Fellin* en ouvre une entre le golfe de Riga et celui de Finlande, en rendant l'Embach navigable ; le canal de *Verro* joint de même l'Aa et la Touda ; le canal de *Veliki-Louki* unit aussi la Dvina et la Néva ; le Dnieper et la Dvina entrent en rapport par le canal de la *Bérésina* ou du *Lepel*; le canal d'*Oginski* joint la Baltique et la mer Noire, en réunissant le Dnieper et le Niemen par le Chtchara et le Pripetz : il a 11 lieues de longueur et 10 écluses ; le canal de *Courlande* unit le Niemen à la Dvina ; celui du *duc Jacques* joint le Niemen à la Vindau ; on évite les cascatelles de cette rivière en suivant celui de *Goldingen* ; enfin le canal *Royal* joint le Boug au système du Dnieper, au moyen du Pripetz et du Styr.

LIVRE QUATRE-VINGT-DOUZIÈME

Suite de la Description de l'Europe. — Description de la Russie d'Europe. — Première section. — Russie méridionale.

« C'est la région des *plaines Scythiques* tout entière qui correspond à ce qu'on appelle communément *Russie méridionale*; encore sommes-nous obligé de comprendre sous ce dernier nom une petite lisière qui dépend de la région du Danube inférieur.

» Prenons pour guides les fleuves. Le *Dniester* ou *Dniestr* et *Dnestr* se présente le premier. Sorti d'un lac au pied des Karpathes, il descend de la Galicie, ou Pologne autrichienne, roule avec impétuosité ses eaux jaunâtres à travers des bancs de rochers, et forme près de Jampol une cascade que les bateaux ne peuvent remonter. Plus bas il prend une marche tranquille, et se termine dans un large *liman*, ou lac, uni à la mer. Ce lac d'Ovidovo, ou des Brebis, a fourni aux Russes une illusion flatteuse : ils se sont crus les possesseurs des lieux illustrés par l'exil d'Ovide. L'ancien nom *Tyras* est conservé dans la dénomination tatare et moldave *Turla*. Au sud du Dniester s'étend le nouveau *gouvernement* russe *de Bessarabie*, formé de la contrée de ce nom, plus de la partie de la Moldavie à l'est du Pruth ou Prouth.

» La Moldavie orientale présente dans sa partie septentrionale une suite de collines boisées couvertes de chênes, de hêtres, de tilleuls, entremêlées de champs de maïs, d'orge et de millet, ainsi que de vignobles et de vergers; à mesure que l'on descend le long des deux fleuves, les collines s'abaissent, les forêts diminuent, mais la contrée conserve toujours sa physionomie agréable. Les *Moldovény's* composent la presque totalité des habitants; cette nation, qui respire ici sous un sceptre chrétien, commence à se civiliser, à quitter ses habitudes d'ivrognerie et de paresse, à cultiver son fertile territoire, que, sous la double tyrannie des hospodars et des musulmans, elle abandonnait en grande partie aux troupeaux. Les corvées ont été extrêmement réduites. Le culte grec oriental rapproche les Moldovény's du peuple russe; leur dialecte valaque, ou daco-romain, ne diffère guère de celui de la Moldavie occidentale (¹). »

Parmi les villes nous devons remarquer *Khotine*, ou, d'après l'orthographe polonaise, *Choczym*, que l'on prononce *Khotchime*, jadis la forteresse la plus septentrionale de l'empire ottoman, dont elle était censée un des boulevards; elle renfermait près de 20,000 habitants, dont aujourd'hui il ne reste pas un dixième; la citadelle a été construite par des ingénieurs français. Malgré sa faible population, cette cité n'en est pas moins une place d'armes encore importante. *Kichenau* ou *Kichenev*, ou mieux *Kichenef*, siége des autorités civiles et ecclésiastiques du gouvernement de Bessarabie, occupe une espace immense, avec plusieurs collines, par la largeur démesurée de ses rues et par les jardins qui entourent chaque maison. Les masures en terre sont très nombreuses dans les anciens quartiers; mais les quartiers neufs, bâtis en pierre et en argile, offrent un aspect élégant, par le nombre de péristyles et de colonnes qui les décorent. Il est vrai que la plupart de ces colonnes sont en bois recouvert d'une couche d'argile et d'un éclatant badigeon à la chaux. Cette ville passe pour avoir environ 20,000 habitants. *Orhey* ou *Orkey*, près d'un lac orné d'une jolie île, n'est qu'une petite cité où se tiennent plusieurs foires; *Soroka*, non loin d'une abondante carrière de salpêtre, sur la rive droite du Dniester, n'est à proprement parler qu'un misérable bourg. Les habitants de la forêt de *Kigiesch*, sur les anciennes limites de la Bessarabie et de la Moldavie, se nomment *Kodrènes;* ils parlent le moldave.

« La *Bessarabie* n'est, dans le sens physique, que le bas pays de la Moldavie. Plus d'arbres; à peine quelques buissons le long des rivières; d'immenses amas de roseaux couvrant les lacs et les marais; entre ces bas-fonds aquatiques, des pâturages verdoyants, où le bœuf, le buffle et le *bison* errent parmi des herbes plus élevées que leurs cornes; ensuite des terrains labourables, où le millet donne le centième grain, l'orge le soixantième; près d'un lieu nommé *Babahda*, les plus belles pêches de l'Europe; près d'*Ismail*, d'excellents abricots; dans l'été une chaleur desséchante, qui fait disparaître les rivières intermédiaires entre les deux grands fleuves, et réduit les habitants à boire l'eau de leurs fontaines, jadis creusées et entretenues par les Tatars avec des soins religieux; dans l'automne, des pluies non interrompues, qui font naître un grand nombre de petites rivières, de marais et d'étangs. Si nous ajoutons à ces traits que le safran et la garance y croissent sans culture; que le cheval et le mouton y existent dans l'état sauvage, et que les cerfs, les chamois, les loups et les lièvres y abondent; que les *limans* ou *limanes*, golfes situés à l'embouchure des fleuves, nourrissent des *sterlets*, des *belouga's* ou *trigles*, des carpes énormes et d'autres poissons; que les tribus volatiles et nomades des cigognes et des grues semblent avoir ici un de leurs grands rendez-vous, nous aurons tracé le tableau physique de cette contrée.

» Parmi les endroits remarquables de la Bessarabie, nous nommerons *Bender*, en russe *Bendery*, en moldave *Tighin*. Cette ville, qui gardera long-temps le souvenir de Charles XII, ce terrible guerrier, vaincu par Pierre Ier, comptait autrefois 10,000 habitants, et n'en a plus que 1,800 aujourd'hui. Elle est divisée en deux parties distinctes: la citadelle et la cité. La première offre un développement assez considérable; ses ouvrages modernes comprennent les ruines de l'ancienne forteresse turque, où

(¹) Observations sur la Moldavie orientale. *Éphém. Géogr.*, XXXIV, B. 133.

l'on voit encore une mosquée dont le minaret est en partie détruit. Le Dniester coule au pied de Bender entre des berges très profondes. C'est près de cette ville que le célèbre *Patiomkine* (Potemkin) rendit le dernier soupir. On peut citer encore le bourg de *Kaouchany*, ancienne ville commerciale des Tatars, dont les 20,000 habitants ont disparu depuis la conquête russe; *Varnitza*, où Charles XII, avec une poignée de ses fidèles, défendit sa maison royale contre des milliers de Turcs; *Akerman* ou *Bielgorodok*, l'antique *Tyras*, ville un peu fortifiée, ayant quelques bons édifices, un port formé par le *liman* du Dniester, 4,000 habitants, grecs, arméniens et juifs, qui font, entre autres, le commerce du sel (¹); le bourg de *Tabak-Bolgrad*; *Kilia* ou *Kiliia*, ville commerçante sur la rive gauche de la principale branche du Danube, et que sa situation peut rendre un jour très florissante; enfin *Ismaïl* ou *Izmail*, forteresse qui comptait, en 1789, près de 30,000 habitants, presque tous massacrés dans la terrible journée où Souvarof l'ayant prise d'assaut, changea ses 17 mosquées et ses bazars en un amas de cendres et de ruines. Cette ville, dont les Russes entretiennent avec soin les fortifications, est un point militaire important. On y remarque encore un palais magnifique.

» Ces régions paraissent avoir été quelquefois l'objet de l'intelligente ambition des Romains. On attribue à ce peuple une muraille gigantesque, dont les restes s'étendent depuis Kichenef jusque dans la Tauride : c'est, disent les habitants actuels, un ouvrage des génies; elle paraît avoir été destinée à défendre les villes maritimes et commerciales contre les peuples nomades.

» La Bessarabie, habitée anciennement par les Scythes, les Sarmates, les Gètes, les Bastarnes, devint, après la mort d'Attila, un des refuges des Huns dispersés; mais dès l'an 469 on y voit paraître des Hongrois et des Bulgares, probablement restes de la grande armée hunnique, et qui chassèrent les Huns proprement dits au-delà du Danube. On nomme, en 635, un Kuwrat, prince des Hongrois et des Bulgares, qui secoua le joug de la suzeraineté des Awares, et qui soumit quelques tribus slaves qui s'étaient répandues entre le Dniester et le Dnieper, et parmi lesquelles on nomme les *Tiverzis* (Tversi), et les *Lutitsches*. Les Bulgares se maintinrent jusqu'en 882, époque où les Hongrois-Madjiars établirent ici une domination éphémère, dans laquelle ils eurent pour successeurs les Petchenègues et les *Comans*. Quoique l'empire de ceux-ci fût renversé et envahi par les Mongols en 1241, un essaim nombreux de Comans resta fixé dans ces contrées sous des princes de leur propre race; c'est de l'un d'eux, nommé Bessarab, qu'ils prirent le nom de *Bessarabeni*, qui leur est donné pour la première fois dans un passage relatif à l'année 1259, par l'archidiacre anonyme de Gnesen, qui écrivit sa chronique en 1395 (¹). Sous leur prince Oldamur, en 1282, ils étaient assez puissants pour méditer l'invasion de la Hongrie; ils inquiétèrent constamment les frontières de ce royaume, et par conséquent ils ont dû régner sur la Moldavie. En 1346, leur prince Bali-Khan, qui résidait à *Karabuna*, envoya des secours à l'impératrice byzantine Anne de Savoie contre Jean Cantacuzène. Les Comans-Bessarabeni avaient alors presque tous adopté la religion chrétienne; et, quoique entourés de nations du rite grec, ils furent maintenus, par une mission de franciscains hongrois, dans l'union avec l'Église latine ou catholique (²). Peut-être cette dissidence de religion contribua-t-elle à la chute de leur royaume. Vers la fin du quatorzième siècle, nous voyons la Valachie et la Moldavie effacer presque entièrement le nom de la Bessarabie, qui, sous la reine Hedwige de Hongrie, n'est plus qu'une simple *voïvodie*, vassale de la couronne hongroise, et dont le roi Uladislas ou Vladislas disposa, en 1393, en faveur de Vlad, prince de la Valachie. Le fief passa à son fils Mirza; mais en 1412, le prince Alexandre de Moldavie s'en trouva possesseur. La Pologne et la Hongrie se partagèrent par un traité les États de ce prince; mais ses fils se maintinrent long-temps en Bessarabie. Dans les années

---

(¹) Cette ville occupe l'emplacement de l'ancienne *Tyras* de Ptolémée et d'Ammien Marcellin; c'est l'*Aspron* de Constantin Porphyrogenète, ou « l'endroit bâti en pierres blanches; » c'est, chez les Slavons, *Bialogrod*; chez les Valaques et les Moldaves, *Tchitate alba*; mais nous ne savons pas sur quelle autorité positive on en fait une colonie romaine nommée *Alba-Julia*. Dans le nom turc, la syllabe *ak* désigne aussi la blancheur.

(¹) *Sommersberg* : Scriptores rerum silesiac., I, 82. Comp. II, 73, 92. — (²) *Gebhardi* : Weltgeschichte, XV, part. IV, p. 299, p. 512.

1469 à 1474, le célèbre prince de Valachie, Dracul, était maître de cette province; mais il fut obligé de la céder au redoutable conquérant Mahomet II. En vain les Moldaves, sous Étienne-le-Grand, en firent-ils la conquête en 1484; deux ans plus tard le croissant victorieux s'élevait sur les tours de Kilia et d'Akerman. Dépeuplée par tant de changements, la Bessarabie reçut en 1560 une colonie de 30,000 familles de Tatars-Nogaïs, emmenés des bords du Volga et du royaume d'Astrakhan. Ils prirent le nom de *Budziaks*, et, unissant les richesses pastorales à l'industrie agricole, ils rendirent le pays florissant jusqu'à l'époque où les conquêtes et les manœuvres politiques de la Russie bouleversèrent la faible monarchie des khans de la Krimée. Quelques Budziaks, s'étant mis sous la protection de la Russie, émigrèrent en 1770 pour les bords du Kouban; le reste s'enfuit au sud du Danube, en 1812, lorsque le traité de Boukharest eut mis la Bessarabie sous le sceptre des tsars. Il resta à peine 80,000 habitants dans cette contrée. On assure qu'en 1706, un prêtre hongrois de Tyrnau y trouva encore des communes nombreuses de Comans fidèles au culte catholique (¹). Des colonies polonaises et wurtembergeoises ont été récemment établies le long de la rivière de Kogoulnik; elles se plaignent de l'intempérie des saisons.

» Nous n'avons pas voulu interrompre ce résumé historique par les discussions auxquelles l'origine du nom des Bessarabènes peut encore donner lieu. De nombreux témoignages prouvent que les anciens Besses, ou Biesses (peuples que nous avons signalés comme *protoslaves*), demeuraient, depuis le premier jusqu'au quatrième siècle, à droite et à gauche des bouches du Danube; ils étaient vers l'an 376 voisins des Antes ou Slavons orientaux (²). Peut-être étaient-ils identiques avec les Biesses que Ptolémée place dans la Sarmatie sur la partie supérieure du Dnieper; peut-être aussi deux noms synonymes avaient-ils été adoptés par deux peuples de la grande famille slave. On trouve dans le huitième siècle le nom de *Biessenes*, et celui de *Biessenie* vers les bouches du Danube. Ces noms, qu'on a voulu regarder

comme appartenant aux fameux Petchenègues, ne prouveraient-ils pas plutôt la continuation de l'existence des Besses? On ajoute que, vers la fin du septième siècle, un « Mohamed, *khakan des Arabes*, » fit une irruption sur les terres romaines, à la suite de laquelle ses Arabes se seraient mêlés aux anciens Besses. Nos lecteurs sentent combien cette dernière conjecture est hasardée; mais les observations relatives à l'existence prolongée des Besses nous paraissent dignes d'un examen ultérieur, qui sortirait de nos limites.

» Le *Dnieper*, ou *Dniepr* et *Dnepr*, le Borysthène des anciens, arrose trois gouvernements russes, Iekaterinoslaf, Kherson et la Tauride, formés de la ci-devant Petite-Tatarie. La géographie physique ne voit ici que deux régions, la plaine continentale et la presqu'île de Tauride ou de la Krimée. La première est limitée au nord par une enceinte de collines granitiques et schisteuses, semées de blocs de granit, enceinte qui paraît marquer la dernière terrasse du plateau central de Russie, dont la pente vers la mer Noire, depuis les environs de Moscou, de Kalouga et de Toula, est évaluée à 15 ou 1,600 pieds.

» C'est en serpentant entre des blocs de granit, de roches feldspathiques et des bancs de calcaire ancien, que le Dnieper forme ses cataractes et ses tourbillons, parmi lesquels il y en a treize de remarquables; tous disparaissent au printemps pendant les hautes eaux, et on peut alors, avec quelques efforts, remonter le fleuve en canot. Le Dnieper, qui sort d'un marais au pied du plateau de Valdaï, reçoit à droite la Bérésina et le Pripetz, à gauche la Sozna, la Dezna, le Psiol et une foule de moindres rivières. Il est le courant central d'un très grand et très fertile bassin; il communique par des canaux avec les bassins de la Duna et du Dniemen; mais ses chutes, le peu de profondeur de quelques uns de ses affluents, le nombre de moulins flottants dont il est encombré, les glaces qui le couvrent au nord de Kief, du 1ᵉʳ novembre au 1ᵉʳ avril, et plus bas depuis le milieu du mois de décembre jusqu'au 1ᵉʳ mars, par-dessus tout le défaut d'industrie et de soins, diminuent son importance commerciale. Ses eaux, comme celles de beaucoup de ses affluents, passant par des bancs de craie et par

---

(¹) *Busching*: Hist. géogr. Magazin III, p. 560. *Sulzer*: Transalp. Dacien, II, 83. — (²) *Jornandes*: c. V, c. XLVIII. *Stritter*: Memoriæ, tom. I, p. 161. Ils furent baptisés, du moins en partie, vers l'an 590.

des marécages, manquent de douceur et de limpidité ; mais les esturgeons, les carpes, les aloses, les brochets et d'autres poissons aiment ses flots troubles. Toutes les îles du Dnieper que les hautes eaux ne couvrent pas fourmillent de serpents. Dans celle de Kortitzkaïa, les efforts laborieux d'une colonie de mennonites ne peuvent extirper les champignons toujours renaissants. Ces îles produisent des raisins nommés *birioussa*, de la même grosseur que ceux de Corinthe ; sont-ils de la même qualité ? Les chats, devenus sauvages, y poursuivent une espèce de musaraigne, le *sorex moschatus*. Les Cosaques Zaporogues avaient établi leurs asiles militaires dans les îles qui s'étendent depuis les chutes (*porogues*) jusqu'au confluent du Bazoulouk, où était leur *setcha*, ou camp principal. Comme les anciens noms des chutes du Dnieper, conservés par les Byzantins, étaient tirés de la langue gothique, il paraît probable que les Ostrogoths, ces valeureux aventuriers sortis de la Skandinavie, avaient aussi établi dans quelques îles du Borysthène le siège de leur domination militaire. »

Le *gouvernement de Kherson* offre, en général, un sol argileux, entremêlé de sable, tout à la fois fertile en pâturages et en céréales ; sa fertilité cesse vers l'embouchure des rivières, où le terrain est presque partout marécageux, et près de la côte, où il est à la fois couvert de sables arides ou de marais fangeux. Ce pays est peu boisé ; ce n'est que vers le nord, dans les environs d'Élisabethgrad, que l'on trouve quelques forêts considérables. Partout ailleurs on voit çà et là s'étendre de vastes espaces dépourvus d'arbres, mais où se développe une belle végétation, quelquefois même trop active. On y récolte de bons melons et une grande quantité de grains ; les exportations en céréales que fait Odessa en sont la preuve la plus convaincante.

Le *gouvernement d'Iekaterinoslaf* présente un sol analogue à celui de Kherson : même rareté de bois, même fertilité, même richesse de pâturage, même douceur de température. On n'y trouve quelques forêts que sur les bords de la Samara et du Kalmious. La richesse du pays consiste principalement en brebis, en chevaux et en abeilles ; il est souvent ravagé par des nuées de sauterelles.

Aujourd'hui nous voyons le long du Dnieper *Iekaterinoslaf* et *Kherson*, villes nouvellement fondées, villes principales de deux grands gouvernements, mais dont la dernière seule atteint une population de 25,000 âmes.

Parcourons le gouvernement d'Iekaterinoslaf. Son chef-lieu, siège d'un évêque dont le diocèse comprend, outre ce gouvernement, ceux de Kherson et de la Tauride, se compose d'environ 800 maisons en bois, qui forment des rues droites et régulières. Elle doit sa fondation à Catherine II, qui posa la première pierre de la cathédrale en présence de l'empereur Joseph II. C'est près de cette ville que commencent les cataractes du Dnieper, qui s'étendent sur une longueur de 18 lieues. A 7 lieues au nord-est d'Iekaterinoslaf, *Novo-Moskovsk*, ou *Novo-Moskofsk*, chef-lieu de district, renferme une église avec 6 à 8,000 habitants. C'était un petit fort qu'on nommait autrefois Staro-Samarskaïa-Krepost. Le prince Basile Gallitzine, pendant son expédition contre les Tatars de Krimée, en 1687, y avait déjà bâti un fort qu'il nomma Bohoroditsk ; mais il fut rasé conformément à un article du traité du Prouth. Le maréchal de Munnich le rebâtit en 1736 sous le nom de Samarsk, et y établit les Cosaques Zaporogues ; mais, en 1784, il fut érigé en ville sous le nom qu'il porte aujourd'hui [1]. Une grande route conduit de cette ville à celle de *Pavlograd*, où l'on ne trouve qu'une église et quelques maisons. La même route passe à *Bakhmout*, qui fut fondée, en 1708, à l'occasion des sources salines qu'on y découvrit ; mais l'acquisition que le gouvernement russe fit de Kinbourn et de la Krimée fit abandonner cette branche d'industrie par la facilité que l'on eut de se procurer du sel à meilleur prix dans ces nouvelles possessions. Bakhmout est bâtie sur la petite rivière du même nom qui se jette dans le Donetz ; elle est à environ 60 lieues d'Iekaterinoslaf. On a découvert dans ses environs une houillère fort riche qui fournit aux besoins des habitants et à l'entretien d'une mine de fer, d'une mine de cuivre et d'une fonderie de canons très considérables. Cette ville a 5 églises et 4,000 habitants.

Dans la partie méridionale du gouvernement, on voit le fort d'*Alexandrovsk*, qui,

[1] *N. Vsevolojsky* : Dictionnaire géographique-historique de l'empire de Russie.

depuis 1776, est devenu une douane importante et une petite ville de commerce. Plus loin, sur la rive droite du Dnieper, s'élève *Nikopol*, nouvellement bâtie à l'endroit où les Cosaques Zaporogues entretenaient un bac; ils la nommèrent Nikitine-Rog. Enfin *Marioupol*, à l'embouchure du Kalmious, dans la mer d'Azof, renferme deux églises et 3,500 habitants. On y fabrique du maroquin rouge; son petit port fait un grand commerce de blé; elle est peuplée de Grecs que Catherine II fit transporter de Krimée en 1784.

Entrons dans le gouvernement de *Kherson*. La ville de ce nom occupe une grande étendue sur la rive droite et près de l'embouchure du Dnieper, qui se développe sur une largeur d'une lieue et demie. Elle est divisée en quatre quartiers : la forteresse, l'amirauté, le faubourg grec et celui des marins. En 1822 on y comptait 3,600 maisons; le philanthrope Howard termina sa carrière dans ses environs en 1790 : un monument y consacre sa mémoire. Les cendres de son fondateur, Potemkin, favori de Catherine II, reposent dans les caveaux de sa cathédrale. Jusqu'à l'époque de la fondation d'Odessa, cette ville était le principal chantier de la flotte de la mer Noire; on peut y construire sept vaisseaux de ligne à la fois; mais le *liman* du Dnieper n'a de profondeur que pour des bâtiments de 500 tonneaux de charge. Depuis qu'Odessa a pris un grand accroissement, Kherson a vu diminuer d'année en année ses chances de prospérité. Ses rues, aujourd'hui trop larges pour la circulation, sont encombrées d'une poussière piquante, parce qu'elle entraîne avec elle des parties de sel enlevées aux rivages de la mer. Les quartiers autrefois garnis de magasins bien remplis, n'offrent plus que devantures désormais fermées à tout commerce. Cependant sa population se compose encore de 20,000 habitants

Oczacof ou *Otchakof*, forteresse jadis importante pour la Turquie, n'est plus remarquable que comme l'endroit où les grands bâtiments s'arrêtent; de même que le fort de *Kinbourn*, situé vis-à-vis Otchakof, a perdu ce grand intérêt qui jadis anima l'éloquence de Pitt et de Fox au sein du parlement britannique.

Les yeux de l'Europe ne se fixent aujourd'hui que sur *Odessa*, brillante création des circonstances, aidées par l'habileté du duc de Richelieu. Cette grande ville, qui doit surtout sa prospérité à la franchise de son port, comptait, en 1833, 50,000 habitants, et plus de 60,000 en 1838. Elle exporte les blés, les bois, les cires, les peaux de l'Oukraine, tant russe que ci-devant polonaise, et en général toutes les marchandises qui descendent le Dniester et le Boug; elle importe les vins et les fruits de la Méditerranée, les cuirs et les soieries du Levant, et les autres articles permis de luxe étranger. Elle est bâtie sur un terrain incliné au bas duquel est le port, construit de manière à pouvoir recevoir jusqu'à 300 navires. Entre la ville formée de maisons en pierres et le port, une rangée de belles casernes lui donne un aspect imposant. Ses rues sont droites et bien pavées, ornées de trottoirs et de deux rangées d'arbres. Sa principale église, l'amirauté, la douane, la bourse, le théâtre, le lazaret, l'hôpital civil et le lycée, sont de beaux édifices. Sur l'esplanade qui domine la baie on a élevé une statue en bronze à la mémoire du duc de Richelieu, et de la base de ce monument un magnifique escalier de 200 marches en pierre descend jusque sur la plage. Parmi les établissements d'instruction dont cette ville est pourvue, on doit citer le lycée Richelieu, fondé en 1818, et considéré comme une des meilleures écoles de l'Europe; une école d'horticulture avec un immense jardin botanique; une bibliothèque de 25,000 volumes, un musée où l'on a rassemblé tous les objets d'antiquité qui ont été trouvés, soit en creusant le port d'Odessa, soit aux environs de Nikolaïef près de *Stomoghil*, à l'endroit où fut fondée, 655 ans avant notre ère, Olbie, colonie des Milesiens; une école de langues orientales; 20 écoles et pensions de garçons et de filles; 3 imprimeries et 3 établissements lithographiques. Les édifices de cette ville sont nombreux: elle renferme 28 églises, 7 casernes, 3 hôpitaux, 1 hospice, 1 maison de refuge, 1 maison d'exercice pour les troupes, et 27 autres bâtiments appartenant au gouvernement, dont quelques uns ont été cités plus haut. Ajoutons encore qu'Odessa renferme 363 magasins à blé, 34 fabriques et usines, 2,125 maisons, plus 1,570 dans ses deux faubourgs, et 1,478 dans les douze villages de son territoire ou de la *Régence urbaine*. L'industrie y compte plusieurs établissements importants, tels que des distilleries de grains, des brasseries et des manufactures d'étoffes de laine, de soieries, de savon, etc. Le commerce surtout y prend un accroissement considérable : en 1825 la valeur de ses exportations s'éleva à 14,000,000 de roubles, et celle de ses importations à 11,000,000 ; en 1826, 529 navires sortirent de son port, et 578 en partirent. Dix ans plus tard, en 1836, ses exportations s'élevèrent à 34,600,000 roubles, ses importations à 18,200,000 ; 1,221 navires sortirent de son port, et 1,252 y entrèrent.

Dans l'intérieur, nous remarquerons *Ielisavetgrad* ou Elisabethgrad, dans une plaine riante sur l'Ingoul, ville florissante avec 10,500 habitants, dont beaucoup d'origine servienne et la plupart *roskolnicki*, ou attachés à l'ancien rite de l'Eglise gréco-russe.

Sur le confluent du Boug et de l'Ingoul, s'élève la nouvelle ville de *Nikolaïef*, siége d'une amirauté, ornée de beaux édifices, mais mal pourvue d'eau et de bois. A l'aspect de cette ville, on ne peut s'empêcher de faire les réflexions fort justes que faisait l'un de nos compagnons de voyage : « Au premier coup d'œil tout est imposant et empreint de grandeur. Les rues percées dans des proportions gigantesques, comme celles de toutes les villes russes, sont convenablement garnies d'édifices; mais c'est là une architecture plus fastueuse que véridique : extérieur de palais, intérieur de cabanes. Les rues immenses, critique exagérée des villes de l'Occident, laissent l'habitant par trop exposé, dans leur largeur démesurée, au soleil, au vent, à la poussière, à la boue ; sur les places, véritables champs de bataille, nul n'oserait s'exposer à tenter une traversée qui devient impossible hors des saisons tempérées de l'année. » Quoi qu'il en soit de cette exagération très pardonnable, Nikolaïef présente, nous le répétons, un aspect fort majestueux et digne de sa grande destination d'arsenal maritime. La ville n'est point complétement achevée; dans plus d'un quartier, quelques maisons éparses dessinent son plan plutôt qu'elles ne le complètent. Environ 5 à 6,000 habitants peuplent ce port; on comprendra facilement que cette population soit surtout composée de personnes attachées à la marine. Il n'est guère possible d'imaginer un port de construction mieux approprié que celui-ci à sa destination. Nikolaïef est suffisamment défendue contre toute attaque par sa position très reculée dans les terres, au fond d'un limane tortueux. Elle n'est pas moins favorisée sous le rapport des approvisionnements. Bien que le Boug, obstrué par des cataractes, ne soit pas propre au flottage, Nikolaïef n'en reçoit pas moins facilement les bois, le goudron, les chanvres, par le Dnieper, dont l'embouchure vient confluer avec celle du Boug dans ce golfe profond qu'on nomme limane du Dnieper [1].

« Le pays entre le Dniester et le Dnieper forme deux régions distinctes : dans celle du nord s'étendent encore quelques collines couvertes en partie de superbes forêts de chênes, de tilleuls et de peupliers ; dans celle du sud, quoique offrant un terreau grisâtre et favorable au blé, la plaine dépourvue d'arbres, et souvent desséchée par les vents brûlants, reste encore presque inculte et abandonnée aux troupeaux. Le sol, au moment où on le défriche, paraît complètement imprégné de salpêtre ; mais dès que cette substance nuisible à la végétation a diminué, le froment *arnaute*, le millet, les melons-arbouses, y réussissent à merveille. Le fruit farineux du *cratægus aria* remplace le froment pour la classe indigente. Les peupliers de Grèce ornent les bords des fleuves. Les jardins, fréquents aux environs des villes, produisent des fruits de toute sorte et en bonne qualité ; mais la vigne, quoique fournissant sept espèces de raisins, ne donne encore qu'un vin bien aigre.

» Diverses espèces de rats et de souris, entre autres le *myoxus*, le *souslik*, ou *mus citillus*, la marmotte russe (*arctomys*), la marte-tigre (*mustela sarmatica*) ; l'antilope saïga, des essaims de perdrix, de cailles, de bécasses, habitent les broussailles des steppes. Les sauterelles dévorent souvent la récolte, lorsque les hirondelles de mer ne réussissent pas à les détruire. Le froid atteint dans des moments 24 degrés, tandis que la chaleur des étés dessèche les rivières [2].

» Tout ce que nous venons de dire convient à la contrée située entre le Dnieper et la mer d'Azof ; seulement le pays des collines boisées

[1] Voyage dans la Russie méridionale et la Krimée par la Hongrie, la Valachie et la Moldavie, exécuté en 1837 sous la direction de M. A. Demidoff, t. I, p. 449. — [2] *Meyer*: Opisanie otchakowski semlii, 1794. *Bœber* : Remarques sur Iekaterinoslaf, dans les Mémoires de la Société économique de Pétersbourg, I, p. 196. Voyages de *Pallas*.

forme une lisière plus étroite; les steppes s'étendent davantage et présentent un sol moins fertile aux colons disséminés de loin à loin. Les eaux saumâtres, les marécages et les landes sablonneuses se multiplient devant les regards fatigués. »

Traversons la steppe de Marioupol, et arrivons à *Taganrog*, sur la côte d'une presqu'île dans la mer d'Azof. Cette ville, bâtie sur un promontoire dans une position salubre, reçoit 13 à 1,400 petits bâtiments dans son port; elle exporte à peu près les mêmes objets qu'Odessa, plus les pelleteries de la Russie orientale. Célèbre par un caprice de Pierre-le-Grand, qui voulait en faire une de ses capitales, elle l'est encore davantage par la mort d'Alexandre Ier, qui, jaloux de visiter ses provinces, y fut atteint de la fièvre de Krimée. Un monument en bronze consacre le souvenir de cet événement. Taganrog est défendue par une forteresse, quelques bastions et des fossés mal entretenus. Outre sa cathédrale, qui est dans la forteresse, la ville possède deux églises, une maison de refuge pour les pauvres, un gymnase et une école normale, un théâtre, où devant une société choisie on joue des comédies françaises traduites en russe; une belle rue démesurément large, bien pavée, dont les maisons en pierres et en briques sont d'une architecture élégante. Son marché est grand et pourvu de nombreuses boutiques en bois. Sa population est de près de 17,000 âmes. Le port de Taganrog est d'une nécessité absolue pour la Russie, à ne pas même le considérer sous le rapport des avantages commerciaux. Ce n'est que là que l'on peut se procurer les mâts, les fers et autres objets de construction pour la flotte. On y livre les fers de Sibérie, les bois de construction que le Don et le Volga servent à transporter de ce lieu par des bâtiments à Kherson, Nikolaïef, Odessa et Sévastopol. On en exporte aussi le charbon de terre que l'on exploite autour de la source de Cryncka et du Severnoï-Donetz, à 30 lieues de la ville. La navigation est interrompue ici dans les mois d'hiver, parce qu'à cette époque la route de Kertche et une grande partie de la mer d'Azof sont gelées. La mer gèle communément en décembre et reste dans cet état jusqu'au mois de mars, mais le charriage des glaces dans le Bosphore empêche toutefois plus tard la navigation. Depuis sa fondation, le port de Taganrog a vu plusieurs causes s'opposer à l'importance que Pierre-le-Grand voulait lui donner : la principale est la diminution bien visible des eaux de la mer d'Azof. Le Don, qui débouche avec impétuosité au fond de cette mer, y entraîne les sables que les vents du sud accumulent sur la côte. Aujourd'hui les eaux sont si peu profondes devant Taganrog, que l'embarquement des marchandises ne peut s'y faire qu'au moyen de charrettes qui vont au loin joindre de larges barques que l'on dirige ensuite jusqu'aux navires, qui ne peuvent approcher de la terre de plus d'une lieue. La plus grande profondeur de cette mer, qui se réduit de jour en jour aux dimensions d'un lac, ne dépasse pas 12 à 15 mètres. Sa profondeur moyenne est de 2 mètres.

Un district dépendant du gouvernement de Iekaterinoslaf, mais isolé au milieu des terres des Cosaques, renferme la florissante colonie arménienne de *Nakhitchevane*, ville de 9,000 habitants, occupés de manufactures en soie, en coton et autres. Environnée d'une forêt de muriers, cette ville, bâtie à l'orientale, se présente avec agrément, mais les environs sont fiévreux. Un évêque arménien réside dans un couvent, près de la ville. De nombreux bazars font de Nakhitchevane un riche entrepôt qui inonde, dans l'occasion, toutes les foires du pays. Les négociants de cette ville montrent l'habileté qui distingue partout les Arméniens. Ainsi ils ne manquent pas d'accaparer les produits des vignobles du Don, qu'ils écoulent dans toute la Russie méridionale à la faveur d'une étiquette trompeuse, qui métamorphose en château-lafitte et en sauterne les vins un peu rudes de ce terroir fumeux. De belles soieries, une grande quantité de denrées coloniales, et surtout persanes, garnissent les nombreux magasins de cette petite ville; les rues en sont propres et tirées au cordeau; les maisons sont bien entretenues ([1]).

Rostof, chef-lieu de district, est bâtie sur le bord d'un très beau lac que les Mordouans appelaient anciennement *Caova*. On ignore quand et par qui elle fut fondée; jadis elle était la capitale d'un petit État que formaient les Méris, ou Tchouds, dans cette contrée. Elle est entourée d'un rempart de terre et d'un fossé rempli d'eau. La ville renferme 24 églises et 8,000 habitants. Les jardiniers de

([1]) *Voyage dans la Russie méridionale*, t. I, p. 329.

Rostof sont renommés pour leur habileté et les femmes pour leur beauté. *Azof* voit tomber ses fortifications et se multiplier ses jardins fruitiers. Son nom, qu'elle donne à la mer voisine, on prétend qu'elle le doit à un prince Polovtzien nommé Azouf.

« Toute cette étendue de pays, avec la Tauride, a été quelquefois comprise sous le nom de *Nouvelle-Russie*. C'est une acquisition de la bravoure et de l'industrie sur les Tatars et sur la nature. Les colons russes y sont les plus nombreux, et la population abondante de la Petite-Russie s'y répand surtout le long du Dnieper. Mais le gouvernement impérial a appelé des colonies de toutes les nations. Un ramas de Serviens, d'Arnautes ou Albanais, de Valaques et de Moldaves, peuple, depuis 1754, le district entre le Dnieper et l'Ingoul, nommé long-temps *Nouvelle-Servie* ; mais, à présent, ces colons sont fondus en grande partie dans la population russe. Quelques Polonais ont cherché un asile dans les environs d'Odessa. Dans la steppe des Nogaïs, les colonies sont clair-semées. Les Grecs se sont multipliés sur les bords de la Berda, qui roule des grenats parmi ses sables. Plus au sud-est, les *Doukhoborzes*, espèce de quakers russes, habitent une dizaine de villages. Au milieu de ces établissements européens, 30,000 *Tatars Nogaïs*, après avoir brûlé leurs voitures nomades, se sont fixés dans 73 villages [1].

» C'est une chose bien intéressante pour le voyageur philosophe, que de voir quelques uns de ces colons modernes, dépourvus de bois de construction, s'emparer des anciens tertres funéraires qui abondent dans ces contrées pour s'y loger, en faisant servir les voûtes de ces tombeaux comme de toits aux cavernes qu'ils creusent dessous. Ces *tumulus*, nommés en tatar *khourghan's*, extrêmement fréquents dans toute la Nouvelle-Russie, appartiennent aux divers peuples qui ont temporairement fixé leur demeure dans ces contrées. On y a trouvé des ustensiles semblables à ceux des Hongrois; d'autres *khourghan's* sont formés de dalles de pierre à l'instar des tombeaux skandinaves. Il est malheureux que les objets qui s'y trouvaient renfermés n'aient que depuis peu été examinés avec soin. D'autres monuments, surtout de nombreuses in-scriptions enfouies sous des ruines, signalent l'existence des colonies grecques, depuis le Danube jusqu'au Borysthène. Ces traces se multiplient encore davantage sur les rivages de la péninsule taurique, où nous allons pénétrer.

» Un golfe de la mer Noire et un autre de la mer d'Azof, en laissant entre eux un isthme très étroit, limitent du côté septentrional la péninsule de la Crimée, qu'il est mieux d'écrire *Krimée* (*krim-adassi*), la *Chersonèse Taurique* des anciens, aujourd'hui la Tauride ; la mer d'Azof en baigne la partie orientale, que le détroit de Ienikaleh, jadis le Bosphore Cimmérien, sépare d'une partie de l'Asie. Les côtes méridionales et occidentales sont baignées par la mer Noire. La partie située au nord du cours d'eau ou torrent appelé Salghir, offre à l'œil une plaine sans bornes, un peu sablonneuse dans l'extrémité occidentale, surchargée de sel et remplie de marais salants dans sa partie septentrionale, vers l'isthme de Pérékop, labourable et même fertile vers le sud. Le golfe oriental, nommé *Sivach*, ou la mer *Putride* (*Gniloï-More*), reçoit les eaux de la mer d'Azof par une étroite ouverture lorsque les vents soufflent d'est ; mais, dans le cas contraire, ce marais découvre jusqu'à la distance de 10 *verstes*[1] la fange hideuse qui recouvre son fond ; ses exhalaisons se répandent au-delà de Pérékop. Les salines, les troupeaux de moutons à large queue, le froment arnaute, sont les richesses de cette plaine, où l'air, empreint d'exhalaisons impures, menace de fièvres dangereuses les nouveaux colons. »

Un spectacle bien différent se présente dans le midi, où une petite chaîne de montagnes borde la mer Noire. Le plus haut sommet est situé au sud-est de Symphéropol ; sa forme ressemble parfaitement à celle d'une tente, ce qui l'a fait nommer par les anciens Grecs *Trapezos*, par les Tatars *Tchatir-dagh*, et par les Russes *Palath-Gora*. Il faut trois grandes heures de marche pour parvenir à son sommet, mais on est amplement dédommagé des fatigues du chemin par la vue magnifique dont on y jouit de tous côtés. Quel beau coup d'œil *autrefois* lorsque, sous la domination des Tatars, elle était remplie de villes florissantes ! On y remarque très distinctement, vers le nord, Pe-

[1] Nouvelles Annales des Voyages, t. I, p. 249.

[1] La verste est de 104 au degré.

rekop; vers l'ouest et le sud, l'œil plane sur la mer Noire ; on découvre, dans le lointain et vers l'est, la mer d'Azof. Sa plus grande élévation est de 1,540 mètres. Ce sont les sources qui sortent des cavités de ces rochers qui donnent naissance au *Salghir*, et qui alimentent une infinité de ruisseaux que l'on voit serpenter de tous les côtés. Ces cours d'eau, avant d'arriver au pied de la montagne, forment un très grand nombre de petites cascades. Les cavernes ne manquent pas dans ces montagnes calcaires; celles de *Bobatagh* ont servi d'asile aux anciens habitants [1].

» De tout l'empire russe, la partie la plus tempérée et la plus fertile est cette suite de belles vallées demi-circulaires, et disposées en amphithéâtre au pied méridional de la Tauride, le long des côtes de la mer Noire. « Ces » vallées, qui jouissent du climat de l'Anatolie » et de l'Asie-Mineure, où l'hiver se fait à » peine sentir, où les primevères et les safrans » printaniers poussent en février, et quelque- » fois au mois de janvier; où le chêne con- » serve quelquefois pendant l'hiver ses feuilles » vertes : ces vallées sont, pour la botanique » et l'économie rurale, la partie la plus esti- » mable de la Tauride et peut-être de tout » l'empire. Là, le laurier, toujours verdoyant, » s'associe à l'olivier, au figuier, au micocou- » lier, au grenadier, au celtis, restes peut-être » de la culture grecque; le frêne mannifère, le » térébenthinier, le sumac, le baguenaudier, » le ciste à feuilles de sauge, l'émérus et le » fraisier arbousier de l'Asie-Mineure, crois- » sent partout en plein vent. Le dernier sur- » tout occupe les rochers maritimes les plus » escarpés, et fait pendant l'hiver leur plus » bel ornement par son beau feuillage toujours » vert et l'écorce rouge de ses gros troncs. » Dans ces vallées, le noyer et tous les arbres » fruitiers sont les plus communs de la forêt, » ou plutôt la forêt n'est qu'un jardin fruitier » abandonné à lui-même. On y voit les câ- » priers spontanément disséminés sur les bords » de la mer. Les vignes domestiques et sau- » vages s'élèvent à l'envi sur les plus hauts » arbres, retombent, se relèvent encore, et » forment avec la viorne fleurie des guirlan- » des et des berceaux, sans aucun emploi de » l'art. La réunion des belles horreurs que » présentent ici tant de montagnes élevées et

[1] *Pallas*, Tableau physique de la Tauride.

» tant de rochers immenses tombés en ruines, » avec les jardins et la verdure la plus riche ; » les fontaines et cascades naturelles qui ruis- » sellent de tous côtés ; enfin, le voisinage de » la mer, qui offre un lointain sans bornes, » rendent ces vallées les plus pittoresques et » les plus charmantes que le génie poétique le » plus exalté puisse imaginer ou peindre. La » vie simple des bons montagnards tatars qui » habitent ces vallées enchantées, leurs cha- » lets couverts de terre, à moitié taillés dans » le roc, sur la pente des montagnes, et pres- » que cachés dans l'épais feuillage des jardins » environnants; les troupeaux de chèvres et de » petites brebis répandus sur le flanc des ro- » chers solitaires des environs et le son de la » flûte du berger résonnant entre ces roches, » tout retrace ici l'âge d'or de la nature, tout » fait aimer la vie simple, champêtre et soli- » taire, et l'on recommence à chérir le séjour » des mortels, que les horreurs des guerres, » le détestable esprit de fourberie commer- » çante répandu dans les grandes villes et le » luxe accompagné des vices de la grande so- » ciété, rendent presque insupportable au sage » recueilli. »

» Ainsi parlait le savant voyageur Pallas, lorsque, s'éloignant de la cour de Pétersbourg, il vint finir ses jours en Krimée.

» Dans ces belles vallées, les cultures les plus utiles de l'Europe méridionale et de l'Asie-Mineure pourraient être établies pour le bien de la Russie, qui ne possède nulle part un climat si beau. « Les fruits les plus parfaits, » dit encore Pallas, y viennent sans peine et » y existent déjà en partie. On peut y cultiver » les oliviers et les figuiers de bonnes races. » Le sésame, autre plante à huile, annuelle, » n'y manquera jamais. Les orangers, les ci- » tronniers et surtout le cédrat plus hardi, y » supporteront l'hiver avec très peu d'abris et » de soin. Les vins y viendront de plus en plus » parfaits, si l'on fait le choix des ceps avec » connaissance, si l'on multiplie cette culture » dans les différents sites et sur différents ter- » roirs, dont on reconnaît l'effet sur la qua- » lité, et si l'on s'applique mieux à la confec- » tion du moût et à la conservation des vins. » Les apothicaires peuvent y cultiver un grand » nombre d'excellents simples et de plantes » teinturières qu'on tire des îles de l'Archi- » pel, de la Grèce, de l'Asie-Mineure et de la

» Perse. Quelques unes, par exemple, le frêne
» qui produit la manne, le tournesol dont on
» tire la couleur bleue, y sont déjà sauvages.
» On pourrait y introduire plusieurs bois durs
» et utiles de l'étranger, surtout des bois de
» couleur qu'on emploie en marqueterie ; les
» cyprès, le chêne qui donne la noix de galle,
» et les glands recherchés par les fabriques de
» maroquin; le liége, le chêne qui produit le
» kermès. »

» Toute cette brillante perspective que Pallas offrait à sa souveraine ne se réalise qu'avec bien de la lenteur. Les jardins botaniques du gouvernement, tant à *Nikita*, près d'Yalta, sur la côte méridionale, que dans d'autres endroits, sous la direction d'un habile botaniste, répandent à la vérité les germes d'une nouvelle végétation, mais l'industrie des habitants seconde faiblement ces soins éclairés. Les jardiniers tatars s'en tiennent à leurs melons, leurs arbouses et leurs autres légumes accoutumés. Dans les montagnes, on voit réussir les pommes, les poires, les cerises; dans les jardins de la côte méridionale, on cultive le pêcher, le figuier, même le grenadier; mais l'olivier reste abandonné à la nature; la seule plantation de mûriers se trouve près de Staroï-Krim, et les quatorze espèces de raisin que possède la Tauride sont plus employées comme dessert que pour produire du vin. Cependant le vin de Soudak est assez estimé. Depuis long-temps les grands seigneurs russes achètent des terres sur cette côte, et y font des essais de culture, dans l'espoir de boire du bourgogne de leur propre cru, et de manger des oranges de leurs propres bosquets; mais le climat, dans son ensemble, avec ses gelées printanières et ses chaleurs dévorantes, offre des difficultés qu'une longue civilisation peut seule surmonter.

Pérékop, en tatar *Or-Kapi*, qui signifie *porte royale*, donne une triste idée des villes de la Krimée. Son ancien nom est *Taphros* ou *Taphræ*, c'est-à-dire *fossé*, parce que depuis les temps les plus reculés il n'a cessé d'y exister un fossé qui règne sur l'isthme d'une mer à l'autre. Ce fossé a 7 verstes de longueur sur environ 60 pieds de largeur. Lorsqu'on a passé le pont qui le traverse, on se trouve dans une rue que sa largeur pourrait faire nommer une place. A droite et à gauche vous pouvez voir des maisons assez nombreuses, fort séparées les unes des autres et dont la plus apparente n'excède pas la hauteur d'un rez-de-chaussée couvert de son toit de planches ou de joncs. Cependant, malgré sa physionomie triste et misérable, Pérékop doit à sa position géographique une importance toute particulière. Elle est la porte du gouvernement de la Tauride, le retranchement qui ferme et qui isole la presqu'île ; elle est aussi un chef-lieu de douane, et le centre d'une immense exportation des sels enlevés à la mer voisine et aux lacs de la péninsule.

De Pérékop en s'avançant rapidement à travers la steppe dans la direction du sud, on trouve bientôt un bourg considérable, *Armianskoï-Bazar*, qui, comme l'indique son nom, est un marché tenu par des Arméniens. Tous les objets utiles aux voituriers qui viennent chercher le sel, tous les ustensiles qui dépendent de l'attelage et du charronnage, se trouvent réunis dans cet industrieux entrepôt. Ce lieu dépassé, on se retrouve dans la steppe jusqu'aux environs de la capitale actuelle de la Krimée, l'*Akh-Metcheth* des Tatars, le *Symphéropol* des Russes. Cette ville en forme réellement deux : l'ancienne, située dans la partie la plus haute, la ville tatare dont le nom signifie *Blanche-Mosquée;* les rues en sont étroites avec de hautes murailles, comme dans la plupart des cités asiatiques ; la ville nouvelle ou Symphéropol, habitée par des Russes et des juifs : une large rue est principalement réservée à ceux-ci ; une place immense est destinée aux marchés qui se tiennent tous les vendredis. Au milieu d'une autre place s'élève une cathédrale dont l'architecture ambitieuse se compose d'une coupole, de quatre massives tours carrées et de trois péristyles ornés chacun de six colonnes d'ordre ionique. Autour de la place on voit un vaste hôpital, le palais de justice et les archives. L'hôtel du gouvernement s'élève dans une rue formée par quelques jolies maisons et une promenade qui borde le Salghir. Un pont de pierre qui traverse cette rivière forme l'extrémité orientale de la ville, tandis qu'à l'extrémité opposée s'étend un vaste cimetière.

Symphéropol possède un gymnase et une école normale tatare, qui se compose de 20 élèves pris en grande partie parmi les fils de Moullahs et d'Effendis. On trouve dans cette ville plusieurs cafés publics, deux bains russes et un bain tatar. Le gouvernement y a institué des courses de chevaux qui ont lieu tous les ans au 15 octobre. La population de Symphéropol est de 8,000 habitants, parmi lesquels se trouvent 5,000 Tatars.

Au fond d'une longue et profonde vallée qui sépare deux grandes montagnes, ou pour mieux dire au fond d'une déchirure qui coupe en deux parties un vaste plateau, et sur le ruisseau de Djourouk-sou (*Eau-fétide*), qui se jette dans la Katcha, végète encore l'ancienne capitale, *Baghtcheh-Saraï*, ville intéressante par son industrie tatare, surtout en coutellerie et en maroquin, animée par un trafic actif, remplie de vergers, ornée d'un grand nombre de fontaines et d'un vaste palais des anciens khans, mais qui, malgré ses avantages, ne compte que 14,000 habitants, parmi lesquels se trouvent plus de 12,000 Tatars. Ceux-ci prétendent qu'avant la conquête de la Krimée et sa réunion à la Russie, Baghtcheh-Saraï renfermait dix fois plus d'habitants qu'aujourd'hui. Son nom signifie *Palais des Jardins*. La rue principale qui traverse la ville dans toute sa longueur, et dans le sens où coule le Djourouk-sou, mal pavée et à peine assez large pour que deux voitures puissent s'y croiser, offre presque sans interruption, sur une longueur de près d'une demi-lieue, deux rangées de boutiques qui peuvent donner une idée de l'ancienne industrie du peuple tatar, car elle est restée la même chez ce peuple depuis qu'il s'est établi en Europe. Les rues transversales, qui s'élèvent toutes par échelons, sont tortueuses, étroites, irrégulières et malpropres, comme presque toutes celles des villes de l'Orient. Les principaux édifices sont les mosquées, au nombre de 32, dont la plupart sont construites en pierres de taille, une église pour les Grecs, une synagogue, trois écoles mahométanes ou *medressehs*, deux bains tatars, dix khans ou koravan-saraï, où descendent les voyageurs, plusieurs mausolées remarquables aux portes de la ville, et le palais de l'ancien khan.

Cet édifice, situé presque à l'extrémité de la ville tout près de la rivière, consiste en différents bâtiments construits dans le goût oriental, autour de plusieurs cours. Il a été fondé en 1519 par le khan de Krimée Adèl-Sahab-Ghéraï. On y arrive de la grande rue dont nous avons parlé, par un pont de pierre construit sur le Djourouk-sou. Le gouvernement russe fait entretenir ce palais avec soin, en conservant les ameublements. Il est encore tel qu'il était à l'époque où le dernier khan cessa de régner : aussi rien ne peut-il donner une idée plus exacte de l'intérieur des palais de l'Orient ou des séraï de Constantinople que de parcourir les appartements de ce palais tatar. « Ce sont des salles, des cabinets, rarement de plain-pied, qui se suivent et se correspondent par un plan bizarre et désordonné. Faiblement éclairés par des vitraux de couleur, ces élégants réduits sont tout brillants de vernis, tout chatoyants de nacre, de cristaux, d'étoffes d'or et d'argent, ornés de meubles rares, parfumés de vapeurs embaumées. Mais qui pourrait énumérer tous les détours de ce labyrinthe, ses nombreuses et secrètes issues, ses bains de marbre, discrets témoins de ces sensualités asiatiques du harem, que l'Europe invente, mais qu'elle ne connaît pas [1]? » Ce palais des jardins aurait bien pu être appelé le *Palais des Fontaines* : l'eau courante y est partout; elle circule dans les murs, dans les vestibules, dans les jardins et jusque dans l'étroit cimetière où sont entassés les tombeaux des khans et de tous les membres de leur famille. Ce cimetière borde en partie la belle mosquée qui dépend de ce palais.

Ce qu'on ne saurait assez louer à Baghtcheh-Saraï, c'est le soin que l'on prend des canaux pour la conduite des eaux amenées de loin et des hauteurs par des tuyaux d'argile passant sous terre, pour en former tantôt des fontaines publiques, et tantôt pour les faire couler dans la cour des personnes de distinction. On fait ici un usage si bien ordonné de ces eaux, que celle qui coule des réservoirs de pierre, sert en partie à l'irrigation des petits jardins intérieurs de la ville, et en partie aussi à maintenir, par des canaux détournés, la propreté des fosses d'aisances que l'on a établies pour la commodité du public, à côté même des fontaines à son usage, de manière que ces courants d'eau emmènent non seulement avec eux les immondices de ce genre, mais encore toutes celles des rues qui peuvent s'écouler dans le Djourouk-sou : ce qui justifie

---

[1] Voyage dans la Russie méridionale et la Krimée, etc., exécuté en 1837 sous la direction de M A. de Demidoff, t. I, p. 359.

parfaitement le nom de ce ruisseau. La ville de Baghtcheh-Saraï doit être regardée comme un endroit sain, ce qu'il faut attribuer peut-être au courant d'air perpétuel établi dans l'étroit vallon qui est ouvert dans sa partie supérieure. Comme elle est absolument garantie des vents du nord, sa position est aussi extraordinairement chaude, et l'on y voit fleurir les pêchers, les amandiers, et d'autres arbres fruitiers, ainsi que les fleurs printanières, bien plus tôt qu'ailleurs, parce que le temps y est doux la plus grande partie de l'hiver, tandis qu'il se fait ressentir un froid général dans toutes les autres parties de la Krimée.

Si l'on veut voir la seule ville au monde qui soit exclusivement peuplée d'israélites, petite Jérusalem reléguée sur le sommet d'un roc escarpé, il faut aller visiter à une demi-lieue de Baghtcheh-Saraï, *Tchioufout-Kaleh*, dont le nom signifie le *Fort des Juifs*. Ces israélites sont de la secte appelée *koraïme* ou *koraïte*, qui, fidèle à la lettre seule de l'Écriture, n'adopte ni l'autorité du Talmud ni les interprétations des rabbins. Mais ce qui les distingue principalement, c'est la haute réputation de probité dont ils jouissent, partout où ils sont établis.

Pour aller de Baghtcheh-Saraï à cette cité des juifs Koraïmes, on remonte le cours du Djourouk-sou, en passant d'abord près d'un groupe de cabanes et d'habitations creusées dans le roc, et qui sont occupées par des familles de misérables Tsiganes, improprement appelés Bohémiens; un peu plus loin le monastère de l'Assomption, attire l'attention: un escalier de 48 marches creusées dans la montagne conduit à une terrasse, d'où l'on monte encore un escalier en pierres avant d'entrer dans l'intérieur du rocher, qui présente des couloirs, des cellules et une église taillés dans le roc. Ce couvent n'est plus habité que par un prêtre grec et sa femme, mais le 15 août de chaque année il devient le rendez-vous d'une foule prodigieuse de pèlerins.

C'est sur le côté opposé à cet ancien couvent que se trouve Tchioufout-Kaleh, où l'on arrive par un sentier taillé dans la montagne qu'il couronne à la hauteur d'environ 500 pieds. Cette ville se compose de plus de 300 maisons formant des rues étroites et tortueuses qui ont le roc vif pour pavé. Une muraille et deux portes qui se ferment chaque soir, peuvent servir au besoin à l'isoler du reste de la contrée. On est obligé d'apporter de l'eau dans ce nid d'aigle. Près de la ville l'élégant mausolée de la fille d'un khan ; dans la ville une synagogue où l'on conserve un antique manuscrit de la loi de Moïse; et au-delà de la ville, à quelque distance, la *Vallée de Josaphat*, vaste cimetière occupé par plus de 3,000 tombeaux en pierre ombragés par de vieux chênes, sont les principales curiosités de cette ville, dont les principaux habitants accueillent les étrangers avec la plus franche et la plus aimable cordialité.

Sur la côte occidentale, nous remarquerons *Kozlof*, dont l'ancien nom tatar est *Ghenzleu* ou *Gouzlov*, et qui depuis la conquête de la Krimée, a reçu celui d'*Eupatoria* ou *Evpatoria*, en mémoire d'une cité du même nom, qui au temps de Mithridate-Eupator, s'élevait sur la limite de la péninsule héracléotique, non loin de Sévastopol. Le port de Kozlof est l'un des plus commerçants de la Krimée, bien qu'il y manque un môle propre à assurer l'ancrage des navires. La ville, autrefois très peuplée, ne compte plus que 8,000 habitants, la plupart tatars, qui fabriquent des feutres, des maroquins, et cette bière musulmane appelée *bouza*. Un des grands inconvénients de cette ville, c'est qu'elle manque d'eau; le puits qu'on y a creusé n'en fournit qu'une saumâtre qui n'est pas potable; on est obligé de l'aller chercher à environ une lieue de la ville, ou de l'acheter des Bohémiens qui l'apportent dans des outres à dos d'âne. En 1837 on y creusait un puits artésien qui nous a paru avoir des chances de réussite. Kozlof possède une quarantaine, une douane, une église grecque, dix-neuf mosquées et une école ou medresseh. Son principal monument est la grande mosquée nommée *Djouma-Djamaï*. Une coupole de 50 pieds de diamètre entourée de seize dômes plus petits, couronne cet imposant édifice, dont les fortes murailles sont percées d'étroites ouvertures en ogives byzantines. Deux minarets complétaient cette riche ordonnance, mais le vent les a renversés. Cette mosquée, la plus belle et la plus spacieuse de la Krimée, a été fondée en 1552 par le khan Devlet-Ghéraï et terminée en 1564 par son successeur Mehmet-Ghéraï, ainsi que l'atteste un acte déposé dans le sanctuaire, et qui a été revêtu de la signature des dix-huit khans qui se sont succédé jusqu'à l'époque où Sàhim-Ghéraï, en 1783, céda ses États à la Russie sa protectrice.

Vers la pointe occidentale est le port de *Sevastopol* ou *Sebastopol*, grand arsenal maritime et station temporaire de la flotte russe, qui n'y redoute que le taret, espèce de ver destructeur, appelé *teredo navalis*, mais qui de ce point avancé peut fondre en 24 heures sur le Bosphore. Bâtie en 1786 sur l'emplacement d'un village tatar appelé *Ak-Tiar* (*Blanc Rocher*), cette ville a pris en peu de temps un accroissement considérable : elle n'a pas plus de 2 à 3,000 habitants; mais sa garnison est nombreuse, parce que les soldats sont employés aux travaux du port : leur nombre est de 30 à 35,000 hommes. Ses rues sont très escarpées, mais bien alignées et garnies de maisons couvertes en tuiles. Ses principaux édifices sont une cathédrale, l'amirauté, l'arsenal, les casernes et les hôpitaux. Son port est sûr et sa rade spacieuse : l'entrée de celle-ci est défendue par des batteries qui portent plus de 600 pièces de canon. On connaît peu de havres en Europe aussi complétement appropriés aux besoins d'une grande flotte. C'est une baie qui pénètre dans les terres jusqu'à la distance de deux lieues. Point de rochers dangereux, point d'écueils dans ce magnifique bassin. La côte méridionale de la baie présente quatre anses spacieuses d'un abri sûr et d'un abord si facile, que l'une d'elles, appelée la *Baie des Vaisseaux* (*Corabelnaya Boukhta*), permet aux navires de guerre à trois ponts de venir mouiller sans danger à quelques toises de la côte. La *Baie du Carénage* est plus remarquable encore par les travaux gigantesques dont elle est le théâtre. On l'a agrandie en rasant des collines, et l'on en a fait un vaste bassin dans lequel s'ouvrent cinq formes de carénage : trois de ces formes doivent recevoir des vaisseaux, les deux autres des frégates. Et comme la mer Noire est presque sans marée, ces bassins sont alimentés au besoin par les eaux d'une petite rivière qui passe à quelques lieues de la ville. Ce qui donne surtout un grand avantage au port de Sévastopol, c'est que le vent d'est y règne presque constamment depuis le lever du soleil jusqu'à midi, et est remplacé ensuite par le vent d'ouest, en sorte qu'une flotte peut facilement en sortir le matin, et y rentrer le soir.

Tournons le cap Chersonèse et celui que les anciens nommèrent Parthénion, et les Génois cap Fiorente; nous passons devant le monastère de Saint-George, placé de la manière la plus pittoresque sur la pente d'une falaise escarpée. S'il faut en croire la tradition et la présence de quelques débris méconnaissables qui passent pour antiques, ce monastère qui fournit presque tous les aumôniers de la flotte de la mer Noire, occupe une partie de l'emplacement où s'élevait le temple de Diane Tauropolitaine, célèbre par le souvenir d'Oreste et d'Iphigénie.

Un peu plus loin nous découvrons avec peine, au milieu des rochers qui la cachent, l'étroite entrée du port de *Balaklava*, où une colonie de 2,000 Grecs Arnaouts qui forment un bataillon de gardes-côtes, s'occupe de culture et de pêche, faute de pouvoir se livrer à la navigation et au commerce, attendu que ce port, après avoir été long-temps un repaire de contrebandiers et de pirates est, fermé aux navires, excepté à ceux qui cherchent un refuge contre la tempête. Balaklava est le ***port des signaux***, le *symbolon limen* de Strabon. Les Génois qui comprenaient l'avantage que pouvait leur offrir un port si bien tracé, si bien défendu par la nature, élevèrent sur l'un des mamelons qui forment l'entrée une vaste forteresse dont les ruines sont encore imposantes. On prétend que c'est de cette époque que date le nom moderne de cette petite ville que les Génois appelèrent *Belle-Clef* (*Bella-Chiava*). Aujourd'hui Balaklava se compose d'un amas de maisons délabrées, d'où l'on est étonné de voir sortir des dames vêtues avec une certaine élégance; d'enclos mal défendus par des murs à moitié renversés; d'une rue principale garnie de boutiques désertes, d'une église et d'un corps-de-garde.

Toute la côte rocailleuse et escarpée depuis le cap *Aïa* jusqu'au cap *Aï-Todor* forme, dans notre opinion, le *Front du Bélier*, le *Criou-Metopon* des anciens[1]. C'est au nord de cette haute muraille blanche que s'étend la vaste et pittoresque vallée du Baidar, où s'élèvent çà et là, au milieu des prairies, de jolis villages tatars. Sur les collines arrondies qui descendent de cette muraille jusqu'à la mer, se succèdent de riches vignobles, tels que

---

[1] Voyez la carte du Pont-Euxin, par M. le capitaine *Gauthier*.

Layn, Phoros, Kikineïs et *Simeis.* Près du village appelé *Koutchouk-Koï*, se trouve le passage de l'échelle qui fut appelé par les Génois *Scala*, et que les Tatars nomment *Merdven*. Cet escalier, taillé dans la montagne, est l'un des chemins qui conduit de la côte à la vallée du Baïdar : il est praticable pour les cavaliers. Un peu plus loin, *Aloupka*, joli village tatar qui se cache au milieu des arbres, se fait remarquer par sa blanche mosquée à coupole, et surtout par le palais grisâtre que le comte Woronzoff a fait bâtir dans le style byzantin, avec une roche d'origine ignée, appelée *dolérite*, qui forme des masses pittoresques au milieu de son immense propriété.

Au nord-est du cap Aï-Todor, la jolie petite ville d'*Yalta* dominée par une élégante église russe, borde une partie du golfe qui s'étend au pied des dernières pentes de la haute cime appelée *Stillé-Bogas*. Un peu plus loin c'est le cap *Nikita*, au-dessus duquel s'élève en amphithéâtre le petit village qui porte le même nom, et qui est important par son jardin botanique impérial, et ses immenses pépinières où l'on cultive les meilleurs plants de vignes, dans le but de les distribuer *gratis* aux propriétaires de vignobles.

Plus loin encore, au pied des dernières pentes du Tchatir-Dagh et du Demirdji, *Alouchta*, qui ressemble plutôt à un village qu'à une ville, se fait remarquer par ses trois grandes tours qui s'élèvent au-dessus des maisons tatares et qui firent partie du château que l'empereur Justinien construisit l'an 465 de notre ère pour protéger le pays contre les Huns.

En suivant la côte pendant une dizaine de lieues dans la direction de l'est, on arrive au golfe de *Sou-Dagh*, où une vingtaine de maisons de campagne, une église et un relais de poste, constituent le village de ce nom, depuis long-temps célèbre par ses riches vignobles dont une partie dépend du domaine royal. La récolte annuelle s'élève à environ 12,000 à 15,000 hectolitres. Sou-Dagh présente encore les restes imposants d'une vaste forteresse génoise.

A l'endroit où finissent les montagnes, nous trouvons *Kaffa* ou *Keffa*, l'ancienne *Théodosia*, nommée par les Russes *Féodocia*, qui sous les Génois était parvenue à une telle prospérité, qu'on l'appelait le *petit Constantinople* ou bien le *Constantinople de la Krimée* (*Krim-Stamboul*). C'était le débouché de toutes les marchandises de la Tatarie d'alors, c'est-à-dire de la Russie orientale et méridionale d'aujourd'hui ; on portait le nombre des maisons à 41,000, mais les ruines n'indiquent pas une enceinte proportionnée à ce nombre. Mahomet II, maître du Bosphore, la conquit en 1475. Sous les Tatars, la ville fut encore florissante, mais les Russes ont vu fuir ici, comme ailleurs, la population entière ; à peine Kaffa compte-t-elle 4,500 habitants. Son port est vaste, mais peu sûr. La soldatesque russe à l'époque de la conquête a démoli ou mutilé une foule de monuments génois et tatars ; mais aujourd'hui, grâce au zèle éclairé d'un Français, le docteur Graperon, Théodosie possède un musée d'antiquités où nous avons remarqué plusieurs inscriptions intéressantes qui se rapportent à l'histoire des Génois, et surtout une belle collection de médailles en bronze et en argent, formant une riche suite des princes du Bosphore. Les Génois entourèrent Kaffa de murailles flanquées de tours, dont une partie existe encore principalement aux deux extrémités de la ville : au sud et au nord. Au sud se trouvait la forteresse et un riche monastère, dont une partie a été transformé en un beau lazaret. Dans cette ville le quartier tatar est misérable ; mais les parties modernes habitées par des Grecs, des Arméniens et des Russes offre quelques rues assez régulières et des maisons d'une assez belle apparence.

La péninsule orientale, formée de collines, renferme *Kertch*, petite ville assez bien bâtie, à la place de l'ancienne *Panticapæum*, capitale du petit royaume de Bosphore, et *Yeni-Kaleh*, ancienne forteresse qui domine le Bosphore Cimmérien.

En venant de Théodosie vous pénétrerez dans Kertch par une rue vaste et élégante ; une chaussée bombée, des trottoirs en dalles et des édifices bâtis en pierre : telle est la ville au premier abord. Des colonnes, des balustrades et mille recherches d'architecture qui ne sont pas toujours d'un fort bon goût, font reconnaître une ville russe moderne. La rue principale est coupée à angle droit par d'autres rues garnies de maisons d'une assez belle apparence. Une vaste place publique servant de marché et entourée d'arcades au milieu de laquelle on creusait, en 1837, un puits artésien destiné à alimenter une fontaine ; un bel escalier s'élevant de cette place jusque sur la montagne de Mithridate, où l'on voit un édifice en forme de temple grec, où l'on réunit tous les objets antiques que l'on découvre dans les nombreux *tumuli*, ou anciens tombeaux qui entourent la ville ; un vaste hôtel des douanes ; des églises dont une dans le style russe et l'autre dans le style grec ancien ; un bel hôtel du gouvernement ; un large quai et un port spacieux érigé en port franc par l'empereur Alexandre : telles sont les constructions qui font de cette ville de 3 à 4,000 âmes, la cité la mieux bâtie de la Krimée, dont elle deviendra peut-être un jour la plus importante.

Yeny-Kaleh est une petite ville de peu d'apparence et d'une faible population, située à l'extrémité de la presqu'île de Kertch. Elle est adossée à une montagne, sur les flancs de laquelle s'élève une forteresse qui fut bâtie en partie par les Génois et en partie par les Turcs, et que les Russes entretiennent avec soin. Près des bords de la mer à l'entrée de la forteresse, on remarque un sarcophage grec antique en marbre blanc qui sert de bassin à une fontaine turque.

Nous nous interdirons ici toute recherche sur les Scythes, Tauro-Scythes, Cimmériens, et autres peuples anciens qui ont habité ce pays, ainsi que sur leurs successeurs, mais non pas leurs descendants, les Goths et les Chazares, ou Khazares. C'est sur les Tatars seuls que nous fixerons nos regards. Les Tatars de la Krimée (aujourd'hui émigrés en grande partie) paraissent être un mélange de Turcs, de Gréco-Scythes et de Nogaïs de la grande horde, qui avaient établi le khanat de Kaptchak (¹).

« Ils sont divisés en plusieurs classes, mais il n'y a point de serfs parmi eux. Les nobles font cultiver leurs terres par des fermiers ou par des mercenaires, qu'ils traitent fort bien ; les nobles ont seuls le droit de posséder des terres. Chaque village est encore gouverné par son *mursa*, ou chef électif, qui exerce la justice ordinaire et la police locale. Les habitations des Tatars rappellent la simplicité des premiers âges : des poutres, ou plus souvent des branches d'arbres, placées d'une manière assez irrégulière les unes sur les autres, et dont chaque intervalle est rempli de mousse ; des toits couverts en paille ou en bois, et sur lesquels sont étendues des pierres destinées à les contenir, voilà ce qui compose la demeure des paysans. Celles des nobles sont également des bâtiments très légers et d'un seul étage ; quelques colonnes sveltes en bois, et peintes de vert, de rouge et de jaune, voilà tous les ornements extérieurs. Dans l'intérieur, l'on ne voit ni tables, ni chaises, ni aucun meuble de bois. De larges coussins sont disposés autour des appartements pour s'y asseoir ou s'y appuyer ; mais ce qu'il y a de très commode, c'est un grand espace qu'on laisse derrière les lambris, de manière que dans un petit appartement, où l'on ne voit que des coussins, on trouve tout ce qui peut être nécessaire. Comme tous les voisins et tous les sujets de la Russie, les Tatars n'aiment guère ni les manières des Russes, ni leur façon de penser ; par conséquent ils ne se soucient pas beaucoup d'apprendre la langue russe. Au reste, tous ceux qui ont vu ce pays font le plus grand éloge de leurs qualités morales.

» Avant de décrire le pays des Cosaques, ou Kosaks, du Don et de la mer Noire, nous résumerons l'histoire de ces peuples et de leurs migrations (¹) ; car bien que le pays appartenant aujourd'hui exclusivement aux Cosaques comprenne un espace de plus de 4,600 milles géographiques carrés, ou environ de 12,800 lieues carrées, il offre si peu d'objets à la topographie, que cet article n'est pas susceptible d'un intérêt géographique. La Petite-Russie est la souche des Cosaques. Dès leur origine, les Slaves de Kief formaient une colonie séparée de ceux de Novgorod : leur état politique et la différence de leur sort les ont toujours divisés, et lorsqu'après une séparation de trois siècles ils ont été réunis, leur langage, leurs

---

(¹) Suivant les recherches de quelques savants russes, les Tatars de la côte méridionale de la Krimée paraissent tirer leur origine des anciens Goths qui, vers la fin du deuxième siècle de notre ère, conquirent cette contrée sur les Alains. Ce qui porterait à le croire, c'est que jusqu'au quatorzième siècle la Krimée portait le nom de Gothie, et que jusqu'à cette époque, ni depuis, l'histoire ne fait mention d'aucun événement qui ait pu donner lieu à l'extinction de leur race dans ce pays. J. H. (Voyez le Journal de Saint-Pétersbourg, du 31 janvier (12 février (1829, p. 56).

(¹) *Muller* : Mémoire historique sur les Kosaks. *Lesur* : Histoire des Cosaques.

mœurs, leur constitution en formaient un peuple très différent. Cette diversité existe encore maintenant. Les *Malo-Russes*, ou habitants de la Petite-Russie, sont établis dans l'Oukraine, ou les gouvernements actuels de Kief, de Tchernigof, de Poltava, de Koursk, Orel et Tambof. On nomme généralement Cosaques tous les paysans miliciens de ce pays, quoique dans les derniers siècles ce nom désignât spécialement une classe de guerriers associés sous une constitution particulière. Le nom de Cosaques passe pour être tatar, et signifie un homme armé. Sans doute il fut transmis des Tatars aux Russes, lorsque ceux-ci vinrent habiter les lieux que les premiers avaient possédés avant leur destruction, et lorsqu'ils embrassèrent le même genre de vie. Constantin Porphyrogenète fait déjà mention d'un pays nommé *Kasachia*, entre la mer Noire et la mer Caspienne, au pied du mont Caucase. Suivant les annales russes, Mistislaf, fils du grand Vladimir, et prince de Tmoutarakhan, a combattu, en 1021, un peuple nommé *Kosaki*. Il paraît que cette nation est la même dont parle l'empereur grec; il est très vraisemblable que c'était une nation tatare. Elle peut avoir pris son nom de sa manière de combattre, comme les Kirghiz-Kaïsaks l'ont pris de leurs armes légères. Les annales russes parlent souvent des Tatars Cosaques, surtout sous le règne d'Ivan Ier. A cette époque on distingue des *Cosaques Ordinski* (de la grande Orda, ou horde, la résidence principale des Tatars sur le Volga), et des *Cosaques d'Azof*. On doit regarder ces deux branches comme les derniers débris de la domination tatare en Russie: elles ont été en partie détruites par les Russes, ou se sont dispersées d'elles-mêmes et réunies à d'autres peuples tatars.

» C'est à l'époque de la conquête de Kief, par Gedemin, grand-duc de Lithuanie, en 1320, qu'on rapporte généralement l'origine des *Cosaques de la Petite-Russie*. La crainte qu'inspirait ce conquérant fit naître, suivant toute apparence, cette république militaire. Des essaims de fuyards abandonnèrent leur patrie, se réunirent près de l'embouchure du Dnieper, et commencèrent bientôt à former un petit État. Partout le voisinage des Lithuaniens et des Tatars les força à se donner une constitution guerrière. Leur nombre s'ac-

crut considérablement lorsque Kief fut une seconde fois ravagée par les Tatars, en 1415, et encore plus à l'époque où cette grande principauté fut entièrement réunie avec la Lithuanie à la Pologne. La nouvelle colonie, qui avait pris le nom de Petite-Russie pour se distinguer du grand empire de Russie, s'étendit peu à peu jusqu'au Boug et au Dniester; elle s'établit dans tout le pays qui est entre ces fleuves et le Dnieper. Les Cosaques construisirent des villes et des bourgs qu'ils habitaient l'hiver avec leurs familles, tandis que vers l'été ceux qui étaient en état de porter les armes se dispersaient dans les steppes, où, à l'instar des chevaliers de Saint-Jean-de-Jérusalem, ils étaient continuellement en guerre avec les Turcs et les Tatars; et, comme ils servaient de boulevard à la Pologne contre ces deux redoutables ennemis, les Polonais, bien loin d'arrêter les progrès de cette république naissante, les favorisèrent. En 1540, le roi Sigismond céda à perpétuité aux Cosaques les pays situés au-dessus des cataractes du Dnieper. Etienne Bathory les mit sur un pied militaire, leur donna un hetman, ou grand-capitaine, et leur fit des concessions de terrains considérables. Ses successeurs n'agirent pas avec la même sagesse; ils défendirent aux Cosaques leurs incursions contre les Turcs, sans penser qu'ils affaiblissaient par là les bases de cet État militaire. Les Polonais s'introduisirent dans le pays et s'emparèrent des premiers emplois; le clergé grec fut forcé de renoncer au patriarche de Constantinople et de reconnaître la suprématie du pape. Après une longue guerre, les Cosaques secouèrent le joug et se soumirent aux tsars de Russie. Cet événement arriva en 1654, environ trois siècles et demi après la première séparation des Cosaques du grand corps de la nation russe.

» Pendant les guerres entre les Cosaques et la Pologne, des troupes nombreuses des premiers avaient abandonné les rives occidentales du Dnieper pour se retirer sur la rive opposée dans les provinces méridionales de la Russie. Là ils conservèrent leur constitution militaire, et s'établirent dans des lieux fertiles, mais inhabités. Telle est l'origine des *Cosaques des Slobodes* ou de l'*Oukraine Russe*. Leur pays avait autrefois appartenu au grand-duché de Kief; mais depuis la première invasion des Tatars, il était resté inculte et dépeuplé.

» La branche des *Zaporogues* est beaucoup plus ancienne que celle des *Slobodes*; c'est la plus remarquable de toutes. Pour mieux préserver les Cosaques de l'Oukraine de l'invasion des Tatars, on avait réglé qu'une partie des jeunes gens qui n'étaient pas encore mariés occuperaient les frontières méridionales dans l'endroit où le Dnieper se jette dans la mer Noire. Ce pays devint bientôt un lieu de rassemblement pour la jeunesse guerrière, et fut regardé comme une école militaire. Bientôt la grande liberté dont jouissaient ces Cosaques les attacha tellement à ce pays, qu'ils ne voulurent pas le quitter, quoiqu'il fût très exposé aux incursions des ennemis. Leur nombre s'accrut peu à peu par l'arrivée des Cosaques qui fuyaient l'oppression des Pololais et vinrent les rejoindre.

» Ce fut à peu près vers le commencement du dix-septième siècle qu'ils se séparèrent entièrement des Cosaques de la Petite-Russie, dont ils avaient reconnu l'hetman jusqu'alors. Ils formèrent un Etat militaire particulier, et s'élurent un chef qu'ils nommèrent *kochevoi-ataman*, c'est-à-dire *commandant du camp;* ils appelaient *setcha* leur principal domicile, qui consistait en un camp fortifié; et, quoiqu'ils changeassent souvent de place, ils restèrent toujours près des cataractes du Dnieper, d'où ils prirent leur surnom.

» La constitution de ce petit Etat militaire était très extraordinaire. La guerre était l'unique but de leur association; ils négligeaient l'agriculture et le soin des bestiaux, et ne regardèrent jamais la chasse ou la pêche que comme un amusement. Le célibat était une des lois fondamentales. Pour satisfaire aux désirs de la nature, ils enlevaient les femmes de leurs voisins, mais elles devaient toujours être éloignées de la setcha. Afin que leur nombre ne diminuât pas, non seulement ils emmenaient des enfants partout où ils pouvaient en trouver, mais ils recevaient encore parmi eux les criminels et les vagabonds de toutes les nations. Il y avait peu de langues européennes qui ne fussent parlées chez eux.

» L'ataman était élu annuellement, et rentrait dans l'état de cosaque quand il quittait la dignité dont il était revêtu; tous les membres de la république avaient les mêmes droits à l'exercice des emplois. Ils n'avaient pas de lois écrites, l'usage leur en tenait lieu, et la justice n'en souffrait guère : les criminels étaient jugés avec impartialité, et punis avec une sévérité peu commune. Un Cosaque qui tuait un de ses camarades était enterré vif avec celui qu'il avait fait périr. Un voleur devait être pendant trois jours au carcan, ensuite il était battu, souvent jusqu'à mort. Ces Cosaques avaient toutes les vertus et tous les vices d'un peuple de brigands. Ils étaient braves et barbares, hospitaliers et avides, actifs et sobres dans leurs expéditions, paresseux et débauchés chez eux. Le nombre de ceux qui étaient en état de porter les armes montait quelquefois à 40,000.

» Ces Cosaques ont souvent changé de domination, si toutefois l'on peut nommer ainsi l'état de ce peuple indomptable, relativement à la Pologne, aux Tatars, à la Porte, et enfin à la Russie. Pierre-le-Grand détruisit leur *setcha*, quand ils prirent part au soulèvement de Mazeppa, hetman des Cosaques de l'Oukraine : ils se réunirent depuis sous la protection du khan de Krimée, et, en 1737, ils furent admis au nombre des vassaux de la Russie. Leur seule obligation envers l'empire était de paraître en campagne quand ils en étaient requis; alors ils étaient traités et soldés comme les autres Cosaques. Dans la guerre contre les Turcs, qui fut terminée en 1774, ils se rendirent coupables de plus d'une trahison; ils décelèrent même le projet de se rendre indépendants. Lorsqu'on établit des colonies dans les pays reconquis sur les rives du Dnieper (connus alors sous le nom de *Nouvelle Servie*), ils soutinrent que ces contrées étaient leur propriété, ils inquiétèrent les colons, et, soit par force, soit par adresse, ils asservirent près de 50,000 habitants. Un tel acte de révolte décida l'impératrice à anéantir ce petit Etat, qui, dans des circonstances plus favorables, serait peut-être devenu une seconde Lacédémone. En 1775, un corps de troupes russes les enveloppa et les désarma; on leur présenta un manifeste qui leur laissait le choix, ou d'adopter un autre genre de vie, ou de sortir de l'empire. Une partie resta et se livra aux travaux de la campagne; l'autre se retira en foule chez les Turcs et les Tatars.

» Les descendants de ces mêmes Cosaques Zaporogues existent cependant encore sous un autre nom, et dans un autre pays. Par un oukase du 30 juin 1792, Catherine II céda aux Zaporogues qui s'étaient distingués dans la dernière guerre contre les Turcs, la presqu'île de Taman et toutes les contrées situées entre le Kouban et la mer d'Azof, jusqu'aux fleuves Feïa et Laba : l'étendue de ce territoire est de 1,017 milles géographiques carrés, ou 2,825 lieues carrées. On leur donna le nom de *Cosaques de la mer Noire* (*Tchernomorskoï*), et ils eurent le droit de choisir un hetman, ainsi que la permission de recruter jusqu'à 15,000 hommes dans la Petite-Russie. Mais ils ont renoncé volontairement à leur ancienne manière de vivre; ils se sont mariés, et se livrent avec succès à l'agriculture. Ils fournissent à la couronne six régiments disciplinés, formant un total d'environ 3,000 hommes. C'est un poste avancé contre les peuples du Caucase.

» Leur pays confine avec la Circassie au sud et avec les steppes d'Astrakhan à l'est. Le sol est susceptible de toute sorte de culture; les eaux et la verdure y abondent. L'air est sain, excepté sur les bords du Kouban, qui, vers son embouchure, est obstrué par un si grand nombre de roseaux que ses bords forment des marécages nuisibles à la santé, surtout lorsqu'en été une partie des eaux se dessèchent : c'est précisément sur ses rives que les Tchernomorskoï se sont établis; c'est là qu'ils ont bâti leur chef-lieu *Iekaterinodar*, au milieu de riches pâturages, couverts de brouillards fiévreux. » Cette ville, sur la rive droite du fleuve, est la résidence de leur hetman : elle occupe un espace considérable, parce que ses maisons sont entourées de jardins; ses rues, dont quelques unes ne sont encore que tracées, sont droites et larges, mais sans pavés. Fondée par Catherine II en 1792, elle reçut le nom de cette princesse en commémoration du don qu'elle fit du territoire du Kouban aux Cosaques de la mer Noire. Sa population ne s'élève qu'à environ 3,000 âmes.

Le *Kouban*, que Strabon appelait *Hypanis*, et Ptolémée *Vardanes*, prend sa source sur le versant septentrional du Caucase, près du mont Elbrouz. Jusqu'à son embouchure dans la baie de son nom, formée par la mer Noire, son cours est d'environ 130 lieues. En approchant du terme de sa course il se divise en plusieurs branches : ce sont les Tatars qui lui ont donné le nom de Kouban : les Abases l'appellent *Koubin*, et les Tcherkesses *Psisshe*, mot qui signifie *fleuve ancien*.

« Dans la péninsule de Taman, que les inondations du Kouban transforment temporairement en île, et qui reste presque toujours couverte d'un brouillard sec, nous devons remarquer plusieurs éruptions fangeuses, improprement nommées *volcans de boue*. Sur l'emplacement de l'ancienne *Phanagoria* nous voyons la ville de *Taman*, à laquelle les Russes ont fait reprendre le nom russe de *Tmoutaracane*, qu'elle portait au moyen âge, comme siége d'un petit royaume. Près de celle-ci s'élève la forteresse de *Phanagorinskaïa*.

» La seconde branche principale des Cosaques est celle du *Don*. Ils ne tirent pas leur origine des Russes de Novgorod et de Moscou, comme le suppose Muller, car leur idiome est celui des Petits-Russes. Ils paraissent avoir succédé peu à peu aux Tatars chassés de ces contrées. Les habitations et le genre de vie de cette nouvelle colonie lui ont fait donner, suivant toute apparence, le nom tatar de Cosaques, et la même organisation militaire a fait ensuite appeler ainsi ceux de la Petite-Russie. Vraisemblablement les nouveaux colons russes trouvèrent encore dans ces contrées quelques Tatars, auxquels ils s'unirent, et qui adoptèrent la religion grecque et la langue russe. Cette conjecture est appuyée sur le prompt accroissement de cette république, et sur le mélange qu'on remarque autant dans la langue que dans les traits des Cosaques du Don. Peu de temps après son origine, cette colonie forma un État considérable. Une foule de jeunes gens, fuyant l'esclavage qui s'introduisit alors en Russie, contribuèrent beaucoup à augmenter le nombre des Cosaques du Don. Les Tatars retournèrent en foule dans leur ancien domicile. Enfin la politique décida les Cosaques à accorder le droit de cité à leurs prisonniers de guerre. En 1570, après la campagne des Turcs contre Astrakhan, ils établirent leur capitale à *Tcherkask*, qui n'est qu'à 60 verstes de la forteresse d'Azof, et d'où ils prirent le nom de *Tcherkaski*. Ils servirent alors véritablement de boulevard à la Russie : les souverains de cet empire firent pour eux ce que les rois de Pologne avaient fait pour ceux de la Petite-Russie; ils favorisèrent leur accroissement, leur assignèrent, sur la frontière, des terres exemptes de toute imposition.

mais cherchèrent à les maintenir dans une sorte de vasselage militaire. L'an 1579, on vit pour la première fois des Cosaques du Don dans les armées russes. Depuis cette époque, ils ont été très utiles à la Russie par leur bravoure; cependant leur amour pour l'indépendance et l'espoir du pillage les ont quelquefois portés à se révolter.

» Les *Cosaques du Don* habitent maintenant les plaines qui avoisinent ce fleuve, entre les gouvernements de Saratof, d'Astrakhan, de Voroneje et d'Iekatherinoslaf jusqu'à la mer d'Azof. Leur territoire est encore de 3,600 milles géographiques carrés, qui font 10,000 lieues carrées. Il était autrefois beaucoup plus étendu; mais, en 1708, après leur soulèvement, une partie fut réunie aux provinces voisines. Ces Cosaques ayant conservé l'organisation qui leur était propre, leur constitution militaire diffère entièrement de celle des autres gouvernements. On porte leur nombre à 500,000, y compris un corps de 35,000 hommes de cavalerie légère, toujours prêt à marcher.

» Le pays des Cosaques doniens présente une plaine immense sans la moindre colline. Il renferme quelques terrains aussi fertiles que l'Oukraine; mais, en général, le sol est maigre. Les habitants ne cultivent que depuis peu les arts utiles, et l'agriculture est négligée à tel point, qu'il n'y a pas même de limites fixes entre les villages. De vastes terrains incultes les séparent; le premier venu peut s'en mettre en possession; les prairies seules ont été partagées. Le bétail fournit à l'indolent et fier Cosaque les premiers besoins de la vie. La pêche est, après le bétail, sa principale ressource; il exporte pour 500,000 roubles de poisson et de caviar. Il abandonne souvent les travaux rustiques aux paysans russes et autres, qu'il loue à bon marché. Tous ses soins sont réservés pour son cheval. Les *tabounes*, ou troupeaux des Cosaques riches, se composent de 500 à 1,000 têtes; les seuls chevaux de selle sont abrités pendant l'hiver. Le cheval cosaque est d'une race petite, maigre, mais très rapide à la course et presque infatigable. A chaque réunion un peu nombreuse, les courses de chevaux forment le principal amusement. Les femmes cosaques fabriquent de la toile, du drap, des bas; elles font des pelisses et des manteaux. Ce sont elles qui soignent les jardins, les vergers, même les vignobles, plus nombreux ici que dans aucune autre province russe. « Leur taille est plus ramassée que celle des hommes; mais elles ont pour la plupart le teint frais, de grands yeux noirs et des traits assez agréables. Dans les jours de fêtes, leurs robes, qui sont faites d'étoffes de soie ou de coton et qui leur descendent jusqu'à la cheville, sont boutonnées jusqu'aux hanches, qu'entoure une ceinture élégamment ornée et pourvue d'une agrafe; sous cette robe, elles portent de larges pantalons et souvent des bottes jaunes. Les femmes mariées ont des bonnets ornés d'or et de perles; les filles, au contraire, laissent tomber leurs cheveux noirs en boucles sur leurs épaules et entourent leur tête d'un mouchoir [1].

» Les habitations des Cosaques ont un air de propreté et d'aisance que l'on chercherait en vain dans la plus grande partie de la Russie proprement dite. Une maison blanche, pourvue de cheminées et de fenêtres, invite l'étranger à y entrer et à jouir de l'hospitalité qui s'est conservée ici dans toute sa latitude. Déjà les Cosaques riches commencent à se meubler avec un certain luxe; en même temps ils cherchent à se procurer de nouvelles connaissances, et envoient quelquefois leurs enfants à Pétersbourg pour y être élevés. Ils ont, à *Novo Tcherkask* ou au *Nouveau-Tcherkask*, une école normale très fréquentée, où l'on enseigne le latin, l'allemand, le français, l'histoire, la géographie, les mathématiques, la philosophie, etc. L'église principale de cette ville est décorée d'un grand nombre de drapeaux et d'autres trophées ramassés dans toute l'Europe; les Cosaques y déposent leurs trésors.

» Ce peuple jouit d'une très grande liberté civile et même politique; il est exempt des monopoles de la couronne. Les Cosaques fabriquent et débitent la quantité d'eau-de-vie qu'il leur plaît. Ils ne sont assujettis ni à la gabelle, ni à la capitation, ni aux recrutements. Lorsque la couronne les requiert, ils sont obligés de marcher en masse; c'est pour eux plutôt une jouissance qu'un devoir. Jamais un Cosaque n'est plus heureux que lors-

---

[1] Journal d'un voyage fait dans le pays des Cosaques, etc., par St... *Ephem. geographiq.* de Weimar.

qu'il est sur son cheval ; les combats et le pillage, voilà son élément. Le gouvernement russe, ou pour mieux dire le département de la guerre, adresse ses ordres à la chancellerie de l'*ataman*, ou *hetman* : c'est le chef ou général de cette nation de soldats. Celui-ci notifie au peuple les propositions du gouvernement ; on décide à la pluralité des votes si et comment on les mettra à exécution. Il y a des exemples où la majorité s'est opposée aux vues du gouvernement. Quelquefois la Russie a cédé, et, dans d'autres circonstances, elle traite toute opposition de révolte. Son but constant est de procurer aux familles les plus riches une influence aristocratique, de composer de *starischins* une espèce de noblesse, et de se l'attacher par des bienfaits et des distinctions honorifiques. C'est ainsi qu'on cherche peu à peu à réduire l'esprit démocratique de ce peuple au niveau de celui des autres Russes.

» Les villages des Cosaques s'appellent *stanitzes* ; ils renferment depuis 150 jusqu'à 400 maisons ; chaque *stanitze* a son magistrat électif et forme une compagnie militaire. Très peu d'endroits méritent par leur grandeur le nom de ville, et ceux-là même ont plutôt l'aspect de grands villages. *Staroï-Tcherkask*, l'ancienne capitale dont nous avons déjà parlé, est bâtie sur des pieux, dans un marais, aux bords du Don, et entourée par la petite rivière de Vassilterka, qui, sortant d'un bras du fleuve nommé Aksaï, va s'y réunir de nouveau non loin de la ville, ce qui fait que celle-ci est en quelque façon sur une île ; aussi est-elle malsaine, parce que le fleuve déborde tous les ans, au commencement d'avril, et inonde toute la ville, à l'exception de l'emplacement qu'occupe la cathédrale ; alors on ne communique plus d'une maison à l'autre qu'en bateau. Cette inondation dure jusqu'à la fin de juin. Les Cosaques en aiment le séjour, quoique malsain, et ne s'établissent que lentement à *Novo-Tcherkask*, capitale officiellement désignée. »

Celle-ci est bâtie depuis l'année 1816 ; elle est à environ 4 lieues de la précédente, sur la rive droite de l'Aksaï et sur les bords de la petite rivière de la Tourlof, qui s'y jette. Sa population n'est encore que de 15,000 habitants ; ses maisons sont très éloignées les unes des autres ; presque toutes sont en bois. C'est une très grande ville, qui couvre de ses maisons blanches une colline avancée en promontoire sur la plaine ; ses rues, d'une largeur démesurée, et son sol aride couvert d'une poussière qui aveugle, font de cette capitale un séjour désagréable. Il y a un fort bel hôpital avec 120 lits et une pharmacie impériale. Toutes les autorités, les administrations, ainsi que l'arsenal, y ont été transférés ; aussi le vieux Tcherkask, qui renfermait plus de 10,000 habitants, ne sera-t-il plus bientôt qu'un bourg sans importance. *Tzymlianskaïa* a des vignobles dont le produit est comparé au bourgogne rouge par les patriotes du pays. Les autres vins cosaques sont généralement blancs, dont quelques uns mousseux ; ils fournissent aux besoins des habitants. *Ouroupinskaïa* et *Louganskaïa* ont des foires très fréquentées et très animées. *Lougana*, ou *Louganskoë*, sur la rive droite du Lougan, est le siège d'une usine impériale, fondée dans le but de fournir aux places fortes de la Russie méridionale et à la flotte de la mer Noire les projectiles, les canons et les autres objets en fonte qui leur sont nécessaires.

« Le pays des Cosaques Doniens est arrosé par le Don [1] et ses affluents : parmi ces derniers, le *Donetz* ou *Danaetz*, c'est-à-dire *petit Don*, est le plus considérable, et il a même été regardé comme répondant plus particulièrement au Tanaïs des anciens ; mais il est plus probable qu'une confusion du Volga avec le Tanaïs a fondé l'idée que les anciens se formaient de ce dernier. Sorti du lac Ivanof, le Don coule d'abord par un pays de collines fertiles jusqu'à Voronech ou *Voroneje* ; de là jusqu'au confluent du Donetz, il a des falaises de craie à gauche, et plus bas il entre dans une plaine monotone ; ni chutes, ni rochers, n'interrompent son cours ; mais, quoiqu'il ait dans l'hiver 6 à 7 pieds de profondeur, il couvre à peine en été les bancs sablonneux de 2 pieds ; il est donc de peu d'utilité aux bateaux, et de même que ses affluents, il roule des eaux à peine potables pour les indigènes mêmes. On a essayé de le réunir au Volga par le *Medveditza* ou *Medvieditza*, ou plutôt par l'*Ilavla* ; mais cette communication pour des bateaux serait gênée par le peu d'abondance des eaux du Don, et par la différence du ni-

[1] *Duna* en tatare, *Tongoud* en kalmouk. *Don* ou *doun* est le nom général de l'eau, en *ossète*, dialecte persan. Klaproth, Asia polygl., p. 96.

veau qui, du côté du Don, est de 50 pieds plus haut que celui du Volga (¹). Le Don reçoit de la steppe caspienne le *Manytch*, dont les eaux presque stagnantes semblent marquer l'emplacement d'un ancien détroit entre la mer Caspienne et la mer d'Azof.

» La mer d'Azof, plus justement appelée par les anciens les *Palus-Méotides*, n'est qu'un lac marécageux formé par les eaux du Don et quelques autres rivières, sur un bas-fond sablonneux et en quelques endroits fangeux. Ses eaux troubles et saumâtres, mais non pas salées, nourrissent beaucoup de poissons et ne renferment aucun rocher; mais elles sont basses à une grande distance du rivage; les joncs s'y étendent très loin. Le niveau s'élève d'un pied au printemps. Nous connaissons déjà le bras de ce lac surnommé la mer Putride.

» A l'est du pays des Cosaques Doniens, et en quelque sorte sous leur suzeraineté, une horde de *Kalmouks*, de la branche des Derbets, occupe les steppes qui séparent les eaux de la mer d'Azof de celles de la mer Caspienne. Le territoire des Kalmouks se termine au Manytch et à la Kouma; il est arrosé dans sa partie orientale par la *Sarpa*, petite rivière tributaire du Volga, mais qui, par une bizarrerie digne de remarque, coule en sens opposé à son fleuve principal. La chaîne de collines qui sépare le bassin du Don de celui du Volga continue à travers la steppe. Le revers de ces collines est rapide vers le Volga, tandis qu'un large plateau descend doucement vers le Don. Le niveau de la mer Caspienne, à Astrakhan, étant reconnu inférieur à celui de la mer d'Azof de 150 pieds, et le cours du Manytch ayant nécessairement une pente de 10 pieds au moins dans son ensemble, les collines sur les bords de cette rivière nous paraissent ne devoir présenter qu'une élévation de 200 à 300 pieds au-dessus de la mer Caspienne, et de 50 à 100 au-dessus des Palus-Méotides. En se servant du lit assez profond du Manytch, il serait donc facile de creuser ici un canal de communication entre les deux mers. Le calcaire coquillier domine parmi les rochers de la steppe, qui au reste ne présente qu'un tapis de verdure, interrompu vers l'est par des places stériles; quelques chênes, ormes et saules, y

(¹) *Lowitz*, cité par *Géorgi*, Beschreibung, tom. I, p. 280.

élèvent par-ci par-là leurs têtes languissantes. Les loups, les renards, les rats et des souris de diverses espèces, les *felis chaus*, ou chat sauvage des marais, la marte-tigre, les cerfs, les lièvres, un grand nombre de variétés du canard, enfin l'araignée-scorpion, dangereuse même pour l'homme, tels sont les animaux sauvages de la steppe. On fait du vin doux sur les bords de la Kouma. Ces Kalmouks sont au nombre de 50,000, et demeuraient entre le Volga et le Jaïk (ou Oural); ils faisaient partie de cette horde qui, en 1770, s'enfuit jusque dans la Tatarie chinoise, pour se soustraire aux vexations de l'administration russe. Le reste, fidèle, fut engagé à passer le Volga (¹). »

Elevons-nous jusqu'aux cimes du Caucase que l'on doit considérer comme les limites de l'Europe et de l'Asie; visitons la province du Caucase, la Circassie et le Daghestan avant de traverser le Manytch et la Kouma. La *province du Caucase* est comprise entre le cours de ces deux rivières, le lac Bolcheï, long de 22 lieues, que traverse le premier de ces cours d'eau, l'Eïa qui se jette dans la mer d'Azof, limites naturelles qui la terminent au nord; et le cours du Kouban et du Térek qui la bornent au sud, et qui coulant en sens opposé vont se jeter, le premier dans la mer Noire et le second dans la mer Caspienne. L'extrémité d'un rameau du Caucase d'où partent ces deux rivières comprend ses principales montagnes; ailleurs des collines sablonneuses s'élèvent seules au milieu de ses plaines basses et marécageuses. Cette province se divise en deux parties: au nord la *ligne du Caucase*, ou la partie militaire, qui se compose de forteresses, de redoutes et de stanitzes de Cosaques, et qui est soumise à l'autorité militaire du commandant de la Géorgie; la *province du Caucase*, proprement dite, qui forme la partie civile de ce gouvernement, et dont relèvent les faubourgs des forteresses situées aux bords du Kouban, de la Kouma, de la Molka et du Térek, et les villages appartenant à l'Etat et à la noblesse. Des pâturages considérables et les bords fertiles des rivières fournissent aux Kalmouks, aux Turcomans et aux Nogaïs qui peuplent cette contrée, leur subsistance et leurs moyens d'échange, auxquels ils ajoutent le produit des

(¹) *Nomadische Streifereien*, par *B. Bergmann*, et l'analyse qui en a été donnée. *Nouv. Ann. des Voyages*, tom. XII, pag. 253 et suiv.

lacs salés qui approvisionnent de sel les gouvernements voisins. Si elle n'était tempérée par la brise de mer, la chaleur y serait insupportable pendant la plus grande partie de l'année ; l'été le thermomètre s'y élève à 20 degrés ; l'hiver il s'abaisse un peu au-dessous du point de congélation. La vigne et le mûrier sont cultivés dans les districts de Mozdok et de Kisliar ; les montagnes et les bords du Térek et de la Kouma sont bien boisés ; ailleurs le bois est rare, et la tourbe sert de combustible. De nombreux troupeaux de bœufs, de moutons, de chèvres, de porcs et de buffles couvrent les pâturages ; on y élève aussi le cheval et le chameau à deux bosses. Les bois et même les steppes sont peuplés de sangliers, de daims, d'antilopes et d'ânes sauvages ; mais les seules bêtes féroces que les animaux aient à craindre sont l'ours et le loup.

Les principales villes de la province sont Stavropol, Gheorghievsk, Mozdok et Kisliar. *Stavropol*, le chef-lieu, est bâti sur la rive gauche de la Tachla qui se jette dans le Kalaous. C'est une forteresse qui renferme trois églises, quelques vastes édifices, tels que le séminaire, l'hôtel-de-ville et celui de la police, des maisons régulièrement bâties, des magasins considérables et 3,000 habitants, non compris la garnison ; 9 tanneries, 4 fabriques de savon et 7 de cire s'y sont établies depuis peu d'années. Le faubourg se compose de 400 maisons en bois. La culture du tabac est une des branches d'industrie des habitants de cette petite ville. *Gheorghiefsk*, sur la rive gauche de la Podkoumka, est petite, assez bien fortifiée et bâtie avec plus de régularité que de solidité : ses maisons résistent rarement aux vents violents qui viennent de la grande steppe. La vue du Caucase, dont les hautes cimes sont couvertes de neiges éternelles, présente de ses murs un aspect magnifique. On y remarque l'hôtel du gouvernement, une église grecque, un temple arménien, six hôpitaux, un lazaret, des casernes et des magasins d'approvisionnements. Les environs de cette ville de 3,000 âmes sont garnis d'arbres fruitiers et les bois remplis de gibier ; les faisans sont ici dans leur patrie : on les y vend à vil prix. *Mozdok*, autre forteresse, s'élève sur la rive gauche du Térek ; elle est environnée de plantations de vignes et de mûriers.

On y élève beaucoup de vers à soie. Ses rues sont larges et assez droites, mais les maisons n'ont point de fenêtres sur la rue : ce qui lui donne un air de tristesse, quoiqu'elle soit plus peuplée que les deux précédentes : on y compte 4 à 5,000 habitants. Les femmes arméniennes s'y font remarquer par leur beauté ; on les marie fort jeunes : il n'est pas rare d'y voir des mères de treize ans. Du reste, le climat de cette ville est malsain, inconvénient qu'elle doit aux marécages qui l'environnent. *Kisliar* est la plus peuplée de la province : elle renferme plus de 10,000 habitants, sans compter la garnison. Elle est située sur la rive gauche du Térek à 15 lieues de son embouchure. Exposée aux inondations de cette rivière, le climat y est humide et malsain. Elle se compose de maisons en briques et en bois ; elle renferme un grand nombre de distilleries et fait un bon commerce en eau-de-vie, en vin, en étoffes de laine et de soie. A sept lieues au sud-ouest de Gheorghiefsk, près de la limite de la province, s'élève le fort de *Konstantinogorsk* sur la rive gauche du Podkoumok. La découverte que l'on a faite, dans ses environs, de plusieurs sources sulfureuses chaudes et de sources gazeuses, y a provoqué la fondation d'un village appelé *Alexandersbad*, où se réunissent tous les ans un assez grand nombre de baigneurs et de buveurs.

» C'est surtout le long des rivières du Manytch et de la Kouma, que l'on trouve des plaines entièrement arides ou faiblement imprégnées d'eau saumâtre, beaucoup de coquillages, et un sol très peu élevé au-dessus du niveau des deux mers voisines. C'est donc en suivant les lits de ces deux rivières qu'on pourrait retrouver les traces de cet *ancien détroit* [1] que plusieurs savants supposent avoir jadis uni la mer Caspienne aux Palus-Méotides ; car, plus au nord, s'élèvent des collines qui séparent le Don du Volga ; plus au midi, en s'approchant des sources du Kouban et du Térek, on voit le sol s'élever doucement, le terrain noir recouvrir les couches de sable, et la végétation ordinaire de ces climats remplacer les plantes salines. Nous nous bornerons à cette indication des faits certains et de la possibilité qui en résulte ; une discussion de l'existence réelle de ce détroit serait déplacée,

[1] *Dureau de la Malle*, Géographie physique de la mer Noire.

tant qu'on n'en aura pas apporté des preuves historiques ; car, pour ce qui regarde les siècles antérieurs à l'histoire, nous les livrons volontiers aux géologues et aux poëtes. Tous les anciens connaissent déjà cette plaine dans son état actuel; leurs variations sur sa largeur sont, comme tant d'autres contradictions des anciens, dues à des mesures prises sans les instruments et les soins nécessaires ; enfin, le passage d'où l'on a trop légèrement conclu que dans le quatrième siècle de l'ère vulgaire cet isthme était couvert de marais (¹), indique seulement *un* lac marécageux, celui de *Bolcheï*, qui existe encore.

» Toutes ces terres basses qui s'étendent à l'est du pays des Cosaques Tchernomorskoï et au nord du Kouban et du Térek, sont habitées par diverses tribus de Cosaques et de Tatars-Nogaïs. Ces derniers, obligés de se traîner de lande en lande, vivent en hordes sous la protection des Russes ; ils se nourrissent du produit de leur bétail, d'un peu de millet, ou bien de quelques actes de brigandage qu'ils trouvent de temps à autre occasion de commettre. Des châtiments barbares, tels que la perte d'un bras ou d'un pied qu'on leur coupe, ont fini par répandre une salutaire terreur parmi ces malheureux vagabonds. Des témoins oculaires font un récit assez touchant de la manière dont les parents accueillent ces individus mutilés ; ils s'empressent d'arrêter leur sang en les baignant de lait chaud, et les conduisent ensuite dans leurs cabanes, où ils leur prodiguent leurs soins. Les Cosaques forment le peuple dominateur ; leur principale tribu porte le surnom de *Grebenski ;* une autre se distingue sous celui de *Seymen.*

» En passant le Kouban ou le Térek, nous trouvons, sur les flancs septentrionaux du mont Caucase, la fameuse nation des *Circassiens*, dont le véritable nom est *Tcherkesses*. On peut les diviser en deux classes, les Circassiens du Kouban, et les Circassiens du *Kabardah* ou de la Kabardie, appelés quelquefois Kabardiniens. Il est probable que les Zyges de Strabon, les Ziches et Zeches des auteurs byzantins (²), étaient une tribu circassienne, puisque *Zyg*, eu circassien, signifie homme (³).

(¹) *Prisc*, de Legat. apud *Stritter*, Memoriæ popul. I, 543. Nonobstant *Pallas*, premier Voyage, III, 574. — (²) Voy. *Stritter*, Memoriæ popul. art. *Zecchica*. — (³) *Rommel*, Caucasus, p. 12.

Les Ossètes les nomment encore *Kasachi*, ce qui rappelle les Kasaches, établis, selon les Byzantins et les Annales de Nestor, au dixième siècle, dans les environs du Caucase. Enfin, le nom des *Kerketes* de Strabon paraît offrir les mêmes sons que le nom de Tcherkès ou Tcherkesses, ce qui a déterminé Pallas et Reineggs à considérer cette tribu ancienne comme la véritable souche des Circassiens. Ce qui paraît décidé, au milieu de ces incertitudes, c'est que les Circassiens sont les vrais indigènes de ces contrées.

» La plus remarquable des tribus circassiennes du Kouban est sans doute celle des *Temirgoï ;* ils habitent plus de 40 villages fortifiés, et peuvent mettre 2,000 hommes sur pied. Vers l'orient des Temirgoï, séjournent les *Beslenié*, horde qui vit dans l'aisance. On porte leur nombre à 1,500 familles ; leurs princes sont parents des Kabardiens ; ils s'unissent avec ceux-ci et les Nogaïs pour se livrer à leurs brigandages. Ils vendent dans les montagnes les prisonniers qu'ils font sur les Russes, et ne gardent que les enfants. La plupart sont riches en bestiaux, et surtout en moutons. En hiver, ils tiennent leur bétail près de leurs habitations sur le bord de la Laba, dans des enclos fermés de claies. Au printemps et en automne, ils mènent paître leurs troupeaux sur les rives de l'Ouroup et du lac salé de Kasma. Ils ont pour voisins les *Mouchoks*, bons agriculteurs, qui élèvent du bétail, et qui profitent de la pêche que leur offrent de nombreuses rivières. Les *Schagacki*, au-dessous de la forteresse turque d'Anapa, ont un prince qui, jadis, tenait des vaisseaux dans la mer Noire. Les Circassiens de la *Kabardie* méritent le nom d'une nation à demi civilisée. Ils habitent un pays fertile, situé vers le milieu du Caucase, sur les flancs septentrionaux de cette chaîne ; le cours du *Térek* en forme la limite au nord ; le pays des *Kistes-Tchetchentzi* l'avoisine à l'est : on divise ce pays en grande et petite Kabardie.

» Les Circassiens de la Kabardie se distinguent de tous les peuples du Caucase par leur beauté et leurs grâces. Les hommes sont d'une taille d'Hercule : ils ont le pied petit et le poignet fort ; ils dirigent merveilleusement un coup de sabre. Les femmes ont les formes délicates et voluptueuses ; une peau blanche, des cheveux châtains ou noirs, une figure régulière, une taille svelte, un beau sein, et cette propreté qui donne un si grand relief à la beauté ; voilà, dit-on, ce qui ferait admirer les Circassiennes, même au milieu de l'Europe. D'autres voyageurs assurent que ces beautés sont d'autant plus admirées que la teinte de leur chevelure se rapproche de la couleur rousse.

» Le prince ou gentilhomme circassien, c'est-à-dire, quiconque n'est pas serf, et possède un cheval, a toujours sur lui un poignard et des pistolets, et sort rarement sans son sabre et son carquois. Le ceinturon du sabre est attaché sur le ventre ; un casque et une cuirasse lui couvrent la tête et la poitrine. C'est l'image fidèle d'un chevalier du dixième ou onzième siècle. La Kabardie entière peut mettre sur pied 1,500 gentilshommes appelés *usden*, et 10,000 paysans ou serfs en état de combattre. Mais les princes kabardiniens s'affaiblissent entre eux par des hostilités continuelles.

» Le sol de la Kabardie est excellent et très propre à l'agriculture ; les hivers y sont rudes, mais courts, et la chaleur de l'été n'y est pas excessive. Les habitants négligent les dons de la nature : ils ne tirent aucun avantage des belles forêts de chênes, d'ormes et d'aunes qui couvrent leurs collines ; ils pourraient exploiter des métaux plus précieux que le fer et le cuivre, dont ils se servent pour la fabrication de leurs armes.

» Les Circassiens construisent leurs maisons d'une mince charpente et de claies de buissons peintes en blanc ; ils savent y amener, avec beaucoup d'adresse, au moyen d'un canal, les eaux de l'un des ruisseaux les plus voisins. Les auberges sont recommandables par leur propreté. Les paysans ou serfs, et les prisonniers de guerre réduits en esclavage, sont chargés des soins de l'agriculture et de la garde du bétail. De grandes charrues, auxquelles sont attelés six à huit bœufs, sillonnent un sol fertile ; le chanvre y vient sans être semé. Un grand nombre de chèvres, de brebis, de bœufs et de chevaux augmentent les richesses des Circassiens. Ils vendent de la laine et de la cire. Les chevaux se distinguent par la beauté, la force, et surtout par l'agilité. Chaque prince ou gentilhomme marque ses poulains de bonne race avec un fer chaud ; celui qui profane cette marque, ou qui la met à un cheval commun, est puni de mort.

» Leur système féodal est aussi très remarquable. Le sujet, qui appartient au prince en toute propriété, quoique cependant on ne le vende pas, est obligé à toute sorte de services personnels ; mais il ne paie pas de contributions. Le gentilhomme maintient l'ordre parmi le peuple, et rend des services militaires au prince. Celui-ci tient table ouverte, et chacun de ceux qui possèdent des troupeaux contribue pour sa part aux frais de la consommation. Les mariages se font selon les richesses et la naissance ; le simple gentilhomme qui enlève une princesse, encourt la peine de mort. Au moment de la naissance d'un prince ou d'une princesse, il se présente un noble qui se charge de son éducation. Le père et la mère bannissent leurs enfants de leur présence, jusqu'à l'époque où le rejeton mâle est en état de combattre, et la fille prête à recevoir un époux. C'est sous la surveillance de son maître que le garçon s'exerce à la chasse, au pillage et à la guerre ; pour récompense, il lui voue une partie de son butin ; ce fut ainsi que jadis le centaure Chiron éleva le jeune Achille. Des aliments simples et légers conservent à la fille de condition cette taille svelte qui convient à une princesse, et on lui apprend à broder, à coudre, à tresser de la paille, et à en faire de petites corbeilles. Les nouveaux mariés se voient en secret pendant un an ; la femme reçoit son époux dans l'ombre de la nuit, et le fait entrer par la fenêtre. Ils ne se montrent à leurs parents que lorsqu'il existe un gage de leur union. Ces traits de ressemblance entre les femmes circassiennes et les Amazones se rattachent à l'ancienne tradition des Circassiens sur les liaisons qu'ils eurent avec une nation nommée *Emmetch* (nom d'où les Grecs ont pu faire *Amazon*) ; de là cette hypothèse ingénieuse, d'après laquelle les Circassiens seraient les Sarmates, descendants d'un mélange de Scythes et d'Amazones [1].

» Les princes et les nobles circassiens parlent entre eux une langue particulière, inintelligible au peuple. N'est-ce qu'une institution politique, ou serait-ce la preuve d'une origine différente ? Il existe parmi les Circassiens un droit d'hospitalité qu'ils nomment

[1] *Reineggs*, Topographie du Caucase, I, 238. *Pallas*, I, 390.

kunadi. Heureux l'étranger qui l'obtient! son hôte le recommande à tous ses parents; et fût-il chargé du plus grand crime, il est néanmoins en sureté, parce que son hôte en répond sur sa tête. Les Circassiens tirent une vengeance éclatante de ceux qu'ils croient coupables de la mort de leurs parents. La famille entière du criminel partage son forfait; et si la vengeance du sang n'est pas éteinte par une indemnité pécuniaire, elle se transmet par le mariage.

» Autrefois chrétiens presque sans culte, ces peuples sont à présent des mahométans peu scrupuleux et peu zélés. Les mausolées circassiens sont construits avec des pierres de taille, et entourés de colonnades. On sait combien les femmes de la Circassie sont recherchées pour les sérails de l'Orient. Malgré la surveillance des Russes, la cupidité trouve encore le moyen de vendre en Turquie un assez grand nombre d'esclaves circassiennes. »

La Petite-Abasie s'étend entre le Kouban et la Malka, sur le revers septentrional du Caucase. Le sol en est fertile et bien arrosé; les habitants sont plutôt pasteurs qu'agriculteurs; ils forment environ 5,000 familles, et sont gouvernés par des nobles et des chefs de tribus.

Les *Abasekhs* ou *Abasekhi* s'étendent jusque sur les cimes du Caucase, près des sources du *Laba*, rivière de 60 lieues de cours qui se jette dans le Kouban. Ils forment environ 15,000 familles d'origine circassienne, qui se divisent en trois principales tribus : les *Eminoks*, les *Antchoks* et les *Jedeghis*. Autrefois ils ne vivaient que de brigandages; aujourd'hui ils se distinguent par la douceur de leurs mœurs, par leur haute stature et leur robuste constitution.

Les *Kisilbekhs*, Abases d'origine, ne se composent que de 200 familles, près des sources du Laba. Les *Temirgoïs*, vingt fois plus nombreux, sont fixés au nord des Abasekhs. Les *Atikoïs*, peuple de 400 familles, sont voisins des précédents. Les *Sapchiks*, qui forment 10,000 familles, occupent une partie de la plaine traversée par le Kouban.

Nous ne nommerons point vingt autres peuplades, plus ou moins nombreuses, telles que celle des *Basians*, celle des *Tchégèms*, celle des *Balkars* et celle des *Karatchas* ou *Karatchiaghi*. Ces derniers méritent quelque attention. Ils sont généralement beaux, et ressemblent plutôt aux Géorgiens qu'aux Tatars; ils sont moins pillards et moins grossiers que leurs voisins les autres Abases et que les Tcherkesses; leurs femmes sont jolies et bien faites. Dans leurs cérémonies funèbres les hommes se donnent de grands coups à la tête; les femmes s'arrachent les cheveux; tous poussent des hurlements affreux, et, après l'enterrement, ils se réunissent dans un festin où chacun s'enivre à l'envi. Ils élèvent de nombreux troupeaux de moutons, de chevaux, d'ânes et de mulets. Leur industrie se borne à la fabrication de quelques étoffes qui leur servent de vêtements, et leur commerce à l'exportation du tabac qu'ils cultivent, et des fourrures qu'ils se procurent par la chasse; objets qu'ils échangent contre de la quincaillerie, des pipes, des aiguilles, des soieries et des armes que leur procurent les Iméréthiens. Ils ont quelques indices du christianisme; on assure que dans leur pays on voit une église ancienne, encore bien conservée; un chemin frayé à travers les rochers, et garni de bras de fer des deux côtés, y conduit en serpentant, et l'intérieur du bâtiment renferme un Évangile et des rituels en langue grecque.

« Ces peuples ont des troupeaux de bœufs assez considérables; on vante également leurs mulets; ils cultivent du millet et de l'avoine; ils tirent du plomb des mines du *Kargatchin-Tau*, c'est-à-dire le mont de plomb; ils préparent du salpêtre et vendent de la poudre. »

M. Reineggs a observé dans ces contrées beaucoup d'objets intéressants pour l'histoire naturelle : plusieurs vallées sont remplies d'exhalaisons sulfureuses, et la foudre y tombe plus fréquemment qu'ailleurs. Près de la rivière de *Jetchick*, qui se jette dans le Kouban, il y a des sources chaudes d'une âcreté si mordante, qu'elles causent des enflures à la bouche [1]. Dans les environs du mont Elbours, il y a une colline composée entièrement d'un gravier de mica doré si peu cohérent, que les hommes et les chevaux s'y enfoncent comme dans de l'eau. On trouve dans les hautes montagnes, vers les sources du Térek, des colonnades de basalte en prismes de trois, de cinq, de huit et de neuf pans [2].

[1] *Reineggs*, Topographie du Caucase, I, 291. —
[2] *Idem*, ibid. I, 286. Tab. III. Comp. Georgi, II, 970

Dans la proximité de l'*Elbours*, dernière sommité du Caucase, habitent les *Suanètes* ou *Souanes*. « Ces peuples, dont le nom signifie dans leur langue *habitants des hautes montagnes*, sont actuellement libres, et n'ont de liaisons avec les Géorgiens que sous le rapport du dialecte. Rien n'égale leur malpropreté, leur rapacité et leur aptitude en fait d'armes. Les femmes enveloppent leur tête dans un mouchoir de lin de couleur rouge, de manière qu'on ne leur voit qu'un œil. De là vient peut-être la fable géographique d'une nation de borgnes ou *monommati*. On peut aussi regarder les *Phtirophages*, c'est-à-dire les mangeurs de vermine, qui, selon Strabon, habitaient cette contrée, comme les anciens parents des Souanes. Des montagnes d'ardoise presque inaccessibles qui séparent la Mingrelie du pays des Abases et des Basians, et qui s'étendent jusqu'aux confins de ce dernier, mettent les Souanes à l'abri de tout danger; ils y demeurent au nombre de 5,000 familles, sans chef et sans prince. Redoutés déjà de l'empire byzantin, ils se font encore une renommée par leur valeur sauvage; une taille haute et avantageuse contribue à les faire craindre. Ils savent manier le fusil, composer la poudre, et fabriquer toutes sortes d'armes; leurs mines fournissent les matériaux nécessaires. On a trouvé chez eux du plomb, du cuivre, des vases et des chaînes d'or et d'argent.

» Les *Ossètes* habitent à l'est des Basians. Ils sont voisins des *Mouzoriens*. En voyant leur vêtement, leurs cheveux d'un châtain clair et leur barbe rousse, on dirait que ce sont des paysans de la Russie septentrionale. Ils se donnent eux-mêmes le nom d'*Irones*, et appellent leur pays *Ironistan*; leur langage a quelques rapports avec la langue allemande, avec l'esclavon, et surtout avec le persan. Le pays des Ossètes domine les communications avec la Géorgie; il s'étend depuis les sources du Térek jusque sur la cime du Caucase; dans ces montagnes escarpées, séjour de l'hiver, toutes les rivières coulent avec une rapidité étonnante. Les mœurs des Ossètes sont d'une simplicité caractéristique; leur manière de saluer consiste dans un attouchement de la poitrine pour les hommes, ou du sein pour les femmes. Dans les funérailles d'un Ossète, il règne une ostentation de douleur très bruyante; les femmes se déchirent le sein et menacent de se précipiter du haut en bas d'un rocher; puis on boit et on mange en l'honneur du défunt pendant trois jours. Les maisons des Ossètes sont autant de petits châteaux-forts; quoique vassaux de la Russie, ils vivent dans une indépendance sauvage.

» On prétend avoir rencontré dans cette partie du Caucase un grand oiseau d'un plumage bigarré très beau, qui ressemble à un faisan; les Ossètes le nomment *sym*. Il vit dans une sorte d'alliance avec les bouquetins qui partagent sa solitude; à l'approche d'un chasseur, il fait partir un sifflet aigu qui devient un avertissement pour le quadrupède poursuivi. On trouve encore dans le canton des Ossètes des milliers de cavernes taillées dans des rochers escarpés, sur des montagnes inaccessibles, ordinairement d'une hauteur de dix brasses; elles sont abandonnées, mais on y reconnaît des vestiges d'anciens habitants[1]. Le fort de *Dariela* est situé aux frontières orientales de l'Ossétie; il ne faut, pour rendre imprenable ce passage, que des fortifications légères et une faible garnison. On a agrandi le défilé qu'il commandait, et l'on a construit une nouvelle forteresse pour remplacer l'ancien fort, maintenant en ruine.

» La tribu la plus considérable des Ossètes est celle des *Dugores*, qui se compose d'environ 3,000 familles. On prétend qu'ils sont tributaires des *Badilles*, espèce de chevaliers domiciliés dans les plus hautes montagnes, et qu'une petite rivière sépare d'une autre tribu inconnue, celle des *Nitigures*; ce dernier nom paraît hunniqué. Les *Tcherkessates* ont des bois sacrés, divisés en plusieurs sections, suivant le nombre de leurs familles. Tous les ans, ils célèbrent des fêtes qui durent huit jours et qui ressemblent à celle des tabernacles parmi les Juifs; les voyageurs et les passants sont libéralement invités d'y prendre part, et l'une des familles se charge du soin de les régaler. Les *Dimfars*, peuplade républicaine, combattent et bravent les Dugores. On trouve dans leur canton une caverne de *Saint-Nicolas*, indice de leur ancienne religion. Ce saint russe est censé y paraître sous la forme d'un aigle pour recevoir la viande qui lui est

[1] *Pallas*, premier **Voyage**, VII, p. 55-79. *Reineggs*, 1, 233.

offerte; on s'imagine bien qu'il ne manque pas d'oiseaux de proie qui, à cet égard, remplacent parfaitement le saint.

» La contrée montagneuse qui s'étend à l'est de l'Ossétie, au nord, entre les fleuves Soundja et Aksaï, est nommée *Kistie*, ou *Kistetie*, par les voyageurs et les géographes russes. C'est, comme la Kabardie, un pays de forêts et de pâturages, avec des cantons très propres à l'agriculture (¹). Les diverses tribus sauvages qui y demeurent sont connues sous plusieurs noms généraux. Les Géorgiens les appellent *Kistes*, les Tatars *Mizshegis*; leur tribu principale prend le nom d'*Ingouches*, ou *Intousches*. On distingue encore les *Tchetchentzes*, ou *Tetentzes*, les *Karaboulaks* et les *Tousches*. Ils parlent tous une langue particulière, qui semble remonter aux temps les plus reculés. Dans les combats, ils portent un bouclier, et cet usage antique les distingue de tous les autres habitants du Caucase.

» Parmi les *Ingouches*, on remarque des traces d'idées chrétiennes; ils adorent un seul dieu, qu'ils nomment *Dœle*, et consacrent le dimanche au repos, mais ne rendent ce jour-là aucun culte à la Divinité. Ni la naissance, ni la mort ne sont accompagnées chez eux de cérémonies religieuses. Un solitaire, appelé le *Zannistag*, vivant dans le célibat et demeurant à côté d'une église antique, remplit les fonctions de prêtre; devant une assemblée nombreuse, sur un autel de pierre, il immole une quantité de brebis blanches, que les familles les plus riches et les plus distinguées fournissent. Cette église ancienne, située dans le territoire des Ingouches, porte une inscription gothique, et renferme des livres latins ornés de caractères dorés, bleus et noirs, livres révérés comme des reliques. Trente petites demeures d'ermites sont établies dans la proximité de ce sanctuaire, asile respecté au milieu des guerres éternelles qui divisent ces barbares.

» Les *Ingouches* ont une physionomie caractéristique, et une prononciation si dure, que l'on croirait qu'ils roulent des cailloux dans la bouche. Ils forment environ 800 familles. Chez ce peuple, les femmes se livrent aux soins du ménage, à la fabrication des vêtements et aux travaux de l'agriculture, tandis que les hommes s'occupent par goût de la guerre et de la chasse. Cependant, depuis quelques années, ils s'adonnent aux occupations agricoles et sont parfaitement soumis au gouvernement russe. Ce sont eux qui arrêtent les brigandages des Tchetchentzes. Il existe, au milieu des montagnes, d'autres Ingouches appelés *Dalni*, c'est-à-dire éloignés, qui ont conservé leur caractère féroce et qui ont peu de relations avec les Russes.

» Les *Karaboulaks* méritent l'attention à cause de leur idiome, qui semble être celui des fameux Alains, car la ville de Theodosia, en Tauride, était désignée par le mot alanique *Ardauda*, qui signifie *sept dieux*; or, ce terme a encore la même signification chez les Karaboulaks (¹).

» Les *Tchetchentzes*, ou *Tetentzes*, demeurent dans sept grands villages, au milieu d'immenses forêts. Ces peuples étendent au loin leur brigandage, parce que leurs montagnes inaccessibles les mettent à l'abri des poursuites des Cosaques.

» Du côté du sud-est, on trouve les *Tousches* (²), c'est-à-dire les *rêveurs*, nom qu'ils doivent à leur superstition. Le nombre de leurs familles est d'environ 5,000. Ils ont en vénération les chats. On dit que le père donne à son fils, à l'âge de six à sept ans, une jeune fille adulte pour épouse, et que, jusqu'à la puberté du jeune homme, il remplit les fonctions maritales; les enfants qui naissent de cette union sont élevés comme faisant partie de la famille. Cette singulière coutume existait, il y a peu de temps, dans la Russie d'Europe. On prétend avoir remarqué chez les Tousches l'accouplement de l'âne et de la vache, et l'on dit qu'il en résulte la naissance d'un mulet, petit, mais très fort (³). »

Toutes ces tribus, et plusieurs autres moins connues, sont indépendantes et gouvernées par des princes, que des inimitiés particulières ou l'amour du pillage arment souvent les uns contre les autres. La Russie lève sur eux quelques impôts, ne se mêle pas de leur administration ni de leurs querelles, et les con-

---

(¹) *Georgi*, Russie. IV, 971.

(¹) *Peripl. Euxin. Anonym. in Geog. Græc. Min.* Rommel, sur le Caucase, dans le *Magasin Ethnographique*, I, p. 90. — (²) *Tusci*, de Ptolémée. — (³) Notice sur les peuples du Caucase: *Sieverni Arkif*. — 1826. Aperçu des diverses peuplades du Caucase, par un homme d'Etat russe.

sidère seulement comme une barrière destinée à défendre ses frontières asiatiques.

Les villes de la province du Caucase se réduisent à un petit nombre. *Vladekavkas*, près des bords du Térek, n'est qu'une espèce de village. *Andreeva*, ou *Endery*, sur la rive droite de l'Aktach, est la plus considérable de la contrée. Elle se compose de 3,000 maisons; plusieurs princes koumouks y résident; c'est dans ses marchés que les Lesghis vont vendre les fruits de leurs brigandages.

La ville de *Khoundsakh*, appelée aussi *Avar*, ou *Aouar*, a, dit-on, 1,000 maisons. Elle est sur la rive gauche de l'Atala. C'est la résidence du khan des Awares, ou Avar, qui prend le titre de *Noutzahl*, ou seigneur de Khoundsakh ; son palais est le seul de la contrée qui ait des vitres et des meubles à l'européenne. On fabrique dans cette ville, avec la laine des moutons du Caucase, des châles de la plus grande finesse. Près de la rive droite du Koïsou, *Chakhar*, ou *Koumouk*, qui se compose de 4,000 maisons, est le lieu où réside le Khanboutaï, ou Sourkhaï, khan des Kasi-Koumouks.

» Nous arrivons à la partie orientale du Caucase, ou l'ancienne Albanie, divisée en cantons innombrables que la géographie moderne range sous deux dénominations, le *Daghestan*, comprenant toutes les pentes du Caucase vers la mer Caspienne, et le *Lesghistan*, composé des vallées les plus élevées, soit du côté du pays des Kistes, soit de celui de la Géorgie. »

Le versant oriental de la chaîne du Caucase comprend, sur le bord de la mer Caspienne, la province de Daghestan, dont le nom signifie *pays de montagnes*. Ce pays est, en effet, très montagneux, hérissé de sommets élevés, que séparent de profondes vallées couvertes de lacs et sillonnées par des rivières et des torrents. Les côtes en sont peu découpées et n'offrent, conséquemment, aucun havre sûr et profond; elles sont très poissonneuses, mais les habitants négligent les avantages qu'ils pourraient retirer de la pêche. En vain possèdent-ils un sol d'une grande fertilité, favorisé, dans les plaines et les vallées, par le climat le plus doux, qui devient tempéré dans les montagnes, et qui n'est âpre que près des sommets couverts de neiges éternelles; le voisinage des Lesghis nomades arrête l'essor que pourraient prendre chez eux l'industrie et l'agriculture. Ces tribus errantes franchissent les montagnes, pillent les campagnes, et souvent enlèvent les moissonneurs avec les récoltes.

« Les *Lesghiens* ou *Lesghis*, qui paraissent être les *Legæ* des anciens, se font redouter par leurs brigandages perpétuels; ils enlèvent les hommes, les troupeaux, et tout ce qui se trouve dans les régions circonvoisines; ils emportent le butin sur des coursiers agiles, et rompent derrière eux les ponts de glace et de neige qui couvrent les précipices du Caucase. Accoutumés à supporter la faim et la soif, ils n'emportent dans leurs courses qu'une petite provision de vivres, renfermée dans des outres ou des peaux de chèvres; mais, réduits à toute extrémité, ils tirent au sort entre eux, et celui que le hasard désigne est dévoré par ses camarades. Leur genre de vie et l'air pur qu'ils respirent sur leurs montagnes, prolongent leurs jours d'une manière extraordinaire. Peu d'instants avant sa mort, le vieux Lesghien, si toutefois il ne succombe pas au champ de bataille, fait venir ses parents et ses héritiers, leur indique l'endroit qui renferme son or, son argent et ses pierreries, et meurt ensuite en riant. Cette nation possède quelques mines. Dans le Daghestan, on voit les Lesghiens conduire paisiblement leurs troupeaux loin des montagnes, et payer une contribution pour le pâturage. Leurs femmes, renommées pour leur beauté, se distinguent encore par leur valeur et leur intrépidité. Plusieurs tribus lesghiennes suivent la religion mahométane; on s'est aussi aperçu de quelques traces de christianisme; mais les moins civilisés adorent encore le soleil, la lune, les arbres et les fleuves. Leur langue n'a de rapport qu'avec celle que parlent les habitants de la Finlande; mais la diversité des dialectes lesghiens est fort grande.

» On a cherché à réduire tous les idiomes du Lesghistan au nombre de huit dialectes. Les *Awares* ou *Avares* et les quatorze tribus qui leur ressemblent, domiciliés dans la partie septentrionale du Lesghistan, parlent le premier dialecte. Le district d'*Awar* ou *Aor*, le reste de *Aorses* et la souche des fameux Awares, porte aussi le nom de *Chunsag*, ce qui signifie empire des *Chunes* ou Huns. Environ 1,500 familles mahométanes vivent ici paisiblement, gouvernées par un khan, qui passe pour un des princes les plus puissants du Caucase, et dont la maison, de préférence à toutes les autres, a des fenêtres et des vitres.

» Les tribus de *Dido* et d'*Unso* parlent le second dialecte; elles demeurent dans les montagnes près des sources du Samour, font paître leurs brebis dans le Kacheti, et vivent dans une indolence heureuse.

» Le troisième dialecte est celui des *Kaboutches*, qui passent pour demeurer près des Didos, du côté de l'orient, et le quatrième est en usage parmi les *Andys*, qui, selon Guldenstedt, habitent une contrée située à une branche du fleuve Koïsou.

» Les *Akouches*, les *Kouvesches* et les *Zoudacars*, trois tribus dont les demeures s'étendent le long de la frontière du Daghestan, ou même dans cette province, parlent le cinquième dialecte.

» Les Kouvesches ou *Koubasches* méritent le plus notre attention : jouissant d'une certaine aisance, ils sont appliqués, sobres, honnêtes et loyaux; on dit qu'ils se nomment eux-mêmes *Frenks*, et qu'ils se croient originaires de l'Europe. Leur territoire est situé dans les montagnes entre les sources du *Bougam* et du *Chary*. Ils forment une peuplade particulière soumise à une organisation démocratique : ils choisissent chaque année un conseil chargé de toutes les affaires publiques; tous ont voix dans cette élection. On pourrait supposer qu'ils sont les descendants des Vénitiens ou des Génois qui, dans le quinzième siècle, visitèrent la côte de la mer Noire, si des recherches ultérieures n'eussent prouvé que leur langue est semblable à celle des Lesghiens. On croit cependant que cette peuplade est d'origine allemande, parce que plusieurs mots de leur idiome dérivent de l'allemand : leurs mœurs, leur ameublement, la coiffure des femmes, et quelques unes de leurs lois pénales tendent à confirmer cette opinion. Suivant une tradition accréditée dans le pays, il paraîtrait qu'à une époque reculée, un chah de Perse envoya à un roi de France une ambassade pour lui demander des ouvriers en différents genres, et surtout des armuriers. A l'arrivée de ceux-ci sur les frontières de la Perse, l'entrée leur en fut refusée, parce que le chah était en guerre avec les Indiens. Ces ouvriers, au nombre de 40 familles, s'établirent dans le lieu qu'ils occupent aujourd'hui; ils embrassèrent l'islamisme, mais conservèrent une partie des usages de leurs ancêtres. Les Koubasches sont les courtiers du commerce qui se fait entre la Perse et la Russie; ils apportent à Kisliar des quantités considérables de coton (¹). Chez eux ils emploient leur temps à fabriquer des ouvrages de fer, d'or et d'argent, à forger des cuirasses, et à faire des mouchoirs fins, des manteaux de feutre et des tapis. Leurs femmes, habiles, spirituelles, et même instruites, s'occupent aussi à broder. Les Koubasches bannissent de leur présence les paresseux, les fainéants et les mendiants; leur intégrité et leur probité sont si généralement reconnues, que les princes des Lesghiens déposent chez eux les trésors qu'ils ont amassés, et que les peuplades voisines les choisissent pour arbitres. Ils sont mahométans, mais n'épousent qu'une femme; douze de leurs doyens gardent un trésor qui est le produit de leurs travaux communs.

» Les *Kasi-Koumouks*, ou *Kasi-Koumyks*, pasteurs et brigands, qui demeurent sur un bras du fleuve Koïsou, parlent le sixième dialecte lesghien. Leur khan est un des plus puissants du Caucase oriental.

» Le septième dialecte est en usage parmi les *Kaïdaks* ou *Kaïtaks*, et les *Karakaïdaks* ou *Karakaïtaks*, qui habitent les districts situés entre le Manas et le ruisseau de Darback. Ces peuples, légers à la course, manient supérieurement le fusil et le sabre. Les fertiles vallées des Kaïdaks sont parsemées de villages superbes. Le prince des Kaïdaks se nomme l'*Ouzmey*; son fils, à ce qu'on prétend, est allaité par toutes les femmes du pays; on croit vraisemblablement leur inspirer par ce moyen de l'amour et de l'attachement pour leur futur souverain.

» Les *Karaëles*, qui occupent quelques villages à côté du district de *Tabasseran*, parlent le huitième dialecte lesghien, qui est aussi commun, à ce qu'on croit, aux habitants de ce district florissant, et gouverné par un prince particulier. »

Le Caucase oriental nourrit encore deux nations tatares. Les *Koumouks* ou *Koumouiks* demeurent dans le nord du Daghestan, sur les bords de la mer Caspienne. Leur pays s'étend depuis les bords du Térek jusqu'à ceux du Koïsou, et comprend le golfe et la pénin-

(¹) *Guldenstedt*, Voyage, etc., I, 181. *Reineggs*, I, 60-113. *Forster*, Voyage du Bengale, etc., II.

sule d'*Agrachansk*. Environ 1,200 familles qui obéissent à des beys, habitent ici dans des cabanes de claies d'osier. On remarque sur la route de la Perse leur village de *Kaziourte*, près duquel les Russes ont établi un poste militaire. Les *Truchmènes* s'étendent sur toute la côte orientale du Caucase, mais principalement dans le Daghestan méridional, et dans toute la province asiatique de Chirvan. Ces nomades parlent le dialecte turc de la langue tatare.

Le Daghestan est à la fois une région physique et une province. Dans la partie septentrionale, nous voyons *Tarkou* ou *Tarki*, bâtie en amphithéâtre sur le bord de la mer, et chef-lieu du khanat de Chamkhal ; plus au sud, *Karaboudak* est un grand village auquel on donne 15,000 habitants. Au centre du khanat d'Ouzmeï, *Bachly* est la résidence du prince. C'est un bourg de 1,200 familles, au milieu duquel s'élève le château-fort d'Ahmed-Kend. Dans le khanat d'Otemich, *Koubetchi* occupe une vallée étroite formée par deux montagnes escarpées. C'est plutôt une bourgade qu'une ville : les maisons sont crénelées, et ont chacune un escalier extérieur ; elles communiquent entre elles par des chemins étroits. Sa population est de 6,000 individus, tous mahométans ; on y compte 12 mosquées.

L'Akoucha est une petite contrée qui occupe le penchant oriental d'un chaînon du Caucase ; elle est habitée par des Lesghis, qui composent 18,000 familles réparties dans 34 villages. Les Akouches sont organisés en une république fédérative composée de 12 cantons : chaque village a son chef particulier, qui est toujours le plus âgé des habitants. Ils s'occupent peu de la culture des terres, mais ils élèvent un grand nombre de moutons, dont la laine est employée à fabriquer des draps. Le principal village est *Aloucha*, qui renferme 4 à 5,000 habitants.

Dans le Daghestan méridional, nous verrons *Koura*, chef-lieu d'un des plus considérables khanats des Lesghis sédentaires. Cette ville est sur la rive gauche d'une petite rivière du même nom. Le khan, prince héréditaire vassal de la Russie, étend sa domination jusqu'à la mer Caspienne, où la rivière de *Samour*, probablement l'Albanus des anciens, décharge ses eaux abondantes par 10 ou 12 embouchures. *Kouba*, la plus forte ville d'un khanat peuplé de Turcomans, est située sur la rive droite du Koudialtchaï. Elle est entourée de murs flanqués de tours, et renferme un château où réside le khan. On n'y compte que 4 à 500 maisons ; un faubourg assez considérable est habité par des Juifs ; hors de la ville, s'élèvent un grand nombre de cabanes où logent des Arméniens. A 10 lieues au sud-est de Kouba, la petite ville de *Chabran*, qui, selon l'opinion commune, a été construite par les Hébreux, sous le nom de *Samaria*, et selon d'autres, par Nadir-chah, est aujourd'hui en ruine. Il y demeure encore quelques Juifs qui se distinguent par un beau physique et une certaine aisance. Elle donne son nom à un district fertile au nord, mais stérile au sud, et habité par des *Paddars* ou réfugiés persans. *Tabasseran*, *Akhouti* ou *Akhouta*, sont des chefs-lieux de petites souverainetés dans les montagnes.

Dirigeons-nous vers la capitale du Daghestan : *Derbent*, resserrée entre les montagnes et la mer, compte environ 900 à 1,000 maisons ; ses murs épais et élevés étonnent le voyageur, mais n'arrêtent point les armées ; son port, peu sûr, n'est que le siége d'un faible commerce. Elle est fermée, du côté du nord, par une ancienne porte de fer, qui lui a valu le nom turc de *Demir-capi*. Ses rues sont étroites et irrégulières, et ses maisons basses et à toits plats, à la manière orientale. D'Anville la regarde avec raison comme l'antique *Albana*. Selon les habitants, elle aurait été fondée par Alexandre-le-Grand. On remarque dans ses environs les restes d'une grande muraille attribuée à Darius, qui l'aurait fait élever pour arrêter les courses des Scythes : elle fermait, dit-on, les gorges du Caucase, sur une étendue de 50 lieues. Selon quelques auteurs, ce serait à Chosroès qu'il faudrait attribuer cette gigantesque construction. Un des principaux titres de Derbent à la célébrité, c'est qu'elle fut la résidence du fameux calife Haroun-al-Réchyd. Elle tomba au pouvoir des Russes en 1795, et c'est la seule cité du Daghestan où ils entretiennent une garnison.

« C'est ici que commence à se faire sentir l'influence d'un climat plus doux. Les territoires de Derbent, de Koura et de Kouba sont au nombre des contrées les plus délicieuses. C'est ici que, selon Strabon, les habitants recueillaient le cinquantième grain, et voyaient ces riches récoltes se renouveler deux ou trois fois l'année. Encore de nos jours, le sol est parfois si gras, qu'on a coutume d'atteler à la charrue six à huit bœufs. On exporte beaucoup de froment, d'orge, de safran, de coton et divers fruits. Le territoire de Kouba a été surnommé, par les Persans, *le Paradis des Roses*. Il y a des endroits où, de chaque fente des rochers, on voit sortir un cep de vigne. Mais ces belles régions éprouvent une trop grande humidité; elles sont, en plusieurs endroits, infestées de reptiles et d'insectes nuisibles.

» Nous voilà arrivés sur les rivages du Volga et dans l'ancien royaume ou *khanat d'Astrakhan*; nous n'en décrirons d'abord que la partie basse, ou la steppe, qui répond à peu près au gouvernement russe de ce nom, quoiqu'elle s'étende aussi dans la partie orientale de celui de Saratof. Le *Volga*, qui s'écoule ici dans la mer Caspienne, est un grand objet de géographie. Né comme un ruisseau dans les forêts du plateau de Valdaï, près Volchino-Verchovie, il traverse (selon l'expression commune) les lacs Oselok, Piana et Volga, reçoit les eaux du lac Seligher, et devient navigable près Rjef, où il a 90 pieds de largeur. Il coule ensuite dans une direction orientale vers Kazan où, grossi de la *Kama*, qu'on peut considérer comme un second Volga, il se tourne vers le sud et semble chercher la mer d'Azof; mais, au grand détriment de la Russie, il est forcé par la chaîne de collines volgaïques de se jeter dans la mer Caspienne. Avant d'avoir reçu la Kama, il a 600 pieds de large, et ensuite jusqu'à 1,200 aux environs de Saratof. Près d'Astrakhan, où il embrasse beaucoup d'îles, sa largeur dans les hautes eaux, atteint presque 5 lieues, ou 20 verstes. Selon Guldenstedt, sa chute n'est que de 6 pouces par 4 verstes, et les lacs qui forment ses sources ne seraient que de 300 pieds plus élevés que ses embouchures. Celles-ci, au nombre de 70, sont formées par huit bras principaux. La profondeur de son chenal de navigation varie de 6 à 15 pieds. Ses eaux, qui sont de qualité médiocre, nourrissent une immense quantité de poissons, entre autres des esturgeons, des husons, des sterlets. Le vallon du Volga depuis Ostakhof est un bas-fond continuel d'une verste à 20 de largeur, bordé de collines de 15 à 60 pieds de haut qui montrent à découvert les couches d'argile, de marne, de gypse, de grès, de houille dont les plateaux voisins se composent. Près Nijni-Novgorod, le fleuve a miné son rivage, et les éboulements y entraînent même des édifices considérables. Mais son cours général est régulier et calme. Il s'enfle par les pluies et la fonte des neiges avec tant de promptitude, que ses eaux, en pénétrant dans le lit des rivières affluentes, les font retourner en arrière. Les glaces le couvrent dans toute son étendue, mais, vers le sud, il reste toujours des ouvertures fumantes par lesquelles le fleuve semble en quelque sorte respirer; ces *poloumna*, en changeant de place, mettent les voyageurs en danger.

» Pendant deux mois, le Volga est un chemin de voitures, et pendant les deux mois opposés un canal de navigation. Plus de 5,000 barques, construites dans les pays boisés du nord de la Russie, descendent ce fleuve chargées de toutes sortes de productions; mais comme elles remontent plus difficilement, elles sont en très grande partie vendues à Astrakhan; de là l'épuisement des forêts que le gouvernement cherche à arrêter. Quelques unes de ces barques, nommées *ladia*, chargent jusqu'à 100,000 *pouds* de sel; les *kayouki*, de 53,000 *pouds* de charge, portent du blé, et les *nosedi* du bois. Comme le Volga entoure circulairement le plateau central de la Russie, et qu'il reçoit le tribut des eaux de l'Oka, rivière principale de cette région fertile; comme dans sa partie supérieure le Volga communique par le canal de *Vouichni-Volotchok* avec le lac Ladoga et la Néva; comme enfin la Kama lui apporte toutes les eaux de la Russie orientale, ce grand fleuve est la principale route commerciale intérieure de l'empire: la ville d'Astrakhan est pour ainsi dire l'Alexandrie de ce Nil de la Scythie; mais ce débouché est placé sur une mer intérieure sans communication avec l'Océan, et bordée par des nations peu civilisées ou peu hospitalières. Le Volga, comme le Danube, ne remplit pas les grandes destinées que son cours imposant semblait lui promettre.

» Le nom russe de *Volga*, dit Georgi, signifie en sarmate *le grand*; mais qu'est-ce que la langue *sarmate*? Si l'on veut entendre par ce terme impropre le vieux slavon, ou plutôt le *proto-slave*, parlé par les peuples vassaux des anciens Scythes, nous trouvons cette étymologie assez vraisemblable; mais les preuves manquent[1]. Les langues finnoises nous présentent une explication plus facile; *volgi* signifie la vallée : qu'est-ce que le lit du Volga, sinon la grande vallée de la Russie? Les Tatars lui ont donné le nom d'*Ethele* ou *Itel*, qui veut dire le magnifique, le libéral, ou, selon d'autres, simplement la rivière; les Kalmouks conservent ce nom sous la forme d'*Itchild-gad*. Le plus ancien nom est celui de *Rha* ou *Rhas*, qu'on a comparé avec l'*Araxes* de l'Arménie; mais ces deux noms diffèrent radicalement dans la langue arménienne[2]. Les Mordouins, peuplade finnoise, lui conservent le nom de *Rhaou*, qui, dans leur idiome, paraît avoir une signification relative à l'eau pluviale[3]. De toutes parts les étymologies nous ramènent dans les ténèbres d'une haute antiquité.

» Le pays d'Astrakhan est bien loin de devoir aux inondations du Volga ce que la basse Égypte doit à celles du Nil; elles n'y apportent pas un limon fertile ni des eaux fécondantes. Le terrain qui n'est pas inondé par le Volga consiste en landes qui, pour n'être pas absolument stériles, sont néanmoins peu propres à l'agriculture. L'absence ordinaire de toute pluie est cause que même sur les bords du fleuve l'on est obligé d'arroser artificiellement chaque coin de terre qu'on veut cultiver. Ces bruyères sèches et brûlantes se couvrent cependant au commencement du printemps de belles fleurs, d'excellentes herbes, d'asperges, de câpres, de raiforts, de poireaux et de réglisse. La tige de cette dernière plante s'élève quelquefois à une aune de hauteur; les racines, si utiles dans la médecine, deviennent de la grosseur du bras d'un homme robuste, cependant le jus n'est pas d'une très bonne qualité. Les espèces de salsola, dont on tire la soude, viennent également en abondance; la qualité en est aussi bonne que l'on doit l'attendre dans un sol aussi imprégné de sel. Dans les lacs d'*Etsen*, de *Bagd* et plusieurs autres, le sel forme au fond un amas de cristaux. La montagne de *Bogdo-oola* porte sur son sommet une colline de sel. Il y a deux steppes ou landes semblables : l'une entre le Don, le Volga et le Caucase, appelée proprement steppe *astrakhanskaïa*; l'autre, entre le Volga et l'Oural, porte le nom de steppe *kalmoutzkaïa*, parce que les Kalmouks autrefois y demeuraient. Selon Pallas, l'une et l'autre de ces immenses landes ont dû être autrefois couvertes par la mer Caspienne. Dans la steppe orientale, un long plateau sablonneux, mais verdoyant, nommé *Naryn* en kalmouk et *Rynpeski* en russe, s'élève au-dessus de la plaine formée d'un limon argileux et salin. Parmi les animaux qui errent dans ces landes, nous remarquons l'*antilope-saïga*, dont les cornes sont transparentes, et qui surpasse à la course les meilleurs chiens; les lièvres-terriers, les outardes, les faisans et autres oiseaux, entre autres les *remiz* ou mésanges; enfin la tarentule.

» Considérons maintenant la partie fertile de ce *gouvernement* : elle est extrêmement bornée, et ne comprend guère que les terrains bas qui se trouvent le long des fleuves Volga, Oural et Térek. Ces contrées produisent des herbes d'une grandeur démesurée, des arbouses, des citrouilles et des concombres, ceux-ci jusqu'à la longueur d'une demi-aune, des racines et légumes de toute espèce; des pommes, poires, pêches, abricots, prunes, cerises, mûres et d'autres fruits; enfin du raisin rouge et blanc. Tous ces végétaux viennent d'une grosseur extraordinaire, circonstance que les panégyristes de la Russie ne cessent de répéter avec enthousiasme; le pays d'Astrakan pourrait, selon eux, devenir un paradis terrestre. Nous autres, qui ne sommes pas chargés d'attirer des colons en Russie, nous dirons la vérité sans déguisement. Tous ces fruits et légumes prennent un immense développement, parce qu'on leur prodigue des arrosements artificiels, parce que le sol est imprégné de matières salines et bitumineuses, enfin parce que la chaleur pendant deux mois est extrême : voilà les causes de ces développements étonnants dont la végétation est susceptible dans ces contrées; mais de ces mêmes causes provient aussi le goût désagréable, aquatique et insipide que l'on remarque dans les productions d'Astrakhan. Disons que l'industrieux Russe saura bien un jour tirer parti du delta Volgaïque,

---

[1] *Volkoi*, au féminin *Volkoia* ou *Volkaia*, serait un ancien synonyme de *Veliki*. — [2] *Saint-Martin* : Mém. sur l'Arménie, I, p. 38, 39, 63; II, p. 228, 403. — [3] *Busching* : Erdbeschreibung, I, 770. *Klaroth* : Asia polyglotta, vocab.

mais qu'il y lutte encore faiblement contre de grands désavantages naturels. La chaleur y est quelquefois excessive, et l'on voit le thermomètre monter jusqu'à 103 ½ degrés de Fahrenheit, qui font plus de 31 de Réaumur. L'air est malsain dans une grande partie de ce gouvernement, à cause des exhalaisons salines dont il est constamment chargé. Les vents du nord apportent quelquefois un froid si vif, que le thermomètre descend au-delà de 24 degrés de Réaumur. Le principal bras du Volga, large de 2,200 pieds, gèle en hiver jusqu'à porter des traîneaux chargés; la glace dure ordinairement deux mois. La ville d'Astrakhan ayant trouvé l'entretien des vignobles trop onéreux, a obtenu la permission de les vendre à des particuliers; on n'en tire que des raisins devenus très gros *à force d'irrigations*; le peu de vin qu'on y fait n'est bu que par le menu peuple dans la ville. Les tentatives pour la culture des oliviers n'ont pas réussi. Les abricots ne prospèrent qu'en prenant beaucoup de soins, et quelquefois ils périssent dans les grands froids. C'est, comme on voit, le climat des extrêmes.

» La ville d'*Astrakhan*, dont la population de 40,000 habitants s'élève quelquefois, dans le temps des pêcheries, à 60,000, est construite dans une des îles formées par le Volga, et figure assez bien du dehors avec ses nombreuses églises, ses vergers et ses vignobles, ses grands faubourgs, sa citadelle ruinée, bâtie en briques et nommée *Kreml* ou *Kromlin*, comme celle de Kasan, de Nijni-Novgorod et de Moscou; ce quartier a été bâti par le tsar Vassilei-Ivanovitch-Chouiskoï. Il existe à Astrakhan 25 églises russes, 2 arméniennes, une luthérienne, une catholique et plusieurs mosquées; un assez beau palais archiépiscopal, un séminaire, un gymnase, un laboratoire pharmaceutique, 25 fabriques de soieries, 60 de cotonnades, 20 teintureries, quelques fabriques de cuirs et des fonderies de suif, mais ce n'est pas une belle ville : les maisons de bois y fourmillent; les rues, boueuses et sans pavé, concourent, avec la fange et les poissons croupissants que les inondations du printemps laissent sur les rivages, à y rendre l'air désagréable, et même malsain. Le commerce avec la Perse et l'Inde fleurit, ainsi que l'industrie, dont le principal objet est le coton et le maroquin. Parmi les habitants on trouve,

outre les Russes, des Arméniens, des Tatars, des Indiens, des Persans, des Juifs, des Grecs, des Allemands et des Ecossais. Les sectateurs de Brahma vivent en communauté de célibataires, dans un grand édifice en bois, sans fenêtres; la propreté règne dans leurs réfectoires communs, bien fournis en fruits et en pâtisseries; leur principal métier est l'usure. Les Tatars, livrés au petit commerce, sont toujours débiteurs des Indiens, au point de leur remettre en gage et en usufruit leurs propres femmes; de ce commerce descendent les Tatars *Achrichanski* ([1]). »

Les autres villes du gouvernement sont sur le Volga, comme la capitale. En remontant ce fleuve, nous verrons *Krasnoïar*, petite ville dont les habitants s'occupent de la pêche : on y remarque encore les restes de murailles et de tours en bois qui lui servaient jadis de fortifications; l'ancienne ville, ruinée, de *Saraïe* ou *Sélitrenoï-Gorodok*, c'est-à-dire *petite ville de salpêtre*, que les Tatars détruisirent, il y a plusieurs siècles, après un siége de huit ans. Des ruines immenses attestent l'importance que dut avoir cette capitale des Khans de la Grande-Horde. *Ienotaevsk*, groupe de maisons qui entourent un petit fort où l'on entretient une garnison; enfin *Tchernoïarsk* ou *Tchernoïar*, ville de 2,600 habitants, que défendent des fortifications régulières et bien entretenues.

« Franchissons la steppe qui sépare le Volga de l'Oural, et nous sommes dans le pays des *Cosaques Ouraliens*. C'est une longue et étroite bande de terrains sablonneux et marécageux qui borde le cours du fleuve Oural. Descendu des montagnes dont, par ordre de Catherine II, il porte aujourd'hui le nom, ce fleuve roule ses eaux médiocrement limpides, mais extrêmement poissonneuses, dans un lit sans écueils et assez profond pour des barques; ses solitaires rivages, couverts d'une forêt de roseaux, ne retentissent plus du fracas du commerce, depuis que la ville tatare de Saraïtchik (le Saracanco des voyageurs) a été détruite. La pêche seule y assemble les Cosaques à plusieurs époques fixes. Celle de la pêche sous la glace offre un des spectacles les plus singuliers : un essaim de quelques milliers de pêcheurs y arrive en traîneaux, chacun muni d'une fourche, de plusieurs perches et d'au-

([1]) *Hayn*, cité par *Georgi*, Beschreib., II, p. 947

tres instruments ; ils se rangent dans une ligne immense, et celui qui oserait devancer les autres verrait sur-le-champ ses instruments brisés par les gardes. Les pêcheurs frémissent d'impatience, et ce sentiment paraît être partagé par leurs chevaux, dressés à ces courses. Au moment où « l'*hetman* de la pêche » part dans son traîneau, tous s'envolent avec la rapidité du vent, choisissent une place sur le fleuve glacé, y taillent une ouverture, y enfoncent leurs fourches ; une forêt de perches s'élève sur le fleuve ; les marchands, accourus jusque de l'intérieur de la Russie, achètent le poisson avant même qu'il soit tiré hors de l'eau ; bientôt les esturgeons, les husons, les *sevruga*, palpitent sur la glace, et les courriers de la « *grande armée ouralienne* » partent comme un éclair avec les prémices de la pêche pour les déposer aux pieds de la cour de Pétersbourg. La valeur du poisson exporté pour l'intérieur (y compris la colle et le *caviar*) est estimée à 2 millions de roubles, et le droit de sortie produit à « *la chancellerie de l'armée* » un revenu de 100,000 roubles, qui forme la base du trésor que cette administration accumule.

» Enrichis par la vente de leur pêche, de leurs bestiaux, de leurs laines, de leurs chevaux et de leurs moutons, dont ils exportent annuellement plus de 150,000, les Cosaques Ouraliens vivent dans la plus grande aisance ; leurs maisons, du moins celles de la ville principale, nommée *Ouralsk*, offrent de la propreté et de la commodité ; les étrangers y sont reçus avec la plus grande hospitalité ; eux-mêmes s'habillent à l'asiatique, en étoffes de coton et de soie ; la *soroka*, ou bonnet de leurs femmes, est ornée de perles fines et d'un mouchoir de soie persane. Comme ils sont de la secte des *roskolniki*, ils abhorrent le tabac et conservent la barbe.

» Ouralsk, située au confluent de l'Oural et du Tchagan, ne renferme que des rues étroites et peu régulières : elle est défendue par quelques fortifications. On y trouve 5 églises et 4,500 habitants. Les Cosaques qui l'habitent sont au nombre de 3,600 hommes répartis en 7 stanitzes ou régiments ; ils sont régis par leur propre chancellerie, divisée en deux départements, dont un pour la partie militaire, et l'autre pour les affaires civiles, le tout présidé par l'attaman des troupes, sous la surveillance cependant du gouverneur général d'Orenbourg([1]). *Gourief*, sur la rive droite du bras le plus oriental de l'Oural, à deux ou trois lieues de la mer Caspienne, est encore une ville de Cosaques. Elle contient 400 maisons et 3 églises. Les marais salants qui l'environnent, et qui sont inondés au printemps, en rendent l'air très malsain dans cette saison ; mais sa forteresse est la mieux construite de toutes celles qui s'élèvent sur l'Oural.

» Ce peuple, aujourd'hui paisible, a eu une histoire orageuse. Sortis des Cosaques Doniens, ils s'établirent en brigands sur tout le cours du bas Volga ; voyageurs, marchands, ambassadeurs, tout tombait sous leurs coups. Ivane II envoya une armée contre eux. Ceux qu'on put saisir périrent dans d'horribles tourments, suspendus par les côtes à des crocs de fer. Chassés du Volga, ils pillèrent les bords de la mer Caspienne, et ayant pris Saraïtchik, non seulement ils y massacrèrent tous les vivants, mais ils tirèrent les morts de leurs cercueils pour les dépouiller et les outrager. Leur république indépendante, fondée sur les bords de l'Oural, alors nommé *Jaïk*, se soumit à la protection de la Russie, en conservant ses libertés. Mais la révolte sanguinaire de Pougatschef fut une occasion trop séduisante pour leur esprit remuant et leur humeur féroce ; ils se mirent sous les ordres de cet homme cruel, et, vaincus par les troupes russes, ils furent privés de leurs assemblées nationales et de leur artillerie. Leur population s'élève aujourd'hui à 30,000 individus des deux sexes.

» Ils ont fait dans le seizième siècle, et au commmencement du dix-huitième, deux expéditions qui ne sont pas sans intérêt pour la géographie : dans la première, ils détruisirent Ourganz, la fameuse ville de commerce près le lac Aral ; dans la seconde, ils prirent et occupèrent pendant une année la ville de Khiva, d'où ils ne furent chassés que pour avoir négligé les moyens de surveillance. Dans l'une et l'autre expédition, on vit ce que peut une troupe peu nombreuse, guidée par le courage et l'adresse. »

([1]) *Vsevolojsky* : Dictionnaire géographique-historique.

LIVRE QUATRE-VINGT-TREIZIÈME.

Suite de la Description de l'Europe. — Description de la Russie d'Europe orientale. — Coup d'œil sur les peuples finno-hunniques ou ouraliens.

« Avant d'entrer dans la description géographique de l'est et du nord de la Russie d'Europe, jetons un coup d'œil sur l'antique race qui jadis paraît avoir habité cette région tout entière, où l'on en trouve encore des restes si considérables.

» Les *Lapons*, les *Finnois*, les *Estoniens*, les *Permiens* ou *Biarmiens*, les *Votiaks*, les *Vogouls*, les *Ostiaks d'Obi*, les *Tchouvaches*, les *Tchérémisses*, et quelques autres peuplades, descendent tous ensemble d'une seule souche; langage, mœurs et physionomie, tout prouve suffisamment leur parenté : mais des traces de différence qu'on ne saurait non plus nier, prouvent aussi que l'histoire de cette race nous cache quelques secrets qu'il nous sera toujours impossible de deviner, soit qu'il ait existé deux races originaires, fondues ensemble par des mélanges réitérés, soit qu'une ou deux grandes conquêtes aient amené dans ces contrées une race asiatique, dont la domination aura modifié le caractère physique chez quelques uns des peuples vassaux.

» Les Finnois s'étendaient, du temps de Tacite et de Strabon, jusqu'au milieu de la Pologne, sous les noms identiques de *Fenni* et de *Zoumi;* les traces de leur séjour se manifestent encore dans la langue lithuanienne. Les *Viatitches*, anciens habitants du gouvernement d'Orël, étaient finnois d'après Nestor. Nous verrons que les puissantes et nombreuses tribus des *Hongrois*, dont les seules migrations historiquement connues se retracent dans la Russie centrale par Souzdal, la rivière d'Ougra, la ville de Lebédian, parlaient et parlent encore une langue affiliée aux langues finnoises. Divers noms géographiques prouvent aussi la grande extension des peuples finnois ; le mot *ioug*, qui dénote une rivière, se retrouve jusque parmi les affluents du Don ; nous avons vu que le nom propre du Volga est probablement finno-hongrois, et nous ajouterons que les monts Ouraliens portent aussi le nom finnois de *poyas*, c'est-à-dire la *ceinture*. Il vient même d'être rendu extrêmement probable que la division particulière des régions de l'horizon, en usage parmi les Finlandais, fait partie d'un système astronomique qui a dû se former entre le 40e et le 50e parallèle, et que par conséquent la première civilisation des Finnois a commencé sur les bords de la mer Noire ou de la mer Caspienne ([1]). Mais, quoiqu'il soit démontré que des peuples de la race finnoise s'étendaient sur toute la Russie septentrionale, orientale et méridionale, à une époque très ancienne, il ne s'ensuit pas qu'ils occupaient seuls cet espace, ni même qu'ils y dominaient : il reste à cet égard plusieurs questions difficiles à résoudre.

» Les Scythes étaient-ils Finnois ? Nous pensons qu'il faut considérer ce fameux peuple comme un assemblage de tribus, les unes nomades, les autres agricoles, vivant en état de vasselage, sous la domination d'une tribu dominante. Tel a toujours été l'état politique des peuples asiatiques, surtout dans le centre de l'occident. Le système des castes pourrait bien n'être qu'un résultat postérieur de ces réunions de tribus. A l'égard des Scythes, peuple conquérant, sorti de la Médie, d'après le témoignage d'Hérodote, nous croyons que le système des castes est moins vraisemblable que celui des tribus agrégées. C'est ainsi que les indications très variées des anciens sur les Scythes peuvent le mieux se concilier. La tribu dominante en Europe sur le Tanaïs et le Borysthène était la même qui dominait en Asie aux rives de l'Oxus et de l'Iaxartes; de là l'identité du nom général que les anciens ne leur ont pas donné au hasard : mais les nations soumises à leur empire étaient de plusieurs races. En Europe, c'étaient probablement des Finnois sur le Tanaïs, des Slavons sur le Borysthène; de là les noms et les traits caractéristiques appartenant à ces deux langues, qu'on a cru reconnaître dans les mots cités par

([1]) *Mnémosyne*, journal de Finlande.

Aristophane et Pline comme scythiques (¹). Mais les *Scythes royaux*, les maîtres de l'empire, ne parlaient ni slavon, ni finnois, ni gothique, ni germanique : leur langue tenait par ses racines à l'ancien zend, au persan, et au sanskrit. *Exampaios*, qu'Hérodote traduit par les *saints chemins*, s'explique par le mot zend *eschaë*, pur, lumineux, saint, et par la racine *pad* ou *pai*, chemin, racine commune au persan et au sanskrit. *Arima*, un, est *oïma* en zend. *Aiorpata*, ou « celles qui tuent les hommes, » dénomination scythique des Amazones, vient d'*aior*, homme. *aïr* en arménien et en zend, *weyor* dans quelques idiomes caucasiens, et *pata*, qu'on peut expliquer dans le sens de tuer et dans celui de maîtriser. *Oito-Syros*, l'Apollon des Scythes, nous paraît tirer son nom d'*Aita*, père, et *surya*, lumière; *Tamimasades*, leur Neptune, est le fils des flots. » Quoique nos recherches, interrompues par la mort d'un savant qui nous ouvrait tous les trésors de sa bibliothèque, ne puissent être présentées au monde savant dans leur forme actuelle, elles nous ont convaincu du résultat que nous indiquons, et que nous aurons probablement le plaisir de voir mieux démontré par un célèbre arméniste.

(¹) Le nom véritable des Scythes était *Skololes*, qui paraît venir d'un mot zend signifiant tête, chef. Aristophane, dans les *Thesmophores*, fait parler un soldat de la garde scythique soldée, chargée de la police d'Athènes. Ce *Scythe* ne peut prononcer le *ph* ou *f*, il le remplace par *p*; or, aucun mot véritablement polonais ne commence par un *f*. Il transforme souvent les masculins et les féminins grecs en neutres, et il termine ces neutres en *o*, une des terminaisons communes des neutres russes. Enfin, il substitue, comme les peuples slavons, le *t* au *th* sifflant des Grecs. Ne sont-ce pas des indices très remarquables du caractère slave des Scythes vendus aux Athéniens? Mais ce n'étaient pas les Scythes royaux, c'étaient leurs serfs, leurs vassaux, qui étaient conduits en Grèce, soit comme esclaves, soit comme mercenaires. Le Scythe ne peut pas non plus prononcer le *ch* grec et allemand dans *charis*, il en fait un *k*; circonstance qui, jointe à son incapacité de prononcer le *th* grec et skandinave, démontre au moins une chose, ce qu'il n'était pas un *Goth*. Dans les mots scythiques cités par Hérodote, nous ne croyons pas qu'on puisse en montrer un seul qui eût le caractère gothique. Mais *Silis*, nom scythique du Tanaïs chez Pline, paraît slavon, de *silén*, le fort, le puissant. Les noms des rois du Bosphore et des chefs d'Olbia présentent aussi des racines et des compositions slavonnes. Probablement la nation scythe s'est fondue dans la masse des peuples sur lesquels elle dominait.

» Les Huns étaient-ils Finnois? Cette question, encore plus obscure que la précédente, n'a été agitée que très récemment et est bien loin d'être résolue. Nous croyons qu'elle le sera un jour de la même manière que celle sur les Scythes; on reconnaîtra dans le portrait d'Attila la tribu dominante des Mongols ou Kalmouks, avec toute la laideur héréditaire de cette race; mais dans la masse de l'armée et la nation hunnique on verra les *Chuni* et les *Ounni* de la géographie grecque, les *Kuns* des Hongrois, les Huns européens, et une race en très proche parenté avec les peuples finnois.

» Passons à une tâche plus facile, celle d'indiquer la position géographique actuelle des nations finno-hunniques. Cette race est dispersée depuis la Skandinavie jusqu'au nord de l'Asie, et de là jusqu'au Volga et jusqu'à la mer Caspienne. Les cheveux roux ou jaune-brun, l'occiput grand, les os des pommettes saillants, les joues enfoncées, la barbe rare, le teint brun-sale, semblent être les traits caractéristiques de leur physionomie; mais les Vogouls et quelques Lapons offrent des cheveux noirs et durs, avec le nez enfoncé. Les lieux marécageux, les forêts, ont été de tous temps leur séjour favori; la chasse et la pêche, leur occupation principale. Les Russes semblent les avoir toujours compris sous le nom général de *Tchoudes*, c'est-à-dire étrangers; les Skandinaves ou Goths, sous celui de *Finne*, qui peut venir de *Fiende*, ennemi, ou de *Fen*, marais. Quoique le nom de *Fenni* soit très ancien, puisqu'il était connu de Tacite, il est tout-à-fait ignoré parmi eux. La dénomination générale primitive des peuples finnois est inconnue; peut-être n'en avaient-ils point. Ils se nomment aujourd'hui assez généralement *Sami*, *Souomi*, ou *Soucmi-Lainen*, c'est-à-dire les gens du pays. Les premiers événements de leur histoire sont enveloppés de la même obscurité. Excepté les Huns et les Madjiars, ou Hongrois, aucune de ces nations, quoique nombreuses, très anciennes et très répandues, n'a joué un rôle sur la terre; aucune n'a acquis une force durable, ou vu sortir de son sein un conquérant; mais dans tous les temps où l'on peut se fier à l'histoire, on voit qu'elles ont été la proie de leurs voisins plus actifs et plus puissants. Ces nations n'ont point d'annales particulières, et l'on ne trouve leur histoire que dans celle de leurs vainqueurs, des Skandinaves-Goths et des Russes.

»Depuis le neuvième et le dixième siècle, les monuments russes et skandinaves, les *Saga's* et Nestor font mention des Finnois, des Permiens, des Lapons, et de quelques autres peuples qui n'existent plus ou qu'on ne connait plus sous le même nom. Les nations d'origine finnoise, établies sur le Volga et dans la Sibérie, ont été découvertes lors des conquêtes que les Russes ont faites dans ces contrées. L'*Edda* semble avoir eu ces peuples en vue lorsqu'elle parle des nains qui habitaient sous terre, qui exerçaient la métallurgie, la magie, et dont la haine rusée chicanait souvent les dieux d'Asgard. Il paraît que les nations finnoises avaient des idées religieuses et mythologiques plus grossières que celles de l'odinisme. Tout objet naturel devenait idole ou fétiche pour leur crédulité. *Ioumala* était le nom qu'ils donnaient à l'Être suprême; mais, comme les Germains, ils n'avaient d'autres lieux consacrés que les forêts et les montagnes. Les Permiens seuls avaient un grand temple, ou du moins une enceinte sacrée, ornée d'autels. Les historiens d'Islande leur donnent le nom de *Biarmiens*, et les Russes les appellent *Permiaki*. Il paraît que, dans le moyen âge, les corsaires skandinaves ont nommé Permie tout le pays entre la mer Blanche et l'Oural. Other, en partant de l'Helgeland, province de la Norvége, découvrit les Permiens sur la Dvina dans le neuvième siècle. Le temple de Ioumala est l'objet des pirateries des Skandinaves et de leurs descriptions poétiques, probablement très exagérées. Suivant quelques uns, ce temple était très artistement construit et d'un bois rare, enrichi d'or et de pierres précieuses, dont l'éclat se réfléchissait sur tout ce qui l'environnait. La statue du dieu portait une couronne d'or sur la tête, ornée de douze diamants; son collier valait 300 marcs d'or, et son habillement excédait la valeur de *trois vaisseaux grecs richement chargés*. Sur les genoux de cette statue était une coupe d'or d'une telle grandeur, que quatre hommes auraient pu y étancher leur soif; ce vase était rempli des métaux les plus précieux. Ces richesses extraordinaires attirèrent tous les corsaires du Nord, et on regardait comme un trait d'héroïsme d'enlever quelque chose de ce temple. Tous les ans on y faisait des expéditions de l'Helgeland. Plusieurs rois de Norvége vinrent piller la Permie et s'en retournèrent chargés d'un riche butin; mais on voit aussi que des navigateurs skandinaves ont parcouru ce pays pour y faire le commerce, et non pour s'y livrer à la piraterie ([1]).

» Voici comment les Permiens ont pu se procurer tant d'or, et ce qui a pu rendre leur pays le dépôt d'un commerce étendu. Les Persans et les Indiens transportaient leurs marchandises sur la mer Caspienne, et remontaient le Volga et la Kama jusqu'à *Tcherdyn*, qui était une très ancienne ville de commerce sur la *Kolva*; les Permiens conduisaient ces marchandises jusqu'aux rives de la Petchora et à la mer Glaciale, où ils les échangeaient contre les pelisses qu'ils vendaient aux Orientaux. Les ruines de plusieurs villes prouvent encore l'état florissant et la civilisation de ce peuple. La ville de *Bolgar*, ancienne capitale des Bulgares, était visitée par des caravanes marchandes de Persans, d'Arméniens et d'autres peuples asiatiques, ainsi que le prouvent les monnaies et les inscriptions funéraires arabes qu'on y a découvertes ([2]). Les expéditions des Norvégiens dans la Permie cessèrent vers l'an 1217; mais déjà avant cette époque (probablement dans les onzième et douzième siècles) la république de Novgorod s'était emparée de ce pays, et y avait envoyé des colonies russes pour maintenir les habitants dans sa dépendance. En 1372, l'évêque Étienne introduisit la religion chrétienne dans la Permie. A la fin de ce siècle ou au commencement du suivant, il s'éleva des querelles pour la possession de ce pays entre la ville de Novgorod et le grand-duc Vassili Dmitrivitch; il fut décidé que les habitants de Novgorod renonceraient à toutes leurs prétentions. Les Permiens conservèrent pendant quelque temps la liberté d'élire leurs propres magistrats. En 1543, le tsar Ivane leur donna le premier un gouverneur; les habitants du pays les plus distingués lui étaient adjoints pour l'administration. Maintenant les descendants de cette nation célèbre, nombreuse et puissante, ne forment qu'une petite peuplade qui a perdu en grande partie son caractère national, et même sa lan-

([1]) Saga de Saint-Olaf, ch. CXLII, dans le *Heims-Kringla* de Snorron. — ([2]) *Rasmussen*, Mémoires sur les relations commerciales des Arabes avec la Skandinavie à travers la Russie.

gue, par son mélange avec les Russes. Les *Siriaines*, habitants du gouvernement de Vologda, ne diffèrent en rien des Permiaques, et se donnent, comme ceux-ci, le nom de *Komi*. On doit comprendre dans la même classe avec ces deux peuplades celle des *Votiaki*, anciennement nommés *Voti* par les Novgorodiens. Voilà les trois branches des *Finnois Ouraliens*.

» A l'est, ou plutôt au nord-est des Finnois Ouraliens, demeurent déjà sur les confins de l'Asie les *Vogouls*, qui, à cause de leur langue remplie de mots hongrois, ont été considérés comme les ancêtres des Hongrois. Ils se distinguent par la laideur particulière de leur physionomie, et ne sont probablement qu'une peuplade kalmouque, anciennement subjuguée par les Hongrois, et à laquelle ceux-ci auront imposé de force leur langue, ainsi que les Hanovriens ont fait à l'égard des Wendes de Dannenberg. Les *Ostiaks d'Obi* sont une semblable peuplade, sans histoire connue, et qui n'a que son idiome pour réclamer un degré de parenté avec les Finnois en général et avec les Hongrois en particulier. Ces peuplades *iougoriennes* ou *ougoriennes* ont sans doute fait partie de l'ancien empire des Madjiars ou Hongrois; mais le noyau de cet empire et le siége primitif de la nation hongroise ont certainement dû se trouver plus au midi dans des régions plus fertiles et plus habitables.

» La deuxième branche des peuples finnois est celle des *Finnois Baltiques* ou occidentaux; elle a été successivement découverte par les expéditions des Suédois et des Danois, depuis le neuvième jusqu'au douzième siècle. Ses tribus principales, les *Quaines*, ou Cayaniens, les *Ymis*, *Iémes*, ou *Haimes*, les *Vesses*, les *Kyriales*, les *Esthes*, les *Lives*, paraissent avoir été alors moins civilisés que les Permiens; ils avaient cependant un culte, des chants nationaux, peut-être une écriture runique. Non seulement par leurs relations avec les Suédois, les Danois et les Allemands, mais encore par leurs rapports plus anciens avec les Goths, ils ont reçu un certain nombre de mots gothiques, et peut-être même quelques idées mythologiques et quelques usages civils. De plus, cette branche des Finnois, quoique tourmentée et en grande partie subjuguée par les Skandinaves, a échappé, grâce à sa position, au joug plus humiliant, plus écrasant des Tatars Mongols, et à l'influence des conquérants russes. Aussi, malgré toutes les traces d'une influence gothique et germanique, c'est encore ici qu'on retrouve le plus de traits caractéristiques de la race finnoise. Les nations et tribus qui composent aujourd'hui cette branche sont les *Lives*, restes des anciens habitants de la Livonie; les *Esthes*, dans l'Esthonie; les *Ischores*, dans l'Ingrie; les *Finlandais* ou *Finnois* propres, dans le pays auquel ils donnent leur nom; les *Quaines* ou *Cayaniens*, qui ne sont qu'une subdivision septentrionale des Finlandais, répandue aujourd'hui jusque sur les rivages de la Laponie norvégienne; les *Karéliens* ou *Kyriales*, dont le nom, selon nous, veut dire les Finnois soumis à un roi (¹), et qui s'étendent jusqu'à Olonetz, se liaient sans doute anciennement aux Votiakes et aux Sirlaines.

» Au nord de toute la race finnoise-baltique, le regard de l'observateur découvre dans l'extrême nord de l'Europe une peuplade de pygmées, mêlée de quelques familles d'une taille élevée, mais au sein de laquelle la laideur caractéristique des Vogouls prédomine, et où se conserve aussi un idiome plus rapproché du hongrois que la plupart des dialectes finnois-baltiques. C'est un fait isolé que nous discuterons dans l'endroit convenable.

» Les *Finnois du Volga*, ou, si l'on veut, les *Finnois Bulgares*, forment le troisième grand groupe de cette race. Ce sont les restes des habitants primitifs, c'est-à-dire des habitants les plus anciennement connus des régions qu'arrose le grand fleuve de Russie; ils ont été opprimés de bonne heure par les Huns, par les Roxolans (qui peut-être étaient de race gothique), par les Hongrois, leurs frères, par les Comans ou Koumans, branche des Hongrois, par les Petchenègues ou Patzinakites; les Bulgares et les Chazares ou Khazares ont établi dans ces lieux des empires mal connus, quoique fameux et puissants; enfin, des essaims de Tatars Mongols s'y sont fixés, et, sur cet amas confus de nations, les tsars russes ont étendu leur domination et leur système de colonisation slave. Faut-il s'étonner si le caractère physique et moral des peuples

(¹) De *Karalaus*, roi, en lithuanien, et probablement aussi en ancien slavon; ou de *Kyrios*, titre grec donné aux tsars.

dans une région aussi agitée a subi la loi éternelle de changements et de mélanges? Les Finnois du Volga paraissent surtout avoir pris un caractère tatar, mais ils conservent des traces d'influences plus anciennes. Leurs branches sont les *Tchérémisses*, qui se nomment eux-mêmes *Mari*, et qui demeurent dans le gouvernement de Kazan: leur idiome est très mêlé de tatar; les *Tchouvaches*, ou, selon d'anciens voyageurs, les *Souaches* qui adoraient le dieu skandinave Thor, et les *Mordouins* qui, comme les précédents, demeurent dans les gouvernements de Nijegorod et de Kazan, divisés en deux tribus, avec des idiomes distincts, quoique aujourd'hui fortement mêlés, l'une se nommant les *Mokchads*, l'autre les *Ersads* (en russe *Erseniè*). Les *Mechtcheriaques*, mélange de Turcs et de Finnois, ont généralement perdu le caractère finnois; les *Teptiaires*, autre mélange de Finnois et de Tatars ou de Turcs, dans le gouvernement d'Orenbourg, peuvent encore être considérés comme une branche finnoise; mais, à l'égard des Bachkirs, leur ancienne identité avec les Hongrois n'est fondée que sur le témoignage de Rubruquis, voyageur du quatorzième siècle; et cette peuplade, quoique mélangée d'origine, paraît aujourd'hui entièrement tatare.

» Toutes les nations finnoises actuellement existantes en Russie forment un total de près de 3 millions d'individus, dont 1,800,000 appartiennent au groupe des Finnois Baltiques, 220,000 aux Finnois Ouraliens, et 900,000 aux Finnois du Volga.

» Après avoir jeté ce coup d'œil général sur les nations de la Russie orientale, occupons-nous de la description du pays. Les gouvernements forment encore de si grandes masses, que nous pouvons presque les considérer comme des régions ou sous-régions physiques.

» Le vaste *gouvernement d'Orenbourg*, autrefois d'*Oufa*, égale et surpasse même en étendue la monarchie prussienne; mais sa population, qui n'est que de 1,000,000 d'individus, y laisse encore de grands espaces déserts. Il est situé en partie en Europe et en partie en Asie. La *Belaïa*, rivière tributaire de la Kama, en arrose la partie intérieure et septentrionale; elle roule ses eaux blanchâtres, troubles et dures, sur un lit de marne, d'abord entre de hauts rochers calcaires, remplis de cavernes, et plus loin, entre des collines calcaires et argileuses, où les inondations et les éboulements font découvrir des os d'éléphants-mammouths: elle a peu d'eau en été, et ne sert pas à la navigation. Son cours est d'environ 220 lieues. Parmi les fleuves de son bassin, le *Sim*, coulant également dans un pays calcaire, s'absorbe tout entier dans une caverne pendant l'été; mais, au printemps, un bras de cette rivière conserve un cours patent, et reçoit de nouveau les eaux absorbées par un cours souterrain d'une verste et demie. Nous connaissons déjà le fleuve Oural, qui baigne les parties méridionales et extérieures du gouvernement. Les chaînes les plus méridionales du grand massif des *Monts-Ouraliens*, que nous décrirons avec la *Sibérie*[1], couvrent la partie septentrionale de ce gouvernement: elles fournissent du minerai à un grand nombre de forges de fer et d'usines de cuivre, dont les premières occupaient, il y a peu d'années, 4,110 ouvriers-maîtres, et les autres 4,971. En s'abaissant peu à peu depuis le sommet appelé *Pavdinskoï Kamen*, élevé de 6,400 pieds au-dessus du niveau de la mer Caspienne, l'Oural bachkirien forme à l'ouest du fleuve Oural un long plateau à collines ondulées, sans aucun sommet distinct, et dont les hauteurs, faiblement couvertes de terres maigres et de quelques petits bois de bouleaux, d'aunes et de trembles, descendent d'un côté vers le lit de l'Oural, de l'autre vers la grande vallée du Volga. Ce plateau n'a d'autre nom qu'*Obchtcheï-Siert*, qui signifie montagne commune, en opposition aux districts de l'Oural, où les forêts sont réservées pour le besoin des mines. Des couches de grès tertiaire, de calcaire coquillier, de brèches de grès, mêlées d'argile et de marne, constituent la masse de ce plateau, qui, s'étendant jusque dans le gouvernement d'Astrakhan, se termine par les collines de sable nommées *Rynpeski*.

» Chaque bassin, chaque massif mériterait une description spéciale dans une géographie physique détaillée; mais nous devons nous borner aux traits les plus frappants. Près de la rivière de *Dioma*, dont le cours est d'environ 60 lieues, une série de collines présente le phénomène de masses isolées d'un granit

[1] Voyez la *Description de l'Asie*.

fin et compacte, s'élevant comme des cristaux énormes, et que les ouvriers des mines appellent *ostrovi*, les îles (¹). Dans le bassin de l'*Ik*, où domine le grès avec le calcaire et l'albâtre, les grottes et les éboulements de terre sont communs; cette rivière a 80 lieues de longueur. Mais le bassin du *Sok* qui s'étend aussi dans le gouvernement de Simbirsk et qui coule sur une longueur de plus de 50 lieues, attire surtout notre attention. Une chaîne de collines nommées *Socolo-Gori*, ou *Monts-Faucons*, accompagne cette rivière jusqu'au Volga : elle ne présente en général que les couches ordinaires des montagnes de transition; mais il en jaillit des sources imprégnées de soufre et de naphte. C'est à peu de distance de Sergievsk, le long de la petite rivière de Sourgout et d'un ruisseau affluent, nommé Schoumbout, que Pallas a vu plus de douze grandes sources de soufre dans un espace de 30 verstes. Elles ne gèlent jamais, et déposent une matière sulfureuse si abondante, qu'on y avait autrefois établi des exploitations de soufre. A 5 verstes du village d'*Ichtulkina*, dans un profond bassin qu'entourent d'arides rochers calcaires, une source abondante forme et nourrit le *Lac de soufre* (*Sernoïe-Ozero*), dont les eaux limpides laissent apercevoir des couches de soufre jaune et olivâtre, tandis que l'atmosphère, à 2 verstes de distance, est infectée d'une puanteur insupportable. Un ruisseau, sortant du lac, roule des eaux tellement troubles et blanches, que les Tatars en ont peint l'aspect en le nommant *Uiran-Ly*, c'est-à-dire lait caillé; les Russes l'appellent *Molochnaïa reka*, ruisseau de lait. Non loin de là, Pallas a trouvé des couches de cendres et de pierres brûlées. Près Semenovo, il jaillit une forte source d'asphalte liquide; plus bas, vers Sergievsk, on a exploité un puits d'asphalte, et près de Kostitchi, les falaises du Volga présentent une roche calcaire tellement imprégnée de bitume, qu'on en fabrique de la cire à cacheter. Les mêmes falaises, à Sernoï-Gorodok, offrent des cristaux de soufre, d'une transparence égale à celle de l'ambre jaune, au milieu du calcaire. Toute cette région appelle les recherches des voyageurs savants (²). »

» Parmi les villes de ce gouvernement, *Orenbourg* seule est d'une haute importance; c'est un des grands points de contact entre l'Asie et l'Europe. Cette ville, de 5,000 habitants, entourée de fortifications qui en font le rempart de l'empire contre les Tatars indépendants, est le rendez-vous des caravanes russes qui se rendent dans la Boukharie, et des caravanes boukhares qui apportent en Russie les marchandises d'Asie. C'est une lutte d'adresse entre deux peuples bien rusés; quelques Arméniens y prennent part, mais l'Israélite n'a pas pu encore y intervenir. Les Boukhares traversent en caravanes presque toute l'Asie d'un bout à l'autre; la Chine, la Perse, les Indes et la Russie sont les termes de leurs courses. Ils apportent en Russie de la poudre d'or, des monnaies d'or de Perse, du lapis lazuli, rarement pur et presque toujours marbré; des rubis; des béryls, des rubis-balais, et autres pierreries tirées de l'Inde; du coton écru en fil et travaillé, de mauvaises étoffes de soie, des peaux de brebis et d'agneaux à laine frisée, des peaux de tigres et de chats tigrés. Les Boukhares voyagent quelquefois par caravanes de vingt à trente marchands, dont chacun mène depuis cinq jusqu'à dix chameaux chargés de marchandises; mais ils se réunissent actuellement en grandes caravanes de trois à quatre cents chameaux. Obligés de passer sur le territoire des Kirghiz-Cosaques, ils paient à ceux-ci deux ducats par chameau, et en reçoivent en revanche une escorte de cavalerie, qui ne les préserve pas toujours d'être pillés. Les caravanes de Khiva apportent également du coton écru.

» Les Kirghiz (que les Russes honorent un peu gratuitement du nom de sujets) amènent à Orenbourg environ soixante mille moutons et dix mille chevaux, mais de peu de valeur. On exporte des draps de différentes qualités, teints en rouge ordinaire et en écarlate, de petits velours, des toiles blanches et des toiles bleues, toutes sortes de plaques en fer-blanc pour la parure des femmes, des aiguilles, de la verroterie, des grains de corail, et d'autres objets frivoles qui servent à orner les habillements des Kirghiz et les équipements de leurs chevaux.

» Une autre branche singulière de com-

(¹) *Georgi*, I, p. 158. — (²) *Pallas*, Voyages, I, p. 180-195. *Schober*, dans les Mémoires sur l'histoire de la Russie, par M. *Muller*, t. IV, p. 451. *Rytschkow*, Topographia Orenburgskaïa, Pétersbourg, 1762,

traduite en allemand, dans le *Magazin hist.-géogr. de Busching*.

merce, c'est celle des aigles. Ces oiseaux sont fort recherchés par les Kirghiz, qui les dressent pour la chasse du loup, du renard et de la gazelle. D'après certaines marques particulières et certains mouvements de cet oiseau de proie, les Kirghiz jugent de sa bonté et de ses dispositions à être dressé pour la chasse. Ils ne sont pas tous susceptibles d'instruction ; un Kirghiz donne quelquefois un bon cheval en échange de tel de ces aigles, tandis qu'il ne donnerait pas un mouton pour tel autre.

» Le commerce, sur toute la ligne d'Orenbourg (mais en y comprenant une partie de la Sibérie), s'élève à 3,000,000 de roubles d'importation ; on n'évalue pas à un tiers les valeurs exportées. La ville d'Orenbourg est un lieu de déportation ; mais la philanthropie du gouverneur Reinsdorf y a organisé une excellente maison de travail, contenant quelquefois mille condamnés. » En 1734, cette ville fut construite à l'embouchure de l'Or sous le nom de forteresse de l'Or ; cinq ans plus tard, elle fut transférée à 45 lieues plus bas, sur le bord de l'Oural, où elle reçut le nom de Crasnogorskaïa. Mais comme sa position ne paraissait pas encore assez avantageuse, l'impératrice Élisabeth, en 1742, la fit reconstruire à 18 lieues encore plus bas, sur l'emplacement qu'elle occupe aujourd'hui, et lui fit donner le nom d'Orenbourg. Revêtue d'un rempart, d'un fossé, de deux demi-bastions et d'autres fortifications régulières, on y entre par quatre portes. Sa cathédrale est construite sur un roc de jaspe rouge arrondi et assez élevé. On y remarque l'hôtel du gouvernement, celui de la police, la chancellerie et l'hôpital ; la plupart des maisons y sont bâties en briques, et ses rues sont droites et bien percées.

La ville d'*Oufa*, qui compte environ 3,000 habitants, a pendant quelque temps été la capitale du gouvernement, dont elle occupe presque le centre. On a prétendu qu'elle est sur l'emplacement d'une grande cité tatare. Deux mosquées construites en briques et plusieurs pierres sépulcrales que l'on remarque dans ses environs, attestent en effet que le pays où elle se trouve fut jadis florissant ; mais plusieurs inscriptions, les unes arabes et les autres en caractères koufiques, prouvent que le peuple qui l'occupait était d'une autre origine que la nation bachkire. Cette ville renferme plus de 1,000 maisons, sept églises, deux couvents, un séminaire, une école primaire et une d'arrondissement. Elle est la résidence d'un archevêque qui porte le titre d'archevêque d'Orenbourg et d'Oufa.

Près de la frontière septentrionale du gouvernement, *Menzelinsk*, sur les bords de la Menzela, est assez bien bâtie ; elle renferme plus de 500 maisons, deux églises et un grand nombre de boutiques. Ses habitants vivent dans une grande aisance, qu'ils doivent à la fertilité de ses environs. *Troïtsk*, rendez-vous commercial de la horde moyenne des Kirghiz ; *Tchéliabinsk*, avec 500 maisons ; *Kargala*, bourgade commerciale des Tatars de Kazan, peuvent encore paraître remarquables.

« La moitié de la population de ce gouvernement est russe, tandis que l'autre suit le culte mahométan et a adopté les mœurs tatars. Cependant, au milieu de l'uniformité qui en résulte, les *Bachkirs* offrent quelques traits particuliers. » Ils ont le visage un peu plat, la poitrine et les épaules larges, et joignent à une grande force physique beaucoup de hardiesse et d'opiniâtreté. Malgré leur extérieur rude et sauvage, ils sont gais et hospitaliers, mais enclins au pillage ; doués de bon sens et de pénétration, le défaut d'instruction arrête seul chez eux les progrès de la civilisation. On se borne dans leurs écoles à l'enseignement de la lecture et de quelques préceptes religieux. « Descendants d'un mélange de Hongrois et de Tatars, ils conservent à côté des cérémonies musulmanes quelques restes d'un culte naturel ; ils offrent des prémices au soleil, et suspendent auprès de leurs ruches une tête de cheval. Leur fête de la charrue rappelle une cérémonie chinoise. Le mollah, en unissant un couple d'époux, présente au mari une flèche, avec ces mots : « Sois brave et protège ta femme. » Malheureusement ils ont perdu leur idiome, et parlant un mauvais dialecte. Les bestiaux, les chevaux, les abeilles font toutes leurs richesses. » Les moins aisés possèdent une cinquantaine de chevaux, les plus riches 500 à 2,000, et quelquefois plus. Ils sont divisés en trente-quatre hordes, dont chacune a son chef parmi les plus âgés. Ce sont eux qui fournissent de la cavalerie à l'armée russe et qui gardent leurs frontières. Ils ne paient pas d'impôts, mais le gouvernement les oblige à se fournir de sel dans les magasins de la couronne. La chair des chevaux constitue leur principale nourriture. « Ils vivent dans l'hiver de viandes, de galettes et de miel. La grande outre de *koumis* ou lait de jument fermenté, principal ornement de leurs sales huttes, est pour eux une source de joie; au printemps, le suc de bouleau épure et ranime leur corps; avec le beau temps et la verdure des pâturages, eux et leurs troupeaux reprennent de l'embonpoint, le lait frais devient alors leur nourriture, les jours se passent en jeux et en occupations pastorales. Les ours, grands amateurs de miel, paient souvent de la vie ce goût qui les entraîne dans les pièges ingénieux dont le Bachkir environne ses innombrables ruches. Les troupes que cette peuplade fournit aux Russes s'arment d'un arc, d'une lance, d'un casque et d'une cotte de mailles.

» Les *Metchériatks*, venus, dans le quatorzième siècle, des environs de l'embouchure de l'Oka, près Nijni-Novgorod, vivent en petit nombre parmi les Bachkirs; ils s'habillent en peaux de cheval dont la crinière, flottant sur leur dos, leur donne un aspect tout-à-fait singulier ([1]). » Les *Teptiaires* sont un ramas de Tatars, de Finnois-Volgaïques et de Bachkirs, né lors de la destruction du royaume tatar de Kazan; ils font des corvées pour la couronne, mais ne paient aucun tribut.

Les Tatars d'Oufa sont alliés de ceux de Kazan; ils forment un corps considérable, surtout dans le canton situé entre la Bélaïa et l'Ik, qui se jette dans la Kama. « Ces peuples sont de tous les habitants de la province d'Orenbourg les cultivateurs les plus laborieux et les plus vigilants; la plupart sont très aisés. Leur travail, joint à leur grande économie, doit être récompensé dans des contrées fertiles, douées des plus beaux pâturages, abondantes en forêts, propres à l'éducation des abeilles, et très avantageuses pour la chasse et la pêche. Les Tatars d'Oufa choisissent de préférence la proximité des villages pour l'emplacement de leurs champs. Ils les divisent en trois portions par communautés, chacune reste en jachère à son tour, et sert à faire parquer les bestiaux. Elles sont entourées d'une haie légèrement palissadée. Par ce moyen, les campagnes de ces contrées conservent leur fertilité pendant plusieurs années. Elles sont très propres à la culture du froment, qu'ils soignent beaucoup. Lorsque ces terres perdent leur fertilité, et que les landes voisines ne sont pas susceptibles d'être défrichées et mises en valeur, le village ou la communauté entière démolit ses maisons de bois, et se transporte dans une autre contrée. C'est à cause de ces émigrations qu'ils ne font pas clore les cours de leurs habitations. En hiver, leurs bestiaux parquent près des villages, dans des lieux fermés, où l'on cultive le chanvre en été. Ils ne font pas leurs meules de grains comme les Russes : ils les mettent sur un échafaudage de pieux; elles sont donc élevées et à l'abri de la voracité des souris. Ces Tatars sont assez propres dans leur ménage. Les riches ont à côté de leurs maisons un petit bâtiment composé d'une seule pièce, qui leur sert de salon d'été et pour recevoir leurs convives. Cette pièce correspond à la maison par une galerie que plusieurs font couvrir. On voit dans cette pièce une cheminée à la bachkire et un banc très large. Presque tous les villages ont des *abisses* ou maîtres d'école pour l'éducation de la jeunesse. La plupart de ces Tatars n'ont qu'une femme; quelques uns en ont deux, mais rarement davantage. L'habillement de celles-ci diffère beaucoup de celui des femmes des Tatars de Kazan. L'habillement ordinaire est, ainsi que celui des Tchouvaches et des Bachkirs, de grosse toile cousue à points de poignets autour du cou et sur les bords des manches. Les femmes et les filles ne se montrent qu'avec leurs plus belles parures. Les premières laissent pendre sur le dos les extrémités brodées d'un voile appelé *tastar*. Leur bonnet paraît collé autour de la figure; il est échancré sur le front, et attaché sous le menton avec un bouton. Presque tous leurs bonnets sont garnis d'anciens kopèkes (sous) d'argent, ou de petites plaques d'étain taillées en forme de cette monnaie, de manière qu'il en est presque tout couvert; mais le devant du bonnet et les bandes qui tombent sur les joues sont ornés d'une broderie de grains de corail rouge, de l'épaisseur de deux doigts. Deux autres rayons de grains prennent du sommet de la tête et bordent les deux bandes mentonnières. Ces bonnets ont par derrière une autre bande, large de trois doigts, qui tombe jusque dans la ceinture, où elle est fixée par des lamines et de

([1]) *Klaproth*, Asia polyglotta, p. 222.

petites monnaies. Le bout est garni de grains de coraux et de franges, et il se termine au-dessous du jarret. Deux autres bandes étroites et ornées de monnaies pendent également jusqu'à la ceinture, où elles sont fixées par des franges. Elles portent un *sacal* ou pièce qui leur couvre toute la poitrine jusqu'au menton. Elle tient au moyen de deux bandes qui sont derrière les oreilles, et est garnie comme les bandes mêmes. Ces pièces sont plus ou moins longues et larges. Les filles ont des bonnets ronds et sans échancrure. La pièce qui tombe sur la poitrine est petite et étroite; elles n'ont que deux bandes étroites sur le dos, et même toutes ne les portent pas. Ainsi que les femmes, elles ont les cheveux tressés en deux nattes qu'elles laissent pendre, mais en les cachant soigneusement dans leur tunique. Leurs principaux bijoux consistent communément en grains de corail; le mari achète les bijoux qui doivent servir à la future, avec le *calun*, c'est-à-dire la dot. Excepté cette petite différence dans le costume, on n'en distingue pas d'autres, quant aux mœurs et à la langue, entre les Tatars d'Oufa et ceux de Kazan. Ces derniers sont venus peupler quelques villages de la province d'Orenbourg, et vivent confondus avec les autres [1].

» Nous allons décrire les pays qu'arrose le Volga dans sa courbure la plus orientale, sur les confins de la Russie ouralienne et de la Russie centrale[2]. Le gouvernement de *Saratof* comprend deux contrées distinctes; la partie à l'est du Volga est un commencement de la steppe saline et sablonneuse du gouvernement d'Astrakhan que nous avons déjà dépeinte; on y exploite le lac salé d'*Ielton*, qui fournit annuellement plus de 9 millions de *pouds* de sel; la partie occidentale ressemble au reste de la Russie centrale; elle produit du seigle, du tabac, mais la vigne n'y réussit guère. De nombreuses colonies d'Allemands, établies le long du Volga, ont changé la face jadis déserte de ce pays; la population allemande, évaluée à 120,000 individus, conserve généralement la religion évangélique.

» *Saratof*, sur le Volga, ville très commerçante, et ayant le dépôt du sel d'Ielton, compte environ 35,000 habitants.

» Au sud de Saratof, en descendant le Volga, nous verrons *Kamychin* ou *Kamychine*, petite ville fermée, qui était anciennement une forteresse nommée *Dmitrievsk*; à 89 lieues plus bas, *Tsaritsine*, dont les habitants élèvent des bestiaux et cultivent le pêcher, la vigne et des melons d'eau, qui sont en grande réputation. Près de ce lieu s'est élevée la fabrique de soierie d'*Akhtoubinskoï-Zavod*.

» *Sarepta*, colonie de frères moraves, offre un aspect riant; les principales rues et la place du marché sont plantées de peupliers d'Italie; au milieu de cette place on voit une fontaine jaillissante. Dans cette ville de 5,000 âmes, l'édifice le plus remarquable est l'oratoire bâti en pierre. Tout est artisan ou boutiquier; on y fabrique du velours de coton, des soieries, des toiles, des bas, des bonnets, du cuir à l'anglaise, du tabac renommé; les peuplades kalmouques s'y fournissent de tous les petits objets domestiques. On remarque dans ses environs des plantations de tabac d'un très grand rapport, et des vignes dont on obtient un bon vin blanc qui ressemble beaucoup à celui de Champagne. La population s'accroît avec rapidité.

» Une grande route qui se dirige vers l'ouest, conduit de Saratof à la petite ville d'*Atkarsk*; puis longeant la rive gauche du Khoper, passe à *Balachef* ou *Balachof*, dont les habitants sont presque tous cultivateurs. De Saratof on va aussi à *Petrovsk*, que Pierre-le-Grand fit bâtir en 1697, à l'époque de son expédition d'Azof.

» Le gouvernement de *Simbirsk* ressemble beaucoup au précédent sous les rapports géologique et physique; seulement le climat devient plus froid : la vigne a disparu, l'arbouse ne mûrit pas toujours; mais les grains, les foins, le chanvre, les pommiers abondent; la température, plus égale, favorise la santé de l'homme, et une population plus compacte jouit des avantages d'une civilisation plus avancée. On exporte des grains et des fruits. Les blés, réunis en grandes meules, sont d'ordinaire séchés sur un feu lent. Souvent les vergers semblent former une forêt autour des villages. La pittoresque *Simbirsk* avec 13,000 habitants, et *Syzran* ou *Syzrane* avec 9,000, sont les villes les plus remarquables. Entre ces deux cités s'élèvent, sur les bords du Volga, *Sineguilef*, et plus bas *Stavropol*, où résident

---

[1] *Vsevolojsky* : Dictionnaire géographique-historique. — [2] Voyez t. II, p. 42, *Tableau des régions physiques*, reg. I, rég. VI et rég. VII.

les chefs de 15,000 Kalmouks, qui dans les environs mènent la vie de pasteurs. Cette ville a été érigée en chef-lieu au mois de mai 1825. Elle renferme quelques grands édifices, une belle rue, 20 fabriques, et est précédée d'un faubourg. C'est à *Samara* ou *Samera* que les Tatars de Kasimof vendent les peaux d'agneau si recherchées qu'ils tirent des Kirghiz. Non loin de cette ville s'élève un ancien *tumulus*, ou colline funéraire, qui, selon la tradition, couvre les cendres d'un monarque tatar très puissant, mais dont le nom est oublié; des serpents longs de deux aunes se montrent souvent parmi les vieux arbres qui en couronnent la cime; ces reptiles paraissent avoir établi leur demeure dans les cercueils royaux. Les Russes nomment cette colline *Zaref-Khourghane*. Le grand coude que le Volga fait à Samara signale, selon nous, la limite méridionale du climat ouralien et le commencement du climat caspien. C'est là que les chaleurs excessives cessent et que la succession de quatre saisons devient régulière. Pallas y vit les champs couverts de fleurs avant le milieu d'avril, la coquelourde de Sibérie les dominait toutes; la tulipe sauvage abondait dans les bois où le joli lièvre nain creuse ses terriers.

» A l'ouest du Volga, nous verrons *Karsoun*, remarquable par une foire annuelle assez considérable qui commence à la Pentecôte et dure 10 à 15 jours; *Kotiakof*, *Alatyr*, *Ardatof*, *Kourmyche* et *Bouïnsk*, villes sans importance.

» Au confluent du Volga et de la Kama, le gouvernement de *Kazan* étend ses plaines fertiles en seigle, en orge, en blé-sarrasin, en millet et en chanvre. Les forêts à l'ouest et au sud du Volga renferment encore beaucoup de chênes, dont le *cœur* n'est pas toujours sain; passez le fleuve, et vous vous trouvez environné de pins et de bouleaux. Le lin souffre déjà de la rigueur du climat, et les vergers ne donnent que des pommes et des cerises communes; vous êtes entré dans la Russie septentrionale, mais ce n'est pas l'excès des froids qui vous en fait ressouvenir, c'est plutôt leur durée ainsi que la fraîcheur des printemps et le retour fréquent de la gelée matinale.

» *Kazan*, c'est-à-dire le Chaudron en tatar, *Kozan* en tchouvache, et *Oson* en tchérémisse, sont les noms d'une ville des plus importantes de l'empire russe, et qui en hiver renferme 50,000 habitants. Elle est située sur le bord de la Kazanka. Son *Kreml* tatar, ses 4 cathédrales et ses 54 autres églises, ses 4 couvents, ses 10 *metcheths* ou mosquées, se présentent d'une manière imposante du haut des collines sur lesquelles la plus grande partie de la ville est bâtie. Sa circonférence est de 3 lieues. Les flots débordés du Volga couvrent au printemps les prairies qui la bordent de trois côtés; elle semble alors nager dans une mer. Le Kreml, situé sur la partie la plus élevée, renferme le palais du gouverneur, celui de l'archevêque, l'antique cathédrale bâtie par Ivane IV, et surmontée d'une belle coupole dorée, la chancellerie et les casernes, et de jolies maisons nouvellement construites. La partie de la ville qui s'élève en amphithéâtre sur la pente des collines est bâtie en pierres et en briques, et composée de rues régulières. La partie située dans la plaine offre des maisons de bois, des rues pavées en bois, et tous les défauts ordinaires des villes russes; mais il y règne beaucoup d'industrie. La fabrication des cuirs de Russie, de peaux de bouc *maroquinées* et de savon, enrichit, ainsi que le commerce de Sibérie, la bourgeoisie russe et tatare. Une grande manufacture de draps y fait mouvoir 100 métiers; le nombre des tanneries y est de 39, et celui des savonneries de 18. Un excellent esprit anime l'université, qui a fait entreprendre plusieurs voyages scientifiques dans l'intérieur de la Russie. » Cet établissement a été fondé en 1803 : il possède une bibliothèque de 26,000 volumes, un grand nombre de manuscrits tatars et mongols, un observatoire, un laboratoire de chimie, des collections d'instruments de physique, de médailles et de minéralogie. On y enseigne la langue turque, la langue tatare et la langue mongole; mais tout récemment le gouvernement y a fondé une chaire de chinois et une de langue tibétaine. Outre l'université, on trouve dans cette ville un gymnase académique où l'on enseigne toutes les langues de l'Europe, 4 écoles normales, une école militaire pour 350 fils de soldats, une école de navigation, un jardin botanique et un amphithéâtre d'anatomie. L'arsenal de la marine est un des principaux de la Russie. « Dans le couvent de Silandovo, un séminaire forme des missionnaires et des prêtres parmi les enfants tatars, tchérémisses, mordouins et autres. Kazan, séjour animé et brillant pendant l'hiver, rivalise avec Moscou pour le luxe de la table et l'éclat des fêtes. Cette ancienne capitale d'un royaume tatar fut prise par les Russes en 1552.

» Les autres villes du gouvernement ont peu d'importance. Au sud de Kazan, *Spask* et *Tétiouchi*; à l'est, *Sviajsk*, autrement *Sviejsk* ou *Sviagesk*, qui se présente favorablement à peu de distance et sur la rive droite du Volga ; à 34 lieues plus loin *Tchéboksar*, qui renferme une cathédrale, 10 églises et un couvent de moines ; et en remontant encore le fleuve, *Kouzmodemiansk*, comptent chacune environ 3 à 4,000 habitants. *Laïchef*, sur la Kama, est une petite ville où les bateliers qui descendent le Volga se fournissent de chevaux, et où il se tient tous les ans une foire qui n'est fréquentée que par eux seuls. Selon Busching, c'est encore sur le territoire de cette province qu'on trouve les ruines étendues de *Briaïkhimova*, ancienne capitale de la grande Boulgarie, et plus connue sous le nom de *Bolgari*. Les inscriptions arabes et arméniennes, les monnaies koufiques, et d'autres restes de sa splendeur ancienne, ont été l'objet des recherches de plusieurs savants ([1]).

» Arrêtons-nous ici pour jeter un coup d'œil sur les peuples *non-russes*, dont ces trois gouvernements forment la principale demeure. Les *Tchouvaches* ou *Souïaches*, qu'un ancien et estimable écrivain appelle *Souiaski* ([2]), ont les cheveux noirs, la barbe très mince et formant une pointe vers le bas du menton, la physionomie tatare avec les pommettes plus saillantes, les yeux enfoncés, l'air stupide ([3]) ; enfin ils n'ont que peu de mots finnois dans leur idiome, qui diffère également du tatar, et renferme probablement les restes de l'ancienne langue hunnique ([4]). Le trait historique le plus important que nous offre cette peuplade, c'est qu'elle nomme sa divinité suprême

([1]) *Lepekhin*, Voyage, 1er partie. *Frœhn*, Relation d'Ibn-Foslan. — ([2]) *Brenner*, Epit. Mosis Armeni, p. 107. — ([3]) *Muller*, Mémoires pour l'histoire russe, III, p. 305-364. — ([4]) *Klaproth*, Asia polyglotta, tab. III. *Strahlenberg*, Europe sept., p. 156, tableau de l'harmonie des langues. Nous y avons cherché soigneusement des traces skandinaves, mais les mots *chuel*, soleil, *ivos*, arbre, *as-lata*, tonnerre, *schiva*, rivière, *sive*, froid, *siovras*, dormir, et quelques autres, ne nous fournissent que de faibles analogies.

Tor ou *Tora*, nom identique avec celui du dieu du tonnerre chez les Scandinaves. Ajoutons que ce fait n'est pas isolé, comme on a paru le croire jusqu'ici ; les divinités secondaires des Tchouvaches se nomment *Borodon*, nom qui rappelle le *Bore* de l'Edda ; le mauvais principe, le dieu malfaisant qu'on oppose à *Thor*, se nomme *Seitan*; ce qui peut fort bien être différent du Satan des Orientaux, puisque le mot signifierait en skandinave, le sorcier, le magicien, et on sait que, selon l'Edda, « le dieu Thor, dans ses voyages vers l'Orient, tuait les magiciens, » c'est-à-dire que le culte odinique remplaçait le culte magique des Finnois. Peut-être encore les *Ividies*, ou Dryades skandinaves, ont-elles quelque rapport avec le mot tchouvache *ivos*, arbre. Les Tchouvaches adorent aussi le soleil, et lui sacrifiaient jadis un cheval blanc. Ils offrent des sacrifices annuels sur les tombeaux de leurs parents, et y élèvent des colonnes de pierre. Un fagot de 15 branches de rosier, suspendu dans leurs cabanes ou *kil's*, est vénéré comme un fétiche, et nommé *ierik*. Ils ont une espèce de prêtres, qu'ils nomment *iomma*; ce qui rappelle le nom finnois du dieu suprême, et un surnom des chevaux du soleil dans l'Edda. Combien ces analogies font regretter que le peuple chez qui on les rencontre n'ait pas été observé plus tôt par des hommes versés dans l'histoire des anciens cultes ! Les usages civils des Tchouvaches n'offrent pas de traits particulièrement frappants ; les filles se vendent et deviennent esclaves de leurs maris; les propriétaires de champs très étendus appellent tous les voisins à les aider à la moisson, et les régalent ensuite dans un grand repas. Les veuves et orphelins reçoivent gratuitement cette assistance fraternelle.

» Les *Tchérémisses*, habitants des gouvernements de Simbirsk, de Kasan, de Viatka et de Nijegorod, ressemblent, pour les traits physiques, aux Tchouvaches, quoique avec des nuances plus agréables ; ils ont aussi conservé plus de traces de la langue finnoise. Ils s'appellent eux-mêmes *Mari* (les hommes), et donnent aux Tchouvaches le nom de *Kourk-Mari* (les hommes du haut pays) ; sans doute ce sont, comme les Mordouins, des tribus indigènes, et leurs dénominations particulières tiennent à des noms de fleuves et de montagnes. Ce sont les Tchérémisses qui ont invité les Russes à la conquête du royaume tatar de Kazan. Ils sont cependant en grande partie restés fidèles au culte mahométan, et exercent encore leur privilége d'épouser quatre femmes à la fois. Quelques cérémonies païennes devant l'idole ou le fétiche de famille précèdent encore le mariage, même chez les Tchérémisses chrétiens. Ceux qui restent ouvertement païens adorent la divinité finnoise *Iouma* et son épouse *Ioumonava;* ils lui font offrande de pâtes frites à la poêle ; le dieu des blés, *Aquebarem*, est honoré particulièrement dans une de leurs trois grandes fêtes (¹). Ils immolent un cheval alezan dans la fête du printemps, et un cheval blanc sur la tombe des hommes considérés ou riches. Leurs prêtres ou magiciens s'appellent *moukchan*; leurs places de culte, ou *kérémet*, ne sont que des aires de terre nettoyée, quelquefois battue, au sein des forêts, surtout au milieu des pins blancs. Resserrés par les colons russes dans des limites plus étroites, les Tchérémisses ont renoncé à la vie de chasseurs et de pasteurs nomades ; devenus d'excellents agriculteurs, ils abondent en grains et en bestiaux. Les hommes ont adopté le costume des paysans russes, mais ils se rasent la tête ; les femmes tiennent encore à leur énorme bonnet cylindrique, décoré de pièces de monnaie, de verroteries et de franges. En été, elles ne portent que des chemises très courtes par dessus un caleçon, et les nombreuses breloques qui surchargent ce vêtement léger annoncent de loin leur approche. Les Tchérémisses commencent leur année dans le mois de mars (²). Ils ne connaissent aujourd'hui aucune espèce d'écriture (si ce n'est quelques marques de souvenir taillées dans un bâton), et pourtant ils assurent avoir jadis possédé des livres écrits « que personne ne comprenait, et qui ont été « dévorés par la *grande-vache*. »

Nous ne devons pas séparer de ces deux peuplades celle des *Mordouins* ou *Mordouans,* quoique celle-ci demeure en plus grand nombre dans les gouvernements de Penza et de Nijegorod que dans les gouvernements du Volga oriental. Elle est d'origine finnoise, mais fortement mêlée de Russes ; elle se compose de trois tribus : les *Mokchanis*, les *Erzanis* et les *Karataï;* cette dernière est extrêmement faible ; les deux premières auraient, selon quelques voyageurs, deux dialectes assez différents pour avoir de la peine à s'entendre ; mais les précieux tableaux de M. Klaproth démentent complétement cette assertion : leur langue dérive du finnois, mais elle est mêlée de mots et de locutions tatars ; toutefois ce savant réserve le nom de Mordouins à la seule tribu des *Erzanis*. Ce nom a quelque rapport avec la province *Ertem* des Petchenègues, et le mot *erdœ*, qui en hongrois signifie forêt. La véritable différence entre les deux tribus semble se réduire à ceci : les Erzaniens, parmi lesquels les cheveux roux et jaunes-roux sont plus fréquents, conservent aussi plus de traits sauvages, et en général plus d'originalité que les Mokchanis, dont un grand nombre est converti à la religion chrétienne-grecque. Probablement les Mordouins sont le reste des *Mordens*, vassaux des Goths sous Hermanarik, selon Jornandès (¹). Ils ont occupé une plus grande étendue de pays, et la ville de Mourom, sur l'Oka, était, selon Nestor, la résidence de leurs princes. Selon Pallas, ils ne connaissent ni idoles ni culte proprement dit ; le chamanisme, dans sa forme la plus simple, est la religion de ce peuple de chasseurs et de pêcheurs ; ils adorent un être suprême invisible, dont les *chamans* ou magiciens implorent la faveur ou désarment la colère (²). Mais nous croyons devoir plus de confiance à Lepekhin, qui assure les avoir vus offrir au soleil et à la lune nouvelle des sacrifices de brebis et de volailles (³). Leur habillement consiste en une tunique et un jupon de toile, brodés en laine rouge et bleue, liés par une ceinture de laquelle pend par derrière un tablier de peau, brodé aussi en laine de couleur, et orné de franges, de grains de verre, de coraux et de grelots. Ces vêtements sont recouverts d'une autre tunique de toile jaune à manches courtes et larges attachées sur la poitrine par une grande agrafe, à laquelle sont suspendus différents ornements de corail

---

(¹) *Muller*, Mémoires pour l'histoire de Russie, III, p. 332, 345, 382, 410. *Strahlenberg*, p. 346. — (²) *Pallas*, Voyage VII, p. 28. Ainsi *Lévesque*, Hist. de Russie, VII, 366, est inexact en disant qu'ils n'ont point d'année.

(¹) On trouve *Mordens* et *Mordensimmis*. Mais la terminaison *simmis* n'est qu'un mot slavon qui signifie pays. — (²) *Pallas*, Voyage, I, p. 91-123. — (³) *Lepekhin*, Journal d'un voyage, I, p. 100, trad. allem.

et de cuivre. Leur coiffure est un bonnet très élevé brodé et orné comme le reste du costume. Parmi leurs usages, on remarque celui d'emmener de force la nouvelle mariée dans la chambre nuptiale, où ses conducteurs la remettent à l'époux avec ces mots : « Tiens, loup, voici la brebis. »

« Voilà ce qui nous a paru le plus important à dire sur les *Finnois Volgaïques*. Les mœurs des Tatars, ou, pour parler plus exactement avec M. Klaproth, des *Turks* de Kazan, se rapprochent infiniment plus de la civilisation européenne. Industrieux, riche, sobre et plein de vertus domestiques, ce peuple vaincu nous semble presque supérieur aux Russes, ses vainqueurs. Une physionomie noble et fine, des yeux noirs et perçants, une longue barbe, leur donnent un air imposant, quoiqu'ils soient généralement d'une taille peu élevée. Leur exactitude aux cérémonies et aux abstinences religieuses n'exclut pas les sentiments d'une tolérance hospitalière envers les chrétiens. Leurs femmes mêmes ne craignent pas de se montrer, et M. Erdmann a pu retracer comme témoin oculaire le tableau d'une noce tatare. Le costume des hommes réunit le caractère oriental aux modifications raisonnablement motivées par le climat ; dans celui des femmes, le luxe des perles et des franges se marie à des caprices de mode et de coquetterie. Cependant les mœurs sont austères : la famille est une monarchie patriarcale; l'homme commande en maître, et la loi lui permet la polygamie; toutefois, par un effet naturel de la civilisation, peu de Tatars épousent plusieurs femmes à la fois ; seulement, si la première épouse a vieilli, une autre plus jeune partage la couche du maître, mais non pas les honneurs domestiques de la maîtresse. Les Tatars parlent très purement leur langue natale, la turque, et savent souvent le russe et le boukharo-persan. Les écoles fréquentées, les mosquées bien tenues, une grande activité dans les fabriques et dans les ateliers domestiques, tout place cette nation turque à un haut rang parmi les peuples de ces régions.

» Reprenons notre voyage, et remontons de Kazan, le long de la rivière de Kama, vers les monts Ouraliens. Les deux vastes *gouvernements de Viatka* et de *Perm* forment la partie septentrionale la plus élevée, la plus froide, mais non pas la plus stérile de notre *région ouralienne centrale*. Dans le premier de ces gouvernements, une grande plaine, composée de terrains argileux, s'incline doucement depuis le nord-est vers le sud-ouest, en n'offrant d'autres inégalités que celles que produisent les vallées des fleuves et leurs bords quelquefois escarpés. Vers Sarapoul et Ielabouga, quelques hauteurs présentent des couches de grès schisteux avec du minerai de cuivre. Les *volok's* ou portages entre les sources de la Kama et de la Viatka d'un côté, et celle de la Dvina et de la Petchora de l'autre, n'offrent qu'une plaine; mais cette plaine, en s'élevant imperceptiblement, doit atteindre un niveau de 620 pieds au-dessus des bords du Volga près Kazan, ou de 1,200 au-dessus de l'Océan; c'est le quart de l'élévation générale de l'Oural. Le seigle et l'orge, le lin et le chanvre réussissent parfaitement dans les districts méridionaux; on y voit encore quelques pommiers; mais vers les sources des deux rivières, toutes les cultures se ressentent des obstacles qu'un climat rigoureux leur oppose. Là, dans les mauvaises années, l'écorce du sapin et de l'orme, réduite en pâte, sert à allonger la provision de farine. On y mêle aussi des glands. Une partie de la population de ce gouvernement, qui s'élève à environ 1,400,000 individus, émigre temporairement pour servir sur les bateaux du Volga.

» La capitale, *Viatka*, ville de 7,000 habitants, exporte des grains et d'autres produits du sol pour Arkhangel par la Dvina, tandis que *Sarapoul*, sur la Kama, envoie ses barques jusqu'à Astrakhan, et commerce de l'autre côté avec les pays samoyèdes situés sur la Petchora. » On construit dans cette ville d'énormes radeaux appelés *nassadys*, longs de 130 pieds, larges de 46 et hauts de 12. Vingt-cinq mariniers en forment l'équipage. C'est au moyen de ces radeaux qu'on fait descendre le bois de chauffage et de construction jusqu'aux bouches du Volga. En temps ordinaire, Sarapoul n'a que 4 à 5,000 habitants, mais elle renferme jusqu'à 20,000 individus dans la saison où les bateliers y arrivent. Elle a été érigée en ville vers l'année 1780. « Bâtie par les peuples finnois ou par les Tatars, avant la conquête russe, Viatka paraît d'abord dans les annales sous le nom de *Chlynov* (Khlinof) qui est russe. A *Slobodskoï*, ville commerçante de 4,000 âmes, on fabrique des ustensiles en fer et en cuivre. » *Kotelnitch*, au bord de la Viatka, est bâtie sur l'emplacement de Kokcheref, ville tchérémisse que les Novgorodiens détruisirent vers la fin du douzième siècle. *Malmyge* ou *Malmyche*, bien que située sur le bord de la Khochma, ne fait aucun commerce ; ses habitants s'occupent principalement d'agriculture.

Le gouvernement de Viatka renferme plusieurs ruines d'anciennes villes finnoises ; celle dont les restes se trouvent près de *Chestakof* a dû être grande ; mais les ruines les plus fameuses sont les murailles en briques dans le district de *Ielabouga*, que le peuple nomme *Tchortova-Gorodechte*, ou ville du diable.

« Les *Votiaikes* ou *Votiaks*, tribu finnoise peu mélangée, habitent pour la plupart dans le gouvernement de Viatka. Faibles et laids, avec des cheveux roux ou jaunes et la barbe rare, ces Finnois ressemblent tant aux paysans de la Finlande, qu'on paraît fondé à les regarder comme identiques avec les *Votes*, qui habitaient autrefois plus à l'ouest sous la domination de la république de Novgorod. Leur idiome ressemble au permiaike avec un mélange du tchérémisse, du vogoul, et quelques mots gothiques (¹). Ils se nomment eux-mêmes *Oudy* ou *Out-Murt*, c'est-à-dire les hommes hospitaliers (²), et reçoivent des Tatars le nom d'*Ari*, c'est-à-dire les éloignés. Leurs habitations commencent non loin du Tanyp, affluent de la Belaïa, dans le gouvernement d'Orenbourg, s'étendent de là vers Sarapoul, embrassent le *Kam-Kossip* ou le pays entre la partie inférieure de la Kama et de la Viatka, remontent cette dernière rivière jusque vers *Orlof*, peuplée de 3,000 âmes, et se multiplient encore aux sources de la Kama, aux environs de *Kaï*, ville de 1,000 habitants, dans un pays presque désert.

» La ville d'Arsk, dans le gouvernement de Kazan, a été la résidence des princes de la nation votiake, qui était même distinguée en noblesse et en peuple ; une commune misère a effacé ces distinctions. Outre l'agriculture, le soin des abeilles occupe cette peuplade paisible ; l'industrie des femmes procure à toute la famille les objets nécessaires en feutre, en drap grossier, en toile d'ortie et de chanvre ; elles préparent aussi les peaux ; les hommes font des ouvrages au tour qu'ils savent endurcir par un vernis particulier. Ils ont rarement plus de deux femmes ; ils les achètent ; mais l'amant pauvre enlève souvent une fille, la viole en présence de témoins, et l'obtient alors à bon marché. C'est, comme on voit, une sorte de *Gretna-Green* sauvage. Si le ravisseur est surpris avant la consommation, il reçoit force coups de bâton, et la belle devient de nouveau un objet de commerce, tout comme à Londres. Les noms des divinités ne ressemblent point à ceux des dieux des autres Finnois ; l'Être suprême est appelé *In-Mar* ; ce qui nous paraît signifier « l'homme dans le ciel (¹). » *Mouma-Kaltsina*, mère de ce dieu, est le principe de la fécondité universelle, et son épouse, *Chounda-Mouma*, c'est-à-dire mère du soleil, est la souche des divinités inférieures, ainsi que des astres. Leurs fêtes, leurs sacrifices, leurs prêtres ou *touna*, leurs lieux saints ou *kérémet*, diffèrent peu de ceux des Finnois Volgaïques ; mais on cite des traits de leur croyance qui rappellent les idées des Kalmouks et des autres peuples soumis au lamaïsme. Tandis que, selon les Tchouvaches, les damnés errent après la mort, comme squelettes, dans un désert glacial dépourvu de vivres, l'imagination des Votiaks les fait cuire dans des chaudrons pleins de goudron (²). Ils célèbrent aussi des repas funéraires annuels sur les tombeaux de leurs parents. Dans leurs sacrifices, l'estomac, le sang, les entrailles sont brûlés au profit des dieux infernaux, censés se nourrir de la fumée.

» Le *gouvernement de Permie* ou de Perm est à moitié en Asie ; la partie européenne embrasse les pays que la Kama baigne dans la partie supérieure de son cours ; mais les plaines élevées du gouvernement de Viatka y continuent jusque vers Tcherdyn, Solikamsk et Krasno-Oufimsk. C'est sur cette ligne que commencent les promontoires des monts Ouraliens, pour la plupart en pente douce ou en forme de collines. Presque partout les roches calcaires de seconde formation y dominent parmi d'autres couches de grès, d'argile, de marne. Les cavernes, extrêmement nombreuses, renferment des stalactites ; celle qui est près de Koungour présente quatre grandes

---

(¹) Par exemple, *ar*, année, *suser*, sœur aînée, *schondi*, soleil. — (²) *Klaproth* : Asia polyglotta, p. 185.

(¹) *In*, ien, ciel ; *mar* ou *murt*, homme. — (²) *Georgi*, Nations russes, p. 43, p. 59 (1ʳᵉ édition allemande).

salles. Les éboulements fréquemment causés par les eaux souterraines qui minent les terrains marneux, y forment des enfoncements servant quelquefois de bassin à de petits lacs. La première véritable chaîne, ou plutôt le gradin occidental du système de l'Oural, se compose d'un calcaire écailleux, avec peu de pétrifications. Entre cette chaîne et celle des sommets granitiques formant la crête de l'Oural, se trouvent les montagnes métallifères, composées de roches amphiboliques, de schistes argileux, de gneiss ou de roches moins quartzeuses. C'est là que s'étendent ces riches dépôts de minerai de fer, qui occupent 50,000 maîtres ouvriers, et qui fournissent à la Russie plus de fer qu'elle ne saurait en employer ([1]). Le cuivre est moins abondant; pourtant on en retire par an jusqu'à 125,000 *pouds*. Les lavages de poudre d'or ont singulièrement augmenté dans ces dernières années, mais ils appartiennent à la partie asiatique. Le sel est une richesse plus importante; on en retire 5 ou 6,000,000 de *pouds*. Les marais salants sont tous dans le voisinage des montagnes calcaires et gypseuses, renfermant de grandes couches de calcaire coquillier et recouvertes de dépôts diluviens, contenant des débris fossiles d'éléphants ([2]). Plus de 15,000 ouvriers et bateliers s'occupent de l'exportation du sel. Les forêts du gouvernement de Perm, tant en Europe qu'en Asie, couvrent 17,000,000 de *deciatines*, tandis que les champs labourés n'en occupent qu'un peu plus d'un million; aussi la température déjà froide et humide en raison de la latitude, le devient-elle encore davantage par l'épaisseur des ombrages, par l'abondance des sources, par les masses de glaces et de neiges éternellement accumulées dans les cavernes ou dans les ravins. Les rivières près de Solikamsk se gèlent à la fin du mois d'octobre ou au commencement du mois de novembre; l'emploi du traîneau et du patin y dure six mois pleins. Les coteaux exposés au midi, dans le sud du gouvernement, sont au contraire frappés par les vents brûlants des steppes caspiennes. La végétation varie considérablement. Dans le haut pays, les bouleaux dominent dans les forêts; après eux, les pins et les sapins; on rencontre moins fréquemment les mélèzes et les cèdres de Sibérie; dans les plaines et sur les collines, on voit les ormes, les tilleuls, les érables, les sorbiers et les pruniers. Dans le nord du gouvernement, à peine les céréales réussissent-elles; et comme, outre le pain, il faut de l'eau-de-vie de grain, on y introduit jusqu'à 200,000 *vedro* de cette boisson. En descendant vers le sud, on voit quelques pommiers, quelques cerisiers, et même, du côté asiatique de l'Oural, des melons et des arbouses.

» Comme l'industrie de ce gouvernement est concentrée dans les *savodes* ou villages de mines, dans les forges et dans les usines, les villes ne sont que la demeure de la classe proprement commerçante, et ne renferment ni de grandes populations, ni rien de remarquable ([1]). *Perm*, le chef-lieu, n'a que 9,800 habitants; c'était jusqu'en 1781 un village qui portait le nom d'*Iagouchikha*, lorsque le gouvernement russe l'érigea en ville. Elle est petite, mais bâtie avec régularité et ornée de quelques beaux édifices. Le grand hôpital renferme de 250 à 300 lits; le palais épiscopal est assez bien construit. Le village, auquel elle se réduisait autrefois, est aujourd'hui le faubourg Iagouchinskoé. » *Koungour*, avec quelques tanneries et savonneries, compte 7 à 8,000 habitants, et l'antique ville de *Solikamsk*, centre du commerce de sel, en possède 3 à 4,000. *Krasno-Oufimsk*, qui n'en a que moitié de ce nombre, est entourée d'un mur en bois et de tours qui la garantissent

---

([1]) On compte dans l'Oural seul 58 usines de fer pour la fonte, savoir : 7 à la couronne, et 51 aux particuliers. Elles ont produit, en 1827, en minerai fondu. . . . . 20,048,192 pouds.
Qui ont fourni en fonte. . . 9,731,147
Les forges de fer sont au nombre de 105, savoir : 8 à la couronne, et 97 aux particuliers. Elles ont livré au commerce, en 1827. 5,578,474
En 1829, les diverses usines de toute la Russie n'ont produit en acier que la quantité de. . . . 80,000
Dans la même année on a exploité dans tout l'empire :
En cuivre, plus de. . . 200,000
En plomb, environ. . . . 40,000
En sel provenant des mines, des salines et des lacs salins. 22,000,000
En alun. 16,400
— ([2]) *Nikita Popow*, Mémoire sur les productions naturelles de Perm, dans la Description économique, etc., de M. de Moderach.

([1]) Description de la ville de Perm, dans *Hermann*. Mémoires de statistique, III, p. 55.

d'un coup de main de la part des Bachkirs. *Tcherdyn* ou *Tcherdyne*, à 20 lieues au nord de Solikamsk, est le lieu le plus anciennement habité de la contrée. Au quatorzième siècle elle était riche et puissante, et son commerce s'étendait depuis la mer Caspienne jusqu'à l'océan Glacial ; aujourd'hui elle ne renferme que 3,000 habitants, qui s'occupent d'agriculture, et qui paient en peaux de renne leur redevance à la couronne.

» Les deux anciennes peuplades des *Permiaïques* ou *Permiens* et des *Siraïnes*, ne forment au fond qu'une seule tribu ; car les traits, les mœurs, l'idiome se confondent ; seulement les premiers habitent plus à l'est sur la Kama et dans l'Oural, tandis que les seconds demeurent plus au nord et s'étendent jusque sur les bords de la Vouïtchegda et du Mezen, dans le gouvernement de Vologda, district d'Oustioug-Veliki, et dans le gouvernement d'Arkhangel. Les uns et les autres s'appellent *Komi-Murt*, « gens de la nation, » ou bien « gens des bords de la Kama, » nommée Kouma dans leur idiome, qui ne diffère que peu de celui des Votiaks. Les Permiens se donnent quelquefois le nom de *Suda*. Ils sont en grande partie assimilés aux Russes, et leur idiome est sur le point de se perdre ; leurs traditions historiques et mythologiques n'existent guère que dans des souvenirs confus. De nombreuses ruines et quelques documents d'archives prouvent que jadis il a existé un royaume de Permie ou Biarmie, embrassant peut-être tous les pays sur la mer Blanche, dans l'Oural et le long de l'Obi. Mais cette monarchie finnoise, ce *Tchoudskoï-Tzarstvo*, comme les érudits russes le nomment ([1]), a-t-il fleuri dans les temps d'Auguste, et péri dans le quatrième ou cinquième siècle, par les invasions des Huns ou par une suite quelconque de ce qu'on appelle la grande migration des peuples ? Ou bien les monuments d'une ancienne splendeur, d'une ancienne industrie, se rapportent-ils simplement à ce royaume de Biarmie, connu des Skandinaves dans le moyen âge, visité par les Persans, les Arabes, et subjugué par les Russes en 1472 ? Nous penchons pour la dernière opinion, sans vouloir nier l'existence antérieure d'une monarchie finnoise, et plus spécialement hongroise (ou mad-jiare ou *magyare*) qui aura été ruinée par l'émigration de ses tribus les plus puissantes vers la Russie centrale et le Danube. L'histoire certaine commence avec l'apôtre des Permiens, saint Étienne de Perm, qui, en 1375, inventa un *alphabet permien,* s'en servit pour écrire plusieurs livres, convertit un grand nombre de païens et établit dans le couvent *Oust-Vymsk* le premier siége épiscopal de Permie. Il est affligeant d'avoir à ajouter que ce missionnaire se fit appuyer par les armes et par la torche incendiaire ; un corps d'armée russe lui frayait le chemin, et les païens épouvantés s'enfuyaient avec leurs familles et leurs idoles jusque dans les rochers des Vogouls et jusque dans les marais glacés des Samoyèdes. Saint Étienne mourut en 1396, et l'année suivante le moine Épiphane écrivit sa biographie, dont on possède des extraits en russe. Mais l'incurie des moines a laissé disparaître les ouvrages de saint Étienne et jusqu'aux dernières traces de son alphabet, qui ressemblait probablement à celui de Cyrille ([1]). M. de Moderach, administrateur éclairé, a trouvé dans les archives de Tcherdyne d'anciens documents russes, où il a reconnu jusqu'à quatorze noms de princes et de princesses de la Grande-Permie ; tous sont chrétiens, et la dynastie mâle, en s'éteignant, paraît avoir laissé la succession aux femmes. Tcherdyne était, selon M. de Modérach, identique avec la ville ancienne de Grand-Perm ; mais, d'après d'autres recherches qui nous sont imparfaitement connues, l'ancien Perm était situé plus au nord et à l'ouest sur le confluent de la Vouïtchegda et du Vym.

» Les forêts de la Permie recèlent peut-être quelques monuments d'un culte ancien commun aux peuples finno-ouraliens. On y a récemment reconnu divers *kérémet,* ou enceintes sacrées. Des idoles en métal ont été trouvées, mais détruites. Le culte permien ou biarmien se rattachait probablement à cette statue en or d'une vieille femme dont parle Herberstein ([2]), et qui était représentée tenant un enfant dans ses bras et environnée d'instruments auxquels le vent faisait rendre des sons harmonieux. Le temple de la *Zolotnaïa-Baba* paraît avoir été au nord-est de Tcherdyne, sur un affluent de la Sozvà ([3]). »

([1]) M. *de Moderach*, Description économique du gouvernement de Perm.

([1]) *Klaproth*, Asia polyglotta, p. 188. — ([2]) *Adelung*, Vie d'Herberstein, p. 385. — ([3]) D'après des

LIVRE QUATRE-VINGT-QUATORZIÈME.

Suite de la Description de l'Europe. — Description de la Russie d'Europe. — Troisième section. — Russie boréale, ou pays autour de la mer Blanche.

« En descendant des monts Ourals vers la mer Blanche, nous voyons une nature sévère et inhospitalière prendre un empire si absolu, qu'à peine l'industrie de l'homme peut-elle, au prix d'une lutte pénible, se procurer les moyens d'une existence peu agréable, et quelquefois précaire. Le principe vivifiant de la chaleur diminue à chaque pas; les épis nourriciers se flétrissent; la prairie marécageuse ne nourrit que des joncs et des mousses; dans la plaine stérile les arbres disparaissent, les racines même deviennent plus petites; tout ressent le voisinage du pôle, et c'est en vain que pendant des jours d'une longueur immense les rayons trop obliques du soleil frappent un sol pénétré d'eaux glaciales. Peut-on penser ici à des divisions administratives, à des arrangements politiques? La nature doit dominer nos descriptions. Les gouvernements de *Vologda*, d'*Arkhangel* et d'*Olonetz* embrassent la sphère des régions que nous allons décrire; mais nous nous guiderons principalement par les mers et les fleuves. Les pays à l'est et au sud de la mer Blanche forment ce que nous avons appelé la *région ouralienne maritime*; ceux qui sont à l'ouest entrent pour la plupart dans notre *région de la Laponie* ([1]). Nous pouvons commodément classer et combiner sous ces deux sections naturelles les aperçus topographiques que nous tirons des statistiques russes.

» Le pays à l'est de la mer Blanche est une grande plaine qui s'incline depuis les sources des rivières de Petchora, Mezen, Vitchegda, Dvina et Onéga, vers cette mer, sans autre interruption que celle qu'occasionnent les hauteurs de terre peu considérables par lesquelles les cours des rivières sont déterminés. Les sources de la Petchora et de la Vitchegda sont à peu près à 1,200 pieds d'élévation; celle du Mezen, à 600, et celle de l'Onéga, à 300. La partie méridionale de tous ces bassins offre quelques collines; la partie septentrionale ne présente qu'une vaste étendue de champs, de marécages, parsemés de quelques rochers. Mais à l'est cette plaine est terminée par une chaîne de l'Oural, nommée spécialement *Kamennoï-Poyas*, et qui nous paraît n'être que la continuation de la chaîne de calcaire primitif de l'Oural, qui se maintient à découvert, tandis que les autres chaînes collatérales de l'Oural se plongent sous la terre. Elle n'atteint que 3,600 pieds d'élévation, et n'a que 10 verstes dans sa plus grande largeur; elle s'abaisse et disparaît vers les sources de l'Ousa.

» La *Petchora*, le *Mezen* et la *Dvina* sont les trois grandes rivières des pays à l'est de la mer Blanche. La première, quoique peu célèbre en Europe, n'est pas inférieure à la Loire pour la longueur de son cours, mais elle coule à travers les déserts les plus solitaires de la Russie même; rarement un chasseur se risque-t-il dans les forêts qui ombragent sa source; rarement une famille samoyède y conduit-elle ses rennes. Le Kamennoï-Poyas suit pendant quelque temps son rivage oriental; les falaises calcaires qu'il forme sont hérissées de ravins et de cavernes ([1]); mais, depuis sa réunion avec l'Ousa, il ne coule qu'à travers des tourbières immenses. Ses flots limpides nourrissent peu de poissons; probablement deux promontoires très saillants empêchent

---

recherches récentes, les anciens habitants de la Biarmie reconnaissaient un Etre suprême qu'ils représentaient sous la forme d'une idole de bois, et qu'ils nommaient *Jomala*. Ils ne lui élevaient point de temple; ils le plaçaient en plein air au milieu de leurs cimetières. Outre cette divinité ils adoraient le dieu *Voïtchel-Baba* et *Zolotnaïa* ou la vieille femme d'or. Elle était représentée sous les traits d'une vieille avec deux petits enfants, l'un dans ses bras et l'autre à côté d'elle: celui-ci était son petit-fils. On la consultait pour connaître l'avenir. J. H. (Voyez le journal russe d'histoire, de statistique et de géographie, intitulé: *Istoritcheski, Statistitcheski, i iéographitcheski Journal*. — 1826.)

([1]) Voyez *Tableau des régions physiques de l'Europe*, t. II, p. 12.

([1]) *Petchora*, caverne en russe. De là le nom du fleuve. Il y a un couvent nommé *Petchori* dans le gouvernement de Pskof.

les poissons de la mer Glaciale de remonter dans le lit de ce fleuve. Le *Mezen* offre peu de curiosités ; il donne son nom à un golfe de la mer Blanche. La *Dvina*, c'est-à-dire la *Double*, que l'on croit être le *Carambucis* des anciens, se forme par la réunion de la *Soukhona*, débouchée du lac de *Kouban*, et de l'*Ioug*, près Oustioug-Veliki ; du moins c'est là qu'elle commence à porter son nom. Mais c'est sa réunion avec la Vitchegda, venant de l'est, en direction opposée à la Soukhona, qui achève d'en faire un grand fleuve. Son lit, navigable et poissonneux, qui a jusqu'à 600 pieds de large, se divise près de Kholmogory en plusieurs bras ; les glaces le couvrent depuis le commencement de novembre jusque vers la fin d'avril ; au printemps elle déborde et inonde une grande étendue de pays. Le limon qui encombre les bouches de ce fleuve est un obstacle à la navigation des grands bâtiments. L'*Onéga* sort de plusieurs lacs voisins, mais indépendants du lac Onéga. Ses nombreuses chutes entravent sa navigation ; cependant, au printemps, lorsque ses eaux sont hautes, il devient flottable pour les trains de bois, et quelques barques se hasardent à le descendre. Tous ces noms de rivières sont russes, et par conséquent postérieurs au douzième siècle, peut-être même au treizième siècle[1]. Les noms de *Vaga*, affluent occidental de la Dvina, de *Vig* et de *Sig*, qui se rendent à la mer Blanche, paraissent skandinaves, et celui de *vinur,* ou *vin*, paraît désigner la Dvina [2].

» Le climat de cette région est d'une rigueur uniforme. Au sud, les forêts humides, au nord, une mer long-temps glacée, partout l'exposition boréale, concourent à rendre le froid très vif et très durable. Dans les longues journées d'été, la chaleur devient momentanément insupportable ; mais il suffit d'un coup de vent du nord pour produire un froid si sensible que l'ouvrier qui, l'instant précédent, était en chemise, se voit obligé d'endosser la pelisse. Les matinées de juin sont rarement exemptes de gelées ; elles recommencent en septembre. Passé le 67e parallèle, on trouve toujours de la glace à quelques pieds au-dessous de la surface du sol. Cependant, les exemples les plus fameux d'une extrême intensité de froid nous viennent de Vologda et d'Oustioug-Veliki ; il n'est pas sûr qu'elle augmente en allant au nord, du moins aucune observation ne le prouve.

» On pourrait diviser toute cette région en forêts, en tourbières et en rochers, tant le pays cultivé, et même les prairies naturelles, y occupent peu d'espace. Les forêts de la couronne forment dans les trois gouvernements un total de 72 millions de *déciatines* ; les pins, les sapins, les mélèzes y dominent ; ces derniers fournissent le bois dont les vaisseaux de ligne d'Arkhangel sont construits. On exporte des douves, des planches, du goudron. Le sol, rempli de marais, est peu propre à l'agriculture ; cependant on y sème un peu d'orge, et quelquefois on en récolte. Les pommes de terre ne forment que de petites racines. Le produit des céréales ne suffit pas à la consommation, et on supplée à la farine par des lichens, par les racines de la *calla palustris*, et par l'écorce du sapin. Près de Vologda et d'Olonetz le seigle réussit encore, mais la gelée d'une seule nuit suffit pour le détruire. Les pâturages sont abondants. Rien n'est comparable à la bonté et à la délicatesse des veaux d'Arkhangel, dont la chair tendre et succulente est recherchée à Pétersbourg ; mais en général ils sont trop gras. Les chevaux du pays sont très vigoureux, et les bêtes à cornes d'une bonne taille. Les moutons ne valent rien à manger, et leur laine est mauvaise, quoique les paysans en fabriquent ce drap grossier connu en Skandinavie sous le nom de *wadmal*.

» On exporte de Vologda beaucoup de gibier de venaison, de coqs de bruyère, des bartavelles, espèce de perdrix rouges, des gelinottes, des *rischikes* ; les rischikes sont une sorte de mousserons ou d'agarics, qui deviennent brunâtres et même noirâtres lorsqu'ils sont salés ; on les mange comme une friandise en guise de salade lorsqu'ils sont petits : la bouteille, rendue sur les lieux, revient à deux roubles. On a trouvé des indices de métaux, mais peu abondants. Il y a des salines à *Sol-Vytchegotskaïa*, à *Segora*, mais surtout dans les environs de *Totma*, sur les rivières de Kouda et de Lesenga ; on y comptait il y a quelques années une vingtaine de chaudières. Les bords de la rivière de Vym sont remplis

---

[1] Voyez, pour la longueur du cours de ces fleuves, le tableau compris dans l'Introduction de l'Europe, tom. II, p. 12. — [2] *Schiœning*, Origine des Norvégiens, p. 105. *Edda*, Grimnis-Mâl, str. 27, 28, 29.

de couches de coquillages pétrifiés, et la Petchora met souvent à découvert des ossements d'éléphants.

» Les arbustes qui portent des baies succulentes semblent être destinés par la nature à soulager la misère des contrées dépourvues de tout autre arbre fruitier. Le *chamæmorus* norvégien, en russe *klouikva*, est un puissant antiscorbutique et d'un suc très rafraîchissant; les airelles rouges et noires, les cerises sauvages, les groseilles et autres fruits semblables, sont très communs. On cultive avec succès le raifort, le navet, le chou blanc, l'ognon et l'ail.

» Deux villes méritent notre attention : ce sont *Vologda* et *Veliki-Oustioug*. La première, située sur une rivière du même nom et peuplée de 14,000 habitants, est une des villes les plus commerçantes et les plus industrieuses de la Russie. On y trouve des fabriques de soieries (rubans et mouchoirs), de toiles de lin teintes et glacées, de cuirs, de faïence et de couleurs minérales, de verreries et de cristaux, des fonderies de suif blanc et des fabriques de chandelles, des fours de tuiles; on fait encore dans cette ville du papier, de la cire à cacheter, de l'oripeau, de l'huile, de la térébenthine, de l'orge mondé. C'est l'industrie de l'ancienne Novgorod qui s'est réfugiée ici. Le commerce est encore plus important; c'est l'exportation de toutes les denrées de la province et des objets fabriqués que nous venons de nommer, les premières surtout pour Arkhangel, les autres en Sibérie; c'est l'entrepôt de tous les objets qui de Pétersbourg vont en Sibérie, à Viatka et à Perm; c'est l'entrepôt et l'expédition des objets qui, de l'intérieur de la Russie, sont exportés pour le port d'Arkhangel, chanvre, lin, suif, soies de cochon et nattes; tout cela s'embarque sur les rivières de Vologda, de Soukhona et de Dvina; c'est le dépôt des pelleteries de Sibérie, des thés et nankins apportés de Kiakhta; les négociants de Vologda font eux-mêmes des excursions en Sibérie, d'où ils rapportent ces objets; ils ont des liaisons directes avec la Chine.

» *Veliki-Oustioug*, ville d'environ 8,000 habitants, est une colonie de Vologda. Placée sur la rivière de Soukhona et sur la grande route d'Arkhangel en Sibérie, elle est le dépôt de toutes les marchandises exportées dans cette contrée, soit d'Arkhangel, soit de Vologda et de Pétersbourg. Le commerce cependant n'est pas le seul moyen de subsistance qu'aient les habitants; on y trouve des fabriques d'émail, d'argent moulu, de savon, de chandelles, d'ouvrages de serrurerie, et des cuirs. Les commerçants de Vologda et de Veliki-Oustioug conservent dans toute leur pureté les anciennes mœurs de famille. Les frères, les neveux, les cousins, restent ensemble dans un seul et vaste établissement; les uns conduisent les affaires de fabrique, les autres celles de commerce, quelques uns vont à Pétersbourg, d'autres à Tobolsk, à Irkoutsk, comme plénipotentiaires de leur maison commune. Sous le nom de *Gosti* ou hôtes, ils jouissent de certains droits réciproques dans les villes qu'ils visitent.

» Les autres villes sont de peu d'importance, mais elles offrent quelques traits topographiques. Entre Vologda et Veliki-Oustioug, *Totma*, renfermant 3,000 habitants, fait un commerce actif avec la Sibérie. Le couvent de Spass-Oumorine y est devenu célèbre par le corps de saint Théodose de Totma qu'on y a découvert dans ces dernières années et qui attire un grand nombre de pèlerins. *Nikolsk* voit terminer dans ses environs la végétation des tilleuls, et *Iarensk* celle des mélèzes, tandis que le dernier noisetier fleurit à *Olischef* sous 58 deg. 30 min. Dans le couvent de Prelouk près Vologda, on voit un chêne cultivé. *Oustsyssolsk*, ville de 2,000 âmes, avec des foires très marchandes, surtout en fourrures, est dans une contrée où il ne croît que le *pinus cimbra*; par conséquent le climat est celui des montagnes rapprochées des neiges éternelles [1].

» Le centre du commerce extérieur de ces régions est *Arkhangel* ou *Arkhangelsk*, en russe proprement *Gorod Arkhangelskoï*, la ville du couvent de l'archange saint Michel. Cette ville, située sur les bords de la Dvina, à 90 verstes de la mer Blanche, a cinq quarts de lieue de long, sur une demie de large. Elle est entièrement bâtie en bois, à l'exception de la cour de commerce, qui est construite en briques. On y a compté dernièrement 13 églises russes, 1 luthérienne, 1 calviniste, 2,000 maisons et 24,000 habitants. On y remarque un grand édifice en pierres destiné à mettre les mar-

[1] Mémoires statistiques sur Vologda, dans les *Nouvelles Ephémérides géographiques*, XII, p. 44 et dans Storch, Materialien, I, p 305.

chandises à l'abri des incendies qui sont très fréquents. Les Anglais y établirent un commerce avantageux dans le seizième siècle; on peut regarder le passage des bâtiments britanniques dans la mer Blanche, depuis 1553, comme une *découverte*, tant ces parages étaient inconnus auparavant aux nations commerçantes. Les Hollandais et les Hambourgeois suivirent les traces des Anglais. Enfin, la ville d'Arkhangel fut bâtie en 1584; il n'y avait auparavant qu'un couvent dédié au *saint archange :* cette place fut long-temps le seul port que la Russie possédât. Mais son commerce souffrit une ruine presque totale, lorsque Pierre Ier jugea à propos de faire de Pétersbourg le principal port de l'empire; cependant il est encore considérable, parce qu'Arkhangel est l'entrepôt des marchandises qui passent en Sibérie, et de Sibérie en Europe. Une partie de la Russie européenne envoie encore ses objets d'exportation à Arkhangel, par la voie de Vologda et de Veliki-Oustioug.

» Les marchandises que les bâtiments étrangers chargent à Arkhangel consistent principalement en graine de lin, huile de poisson, mâts et planches de sapin, goudron, chandelles de suif blanc, cire, miel, nattes, pelleteries, linge de table et autres toiles, fer en barres, duvet d'édredon et dents de cheval marin. L'exportation s'est élevée jusqu'à la valeur de 6 millions de roubles. Cette ville est le siège d'un département de la marine russe. Comme il n'y a dans les environs ni agriculteurs ni bestiaux, on est obligé de faire venir les vivres de loin. Le peuple se nourrit de poissons, qui y sont en abondance, surtout du *tresca* salé (merlue), et de *paltus* ou poisson séché à l'air. La pêche des vaches marines ou des morses, au Spitzberg et à la Nouvelle-Zemlie, et celle des harengs dans la mer Blanche, occupent tous les ans plusieurs vaisseaux. Quelquefois ces vaisseaux hivernent au Spitzberg. Bacstrom, voyageur hollandais, a visité les Russes dans leur quartier d'hiver. C'était une maison en bois, construite à la manière russe; ils ne paraissaient manquer de rien; ils se procuraient des vivres par la chasse qu'ils faisaient aux ours blancs, aux rennes et aux renards bleus; en été ils recherchent de l'édredon. Comme il ne croit point de bois dans ces îles, les pêcheurs périraient de froid, si la mer n'en jetait sur les côtes : on y trouve même quelquefois des poutres qui peuvent servir à la construction d'une maison. Le scorbut n'est point dangereux pour les Russes, grâce à l'exercice que la chasse leur procure. Storch dit qu'ils s'abstiennent d'eau-de-vie et ne boivent que du kvas ([1]), ce qui se trouve contredit par le témoignage de Bacstrom. Quelquefois ils ont près de leur cabane un bain de vapeurs. Outre qu'ils se servent des plantes antiscorbutiques qui croissent en abondance sur les côtes, ils se munissent ordinairement d'une certaine quantité de *klouikva*, et font usage d'une boisson de pommes de pin ou de genièvre, qu'ils trouvent salutaire. Ils boivent aussi du sang de renne chaud, remède qu'ils ont vraisemblablement adopté des Samoyèdes.

» *Onéga* ou *Oneg*, dans le gouvernement d'Arkhangel, exporte du bois ; *Kholmogory*, ancienne capitale de la contrée de la Dvina et de la Biarmie, nous paraît être le *Holmgard* des Islandais, capitale d'un Etat des Varègues ou Skandinaves; elle est bâtie sur une île (*holm*), dans la rivière. *Mezen* est le chef-lieu d'un arrondissement immense dont une partie s'appelait *Udorie ;* mais la *Iougorie* ne commençait qu'à l'est des monts Ouraliens, et la *Lucomorie* ([2]) n'est qu'un nom pour désigner la plaine maritime de l'*Obdorie* ou de la contrée des bouches de l'Obi.

» Dans les régions désertes, le long de la Petchora, l'on a observé un grand nombre de cavernes dont l'entrée naturelle, arrangée pour recevoir une porte, indique qu'elles ont servi d'habitation; on y a même trouvé de vieux chaudrons et d'autres ustensiles, ainsi que des ossements humains. C'est une tradition parmi les Samoyèdes que des hommes d'une haute taille habitaient ce pays avant eux, et qu'une grande peste les extermina ([3]). Tous ces indices coïncident singulièrement avec le tableau que les anciens poëmes eddaïques nous ont tracé de la race des *Iotes*, nommés aussi *Iettes* ou géants, et souvent liés dans le même récit avec les *Rises*, les *Thusses*, les *Trolles* et autres races informes, de taille gigantesque et de mœurs féroces. Le *Iotun-Heim*, ou patrie des Iotes, ainsi que Schiœning l'a démontré, est généralement

---

([1]) Boisson fermentée composée d'eau et de farine d'avoine. — ([2]) De *lug* et *more*. — ([3]) *Klaproth*, Asia polyglotta.

indiqué à l'est et au nord-est de la Skandinavie ou du pays des Ases. Tout Iote est censé demeurer dans une grande caverne, décorée de chaudrons immenses; ces peuples avaient des traditions religieuses antérieures au culte d'Odin, et un idiome peu différent des autres dialectes skandinaves. Le nom de *Thor* ou *Thorom*, donné au dieu suprême par les Samoyèdes, n'est pas contraire à cette hypothèse; car si les Iotes sont représentés comme rebelles au culte de Thor, d'autres branches des Skandinaves, vainqueurs et successeurs des Iotes, ont pu répandre l'adoration du fils d'Odin parmi ces peuplades, probablement long-temps leurs vassales.

» Nous voilà au milieu du pays des *Samoyèdes*, c'est-à-dire des hommes qui se mangent les uns les autres, car tel est le sens positif de ce mot russe, appuyé encore par le sens qu'il offre en poïonais. Comment une dénomination semblable a-t-elle pu être donnée à une innocente peuplade qui ne mange que de la chair de renne, et qui tout au plus pouvait mériter d'être qualifiée de *Syroiedzi*, mangeurs de viandes crues, comme ils sont en effet nommés dans quelques documents officiels? Aucune étymologie n'ayant paru suffisante pour résoudre cette question, nous avons pensé que cette dénomination provenait originairement des préjugés très anciens que les peuples plus méridionaux avaient conçus contre certaines tribus, telles que les *Melanchlœni*, les *Cimmériens* et les *Iotes*, qui, les uns chez les Grecs, les autres chez les Skandinaves-Odiniens, passaient pour des hommes inhospitaliers, féroces et anthropophages. Ces reproches injurieux auront passé des habitants primitifs à tous ceux qui leur ont succédé, et les pauvres Samoyèdes auront hérité du nom d'anthropophages, parce qu'ils habitent une de ces régions extrêmes où la tradition se plaisait à reléguer les monstres. Les Samoyèdes sont aujourd'hui reconnus comme une race particulière, répandue en plusieurs tribus, depuis les sources de l'Ienisei jusqu'à la mer Glaciale, et, le long de cette mer, depuis la rivière Anabara dans l'est, jusqu'au Mezen dans l'ouest ([1]). Ils se donnent eux-mêmes le nom de *Khasova*. La tribu la plus méridionale que l'on connaisse est celle des *Ourongkhaï*, ou *Soyotes*, demeurant dans les monts Sagha-

([1]) Voyez *Klaproth*, Asia polyglotta.

liens sous la souveraineté de la Chine; ce sont sans contredit les *Oranghey* de Rubruquis, fameux comme chasseurs à patins. La chaîne des tribus samoyèdes est interrompue vers le milieu du cours de l'Ienisei. Ceux qui demeurent en Europe s'appellent eux-mêmes *Ninetz* et *Chasovo*, c'est-à-dire les hommes. Ils se divisent en plusieurs tribus, dont la principale, celle des *Vanoïta*, ou des *Vanoïtes*, habite les bords de la Petchora, de l'Ousa, de la Korotaicha et de la Kara. Les *Tysia-Igoleï* occupent l'intérieur du gouvernement d'Arkhangel. Le pays, à l'est de la Petchora, est appelé par eux *Arka-la*, c'est-à-dire grande terre ([1]). Il règne beaucoup d'incertitude sur le nombre et les subdivisions de cette fraction européenne de la nation samoyède. Voici ce que leurs chefs eux-mêmes ont dit aux autorités russes:

» Les rennes forment leur principale richesse. Il y en a qui en possèdent jusqu'à 1,000; les plus pauvres n'en ont que 10. Le prix d'un renne excellent varie de 5 à 10 roubles; on en trouve qui ne valent qu'un à deux roubles. La chasse a pour objet les animaux des forêts ou des montagnes, tels que les ours, les loups, les renards, les écureuils, les hermines, les martres; les animaux des marais, tels que les lièvres, les *isatis*, les rennes sauvages; enfin divers oiseaux, tels que les cygnes, les oies, les canards, les *larus parasiticus*, le *hœmatopus ostrilegus*, ou ramasseur d'huîtres. La pêche s'étend sur les fleuves et sur la mer, mais celle-ci est extrêmement bornée. Les poissons les plus remarquables sont le *salmo migratorius*, le *salmo neleuco*, le *cyprinus rutilus*, diverses sortes d'aloses et des perches. Les fleuves ne sont ouverts que deux à trois mois; le dégel a lieu au milieu de mai. La Petchora se couvre de glace au commencement d'octobre, l'Ousa au commencement de septembre. Les bords de l'Ousa présentent néanmoins des sapins, beaucoup de bouleaux et d'aunes, des broussailles de saules et des sorbiers. Près Poustosersk, il croît des *klouikva*, ou *chamœmorus*, des épines-vinettes et de l'airelle rouge ([2]). De ces faits, attestés par un interrogatoire des Samoyèdes, il résulte qu'une industrie éclairée pourrait

([1]) Zimmermann, Annales, II, p. 193. — ([2]) Interrogatoire de Samoyèdes, dans les *Mémoires mensuels* publiés par l'académie de Pétersbourg, janvier, février, mars, 1787.

rendre tolérable la vie de cette peuplade polaire.

» Les Samoyèdes d'Europe sont pour la plupart de taille moyenne ; il y en a cependant qui ont jusqu'à six pieds. Ils ont les jambes courtes, le visage plat, des yeux petits et longs, le nez si enfoncé, que le bout en est presque de niveau avec la mâchoire supérieure. Ajoutez à ces traits des mâchoires fortes et relevées, la bouche grande, les lèvres minces ; les cheveux noirs, rudes, luisants, qui leur pendent comme des chandelles sur les épaules ; les oreilles grandes et élevées, le teint basané, et ni barbe ni poil : voilà le portrait d'un Samoyède, quant au physique. Leurs femmes se marient à l'âge de dix ans ; elles cessent d'être fécondes à l'âge de trente. La polygamie est permise. Ordinairement le Samoyède se contente de deux femmes ; il les achète des parents, et une fille coûte souvent 100 à 150 rennes. Les hommes ne sont pas sans jalousie, ni les femmes sans pudeur ; mais leur malpropreté est extrême ; de leur propre aveu, ils ne se baignent ni ne se lavent qu'à l'extrême nécessité et quand leur saleté les menace d'une maladie. On est surpris d'apprendre qu'ils sont exempts de scorbut ; les fièvres chaudes sont pour eux le fléau le plus redoutable. L'eau-de-vie offre au Samoyède des charmes irrésistibles ; plusieurs d'entre eux meurent de combustion spontanée, causée par cette boisson perfide. Ils mangent la chair de renne ou de poisson toute crue ; le sang de renne tout chaud est leur boisson favorite. Comme la chasse et la pêche forment leurs seules occupations, ils sont naturellement bons coureurs et excellents tireurs d'arc ou de fusil. Les sens de l'ouïe et de la vue étant constamment exercés par ce genre de vie, ils les ont parfaits. Leurs demeures sont des tentes de forme pyramidale, faites d'écorce d'arbres et couvertes de peaux de rennes ; en moins d'une demi-heure, les femmes abattent ou relèvent une hutte semblable. Tous les travaux de l'économie domestique accablent le sexe le plus faible, auquel encore diverses superstitions imposent des purifications extraordinaires. Ils croient à l'existence de deux principes : ils n'adorent pas le bon être, parce qu'ils croient qu'il leur fera du bien sans qu'on l'en prie ; ils n'adorent pas non plus le mauvais esprit, parce qu'il ne s'adoucit guère par les lamentations des hommes. L'immortalité de l'âme est, selon eux, une espèce de métempsycose. Malgré une croyance si simple, ils n'ont pu être exempts du joug des prêtres. Ils ont leurs *kedesnicks*, ou, selon d'autres, leurs *sadibeïs*, qui sont en relation suivie avec le mauvais principe ; ils les consultent seulement lorsque des malheurs leur rappellent l'existence de l'esprit malfaisant. Ils n'ont point de lois, seulement quelques coutumes ; comme, par exemple, de ne point contracter de mariages avec les individus de la même famille. Ils paient sans résistance le tribut des pelleteries que les Russes leur ont imposé, et qui forme le seul lien de soumission entre eux et l'empire. »

La *Nouvelle-Zemlie*, improprement appelé Nouvelle-Zemble, fait partie du gouvernement d'Arkhangel, mais nous l'avons suffisamment fait connaître en la décrivant sous le point de vue physique. L'île de *Waigatch*, ou *Vaigatz*, ne mérite point de nous arrêter. Passons maintenant dans une direction opposée.

L'arrondissement de *Kémi* (oriental), qui borde la côte occidentale de la mer Blanche, renferme plusieurs rivières considérables, dont les eaux jaunies et même brunies par la décomposition du *sphagnum palustre* et d'autres plantes de tourbière, se précipitent en écume dorée par-dessus les falaises de granit. Mais les bois prennent ici une apparence languissante ; l'orge même ne réussit guère dans ce sol glacial, et les Lapons, avec leurs rennes, en occupent une grande partie. Sous le même parallèle que l'Ostrobothnie, cette province éprouve un climat aussi rigoureux que la Laponie centrale. *Kem*, chef-lieu de district dans une petite île, à l'embouchure de la rivière du même nom, est entourée de montagnes et de marais. La pêche et la chasse sont les principales occupations de ses 1,200 habitants.

Parmi les îles que renferme cette partie de la mer Blanche, celle de *Solovetzkoï*, ou *Solovki*, renferme une bourgade avec un couvent, fameux par les pèlerinages dont il est le but, et par le siège de quatre ans qu'il soutint contre un corps de Strélitz. Ce monastère est construit en pierre ; on admire la beauté de ses bâtiments à trois étages, la grandeur de son église et la légèreté des arcades qui la soutiennent. Il est entouré d'une forte muraille en pierres, qui forme une enceinte d'environ 500 toises, et est flanquée de tours et garnie d'artillerie. Tous les souverains de la Russie se sont plu à l'enrichir. Il y existe une bibliothèque qui renferme un grand nombre de manuscrits et de livres anciens. Les corps de ses fondateurs, que l'on conserve avec soin dans ce couvent, y attirent tous les ans une foule de pèlerins. Cette île appartient au gouvernement d'Arkhangel.

Le cercle de Kola formait jadis, avec la partie septentrionale du Kémi oriental, la *Laponie russe*; mais par les traités récents, deux grands districts, autrefois suédois, tout le *Lapmark* de Kémi occidental et une grande partie de celui de Tornéo sont devenus russes; ainsi, les deux tiers à peu près des régions occupées par les Lapons dépendent de la couronne de Russie; et c'est ici que nous devons tracer l'ensemble de la peinture de ce pays et de ce peuple singulier. Loin de renfermer rien qui ressemble à des Alpes, « à » des montagnes d'une élévation épouvanta- » ble, » comme le dit encore récemment un géographe allemand ([1]), toute la Laponie, à partir du Nordland ou Helgeland norvégien, est un plateau couronné seulement sur son bord occidental d'une chaîne de montagnes, qui forme l'extrémité des Alpes skandinaves, et s'abaisse depuis le Soulitielma, haut de 6,000 pieds, jusqu'aux montagnes du Finmark norvégien, qui n'ont que 3,600 pieds sur la côte continentale, et 4,000 dans quelques îles. Tout l'intérieur est un plateau sillonné par des ravins et des vallées, ayant généralement de 15 à 1,600 pieds d'élévation dans les plaines les plus hautes, baissant constamment vers l'est et vers le sud; de ce plateau il ne se détache que des rochers et des collines d'une élévation généralement très faible, et qui, à l'est du 18e degré de longitude, n'atteint généralement que 5 à 600 pieds au-dessus de leur base, ou 2,000 à 2,400 pieds au-dessus du niveau de la mer; encore ces collines rocheuses ne forment-elles pas une chaîne continue, mais des groupes isolés ou de petits chaînons. Le partage des eaux entre la mer du Nord et le golfe Bothnique, entre le golfe d'Alten et Tornéo, se fait à 20 lieues au sud de ces hauteurs, au pied du rocher Salvas-vado, dans un niveau de 1,300 pieds ([1]). Nous avons des raisons pour croire que ce niveau central du plateau de la Laponie baisse constamment vers l'embouchure de la mer Blanche, et que toute apparence même d'une chaîne de collines disparaît pour faire place à des marais étendus et à des plaines sablonneuses, hérissées, il est vrai, de rochers de 300 à 400 pieds en dispositions irrégulières. Ces rochers paraissent être de granit et de gneiss dans les parties élevées du plateau; elles se présentèrent ainsi à M. de Buch aux bords du Muonio; et, à l'extrémité orientale de la Laponie russe, les *Trois Iles*, avec l'*île aux Ours*, où l'on a trouvé des minerais d'argent, sont également de cette nature. En descendant vers le golfe Bothnique, M. de Buch vit une succession de roches calcaires et schisteuses. Le partage des eaux entre le golfe Bothnique et le golfe de Kandalask de la mer Blanche, présente une région calcaire et schisteuse très déchirée par des ravins, mais de peu d'élévation. Probablement toute cette région a pour base le granit rouge *décomposable*, nommé *rapakivi* en finnois ([2]). Les métaux abondent dans la Laponie occidentale; des montagnes entières, dans la partie encore suédoise, sont composées de minerais de fer, souvent très riches; il y a aussi des indices de cuivre et d'argent; mais en avançant sur le plateau vers la mer Blanche, tous ces indices deviennent moins brillants. Le fer limoneux abonde toujours dans les terres marécageuses; mais où n'abonde-t-il pas? Le défaut de bras, la rareté du bois, la difficulté des transports, paralysent l'exploitation des minéraux dans la partie intérieure et orientale de ce pays. Les Lapons s'en réjouissent; ils craindraient d'être

([1]) Profil depuis Altengaard jusqu'à Tornéo, dans les *Voyages en Laponie*, du baron *de Buch*. —
([2]) *Wahlenberg*, Topographie de la Laponie de Kémi. *De Buch*, Voyage II, p. 238-277. — Nous avons réuni et classé les noms divers qui, en Laponie, dénotent les montagnes et les eaux. *Wara*, montagne, hauteur en général (*Var*, château, tour en hongrois). *Tuoddar*, chaîne couverte de neige (*Tuit*, neige, en wogoul). *Kaisse*, sommet isolé (*Cau-Case*). *Iagna* ou *Iegna*, glacier. *Tiœrro*, montagne boisée ou qui l'a été. *Meto*, colline plane. *Korr*, montagne pointue. *Pakté*, rocher. *Peilo*, plaine. *Trœsk*, lac rempli de *sphagnum* et autres plantes. *Jœrfvi*, un lac ordinaire. *Jaure*, un lac-étang. *Faule*, un lac où passe un fleuve. *Joki* ou *Iok*, une rivière (*Ioug*, *Ioggi*, dans d'autres dialectes finnois).

([1]) *Rühs*, La Suède, p. 124.

forcés au travail des mines, et ils regarderaient comme un traître celui d'entre eux qui communiquerait aux Russes les notions que peut-être ils possèdent sur le gîte des métaux. La Laponie a fourni de beaux et grands cristaux de roche, parmi lesquels on en a qualifié quelques uns d'améthystes et de topazes.

» Parmi les fleuves de la Laponie, l'*Alten* ou *Alata*, qui traverse de cataracte en cataracte la chaîne des montagnes du Finmark, appartient à la Norvége, tandis que le *Tornéo* ou *Tornéa*, avec le *Muonio*, forme la limite de la Suède. Mais le *Kémi* de Bothnie coule tout entier sur le sol russe; il forme, parmi d'autres cataractes imposantes et terribles, celle de *Taival-koski*, chute du ciel, la seule qui arrête les hardis navigateurs riverains. La *Tana*, fameuse par l'excellence de ses saumons, fait en partie la limite entre la Russie et la Norvége. Son cours paraît circonscrire à l'est la chaîne maritime du Finmark. Le *Passe* (le Saint) est le débouché du grand lac *Enara*, semé d'îlots rocailleux. La *Touloma* forme une grande chute avant de baigner la ville russe de *Kola*. « Cette ville est à 125 lieues au nord-ouest d'Arkhangel : c'est la plus septentrionale de la Russie d'Europe. La Touloma s'y jette dans la Kola. Sa population n'est que de 1,200 habitants, mais il s'y fait un commerce important de fourrures, de poisson salé et d'huile de baleine. Son petit port sert de mouillage aux navires qui vont à la pêche de la morue et de la baleine.

» On connaît peu le cours du *Ponoï*, qui parcourt toute la pente orientale du cercle de Kola. Le grand lac *Imandra* s'écoule dans le golfe de Kandalask, mais il est plus élevé de 400 pieds. Toutes ces rivières, tous ces lacs, relégués dans une contrée froide et déserte, étalent en vain leurs cascades écumeuses, leurs rivages escarpés ou découpés en mille formes bizarres, leurs îles couvertes de bouleaux ou de pins; rarement un voyageur y vient se reposer aux rayons du soleil de midi sur la blanche et élastique mousse qui, semblable à un tapis de neige, s'étend sur leurs bords silencieux entre les longues ombres des forêts et des rochers. Le Lapon riche y mène rarement ses mille rennes, qui aiment mieux étancher leur soif aux ruisseaux et aux sources des montagnes ; mais le pauvre, qui n'a point de troupeaux, y vient chercher sa nourriture. Le jour il veille aux filets qui traversent les rivières, et qui n'arrêtent pas toujours l'agile saumon; la nuit (lorsque ce pays a des nuits), il fait reluire ses torches de pin, et frappe de son trident les poissons qu'attire à la surface des eaux cette lueur trompeuse.

» La superstition des Lapons attache des idées de sainteté aux cascades, aux rivières, aux lacs, à chaque pointe de rocher un peu remarquable. Les forces de la nature paraissent plus mystérieuses dans les lieux où elles règnent seules. Mais, sans s'arrêter à ces idées, l'industrieux et hardi Finnois, sous le nom de *Quæne*, colon toujours avançant, déjà bien supérieur en nombre aux Lapons, essaie de dompter ces courants sauvages, fait descendre ses barques à travers la plupart des cascades, et rouler à travers leurs précipices les arbres enlevés aux forêts les plus reculées. Le persévérant Suédois établit au pied des cataractes, sur les dernières pentes du haut pays, ses maisons simples, mais propres, ses cultures trop souvent compromises par les gelées : au sortir du pays des nomades, des chasseurs et des pêcheurs, le voyageur voit tout-à-coup apparaître la civilisation : la fumée s'élève des usines, l'enclume retentit dans les forges, les planches crient sous la scie des moulins, et les cloches annoncent le culte des chrétiens. Tel est l'aspect de *Tornéo* ou *Tornéa*, aujourd'hui soumise à la Russie. Mais, du côté de la mer Blanche, les contrastes sont peu marqués; le désert atteint presque partout le rivage, et quelques hameaux russes, avec leurs jardins de choux et avec leurs magasins de pelleteries, animent peu l'embouchure des fleuves.

» Le climat de la Laponie a obtenu une célébrité fâcheuse, parce qu'il est le plus froid où parvenaient les voyageurs de l'Europe occidentale. Aucun pays cependant, à latitude égale, n'a une température moins rigoureuse. Comparez-le seulement au pays des Samoyèdes et à tous les rivages de la Sibérie qui, plus méridionaux de deux ou trois degrés, ne sont jamais complétement dégagés de glace avant la fin de juillet, tandis que les ports de la Laponie ou du Finmark sont libres à la fin de mai. La mer ouverte et toujours en mouvement, qui procure cet avantage aux côtes septentrionales de la Laponie, les enveloppe, il est vrai, dans des brouillards humides ; et ce n'est que dans l'intérieur des golfes, à l'abri des vents maritimes, et jusqu'à 7 ou 800 pieds d'élévation, que réussit la culture des céréales, et qu'on éprouve toute la force de la chaleur accumulée pendant un jour perpétuel de six semaines (¹). Ce climat maritime se détériore aussitôt qu'on a tourné le cap Nord, et les ports de la côte orientale de la Laponie restent encombrés de glace jusqu'au milieu de juin.

» Mais c'est le plateau central qui doit surtout nous intéresser. C'est de toutes les régions polaires, à latitude égale, la mieux observée ; c'est aussi la plus habitable. Pendant soixante-six jours qui sont, il est vrai, de vingt-quatre heures, on voit le seigle et l'orge se lever, jaunir, mûrir, et tomber sous la faux du moissonneur. Il ne manque à ce rapide été ni des fleurs ni des chants d'oiseaux ; mais il manque la fraîcheur de nos soirées, le repos de nos nuits ; et les insectes bourdonnants qui obscurcissent l'air deviennent extrêmement incommodes dans les bois ou sur les bords des marais. Un hiver rigoureux de huit mois offre en compensation de ces moments de chaleur quelques extrêmes degrés de froid, et le mercure gèle assez fréquemment en plein air ; mais si les Lapons en souffrent dans leurs tentes, l'industrie des Quænes sait très bien s'en mettre à l'abri dans leurs *pœrrtes* ou cabanes à four. L'hiver paraît à peine aussi rigoureux à *Enontakis*, village russe sur la rive gauche du Muonio, qu'à Arkhangel. Ce qui effraie le voyageur sur le plateau central, c'est la violence excessive des vents, c'est le désordre chaotique produit par le dégel des puissants fleuves qui sillonnent les vallées. Après tout ne cherchons pas le paradis terrestre en Laponie.

» La végétation de la Laponie norvégienne et suédoise a été savamment étudiée par M. Wahlenberg et M. de Buch ; on n'a rien de semblable pour la Laponie russe ancienne. Mais comme une grande partie du territoire suédois est devenue russe, nous devons ici réunir les observations des deux savants que nous venons de nommer. M. Wahlenberg (²) distingue les zones suivantes : 1° *Région inférieure des forêts*, où vient non seulement le sapin, mais encore le *trifolium pratense*, la *convallaria maialis*, la *nymphæa alba*, etc., depuis le niveau de la mer jusqu'à 500 pieds environ. 2° *Région supérieure des forêts* ou *des sapins*, où les plantes ci-dessus nommées ne croissent plus, mais où le sapin prospère ; de 500 à 800 pieds. 3° *Région des pins*, où le sapin disparaît, mais où le pin prospère ; de 800 à 1,200 pieds (¹). 4° *Région subalpine* ou *du bouleau*, où les arbres conifères cessent, et où le bouleau domine seul ; de 1,200 à 1,800 pieds. 5° *Région alpine* ou *du bouleau nain* ; depuis 1,800 jusqu'à 2,600 pieds. 6° *Région alpine supérieure* ou *des neiges perpétuelles* ; environ de 2,500 à 3,300 pieds. Ces divisions ne s'appliquent cependant qu'à la pente méridionale de la Laponie. C'est M. de Buch qui a fait connaître l'échelle végétative de la Laponie norvégienne ou du Finmark, pays le plus septentrional de notre partie du monde. La voici par la latitude de 70 degrés : limite des pins rouges, 730 pieds ; des bouleaux, 1,483 ; des *vaccinium myrtillus*, 1,908 ; du bouleau nain, 2,576 ; des *salix myrsinites*, 2,908 ; du *salix lanata*, 3,100 ; des neiges perpétuelles, 3,300. A l'égard des pays à l'est de la Tana et du Kémi, nous sommes porté à croire qu'en général la végétation devient plus faible, plus rare ; mais comme le niveau du sol s'abaisse, il n'y a pas, à ce qu'il paraît, une élévation centrale assez considérable pour mettre un terme à la croissance des pins, encore moins à celle des bouleaux. Wahlenberg affirme expressément que dans la plaine marécageuse près *Iwala-Iocki*, dans la paroisse d'*Enara*, autrement de *Pulvja*, où les eaux se partagent entre la mer Glaciale et la mer Bothnique, non seulement les bouleaux et les pins, mais même les *sapins*, continuent à croître, et qu'ainsi toutes les zones de ces arbres, en se confondant, passent d'une mer à l'autre (²).

» Si la flore de Laponie offre un nombre très borné d'espèces, c'est l'isolement du pays qui en est la cause ; peu de végétaux de la zone tempérée de notre continent remontent à une latitude aussi élevée. Nous n'affirmerons pas même que le petit nombre de plantes particulières à la Laponie, telles que le *rubus arcticus*, le *salix laponica*, les *ranunculus laponica* et *hyperboreus*, la *diapensia laponica*, l'*andromeda cærulea*, le *pedicularis laponica*,

(¹) Voyez d'autres détails topographiques à l'article *Norvége*. — (²) *Flora laponica*, p. 30-35.

(¹) M. *Schow* Géographie des plantes, p. 414, propose de réunir ces trois régions en une seule. — (²) *Wahlenberg*, Topographie de Kémi-Lapmark.

l'*orchis hyperborea* et autres, ne pourraient pas, à la suite de nouvelles recherches, se retrouver ailleurs. Mais les espèces sont assez nombreuses en individus, et la végétation de la Laponie est très supérieure à celle de toutes les autres contrées autour de la mer Glaciale. Les mousses et les lichens, surtout le lichen à renne, couvrent les rochers et les plaines élevées au-dessus de 1,000 pieds ; elles y forment en été un tapis si épais, que le voyageur croirait marcher sur une toison de laine. D'une teinte jaunâtre, le lichen à renne passe, en séchant, à un blanc de neige qui produirait une illusion complète, sans les buissons verdoyants et les touffes d'arbres qui en interrompent l'uniformité. Il prospère mieux auprès des sapins qu'auprès des bouleaux ; peut-être faudrait-il dire qu'il réussit mieux à comprimer la propagation de ce dernier arbre. Une plaine à fond de roche couverte de cette mousse est une prairie de Laponie ; même les vaches s'y accoutument comme nourriture d'hiver ; on peut aussi tirer de ce lichen une farine un peu amère, mais saine et nourrissante. La sagacité instinctive de l'ours a enseigné aux Lapons l'usage de la mousse d'ours (*muscus polytricum*), qui, en s'étendant sur les prairies, y étouffe toute autre végétation, mais qui fournit une couche aussi molle, aussi propre que la mousse des rennes, et plus durable. On enlève de terre le tissu cohérent des racines avec la mousse même, et, par une légère secousse, on en dégage jusqu'à la moindre parcelle de terre ; on en forme ainsi des matelas et des couvertures, que plus d'un voyageur a préférés aux lits d'auberge des pays civilisés. L'industrie tirerait parti de substances colorantes, surtout jaunes et brunes, que contiennent beaucoup de lichens très abondants en Laponie.

» En quittant les terrains de roche, on sort de l'empire tyrannique des cryptogames. Dans les prairies, les laiches (*carex*) dominent avec leurs feuilles aiguës et sèches, qui, récoltées en été, servent de doublure aux pelisses. Les marécages, très étendus, se couvrent surtout de *rubus chamæmorus* et de *vaccinium myrtillus*. Peu de plantes aquatiques naissent dans les eaux glaciales des lacs et des rivières. Les meilleurs pâturages pour les bêtes à cornes sont couverts de plantes alpines. Les racines de "angélique servent à la nourriture. ainsi que les tiges du *fungus*. L'orge est, comme de raison, le grain qui réussit le mieux, mais la pomme de terre est d'une récolte plus sûre, et qui, plus répandue, pourrait nourrir toute la population. Les choux et les raves réussissent, et nous devons aux paysans russes et finnois de Kola, et même de Ponoï, la justice de vanter leur industrie persévérante dans ces cultures. Mais ce sont les arbustes à baies qui forment l'orgueil du règne végétal laponique. Les fruits du *rubus arcticus* flattent le plus immédiatement le goût ; mais ceux du *rubus chamæmorus*, qui couvrent peut-être 400 à 500 lieues carrées, surtout dans les îles, réunissent encore à une saveur agréable une vertu antiscorbutique ; le fruit de l'airelle canneberge (*vaccinium oxycoccus*), et d'autres espèces voisines, se perfectionne même dans ce climat, où toutes les jouissances de ce genre semblaient bannies.

» Parmi les animaux, le renne (*cervus tarandus*) tient le premier rang par son importance. Sans lui toutes les peuplades polaires vivraient dans la misère. C'est à la fois le cerf, le cheval et la vache de ces contrées. Son tempérament robuste qui le rend insensible au froid, son industrie à chercher en été des herbes, des baies, des champignons qu'il aime beaucoup, à déterrer sous les neiges même profondes sa mousse chérie ; l'excellence de son lait, si gras ou plutôt si glutineux, qu'on est obligé de le délayer dans de l'eau ; sa chair succulente et fort supérieure à celle du mouton, sa peau solide et douce, tout rend précieuse la possession de cet animal. Mais il est comme tous les biens de ce monde, et peut-être plus encore que nos bêtes à cornes, une possession très précaire et très difficile à soigner. Le troupeau vagabond et récalcitrant se disperse souvent dans les bois, n'obéit pas toujours aux chiens et aux bergers fatigués de le surveiller, se laisse difficilement traire, et ne donne son lait qu'en très petites quantités [1]. Aussi, pour se nourrir abondamment.

[1] L'une des principales causes de dispersion pour les troupeaux de rennes, c'est l'attaque du taon, et surtout de l'oestre, insecte parasite qui dépose ses œufs dans la peau de l'animal, où ses larves se logent et multiplient à l'infini des foyers de suppuration. Cet insecte est tellement redoutable pour les rennes, qu'à son apparition des troupeaux entiers deviennent furieux, et, sourds à la voix du maître et de ses chiens, se dispersent au loin dans les montagnes.   J. H.

soit de lait, soit de viande, le Lapon a-t-il besoin d'un troupeau très nombreux et de pâturages très étendus, très variés. Forcément nomade, il cherche tantôt la fraîcheur des montagnes, et tantôt un asile contre le vent glacial. Le renne n'appartient proprement qu'au plateau central de la Laponie; il languit en été sur les côtes du golfe de Bothnie, et en hiver dans les îles nébuleuses du Finmark. Il incommode singulièrement les autres animaux; le cheval, à son aspect, prend le *mors aux dents*, et la vache détourne en frémissant ses pas de tout endroit où un renne a seulement imprimé les siens (1). Si nous considérons que le craquement des os de la jambe par lequel un troupeau de rennes s'annonce de loin ne semble pouvoir provenir que d'une forte électricité qui se manifeste aussi quelquefois dans son poil, nous sommes fondé à croire que c'est un sentiment instinctif de l'électricité du renne qui, chez les autres quadrupèdes, fait naître une aversion aussi prononcée pour un animal qui a des grâces dans ses mouvements, de l'élégance dans ses formes. Peut-être devrait-on faire attention à cette idée pour expliquer les nombreuses maladies particulières auxquelles le renne est assujetti, et qui souvent détruisent dans peu de jours les richesses patriarcales du Lapon le plus heureux et le plus indépendant. Alors ce roi pasteur descend du haut pays vers les bords de la mer, et, comptant sur les produits hasardeux de ses filets, il languit parmi ces tribus de pêcheurs que naguère il dédaignait. Le plus grand danger auquel les pasteurs de rennes sont exposés résulte des dégels universels, mais momentanés, suivis d'une nouvelle gelée subite qui recouvre la neige d'une croûte trop forte pour que le renne puisse, en la perçant, s'ouvrir l'accès aux lichens nécessaires à son existence. Ce sont là les seuls mais redoutables moments de famine. Le renne vit d'ordinaire quinze ans. On abuse de cet animal en l'attelant à des traîneaux qu'il emporte, il est vrai, avec une vélocité étonnante pendant sept à huit heures; au bout desquelles il tombe dans un épuisement extrême. Le Lapon donne au renne autant de noms que l'Arabe au cheval; le mâle se nomme généralement *potso* et la femelle *vaïea*.

(1) Le savant M. *de Buch* confirme cette opinion populaire.

» Les colons finnois, suédois, norvégiens et russes, ont introduit en Laponie quelques chevaux, des bœufs et des moutons; ces derniers réussissent. Les bœufs perdent leurs cornes et les vaches deviennent blanches. L'élan est devenu rare dans les forêts, comme le castor sur les rivières; mais l'ours, le glouton, le loup et d'autres animaux carnivores y poursuivent les écureuils, les martes, les lièvres, et ces singuliers *rats-lemming*, qui veulent, dit-on, avancer toujours en ligne droite du sud au nord, sans égard aux lacs ni aux fleuves qu'ils rencontrent, et où ils se noient par milliers plutôt que d'abandonner leur direction. Si cette tradition, accueillie par des naturalistes, se trouve vraie, des philosophes malins diront peut-être que la métempsycose a transporté dans le corps de ces rats les âmes de quelques métaphysiciens ou les esprits de quelques géomètres.

» Les forêts, les broussailles, les arbustes à baies qui remplissent les solitudes de la Laponie, offrent le plus agréable asile aux oiseaux à migration; tous les étés ils y arrivent par bandes. Les îles se couvrent littéralement d'œufs des oiseaux aquatiques; l'intérieur se peuple de diverses espèces du genre des gallinacées, tels que le coq de bruyères du Nord, la poule de neige, les perdrix blanches, les gelinottes, et d'autres objets de l'avidité des chasseurs comme de celle des gourmands. La Laponie possède un remplaçant de notre rossignol, la sylvie à gorge bleue (*motacilla suecica*, Gm.; *sylvia suecica*, L.), à laquelle ses accents mélodieux ont fait donner en finnois le nom de *satakiélinen*, « celle aux cent voix. » Se nourrissant des insectes de Laponie, ce chantre des déserts, orné d'un collier de plumes d'azur, ne saurait vivre long-temps hors de son pays natal.

» Les diverses espèces de saumons enrichissent les rivières; mais du 14 juillet au 14 août des essaims d'insectes aussi incommodes ici, sur des rivages à peine dégelés, que sous la zone torride, poursuivent non seulement le renne, mais le voyageur, de leur bruyante mordacité, et, mourant le jour de leur naissance, semblent engraisser le sol de l'immense amas de leurs cadavres.

» Nous nous sommes arrêté avec plaisir au tableau physique d'un pays que les Linné, les Buch, les Walhenberg ont parcouru le flambeau des sciences à la main, parce que ce tableau sert à jeter du jour sur toutes les contrées à l'est de la mer Blanche, observées seulement par des voyageurs russes. La même raison nous engage à étudier avec soin les relations les plus authentiques sur les Lapons, peuple qui peut être considéré comme le type de tous les nomades polaires.

» Les Lapons s'appellent eux-mêmes *Sabme*, *Same* ou *Soms*, noms auxquels ils ajoutent le mot *lads* ou *lain*, gens, habitants. Ils ont d'abord été connus des nations skandinaves sous le nom de *Finn*; mais, dès le douzième siècle, Saxo les nomme *Lappes*, et les annales russes ne les connaissent que sous le nom de *Lepori*, probablement tiré de quelque mot aujourd'hui oublié de la langue finnoise. Une petite taille, ordinairement de quatre pieds et demi, un visage large, les joues creuses, un menton pointu, la barbe peu épaisse et en touffes éparses, les cheveux raides et noirs, la peau naturellement jaunâtre, rembrunie par la fumée, tel est le signalement général des Lapons. La stature plus élevée, la peau plus blanche, les cheveux de diverses couleurs semblent des exceptions ou des traces de mélanges. Endurcis par leur rude climat, les Lapons acquièrent une extrême agilité et une grande force passive; jeunes, ils atteignent sur leurs patins à neige les loups et les renards à la course; hommes faits, l'arc fléchit sous leurs bras nerveux; vieux, ils traversent les fleuves à la nage, et portent des fardeaux considérables; mais la longévité n'est pas constatée chez eux par des exemples certains; au contraire, ils ne paraissent généralement atteindre qu'à l'âge de 50 à 60 ans; et quoique très propres dans leurs vêtements, leurs habitations et leur nourriture, ils éprouvent beaucoup de maladies. Très passionnés, ils sont aussi très craintifs; un regard les met en colère, une feuille qui tombe les inquiète. Tout voyageur étranger est un espion, chargé de découvrir l'état de leur fortune et de les soumettre à un impôt plus élevé. Rejetant le papier-monnaie, ils recélaient autrefois dans le creux des rochers de l'or et de l'argent monnayé que souvent le père oubliait d'indiquer à ses fils. Cette défiance a pour compagne une avarice et un égoïsme extrêmes; le commerce n'est pour eux qu'une tromperie perpétuelle, et même le Russe astucieux est leur dupe.

Sans pitié, ils abandonnent leurs compatriotes malheureux; sans honneur, ils rampent devant la richesse, bien ou mal acquise; les mariages, conclus par calcul et intérêt de famille, font rarement naître des sentiments propres à adoucir les ennuis d'une vie solitaire; les parents et alliés ne s'accordent entre eux qu'une hospitalité intéressée; et le talisman qui ouvre au voyageur la hutte ou la tente du Lapon, c'est la bouteille d'eau-de-vie.

» Ce fidèle résumé des relations nombreuses afflige-t-il les amis de la nature sauvage, nous leur dirons que cette nation, d'abord dégradée par un culte superstitieux et sans morale, l'a été encore par le commerce avec des marins grossiers et d'avides marchands. Ce n'est que depuis une trentaine d'années que le paganisme a disparu, du moins ostensiblement; et encore aujourd'hui l'administration a le tort de laisser introduire une trop grande quantité d'eau-de-vie : le Lapon pêcheur y emploie la moitié de son revenu, et même les Lapons pasteurs, accourus devant la boutique du marchand, y boivent souvent sans interruption une journée entière, jusqu'à ce que tous restent étendus par terre dans le sommeil de l'ivresse, d'où quelques uns passent au sommeil de la mort.

» Nous venons de distinguer deux classes parmi les Lapons. Celle des pasteurs de rennes offre dans sa manière de vivre quelques traits plus aimables et quelques scènes patriarcales. Le soin de conduire et de protéger le troupeau se partage entre tous les membres de la famille; chacun a ses chiens particuliers, qui ne reconnaissent que sa voix. Les rennes, divisés en classes, portent à leurs oreilles une marque qui distingue ceux qui sont destinés à fournir du lait, à traîner des fardeaux, à nourrir des petits ou à être engraissés pour la boucherie. Un Lapon, en jetant un coup d'œil rapide sur son troupeau, fût-il de mille têtes, aperçoit aussitôt s'il en manque. Le soir c'est un spectacle très animé que de voir une famille occupée à ramener les rennes dans l'enceinte; les garçons ou les valets les retiennent par une corde enlacée autour des bois, les jeunes filles en jouant soutirent à ces animaux un lait glutineux qui sort quelquefois goutte à goutte ([1]).

» Les migrations fréquentes des Lapons sont

([1]) M. *de Buch*.

déterminées par la promptitude avec laquelle les rennes épuisent leurs pâturages ; souvent dans l'hiver un mois suffit pour rendre le changement indispensable.

» Les pasteurs vivent sous des tentes formées par un faisceau pyramidal de pieux, que recouvre une pièce d'étoffe de laine grossière et épaisse. Une ouverture dans le haut laisse échapper la fumée ; des chaînes de fer, descendues de cette ouverture, tiennent les chaudrons et les pots suspendus au-dessus du foyer. Tout autour, des peaux de rennes, étendues sur une couche de branches de bouleau, offrent le jour des sièges, et la nuit des lits à une vingtaine d'individus. C'est là que les Lapons, assis sur le talon, à la manière des Orientaux, passent dans la béatitude d'un repos parfait le temps que ne demandent pas leurs occupations pastorales ; c'est là que dorment les pères et mères à leur place d'honneur, les enfants, les chiens, et, lorsqu'il y en a, les valets et les hôtes étrangers. La tente, ou *kota*(¹), est entourée de petits réservoirs suspendus sur des pieux et qui contiennent diverses provisions ; on voit aussi des coffres posés autour, et qui, étant placés sur les replis de la toile qui couvre la tente, servent à maintenir celle-ci contre les coups de vent auxquels elle ne résiste pas toujours.

» Le traîneau du Lapon ressemble à une nacelle, de sorte que la personne assise dedans doit savoir maintenir elle-même l'équilibre. Les rennes, tirant avec le front seul, font quelquefois vingt de nos lieues avec un traîneau chargé ; mais souvent aussi ils s'arrêtent haletants, ou quittent la direction pour chercher de la mousse, et, au bout de trois jours, le meilleur de ces coursiers est hors de service. Une famille lapone voyage dans une longue suite de traîneaux, divisés par séries ou *raid*; le père, la mère, chaque enfant dirige la sienne. C'est ainsi que les marchandises des négociants sont transportées par les Lapons les plus pauvres. A la chasse, ou en voyageant seul pendant l'hiver, le Lapon glisse avec une rapidité et une hardiesse étonnantes sur ses longs patins à neige. En été, il voyage à pied, et ne charge les rennes que de ses paquets. Grâce à la nature particulière du pays, il se sert aussi en été d'une frêle nacelle qu'il transporte sur des rouleaux d'un lac à l'autre ; comme les lacs se suivent à peu de distance, c'est la manière la plus sûre d'avancer sur certaines parties du plateau. Le voyage dans l'intérieur, au milieu de l'été, pendant le jour perpétuel, présente d'innombrables inconvénients : transports plus difficiles, interruption causée par les fleuves, morsures des insectes, fatigue occasionnée par la chaleur ; on peut y ajouter le danger de rencontrer des incendies de forêts. Le grand Linné a tracé le tableau d'un semblable incendie, causé par la foudre. « La dévastation s'étendait à un espace
» de plusieurs milles suédois. Je traversai une
» étendue de trois quarts de mille où tout était
» entièrement brûlé ; les troncs d'arbres étaient
» encore en feu. Tout-à-coup le vent commence à souffler avec plus de force, les
» flammes se raniment, et il s'élève dans la
» forêt à demi brûlée un bruit semblable à celui de deux armées qui se rencontreraient.
» Nous ne savions où diriger nos pas pour atteindre la lisière de la forêt. Nous courûmes
» avec la plus grande célérité pour ne point
» être écrasés par les arbres qui tombaient à
» chaque instant autour de nous (¹). »

» Les Lapons s'habillent en pelisses de rennes plus ou moins précieuses ; ils portent des culottes et des bottes de peau de renne, préparée de plusieurs manières, selon les saisons. Les femmes mettent en hiver des culottes de drap. La chaleur de l'été fait ordinairement quitter ces vêtements à l'un et à l'autre sexe pour se couvrir d'une longue blouse de toile ou d'étoffe. L'industrie des femmes remplace l'art des tailleurs. Elles savent mettre une sorte de luxe sauvage dans leurs bonnets, qui varient beaucoup d'un canton à l'autre ; elles y ajoutent toutes sortes d'ornements en fil d'étain qu'elles font elles-mêmes. Une ceinture, décorée de plaques d'étain ou d'argent, fait partie du costume lapon ; une bourse, qui y est suspendue, contient du tabac, de l'argent, un couteau, des aiguilles, des ciseaux, des bracelets de laiton, des chaînes d'argent ou d'étain ; mais des anneaux surtout décorent l'un et l'autre sexe. Il paraît par quelques *sagas* que les anciens *Finn's* fabriquaient eux-mêmes ces objets qu'aujourd'hui ils achètent ; car les déesses mêmes de l'Asgard skandinave

---

(¹) *Gamma* et *Koya* sont des dénominations norvégienne et suédoise.

(¹) *Lachesis Laponica*, ouvrage posthume de Linnæus, publié par M. *Smith*.

devaient leurs bijoux à l'art magique des nains qui demeuraient en Finmark. Outre ces traces d'une ancienne industrie métallurgique, les Lapons savent faire du fil très fin avec des nerfs et des boyaux de rennes, des cordes solides avec des racines, de jolies cuillères en corne, ainsi que des tabatières qu'on recherche en Suède. Leurs traîneaux sont ornés de sculptures en bois qui mériteraient l'attention des archéologues.

» La table du Lapon pasteur n'est nullement à dédaigner. À la succulente soupe et à l'excellent rôti que lui fournit le renne, il peut souvent joindre un jambon d'ours, un boudin de renne et du *kappatialme*, c'est-à-dire de la crème confite avec toute sorte de baies délicieuses. Il est singulier que le fromage de renne réunisse toutes les qualités des espèces les plus renommées, tandis que le lait de renne ne fournit qu'un beurre qui a le goût du suif. Depuis que le christianisme règne parmi les Lapons, les femmes, jadis censées immondes, ont été chargées de fonctions de cuisine qui étaient réservées aux hommes.

» La vie des Lapons pêcheurs diffère sur beaucoup de points de celle des pasteurs. Ils sont même tellement mêlés de *Finnois-Quænes*, qu'on n'entend presque plus parmi eux l'idiome lapon, et qu'ils vont avant peu devenir une tribu distincte des véritables Lapons. Ils demeurent dans des huttes de bois et dans des cabanes de terre placées dans les divers endroits où ils font leur pêche. Leurs bateaux, formés de planches très frêles, sont liés avec des cordes faites de racines ; ils s'en servent avec beaucoup de hardiesse ; mais ni les filets qu'ils tendent à travers les fleuves pour arrêter le saumon, ni les hameçons imparfaits avec lesquels ils poursuivent les merlus dans les golfes, n'indiquent une grande industrie. Ils se voient souvent réduits à manger dans l'hiver une pâte d'écorce de pin, mêlée de suif de renne ; ils ne savent pas en faire du pain, et ils répugnent à employer la mousse des rennes. Dans le Finmark, les femmes se livrent à la fabrication des rubans de laine ; mais les Lapons pêcheurs des côtes russes, tant de la mer Glaciale que de la mer Blanche, ont été très peu observés.

» Tous les Lapons aiment à se réunir pour manger et boire jusqu'à ce que leurs provisions soient épuisées. Le *puolem vine*, ou eau-de-vie, apporté de Flensbourg, circule abondamment dans ces festins. La loquacité la plus bruyante s'y marie aux facéties les plus gaies ; les deux sexes y entonnent des *joila*, ou chansons, sur des airs sauvages et peu mélodieux. Les cartes à jouer ne leur manquent pas ; elles sont faites d'écorce d'arbres et coloriées avec du sang de renne. Lors d'un mariage, on voit souvent une tribu entière se réunir. Les enfants sont élevés sans peine ; on donne à chacun, lors de sa naissance, un ou plusieurs rennes qui lui appartiennent en propre, outre sa part à la succession.

L'étude des maladies particulières auxquelles les peuples sauvages sont exposés, ainsi que des remèdes qu'ils emploient, conduirait souvent à des résultats curieux. L'*oullem*, ou la colique causée par l'eau échauffée dans les lacs, est un mal qu'on ne s'attendait pas à rencontrer dans cette contrée polaire. Ils ont une espèce de *moxa*, qu'ils appellent *toule* (feu) ; c'est un *fungus* qui croît sur les bouleaux, et dont on applique un petit morceau sur la partie malade en l'y laissant brûler petit à petit.

» L'idiome des Lapons est un dialecte finnois, mais tellement rempli de mots particuliers, que les deux nations ont besoin d'un interprète. Les diverses tribus de Lapons ne s'entendent même que très difficilement ; aussi les grammaires et les vocabulaires dus aux missionnaires danois et suédois ne s'accordent-ils que sur l'identité des mots essentiels et sur le caractère général de la langue. Des cas très nombreux, une grande richesse de formes pour les noms et les verbes dérivés, l'usage d'exprimer les pronoms par des affixes, jointes aux verbes, les conjugaisons négatives, voilà les traits communs du finlandais, de l'esthonien et du lapon. Dans celui-ci les expressions intellectuelles manquent encore plus que dans les autres, de sorte que l'on a cinq noms pour la neige, sept ou huit pour une montagne, mais qu'on n'exprime la vertu ou la conscience que par une périphrase [1]. Le

---

[1] *Leem*, Grammaire laponne. *Kopenh.* 1748 (pour le dialecte de Porsanger). *Id.* de Laponibus Finmarchiæ eorumque linguâ. 1767. *Ganander*. Grammaire laponne, 1743 (pour le dialecte de Kémi). *Hægstræm*, Description de la Laponie suédoise, p. 69-86 (pour le dialecte des montagnes du nord-ouest). *Lindahl* et *Oehrling*. Lexicon laponicum. Stockholm, 1780.

lapon a ressenti, plus encore que les autres dialectes finnois occidentaux, l'influence des langues skandinaves et germaniques, parlées par les vainqueurs et trop souvent les tyrans de la race finnoise[1]; mais on y retrouve aussi quelques vieilles racines hongroises qui manquent aux autres dialectes finnois [2]; et ce trait, joint à quelques ressemblances physiques particulières avec les Vogouls et les autres peuplades iougoriques, même avec les Samoyèdes, nous fait conjecturer que les Lapons sont un très ancien mélange d'une tribu proprement finnoise, ou bien une branche particulière de la grande race finno-hunnique dont l'histoire mythique des Skandinaves atteste le séjour antique dans les mêmes régions qu'elle occupe, et peut-être encore dans la Iemptie, la Dalékarlie, l'Osterdal et le Wermeland. Mais le trait le plus important que nous présente la langue laponne, c'est que ses mots essentiels offrent moins de ressemblance avec les langues de la haute Asie qu'aucun autre dialecte finnois. On dirait que c'est un reste des idiomes les plus sauvages, les plus antiques des peuplades primitives de l'Europe orientale, et que son origine se perd dans ces temps obscurs, mais intéressants, où notre continent était, comme l'ont été plus tard l'Amérique et l'Afrique, parcouru dans tous les sens par des tribus nomades [3].

» Les croyances d'une peulade aussi antique méritent toute l'attention éclairée des observateurs de l'homme. Un fétichisme général qui adore tous les éléments, combiné avec un panthéisme par lequel toute la nature est divinisée, semble être l'essence des idées religieuses des Lapons, dégagées de faux détails dont des marchands, et même des missionnaires peu judicieux, ont chargé leurs relations. Une erreur comique attribue aux Lapons l'adoration d'une ou plusieurs idoles nommées *stor-iunkare*; c'est un mot suédois ou norvégien, qui signifie jeune grand seigneur, et quelquefois jeune freluquet; il faut entièrement l'écarter de tout résumé critique. De même il ne faut admettre qu'avec précaution les prétendues similitudes qu'on a voulu trouver entre le *Thor* des Skandinaves et le *Tiermes* des Lapons : elles tiennent probablement à des confusions ou à des mélanges modernes. Voici ce qu'on sait de plus certain sur les croyances des Lapons, d'après une source méconnue par les écrivains allemands [1].

» Dans le ciel supérieur régnaient *Radien-Athsie*, le père universel; et *Radien-Kiedde*, son fils, qui gouvernait en son nom. Ces divinités, qui planaient dans le *werald* ou l'espace éthéréen, étaient peu connues, excepté des *Noaïda's*, hommes du ciel [2]. Parmi les divinités du ciel visible, *Baiwe*, ou la déesse du soleil, avait sous ses ordres trois génies inférieurs qui régissaient les jours de dimanche, de vendredi et de samedi. L'air était le séjour d'un grand nombre de divinités qui maîtrisaient les éléments. C'est à ces divinités que paraît s'appliquer la division en deux familles : l'une, qui descendait de *Joumala*, le bon principe, selon quelques uns résidant au ciel, selon d'autres dans l'eau, répandait des bienfaits sur le genre humain; l'autre, qui avait pour souche *Perkal*, le roi des enfers, assistait les sorciers et tous les ennemis de l'humanité. On les nommait les *Seites*. Cette distinction éclaircit une foule de contradictions des auteurs suédois [3], mais ne lève pas toutes les difficultés provenant surtout du peu de connaissance que nous avons sur le sens

---

[1] M. Klaproth a cherché des mots *germaniques* chez les Finnois; il en a trouvé une vingtaine sur deux cent vingt; mais s'il avait cherché des mots skandinaves chez les Lapons en particulier, il en aurait trouvé en sus une autre vingtaine. Par exemple : *Gambel*, vieux; *gammel. Skautia*, barbe, *skuti*, isl. prominent. *Wœlia*, frère; *fœlleds*, commun en dan.; *fellow*, camarade (*Velua*, frère en alban.). *Kos*, vache; *ko. Nuor*, jeune; *noor*, petit enfant en dan. *Kera-suat*, amour; *kier-lighed*, en dan.; *kar-itas*, en lat. *Rokohem*, brouillard; *raukur*, ténèbres en island. *Laire*, argile; *leer* en dan. *Lorna*, vallée, abri; *lummig*, abrité, tiède, en suéd., etc., etc. — [2] Voyez *Sainovicz* et *Klaproth*. Nous remarquerons surtout *Vagy*, vallée, qui répond à *Volgy* en hongrois. — [3] Nous avons trouvé quelque ressemblance entre le lapon et le zigeune, par exemple : *Bar*, zig., montagne. *Icko*, glace; *iegna. Mœ*, je; *mon. Buras*, bear, tempête, vent; *wiro. Kerbma*, ver, *kirmo. Lash* en afghan, dix; *loke*, en lapon; *luze-iuh* en samoyède. Mais quelle différence absolue dans les racines les plus importantes!

[1] *Iessen*, de la religion païenne des Lapons norvégiens, à la suite de *Leem*, Description de la Finmarkie, p. 33 (en danois). — [2] *Werald*, l'univers, est un nom skandinave, particulièrement suédois. *Kettœ* signifie deuxième en hongrois, vogoul, ostiak. *Noaïd* paraît samoyède, de *nou*, *nob*, le ciel. — [3] *Scheffer*, Lap., p. 61, 91, 92, 96. *Hœgstrœm*, Lapland, 195, 196.

des divers noms donnés aux divinités dans les divers cantons. *Hora-Galles* paraît identique avec *Tiermes* et avec *Toraturos;* il lance le tonnerre, brise les rochers, écrase les sorciers sous son double marteau. On lui attribue encore la suprématie sur les saisons, les fruits de la terre et les produits de la chasse. Une tradition particulière et très curieuse en fait un mauvais génie, créé par Perkal, mais élevé et sanctifié par Joumala (¹). On le nomme *Ayeke*, le vieux; c'est son arc que l'on voit briller de sept couleurs dans le ciel. *Biag-Olmaï*, maître des vents et des tempêtes, et *Leib-Olmaï*, dieu spécial de la chasse, errent sur les montagnes saintes sous figure humaine (²). Parmi les mauvais dieux, on distingue les *Saiwo's*, esprits des cavernes, qui reçoivent ceux des morts que *Radien-Athsie* n'appelle pas au ciel supérieur; bientôt ces réprouvés sont conduits devant *Jabme-Akko* (³), la mère des morts, qui livre les plus coupables aux tourments affreux que leur inflige *Rota*, dieu infernal; ce dieu n'a que le nom de commun avec une des Valkyries de l'odinisme.

» Tel est le système mythologique des Lapons, autant que nous pouvons en combiner les fragments épars. Le culte d'un peuple de pauvres nomades ne saurait reproduire toutes les idées de ses législateurs religieux; celui des Lapons, depuis qu'on le connaît, se partageait entre les bons et les mauvais génies, dont le pouvoir était censé influer le plus immédiatement sur le bien-être de l'homme. *Tiermes*, protecteur de la nature vivante, recevait un culte d'amour près de la hutte ou de la tente; le grand *Seite*, chef des mauvais esprits, était l'objet d'un culte de terreur dans les forêts les plus solitaires, sur des rochers presque inaccessibles. *Baiwe*, déesse du soleil, avait sa table sacrée près des habitations; mais tandis que l'on sacrifiait à Tiermes des rennes mâles et adultes, à Seite les mêmes offrandes avec des chats, des chiens et des poules; tandis que les autels de ces divinités étaient ornés de bois de rennes à larges rameaux, la déesse de la lumière n'agréait pour offrande que de jeunes rennes femelles, et, au lieu des cornes, les os de la victime étaient posés en cercle sur la table sacrée. *Baiwe*

n'avait point d'images, tandis que celle de Tiermes était en bois, et devait être renouvelée tous les ans. C'était un tronc de bouleau sur lequel ou fixait un nœud de la racine du même arbre pour représenter la tête; un marteau et une pierre à feu, symboles de la divinité, étaient attachés à cette image informe. Celle de *Seite* était une pierre à laquelle on donnait la figure d'un homme, d'un quadrupède, d'un oiseau, selon qu'elle s'y prêtait; on choisissait de préférence une pierre qui avait été creusée en formes bizarres par les flots d'une cascade. Au bas du grand lac de Tornéo, une île nommée *Darra* renferme cinq de ces ébauches grossières; et, quoique d'un accès dangereux, c'était un des lieux les plus fréquemment arrosés du sang des victimes. Tous les ans le sort décidait auquel de ces trois dieux on offrirait le grand sacrifice; un anneau magique, roulant sur un tambour, devait s'arrêter sur l'image d'un d'eux; et si tous les trois refusaient le sacrifice, la terreur s'emparait de leurs adorateurs.

» La Laponie était remplie des lieux consacrés par la religion, et qui conservent encore en grande partie les surnoms de *passe*, saint, ou d'*ayeka*, vieux, divin. Les lacs aux rivages pittoresques, les rochers qui se projettent sur une cascade écumante, les îles couronnées de vieux sapins, les vallons et ravins solitaires, telles étaient les places choisies par la terreur religieuse (¹). Dans les solitudes peu visitées de l'ancienne Laponie russe, on découvre encore plusieurs de ces lieux saints avec de nombreuses idoles en pierre et en bois, ainsi que des estrades de trois à cinq pieds d'élévation, destinées aux sacrifices (²). On y voit des arbres sacrés dans lesquels on a sculpté des figures. Les Lapons passaient devant ces places dans un profond silence, et les femmes, comme réputées impures, en détournaient les regards ou se voilaient le visage (³). On offrait des sacrifices aux âmes, censées devenues, après la mort du corps, des esprits d'un grand pouvoir. Le traîneau dans lequel le corps avait été enlevé était renversé sur le tombeau, le renne qui l'avait traîné y était immolé; les anciens tombeaux païens étaient formés de dalles de pierre.

(¹) Torner, Orig. Fenn. p. 33-39. — (²) Olma, homme. — (³) Akko, mère en samoyède, auk.

(¹) Scheffer, Laponia, p. 102. — (²) Georgi, Nations russes, p. 12. — (³) Leem, Description de la Finmarkie, c. xx.

» Les navigateurs du seizième et du dix-huitième siècle savaient encore raconter bien des merveilles sur la magie des *Finns* ou *Finn-Lappes*, qui leur vendaient du vent renfermé dans une corde à trois nœuds ; si on déliait le premier, le vent devenait favorable; avec le second nœud, la voile s'enflait davantage ; mais si on dénouait le troisième, on s'exposait à une tempête. Les Lapons de l'intérieur avaient leur *tyre* ou boulettes légères et élastiques, formées d'une laine jaunâtre, et leur *gan* ou figures semblables à des mouches ; ils croyaient que les sorciers pouvaient lancer ces instruments magiques à travers les airs sur celui auquel il leur plaisait d'infliger une maladie ou même la mort. Le mot *gan* ou *gand*, commun aux langues finnoise, celtique, skandinave et germanique, a le sens général de tromperie, illusion, sorcellerie : de là le nom de *gand-wik*, c'est-à-dire golfe des Magiciens, donné à la mer Blanche par les navigateurs skandinaves à cause des nations finnoises qui en habitaient anciennement tous les rivages [1]. Mais l'instrument le plus fameux des magiciens lapons était le tambour, nommé *quobdas* ou *gobodes*, et quelquefois *kannus* (peut-être plus exactement *ganusch*), sur lequel on faisait sautiller, aux coups d'un marteau, l'*arpa* (ou faisceau d'anneaux) qui, en s'arrêtant sur une des images dont le tambour était décoré, annonçait les événements futurs et la volonté des dieux. Souvent le magicien tombe par terre comme mort ; son visage se décolore, sa respiration cesse ; son esprit est censé voyager dans des contrées lointaines ou même dans l'autre monde ; lorsque, après une longue absence, l'âme revient dans le corps, une histoire adroitement composée apprend aux assistants quels lieux le sorcier a visités, et ce qu'il vient d'y apprendre ; il prescrit des remèdes, commande des sacrifices, et donné des conseils sur toutes sortes d'affaires. N'est-ce pas évidemment les *chamans* de l'Asie centrale avec leur tambour et avec leurs extases prophétiques ? Les sorciers de Laponie ont exécuté de ces tours de force devant des Suédois pleins d'instruction et de sang-froid, avec un tel degré d'habileté, que ces juges sévères ont avoué l'impossibilité de tout expliquer. Probablement les sorciers se mettaient par l'usage de l'eau-de-vie dans un état habituel soit d'épilepsie, soit de sommeil magnétique.

» Aujourd'hui la religion chrétienne évangélique, adoptée par tous les Lapons norvégiens et suédois, a relégué les anciennes superstitions parmi les objets dont ce peuple ne parle qu'avec honte ; mais les Lapons de l'ancien territoire russe, faiblement instruits des vérités divines par les prêtres du rite grec, en conservent encore quelques restes [1].

» Notre voyage autour de la mer Blanche est terminé ; suivons maintenant une direction opposée. Le *gouvernement d'Olonetz*, qui s'avance dans le sud jusqu'à la latitude de Pétersbourg, se prolonge au nord jusqu'à douze lieues de la mer Blanche, de manière à couper de la masse du gouvernement d'Arkhangel le cercle de Kola ou la Laponie. Il fait partie de notre *Région des grands lacs*. Des rochers granitiques, élevés de 300 à 500 pieds, forment ce qu'on appelle les *monts Olonetz*. Ces petits chaînons ne sont que des saillies d'un plateau granitique qui paraît occuper tout l'espace entre la mer Blanche et les golfes de la mer Baltique. On compte 1,998 lacs dans ce gouvernement, et les chutes d'eau à travers lesquelles leurs eaux se jettent, soit dans les lacs Onéga et Ladoga, soit dans la mer Blanche, se trouvent toutes dans le granit. Des masses de trapp (oserons-nous dire trachyte), de serpentine et de schiste, couvrent le granit. Dans une de ces masses superposées, un *gneiss* quartzeux contient les fameuses veines d'or de *Voitz*, découvertes par un paysan et maintenant abandonnées. L'or était pur et d'une couleur très vive. Le minerai de cuivre, quoique très fréquent, n'abonde nulle part assez pour être exploité. Le fer est plus productif, et on en tire plus de 200,000 *pouds*. Les carrières de marbre four-

---

[1] *Gand* ou *gan*, en ancien skandinave, signifie magie, sorcellerie. Voyez *Landnama-Bok*, vocabul. au mot *Worm*. Spec. lexici runici, p. 83. *Gand-reid*, équitation magique, *ibid. Gand-alfur*, esprits et magiciens qui passent l'eau sur des bâtons enchantés, *ibid. Gan-eska* et *ganhid*, boîte pour garder les instruments de magie, *ibid. Ganas*, en bas-breton, trompeur (*Bullet*). *Enganno*, tromperie, en espagnol. *Gauner*, escroc, trompeur, en allemand. M. *Roquefort* a donc tort de repousser l'opinion de Bullet ; le *ganellon*, dans les romans de chevalerie, qui trahit les douze pairs de France à Roncevaux, et les livra aux Sarrasins, n'est autre chose qu'un magicien. *Voyez* Glossaire de la langue romane au mot *Gan*.

[1] Voyez la Description des Lapons de la Suède, tom. II, p. 546.

nissent au luxe élégant de Pétersbourg. Dans une île du lac de *Pouch*, on trouve une couche de trapp schisteux dans un état semblable à la craie, et pénétré de vitriol. Le chêne et le hêtre ne réussissent pas, mais dans le cercle de Kargopol, les mélèzes et les sapins atteignent encore une élévation de 100 pieds. »

Sur la rive occidentale du lac Onéga, *Petrozavodsk*, chef-lieu du gouvernement, est une ville de 6,700 habitants, avec des usines impériales et une fonderie de canons. *Olonetz* est remarquable comme un des premiers chantiers où Pierre-le-Grand essaya de construire des bâtiments de guerre. *Ladeinoe-Polé* n'est peuplée que de charpentiers et de forgerons employés à la construction de différents navires : c'est de ses chantiers que sortirent les premiers vaisseaux que les Russes lancèrent dans la Baltique. *Kargopol*, autre petite ville, fait un commerce actif; elle est assez bien bâtie, et renferme 2,000 habitants ; l'époque de sa fondation paraît être fort ancienne : elle a long-temps servi de lieu d'exil à plusieurs célèbres personnages russes. Dans le district de *Povenetz*, où il croît du chanvre excellent, on trouve beaucoup de *Roskolnicki* ou Russes de l'ancien rit ; ils y ont plusieurs couvents de moines qui ne se rasent jamais. C'est près de cette misérable petite ville que les eaux du lac Onéga baignent la petite île de *Porovotnoï*, où Pierre-le-Grand aborda après avoir été surpris par une terrible tempête.

» La population du gouvernement d'Olonetz se compose principalement de Finnois de la Karélie, ancienne contrée répartie entre la Finlande et les gouvernements d'Arkhangel et d'Olonetz. Son langage, mêlé avec la langue russe, a produit un idiome bizarre [1]. »

LIVRE QUATRE-VINGT-QUINZIÈME.

Suite de la Description de l'Europe. — Description de la Russie d'Europe. — Quatrième section. — Provinces autour de la mer Baltique.

« A peine sortons-nous des solitudes polaires, et déjà nous sommes aux portes de la capitale moderne de l'empire russe ; nous pouvons y arriver par-dessus des lacs glacés sans sortir de notre traîneau, sans dételer nos rennes, et sans quitter notre pelisse laponne. Les provinces russes autour de la mer Baltique, conquises sur les peuplades finnoises à demi sauvages par des Goths et par des Germains, enlevées à ceux-ci par la puissance colossale de la Russie, conservent encore leur ciel âpre et leur sol agreste : mais du sein de ces marais s'élèvent des palais et des temples ; derrière ces rochers mouillent des flottes marchandes et des escadres formidables ; au milieu de ces frimas et de ces brouillards une cour superbe combine ses vastes desseins politiques, et commande jusque sur les rivages du Danube et jusqu'au centre de l'Asie. Ces provinces sont devenues, pour ainsi dire, le balcon d'où la Russie contemple le spectacle des discordes et des agitations européennes. Hélas ! quand les Charles et les Gustave subjuguaient les simples Finnois, quand les Valdemar déployaient le *danebrog* en Esthonie, quand les chevaliers teutoniques plantaient la croix dans le sang des Lives et des Koures, pour qui combattaient-ils ? Le tsar de Moscovie est sorti de ses forêts ignorées, et a saisi le fruit de tant de travaux héroïques.

» Ces contrées se subdivisent naturellement par la Néva et le golfe de Finlande. Occupons-nous d'abord de la partie septentrionale. Le *Grand-Duché* actuel de la *Finlande*, qui, outre la province ci-devant suédoise de ce nom, embrasse le gouvernement de Vyborg ou Vibourg, ou l'ancienne Finlande russe, forme presque une division naturelle ; c'est le tiers nord-ouest, le tiers le plus fortement caractérisé de cette remarquable *région des grands lacs* que nous avons déjà signalée à l'attention de nos lecteurs [2]. Nous pouvons

[1] *Campenhausen*, Essai statistique et géographique sur Olonetz. 1792. — Voyage autour des lacs Ladoga et Onéga, dans *Storch*, Materialien, I, p. 211. — [2] Voyez ci-dessus, p. 468 et 471.

donc, sans perdre de vue la géographe physique, nous tenir à la description d'une masse historique et politique; nous avons encore l'avantage d'avoir pour guides d'excellents écrivains de statistique et d'ethnographie (¹); nous nous permettrons quelques détails sur cette intéressante contrée.

» La *Finlande*, en russe *Finlandia*, et dans la langue des naturels *Suomi, Suomenma* ou *Suomen Saari*, occupe presque toute la largeur de cette espèce d'isthme formé par la mer Blanche et la mer Baltique, isthme qui lie la Skandinavie à la Russie, mais que sa constitution physique distingue de l'un et de l'autre de ces pays. Le système des montagnes skandinaves se termine dans le nord de la Norvège, et l'on ne voit dans la Finlande que des hauteurs peu considérables et sans aucune direction ni liaison. La seule de ces hauteurs qui conserve l'apparence d'une chaîne se prolonge entre l'Ostrobothnie d'un côté, le Savolax, la Tavastie, et la Finlande proprement dite de l'autre; elle approche de la ville de Biörneborg où elle se termine aux bords du golfe de Bothnie. Elle offre principalement de l'ardoise et du grès dur. Mais ce n'est au fond que l'escarpement du plateau intérieur. Il en est probablement de même de la chaîne *Maanselka* dans la partie orientale; le nom signifie *partage de la terre*, mais on n'y connaît aucune élévation qui ait seulement attiré l'attention. Le bord méridional du plateau central est encore moins élevé; ses escarpements présentent un massif de granit au pied duquel s'étendent des bancs calcaires qui, au nord du lac Ladoga, contiennent de beaux marbres. Tout le milieu de la Finlande est ainsi un plateau, élevé de 400 à 600 pieds au-dessus de la mer, rempli de lacs, couvert de rochers, qui ne forment nulle part des chaînes élevées, et qui sont généralement composés d'un granit rouge, nommé *rapakiwi* en finnois, qui se décompose avec une rapidité étonnante. Un naturaliste suédois, Gadd, a prouvé que cette décomposition a surtout lieu lorsque le granit contient une petite quantité de quartz avec beaucoup de feldspath rouge et une variété de mica, grasse, ferrugineuse et sulfureuse. Cependant le granit à feldspath blanc n'est pas non plus exempt de cette décomposition spontanée.

(¹) *Ruhs*, Finnland und seine Bewohner, etc.

» Dans quelques rochers de la Finlande, on remarque des excavations circulaires, ou plutôt en forme spirale, qu'on appelle dans le pays *ielte-grytor*, c'est-à-dire chaudières des géants. Quelques naturalistes ont cru que c'était l'ouvrage des eaux de la mer actuelle; mais on en trouve au milieu des terres aussi bien que sur les bords de la Baltique.

» Les recherches les plus multipliées ont démontré que la Finlande est aussi dénuée de métaux que la Skandinavie en est abondamment pourvue. On croit même qu'il n'y a aucun filon métallique, mais seulement des dépôts d'alluvion. On en a trouvé qui contiennent du fer limoneux, du plomb, du soufre et de l'arsenic. On a commencé une exploitation de fer dans la Finlande proprement dite, mais elle a cessé. Les Finlandais tirent leur fer de la Suède; mais ils fabriquent eux-mêmes beaucoup de salpêtre, et ils pourraient en fabriquer davantage.

» La Finlande est coupée d'une infinité de lacs qui donnent naissance à beaucoup de rivières, mais dont le cours est très borné; telle sont l'*Uléa* et le *Koumo*, qui se jettent dans le golfe de Bothnie: la première sert d'écoulement au lac *Uléa-Træsk*; le *Kymmène*, qui, à travers plusieurs cataractes, s'écoule dans le golfe de Finlande, et le large *Voxen*, qui grossit le lac Ladoga. Le lac le plus central de la Finlande est celui de *Payana* ou *Païjani* ou encore *Pœjjæne*, c'est-à-dire le paisible; il a 29 lieues de longueur sur 5 de largeur, et la rivière de Kymmène en tire son origine. Le lac de *Saïma*, à l'est, est encore plus considérable, mais il est encombré d'îles; avec ses baies et ses communications, il peut être évalué à 60 lieues en longueur sur 8 à 9 dans sa plus grande largeur; il s'écoule dans celui de Ladoga par la rivière de Voxen, après avoir formé six cataractes, dont celle d'Imatra est la plus pittoresque.

» Les côtes de la Finlande, surtout celles du midi, sont bornées d'une ceinture de rochers innombrables, peu élevés au-dessus du niveau de la mer, mais souvent pointus ou taillés à pic, et tantôt réunis en groupes, tantôt rangés en chaînes. Diverses variétés de granit et de calcaire composent ces récifs, dont à peine les plans topographiques mêmes peuvent donner une idée. Les petits canaux sans nombre, les passages dangereux, les courants tumultueux et écumants, les abris où règne un calme parfait, les masses nues et déchirées, les touffes de pins et de sapins qui couronnent quelques uns de ces îlots, les arbustes qui garnissent les flancs des autres, tout contribue à faire de ce labyrinthe une des merveilles de la géographie physique [1].

» Le climat de la Finlande méridionale est d'une inconstance extrême; en général, il est rigoureux, on y éprouve des froids de 30 à 32 degrés, et en été la récolte est exposée à des sécheresses dévorantes. Le nord de l'Ostrobothnie participe au climat de la Laponie. Aux environs d'Ouléabourg, où le sol est en général sablonneux, le grain est quelquefois semé et moissonné dans l'espace de six semaines, ce qui est dû à la beauté des nuits et à la continuelle présence du soleil. Dans l'Ostrobothnie, les gelées durent sept mois; elles commencent en octobre et continuent jusqu'à la fin d'avril : il n'y a pas, pour ainsi dire, de printemps. L'été commence en juin et dure trois mois; l'automne, le reste de l'année. L'abondance des pluies en septembre, et le dégel en mai et en juin, rendent presque tout voyage impossible dans ces temps de l'année.

» Le climat du plateau intérieur serait peut-être le plus tolérable si les lacs et les marais n'y répandaient pas des brouillards très froids et quelquefois malsains. Ils sont rares, mais brillants, les moments où un ciel sans nuages éclaire l'admirable mélange de rochers rougeâtres, de pierres mousseuses, de lacs bleuâtres, de cascades cristallines et de prairies d'un vert d'émeraude, qui forment les paysages de la Finlande centrale; trop souvent un jour mélancolique enveloppe toutes ces vues pittoresques; la vivacité des teintes s'efface, le lac s'est rembruni, les prairies ont pâli, et de tant de contrastes il ne reste que le bruit de la tempête et le silence du désert.

» Le sol de la Finlande, composé en grande partie de terre végétale, offre généralement plus d'endroits fertiles que le sol rocailleux de la Suède. Le seigle des environs de Vasa, à 63 degrés de latitude, est d'une qualité supérieure. Le blé sarrasin réussit surtout dans la Tavastie et le Savolax. On cultive partout l'orge et l'avoine. Les bonnes récoltes donnent le huitième grain du seigle et le septième de

[1] Notes Mss. d'un Finlandai.

l'orge. La Finlande suédoise, en 1795, exporta 100,000 tonnes de grains, mais, année commune, l'exportation ne s'élève qu'à 45,000 tonnes. Après les céréales, les principales productions sont le lin, le chanvre, le tabac et le houblon. On cultive dans quelques parties des légumes et des plantes potagères. La partie russe ancienne a besoin d'acheter des grains.

» Le bétail est petit et mal soigné; le suif et le beurre sont moins bons qu'en Suède; enfin il y règne quelquefois une épizootie particulière qui est accompagnée d'épidémie. Les chevaux de la Karélie sont plus vigoureux et plus robustes que ceux de Suède; mais la race mélangée résiste mal au climat. Partout les forêts immenses, peuplées de pins, de sapins, de hêtres, d'ormes, de peupliers, de genévriers, et d'un petit nombre de frênes et de chênes, recèlent une grande quantité de gibier, des élans, des cerfs, des rennes, des renards, surtout beaucoup d'oiseaux; mais les ours et les loups y abondent aussi. Les rivières voient sur leurs bords le castor bâtir ses habitations, et la loutre se plonger dans leurs eaux, qui produisent des poissons délicieux, surtout des saumons. Dans ce labyrinthe d'îlots et de rochers qui environnent les côtes de la Finlande, on pêche de petits harengs et des chiens de mer. Ces phoques vivent aussi dans le lac Ladoga et dans celui de Saïma. Les ruisseaux de l'Ostrobothnie fournissent de très belles perles.

» Les forêts, quoiques dévastées, fournissent encore en abondance du goudron, de la résine, de la potasse, beaucoup de bois de construction, et surtout du bois de chauffage; la ville de Stockholm en tirait 100,000 voies de bois par an. Les paysans finlandais fabriquent eux-mêmes une immense quantité d'ustensiles en bois, qui se vendent dans tout le Nord. Chaque village a son genre de fabrication à part.

» Le climat de la Finlande ne se refuse pas tout-à-fait à la culture des arbres fruitiers, mais c'est aux environs d'Abo que l'on récolte les meilleurs fruits. On a vu les cerises et les pommes mûrir à Vasa et à Jakobstad en Ostrobothnie. Les pommiers sauvages croissent jusqu'aux montagnes qui séparent la Tavastie de l'Ostrobothnie. Le chêne et le noisetier ne dépassent le 60e parallèle que par petites colonies, et dans des situations privilégiées. Je c frêne s'étend jusqu'au 62ᵉ. Le lin de Finlande n'est ni assez long ni assez pur, mais il égale en force celui de Russie. Les ruches étaient autrefois en plus grand nombre.

» Cette province, bien plus fertile qu'on ne le supposerait d'après sa position astronomique, pourrait un jour nourrir 2,000,000 d'habitants, mais il y a des obstacles naturels que l'industrie humaine ne saurait faire entièrement disparaître; cependant, depuis 1805, sa population s'est accrue de 300,000 individus. En 1832 on la portait à environ 1,400,000 âmes. Les gelées subites détruisent souvent les blés naissants; une espèce de ver, nommé dans le pays *turila*, dévore les moissons au moment où elles vont récompenser les soins du laboureur. Les anciennes litanies finlandaises imploraient la miséricorde divine contre ce ver destructeur. L'humidité de l'air oblige les cultivateurs à sécher tous leurs grains dans des fours semblables à ceux qu'on emploie dans le reste de la Russie. Grâce à cette opération, on conserve en Finlande les grains jusqu'à la quinzième ou même jusqu'à la dix-huitième année. L'humidité du sol rend excusable et peut-être nécessaire la méthode que les Finlandais emploient pour défricher leurs terres, quoique cette méthode, poussée à l'excès, soit extrêmement nuisible à la conservation des forêts. Les Finlandais ont de temps immémorial semé dans les *cendres* produites par l'incendie de leurs forêts. Ils divisent les terres, ainsi défrichées, en trois classes; ils appellent *houkta* ou *alme* celles où les bois sont coupés lorsque la feuille est grande; on y consacre des terrains fort étendus, couverts de vieux bois, et surtout de sapins blancs. Les bois ainsi coupés restent deux ans sur place avant d'être brûlés; ensuite le terrain est ensemencé de seigle. On nomme *kaski* un terrain couvert d'un plus jeune bois, et qui peut être brûlé au bout d'une année : on l'ensemence de menus blés ou de raves; cependant on s'en sert communément pour le seigle. Enfin on désigne sous le nom de *kieskamaa* la coupe que l'on fait au printemps sur de petites collines où le bois a peu d'élévation. On commence par couper les branches et les sommités de ces arbres; et la même année, aussitôt qu'elles sont sèches, on les réduit en cendres, après quoi on ensemence le terrain de seigle, et un peu plus tard de blé sarrazin et de lin. En

quelques endroits on met le feu aux arbres au milieu de l'été; un jour suffit pour sécher la terre, et le même soir où le feu s'éteint, on jette la semence, afin que les cendres s'y attachent au moyen de la rosée, et qu'elles ne soient point enlevées par le vent de la nuit. Ces terres ainsi ensemencées sont labourées avec une charrue en forme de fourche, qu'ils appellent *kaskisachra*, et râtelées avec un râteau de bois; car les charrues ordinaires et les herses de fer ne sauraient y servir. Lorsque ce travail réussit, il produit trente et quarante pour un. On a même des exemples qu'un champ ainsi cultivé a rapporté le centuple.

» Les Finlandais ont encore une méthode de culture pour les terrains marécageux, qu'ils appellent *kytœ*. Ils commencent par mettre le feu à un morceau de la terre pour l'essayer; si elle rend de la cendre rouge, c'est un signe que l'endroit peut servir pendant long-temps et avec avantage; mais lorsque la cendre est blanche, la terre est jugée mauvaise. Ensuite on éconduit les eaux; on coupe les arbres qui peuvent se trouver sur le terrain; au bout de quelques années, on l'environne d'un fossé; on arrache les racines, et on le laboure à plusieurs reprises. On laisse sécher la terre pendant quelque temps; on brûle la tourbe; puis on laboure et râtelle la terre, afin que le vent n'emporte pas les cendres, et en même temps on y sème du seigle, comme dans les terres ordinaires.

» Dans cet ancien système d'agriculture, on ne saurait ni tout approuver ni tout blâmer. Les marais couverts de broussailles ne peuvent être défrichés d'une manière plus sûre. Mais les paysans donnent trop d'extension aux défrichements qu'ils font dans les forêts; ils abandonnent des champs très propres à une culture régulière, pour semer et recueillir avec rapidité dans les cendres.

» Les rivières de la Finlande, remplies de cataractes et de bas-fonds, n'offrent que peu d'avantages à la navigation; d'un autre côté elles se débordent souvent et causent des dommages considérables en inondant les champs. La Suède avait de bonnes raisons pour ne pas étendre à toute la Finlande son excellent système de grandes routes. Ainsi, le défaut de communications et de débouchés retarde les progrès de la culture dans toutes les parties intérieures de la Finlande. Les paysans ont, à la vérité, le droit d'exporter eux-mêmes les produits de leur sol, et ils possèdent un grand nombre de bateaux de transport. Mais il faut encore considérer la courte durée, le poids et la grosseur des objets que la Finlande exporte; les longs hivers qui arrêtent les navires dans les ports; enfin les distances qui séparent les habitants de l'intérieur des villes marchandes établies sur la côte. Les Karéliens du nord ont 40 à 50 lieues jusqu'à la ville la plus prochaine. Ces circonstances locales forcent les paysans finlandais à fabriquer eux-mêmes les ustensiles, les meubles, et en partie les étoffes dont ils ont besoin. Il y a des cantons dont les habitants ne se rendent à la ville que pour s'y procurer du sel et de l'argent comptant. Dans cette indépendance patriarcale, le Finlandais, sans besoins et sans désirs, voit s'écouler sa vie monotone loin des arts, loin du commerce, quoiqu'il soit aux portes d'une grande ville où le luxe de l'Europe se marie à celui de l'Asie. Mais la réunion à l'empire russe, en ouvrant à la Finlande un marché avantageux, y réveille déjà l'industrie. Les canaux de *Telataipolski*, de *Koukontaipolski*, de *Noutvelentaipolski* et de *Kiakinski*, facilitent les communications intérieures, et sans doute que le gouvernement russe ne s'en tiendra pas à ces améliorations, qui sont principalement dues au gouvernement suédois. »

Nous allons parcourir les provinces et les villes remarquables. La préfecture de *Viborg* ou *Vybourg* (divisée en huit *hærad* ou juridictions), répond à la presque totalité de la *Karélie* ou *Kyriala*, ancienne principauté finnoise. C'est un pays rempli de sables et de marais, et dont les habitants subsistent par la pêche du saumon, la chasse et la coupe des bois. Cependant on vante les perles de la rivière de *Jananus* et les marbres du district de *Serdopol;* celui de Rouskalk est gris cendré avec des veines vertes et jaunes. Soumeria fournit un beau granit rouge. *Vybourg* a été bâti en 1293, par les Suédois, à la place de *Somelinde* ou *Souomen-Linna*, capitale des Karéliens; les Finlandais lui donnent encore ces deux derniers noms : c'était jadis un des boulevards de la Suède. Cette ville de 3,000 âmes est entourée de fortifications, et sert de port à de petits navires du commerce. Bâtie irrégulièrement sur un terrain inégal, elle se compose de la cité, de deux faubourgs, et d'un vieux château placé sur une île qui communique à la ville par un pont de bois.

« *Fredrikshamm*, forteresse plus moderne, a également perdu son importance militaire; entourée de trois faubourgs et peuplée de 2,200 habitants, elle est sur une petite presqu'île au bord du golfe de Finlande. Elle remplace Vekelax, que les Russes brûlèrent en 1712. C'est dans ses murs que fut signé, en 1809, le traité par lequel la Suède céda la Finlande à la Russie. *Serdopol*, appelée aussi *Sordœvala* ou *Sordavall*, est petite et fait le commerce de fourrures. Ses 1,200 habitants sont sujets au goître. *Vilmanstrand* (en finnois *Lapperanda*), *Nychlot* ou *Nyslott*, (en finnois *Savolinna*), *Kexholm* et d'autres points fortifiés, n'ont dû un peu de célébrité qu'à leur position sur l'ancienne frontière.

» *Rotschensalm*, ou *Rotsinsalm*, entre les deux embouchures de la Kymmène, mérite l'attention. C'est un port fortifié où reste toute la flotte des galères, où 40 vaisseaux de ligne peuvent mouiller; et parmi les édifices qui s'y élèvent, on voit des casernes pour 14,000 hommes. Cet établissement, commencé en 1791 sur l'extrême frontière d'alors, devait punir les Suédois d'avoir osé faire retentir leur canon jusqu'aux environs de Pétersbourg. L'utilité d'une flotte entière de canonnières à cale plate ne s'étend qu'à ces labyrinthes de rochers qui couvrent en partie la Suède et la Finlande. Coupée en mille petits détroits et bassins, la mer présente ici des vagues écumantes qui se brisent contre les rochers avancés; là, une surface calme où la voile inutile appelle en vain les vents interceptés par les îlots. Quelle est donc la flotte, composée de grands bâtiments tirant beaucoup d'eau, qui oserait pénétrer parmi ces rochers, où, à chaque pas elle rencontrerait un bas-fond, où chaque pointe d'îlot peut cacher une chaloupe armée d'une pièce de 24 ou de 36, lançant son boulet à fleur d'eau? Il est facile de s'imaginer l'étonnante variété que présente le genre de guerre propre à ces parages : tantôt c'est une ligne de chaloupes qui garde une position inexpugnable entre des rochers inaccessibles, tantôt leur léger essaim sort inopinément d'un détroit dont on ne remarquait pas l'existence; d'autres fois les deux escadres sont poussées par les courants l'une sur l'autre; elles se mêlent, se confondent, se combattent chaloupe à chaloupe :

mille obstacles, en faisant échouer les plus belles manœuvres, rendent le talent et le courage individuel maîtres du sort des armes. Ici, c'est un naufrage imprévu; là, c'est une batterie de terre masquée; ailleurs, les vents et les flots dispersent les assaillants; plus loin, un calme parfait arrête la course des vainqueurs; c'est, en un mot, la guerre la plus variée et la plus chanceuse que présentent les fastes de l'histoire moderne.

» Au nord de celui de Vybourg, nous voyons le gouvernement de *Kouopio* ou *Kuopio*, qui comprend à l'orient la Karélie septentrionale, et à l'ouest le *Savolax* ou *Savo-má* septentrional, pays de lacs, de forêts, et surtout de landes sablonneuses, où les ours, les loups, les élans, et même les rennes sauvages, se maintiennent encore en grand nombre. Les plateaux élevés qui séparent les eaux de cette province de la Kaïana ou de la Cayanie conservent la neige pendant dix mois. Les pois ne réussissent plus dans la Karélie septentrionale; mais on y élève encore des bestiaux; on exporte du beurre, et les habitants récoltent suffisamment d'orge, de seigle et de navets. On y fait de la potasse et du goudron. La Karélie renferme des roches calcaires et de la pierre ollaire; le Savolax, du minerai de fer limoneux plus abondant que dans le reste de la Finlande, surtout près de la forge de Stromsdal. Les villes, entre autres *Kouopio*, sont dans l'enfance. On remarque le village de *Taipali*, dans la paroisse de Tibeltiz, dont les habitants, avec le culte grec, ont adopté l'industrie des Russes, mais aussi leurs ruses commerciales. Deux longues suites de lacs marquent ici deux bassins: celui de la Karélie septentrionale contient du nord au sud le *Pielis-jœrvi*, le limpide *Hoytiainen* et l'*Oro-Vesi*, qui versent leurs eaux dans le *Puru-Vesi* ou lac de Bouillie, golfe du lac Saïmen; celui de Savolax présente principalement le *Kala-Vesi* et le *Hauki-Vesi*, qui s'écoulent également dans le Saïmen: ces bassins ne sont pas séparés par des hauteurs contiguës, mais par des langues de terre sablonneuses et pierreuses. Souvent, dans l'intérieur des bassins, deux lacs sont séparés par des espèces de digues naturelles si étroites, qu'à peine un homme peut y passer à cheval.

» Le Savolax inférieur et une lisière orientale de la Nylande forment la juridiction de *Heinola* ou de *Kymmènegård*, l'une des trois qui divisent le gouvernement de Saint-Michel. Dans la première partie, le sol est sablonneux et marécageux: en descendant le long de la rivière de Kymmène et en s'approchant du golfe de Finlande, les terres fertiles prennent plus d'étendue. Les grains que l'on y cultive sont les mêmes qui réussissent dans le reste de la Finlande. On exporte toutes les années du seigle; on vend aussi du beurre. La culture du lin et du chanvre fait des progrès, surtout la première. *Heinola*, le chef-lieu, est petite, mais régulièrement bâtie; *Lovisa*, avec sa citadelle Svartholm, est maintenant sans importance militaire; mais l'ancienne et triste ville de *Borgo*, avec un mauvais port, a quelques manufactures et un bon collège.

» La préfecture suédoise de *Tavastéhous* forme aujourd'hui les gouvernements de Nylande et de *Tavastéhous*, qui renferment la plus grande partie de la *Nylande* et de la *Tavastie*. La première de ces provinces se nomme en finnois *Uhsi-má*, la dernière *Haime-má*; c'est la portion la plus fertile de la Finlande. Le professeur Gadd a calculé que les deux provinces exportaient, dans une bonne année, l'un portant l'autre, 27,635 tonnes de blé, et dans les mauvaises, 14,224 tonnes. La Nylande est, généralement parlant, un pays plat; cependant l'intérieur s'élève brusquement comme une terrasse; le lac *Loppis* est à 343 pieds au-dessus du niveau du golfe de Finlande. Il y a beaucoup de rochers, mais en même temps de bonnes terres labourables et de belles prairies, d'excellents pâturages, de belles forêts, quelques bois de chênes, des lacs et des fleuves poissonneux. On a découvert des mines de fer et de cuivre; les carrières de chaux ne manquent pas. Le houblon y vient en abondance. Les habitants se nourrissent de l'agriculture, de l'entretien du bétail et de la pêche; ils commercent en grains, plantes, toiles et poisson. Leur paresse leur fait dédaigner les bonnes méthodes de culture; leur légèreté les rend esclaves du luxe et de la mode. Ils ont quelques manufactures. La Tavastie, dans la partie méridionale surtout, est un pays fertile, uni et bien situé; des fleuves et des lacs poissonneux l'entrecoupent partout; il renferme d'utiles forêts, de bonnes terres, de grasses prairies; de manière qu'eu égard à ses avantages naturels, cette contrée est non seulement la meilleure de toute la Finlande, mais il n'y en avait même aucune dans tout le royaume de Suède qui la surpassât en fertilité. Très négligemment cultivée, elle est toujours le séjour de la pauvreté. Le lac *Paijani* ou *Paijane*, et encore *Pæjjæne*, cause des dommages par ses inondations, et les chutes d'eau du fleuve Kymmène rendent inutile ce seul débouché de la province. Quelquefois aussi les grands froids nuisent aux grains. La Tavastie septentrionale est plus montagneuse et plus couverte de forêts, mais elle appartient en partie à la préfecture de Vasa. Les lacs occidentaux de la Tavastie réunissent leurs eaux vers l'endroit nommé *Tammersfors*, et s'écoulent par le *Koumo* dans le golfe de Bothnie.

» Dans l'intérieur, nous ne remarquerons que *Tavastéhous*, autrefois nommé *Kroneberg*, en finnois *Hæme-Kaupungi*, près de la petite forteresse de *Tavastebourg*, qui servit dans la dernière guerre comme place d'armes et dépôt de magasins pour l'aile gauche de l'armée suédoise. Mais il y a plusieurs endroits remarquables sur les bords du golfe de Finlande. *Hangö-Udd* ou *Hangoud*, en russe *Gangout*, ou le promontoire de Hangö, est la pointe méridionale du continent de la Finlande. Pierre-le-Grand y remporta, le 28 juillet 1714, une victoire signalée sur la flotte suédoise. Les îlots qui l'environnent sont encore plus méridionaux : le phare qui signale l'entrée du golfe de Finlande est sous 59 degrés 45 minutes 58 secondes de latitude ; il y a un port excellent avec une petite forteresse, nommée *Gustafs-værn*, position militaire très importante pour la Russie, très menaçante pour la Suède. L'île de *Hangö* est un point maritime d'où l'on peut observer les mouvements d'une flotte dans les golfes de Finlande, de Riga et de Bothnie.

» Dans le gouvernement de Nyland, *Helsingfors*, ville de commerce très agréablement située dans une péninsule fertile, ayant un port sûr et profond, et une population toujours croissante d'environ 10,000 habitants, jouit aujourd'hui du rang de capitale de toute la principauté, rang que sa position lui assure pour toujours. » Cette cité a été rebâtie régulièrement depuis 1815 ; deux forts, celui de Braberg et celui d'Ulricaborg la défendent : pour placer son port au rang des meilleurs de la Baltique, on y a creusé dans le roc un bassin de 130 pieds de longueur, 45 de largeur et 12 de profondeur. Depuis l'incendie qui ravagea Abo en 1827, l'université de cette dernière a été transférée à Helsingfors.

« A une petite lieue au sud de cette ville se trouve la forteresse de *Svéaborg*, objet éternel des regrets de la Suède et principal trophée des Russes. C'est l'un des chefs-d'œuvre de l'architecture militaire moderne. C'est proprement un assemblage de sept îlots inaccessibles et fortifiés qui dominent un magnifique port. Ces îles sont : *Lang-öe*, l'île Longue, la plus rapprochée d'Helsingfors ; *Wester-Svartöe*, l'île Noire d'ouest, large ; *Bakholm*, îlot du Phare : ces trois îles renferment des maisons pour la garnison ; *Lilla-OEster-Svartöe*, petite île Noire d'est : elle contient les magasins de l'artillerie ; *Stora-OEster-Svartöe*, grande île Noire d'est : entre ces deux îlots est le port de la flottille des galères ; *Warg-öe*, île du Loup : elle renferme l'hôtel du gouverneur, les principaux magasins et deux bassins pour réparer les vaisseaux de guerre et les galères ; enfin *Gustafs-Sværd*, c'est-à-dire *Épée de Gustave*, c'est la citadelle. Elle est extrêmement forte ; elle possède un réservoir d'eau douce, ce qui manque dans les autres îles ; elle est réunie à *Warg-öe* par un pont. Il y a une huitième île appelée *Skantzland*, ou île aux Redoutes. Elle n'est pas entièrement fortifiée ; elle est située au sud de *Gustafs-Sværd*, et c'est, dit-on, le point d'où un ennemi pourrait attaquer la place, et même, selon quelques auteurs, la bombarder. Il est probable que les Russes auront pensé à remédier à cet inconvénient. Les fortifications de Svéaborg sont sur de grandes dimensions. Il y a des parties où des remparts taillés dans le roc vif présentent une seule masse de pierre de 48 pieds de hauteur : tout est cependant recouvert de gazon, pour amortir les coups de ricochets et l'effet des éclats de bombe. Les voyageurs anglais, qui affectent de ne rien admirer sur le continent, n'ont pu s'empêcher d'être frappés de la grandeur romaine de ces ouvrages dus au génie d'Ehrenswœrd. Ce Gibraltar de la Finlande a été enlevé presque sans résistance ; quelques batteries de glace, élevées sur la mer glacée, y lancèrent des bombes, et *Kronstadt* capitula. Tant il est vrai, comme dit le poëte lacédémonien, «que les cœurs des citoyens sont les seuls remparts véritables ! »

» Le gouvernement d'*Abo-Biœrneborg*, ou la Finlande propre, occupe la partie la plus occidentale de la principauté ; c'est la partie la plus anciennement conquise et civilisée par les Suédois ; aussi réunit-elle la culture la plus soignée à la population la plus concentrée. *Abo*, que l'on prononce *Obo*, en finnois *Tourkou*, sur les bords de l'*Aura*, qui sort du lac *Pyha* (le saint), a long-temps dû à sa proximité de la Suède l'avantage d'être la capitale de la Finlande entière ; c'est encore la ville la plus agréable et la plus industrieuse, malgré les incendies qui l'ont souvent désolée. Depuis 1640, elle possédait une université, fondée par la reine Christine. Avec peu de moyens, et reléguée dans un climat sauvage, cette école a pourtant su se faire une réputation très honorable ; elle a compté parmi ses élèves le chimiste Gadolin, le poëte Franzen et l'érudit évêque Portham, qui, dans une série de dissertations, a éclairci l'histoire de la Finlande ; mais depuis le dernier incendie d'Abo cette université a, nous le répétons, été transférée à Helsingfors. Abo a 13,000 habitants ; le bas peuple seul parle le finnois : cette ville a des chantiers, des manufactures de soie, de laine, de tabac, des raffineries de sucre, et un commerce considérable. *Aboslot*, c'est-à-dire citadelle d'Abo, située à un quart de mille suédois au sud-ouest de la ville, a été mise en état de soutenir un siège de quelques semaines.

» Parmi les nombreuses îles de l'archipel d'Abo, nous distinguerons *Runsala*, couverte de chênes et de noisetiers, située à une demi-lieue d'Abo. Beaucoup d'îles de la Finlande sont remarquables à cause de l'extrême variété de beaux points de vue qu'elles présentent ; et, dans ce genre, Runsala peut être opposée à tous les jardins chinois et anglais. *Nystad*, ville maritime avec un bon port, exporte des ustensiles en bois, des toiles et des grains ; on y fabrique aussi des étoffes de laine et des bas. C'est dans ses murs que fut conclu en 1721, le traité de paix entre la Russie et la Suède. Dans la contrée de *Satacunda*, nous remarquerons *Raumo*, avec un bon port : on y fait des dentelles estimées ; mais les forêts qui l'entourent fournissent à des exportations considérables de bois ; *Biorneborg*, ou la ville des Ours, qui aurait plus de commerce si la grande rivière de Koumo, venant de la Tavastie, pouvait être rendue navigable. A *Sastmola*, vers la limite septentrionale du canton du Bas-Satacunda, on remarque une pêcherie de perles, qui sont ordinairement isolées, mais dont on trouve quelquefois deux, et même trois dans une coquille.

» Devant Abo, nous voyons un petit archipel qui forme la saillie la plus avancée vers l'ouest de l'empire russe. Ce sont les *îles Aland*, nommées en finnois *Ahvenan-mà*, le pays des perches. Le détroit nommé *Alands-Haf* sépare cet archipel de la Suède. L'île d'*Aland* proprement dite, celles de *Lemland*, de *Lumparland* à l'est, d'*Ekeröe* à l'ouest, de *Kumlinge*, de *Vardoe* et de *Brandöe*, sont les plus remarquables. Tout le groupe contient 11 milles carrés suédois, et environ 14,000 habitants. Le climat y est assez doux. Une agriculture bien entendue y fait naître des grains en abondance. On y sème du seigle et de l'orge ; on récolte en général le septième grain. Le produit annuel, les semailles déduites, s'élève à 22,500 tonnes. Les forêts sont composées de sapins, de bouleaux et d'aunes ; on en exporte à Stockholm 12,000 cordes par an. La flore particulière de ces îles compte 680 espèces, parmi lesquelles 180 plantes cryptogames. Les quadrupèdes y sont en petit nombre ; il n'y a plus ni ours ni élans, les loups seuls se sont accrus d'une manière effrayante. Dans un groupe d'îlots, détachés au midi et formant la paroisse de *Fögloe*, on prépare un excellent fromage, qui se vend sous le nom de *fromage d'Aland*. La pêche du chien de mer est tantôt très abondante, et tantôt de peu de rapport ; les insulaires mangent la chair de ces animaux. Les innombrables rochers qui entourent les grandes îles servent d'asile à des peuplades d'oiseaux de mer ; leurs œufs, leur plumage, leur chair même, sont des objets recherchés. Les poissons y abondent ; on sale 6,000 tonnes de harengs par année ; la capitale de la Suède est fournie de marée par les Alandais.

» Ces insulaires demeurent dans des villages composés de maisons en bois, propres et agréables. Leurs vêtements annoncent une certaine aisance. Hardis navigateurs, ils font le cabotage entre la Suède et la Finlande. Suédois par leur idiome, ils le sont encore par leur manière de vivre et par leurs vertus antiques. Long-temps avant la conquête suédoise de la Finlande, les îles d'Aland formaient un petit royaume skandinave; et cependant le nom du village de Iomála trahit une population finnoise antérieure à toute histoire.

» En remontant le golfe Bothnique, nous voyons se dérouler les plaines de l'*Ostrobothnie*, nommée en finnois *Pohian-má*, terre septentrionale, ou *Kainu-má*, terre basse. L'intérieur ressemble à la partie septentrionale du Savolâx et de la Tavastie. Les loups et les ours y errent au sein de vastes forêts ou parmi des lacs sans nombre. La partie occidentale, surtout vers le golfe de Bothnie, a généralement le sol uni et sablonneux. Dans la partie méridionale ou la préfecture de Vasa, les grains mûrissent rapidement; on en exporte surtout du seigle qui est très recherché, ainsi que du beurre et du fromage. On y trouve de la mine de fer limoneuse. Les forges de cette préfecture produisent 2,300 *pouds* de fer en barre, année commune. Le goudron de Vasa est plus estimé que celui d'Uléa. Nous remarquerons parmi les rivières le grand *Kyro-Ioky,* et parmi les villes, *Christinestad,* avec un bon port et cinq places de débarquement; *Kaska* ou *Kasköe*, située sur une presqu'île du golfe de Bothnie, avec un port encore meilleur; *Vasa*, avec 3,000 habitants : elle fut fondée par Charles IX; la place Gustave, entourée de bâtiments symétriques, plantée d'arbres, offre une jolie promenade; il y a dans la ville quelques établissements d'industrie, entre autres des tanneries; enfin, les deux *Karleby*, le vieux et le nouveau, c'est-à-dire *Gamla-Karleby* et *Ny-Karleby*, avec *Iakobstad*, qui exportent beaucoup de goudron, et sont habités par une race de hardis marins.

» La partie septentrionale de l'Ostrobothnie forme aujourd'hui le gouvernement d'*Ouléaborg-Kaïana*. Le voisinage du cercle polaire, joint à une exposition boréale et à la nature humide d'un sol argileux, ne laisse à la partie septentrionale de l'Ostrobothnie qu'un été de peu de durée. Les mauvaises années sont fréquentes, et les gelées d'été sont d'autant plus nuisibles, que les semailles ne peuvent se faire que vers la fin du mois de mai et au commencement de juin. En revanche, les terres défrichées au moyen du feu produisent des récoltes très abondantes. Les forêts, les marais, les rochers couverts de mousse, occupent la plus grande partie du terrain. Cependant le bétail, quoique de petite race, donne plus de beurre et de fromage que les habitants n'en consomment. On tire de ce pays une immense quantité de goudron; la seule ville d'Ouléaborg en exporte 27 à 29,000 tonnes par an; et, pour produire cette quantité, il faut 2,160,000 sapins; on peut en conclure quelle doit être l'étendue des forêts. Les cataractes de Pyha-Kosky et de Taival-Kosky ([1]) offrent de belles horreurs. Les forêts sont remplies d'écureuils, que les paysans prennent au moyen de chiens dressés à ce genre de chasse. Un chien de cette espèce est considéré, dans les partages de successions, comme l'équivalent d'une vache à lait. Plus on monte au nord, meilleure est la qualité des saumons, et plus les fruits des arbustes sauvages ont de saveur et d'arome.

» La ville d'*Ouléaborg*, peuplée de 5,000 âmes, est une des plus riches de la Finlande; elle a des fabriques, des chantiers; elle exporte du goudron, du beurre, du saumon, et ses navigateurs vont jusqu'en Sardaigne chercher du sel par échange. *Kaïana*, dont le château sauta en 1717, n'a plus que 3 à 400 habitants. *Brahestad* conserve le nom du comte Brahé, à qui la Finlande dut ses premiers éléments de prospérité : il lui fit accorder le titre de cité en 1652. Dans ces villes, soumises à l'empire d'un hiver de neuf mois, règnent les mœurs les plus aimables, les plus hospitalières, et même un goût vif pour les plaisirs. Leur population est suédoise, mais celle des campagnes est finnoise. En remontant le fleuve *Uléa*, un voyageur foulerait des terres peu connues; il verrait se déployer le beau bassin du lac d'Uléa, où se rendent du nord-est et du sud-est deux longues séries de lacs, unis par des rivières qui bondissent de cascade en cascade à travers des forêts vierges. Ces déserts renferment quelques métairies isolées, éloignées quelquefois l'une de l'autre de 14 à 15 lieues de France. Dans la paroisse de Paldamo, qui a 80 lieues de long, on voit les ruines du château de *Hysis*, taillé dans un rocher, et dont les escaliers gigantesques figureraient bien dans un roman.

([1]) *Kosky* signifie *cataracte* en finnois.

» Les habitants de l'Ostrobothnie ont un caractère franc, hospitalier et laborieux. Les jeunes filles, avant de se marier, se font elles-mêmes une telle quantité d'habits et de linge, qu'elles en ont assez pour toute leur vie. On peut en conclure que les modes ne changent guère dans ce pays. Les Ostrobothniens jouissent de la réputation d'être les meilleurs constructeurs de petits navires qu'il y ait en Suède; autrefois ils voyageaient pour exercer leur art. Il n'y a que les habitants des bords de la mer qui parlent suédois; les autres sont finnois.

» La préfecture d'Ouléaborg embrasse dans le sens administratif une partie de la *Laponie*. Ici, par les efforts des colons finnois, l'agriculture s'est étendue au-delà du cercle polaire, comme sur les côtes de la Laponie norvégienne. Ces colonies font disparaître la population nomade des Lapons. D'un autre côté, les troupeaux de rennes s'étendent, dans l'Ostrobothnie intérieure, jusqu'aux monts Maanselka, où ils trouvent encore cette espèce de mousse nécessaire à leur subsistance. Il arrive quelquefois aux paysans d'Ouléaborg de manquer de farine, et les plus pauvres mangent souvent du pain fait avec l'écorce de sapin, de hêtre et de bouleau.

» La principauté de Finlande, que nous venons de décrire, ne répond probablement pas au pays de *Fenni* de Tacite, ou, pour mieux dire, les renseignements qui étaient parvenus à l'historien romain ne se rapportent pas à un pays spécial, mais à un peuple. Les données de Strabon et de Ptolémée placent vaguement dans la Pologne les *Phinni* et les *Zoumi* ou *Snomes*. Quelques siècles plus tard Jornandès connaît plusieurs tribus des *Finni*, mais il est difficile de déterminer les lieux où il les place ; ils paraissent demeurer hors de la *Scanzia*, dont les limites à l'est sont complétement incertaines chez l'historien des Goths. Probablement, les *Esthes* de Jornandès et d'Other étaient de race finnoise, quoique demeurant bien plus au midi que les Esthoniens de nos jours. De ces données on peut conclure qu'une cause quelconque a poussé les nations finnoises vers le nord. Le savant Thunmann a cru prouver qu'un reste des Finnois demeurait encore vers 1259 dans la Prusse orientale (¹). Tout cela ne nous apprend cependant rien de certain sur l'époque où les premiers Finnois sont entrés dans la Finlande. Dans les dixième, onzième et douzième siècles, trois nations étaient connues dans cette région, les *Quaines* au nord, les *Kyriales* au sud-est, et les *Ymes* ou *Iemes* au sud-ouest. Au milieu de ces tribus sédentaires, erraient encore des Lapons pasteurs, comme le prouvent divers noms, surtout dans la partie orientale (¹).

» Les Quaines étaient très connus des historiens islandais; ils se nommaient eux-mêmes *Kainu-Lainen*, c'est-à-dire habitants du Pays-Bas; les latinistes modernes en ont fait *Cayani*. Ce peuple occupait l'Ostrobothnie, et s'étendait en Laponie et jusqu'à la mer Blanche, qui prit quelquefois, d'après lui, le nom de *Quén-Sea* ou *Quén-Vik*. Les Quainés avaient des rois ou du moins des chefs de guerre; ils combattaient contre les Norvégiens, soit lorsque ceux-ci s'établissaient en Helsingie et Westrobothnie, soit lorsqu'ils infestaient les côtes de la mer Blanche. Il est possible qu'une branche de la même tribu ait pénétré dans le midi de la Russie jusqu'à Kief, qu'on trouve nommée *Kœnugard*, c'est-à-dire ville des Quainés, chez quelques Islandais; il se peut aussi qu'une autre tribu finnoise ait porté le même nom. Les Finnois étendent encore à toute l'Ostrobothnie le nom de *Kainu* ou *Kainu-ma* (²). Adamus Bremensis, ayant entendu de la bouche du roi Suénon le nom de *Quén-Land*, ou *Quéna-Land*, c'est-à-dire pays des Quaines, et sachant mal le danois, crut entendre *Quinnaland*, c'est-à-dire pays des femmes, des Amazones, et aussitôt il plaça dans le nord sa prétendue *Terra Fœminarum*.

» Les *Ymes* des Skandinaves ou les *Iemes* des Russes s'appelaient en finnois *Heima-Lainen*, et occupaient la Tavastie, la Nylande et la Finlande propre. Peut-être avaient-ils

(¹) Gerschau, Histoire de la Finlande (1810), pense que les Lapons seuls étaient appelés *Finnus*, et qu'ils furent chassés par les Quaines, les Ymes et les Kyriales, qu'il comprend sous le nom de *Tchoudes*. C'est probablement d'après les recherches de Lehrberg, que je n'ai pu consulter. Mais ces hypothèses sont poussées trop loin. — (²) *Torfæus*, Hist. Norvég., tom. 1, p. 160, d'après le livre islandais l'*Eigla*; Schœning, Géogr. anc. de la Norvége, p. 28, 30 (en danois); Biorner de Varegis, pag. 115, 116; Gatterer, Bibl. histor., tom. V, p. 317, 329 (en allem.).

(¹) *Thunmann*, recherches sur les peuples du Nord, p. 18, p. 23.

des établissements dans le Norland suédois.

» Les *Kyriales* ou Karéliens, connus principalement par les historiens russes, occupaient tous les pays depuis le fond du golfe de Finlande jusqu'à la mer Blanche, en passant au nord des lacs Ladoga et Onéga. La république commerçante de Novgorod et la belliqueuse Suède se disputèrent de 1156 à 1293 l'influence prépondérante sur ces peuples simples et même un peu barbares, qui vivaient moins d'agriculture que de la chasse, de la pêche et des produits de leurs troupeaux. Cependant les chefs de famille exerçaient une autorité despotique; les femmes vivaient dans un dur esclavage. A peine les Finnois connaissaient-ils cette agriculture imparfaite qui s'est perpétuée chez eux jusqu'à nos jours. Ils possédaient quelques arts mécaniques, et entre autres celui de travailler les métaux : ils avaient des noms pour l'argent, le fer et le cuivre. Une tradition populaire leur attribue même la découverte des plus anciennes mines de la Skandinavie.

» La religion et la mythologie des Finnois de Finlande avaient certainement beaucoup de rapports avec les croyances des Lapons et des Biarmiens ; mais leurs traditions n'ont été recueillies que lorsque déjà les missionnaires catholiques les avaient, sinon convertis, du moins baptisés. Leur Être suprême était *Rawa*, le vieux, né du sein de la nature; son nom rappelle le *Radien* des Lapons, mais on ignore quels étaient les rapports de ce dieu céleste avec *Joumala* et *Perkal*, le bon et le mauvais principe, qui ne figurent que de nom dans la mythologie finnoise. Deux fils de Rawa y jouent un rôle bien plus actif; c'est *Wainamoinen* qui créa le feu, qui inventa la lyre finnoise, la *kandela;* c'est lui qui construisit le premier vaisseau, et donna aux hommes presque tous les arts de la civilisation. Son frère *Ilmarainen* règne sur l'air et sur les vents; il est l'inventeur de la forge et aide son frère aîné dans toutes ses luttes contre les mauvais génies. *Veden-Ema*, ou la mère des eaux, était aussi adorée des Esthoniens, et *Sakamiéli*, la déesse de l'amour, paraît avoir été connue des Lapons. Les Tavastiens, branche des Ymis, adoraient un dieu de guerre, nommé *Turris*, dans le nom duquel on a cru retrouver le dieu skandinave *Thor;* mais ce nom vient d'un mot finnois qui signifie *combat*. A l'époque où ces croyances ont été inventées, le peuple était chasseur, et il vivait plus au midi dans un climat favorable aux abeilles; c'est ce que prouvent les traditions suivantes. *Tapio* protège les abeilles, guérit les blessures, et veille sur les troupeaux; il guide aussi les chasseurs dans l'épaisseur des forêts, tandis que sa sœur ou son épouse *Tapiolan-Emenda* préside à la chasse aux oiseaux. Mais pour réussir dans la chasse aux bêtes féroces, il faut encore la faveur de *Hysis*, géant sombre et redoutable, dompteur des ours et des loups. On adorait encore de petites divinités qui présidaient à la chasse aux lièvres et aux écureuils. Les Karéliens avaient des divinités pour le seigle, l'orge et l'avoine; mais le protecteur général de l'agriculture est *Kekki*, dont le nom signifie *coucou*. Est-ce une allusion au printemps, ou les divinités finnoises avaient-elles la figure d'animaux?

» Outre les divinités, la Finlande était peuplée de géants, d'esprits, d'êtres surnaturels qui, semblables aux gnomes, animaient tous les déserts, murmuraient dans les cascades, rugissaient dans les orages, et sous mille formes illusoires se jouaient du voyageur et du chasseur. L'art magique était en grand crédit; c'était un système lié au culte et aux mœurs, mais la bassesse des sorciers l'a dégradé au rang d'un métier abject; il en reste encore un grand nombre de traditions; elles sont malheureusement défigurées par le mélange avec des superstitions modernes. Les chants finnois conservent des images plus élevées et plus riantes; la musique y joue un rôle intéressant; on y voit les sables du rivage se transformer en diamants, les meules de foin accourir d'elles-mêmes dans la grange, les flots de la mer se calmer, les arbres se mouvoir en cadence, et les ours s'arrêter avec vénération aux accents de la lyre de Wainamoinen qui, saisi enfin lui-même par le pouvoir de sa magie, tombe dans une douce extase, et verse, au lieu de larmes, un torrent de perles [1]. Qui s'attendrait à trouver en Finlande une image plus poétique peut-être que l'Orphée et l'Amphion des Hellènes? Mais les Finnois n'auraient-ils pas habité jadis plus près de la Grèce, aux bords du Tanaïs? Il est cependant d'autres traits qui appartiennent aux localités de leur pays actuel. Les cata-

[1] *Schroter*, Runes finnoises.

racles les plus tumultueuses, les lacs les plus paisibles, et quelques grands rochers, sont encore signalés comme *pyha*, saints, et l'enfer des Finnois était, comme celui des Islandais, sur leur propre sol. *Kippumaiki*, le lieu où les chants nationaux envoient les âmes damnées, est une colline aux bords de la rivière de Kémi, où une grande pierre creusée au milieu paraît avoir été arrosée de sang de victimes peut-être humaines. Aucun Finnois n'ose y mettre le pied (¹).

» La langue finnoise est une des plus sonores et des plus propres à la musique qu'il y ait au monde ; elle offre beaucoup de ressemblance avec le hongrois. Tous les mots se terminent en voyelles, et il se trouve rarement deux consonnes de suite. Cette langue ne connaît ni le *b*, ni le *d*, ni l'*f*, ni le *g* ; cependant les Finnois emploient quelques mots étrangers où les trois dernières de ces consonnes sont conservées. L'évêque d'Abo, Michael Agricola, est le premier étranger qui ait écrit en finnois ; il publia une traduction finnoise de la sainte Écriture en 1558.

» Il y a trois dialectes finlandais, celui de Savolax et de Karélie, celui d'Ostrobothnie et celui de la Finlande proprement dite ; ils répondent aux trois tribus des Kyriales, des Quaines et des Ymes. Les Esthoniens et les Finlandais s'entendent mutuellement. La question sur l'origine des runes finnoises est encore en litige ; qu'ils les aient communiquées aux Goths de Skandinavie, ou que les caractères runiques de l'un et l'autre peuple aient une origine commune dans la haute antiquité, dans les siècles antérieurs à l'ère vulgaire où naquit l'odinisme, toujours est-il certain que les caractères finnois, wendes, anglo-saxons et skandinaves forment un système d'écriture *hastiforme*, propre à être tracé avec un javelot (²) sur des rochers.

» Les Finlandais d'aujourd'hui se distinguent par plusieurs bonnes et mauvaises qualités. Ils sont sérieux, intrépides, infatigables ; ils supportent toutes les privations, toutes les peines ; ils ont une persévérance qui dégénère quelquefois en une obstination sauvage. Extrêmement attachés à leur nom national, à leur langue, à leurs usages, ils n'apprécient point les bienfaits de la civilisation que les Suédois cherchaient à répandre parmi eux ; ils ont signalé leur ingratitude envers Gustave III, qui, sans leur trahison, se serait rendu maître de Pétersbourg. Ils ont une certaine sympathie de caractère avec les Russes : cependant quelques uns préféreraient à la domination russe un gouvernement indépendant qui sût tirer parti des avantages naturels du pays. Ils en ont obtenu en quelque sorte l'image. La Finlande est censée une principauté distincte de la Russie, quoique inséparable. On a nommé à toutes les places des Finlandais. Un *sénat* de Finlande veille sur l'administration et sur la justice, toutes les deux réglées par les lois suédoises, traduites en langue finnoise. La représentation nationale par quatre ordres d'état, selon le système suédois, est conservée de droit, puisque Alexandre Iᵉʳ a présidé une *diète* de Finlande.

» La liberté du paysan est aussi grande que dans les provinces les plus libres de la Suède ; les localités qui favorisent beaucoup de désordres, font même quelquefois dégénérer la liberté en licence.

» L'instruction publique était négligée jusqu'au temps de Gustave III. Les lumières, plus généralement répandues en Suède que dans beaucoup d'autres pays de l'Europe, ne pouvaient pas pénétrer parmi les Finlandais à cause de la différence des langues ; mais, depuis 1806, on a établi et on continue d'établir des écoles primaires finnoises ; on importe beaucoup de livres, surtout suédois. Partout où la population est mêlée de Finnois et de Suédois, le culte divin est alternativement célébré dans les deux langues ; un archevêque luthérien préside au clergé, et le rite grec ne fait aucun progrès.

» Dans leurs relations particulières, les Finlandais montrent de l'hospitalité, de la charité, de la franchise et de la bonhomie ; cependant les habitants des côtes méridionales ont contracté les habitudes de la mauvaise foi et de l'égoïsme. On reproche à tous les Finlandais (d'origine finnoise) d'aimer trop la vengeance, d'ignorer le pardon des offenses ; et ce reproche est malheureusement confirmé par le grand nombre d'assassinats qui se commettent dans les campagnes ; mais il est en même temps affaibli par l'observation que ces crimes tiennent à la haine nationale du paysan finnois contre le cultivateur suédois.

(¹) *Rühs*, p. 20 — (²) *Runa*, javelot, en vieux latin.

» C'est une chose bien remarquable que cette disposition innée que les Finlandais montrent pour la poésie et pour la musique. Souvent, dans l'intérieur de la Finlande, un village misérable, caché au fond des bois et des marais, voit naître dans son sein un poëte populaire dont les chants rustiques, mais pleins de verve, de sentiment et d'esprit, font autant de plaisir à ses auditeurs que nos poëtes académiques nous causent d'ennui. Ces chantres s'accompagnent d'une espèce de harpe nommée *kandela*. La versification des Finnois a pour règle principale la répétition de la même lettre au commencement des mots d'un vers ; c'est une bizarrerie commune à beaucoup de langues, entre autres à la langue skandinave ancienne et à celle des Romains.

» Les paysans finlandais habitent dans des cabanes nommées *pœrti*, et qui ne sont point divisées en chambres. Un grand poêle, accolé au mur, échauffe cette demeure misérable ; la fumée sort quelquefois par une ouverture dans le toit ; d'autres fois on la laisse passer, comme l'occasion se trouve, par la porte et par la fenêtre. En hiver, on éclaire la cabane par de longs éclats de bois de sapin. Dans ces antres noirs et enfumés, on s'étonne de voir des habits et du linge entretenus avec beaucoup de propreté. Les bains de vapeur sont un des plaisirs chéris du peuple finlandais, et c'est évidemment des Finnois établis jadis dans la Russie centrale que les Slaves en ont appris l'usage. Les étuves sont peu spacieuses ; plusieurs rangs de bancs en pierre s'y élèvent en forme d'escalier. On les chauffe jusqu'à 56 ou même 64 degrés (de Réaumur) ; ensuite on verse sans interruption de l'eau sur des pierres chauffées au rouge ; en peu de temps l'étuve se remplit de vapeur ; le baigneur, qui descend de banc en banc, est bientôt couvert d'une abondante sueur. Ensuite tout son corps est lavé d'eau tiède, frotté et fouetté doucement avec des branches de bouleau en feuilles. Ce sont des femmes qui font ce service auprès des hommes. Avant de se rhabiller, le Finlandais se roule dans la neige, ou, pendant l'été, sur le gazon. Il se trouve comme régénéré par ces bains. »

LIVRE QUATRE-VINGT-SEIZIÈME.

Suite de la Description de l'Europe. — Description de la Russie d'Europe. — Quatrième section. — Provinces baltiques.

« Au midi de la Finlande, nous voyons une des combinaisons les plus remarquables dans la géographie physique de l'Europe. Le lac Onéga, rapproché de la mer Blanche, verse ses eaux par le *Svir* dans le grand lac *Ladoga*, qui s'écoule, par une sorte de bosphore d'eau douce, par la large *Néva*, dans le long et étroit *golfe de Finlande*. Si l'on suppose le niveau de ce golfe plus élevé seulement de 600 pieds, il s'étendrait sans interruption jusque dans le lac Onéga, et peut-être même joindrait-il la mer Blanche, car on ne connaît entre ces deux bassins aucune colline qui présente l'apparence d'une élévation plus grande. Le fond du golfe de Finlande est une roche calcaire, tantôt compacte et tantôt remplie de coquilles, qui forme aussi le fond de l'Ingrie et une partie du bassin du Ladoga et de celui de l'Onéga ; mais des pointes de granit percent partout à travers ces masses calcaires. L'eau, faiblement salée, n'est pas profonde, surtout le long des côtes méridionales, qui sont en pente douce ; des phares nombreux éclairent le chenal du milieu. L'extrémité orientale du golfe forme la *baie de Kronstadt*, qui n'est au fond que l'embouchure de la Néva ; car ses eaux, douces et potables jusqu'à Kronstadt, coulent, comme le fleuve, vers l'occident en temps calme ; de grands amas de joncs et des bancs de sables la remplissent ; le chenal navigable finit par n'avoir que deux brasses d'eau ; les grands navires de commerce ont besoin d'allèges, et les vaisseaux de ligne ne sortent des chantiers de Pétersbourg qu'à l'aide de bâtiments nommés *chameaux*. Plusieurs fois un terrible vent d'ouest, poussant la masse d'eau du golfe dans cette baie, a fait refluer la Néva dans les rues de Pétersbourg jusqu'à la hauteur des premiers étages ; on a vu des navires jetés sur les quais de la ville ; les flots soulevés ont assailli les escaliers de marbre des palais impériaux, et rien ne garantit du retour de désastres semblables. A ces circonstances, si fâcheuses pour la capitale, il faut ajouter que la baie gèle tous les ans. La Néva roule des eaux limpides qui ne sont jamais couvertes par les glaces avant le 29 octobre, et ne dégèlent pas avant le 25 mars. Le lac *Ladoga* baigne au nord des rivages calcaires, renfermant des carrières de beau marbre ; ses autres bords sont bas et sablonneux ; le fond du bassin est de gravier en général ; les eaux sont claires et poissonneuses. Tous les ans il se couvre d'une croûte épaisse de glaces, au grand avantage des pêcheurs ; dans quelques unes de ses îles, s'élèvent des monastères isolés. Le lac *Onéga* présente les mêmes caractères physiques, seulement ses rivages ont plus d'inégalités ; quelques uns de ses affluents roulent des eaux jaunâtres à travers des cascades, tandis que d'autres serpentent, dans un état de stagnation, sur un sol tourbeux.

» La petite rivière d'*Ijora*, nommée en suédois *Inger*, a donné son nom à la province d'*Ingrie* ou *Ingermanland*, que les Russes appellent *Ijorskaïa-Zemlia* ou *Terre d'Ijora*, et qui, conquise par les Suédois en 1617, fut rendue à la Russie en 1721 : elle forme la plus grande partie du *gouvernement de Pétersbourg*. La partie occidentale se nommait jadis *Iama*, et la tribu finnoise des *Votes* ou *Votialainen*, habitait le long des rivages occidentaux du lac Ladoga. Les *Ischores* ou *Ijortzys*, autre tribu finnoise, peuplent le pays au sud de la Néva. C'est une contrée basse, couverte en partie de bois et en partie de marais, d'un sol ingrat, froid et humide, où, à l'exception des jardins maraîchers, des maisons de plaisance, des parcs de luxe et des établissements industriels dépendants de la capitale, on aperçoit partout la stérilité, la tristesse et la misère. Le seigle même y est d'une culture difficile ; hors des jardins de luxe, il mûrit à peine quelques cerises, et les ruches d'abeilles sont un objet de curiosité. Mais les arbustes à baies, les oiseaux sauvages et les poissons de la Finlande et de la Laponie y abondent. Le climat a été observé par de savants académiciens :

l'année moyenne offre 162 jours d'hiver ou de gelée constante ; 59 jours de printemps, pendant lesquels il gèle pourtant le matin et le soir ; 144 jours d'été, c'est-à-dire où il ne gèle pas. Le *maximum* moyen du froid a été, en 17 ans, de 24°$\frac{1}{2}$ de Réaumur ; mais le 9 février 1810, le thermomètre était à 30°. Il est rare qu'il ne descende pas chaque hiver, pendant deux ou trois jours, à 25 et même 28°. La chaleur monte souvent à 27°. En 1826, elle s'éleva à 35. La gelée commence ordinairement vers la fin d'octobre, et finit vers le 27 avril ([1]). Mais il n'est pas rare de voir l'hiver durer sept mois ; et même, dans les quatre ou cinq mois restants, il n'est pas sans exemple qu'on ait eu de la neige et de la gelée ([2]).

» C'est au milieu de ces marais glacés, dans ces îles exposées à des inondations, sur ce port peu profond et gelé pendant trois ou quatre mois, sous ce climat sévère et peu salubre, que Pierre I*er* fonda la nouvelle capitale de la Russie. *Pétersbourg* n'était d'abord destiné qu'à être un port militaire et une place d'armes C'était, suivant l'expression de son fondateur, une fenêtre qu'il voulait ouvrir sur l'Europe. Il y avait un peu plus haut sur la Néva, dès l'an 1300, une petite forteresse nommée *Nyenchatz*. Pierre-le-Grand s'en rendit maître en 1703, et résolut d'abord d'en faire une forteresse contre la Suède ; mais bientôt ses vues s'étendirent plus loin : il crut avoir trouvé ici l'emplacement le plus favorable pour la flotte qu'il désirait entretenir dans la mer Baltique,

---

([1]) En 1791, où le plus grand froid n'avait été que de 173 degrés de Delisle (12 $\frac{4}{11}$ de Réaumur), on avait eu 188 jours de gelée, dont 99 de gelée continuelle ; le froid avait surpassé 170 degrés durant 5 jours, 160 pendant 44 jours, 150 pendant 130 jours ; la chaleur avait monté au-delà de 110 degrés de Delisle, ou 21 $\frac{4}{11}$ de Réaumur, au-delà de 120 degrés pendant 31 jours, au-delà de 130 degrés durant 77 jours, au-delà de 140 degrés pendant 54 jours ; enfin, elle a été entre 140 et 150 degrés, ou le point de congélation, pendant 101 jours. — ([2]) *Euler*, d'après de nombreuses observations, calcula que Pétersbourg n'était en général tout-à-fait exempt de neige ou de pluie que pendant 60 jours de l'année. *Pallas* observa que le poirier et le prunier, s'ils sont greffés, n'y résistent pas à la rigueur de l'hiver, et que les plantes potagères biennales n'y prospèrent pas. Mais ces observations ne seraient plus exactes aujourd'hui, puisqu'on a remarqué, depuis une douzaine d'années, que la température de Pétersbourg s'est sensiblement adoucie, sans qu'on ait pu jusqu'à présent donner une explication claire et satisfaisante de ce changement incontestable.

ST PÉTERSBOURG.

et le port le plus avantageusement situé pour attirer le commerce étranger en Russie ; enfin, il alla jusqu'à y transférer le siége du gouvernement : on peut fixer l'époque de cette translation à l'an 1721. Il n'y avait pas, dans toute la Russie habitée, d'emplacement moins convenable pour la capitale de son empire. Quant au commerce, le tsar aurait probablement préféré Riga, s'il avait été libre dans son choix : il n'espérait peut-être pas en devenir maître. Enfin, le canal de la Msta et de la Volkhova ouvre entre la Néva et l'intérieur une communication prompte. Si ces considérations expliquent la préférence que Pierre Ier donna aux bords de la Néva, il faut néanmoins avouer, malgré les enthousiastes admirateurs de ce prince, qu'il aurait pu choisir sur cette rivière même un terrain plus propre à supporter le poids des bâtiments que ne l'est ce marais sans fond, où il a fallu, pour ainsi dire, suspendre la nouvelle ville sur des pilotis très coûteux, et qui peuvent un jour céder sous les brillants fardeaux qu'ils supportent. Les grands seigneurs russes montrèrent beaucoup de répugnance à y bâtir les palais qui leur parurent long-temps des lieux d'exil. Enfin Pierre Ier l'a voulu, et sa volonté énergique a triomphé de la nature et de l'opinion nationale. Pétersbourg existe, et, malgré les désavantages de son site, c'est une des capitales les plus brillantes de l'Europe ; c'est certainement la plus régulière, et à beaucoup d'égards la plus imposante par la masse de ses édifices, par la grandeur de ses places, la largeur de ses rues et des canaux qui en séparent les parties hétérogènes. » Nous allons distinguer quelques uns de ses quartiers.

L'*île de Saint-Pétersbourg*, proprement dite, comprend une citadelle hexagone, absolument inutile comme poste militaire, mais qui pourrait contenir une multitude révoltée. Cette forteresse ne sert plus que de prison d'État, et ses canons annoncent les fêtes nationales et religieuses, les inondations et les débâcles de la Néva. On y trouve l'église cathédrale de Saint-Pierre et Saint-Paul, où l'on enterre les empereurs, et la maisonnette en bois qu'habitait Pierre Ier lorsqu'il jeta les fondements de sa ville. L'église est dominée par un clocher doré qui s'élance avec une grande hardiesse à environ 250 pieds de hauteur, en y comprenant la lanterne, la flèche et la croix. Au reste, l'île de Saint-Pétersbourg, coupée aujourd'hui en plusieurs îles, ne contient que le quartier le plus mal bâti de toute la ville. On y remarque les bâtiments du collége de médecine. L'île des Apothicaires renferme le jardin botanique.

Le *Vassilei-Ostrof*, ou l'*île de Basile*, est la plus grande de toutes : elle est située vers l'ouest. C'est là que Pierre-le-Grand voulait fonder sa ville, et qu'ont été construites les premières maisons ; aujourd'hui elle est en grande partie habitée par des négociants. On y trouve douze rues très longues et très larges, tirées au cordeau ; on les appelle lignes ou perspectives. Les points de vue de ces rues sont beaux ou du moins étendus. Les principaux bâtiments sont la nouvelle douane, avec de vastes magasins à l'abri des inondations de la Néva ; la Bourse, terminée sous le règne d'Alexandre ; le magasin de chanvre, le bâtiment des douze colléges, le premier corps des cadets, vaste édifice qui occupe une demi-lieue carrée de superficie, près duquel se voit l'obélisque de Romantzof ; le corps des cadets de la marine, l'observatoire, l'hôtel des mines, l'académie des sciences et celle des beaux-arts. A l'extrémité de l'île Vassilei-Ostrof, est le port des galères.

L'édifice où s'assemble l'académie impériale des sciences mérite quelques détails. C'était originairement la résidence de la tsarine Prascovie Feodorovna. On y voit, vers le milieu du toit, une tour qui sert d'observatoire. Il renferme une bibliothèque de 110,000 volumes, très riche en manuscrits chinois, japonais, mongols et tibétains. Le cabinet d'histoire naturelle, celui d'antiquités et de médailles, sont aussi très considérables. On remarque dans le premier le squelette entier d'un mammouth qui fut découvert avec sa chair et sa peau en 1806 sur les bords de l'océan Glacial par le professeur Adams ; on y a réuni tout ce que les voyages scientifiques entrepris par ordre du gouvernement ont fait recueillir de plus intéressant, ainsi que la collection d'histoire naturelle qui était naguère à l'hôtel de l'amirauté. Cet édifice renferme en outre de précieux instruments de physique et de mathématiques, une imprimerie et une fonderie typographique. Le célèbre globe de Gottorp en cuivre est dans un bâtiment particulier tout près de l'académie. Il était autrefois dans la tour de l'observatoire, qui fut presque réduite en cendres en 1747. Cet instrument souffrit de l'incendie, mais il a été réparé avec beaucoup de soins et de frais. On entre dans son intérieur par une petite porte et un escalier de quelques marches; on y voit une table entourée de bancs, sur lesquels 12 personnes peuvent s'asseoir commodément et contempler l'image du firmament et le mouvement des astres. La surface du globe représente la terre: il a 11 pieds de diamètre. Il fut transporté, sous Pierre Ier, de Gottorp à Pétersbourg.

Le bâtiment de l'académie des beaux-arts présente une belle façade du côté de la Néva. Il fut fondé en 1758 par Élisabeth, qui y réunit l'académie des sciences; mais Catherine II, dans les années 1760 à 1764, érigea l'édifice actuel, en fit un établissement particulier, y attacha une école de dessin et lui assigna des revenus considérables. Il en est sorti des architectes, des peintres, des sculpteurs et des graveurs distingués.

Deux sphynx, récemment découverts près du palais de Memnon, dans les ruines de Thèbes, et qui ont coûté 64,000 roubles d'achat et 28,000 de transport, sont destinés à orner les deux côtés du magnifique port en granit que l'on construit vis-à-vis l'académie des beaux-arts.

Le côté de l'Amirauté est le plus beau quartier de la ville; c'est la résidence de la cour, de la noblesse, du corps diplomatique. C'est une île au sud des deux précédentes, entourée par la Néva et la Fontanka, coupée en trois parties par la Moïka et le canal de Catherine. C'est là que se trouvent l'amirauté, le palais impérial ou palais d'hiver, avec l'ermitage, le palais et le jardin d'été, le palais de marbre, celui de Saint-Michel, celui du sénat, l'hôtel du gouvernement, ceux des ministres des affaires étrangères, des finances et de l'intérieur, celui de l'ambassadeur de France et celui de la Poste; la salle d'exercice du palais, le superbe manège des gardes à cheval et leur caserne; les écuries impériales, les théâtres, l'hospice des enfants trouvés, le mont-de-piété, l'hôtel-de-ville et la banque des assignats; les superbes églises d'Isaac et de Notre-Dame de Kazan: celle-ci est sur une place attenante à la Perspective de la Néva, qui a 3 verstes de long. Deux superbes quais embellissent encore le quartier de l'Amirauté: ce sont le quai Anglais et celui de la Cour, qui embrassent toute la rive gauche de la rivière depuis la fonderie jusqu'au chantier des galères. Si l'hôtel de l'amirauté ne les séparait pas, ils n'en formeraient qu'un seul. Il est impossible de rien voir de plus beau que ces quais: le revêtement de la rive, le parapet qui s'élève au-dessus, les escaliers par lesquels on descend au bord de l'eau, les larges trottoirs, tout est en granit. Les maisons qui les bordent sont d'une belle architecture. Le chantier des galères est une des extrémités du quai Anglais. L'autre côté aboutit au pont qui communique au Vassilei-Ostrof, et à une place vis-à-vis du sénat, au milieu de laquelle s'élève la statue équestre en bronze de Pierre-le-Grand, érigée par Catherine II, et exécutée par le célèbre sculpteur français Falconet. Le cheval est (comme cela arrive souvent) la plus belle partie de l'ouvrage; le législateur russe est représenté montant au galop au haut d'un rocher; le groupe ne pose que sur les pieds de derrière et la queue du cheval, qui foule aux pieds un serpent. Le rocher est un immense bloc de granit qui a été trouvé dans un marais de la Finlande, à 5 lieues de Pétersbourg: il pesait 3 millions de livres; on l'a taillé, ce qui anéantit tout l'effet qu'un piédestal d'un genre si neuf aurait dû produire; il pèse 1,700,000 livres. Le monument a dans son ensemble près de 40 pieds de hauteur.

De l'autre côté de la place et au bord de la Néva s'élève l'amirauté, bâtiment en forme de parallélogramme, dont l'immense enceinte comprend un chantier pour la construction des vaisseaux de ligne, et le riche musée de la marine. On voit au milieu de cet édifice une tour couverte de cuivre doré, et surmontée d'une flèche à laquelle aboutissent les principales rues de cette partie de la ville, et qui, par cette raison, peut servir de guide à un étranger. L'empereur Alexandre a fait entourer l'amirauté par une *magnifique promenade* plantée de tilleuls qui joint le quai Anglais et celui de la Cour. Le palais impérial, édifice de 450 pieds de longueur sur 350 de largeur est situé à l'extrémité de ce dernier quai. On y voit des appartements magnifiques, une belle chapelle, un escalier en marbre par lequel les ambassadeurs passent lorsqu'ils ont audiences solennelles, et le dépôt des in-

ST PÉTERSBOURG.
(Vue de la Neva.)

signes impériaux, parmi lesquels se trouve le fameux diamant de 194 carats qui orne le sceptre.

Le même quartier comprend la superbe place appelée autrefois Tsaritzynskoe Louga, c'est-à-dire le Pré de la Tsarine, et aujourd'hui le Champ-de-Mars. Elle est bordée de deux côtés par des maisons magnifiques, et des deux autres par le jardin d'été et le canal de la Moïka qui coule en cet endroit devant le jardin du palais du grand-duc Michel. Cet édifice, d'une élégante construction, renferme une riche collection d'armes de presque tous les peuples anciens et modernes. L'extrémité de la place du côté de la Néva est ornée d'une statue de Souvarof, représenté dans une attitude menaçante, couvrant de son bouclier trois couronnes. En face de cette statue on remarque sur la Néva le pont de Troïtzky, l'un des plus beaux ponts de bateaux qui existent en Europe, tant par sa longueur que par sa construction. Les autres ponts sur la Grande-Néva sont celui d'Isaac et celui de Voskresenié. La place qui s'étend vis-à-vis du palais du grand-duc est décorée d'un beau *square*. L'architecte qui a construit ce palais a imité la colonnade du Louvre. Non loin de là est le château de Saint-Michel, bâti par l'architecte Brena d'après les ordres de Paul Ier, qui le fit entourer de fossés et garnir de canons, et qui, malgré ces précautions, y fut assassiné. Alexandre, son fils, en fit raser les fortifications, et y plaça l'école du génie. La place qui aboutit à ce palais est ornée d'une statue équestre de Pierre-le-Grand, érigée par Paul Ier.

Le palais d'hiver, édifice immense, deux fois plus grand que le Louvre, mais d'une architecture massive et irrégulière, surchargée d'ornements, a été la proie des flammes dans la soirée du 29 décembre 1837. Ce palais, dont il n'est resté que les murailles, et qui n'est pas encore complétement réparé, communique à l'Ermitage, séjour chéri de Catherine, mais qui n'a d'ermitage que le nom, et dans lequel se trouvent une bibliothèque de 10,000 volumes en langue russe, celle de Voltaire, de précieuses collections de monnaies et de médailles nationales, de tableaux, d'instruments de physique, d'histoire naturelle, et un jardin suspendu sur des voûtes qui couvrent une vaste cour.

Le 11 septembre 1832, Pétersbourg a vu s'élever sur son piédestal; et vis-à-vis le palais d'hiver, la colonne Alexandrine, taillée dans un seul bloc de syénite, et haute d'environ 23 mètres [1]. Cette opération gigantesque a été exécutée au moyen de 64 cabestans et par 2,000 soldats de la garde impériale, choisis parmi ceux qui ont servi sous les drapeaux du prince en l'honneur duquel ce monument a été érigé.

Vis-à-vis de cette colonne, qui surpasse ce que les anciens et les modernes ont fait dans le même genre, s'élève le superbe bâtiment circulaire de l'état-major, qui fait face au palais d'hiver; une belle rue s'ouvre au centre sous un arc fort élevé que surmonte une victoire sur un char attelé de six chevaux. Mais l'un des plus magnifiques édifices de cette capitale est le théâtre d'Alexandre, nouvellement construit; il est situé sur la perspective de Newsky, entre le palais d'Anitschkoff et la façade latérale de la bibliothèque Impériale publique, et termine une superbe place ornée d'un beau *square*.

Derrière ce théâtre s'élèvent les bâtiments encore inachevés du Palais-Royal.

Le palais de marbre est d'une architecture très fautive : on y remarque, par exemple, des colonnes et des pilastres d'ordres différents, quoique se touchant et dans les mêmes proportions; des fenêtres, dans la même salle, d'une profondeur inégale, l'une de cinq, l'autre de neuf pieds : le marbre, le bronze, le cuivre et le fer y sont prodigués de toutes parts; l'ameublement est aussi riche que recherché.

L'ancien palais d'été, qui n'était qu'une sorte de pied-à-terre que Pierre-le-Grand fit construire sur la rive gauche de la Néva, n'a de remarquable que les souvenirs qui s'y rattachent. Il est enfermé dans le jardin d'été, dont on ne peut citer que la grille sur le quai de la Néva. Les statues qui le décorent, « faites en Italie, » et humblement citées par les géographes allemands comme des chefs-d'œuvre, sont, au jugement des connaisseurs, au-dessous du médiocre.

---

[1] Cette colonne a été construite et érigée par les soins de l'architecte français *Montferrand*. La hauteur du fût est de 11 sagènes (23m,40), et le piédestal, le chapiteau et la statue qui le surmontent en ont environ 10 (21m 30). Sa hauteur totale est donc de 44m 70.

L'hôtel de l'académie des beaux-arts a longtemps été le seul édifice de Pétersbourg qui réunit les suffrages des connaisseurs; mais aujourd'hui la cathédrale ou l'église de Kazan, et surtout celle d'Isaac, paraissent égaler tout ce que l'Europe moderne offre de plus beau dans un genre d'architecture dominé par les besoins du culte chrétien et par les usages de l'Eglise grecque. Le premier de ces temples, qui est une imitation de Saint-Pierre de Rome, a 210 pieds de longueur sur 156 de largeur; on admire, entre autres, 56 colonnes de granit, hautes d'environ 32 pieds et de 40 pouces de diamètre, d'un seul morceau chacune, dont la base et les chapiteaux sont en bronze. La porte sacrée qui est devant le maître-autel et la balustrade qui l'entoure sont d'argent massif. Les jaspes et les marbres d'Olonetz et de Sibérie, dit M. Vsévolojsky, y ont été employés avec profusion, tant pour la mosaïque du parquet que pour les autres ornements de cette église. La façade du côté de la grande perspective présente deux portiques avec une colonnade en demi-cercle qui les réunit au principal corps de bâtiment. Les colonnes sont d'ordre corinthien; leur nombre est de 130; leur base et leurs chapiteaux sont en fer de fonte. La principale porte d'entrée est en bronze; c'est une copie parfaite des fameuses portes de la cathédrale de Florence. Ce qui est également remarquable dans la construction de ce beau monument, c'est que tous les matériaux que l'on y a employés sont des productions de l'empire, et que presque tous les artistes qui y ont travaillé, architectes, peintres et sculpteurs, sont également nationaux. La famille impériale a fait à cette église des dons magnifiques en pierres précieuses, en or, en argent et en vases sacrés. Sous ses voûtes magnifiques sont réunis en orgueilleux trophées les tristes débris ramassés à la suite de l'armée française pendant les désastres de 1812.

L'église d'Isa sera sans contredit le plus beau temple de la Russie et l'un des plus remarquables de l'Europe. On en a recommencé la construction en 1822 sur un nouveau plan, et déjà l'on peut juger, par les colonnes qui sont élevées pour soutenir les quatre portiques extérieurs, l'effet que produira ce monument. Ces colonnes, chacune d'un seul bloc de granit, ont plus de 5 pieds de diamètre et de 52 de hauteur; elles sont ornées de chapiteaux en bronze. Mais, selon toute apparence, ce magnifique édifice ne sera pas terminé avant l'année 1848.

Le quartier, ou mieux l'arrondissement de *Vybourg*, s'étend sur la rive droite de la Néva. Les établissements remarquables qu'on y trouve sont le Grand-Hôpital militaire, fondé par Pierre-le-Grand; le chantier pour les vaisseaux marchands; les ateliers et la place d'exercice pour l'artillerie.

La Liteinaïa ou le quartier de la Fonderie, ainsi nommé de la grande fonderie de canons que Pierre Ier y établit, comprend toute la partie de la ville qui s'étend depuis le beau canal de la Fontanka jusqu'à celui de Ligof. Le canal de la Fontanka est le plus important de la capitale, qu'il traverse en décrivant un demi-cercle, depuis l'extrémité du jardin d'été jusqu'au golfe de Finlande. Ses bords sont garnis, sur toute sa longueur, de parapets en granit, de rampes en fer et de trottoirs. On le traverse sur trois ponts en pierre et deux ponts suspendus en fer. Les édifices les plus remarquables de ce quartier sont: l'institut de Sainte-Catherine, destiné à l'éducation de 180 jeunes demoiselles nobles; la fonderie de canons, l'arsenal, la manufacture de tapis de haute-lice; le palais de la Tauride, remarquable par son élégante architecture, ses galeries et son jardin, et qui fut bâti par le prince Potemkine, pour donner une fête à Catherine II; l'hôpital des aliénés, la caserne des Chevaliers-Gardes, et plusieurs autres fort belles.

La Liteinaïa donne son nom à l'une des rues de Pétersbourg les plus remarquables par leur longueur et leur largeur; nous citerons encore la Bolchaïa-Sadovaïa, dont le principal ornement est la Banque des assignats, bel édifice avec une façade décorée de colonnes et de statues; et surtout la magnifique perspective de Nevsky, ornée de beaux arbres dans la moitié de sa longueur, et embellie par de nombreux édifices, tels que le grand-bazar (*Gostinoïa-dvor*), immense bâtiment couvert en tôle et contenant environ 340 boutiques; le palais Danitschkof, construit à l'italienne, résidence habituelle de l'empereur Nicolas, avant qu'il ne montât sur le trône, et qu'il s'est réservé, et l'église catholique qui renferme la tombe de Moreau.

Cette rue aboutit d'un côté à l'Amirauté et de l'autre au célèbre couvent de Saint-Alexandre-Nevski, résidence de l'archevêque métropolitain, vaste château carré, entouré d'une muraille en pierre qui comprend les églises de la Sainte-Trinité, de l'Annonciation et de Saint-Lazare. Dans une chapelle de la première, on conserve, sous une châsse d'argent massif, les restes du grand prince que l'Église russe révère comme un saint, et qui dut le surnom de Nevski à la victoire éclatante qu'il remporta, en 1239, près des bords de la Néva, sur une armée combinée de Suédois, de Danois et de chevaliers de l'ordre Teutonique. La sacristie renferme le lit de repos sur lequel Pierre Ier rendit le dernier soupir. Dans les églises de l'Annonciation et de Saint-Lazare reposent les cendres de plusieurs personnages célèbres, tels que le comte Panine, Souvarof et le poëte Lomonossof.

Au nombre des principaux établissements d'instruction que renferme Pétersbourg, nous citerons l'école des mines, qui possède des galeries souterraines dans lesquelles on a représenté la suite des terrains et des couches qui distinguent les principales mines exploitées sur le territoire russe; l'école de la marine marchande, fondée récemment par l'empereur Nicolas; le musée ethnographique où l'on a réuni tout ce qui peut servir à l'histoire de la civilisation chez les différentes nations de la terre; enfin le jardin botanique, dont nous avons parlé plus haut, digne surtout de fixer l'attention par l'étendue et la beauté de ses serres.

Après ce tableau des principaux édifices de Pétersbourg, tableau qui ne pourrait être plus complet qu'en devenant fatigant, prendrons-nous parti entre ceux qui vantent la ville de Pierre-le-Grand comme une des plus belles du monde, et ceux qui la décrient comme un assemblage bizarre de monuments sans goût? Plusieurs de ces monuments ont été construits dans le goût italien, et sous l'empire des caprices personnels des souverains; de ces deux causes il est résulté des fautes évidentes. Cependant nous devons dire que la fondation récente de la capitale russe la fait jouir des avantages des villes modernes, et surtout des améliorations que les lumières ont apportées dans l'art de bâtir. Ainsi, point de rues tortueuses, privées d'air et de lumière; point de maisons dont l'excessive hauteur annonce l'entassement dangereux d'une grande population : partout des rues bien alignées, bien bâties et garnies de trottoirs, un pavé formé de dalles en granit de Finlande dont le grain dur et serré est uni sans être glissant.

« Au total, le goût classique trouve autant à reprendre sur les bords de la Néva que sur les bords de la Seine. »

Mais ce qu'on ne saurait ôter à la cité de Pierre-le-Grand, c'est le pittoresque mélange de tant de grands édifices rapprochés sous des points de vue très variés, c'est la largeur des rues bordées de tant de façades ornées, c'est l'imposante solidité des quais; c'est la profusion extérieure et intérieure de porphyres et de marbres précieux; c'est surtout ce spectacle animé d'un beau fleuve et d'un commerce maritime. La Néva y est large de 150 à 450 mètres, et assez profonde pour recevoir des navires d'un tonnage considérable : avantage qui place Pétersbourg au premier rang parmi les grandes places de commerce de l'Europe.

» Pétersbourg est d'une forme ovale; sa circonférence est de 5 lieues; sa superficie totale occupe 74 verstes carrées; mais les édifices n'en couvrent qu'un treizième. On y compte 11 arrondissements, 55 quartiers, 6 grands ponts et 24 petits, 450 édifices publics, 8,600 maisons, et plus de 411,000 habitants. Mais ici nous apercevons une circonstance tout-à-fait particulière à cette capitale; c'est l'extrême disproportion du nombre des deux sexes. En 1828, on compta 422,000 habitants ([1]), parmi lesquels 297,300 mâles et 124,700 femmes. Cette disproportion ne s'explique pas complétement par la présence d'une garnison de 40 à 50,000 hommes, et de 36,000 étrangers; car il y a parmi cette dernière classe beaucoup de domiciliés et de mariés. On comptait en 1826, à Pétersbourg, plus de 25,000 Allemands, 2 à 3,000 Français, 1,500 Suédois et plus de 2,000 Anglais. Le culte divin se célèbre en quinze langues dans 58 églises, dont 43 sont consacrées au culte gréco-russe, 4 aux cultes dissidents et 11 aux cultes étrangers. On évalue la population évangélique-luthérienne à 20,000 et les catholiques romains sont peut-être plus nombreux. »

([1]) La statistique officielle de 1833 en compte 445,000, et celle de 1836 451,974.

Quelquefois, ainsi que nous l'avons dit, la Néva, par des débordements désastreux, a porté la désolation dans la capitale de l'empire russe. Le 1er novembre 1726, les eaux s'élevèrent tout-à-coup de plus de 8 pieds; le 10 septembre 1777, elles montèrent rapidement à 4 pieds et demi, et entraînèrent des maisons et des ponts, principalement dans le Vassilei-Ostrof et dans l'île de Saint-Pétersbourg. Le plus important de ces événements est celui qui eut lieu le 7 novembre 1824. La crue subite des eaux fut si considérable qu'elles s'étendirent jusqu'à la distance de 5 lieues aux environs de la ville, détruisirent un grand nombre de villages, emportèrent dans Pétersbourg plus de 330 maisons, et en ruinèrent plus de 2,000. Les magasins de la douane furent submergés, et les pertes du commerce furent incalculables. Plus de 1,500 personnes périrent dans cette affreuse inondation. Les secours en argent distribués aux gens nécessiteux s'élevèrent à la somme de 500,000 roubles.

« Pétersbourg concentre plus de la moitié du commerce de la Russie; ses importations se sont élevées dans ces dernières années de 120 à 133,000,000 de roubles, et ses exportations à près de 109,000,000. L'industrie et les arts ont aussi fait des progrès; le luxe de la cour soutient les fabriques de haute-lice, de bronzes dorés, de porcelaine et de glaces; la ville renferme beaucoup d'ouvriers habiles, tant russes qu'étrangers, en bijouterie, orfévrerie, carrosserie, et quelques autres branches. Pétersbourg entretient des liaisons avec toute l'Europe littéraire et savante; c'est le siége d'un grand nombre d'établissements scientifiques. On y compte aussi plusieurs dépôts précieux pour les sciences, et la plus belle collection qu'il y ait de livres chinois, japonais et mongols. Les théâtres, les jardins publics et d'autres établissements de plaisirs, reproduisent ici la vie commune des capitales européennes; le climat favorise les courses en traîneaux et les véritables *montagnes russes* en glace. Tous les raffinements de la civilisation se sont introduits à Pétersbourg, toutes les jouissances s'y rencontrent à peu de frais. »

Les environs immédiats sont couverts de maisons de campagne, ainsi que de jardins maraîchers, tenus surtout par les habiles paysans de Rostof, qui savent produire toutes sortes de primeurs.

Au sommet d'une des collines de la Néva, à *Poulkova* où résida Pierre-le-Grand, s'élèvent les tours d'un gigantesque observatoire qui a été terminé en 1839. Il est formé de trois grands pavillons réunis par des corps de bâtiments qui présentent avec les constructions accessoires un développement de 890 pieds. Chacun de ces pavillons est surmonté d'une tour haute de 21 à 32 pieds, reposant sur une voie de fer, où elle tourne au moyen d'un mécanisme ingénieux, et avec la plus grande facilité dans la direction de l'est à l'ouest ou dans la direction opposée. Dans la grande tour mobile du centre on remarque la plus grande lunette qui ait été faite : son diamètre est de 14 pouces, et sa longueur de 21 pieds. En un mot, tous les instruments, tous les appareils les plus exacts, les plus précis ont été réunis à grands frais dans cet observatoire, que l'on peut regarder comme le plus remarquable de tous ceux qui existent.

Parmi les châteaux impériaux, nous signalerons *Tsarskoïe-Celo*, un autre Versailles, selon les Russes, mais, selon quelques voyageurs français, le chef-d'œuvre d'un goût barbare, quoiqu'on doive reconnaître que le parc, dans le style anglais, est d'une grande beauté, et que nulle part on n'ait peut-être réuni à une grande simplicité d'architecture une plus grande richesse d'ameublement, puisque l'on y voit une salle revêtue en lapis-lazuli, et une autre en ambre jaune. N'oublions pas *Péterhof*, avec de vastes jardins, de belles eaux et la maison hollandaise de Pierre Ier; *Pavlofsk*, embelli par le goût de la bienfaisante mère d'Alexandre; *Strelna*, d'où l'on jouit d'une vue magnifique sur Kronstadt et Pétersbourg; la jolie résidence d'*Ielaguine*; le château de *Kammenoï-Ostrof*, et le théâtre d'été, construit en bois dans l'île de ce nom (l'île des pierres) que baigne la Néva, près de la capitale; le château d'*Oranienbaum,* qui se fait remarquer par son élégance, et près duquel s'élève, sur le bord du golfe de Kronstadt, une petite ville du même nom; enfin, le château de *Gatchina*, que l'on peut regarder comme un des plus beaux palais impériaux de la Russie. Il est entouré d'habitations qui furent érigées en ville par Paul Ier; l'église, dite de Malte, possède un morceau de la vraie croix, la main droite de saint Jean-Baptiste, et l'image miraculeuse de Notre-Dame de Filerme, transportée de Rhodes à Malte par le grand-maître de l'Isle-Adam ; tous ces objets vénérés des Russes furent apportés, après la prise de Malte en 1798, par le baron de Hompesch, grand-maître de l'ordre. La ville renferme 7,000 habitants et quelques fabriques.

» Parmi les villes de l'Ingrie, nous nommerons *Kronstadt*, place fortifiée dans l'île de *Retousari* (¹), avec 25,000 habitants fixes, trois ports et une rade, où les gros vaisseaux chargés pour Pétersbourg s'arrêtent pour envoyer leur cargaison par des allèges. En été, sa population est de plus de 40,000 individus. Ses rues sont alignées et pavées ; mais la plupart de ses maisons sont en bois recouvert d'une espèce de stuc. Son port est divisé en trois parties: celle de l'ouest, ou le port marchand, peut contenir 600 navires ; celle du milieu est destinée à l'armement et au désarmement des vaisseaux de guerre ; celle de l'est est le port militaire, station d'une grande division de la flotte de la Baltique. La forteresse, avec le petit fort de *Cronchlot*, est censée défendre l'entrée du golfe et les approches de la capitale, qui en est éloignée de 47 verstes ou 11 lieues. *Schlusselbourg* est une petite forteresse à l'endroit où la Néva sort du lac Ladoga. Elle sert de prison d'État, et Ivane III y a vu finir sa jeunesse infortunée. Après douze années de travaux, on vient d'y terminer, sous la direction du général français Bazaine, un canal avec une suite de 32 écluses, dont 16 conduisent dans le lac Ladoga les eaux de plusieurs rivières, et 16 autres servent à l'écoulement de toutes les eaux superflues.

» La ville de *Narva*, naturellement située en Esthonie, fait partie du gouvernement de Pétersbourg ; fondée ou fortifiée en 1223 par Valdemar II, roi de Danemark, elle devint bientôt une ville hanséatique ; aussi les Allemands forment-ils encore la plus grande partie de ses 4,000 habitants. On retrouve ici l'architecture gothique des anciennes villes allemandes, mais aussi l'antique loyauté des mœurs. Les bourgeois furent emmenés en captivité par Pierre Ier en 1704 ; mais ils revinrent en 1718, et recouvrèrent la plupart de leurs priviléges. Un peu au-dessus de la ville,

la Narova forme une chute d'eau de douze pieds, qui, surtout dans ce pays plat, présente un point de vue très pittoresque (¹). »

A cinq lieues à l'est de Narva, *Iambourg*, qui, en 1383, fut bâtie en pierre par les Novgorodiens en 33 jours, renferme une belle rue qui aboutit à une place octogone, sur laquelle s'élève un obélisque.

« Nous entrons maintenant dans trois provinces qui, moins encore par leur nature que par leur histoire, par leur état moral et politique, forment une section très distincte de l'empire russe ; ce sont les provinces communément nommées *allemandes*, savoir l'*Esthonie*, la *Livonie* et la *Courlande*. Dans le moyen âge, ces pays étaient occupés par les tribus finnoises, telles que les Esthes, les Lives, les Krivines, et par des tribus wendo-lettones, telles que les Lettons proprement dits, les Koures et les Semigalles. Cette différence de race (qui dans les détails est sujette à bien des discussions) entretenait des luttes perpétuelles entre ces faibles peuplades. Nous entrevoyons dans les ténèbres de l'histoire les Esthes réunis dans une espèce de confédération, dont les assemblées générales se tenaient à *Rougala*, et qui comprenait les cantons d'*Ungannie*, de *Murumgonda*, de *Saccala*, d'*Alentaken* (²), de *Wirrie* (³), de *Harrie*, de *Jærvi* (⁴), de *Lappigunda* et de *Rotala*. La population de chaque canton marchait à la défense commune des frontières, sous la conduite de son *wana* ou ancien, et armée de massues, d'épées et de boucliers en bois. Les Lives paraissaient avoir manqué d'une semblable fédération ; aussi les Lettons envahissaient-ils leurs possessions. Les Koures, maîtres des rivages de la Courlande et des îles OEsel et Dago, allaient souvent ravager les côtes de la Skandinavie. Au milieu de tant de discordes, les nations voisines trouvèrent ici une carrière ouverte à des entreprises et à des aventures.

» Cinq nations ont successivement conquis et dominé ces provinces, en tout et en partie ; il en reste des colonies plus ou moins nombreuses, selon le temps qu'elles sont restées

---

(¹) En finnois. Le nom russe est *Kodloï-Ostrof*.

(¹) *Herbinius*, de Cataractis, p. 253. Il appelle la rivière *Becca*, d'un mot suédois. — (²) C'est-à-dire pays bas, de *Alen* ou *Alsæ*, en bas. — (³) C'est-à-dire pays boisé, de *Wir*, bois. — (⁴) C'est-à-dire pays des lacs, de *Iærvi*, lac.

en possession tranquille. Mais Russes, Polonais, Danois et Suédois ensemble, ne forment pas ici une masse égale à celle des *Allemands*. La classe commerçante, dans les villes, est originaire des villes hanséatiques. La noblesse possessionnée est presque en totalité originaire de l'Allemagne septentrionale, surtout de la Westphalie ; elle se croit bien au-dessus des Russes qu'elle a admis dans son sein. Voilà pourquoi, dans ces provinces, tous les individus libres, de quelque nation qu'il soient, sont appelés *deutsche*, c'est-à-dire Allemands ; les paysans, naguère les serfs, sont *un-deutsche*, c'est-à-dire non Allemands. Ces dénominations singulières ont pris leur origine dans les temps où l'ordre Teutonique régnait sur ces provinces.

» C'est aux Brémois qu'on doit les premières notions certaines sur la Livonie. Ce fut en 1158 qu'un bâtiment brémois allant à Wisby, ville de l'île de Gottland, fut poussé par une tempête dans le golfe de Livonie et vers l'embouchure de la Dvina. Ils trouvèrent le pays habité par les *Lives*; cette nation demi-sauvage leur permit d'y faire le commerce. C'est à la colonie que les Brémois y fondèrent que la ville de Riga doit son origine. En 1186, un ecclésiastique de Holstein commença à y prêcher le christianisme. Il est cependant certain que les Skandinaves, long-temps auparavant, avaient visité ces contrées, tantôt en amis, tantôt en ennemis, c'est-à-dire en pirates. Ils les connaissaient sous le nom d'*Austur-Rike*, royaume d'Orient, ou *Austurveg*, le chemin d'Est, nom auquel ils joignaient celui de *Grikia*, ou Grecs, à cause des Russes chrétiens du rite grec, qui également avaient commencé de bonne heure à y faire des conquêtes et à y lever des tributs. Les Suédois durent naturellement être les premiers dans cette carrière à cause de la proximité ; mais le document le plus ancien est la lettre sur parchemin du roi Erik de Danemark, de 1093, conservée dans les archives de la noblesse d'Esthonie. En 1196, Canut VI, roi de Danemark, après avoir subjugué les Wendes de la Poméranie, fit une expédition pour soumettre de nouveau l'Esthonie. Il paraît que son grand général, l'archevêque Absalon, donna son nom à la ville d'*Habsal*. Canut VI ne conquit que les îles et une partie des côtes. Son frère et successeur Waldemar II, surnommé *le Victorieux*, résolut de lier ses conquêtes à celles qu'il avait faites en Poméranie. Il prétexta le désir de convertir les Livoniens à la religion chrétienne ; le pape lui envoya le célèbre drapeau rouge et blanc dit *danebrog*, qui devint ensuite le palladium du Danemark ; en un mot, ce fut une véritable *croisade*. Une flotte de quatorze cents bâtiments transporta l'armée danoise ; les plus grands navires portaient 120 hommes, et les plus petits 14. La bataille gagnée près de Volmar, en 1220, mit toute la Livonie aux pieds du vainqueur. On convertit les Livoniens, c'est-à-dire on les força à se laisser baptiser. Les Prussiens furent ensuite convertis de la même manière. Valdemar fonda les villes de Narva, de Reval et autres. Mais lors de la captivité triennale où tomba ce conquérant, les pays conquis se remirent en liberté ; ceci arriva vers les années 1227 à 1230. Cependant les Danois conservèrent encore quelques possessions dans ces contrées ; l'Esthonie leur resta fidèle, du moins les villes ; la partie qu'ils abandonnèrent la dernière fut l'île d'Œsel, cédée à la Suède en 1625.

» Presque en même temps que les Danois, les Allemands cherchaient à subjuguer ces peuples sauvages en les forçant d'accepter la religion chrétienne ; déjà en 1201 se forma *l'ordre des chevaliers du Christ*, qui eut d'abord les mêmes statuts que celui des Templiers, et qui reconnaissait l'évêque de Riga pour chef. Tant que dura la fortune de Valdemar, ces chevaliers n'ont pu être regardés que comme auxiliaires des Danois ; cependant, déjà en 1206, l'évêque de Riga, Albert, leur avait donné le tiers de la Livonie (qu'il ne possédait pas), et, en 1210, le pape avait confirmé cette donation singulière. Le premier grand-maître de l'ordre fut Winno ; il donna à ses chevaliers le nom de *frères du glaive*, ce qu'on rend communément par *ensiferi*, ou *porte-glaives* ; ils s'appelèrent dans la suite *chevaliers de la Croix*. Comme, dès 1238, ils se réunirent solennellement à l'*ordre Teutonique*, et qu'ils en adoptèrent tous les statuts, les historiens confondent souvent ces deux associations, qui, l'une et l'autre, avaient transporté des bords du Jourdain sur ceux de la Baltique l'esprit de la chevalerie et le système des croisades. Ce fut alors qu'une partie des plaines sablonneuses de la Livonie reçut le nom d'*Idumæa*, par allusion aux peuples voisins de la Palestine.

» Ces chevaliers soumirent d'abord la Livonie et la Courlande, entre l'an 1230 et 1240. Valdemar III, roi de Danemark, leur rendit l'Esthonie en 1346. En 1551, le grand-maître Walther de Plettenberg acheta du grand-maître Teutonique, en Prusse, la souveraineté; par ce contrat, l'ordre des chevaliers porte-glaives devint indépendant, et fut mis au nombre des États de l'Empire. Vers ce temps, la réformation de Luther commença à pénétrer en Livonie. Sans doute la désunion que les nouvelles opinions religieuses causèrent a dû contribuer à renverser la puissance de ces chevaliers. Du moins le tsar Ivane Vassilievitch Ier crut l'occasion favorable, et tenta en 1550 de conquérir ces contrées. Pressés par les Russes, les habitants de Reval et de Narva se mirent sous la protection de la Suède; le grand-maître Gothard Kettler céda la Livonie aux Polonais, résigna son titre de grand-maître, et devint, en 1561, premier duc de la Courlande, après avoir prêté foi et hommage à la Pologne. Ainsi finit le petit empire fondé par les chevaliers porte-glaives, après avoir civilisé les Lettons et les Esthoniens, si l'on doit appeler *civilisation* l'établissement d'une caste privilégiée, et la réduction de la nation primitive à l'esclavage le plus affreux.

» Cependant les plus grands malheurs de ces pays ne commencèrent que de l'anéantissement de l'ordre des chevaliers porte-glaives. Leurs dépouilles devinrent une pomme de discorde entre la Russie (alors Moscovie), la Suède et la Pologne. Après cent ans de guerres presque continuelles, le traité d'Oliva, en 1660, rendit la Suède maîtresse de l'Esthonie et de la Livonie; la Courlande resta soumise à la suzeraineté de la Pologne.

» Le dix-huitième siècle rappela de nouveau toutes les horreurs de la guerre dans le sein de ces provinces; elles furent presque entièrement dévastées par les Russes, qui en restèrent les maîtres par la paix de Neustadt, en 1721. La domination suédoise avait duré soixante-une années; elle a laissé des traces profondes dans l'organisation du pays, et quoique Charles XI ait tyrannisé la classe aristocratique, on peut dire qu'après l'influence de la religion évangélique luthérienne, et après celle de la littérature allemande, c'est l'esprit politique suédois qui a formé le caractère de la noblesse. La Russie, après avoir long-temps, par ses invasions, été la terreur de ces pays, les a gouvernés avec beaucoup de douceur; les priviléges politiques de la noblesse ont été généralement respectés, si ce n'est à l'égard du recrutement; le commerce d'exploitation, favorisé par la situation, a enrichi les villes; l'éducation supérieure que reçoit la noblesse de ces provinces lui a ouvert un accès facile à toutes les places dans le ministère et le gouvernement russes, auxquels elle a fourni des diplomates, des généraux et des administrateurs. Enfin, éclairée par d'excellentes études, soutenue par l'esprit philanthropique d'Alexandre Ier, la noblesse des trois duchés d'Esthonie, de Livonie et de Courlande, a successivement pris les mesures législatives les plus sages et les plus humaines pour amener la classe des paysans serfs à la liberté civile, à l'état de propriétaire et à cette amélioration morale sans laquelle toute liberté reste sans résultats bienfaisants ([1]).

» Ces trois provinces ont en général le même sol, le même climat, les mêmes productions; seulement l'Esthonie et le nord de la Livonie participent plus de la nature aquatique et rocailleuse de notre *région des grands lacs,* tandis que la Courlande et le midi de la Livonie partagent les caractères des *plaines sarmatiques,* plus sablonneuses et argileuses. Considérées dans leur ensemble, ces provinces sont un pays plat, formé de terrains que la géologie nomme *alluvions,* et qui ont été plus récemment abandonnés par l'ancien Océan. Aucune élévation ne dépasse le niveau de 1,200

([1]) *Essai critique sur l'Histoire de la Livonie,* etc., etc., par L. C. D. B. (le comte *de Bray*), Dorpat, 1817. Dans cet excellent ouvrage, qui rend les autres superflus, on trouve une juste appréciation des auteurs qui ont écrit sur la Livonie et l'Esthonie; par exemple: *Arndt*, Lieflands Chronik, 1753, contenant la traduction du *Henri le Letton*, 1184-1225; *Duisbourg*, Histoire de l'ordre Teutonique, jusqu'en 1326; *Russow* et *Kelch*, chroniqueurs importants; *Hiœrn*, Histoire esthonienne, livonienne et lettonienne, dont une partie reste manuscrite; *Gadebusch*, Annales livoniennes; *Friebe*, Manuel historique, 1793; *Hupel*, Miscellanées du Nord, 1781-91; *Merkel*, les Anciens temps de la Livonie, 1799. La découverte de beaucoup de Mss. à Königsberg et dans la Livonie même a changé la face de l'étude de l'histoire de ces provinces. M. *de Bray* en a tiré le parti le plus heureux. Seulement il est trop sceptique à l'égard de *Saxo* et de *Huitfeld*, justifiés par *Suhm*.

pieds, qui est celui de *Wesenberg*, près le lac de Deven (¹); celui de *Munna-Meggi* n'est que de 1,000 pieds, et les autres collines mesurées n'en ont pas même la moitié; le *Huningberg*, en Courlande, en a 700. Le fameux *Blauberg*, qui domine une vue immense sur les plaines de la Livonie, et qui était une des montagnes saintes des Lives, n'a que 306 pieds au-dessus de la mer. Cependant on trouve quelques parties pittoresques, même des grottes et des chutes d'eau; mais l'aspect général est celui d'une plaine monotone ou d'une forêt épaisse. Les roches calcaires semblent former une couche très étendue sous tout le pays; elles se montrent à jour dans les îles du golfe de Riga et de celui de Finlande, et elles rejoignent probablement celles de Gottland au milieu de la Baltique et celles de la Finlande méridionale. Des blocs de granit sont semés à travers les campagnes. Le rivage de la mer est une bande de sable mêlée de rochers, nommée le *Klint* (²). Le climat, bien moins rigoureux que celui de Pétersbourg et de Novgorod, n'admet guère de froids supérieurs à 14 degrés de Réaumur; mais les rivières ne dégèlent pourtant pas avant le mois d'avril; la température du mois de mai est encore froide; on y voit quelquefois de la neige, et même des gelées; ces symptômes de l'hiver reparaissent quelquefois en septembre; il est rare que même dans le court été il n'y ait pas des vents froids et nébuleux.

» Les pins, les sapins, les bouleaux dominent dans les forêts humides; l'aune blanc, le frêne, l'orme, l'érable, prospèrent dans les bons terrains; mais on voit rarement le chêne, et le 58ᵉ parallèle paraît limiter ici la venue naturelle de cet arbre. Le tilleul ne devient arbre que dans la Courlande; le hêtre y est rare; le sureau, l'aubépine, le noyer et le châtaignier n'y sont pas connus; on y trouve beaucoup d'espèces de saules (³). Le printemps tardif ne manque pas de fleurs éclatantes, mais les herbes naturelles des prairies sont des espèces grossières, des *carex*, des *agrostis*; la triste mousse y domine beaucoup trop. Les plantes qui couvrent les marais et les eaux dormantes ressemblent à celles du Jutland septentrional et du Smœland en Suède. Les *vaccinium*, tant *oxycoccus*, que *myrtillus*, abondent et fournissent des confitures excellentes; les groseilles, les fraises réussissent parfaitement, mais les cerises manquent souvent, et les pommes, quoique assez abondantes, sont de qualité médiocre; il y en a de transparentes comme dans les environs de Moscou, d'où elles sont probablement venues (¹). Le seigle, le chanvre, le lin, sont d'une très bonne qualité. Les abeilles sont rares, les basses-cours peu fournies, et le paysan ne connaît que peu le jardinage.

» Les forêts et les broussailles fourmillent de lièvres, de renards, d'ours, et surtout de loups; les ravages de ceux-ci surpassent toute idée. L'élan se montre encore fréquemment dans les cantons boisés et déserts. Le coq des bois, le coq de bruyères, la gelinotte, la bécasse, attirent le chasseur. La pêche du saumon est la plus importante; et, après elle, celle d'une petite espèce de hareng, nommé *koullo-stræmling*, et particulier à la Baltique. Le grand lac *Peïpous*, qui forme une des limites naturelles du pays, abonde en brèmes et en *salmo-marænula*. Ce lac, qui a 30 lieues de long sur 15 de large, n'offre qu'un aspect monotone; ses flots tranquilles expirent contre des rivages sablonneux. Le lac de *Verzierw* (²) est le second en grandeur; ceux de *Fohston* et *Marienbourg* ont des bords très pittoresques. Les rivières sont généralement petites; l'*Aa*, qui traverse presque toute la Livonie, porte, outre ce nom skandinave commun à d'autres rivières, la dénomination indigène de *Goya*; nous avons déjà parlé de la Narova et de sa cataracte; la *Vindau*, en Courlande, en fait une de 20 pieds, nommée la *Romel*, et où les poissons, lancés en l'air, retombent dans des corbeilles disposées pour les recevoir (³). Mais la *Duna*, en russe *Dvina occidentale*, en lettonien *Drugowa*, est le seul grand fleuve; son cours, de près de 180 lieues, depuis sa source dans un lac du gouvernement de Tver, sur les hauteurs de Volkhonski, jusqu'à son embouchure au-dessous de Riga, est malheureusement embarrassé par des roches calcaires qui gênent beaucoup les *struses* ou barques-ra-

---

(¹) Encore semble-t-il y avoir du doute. Comparez l'illustre *de Bray*, II, p. 274 et 371. — (²) C'est un nom suédois et danois. — (³) *De Bray*, Essai sur la Livonie, II, p. 320.

(¹) M. *de Bray* croit que cette transparence est un effet du climat. (²) Plus exactement de *Verz*, car *ierw* n'est que le mot esthonien *iœrvi*, lac. — (³) *Georgi*, Description de la Russie.

deaux avec lesquelles les paysans de la Russie Blanche descendent, mais ne remontent pas le fleuve. Cette circonstance n'est pas la seule qui diminue l'utilité commerciale de cette rivière; arrivée dans le terrain sablonneux de la Livonie, elle diminue de profondeur. Ses eaux, comme celles de toutes les rivières du pays, tirent des herbes qui y pourrissent une teinte brunâtre. M. de Bray a trouvé dans la Duna des feuilles du *butomus umbellatus* qui avaient souvent plus de 22 pieds de longueur, et qui, flottant en abondance au gré du courant, semblaient presque arrêter la navigation.

» Passons maintenant aux détails topographiques. Le duché d'*Esthonie* forme un gouvernement dont la population actuelle, approximativement estimée à 240,000 individus, se compose pour les cinq sixièmes d'*Esthes*, presque tous paysans; la fraction restante embrasse la noblesse allemande, quelques Russes, les bourgeois allemands et quelques cultivateurs suédois.

» Le sol n'est pas très fertile; il est dans la plus grande partie ou léger et sablonneux, ou pierreux et marécageux; cependant il produit beaucoup de seigle et d'orge, du chanvre et du lin. On y récolte plus de 800,000 *tchetvertes* de grains : la consommation est d'environ 678,000, et par conséquent l'excédant de 122,000, excédant bien plus grand que celui de la Livonie. La situation de ce pays est avantageuse pour le commerce, surtout pour celui d'importation, et même, dit-on, de contrebande.

» Remarquons dans l'ancien canton de *Harrie* la ville fortifiée de *Revel* ou *Reval*, fondée en 1218 par les Danois, sous le règne de Valdemar-le-Victorieux (¹). Elle figurait autrefois parmi les villes hanséatiques. Son commerce, alors très considérable, est encore florissant : elle reçoit un grand nombre de vaisseaux étrangers dans son port, qui est beau, quoique d'un accès difficile, et qui contient une grande division de la flotte russe. On y trouve 7 églises luthériennes, 6 églises russes, environ 15,000 habitants, une manufacture de glaces, une fonderie de cloches et de canons, mais surtout de nombreuses distilleries d'eau-

(¹) *Revel*, le récif, en danois; *Dani-Lin* ou *Tallin*, ville des Danois, en esthonien; *Kolyvan*, en russe; *Danan Pills*, château danois, en lettonien.

de-vie. La cathédrale gothique commande une vue très étendue. Sur le bord de la mer est le jardin impérial d'*Ekatarinendal*, avec une maison de plaisance; *Baltische-Port*, originairement *Rogerwick*, présente à l'œil un vaste et superbe port de mer, mais l'ouverture est trop grande : il y faudrait une digue immense. Les travaux de fortifications, commencés sous Pierre Ier, en 1719, continués sous Élisabeth et Catherine II, ont été abandonnés en 1769; aujourd'hui la Russie n'a plus besoin de cette station. *Habsal* ou *Hapsal*, et quelquefois *Gapsal*, petite ville avec un bon port, rappelle le nom du fameux archevêque danois Absalon, qui y bâtit la cathédrale de l'évêché d'Œsel, dont les ruines écroulées vont bientôt disparaître. Il paraît qu'elle ne prit le titre et le rang de cité qu'en 1279, par les soins de l'évêque Herman. »

Dans l'intérieur des terres nous verrons *Weisenstein*, en esthonien *Païde-Line* et anciennement en russe *Païda*, avec une quarantaine de maisons et un château ruiné. A 20 lieues à l'est de Reval, *Wesenberg* ou *Veissenberg*, que les Esthoniens nommaient autrefois *Rakverré* et les Russes *Racobor*, renferme environ 2,500 habitants presque tous allemands. On y voit encore les ruines d'un château que l'on croit avoir été bâti en 1223 par Valdemar II.

« Le gouvernement de *Livonie* comprend la plus grande partie de l'ancien duché de ce nom. Sur sa population actuelle, de plus de 740,000 habitants, on estime les Lettons, de la race wendo-lithuanienne, à 350,000, et les Esthes, de la race finnoise, à 390,000; ceux-ci occupent le nord. Le sol est plus varié sous les rapports économiques que dans l'Esthonie; il y a plus de marais, mais aussi plus de plaines. La récolte s'y élève à 1,270,000 *tchetvertes* de grains, et la consommation à 1,233,000. L'exportation, vu l'étendue du pays, est moindre que dans l'Esthonie; la population est plus compacte. Les distilleries d'eau-de-vie, plus nombreuses et plus lucratives, absorbent beaucoup de grains. On exporte encore du chanvre et du lin. Le houblon ne suffit pas. Les *essartements*, ou défrichements faits en arrachant les bois, opérations ruineuses pour le pays, sont de deux sortes : ou l'on coupe les bois sur l'endroit même, on les brûle, et ensuite on laboure la terre; ou, après avoir labouré un terrain, on y amène du bois, qu'on y met par rangées, qu'on couvre de tourbe, et qu'on brûle. Dans l'un et l'autre cas, ces terres, imbibées de cendres, rapportent la première année du froment ou de l'excellente orge; la seconde année, du seigle passablement bon, et la troisième, de bonne avoine. Quelques unes servent encore la quatrième, ou même la cinquième année; cependant leur produit est toujours de moindre qualité; elles sont ensuite absolument inutiles durant un espace de quinze à vingt ans. Une autre circonstance fatale à l'agriculture, c'est que les prairies sont presque toutes couvertes d'eau pendant l'hiver, ce qui rend mauvaise la qualité du foin.

» Parmi les villes, nous remarquerons d'abord *Riga*, en lettonien *Righo* et en esthonien *Riolin*, capitale de la Livonie, ville bien fortifiée, et située sur la rive septentrionale de la Dvina, à trois lieues et demie de son embouchure. Sa population, qui s'élevait en 1799 à 27,798 individus, d'après Karamsine, paraîtrait avoir diminué si, avec M. Storch, on ne lui donnait pour 1815 que 24,515 habitants; mais dans ce nombre ne sont pas compris les faubourgs avec 10 ou 12,000 habitants; ainsi, le total pouvait à cette époque aller à 36,000 au moins. En 1821, sa population s'élevait à 41,500 habitants, et en 1833 à 50,000. Riga possède un hôtel-de-ville d'une belle architecture, construit en 1750; un palais impérial; des églises imposantes; un port grand et sûr, quoique peu profond; deux arsenaux entretenus, l'un par la ville et l'autre par l'État; plusieurs sociétés savantes, un lycée, un observatoire, une bibliothèque riche en manuscrits rares, et le musée de Himmsel qui mérite d'être vu; mais les rues sont étroites. Il y a sur la Dvina un beau pont de bateaux, auquel les Russes donnent le nom de *pont vivant*. Le port de Riga est le second de la Russie. Il y aborde annuellement 900 à 1,100 vaisseaux, et quelquefois davantage. Les arsenaux sont vastes et pourvus de tout ce qui est nécessaire à la marine. L'exportation consiste principalement en seigle, en un peu d'orge et de froment, en chanvre, lin, potasse, cire et miel, mâts, planches et autres sortes de bois. Le commerce se fait presque en totalité sur des vaisseaux étrangers. Il y a même beaucoup de maisons étrangères établies dans la ville. L'importation est aujourd'hui peu considérable; mais elle le deviendrait bientôt, si l'on exécutait le projet de réunir par un canal la Dvina et le Volga, ce qui mettrait Riga en communication directe avec la Russie centrale. Cette ville a peu d'industrie manufacturière : mœurs, lois, coutumes, tout y rappelle une ville allemande et une république hanséatique. La bourgeoisie a part au produit des douanes; elle entretient une centaine de soldats, un corps d'artillerie et quelques ingénieurs; elle a son arsenal particulier, et jouit de plusieurs autres distinctions honorifiques. La situation de la ville l'expose à des inondations; l'eau de la rivière est trouble et malsaine; les environs ne sont que des sables et des marais. Cette place, regardée comme un des boulevards de l'empire russe, arrêta enfin en 1812 le génie affaibli de Napoléon et la fortune lassée des Français : les fortifications ne sont cependant pas d'une grande défense.

» Parmi les autres villes, nous nommerons, sur les bords de l'Aa, *Venden*, en lettonien *Zehsis*, l'ancien siége des grands-maîtres provinciaux de l'ordre Teutonique, mais qui, depuis l'incendie qui la consuma entièrement en 1748, n'est plus qu'une petite ville sans importance; *Volmar*, dont le nom vient de celui du Valdemar II, roi de Danemark, qui, en 1220, remporta près de cette ville une grande victoire sur les Livoniens : son ancien nom russe est *Volodimeretz-Livonski*. A *Valk* il se tient trois grands marchés par an; *Verro*, sur le bord de la Tonda, et près d'un lac, est dominé par les restes d'un vieux château qui la défendait jadis. *Derpt* ou *Dorpat*, ville autrefois hanséatique très considérable, détruite de fond en comble par les Russes en 1707, rebâtie en bois, et incendiée plusieurs fois, fut par conséquent successivement embellie, elle contient aujourd'hui 9,500 habitants; Gustave-Adolphe y a fondé une université allemande rétablie par Paul Ier pour les trois provinces de Livonie, d'Esthonie et de Courlande, véritable colonie avancée de la civilisation allemande. » Cet établissement possède une bibliothèque de 30,000 volumes et d'autres belles collections. Il comptait, en 1833, 540 élèves. On y étudie la médecine, les sciences physiques et naturelles, le droit, la théologie et les sciences philosophiques. Au sud-ouest de cette ville, la chétive *Fellin*, qui ne renferme qu'une soixantaine de maisons et une église, passe pour être fort ancienne. Plus loin est *Pernau*, en esthonien *Pernaline*, c'est-à-dire *la ville des tilleuls*, avec un petit port, où il arrive par an une centaine de bâtiments : on y charge surtout du seigle ; sa citadelle est en bon état. *Arensbourg*, dans l'île d'Œsel, a un port commode, mais peu profond, et un château bien bâti en pierres de taille.

D'après un oukase rendu par l'empereur Alexandre en 1804, les paysans livoniens ont été affranchis de l'esclavage dans lequel sont la plupart des autres paysans russes. Ce décret porte qu'aucun paysan ne peut être vendu sans qu'on vende en même temps le village et la terre auxquels il est attaché. Les autres dispositions sont tout-à-fait favorables à l'affranchissement de cette classe d'habitants. Cependant, ce n'est que depuis 1826 que ce noble but a été atteint par la couronne. Aujourd'hui le paysan livonien jouit de la faculté de s'établir où bon lui semble ; les habitants de la campagne ont fait des baux avec leurs anciens maîtres ; d'autres ont quitté le métier de cultivateur pour se livrer à diverses branches d'industrie.

« Le gouvernement de *Kourlande* ou *Courlande* forme une lisière au sud de la Dvina et du golfe de Riga. Son extrémité occidentale s'avance, comme un promontoire, entre le golfe de Livonie et la mer Baltique : c'est proprement cette partie qui s'appelle *Courlande*, c'est-à-dire pays des *Coures* ou *Koures*. La partie intérieure porte le nom de *Semigalle*, dont la première moitié est sans doute le mot *semme* ou *same*, ou *suome*, qui veut dire *pays*; quant aux deux syllabes *galle*, nous n'en avons aucune explication certaine. »

La Courlande est la plus agréable et la plus peuplée des trois provinces ; le climat y est encore rude et sujet à des passages subits du chaud au froid ; on y a souvent des brouillards. Le froid commence en septembre, mais il ne devient intense que vers le mois de janvier ; le dégel a lieu en avril ; le reste du printemps et l'été sont assez généralement pluvieux et brumeux. Aux environs de Mittau, le terrain est plat ; partout ailleurs on trouve des collines, et même des montagnes. Les deux cinquièmes du pays sont garnis de forêts, en y comprenant aussi les parties couvertes de broussailles. On y compte plus de 300 lacs et de 118 ruisseaux, dont 42 se jettent dans l'Aa, 35 dans le Vindau, 6 dans la Dvina et 33 dans la mer. Le plus grand de ces lacs est celui de l'*Usmaiten*, qui a 10 lieues de circonférence et renferme quatre îles dont l'une porte le nom d'île Maurice, parce que le célèbre Maurice de Saxe s'y retrancha en 1727, pour se défendre contre les Russes.

« Le lac *Sauken*, situé dans la paroisse de Jacobstadt, a deux milles géographiques de long et plus d'un demi de large ; on prétend qu'il doit son origine à un écroulement de terres qui aurait englouti tous les environs, avec les habitations. Quoiqu'on n'ait pas conservé la date de cette révolution, elle ne paraît pas douteuse ; les pêcheurs trouvent quelquefois dans leurs filets des morceaux de bois équarris qui ont dû appartenir à des maisons ; et d'ailleurs qu'est-ce qu'un semblable événement aurait d'étonnant dans un pays où, comme dans la Livonie et la Lithuanie, les marais se couvrent souvent d'une croûte de tourbe qui, épaissie et durcie, finit par prêter aux demeures de l'homme un appui temporaire ? »

Le terroir est en général léger et sablonneux, principalement dans les environs de Vindau et de Goldingen ; dans quelques endroits il est gras et argileux, mais partout il est plus ou moins fertile. La culture du chanvre et du lin est celle qui réussit le mieux ; les autres productions sont l'orge, le seigle et l'avoine ; quant à l'agriculture, on remarque une différence sensible entre cette province et la Livonie ; les paysans de Courlande, depuis long-temps moins malheureux, cultivent leurs terres avec plus d'intelligence ; ils dessèchent depuis long-temps des marais qu'ils cultivent trois années de suite, et qu'ils laissent ensuite pendant trois autres années en repos. La production en grains s'élève annuellement à 1,250,000 *tchetvertes*, dont la consommation absorbe 1,170,000. La population, qui dépasse 480,000, est considérablement plus compacte que dans la Livonie [1]; elle se compose presque en totalité des *Koures*, qui sont cultivateurs ; les bourgeois et les nobles sont presque tous allemands. Plus de 360,000 individus suivent la religion évangélique ; le reste, moins civilisé, a été ramené au catholicisme par les intrigues du parti polonais ; mais, avec l'a-

---

[1] Notes statistiques sur la Courlande, par le pasteur *Watson*. — 1829.

baissement de la Pologne, les conversions ont cessé. La tolérance russe a introduit un autre mal, l'accroissement des juifs, qui ne font rien pour mériter le titre de citoyen.

Nous devons distinguer quelques villes. Sur la rivière de l'*Aa*, qui vers son embouchure s'appelle *Bulder-Aa*, mais en langue lithuanienne *Lela-Uppe*, la grande eau, nous voyons *Mitau* ou *Mittau*, capitale du pays, et autrefois résidence du duc; elle a été bâtie par les Allemands : les anciennes chroniques l'appellent *Mytowe* et les Lettoniens *Ielgawa*. Cette ville, peuplée de 14,000 habitants, est d'une grande étendue, mais remplie de jardins et de terrains vides. Outre l'école de la ville, il s'y trouve un gymnase académique qui porte le nom du duc Pierre, son fondateur : il renferme une belle bibliothèque et un observatoire; neuf professeurs y occupent des chaires. Le vieux château, fondé tout près de la ville par le duc Ernest-Jean, a été pendant quelque temps l'asile de Louis XVIII. Au sud-est se trouve la petite cité de *Bauske*. Sur la frontière orientale du gouvernement, *Iacobstadt* est peuplée d'habitants pauvres dont un grand nombre, parmi le peuple, n'ont d'autre industrie que de promener, dans les foires de l'Allemagne et de la Pologne, des ours qu'ils apprivoisent et font danser. Ils ont ici une sorte d'académie. Sur la rive gauche de la Dvina, *Friedrichstadt*, en lettonien *Jauna Rybda*, porte aussi le nom de Neustœdtchen (*petite ville neuve*), parce qu'après avoir été bâtie par le duc Frédéric, elle fut reconstruite par sa veuve en 1647. Sur le bord de la mer nous verrons *Vindau*, à l'embouchure de la rivière de ce nom, ville de 1,200 habitants, qui, avec *Goldingen* sur la même rivière, passe pour la plus ancienne de la Courlande. *Pilten*, entre ces deux cités, est encore moins considérable. Sur les bords de la mer nous trouvons *Libau*, ville commerçante, peuplée de 6,800 âmes, avec un port peu profond : les maisons sont en bois et d'un seul étage, mais l'église luthérienne est jolie.

« Avant de quitter la Courlande, nous devons remarquer le promontoire de *Domesnes*, qui s'avance entre le golfe de Livonie et la mer Baltique; il forme la pointe septentrionale de la province. Près de ce cap il existe un banc de sable qui s'avance à 4 lieues en mer, et près de ce banc un gouffre très profond, très dangereux pour les vaisseaux qui vont à Riga. Le cap est muni d'un double phare.

» Au nord de ce promontoire s'étend un groupe d'îles qui, d'après la race la plus nombreuse qui l'habite, mérite le nom d'*archipel esthonien*, quoiqu'une partie appartienne politiquement à la Livonie. Ce groupe, qui s'appelle *Sarrima*, pays des îles en esthonien, jouit, ainsi que nous l'avons dit, d'un climat moins froid que le continent; grâce aux coups de vent, un ciel serein n'y est pas un phénomène aussi rare que sur les côtes voisines ; l'automne y a plus d'agréments, le chêne prospère davantage, et la laine des moutons est plus fine. *Runo* ou *Rouno*, rocher calcaire couvert de terre végétale, se présente d'abord en partant du cap Domesnes ; il est habité par une petite tribu de Suédois ou d'anciens Skandinaves qui conservent un dialecte particulier. *OEsel*, en esthonien *Kurri-Saar*, c'est-à-dire île des grues, est, après la Séeland, la plus grande île de la mer Baltique ; la roche calcaire qui en compose le fond est en quelques endroits recouverte de grès ; de belles forêts, des lacs et des ruisseaux en diversifient la surface. Le peuple actif, mais un peu sauvage, joint aux diverses cultures la pêche aux chiens marins et la recherche des objets provenant de naufrages : les pêcheurs, très habiles à nager et à plonger, ne respectent pas scrupuleusement le droit de propriété. *Arensbourg*, cheflieu, a 1,400 habitants. La petite île de *Mœn*, presque homonyme avec une île du Danemark, est dépourvue d'arbres : les Esthoniens l'appellent *Mucho-ma*. Plus au nord, nous voyons l'île de *Dago* ou *Dag-ö*, nommée en esthonien *Hio-ma*, riche en bois, avec un sol sablonneux à l'ouest, mais avec des champs fertiles, d'excellentes prairies, quelques vergers et jardins dans la partie orientale. Il y demeure quelques Suédois, cultivateurs et libres; mais parmi la population esthonienne, qui est la plus nombreuse, il règne, en dépit d'une longue servitude, un goût très vif pour les arts et métiers : on y trouve des carrossiers, des horlogers, des bijoutiers habiles, sans parler des constructeurs de bateaux. L'île de *Worms* est peuplée de Suédois qui ont un dialecte particulier [1]. La flore de ces îles mériterait quelque attention. La population totale de l'ar-

[1] *Grunert*: Notices sur les îles OEsel et Dago, dans les *Mémoires de la Société économique de Pétersbourg*.

chipel approche à présent de 50,000 individus.

» Les mœurs des nations qui habitent ces trois duchés présentent naturellement les contrastes les plus frappants selon leur origine et leur condition. La noblesse qui, à peu d'exceptions près, est allemande et de religion évangélique, participe à toutes les idées et à toutes les connaissances répandues dans le nord de l'Allemagne. Peu favorisés par la fortune, les jeunes nobles cherchent dans d'excellentes études la supériorité de mérite qui les distingue dans tous les services publics; ceux qui restent dans leurs terres luttent, à force d'une économie éclairée, contre les désavantages d'un climat rigoureux; leurs modestes châteaux, leurs parcs élégants s'embellissent d'année en année; l'hospitalité la plus cordiale anime encore ces demeures où jadis l'orgie bruyante réunissait les chevaliers teutoniques; aujourd'hui, au lieu de guerriers ignares et licencieux, la société s'y compose souvent d'hommes très lettrés et très instruits; la bibliothèque ne reste ni négligée ni oisive dans ces solitudes, et les nobles livoniens se dédommagent par l'exercice des beaux-arts de la privation des jouissances du luxe. Nous n'avons jamais entendu la langue allemande résonner avec plus de douceur ni avec plus de pureté que dans la bouche des dames livoniennes. Ajoutons à cela une taille svelte, une chevelure blonde, des yeux bleus, des manières plus gracieuses que celles des Anglaises; joignons-y encore des qualités plus essentielles, un caractère noble et tendre comme celui des Suédoises, un penchant vers l'enthousiasme, et cette véritable piété que le christianisme évangélique peut seul développer dans toute sa pureté; enfin, rappelons-nous que c'est à une dame livonienne que notre siècle a dû la grande idée de la Sainte-Alliance, idée dont l'application fidèle et complète devait réconcilier les rois et les peuples, désarmer les passions révolutionnaires, et donner aux institutions politiques une base morale; idée enfin qui ne s'est point réalisée. Il est vrai que le nom de madame de Krudener rappelle aussi le souvenir des extravagances mystiques dans lesquelles se termina sa vie. Nous voyons avec regret que les frères moraves, en se répandant en Livonie, y ont propagé moins de piété que d'hypocrisie [1]. Mais, au total, les belles qualités de la noblesse livonienne, esthonienne et courlandaise, doivent mériter à cette classe une place distinguée dans ce tableau de la civilisation.

» La bourgeoisie de Riga, de Reval et de quelques autres villes ne se montre pas l'émule indigne de la race des chevaliers. Si la noblesse livonienne représente le modèle d'une caste aristocratique, les villes, malgré tous les genres de contrariétés qu'elles ont éprouvées, reproduisent encore les sages institutions, les mœurs domestiques, les habitudes laborieuses, le patriotisme municipal de ces anciennes *villes impériales* qui méritent l'estime profonde des amis de la véritable liberté. L'esprit d'économie et d'industrie n'y repousse pas la politesse des manières ni le perfectionnement de l'éducation; nous y remarquons nombre d'établissements de bienfaisance et d'utilité; nous sommes persuadé qu'un observateur, plus initié dans la vie domestique que ne le sont les voyageurs, y retrouverait tout ce qu'il y a de mieux à Lubeck, à Brême, à Hambourg.

» Il nous reste une troisième classe d'habitants: c'est la race indigène des cultivateurs, soit du sang finnois, soit de l'origine lithuanienne; car les paysans suédois, peu nombreux, circonscrits dans quelques îles, se séparent de la masse par la liberté personnelle dont ils jouissent, ainsi que par la propreté et l'aisance qui règnent dans leurs habitations. Nos regards s'attristent en s'abaissant sur ces peuples finnois et wendes, jadis maîtres de leur sol natal, aujourd'hui courbés sous le poids de six siècles d'une dure servitude, et qui ne relèvent que lentement vers le ciel, patrie de la liberté, leurs yeux si long-temps plongés sur leurs chaînes. Occupons-nous d'abord des Esthoniens, qui peuplent, outre la province à laquelle ils ont donné leur nom, toute la moitié septentrionale de la Livonie, ainsi que les îles. Comment écrire leur nom? D'après l'analogie de leur langue, il faudrait écrire *Eest*, et prononcer *Ehst*. Si l'on écrivait simplement *Est*, l'indigène prononcerait *Escht*; et en écrivant *Ehst*, on lui ferait dire *Ekhst*. Dans les chancelleries de la noblesse, l'orthographe officielle veut pour le nom du pays *Esthland*, d'où nous faisons *Esthonie*. Les Esthoniens eux-mêmes appellent leur patrie *Eesti-ma;* mais des serfs ont-ils voix dans

[1] *De Bray*, III, p. 117.

cette discussion? Les Lettons, serfs eux-mêmes, le nomment *Iggauna-Semme*. Au milieu de ces ténèbres, un fait paraît certain, c'est que le nom d'Estiens ou d'Estes s'étendait autrefois plus au midi, et que c'est le même que celui des *Aëstii* chez Tacite, des *Esti* chez Jornandès, et du pays d'*Estum* dans les voyages skandinaves, racontés par le roi Alfred. Repoussés vers le nord, ces peuples finnois subirent de bonne heure les incursions des Skandinaves, qui y répandirent le culte de Thor; les envahissements des Lettons, qui y introduisirent leur idiome wende, et enfin les invasions plus durables des Allemands, qui renversèrent leurs arbres sacrés, leurs autels de pierres et leurs idoles de bois. Obstiné comme tous les Finnois, l'Esthonien a résisté à tant d'influences étrangères avec un rare succès : il conserve ses cheveux roux-jaunes et les autres traits caractéristiques de sa race. Les paysannes, peu sévères envers leurs compatriotes, ne se laissent que bien rarement séduire par un Allemand ; celles qui cèdent à la puissance de l'or sont bannies de la société de leurs villages ; mais le soldat russe a nui à la pureté des mœurs et du sang. La haine d'une caste esclave contre une caste dominante n'est pas la seule barrière entre les Allemands et les Esthoniens; une autre, non moins puissante, est la langue qui ne diffère du finnois que comme un dialecte de l'autre.

» La langue esthonienne embrasse les idiomes de Reval ou de la Harrie, celui de Dorpat ou de l'Ungannie, et celui de l'île d'OEsel ou Kurri-Saar. Elle possède des chants populaires, versifiés à la manière finnoise, c'est-à-dire par le mètre et l'*allitération*. Un littérateur plein de goût, l'ingénieux Herder, en a recueilli un grand nombre où respirent à la fois la naïveté d'un peuple encore peu civilisé, et la mélancolie d'un peuple réduit en servitude. Harmonieuse à force de voyelles sonores et bien distribuées, la langue esthonienne est aujourd'hui assujettie à une prosodie plaintive et traînante ; ce n'est peut-être que l'accent de l'oppression. Les Esthoniens furent toujours sensibles aux charmes de la musique. Dans le treizième siècle, une de leurs armées, qui assiégeait un château-fort, cessa les hostilités aux sons d'une harpe qu'un prêtre chrétien fit entendre du haut des remparts [1].

» Beaucoup d'anciens usages pleins de charmes se sont conservés dans les mariages et les funérailles. Mais dans les anciennes croyances comme dans les superstitions encore conservées, il est bien difficile de distinguer ce qui est indigène de ce qui peut y avoir été introduit. Le dieu *Tara-Pyha* a été comparé au *Thor* des Skandinaves ; mais les Esthoniens adoraient cette divinité sous la figure d'un oiseau qui était né dans un bois sacré sur le mont *Thorapilla* ou *Tara-Pyha*, dans l'ancienne province de *Wirrie*, et qui s'envolait quelquefois pour se rendre au grand sanctuaire dans l'île de Chori ou d'OEsel. Ces idées ne semblent pas appartenir à la mythologie skandinave. Les nations les plus lointaines, « les *Espagnols* et les *Grecs*, » dit Adam de Brême, venaient chercher des oracles dans cette île de *Chori* [1]; pourquoi les Skandinaves n'y auraient-ils pas porté leurs hommages, si la divinité du sanctuaire eût été Thor? Le plus plausible argument pour l'identité de Thara et de Thor est le nom du jeudi, qui était consacré à l'un et à l'autre; *Ioumala* était chez les Esthoniens le nom générique de divinité bienfaisantes, comme *Weles* celui du mauvais principe et de ses émanations. Les mauvais esprits s'appelaient aussi *Raggana;* mais le trait dominant dans le culte des Esthoniens est l'adoration des fleuves, des montagnes, des grands arbres, des plantes et des animaux [2]. Ces superstitions ont survécu à l'introduction du christianisme. Un ruisseau, nommé *Wohhanda*, fut encore dans le siècle dernier l'objet d'un culte idolâtre ; sa source, fraîche et limpide, était entourée d'une haie sacrée ; aucune main sacrilège n'osait en troubler les eaux ; la hache n'approchait jamais des bois qui l'ombrageaient. Ce ruisseau, grossi de quelques autres, prenait enfin le nom de *Pœha-Ioggi*, l'eau sainte ; troubler ou suspendre son cours, c'était appeler tous les fléaux sur le pays. Un seigneur ayant voulu établir un moulin sur cette rivière sacrée, une insurrection éclata dans tout le canton, les paysans démolirent l'édifice profane, et la force militaire eut de la peine à faire cesser les troubles [3]. Aujourd'hui, les traditions catho-

[1] *Merkel*, die Vorzeit Lieflands, I, pag. 248.

[1] *Adam. Brem..*, c. ccxxiii. — [2] Bulle d'Inn. III, de l'an 1199, chez *Gruber*, Orig. Livon., p. 205. — [3] M. de Bray, Lettres, etc., dans les *Nouvelles Annales des Voyages*, XVIII, p. 115.

liques sont mêlées aux souvenirs obscurs du paganisme. La fête de Saint-Jean est toujours célébrée par des danses et des festins ; c'est probablement autour des ruines de quelques chapelles de ce saint que l'on a surpris des assemblées nocturnes de paysans se livrant à des prières, des danses et des sacrifices ; car il est peu probable que ces ruines fussent celles d'un temple païen(¹). On voit encore des offrandes déposées en secret et dans les ténèbres sur certaines pierres sacrées. Dans beaucoup de cantons, le paysan, en dépit des exhortations de son pasteur, place encore sur les tombeaux des aliments et quelques brins d'arbrisseaux pour aider les morts à faire du feu (²).

Le célèbre Herder, qui a vécu dans ces pays, et qui en a recueilli les chants populaires, rapporte le trait suivant sur la puissance de la superstition : Une jeune villageoise se vit transportée en songe au pays des morts (*Jabmen-Aimo*) ; elle retrouva les âmes de ses parents, et se sentit si heureuse dans leur société, qu'elle désira vivement y rester toujours. Une des *âmes* lui conseilla de quitter la société des hommes, de se retirer au fond d'une forêt, et d'y rester sans nourriture ni boisson, en s'appuyant contre un arbre ; alors, sans éprouver les angoisses du trépas, elle verrait son vœu rempli et vivrait éternellement avec les morts. Cette fille continua son rêve, tout éveillée, et eut encore des visions semblables dans la solitude où elle gardait son troupeau ; elle en parla, elle annonça l'intention de suivre le conseil réitéré que les *âmes* lui donnaient. On l'enferma, elle s'échappa, et après un laps de plusieurs jours, on la retrouva dans une forêt épaisse, appuyée contre un arbre ; sa tête était profondément penchée ; ses bras pendaient immobiles, ses yeux étaient fermés, la pâleur de la mort couvrait son visage ; mais ses traits n'avaient pas changé. On la ramena, on la força par des traitements durs à recevoir de la nourriture ; elle reprit même l'usage de la parole, mais c'était pour mieux tromper ses gardiens. Échappée de nouveau, elle pénètre jusqu'à deux lieues de la maison paternelle, elle se cache dans une partie à peine accessible de la forêt ; on la retrouve enfin dans la position que les *âmes* lui avaient prescrite ; mais elle était comme desséchée ; on la touche, elle éprouve un faible mouvement, tombe expirante dans les bras de son frère, et passe ainsi dans cet autre monde où l'appelaient ses vœux.

» Parmi les lieux saints encore connus, nous devons remarquer l'ancienne citadelle d'*Oden-Pæh*, c'est-à-dire « le sanctuaire de l'ours, » la rivière d'Embach ou *Emma-Ioggi*, c'est-à-dire « la mère des eaux ; » et une foule de lacs, de sources, de collines, de cavernes, toujours objets d'une sorte de vénération. Entre autres, la montagne des Œufs, près d'Oden-Pæh, conserve encore la réputation de prédire les changements de temps par les brouillards qui sortent d'une source située sur sa pente orientale.

» Il reste des monuments curieux du temps du paganisme, mais appartiennent-ils aux Esthoniens ? Tels sont les anciens châteaux-forts, ou plutôt les massifs sur lesquels ils se réunissaient pour se défendre contre les chevaliers teutoniques. Celui de *Varbola*, entre autres, a été décrit avec soin par un savant livonien ; il consiste en un rempart énorme, formé de masses granitiques, posées les unes sur les autres sans aucun mélange de chaux ni aucune trace de maçonnerie. L'enceinte, qui a deux ouvertures (peut-être modernes), forme un ovale irrégulier de 800 pas de circonférence et de 200 à 250 de diamètre. Le rempart a de 5 à 6 toises d'épaisseur, et de 3 à 5 d'élévation ; il suit les accidents du terrain (¹). On trouve au milieu quelques traces d'un puits. Ce poste fortifié n'est pas loin de la mer ; d'autres semblables se trouvent dans l'île d'Œsel. On n'en indique aucun du côté de la frontière orientale contre les Russes, ni sur la frontière méridionale contre les Lettons. Cette circonstance topographique ne semble-t-elle pas indiquer l'origine skandinave de ces monuments ? Les expéditions des Suédois et des Danois des temps héroïques avaient probablement été précédées de bien d'autres invasions dans les siècles fabuleux. Peut-être même les Goths, avant d'entrer en Skandinavie, avaient-ils demeuré sur ces rivages. L'impuissance des Esthoniens à élever des masses semblables paraît résulter de ce qu'on sait positivement des Lettons, leurs voisins et ennemis. Ces peuples, dans le douzième siècle, n'élevaient

---

(¹) *Merkel*, Vorzeit Lieflands, I, 174. — (²) *Petri*, la Livonie et l'Esthonie (en allemand), I, 479.

(¹) Le comte *de Mellin*, dans *Hupel*, *Nordische Miscellaneen*, cahr XVII.

que des fortifications de terre, et avaient si peu d'idées sur les murs solides, qu'ils se flattaient d'entraîner par des cordes un château bâti par les chevaliers. On pourrait aussi considérer ces monuments comme des forts établis par les souverains de *Polotzk* (le *Paltescia* du moyen âge), royaume mixte des Slaves et des Goths ; mais, dans ce cas, on doit chercher à prouver une sorte d'enchaînement de ruines le long de la Dvina. Dans toutes les suppositions, ces *murs cyclopéens* de la Livonie méritent de devenir l'objet de recherches savantes.

» Un autre prétendu monument de ce pays appartient tout entier à la géographie physique. Nous voulons parler des deux *Kanger*, « chaussées immenses, élevées par les Lives, » selon un savant du pays, pour faire com- » muniquer des cantons fertiles, séparés par » des marais qui jadis étaient des lacs (¹). » M. de Bray, qui a visité avec soin le grand Kanger, en parle avec beaucoup de justesse. « Cette prétendue digue, dit-il ; a plus de trois lieues de longueur. Elle n'est point en ligne droite. C'est un amas considérable de sable, de cailloux, de roches calcaires et granitiques, qui s'élève quelquefois à plus de 60 pieds au-dessus des marais qui le bordent des deux côtés. Cette hauteur varie fréquemment. Le chemin se dirige toujours sur le sommet de cette singulière élévation, dont les flancs s'élargissent successivement, et dont la base a souvent plus de 15 pieds de large. Les deux côtés de cette digue naturelle sont couverts de *pinus abies* et *sylvestris*, de *populus tremula* et d'une prodigieuse quantité de *rubus saxatilis*. Il est absurde d'attribuer une pareille création à des forces humaines. Si les Lives avaient voulu établir une communication entre les bords opposés de ces marais, un chemin élevé de 2 pieds au-dessus de leur niveau eût suffi. On en voit mille de cette nature en Livonie. Qu'eût-il été besoin pour cela d'élever une montagne, et d'en prolonger la continuation par des détours inutiles? Les *Kanger* ne sont donc pas l'ouvrage des Lives, mais celui de la nature elle-même, qui, par un caprice assez bizarre, a formé ce long et étroit amas de sable, de terre et de cailloux, dont les prolongements se remarquent à une distance hors des marais du côté de *Sunzel*. Rien n'est aussi triste et aussi sauvage que la vue que l'on découvre du haut du grand Kanger, d'où l'œil plonge des deux côtés sur des marais stériles et déserts qui s'étendent à perte de vue, et qui, presque partout, sont absolument impénétrables. Au surplus, on rencontre en plusieurs endroits de la Livonie et de l'Esthonie de ces jeux singuliers d'une nature désordonnée et sauvage. Sur la terre de Jendel, appartenant à M. le conseiller provincial de Loewenstern, il existe un pareil *Kanger* très élevé, resserré entre un lac, des prairies et des bois marécageux, et sur la sommité duquel le propriétaire a ménagé de jolies promenades (¹). » Nous n'ajouterons qu'un seul mot à ces judicieuses observations; c'est que, d'après les renseignements qu'un Suédois-Finlandais nous a communiqués, tout le plateau central de la Karélie, du Savolax et de la Tavastie, présente en plus de vingt endroits de semblables digues naturelles entre les lacs ; elles sont composées des mêmes roches; elles servent également de chemins, quoique souvent la crête présente à peine assez d'espace pour un homme à cheval.

» Les habitants de l'île d'Œsel se font eux-mêmes des calendriers qui servent à tous les usages domestiques, et dont les divisions et les marques ressemblent parfaitement à ce qu'on voit sur les bâtons runiques de la Skandinavie (²).

» Les détails où nous avons déjà été entraîné nous empêchent d'en admettre d'autres sur l'état physique et civil des Esthoniens ; qu'il nous suffise de dire que cette race vigoureuse, quoique de taille moyenne, obstinée, patiente, soutenue par une humeur joviale, mais jusqu'ici avilie par tous les vices inhérents à la servitude, avait pourtant conservé une fierté personnelle, une aversion pour les insultes et les châtiments arbitraires, une tendance aux révoltes et aux vengeances qui prouvaient un fonds de sentiments élevés, sentiments qui aujourd'hui, sous des lois protectrices, sous des maîtres humains, sous des institutions bienfaisantes, et à l'aide d'une instruction publique améliorée, se développent au gré des vœux éclairés du gouvernement.

» Les Lettons, ainsi que les restes des Koures, des Semigalles et d'autres tribus, appar-

---

(¹) *Bærger*, Versuch über die Alterthumer Lieflands, pag. 78.

(¹) *De Bray*, Essai historique, tom. I, p. 77.
(²) *Hupel*, Topogr. Nachrichten, tom. IV, p. 588.

tiennent à l'ensemble de la race *vendo-lithuanienne*, qui, sous le rapport des idiomes, des croyances, des monuments, doit être soigneusement distinguée de la race finno-hunnique. Aussi nous renverrons ce que nous en avons à dire à une autre section de cette description; nous retracerons seulement ici l'état civil et moral de ce peuple, qui occupe aujourd'hui le sud de la Livonie.

« L'esclavage, dit M. de Storch, le défaut
» de civilisation et le dénuement des choses
» les plus nécessaires à la vie, sont gravés sur
» leur figure en traits lisibles. Les Lettons sont
» en général d'une très petite taille, les fem-
» mes surtout; il y en a qu'on prendrait pour
» des naines. Ils auraient de l'embonpoint s'ils
» étaient bien nourris. Les paysans lettons
» ont rarement autant de force que les Alle-
» mands, surtout pour lever et porter; au
» reste, ils résistent à de grandes fatigues, au
» froid, à la chaleur, à l'humidité; ils pren-
» nent peu de repos. Les Lettons font usage de
» bains chauds, comme les Russes, et passent
» de la chaleur la plus excessive à l'air exté-
» rieur; ils sont peu sujets aux rhumatismes,
» aux refroidissements et aux douleurs de
» dents. En général, les Lettons ont peu de
» maladies dominantes; ils supportent égale-
» ment bien les excès et la disette; leurs dents
» sont fermes et ordinairement très blanches
» jusqu'à un âge avancé. L'usage immodéré
» des liqueurs fortes paraît peu nuisible à leur
» santé. Les femmes accouchent très aisément,
» la plupart debout, et sans aucun secours. »

» L'opinion unanime sur l'infériorité morale des Lettons, sur leur servilité abjecte et sur leur peu de capacité pour la civilisation, a, selon M. de Bray, besoin de quelques modifications. Un clergé plus attentif à l'instruction religieuse, un système d'écoles plus complet, et surtout l'amélioration du sort civil du paysan letton, le font aujourd'hui monter peu à peu à un rang moins humble dans l'échelle de la civilisation. Les Courlandais actuels sont presque tous de race lettonne, et ils ne cèdent en rien aux Esthoniens. Les superstitions du paysan letton sont très curieuses; elles reposeront un moment notre attention. Au retour du printemps, le Letton se garde bien de s'exposer à entendre pour la première fois le chant du coucou lorsqu'il est à jeun ou qu'il n'a point d'argent dans sa poche. Si cela lui arrivait, il se croirait menacé de la disette ou du besoin pour le reste de l'année. C'est ce qu'il appelle être ensorcelé par le coucou. Il a donc grand soin, à cette époque, de prendre de l'argent et de la nourriture de très bon matin avant de sortir de chez lui. Il a les mêmes craintes et prend les mêmes précautions à l'arrivée des premières huppes. Un lièvre ou un renard traverse-t-il la route sur laquelle le paysan lettonien chemine, il y voit un mauvais augure; mais si c'est un loup, l'augure est favorable. Le Letton a-t-il pris son fusil pour aller à la chasse, si, en sortant de sa maison, la première personne qu'il rencontre est une femme ou une fille, c'est mauvais signe, la chasse ne sera point heureuse; il rentre donc, et ne se met en route que lorsqu'étant sorti de nouveau, c'est un homme ou un garçon qui le premier s'est offert à sa vue. Les Danois et les Suédois ont eu cette même superstition: le savant astronome Tycho-Brahé y était asservi. Si un Letton veut aller à la pêche, il ne fait part à personne de son projet, cela lui porterait malheur. Ce n'est que lorsqu'ils sont deux qu'un troisième peut l'apprendre sans inconvénient. S'il pêche à la ligne, et qu'ayant posé sa ligne à terre, quelqu'un marche dessus, il est convaincu dès lors qu'il ne prendra plus rien avec cette ligne-là. Le paysan ne souffre point qu'on admire ou qu'on loue à outrance ce qu'il a chez lui, particulièrement ses troupeaux, sa volaille, ses provisions de grains ou autres. Il croit que tout ce qu'on a préconisé de cette manière doit dépérir. C'est la même idée que celle des Grecs sur Némésis.

» D'autres traditions anciennes intéressent la géographie physique et la climatologie. Les étés où il y a beaucoup de mouches, on compte sur une riche récolte de blé noir (*polygonum fagopyrum*); et si le prunier de Sainte-Lucie (*prunus padus*) est très chargé de fleurs, on s'attend à un été très pluvieux. Quand les paysans veulent bâtir une maison, ils observent attentivement quelle est l'espèce de fourmi qui s'y montre la première et paraît être domiciliée dans le voisinage. Si c'est la grande fourmi fauve ordinaire (*formica rufa*, Linn.) ou la fourmi noire, ils bâtissent sans difficulté; mais si c'est la petite fourmi rouge (*formica rubra*, Linn.), ils cherchent une autre place. Ces traditions mériteraient un examen. »

LIVRE QUATRE-VINGT-DIX-SEPTIÈME.

Suite de la Description de l'Europe. — Description de la Russie d'Europe. — Cinquième section. — Provinces centrales : Grande-Russie ou Moscovie.

« Le midi, l'est et le nord de la Russie d'Europe nous ont successivement présenté une grande variété de scènes : villes superbes et déserts affreux, palais de marbre et cabanes de terre, activité ambitieuse des capitales, calme silencieux des provinces à peine connues ; nous avons vu les tribus les plus diverses, depuis le Tatar assis sous les vignes de la Krimée, jusqu'au Lapon accroupi sous la neige ; mais nous n'avons vu les Russes que dans la qualité de dominateurs, en quelque sorte étrangers à leur propre empire ; nous allons entrer dans les contrées vraiment russes, dans ces contrées centrales où la véritable nation est réunie ; ce noyau de l'empire où règnent, aujourd'hui du moins, la langue, les mœurs et les physionomies russes. Les gouvernements de *Novgorod*, de *Tver*, de *Pskof*, de *Vitebsk* et de *Smolensk*, groupés autour du plateau de *Valdaï* ; ceux d'*Iaroslavl*, de *Vladimir*, de *Kostroma* et de *Nijni-Novgorod*, situés le long du Volga ; ceux de *Moskva* ou *Moscou*, de *Kalouga*, de *Toula*, d'*Orel*, de *Riaisan*, de *Tambof* et de *Pennza*, qui comprennent les sources de l'Oka, du Don et de la Desna ou Dezna ; enfin, ceux de *Koursk* et de *Voronech* ou *Voroneje*, qui se confondent peu à peu avec les plaines de l'Oukraine : voilà la masse que nous décrirons ici sous la classification générale de Russie centrale : c'est une superficie de 50,720 lieues carrées et de 22,000,000 d'habitants. Les quatre gouvernements de la Petite-Russie, peuplés d'une variété de races particulières, et jouissant d'un climat généralement plus doux, peuvent plus commodément être décrits dans une section à part.

» Réunissons d'abord les faits généraux communs à toute la région centrale. Elle présente, soit du côté de la mer Baltique et de la Pologne russe, soit du côté de la mer Noire et de la mer Caspienne, une plaine élevée au-dessus d'autres plaines ; les collines volgaïques dans le gouvernement de Saratof, les chutes du Dniester, les hauteurs de Smolensk et les collines de Valdaï, marquent cette élévation dans les quatre directions que nous venons de nommer ; mais on est encore loin de posséder les matériaux nécessaires pour tracer une circonscription complète et exacte du plateau, et même pour en déterminer les points culminants. Les hauteurs de la *Forêt Volkhonski* ([1]), près les sources du Volga et de la Dvina, entre Ostaschkof et Toropetz, passent pour avoir 1,250 pieds d'élévation absolue : elles n'offrent aucun escarpement extérieur et ne présentent à l'œil qu'un plan doucement incliné ; aussi les indigènes désignent-ils cette contrée sous le nom de la Plaine-Haute ([2]). Mais les rivières et les lacs, profondément encaissés, ont des bords escarpés, formés de couches de calcaire coquillier, d'ardoise et de gypse ; les blocs et pierres granitiques, semés à la surface, semblent à quelques géologues les débris d'une grande inondation ; d'autres y voient les marques de l'ancienne limite de la mer, qui aurait apporté ces masses sur les glaces flottantes dans lesquelles elles se trouvaient engagées. La première de ces opinions paraît plus vraisemblable. Les mêmes substances composent le haut pays entre la Dvina et le Dnieper ; mais dans la direction d'Orel le sol prend la forme de collines calcaires : ces petites chaînes, à peine marquées, semblent continuer vers les sources de l'Oka, du Don, de la Soura, du Choper, et se confondre près Samarskoï-Loug avec la série des collines du Volga. Plus au midi on voit de petits bancs de craie s'élever comme de petites îles, et se terminer en promontoires escarpés de 2 à 300 pieds de hauteur ; cette formation de craie domine jusque dans les plaines les plus unies de l'Oukraine et du gouvernement de Voroneje. Partout on voit les couches de silex intercalées entre les roches calcaires ; partout, mais principalement au midi, on voit percer des blocs de granit :

([1]) *Volkhonskoï Bor*, chez *Nestor*. Les auteurs russes-allemands y voient l'*Alaunus Mons*, de Ptolémée. — ([2]) *Vuissokaïa Plotska*. On le nomme aussi *Volgskoï Vouichina*, hauteur du Volga.

cependant on n'a pas suivi assez ces blocs pour affirmer qu'ils font partie d'une chaîne basse granitique qui, semblable à un gradin, marquerait la dernière limite du plateau vers le bassin de la mer Noire. Si nous voulons maintenant partir du plateau de Volkhonski pour les contrées septentrionales, c'est la même absence de bons matériaux. A Valdaï, les collines de calcaire coquillier, semées de blocs de granit, n'ont que 350 pieds de haut : une si faible hauteur sépare le bassin du Ladoga du bassin du Volga. Mais, en portant nos regards au nord-est vers la région où s'étendent les lacs de Bielo-Ozero (*lac Blanc*) et de Koubenskoï, nous trouvons un plateau plus élevé et qui, d'après des observations récentes et inédites, doit offrir plusieurs points qui s'élèvent à 1,000 pieds et au-delà. Cette plaine élevée continue jusqu'au pied de l'Oural, et nous avons déjà vu que la Kama et la Viatka y prennent leurs sources. Ce dos de terre [1], au nord de Iaroslavl, est généralement couvert de marais; il répond par l'élévation et la nature du sol aux plaines élevées des gouvernements de Moscou et de Vladimir, ainsi que de Kalouga et de Toula. La vallée du Volga moyen, qui sépare ces deux plateaux, est dans cette partie de 3 à 4,000 pieds au-dessus de la mer Caspienne. L'Oka, principale rivière de ce plateau moscovien, n'a dans son long cours aucune descente rapide, et même dans le gouvernement de Riaisan, où elle serpente entre des collines agréables et variées, son cours tranquille finit par ne baigner que des plaines très basses. Mais à la droite de cette rivière, depuis Mourome, le terrain s'élève visiblement, et la petite rivière de Telscha le prouve par sa grande rapidité. Ce plateau particulier, qui occupe le midi du gouvernement de Nijni-Novgorod, celui de Pennza et l'ouest de celui de Simbirsk, est limité au nord-est, à l'est et au sud-est par la grande courbure orientale du Volga; ce qu'on appelle improprement la *chaîne volgaïque* n'est au fond que l'escarpement de ce plateau, formé de couches de schiste, de calcaire, de gypse, d'albâtre, d'argile et de marne sablonneuse. Les plus hautes de ces collines n'ont que 300 pieds au-dessus du Volga. Le mouvement assez lent de la *Soura* et le cours presque stagnant de la *Zna* (gouvernement de Tambof)

[1] *Ouvalli*, en russe au pluriel.

prouvent que la région des sources de ces rivières est aussi une plaine peu élevée. Voilà ce que nous avons pu recueillir de plus certain sur la circonscription et la configuration de la Russie centrale.

» Le climat de ces plaines peut être considéré sous quatre divisions principales : 1° Les gouvernements de Novgorod, de Tver, de Pskof, de Vitebsk et de Smolensk, doivent à la plus grande élévation de leur sol un climat bien plus rigoureux que les provinces livoniennes; les fleuves restent d'ordinaire couverts de glace depuis le 20 novembre jusque vers le 1er avril. L'hiver de 1812, qui concourut à détruire les restes de l'armée française, déjà désorganisée par le manque de vivres et des combats meurtriers, n'était point du tout un phénomène extraordinaire. 2° Les gouvernements d'Iaroslavl, de Vladimir, de Kostroma et de Nijni-Novgorod, grâce au niveau inférieur de leur sol, jouissent d'une température bien plus douce, quoiqu'en partie sous la même latitude septentrionale que les cinq gouvernements du plateau Volkhonskien; cependant cette différence consiste plus dans la chaleur plus forte des étés que dans une moindre durée des gelées. Les fleuves restent aussi long-temps enchaînés par la glace; les printemps et les automnes, plus humides et plus variables, ne sont pas sans quelques inconvénients, surtout pour la santé; mais ils favorisent peut-être la culture des pommes, du chanvre et du lin, propre à cette région. 3° La grande masse centrale du plateau, comprenant les gouvernements de Moskva, de Toula, de Kalouga, d'Orel (partie du nord), de Riaisan, de Tambof et de Pennza, semble jouir d'un climat un peu plus doux, mais aussi plus variable et plus humide que les deux zones précédentes. Les froids de 30, et même de 27 degrés, sont des phénomènes rares à Moscou; les chaleurs excessives le sont de même. Des temps orageux interrompent quelquefois l'hiver quinze jours, ainsi qu'à Pétersbourg; mais, en prenant les années entières, on y compte presque autant de jours où le thermomètre descend au-dessous de zéro [1]. Les époques du dégel des rivières prouvent la progression du froid vers l'est, circonstance qui empêche Riaisan, Pennza et Tambof de jouir des avantages que leur lati-

[1] En 1790, 155 jours, et l'année suivante 177.

tude plus méridionale semblait promettre.

4° Les gouvernements d'Orel (partie sud), de Koursk et de Voroneje, éprouvent enfin un adoucissement sensible dans l'apparition plus hâtive du printemps et dans la température plus constante de l'été; mais ces provinces mêmes, sous le 50ᵉ parallèle, ont à redouter une courte invasion de l'hiver de Moscou; les plaines, sans abri, y ouvrent un accès libre aux vents glacés des monts Ouraliens. C'est à Koursk, et plus encore à Voroneje, que la végétation change d'aspect; les arbres conifères cessent de dominer; le feuillage des chênes remplace les aiguilles des pins; les herbes, plus succulentes, couvrent les prairies émaillées de fleurs, où une race plus forte de bêtes à cornes annonce une nature plus vigoureuse.

» Gardons-nous bien de réunir ici trop de généralités sur la géographie physique, car ce serait enlever de l'intérêt aux descriptions spéciales des gouvernements, sans que nous puissions cependant, avec nos matériaux incomplets, composer un tableau général satisfaisant. En comparant les statistiques particulières, il nous paraît que, jusqu'au 57ᵉ parallèle, les pins, les sapins et les autres arbres conifères dominent dans les forêts. Jusqu'au 55ᵉ ou 54ᵉ, ce sont les bouleaux et les peupliers-trembles; à cette latitude, le tilleul forme des forêts considérables. Les chênes, clair-semés sur le plateau central, prospèrent vers les 52ᵉ et 51ᵉ parallèles; mais dans la vallée du Volga, ils sont déjà beaux et nombreux sous le 55ᵉ. Les chênes de Russie ressemblent trop souvent à ceux du Canada par le peu de solidité du noyau. Dans la région où prospère cet arbre, les forêts offrent aussi en masse l'*acer tataricum*, ou érable de Russie, le peuplier blanc et le charme; mais le hêtre, connu en Livonie, ne monte pas jusqu'à Smolensk et ne dépasse guère les plaines de la Petite-Russie; le châtaignier et le noyer ne viennent pas non plus sur le plateau central (1).

» L'exploitation des bois pour la marine est très active dans les parties nord-ouest de la Russie centrale; plus loin, les beaux sapins et les mélèzes deviennent moins communs. Au sud de Moscou, et surtout à Orel, à Koursk, les forêts sont en général moins belles, et, en quelques endroits, épuisées. Outre l'exploitation des bois de construction et de chauffage, les paysans tirent de la térébenthine, du goudron et du noir de fumée des pins et des autres arbres résineux. L'écorce du bouleau fournit du tan, et on en fait aussi des boîtes rondes, dans lesquelles on conserve du caviar, du beurre, des fruits. Les feuilles sont employées à teindre en jaune; l'eau qu'on tire du bouleau au printemps est ici une boisson saine, acidulée et nullement désagréable. Après le bouleau, le tilleul est l'arbre le plus commun. On l'emploie plus utilement en Russie qu'ailleurs; l'écorce sert à faire des corbeilles, des coffres, à couvrir des maisons, et celle des jeunes tilleuls fournit des millions de souliers tressés pour les paysans; on scie le bois en planches, on en fait des bateaux, et on le brûle pour en tirer de la potasse; les fleurs du tilleul sont une excellente nourriture pour les abeilles.

» Le seigle d'hiver occupe les cultivateurs sur le plateau, de préférence aux autres céréales. L'orge d'été et l'avoine sont les grains les plus abondants après le seigle. Le froment non seulement redoute les gelées nocturnes du printemps, mais encore la rouille; la seule variété nommée *ledianka*, ou froment de glace, convient parfaitement au climat. Jusqu'aux limites du gouvernement de Moscou, la fâcheuse application du système des essartements ou de *kyttis* à la manière finnoise, atteste la maigreur du sol et la rigueur du climat; plus au midi, on emploie peu la charrue, qui exige les vigoureux efforts du bœuf, et beaucoup l'araire, qui effleure seulement la terre, mais à laquelle un seul mauvais cheval suffit. Cet usage, qui tient au manque de bestiaux, est pourtant en beaucoup d'endroits justifié par la légèreté du sol. Quand on accuse les paysans de la Grande-Russie de ne pas aimer l'agriculture, il faut se rappeler que la servitude n'aime pas à produire pour des exportations dont les maîtres seuls profitent. Une chose, dans l'agriculture russe, a été jugée digne de l'attention et même de l'imitation des peuples civilisés du Nord, c'est la manière dont on sèche et conserve les blés. Les fours à blé (en russe *ovin*) sont des cabanes de bois, formées de poutres jointes ensemble; on y pratique des ouvertures qui

---

(1) *Georgi*, Description de la Russie, partie botanique. Les six *Cartes physiques de l'Europe* sont bien vagues et ne nous ont guère servi

peuvent se fermer à volonté, et on place différentes traverses dans l'intérieur. On construit dans la terre, immédiatement à côté de la cabane, un poêle de maçonnerie dont les soupiraux s'ouvrent dans la cabane. Quand on veut faire sécher le grain, on suspend des gerbes aux traverses, et on entretient un feu doux dans le poêle, afin que la fumée entre dans la cabane, ce qui fait suer les gerbes ; on fait sortir la vapeur par les ouvertures extérieures, que l'on peut ouvrir à volonté. La construction de ces fours varie selon les provinces, mais l'usage est toujours le même. Il est d'une grande utilité ; le blé devient à la vérité plus petit en se séchant, mais cette opération le préserve des charançons, et il se conserve mieux en magasin. La culture du chanvre est la plus productive et la mieux entendue de toutes celles de la Russie centrale ; celle du mûrier blanc ne réussit guère au-delà du 53e parallèle.

» Quoique le luxe des capitales demande l'importation des fruits étrangers, même des pommes, la Russie centrale pourrait s'en passer. C'est encore une grande erreur des géographes allemands de déprécier l'importance des vergers russes et l'industrie de leurs cultivateurs ; il est vrai que l'une et l'autre se sont surtout accrues depuis une trentaine d'années. Entre les fruits cultivés dans la Russie centrale, les pommes et les cerises sont les plus communs, et ce sont aussi presque les seuls dont on ait soigné la culture. Les différentes espèces de pommes que l'on voit dans la Russie centrale viennent d'Astrakhan, de la Perse et de la Kabardie : on voit rarement les espèces européennes. On remarque surtout les pommes de Kirevsk, grosses comme la tête d'un enfant, et dont une seule pèse jusqu'à quatre livres ; elles ont un goût vineux très agréable. Dans les gouvernements de Vladimir et de Moscou, on trouve une espèce de pommes transparentes qui vient de la Chine selon les uns, de la Crimée selon les autres ; on les nomme *nalivniè iabloki*, c'est-à-dire *pommes transparentes* ; quand on les présente au jour on peut compter les pepins. Les pommes de Riaisan et de Kalouga sont aussi recherchées. La fabrication du cidre et le débit des pommes sont une branche d'industrie très intéressante ; dans les villes de Kalouga et de Simbirsk, il y a de grands marchés annuels pour l'exportation dans les provinces méridionales. Malgré cette abondance locale, les gouvernements situés au nord reçoivent par la mer Baltique une quantité de poires et de pommes fraîches ou séchées ; on en importe dans certaines années à Pétersbourg seulement pour plus de 122,000 roubles. Les forêts de pommiers sauvages ne dépassent guère le 49e parallèle, et c'est par conséquent l'industrie qui a produit les immenses vergers sur les bords de l'Oka et du moyen Volga ; mais comme on n'y cultive pas les espèces européennes connues dans la Petite-Russie, ce ne sont pas les grands Russes, dans leur propagation du sud-ouest au nord-ouest, qui en ont été les créateurs ; ce sont des peuples finnois, et plus encore des peuples tatars, qui y ont transplanté les fruits de l'Asie. Aujourd'hui leurs descendants sont fondus dans la masse des grands Russes. Le cerisier et le prunier sauvages viennent spontanément, mais isolément, jusqu'au 55e parallèle ; le premier forme même des bois entiers dans le gouvernement de Voroneje. Dans quelques lieux de la Russie centrale, la culture de ce fruit est un des principaux moyens de subsister qu'aient les habitants ; dans le gouvernement de Vladimir, on voit des forêts entières de cerisiers. Cependant on s'est peu occupé de perfectionner l'espèce, et on n'en tire que deux sortes qui ne sont guère plus grosses que les cerises des bois. Quoique les choux abondent partout, et les asperges près de Moscou, le jardinage est généralement négligé dans la Russie centrale. Par une exception singulière, les jardiniers de Rostof, dans le gouvernement de Iaroslavl, sont peut-être les plus habiles de l'Europe dans leur art ; car, dépourvus de science, de ressources, luttant avec un climat rigoureux, ils fournissent Pétersbourg et Moscou de toutes sortes de primeurs. C'est probablement une colonie étrangère. Le vrai peuple russe aime avant tout les champignons, et la nature complaisante lui en fournit en abondance.

Le régime animal de la Russie centrale n'a pas plus que la végétation un caractère distinct. Au nord le renne, au midi le chameau, touchent à l'extrême lisière de cette région, mais n'y entrent pas. Les autres animaux des régions voisines lui sont communs. L'ours, le loup, le glouton, l'écureuil, le lièvre et le chevreuil, nous paraissent les espèces dominantes dans les forêts. Le daim ne s'y montre pas, ou du moins il y est très rare. L'élan y trouve bien son climat, mais il fuit le chasseur jusque dans les retraites les plus inaccessibles. L'*urus*, ou l'aurochs, en a disparu ; le cerf a diminué en nombre. A l'orient de l'Oka et du Voroneje, où les plaines incultes s'accroissent, on voit le sol creusé par le *sorex moschatus*, le *mus decumanus*, la marmotte russe, le *mus cricetus*, et d'autres animaux rongeurs. Les animaux domestiques ne sont pas d'une belle race. Le bœuf est plus maigre et plus osseux que celui de la Petite-Russie. Le mouton russe, simple variété de notre espèce commune, porte une laine grossière; mais la peau des agneaux, immolés quelquefois avant de naître, fournit une fourrure délicate. On ignore l'usage du lait de brebis. Nous avons remarqué la vélocité des coursiers cosaques et la robuste patience des chevaux finnois ; ces qualités sont réunies dans un moindre degré dans le cheval russe proprement dit. C'est la race animale dominante et chérie dans la Russie centrale. Il est étonnant à quel point les chevaux russes se ressemblent, malgré la différence du climat, de la nourriture, de la manière dont on les élève et dont on en prend soin. Ils ont presque tous la tête du bélier, l'encolure longue et sèche, la poitrine large ; le reste du corps est assez bien proportionné. Ils sont infatigables et durent long-temps ; mais souvent ils sont extrêmement capricieux et timides.

« Nous allons parcourir les gouvernements. Celui de *Novgorod* ressemble beaucoup à l'Ingrie, tant par le froid que par la stérilité. Dans sa vaste extension au nord-est, il confond ses déserts avec ceux de Vologda et d'Olonetz. A Belozersk et Kyrilof, l'hiver commence quinze jours plus tôt qu'à Pétersbourg. Même les environs de Novgorod ne sont ni fertiles ni bien cultivés. Le seigle, le chanvre et le lin fournissent pourtant un excédant ; mais les forêts, qui occupent un cinquième de ce vaste territoire, sont, avec la pêche, la principale ressource de près de 900,000 habitants, dont un neuvième de Finnois-Ischores.

» La ville de *Novgorod*, avec le surnom *Veliki*, la grande, est un débris historique. Elle présente encore une vaste enceinte sur les deux bords du Volkhof. La partie située sur la gauche de la rivière s'appelle *côté de Sophie* (*Sophiis-Kaïa*), du nom de l'église principale, laquelle, ainsi que le palais de l'archevêque et le quartier des soldats, se trouve dans une espèce de citadelle appelée le *Kreml*, qui fut bâtie en 1044 par le grand-duc Vladimir Iaroslavitch, et restaurée en 1490 par le tsar Ivane Vassilievitch. La cathédrale possède les corps de plusieurs saints et les tombeaux de quelques princes russes. On voit, à côté du Kreml, de vieilles maisons en petit nombre. La partie située sur la droite de la rivière contient les habitations des principaux négociants et les boutiques : on l'appelle *côté du commerce* (*Torgovaïa*). On y remarque le vieux palais des tsars, maintenant occupé par le gouverneur. Un pont réunit ces deux parties, qui ensemble renferment 1,600 maisons, 62 églises (quelques unes hors l'enceinte actuelle), et environ 8,000 habitants. »

La cathédrale de Sainte-Sophie se compose de deux bâtiments, l'église d'hiver et l'église d'été. Cette dernière est peut-être la plus ancienne de la Russie; elle fut construite en bois en 992, et en pierre en 1051, sur le modèle de Sainte-Sophie de Constantinople. C'est un édifice carré surmonté d'une grande coupole dorée, entourée de quatre petites coupoles. On y admire les célèbres portes en bronze appelées *Korsouniennes*, parce qu'on a prétendu qu'elles venaient de l'ancienne ville de Korsoun ou Kerson, mais qui paraissent avoir été faites en Allemagne vers le douzième siècle. Du côté opposé se trouvent les portes suédoises, apportées, dit-on, d'Upsal en 1188, à la suite d'une descente faite en Suède, par les Novgorodiens ; enfin, on voit dans cette église, les sarcophages de Vladimir Iaroslavitch, mort en 1050 ; d'Anne sa mère ; d'Alexandra sa femme, et de Mitchislaf son frère. Près de Sainte-Sophie, dans la partie septentrionale du Kreml, s'élève le palais archiépiscopal, qui date de l'an 1433. La Torgovaïa n'est qu'une réunion de cabanes en bois, au milieu desquelles se trouvent une cinquantaine d'églises en pierre ou en bois ; l'ancien palais impérial dont nous venons de parler, qui n'a rien de remarquable ; enfin une grande manufacture de cordages. Novgorod était, dans les douzième et treizième siècles, le centre d'une république riche et puissante ;

son territoire s'étendait jusqu'à la mer Blanche et jusqu'au fleuve Obi; elle disputait la Finlande aux Suédois. Son origine remonte au-delà des temps historiques; elle avait peut-être des liaisons avec les peuples du Nord, dans les premiers siècles de l'ère vulgaire. Les historiens russes assurent qu'elle existait long-temps avant l'arrivée des Slaves dans ces contrées. Il est certain que dès le neuvième siècle elle fut la résidence de princes qui dépendaient des grands-ducs de la Russie. En 988 elle reçut son premier évêque. En 1135 il s'y fit une révolution qui suppose une civilisation avancée. On rendit la couronne élective, et on introduisit une forme de gouvernement mixte. En 1276 les villes hanséatiques y établirent un de leurs quatre grands comptoirs; tout le commerce de la Russie s'y concentrait. Quelques auteurs prétendent que la seule ville de Novgorod renfermait alors 400,000 habitants; nous pensons qu'il faut entendre ce chiffre de la population de tout son territoire immédiat. Le quinzième siècle vit déjà la république de Novgorod déchoir de sa grandeur, et en 1578 le grand-duc Ivane Vassilievitch la soumit entièrement. La fondation de Pétersbourg lui ôta le peu d'importance qui lui restait. Elle ne subsiste aujourd'hui que par le commerce d'expédition entre Pétersbourg et Moscou.

« Parmi les autres villes nous distinguerons au sud du lac Ilmen, *Staraïa roussa*, moins à cause de ses salines et de ses 9,000 habitants, que parce qu'elle est considérée (ainsi que le nom l'indique) comme la plus ancienne capitale des Russes-Varègues. Sur la route de Pétersbourg à Moscou par Novgorod, *Krestzi* est une petite ville renfermant deux églises et un palais impérial, où le souverain s'arrête quelquefois lorsqu'il se rend dans la seconde capitale de l'empire. *Valdai*, sur une île du lac de ce nom, appartient jusqu'en 1764 au couvent d'*Iverskoï*, qui renferme, dit-on, une bibliothèque riche en livres rares. Les habitants de *Borovitchi*, sur la Msta, s'occupent de la pêche et de l'agriculture. *Oustioujèna* ou *Oustioug-Jelezopolski*, fut nommée anciennement *Jeleznoïe-Polé* ou le *champ de fer*, parce qu'elle est située dans une contrée imprégnée de fer limoneux. A *Tcherepovetz*, siège d'un évêché, il se tient chaque année trois grands marchés. Parmi les arts et métiers qu'on exerce à *Kirilof*, cheflieu de district, et à *Belozersk*, sur le lac Blanc (*Bielo-Ozero*), la peinture des images de saints est encore très lucrative. *Tikhvine*, à 53 lieues au nord-est de Novgorod, est célèbre par une image miraculeuse de la Vierge, qui attire dans un couvent de moines un grand nombre de pèlerins.

» Les deux gouvernements de *Pleskof* ou de *Pskof* et de *Vitebsk* se ressemblent absolument sous les rapports physiques: ce sont les terrasses septentrionale, occidentale et méridionale du plateau de Volkhonski, qui en forment l'intérieur. Aux environs de Veliki-Louki et d'Opotscha, le terrain est élevé de 7 à 800 pieds, parsemé de blocs de granit, et pour ainsi dire criblé de petits lacs où fourmille le *salmo eperlanus*. De ces hautes plaines on descend vers la Dvina, au sudouest, et vers le grand lac Peïpous ou Tchoudskoïe-Ozero, par des pentes très douces; le sable et les marais remplacent le sol argileux ou calcaire-coquillier des hauteurs. La fougère et le garou tapissent les marais. Un ciel nébuleux couvre ce pays maigre et peu fertile, qui pourtant, grâce à sa faible population, exporte de grandes quantités de grains, surtout du seigle. La culture la plus lucrative est celle du chanvre et du lin. A peine voit-on un chêne, un pommier; mais le *prunus padus* abonde; les ruches d'abeilles sont des troncs d'arbres creux; tout est sauvage, mais non pas sans quelques parties pittoresques. L'eau des lacs, extrêmement limpide, montre le fond à découvert. L'écureuil volant anime les forêts, qui fournissent des mâts, des poutres, des planches. La *Velikaïa-Reka*, c'est-à-dire la grande rivière, coule avec rapidité vers le lac Pleskof, qui forme une partie de celui de Peïpous, et le *Lovat*, qui descend vers le lac *Ilmen*, rencontre plusieurs rochers. Peut-être le *Toropa*, débouché de beaucoup de lacs, devrait-il donner son nom à la Dvina; de là peut-être le nom ancien de *Turuntus*. Un véritable voyageur comparera un jour ce plateau de Pskof et de Polotsk avec celui de l'intérieur de la Prusse orientale. A égale distance de la Baltique, à élévation égale, ils doivent offrir un parallèle curieux pour la géognosie.

» La population est très mêlée. A l'ouest de la Velikaïa, surtout dans l'ancienne Livonie polonaise, les paysans sont lettons; la noblesse est allemande ou polonaise. Dans la majeure partie du gouvernement de Pskof, les habitants de toutes les classes sont russes, distingués désavantageusement de leurs autres compatriotes par leur paresse et leur défaut de vivacité ; il y a quelques colonies de Finnois-Ingriens, d'Esthoniens et d'Allemands-Livoniens. Mais le long de la Dvina, dans la plus grande partie de Vitebsk, ainsi que de Mohilef, on trouve, outre la noblesse, qui est polonaise, une race particulière, nommée les *Rousniaques* ou les *Bielo-Roussi* (Russes-Blancs), et qui se distingue tant par son idiome ancien que par ses qualités physiques. Ils ont pour la plupart le cou très long, et leur tête éprouve un balancement continuel. Leur idiome tient le milieu entre le grand-russe et le polonais, mais il offre un caractère particulier de douceur ; c'est aussi le dialecte de Mohilef, et par conséquent de toute la ci-devant *Russie-Blanche*. On doit y voir un très ancien dialecte slavon, et nullement un mélange moderne ; mais ce n'est que par des recherches ultérieures qu'on pourrait déterminer si ce dialecte a été parlé dans le moyen âge par les *Krivitzes*, les *Krivetans* de Constantin Porphyrogénète, ou si ce peuple a été une tribu étrangère aux Slaves proprement dits, soit lithuanienne, soit finnoise. Les Rousniaques forment la population des campagnes, et se divisent en trois classes : 1° les *Zemlianines* (c'est-à-dire possesseurs du pays), qui se nomment aussi entre eux *Szlachtics* (gens de famille), et qui, libres de toute corvée, ne paient à leurs seigneurs polonais qu'une capitation de 14 roubles ; 2° les *Gloskho-kounischnics*, ou fermiers attachés à la glèbe ; 3° les *Prigonoï*, qui sont tout-à-fait serfs. Les Rousniaques portent un bonnet gris de feutre, semblable à un pot renversé, et des pantoufles d'écorce de bouleau, au lieu de souliers [1].

» Dans le gouvernement de *Vitebsk* nous remarquons, en allant du nord au sud, sur la rive droite de la Dvina, *Dunabourg* ou *Dinabourg*, ancien chef-lieu de la Livonie polonaise, assez importante par ses fortifications. Cette petite ville de 4,000 âmes tire son nom de la Dvina ou Duna. Une grande route conduit de cette cité à une autre plus petite que l'on nomme indifféremment *Rejitza*, *Rejitzy*, *Rzezica*, *Rezitzy* ou *Retchitzy*. Elle est sur

[1] *Campenhausen*, cité par *Hassel*.

la rive gauche de la *Rejitza* ; elle paraît avoir été plus considérable au temps des chevaliers teutoniques, lorsqu'elle faisait partie de la Pologne. Plus loin, dans la direction du nord-est, *Lucyn* ou *Loutsine*, est agréablement située entre deux lacs et sur la rivière de Louja. De Dunabourg une autre route conduit à *Polock* ou *Polotsk*, ville de 3,000 habitants, anciennement capitale d'un petit royaume skandinave, et ensuite, depuis le dixième siècle jusqu'au treizième, d'un grand-duché russe fondé par Isiaslav, fils de Vladimir-le-Grand ; enfin, nous arrivons à *Vitebsk*, qui compte 15,000 habitants, et fait un commerce très actif avec Riga ; la Dvina la divise en deux parties ; on y trouve une douzaine de couvents ; elle offre des constructions antiques, des rues étroites, de vieilles murailles hérissées de tours, et pour toute industrie beaucoup de tanneries ; mais elle possède, comme toutes les autres villes de la province, une surabondance d'Israélites qui, grâce à leur habileté usurière, tiennent dans leur dépendance toutes les classes, mais principalement les légers et frivoles Polonais.

» Comme ancienne province russe, le gouvernement de *Pskof* est libre de ce fléau, mais il a long-temps souffert par les guerres. La ville du même nom, située sur la Velikaïa, est partagée en trois villes, environnées chacune d'un mur de briques : le Kremlin, la ville du centre et la grande ville. Elle possède aussi un faubourg considérable. On y compte 60 églises bâties en pierre, et seulement 10,000 habitants. Dans la cathédrale de Sainte-Sophie, remarquable par la richesse de ses ornements, on voit le tombeau de saint Timothée, guerrier fameux chez les Pskofiens sous le nom de prince Domante ou Dormante, et qui fut au treizième siècle le chef de la petite république de Pskof. Jusqu'en 1509 cette ville jouissait d'une sorte d'indépendance : elle était unie avec les villes hanséatiques ; son commerce était florissant ; plus restreint aujourd'hui, il consiste en exportations de suif, de cuirs, de goudron, de chanvre et de lin : celui-ci est très renommé pour sa beauté et sa finesse. *Petchory*, sur la Pinja, qui se jette dans le lac de Pskof, a dans son voisinage un couvent qui se vante d'une église taillée dans un rocher de grès, avec de longues allées souterraines. L'ancienne *Isborsk*, petite ville sur un lac, servait en 862 de résidence au prince russo-varègue Trouvor, frère de Rourik. A 22 lieues à l'est, la petite ville de *Porkhof* parait être fort ancienne : il en est question dans les chroniques du commencement du quatorzième siècle; les Novgorodiens, à qui la fondation en est attribuée, la nommaient *Demanne*. A 20 lieues au sud de cette ville, celle de *Novorjef* est presque entièrement peuplée de vieux soldats. *Ostrof*, qui signifie *île*, a reçu ce nom de sa situation au milieu d'une île de la Velikaïa. Une inscription placée sur le dôme de la cathédrale atteste que celle-ci a été bâtie vers l'an 1300. *Opotchka*, dont on ne connaît pas l'origine, est renommée pour la beauté de son lin. *Veliki-Louki* a été long-temps une des places frontières de la Russie : on y compte 27 fabriques de cuirs estimés. La ville la plus populeuse et la plus commerçante de la province après le chef-lieu, est *Toropetz*, avec 8,000 habitants, sur la Toropa ; elle exporte les produits du pays par la Dvina ; il s'y tient un grand marché pendant le mois de juillet.

» En passant la Dvina, nous nous trouvons sur un plateau non moins élevé, mais moins humide et moins marécageux, qu'occupe le gouvernement de *Smolensk*. L'hiver y est long et très rigoureux, mais les vives chaleurs de l'été développent une végétation vigoureuse. Les forêts fournissent de beaux mâts à Riga, du bois de construction et de chauffage à Kief. Le chanvre, le lin, la cire, le suif, les chevaux, les bœufs, les cochons et autres articles d'exportation enrichissent les campagnes malgré la servitude. L'industrie de simples villageoises produit du drap, des toiles, et surtout des tapis recherchés. On se sert ici des bœufs pour traîner les charrues plus fortes que l'araire russe. Les villages, quoique bâtis à la russe, ont l'air plus riant, et quelques plantations d'arbres ombragent du moins les cabanes (¹). C'est la route vulgaire pour attaquer la Russie, en venant de Pologne; mais Charles XII, en la dédaignant, eut plus de raison que de succès. Aussi la ville de *Smolensk*, antique boulevard de l'empire russe, a-t-elle une réputation populaire de sainteté peu inférieure à celle de Moscou.

» Bâtie en amphithéâtre, cette ville se présente avec avantage ; ses murailles, hautes de 30 pieds, et surtout les tours qui les garnissent, offrent dans les détails de leur construction, entre autres dans celle des machicoulis, ainsi que dans la manière dont elles se flanquent et se défilent, un problème très curieux aux historiens des sciences militaires (¹). Elle n'en fut pas moins prise par les Français. De ses deux cathédrales, qui datent du douzième siècle, celle de Saint-Michel est considérée comme un des plus célèbres morceaux d'architecture de l'Europe septentrionale. Smolensk, dont l'origine est incertaine, était déjà très riche et très peuplée en 854. En 1130, la peste y fit périr 42,000 personnes; en 1138, le même fléau n'y épargna que 10 habitants. Elle fut totalement abandonnée pendant long-temps ; les Tatars et les Lithuaniens se la disputèrent ; mais ces derniers s'en emparèrent et la conservèrent jusqu'en 1514, qu'elle retomba au pouvoir des Moscovites. Avant sa destruction, en 1812, elle avait 12,000 habitants ; elle en compte environ 11,000 aujourd'hui. Cette ville possédait alors des manufactures en toiles et en soieries, et il s'y tenait une grande foire annuelle où l'on vendait beaucoup de chevaux ; elle s'est promptement rétablie. Le manque d'eau dans le Dnieper gêne souvent le commerce. *Dorogobouje*, ou *Dorohobouje*, bâtie en grande partie en pierre, compte 4,000 habitants ; mais *Viazma*, qui en a 8,000, dans des maisons de bois, fait un commerce plus considérable. Les pains d'épice qu'on y fabrique jouissent d'une grande réputation en Russie. Le *pristan*, ou port et entrepôt commercial de *Gjatsk*, sert aux exportations de grains, de chanvre, de lin, de cire et de miel pour Pétersbourg, par les affluents du Volga. »

Nous venons de suivre la grande route qui conduit à Moscou, et nous voyons le village de *Borodino*, près duquel se livra la célèbre bataille dite de la Moskwa, gagnée par les Français, mais dans laquelle on perdit, de chaque côté, 30 à 40,000 hommes. Si nous prenons les routes transversales, nous verrons *Poretchié*, avec 3,000 habitants, qui font le commerce entre Smolensk et Riga par la rivière de la Kaspla, qui se jette dans la Dvina. *Doukhovtchina*, qui n'a que 1,500 habitants,

(¹) *Reinbeck*, Reise, II. 230

(¹) *Blesson*, Notes sur l'histoire de la campagne de Russie, de M. de Chambray.

jouit d'une grande activité commerciale ; *Beloï*, ou *Bicloyé*, est un entrepôt important de blé ; *Sytchvsk*, ou *Sytchevska*, renferme des tanneries et des brasseries. A 10 lieues au sud-ouest de Smolensk, *Krasnoï* rappelle une des scènes de désastres éprouvés par les Français à la retraite de Moscou. *Roslavl*, peuplée de 3,500 habitants, est traversée par la Glazomoïka et la Stonovoï, qui y font tourner plusieurs moulins.

« En suivant les affluents du Volga, nous passons dans le gouvernement de *Tver*. Le Volga lui-même y naît, et, en sortant de son état natal, n'étant encore qu'un ruisseau de deux pieds de large, il roule avec bruit et avec rapidité. C'est vers l'occident une contrée très élevée, froide et peu fertile, mais remplie de forêts superbes. La partie la plus orientale, plus basse, jouit d'un climat plus tempéré, et les canaux qui lient la navigation du Volga à celle de la Néva, en passant par cette province, y répandent une grande activité commerciale.

» *Tver*, avec des rues larges, de grandes places publiques, un obélisque en l'honneur de Catherine II, des fabriques de cordages, de toiles, et 21,000 habitants, compte parmi les villes importantes de l'empire et parmi les plus régulièrement bâties ; son enceinte, en terre, renferme un palais impérial, une cathédrale, 28 églises, et un séminaire de 700 jeunes gens établi dans un ancien couvent appelé *Otrotch Ouspenskii*. On voit à Tver des centaines de barques réunies pour passer du Volga dans le canal de *Vouichni-Volotchok*. La ville de ce nom est aussi très vivante, comme étant le passage de toutes les barques qui montent ou qui descendent ; il y passe chaque année plus de 2,000 embarcations destinées pour Pétersbourg. *Torjok*, ville riante située entre les deux précédentes, participe de cette activité ; elle compte 12,000 habitants, et ses fabriques de maroquin brodé ont un très grand débit. Vers l'ouest, *Ostachkof* est le chef-lieu d'un arrondissement où les grands lacs et marais imprègnent l'air de vapeurs désagréables, mais peu nuisibles ; la construction des barques est une ressource pour les habitants. *Rjef-Vladimirof*, ville de 9,000 âmes, est le rendez-vous de bateliers et autres gens vivant de la navigation. Les villes à l'est ont peu d'apparence ; on vante cependant le fard rouge de *Kachin*, ou *Kachine*, et les instruments d'agriculture de *Bejetsk*, ou *Biegetzk*. Les campagnes sont en grande partie peuplées de Finnois karéliens. »

Zoubtzof devrait, par sa situation à l'embouchure d'une rivière navigable dans le Volga, être plus florissante qu'elle ne l'est ; le nombre de ses habitants n'est que de 1,900. *Staritsa*, plus peuplée, renferme sept églises, des tribunaux, un couvent, une école et deux maisons de charité. *Kaliazin*, ou *Kaliazine*, doit sa prospérité à sa position au bord du Volga ; les habitants sont presque tous commerçants ou pilotes. *Krasnoï-Kholin* est une petite ville de marché. A *Vessiegonsk*, sur la Mologa, il se tient deux foires annuelles, auxquelles viennent des marchands de presque toutes les parties de la Russie.

« Nous voilà arrivé dans le noyau de l'empire russe, dans la province centrale, une des mieux peuplées, des mieux cultivées, mais surtout des plus industrielles : le gouvernement de *Moscou*. Le sol argileux ou sablonneux n'y est pas des plus fertiles ; il est en partie couvert de bruyères et de marais. Les arrondissements du nord et de l'est sont bien pourvus de bois. Les autres parties sont cultivées en seigle, en orge, en froment d'été ; mais, prise dans son ensemble, la province a besoin de grains et de bestiaux. En 1802, ayant produit 2,570,000 *tchetvertes* de grains, elle fut obligée d'en acheter 1,120,000 ; aujourd'hui l'on estime sa récolte à 2,900,000 *tchetvertes*. Les asperges, les prunes, les pommes *nalivniè* de Moscou ont de la réputation. L'industrie manufacturière, répandue depuis la capitale jusque dans les bourgades et les villages, embrasse les draps communs, les soieries, les indiennes, les toiles communes, les toiles à voiles, le linge de table, les chapeaux, les cuirs, le maroquin, les papiers, l'eau-de-vie, la poterie commune, la porcelaine, les ouvrages en quincaillerie, le suif, les chandelles, et toutes autres sortes de produits naturels du pays. On porte le nombre de ses manufactures à 540. Outre les grandes fabriques, chaque famille a sa petite industrie domestique. La ville de Moscou fait un immense commerce intérieur, commerce plus solide peut-être et surtout plus national que celui de Pétersbourg. Les maisons russes de Moscou exploitent tout ce vaste empire jusqu'à Kiakhta, et leurs opérations directes atteignent en même temps Péking et Londres, Samarkande et Hambourg. »

Contemplons cette fameuse cité, qu'un patriotisme barbare osa immoler comme une grande hécatombe sur l'autel de l'honneur national, mais qui bientôt se releva de ses cendres, plus fraîche et sans avoir pourtant perdu son caractère original. *Moskva* (car c'est son nom véritable) est située assez agréablement sur la rivière du même nom et sur la Iaousa, dans un terrain ondulé, au pied des hauteurs appelées les *Collines aux moineaux*. L'historien russe Tatischeff dit, en parlant de la rivière qui l'arrose, que *Moskva* est un mot sarmate qui signifie sinueuse; un autre historien prétend qu'avant de porter ce nom, elle s'appelait *Smorodina*. Ceux qui reculent le plus l'origine de *Moscou*, lui donnent pour fondateur Oleg, qui régnait en 882, pendant la minorité d'Igor, fils de Rourik; ceux qui ne rapportent son origine qu'à une époque historique bien constatée, ne la font remonter qu'au temps du prince Youri-Vladimirovitch Dolgorouki. L'emplacement qu'elle occupe faisait partie, en 1147, du domaine d'un certain Koutchko, *tissiatchnik*, ou commandant de 1,000 hommes, qui déplaisait au prince par son arrogance. Celui-ci le fit mettre à mort, et trouvant agréable la situation des villages de Koutchko, il fit entourer d'une palissade le lieu où l'on voit aujourd'hui le Kremlin, et en fit un bourg qu'on nomma Moscou, du nom de la rivière sur le bord de laquelle il se trouvait (¹).

« Cette ancienne capitale de l'empire jouit encore de la préséance sur toutes les autres villes russes; les empereurs viennent toujours s'y faire couronner: elle est aussi la résidence des familles les plus anciennes et les plus riches de la noblesse, d'une section du saint synode et d'un sénat, du grand commissariat de guerre, d'une université et de plusieurs sociétés académiques. Elle est, après Constantinople, la plus grande ville de l'Europe, puisque son enceinte est de 40 verstes, qui font 10 lieues géographiques. Mais cette étendue ne vient que de la manière dont la ville est bâtie : des maisons à un seul étage, souvent de véritables cabanes; quelques palais, avec des jardins immenses; de nombreuses chapelles et églises, voilà le bizarre mélange qui compose cette ville. Toutes les églises ont leurs nombreuses coupoles, les unes peintes en rouge ou en vert, les autres couvertes de fer-blanc ou de cuivre doré avec beaucoup de soin : ces coupoles, au nombre de plus de 1,200, sont surmontées d'une croix, avec un croissant. Qu'on se figure le spectacle singulier que doit offrir cet amas de constructions si disparates, lorsque le soleil du matin darde ses rayons sur les groupes qu'elles forment! C'est dans ce moment qu'il faut monter à la tour d'Ivane, pour prendre une vue générale de cette vaste cité.

« L'irrégularité des constructions de Moscou
» donne à cette ville un aspect étrange, qu'on
» ne pourrait trouver ailleurs : un dôme in-
» dien près d'une tour gothique, un édifice
» grec à côté d'une coupole orientale, présen-
» tent aux regards étonnés une bigarrure qui
» n'appelle pas l'admiration, mais qui pour-
» tant n'est pas sans charmes. Cette bigarrure
» est moindre sans doute aujourd'hui qu'avant
» le terrible incendie de 1812, car les maisons
» particulières, qui avaient disparu dans les
» flammes, ont été reconstruites d'après un
» système d'architecture à peu près régulier,
» mais il existe toujours dans les édifices pu-
» blics et dans les églises, auxquelles on a dû
» conserver, en les réparant, leur physionomie
» primitive. J'avais ouï dire qu'on n'aperce-
» vait plus ici de traces de la destruction : les
» personnes qui ont avancé cette assertion ha-
» sardée n'ont examiné Moscou qu'en cou-
» rant, et à travers les vitres de leurs voitu-
» res ; moi, que des investigations pédestres
» mettent à même d'observer avec plus de
» scrupules, je puis affirmer qu'il est encore
» un grand nombre de rues où, çà et là, man-
» quent des maisons, où les yeux sont attristés
» par des pans de murailles noircis, où des
» façades, élevées pour la régularité, dissi-
» mulent les vides sans les remplir. Quelque
» nombreux que soient ces vestiges d'une ca-
» tastrophe si récente, qu'on remarque à
» peine, parce qu'ils sont disséminés dans une
» grande cité, la résurrection de Moscou n'en
» est pas moins un prodige incroyable de
» patriotisme : il y a quatorze ans, cette ville
» n'offrait plus qu'un vaste amas de cendres

(¹) *Le Cointe de Laveau*, Guide du voyageur à Moscou.

» et de ruines, et maintenant, près de dix
» mille maisons sont debout(¹)! »

On comptait dans Moscou 300 églises russes, deux luthériennes, une réformée, deux catholiques romaines, une de grecs-unis, une arménienne, 29 monastères, 12,548 bâtiments, dont seulement 1,706 en briques ou pierre ; en été 250,000, et en hiver 300,000 habitants. Déjà, en 1817, cinq ans après le grand incendie, on y voyait 9,148 maisons, 6,187 boutiques en pierre, et la population en été s'élevait à 170,000 individus. Les quinze années qui ont suivi cette époque ont entièrement reporté Moscou à son ancienne population, et même au-delà(²). Les constructions en pierre ont en grande partie remplacé les maisons de bois ; les rues et les places publiques ont gagné en régularité, quoique l'ancien mélange subsiste, et quoiqu'il ait fallu conserver 2,600 bâtiments échappés à l'incendie.

Moscou est toujours composé de quatre principales parties : le *Kreml* ou *Kremlin* ou la citadelle, avec le *Kitaïgorod* ; le *Beloïgorod* ; le *Zemlenoï-gorod* et les *slobodes* ou faubourgs. Chacun de ses grands quartiers a une enceinte particulière, de telle sorte que le Kremlin et le Kitaïgorod forment un centre autour duquel les autres parties et les faubourgs s'étendent en zones. Toutes ces parties se divisent en arrondissements, dont le nombre total est de vingt.

Le *Kremlin*(³) est un polygone régulier, entouré de murailles hautes et épaisses, garnies de créneaux et flanquées d'une tour à chaque angle. Ces murailles étaient tombées en ruines lorsqu'elles furent relevées en 1485 par les architectes Marco et Pietro Antonio, que le prince Ivane Vassilievitch avait fait venir d'Italie. Ces constructions rappellent plus le style gothique que tout autre. Derrière cette enceinte sombre, ruinée en partie par les ordres de Napoléon, on trouve l'ancien palais des tsars, où résidèrent les vaillants Ivane, le généreux Michel Romanof, le sage Alexis et Pierre-le-Grand. Depuis que celui-ci eut transféré sa résidence dans les marais de la Néva, ce palais tombait en ruines ; mais Paul Ier, qui peut-être voulut y reporter la sienne, le fit réparer et rendre habitable. De ce palais, on jouit d'une vue magnifique en se plaçant sur une galerie qui entoure le premier étage. Il touche au palais impérial, et ces deux édifices, réunis au palais anguleux (*granovitaia palata*), forment un ensemble de l'effet le plus pittoresque. Le palais impérial, plus vaste que celui des tsars, a été bâti sous le règne de l'impératrice Élisabeth, et en 1817 on y ajouta un étage, afin de pouvoir y loger la cour, qui à cette époque fit un séjour à Moscou. L'intérieur est meublé avec la plus élégante simplicité, et la salle du trône est ornée de magnifiques glaces de la manufacture de Pétersbourg. Le palais anguleux est, comme le palais des tsars, un monument du quinzième siècle : il consiste en une seule salle voûtée dont les murs sont tapissés en velours, où brillent des écussons aux armes des différents gouvernements de la Russie : on y voit un trône sur lequel le souverain reçoit les autorités après son couronnement à la cathédrale. D'autres palais s'élèvent dans l'enceinte du Kremlin : celui des menus-plaisirs (*piteschnoï dvoretz*) fut bâti sous le règne du tsar Alexis Mikhaïlovitch, qui s'y faisait donner des concerts et des spectacles : son architecture est une imitation du gothique moderne. Le palais du sénat, construit sous le règne de Catherine, est un bâtiment assez vaste pour contenir l'administration du saint synode, les archives et les caisses du gouvernement, l'école de Constantin, celle d'architecture et le dépôt des vivres. Vis-à-vis de ce bâtiment se trouve l'arsenal ; il fut construit sous Pierre-le-Grand, mais il eut beaucoup à souffrir de l'explosion de 1812 ; on a rangé devant sa façade les canons abandonnés par les Français pendant la retraite de Moscou. Leur nombre s'élève à 365. On y remarque aussi une énorme pièce de 3,960 livres de calibre et pesant 79,200 livres ; elle fut fondue en 1586, par l'ordre du tsar Feodor Ivanovitch.

C'est dans l'arsenal que l'on conserve le trésor du Kremlin, qui se compose des joyaux de la couronne et d'une innombrable quantité d'objets précieux par leur valeur ou par les souvenirs qu'ils retracent. Nous ne citerons que les plus remarquables, tels que la couronne de Vladimir II, surnommé Monomaque, qui lui fut envoyée en 1116 par l'empereur Alexis Comnène ; une seconde couronne du

---

(¹) *Ancelot*, Six mois en Russie. — Paris, 1827.
(²) La statistique officielle de 1834 compte 333,260 habitants. — (³) On croit que ce nom vient du mot tatar *kremle*, qui signifie *pierre* ou *forteresse*.

MOSCOU.
(Vue du Kremlin.)

même prince, mais que les antiquaires regardent comme étant de deux siècles plus anciennes que la première; celles du royaume de Kazan, du royaume d'Astrakhan, de la Sibérie, de la Géorgie et de la Pologne; celle d'Ivane Alexiévitch, ornée de 881 diamants; celle de Pierre-le-Grand, qui en contient 847; celle de Catherine Ire, enrichie de 2,536 brillants; le globe impérial de Vladimir Monomaque, celui d'Ivane Alexiévitch et celui de Pierre-le-Grand; les sceptres des mêmes monarques, celui du dernier roi de Pologne et celui du dernier tsar de Géorgie; six trônes ayant servi à différents souverains russes; la croix de Vladimir II, l'original du code de lois d'Alexis Mikhaïlovitch, conservé dans une châsse en vermeil, la litanie de la Vierge, écrite de la main de Natalie Kirilovna, épouse de ce prince; la décoration de Saint-André que portait Catherine Ire; les montres en or des impératrices Anne et Élisabeth; une aigrette en diamants, ayant appartenu à Catherine II. Dans la salle des armures, une immense quantité d'armes et de trophées de toute espèce sont rangés par ordre de dates et de nations; on y remarque le bouclier, le glaive et le drapeau des anciens princes moscovites, insignes que l'on porte encore au couronnement et aux funérailles du tsar; les armures de plusieurs de ces princes; le casque de saint Alexandre Nevsky; le sabre de l'empereur grec Constantin; l'épée du roi Stanislas-Auguste; et le brancard sur lequel Charles XII se fit porter pendant la bataille de Poltava; le fusil, le casque et le hausse-col de l'impératrice Élisabeth; une paire de harnais complets en or pur et ornés de pierres précieuses; plusieurs selles données par le grand-seigneur à Catherine II, et dont l'une est estimée à plus de 200,000 roubles; enfin le modèle d'un immense palais que l'on avait le projet de construire dans l'enceinte du Kremlin, modèle qui est exécuté avec tant de perfection, qu'il a coûté 60,000 roubles.

Le palais du patriarche, autrefois le palais de la croix, renferme le trésor des anciens métropolitains et des patriarches; la bibliothèque de ce palais est entièrement composée de manuscrits grecs et slavons, abandonnés aux vers et à la poussière. Une dépendance de ce palais est l'église des douze apôtres.

Le *Kremlin* renferme trois basiliques. L'*Assomption* ou l'*Ouspenskoï*, sert à sacrer, à couronner, à marier les souverains. C'est dans cette église que se trouve la célèbre image de la Vierge de Vladimir, attribuée à l'évangéliste saint Luc, et dont les ornements sont évalués à 200,000 roubles. On conserve sur le maître-autel, dans une belle châsse en argent ornée de pierres précieuses, la tunique de Jésus-Christ. Dans l'enceinte de cet édifice on voit les tombeaux des patriarches. L'église de l'Archange-Michel servait de sépulture aux tsars; Pierre II est le dernier qui y ait été inhumé. Dans celle de la Vierge ou de l'Annonciation (*Blagovestchenskoï*), dont les neuf coupoles et la toiture sont presque entièrement dorées, et dont le plancher est carrelé en agates, tandis que les murs sont couverts de peintures à fresque, on conserve quatre croix dont l'une a appartenu à l'empereur Constantin. L'église du Sauveur dans les bois (*Spass na boron*) est la plus ancienne de Moscou : elle a été fondée en 1330. Il y avait, et il y a encore beaucoup de vases d'or et d'argent dans toutes ces églises. On voyait, dans la première, un lustre d'argent, donné par Catherine II; il avait 48 branches, et pesait 113 pouds, ou 3,729 livres de France : il a été perdu pendant les désastres de 1812; mais on l'a remplacé par un autre pesant 20 pouds ou 660 livres, que l'on a fait avec une partie de l'argent repris par les Cosaques pendant la retraite. On y remarque un tabernacle magnifique en or, représentant Moïse sur la montagne, mais les rayons du Père Éternel ne sont que d'argent; le tout est garni, avec profusion, de perles et de pierreries : presque tous ces trésors sont d'un goût suranné. La même enceinte renferme encore d'autres églises, remarquables par leurs dorures, et plus encore par leurs cloches, dont une entre autres, qui se voit près du clocher d'*Ivane Vélikoï* ou de *Jean-le-Grand*, est d'une grosseur énorme; on la fondit en 1654, sous le règne d'Alexis Mikhaïlovitch. Elle pesait 8,000 pouds; la tour où elle était placée ayant été réduite en cendres, en 1701, l'impératrice Anna Ivanovna fit refondre cette même cloche, en ajoutant 2,000 pouds de plus, et lui donna son nom : elle pèse donc 10,000 pouds ou 163,720 kilogrammes. L'incendie de 1737 ayant détruit le clocher pour lequel elle était destinée, on ne jugea pas à propos de replacer Anna Ivanovna, qui est restée enfoncée dans la terre jusqu'au 23 juillet 1836, que, par les soins de M. de Montferrand, architecte français, elle fut déterrée, soulevée à l'aide de cabestans manœuvrés par 600 soldats, et placée sur un piédestal destinée à la recevoir. Sa hauteur est d'environ 6 mètres et son diamètre de 6m,70. Les ornements, les portraits et les moulures en sont très soignés.

Le clocher d'Ivane Vélikoï est isolé des trois cathédrales du Kremlin. « C'est un des monu-
» ments les plus remarquables et les plus
» vénérés de Moscou ; il domine toute la ville,
» et la vue dont on jouit du haut de la galerie
» de cette tour est vraiment admirable. L'œil,
» planant sur le vaste amphithéâtre qui se dé-
» roule devant lui, erre au hasard sur cette
» forêt de brillantes aiguilles, et ne sait où se
» fixer au milieu de cette éclatante mosaïque
» de toits peints dont le soleil anime les cou-
» leurs. On prétend que ce monument fut des-
» tiné à perpétuer le souvenir d'une famine
» qui désola Moscou vers l'an 1600. Sa forme
» est octogone ; sa coupole est couverte en or
» de ducats, et la croix révérée qui la surmon-
» tait, emportée par l'armée française en 1812,
» mais abandonnée avec les bagages lors de
» la retraite, a été remplacée par une croix en
» bois revêtue de feuilles de cuivre doré. On
» compte 32 cloches dans cette tour, et c'est
» là que fut transporté le fameux beffroi de
» Novgorod (¹). » Le clocher d'Ivane Vélikoï ayant été en partie ruiné par l'explosion de la mine qui fut placée sous le Kremlin en 1812, on le reconstruisit, et on l'éleva un peu plus que l'ancien, de manière qu'on masqua en partie la belle vue dont on jouit de la galerie du clocher. Sa hauteur est de 81 mètres et celle de la coupole de plus de 10.

Les anciens fossés du Kremlin ont été remplacés par trois jardins qui s'étendent depuis la porte *Voskressenskoï* jusqu'à celle de *Troïtskoï*, de celle-ci à la porte de *Borovitskoï*, et de cette dernière au quai qui borde la Moskva. Les deux extrémités de ces jardins, qui se communiquent, sont fermées par de magnifiques grilles : ils sont dessinés à l'anglaise ; les murs et les tours du Kremlin jettent sur leur ensemble un effet pittoresque qui en fait la principale beauté ; une grotte d'une agréable fraîcheur, un restaurant placé non loin de là, un monticule gazonné d'où l'on découvre une belle vue, rendent cette promenade, pendant l'été, la plus agréable de Moscou.

Nous venons de nommer quelques unes des portes du Kremlin ; on en compte cinq : celle de *Spaskoï* est remarquable par un ancien usage qui veut que tous ceux qui la traversent se découvrent. L'origine de ce devoir est restée incertaine. La porte de *Nikolskoï*, placée près de l'arsenal, croula en partie au moment de l'explosion de 1812 ; mais, malgré la violence de la commotion, une glace placée devant l'image de saint Nicolas demeura intacte au milieu des ruines, et une inscription atteste ce fait étrange qui accroît encore, s'il est possible, dit un écrivain distingué, la confiance religieuse des Russes dans le pouvoir de ce saint, dont la seule présence a, disent-ils, préservé cette glace de la destruction (¹).

Avant de quitter l'antique forteresse de Moscou, rappelons ce que l'historien Karamsine dit de ce rempart de l'indépendance des Moscovites, si souvent compromise dans leur lutte sanglante contre les Tatars : « On re-
» trouve dans le Kremlin de grands souvenirs
» historiques. Au milieu des ruines de l'ordre
» social, on y vit germer la pensée d'une sa-
» lutaire monarchie, ainsi que la vie naît au
» sein de la mort. C'est au *Kremlin* que Dmi-
» tri Donskoï déploya son drapeau noir en
» marchant contre Mamaï, et qu'Ivane Vas-
» siliévitch foula aux pieds l'image du khan,
» à laquelle les grands princes devaient ren-
» dre hommage. La souveraineté y commença
» et s'y fortifia, non pour le bonheur parti-
» culier des princes, mais pour le salut de
» leurs peuples. C'est du Kremlin que les om-
» bres sacrées des vertueux ancêtres d'Ivane-
» le-Terrible le chassèrent quand il devint in-
» fidèle à la vertu. C'est par la porte vénérée
» de *Spaskoï* qu'entra Vassili Schouiski, te-
» nant d'une main la croix et de l'autre un
» glaive pour abattre le faux Dmitri. On mon-
» tre la place où tomba l'imposteur, en sau-
» tant par l'une des fenêtres qui se trouvent
» derrière le palais. C'est sur le parvis de l'é-
» glise de l'Assomption que le jeune tsar Mi-

(¹) *Ancelot*, Six mois en Russie.

(¹) *Ancelot*, Six mois en Russie. *Le Cointe de Laveau*, Guide du voyageur à Moscou.

MOSCOU.
(Vue de la basilique St Basile.)
MOSCOW.

» chel, nouvellement couronné, versa des
» pleurs amers, tandis que les Russes bai-
» saient ses pieds en répandant des larmes que
» faisait couler la joie. »

Le *Kitaïgorod*, c'est-à-dire la *ville chinoise*, tire son nom de ce que les caravanes chinoises y venaient jadis faire le commerce. Il forme un polygone irrégulier autour d'une moitié du Kremlin, et constitue avec lui l'arrondissement de la Cité (*Gorodskaïa*). Une muraille l'entoure, excepté du côté où il est contigu au Kremlin; six portes ouvrent des communications entre son enceinte et les diverses autres parties de la ville. Ce quartier souffrit beaucoup en 1812. Il offre l'aspect d'une foire permanente; les boutiques sont toutes sous des arcades qui décorent le frontispice des bâtiments. Les bazars sont plus riches que ceux même de Pétersbourg. On trouve encore dans le Kitaïgorod la douane et la fameuse église de la Protection de la sainte Vierge, basilique appelée vulgairement *Vassili-Blagennoï*, d'où le patriarche commençait son entrée triomphante, monté sur un cheval que le tsar lui-même conduisait.

« Ce temple est certainement l'édifice le
» plus singulier qu'ait pu créer la fougueuse
» indépendance d'une imagination sans frein;
» comme toutes les églises russes, il n'est
» point remarquable par la grandeur de ses
» proportions, et l'on en conçoit aisément les
» motifs: la rigueur du climat ne peut per-
» mettre ces vastes dimensions qui distin-
» guent les autres églises de la chrétienté; il
» en est même plusieurs en cette ville qui ont
» deux étages, dont l'un peut être chauffé.
» J'ai compté dix-sept coupoles sur le toit de
» Vassili-Blagennoï; toutes sont différentes
» par leur forme, leur couleur et leurs pro-
» portions: l'une ressemble à une boule, une
» autre à une pomme de pin, une autre à un
» melon, une autre à un ananas; le vert, le
» bleu, le jaune, le rouge, le violet, se heur-
» tent sur ces dômes bulbeux; et cette bigar-
» rure des couleurs qui couvrent tout l'édifice,
» les ornements dont il est surchargé, la
» forme bizarre de la flèche, présentent le ta-
» bleau le plus sauvage qui jamais ait offensé
» les regards. C'est cependant un architecte
» italien qui construisit cette église, en 1554,
» sous le règne et par les ordres d'Ivane, sur-
» nommé *le Terrible*, en actions de grâces de
» la prise de Kazan. Cet artiste, qui avait vécu
» en Italie à l'époque de la renaissance des
» arts, voulut-il, en se livrant à tous les écarts
» de son imagination, créer un monument qui
» fût en harmonie avec la barbarie du prince
» qui le commandait? On serait tenté de le
» penser; et certes il ne réussit que trop bien
» à plaire au farouche Ivane, si l'on doit
» ajouter foi à ce que raconte la tradition. On
» prétend que, charmé de ce prétendu chef-
» d'œuvre, le tsar fit crever les yeux à l'ar-
» chitecte pour qu'il ne lui fût pas possible de
» construire désormais un pareil temple. Sui-
» vant d'autres récits, Ivane, qui avait or-
» donné à l'artiste d'élever le plus bel édifice
» que son talent pût créer, et qui était convenu
» de prix avec lui, se serait informé, avant de
» le payer, si en recevant le double de la
» somme il ne lui aurait pas été possible de
» faire encore une plus belle chose; et, sur
» sa réponse affirmative, il lui aurait fait tran-
» cher la tête, en disant qu'il l'avait trompé,
» puisqu'il avait promis de construire un mo-
» nument que son art ne saurait dépasser [1]. »

Sur la place qui décore cette église s'élèvent, à l'extrémité opposée, les bâtiments gothiques où siègent les tribunaux, et au centre le **Monument**, beau groupe en bronze représentant le patriote russe Minine engageant le prince Pojarski à marcher pour la défense de son pays [2].

Le *Beloïgorod* ou la *Ville-Blanche*, appelée aussi Ville-du-Tsar, environne les deux quartiers précédents, et tire son nom des murs qui l'entouraient, et que remplace aujourd'hui une belle ceinture de boulevards, dont les deux extrémités aboutissent à la Moskva. Elle se divise en deux arrondissements. Presque entièrement consumée en 1812, elle est sortie plus belle de ses cendres. On y trouve le dépôt de l'artillerie, les édifices de l'université, le gymnase du gouvernement, la maison impériale des enfants trouvés, la plus vaste et la plus belle, la mieux tenue peut-être qui existe en Europe, et que l'on dut dans l'origine à la

---

[1] *Ancelot*, Six mois en Russie. — [2] On a vu à Paris, à l'exposition des produits de l'industrie qui eut lieu dans les galeries du Louvre en 1823, une copie de ce monument servant d'ornement à une grande pendule en bronze, exécutée à Paris par ordre de M. Demidoff, chambellan de la cour de Russie.

munificence patriotique de l'un des membres de la généreuse et bienfaisante famille des Demidoff; la pension des nobles, le séminaire du district, l'école des Arméniens, et l'académie médico-chirurgicale; l'hôtel du gouvernement civil, celui du grand-maître de police, celui du gouverneur général, la direction des mines et le dépôt du matériel des incendies.

Le *Zemlanoïgorod*, ou la *ville de terre*, environne le quartier précédent. Il est ainsi appelé des remparts en terre qui l'entouraient. Il avait autrefois 34 portes en bois et 2 en pierre; ces dernières seules existent. On trouve ici 96 églises, la manufacture de draps de la couronne, et l'école de commerce.

Les *slobodes*, ou les faubourgs compris dans l'enceinte de la ville, renferment plusieurs beaux édifices. Sur la rive droite de la Iaousa, nous verrons le palais impérial de la slobode, et près de cet édifice le palais Lefort, l'école des cadets, et le palais de Catherine, transformé en une caserne qui renferme plus de 7,000 hommes. Plus au nord, le palais d'Élisabeth s'élève non loin de l'immense champ de manœuvre appelé *Champ de Sokolniki*. Dans la rue des Arméniens, les regards s'arrêtent sur un tombeau dont quatre petites colonnes et deux flambeaux renversés composent tous les ornements : c'est celui de Matveef, qui, ministre intègre et fidèle ami du tsar Alexis Mikhaïlovitch, périt en 1682 victime de son dévouement en se livrant à la fureur des strelitz. La tour de Soukharef (*Soukhareva baschnia*) rappelle un souvenir du même genre : elle a été construite dans le but de rendre hommage à la fidélité du commandant Soukharef, lors de la terrible révolte des strelitz, armés contre le tsar par la tsarine Sophie, et qui tombèrent foudroyés par la puissance de Pierre-le-Grand. C'est un bâtiment massif, surmonté d'une tour octogone et percé d'une arcade. Situé sur le boulevard qui sépare le Zemlanoïgorod des faubourgs, et à l'extrémité de la grande rue de Stretinnka, il produit, malgré sa lourde architecture, un assez bel effet.

C'est dans les faubourgs que se trouvent les principaux établissements, soit militaires, soit de la couronne, soit d'instruction publique ou de bienfaisance. Ainsi, il faut ajouter à ceux que nous venons de nommer la caserne de Kamovniki, où logent plus de 3,000 hommes; celle de *Spask*, un peu moins considérable; le Grand-Hôpital militaire fondé par Pierre Ier, l'hospice Saint-André; celui des veuves, où l'on accorde des secours à plus de 600 femmes; celui du bureau de bienfaisance publique, où l'on entretient 120 pauvres d'origine noble, 660 indigents de toutes les autres classes, 70 orphelins, et une soixantaine d'élèves de la maison impériale d'éducation, affligés de maladies incurables; la maison des fous, qui renferme 160 aliénés; l'hôpital des pauvres, dans lequel 220 lits sont occupés; l'hôpital impérial de Paul, où l'on reçoit les malades appartenant au corps des marchands, à celui des bourgeois ou à celui des artisans; l'hôpital Gallitzine, la maison de charité des comtes Chérémétieff, et l'hôpital Catherine. L'institut de Sainte-Catherine occupe un bâtiment d'une belle architecture : on y élève 240 jeunes filles nobles; celui de Saint-Alexandre est destiné aux filles de marchands, de prêtres, d'instituteurs ou d'officiers jusqu'au grade de capitaine : telles sont les principales constructions de tous genres que renferment les faubourgs. L'enceinte de ceux-ci est formée par un fossé. Cinq ponts traversent la Moskva, et cinq autres la Iaousa; l'eau de ces rivières étant souvent trouble, on apportait autrefois de dehors celle qu'on y buvait. Catherine II avait commencé un grand aqueduc; mais le gouvernement a fait construire 16 fontaines qui coulent sans cesse.

Il nous reste encore quelques édifices importants à citer : le corps impérial des cadets, qui occupe la plus grande partie du palais de Catherine II; la maison d'exercice, salle plafonnée, longue d'environ 80 toises et large de 21, construite d'après les plans de l'ingénieur français Bétancourt, général au service de la Russie; enfin le grand théâtre impérial, bâtiment colossal, dont le fronton repose sur huit colonnes d'ordre ionique.

Parmi les sociétés savantes moscovites, se trouvent celle d'histoire et d'antiquités russes, celle des amis de la littérature russe, celle d'agriculture, la société physico-musicale et la société impériale des naturalistes de Moscou.

L'aspect de Moscou rappelle celui que présentent les cités asiatiques : son vaste bazar ressemble aussi à ceux de l'Asie; il se composé de 27 galeries et comprend 5,000 boutiques. Moscou est une des villes les plus commerçantes et les plus industrieuses de l'empire. En 1831 on y comptait 4,381 ateliers et 35,118 ouvriers, ainsi que 10,032 apprentis.

Moscou ne manque à aucun de ces établissements que l'amour du plaisir multiplie dans les capitales : les théâtres, les concerts, les bals, les clubs ou *casino*, les jardins publics, les montagnes russes, tant en bois qu'en glaces, tout ce qui amuse les Russes se trouve ici réuni ; mais comme on ne pense guère aux étrangers, les auberges sont médiocrement tenues. On vante au contraire les bains publics. Cette cité renfermait, en 1835, 784 rues, 9,904 maisons, 21 couvents, 273 églises, 71 hospices, 7,566 boutiques, 244 restaurants, 26 auberges, 476 hôtelleries, 135 marchands de vin, 115 boulangers, 251 forges, 1,853 jardins, 321 étangs, 275 puits publics, 4,090 puits particuliers, 260 fabriques, et 7,598 lanternes.

« Le climat de Moscou est plus sain que
» celui de la plupart des autres capitales de
» l'Europe : cette ville étant située sur un
» plateau assez élevé, et la largeur des rues
» offrant, ainsi que le peu d'élévation des
» maisons, une libre circulation à l'air, les
» vents enlèvent facilement les miasmes qui
» peuvent s'en exhaler. La police veille d'ail-
» leurs avec beaucoup de soin à l'entretien de
» la propreté dans la ville, et n'y permet
» point le long séjour des immondices. Il
» n'existe point à Moscou de maladies endé-
» miques, et celles qu'on pourrait considérer
» comme telles ne sont qu'un effet du climat
» ou une suite du genre de vie des habitants.
» Dans le *Kitaïgorod*, qui est le quartier
» marchand, le terrain est très ménagé, tan-
» dis que dans les autres parties de la ville
» les maisons sont très espacées et possèdent
» presque toutes une cour, et souvent même
» un jardin. La plupart des maisons n'ont
» qu'un étage, et plusieurs même n'ont que
» le rez-de-chaussée ; et cela tient à ce que
» la plupart du temps elles sont bâties par des
» propriétaires qui veulent en faire leur de-
» meure, plutôt que par des spéculateurs qui
» voudraient multiplier les loyers : il en ré-
» sulte pour Moscou un luxe de terrain et un
» air de richesse qui ne se remarquent pas
» dans les villes où la population est entassée.
» On est étonné de la grandeur de plusieurs
» édifices qui ornent Moscou, quand on con-
» sidère la rareté des matériaux qui sont à sa
» disposition, et sans lesquels il semble qu'il
» soit difficile de faire des constructions d'une
» solidité à l'épreuve des siècles. Presque
» toutes les bâtisses se font en briques, et
» pour fondements on emploie une pierre cal-
» caire et molle qui vient de Metchkova, situé
» à quelques lieues de la capitale, ou une
» pierre grisâtre et siliceuse qu'on retire, à
» dix verstes de Moscou, des carrières de
» Tartarova, qui sont à peu près épuisées.
» Le pavé est un cailloutage qui exige de fré-
» quentes réparations, et c'est le lit de la
» Moskva qui fournit en grande partie les
» pierres qu'on y emploie (¹). » Telle est la vraie capitale de la nation russe, la ville sainte de Moskva, la « nouvelle Jérusalem terrestre » de l'Église gréco-russe.

Quelques villes et bourgades du gouvernement de Moscou méritent d'être nommées ; de ce nombre sont *Dmitrof*, avec de nombreuses fabriques et 3,000 habitants qui ne remplissent pas sa grande enceinte, comprenant des jardins et des champs ; *Verbitz*, avec une fabrique de porcelaine qui occupe 200 ouvriers ; *Kolomna*, ville de 6,000 âmes, bâtie sur une hauteur baignée par la Moskva, renommée par ses grandes fonderies de suif, ainsi que par sa *postilla* ou gelée de pomme : elle est entourée d'une haute muraille en briques, flanquée de 14 tours. On y amène annuellement plus de 25,000 bœufs dont on prépare la chair pour l'expédier salée à Moscou et à Pétersbourg. *Serpouhkof*, jolie petite ville, sur la rive gauche de la Nara, possède des manufactures de toiles à voiles et huit tanneries ; *Véréia*, qui renferme 4 à 5,000 habitants, fait un commerce étendu ; *Mojaïsk*, ville détruite en 1812 par suite de la bataille de la Moskva, s'est relevée plus jolie ; sa forteresse a été reconstruite. Mais il y a un objet plus digne de notre attention ; c'est le célèbre monastère appelé *Troïtskoie - Monastire*, et que l'on nomme ordinairement *Sviato-Troïtskaïa*, *Sergueiéva-Lavra*, c'est-à-dire *le Laurier* ou *la Couronne de saint*

(¹) *Le Comte de Laveau*, Guide du voyageur à Moscou.

Serge, sous l'invocation de la Sainte-Trinité. Il est éloigné de Moscou d'environ 60 verstes, au nord. C'est un des lieux de pèlerinage les plus célèbres de la Russie : en tout temps il est fréquenté. Les moines y ont fait construire, dans ces dernières années, des hôtelleries pour les pèlerins, qui y affluent principalement dans la belle saison. Les murs d'enceinte ont plus d'une verste en pourtour, 5 toises de hauteur et 8 à 9 pieds d'épaisseur. Il règne en haut deux galeries couvertes en briques, avec des arcades, d'où l'on jouit d'une vue superbe. Les Polonais ont fait en vain pendant deux ans le siége de ce couvent. Il renferme 9 églises, de grands bâtiments pour les moines, des jardins, un palais que Pierre Ier y fit bâtir, et qui a été augmenté par Elisabeth. Hors de son enceinte, on compte 5 églises et 1,000 maisons qui dépendent du couvent. Ce monastère est regardé comme le premier de l'empire; il était autrefois composé de 300 moines qui comptaient sous leur dépendance 106,000 paysans, d'autres disent même 130,000. Il avait plus de 1,200,000 livres de revenu. Aujourd'hui, après ce qu'on appelle l'*expoliation du clergé russe*, le nombre des moines est réduit à 100 : on leur a assigné un revenu de 20,000 roubles d'argent (80,000 francs), et 100 paysans pour le service de la maison. La *Nouvelle-Jérusalem*, ou le couvent de *Voskressenskoïe*, mérite également d'être vu; il est bâti sur le modèle de l'église du Saint-Sépulcre à Jérusalem, et non pas sur celui du temple de Salomon, quoi qu'en ait dit un voyageur.

Les autres villes que l'on pourrait citer sont : au sud de Moscou, *Bronnitsy*, où la couronne entretient un haras; *Podol* ou *Podolsk*, où l'on voit une fabrique de soieries ; à l'ouest, *Zvenigorod*, dominée par une sorte de kreml; *Rouza*, défendue par une forteresse; au nord-est, *Volokolamsk*, où l'on trouve une cathédrale et des tribunaux ; et au nord la petite cité de *Klin* ou *Kline,* chef-lieu de district sur la route de Moscou à Pétersbourg.

« Le gouvernement de *Vladimir*, à l'est de celui de Moscou, présente à peu près le même sol, le même climat, les mêmes productions ; il fournit des grains et du poisson à la capitale. Le jardinage y fleurit, et cependant le peuple vit en plusieurs endroits de champignons, qu'il fait sécher et saler pour l'hiver.

Les rivières de *Kliazma* et d'*Oka* traversent cette province, et la mettent en communication avec le Volga. L'Oka charrie des paillettes d'or et d'autres métaux.

» *Vladimir* ou *Volodimir,* ville autrefois très considérable, qui, pendant quelque temps, eut ses grands ducs particuliers, fondateurs de Moscou même, est maintenant fort déchue, malgré son archevêché et ses vingt-cinq églises. Les principaux édifices qu'elle renferme sont la cathédrale, dans laquelle on conserve des armures du treizième siècle; la porte d'or, ainsi nommée on ne sait pourquoi, puisqu'elle est en pierre de taille; et le palais archiépiscopal, dont l'intérieur renferme un séminaire pour plus de 150 élèves. Les habitants ne tirent que peu d'avantages de leurs manufactures de cuir; ils cultivent beaucoup de cerises et de concombres pour Moscou. A 6 verstes de cette ville, est un ruisseau appelé *Svoungir;* il charrie beaucoup de cailloux et de pierres, parmi lesquels on rencontre de fausses topazes et des boules d'un jaspe argenté. *Souzdal*, résidence des souverains avant Vladimir, possède encore un vieux *kreml* ou château-fort qui tombe en ruines. Il y a des fabriques de toiles et de draps. On parle dans la ville et les environs un dialecte mêlé de beaucoup de mots d'une langue inconnue. Ses environs sont couverts de vergers qui produisent d'excellentes cerises, en si grand nombre, qu'elles forment une branche de commerce considérable. *Pereslavl*, dit *Zaleskoï*, c'est-à-dire *au-delà des bois,* ville de 2,500 habitants, avec des fabriques de toiles, de soieries et de cuirs, est située sur le lac *Plestchiéïvo*, où Pierre-le-Grand entretenait deux frégates pour s'exercer à la navigation. *Mourom* ou *Mourome*, sur l'Oka, ancienne résidence des princes des Mordouins, compte 5,000 habitants et possède des manufactures de cuir et de toiles et plusieurs savonneries. A 25 verstes de Mourome, on trouve de riches mines de fer, et à 60 verstes on rencontre de puissants filons d'albâtre, qui s'étendent jusqu'à Nijni-Novgorod. Le canton de *Dratchevo* comprend 16 grandes verreries et plusieurs autres fabriques ([1]). » A dix lieues au sud-est de Mourome, *Melenki* possède une belle verrerie et

---

([1]) *Éphémérides géographiques* de Weimar, XX, pag. 225.

des forges importantes. Sur la route de Vladimir, *Soudogda*, qui n'a que 1,100 habitants, est remarquable par la belle église que Catherine II y fit bâtir à ses frais. A l'ouest du chef-lieu, on voit *Pokrof,* qui ne subsiste que par la dépense qu'y font les voyageurs qui parcourent la route de Moscou ; *Alexandrof* possède un haras impérial. Au nord-est et à l'est, la misérable ville de *Kovrof* est entourée de forêts ; *Chouïa* fournit un grand nombre de marchands-colporteurs qui parcourent tout l'empire ; *Viazniki* est une jolie petite ville où l'on fabrique beaucoup de toiles ; à *Gorokhovetz,* les femmes font un fil que l'on estime autant que celui que l'on apporte de Hollande.

» Ce gouvernement renferme des forges et des usines, mais l'agriculture n'y fleurit guère. Deux vaches ou bœufs, un ou deux petits chevaux, six à huit brebis, voilà ordinairement toute la fortune d'un paysan de la noblesse ; les serfs de la couronne ont quelquefois le double. Les écuries sont en si mauvais état, que souvent, lorsque la vache ou la jument a mis bas, le paysan se voit obligé de loger la mère avec le poulain ou le veau dans sa propre et unique chambre. L'usage que l'on fait dans les environs de Mourome, et jusqu'à Arzamas, de la centaurée de Sibérie, est très remarquable. On choisit les feuilles les plus larges de cette plante, et on les fait sécher : dès qu'on reçoit une blessure, on bat ces feuilles, revêtues d'un tissu cotonneux, jusqu'à ce que l'intérieur en soit aplati ; alors on applique la feuille sur la plaie, qu'elle cicatrise et guérit en peu de temps.

» Le lac *Poganovo,* qui paraît avoir été formé par un éboulement, porte quelquefois des îles flottantes, composées de terres tourbeuses, et qui ne s'élèvent à la surface qu'après des tempêtes (¹).

» La situation plus septentrionale du gouvernement d'*Iaroslavl* y rend le climat plus rigoureux que dans la province précédente. Le sol, qui n'est que d'une fertilité médiocre, ne donne pas des récoltes abondantes en grains ; le lin y réussit mieux, et l'art du jardinage, poussé très loin, fournit à l'exportation ; mais on en expédie annuellement pour 30,000 roubles de poisson à Pétersbourg et à Moscou.

Les habitants de la campagne s'entretiennent par leur industrie domestique en faisant des bas, des bonnets et d'autres objets en laine et en lin. Beaucoup d'individus émigrent temporairement dans d'autres provinces, où ils servent comme jardiniers, voituriers, bateliers, ou comme ouvriers.

» *Iaroslav* ou *Iaroslavl,* sur le Volga, est une des villes les plus industrieuses de l'empire ; avant l'incendie de 1768, elle avait 6,100 maisons, 84 églises et 21,000 habitants : aujourd'hui elle compte 6,800 maisons, 64 églises, dont 44 en pierre, et 24,000 habitants. L'un de ses trois couvents, le *Syraskoï,* conserve les corps du prince Fœdor Koteslavitchle-Noir et de ses deux fils, dont le premier a été canonisé. Les manufactures de toiles, de soieries et de cuirs maroquinés, sont très florissantes. Un seul établissement où l'on fabrique du linge de table occupe plus de 5,000 ouvriers. Il s'y tient deux foires annuelles. Le commerce d'Iaroslavl consiste en toiles, cuirs, huile de chènevis et autres objets qu'on exporte pour Pétersbourg. Ses environs sont couverts de jardins qui produisent d'excellents légumes. L'école des sciences, fondée et richement dotée par un des illustres Demidoff, jouit de l'égalité de rang avec les universités. On remarque sur la grande place de cette ville un monument élevé par ses habitants à la mémoire de ce Demidoff.

» *Rostof,* sur le lac du même nom (¹), où Pierre-le-Grand préludait à ses victoires navales, possède, avec des fabriques de toiles, de vitriol, de minium et autres, une foire annuelle où il se fait de grandes affaires ; il a près de 6,000 habitants. Ce fut long-temps la capitale d'un grand-duché particulier. Le couvent de Saint-Jacques y attire de fort loin un grand nombre de dévots. *Ouglich,* sur le Volga, avec 8,000 habitants, des fabriques de cuirs, de savon et de papier, fait encore un grand commerce. Cette ville renferme 25 églises, une école pour les ecclésiastiques, une autre pour les orphelins, et 3 hospices pour les pauvres. *Rybinsk* a des fonderies de suif, des fabriques de toiles et de cuirs. *Romanof-Borissoglebsk* fait beaucoup d'ouvrages en fer, surtout des chaudrons. *Veliki-*

(¹) *Lepekhin*, Voyage cité par *Georgi*.

(¹) Il s'appelle aussi *Nero,* mot qui en grec moderne qui signifie *eau.*

Selo, ou *le grand village*, produit des papiers de tenture; on y compte cependant plus de 50 manufactures en différents genres et 32 tanneries. »

Cette industrie active diminue dès qu'on entre dans les belles forêts du gouvernement de *Kostroma*, où le tilleul prospère le long des bords de la Vetlouga, tandis que les pins et les bouleaux ombragent les rives un peu plus sauvages de l'*Ounja*. Le climat éprouve un refroidissement notable lorsqu'on s'avance vers l'est. La population y exerce les mêmes genres d'industrie domestique que dans le Iaroslavl, mais l'émigration est plus forte.

Les habitants de *Mychkine*, ou *Mouichekine*, sur les bords du Volga, doivent leur aisance au commerce que leur procure la navigation du fleuve. Il en est de même de ceux de *Mologa*. Les femmes et les enfants cultivent les terres des absents. *Kostroma*, entourée de remparts de terre qui ont été depuis peu convertis en promenades, fait de bons cuirs maroquinés, du savon et des toiles. Cette ville compte 9 à 10,000 habitants, si l'on y comprend plus de 3,000 ouvriers employés dans 13 manufactures de toiles et 12 fabriques de cuirs. On distingue encore *Galitch*, sur un lac du même nom, avec 4,000 habitants, et *Makarief-sur-l'Ounja*, qui diffère de Makarief sur le Volga. Les autres villes que l'on peut citer sont *Nerekhta*, qui fait un grand commerce de toiles; *Plessa*, qui renferme deux filatures; *Kinechma*, où l'on voit cinq grandes manufactures de toiles; *Varnavine*, entourée de forêts, et qui fabrique et exporte une grande quantité de vaisselle de bois; l'industrie qui la distingue rivalise avec celle de *Vetlouga*.

» Nous arrivons dans une des plus belles provinces de la Russie, celle peut-être que la nature destine, plus encore que Moscou, à devenir le centre de l'empire. Des collines agréablement variées, des saisons régulières et assez tempérées, un sol fertile quoique sablonneux, de belles forêts de chênes et de tilleuls, des récoltes suffisantes, du blé, de bon bétail, du poisson, du gibier, des volailles estimées, des abeilles, des salines, quelques carrières de plâtre et de marbre, une industrie très active qui entretient plus de 300 manufactures, une position heureuse pour le commerce intérieur, voilà les avantages par lesquels se distingue le gouvernement de *Nijni-Novgorod*. L'Oka, qui nourrit les *sterlets* les plus gros de toute la Russie, se réunit ici au Volga. A la gauche du fleuve, une chaîne de collines littorales porte le nom de *Balaklanova-Gora;* elle est boisée et cultivée jusqu'au sommet, qui n'a que 500 pieds au-dessus du niveau de la mer. Les environs de la rivière de *Piana* offrent des roches calcaires remplies de cavernes assez grandes; la rivière elle-même répond à son nom, qui signifie *ivre*, par des mouvements irréguliers qui paraissent résulter de la disparition des eaux dans les cavités des roches calcaires. Le lac *Tilenina* est souvent absorbé dans un abîme; mais les objets qu'on y jette reparaissent dans le ruisseau de *Vad*. Dans le lac *Mandevskoï*, les poissons disparaissent souvent à l'approche des filets et se cachent probablement dans des cavernes (¹).

» Arrêtons-nous à la position pittoresque de *Nije-Gorod*, plus complètement *Nijni-Novgorod*, c'est-à-dire *basse-nouvelle-ville*, pour la distinguer de l'ancienne Novgorod, qui est aussi connue sous l'épithète de *veliki*, ou grande. Lorsque de cette dernière ville on va à Nijni-Novgorod, il faut descendre le Volga; voilà l'origine du nom. Cette ville renferme 3,700 maisons et 20,000 habitants. C'est un des principaux entrepôts du commerce intérieur; sa position centrale entre le nord et le midi de la Russie d'Europe, le voisinage des mines de Permie, la navigation sur le Volga et l'Oka, qui y confondent leurs eaux, attirent ici les négociants. On y trouve des corderies, des fonderies de suif, des brasseries, et beaucoup d'ouvriers en fer et en cuivre. Il y arrive annuellement 3,000 barques, montées par 70,000 *bourlaki*, ou bateliers. Le kreml de cette ville renfermait deux cathédrales dans lesquelles étaient inhumés les anciens souverains du pays. Dans celle de la Transfiguration, on voyait, au milieu des tombeaux des archevêques, celui du célèbre Cosme Minine Soukhoroukoï, qui offrit tous ses biens, ses enfants et lui-même pour la défense de la patrie opprimée par des usurpateurs et déchirée par l'anarchie, et qui eut le bonheur de réussir avec l'aide du prince Dmitri Pojarski. Pierre-le-Grand honora ses

(¹) *Lepekhin* et *Pallas*, cités par *Georgi*, Descript. de la Russie, I, 276.

mânes en visitant le tombeau de ce grand citoyen, qui donna un si bel exemple de dévouement patriotique. Alexandre fit plus encore, en faisant ériger dans cette ville un obélisque en syénite de Finlande, haut de 24^m35, dont le piédestal est orné des bustes de Minine et de Pojarski. Malheureusement ce beau monolithe fut brisé lorsqu'on le transporta sur l'emplacement élevé qu'il occupe; il fallut en rejoindre les trois fragments.

Ce qui donne surtout à cette ville une grande importance, c'est la foire qui s'y tient depuis l'an 1817, époque à laquelle Makarief, où elle était établie depuis 1524, s'en trouva privée par suite d'un incendie. Cette foire, qui commence le 1er juillet et se termine le 1er août, a pour emplacement une presqu'île formée par l'Oka, le Volga et le lac Mechtcherskoié; on y compte 2,500 boutiques, et il s'y rassemble plus de 200,000 individus; il s'y vend pour plus de 140,000,000 de francs de marchandises russes et de divers pays de l'Europe, ainsi que de produits de la Chine, de la Boukhârie, de l'Arménie, de la Perse, etc., et surtout de denrées coloniales.

» La seconde ville du gouvernement est *Arzamas*, avec 7 à 8,000 âmes. Quoique sale et mal bâtie, elle se distingue par l'industrie et l'aisance de ses habitants; elle n'est presque entièrement habitée que par des fabricants de savon, des teinturiers en bleu et des cordonniers. Les teinturiers en bleu sont les plus occupés de tous, parce que la toile bleue (*kraschennina*) est, de toutes les étoffes, celle dont les femmes russes font le plus d'usage. Il y a ici une fabrique de potasse appartenant à la couronne. Il y a dans la province des districts entiers dont les forêts sont assignées pour fournir à la consommation de bois que cette fabrique exige. On choisit pour cet usage des bois durs, parce qu'on suppose que ces bois rendent plus de potasse que ceux qui sont tendres. C'est, comme Storch l'observe avec raison, une des causes de la ruine des forêts. Parmi les autres villes, on peut remarquer, à 50 lieues au sud du chef-lieu, *Potchinki*, que l'on prononce *Potchineki*, ville très industrieuse, de 5,000 habitants, et, à 6 lieues au nord, *Balakhna*, avec des sources salées qui fournissent à plus de 50 chaudières. Mais nous devons distinguer comme un objet plus curieux encore *Pavlova*, sur l'Oka, village de 6,000 habitants, presque tous forgerons. Ils font en fer tout ce qu'on peut nommer : ciseaux, couteaux, sabres, fusils à vent, limes, rabots, mais surtout des serrures, ou cadenas d'une petite dimension et d'une finesse extrême; on les exporte en Asie, où ils se vendent un rouble la pièce. *Pogost*, autre village, compte 3,000 habitants, tous adonnés à la fabrication des armes. Près de *Barnunowa*, on voit, dans une montagne d'albâtre gypseux, une caverne assez remarquable. »

Sergatch, *Loukoïanof*, *Ardatof*, *Gorbatof*, *Sèménof* et *Perevoz* sont six petites villes sans industrie : leurs habitants se livrent seulement à l'agriculture. *Kniaginine*, ville de 2,000 âmes, renferme des tanneries.

« La population de ce gouvernement, qu'on évalue à 1,380,000 individus, comprend 60 à 70,000 Tchouvaches et Mordouins, peuples dont nous avons déjà tracé le caractère.

» Le gouvernement de *Pennza*, arrosé par la Soura et la Mokcha, renferme beaucoup de terrains fertiles, mais peu d'objets remarquables. Le sol est généralement noir et gras. Les chênes et les noisetiers peuplent les forêts. L'agriculture est la principale occupation des habitants, qui forment un total d'un million, sur lequel il y a 40,000 Mordouins et 21,000 Tatars. L'industrie consiste surtout en tanneries, verreries, fabriques de potasse et distilleries d'eau-de-vie. Il y a aussi des haras considérables; une variété de chevaux à poil blanc très fin porte pendant l'hiver presque autant de laine que les moutons ([1]). Les femmes mordouines savent teindre les étoffes en couleurs solides, tirées de plantes indigènes, entre autres la garance sauvage, le genêt et la sarrette qu'on emploie contre les hernies.

» A *Insara*, on fabrique plus de 100,000 kilogrammes de chaudrons de fer destinés à l'usage des Kalmouks, des Tatars et des habitants de la Petite-Russie. Le minerai abonde encore dans d'autres parties du gouvernement. La manufacture de tapisseries de hautelice à *Issa* ou *Ista* donne des produits audessus du commun. La ville de *Pennza* se présente très bien sur une hauteur baignée

---

([1]) *Pallas*, Voyages, I, pag. 132.

par la Soura; ses habitants, éminemment commerçants, sont au nombre de 11,000, et leurs boutiques, bien garnies, annoncent un trafic lucratif; mais les maisons et les édifices sont en bois, jusqu'au palais du gouverneur et à celui des tribunaux. Dès qu'on a passé la Soura, en allant vers l'est, on traverse d'épaisses forêts où la *brassica oleracea* croît spontanément sur les rives sablonneuses du fleuve. Dans le nord du gouvernement on distingue *Saransk*, avec 8,000 habitants, fabricants de savon ou tanneurs, et *Krasno-Slobodsk*, avec d'immenses distilleries d'eau-de-vie. Les autres villes que nous pouvons nommer sont *Kerensk*, dans une contrée fertile; *Nijnei-Lamof*, où il se tient tous les ans une grande foire le 8 juillet, jour de la fête de Notre-Dame de Kazan; à 3 lieues au sud-ouest, *Verkhni-Lamof*, ville de 5,000 âmes, et à l'est *Mokchansk*, de la même population.

» Dans le gouvernement de *Tambof*, la partie méridionale a le sol gras, des bois de chênes et de frênes, de bons pâturages, tandis que vers le nord, le sol, plus maigre, se couvre de pins, de bouleaux, d'aunes et de tilleuls. La pente générale de ces plaines ouvertes étant vers le nord, la température est plus froide que la latitude ne le promettait. Les fièvres, assez fréquentes, sont attribuées à la consommation prématurée des melons d'eau (¹). Les récoltes suffisent, et on exporte des bœufs gras; mais divers produits naturels restent négligés, entre autres le kermès (ou cochenille polonaise), commun sur les chênes, et les mouches cantharides, qui abondent sur les frênes. Sur une population de 1,500,000 individus, la province compte plus de 300,000 *odnodvorzi* ou cultivateurs libres, propriétaires de leurs fermes. Il y a ici des Petits-Russes, des Mordouins et des Tatars; ces derniers se distinguent par leurs bonnes mœurs, leurs lumières et leur aisance relative (²). L'industrie manufacturière fournit des eaux-de-vie, des draps communs, des toiles et divers objets en fer. Les diverses forges appartenant à la famille Bataschef produisent 120 à 130,000 *pouds* de fer. Les ruches d'abeilles sont très bien soignées dans le district de Kadom. On exporte des farines, des bestiaux, des peaux, de la cire, des barques pour la navigation des rivières. La principale et la plus commerciale est la *Mokcha*, qui vient de Pennza, et qui reçoit la *Tzna*, venant des steppes au sud de Tambof; leurs eaux réunies s'écoulent dans l'Oka.

» *Tambof*, quoique peuplée de 20,000 habitants, n'est pas très commerçante. Elle expédie des laines, des cuirs, du suif et de la viande à Moscou et à Pétersbourg; on y a établi, dans ces derniers temps, une manufacture de draps. Au sud de cette ville s'étend une *steppe* ou plaine non cultivée, où fourmillent des espèces de marmottes. *Kozlof*, avec 14,000 habitants, a plus de manufactures et de commerce; il ne faut pas confondre cette ville avec le Kozlof, autrement l'Eupatorie de la Krimée; elle est située sur le Voroneje, affluent du Don, qui a un cours assez rapide, indice de l'abaissement du plateau. Mais les provinces plus méridionales, telles que celle de Tambof, ont peu besoin de ses produits. *Morchansk*, sur la Tzna, et *Ielatma* ou *Ielatom*, sur l'Oka, sont les deux principales places de commerce du côté du nord. »

Temnikof, avec 6,000 habitants, fait le commerce des blés; *Chatsk*, dont les anciennes fortifications ont été élevées pour la protéger contre les Tatars, est plus peuplée. *Spask* est sans aucune importance. A l'est de Tambof, *Kirsanof* est peuplée de cultivateurs; au sud-ouest, *Ousman*, que l'on prononce *Ousmane*, au bord d'une petite rivière du même nom, qui en tatar signifie *beauté*, est sur un territoire qui renferme des mines de fer. Enfin, au sud de Tambof, *Borissoglebsk* n'est qu'une petite ville de 2,000 âmes. On a établi à *Lebediane*, petite ville où se tiennent annuellement quatre foires de bestiaux, une société pour la course des chevaux. *Lipetzk* ou *Lipetsk*, peuplée de 6,000 âmes, a dans ses environs des sources thermales très fréquentées.

» L'uniformité des plaines centrales cesse un peu dans le gouvernement de *Riaizan*; pourtant les districts situés au sud de la capitale offrent dans leur sol fertile en grains peu de variétés pittoresques. Les collines agréables, les coteaux ombragés, les vallées abritées, ne commencent que sur les bords de l'Oka. Plus au nord, la contrée prend un ca-

(¹) *Guldenstedt*, cité par *Georgi*. — (²) Description du gouvernement de Tambof, dans *Busse*, Journal de statistique, tom. VII, cah. 1.

ractère agreste; de vastes forêts entourent les lacs nombreux et en partie considérables du district de *Iegoriefsk*, et dont la rivière de *Pra* conduit les eaux dans l'Oka. L'agriculture, principale ressource, produit 5 à 6 millions de *tchetvertes* de céréales. Parmi les grains cultivés, on nomme l'orge d'Egypte (*hordeum nudum*). C'est dans la partie du milieu que fleurit la culture des pommes et des cerisiers; on compare les pommes *riaisanki* aux *borstorphes* de l'Allemagne (¹). Le jardinage est soigné, et les paysans exportent pour Moscou des têtes de choux pesant de 35 à 40 livres. Le houblon, les concombres, la cire, entrent dans les exportations rurales. Les paysans fabriquent chez eux des draps, des toiles, des bas pour leur usage, et même pour celui des provinces voisines. On prend dans l'automne une énorme quantité de cailles qui, étant salées, sont exportées dans des tonneaux. Que n'en fait-on des *pâtés* et des *terrines*? Dans le nord de la province, le chanvre et le lin prospèrent; on voit des villages entiers occupés à faire du fil et des toiles.

« Sur une population d'environ 1,300,000 individus, on ne trouve que 150,000 paysans libres; mais les paysans serfs vivent dans une aisance relative. On trouve quelques Mordouins et 2 à 3,000 Tatars, dont les plus riches, au nombre de 500, demeurent à *Kacimof*, ancienne capitale d'une principauté tatare, aujourd'hui ville commerçante de 6,000 âmes. Les Tatars occupent la ville haute, où ils ont une mosquée; ils font surtout le commerce de pelleterie et les affaires de cette peuplade laborieuse, honnête et considérée. La montagne sur laquelle est située Kacimof est calcaire, ainsi que les bords de l'Oka; cependant toute la ville est bâtie en bois et pavée en tronc d'arbres. Les anciens Tatars avaient mieux profité des avantages que présente le sol; on y voit les restes de plusieurs édifices en pierre, tels que le palais des rois, une tour qui servait de beffroi, une mosquée. Le cimetière renferme un grand mausolée élevé à la mémoire du terrible Khan Chagali, mort en 1520. Cette ville se nommait anciennement Gorodetz: ce fut un prince tatar, appelé Kacim, qui lui donna son nom et en fit la capitale de son petit royaume. »

Riazan ou *Riaizan*, quoique capitale et ancienne résidence d'une dynastie de grands-ducs, n'a rien de distingué; c'est une ville mal bâtie, de 9,000 habitants; mais aussi l'on n'est pas sûr que l'ancien Riaizan, détruit par les Tatars, ait été situé au même endroit. La forteresse, dont il reste encore un rempart de terre, renferme trois cathédrales, deux couvents, trois églises en pierre et le palais archiépiscopal, qui est l'ancien palais des princes de Riaizan. Hors de la forteresse, on voit 14 églises et un séminaire qui renferme une bibliothèque et une belle horloge. Le tribunal occupe un très beau bâtiment. L'Oka coule à une verste de Riaizan, et au printemps, lorsqu'elle se déborde, elle monte jusqu'à la forteresse, où elle se réunit au Troubije, qui n'est qu'un de ses bras. La ville actuelle, probablement bâtie au quinzième siècle, portait d'abord le nom de *Pereiaslawl-Riaizanskoï*. Selon Olearius, elle était à huit lieues de l'ancien emplacement; mais on ne sait de quel côté prendre cette distance; peut-être la vieille cité s'élevait-elle au confluent de l'Istra et de l'Oka (¹). Quelques *saga's* islandais de la classe romantique semblent mentionner Riaizan sous le nom de *Risa-land* ou *Rysa-land*; mais ce nom, dans sa véritable acception ancienne, est un terme de mythologie, et signifie pays des géants.

Les autres villes du gouvernement, à l'exception de *Iegoriefsk*, passent pour considérables : *Zaraïsk*, avec son *kreml* qui subsiste encore, renferme 6,000 habitants : une image miraculeuse de saint Nicolas y attire beaucoup de pèlerins; *Mikhaïlof*, un peu plus peuplée, conserve quelques restes de la muraille de bois qui entourait la ville; *Pronsk* est environné de faubourgs peuplés de vieux soldats; à *Skopine* on travaille parfaitement le cuir maroquiné appelé *iouft* ou cuir de Russie; on voit dans ses environs, couverts de pâturages, un grand haras appartenant aux gardes à cheval; *Sapajok* possède une manufacture de draps; toutes ces villes ont à peu près la même population, mais *Riajsk* et *Oranienbourg*, appelé aussi *Ranienbourg*, n'ont que 2 à 3,000 âmes.

« C'est dans une plaine uniforme que s'étend le gouvernement de *Toula;* et cette plaine, pour faire excuser son aspect monotone, n'a pas même le mérite d'une grande fertilité; car lorsque nous aurons dit qu'il y vient beaucoup

---

(¹) *Postoph*, chez les écrivains agronomes français.

(¹) *Olearius*, Voyage en Moscovie, pag. 273.

de seigle, de blé sarrasin, de millet, un peu de froment; que le jardinage produit des pommes, des cerises, des choux, des pois-goulus, des concombres; que les forêts contiennent tous les arbres communs à la Russie centrale, mais en faible quantité: que les abeilles, nourries de la fleur de tilleul et de sarrasin, donnent de bon miel; que les oiseaux chantants sont apprivoisés, instruits et exportés en assez grand nombre; enfin, que la chasse et la pêche sont peu productives, nous n'aurons rien omis de ce qu'il y a de plus remarquable dans ce petit royaume. Mais cette plaine monotone est cultivée avec beaucoup d'assiduité, et même avec beaucoup de soin, par une population nombreuse de serfs laborieux, dociles et obéissants, tant qu'ils sentent le joug peser sur leurs épaules, mais qui sont portés à une résistance violente, et même à des rébellions, s'ils ont affaire à des maîtres doux et humains, dont la bonté leur paraît faiblesse. On reconnaît à ces traits les restes d'une race finnoise qui a peuplé au moins la partie méridionale; effectivement, depuis Toula jusqu'à Voroneje, un voyageur instruit a observé « que les paysans avaient des che-
» veux blonds et lisses comme ceux de la Fin-
» lande; qu'ils ont aussi le teint blanc, et ne
» ressemblent ni aux Russes, ni aux Cosaques,
» ni aux Polonais (¹). » Nous pensons que c'est une branche des *Viœtiches*, peuples finnois, dont le principal établissement était dans le gouvernement de Koursk, mais s'étendait aussi à travers celui d'Orel jusque vers Toula. Cette nation, en la supposant même peu avancée en civilisation, a dû cependant compter près d'un million d'individus. L'État souverain qu'elle formait fut subjugué par les Russes de Kief, qui forcèrent les habitants indigènes à adopter la langue russe. »

La vue de *Toula*, de dehors, est une des plus agréables de la Russie; ses nombreux dômes, ses édifices de craie, les arbres qui les ombragent, forment un ensemble animé; et, lorsqu'on entend le bruit des manufactures, on sent qu'on va entrer dans une ville active et industrielle; mais les rues courbes, mal pavées, garnies de maisons en bois, diminuent cette impression. Cependant c'est une des plus belles villes de la Russie centrale. Pierre Ier y établit une manufacture d'armes, que l'on peut regarder comme l'une des plus considérables de l'Europe : elle emploie 7 à 8,000 ouvriers. Les ouvrages sont, en général, d'une qualité médiocre. A cet établissement on a réuni un arsenal pour l'armement de plus de 100,000 hommes. On compte à Toula 40,000 habitants; il y a un théâtre, et les rues sont éclairées le soir. On y trouve 26 églises, 6 chapelles, 11 hospices, 2 pharmacies publiques, un lazaret, un gymnase, une école appelée *École Alexandre* en l'honneur de son fondateur, et instituée en faveur de la noblesse peu fortunée, une maison d'enfants trouvés, 4 ponts en pierre et 5 en bois; un bazar renfermant 300 boutiques en pierre et 400 en bois, 106 rues, 34 forges et 32 cabarets. Le commerce consiste en partie dans l'importation des vins grecs et des productions du Levant dans le nord de la Russie. On y fait des cuirs *ioufti*, des toiles, des lainages, du bleu de Prusse. Les ouvrages en serrurerie et quincaillerie sont estimés.

« Il existe dans le voisinage des mines de fer : le minerai s'y présente presque à la surface de la terre, parmi le sable et la terre végétale. Il est si riche qu'il donne jusqu'à 70 pour 100. *Dougna* est la forge la plus considérable; elle donne le meilleur fer de la Russie.

» Les autres endroits un peu remarquables sont *Bielef*, sur l'Oka, ville de 5,000 habitants, avec diverses fabriques : ses couteaux ont de la réputation en Russie; *Vienef*, avec 3,400 habitants; *Titava*, village avec 150 métiers de soierie. Près de *Dilof* ou *Diedilof*, il y a un lac formé par un éboulement (¹). *Bogoroditzk* ou *Bohoroditsk*, *Epiphane*, *Ephremof*, *Novossil* et *Alexine* sont des villes peu importantes; *Mtsensk* compte environ 3,000 habitants, et *Kachira*, sur la limite septentrionale, renferme une population égale, mais qui s'adonne à l'agriculture.

» Ce gouvernement ne compte pas beaucoup de paysans libres; mais il y a 1,800 familles nobles : c'est plus que dans toute la Suède; 105 parmi elles portent le titre de *princes*; 8 seulement celui de comtes. Il en est de même dans le gouvernement limitrophe de Ka¹ouga, où l'on compte 61 familles de princes, 36 de comtes, et 1,717 de simples nobles. Celui d'Orel est dans le même cas, mais on n'en a

---

(¹) *Clarke*, Voyage en Russie, c. XI.

(¹) *Dittay*, Description de Toula.

pas de tableaux. Cette surabondance de noblesse provient, à ce qu'il paraît, des anciennes familles russes-kiefiennes qui s'établirent ici lors de la conquête, ainsi que des familles finnoises distinguées qui ne furent pas réduites en servitude.

» Dans le gouvernement de *Kalouga*, le sol, le climat, les productions sont les mêmes que dans celui de Toula ; s'il y a quelque différence, c'est un peu moins de fertilité, mais une population relative plus considérable ; c'est aussi la même industrie : on y trouve des fabriques de toiles fines, de toiles à voiles, de cuirs, de papier, de verrerie, répandues jusque dans les petits endroits. Parmi les forges, on remarque *Ougodka*, l'une des plus vastes qu'il y ait en Russie. On y fond des ustensiles et des canons ; mais le fer y est d'une qualité médiocre.

» *Kalouga*, ville de 25,000 habitants, est située sur l'Oka. Elle a 10 verstes de circonférence ; mais elle est mal bâtie. La manufacture de toiles à voiles occupe 1,400 ouvriers. On y fabrique aussi de bonnes selles de cavalerie, de jolis carreaux de poterie, et toutes sortes de vases en bois marqueté. Le caviar de cette ville est fort renommé. *Kozelsk*, avec 4,500 habitants, est une ville régulière, ayant des rues larges et droites depuis l'incendie qui la consuma en 1777 ; *Borovsk*, presque toute en bois, est la plus importante après Kalouga ; ses 5,000 habitants entretiennent entre autres des fabriques de toiles, dont quelques unes occupent près de 300 ouvriers, et cultivent des oignons renommés dont on exporte à Moscou seule pour plus de 4,000 roubles. C'est à *Maloïaroslavetz* et au village de *Taroutino* que la fougueuse marche des Français commença à éprouver des obstacles insurmontables. *Taroussa*, sur les bords de l'Oka ; *Medyn* ou *Medynsk*, sur la gauche de la route de Moscou ; *Jizdra* et *Mestchovsk*, au sud-est de Kalouga, et *Peremouichle* au sud, sont des villes peu importantes ; cependant cette dernière possède une fabrique de toiles à voiles qui occupe 600 ouvriers.

» Le chanvre et le lin, qui prospèrent dans ce gouvernement, sont souvent étouffés par la *cameline*. Les forêts sont protégées par de nombreux conservateurs et par les processions du clergé, qui, en répandant de l'eau bénite, proclame que c'est une action impie que de détruire de jeunes arbres ([1]). Les plus grandes se trouvent à l'ouest dans l'arrondissement de Mestchovsk.

» L'uniformité des plaines centrales cesse un peu dans le gouvernement d'*Orel ;* des collines calcaires y forment des vallées profondes. Le sol est plus productif, et la culture n'est pas moins active que dans les deux gouvernements précédents : aussi est-ce une des provinces les plus fertiles, et elle produit de 5 à 6 millions de *tchetvertes* de grains au-delà de sa consommation ; la farine de froment ou de seigle est le principal article d'exportation. Tout le monde est livré aux soins de l'agriculture et des bestiaux ; l'industrie manufacturière, resserrée par la manière de vivre simple et frugale des habitants, fournit cependant à l'exportation des verreries, des chandelles, de l'eau-de-vie de grain et des objets en fer ; les tanneries et les fabriques en cuir ne travaillent guère que pour la consommation. Le nombre total des manufactures est de 145. Les forêts sur les bords de la Desna contiennent beaucoup de chênes. Le nom d'*Orel* est prononcé *Oriol* ou *Ariol*, et signifie un aigle ; le génitif pluriel *orelova* a fourni l'adjectif *orlovskaia ;* de là l'étonnement des voyageurs qui trouvent à ce gouvernement une foule de noms.

» *Orel* est une ville de 39,000 âmes, bâtie à la russe sur l'Oka, qui serait déjà navigable ici sans un moulin appartenant au comte Golovnine, qui intercepte le cours d'eau, inconvénient commun en Russie. Cette ville est entourée de palissades, défendue par une vieille forteresse, et divisée en 3 quartiers ; ses maisons sont en bois, ses rues étroites et sans pavés. Elle est le dépôt des blés de la Petite-Russie qui vont à Pétersbourg. *Eletz* ou *Ieletz*, avec 9,000 habitants, et *Briansk*, avec 5,000, font le commerce de blés et de bestiaux. Cette dernière a un comptoir de l'amirauté pour les bois de construction qui croissent dans son district. *Sievsk* ou *Sevsk*, avec 6,000 habitants, a des fabriques de couleurs et de vert-de-gris ; mais la ville la plus importante est *Bolkhof*, qui compte 13,000 habitants, et dont les cuirs noirs, ainsi que les bas de laine tricotés par les paysannes, ont quelque réputation. »

Mtsensk, à 8 lieues de Bolkhof, est peuplée

([1]) *Suicyu* Voyage, cité par *Georgi*.

de 8 à 9,000 âmes, et située dans un pays fertile en blé et en chanvre; *Karatchef*, également peuplée, est entièrement bâtie en bois, et fait le commerce de cordages et de graines de pavot; *Kromy*, égale aux précédentes, est arrosée par la Kroma, affluent de l'Oka. On y compte 4,000 habitants.

» Dans le gouvernement de *Koursk*, le changement du climat et des productions devient sensible. L'hiver n'a que 4 mois; les arbouses et les melons mûrissent, mais non pas le fruit du noyer; outre les pommes et les cerises, on a des prunes en abondance, mais seulement des poiriers sauvages dont le fruit sert à la confiture. Les seigles et les froments donnent jusqu'au neuvième grain, et ne sont pas séchés dans des fours; au lieu de granges, on a des *silo's*, où les blés se conservent de six à dix ans. Cependant la rouille détruit souvent le froment d'hiver. Les prairies, n'étant pas couvertes d'eau, donnent des pâturages excellents, et le bœuf robuste traîne la pesante charrue. Le produit des abeilles est une des principales branches d'exportation. Tout est changé. La population plus compacte, plus heureuse, compte, sur plus d'un million et demi d'habitants, 320,000 *odnodvorzi*; ces paysans libres sont tous de Petits-Russes (¹). Le plus grand inconvénient de ce gouvernement, comme du précédent, c'est de n'avoir pas une rivière bien navigable. Le *Scim* ou *Sem*, paraît grand sur la carte, ainsi que la *Desna*, dans laquelle il tombe; mais les eaux n'en sont pas toujours assez profondes, et les nombreux moulins y empêchent la navigation en beaucoup d'endroits. La mauvaise qualité des eaux expose l'homme au *tænia*, et les animaux à la *fascia hepatica* (²).

» La ville de *Koursk*, dont les fortifications ont été transformées en jardins et en promenades, compte environ 23,000 habitants, et exporte du chanvre, du miel, de la cire, du suif, des bestiaux, des fourrures et des cuirs pour Pétersbourg et Moscou; mais elle tire son bois de chauffage d'Orel. Ses rues sont étroites, tortueuses et mal pavées; deux d'entre elles sont garnies de maisons en pierre; les autres sont toutes en bois. Les environs produisent les pommes d'Aral. *Korennaia*

(¹) *Larianow*, Description du gouvernement de Koursk, en russe. — (²) *Sujew*, cité par *Georgi*, p. 599.

Poustyn, ermitage avec une image miraculeuse de la Vierge, a une foire annuelle où l'on fait pour 5,000,000 de roubles d'affaires, surtout en chevaux. *Mikhaïlovka* appartient au comte Cheremetieff, qui en loue les 1,000 maisons à 5 ou 6,000 Petits-Russes libres, qui vont et viennent, faisant le commerce ou se livrant à diverses fabrications. Sur les bords de la Svapa, on voit les ruines considérables d'une ville environnée de *khourkhans*, ou collines funéraires. *Poutivl*, ville agréable, ornée de quelques belles constructions et peuplée de 8,000 habitants, est la seconde du gouvernement. A *Glouchkova*, dans ce district, est une grande manufacture de draps. *Karotcha* ou *Korotcha* compte près de 3,000 habitants, quoiqu'elle n'ait que très peu de commerce. Les petits nobles qui demeurent dans les villes se nomment, comme dans le reste de la Russie, *dvorianini*. *Belgorod* ou *Bielgorod* était autrefois un chef-lieu de gouvernement, mais ce n'est pas la ville du même nom que bâtit Vladimir en 900, et qui porte aujourd'hui le nom de Belgorodka et est voisine de Kief; celle dont il s'agit ici n'a été fondée que dans l'année 1597. Son identité avec *Sarkel*, la ville des Khazares, n'est pas non plus certaine; il a pu y avoir beaucoup de *villes blanches* dans un pays rempli de collines de craie. *Oboïane*, ville de 5,000 âmes, fait un grand commerce de bétail; *Staroï-Oskol* et *Soudja* sont célèbres par les fruits de leurs vergers.

» Dans l'arrondissement on manque entièrement de bois de chauffage; il est remplacé par la fiente de vache séchée au soleil.

» Il ne nous reste plus à décrire qu'un seul gouvernement de la Grande-Russie, celui de *Voroneje*; encore est-il peuplé de Petits-Russes dans toute sa moitié méridionale. Sur 1,300,000 habitants, il y a près de 500,000 *odnodvorzi*, et il y a en général peu de noblesse. Le climat a tout-à-fait la douceur, l'humidité et l'instabilité de celui du pays des Cosaques Doniens. Des orages fréquents rafraîchissent l'atmosphère dans l'été. On voit quelquefois des tourbillons de sable qui enlèvent tout ce qu'ils rencontrent (¹). Les blés abondent; la vigne ne porte des fruits mûrs que dans les années très chaudes. Les prunes, les arbouses, les citrouilles prospèrent. On

(¹) *Clarke*, Voyage en Russie.

cultive le safran, le tabac et le *capsicum annuum*. L'asperge sauvage pousse des jets de la grosseur d'un doigt.

« Il y a dans ce gouvernement quelques terrains extrêmement fertiles et de belles forêts de chênes, qu'on cherche à mettre en meilleur état pour le service de la marine de la mer Noire. Mais la médiocre qualité des eaux balance en quelques endroits tous les avantages d'un sol si fertile; elles sont en général dures, à cause des terrains calcaires qu'elles baignent. Le *Don* traverse toute cette contrée; il reçoit le *Voroneje*, qui, en hiver, pourrait porter des vaisseaux de 70 canons, tandis qu'en été il n'a pas assez d'eau pour un bateau.

» Parmi les maladies dominantes, on peut compter la syphilis, qui y est plus commune encore que dans les autres provinces russes; mais on la guérit par un remède *héroïque*, savoir, par du sublimé de mercure dissous dans de l'eau-de-vie double.

» *Voroneje*, sur la rivière du même nom, ville de 30,000 habitants, possède une cinquantaine de fabriques, parmi lesquelles on remarque celles de draps, de cuirs, de vitriol et de savon. En 1697, Pierre-le-Grand établit dans cette ville le premier chantier de construction que l'on ait vu en Russie. Ce monarque fonda aussi, près de Voroneje, un jardin de culture qui n'est presque plus qu'un bois abandonné à la nature. La race zigueune ou bohémienne y est si nombreuse, qu'aux yeux d'un voyageur anglais elle a paru dominer. Les autres villes du gouvernement sont peu dignes d'attention; les plus fortes sont *Ostrogogesk* ou *Ostrogojsk*, avec 4,000 habitants, parmi lesquels des colons allemands. On prétend que les pipes à fumer qu'on fait ici égalent celles de Hollande. »

Korotoïak est dans une contrée fertile; *Bobrof*, ville de 1,500 âmes, doit son nom à la quantité de castors nommés *bobry* qu'on trouvait autrefois dans ses environs. *Pavlovsk*, autrefois *Ossered*, dut à Pierre-le-Grand son nouveau nom, sa forteresse, un palais, des casernes, et une prospérité qui dura à peine vingt ans: en 1728, le Don y déborda, détruisit tout un quartier, et le remplaça par un lac qu'on voit encore; en 1737, une épidémie enleva la moitié de ses habitants; enfin, en 1744, en 1754 et en 1793, de violents incendies la ravagèrent: aujourd'hui sa population ne dépasse pas 3,000 âmes.

« Près de l'embouchure de la Sosna, la rive droite du Don est bordée de collines de craie présentant des formes très remarquables, entre autres celles de colonnes ou de piliers; on les nomme *Divni-Gori*, « montagnes sin- » gulières. » Dans l'intérieur de ces collines et dans les intervalles des colonnes, les anciens moines du monastère *Dwingorskoï* ont creusé des grottes et des chapelles.

» A 30 verstes de Voroneje et sur le Don, se trouve une grande quantité d'os monstrueux dispersés, tels que des dents, des mâchoires, des côtes, des vertèbres, des os pubis, des os de la hanche, des tibia. Ces os sont en partie dans leur état naturel et en partie décomposés par le temps. Ils sont si nombreux, qu'ils occupent à peu près une étendue de 40 toises et une profondeur de 3 aunes. Quiconque a vu des squelettes d'éléphants, reconnaîtra sans peine les restes de ces animaux. »

LIVRE QUATRE-VINGT-DIX-HUITIÈME.

Suite de la Description de l'Europe. — Sixième section. — Provinces de la Petite-Russie. — Mœurs de la nation russe.

« Nous venons de terminer la description topographique de la Grande-Russie, travail un peu aride à cause de l'uniformité du pays: un autre travail, qui n'est guère moins fastidieux, doit nous occuper; c'est la description de la *Petite-Russie* ou des quatre gouvernements de *Kief* ou *Kiovie*, de *Tchernigof*, de *Poltava* et de *Kharkof* ou des *Slobodes d'Oukraine*, auxquels nous joindrons ceux de *Podolie* et de *Volhynie*, provinces ci-devant polonaises, mais où l'immense majorité des habitants est de la race des Petits-Russes et de la religion grecque; circonstance très importante, car c'est elle qui a tant facilité les invasions des Russes sur le territoire de la ci-devant république de Pologne, composé en grande partie des conquêtes faites sur la nation russe, et spécialement sur les grands-ducs de Galitch ou Halicz, de Vladimir-Volynsky, de Polotzk, et surtout de Kiovie, par Boleslas-le-Victorieux et Casimir-le-Grand, rois de Pologne, et par Gedimin, grand-duc de Lithuanie. Les paysans, étant tous des Rousniaques ou des Petits-Russes d'origine et de langage, abandonnèrent sans peine leurs seigneurs qui étaient Polonais, et reçurent sans trop de répugnance des armées qui parlaient à peu près leur idiome. L'intolérance du clergé catholique, en dépit des constitutions de la diète polonaise, opprimait les cultes dissidents qui étaient ceux de la majorité dans les provinces russes. Ainsi la noblesse resta seule pour défendre des acquisitions très anciennes, il est vrai, mais qui n'étaient pas plus nationalisées que le jour de la conquête. Le partage de la Pologne fut, à certains égards, de la part de la Russie, bien moins un envahissement qu'une reprise sur d'anciens envahisseurs. Si les manifestes russes, en 1772, avaient développé ce grand fait historique, la pitié de l'Europe pour la Pologne se serait probablement un peu refroidie.

» La Petite-Russie et l'Oukraine polonaise forment ensemble une masse de 17,850 milles carrés (6,425 lieues carrées), avec une population de 8 à 9,000,000 d'habitants, presque également distribués sur les deux rives du Dnieper. Plus basse que le plateau central de la Russie et que les promontoires des Karpathes, qui la bornent à l'est et à l'ouest, l'Oukraine présente dans son ensemble une grande plaine ondulée, variée seulement par de faibles accidents de terrain. Le Dnieper, qui en marque la ligne la plus basse, la partage en deux. Le rivage oriental de ce fleuve est généralement très bas et marécageux. Les deux gouvernements de *Tchernigof* et de *Poltava*, et la moitié occidentale de celui de *Kharkof*, forment ensemble une plaine inclinée qui s'élève peu à peu des bords du Dnieper jusqu'à ce qu'elle joigne le plateau central de la Russie; la ligne où se termine la pente et où commence le plateau n'est pas encore bien fixée dans son ensemble; on sait seulement qu'elle traverse les bassins au lieu de les circonscrire. A l'exception de quelques bandes de sable ou de craie dans le Tchernigof, toute cette contrée est couverte d'une couche de sol noir et gras. La moitié orientale de Kharkof forme une extrémité du plateau central, et présente en général l'image d'une steppe, mais avec une pente très légère vers le bassin du Don; le sol argileux et sablonneux participe moins de la fertilité générale. Sur la rive ci-devant polonaise du Dnieper, la configuration du sol est bien plus variée; des collines de 100 à 150 pieds bordent en partie le cours du fleuve dans le gouvernement de *Kief*, qui, sans cesser d'être une plaine, présente partout de petits points de vue pittoresques. Les collines venant des cataractes du Dnieper traversent le midi de la province et partagent les eaux et les terrains. Au sud, la steppe commence à paraître avec sa nudité uniforme. Près de Tcherkassy (ancienne capitale des Cosaques), les rivières de Rosse, Moszyne et Tiasmine, enferment entre leurs bras, unis par quelques lacs, une espèce de delta, long de plus de 25 lieues et large de 4 à 5; les îles qui le forment ont le sol très uni et couvert d'herbages superbes; c'est le point le plus bas de toute l'Oukraine. Les collines de *Nedoborschetz*, dans la *Podolie*, ont 500 pieds d'élévation au-dessus du niveau de la mer Noire; elles sont une ramification du plateau de *Biecziad*, qui s'étend à l'orient de Lemberg, à travers la ci-devant Russie-Rouge, plateau rempli de lacs et dont l'élévation n'a pas été mesurée. D'autres chaînes de collines, également liées aux monts Biecziad, s'avancent dans la *Volhynie*, mais n'y forment aucune élévation au-dessus de 300 pieds. Le pays de collines, surtout en Podolie, renferme même de jolies cascades et des parties tout-à-fait romantiques; mais l'examen des cartes [1] nous a convaincu que c'est l'encaissement des rivières dans des vallées très profondes, qui, presque seul, donne à ce pays une apparence d'inégalité. Ces trois gouvernements ont, dans les bas-fonds comme sur les hauts terrains, une couche de terreau noir, très gras, sur un sol plus argileux en Podolie, plus sablonneux en Volhynie; mais le nord de cette dernière

---

[1] Atlas de la Podolie, pour accompagner la *Statistique* de M. *Marczynsky*.

province fait partie des marais immenses de la ci-devant Podlésie.

» Les fleuves et rivières des deux Oukraines appartiennent presque tous au système du Dnieper. A la gauche, ou du côté russe, la *Desna*, qui entraîne le *Sem* et traverse tout le Tchernigof; la *Soula*, dont les eaux sont malsaines; le *Psiol* ou le *Psla*, qui prend sa source dans le gouvernement de Koursk; le *Vorskla*, qui baigne Poltava et la partie ouest de Kharkof; l'*Oriel*, rivière dont le cours lent marque la frontière de Poltava à la droite ou du côté polonais; le *Pripetz* ou *Pripet*, débouché de tous les marais de la Podlésie; le *Tetiref* et le *Rosse* s'écoulent tous dans le grand fleuve central, dont malheureusement les chutes interrompent la navigation. Les rivières de la Podolie se jettent dans le Boug et le Dniester.

» Les deux Oukraines jouissent à peu près du même climat, à l'exception de l'est de Kharkof et du nord de Tchernigof, qui ressemblent au gouvernement de Koursk. Les rivières ne gèlent qu'au mois de décembre, et se débarrassent de leurs chaînes à la fin de février; cependant le vent du nord-est, et quelquefois celui de l'ouest, amènent des froids rigoureux, d'autant plus désagréables qu'ils ne durent pas. La chaleur de l'été, jointe à l'absence des pluies, dessèche quelquefois les rivières, dont les eaux, devenues stagnantes, causent des maladies. Alors des essaims de sauterelles se répandent le long de la vallée du Dnieper et jusque dans la Volhynie. Toutes les céréales prospèrent à merveille sous ce climat; récolter jusqu'au dixième grain n'est que chose commune. Les champs destinés aux blés ne reçoivent aucun engrais. La culture n'emploie que la charrue. Même fécondité pour l'herbe des prairies; le trèfle et la luzerne prédominent ici, et les bœufs de l'Oukraine n'ont besoin que d'être nommés. Les chevaux sont aussi plus grands et plus beaux que dans les autres provinces de la Russie. Les arbres fruitiers, tels que les pommiers, poiriers, cerisiers et pruniers, abondent, et leurs produits, bruts ou transformés en confitures et en boissons spiritueuses, font une branche considérable d'exportation. Il en est de même du tabac, de la cire et du miel. Les beaux chênes de l'Oukraine sont recherchés pour la marine; mais il n'y en a pas partout,

et des parties de Poltava et de Kharkof manquent de bois. Le mûrier réussit dans de petites plantations; mais la vigne, quoique cultivée comme arbre fruitier jusqu'à Kief et à Nejine, ne produit que des raisins trop acides pour être mangés. Toutes ces observations générales seront développées dans la description des provinces.

» Sous l'empire d'une nature aussi propice, l'homme ne serait-il pas heureux ! Il l'est dans l'Oukraine russe sous beaucoup de rapports. Les Malo-Rosses ou Petits-Russes, formant la masse du peuple, jouissent de la liberté personnelle; ils sont ou *odnodvorzi*, petits propriétaires, ou *posadki*, fermiers libres. Gais, francs, hospitaliers, amis de la musique et de la danse, ils passent leur vie sans souci et dans une aisance proportionnée à leur travail. Les nobles sont ou polonais, ou grands-russes, ou enfin indigènes; n'ayant pas d'esclaves, ils ont dans un plus haut degré les bonnes qualités de leur caste, avec un moindre mélange de vices. Les bourgeois, parmi lesquels ce qu'il y a de plus actif est grand-russe ou étranger, n'ont point à lutter avec le peuple d'Abraham, dont les lois du pays ne favorisent guère l'établissement. Tout est différent dans l'Oukraine ci-devant polonaise. Là, le paysan malo-rosse, tout en conservant sa joviale vivacité, possède peu d'aisance, habite dans de sales demeures, se couvre de guenilles, enfin il est serf, sinon au même degré que le Grand-Russe, du moins assez pour se courber vers la terre. La petite noblesse, toute polonaise, s'élève peu au-dessus du paysan. Les grands propriétaires sont souvent des riches malaisés. Toutes les classes languissent sous le joug des juifs, qui pullulent dans les villes comme dans les campagnes, et qui, étant de toute saison, causent plus de mal que les sauterelles. »

Commençons la description de ces gouvernements par la ville qui, sous le rapport géographique comme sous le rapport moral et civil, est le point central des Oukraines.

En passant le Dnieper, nous trouvons dans le gouvernement de *Kief* très peu de villes dignes d'être remarquées, après le chef-lieu.

« *Ouman*, avec le magnifique château des Potock, et *Tcherkassy*, ancien chef-lieu des Cosaques, n'ont pas au-delà de 5,000 habitants. Le gros de la noblesse habite des châteaux fort médiocres, et les villages se composent de maisons de branches et d'argile, quoique agréablement peintes et blanchies avec soin. Les juifs, maîtres des auberges et des boutiques, ont des demeures plus solidement construites. *Radomouisl*, *Vassilkof*, *Bogouslaf*, *Taratcha* et *Zvenigorod* ou *Zvenigorodka*, bien que chefs-lieux de districts, n'offrent rien de remarquable. »

Jadis foyer de la domination russe, longtemps le panthéon des divinités slavonnes, plus tard une des cités sacrées de la religion chrétienne grecque, *Kiev* ou *Kief,* que les Grands-Russes prononcent *Kiof*, reste encore une des villes les plus remarquables de l'empire. Située sur la rive droite du Dnieper, elle s'élève de colline en colline, et embrasse dans une quadruple enceinte quatre parties distinctes. *Podol*, ou la ville basse, occupe les bords mêmes du fleuve ; un palais impérial et quelques édifices publics ornent ce quartier commerçant, où l'on remarque aussi les vastes bâtiments de l'université, desservie par des professeurs-moines qui font vœu de ne jamais manger de viande, vœu qu'ils éludent en secret([1]). Cette université, dont le nom latin est un des plus longs que l'on connaisse ([2]), compte plus de 1,500 élèves. Le Podol a conservé le privilége qu'il avait obtenu des rois de Pologne, de se gouverner par son prévôt et son magistrat, qui sont presque indépendants : c'est en quelque sorte une ville à part. La Ville-Haute, ou le Vieux-Kief, embrasse la cathédrale de Sainte-Sophie, l'une des plus belles et des plus riches de la Russie, avec le monastère où réside le métropolitain de Kief, de Halicz et de la Petite-Russie. On remarque dans cette église le tombeau en marbre de son fondateur, le grand-duc Iaroslavl Vladimirovitch : c'est le seul monument de ce genre que l'on connaisse en Russie, et qui puisse donner une idée des arts dans ce pays au onzième siècle. La plupart des maisons de ce quartier appartiennent aux moines. On y trouve encore le couvent de Saint-Michel, qui possède les reliques de sainte Barbe. Parmi les dix autres églises de la vieille ville, on distingue celle de Saint-Basile, fondée par Vladimir-le-Grand sur les ruines du temple de Peroune, le Jupiter des anciens Slaves, et celle de la Nativité de la Vierge, surnommée des Dîmes, parce que, suivant Nestor, lorsque Vladimir la fit construire en 989 par des architectes venus de Constantinople, il lui accorda une dîme, non seulement sur ses biens particuliers, mais encore sur les revenus de son empire. Ce prince y fit déposer le corps de sa grand'mère Olga. Il ne reste plus qu'une partie de cet édifice : les guerres et les incendies l'ayant ruiné, il a été presque entièrement reconstruit. La citadelle, nommée Petchersk, et qui est régulièrement fortifiée, domine tout le reste, excepté quelques points de l'enceinte de la ville haute ; là se trouvent réunis les édifices de l'administration, les casernes et le fameux monastère de Petscherskoï, avec ses catacombes, où l'on conserve dans un état de dessiccation près de cent cinquante corps de martyrs et même de simples moines ([1]), ce qui est dû à la porosité de la roche sablonneuse dont le terrain est formé, et qui a la propriété de dessécher les corps sans les corrompre. Les souterrains qui traversent la montagne forment un véritable labyrinthe : on y voit de vastes salles et des chapelles. Le couvent est bâti au-dessus d'une caverne (*petchera*) que l'on dit avoir été creusée par saint Antoine, qui, après l'avoir habitée seul, y réunit par la suite douze disciples. Ce vaste édifice sert de résidence au métropolitain de Kief ; on y remarque une bibliothèque de 10,000 volumes. Près du Petchersk s'étend un vaste faubourg, dans lequel s'élève un palais *impérial*. Ce couvent possède la plupart des maisons formant la *slobode* qui s'étend au pied de la citadelle. La ville peut avoir environ 30,000 habitants. Au mois de novembre 1833, le gouvernement a fondé à Kief une université destinée à remplacer celle de Vilna : elle porte le nom d'Université de Saint-Vladimir. Dans les jardins impériaux qui s'étendent hors de la ville, les abricots, les pêches, quelquefois les raisins mûrissent ; mais la boisson nationale qu'on exporte sous le nom de *vouïmorosli* est une espèce de verjus, ou vin imparfait, qui a subi l'opération de la gelée.

On ne sait rien de positif sur l'origine de Kief. D'après M. Tatischef, elle aurait été bâtie par les Sarmates, les plus anciens habitants de la contrée, qui l'auraient nommée

---

([1]) *Busching*, I, 1171. — ([2]) *Academia orthodoxa Kiovo-Mohilœano-Zabo-romskiana*.

([1]) *Herbinius*, Religiosæ kiovienses cryptæ. Jenæ, 1675.

Kiev, de *Kiovi* ou *Kii*, qui, dans leur langue, signifiait *haut*, *montagne*; eux-mêmes se donnaient le nom de *Kivi* ou de *montagnards*. Lorsque les Slaves qui habitaient les bords du Danube en eurent été chassés par les Romains, quelques uns vinrent jusque sur le Dnieper, d'où ils chassèrent les Sarmates, et où ils s'établirent en adoptant leurs dénominations qu'ils traduisirent dans leur langue. Ainsi les *Kivi* se nommèrent *Goriany* (montagnards), ceux de la plaine *Poliany* (de *polé*, qui veut dire *champ*, *plaine*), et ceux du nord *Severiani* ou septentrionaux. D'autres historiens attribuent la fondation de Kief aux trois princes slavons Kii, Stehek et Khorev, et à leur sœur Lybad. Selon les écrivains polonais, cette ville aurait été fondée l'an 430 de l'ère chrétienne. Elle appartenait aux Khozares, qui s'étaient rendus tributaires les *Poliany* et les *Goriany*; deux princes célèbres par leurs exploits, Oskold et Dir, secouèrent le joug des Khozares et y régnèrent ensuite. Les chroniques russes ne commencent à donner des renseignements sur Kief et les pays qui en dépendaient que depuis le milieu du onzième siècle [1].

Parmi les trois gouvernements à l'est du Dnieper, celui de *Kharkof* ou des *Slobodes d'Oukraine* (*Slobodsko Oukraïnskaïa*) renferme plusieurs villes populeuses, telles que le chef-lieu *Kharkof*, avec 15,000 habitants. On y remarque un couvent de moines où l'on enseigne la théologie, la philosophie, l'éloquence et les langues latine et allemande; une université fondée en 1803, et à laquelle l'empereur Alexandre attacha une bibliothèque de 21,000 volumes, un cabinet d'histoire naturelle et un jardin botanique; un gymnase, deux imprimeries, une maison de charité et un hôpital. Les femmes y fabriquent de très beaux tapis qui passent souvent à l'étranger pour des produits de la Turquie et de la Perse. Fondée en 1650 par le tsar Alexis Mikhaïlovitch pour arrêter les excursions des Tatars de Krimée, elle eut pour habitants les Cosaques qui abandonnèrent la rive droite du Dnieper. *Akhtyrka* et *Soumy* sont presque aussi importantes que le chef-lieu; *Tchougouïef*, *Lébédine* et *Belo-polié* viennent ensuite; *Nedrigaïlof*, *Krasno-Koutsk* et *Valki* ont 5 à 6,000 habitants. L'industrie de ces villes consiste principalement en distilleries d'eau-de-vie et en tanneries; on y fait aussi divers tissus de laine. Le mûrier réussit aux environs de Kharkof; la plupart des fruits réussissent dans les vergers de *Bohodoukhof* ou de *Bogodoukhof*. *Tchogouïef* est renommé pour ses vignobles. Les jardins d'*Isioum* donnent une espèce de petits raisins d'un goût acide et sans grains. « La province exporte 2 à 3 millions de *tchetvertes* de toute sorte de grains, sans la quantité consommée par les distilleries. Les haras et les troupeaux de moutons sont très soignés par les cultivateurs; mais une maladie endémique, la *mokilitza*, détruit des milliers de bêtes à laine. Les pigeons errent sans maître dans toutes les campagnes. On cultive beaucoup de légumes, mais les asperges viennent spontanément dans les steppes. Les pommes sauvages et les poires fournissent une espèce de *kvas*, les cerises, du *vischnevka*, et les griottes, mêlées de prunelles, du *ternevka*, boissons spiritueuses qui font les délices des indigènes, et qui paraissent dignes de quelque éloge. C'est un malheur pour cette province que de voir les juifs s'y multiplier.

» Le sol uniformément plat du gouvernement de *Poltava* fatigue le géographe; que pourraient-ils dire sur ces plaines couvertes de toutes sortes de récoltes, soit en blé, soit en fruits, et où peut-être même le vin pourrait réussir, mais où à peine un bois interrompt l'horizon? Quand on a nommé le *girka*, espèce de froment d'été sans barbe, le miel blanc de tilleul; l'oie bleue caspienne (*anas cygnoïdes*), le canard de Perse (*anas boschas*), parmi les volailles de basse-cour; le pélican, le canard rouge, l'*ardea virgo*, parmi les oiseaux sauvages; la châtaigne d'eau, qu'on tire du Dnieper, et la cochenille de Pologne, qui abonde sur les chênes, on a épuisé la liste des productions du pays. La population s'élevant presque à 2 millions, d'après les estimations de Hassel, c'est le gouvernement le plus peuplé de l'empire après ceux de Moscou, de Kalouga et de Koursk; elle est principalement malo-rosse et agricole.

» Les villes ne sont pas importantes. Celle de *Poltava* ou *Poultava* compte 9 à 10,000 habitants, et renferme un beau monument en l'honneur de Pierre-le-Grand et de la victoire qui commença la grandeur militaire de la Russie. Sur le champ de bataille même, quelques

---

[1] *Vsevolojsky*, Dictionnaire géographique-historique de l'empire de Russie.

pierres marquent le tombeau des Suédois. On y fait chaque année un service funèbre en commémoration de cette victoire. *Pereïaslav* ou *Pereïaslavl*, avec 6,000 habitants, a été la résidence de quelques princes russes. *Krementchoug* (¹), où commencent déjà les plaines sablonneuses couvertes d'*herniaria glabra*, possède diverses fabriques, entre autres de liqueurs; il y a des colons allemands et des Roskolniki. *Mirgorod* et *Kobyliaki* méritent encore une mention. *Prilouki*, *Romen* ou *Romny*, *Glinsk*, *Lokhvitza*, *Zenkof*, *Piriatine*, *Loubny*, *Khorole*, *Zolotonocha* et *Konstantinograd* sont des villes sans importance. Les villages riants et entourés de petits bois ne suffisent pas au logement de la population nombreuse, dont une partie demeure dans des chariots et dans des cabanes de terre (²).

» Plus varié, plus inégal, plus entremêlé de terrains sablonneux, le gouvernement de *Tchernigof* produit en général les mêmes céréales, les mêmes fruits, les mêmes pâturages que celui de Poltava; les forêts, plus abondantes, renferment un mélange d'arbres conifères et à feuillage changeant. Les cerisiers, surtout l'espèce à grande tige, nommée *tcherasenut* (de *kerasous*, au génitif), donnent des fruits remarquables par leur douceur. On tire d'une autre espèce la liqueur nommée *vischnovska*. Le miel et la cire forment un article d'exportation. *Tchernigof*, ancien chef-lieu d'un duché, compte 8,000 habitants; elle renferme un gymnase où l'on enseigne les mathématiques, la physique, l'histoire naturelle, la géographie, l'histoire, la philosophie, la technologie, le russe, le latin, l'allemand et le français. Cette ville est la résidence d'un archevêque. *Niegin* ou *Nejine*, avec 12,000 habitants, avec des fabriques de soieries, de parfumeries, de liqueurs, de confitures, avec un grand commerce en vins de Grèce, sel de Krimée, soie, maroquin, et d'autres objets venant de l'Asie et de l'Archipel, tient le premier rang parmi les places commerciales de cette province. Les foires de Nejine attirent des négociants de toute la Russie et de la Pologne. *Gloukhof* avec 8,000 habitants, et *Novgorod-Severskoï* avec 5,000, n'ont rien

de remarquable. La dernière était le chef-lieu de la principauté de Sévérie. »

Dans la partie septentrionale du gouvernement, nous voyons encore *Mgline* qui renferme quatre églises; *Starodoub*, où l'on trouve des fonderies de cuivre et quelques tanneries; et dans la partie méridionale *Sosnitza* qui commerce en blé et en bestiaux; *Konotop*, dans un terrain bas et marécageux; et *Oster*, qui était florissante sous le gouvernement polonais. Ces villes n'ont que 3 à 5,000 habitants. *Krolevetz* passe pour en avoir 10,000, mais en y comprenant les petits villages qui l'entourent.

« La *Podolie*, considérablement diminuée par la nouvelle circonscription, est toujours la province la plus fertile de toute l'Oukraine ci-devant polonaise. On lui donne encore le nom de *Kamenetz-Podolsk*. Il en sort des troupeaux nombreux de bœufs gras; et, comme toutes sortes de céréales donnent des récoltes abondantes, la province a encore tous les ans tant de blé à exporter que souvent elle ne sait comment s'en débarrasser. Aux environs d'Ouchitza, les blés rendent habituellement quinze grains pour un. Les forêts, riches en chênes, cessent vers une ligne tirée de Rachkof, sur le Dnieper, à Ouman. Le terrain, varié par les vallons où coulent les rivières, présente quelques grottes, quelques chutes d'eau et des paysages romantiques (¹). On y découvre des couches d'albâtre, de gypse et d'argile schisteuse. La flore de ce pays réunit les caractères de celles de l'Allemagne, de la Hongrie, de la Krimée et du Caucase. La vigne en espaliers orne les vergers et les jardins potagers. Les abeilles et les poissons donnent un produit considérable. Le tabac de Podolie est d'excellente qualité, et fournit un commerce en fraude très considérable. Les antilopes-saïga, les rats-souslik, les cigognes sont en grand nombre. »

Kamieniec ou *Kamenetz-Podolskoï*, avec son château bâti sur un rocher, figure encore comme forteresse, quoiqu'elle ait perdu son importance depuis que Choczim et Bender sont devenues des villes russes; elle n'a pas plus de 16,000 habitants, mais elle conserve le siège des autorités. Sa population est composée de Polonais, d'Arméniens et de Juifs. Sans être régulière, elle est assez bien bâtie. Ses

---

(¹) *Krementchoug*, de *kremen*, pierre à fusil. Il y en a des couches immenses dans les collines crétacées qui bordent le Dnieper. — (²) *Heym*, cité par Georgi.

(¹) Voyez les *vues* dans l'atlas de *Marczynsky*.

plus beaux édifices sont l'église arménienne, les couvents des carmes et des dominicains, l'ancien collége des jésuites et le palais de l'archevêque russe. Mais le plus remarquable de tous est l'église cathédrale catholique-romaine : elle renferme quinze autels; on voit auprès un ancien minaret turc sur lequel on a élevé une statue de la Vierge, dont les pieds posent sur un croissant, et dont la tête est couronnée d'étoiles. Cette statue est de bronze doré, mais les habitants sont persuadés qu'elle est d'or massif. *Mohilev* ou *Mohilef*, et *Tsargrod*, se partagent le commerce et l'industrie. *Bar* et *Targoviez* ont acquis une triste célébrité dans l'histoire de Pologne, comme ayant été les siéges de deux confédérations. Près du magnifique château de *Toulczyn* ou *Toultchine*, appartenant à la famille Potocky, une colonie de fabricants allemands, surtout drapiers et carrossiers, entretient le spectacle d'une industrie étrangère. Non loin de la source du Boug était *Iskorest*, capitale des *Drewliens*, peuple slave. Sur la même rivière, *Braçlav* ou *Bratslaf* a été surnommée la ville de Saint-Pierre, parce qu'elle en porte l'image dans ses armes; *Vinniça* ou *Vinnitza* renferme un collége et plusieurs couvents. *Proskurov* ou *Proscourof* n'a été érigé en ville que depuis peu d'années. Près des bords du Dniester, *Iampol* est peu importante; à l'est du fleuve, *Balta* est assez bien bâtie, et *Olgopol* est entourée de salpêtrières et de distilleries considérables.

« La population de la Podolie, d'après les tableaux déjà anciens de M. Marczynsky, comprenait 93,000 nobles, 136,000 juifs, 197,000 chrétiens du rite latin, et 838,000 du rite grec; elle a dû augmenter considérablement (surtout si l'on veut accorder à Hassel ses 1,600,000 habitants); mais les proportions relatives doivent être les mêmes [1].

» Au nord de la Podolie s'étend la *Volhynie* ou *Volhinie*, province qui n'est guère moins fertile, et qui, grâce à son niveau peu élevé, jouit d'un climat très doux, que l'on a comparé à celui de la Souabe et de la Franconie, quoique la vigne n'y réussisse pas. Son terrain crayeux produit en abondance du millet, du seigle, et le froment le plus pesant, le plus farineux de toute la Pologne [2]. On y exploite du fer limoneux, des pierres meulières, de la terre de faïence et du salpêtre; il se trouve dans des argiles, près de Doubno, un peu d'ambre jaune. Des forêts très considérables ombragent les collines et les marais qui, s'étendant vers le nord, laissent aux bœufs des pâturages abondants. Le romarin, les asperges sauvages, le houblon, y viennent spontanément et de bonne qualité. On croit que l'*urus* ou l'*aurochs* se montre encore dans les forêts solitaires du nord-ouest [1].

» Les villes de la Volhynie sont généralement mal bâties; la plus grande s'appelle *Berdyczew* ou *Berditchef*; elle compte jusqu'à 19,000 habitants; mais ce sont pour la plupart des juifs : leurs habitations offrent l'aspect le plus sale; quelques maisons de commerce allemandes et russes y amassent des richesses, quoique également sous un extérieur misérable. Il y a aussi un monastère de carmélites bien fortifié, possédant une image miraculeuse de la Vierge qui y attire un grand nombre de pèlerins; bref, on se croit hors de l'Europe. *Dubno* ou *Doubno*, avec 8 à 9,000 habitants, est le rendez-vous de la noblesse polonaise de l'Oukraine, qui y vient conclure ses contrats, c'est-à-dire toutes ses affaires de commerce. *Zytomierz* ou *Jitomir*, chef-lieu actuel, n'a pas 12,000 habitants : le gouvernement l'a fait embellir. *Wladzimierz*, en russe *Vladimir*, peuplé aujourd'hui de juifs, a donné son nom « au royaume de *Lodomirie*, » réclamé en 1772 par l'Autriche, mais qui ne figure plus que parmi les titres de l'empereur. *Ostrog*, sur la Gorinia, est le chef-lieu des terres assignées à la langue russe de l'ordre de Malte; c'est une des plus grandes masses de terres substituées qui existent en Europe, quoiqu'elle ne soit aujourd'hui qu'un démembrement de l'ancienne ordination, partagée après de longues disputes entre les Sangusko et les Radziwill. Cette ville est la résidence de l'archevêque russe de Volhynie. C'est dans ses murs que fut imprimée la première bible en langue slavonne. *Zaslavl* est un entrepôt considérable de soieries et d'autres étoffes. Cette province est encore la patrie, du moins adoptive, des Lubomirsky et peut-être des Czartorisky, deux des plus célèbres familles polonaises. L'ancienne conquête des contrées

---

[1] *Marczynsky*, Statysticzne, etc. etc., opisanie gubernii Podolskiey, 1820-23. — [2] *Rzucynsky*, Histoire naturelle, p. 67, p. 294.

[1] Aperçu général de la Volhynie et de l'Oukraine. Pétersbourg, 1804.

de la Malo-Russie les avait enrichies; la nouvelle conquête les a dépouillées en partie. La noblesse polonaise en Volhynie est estimée à 60,000 individus.

» Nous avons terminé la revue topographique de la Grande et de la Petite-Russie, non pas sans crainte d'avoir quelquefois fatigué l'attention de nos lecteurs par la répétition presque inévitable de détails qui se ressemblent. Une tâche plus agréable nous appelle; nous devons tracer le tableau moral et civil de la nation russe.

» N'imitons point les écrivains allemands, qui regardent la fusion entre les *Grands* et les *Petits-Russes* comme déjà consommée; elle est à peine commencée. Les Petits-Russes, plus anciennement établis dans le même pays, ont mieux conservé la physionomie nationale; leurs yeux, presque généralement noirs ou châtains, leurs cheveux bouclés, leurs traits plus beaux, leur taille plus élevée, leur langue plus musicale, les distinguent au premier coup d'œil. Le Grand-Russe, en se répandant sur une immense étendue de contrées occupées par les Finnois et les Huns, s'est nécessairement fondu avec ces races, essentiellement différentes des Slaves; de là ces cheveux roux ou jaune-brun, ces physionomies sauvages et tant soit peu hébétées qui se rencontrent parmi les paysans de la Grande-Russie. Le caractère moral diffère aussi: le Grand-Russe, avide, intéressé, astucieux, n'a ni foi ni probité dans ses transactions avec les étrangers; il est tout entier aux ruses de son commerce ou de son métier; et Pierre-le-Grand disait avec raison que, s'il défendait aux Israélites l'entrée de son empire, c'était pour leur propre intérêt, et afin de les empêcher d'être dupés par ses sujets; au contraire, le Petit-Russe, indolent, confiant, généreux, ne pense guère au lendemain, et, jouissant des douceurs de son climat, ne retourne au travail que lorsque la nécessité l'y oblige; il s'en rapporte pour son commerce aux talents des Juifs, des Grecs et des Grands-Russes, toujours prêts à exploiter sa bonne foi. La liberté personnelle donne à tous les Petits-Russes une démarche franche, un regard assuré, un maintien décent qui ne manque pas même tout-à-fait aux paysans de l'Oukraine polonaise, quoique si long-temps opprimés par les Polonais; c'est du sein des Petits-Russes qu'est sortie originairement la libre et fière nation des Cosaques, quoiqu'en partie modifiée par des mélanges. Le Grand-Russe semble, au contraire, par le laps des siècles et par son mélange avec les Finnois, façonné au joug de l'esclavage, auquel il oppose cependant quelquefois une indocilité obstinée et même sauvage. Ces contrastes, toujours difficiles à saisir, le deviennent encore plus quand il s'agit d'une nation si nombreuse et si mal observée. Aussi nous réclamerons le secours des savants indigènes pour mieux les connaître un jour.

» Les paysans russes possèdent en commun une constitution corporelle qui supporte longtemps beaucoup de fatigues; mais ils n'ont pas cette intensité de forces que l'on remarque chez plusieurs autres peuples du Nord. Le dénûment des paysans, les marches longues et pénibles des armées, la rigueur des punitions corporelles, fournissent des exemples presque incroyables de ce qu'un Russe peut supporter. Combien de fois le soldat russe n'est-il pas forcé de traverser des steppes désertes où l'on ne trouve pas même de l'eau, ou de passer l'hiver dans des huttes sous terre, sans feu, et sans aucune autre nourriture que du biscuit sec! Combien de fois ne voit-on pas un criminel, après un châtiment dont l'idée seule fait frémir, retourner en prison, sans soutien et sans aucun changement apparent dans sa marche! Il est étonnant cependant que les Russes, qui possèdent une si grande force passive, si l'on peut s'exprimer ainsi, ne soient pas doués d'une force active extraordinaire, du moins dans le Nord. Pour ébranler un fardeau ou le porter dans un autre lieu, on emploiera toujours en Russie beaucoup plus de bras qu'ailleurs. A la Bourse de Pétersbourg, par exemple, on voit quelquefois un matelot anglais faire ce que trois Russes n'exécuteraient qu'avec peine. Quelquefois c'est paresse, mais plus souvent c'est absence réelle de vigueur et d'agilité. J'y entrevois une trace du sang finnois. Des expériences bien conduites entre les habitants des diverses provinces seraient très instructives. Les Russes sont, en général, plutôt petits que grands. Quoique leurs proportions soient rarement belles, il est peu commun d'en voir de contrefaits; ce qui provient non seulement de l'ampleur de leur habillement et de ce qu'ils font beaucoup d'exercice, mais en partie aussi de ce que les enfants disgraciés par la nature ne peuvent guère résister à l'éducation dure qu'ils reçoivent.

» Les traits caractéristiques varient, mais peut-être trouve-t-on partout les dents blanches, de petits yeux peu vifs, le front étroit; la forme du nez est très variée : en général, il est petit et un peu retroussé dans le Nord; plus fort, plus arrondi dans la Petite-Russie. La barbe est presque toujours très forte; la couleur des cheveux est de toutes les nuances, depuis le brun foncé jusqu'à la couleur rousse, mais il est rare qu'ils soient tout-à-fait noirs, roides et lisses : cette variété désagréable nous paraît appartenir aux descendants de la race hunnique, laponne et vogoule. Nous engageons les observateurs indigènes à vérifier cette remarque. Les Russes ont l'ouïe fine; les autres sens sont plus ou moins émoussés, suivant la manière de vivre et la rigueur du climat. Ils ont souvent la vue faible, à cause des neiges. La marche et les mouvements du corps ont une vivacité caractéristique et souvent passionnée : les gens mêmes de la campagne ont une certaine souplesse.

» La peau fine et un teint frais, voilà, selon les Russes, tout ce qui constitue la beauté d'une femme. Dans le fait, les femmes russes ont la peau d'un plus vif incarnat que dans beaucoup d'autres pays, et cependant on n'emploie nulle part le fard avec autant de profusion qu'en Russie, même dans la dernière classe du peuple. Comme la taille des femmes n'est gênée ni par des corps, ni par des lacets, elle excède les dimensions que les Européens ont fixées pour marquer une belle proportion. La plupart des jeunes filles ont atteint l'âge de puberté à douze ou treize ans; ce que l'on ne peut attribuer, dans un climat aussi froid, qu'au fréquent usage des bains de vapeurs, qui accélèrent sans doute le développement du corps, mais le flétrissent aussi plus tôt. Il est rare que les femmes mariées conservent leur fraîcheur et les attraits de la jeunesse après leurs premières couches. L'usage du bain, le fard et l'état de dépendance où les tiennent leurs maris, effacent bientôt le peu de beauté passagère que la nature leur a accordée, à une époque où l'homme a atteint à peine son entier développement.

» Les Russes avaient autrefois pour le mariage des cérémonies particulières et bizarres, dont la plupart sont maintenant hors d'usage. Lorsque deux familles étaient d'accord sur une alliance, quoique les parties intéressées ne se fussent peut-être jamais vues, la prétendue était présentée entièrement nue à un certain nombre de femmes, qui faisaient l'examen de sa personne, et lui indiquaient les défauts corporels qu'elle devait faire en sorte de corriger. Le jour de ses noces, on la couronnait d'une guirlande d'absinthe; et lorsque le prêtre avait formé le nœud nuptial, un clerc jetait une poignée de houblon sur la tête de la mariée, en lui souhaitant d'être aussi féconde que cette plante. Voici un usage remarquable qui subsiste encore aujourd'hui : lorsqu'une femme est en couches, ceux qui viennent la voir, en s'approchant d'elle pour la saluer, glissent une pièce de monnaie sous son chevet : la pièce varie selon la qualité et la fortune de l'accouchée. Les gens mariés sont seuls soumis à cette contribution, parce qu'il est censé qu'ils en profiteront à leur tour. Cet usage subsiste dans la Russie centrale, et même à Moscou, parmi les classes moyennes ou inférieures de la société; dans les hautes classes, il est tombé en désuétude, ainsi qu'à Pétersbourg.

» Le peuple conserve sur l'état des âmes après leur mort des idées aussi superstitieuses que les peuples soumis au catholicisme en avaient il y a deux siècles. Lorsqu'un mort a été habillé, on loue un prêtre qui prie pour lui, qui le purifie avec de l'encens, et l'arrose d'eau bénite, pendant le temps qu'il reste encore sur terre. Conduit à l'église avec de grandes démonstrations de douleur, on découvre le cercueil; là, les parents, les amis et les domestiques du défunt l'embrassent, et le prêtre lui donne un passe-port pour le ciel, signé de l'évêque ou d'un autre prêtre : on met cet écrit dans le cercueil et entre les mains du cadavre. Après l'inhumation, les assistants retournent à la maison du défunt, où ils noient leur chagrin dans l'ivresse et dans des fêtes, qui, chez les gens comme il faut, duraient jadis quarante jours, presque sans intervalle. Pendant ce temps-là, un prêtre récite chaque jour des prières sur le tombeau du défunt; car, bien que les Russes ne croient pas au purgatoire, ils imaginent pourtant que leurs amis morts ont besoin d'être soulagés par des prières pour arriver plus facilement au terme de leur long voyage.

» Les cérémonies pompeuses et les abstinences rigoureuses de l'Eglise grecque partagent la vie du peuple russe, et même celle des classes supérieures. Au carême le plus triste succède tout-à-coup la fête de la Résurrection, et les voyageurs ne sauraient peindre en termes assez magnifiques le spectacle à la fois majestueux et animé qu'offre cette fête. Le bruit des cloches, semblable au roulement d'un tonnerre lointain, l'éclat des milliers de cierges, la richesse éblouissante des costumes, le joyeux enthousiasme des assistants, tout contribue à faire de cette fête populaire une des plus mémorables du monde chrétien. *Christos voskress!* le Christ est ressuscité! Ce cri retentit dans tout l'empire russe, et partout il est le signal de la joie. Chacun visite ses parents et ses amis, et c'est en s'embrassant et en se répétant ces paroles qu'on s'offre réciproquement un œuf rouge; les riches y ont substitué des présents, comme ceux que chez nous on se fait au jour de l'an. Peut-on froncer le sourcil à ce spectacle religieux, parce qu'il est accompagné de plus de bruit, de plus de parade et de plus d'ostentation que nos cultes sévères n'en semblent approuver? L'Eglise grecque s'accommode au goût d'une nation sensuelle, et adoucit les privations d'un climat rigoureux. On excusera moins facilement le relâchement qui règne dans la discipline ecclésiastique. Les popes accordent à tout venant l'absolution; quelques uns participent même aux vices grossiers du peuple. Les Russes, même ceux d'un haut rang, portent sur eux des croix bénites et d'autres amulettes, qu'ils appellent vulgairement leur *bog*, leur dieu. Enfin, la superstition tient généralement la place d'une véritable piété.

» Dans la Petite-Russie, on conserve quelques cérémonies païennes, mais innocentes et aimables. Le 24 juin, la fête de *Koupo* rassemble la jeunesse autour d'un arbre décoré de rubans et d'une table couverte de gâteaux. Des chants antiques rappellent le nom de cette divinité slavonne. La fête de *Koliada* est célébrée dans le mois de décembre par des chants dans la rue, mais qui ne s'adressent qu'aux maîtres et aux maîtresses de la maison (¹).

» L'habillement du paysan dans la Petite-Russie est le même que celui des Polonais; c'est une *kourtka* avec des *chiravari's* ou pantalons très larges. Dans la Grande-Russie, c'est pendant l'hiver une peau de mouton qui descend jusqu'au milieu de la jambe; l'été, un surtout de drap, lié avec une ceinture. Leurs bas, en hiver, sont une bande de drap qui fait plusieurs tours; leur chaussure, un soulier d'écorce, lié avec des cordes de même matière; un chapeau rond l'été; un bonnet fourré l'hiver. Jamais rien autour du cou; ce qui paraît inconcevable dans un climat si rigoureux, mais ce qui, selon nous, est extrêmement salubre. Enfin, ils ont toujours leur hache et leur couteau à la ceinture.

» Les femmes, tour à tour battues comme esclaves et adorées comme souveraines (¹), trouvent toujours moyen de varier, d'embellir et d'orner leur costume. Le *sarafan*, ou robe étroite et boutonnée, en forme la principale pièce; une belle pelisse, présent du jour des noces, en est l'ornement obligé. Mais c'est dans la coiffure qu'éclatent l'art et le luxe. Dans les gouvernements des environs de Novgorod, les femmes portent une bande en travers du front (*kakochnick*), garnie de perles et de grains de différentes couleurs, qui ressemble à une tiare ou à une couronne ouverte. Les filles portent leurs longs cheveux divisés en deux tresses ornées de rubans. Les paysannes des gouvernements occidentaux se couvrent, au contraire, d'un filet, à la manière des Espagnols, mais toujours orné de tresses, de perles et de fausses pierres. La coiffure fondamentale de la nation slave pour le sexe nous paraît être un bonnet avec un bord, semblable à un chapeau, mais de diverses formes; aux environs de Moscou, de Kalouga et de Iaroslavl, ces bonnets-chapeaux sont rabattus par-devant comme ceux des jockeys; les tresses et les guirlandes de perles varient selon le goût et la richesse. Elles attachent par-dessus un voile de soie avec un cordon d'or ou d'argent, qui sert à le tenir rejeté en arrière, à la manière des femmes tatares (²). Près de l'Oka, et surtout aux environs de Mourome et de Kasimof, les bonnets ont la forme d'un croissant qui s'élève perpendiculairement. Le costume des femmes de la Petite-Russie, depuis Voroneje jusque dans la Kiovie et la Volhynie, a un caractère particulier : ce sont des

(¹) Notes mss. communiquées par M. *Choris*.

(¹) *Biou kak choubou, i loublou kak doûchou.* « Je te bats comme ma pelisse, et je t'aime comme mon cœur. » — (²) *Georgi*, Nations russes.

tresses qui prennent juste à la tête, et qui sont entremêlées de rubans sans nombre et de fleurs naturelles; un collier et une chaîne formée de monnaies ornent le cou; le jupon rouge est accompagné de bottines de la même couleur (1). Il y a bien des paysannes en France et en Italie qui consentiraient à être un peu battues dans le cours de la semaine pour pouvoir étaler le dimanche un luxe aussi bigarré; mais ce qui est particulier aux belles Russes, ce qui est fâcheux pour leur goût, c'est l'usage universel du fard. Elles sont peintes comme des dames de l'ancienne cour de Versailles; les compositions minérales dont elles se servent ont été apportées de l'Orient et de la Grèce. Toutefois les paysannes pauvres restent forcément assujetties à l'usage des sucs innocents tirés des herbes des champs.

» Les maisons des paysans russes sont toutes construites sur le même modèle : la cour intérieure forme un carré long entouré de hangars; le magasin de foin est ordinairement au fond, ainsi qu'un petit jardin potager; c'est aussi là qu'ils mettent leurs bestiaux. Ces maisons sont toujours construites avec des arbres posés en travers l'un sur l'autre, ayant de la mousse dans les intervalles, et jamais avec l'écorce, quoi qu'en dise M. Coxe. La chambre du paysan est quelquefois au rez-de-chaussée, plus souvent au premier étage, où l'on monte par un escalier ou par une échelle. Un four occupe presque un quart de la chambre; dessus est une plate-forme où couchent la famille et les étrangers, le tout pêle-mêle, hommes, femmes et enfants. Dans ces chambres, longues et larges de 15 à 20 pieds, hautes de 6 à 7, il règne constamment une chaleur de 18 à 25 degrés.

» Les meubles, les vases, les cuillers, sont la plupart en bois, les pots en terre; il est difficile de nommer un peuple qui en ait de plus mauvais ou qui se contente de moins. Un lit, c'est-à-dire un mauvais grabat avec un matelas et une couverture, voilà un signe d'aisance, et que l'on ne trouve que rarement chez les paysans de la noblesse; ceux de la couronne sont, en général, un peu plus à leur aise. Les images des saints ornent la dernière cabane et le palais le plus somptueux; les Russes les saluent à leur entrée dans une chambre; ils leur adressent des prières le soir et le matin avec beaucoup de signes de croix; généralement ils se prosternent et baisent la terre.

» Les aliments du peuple russe, simples, mais abondants, ne conviennent guère à des estomacs faibles; le porc, le poisson, la soupe aigre aux choux, les champignons et le piment, qui en constituent les parties dominantes, ont besoin de quelques verres d'eau-de-vie pour être digérés. Il paraît pourtant que des viandes plus saines, beaucoup de lait et d'œufs, une quantité considérable de fruits, contribuent à varier la cuisine russe, sur laquelle nos autorités ne sont pas tout-à-fait d'accord. Comment pourrait-il en être autrement dans un pays aussi étendu? D'après nos amis, parmi les médecins, l'usage abondant du *kvas* et des divers jus de baies antiscorbutiques balancent tous les inconvénients de l'abus des liqueurs fortes. Le *braga* ou bière blanche, et le *vymorosli* ou vin aigrelet, fermenté et gelé, le jus pétillant que l'on obtient de la sève fermentée du bouleau, ne produisent qu'une ivresse momentanée; mais une variété de liqueurs sucrées offre aux Russes des poisons habituels.

» Il y a peu de maladies dominantes parmi le peuple russe : la diète et des remèdes simples suffisent ordinairement pour les en préserver. Les femmes accouchent aisément, surtout dans les bains : le nombre des enfants mort-nés est très peu considérable, relativement à celui des autres pays. La petite vérole et les vers n'enlèvent pas, à beaucoup près, en Russie autant d'enfants que dans la plus grande partie des États de l'Europe; mais la maladie vénérienne, d'autant plus contagieuse que sa malignité est augmentée par la rigueur du climat, semble universellement répandue dans les campagnes, s'il faut en croire les voyageurs, même indigènes. Mais comment concilier cette assertion avec tant d'exemples de longévité?

» Les remèdes populaires sont très extraordinaires; les poireaux, les oignons, surtout le poivre d'Espagne, mêlés avec de l'eau-de-vie, passent pour la panacée universelle; on les emploie indistinctement pour les maladies les plus opposées. L'aconit et l'ellébore ont aussi une grande réputation. Pour les coliques et les rhumatismes, ils appliquent sur la peau des ventouses d'armoise. A ces re-

(1) *Choris*, Mss.

mèdes il faut joindre le verre d'eau-de-vie double, dans laquelle on délaie de la poudre à canon, ou, selon les circonstances, du sublimé de mercure. Le bain de vapeur, dont nous avons parlé en traçant les mœurs des Finlandais, complète le système de l'hygiène russe.

» Les bains publics sont ordinairement établis dans de mauvaises maisons de bois, situées, autant qu'il est possible, près d'une eau courante. Quelques bains sont précédés d'une chambre pour s'habiller et se déshabiller, et le plus souvent d'une cour où l'on a placé des banquettes. La chaleur ordinaire des chambres de bain est de 32 à 40 degrés, suivant le thermomètre de Réaumur; on peut l'augmenter bien davantage, en versant de l'eau, de cinq minutes en cinq minutes, sur les pierres du poêle. Quelquefois sur le dernier gradin la chaleur est de 44 degrés. Beaucoup de gens, au sortir de ces bains, se précipitent dans la rivière voisine, semblables aux jeunes Romains, qui se plongeaient dans un étang après l'exercice de la lutte; d'autres se roulent dans la neige par un froid de 10 degrés et au-delà. Pourquoi nos docteurs, qui épuisent tant d'inventions nouvelles, n'introduisent-ils point celle-ci? Déjà, dans l'antiquité, l'usage de ces bains était très répandu; les Lacédémoniens et les peuples sur le Duero en Espagne y employaient, précisément comme les Russes et les Finnois, des pierres rougies [1]; et peut-être Médée ne dut elle-même sa mauvaise réputation qu'à un essai téméraire de ces bains, qu'elle est censée avoir inventés ou plutôt rapportés des peuples septentrionaux [2].

» Les amusements du peuple russe sont réduits en nombre, depuis que le patriarche n'est plus conduit sur un âne par le tsar en personne, aux cris de *hosianna*, et depuis qu'on ne voit plus les ambassadeurs amenés par une cavalcade de mille personnes portant des présents ou des tributs à l'autocrate, et en recevant en échange des pelisses et des cafetans d'honneur. Mais les dispositions du peuple russe à la gaieté bruyante, et son goût pour tout ce qui est parade, restent toujours les mêmes. Personne en Europe, pas même le Français, ne chante et ne danse autant que le Russe; mais ses danses sont un peu licencieuses. Les jeux de gymnastique, et entre autres l'escarpolette, sont poussés à une grande perfection. Les montagnes russes, long-temps admirées de loin, ont été tout-à-coup naturalisées en Europe: mais dans leur patrie elles conservent une supériorité incomparable; la course, mieux assurée sur la glace, est aussi plus rapide. Un exercice plus dangereux, c'est de descendre la montagne en patins. Ce spectacle effraie réellement ceux qui n'ont pas vu les patineurs norvégiens; ceux-ci ont beaucoup plus d'adresse, et font des voyages très longs sur des patins, sans le moindre accident. Les montagnes de glace à Pétersbourg et à Moskou sont très multipliées pendant le carnaval; elles sont entourées de boutiques, où l'on vend du café et des liqueurs, où l'on joue des farces, où l'on donne à manger, et surtout à boire, et devant lesquelles les Russes dansent en plein air, à un froid de 15 à 20 degrés quelquefois.

» Naturellement imitateur, le paysan russe est encore forcé, dans beaucoup d'endroits, à tout faire par lui-même: charrues, voitures, ustensiles de toute espèce, souliers, bottes, bonnets, étoffes de laine et de toile, bas et gants, tout est le produit de l'industrie domestique et particulière dans la plupart des gouvernements de la Russie centrale. Les seigneurs savent profiter de cette aptitude mécanique du peuple; ils disent à l'un: sois maçon; à l'autre, tu seras tailleur; à un troisième, fais-toi peintre; et tout va, tout marche par le magnifique effet de la volonté souveraine, aidé du bâton et du petit verre d'eau-de-vie. On peut se faire une idée sommaire de cette confusion de tous les métiers en parcourant le Marché-aux-Maisons, une des curiosités que Moscou a de commun avec toutes les grandes villes de Russie. Ce marché se tient dans une ou plusieurs vastes places, et présente une grande variété de matériaux propres à bâtir, et même des maisons entières, dont toutes les parties sont en bois. Celui qui a besoin d'une maison vient sur les lieux, dit combien de chambres il lui faut, examine les bois qui sont numérotés avec soin, et marchande la maison qui lui convient. Il fait son prix, à condition qu'on la lui porte, et qu'on la monte au lieu où il veut qu'elle soit placée. C'est ainsi que l'on voit

[1] *Strab.* III, p. 154. *Celsus*, l. II, c. XVII, l. III, c. XVII. — [2] *Bœttiger*, Vasen gemalde, cah. II.

souvent une maison s'acheter, se transporter, s'élever, et être habitée dans l'espace d'une semaine; mais ce sont des espèces de cahutes qu'on démolirait encore en moins d'heures qu'il ne faut de jours pour les élever. On trouve aussi à acheter des poutres sciées et taillées pour la construction des maisons de briques, ainsi que des poêles, des meubles, des chariots, soit sur ce marché, soit dans le voisinage.

» Dans ce tableau général de la manière de vivre du peuple russe, que de nuances produites par les différences de l'état civil! Deux grandes divisions légales partagent le gros de la nation : les paysans libres et les serfs; mais les lois y ont encore introduit des nuances. Les *odnodvorzi*, ou possesseurs d'une métairie héréditaire, et qui achètent eux-mêmes des serfs sous un nom emprunté, mais qui par abus se sont vus exposés à être transportés arbitrairement d'une province à l'autre; les *poçadski*, ou fermiers libres, mais sans propriété foncière; les affranchis, qui en partie restent soumis à des corvées, à des services personnels, à des redevances, selon les contrats légaux qui leur ont été accordés : voilà les principales classes libres; leur aisance est variée comme leur industrie; nulle part ils n'éprouvent la misère. On peut ranger à côté d'eux les serfs de la couronne, subdivisés en serfs de l'empire, des domaines, des économats, des postes; ils ne font point de corvées, et paient l'*obrok* (capitation), selon les diverses déterminations légales, plus ou moins douces, mais fixes. Le sort des paysans attachés aux mines se rapproche beaucoup de celui des paysans de la couronne. Tous ils jouissent d'une existence physique tranquille et aisée, les besoins intellectuels leur sont peu connus, et la couronne les traite avec une indulgence paternelle. Mais ils peuvent redouter à chaque instant d'être cédés pour un temps à des particuliers, par des contrats qu'on nomme *arenda*; et, quoique des lois récentes déterminent les règles d'après lesquelles ils doivent être traités, l'arbitraire prévaut encore sur la loi. Le serf est exposé à des châtiments personnels souvent cruels; il ne travaille que pour les besoins du seigneur; ses filles sont livrées aux caprices libidineux des maîtres; et son sort, sous un seigneur avide et barbare, ressemble à celui du nègre. Il est vrai que l'humeur du maître peut aussi rendre leur condition douce et même heureuse.

» Il est une classe de la nation russe dont nous dirons peu de chose, parce que nous n'en savons presque rien : c'est la bourgeoisie vraiment moscovite. Peu de voyageurs étrangers fréquentent les familles bourgeoises; il est même plus facile d'être admis plus intimement dans les cercles frivoles de la noblesse. Actifs, ardents au gain, sobres dans leur intérieur, les bourgeois russes de toutes les classes conservent les mœurs domestiques sévères qu'ils ont apprises, il y a bien des siècles, des Arméniens, des Chinois et des habitants des villes hanséatiques; même assiduité au travail, mêmes soins minutieux dans les comptes; mais une éducation resserrée dans des bornes plus étroites, une activité infatigable pour les affaires commerciales, nulle idée politique ni morale. Par leurs habitations, leur nourriture et leurs vêtements, ils ressemblaient, il y a peu d'années, aux paysans aisés, et la seule différence était un beau cafetan à pelisse et l'usage habituel du thé, surtout parmi les dames, qui se distinguent par leur embonpoint et la blancheur de leur peau. A l'époque des grandes fêtes, on voit les femmes des négociants de Moscou se promener en droschki, étalant sur elles des richesses qui ont frappé d'étonnement même un voyageur anglais : leurs bonnets sont chargés de cordons de perles fines; elles portent les plus beaux châles turcs et persans, ainsi que des boucles d'oreilles de diamants. Avec le châle, tombant en plis légers jusqu'aux pieds, ou sans ce vêtement asiatique, avec le féredja en dentelles fines, le costume des dames bourgeoises de Moscou réunit un caractère national à beaucoup de grâce et de goût ([1]). Il serait bien à désirer qu'un voyageur de la classe industrielle, laissant de côté les salons de la noblesse, voulût observer de près les mœurs de la bourgeoisie déjà si nombreuse. Les voyageurs anciens et modernes ont accumulé des traits satiriques sur la mauvaise foi et les fraudes insignes des négociants russes; nous n'osons les contredire, ne trouvant aucun auteur qui prenne le parti de ces pauvres Moscovites; mais nous demanderons pourtant s'il est vraisemblable qu'une classe quelconque

([1]) *Clarke*, I, p. 92.

de citoyens puisse se maintenir florissante et riche au milieu d'une nation intelligente et même rusée, et trompant habituellement tout le monde. Nous demanderons si les grandes entreprises, les laborieux voyages et le crédit bien établi des négociants moscovites ne doivent pas faire reconnaître la source vraie et honorable de leur fortune. Nous demanderons enfin si les bourgeois, sous la conduite de Come-Minine, ne furent pas, aussi bien que les paysans sous Pojarski et les boyars sous Troubetzkoï, les libérateurs de la patrie. Encore dans la guerre d'invasion faite par Napoléon, un généreux bourgeois, Engelhardt, de Smolensk, aima mieux se laisser fusiller par les ennemis que de trahir son souverain et son pays.

» C'est du milieu des paysans et des bourgeois que sortent les ecclésiastiques ; aussi les voyageurs accablent-ils les popes du reproche d'ignorance, d'ivrognerie et de bassesse. Ces reproches sont en partie exagérés, en partie mal appliqués. Les habitudes de l'Église grecque favorisent sans doute l'ignorance et la superstition ; mais les mœurs du clergé ont plusieurs côtés estimables.

» Le clergé russe est un ordre tout-à-fait différent du clergé dans les États catholiques ; il est même essentiellement différent du clergé protestant. C'est une position sociale toute particulière et très digne d'attention. Le mariage est non seulement permis aux prêtres, mais il leur est ordonné par la discipline de l'Église, comme une condition *sine quâ non*. L'Eglise russe prend dans le sens vrai et littéral le fameux passage de saint Paul, que l'Eglise romaine interprète avec plus ou moins d'art. Aucun prêtre russe ne peut recevoir l'ordination s'il ne vit actuellement en mariage. Il ne peut épouser une veuve ni une personne qui aurait commis quelque faute notoire. Lorsque sa femme meurt, il est obligé d'offrir sa démission ; son évêque peut, dans des cas très rares, l'autoriser à continuer ses fonctions ; mais régulièrement il doit les cesser. Le prêtre séculier, ainsi privé de sa cure, entre ordinairement dans un couvent en qualité de *hiéro-monaque* ; c'est dans ces retraites austères qu'on choisit les évêques et les archevêques. Les prêtres ou popes, très respectés, vénérés même du peuple des campagnes dans l'exercice de leur ministère, y exercent une influence d'autant plus importante qu'eux seuls lisent quelquefois les journaux littéraires et scientifiques publiés en Russie ; et, par conséquent, c'est par eux seuls que des idées nouvelles peuvent pénétrer dans la masse de ce peuple. Comme pères de famille, les popes ont des intérêts mondains auxquels le clergé catholique (d'après l'esprit de son institution) doit rester étranger. Le pope élève un de ses fils pour les ordres sacrés, un autre pour le militaire ou pour la marine ; quelques uns des meilleurs officiers de marine sont des fils de curés ; il y en a aussi qui entrent dans le commerce. De l'autre côté, le mélange avec un clergé monacal imprime même au clergé séculier un caractère plus sacré aux yeux du peuple. Les mœurs patriarcales de plus d'un archevêque sont citées comme un modèle de simplicité et d'austérité. L'ambition du haut clergé russe le porte à acquérir des talents et des lumières, et il trouve des imitateurs dans les rangs inférieurs. La plus grande partie de cette classe est déjà loin du tableau qu'en tracent d'anciens voyageurs, et elle s'améliore de jour en jour.

» Parlerai-je des mœurs de la noblesse russe ? Que de traits humiliants, que d'anecdotes scandaleuses, quelle masse de jugements défavorables les voyageurs anciens et modernes n'ont-ils pas accumulés contre cette classe ! Tous répètent si exactement les mêmes horreurs, qu'un écrivain honnête se sent involontairement entraîné à des doutes, surtout en remarquant leurs contradictions frappantes. L'un accuse les nobles russes « d'être des filous et des escrocs, » l'autre se moque de « leur crédulité et de leur simplicité ; » celui-ci voit dans leurs mœurs « de la férocité scythique, » l'autre y retrouve « de la bassesse napolitaine ; » et de tous ces contrastes il se forme un tableau hideux, mais auquel il manque de la vraisemblance. Nous qui avons connu des Russes fort estimables, nous avons essayé de les rendre eux-mêmes juges de leur nation.

« La noblesse russe, nous dit un de ses
» membres les plus distingués, a eu le mal-
» heur de vivre long-temps sous un joug des-
» potique, et de conserver encore elle-même
» un pouvoir arbitraire ; mais nous n'avons
» commencé à jouir d'un état légal que sous
» Alexandre. Encore, la négligence avec la-

» quelle les ordres du gouvernement central
» sont exécutés par les régences locales, la
» nullité et même la vénalité des tribunaux
» choisis parmi les nobles pauvres et n'ayant
» presque pas de traitements, mille actes ar-
» bitraires ignorés d'une autorité éloignée et
» sans moyen de communication; une fatale
» complaisance pour la transgression des lois
» protectrices du peuple, voilà des vices de
» notre état social qui produisent nécessaire-
» ment des vices de mœurs dans une aussi
» énorme multitude de familles nobles, vivant
» presque toutes une moitié de l'année au mi-
» lieu de leurs serfs et de leurs champs, sans
» moyen de suivre régulièrement l'éducation
» de leurs enfants, ne possédant encore qu'un
» petit nombre d'universités éparses et faible-
» ment fréquentées, ne trouvant pour la plu-
» part qu'une seule carrière, celle du militaire,
» et ne cultivant dans celle-ci que les connais-
» sances nécessaires au métier. Ailleurs la no-
» blesse, peu nombreuse, a tous les moyens
» de civilisation à sa porte : chez nous, la
» proportion est renversée; un peuple entier
» de nobles n'a que peu de moyens à sa dis-
» position. Ne serait-il pas juste d'apprécier
» plutôt les brillantes sommités que présente
» la noblesse russe, que de s'appesantir sur
» l'ensemble des défauts qui résultent de cir-
» constances impérieuses?

» Les grandes écoles et les superbes hôpi-
» taux des Demidoff, des Galitzine, des Bes-
» borodko, l'établissement pour les sourds-
» muets des Ilinski, le jardin botanique des
» Rasoumowski, les entreprises littéraires et
» savantes du dernier Romanzof, les grandes
» exploitations des Strogonof, la bienfaisance
» éclairée des Chérémétieff, les sacrifices pa-
» triotiques des Dolgorouki, des Orlof, des
» Kourakine, ont-ils beaucoup de pendants en
» Europe? Des milliers de nobles de province
» ne cherchent que l'occasion de signaler leur
» patriotique dévouement. Partout il s'élève
» des écoles, des musées, des sociétés, des cer-
» cles littéraires, mais ce sont des essais de
» bienfaisance et d'instruction qui manquent
» encore d'ensemble et de suite.

» Ce que Catherine fit de mieux pour ré-
» pandre la culture d'esprit en Russie, ce fut
» de tolérer l'introduction des livres étran-
» gers. A peine Paul Ier fut-il sur le trône,
» que l'empire russe s'isola pour ainsi dire du
» monde pensant : des prêtres et des censeurs
» furent placés sur toutes les frontières. Ces
» douaniers de la pensée firent leur métier avec
» la plus grande rigueur; les libraires finirent
» par ne rien faire venir de l'étranger; en
» même temps toutes les lettres tant soit peu
» suspectes furent décachetées à la poste; on
» permit à très peu d'étrangers l'entrée du
» territoire russe; les jeunes Russes qui étu-
» diaient en Allemagne furent rappelés, sous
» peine de confiscation de leurs biens et d'exil
» perpétuel. Enfin, toutes les mesures étaient
» prises pour empêcher le moindre rayon de
» lumière de pénétrer en Russie. Un des pre-
» miers actes du gouvernement d'Alexandre Ier
» fut l'abolition de toutes ces ordonnances ex-
» travagantes. Ce jeune monarque mit beau-
» coup de zèle à l'amélioration de l'instruction
» publique, et tout faisait présager à la Rus-
» sie un siècle des lumières. Tout-à-coup des
» soupçons, des craintes, des insinuations
» étrangères ont suspendu cette marche du
» gouvernement. Ce sont les agitations de
» l'Europe qui menacent de troubler les pro-
» grès de la civilisation en Russie. Mais un
» gouvernement éclairé lui-même ne doit-il
» pas reconnaître que les lumières, c'est-à-
» dire les connaissances positives, sont le seul
» moyen d'assurer le repos et la prospérité
» publique?

» Aux désavantages anciens qu'offrait la
» position civile de la noblesse russe, il fallut
» ajouter pour les familles attachées à la cour
» cet esprit d'intrigues qui naît des révolu-
» tions fréquentes; il a cessé avec un long
» règne légal; il n'avait d'ailleurs jamais at-
» teint qu'une fraction relativement petite de
» la masse immense des nobles. Proportion
» gardée, il y a moins d'ambition, moins de
» bassesse, moins d'avidité, plus d'honneur et
» de loyauté parmi les nobles russes que chez
» aucune autre classe dans la même situation.
» Combien d'entre eux qui fuient et les plai-
» sirs et les troubles de la cour! Mais l'oisi-
» veté de la vie militaire dans les garnisons
» est un germe universel de tous les vices;
» peut-être est-ce même le plus grand fléau
» moral de notre patrie. »

Ces vues nous paraissent devoir guider les étrangers dans leurs jugements sur la noblesse russe, objet de tant de préventions injustes. Elle saura s'en justifier. Déjà tout ce qu'on dit de la manière de vivre des Russes, de leur passion pour le gros jeu, de leur conversation frivole et aride, de leur habitude de passer le jour à dormir, a cessé d'être vrai à l'égard de tous ceux qui ont pu se procurer de plus utiles occupations; déjà même les nobles qui ne sortent pas de leur province ont renoncé aux habitudes brutales qu'on reprochait à quelques uns d'entre eux ; on ne les voit ni accabler leurs serfs de punitions aujourd'hui légalement défendues, ni se dégrader au niveau du peuple par une ivrognerie dégoûtante. Le beau sexe exerce de plus en plus une influence bienfaisante en épurant les plaisirs sociaux. Sans doute la danse et la toilette occupent un plus grand espace dans la vie d'une nation vive et sensuelle comme le sont les Slavons, que dans la vie contemplative d'un Allemand. L'hospitalité sans bornes des Russes est qualifiée de *barbare* par l'ingratitude des voyageurs ; mais pour qui connaît un peu le climat et les localités, elle prouve plus qu'une magnificence prodigue ; elle est la preuve d'habitudes sociales et bienveillantes.

Voici ce qu'un auteur français nous apprend sur la haute société de la capitale de la Russie :

« Dans une soirée, les dames se groupent autour d'une table présidée par la maîtresse de la maison; les demoiselles vont s'établir dans quelque coin de l'appartement ; les hommes adressent, en entrant, quelques mots aux dames de la table, et se rassemblent entre eux; les jeunes gens n'usent qu'avec un extrême scrupule, on pourrait dire avec une certaine répugnance, de la liberté qui leur est accordée de causer avec les demoiselles. Comme tous les jeunes gens nobles (et il n'y en a point d'autres dans les salons, puisque les classes intermédiaires sont inaperçues en Russie) doivent être et sont militaires, et que dès l'âge de seize ans ils sont enrégimentés, leur éducation, quelques soins qu'on y ait donnés, ne peut jeter de profondes racines; ils ne peuvent avoir sur toutes choses que des notions superficielles : ils éblouissent d'abord par un certain éclat; mais, condamnés tout-à-coup à un service militaire que rendent vraiment pénible les revues, les parades, les exercices multipliés auxquels on les oblige, ils n'ont le temps de rien approfondir. Durant ses études, un enfant apprend à apprendre, et la vie que mènent les jeunes Russes ne leur permet pas de se livrer à ces travaux sérieux dont l'éducation première n'est que la préparation indispensable. Nécessairement le cercle de leurs idées doit se rétrécir et se borner bientôt à la tenue des régiments, aux chevaux et aux uniformes ; ils se rappellent et ils répètent ce que leurs instituteurs ont confié à leurs jeunes mémoires ; et l'on pourrait les comparer à des arbres étalant aux regards, un moment trompés, les fleurs brillantes dont une main officieuse décora leurs branches. On sent bien qu'il est d'heureuses exceptions, et qu'on peut trouver ici des jeunes gens qu'une organisation vigoureuse dérobe à la règle commune, et dont l'étude mûrit et féconde les esprits; une application générale de cette comparaison serait donc injuste, et moi-même j'en ai déjà rencontré quelques uns que distinguent et leur instruction et l'élévation de leurs idées.

» La séparation des deux sexes n'est pas observée moins rigoureusement dans les dîners que dans les réunions du soir : on donne le bras à une dame pour sortir du salon ; mais cet éclair de familiarité s'évanouit à la porte de la salle à manger : toutes les femmes se placent d'un côté de la table, tous les hommes de l'autre ; de sorte que, durant le dîner, les deux sexes ne peuvent guère communiquer entre eux que par quelques monosyllabes jetés au travers des vases de fleurs qui décorent le surtout : il semble que ce soit une espèce de transaction entre les coutumes de l'Europe et celles de l'Asie. Les mœurs gagnent-elles quelque chose à cette pudique et sévère séparation? je l'ignore; mais ce qu'on peut affirmer, c'est que l'esprit de société doit y perdre beaucoup.

» La noblesse russe est divisée par classes, au nombre de quatorze: elles sont toutes assimilées à un grade militaire; la quatorzième correspond au grade d'enseigne, et l'on remonte ainsi jusqu'au rang de feld-maréchal, qui forme la première. »

Ajoutons que les femmes ont le même rang que leurs maris, mais que c'est une erreur de croire, avec M. Ancelot, qu'à la cour les demoiselles d'honneur ont le rang de capitaine : elles ont le titre d'Excellence; elles jouissent de certains droits de préséance, mais sans aucune attribution de grade.

En Russie, ajoute l'auteur que nous citons,

tout noble qui veut jouir des prérogatives attachées à sa naissance, doit être au service, soit civil, soit militaire. Cette obligation fut imposée à la noblesse par Pierre I*er*, et ceux qui refusèrent de s'y soumettre furent déclarés déchus de leur rang; ils sont soumis au recrutement comme les simples paysans; ils labourent leurs terres, mais il leur est interdit de posséder des esclaves. Le gentilhomme russe commence ordinairement par entrer au service militaire, et lorsqu'il est parvenu au grade de colonel, s'il ne veut pas suivre la carrière des armes, il obtient un rang civil équivalant au grade supérieur à celui qu'il abandonne : alors il brigue un emploi de gouverneur ou de vice-gouverneur d'une province, ou quelque place éminente dans les douanes; et, chose remarquable, il prend, en fort peu de temps, l'esprit de son nouvel état. Pour lui, c'est un moyen de faire ou de rétablir sa fortune; car le désintéressement n'est pas la vertu des administrations russes.

« Il est impossible d'être plus hospitalier que le seigneur russe; il recherche les étrangers, et surtout les Français; mais ici, plus que partout ailleurs, il faut bien prendre garde de trop se confier à ces obligeantes démonstrations, qui ne sont souvent que d'aimables faussetés. Un étranger doit surtout éviter de se prodiguer; car s'il s'abandonne d'abord aux affectueuses protestations dont il est l'objet, il se prépare pour l'avenir de pénibles déceptions. Un Russe débute par se dire votre intime ami, bientôt vous devenez une simple connaissance, et il finit par ne plus vous saluer.

» Nous avons remarqué avec étonnement en France la facilité, la grâce d'élocution des Russes dans un idiome étranger. L'étonnement cesse quand on a vu de près leur système d'éducation. Dès l'âge le plus tendre, les enfants entendent parler français. A peine sont-ils en état de se livrer à quelques études, qu'ils sont confiés à un *outchitel* (précepteur) français; c'est notre langue qui leur sert à exprimer leurs premières idées, c'est avec nos grands écrivains qu'elles se développent, et nécessairement elles en reçoivent une empreinte que rien ne saurait effacer. La langue russe, d'ailleurs, mélange agréable de douceur et de force, donne à l'organe de la parole une flexibilité qui lui permet de se familiariser promptement avec toutes les consonnances; aussi les Russes prononcent-ils sans difficulté l'allemand et l'anglais, qu'ils apprennent également dès l'enfance. Mais ces idiomes, qu'ils possèdent parfaitement, sont pour eux d'un usage moins habituel que le nôtre; c'est le luxe de l'instruction; la langue française est un besoin ([1]). »

» Les Slavons de Kiovie et ceux de Novgorod, répandus très rapidement sur un immense espace, n'eurent pas le temps de former un grand nombre de dialectes. Du moins nous n'en connaissons pas d'autres avec précision que ceux qui ont pris le nom de ces deux villes, et plus tard celui de *veliki-rosse* et de *malo-rosse;* ils ne diffèrent que par la prononciation et par quelques particularités grammaticales peu importantes. Le dialecte de Moscou s'est formé par l'adoucissement de celui de Novgorod, et est devenu la langue de la littérature russe, aujourd'hui enrichie d'un grand nombre d'ouvrages d'éloquence, de poésie et de morale, mais peu avancée pour les sciences et tout-à-fait en arrière pour la philosophie.

» Les croyances anciennes de ces deux branches de la nation russe se ressemblaient beaucoup, mais Kiof était le véritable olympe de la mythologie slavonne, dans laquelle nous entrevoyons, comme dans celle des Finnois et des Lettons, une personnification générale des forces de la nature, mais non pas, comme dans le profond système de l'odinisme skandinave, une tendance à peindre la lutte du bon et du mauvais principe. Simple, naïve et tout-à-fait matérielle, la mythologie slavonne nous présente une foule de divinités et de génies. *Peroun*, le dieu du tonnerre et de la foudre, le distributeur des saisons et des récoltes, le maître suprême des dieux, est évidemment le *Perkoun* des anciens Lithuaniens et le *Perendi* des Albanais, ou anciens Illyriens; observation par laquelle nous entrevoyons un ancien lien d'unité entre des nations très éloignées. Une grande distance sépare ce dieu suprême des autres divinités. *Morskoï-Tsar,* le roi de la mer, est peu connu, et on ignore son véritable nom. *Znitsch,* le feu vital adoré à Novgorod, semble sortir du rang des divinités communes, et, chose remarquable, ce nom peut signifier le destruc-

([1]) *Ancelot*, Six mois en Russie.

teur, comme celui de Schiva (¹). Les divinités les mieux déterminées sont des êtres allégoriques d'un sens facile à saisir. *Korscha*, avec sa couronne de houblon, est le Bacchus des Slavons. *Lada*, la beauté, enfanta *Lel*, ou *Lelo*, le désir, l'amour, et *Polelia*, l'amour mutuel, dont le descendant est *Did*, ou *Dziat*, le génie protecteur des enfants. Quel besoin de chercher dans une fable aussi naturelle des traces d'une philosophie transcendante? Il y a quelques doutes sur *Led*, dieu de la guerre, et *Koliada*, ou *Koleda*, dieu de la paix, qui seraient, d'après une autre explication, les divinités de l'été et de l'hiver. *Dazebog* donnait les trésors cachés sous terre. *Koupalo*, la déesse des fruits, était honorée par des feux de joie, et *Volos*, le conservateur des troupeaux, était aussi le gardien des serments. Les chèvres et les moutons avaient leur protecteur spécial dans *Mokosch*. Le génie du beau temps et du printemps, l'aimable *Pogoda* (²), se couronne de fleurs bleues, et plane doucement dans sa robe éthérée sur ses ailes d'azur, au milieu de la végétation renaissante. *Simzerla*, jeune déesse qui répandait devant elle un parfum de lis, et qui portait une ceinture de roses, était l'amante de Pogoda. *Zemargla* se montrait dans un costume qui peignait ses attributions: son haleine était de glace, ses habits de verglas, son manteau de neige, brodé de petite gelée, et une couronne de grêle ornait sa tête. *Tschernoïbog*, ou le dieu noir, était censé auteur de tous les maux et de la mort; on lui offrait des sacrifices, accompagnés de chants lugubres. Une foule de génies subalternes peuplaient l'univers. Les *Rousalki*, nymphes à chevelure verdâtre, habitaient les fleuves; les *Leschie* ressemblaient aux satyres; ils diminuaient ou agrandissaient leur stature à leur gré. Les serpents, adorés en Prusse et en Lithuanie, l'étaient aussi en Russie; c'étaient les *Domovoï-Douschi*, ou esprits familiers des maisons. On remarque encore *Kikimora*, déesse des songes; les *Koltki*, ou esprits de la nuit; enfin *Polkan*, dont quelques écrivains ont fait Volcan, et qui était représenté comme un centaure (³). »

(¹) *Zniszcze*, anéantir, en polonais. — (²) Ce mot signifie le *temps* en russe. — (³) *Glinka*, Drewniaia religia, etc. Mittau, 1814. *Kaisarow*, Slaviansk mithologia, Moscou, 1807.

Ce simple exposé des divinités slavonnes de Kiof s'accorde parfaitement avec le témoignage de Procope, auteur du sixième siècle. « Les Slaves et les Antes, dit-il, adorent un » seul dieu, le maître du tonnerre et le sou- » verain du monde entier. Ils lui sacrifient » des taureaux et toutes sortes d'objets; ils » n'ont aucune doctrine sur le destin; ils font » des vœux d'offrandes dans le danger de » mort, et croient racheter par là leur guéri- » son. Les fleuves sont sacrés; il s'y trouve » des nymphes et des esprits auxquels on fait » des offrandes et des sacrifices accompagnés » de prédictions (¹). »

Ne retrouvons-nous pas dans ce précieux passage tous les principaux traits de la mythologie slavonne, telle que les auteurs nationaux nous la représentent? A quoi bon la subtilité de quelques Allemands, qui prétendent retrouver dans un dieu nommé *Bielbog*, ou le dieu blanc, et dans *Tschernoïbog*, dont nous avons déjà parlé, « une opposition entre » les esprits de la lumière et ceux des ténè- » bres, » et même « un dualisme venu de l'O- » rient? » L'image de Bielbog, couverte de sang et de mouches, n'indique qu'une divinité subordonnée dans le système ancien et vraiment national des Slavons du Dnieper. Il ne s'y trouve pas, comme dans l'Edda des Skandinaves, un dualisme de principes fondamental et dominant. On n'y voit pas ce grand drame d'une guerre entre les bons et les mauvais dieux; c'étaient des idées trop profondes, trop fortes et trop sombres pour la race slavonne. Si cependant on veut reconnaître chez les Slavons une teinte de dualisme, il ne faut y voir qu'une doctrine étrangère, un emprunt fait aux Skandinaves, et notamment aux Goths et aux Varègues, qui ont si long-temps donné des chefs et des maîtres aux nations slavonnes.

Les Slaves orientaux, ou Russes, avaient peu de temples ornés, excepté à Kiof; et même ce n'est que sous Vladimir, le dernier souverain païen, qu'on voit le culte prendre de l'éclat. Par un effort d'opposition au christianisme, ce prince rassembla toutes les idoles, et orna leurs temples, qu'il devait bientôt sacrifier à ses nouvelles croyances. Mais on sait que les Slavons avaient beaucoup de

(¹) *Procope*, De Bello Goth., lib. III, c. xiv.

lieux saints, dans l'épaisseur des forêts, où leurs sacrificateurs et leurs augures se dérobaient derrière un voile aux regards profanes. Le Dnieper et le Bog étaient des fleuves sacrés pour les Kioviens, comme la Volkhova pour les Novgorodiens.

LIVRE QUATRE-VINGT-DIX-NEUVIÈME.

Suite de la Description de l'Europe. — Description de la Russie d'Europe. — Septième section. — Provinces lithuaniennes.

« De tout l'empire de Russie, il ne nous reste à décrire que les provinces ci-devant lithuaniennes ; elles forment une petite sphère à part ; leurs habitants constituaient, avec les *Pruczi* anciens, une branche des Wendes dont la religion et l'idiome offrent un caractère si particulier, qu'on les a long-temps pris pour une race distincte. Le savant Gatterer y entrevit les restes des anciens Sarmates; nous avons adopté et développé cette opinion dans un ouvrage particulier ([1]) ; mais l'étude de la langue lithuanienne nous a conduit à l'abandonner, ou plutôt à la modifier de la manière que nous ferons voir dans la suite.

» Occupons-nous ici de l'origine du *grand-duché de Lithuanie*. Les traditions lithuanienne et russe semblent se contredire, ou plutôt elles ne remontent l'une et l'autre qu'à une époque très postérieure à celle de l'origine de ce peuple. Kwialowicz, l'historien des Lithuaniens, prétend que vers l'an 900 il aborda sur les côtes une colonie d'Italiens qui introduisirent dans ce pays une certaine civilisation, et en même temps cette foule de mots latins qui se font remarquer dans le langage lithuanien. Ces illustres fugitifs s'appelaient Palæmon Libo, Julien Dorsprungo ([2]), Prosper et César Colonna, Hector et Ursin Rosa. De ces familles italiennes sortirent plusieurs dynasties souveraines qui gouvernèrent la Lithuanie proprement dite et la Samogitie. L'un d'eux, Ziwibund, dévasta, en 1089, la Russie. Un siècle plus tard, un autre prince du même nom battit les Polonais. Enfin, en 1240, Ringold mourut souverain de la Lithuanie, de Mazovie, de la Podlésie, de la Czernigovie et d'autres provinces russes, de la Samogitie et de la Courlande. Selon les chroniques russes, les Lithuaniens étaient anciennement restreints dans la Courlande, la Samogitie, et dans un coin de terre assez étroit à l'est de cette dernière province ; tout le reste de ce qui a composé dans la suite le grand-duché appartenait à la Russie. Nestor, le plus ancien historien de la Russie, met *Littwa* au nombre des provinces de cet empire, et *Poloçk* ou *Polotsk* dans celui des villes russes que le grand prince Oleg, en 907, affranchit d'un tribut qu'elles payaient aux « empereurs grecs. » Dans les dernières années du dixième siècle, *Poloçk* était la résidence du prince Rogvold, dont la fille Rogneda fut recherchée en mariage par le grand prince de Russie Vladimir-le-Grand. Cette princesse n'ayant pas voulu y consentir, Vladimir fit la guerre à son père, s'empara de sa capitale, le tua lui et ses deux fils, et se trouva maître de Rogneda. Il en eut plusieurs enfants; ensuite il se sépara d'elle, mais auparavant il fit rebâtir Poloçk, où il la renvoya avec son fils aîné Isaslav, en lui cédant et la ville et les pays qui en dépendaient, comme une principauté à part, qui avait Poloçk pour capitale, et comprenait toute la Lithuanie jusqu'à la rivière de Niemen ou Memel, et une grande partie de la Livonie. Isaslav et ses descendants la possédèrent jusqu'à l'extinction de la race dans le treizième siècle, où se forma le grand-duché de Lithuanie, dont Ringold prit le premier le titre, en 1236. Les annales généalogiques de Russie (Rodoslovie) font descendre ce Ringold des anciens princes de Poloçk, mais elles n'en fournissent pas de preuves. Les grands-ducs de Lithuanie se rendirent dans la suite maîtres de Poloçk et de toutes les villes russes de cette contrée.

» Quoi qu'il en soit de ces faits obscurs

([1]) *Tableau de la Pologne*, 1807. — ([2]) Ce nom est évidemment ou gothique ou germanique.

les deux traditions deviennent d'accord depuis l'époque où le grand-duc Ringold étendait au loin la puissance et la gloire des Lithuaniens.

» Vers la fin du treizième siècle, Vittenes, originaire de la Samogitie, après diverses révolutions, obtint le titre de grand-duc, et laissa le gouvernement à son fils et successeur Gedemin, qui bâtit Vilna, dont il fit sa résidence. Il vainquit Stanislas, grand prince de Russie, auprès de Kief; et s'étant rendu maître de cette capitale, il fut, selon Nestor, nommé grand prince de Russie. Jahellon, son petit-fils, connu sous le nom de Jagellon, offrit sa main à Hedvige, déjà couronnée reine et fille unique de Louis, roi de Pologne et de Hongrie; Jagellon s'engagea en même temps à embrasser le christianisme avec tout son peuple, à réunir la Lithuanie à la Pologne, et à reconquérir les provinces démembrées de la couronne. Des offres si généreuses durent plaire aux Polonais; ils envoyèrent une ambassade solennelle au grand-duc. Jagellon vint à Krakovie, en 1386, fut baptisé et nommé Vladislas, et, après son mariage avec Hedvige, il fut également couronné roi. L'année suivante, ce prince retourna en Lithuanie, y abolit les anciennes superstitions, fit convertir plusieurs milliers de ses sujets à la religion chrétienne, fonda l'évêché de Vilna, et régla la discipline ecclésiastique. En 1392, il fit grand-duc de Lithuanie son cousin Alexandre, ou Vitold, mais sans préjudice à la réunion de cette province avec la Pologne, et en s'en réservant la souveraineté. En 1401, cette réunion fut confirmée par un acte formel, dressé dans une diète provinciale à Vilna. En 1408, le grand-duc enleva la Samogitie à l'ordre Teutonique. Dans une autre diète provinciale, tenue en 1413 dans la petite ville de Horodlo, les Lithuaniens furent déclarés égaux aux Polonais, à l'égard des charges et des lois; beaucoup de familles lithuaniennes s'allièrent par des mariages à des familles polonaises; enfin les armes des deux nations furent réunies. On y régla encore que les Lithuaniens recevraient leur grand-duc de la main du roi de Pologne, et que ce dernier venant à mourir sans enfants ni descendants habiles à lui succéder, les Polonais n'éliraient un nouveau roi que conjointement avec les Lithuaniens. L'alliance conclue en 1413 fut renouvelée en 1499, et on y ajouta, par forme d'éclaircissement, que les Lithuaniens n'éliraient point leur grand-duc sans l'agrément des Polonais, ni les Polonais leur roi sans le concours des Lithuaniens. En 1561, les chevaliers porte-glaives se soumirent, eux et la partie qui leur restait encore de la Livonie, à la domination du roi de Pologne, comme grand-duc de Lithuanie; le nouveau duc de Courlande en devint également feudataire. En 1569, les Polonais et les Lithuaniens tinrent à Lublin une diète, où le grand-duché fut réuni au royaume de Pologne, de manière qu'ils ne fissent plus ensemble qu'un même corps, soumis à un seul prince qui devait être élu conjointement par les deux nations, sous le double titre de roi de Pologne et de grand-duc de Lithuanie. On y convint aussi que les deux peuples auraient le même sénat, la même chambre pour leurs nonces ou députés; qu'enfin les alliances, les troupes auxiliaires et toutes choses seraient communes entre eux. Dans les lois de 1673, 1677 et 1685, il fut réglé que chaque troisième diète se tiendrait en Lithuanie, à Grodno; on excepta cependant de cette règle les diètes de convocation, d'élection et de couronnement. En 1697, les lois polonaises et lithuaniennes reçurent une force et une autorité égales.

» Ce n'est que par une semblable suite de tentatives que les grands princes de la dynastie jagellonique achevèrent l'ouvrage de cette réunion entre deux nations également fières, également intraitables. Mais la Lithuanie, incorporée à la Pologne, conserva toujours un caractère étranger; la noblesse seule prit les mœurs et l'idiome polonais; le gros de la nation garda son langage très distinct, surtout dans la Samogitie, où de plus le paysan resta libre de sa personne. Dans les woïwodats de Vitebsk, de Mohilef, de Mcislaw, de Minsk, de Novogrodek et de Brzesc, formant la *Russie lithuanienne*, les paysans conservent encore la langue rousniaque et la religion grecque. Aussi les divers partages de la Pologne trouvèrent en partie le peuple de ces provinces très disposé à se séparer d'un corps de nation avec lequel il ne s'était pas encore identifié; on le vit également refuser de participer à l'insurrection de 1812 en faveur de la France. Cependant celle de 1830 les trouva dans des dispositions bien plus favorables à la Pologne. »

Les divisions officielles, à l'exception de Vitebsk déjà décrit, sont : 1° le gouvernement de *Mohilef*, comprenant le sud de la *Russie-Blanche*; 2° le gouvernement de *Minsk*, embrassant l'ouest de la Russie-Blanche, le sud-est de la *Russie-Noire*, et la majeure partie de la *Polésie*, ou la woïwodie de *Brzesc*; 3° le gouvernement de *Grodno*, contenant le reste de la Polésie et de la Russie-Noire avec le sud de la Lithuanie ou de la woïwodie de *Troki*; 4° le district de *Bialystok* ou l'ancienne *Podlachie*; 5° le gouvernement de *Vilna*, ou le nord de la Lithuanie et la Samogitie.

Il y a si peu d'objets intéressants dans ces gouvernements, hormis les peuples, que nous prendrons pour base de notre coup d'œil les anciennes provinces et les différences nationales. La *Samogitie*, appelée *Szamaïte* ou *pays bas* par les indigènes, et *Zmudz* en polonais, est une petite contrée couverte de bois, qui comprend la partie septentrionale de la Lithuanie, et qui est enclavée dans le gouvernement de *Wilna* ou Vilna. Les anciens Polonais l'appelaient *Jmoud*. Elle est comprise entre la mer Baltique, la Courlande, la Lithuanie proprement dite et le Niemen. Le terrain, composé principalement d'argile, donne d'immenses récoltes de lin et de chanvre. Nulle part ces deux plantes ne prennent un plus grand accroissement (¹). Les abeilles, qui fourmillent dans toutes les forêts, y produisent le miel le plus doux et la cire la plus blanche que l'on connaisse. Les élans et les *aurochs* (*urus*) y erraient autrefois par troupes ; il y a encore assez et trop d'ours, de loups et d'autres animaux sauvages. Les grandes couleuvres qu'on trouve dans les forêts étaient adorées par les anciens Samogitiens (²), et l'on croit qu'il reste encore quelques traces de cette superstition.

« Ce ne fut guère que sous le règne de Si-
» gismond-Auguste (³) que ses habitants com-
» mencèrent à se civiliser : Jacques Lascowski
» y introduisit l'usage du calendrier, fit cou-
» per les bois sacrés, et conquit ce peuple au
» christianisme. On avait bien vu déjà, sous
» Vladislas Jagellon et sous son cousin Vi-
» told, essayer de faire pénétrer, vers 1413,
» les lumières de la foi dans ce pays ; Vladislas
» avait même depuis fondé un évêché à Mied-
» niki (¹); mais ces peuples furent toujours
» lents dans leur marche, et aujourd'hui
» même, quoiqu'ils soient catholiques zélés,
» et bien qu'une immense quantité de croix
» en bois, artistement travaillées et plantées,
» soit près des chemins vicinaux, soit dans
» des villages, en offre la preuve, c'est un
» des pays où l'on aperçoit le plus de traces
» des superstitions anciennes. On comprendra
» facilement qu'il est question ici de la classe
» agricole; car tout ce qui tient à la noblesse
» et à la classe éclairée en Samogitie sut,
» dans toutes les circonstances où la Pologne
» réclama son secours, servir la cause publi-
» que avec un dévouement admirable (²). »

» Les Samogitiens n'ont que de petits chevaux, et leurs bœufs ne sont pas non plus d'une grande taille ; mais ces animaux sont robustes et en grand nombre. Les cultivateurs s'obstinent à se servir d'une charrue, ou plutôt d'un araire, entièrement composé de bois ; ils prétendaient même autrefois qu'une charrue munie de fer porterait malheur à leurs terres. Aussi manquent-ils souvent de blés et sont-ils réduits à manger des raves qui deviennent ici d'une grosseur énorme. Ils ne commencent guère les semailles que trois semaines après la Pentecôte; mais les très fortes chaleurs de l'été font mûrir les grains en six à sept semaines. Ils les moissonnent ordinairement le matin et le soir, tant ils trouvent insupportable la chaleur du milieu du jour, au rapport de témoins oculaires.

» Les villes de Samogitie méritent à peine d'être nommées. Les plus grandes, telles que *Miedniki* ou *Midnik*, appelée aussi *Worny* et *Rossiény* ou *Rossiéna*, n'ont guère que 1,000 à 1,500 habitants. *Kieydany* seule, chef-lieu d'une principauté des Radziwill, en compte 3,000. La première était autrefois la capitale de la Samogitie ; elle est encore la résidence d'un évêque catholique qui prend le titre d'évêque de Samogitie. Les habitations des Samogitiens sont des cabanes plus longues que larges, construites avec des troncs d'arbres unis ensemble par de la mousse, de l'écorce ou de la paille. Le toit se termine en

---

(¹) *Starovolski*, Polonia, p. 66. *Rzaczinski*, etc. —
(²) *John. Lasicius*, de diis Samogitarum, p. 55, édition de Bâle. — (³) De 1548 à 1572.

(¹) *Kotatowicz*, Hist. lithuan., p. 95. — (²) *Malte-Brun*, Tableau de la Pologne; nouvelle édition, revue par *Léonard Chodzko*.

une seule pointe, qui par une ouverture laisse échapper la fumée. Le feu est placé au milieu de cette demeure étroite : les hommes et les femmes en occupent une des extrémités ; l'autre est laissée aux bœufs, chevaux, porcs, chèvres, brebis et chiens. Quelquefois l'aimable familiarité qu'un long voisinage inspire enhardit ces animaux à venir manger dans la marmite réservée aux habitants bipèdes [1]. La même simplicité règne dans l'habillement, la chaussure, les ustensiles et les voitures de ce peuple. Leurs souliers sont faits de l'écorce des arbres ; leurs charrettes sont sans le moindre clou de fer, et comme ils n'en graissent pas les essieux, on entend de loin l'arrivée d'une charrette par l'espèce de cri aigu qui résulte du frottement du bois.

» Il semble y avoir deux races d'hommes en Samogitie : une de haute stature, qui descend des Goths ou des Wendes, qui ont occupé ces contrées à des époques très anciennes ; l'autre, petite et trapue, mais dure et robuste comme les Lettoniens. Les jeunes filles, en Samogitie, ne se marient qu'entre vingt-quatre et trente ans, tandis que dans la Russie-Blanche lithuanienne elles sont nubiles à dix ans et même plus tôt si nous voulons en croire un ancien voyageur [2]. Les Samogitiennes et les Lithuaniennes sont aussi chastes, dit-on, que les Russes le sont peu. Elles portaient jadis une petite clochette pour avertir les parents de leur sortie et de l'endroit où elles se trouvaient. Les cérémonies pour les mariages usitées jadis en Samogitie, en Courlande, en Lithuanie et chez les anciens Prussiens, offrent des traits de ressemblance avec les usages des Grecs et des Romains. La future épouse est, en apparence, enlevée par force de la maison paternelle, non pas par le prétendu, mais par deux de ses amis. Au jour des noces, on conduit la nouvelle épousée trois fois autour du foyer de la maison de l'époux ; on lui lave les pieds, et de la même eau on asperge les meubles, le lit nuptial et tous les conviés ; puis on lui met du miel sur les lèvres, sans doute pour l'inviter à ne pas trop quereller son mari ; on lui couvre les yeux d'un voile nuptial, et on la mène près de chaque porte de la maison ; elle y frappe du pied droit, et au même instant on répand autour d'elle du froment, du seigle, de l'avoine, de l'orge, des pois, des fèves et des pavots. Celui qui répand ces signes d'abondance dit, en s'adressant à l'épousée : « Si tu restes fidèle à la re-
» ligion et prends soin de ton ménage, il ne
» te manquera rien. » Ces mots dits, on lui ôte le voile, et on la fait asseoir à la table du festin. Le soir, les jeunes filles lui coupent adroitement la chevelure pendant qu'elle danse, et la conduisent au lit nuptial en la battant [1].

» Par leur longue résistance aux chevaliers Teutoniques, les Samogitiens ont mérité de conserver la liberté personnelle. Ils n'adoptèrent le christianisme qu'avec beaucoup de répugnance, et ils ont continué, jusque dans le seizième siècle, de mêler aux rites chrétiens plusieurs restes de leur ancien culte païen. Leur dieu suprême se nommait *Auxleia visa gist*, nom purement islandais ou gothique, car un Islandais dirait encore aujourd'hui *Haugsta visa geist*, pour indiquer le *suprême et très sage esprit*; le dieu du tonnerre était *Perkounos*, ce qui revient à peu près au *Peroun* des peuples slavons. Après les moissons, ils adoraient le dieu conservateur de leur contrée sous le nom de *Zemienik*. Un feu sacré était entretenu sur le haut d'une colline, en l'honneur de *Pargni*, le dieu des saisons. Arbres, fontaines, plantes, tout était censé divin. Les serpents sacrés s'appelaient *Givoite*. Il y avait un dieu pour les abeilles, un autre pour les oies, un troisième pour les bœufs, et ainsi de suite ; celui des porcs se nommait *Krémata*. Les jeunes filles sacrifiaient à *Waisgantho*, dieu du lin et du chanvre ; la prêtresse devait rester debout, sur un pied, et si elle était obligée de s'appuyer de l'autre pied, on augurait mal de la récolte de ces deux plantes, qui depuis un temps immémorial paraissaient avoir fourni aux Samogitiens leurs vêtements. Enfin, il y avait une fête en l'honneur des morts. Ces bons et crédules peuples plaçaient dans une cabane élevée au milieu des forêts une table chargée de mets, entourée de chaises et fournie de couteaux et de serviettes ; ils invitaient ensuite solennellement les morts à sortir de leurs tombeaux, et à venir manger ces mets qui leur étaient préparés [2].

» Les morts étaient encore honorés par diverses autres cérémonies. Aussitôt qu'un

---

[1] *Lasicius*, p. 45. *Guagnini*, etc. — [2] *Herberstein*, Rerum moscoviticarum commentarii, etc. In-fol. 1556.

[1] *Lasicius*, p. 56. — [2] *Lasicius*, p. 50.

homme expirait, les Samogtitens habillaient le cadavre de tout ce qu'ils avaient de mieux, le plaçaient sur une chaise, et, en buvant de la bière en son honneur, lui chantaient des couplets dont voici la traduction :

« Hélas! pourquoi es-tu mort? N'avais-tu
» pas de quoi manger et boire? Hélas! pour-
» quoi es-tu mort? N'avais-tu pas une femme
» aimable? Hélas! pourquoi es-tu mort? N'a-
» vais-tu pas des bœufs, des chevaux? etc. »

» A l'enterrement, ils accompagnaient le corps à cheval, l'épée nue à la main ; et, en donnant des coups d'épée en l'air, ils défendaient aux mauvais esprits d'en approcher. En le déposant dans la colline qui devait lui servir désormais de demeure, ils lui donnaient quelques provisions, soit en bière, soit en pain ; ils jetaient quelques pièces de monnaie ; et si c'était une femme, ils mettaient à côté d'elle un peu de fil avec des aiguilles. Pendant trente jours consécutifs, l'épouse devait pleurer sur le tombeau de son époux, au lever et au coucher du soleil. Les troisième, sixième, neuvième et quarantième jours après les funérailles, les autres parents du mort se réunissaient à un dîner triste et silencieux, auquel l'âme du mort était censée assister, accompagnée de plusieurs autres esprits. On leur offrait une partie des comestibles et des boissons qu'on jetait par terre. Dans ces dîners, l'usage des couteaux était défendu. Après le dernier de ces dîners, un prêtre se levait, et, en balayant gravement la maison, il disait : « Vous avez mangé, vous avez bu, ô âmes ; » maintenant fuyez, maintenant fuyez. »

» La *Lithuanie* proprement dite, en polonais *Litwa*, est un pays très plat, généralement sablonneux et coupé de vastes marais ou tourbières. On trouve dans ces tourbières une ocre ferrugineuse qui donne 40 pour 100 d'un assez bon fer. On y trouve aussi des pyrites ou du fer sulfuré et beaucoup de pétrifications en agate noire, toutes ressemblantes à des racines de pin. Dans les terrains sablonneux, on rencontre partout des granits rouges ou gris, en gros et petits blocs, ainsi que des *pouddings* ou masses conglomérées de diverses espèces de roches, contenant des cristaux de quartz blancs, rouges, et d'autres couleurs imitant les pierres-gemmes. Il s'y trouve beaucoup de débris de corps organisés marins, tels que des madrépores, et ce corail si rare, dit de Gottland. Enfin, on y découvre de très gros morceaux de succin ou d'ambre jaune (¹). Chacune de ces circonstances suffirait pour exciter une juste curiosité de la part des géographes-naturalistes, et pour faire vivement désirer une carte physique détaillée de toute la plaine sarmatique.

» Le climat de la Lithuanie, essentiellement humide, est assujetti à de fortes chaleurs et à des froids extrêmes, mais peu durables. Ce fut une semblable invasion de l'hiver qui en trois ou quatre jours détruisit l'armée française, épuisée par de glorieux combats, par l'incendie de Moscou et par des privations de toute nature. Le pays est encore couvert d'immenses forêts, où les ours, les loups, les sangliers, les canards et les gelinottes se trouvent par milliers. Les *urus* paraissent non seulement diminuer en nombre, mais même dégénérer en grandeur et en force. Les arbres les plus communs sont le pin résineux, le chêne commun et l'orme. On en tire une immense quantité de potasse et de védasse. Le miel s'y recueille en très grande abondance ; on en fait des boissons agréables, comme l'hydromel et le *lipiecz-maliniecz*. Les pâturages sont excellents, le bétail de meilleure race qu'en Russie ; les brebis ont la laine assez fine. Il y a beaucoup de terrains propres à la culture des céréales : le seigle, l'orge, le froment, l'avoine et le blé sarrasin, s'y récoltent en quantité prodigieuse. Telles sont les richesses naturelles de cette province ; mais l'activité des habitants ne répond guère à la libéralité de la nature. Les meilleures terres restent en friche ; le foin se gâte sur les prairies, et, par la négligence des gardiens, des forêts entières sont consumées par des incendies. Les juifs se sont attachés à cette province d'une manière impitoyable ; voilà peut-être pourquoi l'argent y est à un intérêt très élevé, tandis que tous les objets de consommation y sont à bon marché : ils y exercent toutes les branches du commerce ; ils achètent même la récolte encore en herbe ; mais avec toute leur industrie ils restent pauvres à cause de leur grand nombre : sur 1,700,000 habitants du gouvernement de Vilna, il y a près de 100,000 juifs ; ils vivent sous la juridiction de leurs propres *kahals* ou tribunaux. »

(¹) *Gilibert*, Lettre à Pallas, dans le *Nova acta Petropol.*, 1777, et la préface à sa *Flore d'Europe*.

Un grand obstacle au commerce de la Lithuanie, c'est que le *Niemen* ou *Nieman*, appelé *Memel* par les Prussiens, le fleuve le plus considérable du pays, fleuve profond, tranquille et navigable, a son embouchure sur un territoire étranger, de sorte que les exportations sont soumises à des droits gênants. La *Vilia* ou *Viliia*, en lithuanien *Neris*, seconde rivière, se jette dans le Niemen. La *Sczura* et la *Dubissa* sont deux autres rivières considérables qui grossissent le même fleuve. Une petite rivière de 25 à 30 lieues de cours s'y jette aussi sous le nom de *Bérésina*. Mais la rivière de ce nom, célèbre par le désastreux passage des Français pendant leur retraite de Moscou, va se jeter dans le Dnieper après un cours de 85 lieues.

« La noblesse, ci-devant polonaise, compte quelques grandes et puissantes familles, les Radziwil, les Sapieha, les Oginski, les Pac, originaires de Toscane; leurs palais isolés sont semés au milieu de cabanes misérables. Les paysans lithuaniens ressemblent pour leur manière de vivre aux Samogitiens, ou plutôt c'est le même peuple sous des noms différents; seulement les premiers se sont plus mêlés avec les peuples proprement slavons. Voici ce qu'en dit un médecin qui les a observés : « Les Li-
» thuaniens ressemblent aux Polonais et aux
» Russes, mais ils sont inférieurs en tout à
» ces deux nations. Opprimés par la misère
» et l'esclavage, leur caractère physique même
» porte toutes les marques de l'avilissement
» dans lequel ils sont tombés. Leur santé est
» meilleure que leur extérieur ne l'annonce :
» on remarque moins de maladies en Lithuanie
» qu'en Pologne. Presque toute la contrée est
» humide et marécageuse; cependant les fiè-
» vres intermittentes y sont rares. La plique
» et les maladies vénériennes y sont aussi
» moins communes que dans le reste de la
» Pologne : parmi le bas peuple, un dixième
» seulement est attaqué de la plique, et dans
» les classes les plus relevées, 1 sur 90 ou
» 100. Les érysipèles, la gale, les écrouelles,
» les fluxions de poitrine et les fièvres inflam-
» matoires, sont les maladies les plus com-
» munes; cependant aucune ne l'est autant
» que les vers. L'usage de l'inoculation est
» encore inconnu (¹). »

Les paysans de la Lithuanie se couvrent d'une grossière chemise, d'un caleçon et d'un manteau de laine, quelquefois simplement d'une peau de mouton. Leurs souliers sont faits d'écorce d'arbre; leurs charrettes sont entièrement de bois d'orme, sans un morceau de fer, et même les brides et les harnais de leurs chevaux sont souvent faits avec les branches d'arbres les plus flexibles (¹).

» Ce peuple, courbé sous la misère et l'esclavage, a conservé un des monuments les plus curieux de l'histoire : nous voulons parler de son ancien idiome.

» La langue lithuanienne, en usage spécialement dans les anciens palatinats de Vilna, de Troki et de Grodno, dans la Samogitie et dans la partie de la Prusse orientale, depuis Memel jusqu'à Gumbinnen et à Insterbourg, est un monument historique fort curieux. Nous l'avons les premiers fait connaître avec quelques détails grammaticaux et lexicologiques (²); mais frappé plutôt de ses différences que de ses ressemblances avec le slavon et le wende, nous nous trompâmes en le considérant comme une langue tout-à-fait distincte de l'un et de l'autre; nous nous trompâmes encore, à l'exemple du savant Gatterer, en lui appliquant, ainsi qu'aux peuples qui la parlent, le nom de *sarmate* : l'étude continuée de cette langue nous en a donné une idée mieux déterminée. Il faut admettre la justesse de l'observation de Thunmann qui, dans l'idiome lithuanien actuel, a reconnu beaucoup de mots slavons, finnois et gothiques. Ce fait toutefois ne nous paraît pas suffisant pour expliquer la formation d'une langue très régulière, très complète quant aux objets physiques, et très ingénieuse dans l'expression des sentiments, et ce qui est encore plus, d'une langue liée à un système de religion, de culte, de mythologie spéciale. Une telle langue doit avoir un fond propre et ancien : ce fond, c'est la langue des anciens *Venedæ* ou Wendes, des *Galindi*, des *Sudavi* et d'autres peuplades réunies plus tard sous le nom de *Pruczi*. Cet idiome était probablement une très ancienne forme du slavon, rapproché à quelques égards du gothique; nous l'appellerons le *proto-wende*, pour le distinguer du wende introduit sur les bords de l'Oder et de l'Elbe au dixième siècle, par les peuples sla-

(¹) *Lafontaine*, Dissertations chirurgico-médicales relatives à la Pologne, en allemand. Breslau, 1792.

(¹) *Rzaczynski*, p. 205. *Coxe*, Premier Voyage, etc.
— (²) *Tableau de la Pologne*, 1807, chap. xv.

ves. Elle nous paraît présenter les racines slaves sous des formes plus simples, plus mélodieuses, débarrassées des sons sifflants et des consonnes accumulées du polonais, terminées par des finales douces et sonores, à la manière du grec et du latin; elle offre à côté de ce fond particulier une masse considérable de racines que l'on peut regarder comme gothiques ou scandinaves, puisqu'elles s'y rapportent immédiatement, mais qui peut-être ne tiennent qu'à la souche commune de toutes les langues dites indo-germaniques, et qui, dans l'une et l'autre hypothèse, fournissent des points de comparaison très instructifs, surtout avec l'islandais et avec le mésogothique d'Ulphilas (¹).

(¹) Le caractère réciproque du slavon actuel et du lithuanien, descendu du proto-wende, se fera sentir par quelques exemples :
Aller, *eyti* (eïti), en grec *eimi*, je vais.
Anguille, *unguris* (oungourice), en latin *anguis*.
Arbre, *médis* (médice).
Avoir, *turiétie* (touriétié ou touriéti).
Bœuf, *jautis* (jaoutice), en latin *jumentum*.
Blanc, *baltas* (baltace), en ancien gothique *balder*, le dieu lumineux.
Bleu, *miélinas* (miélinace), en grec *mélas*, *mélanos*, bleu foncé.
Bon, *giaras* (guiarace), en grec *géras*, honneur, *géraos*, honorable.
Bouche, *burna* (bourna).
Chat, *katié* (catié), en danois *kat*, etc.
Cheval, *arklis* (arclice).
Chien, *szunis* (schounice), imitatif.
Chienne, *kale* (calé), diminutif de *canis*.
Coq, *gaydis* (gaïdice), en danois *gale*, chanter comme un coq.
Ciel, *dangus* (dangouce).
Corps, *kunas* (counace), en grec *kômos*, le tronc, chez Eustache.
Cœur, *szyrdis* (schirdice).
Cognée, *kirwis* (kirwice).
Couteau, *peylis* (peïlice), en danois *peil*, flèche.
Dent, *dantis* (dantice), en latin *dens*, etc.
Donner, *dutie* (doutié), en grec *dou*, donne.
Dieu, *Diéwas* (Diévace), en persan *Dio*, et en latin *Deus*.
Eau, *wandu* (wandou), en danois *vand*.
Élégant, *suklotinis* (souclotinisse) en polonais *skladny*.
Être, *butie* (boutié ou bouti), en russe *bouitié*, substantif, et *bouite*, infinitif du verbe.
Feu, *ugnis* (ougnice), en latin *ignis*.
Femme, *zmona* (jmona).
Fils, *sunus* (sounouce), en allemand *sohn*, etc.
Fille, *duktie* (douktié), en grec *thugater*, en allemand *tochter*.
Frère, *brolis* (brolice), en polonais *brat*, en danois *broder*, en diminutif *brodille*.
Forêt de bouleau, *berzinas* (berjinace), en polonais *brzezina*.

Telle est cette langue mémorable, considérée sous le rapport de ses éléments mêmes. Ses formes grammaticales excitent encore une curiosité non moins vive; elles reproduisent une

Foudre, *perkunas* (perkounace); c'est du slavon.
Front, *kakta* (kakta).
Genou, *kialis* (kialice), en grec *skelos*, la jambe.
Grand, *didis* (didice), en grec *dios*, divin, *dis*, Jupiter, l'air.
Homme, *zmogus* (jmogoucé).
Homme, *wiras* (virace), en latin *vir*.
Jour, *diénas* (dienace), en latin *dies*, en russe *diene*.
Léger, *lengus* (lingouce), en latin *levis*, léger, *lenis*, doux.
Lièvre, *zuykis* (souïkice), en anglais *swift*, rapide, en russe *zaïtse*.
Lune, *miénu* (miénou), en grec *méné*, en gothique *mâne*.
Méchant, *pyktas* (pyctace), en celte *pik*, piquer.
Mère, *motina* (motinâ), en danois *moder*, en latin *mater*, en russe *mate*.
Modeste, *romus* (romous), en polonais *skromny*.
Mot, *zodis* (jodice).
Nez, *nosis* (nossice), en latin *nasus*, en russe *noss*.
Nom, *wardas* (vardace).
Nuit, *naktis* (nactice), en latin *nox*, en allemand *nacht*.
Noir, *judas* (joudace), en grec *ioeidès*, noir, pourpre très foncé.
OEil, *akie* (akié), en latin *acies*, la vue.
Or, *auksas* (aouxace).
Oie, *zansis* (jeansice), en allemand *gans*, en grec *chén*.
Pain, *duna* (dounâ); je le crois finnois.
Pied, *koye* (koyé), en grec *kolon*, chez Euripide.
Pierre, *akmu* (acmou), en grec *akmôn*, une enclume, un objet qui résiste.
Poisson, *zuwis* (jouvice).
Père, *tiewas* (tiévace), en grec *theios*, en espagnol *tio*, en anglais *tie*, oncle, en russe *otetz*.
Petit, *mazas* (majeace), en français *mazette*, peut-être d'une racine celtique.
Pesant, *sunkus* (souncouce), en danois *sunken*, coulé à fond, participe du verbe *sinke*, anciennement *siunke*.
Prompt, *graytas* (graïtace), en grec *krataipous*, qui a les pieds robustes.
Puissance, *waldia* (valdi), en polonais *wladza*.
Se rappeler, *atminti* (atminnti), en danois *ad minde*, en mémoire
Roi, *karalus* (karalouce), en polonais *krol*, en russe *koroll*.
Serf, *kiemionis* (kiemionice), en polonais *kmiec*.
Sœur, *sessou* (cessou), en allemand *schwester*.
Soleil, *saule* (saoulé), en latin et en gothique *sol*.
Vert, *zalis* (jealice).
Vie, *givenimas* (guivenimace), en polonais *ziwot*.
Voir, *matiti* (matiti).

C'est un travail très pénible et très étendu que de ramener les racines slavonnes à leur identité avec les racines proto-wendes; mais il est intéressant de découvrir par ce travail de nouvelles preuves de la

image des articles et des déclinaisons de la langue grecque, une partie des conjugaisons des langues slavonnes, et plusieurs particularités du pronom russe; elle a la même facilité à former des mots composés, des diminutifs et des *verba prægnantia*. Sa mélodie la rend aussi propre que le russe à la poésie, dans laquelle elle imite facilement les mètres des anciens. »

Jetons un coup d'œil sur les villes de cette province. La capitale est *Vilna*, en polonais *Wilno*, au confluent de la rivière Vilia et de la Vilenka. C'est une ville très grande, surtout en y comprenant ses huit faubourgs nommés Zarzecze, Poplawy, Ostra-Brama, Pohulanka, Zvierzyniec, Vierszupa, Sniepiszki et Antokol. Ils sont bâtis partie en bois et partie en briques et s'étendent au loin. Le dernier est situé dans une position délicieuse. On y remarque la magnifique église de Saint-Pierre, fondée par la famille des Paç. La population s'élève à 42,000 habitants, parmi lesquels se trouvent 20,000 juifs. La ville est entourée de monticules qui rendent sa position très pittoresque. Elle est le chef-lieu du gouvernement de *Vilna*. On y trouve une mosquée, une synagogue, trois églises russes, une luthérienne, une calviniste et trente-deux catholiques; on voit par conséquent trois jours de repos dans une semaine : le vendredi, le samedi et le dimanche. Toutes ces sectes vivent en paix entre elles; le commerce absorbe l'attention des habitants. Sa célèbre université

n'existe plus. Fondée en 1579 par l'évêque Valérien Protasovitz, confirmée par le roi Étienne Bathori, ainsi que par le pape Grégoire XIII, elle était presque tombée en dissolution lorsque, par les soins de Stanislas Poniatowsky, elle fut rétablie, en 1781, sous le nom de *Schola princeps*, ou École-Mère du Grand-Duché de Lithuanie. L'empereur Alexandre en augmenta les fonds, en enrichit les collections; mais son successeur a jugé à propos de la détruire en 1832. Il ne reste plus à Vilna qu'un séminaire théologique pour les Grecs et une académie médico-chirurgicale, à laquelle sont affectés le jardin botanique et les autres collections de l'ancienne université.

On garde dans la cathédrale un trésor considérable. La belle chapelle en marbre de Saint-Casimir renferme le tombeau en argent de ce personnage révéré : il pèse 3,300 livres. Vilna est la patrie de Casimir Sarbiewski, poëte célèbre chez les Polonais. L'église de Sainte-Anne, bâtie dans le style gothique, n'est pas grande, mais le travail en est réellement admirable. L'hôtel-de-ville, au centre de Vilna, passe pour un édifice magnifique.

Malgré l'incendie qui ravagea cette ville en 1610, et qui la fit rebâtir en partie, la plupart de ses rues sont étroites et tortueuses; cependant, depuis 1820, les embellissements y deviennent de plus en plus fréquents. Les établissements d'instruction et de bienfaisance y sont entretenus avec beaucoup de soins.

En sortant de Vilna, nous pouvons voir au sud-est la petite ville ou plutôt le bourg d'*Oszmiana*, où pendant la retraite de Moscou Napoléon fut sur le point d'être pris par les Cosaques. *Kiernov*, sur la Vilia, fut, avant Vilna, la capitale de la Lithuanie. *Smorgoni* ou *Smorgonié*, est connue par son académie des ours. Ce fut en cet endroit que, pendant la retraite de Moscou, Napoléon quitta l'armée pour rentrer en France.

On doit encore remarquer *Kovno*, ville de 3,000 âmes, située au confluent de la Vilia et du Niemen; elle commerce en blé, en lin, en miel et en hydromel; *Troki*, près du marais de Bressule, qui ne gèle jamais [1], ville qui depuis qu'elle a été brûlée par les Russes en 1655, porte le nom de *Nouveau-Troki*, et qui possède une image de la Vierge qui y attire un grand nombre de pèlerins. Le *Vieux-Troki*

---

liaison des anciennes langues : ainsi *zemlia* (terre), en russe, et *ziemie*, en polonais, ne présentent qu'un rapport éloigné avec *dschiami* en sanskrit; le lithuanien *ziame* est presque identique. *Pria* (l'aîné), en sanskrit, ne se lie pas à *frijun* (d'Ulphilas), mais à *priatel*, en lithuanien. *Akschi* (œil), en sanskrit, est *aksi* en lithuanien.

Les rapports du mésogothique et du skandinave-islandais peuvent être appréciés par ces exemples : *Tarnas* (serviteur), *terna* (une domestique), en suédois. *Medù*, arbre, en lithuanien; *mei'hr*, en islandais. Nous ne répéterons pas les nombreux exemples du même genre que nous avons donnés dans le tableau ci-dessus.

Parmi les hellénismes singuliers on en peut remarquer plusieurs dans ce tableau; nous y ajouterons celui-ci : *eymipesciomis*, je vais à pied; c'est littéralement *eimi pezos*, en grec. Aux latinismes nombreux et frappants relatés plus haut nous ajouterons les suivants : *senas* (vieux), *jungas* (joug), *giaras* (cher). En un mot la langue lithuanienne est un des anneaux les plus précieux de la chaîne des langues indo germaniques.

[1] *Rzaczinski* et *Starovolski*, Polonia, p. 35.

n'est qu'un village. A l'extrémité nord-est du gouvernement de Vilna, la ville de *Braçlav* ou *Braslaf*, sur les frontières de la Sémigalle, a un château qui passait anciennement pour une forteresse. Le mont appelé *Friedensberg* (montagne de paix) est situé à un mille et demi de Kovno, dans une forêt et au bord de la Vilia; il y a sur son sommet un couvent de 24 ermites de l'ordre des camaldules. Ce magnifique bâtiment, construit en 1674 par Christophe Paç, grand-chancelier de Lithuanie, lui a coûté environ 800,000 écus; le marbre y est prodigué; les voûtes et la coupole de l'église sont ornées d'excellentes peintures à fresque et de tableaux originaux des plus grands maîtres. Ce couvent a dans sa dépendance un district de 300 paysans. Le fondateur y est enterré avec son épouse. La famille Paç (on prononce Patz) est la même que celle des Pazzi de Florence; après avoir en vain lutté contre les Médicis, elle se réfugia en Pologne, où elle est parvenue aux plus grandes dignités, et a même essayé de disputer la couronne au grand Sobieski. Dans tout ce que les Paç ont fait construire, on reconnaît le goût italien [1].

« Dans la partie de la Lithuanie incorporée aujourd'hui à la nouvelle Prusse orientale, habite une peuplade de *Tatars* qui ont leur mosquée à *Viskupié*. La république de Pologne leur avait donné en propriété deux starosties, de 10,000 florins de revenu chacune, et leur avait confirmé à perpétuité le libre exercice de leur culte [2].

» La *Russie lithuanienne* comprenait une partie des conquêtes que les grands-ducs de Lithuanie avaient faites sur les Russes, dans les treizième et quatorzième siècles. Les palatinats de *Polotsk*, de *Vitebsk*, de *Mstislavl* et de *Minsk*, composaient ce qu'on nommait la *Russie-Blanche*. Le palatinat de *Novogrodek* s'appelait *Russie-Noire*. L'origine de ces dénominations n'est pas certaine; quelques auteurs assurent que les habitants de l'une de ces provinces s'habillent en blanc, tandis que ceux de l'autre donnent une préférence exclusive à la couleur noire. D'après cette étymologie, le nom de *Russie-Noire* aurait dû s'entendre de toutes les provinces connues sous le nom de Petite-Russie, Oukraine, Volhynie et Russie-Rouge. Selon une autre explication, plus admissible, les mots *blanc* et *noir* sont ici employés comme dans les langues tatare, turque et autres, pour dénoter *libre* et *vassal* [1]; la Russie-Noire aurait été la partie la plus anciennement conquise par les Lithuaniens, et les provinces comprises sous le nom de Russie-Blanche auraient conservé cette appellation, même après avoir subi le joug. D'autres encore expliquent ce nom par des raisons physiques, telles que l'abondance des forêts, des neiges et autres circonstances semblables.

» Quoi qu'il en soit, ces vastes provinces offrent en général des marais, et des forêts encore plus étendues que la Lithuanie. Le roi Sigismond Ier, dans sa marche sur Smolensk, fut obligé de construire 340 ponts ou chaussées de troncs d'arbres pendant l'espace de 24 lieues [2]. L'état de ces contrées n'a que très peu changé; les voyageurs modernes évitent encore la route de Polotsk; quant à celle de Smolensk à Minsk, voici le portrait qu'un auteur français en a tracé il y a peu d'années:

« Les routes sont dans le plus mauvais état: » les villages, le peuple, tout offre ici le spec- » tacle de la plus grande misère; toutes les » habitations, ou au moins la majeure partie, » sont occupées par des Juifs, dont la malpro- » preté ne peut être comparée à rien. Presque » partout, hommes, femmes, enfants; bes- » tiaux, volailles, tous sont sous le même » toit; nous avons été plusieurs fois forcé de » nous arrêter et de partager l'unique appar- » tement de la maison avec cette société nom- » breuse et choisie. On trouve partout de » l'eau-de-vie, quelquefois du vin, qui n'est » pas exorbitamment cher, mais rien à man- » ger absolument, si ce n'est dans les villes, » qui sont extrêmement rares; plusieurs sont » décorées de ce nom, qui passeraient ailleurs » pour de misérables villages [3]. »

» Les terres cultivées de la Russie-Blanche produisent en abondance du seigle, de l'orge, de l'avoine, un peu de froment, beaucoup de pois, de pois chiches et de navets. Le chanvre et le lin y viennent bien. Les forêts sont remplies d'excellents bois de construction, et peuplées d'ours, d'élans et d'autres animaux. Le

---

[1] *Tableau de la Pologne* (ancienne édition), pag. 207. — [2] *Cellarius*, p. 280. Lois et constitutions de la diète de 1767.

[1] On nomme quelquefois l'empereur de Russie le *tsar blanc*. — [2] *Rzaczinski*, Hist. nat., p. 159. — [3] *Fortia de Piles*, t. V.

poisson fourmille dans les nombreuses eaux stagnantes ou courantes. Malgré la rigueur du climat, les abeilles y fournissent beaucoup de miel et de cire (1).

» L'agriculture offre ici quelques particularités dignes de remarque. Le froment est semé dans la cendre des broussailles que les paysans coupent tous les ans, depuis la fête de saint Pierre et de saint Paul jusque vers la fête de l'Assomption. Quelquefois ils couvrent ces arbrisseaux coupés avec de la paille. Le printemps suivant, après Pâques, ils profitent du premier jour chaud et sec pour mettre le feu à ces tas, en ayant soin que cet incendie ne pénètre pas dans le sol même, et après avoir une fois fait passer l'araire dessus, ils y sèment le froment. Ils choisissent pour cette opération un sol déjà bon par lui-même, et qui, par cette sorte d'engrais, devient d'une fertilité extrême (2). Pour l'orge, ils choisissent des parties où les arbres forment des taillis épais; ils ne les coupent pas en totalité; ils les dégarnissent seulement de toutes leurs branches, qu'ils entassent et brûlent de la manière que nous venons de décrire. Voilà l'origine de ces troncs d'arbres, en partie brûlés, qu'un voyageur anglais n'a pu expliquer (3). Après avoir porté du froment ou de l'orge, ces champs essartés sont ensemencés en seigle d'hiver. On laboure deux fois pour ces semailles qui, d'après une vieille règle, doivent être commencées après la fête de l'Assomption, le 15 août, et terminées avant la Nativité de la Vierge, le 8 septembre, sans quoi ils craindraient d'avoir semé en vain. Pourtant quelques cultivateurs plus hardis ont introduit une autre méthode : ils sèment au printemps deux parties d'orge et une de seigle d'hiver dans le même champ; ils ne moissonnent la même année que l'orge; mais le seigle qui croît à l'ombre de l'orge, comme un épais gazon, donne l'année suivante le spectacle d'une forêt de tiges surchargées d'épis, et dans laquelle on apercevrait à peine un homme à cheval (4).

» On sème le seigle d'été quelque temps après Pâques, l'orge et l'avoine à la Pentecôte, les pois chiches avant la fête de la Saint-Pierre, les navets à la Saint-Jean. Toutes ces semailles se font plus tôt dans la Russie-Noire que dans la Russie-Blanche.

» Le peuple croupit dans une ignorance et une misère qui le rapprochent des sauvages. Un auteur moderne a vu des paysans de la Russie-Blanche arriver à Riga couverts de peaux de mouton, et exténués par la faim, quoiqu'ils conduisissent des bateaux chargés de blés pour le compte de leurs seigneurs; ces pauvres esclaves couchaient sur le rivage, sous de vieux bateaux ou dans des cabanes construites de débris de planches liées ensemble avec de l'écorce; après avoir vendu leurs cargaisons et même leurs bateaux, ils s'en retournaient en chantant, aussi misérables qu'ils étaient venus, et rapportaient fidèlement à leurs seigneurs ou aux intendants de ces seigneurs de grandes sommes d'argent comptant, sans s'en approprier la moindre partie (1). »

Les villes de ce pays sont en petit nombre; il n'y en a qu'une seule assez considérable, c'est *Moghilef*, chef-lieu d'un gouvernement et résidence du seul archevêque catholique romain que possède la Russie. On y remarque une grande place octogone entourée de beaux édifices; elle compte 20,000 habitants; sa situation sur le Dnieper et ses fabriques de cuir la rendent très commerçante; elle est remplie de Juifs, et partage avec Vitebsk le commerce de la Russie-Blanche. L'une de ces villes commerce avec Riga, l'autre avec Kherson et Odessa; leurs communications ont été rendues plus faciles par le canal de la Bérésina, qui unit la rivière de ce nom, l'un des affluents du Dnieper, avec la Dvina, et par conséquent la mer Baltique avec la mer Noire. Moghilef est désignée comme le quartier-général central de l'armée russe dite *de l'ouest*. On y remarque un bel établissement d'instruction appelé gymnase, qui dépend de l'université de Pétersbourg. *Mstislavl*, avec 4,000 habitants, et *Doubrovna*, avec la même population, une grande manufacture d'étoffe et une d'horlogerie, se trouvent dans le même gouvernement : il y demeure un reste de Finnois. A Ouschatky, près la ville de *Tcherikof* (2), aux environs de Mstislavl et de *Propoïsk*, une co-

---

(1) *Starovolski*, Polonia, p. 48. — (2) *Alex. Guagni-i*, dans la Polonia d'Elzevir, p. 283. — (3) *Coxe*, Premier voyage en Pologne, t. i, p. 103 — (4) *Guagnini*, dans la Polonia d'Elzevir, pag. 286.

(1) *Züge zu einem gemalde*, etc., c'est-à-dire : Traits isolés sur la Russie, IIe part., p. 118, en all. 1792. — (2) *Campenhausen*, Voyage en Russie, p. 40.

lonie de Moldaves ou de Valaques, rejetée dans ces régions par quelque événement inconnu, parle encore un valaque mêlé de mots slavons et lithuaniens (¹).

Minsk, que l'on prononce *Minnsk*, chef-lieu d'un gouvernement, est, après Vilna, la ville la plus considérable de la Lithuanie. Sa population est évaluée à 14 ou 15,000 individus, dont la plupart sont juifs; on y compte 10 églises catholiques, parmi lesquelles la cathédrale présente un beau coup d'œil; la salle de spectacle est grande et belle. « Le » jour de la Saint-Joseph, qui est celui où se » règlent entre les nobles leurs affaires parti- » culières (*kontrakty*), attire à Minsk une » réunion brillante; on y vient des environs » et même de contrées éloignées. » C'est à *Borissof*, à 15 lieues de Minsk, que les voyageurs traversent la Bérésina. Ici nous voyons le village de *Studianka*, fameux par le passage de la Bérésina, où les débris de l'armée française s'ouvrirent une route étroite à travers les forces ennemies. *Bobrouisk*, sur la rive droite de la rivière, est depuis 1812 une forteresse redoutable.

Parmi les villes de la Russie-Noire, nous remarquerons *Slouck*, on *Sloutsk*, chef-lieu d'un duché long de 50 lieues de France, et qui, après avoir eu ses ducs presque souverains, quoique feudataires, est venu à la maison de Radziwil, qui le possède. Cette maison considère le château et le duché de *Nieswitz* comme son lieu d'origine. Le célèbre Nicolas-Christophe Radziwil, à qui nous devons un Voyage, y avait fait construire un château superbe avec des fortifications qui ont été en partie détruites par les Suédois et les Russes.

Les autres villes que nous citerons dans la Russie-Noire appartiennent au gouvernement de Grodno. *Slonim*, jadis capitale, avec ses 3,500 habitants, nous montre son ancien château, qui rappelle qu'on y tenait quelquefois la diète générale de Lithuanie. Sur la rive droite du Niemen, *Grodno*, jadis connue par son industrie, est tristement célèbre aux yeux des Polonais; ce fut dans cette ville que les soldats russes forcèrent les députés de la Pologne à signer le traité de partage de 1793. Située en partie sur une montagne et en partie dans une vallée, elle est bâtie avec irrégularité. Ses rues présentent un mélange de maisons en pierre et de maisons en bois; à l'exception de deux ou trois qui sont assez propres, les autres sont sales et sans pavés. On y voit encore le palais d'Auguste III, dans lequel Stanislas abdiqua en 1795, l'édifice de l'ancienne chancellerie, le palais Radziwil et celui du prince Sapieha. L'école de médecine est un bel établissement.

« Au midi de la Russie-Noire, s'étend l'ancienne province de *Polésie*, pays dont le sol est en grande partie caché sous l'ombrage des forêts et sous l'eau des étangs, des marais et des rivières. C'est une contrée presque inaccessible pendant la plus grande partie de l'année. Les marais dont elle est inondée ressemblent à une mer, et c'est ce qui lui a fait donner le nom de *Polésie*. Le poisson y abonde; on en exporte beaucoup de fer; le miel n'y est pas moins abondant. Si l'on joignait la rivière de *Muchawiec* (Moughavietz), qui tombe dans le Boug, avec la *Pina*, qui se jette dans le Pripetz, par le moyen d'un canal qui ne serait pas long, on pourrait naviguer de la Vistule dans le Dnieper, et il en résulterait une communication entre la mer Baltique et la mer Noire qui serait d'un grand avantage pour le pays. Mais déjà le comte Oginski a réuni ces deux mers par un canal qui joint la *Szczara* (Chtchara), rivière qui se jette dans le Niemen, au *Pripetz* (Pripecz), qui tombe dans le Dnieper. Ce canal sert en même temps à dessécher les vastes marais du district de Pinsk. Il commence à huit milles polonais de la ville de Slonim dans la Szczara, traverse le lac de *Sviznica*, et se termine dans la rivière de *Iasiolda*, qui tombe dans le Pripetz à sept milles de la ville de Pinsk; ainsi la longueur est de huit milles, et tout cet espace se trouve sur les terres de la maison Oginski. Déjà, en 1787, l'auteur de cette grande entreprise eut le plaisir de voir passer un bateau chargé de 100 tonneaux de sel, allant de Cherson à Kœnigsberg (¹). Toutefois, ce canal s'est rempli de sable et ne sert plus aujourd'hui au commerce, mais seulement au desséchement des marais. »

Brest, ou *Brzesc*, surnommée *Litevski*, ou

(¹) Note communiquée.

(¹) *Sirisa*, auteur polonais, cité dans le *Nord littéraire*, etc., par M. *Olivarius*, deuxième cahier, p. 154.

de Lithuanie, pour la distinguer d'une ville de Pologne qui porte le même nom, est moins connue par son château fortifié, assis sur un rocher qui domine le Boug, que par son académie juive, fréquentée par les Israélites de toutes les contrées d'Europe. Elle est bâtie sur un terrain marécageux, entourée de murailles et défendue par un château situé sur un roc escarpé. Au nord de cette petite cité, se trouve le domaine de *Siehnievicze*, célèbre pour avoir vu naître l'immortel Kosciuszko.

C'est en s'enfonçant dans des marais plus considérables encore que ceux de Brzesc que l'on arrive à *Pinsk*, que l'on prononce *Pinnsk*, la meilleure ville de toute la Polésie. Elle n'a que 4,000 habitants, et fait partie du gouvernement de Minsk; les juifs y ont une synagogue. Le cuir de Roussie qui s'y fabrique passe pour le meilleur de toute la Pologne. Dans ces contrées désertes, on doit remarquer comme une curiosité la pharmacie établie par les anciens jésuites dans leur ci-devant collége; ce bienfait leur a survécu, tandis que les grecs-unis, entraînés par ruse et par force à reconnaître le pape, retournent aujourd'hui par milliers à leur Église orientale.

Le vaste empire de Russie se termine à l'ouest par la province de *Bialystok*, qui répond en partie à l'ancienne *Podlakhie*, pays fertile en blé, et, dans le moyen âge, siége du peuple des *Iatwinges*, ou *Iadzwingues*, que l'on considère, peut-être à tort, comme une branche des Jazyges. Ce pays, jadis hérissé de forêts immenses, est encore assez boisé pour fournir d'excellent bois de construction; ses pâturages nourrissent de beaux bestiaux et de très bons chevaux. Le sol livré à la culture est léger, sablonneux et cependant fertile; on y exploite de la pierre à chaux, de l'argile et de la pierre à bâtir; les habitants fabriquent des toiles et des cuirs. Trop peu considérable pour former un gouvernement, ce pays conserve le titre de province; on y compte 30 villes, 3 bourgs et plus de 500 villages. La ville de *Bialystok*, ornée d'un élégant château et de jolies maisons, est la ville la plus moderne entre Varsovie et Pétersbourg; elle compte 8,000 habitants. Les habitations y sont presque toutes en bois; mais les rues sont larges et régulières.

LIVRE CENTIÈME.

Suite de la Description de l'Europe. — Suite et fin de la Description de la Russie. — Coup d'œil sur l'origine, l'agrandissement et les forces de l'empire de Russie. — Détermination des différentes classes d'habitants. — Forme de gouvernement.

« Le philosophe contemple avec indifférence l'élévation et la chute des empires; mais qui peut rester philosophe au milieu de ces passions politiques qui, à la vue d'une puissance colossale, remplissent tour à tour de crainte et de jalousie les peuples et les conseils des rois? Elle est sans doute bien naturelle cette impatience des contemporains qui s'attache à démêler les causes prochaines, à ce qu'ils croient, de la dissolution d'un empire devenu trop grand pour ne pas être un objet de craintes universelles. Mais, dans ses vues incomplètes et passionnées, la politique contemporaine confond souvent l'avenir lointain avec les chances du lendemain. La Russie a éprouvé naguère une secousse qui révèle le côté fragile de tous ces énormes édifices, le danger des révolutions et la possibilité des guerres civiles. Mais que les nations libres et sages se gardent de pousser un cri de joie à l'aspect de ces chances! Qui sait si la chute d'un empire colossal ne coûterait pas plus de calamités encore que n'en a coûté son élévation? Qui peut prévoir si ses convulsions ne seraient pas plus à craindre que son repos; si ce n'est pas à travers de nouveaux agrandissements qu'il atteindra le terme fatal des grandeurs humaines? Le dirai-je? il ne s'écroulera peut-être que sous les ruines de l'Europe.

» Comment cet empire est-il parvenu à réunir sous son sceptre une moitié de l'Europe et le tiers de l'Asie? Quelle a été la cause de ces agrandissements? Quelle en est la nature?

« Les agrandissements de la Russie, quoi qu'en aient dit les historiens ordinaires, n'ont rien de subit, de moderne, d'éphémère; c'est l'ouvrage des siècles et de la nature; sa grandeur commence dans les ténèbres qui enveloppent les origines de la race slavonne; cette race se multipliait sur les monts Karpathes dans des temps aussi reculés que ceux qui virent les Grecs, encore sauvages, s'assembler aux sons de la lyre d'Orphée. Cette immense population slave, née dans les forêts de la Sarmatie, presqu'à l'insu des Grecs et des Romains, paraît enfin, aux yeux de l'Europe méridionale, sous les drapeaux des Goths, ses maîtres, sous l'étendard des Huns, ses conquérants; elle prend une grande part à toutes les migrations des peuples long-temps avant d'être nommée par l'histoire. Bientôt, affranchis de ce double joug, les Slavons ou Slovènes (*Slovenis*) se montrent sous leur propre nom, jusqu'alors ignoré (¹). Depuis l'Elbe jusqu'au Borysthène, ils forment une masse de peuplades presque homogènes; quelques-unes de ces branches se multiplient sur leur sol natal ou sont comprimées par la race germanique; mais la branche la plus orientale, celle des Antes ou des Russes, s'étend sans cesse vers l'Orient, où elle se fortifie des restes des anciens *Roxolani*; elle envahit les forêts incultes habitées par les Finnois et d'autres restes des nations scythiques; elle fonde *Slavensk*, Kief, Novgorod, Sousdal, Vladimir, Moscou; elle peuple et cultive toutes les fertiles plaines, jusqu'au Don et au Volga. Mais c'était d'abord une impulsion étrangère qui les poussait dans la carrière des conquêtes, et ce fut le génie audacieux des Varègues-Skandinaves qui révéla aux Slavons-Russes la grandeur de leurs destinées.

» Depuis on ne sait combien de siècles, la Skandinavie, agitée par de petites guerres intérieures, ne cessait d'envoyer au-dehors de petites colonies guerrières, moins redoutables par le nombre que par l'audace et les habitudes guerrières. C'étaient les aventuriers les plus hardis qui, proscrits à cause des crimes ou des excès auxquels ils s'étaient livrés, venaient chercher un asile, ou plutôt un nouveau théâtre pour leurs exploits, dans les pays incultes du nord et de l'est de la Russie. Ils se réunissaient souvent sous la conduite de chefs dignes d'un semblable essaim; c'étaient les jeunes princes, fils des souverains des petits royaumes dans lesquels la Skandinavie était divisée; une querelle domestique, une poursuite amoureuse, un duel malheureux les entraînaient souvent dans un exil plus ou moins lointain. De tels chefs, de tels soldats ne s'arrêtaient devant aucun obstacle, et n'en trouvaient réellement pas dans les tribus slavonnes, nombreuses, mais sans organisation, sans pouvoir central, disséminées sur un vaste territoire. Les *Varègues* ou guerriers établirent donc aisément des trônes militaires à Holmgard-l'Ancienne, qui nous semble être Kholmogory, sur la Dvina; à Holmgard-la-Nouvelle, qui est Novgorod; à Aldeiguborg, sur le Ladoga; à Izborsk, à Pleskow, à Polotsk, et probablement en bien d'autres endroits. Réunis sous ces chefs belliqueux, les Slaves orientaux, et plus particulièrement les Russes, apprirent à connaître leurs forces et à en régulariser l'usage. Armés de bonnes cuirasses et d'épées tranchantes, ils soumettaient sans peine les Slaves de l'intérieur, couverts d'un bouclier de bois. Leurs flottes de bateaux, trait caractéristique d'un peuple semi-skandinave, se précipitèrent sur Kief et Constantinople. Arrêtés sur le Bosphore par l'épuisement de leurs armées, ils s'ouvrent de nouvelles routes sur le Volga et sur les grandes rivières qui en sont tributaires; ici, ce furent surtout les peuplades finnoises et hunniques qui subirent la loi des Varègues, successivement transformés en Russes, comme les Normands-Skandinaves l'avaient été en Normands-Français. Ce fut ainsi que, long-temps avant l'invasion des Tatars-Mongols, la nation russe forma déjà dans la Russie

---

(¹) On a fait dériver la dénomination de *slovenis* du mot *slovo* (parole), ce qui signifierait que les Slavons se désignaient par le nom de *parlants*, en opposition à celui de *niemtsi* (muets), qu'ils donnaient aux peuples qui ne comprenaient pas leur langue, et par lequel le peuple russe désigne encore les *étrangers*. Ainsi les *parlants* étaient les indigènes. On a fait aussi dériver leur nom du mot *slava* (gloire), et en effet la prétention qu'avaient les Slaves de former la principale tribu de tout le peuple dont ils tiraient leur origine les avait peut-être portés à s'attribuer cette épithète ambitieuse, que l'on reconnaît dans le nom de Slavensk, ville antérieure à Novgorod; mais ces étymologies, et plusieurs autres, sont fort incertaines.   J. H.

Voyez la *Statist.* et l'*Itin. de la Russie*, par M. J. H. *Schnitzler*, et l'*Histoire de l'empire de Russie*, par *Karamsine*.

centrale un nombre de puissants royaumes, sous le titre modeste de *grands-duchés* ou de principautés, outre les républiques de Novgorod et de Pleskof (¹).

» L'invasion des asiatiques ressembla plutôt à une occupation militaire : elle n'opéra pas de métamorphoses nationales, seulement elle effaça les traces de la démocratie skandinave, et fonda des dynasties despotiques. Au sortir du vasselage tatar, la Russie n'eut qu'à se réunir de nouveau pour présenter promptement une masse très considérable, et c'est toujours ce vrai peuple russe, depuis Lemberg, Halicz et Kiovie, jusqu'à Vologda et Voroneje, qui constitue le noyau de l'empire.

» Les rapides agrandissements de la Russie sous les deux Ivane ne sont pas tous dus à des conquêtes, mais plutôt à des reprises sur les Tatars : elles étaient faciles ; car ce n'est ni le sol ni le nom du maître, c'est la fraternité de langue, de mœurs, d'institutions, qui fait les nations et les patries. La dernière reprise fut exercée de nos jours sur les Polonais, car l'Oukraine, la Podolie, la Volhynie, étaient d'anciennes contrées russes ; et les Autrichiens savent bien que la Gallicie orientale n'est qu'un autre nom de la Russie-Rouge. C'est par des reprises que l'empire russe a le plus gagné en population ; ses conquêtes ne lui ont valu que du terrain.

» Cette distinction entre le noyau de la nation russe, uni par la nature elle-même, et les conquêtes extérieures, successivement soumises à l'empire, est la base de tout raisonnement politique sur la Russie.

» Dans le noyau de la Russie, unité et centralité à un degré bien plus haut qu'en Allemagne, qu'en France ; population assez compacte pour la nature du pays ; industrie peu avancée, mais toute nationale.

» Dans les conquêtes extérieures, diversité d'intérêts, défaut de population, peu de ressources naturelles, grands établissements d'industrie étrangère, esprit de colonie ou d'États vassaux.

» Mais les conquêtes extérieures, toutes dans les convenances militaires, géographiques et commerciales de l'empire, sont aussi toutes dominées par la masse centrale.

» Arrêtons-nous maintenant pour fixer par des chiffres la marche des agrandissements de l'empire russe :

ÉPOQUES.	TERRAIN en milles carrés d'Allemagne	POPULATION approximative.
Sous Ivane III Vassilievitch, en 1462.	18,200	6,000,000
A sa mort, en 1505.	37,137	10,000,000
(Réunion de Novgorod, Permie, Tchernigof, Séverie, etc.)		
A la mort d'Ivane IV, en 1584.	125,465	12,000,000
(Conquête de Kazan, d'Astrakhan, de la Sibérie.)		

(¹) On n'est pas plus d'accord sur l'origine du nom de *Russe* que sur celle du nom de *Slave*. Les uns le font dériver de Rouss, l'un des fils de Japhet ; les autres de Ross, frère ou petit-fils de Lekh, premier prince de Pologne ; d'autres encore de la nation des *Roxolani* ou peut-être *Ross-Alani*, qui sont appelés *Roxani* dans quelques manuscrits de la Géographie de Strabon, et qui habitaient sur les bords du Dnieper. Mais d'un autre côté, suivant le témoignage du moine russe Nestor, qui vivait au onzième siècle, les véritables Russes seraient des étrangers venus de la Skandinavie, où depuis long-temps il existe un pays nommé *Ross-lagen*. Un fait assez curieux qui appuierait cette opinion, c'est que les Annales de Berlin, publiées par Duchêne, rapportent qu'en 839 l'empereur grec Théophile envoya à Louis-le-Débonnaire des ambassadeurs qui avaient à leur suite des hommes appelés *Rhos*, dont le prince se nommait Khakan ou Hakan. Théophile priait Louis de procurer à ces étrangers les moyens de retourner dans leur patrie, parce qu'ils ne voulaient point s'exposer aux dangers qu'ils avaient courus en traversant, pour arriver à Constantinople, des pays habités par des sauvages féroces. Louis apprit de ces étrangers qu'ils appartenaient au peuple suédois. Ainsi il semble hors de doute que les Russes sont sortis de la Skandinavie. Quoi qu'il en soit, les premiers Varègues-Russes qui, sous la conduite d'Ascold et de Dir, compagnons et compatriotes de Hourik, les fondateurs de la monarchie russe, s'emparèrent de Kief, et s'y établirent dans le courant du neuvième siècle, portaient déjà le nom de *Russes*. Enhardis par le succès, ils allèrent ravager les côtes de la mer Noire et du Bosphore, et mettre le siège devant Constantinople, qui ne fut sauvée que parce que leur flotte fut dispersée par une tempête. Dès cette époque les Grecs ne prononçaient plus qu'en frémissant le nom des *Russes* (Ρ'ῶς). Dans le même siècle, Lioutprand, évêque de Crémone, considérait comme des peuples sortis du Nord, les Varègues qui dominaient en Russie. Il dit expressément que les *Russes* portaient aussi le nom de Normands : « *Roussios, quos alio nomine Nordmannos vocamus.* »   J. H.

Consultez la *Statistique* et l'*Itinéraire de la Russie*, par *Schnitzler*, et l'*Histoire de l'empire de Russie*, par *Karamsine*.

ÉPOQUES.	TERRAIN en milles carrés d'Allemagne	POPULATION approximative.
A la mort de Michel Ier, en 1645. (Conquêtes en Sibérie. Cessions à la Pologne.)	254,361	12,500,000
A l'avénement de Pierre Ier, en 1689. (Reprise de la Kiovie, etc.)	263,900	15,000,000
A la mort de Pierre Ier, en 1725. (Conquêtes sur la Baltique, en Perse, etc.)	273,815	20,000,000
A l'avénement de Catherine II, en 1763. (Conquêtes en Asie.)	319,538	25,000,000
A sa mort, en 1796. (Conquêtes sur les Turcs. Reprises et conquêtes en Pologne.)	331,810	36,000,000
A la mort d'Alexandre, en 1825. (Conquêtes en Pologne, Finlande, Moldavie et Perse.)	367,494	53,000,000
Sous le règne de Nicolas, en 1829. (Conquêtes sur la Perse et sur la Turquie. Traités de 1828 et 1829 (¹).)	373,000	55,000,000

» Nous allons maintenant apprécier ces agrandissements sous le point de vue historique et politique. Les principaux éléments de la force intérieure de la Russie ont été réunis sous les deux Ivane et sous Alexis Michaëlovitch. Déjà, en 1588, l'empire s'étendait depuis Smolensk jusqu'au lac Baïkal, et renfermait dans ses vastes limites des contrées fertiles, de grandes villes commerçantes et industrieuses, des mines inépuisables, un peuple nombreux, frugal, dur, attaché à son Dieu et à son tsar. Si la religion grecque-orientale, et une langue nationale écrite en caractères presque grecs, isolaient les Russes des peuples latins et germaniques; si une forte teinte des mœurs asiatiques, ou plutôt

---

(¹) Il n'est pas inutile de donner le chiffre de l'accroissement de l'armée russe, en moins d'un siècle, depuis Pierre Ier jusqu'à Alexandre; on verra qu'elle a augmenté dans une proportion plus forte que l'accroissement du territoire et de la population.

Années.	Hommes.	Années.	Hommes.
1724...	115,000	1800...	268,000
1740...	125,000	1805...	543,000
1750...	162,000	1808...	700,000
1771...	240,000	1812...	1,300,000
1786...	263,000	1818...	1,000,000
1794...	312,000		

Voyez les Tableaux de M. *Veydemeyer*.

---

antiques, faisait généralement placer les Moscovites à côté des Tatars et des Turcs; si l'usage presque constant des tsars, depuis le onzième siècle, de ne chercher leurs épouses que parmi leurs propres sujettes, empêchait le nom « du grand-seigneur, tsar et autocrate de Russie, » de retentir dans la bouche des diplomates et de figurer dans les manifestes des cours, il ne faut pas en conclure que les hommes d'État instruits ignorassent les forces réelles de cet empire. Michalon, noble lithuanien, écrivit à Sigismond II, vers l'an 1550, ces paroles mémorables :

« Les Moscovites et les Tatars nous surpas-
» sent en activité et en bravoure, tempérance
» et frugalité, dans toutes les vertus qui as-
» surent la stabilité des empires... Les Mos-
» covites, spéculant sur notre mollesse, nous
» donnent leurs pelleteries en échange de notre
» or... Les Ivane et les Basile ont profité de
» notre luxe et de notre mollesse pour nous
» enlever une forteresse après l'autre. Ces
» princes ne fondent pas leur puissance sur
» l'or, mais sur le fer; ils ont introduit parmi
» leur peuple l'ordre sévère qui règne chez les
» Tatars... Chez nos voisins les Moscovites et
» les Tatars, la juridiction est exercée avec
» gravité, et non pas au milieu des festins et
» des débauches, comme chez nous..... Il n'y
» est pas permis aux seigneurs de mutiler et
» de tuer leurs serfs; personne n'est con-
» damné que par le magistrat public... Pen-
» dant que nos soldats (polonais) se battent
» dans les cabarets, les Moscovites, toujours
» sous les armes, veillent sur leurs fron-
» tières... »

» Les envoyés de quelques cours, et en outre le savant autrichien baron d'Herberstein, avaient également reconnu l'importance, déjà très sensible, de l'empire russe. Les Anglais, ayant découvert la route d'Arkhangel, avaient apprécié l'utilité dont seraient pour eux des relations commerciales avec une immense contrée d'où déjà, par la route de la Baltique, les marchands hanséatiques avaient tiré tant d'avantages. Le Danemark, d'après les conseils des Polonais, excitait le tsar contre la Suède, et il existe des relations curieuses sur ces négociations diplomatiques; mais les diplomates français, italiens et espagnols, n'eurent pas encore de motifs pressants pour s'occuper de la puissance moscovite. Le géant agissait inconnu, inaperçu dans le sein de ses forêts natales.

Pierre Ier ne fit qu'organiser à l'européenne les forces considérables que ses ancêtres lui avaient léguées. La victoire de Poltava, en faisant échouer le plan de campagne très judicieux de Charles XII, donna enfin aux armes de la Russie une réputation européenne. Mais de toutes les conquêtes de Pierre Ier, un petit point seul accrut les forces réelles de l'empire. Le commerce maritime établi à Pétersbourg (ville pour ainsi dire imitée de celle d'Ivane-gorod, près Narva) fit entrer des capitaux étrangers qui servirent à étendre l'agriculture, l'exploitation des forêts et celle des mines. L'usage de former des liaisons de mariage entre la dynastie russe et les maisons régnantes de l'empire d'Allemagne, contribua beaucoup à étendre les ramifications de la politique russe. L'imitation peu raisonnable du costume et des manières des autres Européens, servit à éblouir les yeux de quelques observateurs superficiels. Les progrès réels des arts et des lumières étaient fondés sur la base précaire des prohibitions et des secours donnés par le gouvernement; mais ils jetaient de l'éclat sur la capitale, seul point visité par les voyageurs.

» Quoique Pierre Ier ait en quelque sorte introduit la Russie dans le système européen, l'influence et la considération dont cet empire a joui avant le règne de Catherine II ne le plaçaient pas au niveau des autres grandes puissances. La faiblesse intérieure de son gouvernement frappait l'observateur philosophe. Les sanglantes et continuelles révolutions qui bouleversaient la cour de Russie trahissaient le secret de cette prétendue réforme du caractère national, si gratuitement attribuée à Pierre Ier. Le meurtre d'Alexis, en 1718; les sanglantes exécutions de 1724, dont Voltaire a ignoré un grand nombre; le massacre de la famille entière de Dolgorouki, en 1730; les vingt mille exilés du ministère de Biren, sous Anne; l'assassinat de Sinclair, courrier suédois, en 1739; les mutilations de tant de victimes, et, entre autres, de la princesse Lapoukine, qui eut la langue coupée sous Elisabeth; l'assassinat de Pierre III, en 1763, et celui du prince Ivane, en 1764: voilà une série d'horreurs qui n'a rien d'égal dans l'histoire du dix-huitième siècle; et cet état, vraiment révolutionnaire, indiquait à la jalousie politique des autres puissances le germe d'une dissolution prochaine. « La Russie, répétaient les beaux-» esprits, est pourrie avant que d'être mûre. » Illusion commode! prophétie consolante pour des hommes d'Etat à courte vue! La dynastie était toujours chancelante; la nation restait dans sa force primitive: elle n'avait perdu que sa barbe.

» L'incertitude de la succession due à la blâmable imprévoyance de Pierre Ier, était la cause principale de toutes ces révolutions de cour. Les vieux Russes avaient justement blâmé cette loi arbitraire de Pierre Ier, par laquelle il accordait à ses successeurs le droit de donner le trône *même à un étranger;* principe tout-à-fait contraire à l'ancien droit public de l'empire, qui, conformément à l'expérience de tous les siècles, consacrait, mais ne réglait pas assez clairement la succession héréditaire (¹). L'instabilité du gouvernement et l'incertitude de la succession prenaient un caractère encore plus grave, lorsqu'on réfléchissait à deux circonstances qui n'ont pas été assez remarquées par les écrivains politiques et les historiens. Le pouvoir despotique, usurpé par Pierre Ier, n'est pas fondé dans les lois ni dans les anciens usages de la Russie. Jusqu'en 1701, les oukases commençaient par une formule qui rappelait les droits des boyards: *Weliki gospodar oukazal y boyari prigovorili,* c'est-à-dire: Le grand seigneur a ordonné, et « les boyards y ont consenti. » Les grandes familles de la noblesse n'ont jamais oublié leurs anciennes prétentions à cet égard; et, en 1730, on les vit prescrire à l'impératrice Anne une capitulation qui changeait la Russie en monarchie limitée. Plusieurs de ces familles se croyaient même des prétentions au trône, occupé par une branche indirecte de la maison Romanof, qui n'était elle-même liée que par les femmes à la maison de Rourik. On a vu; en 1729, les Dolgorouki marcher vers ce but ambitieux; ils descendent, ainsi que les Repnine, des anciens grands-ducs. Plusieurs autres familles russes descendent d'autres maisons souveraines: les Gallitzine et les Kourakine sont censés avoir des grands-ducs de Lithuanie pour ancêtres (²).

(¹) *Schlœser,* Recherches historiques sur les lois fondamentales de l'empire russe, page 21 (en allem.) — (²) *Haven,* Relations sur la Russie, tom. I, chapitre XIII (en danois).

» Menacée ainsi d'un changement de maîtres, d'un soulèvement de l'aristocratie, d'une guerre intérieure, la Russie, depuis Pierre Ier, avait moins de forces réelles que sous Ivane II. Un grand homme sur le trône de la Suède, de la Pologne, de la Turquie, aurait pu rétablir l'équilibre dans le nord et l'est de l'Europe.

» La gloire militaire acquise par le feld-maréchal Munich, né sujet danois, ne rejaillit pas long-temps sur les armées russes, et la guerre de Sept-Ans montra que ces mêmes masses d'hommes intrépides sans doute, mais dépourvus de ressort moral, étaient encore peu à craindre lorsqu'elles étaient conduites par des généraux indigènes. La marine se composait en très grande partie d'officiers étrangers, surtout d'Anglais et de Danois; ils se trouvaient alors sans matelots, et presque sans vaisseaux; car les Finlandais n'étaient pas encore subjugués, les forêts de l'Oukraine polonaise n'étaient pas conquises, et déjà sous Élisabeth un observateur habile avait appris « que les chênes de Kazan, employés dans la » construction des vaisseaux russes, ne sont » pas de durée. »

» Toute l'influence réelle de la Russie, avant le long et brillant règne de Catherine II, se réduisait à des intrigues en Pologne et en Suède, intrigues qui minaient sourdement ces vieux boulevards de l'Europe. Une seule exception à cette règle, l'intervention de la Russie dans la guerre de la succession d'Autriche, prouve moins la force et le crédit de la cour de Pétersbourg, que la faiblesse et la décadence de celle de Versailles. Ce ne fut pas même l'approche d'une armée russe de 36,000 hommes qui hâta la conclusion du traité d'Aix-la-Chapelle; ce fut la vaine mais adroite menace de M. de Bestouchef de faire marcher encore une seconde armée qui n'était ni mobile ni complète. Le premier exemple de l'heureux effet que peut produire un simple simulacre de force a été depuis trop souvent imité par le cabinet russe et par bien d'autres.

» C'est avec les guerres de 1770 contre les Turcs, et le partage de la Pologne en 1773, que la Russie a réellement commencé le rôle d'une grande puissance, grâce à des conquêtes utiles, habilement exploitées, mais que la politique européenne aurait dû prévoir. C'est sous Catherine II que la flotte créée par Pierre Ier, mais depuis presque oubliée, a fait le tour de l'Europe, et est venue dominer dans l'Archipel et menacer l'Égypte; c'est sous elle qu'on a vu pour la première fois les généraux nés russes, tels que les Romanzof, les Panine, les Souvarof, acquérir de la gloire; et quoique parmi ces fameux chefs, Souvarof soit le seul qui n'ait pas tout dû à ses aides de camp, l'Europe était obligée de compter les Russes au rang des grandes nations militaires. A l'éclat des succès réels, Catherine savait bien mieux que Pierre Ier joindre les prestiges d'éloges publics obtenus à poids d'or, et les prestiges non moins puissants d'une cour brillante où régnaient le luxe et la galanterie : elle se donnait ainsi pour alliés et les gens de lettres et les femmes : elle faisait un appel à la vanité et à la mollesse, vices dominants chez les nations civilisées du dix-huitième siècle : elle fit un appel encore plus utile à l'avidité d'agrandissement qui tourmentait toutes les cours depuis qu'une fausse politique ne calculait plus la force des États que par le nombre de leurs habitants. Le partage de la Pologne fut le coup de maître de Catherine II. Ce ne fut pas uniquement des provinces qu'elle acquérait. Dès que le code du droit des gens fut déchiré, les grandes puissances pouvaient impunément afficher le système d'envahissements fondés sur les simples convenances. Aussi la Russie n'a-t-elle, depuis cette époque, conclu aucun traité de paix sans acquérir au moins quelque portion de territoire, fût-ce même aux dépens de ses propres alliés, comme à Tilsitt, et sans jamais rien faire pour les intérêts de l'Europe, abandonnant même avec prudence ces droits maritimes qu'à son instigation le Danemark défendait avec un héroïsme digne d'un meilleur sort.

» C'est beaucoup que la politique de Catherine ait acquis les ports de la mer Noire et les forêts de l'Oukraine; mais c'est tout que d'avoir obtenu ces avantages sous des prétextes aussi plausibles; d'avoir su dire aux dissidents de la Pologne : Nous venons vous protéger ; à l'Autriche : Nous vous rendons dans la Galicie une seconde Silésie; et même d'avoir endormi la tête encore vigoureuse du vieux lion de Potsdam, par le mesquin appât d'une province à sa convenance; d'avoir enfin soulevé contre la Turquie, si nécessaire à l'équilibre de l'Europe, tous les souvenirs philosophiques et littéraires, enrôlant ainsi la philanthropie sous les drapeaux de l'ambition ; c'est tout que de s'être introduite dans les conseils de l'Europe, d'y avoir établi le dédain de l'ancien droit public et la doctrine des convenances géographiques ; c'est tout que d'avoir achevé la dissolution politique de l'Europe, et d'avoir fait ses complices de ses rivaux, de ses surveillants. C'est là qu'est le plus fort agrandissement de la Russie, et non pas en Pologne.

» Imbu de doctrines plus pures et de sentiments plus généreux, Alexandre, le Pacifique, le Magnanime, avait probablement l'intention sincère d'arrêter le mouvement extérieur de la Russie, et, conformément aux vœux des patriotes les plus éclairés, de porter l'énergie patriotique de sa grande nation sur des améliorations intérieures, sur le perfectionnement de tant de riches productions, de tant de cultures diverses, sur les moyens d'utiliser tant et de si vastes conquêtes, de les assimiler peu à peu aux anciennes provinces sous le rapport de l'esprit public, de fondre dans un seul système tant d'intérêts étrangers les uns aux autres. Qui l'arracha à ces occupations de ses premières années ? On ne le sait que trop. Ce fut la France révolutionnaire, et surtout la France impériale, plus envahissante en dix ans que la Russie ne l'a été en dix siècles. Une fois entraîné dans la carrière, Alexandre a fait les deux conquêtes les plus importantes pour la Russie, les plus menaçantes pour l'Europe : les côtes de la Finlande lui ont donné d'excellents matelots ; le royaume de Pologne lui a formé un camp d'observation au milieu de l'Europe. Le malheur des conquêtes, c'est de n'être jamais terminées ; une province en demande une autre. Pour compléter le système d'une marine sur la Baltique, il faut la Suède, la Norvége, Kopenhague et Hambourg ; pour donner une frontière militaire à la Pologne, il faut la ligne des forteresses silésiennes et des montagnes de Hongrie. Ce sont là les limites qui doivent sembler *naturelles* à un Ivane nouveau ; et pourquoi n'en naîtrait-il pas un sur le trône des tsars? Rien ne semble désormais pouvoir résister à un empire qui embrasse la sixième partie de la surface terrestre, près du quart de l'ancien continent, et qui compte pour ses sujets environ la treizième partie du genre humain.

» Nous avons vu que le terme moyen de cette population est concentré dans la zone du milieu ; elle augmente rapidement dans son extension orientale jusque vers Irkoutsk, ainsi que dans les provinces méridionales. Les peuples soumis diminuent plutôt qu'ils ne s'accroissent, et c'est à la population russe qu'appartient le demi-million que l'empire est censé gagner au moins tous les ans. Cet accroissement d'un pour cent par année commune n'a rien d'extraordinaire dans un pays où les terres en friche, susceptibles de culture, sont encore partout très étendues, et où les forêts, la pêche et la chasse, ainsi que les arts et métiers communs, présentent encore tant de moyens de subsistance facile et sûre. Toutefois, des recherches de statistique plus exactes prouveraient probablement qu'une partie de l'accroissement total provient des transmigrations, si communes entre les gouvernements. La Russie renferme au moins 150,000 lieues carrées de terrain, susceptible d'être cultivé à l'égal de l'Allemagne et de nourrir environ 150 millions d'habitants. Peut-on vouloir conquérir quand on voit naître des empires sous ses pieds et sans sortir de chez soi ? »

La nation russe possède toutes les qualités pour arriver à un degré de civilisation qui la place au même rang que les nations les plus éclairées de l'Europe. A l'époque où elle parut sur la scène du monde, elle possédait déjà depuis long-temps des établissements d'instruction qui, bien qu'ils fussent ignorés dans la plus grande partie de l'Europe, n'en étaient pas moins des foyers de lumières assez actifs pour un peuple qui avait à peine eu le temps de profiter de celles du christianisme qu'il avait reçues des apôtres grecs avec les caractères de l'alphabet. Kherson fut d'abord le point central de cette civilisation naissante ; dès le onzième siècle, il existait à Novgorod une école de langue slavonne ; dans le douzième, on enseignait à Smolensk le grec et le latin ; Vladimir possédait des bibliothèques ; mais le joug que des peuplades tatares firent peser sur la Russie arrêta cet essor salutaire, et imprima le sceau honteux de la servitude sur le caractère de la nation. Les lettres et les sciences trouvèrent, comme à une autre époque dans l'Europe occidentale, un refuge sacré dans quelques couvents : c'est du fond d'un cloître que Nestor, le plus ancien historien russe, écrivit ses précieuses chroniques. Isolée du reste de l'Europe, c'était de l'étranger que la Russie devait recevoir les arts et les lumières. Au quatorzième siècle, des artistes italiens furent appelés à Moscou pour y construire des temples, et dans le siècle suivant de nombreux exilés y portèrent de Constantinople les arts, les lettres et les sciences. Mais les souverains russes donnèrent la plus favorable impulsion aux lumières en introduisant l'imprimerie dans leurs Etats. La première presse fut établie à Kief, et il en sortit, en 1551, le psautier in-4° regardé comme le plus ancien monument de la typographie russe. Bientôt des écoles furent fondées dans plusieurs villes; en 1588, Kief possédait une académie de théologie. La maison des Romanof, en montant sur le trône, attira en Russie une foule d'Allemands, d'Anglais et de Français, qui donnèrent une nouvelle direction à l'industrie et lui firent faire des pas rapides dans la voie des perfectionnements. En 1650, le patriarche Nikon ouvrit des écoles grecques et latines, et trente ans plus tard une académie slavo-gréco-latine fut établie à Moscou dans le couvent de Za-Ikonoó-Spass. Enfin Pierre-le-Grand monta sur le trône, et parvint, par la seule influence de son génie, à placer la nation russe au rang des peuples les plus civilisés. L'accueil qu'il fit aux savants, les honneurs dont il les entoura, l'exemple qu'il donna de la pratique de plusieurs arts utiles, attirèrent dans sa nouvelle capitale des hommes marquants dans tous les genres. Sous son règne, l'imprimerie fut perfectionnée; on vit paraître Lomonossof, le créateur de la littérature russe, et le goût des lettres passa des ecclésiastiques dans les hautes classes de la société. En 1714 parut à Pétersbourg la première gazette russe, et, douze ans après, Catherine II ouvrit cette académie des sciences qu'illustrèrent Euler, Pallas, Müller, Fræhn, A. Schüber et d'autres savants. Pierre Ier avait laissé en mourant 51 écoles primaires, 56 écoles de garnisons et 26 petits séminaires pour les fils des prêtres; Elisabeth fonda, en 1755, à Moscou, la première université russe ainsi que deux gymnases : le nombre de ces établissements alla toujours en croissant. Catherine II en fonda 150, au nombre desquels se trouvent l'école nationale supérieure et l'école normale appelée Gymnase-des-Instituteurs, converti en université en 1819.

Depuis 1804 jusqu'à 1807 seulement, Alexandre ouvrit à la jeunesse 140 écoles nouvelles, fonda des universités et des gymnases, fit composer des livres pour l'instruction et entreprendre des voyages de découvertes autour du monde. En 1816, trois écoles militaires furent fondées : l'*École spéciale de topographie*, à Frédrichsham; l'*École générale du génie*, l'*École générale d'artillerie*. Au règne d'Alexandre appartiennent encore l'*École militaire de Moscou*, l'*École des porte-enseignes de la garde* et l'*École militaire d'Orenbourg*. En 1828, Nicolas organisa un comité d'instruction publique, qu'il chargea de lui proposer tous les perfectionnements qui paraîtraient nécessaires. L'école la plus importante due à ce prince est l'*Académie militaire*, destinée à former de bons officiers d'état-major; elle fut fondée en 1830. Deux autres écoles, à peu près de la même époque, ont été créées, l'une à Tsarskoïé-Célo pour 400 jeunes enfants, et l'autre, à Moscou, pour 100 enfants destinés à entrer dans les écoles militaires. En 1834, le gouvernement a créé une seconde école militaire à Moscou, une à Kief pour 400 élèves, une à Poltava, une enfin à Kazan. En 1835, une école de 400 élèves a été ouverte à Polotsk en faveur de la noblesse du gouvernement de Vitebsk et de trois autres gouvernements voisins. Vers la même époque, d'autres écoles semblables ont été fondées à Grusino, près Novgorod; à Orel, à Voroneje et à Ouralsk. Enfin une école importante a été fondée à Omsk pour l'éducation des fonctionnaires civils et militaires de la Sibérie; on y enseigne non seulement ce qui est nécessaire à des jeunes gens destinés à être employés dans cette partie de la Russie, mais le russe, le français, le tatar, le persan, l'arabe et le mongol.

Les améliorations dues à Catherine eurent une telle action sur le mouvement intellectuel, qu'avant l'an 1800 il n'existait en langue russe qu'un millier d'ouvrages imprimés, tandis que ce nombre avait quadruplé en 1807; que dans la seule année 1815 on publia 583 ouvrages rédigés en différentes langues, et qu'en 1821 la presse avait multiplié en Russie 13,250 ouvrages écrits en langue russe. Dans l'année 1825, il en a été imprimé 584, dont 322 en russe et les autres en différentes langues étrangères. En 1835, le nombre total des ouvrages publiés a été de 708; en 1837, il a été de 987, parmi lesquels se trouvaient 450 traductions; enfin, en 1838, on a compté environ 1,000 publications, dont 700 ouvrages russes et 300 traductions. En 1790, il n'existait que 15 établissements typographiques dans tout l'empire; aujourd'hui on en compte plus de 70, savoir : 10 au gouvernement et 60 à l'industrie, dont 20 sont à Pétersbourg et 13 à Moscou.

C'est par l'instruction répandue dans toutes les classes qu'un gouvernement sage autant qu'éclairé peut accélérer les bienfaits de la civilisation. Celui de Russie semble avoir senti tout le parti qu'on peut tirer de ce moyen de régénération politique. Il existait, il y a quelques années, dans tout l'empire, huit universités, occupant 296 professeurs et plus de 3,000 étudiants. La théologie est enseignée dans quatre académies ecclésiastiques, 37 grands séminaires, 18 petits séminaires gréco-orthodoxes où l'on compte 427 professeurs et 53,000 élèves; dans un séminaire supérieur et 13 petits séminaires catholiques qui entretiennent 47 maîtres et 255 élèves; enfin dans 4 séminaires de grecs-unis qui renferment 105 étudiants. Voilà donc pour l'instruction ecclésiastique 77 établissements employés à l'instruction de 53,360 jeunes gens.

Bien que la médecine et la chirurgie soient enseignées dans les universités, elles le sont encore d'une manière particulière à l'académie chirurgico-médicale de Pétersbourg, où l'on admet 520 pensionnaires, et à celle de Moscou, qui en entretient plus de 200. L'école normale, établie à Pétersbourg sous le titre d'Institut central pédagogique, fournit un grand nombre de jeunes professeurs qui en sortent après six années d'études. Les jeunes gens qui se destinent aux hautes fonctions publiques doivent avoir suivi les cours de langues anciennes et modernes, d'histoire, de géographie, de littérature et de mathématiques, dans certaines écoles qui jouissent des mêmes priviléges que les universités; tels sont le lycée de Tsarkoïé-Célo, la haute école de Pétersbourg, l'école des hautes sciences de Iaroslavl, fondée par Paul Grégorievitch Demidof, et diverses pensions nobles des universités de Pétersbourg et de Moscou. Enfin, au moment où nous écrivons, plus de 50 jeunes gens destinés à occuper en Russie des fonctions administratives s'instruisent à Berlin, à Vienne, à Paris et à Londres, des perfectionnements que les lumières des hommes d'État ont répandus sur les différentes branches de l'administration.

Plus de 6,000 jeunes gens reçoivent encore une éducation spéciale dans les corps de cadets, des troupes de terre et de mer, les écoles militaires, l'école des ponts et chaussées, celles des pilotes, celles des mines et celles de l'art forestier, dont l'une est établie à Pétersbourg et l'autre à Kalouga. L'enseignement des langues orientales se donne à une école spéciale établie dans la capitale, à l'école arménienne de Moscou et à celle d'Orenbourg. Ceux qui se destinent au commerce peuvent acquérir toutes les connaissances nécessaires à l'école du commerce de Pétersbourg, à l'académie pratique de commerce de Moscou, au gymnase commercial de Taganrog et à sept autres écoles semblables. On a fondé dans ces dernières années à Pétersbourg un institut de technologie pratique destiné à former de bons ouvriers et d'habiles fabricants; les élèves choisis parmi les orphelins sont au nombre d'environ 140. Les sciences agronomiques sont enseignées à l'école impériale d'agriculture de Pétersbourg, et à celle que la comtesse Strogonof a ouverte en 1824 dans le même but. Pétersbourg, Moscou et Loubny possèdent des écoles vétérinaires.

Outre ces établissements, il existe en Russie plus de 250 pensionnats particuliers soumis au contrôle de l'université. Le nombre des écoles primaires ou d'arrondissement a été fixé en 1824 à 511, mais en 1827 il en existait à peine le tiers. Enfin un oukase de 1828 organisa des écoles centrales d'apanages pour former des maîtres d'écoles de villages, et des écoles de villages d'apanages pour former dans les campagnes des individus capables de servir comme écrivains dans l'administration locale de ces apanages. Un grand nombre d'écoles paroissiales où l'on suit le mode d'enseignement mutuel sont établies dans différents gouvernements, et principalement dans les provinces baltiques. En 1822, on comptait dans ces provinces, sur 57,000 individus, 11,000 enfants fréquentant les écoles. En 1824, le nombre total des écoles entretenues aux frais de l'État et des particuliers s'élevait à 1410, et à 69,452 celui des jeunes gens des deux sexes qui recevaient l'instruction. En ajoutant à ce nombre 344 écoles entretenues par le clergé, dans lesquelles on instruisait 45,851 jeunes gens, on aura 1754 écoles et 115,303 écoliers, sans compter ceux qui fréquentent les écoles des colonies militaires, ce qui porterait le nombre total de ceux qui recevaient l'instruction au-delà de 150,000 ; mais depuis 1824 le nombre des écoliers s'est augmenté d'environ un tiers, ce qui en porterait le total à plus de 200,000, c'est-à-dire à un écolier sur 280 habitants [1].

La presse périodique est un des moyens les plus efficaces de développer les lumières. Depuis Pierre-le-grand elle n'a cessé de s'accroître et d'exercer en Russie son heureuse influence. Aujourd'hui il se publie dans tout l'empire plus de 100 journaux ou écrits périodiques, parmi lesquels se trouve une douzaine de recueils scientifiques et littéraires. Il est vrai que ces écrits, ainsi que tous les livres qu'on y imprime ou qu'on y importe, sont soumis à une double censure.

Les produits de l'industrie de tous les genres sont très difficiles à évaluer à cause de l'immense étendue de l'empire. Il est impossible que les tableaux de statistique, même tenus avec le plus de soins, en représentent autre chose que des résultats approximatifs. Les considérations générales sur une masse de provinces si différentes par leur position géographique manquent nécessairement de justesse, à moins d'être réduites à un petit nombre de points. Cependant essayons de faire voir ce que la nature a fait pour la Russie sous le rapport de la richesse du sol, et les progrès rapides que l'administration a fait faire à l'industrie.

Le peuple russe est essentiellement agricole : sur 50 millions d'individus, 47 millions se livrent à l'agriculture. C'est à un sol tout particulier que le plus grand empire du monde doit la plus grande fertilité que l'on puisse imaginer. On ne connaît dans l'univers que deux points sur lesquels la nature ait déposé une immense et épaisse couche d'*humus* décomposé, entièrement formé de débris végétaux ([1]) : ces deux points sont l'Hindoustan septentrional ([2]) et la Russie méridionale ([3]). Cette principale base de la richesse agricole de la Russie s'étend depuis le nord de la Volhynie coupant près de Kief le système du Dnieper, s'élevant de ce point jusque vers Orel, de là à Kalouga, puis au sud de Riazan, et va couper le système du Volga entre Nijni-Novgorod et Kazan, pour se terminer au sud de Viatka et près de Perm, au pied de la chaîne de l'Oural. Le même sol se prolonge d'un côté, depuis cette ligne jusqu'à la mer Noire ; de l'autre, depuis Perm jusqu'à Orenbourg, et de là jusque près de la mer Caspienne. Il circonscrit la région que M. de Humboldt a reconnue être au niveau de l'Océan, depuis Orenbourg jusqu'à Saratof, et qui s'abaisse jusqu'à Tsaritsyne, et de là jusqu'à Kizliar, sur le Terek, où elle se termine en demi-cercle formant un bassin jadis occupé par la mer, et dont le niveau est dans quelques endroits, comme aux environs d'Astrakhan, à 30 mètres au-dessous de l'Océan. Ces vastes plaines, au-dessous ou au niveau des mers, forment une superficie de 18,800 lieues carrées ; mais tout l'immense espace que nous avons décrit comme un centre de fertilité, présente une superficie de plus de 65,000 lieues géographiques carrées, c'est-à-dire plus grande que la France, l'Espagne et toute la Prusse réunies en une seule masse. Il est couvert d'une couche de 1 mètre à 1 mètre et demi d'épaisseur de ce précieux *humus* végétal décomposé qui forme la base de la richesse agricole de la Russie, et qui est doué d'une telle fécondité, qu'il ne supporte pas le moindre engrais. Cette richesse se manifeste dans deux genres de produits : les céréales et les bestiaux ; elle fournit en grains à la presque totalité de la consommation de toute la partie du territoire russe qui s'étend au nord du 61° degré de latitude ; elle rétablit l'équilibre entre

---

[1] En vertu d'un oukase du 18 février 1831, présenté par le ministre des finances comte de Cancrine, on établit des écoles primaires dans tous les domaines du gouvernement, c'est-à-dire parmi une population de 14 millions d'habitants. On a commencé par établir 16 écoles normales primaires, et quand l'organisation qui devait être terminée en 1836, sera complétée, il y aura 4,000 écoles primaires. J. H.

[1] Nous avons compris sous la dénomination de *dépôt terrestre* ce dépôt de *terre végétale* qui fait partie du *terrain récent*, dans la série géologique. — [2] Entre le 20° et le 25° degré latitude N. et le 86° 60', et le 78° degré de longitude. — [3] *Ritter*, Cours général de géographie comparée fait par ce célèbre géographe en 1832, à Berlin.

la production et la consommation de la région située entre le 54° et le 60° degré de latitude, région où les récoltes ne suffisent pas toujours à la nourriture des habitants; enfin, c'est elle qui déverse sur le reste de l'Europe, par la mer Noire et la Baltique, pour une valeur de plus de 100 millions de francs de céréales dès que le besoin s'en fait sentir. Les points principaux de ce commerce sont, pour le froment, Tsaritsyne sur le Volga, Ieletz près du Don, et pour l'exportation, Odessa, Riga et Pétersbourg [1].

Cette couche d'humus, si remarquable par le luxe de ses récoltes, n'est cependant qu'en partie employée à la culture des céréales, parce que la population ne s'y est point encore assez multipliée. Peuplée seulement comme la Belgique, elle pourrait nourrir plus de 124 millions d'individus; mais sa plus grande superficie est encore couverte de pâturages que l'on nomme steppes, et qui donnent les moyens de nourrir presque sans aucun frais une innombrable quantité de bestiaux [2]. Cette ligne de steppes, comprise dans la région précédente, s'étend depuis la distance de 25 lieues au sud de Kief jusqu'à Pavlosk au bord du Don, de là jusqu'à Saratof sur le Volga, et va toucher la ville d'Orenbourg, d'où elle comprend encore dans son domaine la région basse et jadis sous-marine qui entoure la mer Caspienne. La partie élevée nourrit des bœufs, des moutons et des chevaux, et la partie basse, généralement sablonneuse et imprégnée de sel, des bœufs, des moutons, des chevaux et des chameaux. Ces steppes, au milieu desquelles on trouve deux grandes oasis, qui sont le pays des Petits-Russiens et celui des Cosaques, sont presque entièrement destinées par la nature à la propagation des bestiaux. Parmi les matières animales domine le suif, dont on exporte pour plus de 50 millions de francs, et dont on consomme pour 26 millions dans le pays. Ce suif est principalement fourni par les millions de moutons nourris dans les prairies qui circonscrivent la mer Caspienne, et qui sont répandus au milieu de terrains sablonneux imprégnés de sel.

« Les mines ont été exploitées très anciennement, surtout celles des monts Ourals; mais elles n'ont été reprises avec vigueur par les Russes que dans les temps modernes. L'or, l'argent, le cuivre, le fer, abondent plus dans les gouvernements asiatiques, le long des dernières terrasses de ce qu'on appelle encore le grand plateau central; le Pérou de la Russie s'étend depuis Perm jusqu'au-delà d'Irkoutsk, et, loin de suivre l'idée singulière d'un voyageur français, qui conseillait aux Russes de se retirer en-deçà du Ienisséi, la politique russe pourrait trouver des motifs spécieux pour comprendre dans ses limites tout le grand Altaï et le Belour. Le fer, la plus solide de ces richesses, est plus abondant, ou du moins est plus exploité du côté européen, depuis Perm et Orenbourg jusqu'à Viatka et Vladimir, ensuite depuis Nijni-Novgorod jusqu'à Toula et Tambol [1]. Les besoins des provinces les plus peuplées et la proximité des débouchés multiplient ces exploitations. »

D'après les documents les plus récents, le produit total des mines de cuivre est de plus de 400,000 *pouds* (à 33 livres); celui des mines de fer, d'environ 11 millions de *pouds*; celui de plomb de 50,000 *pouds*; celui du platine de 900 à 1,000 marcs; celui de l'or de 22,200 marcs, et celui de l'argent de 76,500 marcs [2]. La Russie possède encore un trésor

---

[1] Ceci rectifie ce que nous avons dit p. 429. —
[2] Pour mieux faire apprécier la richesse de la Russie en métaux précieux, nous donnerons ici la comparaison que M. de Humboldt en fait avec tous les États européens.

Europe.		Russie d'Europe et d'Asie.	
Or...	26,500 marcs.	Or...	22,200 marcs.
Argent.	292,000	Argent.	76,500
Platine.	»	Platine.	900 à 1,000

Ce qu'il y a de remarquable, c'est le volume des morceaux d'or et de platine que l'on extrait par le lavage des terrains d'alluvion du versant oriental de l'Oural. Depuis 1824 jusqu'en 1826 on a trouvé près de Miask dix morceaux d'or pesant ensemble 10 pouds, 34 livres, ou 199 marcs 1/2. Parmi ces morceaux, dit M. de Humboldt, il y en avait deux de 13 livres, un de 16, et un de 24. Ce dernier est conservé dans la collection impériale de Pétersbourg, avec un morceau roulé de platine trouvé à Nijni-Taghilsk, et pesant 10 livres 54 zolotniks ou 18 marcs 1/2. Le cabinet du roi de Prusse, à Berlin, en possède un du poids de plus de 3 livres 1 5. Il a été donné par

---

[1] Suivant les *Tableaux historiques, chronologiques, géographiques et statistiques de l'empire de Russie*, publiés en 1828 par M. *Weydemeyer*, le seigle rend en certains endroits de la Russie 20 et même 30 pour 1; l'orge et l'avoine de 5 à 15, et le froment de 5 à 30.   J. H.

[2] Voyez le Journal des savants voyageurs (Berne, 1792). On y dit que le nitrate de potasse est la cause de cette fertilité.

dans les nombreux lacs ou marais salants qui remplissent les steppes au nord de la mer Caspienne et dans la Sibérie. La production dans tout l'empire a été, dans ces dernières années, de 25 millions de *pouds*, et elle s'accroît indéfiniment avec la population.

La chasse et la pêche, extrêmement productives, contribuent également à l'exportation ; les pelleteries entrent dans la liste des produits qui enrichissent le commerce pour près de 7 millions de francs, dont plus de 5 millions sont expédiés à l'étranger ; mais, bien qu'ils soient consommés pour la plus grande partie dans l'intérieur, les produits de la pêche, montant à la valeur de 15 millions, méritent le premier rang. La pêche du Volga et de la mer Caspienne en fournit seule la moitié, et occupe plus de 200,000 individus. L'exportation de la colle de poisson s'élève à 2,300,000 francs.

Les forêts, vues en général, sont inépuisables, quoique plusieurs provinces manquent de bois. En 1804, M. Hermann comptait, dans 31 gouvernements, 8,195,295 pins susceptibles de servir de mâts, et ayant au moins 30 pouces de diamètre ; il y avait de quoi suffire à l'approvisionnement des flottes du monde entier, et, en outre, on avait 86,869,243 pins pouvant fournir du bois de construction. Dans 22 gouvernements, on trouvait 374,804 chênes de 24 pouces et au-dessus, et 229,570,427 chênes d'une moindre dimension. L'exportation en bois de construction s'élève, année commune, à la valeur de 10 millions de francs.

N'oublions pas deux plantes essentiellement utiles : le chanvre et le lin fournirent à l'exportation, dans les années 1825, 1826 et 1827, pour la valeur de 165 millions de francs, ou 55 millions, année commune. Enfin nous devons rappeler encore une branche de commerce considérable, celle du suif : dans les trois années que nous venons de mentionner, il en a été exporté pour environ 122 millions, c'est plus de 40 millions de francs par année.

A cet aperçu des richesses naturelles de l'empire russe il faut joindre celui des principales fabriques. Nous connaissons déjà l'industrie domestique du paysan et son aptitude à tout imiter ; le gouvernement en a facilité l'application en rendant les arts et métiers aussi libres dans la campagne que dans les villes, et en n'établissant aucune espèce de monopole pour les fabriques : il n'en existe que sur le sel, l'eau-de-vie et les cartes à jouer. Il en résulte une activité immense ; mais comme le peuple est très avide d'un gain prompt, peu de manufactures sont portées à un degré de perfection qui en rende les produits susceptibles d'être comparés à ceux de l'étranger. Cependant l'industrie russe est remarquable par les progrès rapides qu'elle a faits plutôt encore sous le rapport de l'extension que du perfectionnement. Nul doute que les encouragements du gouvernement (*) produiront dans peu d'années de brillants résultats. On sait que depuis l'an 1628, les souverains de la Russie se sont appliqués à appeler dans leurs États des artistes et des fabricants étrangers. Pierre Ier surtout excita le mouvement industriel en créant à grands frais d'importantes manufactures dans tous les genres ; sous quelques uns de ses successeurs, le zèle se ralentit ; mais Alexandre surtout, après la pacification de l'Europe, donna à l'industrie une nouvelle impulsion que son successeur s'est encore attaché à favoriser : aussi en 1815 le nombre des ateliers, qui ne s'élevait qu'à 3,250, employant à peine 150,000 ouvriers, s'était-il élevé en 1829 à 5,269 occupant 231,624 ouvriers ; l'accroissement avait été si rapide en 1832, que l'on comptait à cette époque plus de 10,000 fabriques de toute espèce. La préparation des cuirs, et spécialement du *ioufte*, la bijouterie, la carrosserie, la fabrication des cordes et des toiles à voile, celle des savons, des chandelles, des huiles, sont aujourd'hui parvenues à une haute perfection ; et si, dans les autres branches, la

---

MM. Paul et Anatole Demidoff, possesseurs de riches mines dans les monts Ourals. On a trouvé depuis cette époque dans les mines de MM. Demidoff un morceau de platine du poids de 22 livres.

Les terrains d'alluvion de ces montagnes renferment aussi des diamants. J. H.

(*) Un oukase du 11 mars 1832 accorde aux fabricants de draps, contre-maîtres et ouvriers étrangers qui s'établissent en Russie, l'exemption pendant dix ans de tout impôt ou redevance, ainsi que du recrutement. Les étrangers tisseurs de draps bruts pourront obtenir dans les villes et starosties des concessions de terrains gratuites ou à des prix modérés, dans la proportion d'un quart de déciatine à une déciatine (mesure d'un peu plus d'un hectare) par famille, pour la construction d'une maison et la culture d'un jardin. J. H.

Russie est moins avancée, au moins elle consomme une si grande quantité de produits de ses propres fabriques, que l'importation des objets étrangers, grâce aux droits énormes et conséquemment prohibitifs dont ils sont frappés à l'entrée, pèse peu dans la balance du commerce. La plus considérable de toutes, et (oserons-nous l'ajouter?) la plus utile pour le fisc et pour l'habitant, c'est la distillation d'eau-de-vie de grain; car elle remplace, à peu de frais et par une production indigène, les boissons étrangères, dont 46 millions de paysans et d'ouvriers auraient besoin dans ce climat rigoureux. La fabrication de cette boisson a commencé à se perfectionner au point qu'on en exporte. On en distille annuellement pour 272 millions de roubles, sur lesquels le gouvernement prélève un droit de plus de 90 millions. Mais cet impôt, qui pourrait ailleurs paraître si pesant, n'est peut-être point assez lourd, si l'on considère que, d'après des documents officiels, il meurt annuellement en Russie 25 à 28,000 individus par l'abus des liqueurs fortes et les maladies qui en résultent. Les diverses espèces de bières, en partie excellentes, entre autres le *braga* (dont le nom prouve l'origine skandinave et mythologique), diminuent pour la Russie l'introduction des eaux-de-vie et vins étrangers, qui monte à 10 millions de roubles.

Parmi les branches de l'industrie qu'on n'apprécie pas assez, nous signalerons la fabrication d'armes et d'ustensiles en fer; elle est très ancienne, et Toula en a toujours été le siège: cette ville, qui occupe à ce genre d'industrie 6,000 ouvriers, fournit annuellement 17,000 fusils, 6,500 paires de pistolets, et 16,000 armes blanches. L'empereur Alexandre a attiré de Solingen toute une colonie d'ouvriers qui fabriquent annuellement à Zlatooust 3,000 armes blanches de la plus belle qualité. On tire peu de parti du cuivre. La Russie fabrique elle-même de la poudre et de la verrerie. Il paraît inconcevable que, maîtresse d'un si vaste territoire, elle ait besoin des pierres fines de l'étranger; qu'elle en cherche, elle en trouvera (¹).

La fabrication des tissus doit être regardée comme une des branches les plus importantes de la richesse industrielle d'un pays: quels progrès la Russie a faits en 30 ans sous ce rapport! En 1800, elle ne recevait pas d'Angleterre une seule livre de coton en fil: elle n'en tirait que des cotons tissés; en 1832 elle importait pour 45 millions de francs de cotons filés, qui occupaient 70,000 métiers pour la fabrication des cotonnades seules. Le centre de cette industrie est Moscou: dans le gouvernement dont cette ville est le chef-lieu, on compte 60,000 métiers; on évalue à 120 millions de francs la valeur de toutes les cotonnades fabriquées en Russie.

En 1822, on ne travaillait que 12,000 pouds de soie dans tout l'empire: en 1831, on en employait 25,000, qui occupaient dans le seul gouvernement de Moscou 16,000 métiers, dont 5,000 à la Jacquard, introduits seulement depuis 1827. Les pays transcaucasiens deviendront un jour une source de richesses pour ce genre d'industrie; ils fournissent déjà en soie brute le tiers de la consommation annuelle; suffisamment cultivés et peuplés, ils en fourniraient davantage, comme ils pourraient approvisionner de vins et de fruits tout l'empire. Que serait-ce, si nous parlions de la perspective qu'ouvre la Bessarabie?

En 1822, la Russie n'exportait que pour 240,000 roubles de tissus de laine; en 1832, les exportations de ces tissus avaient quintuplé. La fourniture seule de l'armée forme un produit d'environ 50,000,000 de roubles.

On sait quelle immense quantité de lin et de chanvre la plupart des États européens tirent du Nord: la Russie exporte pour plus de 37,500,000 roubles de ces deux matières brutes, et pour environ 6,700,000 de ces mêmes matières ouvrées. Elle importe, il est vrai, pour plus de 10,000,000 de toiles peintes, mais seulement pour 2,000,000 de draps fins, et pour près de 10,000,000 de soie et soieries.

J. H.

(¹) Un règlement du 6 mars 1832, approuvé par l'empereur, porte que la fabrique établie à Iekaterinebourg pour la taille des pierres précieuses destinées pour la cour, jouit du privilège exclusif de faire chercher et d'exploiter les pierres de couleur dans les terres de la couronne. La recherche de ces pierres est permise seulement aux paysans des villages dont les terres en contiennent. Ils ont le droit de vendre, soit dans leur état naturel, soit en œuvre, les pierres qu'ils auront trouvées; mais ils sont tenus de présenter à la fabrique celles qui sont remarquables par leur grosseur, leur couleur, etc., qui peuvent être achetées pour la cour impériale.

Le produit des tanneries est d'environ 98,000,000 de roubles, et celui des exportations de ces produits s'élève à 8 ou 10,000,000 de roubles.

On évalue le produit des manufactures et des usines de la Russie à près de 600,000,000 de roubles, la valeur des exportations à plus de 258,000,000, et celle des importations à plus de 234,000,000 de roubles.

« Enfin, au lieu d'énumérer minutieusement des objets qui varient de jour en jour, disons plutôt que les efforts étonnants de la Russie pour étendre et perfectionner ses manufactures sont déjà couronnés de succès plus réels que ne le voudrait la jalousie étrangère, et qu'ils tiennent surtout au génie national, éminemment propre à l'industrie, et surtout à ce que celle-ci n'a jamais été soumise en Russie au régime des maîtrises. Sans doute un pays où les chemins sont encore pavés en troncs d'arbres, où les éclats de bois servent de chandelles, où le paysan manque en plusieurs endroits de bonnes scies, de bonnes faux, où l'on néglige les blocs de granit pour bâtir en poutres à peines équarries, semble présenter des restes considérables de barbarie et de misère; mais, tout examiné de près, c'est en partie l'indolence qui abuse de l'énorme surabondance des matières premières, et en partie la routine qui rend peu sensibles les défauts des instruments et des ustensiles pour ainsi dire héréditaires. Aussi toutes ces lacunes de la civilisation n'empêchent pas que cet empire ne marche de jour en jour vers le but encore éloigné qu'il s'est proposé, de n'avoir plus aucun besoin réel qu'il ne puisse satisfaire par ses propres ressources. L'abolition des monopoles, à l'exception du sel et de l'eau-de-vie; la liberté de l'industrie et du commerce, liberté légèrement modifiée par une longue gradation de diverses classes de négociants et de fabricants; un système de tarifs et de prohibitions très étendu, mais d'une exécution très difficile, tels sont les moyens que le gouvernement a employés jusqu'à présent avec succès. »

Depuis 1828 le gouvernement russe a pris plusieurs mesures importantes dans l'intérêt de l'industrie : il a été créé un conseil des manufactures, dont une section est à Pétersbourg, et l'autre à Moscou, et qui correspond avec des comités établis dans les gouvernements; il est destiné à servir de centre aux efforts de l'industrie manufacturière, et à propager les connaissances utiles au but qu'il se propose. On a, depuis 1829, disposé, dans les deux capitales, des salons pour l'exposition publique des produits manufacturés; on a, dans la même année, fondé à Pétersbourg un Institut de technologie pratique, destiné à former des directeurs éclairés pour les fabriques; on a institué à Moscou un établissement pour l'assortiment des laines, et favorisé dans la Nouvelle-Russie une entreprise manufacturière et agricole connue sous le nom de *colonie d'Anhalt*, et qui possède 28,000 moutons à laine fine amenés de l'étranger par les colons. Déjà dans les provinces baltiques la race des bêtes à laine se perfectionne de jour en jour; dans ces mêmes provinces on a commencé à fabriquer des étoffes de laine peignée qui promettent d'être d'un grand avantage pour la consommation intérieure. Pour encourager les efforts que les propriétaires de bergeries font pour le perfectionnement des laines, le gouvernement a augmenté le droit d'entrée sur les laines étrangères, et diminué celui de sortie sur les laines russes. La publication d'un *Journal des Manufactures* contribue à propager les connaissances utiles à l'industrie. Quant aux soieries, dont nous avons déjà parlé, les fabriques établies à Pétersbourg et à Moscou ont atteint un certain degré de perfection, surtout dans la fabrication des étoffes unies. Enfin le commerce d'exportation a été encouragé par la suppression de l'impôt sur la navigation, par la diminution de diverses autres redevances, et par les avantages accordés à la marine marchande indigène. Les affaires de la Compagnie américaine marchent aussi avec un plein succès.

Les soins que le gouvernement met à ouvrir de nouveaux moyens de communication en traçant des routes, en creusant des canaux, auront encore une action immense sur l'industrie : déjà en 1832 la Russie comptait 400 lieues de chaussées, dont 174 de Pétersbourg à Moscou. Ces travaux encouragent certaines entreprises particulières : la nouvelle route de Mittau à Taurogen par Schavel est aujourd'hui parcourue par des diligences qui établissent une correspondance non interrompue entre la Russie et le reste de l'Europe ; depuis long-temps il existe des voitures semblables qui parcourent journellement la distance qui sépare Moscou de Pétersbourg ; cette ligne de diligences vient d'être continuée de Moscou à Nijni-Novgorod et à Koursk ; et dans la capitale, un service d'*omnibus* a été établi à l'imitation de celui dont Paris jouit depuis plusieurs années.

Si l'on ne jugeait le budget de la Russie que sur l'apparence, aucun État de l'Europe ne serait administré, si ce n'est avec autant d'économie, du moins avec si peu de frais ; mais, ainsi que quelques auteurs l'ont fait remarquer, non seulement les éléments du revenu public de ce pays sont peu connus, mais encore plusieurs charges qui, dans d'autres États, devraient figurer, soit en recettes, soit en dépenses, ne sont portées sur aucun compte, parce qu'elles sont supportées en nature par plusieurs classes d'habitants, ou servent à couvrir certaines dépenses sans entrer dans les caisses du trésor. C'est ainsi que le fermage des pêcheries du fleuve Oural n'est point porté parmi les revenus publics, parce qu'il sert de paie, ou est assigné à perpétuité à certaines classes de la population ; c'est ainsi que des gouvernements entiers sont souvent requis de fournir les denrées nécessaires à l'approvisionnement de l'armée, sans que ces fournitures soient portées en recettes et en dépenses dans le budget de l'Etat. Ici le travail des mines et le transport des métaux et du sel remplacent en totalité ou en partie la capitation ; là des tribus entières en sont exemptes sous la condition de faire le service militaire toutes les fois qu'elles en seront requises ; ailleurs, des nations paient l'impôt en fourrures ou en peaux que l'on emploie pour le service de l'armée ; enfin on ne porte dans les comptes de l'Etat ni les matières premières qu'il retire de ses domaines, ni les boulets que lui fournissent ses fonderies. Voilà donc une foule de ressources qui, ajoutées au budget, en élèveraient considérablement le chiffre.

Les revenus de l'Etat sont évalués à plus de 460,000,000 de roubles papier, ou à plus de 506,000,000 de francs ; mais dans le fait c'est, du moins en partie, un secret de l'administration. Cette somme, qui paraît modique pour subvenir aux dépenses multipliées de ce vaste empire, serait plus que suffisante, vu l'exiguïté des traitements accordés par le gouvernement, sans le gaspillage et les abus inséparables d'une administration aussi compliquée. Les principales branches du revenu public sont :

1° La capitation (*po douchniya dennghi*), à laquelle sont assujettis les bourgeois (autres que les marchands), tous les paysans russes et différentes tribus ; elle est évaluée à environ 4 francs par tête pour la population mâle seulement ; mais elle est répartie par l'autorité municipale, dans les communes urbaines et rurales, selon le revenu présumé de chaque habitant.

2° La taxe sur le capital des marchands : le marchand produit à discrétion l'état de son capital, sans contrainte ni examen judiciaire ; mais ses priviléges et immunités relatifs au commerce, aux charges et à la considération personnelle, dépendent de la quotité plus ou moins forte de sa déclaration ; ce droit est d'environ $4\frac{1}{2}$ pour 100.

3° Les terres du domaine, dont le revenu est très varié et très important : il comprend l'*obrok* des paysans de la couronne, la rente des terres affermées, le produit des fabriques de la couronne ; les paysans mâles appartenant aux domaines de la couronne paient annuellement 10 francs par tête.

4° Les droits des douanes de terre et de mer : ces droits dépendent de circonstances qui en font varier la valeur ; mais les progrès de la civilisation russe en rendent chaque année le produit plus élevé.

5° Le papier timbré et le droit sur la vente des propriétés immobilières (*pochlina*) : ce droit, qui porte non seulement sur les maisons et les terres, mais encore sur les vassaux, est fixé à 6 pour 100 du montant de chaque vente : on y comprend les patentes, les passeports ou permis de séjour.

6° Le monopole de la vente des liqueurs spiritueuses dans les cabarets : c'est le plus important des revenus de l'État.

7° Le monopole du sel : la couronne fournit tout l'empire, à raison d'un rouble le poud, quels que soient les frais d'exploitation ; et bien que la consommation annuelle du sel soit d'environ 20 millions de pouds, les frais de transport et d'extraction absorbent la plus grande partie des bénéfices ; mais la couronne règle par ce moyen le prix de cette denrée de première nécessité.

8° Le droit régalien des mines : il s'accroît de jour en jour par le lavage des terrains d'alluvion aurifères et platinifères de l'Oural.

9° Le bénéfice sur la monnaie : autrefois il était limité principalement au cuivre; maintenant il est peu profitable à la couronne.

10° L'impôt par lequel les marchands se rachètent du recrutement, et qui comprend la redevance que chaque seigneur paie à raison de 2,000 roubles par homme pour être dispensé de fournir le nombre de recrues fixé par le gouvernement.

11° Les amendes pécuniaires auxquelles sont condamnés les contrebandiers et les contrevenants aux règlements de police.

12° Le produit des pêcheries, des moulins, des places, des bains et des autres propriétés de la couronne.

13° Le bénéfice des fabriques impériales.

14° La poste aux lettres, et autres moindres droits.

15° Le iassac, ou le tribut en pelleterie, payé par les hordes nomades.

Les dépenses, aussi peu authentiquement connues que le sont les revenus, paraissent généralement dépasser les recettes en temps de paix; mais l'empire ne saurait faire une guerre considérable sans des sacrifices extraordinaires ou sans des emprunts. Le ministère des finances avouait en 1824 une dette publique de plus de 847 millions de francs, à la diminution de laquelle un fonds d'amortissement coopère aussi régulièrement que dans les États les mieux administrés. Il y a en outre une masse de papier-monnaie de 5 à 600 millions que l'on amortit annuellement.

Les forces de terre sont estimées à 730,000 hommes armés; mais, sur cette masse, on ne compte qu'un peu plus de 600,000 hommes de troupes parfaitement régulières, et plus de 29,000 de troupes d'élite formant la garde : en temps de guerre l'armée est portée par les réserves à près d'un million d'hommes. Si l'on considère l'étendue des frontières du côté de l'Europe, les distances et les points susceptibles d'être attaqués, enfin la population de l'empire, on ne trouvera pas cet état militaire plus fort que celui des autres monarchies continentales. Mais le projet de transformer peu à peu la population agricole des domaines de la couronne en une milice permanente, organisée à la manière des Cosaques sous le nom de *colonies militaires,* semblait devoir donner à la Russie une force armée pour ainsi dire illimitée. Cependant ce projet, qui a reçu son exécution sous le règne d'Alexandre, ne paraît plus aussi praticable, même aux hommes d'État qui s'en étaient montrés le plus partisans. On avait présenté le système de colonisation comme un moyen économique d'avoir une nombreuse armée, et comme une institution qui devait répandre dans les campagnes le goût de la vie des camps : l'expérience prouve aujourd'hui que les dépenses sont énormes, et que la population agricole ne paraît pas avoir les goûts d'une tribu militaire. Peut-être l'esprit d'insubordination qui s'est manifesté au sein de ces populations armées a-t-il causé de justes alarmes au gouvernement russe; peut-être encore a-t-on senti qu'une monarchie despotique et militaire pouvait courir quelque danger s'il arrivait qu'un général ambitieux se mît à la tête d'une population façonnée à l'obéissance passive, et aguerrie au métier des armes. Quoi qu'il en soit, ces colonies ont éprouvé de grands changements dans leur organisation primitive.

Le premier essai des colonies militaires a été fait dans les environs de Novgorod, parce qu'il y existe une grande étendue de terrains en friche. Des grenadiers furent cantonnés dans les villages de la couronne; les chefs de famille et les maîtres de fermes devinrent colons en titre ou maîtres colonistes; on construisit sur un plan uniforme de nouveaux villages qu'on peupla de paysans mariés qui jusque là n'avaient point eu de ferme; chaque colon fut tenu d'entretenir chez lui un soldat avec son cheval et de fournir à sa subsistance; le soldat, en revanche, partageait ses travaux agricoles; dans chaque maison se trouvait, outre le colon et le soldat, un aide ou suppléant qui se livrait aux mêmes travaux, et qui, choisi par le colon, était obligé de prendre la place du soldat en cas de maladie ou de mort : en conséquence il portait l'uniforme et était assujetti aux exercices militaires. Les aides ou suppléants formaient au besoin un corps de réserve; les soldats colonisés pouvaient se marier comme les autres colons; en temps de guerre, ceux qui restaient prenaient soin des femmes et des enfants de ceux qui étaient en campagne. Les enfants appartenaient à la colonie tout entière ; ils restaient chez leurs parents jusqu'à 8 ans ; passé cet âge ils entraient dans les écoles de la colonie ; à 13 ans ils étaient instruits au maniement des armes et à la culture des champs ; à 17 ils étaient membres de la colonie sous le nom de *cantonistes* : leur service devait durer alors 22 ans, après lesquels ils pouvaient recevoir leur congé en se faisant remplacer par leur suppléant. Toute cette population militaire, divisée en régiments et en compagnies, était régie par un code spécial et soumise à une discipline rigoureuse. Du gouvernement de Novgorod ces colonies s'étendirent dans ceux de Kherson, de Kharkof et d'Iekaterinoslaf. En 1824, le nombre des soldats colonisés était de 80,000, qui avec les suppléants et les cantonistes devait former un total de 240,000 hommes. On a fort exagéré l'importance de ces colonies en les portant à cette époque à 400,000 soldats [1].

La marine russe, quoique organisée sur un pied respectable, est loin d'avoir une importance égale à l'armée de terre : c'est une conséquence toute naturelle de la petite étendue de côtes que possède la Russie relativement à sa superficie. Toute la flotte, qui se divise en trois escadres, celle de la Baltique, celle de l'Archipel et celle de la mer Noire, porte au moins 6,000 bouches à feu et plus de 33,000 hommes. Les côtes et les récifs de la Finlande et de l'Esthonie lui donnent de nombreux et d'habiles matelots, surtout pour la petite guerre ; mais elle n'est destinée qu'à dominer la mer Baltique et la mer Noire ; plus loin, elle serait inférieure aux marines plus exercées et aux équipages accoutumés à la grande mer.

L'état-major de l'armée se compose de trois feld-maréchaux et d'un grand nombre de généraux en chef, de généraux de division ou de lieutenants-généraux, de généraux de brigade ou de généraux-majors, et de colonels ou commandants de régiments qui reçoivent souvent le titre de général-major. Le traitement de ces officiers supérieurs et même des officiers subalternes est si modique que, s'ils n'ont pas de fortune, il ne peut leur suffire pour soutenir leur rang. « Pour passer officier, » il faut avoir fait ses preuves de noblesse, » ou avoir été admis préalablement dans un » institut militaire ; néanmoins de simples sol- » dats peuvent aussi, par leurs services, s'é- » lever à ce grade, et les plus hauts honneurs » militaires ne sont point inaccessibles aux » hommes de cette classe. C'est ainsi que les » sous-officiers de la garde passent fréquem- » ment à l'armée avec le rang d'enseigne, et » tout officier de ce grade est apte à deve- » nir général. La paie d'un simple soldat » n'excède pas 30 francs par an, sur lesquels » on lui fait même encore, à divers titres, » plusieurs réductions. Il reçoit en outre 3 ba- » rils de farine, 24 livres de sel et une cer- » taine quantité de gruau, de blé sarrasin. On » lui donne chaque année un uniforme [1]. » Des pensions sont accordées aux militaires que leurs blessures mettent hors de service [2].

J. H.

[1] De 1829 à 1831, l'empereur Nicolas a modifié cette vaste institution dont il a arrêté les funestes progrès. Le but de l'organisation que nous venons de décrire était de faire à volonté, de chaque colon, un soldat ou un paysan : ceci vient d'être changé. L'élément militaire est complètement séparé de l'élément agricole. Maintenant les colonies militaires ne sont plus que les cantonnements stables d'une partie de l'armée, c'est-à-dire d'environ 100,000 soldats.

[1] *Schnitzler*, Statistique et itinéraire de la Russie. — [2] D'après un règlement, approuvé par l'empereur en 1832, les généraux et officiers mutilés reçoivent sur la caisse des invalides des pensions réglées de la manière suivante : Un général d'infanterie ou de cavalerie 6,000 roubles ; un lieutenant-général 4,500 ; un général-major 3,000 ; un colonel 1,200 ; un lieutenant-colonel 1,125 ; un major 1,050 ; un capitaine d'infanterie ou de cavalerie 975 ; un capitaine en second 900 ; un lieutenant 825 ; un sous-lieutenant 750 ; un enseigne d'infanterie ou de cavalerie 675. Les mêmes pensions sont réservées aux marins. De plus, on accorde pour frais de domestiques aux généraux 600 roubles, et aux autres officiers 300. Cette catégorie est la plus favorablement traitée ; celle des militaires grièvement *blessés* ne reçoit que la moitié de ces pensions.

En état de maladie, les militaires *mutilés* peuvent se faire traiter chez eux gratuitement par des médecins attachés au service de la couronne, et recevoir gratis des médicaments des pharmacies de la couronne, ou des pharmacies particulières. Les villes leur fournissent le logement, le chauffage et l'éclairage.

A la fin de 1831, l'empereur a approuvé l'établissement d'une *colonie d'invalides*, fondée près de Gatchina, entre Ingerbourg et la barrière de Mozine, sur la route qui conduit à Tsarskoïé-Celo. Cette colonie porte le nom de *Slobode-Pavlovskaia* ; son but est d'offrir un asile aux sous-officiers et soldats de la garde impériale, invalides, qui n'ont pas les moyens de subsister dans le lieu de leur naissance. Chaque maison possède un jardin et contient deux familles ; la cassette de l'empereur paie à chacun des invalides une somme de 100 roubles pour frais de premier établissement. Après leur mort les enfants héritent

EUROPE. — ORGANISATION SOCIALE DE LA RUSSIE.

L'armée se recrute à certains intervalles, ordinairement tous les trois ans. Le recrutement frappe indistinctement tous les artisans et les paysans, mariés ou garçons, qui ont moins de 40 ans. Dans les temps ordinaires, cette sorte de conscription atteint un individu sur 500 mâles, et en temps de guerre deux. Mais comme plusieurs tribus, telles que les Lapons, les Samoyèdes, les Kamtchadales, les Tchoutchis, les Koriaks, les Tchérémisses, les Mordouins, les Ostiaks, les Iakoutes, les Tchouvaches, les Boukhares, les Mandchoux et les Bouriaites, sont exemptes du recrutement, ainsi que la plupart des Allemands et les classes privilégiées; comme les seigneurs de la Livonie, de la Courlande, de la Finlande, du gouvernement de Kief et de douze autres gouvernements formés des provinces polonaises réunies à l'empire (¹) obtiennent pour chacun de leurs serfs l'exemption moyennant 1,500 à 2,000 francs par tête, il en résulte que ce n'est que sur environ 25 millions d'individus que porte la levée de 2 hommes sur 500, ce qui donne près de 100,000 hommes. Il est vrai que les Cosaques ne sont point soumis au recrutement, et que d'après les traités ils sont tenus de fournir proportionnellement un plus grand nombre de troupes (²).

seulement du mobilier. Les veuves chargées d'enfants en bas âge peuvent rester dans les maisons et jouir du produit des terres jusqu'à l'entrée de leurs fils dans les établissements d'instruction militaires, ou jusqu'à ce que leurs filles aient atteint l'âge de seize ans. J. H.

(¹) Ces provinces et gouvernements jouissent encore d'autres priviléges, tels que celui d'avoir conservé leurs lois particulières ; ils ont aussi la faculté de fabriquer de l'eau-de-vie en se soumettant à une contribution indirecte sur cette boisson, qui, dans le reste de l'empire, est un monopole de la couronne. J. H.

(²) En vertu d'un oukase du 25 juin 1832, à partir du 15 janvier 1833, les Cosaques des gouvernements de Poltava et de Tchernigof fournissent chaque année cinq hommes sur mille, qui servent à compléter les régiments de cavalerie, et dont le temps de service est fixé à quinze ans. Chaque année cette levée sera opérée du 15 janvier au 15 février. Les Cosaques, après avoir servi pendant le temps désigné, retourneront dans leurs foyers, et leurs corporations seront tenues de pourvoir à l'existence de ceux qui n'auront pas les moyens de s'entretenir eux-mêmes. Les enfants mâles des Cosaques nés pendant leur service ou après leur retraite, suivront l'état primitif de leurs pères. Depuis 1827, la population juive de la Russie fournit des recrues à l'égal des autres. J. H.

La durée du service militaire est beaucoup plus longue en Russie que dans le reste de l'Europe : d'après l'oukase de 1827 elle a été fixée à 20 ans dans la garde et à 22 dans la ligne; avant ce décret il était plus considérable encore: aussi est-il bien rare qu'un soldat revoie le toit paternel. Le recrutement de la marine se fait en même temps que celui de l'armée de terre; la durée du service est la même; son entretien n'est pas plus coûteux.

Telles sont les ressources actuelles de ce grand empire. La marche de la civilisation, les progrès de l'industrie et la force du gouvernement sont, dans chaque État, subordonnés à l'organisation sociale; examinons donc quelle est celle qui distingue la Russie.

La population se divise en un grand nombre de classes. La plus importante par son rang, par son influence et comme centre de la civilisation, c'est la noblesse. Elle paraît offrir plus d'exemples de relâchement de mœurs que celle des autres contrées de l'Europe. Cependant elle a fait bien des progrès sous le double rapport moral et intellectuel depuis la fin du siècle dernier. Le nombre des nobles était en 1829 de 389,542, d'après les documents officiels publiés par le ministère russe.

Le nombre des ecclésiastiques était évalué, en 1829, à plus de 243,500 de toutes les classes : plus de 223,000 appartiennent au culte grec-orthodoxe, 7,000 aux grecs-unis, environ 6,000 au culte catholique, 6,600 à la religion de Mahomet, 400 au christianisme réformé, et le reste aux autres religions. Les membres du clergé catholique sont les seuls qui ne soient pas mariés ; aussi porte-t-on à près de 200,000 le nombre des pères de familles appartenant au clergé, et à environ 900,000 le total des individus de tout âge et de tout sexe qui composent cette classe.

Les deux classes précédentes sont exemptes de tout impôt; c'est donc sur la seule classe productive que repose le fardeau des principales charges de l'État. Celle-ci, que l'on peut évaluer à plus de 50 millions d'individus, se divise en hommes libres et en serfs.

Les hommes libres se distinguent en bourgeois (*mechtchanine*) et en individus de différentes classes (*raznotchinni*).

Les bourgeois jouissent de tous les droits attachés ailleurs au titre de citoyen ; ils ne peuvent en être privés que par une sentence judiciaire. Ils ont des tribunaux particuliers où leurs pairs prononcent sur leur sort ; ils sont dispensés de toute corvée imposée par la couronne. Les villes ont chacune un sceau accordé par l'empereur, une municipalité et une caisse.

Tous les habitants des villes ne sont pas compris sous la dénomination de bourgeois : on distingue parmi ceux-ci les bourgeois notables qui forment la classe la plus élevée. Ce titre est accordé à ceux qui remplissent des fonctions municipales, à ceux qui sont propriétaires de grands établissements industriels, aux savants munis de diplômes, aux artistes membres d'académies et reconnus par elles, aux rentiers possédant une fortune de 50,000 fr. au moins, aux banquiers justifiant d'un capital du double, aux négociants en gros ou armateurs de vaisseaux, au marchand qui aura été nommé conseiller de commerce ou des manufactures, ou qui aura reçu la décoration d'un des ordres de l'empire, ou enfin à celui dont la famille aura été dix ans de suite dans la première *guilde* et vingt ans dans la seconde sans avoir été flétrie par un jugement. Les prérogatives attachées au titre de bourgeois notables sont l'exemption de la capitation, du recrutement et des châtiments corporels, le droit de prendre part aux élections de la propriété foncière dans la ville, et d'être éligible aux fonctions publiques communales. Ce titre appartient par droit de naissance aux enfants légitimes de ceux qui sont admis dans cette classe, et aux enfants légitimes des personnes qui jouissent de la noblesse personnelle, lorsqu'ils sont de condition libre. On admet aussi parmi les bourgeois notables les juifs qui ont rendu des services extraordinaires ou qui ont obtenu des succès remarquables dans les sciences, les arts ou l'industrie. A la troisième génération, tout individu de la classe des notables peut obtenir des titres de noblesse.

Les marchands des trois guildes viennent immédiatement après les notables. Ils sont exempts, eux et leur famille, du recrutement et de tout autre impôt que celui que l'on prélève sur le capital qu'ils déclarent ; lorsqu'ils sont traduits devant les tribunaux, des assesseurs de leur classe sont adjoints aux juges. Pour être inscrit dans la première guilde, il faut posséder un capital de 50,000 roubles ; dans la seconde 20,000, et dans la troisième 8,000.

Outre ces trois classes de marchands, il y en a encore une quatrième, c'est celle des marchands étrangers (*inostrannii* ou *inorgorodnii-gost*). Ils jouissent aussi de certains privilèges.

La classe des artisans de tribus (*tsekhovyié*) forme la grande masse de la bourgeoisie : on porte leur nombre à plus de 700,000. Mais dans les grandes villes les artisans d'origine étrangère forment des corporations distinctes.

Parmi les hommes libres on distingue, nous le répétons, les *Raznotchinni*, qui comprennent tous ceux qui ne peuvent pas être rangés dans les classes précédentes et qui cependant n'appartiennent pas aux suivantes. Ils ne paient pas d'impôts en numéraire, mais ils sont en partie soumis au recrutement : on porte leur nombre à plus de 3 millions.

Les *Poçadski*, ou habitants de bourgs et de faubourgs, sont ou des gens complètement libres ou des paysans de la couronne et des apanages. Ils exercent les métiers d'ouvriers, d'aubergistes, de petits marchands, ou de fermiers. Les paysans de la couronne ou de l'Etat doivent être considérés comme tout-à-fait libres : ils paient la capitation commune, et de plus une redevance qui varie selon les catégories auxquelles ils appartiennent. Ils forment une population de 6,500,000 individus mâles. Les paysans des apanages, au nombre d'environ 600,000, jouissent des mêmes avantages que ceux de la couronne ; seulement ils sont soumis à une administration particulière. Ils ne fournissent point de corvées, si ce n'est, comme les autres paysans, pour l'entretien des chemins.

Les *Odnodvortsi*, ou propriétaires d'une seule ferme, sont des paysans libres qui, possédant la terre qu'ils cultivent, peuvent aussi se livrer à d'autres occupations et se faire inscrire dans une classe supérieure. Ils sont soumis au recrutement et à la capitation. Ils passaient autrefois pour nobles et jouissent encore de priviléges spéciaux.

Les *Iamtchiks* forment une corporation libre d'impôt personnel, et possèdent plusieurs autres priviléges, entre autres celui d'être admis par députation devant l'empereur dans les occasions solennelles. On en compte plus de 80,000. « Leur nom, qui rappelle, dit » M. Schnitzler, celui d'une ancienne peuplade » finlandaise, désigne aujourd'hui l'habitant

» d'une *Iame* ou d'un village, dont la population mâle a pour principale occupation le transport des personnes et des marchandises. Il existe beaucoup de ces villages habités par des rouliers ou voituriers seulement.

» Les colons, très nombreux, surtout au sud et au sud-est de la Russie, mais que l'on trouve aussi aux environs de Pétersbourg, sont pour la plupart allemands, originaires particulièrement du grand-duché de Bade et du Würtemberg. Leur économie rurale est infiniment supérieure à celle des paysans russes, auxquels ils pourraient servir de modèles : aussi jouissent-ils d'une grande aisance et envoient-ils généralement leurs enfants à l'école. »

Les militaires retirés du service, et qui sont devenus cultivateurs, les serfs émancipés par le gouvernement ou par leurs maîtres, et qui se livrent au métier de colporteur, aux travaux publics, au service domestique, à l'agriculture ou aux professions sédentaires, forment la dernière classe des hommes libres; on peut encore y joindre les différentes peuplades soumises à la Russie et même les juifs. Cette classe compte environ 2 millions d'individus mâles. Ainsi la Russie, qu'on se représente comme entièrement peuplée d'esclaves, parce qu'on a souvent confondu, par erreur, l'esclavage domestique qui pèse sur un million et demi d'individus, avec l'esclavage politique, comprend, dans la partie européenne seulement, près de 20 millions d'individus libres.

Une classe intermédiaire entre les hommes libres et les serfs est celle des paysans censitaires, c'est-à-dire payant un cens annuel pour jouir de la faculté de disposer librement de leur temps et de leur personne. Leur nombre s'élève à 14 millions d'individus.

La dernière classe est celle des paysans attachés à la glèbe ; aux yeux de la loi ils ne sont plus la propriété de leurs maîtres; mais les dispositions du législateur sont facilement éludées par la faculté qu'a le maître de louer à un autre, pour un terme quelconque, le serf que la loi ne lui permet plus de vendre. On estime chacun de ces paysans à la valeur de 700 à 2,000 roubles, selon la qualité de la terre qu'ils cultivent. On porte leur nombre à 10 millions de mâles, disséminés dans la Grande-Russie et dans les provinces polonaises. Dans la Petite-Russie, les paysans libres sont en majorité ; dans la Finlande, l'esclavage n'a jamais été connu ; il est aboli dans les provinces baltiques. La plupart des serfs sont soumis, aux termes de la loi, à trois jours de corvées par semaine. Il est à remarquer que, sous le rapport de la vie animale, comme leurs seigneurs sont tenus de les entretenir, leur sort est, à dire vrai, préférable à celui des paysans de l'Europe libre.

Il faut mesurer le degré de liberté qui convient à un peuple d'après les besoins que les lumières et les exigences de la civilisation y ont fait naître : la Russie ne doit donc point être placée, sous le rapport de l'organisation sociale, sur la même ligne que les Etats de l'Europe occidentale. Cependant on s'en fait une fausse idée lorsqu'on la représente livrée sans garantie à un régime de despotisme, d'esclavage et d'oppression. Le pays est divisé en cantons, comprenant environ 3,000 individus ; chaque canton se subdivise en communes. Dans chaque commune il n'y a ni journaliers ni pauvres : chacun reçoit le morceau de terre qu'il doit cultiver. Les habitants de la commune s'assemblent à certaines époques pour élire un chef et deux députés, qui, avec le secrétaire, forment une régence chargée de surveiller tous les travaux et exerçant une sorte de juridiction inférieure. Dans chaque village les habitants choisissent pour magistrat un des anciens, *staroste*, et en outre pour 10 habitants un *déçatnik*, qui est chargé de la petite police ; mais dans chaque canton ils désignent 30 surveillants pour maintenir la police. Les redevances individuelles sont réparties par l'assemblée de la commune. Il y a des lois qui protègent les paysans contre l'oppression des seigneurs : l'exécution de ces lois est confiée au gouvernement et au maréchal de la noblesse, nommé dans chaque district.

La police et l'instruction des affaires sont du ressort des tribunaux de chaque district ; le juge de paix et les assesseurs qui exercent cette juridiction sont élus pour trois ans par la noblesse ; il y a aussi des assesseurs qui sont élus par les paysans. Le tribunal de district juge en première instance au civil et au criminel ; un avocat impérial est chargé de protéger les paysans de la couronne.

La police des villes est exercée par un *go-*

rednitch, qui n'a jamais le droit de pénétrer dans le domicile d'un citoyen sans l'assistance d'un officier municipal. Le premier magistrat d'une ville, ou le prévôt des marchands, *golova*, n'est point nommé par le gouvernement; il est élu par la commune, et il ne peut être destitué sans un jugement. C'est le chef de toute la bourgeoisie; il préside le conseil municipal; il est assisté de six assesseurs ou adjoints, qui forment un conseil chargé de régler et de répartir les contributions, et d'administrer les revenus communaux.

Les droits des marchands et des bourgeois sont réglés en première instance par un magistrat, assisté de maîtres de la bourgeoisie et de conseillers électifs.

Telle est l'organisation municipale qui protège en Russie les habitants de toutes les classes. On y distingue trois sortes de juridictions : 1° les communes rurales; 2° les communes urbaines, toutes soumises au régime électif; 3° l'administration du plat pays, confiée aux délégués de la noblesse héréditaire.

L'administration et la police de chaque gouvernement appartiennent à des fonctionnaires civils et militaires appelés gouverneurs, et à une régence. Une chambre des finances y correspond avec le ministre des finances et avec les receveurs de districts. La justice y est rendue par une cour civile et criminelle, dont une partie des membres est éligible, et par une cour d'appel, dont les membres sont inamovibles. Il y existe aussi un conseil de salubrité, un comité de bienfaisance, des consistoires grecs, catholiques ou protestants. Un maréchal de la noblesse élu par celle-ci préside à différentes époques une assemblée composée de députés élus par les nobles; il a sous ses ordres les maréchaux de districts.

Les gouvernements sont agrégés, au nombre de deux, de trois ou de quatre, suivant les circonstances, en gouvernements généraux, dont le nombre total, en y comprenant la Finlande, est de quatorze. Les gouverneurs généraux peuvent être regardés comme de véritables vice-rois.

Une seule volonté souveraine et légalement illimitée gouverne la Russie. La qualification de *Samoderjetz*, que se donne le souverain, et qui est la traduction du mot *autocrator* (autocrate), par lequel se désignaient les empereurs de Bysance, indique qu'il tient son autorité de Dieu seul. Mais déjà plusieurs fois les empereurs de la maison de Holstein ont déclaré qu'à l'égard de tout ce qui concerne les droits des particuliers et des corporations, ils voulaient suivre des lois fixes. Et, en effet, les mesures arbitraires, d'ailleurs extrêmement adoucies, ne frappent plus que ces grands, que ces courtisans pour qui la véritable liberté n'est pas le premier des vœux ni le premier des besoins. Chacun a le droit d'adresser directement des pétitions à l'empereur; elles sont transmises à une commission spéciale qui en fait un rapport, et qui adresse la réponse du souverain aux pétitionnaires.

Afin de ne pas changer au hasard les lois ni l'administration, trois grands corps ont été placés au sommet de l'échelle administrative.

Un Conseil de l'empire; présidé par l'empereur, délibère régulièrement sur toutes les affaires importantes, autres que celles de la politique extérieure, réservées au cabinet du souverain. Il se compose d'un nombre illimité de membres, parmi lesquels les ministres sont toujours compris; d'un secrétaire de l'empire et d'un président. Il se divise en cinq sections ou départements : la législation, la guerre, les affaires civiles et religieuses, l'administration et les finances, les affaires de la Pologne.

Le premier corps de l'État, le Sénat dirigeant, ou le tribunal suprême, est le gardien des lois et veille à leur exécution : il surveille la conduite et la gestion de tous les hauts fonctionnaires; il promulgue les édits et les lois rendus par l'empereur; il nomme à un grand nombre d'emplois; il juge souverainement toutes les causes, à l'exception d'un petit nombre de cas, où il a recours à la clémence du monarque. Divisé en huit sections, dont trois résident à Moscou et cinq à Pétersbourg, le sénat exercerait une autorité encore plus salutaire, si les formalités étaient simplifiées, si les jugements étaient publics, et si, au lieu d'une procédure prétendue gratuite, on pouvait mettre un terme à la corruption des juges inférieurs. Mais on assure que le gouvernement s'occupe de grands changements relatifs à la législation [1].

[1] Le gouvernement a fait publier la collection de tous les oukases, règlements, etc., en vigueur. Cette

EUROPE. — FORME DU GOUVERNEMENT RUSSE.

» Le saint Synode, autorité suprême de l'Église grecque, présente à tous les emplois ecclésiastiques, surveille les droits de la religion nationale, mais seulement au nom de l'empereur. L'Église évangélique luthérienne a les mêmes droits dans la Finlande, l'Esthonie, la Livonie et la Courlande. Tous les autres cultes sont libres.

» Le gouvernement russe respecte avec une politique éclairée tous les droits acquis, tous les privilèges de provinces, de villes, de classes ; les seuls changements que les peuples conquis éprouvent sont, en général, favorables à la liberté personnelle, industrielle et surtout religieuse. Le besoin de lois fondamentales et de garanties sociales s'était manifesté à l'esprit élevé d'Alexandre, et, sur les bords de la tombe, il méditait encore des réformes qu'une grande pensée pouvait concevoir, et qu'une grande énergie seule pourrait effectuer. »

collection est divisée en deux séries. La première comprend toutes les lois qui ont été rendues depuis 1649 jusqu'au règne de Nicolas (en 1825); la deuxième depuis 1825 jusqu'au 1er janvier 1832. Ce recueil formait, en 1830, 45 volumes, dont 40 contiennent 29,181 oukases, 812 règlements, institutions, etc., 218 diplômes importants, et 369 traités ; deux volumes renferment les tables de matières, dans l'ordre alphabétique et dans l'ordre chronologique ; un volume comprend différents tarifs et états de dépense; un autre des diplômes, dessins, etc.; un volume enfin se compose d'une introduction, par M *Speransky*. On a élagué de ce recueil toutes les lois qui ne sont plus en vigueur ; disposé méthodiquement, il forme un seul corps de lois réparties en plusieurs *codes*. Ce grand travail se complète par la publication d'un *Bulletin des lois*, dans lequel chacune se rattache à l'un des codes auquel elle appartient.

Cette mesure, ainsi que le dit le manifeste impérial du 31 janvier 1833, garantit la force et l'action des lois pour le présent, en même temps qu'elle établit une base solide pour leur perfectionnement graduel dans l'avenir. Nous ajouterons que c'est une nouvelle ère qui s'ouvre pour l'avancement de la civilisation de la nation russe. Ce corps de lois est en vigueur depuis le 1er janvier 1835.   J. H.

Tableau statistique *présentant la population, la fertilité, l'industrie et le capital commercial de chaque gouvernement de la Russie européenne, ainsi que la population des villes et leur distance aux deux capitales de l'empire et au chef-lieu* ([1]).

GRANDES DIVISIONS.	GOUVERNEMENTS.	POPULATION ABSOLUE au commencement de 1832.	VILLES.	POPULATION. [2]	DISTANCES EN VERSTES à Pétersbourg.	à Moscou.	au chef-lieu.	RÉCOLTE ANNUELLE en tchetvertes.	NOMBRE de fabriques.	CAPITAL déclaré par les marchands.	RANG QUE CHAQUE GOUVERNEMENT OCCUPE EN superficie.	population absolue.	population relative.	fertilité.	industrie.	capital commercial.	PEUPLES de chaque GOUVERNEMENT.
PROVINCES BALTIQUES.	St-Pétersbourg.	850,000	St-Pétersb.	451,974	»	698	»	1,030,000	170	26,000,000	30	35	23	42	5	2	Russes, Finnois, Ijores, Allemands.
			Schlusselbourg..	7,660	58	757	»										
			Nouv. Ladoga..	1,640	148	817	»										
			Gdof.	900	210	831	»										
			Louga	800	140	747	»										
			Kronstadt.	2,900	41	739	»										
			Narva.	4,640	133	337	»										
			Gatchina..	1,600	44	742	»										
			Iambourg.	670	118	817	»										
			Oranienbaum.	1,200	34	732	»										
			Tsarskoié-Célo..	4,800	22	676	»										
	Grande principe. de Finlande.	1,364,000	Helsingfors.	10,000	413	1,111	»										
	Læn ou préfecture de *Nyland*.		Lovisa.	3,400	310	1,008	103										
			Borgo	2,000	356	1,054	57										
	Læn ou préfecture de *Vybourg*.		Vybourg.	3,000	2,132	831	281										
			Fridericksham..	2,200	242	941	171										
			Wilmandstrand.	2,000	182	881	331										
			Kexholm..	500	143	842	409										
	Læn ou préfecture de *Saint-Michel*.		Saint-Michel.	600	522	1,220	315	700,000	20	»	7	11	40	44	37	42	Finnois, Suédois, Karéliens, Lapons.
			Heinola.	600	411	1,109	204										
			Nyslott.	300	374	1,073	523										
	Læn ou préfecture de *Tuvastéhous*..		Tuvastéhous..	1,600	534	1,233	121										
	Læn ou préfecture d'*Abo Biœrnbourg*.		Abo.	13,000	627	1,235	214										
			Biœrnbourg.	4,500	802	1,501	389										
			Raumo.	1,700	?	?	?										
			Nystad.	1,900	704	1,403	291										

([1]) Ce tableau a été dressé d'après les renseignements publiés en 1828 par M. *Weydemeyer*, en 1833 par M. *Schnitzler*, en 1831 dans l'Almanach de Pétersbourg pour la population des villes et leurs distances, et en 1833 dans la Gazette des Postes de Francfort. — ([2]) La population de la capitale est celle de 1830.

GRANDES DIVISIONS.	GOUVERNEMENTS.	POPULATION absolue au commencement de 1832.	VILLES.	POPULA-TION.	DISTANCE EN VERSTES			RÉCOLTE ANNUELLE en tchetverstes.	NOM-BRE de fabri-ques.	CAPITAL déclaré par les marchands.	RANG QUE CHAQUE GOUVERNEMENT OCCUPE EN						PEUPLES de chaque GOUVERNEMENT.
					à Péters-bourg.	à Moscou.	ou chef-lieu.				super-ficie.	popu-lation ab-solue.	popu-lation re-lative.	ferti-lité.	indus-trie.	capi-tal com-merc.	
PROVINCES BALTIQUES.	Læn ou préfecture de Wasa.		Wasa.. Christianstad. Kareby. Jakobstad.	3,300 1,700 1,000 1,400	994 ? 1,135 ?	1,692 ? 1,834 ?	581 ? 722 ?										
	Læn ou préfecture de Kouopio.		Kouopio...	2,000	555	1,253	703	700,000	20	»	7	11	40	44	37	42	Finnois, Sué-dois, Karé-liens, La-pons.
	Læn ou préfecture d'Ouleaborg-Kaïana.		Ouleaborg. Kaïana. Brulustad. Torneo.	5,000 400 1,100 700	863 ? ? ?	1,562 ? ? ?	1,012 ? ? ?										
	ESTHONIE (¹).	300,000	Revel. Vesenberg. Veissenstein. Hapsal. Baltisch-Port.	14,000 2,600 2,700 1,400 500	359 274 452 457 407	1,057 972 1,150 1,155 1,105	» 103 93 98 48	800,000	6	4,600,000	51	49	30	43	44	21	Esthoniens, Allemands, Russes.
	LIVONIE.	740,089	Riga. Venden. Derpt ou Dorpat. Pernau. Arensbourg. Valk. Volmar.	50,000 1,500 9,560 6,550 1,460 570 600	565 490 325 497 651 409 457	1,069 889 1,008 1,087 1,241 923 957	» 91 240 237 391 156 107	1,270,000	39	14,000,000	36	38	31	40	39	4	Lettons, Es-thoniens, Al-lemands, Russes.
	COURLANDE (du-ché de Cour-lande et de Sé-migalle, avec l'évêché de Pil-ten).	508,010	Mittau. Hasenpoth. Toukoum. Goldingen. Pilten. Libau. Vindau. Jakobstad.	14,000 700 2,250 3,500 470 6,870 1,200 2,070	607 745 661 736 773 786 781 690	1,111 1,249 1,165 1,240 1,277 1,290 1,285 937	» 138 54 129 166 179 174 145	1,250,000	4	4,225,000	48	44	29	41	4	22	Lettons, Al-lemands, Juifs.

(¹) Ce signe indique les gouvernements qui sont régis par des lois particulières, tandis que les autres le sont d'après les lois générales.

GRANDES DIVISIONS.	GOUVERNEMENTS.	POPULATION ABSOLUE au commencement de 1832.	VILLES.	POPULATION.	DISTANCES EN VERSTES			RÉCOLTE ANNUELLE en tchetvertes.	NOMBRE de fabriques.	CAPITAL déclaré par les marchands.	RANG QUE CHAQUE GOUVERNEMENT OCCUPE EN						PEUPLES de chaque GOUVERNEMENT
					à Pitersbourg.	à Moscou.	au chef-lieu.				superficie.	population absolue.	population relative.	fertilité.	industrie.	capital commerc.	
GRANDE-RUSSIE.	Moscou.	1,460,000	Moscou.	333,260	698	»	»	2,900,000	540	52,000,000	49	13	2	28	1	1	Russes et grand nombre d'étrangers.
			Bogorodsk.	680	746	48	»										
			Bronnitsy.	1,900	747	49	»										
			Vereeïa.	4,800	741	117	»										
			Volokolamsk.	1,290	798	100	»										
			Dmitrof.	2,650	760	62	»										
			Svenigorod.	1,450	746	48	»										
			Kolomna.	10,175	792	94	»										
			Klinne.	1,740	619	79	»										
			Mojaisk.	1,900	721	97	»										
			Podolsk.	1,190	728	30	»										
			Rousa.	1,290	789	91	»										
			Serponkhof.	6,500	787	89	»										
	Smolensk.	1,325,000	Smolensk.	11,155	700	382	»	4,500,000	50	8,000,000	30	16	16	17	26	13	Russes, Polonais.
			Roslavl.	3,500	822	505	122										
			Biélot.	3,480	843	525	143										
			Dorogobouge.	4,000	788	294	88										
			Viazma.	7,940	721	219	163										
			Porotchié.	2,750	627	455	73										
			Sytchefsk.	2,460	784	282	276										
			Krasnoï.	1,240	747	428	46										
			Ioukhnof.	1,760	811	245	253										
			Gjatsk.	2,665	660	158	224										
			Ielma.	1,275	828	334	128										
			Doukhoftchina.	1,580	752	434	52										
	Pskof.	780,000	Pskof.	10,000	330	721	»	3,000,000	75	7,500,000	29	39	33	27	14	14	Russes, Allemands.
			Ostrof.	1,270	381	772	51										
			Opotchka.	1,895	461	852	131										
			Novorjef.	850	407	748	129										
			Velikié-Louki.	3,560	465	617	259										
			Toropetz.	8,000	556	708	350										
			Kholm.	2,660	476	817	270										
			Porkhof.	3,010	215	666	87										
	Tver.	1,360,700	Tver.	21,700	537	161	»	4,050,000	32	17,000,000	25	21	20	22	32	3	Russes, Karéliens.
			Kachine.	4,050	706	362	200										
			Biejetsk.	2,950	630	438	276										

GRANDES DIVISIONS.	GOUVERNEMENTS	POPULATION ABSOLUE au commencement de 1832.	VILLES.	POPULATION.	DISTANCES EN VERSTES.			RÉCOLTE ANNUELLE en tchetvertes.	NOMBRE de fabriques.	CAPITAL déclaré par les marchands	RANG QUE CHAQUE GOUVERNEMENT OCCUPE EN						PEUPLES de chaque GOUVERNEMENT
					à Pétersbourg.	à Moscou.	au chef-lieu.				superficie.	population absolue.	population relative.	fertilité.	industrie.	capital commerc.	
GRANDE-RUSSIE.	TVER.	1,380,700	Vovichni-Volotchok...	6,480	402	296	134	4,050,000	32	17,000,000	25	21	20	22	32	3	Russes, Karéliens.
			Ostachkof...	7,600	527	420	259										
			Rjef...	9,600	600	259	130										
			Zoubtsof...	1,940	580	237	110										
			Staritsa...	2,430	558	230	68										
			Torjok...	11,650	473	224	63										
			Kaliasine...	5,000	718	342	181										
			Kortcheva...	1,200	614	238	77										
			Vessiégonnsk...	2,370	520	462	387										
	NOVGOROD...	915,500	Novgorod-Véliki.	8,000	182	515	»	2,150,000	»	7,500,000	13	32	39	36	51	15	Russes, Karéliens.
			Staraïa-Roussa.	9,000	307	640	125										
			Krestsy...	1,600	260	437	78										
			Valdaï...	4,000	316	382	134										
			Tikhvine...	4,000	252	713	197										
			Borovitchi...	4,660	386	451	203										
			Oustioujena...	3,430	468	514	374										
			Tchérépovetz.	1,400	590	636	496										
			Biélosersk...	3,070	732	778	638										
			Kirilof...	2,000	693	739	590										
	OLONETZ...	220,000	Pétrosavodsk.	6,700	459	1,106	»	360,000	24	22,200,000	12	45	45	48	38	37	Russes, Finnois, Lapons.
			Olonetz...	2,500	313	661	145										
			Vouitegra...	1,450	454	1,101	213										
			Kargopol...	2,125	680	1,328	439										
			Ladéinoié-Polé.	1,000	262	910	196										
			Poudoge...	1,065	554	1,202	313										
			Povénetz...	540	643	1,291	184										
	ARKHANGEL (avec la N. Zemlie).	363,100	Arkhangelsk...	24,300	1,137	1,218	»	230,000	30	1,900,000	4	48	50	49	33	39	Russes, Lapons, Samoyèdes.
			Kholmogory.	1,500	1,065	1,146	72										
			Pinéga...	600	1,199	1,280	206										
			Meizenn...	1,497	1,369	1,450	376										
			Chennkoursk...	560	1,116	834	384										
			Onéga...	1,320	1,375	1,456	238										
			Kola...	915	2,202	2,283	1,063										
			Kem...	1,140	1,656	1,737	519										

GRANDES DIVISIONS.	GOUVERNEMENTS.	POPULATION absolue au commencement de 1832.	VILLES.	POPULA-TION.	DISTANCES EN VERSTES.			RÉCOLTE ANNUELLE en tchetvertes.	NOM-BRE de fabri-ques.	CAPITAL déclaré par les marchands.	RANG QUE CHAQUE GOUVERNEMENT OCCUPE EN						PEUPLES de chaque GOUVERNEMENT.
					à Péters-bourg.	à Moscou.	au chef-lieu.				super-ficie.	popu-lation abso-lue.	popu-lation re-lative.	ferti-lité.	indus-trie.	capi-tal com-merce.	
GRANDE-RUSSIE.	VOLOGDA. . .	802,200	Vologda. . . .	14,000	710	428	»	1,400,000	10	4,000,000	6	37	44	39	40	34	Russes, Fin-nois, Sa-moyèdes.
			Griasovetz. .	1,860	753	386	42										
			Kadnikof. . .	960	752	470	42										
			Velsk.	674	973	691	263										
			Totma	2,800	917	631	202										
			Oustioug-Véliki.	7,180	»	»	»										
			Solvouitchegodsk.	1,280	1,270	988	559										
			Iarennsk. . .	990	1,435	1,151	723										
			Oustsyssolsk. .	2,185	1,587	1,305	877										
			Nikolsk. . .	700	1,342	1,238	59										
	IAROSLAVL. .	1,100,000	Iaroslavl. . .	24,000	741	241	»	2,800,000	85	9,000,000	44	27	8	29	13	11	Russes.
			Rostof . . .	5,500	797	185	56										
			Ouglitch. . .	8,460	732	344	102										
			Rybinnsk. . .	3,000	661	322	80										
			Mouichekine. .	850	703	364	123										
			Mologa. . . .	2,060	628	355	113										
			Pochekhone .	2,960	781	351	110										
			Lioubim. . .	1,965	844	344	103										
			Danilof. . .	1,815	808	308	66										
			Romanof-Boris-soglebski.	6,460	706	276	35										
	KOSTROMA. .	880,000	Kostroma. . .	9,500	825	325	»	2,025,000	50	3,700,000	15	6	27	31	25	26	Russes.
			Nerekhta . .	2,170	866	366	41										
			Kinechma. . .	2,970	907	407	83										
			Iourief-Povolski.	1,840	968	468	143										
			Galitch. . .	4,000	941	441	116										
			Sotigalitch . .	2,165	1,041	541	216										
			Tchoukhloma. .	720	996	496	171										
			Makarief. . .	2,330	1,010	510	185										
			Kologrif. . .	375	1,082	582	257										
			Vetlouga. . .	1,240	1,156	656	331										
			Varnavine. . .	510	1,219	710	385										
			Boui. . . .	790	993	493	168										
	VLADIMIR. . .	1,300,000	Vladimir. . .	3,000	870	172	»	3,300,000	340	11,000,000	35	14	12	25	2	8	Russes.
			Souzdal. . .	4,840	903	205	33										
			Chouia. . .	2,110	950	284	112										

| GRANDES DIVISIONS | GOUVERNEMENTS | POPULATION ABSOLUE au commencement de 1832 | VILLES | POPULA- TION | DISTANCES EN VERSTES | | | RÉCOLTE ANNUELLE en tchetvertes | NOM- BRE de fabri- ques | CAPITAL déclaré par les marchands | RANG QUE CHAQUE GOUVERNEMENT OCCUPE EN | | | | | | PEUPLES de chaque GOUVERNEMENT |
					à Péters- bourg	à Moscou	au chef-lieu				super- ficie	popu- lation ab- solue	popu- lation re- lative	ferti- lité	indus- trie	capi- tal com- merc	
GRANDE-RUSSIE	VLADIMIR	1,300,000	Pereaslavl-Zaleskoï	2,500	825	124	147	3,300,000	340	11,000,000	35	14	12	25	2	8	Russes
			Iourief-Polskii	4,160	884	186	85										
			Pokrof	1,054	791	93	78										
			Viasniki	2,379	994	296	124										
			Soudogda	1,139	906	208	36										
			Gorokhovetz	1,227	1,030	332	160										
			Mourome	5,000	989	291	119										
			Kovrof	1,400	934	236	64										
			Melenki	2,366	1,009	311	139										
			Alexandrof	2,350	854	156	141										
	NIJEGOROD	1,300,000	Nijni-Novgorod	18,000	1,139	441	»	4,900,000	300	4,220,000	32	10	18	15	3	23	Russes, Mordouins, Tchouvaches, Tchérémisses
			Gorbatof	1,930	1,153	455	66										
			Arzamass	7,778	1,111	413	114										
			Ardatof	2,120	1,157	459	160										
			Loukoyanof	2,090	1,170	472	173										
			Sergatch	2,327	1,283	585	144										
			Vacil	1,979	1,286	588	146										
			Kniaguinine	1,070	1,239	541	100										
			Makarief	1,669	1,233	535	94										
			Semenof	1,965	1,213	515	74										
			Balakhna	3,368	1,079	475	33										
	TAMBOF	1,500,000	Tambof	20,000	1,157	459	»	9,080,000	37	8,500,000	22	8	19	2	31	12	Russes, Tatars
			Morchansk	5,000	1,237	539	88										
			Chatsk	3,770	1,165	467	160										
			Temnikof	6,300	1,211	513	332										
			Ielatma	5,000	1,052	354	273										
			Ousmân	6,300	1,233	534	209										
			Kozlof	14,160	1,090	392	66										
			Lipetsk	6,000	1,167	469	143										
			Borissoglebsk	2,465	1,322	624	165										
			Lébédiâne	2,426	1,223	525	199										
			Spask	5,754	1,276	578	281										
			Kirsanof	2,502	1,250	552	93										

GRANDES DIVISIONS	GOUVERNEMENTS	POPULATION absolue au commencement de 1812	VILLES	POPULATION	DISTANCES en verstes			RÉCOLTE annuelle en tchetvertes	NOMBRE de fabriques	CAPITAL déclaré par les marchands	RANG QUE CHAQUE GOUVERNEMENT occupe en						PEUPLES de chaque GOUVERNEMENTS
					à Pétersbourg	à Moscou	au chef-lieu				superficie	population absolue	population relative	fertilité	industrie	capital commerc.	
GRANDE-RUSSIE	RIAISAN	1,300,000	Riaisan	9,000	888	190	»	5,525,000	70	7,400,000	41	17	6	12	15	16	Russes, Tatars
			Zaraïsk	6,350	832	134	56										
			Kaçimof	5,960	1,023	525	135										
			Sapojok	2,400	1,012	314	124										
			Riejsk	1,980	991	293	103										
			Ranenbourg	2,690	1,049	351	161										
			Skopine	8,180	976	278	88										
			Pronnsk	1,360	946	248	58										
			Mikhaïlof	2,405	983	285	95										
			Dannkof	1,350	1,053	355	165										
			Spask	2,640	955	237	47										
			Iégoriefsk	1,100	910	212	134										
	TOULA	1,200,000	Toula	40,000	873	175	»	6,700,000	55	10,000,000	46	26	5	6	20	10	Russes
			Alexine	1,660	924	226	52										
			Kachira	2,060	948	250	105										
			Venéf	2,060	892	194	48										
			Iépiphane	2,440	958	260	85										
			Iéfrémof	3,420	1,005	306	132										
			Novoçil	1,430	1,018	320	145										
			Odoïef	2,220	953	255	80										
			Biélef	5,040	966	267	121										
			Bogoroditsk	3,600	943	235	60										
			Tchernia	1,300	980	282	107										
			Krapivna	1,200	923	225	50										
	KALOUGA	850,000	Kalouga	25,600	866	168	»	2,250,000	49	12,000,000	50	22	1	35	27	6	Russes
			Koselsk	4,359	930	232	64										
			Pérémouichl	2,300	894	195	27										
			Gisdra	7,210	988	314	146										
			Malo-Iaroslavetz	1,410	808	110	58										
			Médyne	2,010	923	225	57										
			Tarouça	1,270	934	236	68										
			Likhvine	1,830	923	224	56										
			Miechtchofsk	3,060	911	238	70										
			Mossalsk	2,538	916	273	105										
			Borofsk	5,390	787	98	79										

GRANDES DIVISIONS	GOUVERNEMENTS.	POPULATION ABSOLUE au commencement de 1832.	VILLES.	POPULATION.	DISTANCES EN VERSTES			RÉCOLTE ANNUELLE en tchetvertes.	NOMBRE de fabriques.	CAPITAL déclaré par les marchands.	RANG QUE CHAQUE GOUVERNEMENT OCCUPE EN						PEUPLES de chaque gouvernement.
					à Petersbourg.	à Moscou.	au chef-lieu.				superficie.	population absolue.	population relative.	fertilité.	industrie.	capital commerce.	
GRANDE-RUSSIE.	OREL.	1,500,000	OREL.	32,000	1,054	355	»	8,100,000	145	13,200,000	38	18	10	4	8	6	Russes, Cosaques.
			Briansk.	5,000	957	440	139										
			Livny.	7,016	1,138	440	152										
			Mtsensk.	9,708	1,002	304	52										
			Karatchef.	8,500	1,009	388	87										
			Kromy.	4,227	1,088	489	34										
			Troubtchefsk.	3,250	1,038	521	220										
			Ieletz.	9,000	1,075	377	215										
			Bolkhof.	13,400	1,008	310	54										
			Siefsk.	6,180	1,139	918	143										
			Dmitrofsk.	3,920	1,116	436	80										
			Malo-Arkhanguelsk.	3,892	1,127	429	73										
	KOURSK.	1,800,000	Koursk.	22,897	1,204	506	»	8,200,000	150	10,500,000	43	2	3	3	6	9	Russes, Cosaques.
			Oboiâne.	4,190	1,263	565	59										
			Bielgorod.	9,550	1,329	631	125										
			Korotcha.	2,880	1,350	631	146										
			Staroï-Oskol.	4,767	1,317	619	131										
			Novoï-Oskol.	4,965	1,406	708	202										
			Rylsk.	6,600	1,102	625	119										
			Poutivl.	6,170	1,212	664	189										
			Soudja.	6,900	1,250	601	95										
			Lgof.	1,160	1,237	580	74										
			Fatige.	2,457	1,168	469	45										
			Chichigry.	4,750	1,254	556	50										
			Time.	1,460	1,268	570	64										
			Khotmyisk.	700	1,377	479	173										
			Dmitrief-na-Spavié.	1,435	1,224	526	101										
	VORONÈJE.	1,300,000	Voronèje.	30,000	1,196	498	»	6,500,000	55	5,500,000	18	7	24	7	22	19	Russes, Cosaques, Bohémiens.
			Zadonnsk.	2,324	1,114	416	82										
			Bobrof.	1,070	1,289	591	92										
			Zemliânsk.	1,130	1,237	539	41										
			Nijnédévitch.	552	1,260	662	64										
			Biriouth.	2,390	1,344	646	148										
			Valouiki.	2,820	1,405	707	209										

GRANDES DIVISIONS.	GOUVERNEMENTS.	POPULATION absolue au commencement de 1832.	VILLES.	POPULATION.	DISTANCE EN VERSTES			RÉCOLTE annuelle en tchetvertes.	Aux. ans de fabriques.	CAPITAL déclaré par les marchands.	RANG QUE CHAQUE GOUVERNEMENT OCCUPE EN						PEUPLES de chaque GOUVERNEMENT
					à Pétersbourg.	à Moscou.	ou chef-lieu.				superficie.	population absolue.	population relative.	fertilité.	industrie.	capital commerce.	
G^{de} RUSSIE.	VORONÈJE...	1,300,000	Korotoyak... Pavlofsk... Ostrogojsk... Bagoutchlar... Novokhopersk... Starobielsk...	1,216 2,924 4,238 2,130 3,100 500	1,374 1,342 1,290 1,415 1,333 1,436	576 644 502 717 635 738	78 146 94 219 245 240	6,500,000	55	5,500,000	18	7	24	7	22	19	Russes, Cosaques, Bohémiens.
PETITE-RUSSIE.	KIEF (Petite-Russie)	1,500,000	Kief... Vassilkof... Bogouslaf... Radomouisl... Tcherkassy... Tchiguirine... Makhnofka... Lipovetz... Oumàn... Zvénigorod... Tarachtcha... Skvira...	30,500 4,700 6,650 3,240 5,820 3,380 4,655 3,050 6,770 4,857 2,085 4,059	1,251 1,288 1,406 1,306 1,441 1,596 1,318 1,381 1,507 1,438 1,373 1,367	888 924 1,043 983 1,177 1,223 1,077 1,079 1,147 1,075 1,009 1,004	» 36 155 95 289 345 189 191 259 187 121 116	5,500,000	65	1,115,000	31	5	11	11	17	46	Russes, Polonais.
	TCHERNIGOF *...	1,400,000	TCHERNIGOF... Nejine... Konotop... Gloukhof... Mgline... Sosnitsa... Koseletz... Novgorod-Severskoï... Starodoub... Borzna... Novomesto... Gorodnia... Oster... Sourage... Krolévetz... Berezna...	8,000 11,800 5,500 7,140 5,070 3,950 2,420 4,500 3,000 5,700 800 1,260 2,640 370 4,900 6,500	1,104 1,179 1,206 1,137 930 1,156 1,179 1,070 1,200 1,052 1,197 966 1,130 1,140	801 1,652 704 589 612 706 816 653 574 705 691 834 648 628 758	» 75 153 212 230 88 75 174 145 169 96 52 93 217 173 36	2,750,000	65	6,000,000	24	9	18	30	18	18	Russes.

GRANDES DIVISIONS	GOUVERNEMENTS.	POPULATION ABSOLUE au commencement de 1832.	VILLES.	POPULA- TION.	DISTANCES EN VERSTES.			RÉCOLTE ANNUELLE en tchetsvertes.	NOM BRE de fabri- ques.	CAPITAL déclaré par les marchands.	RANG QUE CHAQUE GOUVERNEMENT OCCUPE EN						PEUPLES de chaque GOUVERNEMENT.
					à Péters- bourg.	à Moscou.	au chef-lieu.				super- ficie.	popu- lation ab- solue.	popu- lation re- lative.	fertl- lité.	indus- trie.	capi tal com- merce.	
PETITE-RUSSIE.	POLTAVA.	2,000,000	Poltava	9,500	1,437	844	»	7,000,000	10	2,850,000	37	1	4	5	41	30	Russes.
			Konstantinograd	1,000	1,502	803	78										
			Mirgorod	6,700	1,367	865	99										
			Gadiatch	3,400	1,329	827	108										
			Khorol	2,000	1,364	897	101										
			Krementchoug	7,525	1,452	953	110										
			Loubny	1,750	1,331	884	134										
			Péréiaslavl	6,760	1,303	940	252										
			Pyriatine	»	1,298	861	177										
			Prilouki	1,960	1,245	818	220										
			Romyn	5,700	1,269	766	168										
			Zolotonocha	2,980	1,303	1,000	236										
			Kobyliaki	10,875	1,501	908	64										
			Sienkof	6,680	1,361	859	76										
			Lokhvitsa	4,380	1,319	817	147										
RUSSIE MÉRIDIONALE.	LOHODES d'Ou- kraine	1,400,000	Kharkof	15,000	1,405	707	»	4,137,000	7	1,100,000	27	33	26	20	43	41	Russes, Cosa- ques.
			Valki	5,050	1,453	755	48										
			Bogodoukhof	9,140	1,454	765	58										
			Starobielsk	3,405	1,669	971	264										
			Akhtyrka	12,660	1,406	843	106										
			Lébédine	10,515	1,453	860	153										
			Soumy	9,255	1,481	888	181										
			Zmiyef	2,875	1,446	748	41										
			Isioum	5,865	1,528	829	123										
			Koupeansk	3,900	1,603	905	108										
			Voltchansk	5,195	1,429	731	80										
			Biélopolié	7,600	»	»	156										
	IÉKATÉRINOSLAF.	600,000	Iékaterinoslaf	9,000	1,600	921	»	2,350,000	1	3,400,000	19	36	34	34	49	28	Russes, Cosa- ques, Vala- ques, Grecs, et un mélan- ge d'autres peuples.
			Novomoskofsk	6,878	1,591	893	28										
			Pavlograd	4,220	1,633	941	17										
			Bakhmout	4,000	1,620	922	248										
			Tagnnrog	17,000	1,826	1,128	406										
			Azof	900	1,732	1,094	483										
			Alexandrofsk	800	1,682	1,003	82										
			Rostof	8,000	1,758	1,060	449										
			Marioupol	3,500	»	»	»										
			Slavenoserbek	1,336	1,780	1,082	31										
			Lerkhnedneprovst	1,100	1,534	987	66										

GRANDES DIVISIONS.	GOUVERNEMENTS.	POPULATION ABSOLUE au commencement de 1832.	VILLES.	POPULA-TION.	DISTANCE EN VERSTES			RÉCOLTE ANNUELLE en tchetverts.	NOM-BRE de fabri-ques.	CAPITAL déclaré par les marchands	RANG QUE CHAQUE GOUVERNEMENT OCCUPE EN						PEUPLES de chaque GOUVERNEMENT.
					à Peters-bourg.	à Moscou.	au chef-lieu.				super-ficie.	popu-lation ab-solue.	popu-lation re-lative.	ferti-lité.	indus-trie.	capi-tal com-merc.	
RUSSIE MÉRIDIONALE.	KHERSON...	450,000	Kherson...	20,000	1,787	1,297	»	1,430,000	12	3,200,000	23	42	37	38	39	29	Russes, Cosa-ques, Vala-ques, Grecs, et un mélan-ge d'autres peuples.
			Iélisavetgrad.	10,500	1,561	1,071	226										
			Olviopol...	2,500	1,603	1,196	350										
			Tiraspol...	5,080	1,706	1,432	275										
			Nicolaïef	5,897	1,728	1,238	59										
			Odessa...	60,000	1,801	1,359	180										
			Ovidiopol.	2,200	1,816	1,404	225										
			Otchakof.	2,440	1,783	1,293	114										
			Alexandria.	2,000	1,508	1,005	292										
	TAURIDE...	400,000	Symféropol.	8,000	2,067	1,485	»	450,000	3	1,400,000	17	47	42	47	48	43	Tatars de Kri-mée, Nogaïs, Russes, Alle-mands, Co-saques.
			Pérékop...	3,000	1,935	1,353	132										
			Iefpatoria (Eu-patorie) ou Kor-lof.	8,000	2,129	1,547	62										
			Féodosia (Théo-dosia) Kaffa.	4,700	2,175	1,593	108										
			Alechki.	1,000	2,037	1,455	254										
			Kara-sou-Bazar.	15,000	1,735	1,056	429										
			Sevastopol.	3,000	2,029	1,547	62										
			Baght-cheh-serai	14,000	2,097	1,515	30										
			Kertch...	3,000	2,269	1,687	202										
	Pays des Cosa-ques du Don..	360,000	Novoi-Tcherkask	15,000	1,720	1,022	»	»	»	»	6	3	7	»	»	»	Cosaques, Ta-tars, Kal-mouks.
			Staroï-Tcherkask	5,300			24										
			(Cinq autres arrondis-sements sont sans villes)														
	Province de Bessarabie.	450,000	Kichenef.	20,000	1,693	1,419	»	»	»	»	9	1	3	»	»	»	Valaques, Cosaques, Grecs, Rus-ses, Alle-mands, Po-lonais.
			Kholine...	2,000	1,548	1,330	259										
			Akkermane	4,000	1,860	1,595	167										
			Bendery	1,808	1,749	1,475	58										
			Bieltsy...	900	1,686	1,322	119										
			Ismaïl...	1,300	1,877	1,603	184										
			Tamarofou Réni.	540	1,902	1,628	209										
			Kilia...	900	1,903	1,629	210										
			Skoulani...	200	1,741	1,377	124										

GRANDES DIVISIONS	GOUVERNEMENTS	POPULATION ABSOLUE au commencement de 1832.	VILLES.	POPULA- TION.	DISTANCES EN VERSTES.			RÉCOLTE ANNUELLE en tchetvertes.	NOM- BRE de fabri- ques.	CAPITAL déclaré par les marchands.	RANG QUE CHAQUE GOUVERNEMENT OCCUPE EN						PEUPLES de chaque GOUVERNEMENT.
					à Péters- bourg.	à Moscou.	au chef-lieu.				super- ficie.	popu- lation ab- solue.	popu- lation re- lative.	ferti- lité.	indus- trie.	capi- tal com- merc.	
RUSSIE OCCIDENTALE.	VILNA.	1,300,000	Vilna	42,000	787	874	»	4,300,000	70	1,000,000	28	12	17	19	16	48	Lithuaniens, Juifs, Polo- nais, Russes.
			Kovno	3,000	829	969	95										
			Telcha	1,600	766	1,181	307										
			Chavila	1,700	691	1,107	233										
			Ochmiany	980	837	824	50										
			Rossiény	1,500	923	1,063	189										
			Rieydany	3,000													
			Punévège	1,400	840	1,074	200										
			Troki	1,240	813	900	26										
			Svinntsany	1,210	711	950	70										
			Vidzy	2,100	665	911	123										
			Vilkomir	4,100	861	918	73										
	GRODNO.	700,000	Grodno	10,000	889	1,032	»	3,400,000	8	650,000	47	34	7	24	42	50	Rousniaks, Lithuaniens, Juifs, Polo- nais.
			Brzesc-Litofski	7,800	1,292	1,971	»										
			Kobrine	1,695	1,243	1,021	220										
			Proujany	1,600	1,201	980	179										
			Novogrodek	1,400	927	867	164										
			Volkovisk	2,000	1,054	966	75										
			Stonim	3,500	1,077	855	176										
			Lida	1,780	876	919	113										
	BIALYSTOK (Province).	250,000	Bialystok ou Belostok	8,000	1,063	1,105	»	»	»	»	14	5	1	»	»	»	Polonais, Juifs.
			Bielsk	1,500	1,104	1,147	41										
			Droguitchine	500	1,158	1,202	96										
			Sokolka	1,880	1,026	1,069	37										
	VITEBSK.	800,000	Vitebsk	15,500	627	576	»	3,150,000	3	2,400,000	45	31	14	26	47	35	Rousniaks, Lithuaniens, Russes, Polo- nais, Juifs.
			Polotsk	3,000	642	686	109										
			Drissa	880	685	748	172										
			Dunabourg	4,000	802	848	272										
			Réjitsa	2,200	507	869	393										
			Lioutsine	2,610	483	845	268										
			Sébège	1,969	540	787	221										
			Névei	3,320	727	671	100										
			Vélige	6,780	587	496	119										
			Gorodok	1,030	662	612	35										
			Sourage	2,000	588	578	39										
			Lépel	1,200	739	688	112										

GRANDES DIVISIONS	GOUVERNEMENTS.	POPULATION ABSOLUE au commencement de 1832.	VILLES.	POPULA-TION.	DISTANCES EN VERSTES			RÉCOLTE ANNUELLE en tchetvertes.	NOMBRE de fabriques.	CAPITAL déclaré par les marchands.	RANG QUE CHAQUE GOUVERNEMENT OCCUPE EN						PEUPLES de chaque GOUVERNEMENT.
					à Péters-bourg.	à Moscou.	au chef-lieu.				super-ficie.	popu-lation ab-solue.	popu-lation re-lative.	ferti-lité.	indus-trie.	capi-tal com-merc.	
RUSSIE-OCCIDENTALE.	MOGHILEF*.	900,000	Moghilef.	21,800	784	563	101	4,800,000	25	1,100,000	36	50	24	16	35	47	Rousniaks, Russes, Juifs, Polonais.
			Senno.	1,570	784	562	143										
			Orcha.	1,800	712	491	72										
			Mstislavl.	4,300	929	624	144										
			Tchérikof.	2,400	866	613	80										
			Rogatchef.	2,100	884	663	100										
			Biélitsa.	2,000	981	760	197										
			Staroï-Bykhof.	3,800	828	606	434										
			Kopys.	1,580	736	514	50										
			Babinovitchi.	740	675	529	109										
			Klimovitchi.	1,240	913	608	129										
	MINSK*.	1,100,000	Minsk.	14,590	911	670	»	3,800,000	12	1,250,000	15	23	32	23	38	44	Rousniaks, Lithuaniens, Juifs, Polonais.
			Vileika.	877	431	773	83										
			Dizna.	3,139	667	730	247										
			Borissof.	2,700	837	615	74										
			Igoumène.	1,100	976	755	65										
			Bobrouisk.	5,437	947	726	161										
			Mosyr.	2,950	1,022	800	345										
			Retchitsa.	2,446	994	774	319										
			Sloutsk.	5,158	1,077	855	170										
			Pinnsk.	4,500	1,163	942	252										
			Nessvige.	3,700	1,016	794	105										
	VOLHYNIE*.	1,300,000	Jitomir.	11,400	1,248	1,040	»	5,000,000	95	2,000,000	21	3	22	14	11	38	Rousniaks, Polonais, Juifs.
			Ovroutch.	2,390	1,127	906	122										
			Novgrad-Volinnski	4,076	1,332	1,123	83										
			Zaslavl.	5,059	1,454	1,244	204										
			Ostrog.	7,077	1,423	1,213	173										
			Rovno.	3,700	1,393	1,171	221										
			Louisk.	4,847	1,505	1,284	282										
			Vladimir.	4,274	1,487	1,265	352										
			Kovel.	9,098	1,434	1,213	352										
			Doubno.	8,580	1,482	1,273	233										
			Kréménetz.	5,020	1,554	1,324	284										
			Starokonstantinof.	9,770	1,440	1,231	191										
			Berditchef.	19,860	1,297	1,087	43										
			Radzivilof.	4,730	1,532	1,332	283										

GRANDES DIVISIONS.	GOUVERNEMENTS.	POPULATION ABSOLUE au commencement de 1831.	VILLES.	POPULA-TION.	DISTANCES EN VERSTES			RÉCOLTE ANNUELLE en tchetvertes.	NOMBRE de fabriques.	CAPITAL déclaré par les marchands.	RANG QUE CHAQUE GOUVERNEMENT OCCUPE EN						PEUPLES de chaque GOUVERNEMENT.
					à Péters-bourg.	à Moscou.	au chef-lieu.				super-ficie.	popu-lation ab-solue.	popu-lation re-lative.	ferti-lité.	indus-trie.	capi-tal com-merc.	
RUSSIE OCCIDENTALE.	PODOLIE	1,500,000	KAMENIETZ - PO-DOLSKI. Proskourof. Létitchef. Litine. Vinnitsa. Bratslaf. Iampol. Gaïtsine. Olgopol. Balta. Mohilef. Ouchitza. *Toultchine.*	15,000 3,380 2,300 3,490 7,500 2,560 1,900 2,130 1,110 7,370 8,290 1,240 7,810	1,523 1,437 1,388 1,425 1,437 1,440 1,359 1,445 1,530 1,562 1,607 1,556 1,437	1,314 1,228 1,179 1,164 1,135 1,138 1,295 1,143 1,320 1,288 1,243 1,346 1,155	» 86 135 172 200 237 184 270 326 358 132 32 234	5,600,000	39	2,550,000	33	4	9	10	30	33	Rousniaks, Polonais, Juifs.
RUSSIE ORIENTALE.	KAZAN	1,100,000	KAZAN. Sviajsk. Tcheboksary. Tsyvilsk. Kozmodémiansk Iadrine. Laïchef. Spask. Tchistopolié. Mamadyche. Tétioucbi. Tsarévokokchaïsk.	50,000 1,480 4,140 1,500 3,780 1,958 2,077 1,400 5,790 3,550 1,575 846	1,519 1,483 1,382 1,419 1,333 1,384 1,577 1,638 1,652 1,705 1,678 1,648	821 789 683 721 635 686 879 939 954 1,006 980 950	» 31 137 175 205 234 58 118 132 185 159 129	5,200,000	150	6,500,000	26	29	25	13	7	17	Russes, Mordouins, Tchérémisses, Tchouvaches.
	VIATKA	1,400,000	VIATKA. Orlof. Kotelnitch. Iaranusk. Nolinnsk. Ourjoum. Iélabouga. Sarapoul. Slobodskoi. Glasof.	7,000 2,629 1,570 1,594 1,600 960 3,107 4,073 3,815 1,050	1,460 1,608 1,432 1,478 1,593 1,649 1,706 1,960 1,490 1,669	1,002 930 906 780 1,104 1,048 1,097 1,262 1,033 1,211	» 52 96 222 133 190 419 584 31 209	4,070,000	29	2,700,000	14	19	35	21	34	32	Russes, Mordouins, Tchérémisses, Tchouvaches et Votiaks.

GRANDES DIVISIONS	GOUVERNEMENTS.	POPULATION absolue au commencement de 1832.	VILLES.	POPULATION.	DISTANCE EN VERSTES à Péters-bourg.	à Moscou.	au chef-lieu	RÉCOLTE annuelle en tchetverts.	NOMBRE de fabriques.	CAPITAL déclaré par les marchands	RANG QUE CHAQUE GOUVERNEMENT OCCUPE EN superficie.	population absolue.	population relative.	fertilité.	industrie.	capital commerce.	PEUPLES de chaque GOUVERNEMENT
RUSSIE-ORIENTALE.	PERM.	1 300,000	Perm.	9,940	2,093	1,395	»	2,500,000	100	2,500,000	8	20	41	33	10	34	Russes, Permiaks, Mordouins, Tchouvaches.
			Koungour.	7,854	2,180	1,482	87										
			Krasno-Oufimsk	2,144	2,293	1,391	199										
			Oça.	1,404	2,100	1,402	141										
			Okbansk.	900	2,026	1,328	67										
			Solikamsk.	3,000	2,208	1,600	205										
			Tcherdyne.	2,915	2,393	1,695	300										
			Iekaterinebourg.	10,695	2,454	1,755	360										
			Kamouichlof.	1,341	2,391	1,883	488										
			Chadrinnsk	2,400	2,666	1,967	572										
			Irbite	2,037	2,712	2,014	619										
			Verkhotourié.	1,800	2,755	2,056	661										
	SIMBIRSK.	1,100,000	Simbirsk	13,600	1,448	750	»	6,200,000	90	3,900,000	20	24	28	9	12	25	
			Sinnghileief.	2,930	1,503	805	55										
			Stavropol.	2,050	1,506	908	158										
			Samara.	5,080	1,654	950	206										
			Syzrane.	9,200	1,580	882	132										
			Karsoun	3,870	1,393	695	95										
			Alatyr	3,630	1,305	607	187										
			Ardatof.	2,970	1,283	584	165										
			Kourmouïche.	1,000	1,453	755	235										
			Bouinsk.	2,950	1,525	827	77										
	PENNZA.	1,000,000	Pennza.	11,000	1,397	699	»	1,900,000	60	3,900,000	42	28	15	1	19	36	Russes, Permiaks, Mordouins, Tchouvaches.
			Sarannsk.	8,300	1,278	580	118										
			Insara.	3,000	1,490	791	93										
			Krassno-Slobodsk.	4,560	1,578	880	181										
			Nijni-Lomof.	3,000	1,500	801	103										
			Tchembar.	2,700	1,326	628	126										
			Narovtchate.	3,600	1,538	840	141										
			Goroditché.	3,200	1,445	747	48										
			Mokchâne.	6,000	1,437	739	40										
			Kérennsk.	6,200	1,547	849	150										
	ASTRAKHAN.	300,000	Astrakhan.	39,850	2,100	1,402	»	1,930	20	5,000,000	11	50	46	51	9	20	Cosaques, Tatars, Kalmouks, Indous.
			Krasnoïar.	2,780	2,135	1,437	35										
			Iénotayefsk	1,380	1,960	1,262	140										
			Tchornoïar.	2,640	1,847	1,149	253										

GRANDES DIVISIONS.	GOUVERNEMENTS.	POPULATION ABSOLUE au commencement de 1832.	VILLES.	POPULATION.	DISTANCES EN VERSTES			RÉCOLTE ANNUELLE en tchetverts.	NOMBRE de fabriques.	CAPITAL déclaré par les marchands	RANG QUE CHAQUE GOUVERNEMENT OCCUPE EN						PEUPLES de chaque GOUVERNEMENT.
					à Pétersbourg.	à Moscou.	au chef-lieu.				superficie.	population absolue.	population relative.	fertilité.	industrie.	capital commerce.	
III. RUSSIE ORIENTALE.	SARATOF....	1,100,000	Saratof....	35,000	1,596	898	»	6,400,000	235	11,500,000	10	15	38	8	4	7	Russes, Cosaques, Allemands, Tatars.
			Petrofsk...	5,500	1,498	800	98										
			Volgsk....	10,950	1,734	1,036	137										
			Khvaiynnsk.	4,200	1,658	960	217										
			Serdobsk...	2,460	1,589	991	188										
			Kousnetsk..	7,390	1,622	924	222										
			Tsaritsyne..	4,200	1,694	996	365										
			Kamouichine.	3,390	1,776	1,078	179										
			Atkarsk....	1,380	1,620	922	84										
			Balachof...	2,850	1,463	765	241										
	ORENBOURG...	1,100,000	Oufa.....	3,000	2,043	1,345	»	4,350,000	1	3,500,000	9	25	43	18	50	27	Russes, Cosaques, Bachkirs, Tchérémisses, Teptiaires, etc.
			Orenbourg..	5,000	2,068	1,359	345										
			Sterlitamak.	2,040	2,166	1,468	123										
			Birsk.....	2,089	3,146	1,447	102										
			Menzélinsk..	3,290	2,315	1,616	271										
			Bougoulma..	2,130	1,830	1,132	213										
			Bousoulouk..	2,070	1,819	1,120	419										
			Troïtsk....	2,900	3,631	1,932	587										
			Verkhu-Ouralsk.	1,190	2,628	1,929	584										
			Tchéliaba...	2,900	2,592	1,894	549										
			Bougourouslan.	2,875	1,920	1,222	318										
			Bélébef....	885	1,980	1,282	167										
			Ouralsk....	4,000	2,250	1,551	649										

Note. La population des villes que nous a fournie l'Almanach de Saint-Pétersbourg se ressent de l'incertitude des renseignements que possède le gouvernement; mais nous avons dû, faute de mieux, considérer ce recueil comme une autorité.

Les villes qui figurent dans ce tableau sont tous les chefs-lieux d'arrondissement et quelques villes importantes de chaque gouvernement ou province; ces dernières sont en *italiques*; excepté pour la Finlande, où, à l'exception de la capitale, les chefs-lieux de préfecture sont en *italiques*.

J. H.

Tableau des Diocèses de la Russie.

MÉTROPOLES ou DIOCÈSES de 1re classe.	ARCHEVÊCHÉS ou DIOCÈSES de 2e classe.	ÉVÊCHÉS ou DIOCÈSES de 3e classe.
Moscou. Pétersbourg. Kief. Novgorod.	Kazan. Astrakhan. Tobolsk. Iaroslavl. Pskof. Riaisan. Tver. Iekaterinoslaf. Mohilef. Tchernigof. Minnsk. Podolie. Kichenef.	Kalouga. Smolensk. Nijni-Novgorod. Koursk. Vladimir. Vologda. Toula. Viatka. Voroneje. Kostroma. Irkoutsk. Arkhangel. Tambof. Orel. Poltava. Perm. Pennza. Slobodes. d'Oukraine. Volhynie. Orenbourg.

ARMÉE DE TERRE.

Garde impériale.
- 8 régiments de 3 bataillons de 800 hommes chacun. . . 19,200
- 2 bataillons de sapeurs et l'artillerie à pied. . . 2,000
- 8 régiments de cavalerie de 800 hommes chacun, formant en tout 53 escadrons. . 6,400
- 3 escadrons de Cosaques et Tatars. 800
- Pionniers et artillerie à cheval. . 800

Total Garde impériale: 29,200

Infanterie de ligne.
- 127 régiments de ligne de 3 bataillons et de 2,400 hommes. 304,800
- 36 bataillons des garnisons de l'intérieur. . . 77,000

Total: 381,800

Cavalerie régulière et irrégulière.
- 16 régiments de cuirassiers chacun de 5 escadrons de 1,000 hommes. 16,000
- 52 régiments de dragons, de hussards, de houlans et de chasseurs . . 52,000
- 38 régiments de Cosaques réguliers chacun de 5 *sotnes*, ou 500 hommes. . . . 19,000

A reporter. . 87,000   411,000

Report. . 87,000   411,000

Cavalerie régulière et irrégulière.
- 18 régiments de Cosaques du Don, chacun de 1,000 hommes. . . 18,000
- 10 régiments de Cosaques de la mer Noire. . . 10,000
- 10 régiments de Cosaques de l'Oural. . . 10,000
- 3 régiments de Cosaques du Volga. 3,000
- Cosaques de Sibérie, Kalmouks, Tatars, Bachkirs et Caucasiens. . . 40,000

Total: 168,000 (?) — soit 81,000

Artillerie de ligne.
- 60 compagnies d'artillerie de siège de 200 hommes. 12,000
- 60 compagnies d'artillerie de campagne . 12,000
- 22 *commandes* d'artillerie à cheval. . 4,400
- 12 compagnies de pionniers *idem.* . 2,400
- 10 compagnies de pontonniers *idem.* . 2,000
- 12 compagnies et 62 commandes d'artillerie des garnisons de l'intérieur. . . 11,500

Total: 44,300

Troupes formant ce qu'on nomme les *extra-corps.* 27,000
Officiers de tous grades. 20,000

Total de toutes les forces de terre en 1827. 670,300 (¹)

ARMÉE DE MER.

PERSONNEL. { Artilleurs . . . 9,000 ; Soldats . . . 3,000 ; Marins . . . 21,000 } 33,000 (²)

(¹) Les levées de 1827 et 1828 ont porté l'armée à 870,000 hommes; en y comprenant la réserve de 150,000 hommes décrétée le 22 août 1829, elle devait être en 1830 de 1,020,000 hommes; mais les maladies, la guerre contre la Turquie et la dernière campagne de Pologne ont dû absorber plus que les levées faites depuis 1827. Au surplus voici, d'après des renseignements que nous tenons de bonne source, l'effectif de l'armée russe en 1832 :

19 divisions de cavalerie à 4 régim., ci. 76 régim de 1,000 h. 76,000 h.
35 divisions d'infanterie à 6 régim , ci 210 de 3,000 630,000
105 batter. d'art. à pied formaient 1,280 pièces de canon.
38 *idem* d'artillerie à cheval. . 456 *idem.*

Total des pièces. . 1,736

Personnel de l'artillerie, du génie et du train. 34,000

Total, y compris la garde. 740,000
Mais les vices qui règnent dans l'administration militaire font que ce chiffre doit être réduit d'un 10e pour présenter l'effectif réel, ci 74,000

666,000
Si l'on ajoute à ce nombre les officiers de tous grades. 20,000

L'effectif s'élèvera, pour 1832, à 686,000

(²) Ce nombre est celui qui est adopté par M. Schnitzler pour 1826 ; mais l'empereur ayant une grande prédilection pour la marine, il fait tous ses efforts pour la rendre plus importante : aussi en évaluait-on le personnel, en 1832, à 44,000 hommes.

Matériel.

	Vaisseaux de ligne.	Frégates.	Corvettes.	Bricks	Bâtiments inférieurs.	TOTAL
Escadre de la mer Baltique...	15	13	2	5	»	35
Escadre de la mer Noire...	11	7	3	1	4	26(¹)
Bâtiments attachés aux diverses escadres ou faisant partie des flottilles de la mer Caspienne.	2	7	5	3	67	84
Galères...	»	»	»	»	20	20
Chaloupes canonnières...	»	»	»	»	121	121
Lancés des chantiers de Pétersbourg en 1828..	4	4	»	6	9	23
Lancés depuis 1828	3?	5?	»	»	44	52
Totaux...	35	36	15	10	265	361

POPULATION *de l'empire de Russie, sans la Pologne, à la fin de 1832, d'après les renseignements officiels publiés en 1829 par le ministre de l'intérieur.*

A. HABITANTS MALES SOUMIS A L'IMPÔT.

I. Habitants des villes.

1° Marchands de la 1ʳᵉ guilde.....	1,497
2° Idem. de la 2ᵉ Idem.....	3,998
3° Idem. de la 3ᵉ Idem, parmi lesquels se trouvent 7,525 Juifs et 1,050 Mahométans..........	68,212
4° Maîtres et artisans { Juifs...... 421,475 / Chrétiens... 664,447 / Mahométans. 12,132 }	1,098,054
Total des habitants mâles des villes...	1,171,761

(¹) Voici le détail de l'escadre de la mer Noire, telle que nous l'avons vue à la fin de 1837.

Vaisseaux.

Varsovie.....	120 canons.	Machmouth...	90 canons.
Silistrie.....	90	Catherine.....	90
Tchesma.....	90	Andrinople....	90
Maria......	90	Stamboul.....	90
Anapa......	90	Pimen........	90
Lamik Ilstaphi.	90		

Frégates.

Bourgas.....	60 canons.	Brailof.....	40 canons.
Enos.......	60	Agathopole..	60
Varna......	60	Ténédos.....	60
Anna.......	40		

Corvettes et autres bâtiments.

Sizopoli.....	14 canons.	Ganets (le *Courrier*).	14 canons.
Iphigénie....	14	Vestavoi (le *Planton*).	14
Oreste......	14	Spechni (le *Rapide*).	cutter.
Mercure (brick)	20	Strain (l'*Onde*) allége.	

II. Habitants mâles de la campagne.

1° Paysans de la couronne. { Paysans de l'empereur.... 18,748 / *Id.* relevant du cabinet de l'empereur, de l'expédit. du Kremlin, du bureau des apanages.. 576,486 }		595,234
2° Paysans de l'Etat sous différentes dénominations........		6,527,155
3° Cultivateurs libres, colons, Bohémiens et Juifs attachés à la culture...		250,909
4° Paysans de différents établissements publics........		161,814
5° Paysans des domaines seigneuriaux, parmi lesquels sont compris les paysans libres habitant sur les terres des particuliers sous certaines conditions..		10,109,668
Total des habitants mâles de la campagne.		17,644,780
Total de la population mâle des villes et de la campagne, formant 395,609 familles.........		18,816,541
Total des femmes évalué à......		18,816,541
Total de la population soumise à l'impôt.		37,633,082

B. HABITANTS MALES NON SOUMIS A L'IMPÔT.

1° Clergé russe séculier....	218,418	218,418 (*)
2° Moines.........	4,592	
3° Clergé grec-uni......	7,311	
4° Clergé catholique.....	5,981	243,548
5° Clergé protestant.....	438	
6° Moullahs.........	6,658	
7° Prêtres du Dalaï-Lama...	150	
		461,966

C. HABITANTS MALES NON SOUMIS A L'IMPÔT, MAIS SOUMIS AU SERVICE MILITAIRE.

1° Paysans de la couronne relevant des colonies militaires.	189,870	
2° Cosaques........	262,105	
3° Bachkirs........	167,269	747,557
4° Mestcheriaks......	31,159	
5° Kalmouks nomades...	28,344	
6° Kirghiz.........	(²)68,810	
Femmes..........		747,557
		1,495,114

D. NON SOUMIS A LA RÉVISION.

1° Nobles héréditaires.....	148,330	
2° *Idem* jouissant de la noblesse personnelle........	46,441	
3° Soldats en retraite.....	83,791	427,685
4° Etrangers.........	16,381	
5° Diverses autres classes d'habitants...........	132,742	
Femmes..........		427,685
		855,370

(*) Le clergé séculier russe se composant d'individus mariés, il convient pour la population totale d'en doubler le nombre. — (²) Ce chiffre seul suffirait pour prouver combien sont incomplets les calculs du ministère.

Population des deux sexes en Finlande. 1,271,262
Report du total des populations détaillées
ci-contre. 39,590,162
A ajouter sans désignation dans le Journal du Ministère, mais représentant probablement l'effectif des armées de terre et de mer, le chiffre de. . . . 891,090
Peuples du Caucase et autres, évalués par le ministère à. 1,810,174

Total de la population de l'empire, sans la Pologne, en 1829. 44,418,058

L'augmentation annuelle de la population étant, terme moyen, de 566,000 individus, nous devrions ajouter pour 4 années au total ci-dessus 2,264,000 Individus; mais les ravages du choléra et de la peste jusqu'en 1831, les pertes éprouvées pendant la guerre de Turquie, et surtout pendant celle de Pologne, nous engagent à négliger l'augmentation d'une année, et à ne porter que 1,698,000
Il est juste d'ajouter encore:
1° La population des conquêtes faites dans le Caucase par le traité de 1829, ci 500,000
2° La population de la Russie américaine, estimée par M. de Wrangel à. . . . . 200,000 } 700,000

Total présumé à la fin de 1832. . . 46,816,058 (²)

(¹) 44,413,058

POPULATION ET SUPERFICIE de l'empire de Russie (non compris la Pologne) en 1832.

	RUSSIE européenne.	RUSSIE asiatique.	RUSSIE américaine.	TOTAL.
Superficie.	260,340	719,600	57,000	1,036,940 lieues géographiques.
Population absolue. . .	56,770,627	4,083,000	200,000	61,053,627 habitants (³).
Population relative. . .	218	5	3	55 habitants.

MOUVEMENTS de la population de l'empire.

ANNÉES.	NAISSANCES			MORTS			EXCÉDANTS des naissances sur les décès.	MARIAGES.
	mâles.	du sexe féminin.	TOTAL.	mâles.	du sexe féminin.	TOTAL.		
1823.	854,685	778,916	1,633,601	494,392	475,866	970,258	663,343	381,865
1824.	»	»	1,646,224	»	»	1,209,473	436,751	336,350
1825.	890,641	814,674	1,704,615	544,996	526,210	1,071,206	634,409	365,326
1826.	897,553	825,309	1,722,862	628,324	607,372	1,235,706	487,156	414,786
1827.	952,673	892,106	1,844,777	600,162	577,889	1,178,051	666,728	388,377
1830.	951,690	892,576	1,844,266	682,709	654,532	1,337,241(⁴)	507,025	347,281

(¹) Si l'on ajoute à ce nombre celui de la population du royaume de Pologne, qui est de 4,581,942, on aura pour celle de tout l'empire 49,000,000, qui est le chiffre adopté par le ministère en 1829.
(²) Ce chiffre, que nous donnons d'après les renseignements officiels publiés par le gouvernement russe, est fort au-dessous de la vérité, ainsi que nous allons l'établir par des calculs basés sur les naissances et les décès.
Le terme moyen des naissances constatées est de 1,732,724. En France, ainsi que l'a calculé M. Mathieu, on compte une naissance pour 32.10 habitants. Aux États-Unis, où la progression est beaucoup plus rapide, on compte une naissance pour 25 habitants: la moyenne de ces deux termes, qui est 28.55, peut donner une base assez exacte pour évaluer la population de la Russie. Ainsi donc, en multipliant le nombre moyen des naissances par 28.55, on a pour résultat 49,469,270 individus.
Le terme moyen des décès constatés en Russie est de 1,166,989. En France on compte un décès pour 39.70 habitants; aux États-Unis on compte un décès pour 45 individus: la moyenne de ces deux termes est 42 35. En multipliant le nombre moyen des décès par ce dernier chiffre, on a pour produit 49,421,984. Maintenant, si l'on prend le terme moyen entre le produit des naissances et celui des décès, on a pour le chiffre de la population de 1830 49,445,627
L'augmentation de deux années, d'après la moyenne ci-dessus, donne. 1,132,000
Total 50,577,627
Mais il faut considérer que ce total n'est que le résultat des calculs qui portent sur les documents officiels fournis par le
50,577,627

Report. . . . 50,577,627
saint synode relativement à la seule population gréco-russe: conséquemment il faut y ajouter la population, autre que celle qui suit le rite grec orthodoxe, et dont nous donnons, sans exagération, le détail dans le tableau de l'empire par religions, ci 10,340,000
Il convient aussi d'y ajouter la population de la Russie d'Amérique 200,000

Total général de la population de l'empire de Russie, calculée jusqu'à la fin de 1832 61,117,627

Partant, l'excédant sur la population établie sur les données du ministère est de 14,301,569

N. B. M. A. Balbi, dans son Compendio di Geografia universale, et ensuite dans son Essai de statistique du Portugal, portait en 1822 la population totale de l'empire russe à 54,000,000 d'habitants. Dans son Tableau intitulé: L'Empire russe comparé aux principaux États du globe, il la porte, pour la fin de 1826, à 56,070,000 sans la Pologne, savoir: Russie d'Europe, 52,575,000; Russie d'Asie, 3,445,000; Russie d'Amérique, 50,000. Dans son Abrégé de Géographie (Paris, 1833), il la reproduit toujours à l'époque de la fin de 18 6, mais avec quelques légères modifications: ainsi Russie d'Europe, 52,575,000; Russie d'Asie, 3,600,000, et Russie d'Amérique, 50,000; ce qui forme un total de 56,225,000. Enfin, dans la dernière édition de son Abrégé de Géographie (Paris, 1838), on lit: Empire russe proprement dit, 52,575,000; royaume de Pologne, 3,900,000; Russie d'Europe, 56,500,000.

(³) Voyez le tableau précédent, à l'appui duquel nous donnons les calculs sur lesquels repose notre évaluation.
(⁴) Sur ces décès on compte 1,052 centenaires.

TABLEAUX.

MORTALITÉ *parmi les individus mâles âgés de 65 à 140 ans.*

	En 1825.	En 1827.		En 1825.	En 1827.
De 65 à 70 ans	15,282	16,599	De 105 à 110 ans	154	141
De 70 à 75	17,317	17,741	De 110 à 115	56	104
De 75 à 80	10,239	10,983	De 115 à 120	30	46
De 80 à 85	9,159	9,739	De 120 à 125	32	31
De 85 à 90	4,710	4,779	De 125 à 130	4	16
De 90 à 95	2,792	2,993	De 130 à 135	4	4
De 95 à 100	1,414	1,644	De 135 à 140	»	1
De 100 à 105	568	604			

TABLEAU COMPARATIF *des accidents divers arrivés dans l'étendue de l'empire de Russie pendant les années 1824, 1825, 1826, 1827 et 1828* (¹).

Pertes dans la population.	1824.	1825.	1826.	1827.	1828.
Nombre d'individus morts par accidents	15,542	13,363	12,929	14,825	16,700
Assassinats	1,287	1,110	2,095	1226	1,230
Suicides	1,069	1,066	966	1,176	1,245
Total	14,898	15,539	14,990	17,227	19,175
Événements divers.					
Vols et brigandages	173	154	107	189	124
Criminels, déserteurs et vagabonds arrêtés	2,491	2,931	3,190	2,738	2,674
Détenus qui se sont échappés	89	51	3	27	21
Enfants abandonnés	24	16	20	12	11
Enfants nés monstres	7	6	12	11	2
Désastres causés par les incendies.					
Les incendies ont consumé :					
Églises et monastères	41	23	50	46	32
Maisons dans les villes	804	1,142	1,240	1,976	1,169
Idem dans les campagnes et les villages	13,335	15,406	23,607	24,375	13,012
Magasins de blé	13	18	10	28	3
Moulins	57	57	67	84	65
Établissements industriels, distilleries d'eau-de-vie et fabriques	55	52	69	99	64
Blé .... tchetv.	29,690	41,367	54,380	20,505	15,186
Sommes d'argent ... roubles.	4,094	9,820	25,880	17,921	25,042
Eau-de-vie ... vedros.	452	7,763	4,159	2,830	825
Bétail ... têtes.	2,162	2,369	1,305	2,857	2,398
Foin ... pouds.	73,330	6,130	131,160	434,930	103,830
Bois ... déciatines.	10,212	124	5,528	4,083	1,248
Nombre des incendies.					
Incendies occasionnés par imprudence	2,381	2,595	2,916	3,295	2,385
Idem dus à la malveillance	82	98	120	192	75
Idem allumés par la foudre	93	110	231	166	167
Inondations et tempêtes.					
Nombre de maisons entraînées ou détruites	455	195	634	312	952
Idem de navires et embarc. de toutes sortes, perdus	177	88	97	180	72
Quantité de blé détruit ... tchetv.	7,094	1,195	102	2,500	16,235
Idem d'eau-de-vie ... vedros.	»	»	»	»	12,000
Idem de foin entraîné ... pouds.	67,930	230,325	65,000	350	»
Idem de sel fondu ... pouds.	49,780	»	569	1,500	»
Idem de bétail qui a péri ... têtes.	2,114	2,943	420	3,888	82,191
Les sauterelles et les vers ont détruit en blé ... déciatines.	10,109	8,936	858	1,433	4,234
Les épizooties ont emporté :					
Chevaux	10,560	84,092	13,797	10,706	1,444
Bêtes à cornes	25,881	219,627	54,168	39,386	28,165
Moutons	3,328	609,840	11,013	595	6,209

(¹) Journal de Saint-Pétersbourg, 10-22 janvier 1829, pag. 17.

TABLEAU approximatif de la population de l'empire de Russie classée par nations.

A. Nations Slaves.

1. Les Grands-Russes...	34,000,000	
2. Les Petits-Russes...	9,000,000	
3. Les Lithuaniens...	1,300,000	
4. Les Polonais...	2,000,000	46,930,000
5. Les Lettons et Koures.	600,000	
6. Les Boulgares et les Serviens...	30,000	

B. Nations Finnoises et Finno-Hunniques.

Les Finlandais (Souomes, Quænes et Karéliens).	1,380,000	
Les Esthes...	480,000	
Les Lives et Krivines...	3,000	
Les Lapons...	9,000	
Les Zyriaines...	30,000	
Les Vogoules...	12,000	
Les Permiakes...	34,000	2,962,000
Les Tchouvaches...	370,000	
Les Tchérémisses ou Maris.	190,000	
Les Mordouins...	92,000	
Les Wotiaikes...	141,000	
Les Ostiaks d'Obi...	107,000	
Les Teptiaires et Mechtcheriaks...	114,000	

C. Nations Tatares ou Turques.

Les Tatars ou Turcs, proprement dits...	1,292,000	
Les Nogaïs avec les Koumikes...	154,200	
Les Trukhmènes...	200,000	
Les Kirghiz...	360,000	2,260,200
Les Khivintzes...	2,500	
Les Boukhares (Tatars)...	10,500	
Les Bachkirs...	140,000	
Les Téléoutes...	1,000	
Les Iakoutes...	100,000	

D. Nations Caucasiennes.

Les Arméniens...	280,000	
Les Géorgiens ou Grousiniens, etc...	360,000	
Les Lesghiens ou Lezghi...	230,000	
Les Tcherkesses (Circassiens)...	305,000	1,350,000
Les Avkhasses...	90,000	
Les Ossètes...	42,000	
Les Midzègues...	43,000	

E. Nations Teutoniques et Skandinaves.

Les Allemands...	480,000	
Les Suédois...	56,000	537,200
Les Danois...	1,200	

F. Nations Mongoliques.

Les Bourètes ou Bouriaites.	120,000	
Les Kalmouks ou Eleuthes.	75,000	213,000
Les Kalkas...	18,000	

G. Diverses petites nations de nord-est.

Les Toungouses, de la race mantchoure...	50,000	
Les Samoyèdes...	20,000	
Les tribus Ostiakes, du Ienisseï (Klaproth).	88,000	
Les Kamtchadales, Kouriles, Aléoutes...	9,500	
Les Ioukaguires...	3,200	260,700
Les Koriaikes...	8,000	
Les Tchouktchis. 50,000		
Les Kitaigues. . 3,000		
Eski- Tchougatches. 5,000	70,000	
maux Konaigues. . 8,000		
Kenaitzes. . 4,000		
Les tribus américaines...	62,000?	

H. Diverses nations asiatiques ou semi-Asiatiques.

Les Juifs...	560,000	
Les Arméniens...	74,000	
Les Tadjiks ou Boukhares persans...	15,000	
Les Indous...	500	667,900
Les Zigueunes ou Tsiganes.	10,000	
Les Arabes...	6,200	
Les Parses...	2,200	

I. Diverses nations Européennes.

Les Moldovènes...	85,000	
Les Valaques...	45,000	159,000
Les Grecs...	21,000	
Les Anglais, Français, etc.	8,000	

TABLEAU approximatif de la population de l'empire russe classée par religions.

Individus attachés à la region grecque orthodoxe	45,000,000
Dissidents ou sectaires de cette Eglise, appelés Raskolniks, ou hérétiques, divisés en 72 sectes.	350,000
Catholiques-romains (y compris les Grecs-unis et les Arméniens-unis).	3,500,000
Arméniens non unis.	250,000
Chrétiens de la confession d'Augsbourg.	2,000,000
Réformés.	54,000
Frères moraves.	10,000
Mennonites.	6,000
Mahométans.	2,500,000
Israélites.	600,000
Sectateurs du Dalaï-Lamisme.	300,000
Indiens du Fétichisme.	600,000
Idolâtres.	170,000
Total.	55,340,000

(Total religions accolade: 10,340,000)

TABLEAU *du commerce extérieur de la Russie dans les années* 1826, 1827 *et* 1829 (¹).

IMPORTATIONS.

	1826.	1827.	1829.
	Roubles.	Roubles.	Roubles.
Vins de toutes qualités.	8,025,831	10,865,676	6,835,927
Vin de Champagne.	1,552,817	2,412,622	1,881,560
Café.	4,640,670	6,342,449	4,913,622
Thé.	5,675,992	6,719,166	7,398,373
Fruits.	4,401,374	4,000,000 ?	4,215,753
Sel.	4,520,566	4,000,000 ?	7,529,755
Bestiaux.	2,152,239	2,471,674	2,836,995
Drogueries.	2,454,778	3,313,013	»
Matières tinctoriales.	15,544,986	16,006,284	14,608,924
Plomb.	1,063,326	2,048,852	1,554,212
Objets en coton.	12,627,635	15,126,902	10,433,792
Objets en laine.	9,289,126	9,783,083	6,391,400
Objets en lin.	703,470	1,166,729	774,700
Objets en soie.	6,749,655	8,428,633	7,025,000
Toiles peintes.	15,000,000 ?	16,006,284	»
Or et argent monnayés et en lingots.	4,878,460	4,000,000 ?	46,307,000
Différentes marchandises non comprises dans les articles ci-dessus.	89,580,767	62,612,309	116,229,781
Totaux.	184,861,692	175,303,676	238,936,794

EXPORTATIONS.

	1826.	1827.	1829.
Blé et farine.	16,766,833	37,462,878	20,000,882
Seigle, orge et avoine.	»	»	12,959,695
Lin.	25,494,669	25,722,842	21,674,672
Chanvre.	24,966,390	26,270,322	15,873,360
Graine de lin et de chanvre.	7,636,302	11,838,427	10,757,261
Huile de lin et de chanvre.	1,002,010	1,975,070	3,805,383
Cordes et cordages.	1,945,751	2,447,173	2,630,053
Objets en lin.	9,003,320	11,721,139	»
Toiles à voile.	»	»	4,585,841
Objets en laine.	739,426	1,119,310	1,161,384
Soies de porc.	3,897,600	5,970,237	3,122,857
Bois de construction.	7,019,156	8,654,537	8,263,041
Fer et cuivre.	14,500,000	7,869,084	15,142,077
Laines.	1,545,604	1,000,000 ?	»
Peaux brutes.	2,616,157	3,011,151	9,993,688
Peaux préparées.	4,306,666	5,667,907	
Bœufs et chevaux.	»	»	802,185
Cire.	3,819,634	3,000,000 ?	2,458,479
Suif.	28,053,078	38,808,559	39,821,484
Potasse.	2,666,305	3,180,875	3,990,675
Or et argent monnayés et en lingots.	3,647,974	3,000,000 ?	»
Différentes marchandises non comprises dans les articles ci-dessus.	22,753,821	39,150,912	42,207,994
Totaux.	183,274,696	237,770,423	219,250,011

Le commerce *intérieur* peut être évalué à . . . . 140,000,000 Roubles.
Le commerce de transit s'élève annuellement a. 4,000,000

(¹) Ces évaluations, bien qu'elles soient officielles, sont au-dessous de la vérité.

TABLEAU de la fertilité en fruits de certaines parties de la Russie d'Europe.

	ARBRES FRUITIERS.	CEPS DE VIGNE.	PRODUITS EN VINS.	
			Vedros.	Litres.
Territoire d'Odessa (1831).	367,930	3,873,590	23,691	291,400
Presqu'île de Krimée idem.	?	98,102,900	600,000	7,380,000

ÉTAT approximatif des revenus, des dépenses et de la dette publique de la Russie en 1832.

RECETTES.

Capitation. . . . . roubl.	65,000,000
Obrok (ou redevance des paysans de la couronne). . . . . »	74,000,000
Centième denier. . . . . . »	7,000,000
Douanes. . . . . »	70,000,000 (¹)
Eau-de-vie. . . . . »	93,000,000
Sel. . . . . »	8,000,000
Mines. . . . . »	16,000,000
Monnaies. . . . . »	6,000,000
Timbre et enregistrement. . »	18,000,000
Impôts divers, tels que le rachat du recrutement, les amendes, le produit des pêcheries, la poste aux lettres, etc. . . . »	6,032,000
Bénéfice sur la banque d'emprunt (en 1831). . . . »	21,950,000
Id. sur la banque de commerce (en 1831). . . . . »	21,018,000
Total. . .	406,000,000
Recettes diverses à ajouter, pour porter les revenus au niveau du total des dépenses probables et de la réserve. . . »	64,000,000
Total évalué au plus bas. . .	470,000,000 (²)

DÉPENSES.

Entretien de l'armée. . . . . roub.	135,000,000
Idem de toute la marine. . . »	80,000,000
	215,000,000

Report. . . . . »	215,000,000
Intérêts de la dette publique. . »	43,427,000 (¹)
Amortissement annuel. . . »	34,889,000
Frais relatifs à la diplomatie (env.). . . . . »	6,000,000
Administration des gouvernements. . . . . »	21,500,000 ?
Dépenses de la couronne. . . »	15,000,000 (²)
Routes, canaux, mines, constructions. . . . . »	20,000,000
Pensions. . . . . »	5,000,000 (³)
Tribunaux. . . . . »	3,000,000
Instruction publique, établissements scientifiques, etc. . »	12,000,000
Cultes. . . . . »	12,000,000
Frais de perception sur les douanes. . . . . »	5,000,000
Frais de l'administration de la caisse d'amortissement. . . »	400,000
Personnel de l'administration et frais de perception des impôts. . . . . »	50,784,000 ?
Total présumé. . .	450,000,000
Excédant probable des recettes sur les dépenses. . »	20,000,000 (⁴)
Balance. . . . . »	470,000,000

(¹) En 1825, les douanes ont produit . . . 54,092,830 roublçs.
En 1826. 55,667,322
En 1828. 63,000,000
En 1829. 68,285,000
En 1830. 68,364,098
En 1831. 71,581,895

(²) M. Weydemeyer porte les revenus de l'État, en 1827, à 450,000,000 r. M. A. Balbi, dans son Tableau statistique de la Russie, en évalue le total à 400,000,000 f. Ni l'un ni l'autre ne déclarent sur quels documents s'appuient leurs évaluations : ainsi donc tout est encore incertitude sur ce point comme sur celui des dépenses. Cependant, d'après des renseignements que nous tenons d'un homme d'État russe, le chiffre de M. Weydemeyer est loin d'être inférieur à celui que l'on doit admettre en 1832, et celui que nous donnons s'approche beaucoup plus de la probabilité ; d'où il suit que si nous l'évaluons en francs au cours de 1 fr. 10 c. par rouble, nous aurons pour les revenus de la Russie 517,000,000 de francs.

(¹) D'après le compte rendu, le 7 septembre 1832, par le ministre des finances, comte de Cancrine, l'intérêt de la dette est d'environ 43,427,000 roubles, et la somme destinée à l'amortissement au 1ᵉʳ janvier 1831, était en roubles assign. de 51,414,900 10
Le reliquat au 1ᵉʳ janvier 1832 se composait des sommes suivantes :
1º Roubl. en or 1,281,953 22, ou en roubl. ass. 4,870,422 23
2º Roubl. argent 1,124,489 11, Idem 4,138,121 92 16,525,995 41
3º Roubl. ass.   7,517,451 26
Conséquemment , la somme employée au rachat de la dette, dans le courant de 1831, a été de 34,888,904 69
Le capital de réserve indépendant des fonds d'amortissement, au 1ᵉʳ janvier 1832, de. . . . . R. 22,388,884 71
Ajoutons le reliquat détaillé ci-dessus, de   16,525,995 41
Total du capital de réserve au 1ᵉʳ janvie 1832. R. 38,914,880 12

(²) Les dépenses de la couronne supportées par l'État s'élèveraient à une somme plus considérable, si la maison de Romanof ne possédait à titre d'apanage des terres considérables avec 595,000 paysans. Un oukase du 8 janvier 1830 porte qu'à l'avenir les terres de la couronne seront affermées, un règlement du 2 novembre 1832 détermine l'exécution de cette importante mesure : les terres sont concédées pour baux de 24 à 99 ans. On conçoit l'influence que cette sage innovation peut avoir sur les progrès de l'agriculture en Russie. — (³) Outre ces pensions, le gouvernement accorde des terres en usufruit. — (⁴) Ce qui prouve que les recettes de l'État s'élèvent au moins à 470,000,000 de roubles, c'est que l'excédant que nous portons ici ne dépasse pas de R. 3,474,064 59 c., celui qui provient du fonds d'amortissement. Il est plus que probable que l'excédant de toutes les recettes sur toutes les dépenses est supérieur à R. 20,000,000. Ce qui le prouverait encore, c'est que le capital de la

DETTE PUBLIQUE.

Dette perpétuelle en 1832... R. 559,018,484 70 c.

Dette à terme.
- Emprunt hollandais. 84,441,000 fl.
- Dettes intérieures. 2,016.600 r.or. / 94,104,542 r.as.

264,102,269 05 (¹)

Total... 823,120,753 75

Papier-monnaie.

Masse des assignations de banque en circulation au 1ᵉʳ janvier 1832....... 595,776,310

Total général de la dette. R. 1,418,897,063 75 (²)

Population de Saint-Pétersbourg en 1831.

Hommes.	Femmes.	TOTAL.
316,211	132,010	448,221

SAVOIR :

Appartenant au clergé.............	1,924
Idem à la noblesse............	42,901
Militaires..................	45,829
Marchands et négociants, dont 3,143 étrangers...............	6,800
Bourgeois..................	44,393
Artisans..................	11,795
Gens libres de diverses conditions...	63,119
Paysans..................	117,426
Domestiques de seigneurs.........	98,098
Habitants d'Okhta.............	2,911
Étrangers, idem.............	13,025
	448,221

Mariages........ 1,041

	Sexe masculin.	Sexe féminin.	Total.
Naissances.....	3,515	2,996	6,511
Maladies ordinaires.	6,890	4,335	11,225
Choléra-morbus..	5,820	3,438	9,258
	12,710	7,773	20,483

Décès. Accidents ou morts subites... 319 ; Assassinats.. 5 ; Coups.... 2 ; Suicides.... 22 } 348

Total des décès. 20,831

Population de Saint-Pétersbourg en 1836.

Hommes.	Femmes	TOTAL.
330,564	121,410	451,974

Appartenant au clergé...............	1,859
Généraux ou officiers de tous grades...	5,806
Sous-officiers et soldats en activité ou en retraite.............	75,928
Employés civils en activité ou en retraite.	12,056
Bourgeois d'honneur.............	305
Bourgeois de 2ᵉ classe...........	28,895
Povjadsky ou bourgeois ayant le droit de faire le commerce........	38,469
Personnes attachées aux théâtres impériaux.	1,125
Marchands des trois guildes ou classes...	9,878
Artisans.................	10,286
Gens libres de diverses conditions....	30,257
Paysans, domestiques, etc..........	211,549
Élèves des divers établissements d'instruction publique............	11,293
Étrangers.................	14,268
	451,974

POPULATION *de l'empire de Russie sans la Pologne, au commencement de 1837, d'après les renseignements officiels publiés en 1838 par le Ministre de l'intérieur.*

A. POPULATION ATTACHÉE A LA DÉFENSE DU PAYS.

I. Colonies.

1° Cosaques, Kalmouks, etc., etc........	hommes....	950,698	1,932,165
	femmes.....	981,467	

II. Habitants des villes.

2° Marchands des trois guildes........	hommes....	131,347	253,061
	femmes.....	121,714	
2° Bourgeois..	hommes....	1,339,434	2,773,416
	femmes.....	1,433,982	

A reporter........ 4,958,642

---

dette, sans y comprendre le papier-monnaie, s'élevait au 1ᵉʳ janvier 1824, d'après le rapport officiel du ministre des finances, à R. 847,341,000, ce qui présente une diminution de plus de R. 24,000,000 en 8 années, ou plus de 3,000,000 de roubles par an. Ainsi, ce ne serait pas être au-dessous de la vérité que de porter l'excédant annuel des recettes sur les dépenses a 25,000,000 de roubles, ou en d'autres termes, d'estimer les recettes à R. 475,000,000, c'est-à-dire à 522,500,000 francs.

(¹) Il pourrait résulter une différence de quelques millions de roubles en moins entre cette somme et la somme réelle, ce qui vient de ce que le gouvernement russe ne fait point connaître à quel taux il évalue le rouble argent en assignations de banque. Ce taux varie, et nous l'avons estimé au terme moyen de 368 kopecks en assignations par rouble argent. Nous avons évalué aussi la dette hollandaise au taux moyen de 52 cents par rouble assignation, parce que nous ignorons aussi à quel cours le gouvernement a opéré. Nous devons faire la même observation pour toutes les sommes qui ne sont pas présentées par le ministère russe en rouble papier; ainsi, dans les éléments de la dette, comme dans le détail des opérations du ministère des finances, nous avons compté le rouble en or à 380 kopecks, bien que ce taux ait pu être plus élevé au moment de chaque opération.

(²) Dans son *Tableau statistique de la Russie*, M. A. Balbi porte, en 1827, la dette russe à 1,300,000,000 f.; mais dans son *Abrégé de Géographie*, il l'évalue à la même époque à 1,440,000,000 f. Comme nous avons puisé aux sources officielles, notre chiffre de R. 1,418,897,063 75 en 1832 est parfaitement exact, parce qu'il est énoncé dans le rapport de M. le comte de Cancrine en roubles assignations : si l'on veut connaître à cette époque la dette russe en francs, il faut compter le rouble au taux moyen de 1 f. 10 c., ce qui donne 1,560,786,770 f. 12 c.

Report.		4,958,642
3° Bourgeois des provinces occidentales (ancienne Pologne). hommes	7,525	14,491
femmes	6,966	
4° Divers habitants des villes colonisés et attachés aux fabriques. hommes	10,882	21,822
femmes	10,940	
5° Habitants des villes en Bessarabie. hommes	57,905	114,101
femmes	56,196	

III. Habitants des campagnes.

1° Paysans sur les terres de la couronne à différents titres. hommes	10,441,399	21,463,993
femmes	11,022,594	
2° Paysans sur les terres des particuliers. hommes	11,403,722	23,362,595
femmes	11,958,873	
3° Nomades recensés. hommes	245,715	507,697
femmes	261,982	

B. Population non soumise a l'impôt ni a la révision.

I. Clergé.

1° Grec. hommes	254,057	503,805
femmes	249,748	
2° Grec-uni. hommes	7,823	15,141
femmes	7,318	
3° Catholique.		2,497
4° Arménien. hommes	474	817
femmes	343	
5° Luthérien. hommes	1,003	1,958
femmes	955	
6° Réformé. hommes	51	88
femmes	37	
7° Mahométans. hommes	7,850	13,921
femmes	6,071	

II. Noblesse.

1° Noblesse héréditaire. hommes	284,731	538,160
femmes	253,429	
2° Noblesse personnelle. hommes	78,922	153,195
femmes	74,273	

III. Autres classes.

1° Serviteurs congédiés attachés au service de différentes manières. hommes	187,047	424,490
femmes	237,443	
2° Étrangers. hommes	22,114	37,329
femmes	15,215	

C. Population de divers pays.

1° Finlande. hommes	663,658	1,372,122
femmes	708,464	
2° Peuples du Caucase. hommes et femmes		1,445,002
3° Pays transcaucasiens (approximativement) hommes	689,147	1,378,297
femmes	689,150	
4° Kirghiz et autres nomades.		?
5° Colonies américaines. hommes	30,761	61,053
femmes	30,292	
Total de la population sans la Pologne.		56,376,206
Report de la Pologne.		4,188,222
Total général de tout l'empire.		60,564,428

Observation. On voit par les calculs que nous avons donnés à propos du recensement de la Russie à la fin de 1828, que le chiffre du ministère qui portait à cette époque la population de tout l'empire avec la Pologne à 49,000,000, était fort au-dessous de la vérité, à en juger seulement par les résultats que donne la comparaison des naissances et des décès. Aujourd'hui nous voyons avec plaisir que le dernier recensement a été fait avec plus de soin que les précédents, puisque d'après l'augmentation de huit années le chiffre de la fin de 1836 devrait être, selon les précédents documents du ministère, de 53,528,000, tandis que le dernier recensement porte 60,564,428.

CONSOMMATION de *Pétersbourg* en 1831 (non compris les approvisionnements livrés pour les différents services publics).

Bœufs, vaches et veaux. . . .	140,602
Moutons	15,350
Porcs	537
Animaux tués.	46,100
Viandes diverses (71,074 pouds).	1,163,623 kilogr.
Pièces de viande	2,742
Grains, non compris l'avoine. (52,450 tchetv.).	10,999,814 litres.
Idem. . . . . (sacs).	309,499
Farines et gruaux div. (33,310 tch.).	6,985,773 litres.
Idem (sacs de div. contenances)	1,138,718
Idem . . . . . . (2,352 pouds).	38,507 kilogr.
Malt et drèche. . . . . (sacs).	51,359
Idem . . . . . (790 pouds).	12,934 kilogr.
Volailles	428,720
Gibier à plumes.	212,738
Œufs. . . . . (douzaines).	314,483
Beurre. . . . (94,937 pouds).	1,554,308 kilogr.
Idem. . . (charges de chariots).	783
Fourrages. . (1,060,994 pouds).	17,272,982 litres.
Idem. . . . . . . (chariots).	127,551
Avoine. . . (180,441 tchetv.).	37,842,086 litres.
Idem. . . . . (sacs).	86,065

NOMBRE D'ÉDIFICES *existant à Pétersbourg en 1831.*

Églises gréco-russes.	140
Idem des cultes étrangers.	19
Idem ou chapelles de dissidents.	20
Monastères.	2
Chapelles.	4
Maisons archiépiscopales.	4
Palais.	9
Le château des Ingénieurs.	1
Maisons en pierre. 2,654	
Idem en bois. 5,330	8,074
Maisons bâties (en pierre. . . . 42) 90	
dans l'année. (en bois. . . 48)	
Manufactures; il en existait. . . . 187	199
Idem élevées en 1831. 12	

TABLEAU *de la quantité de barques, et valeur des chargements expédiés par les différentes voies navigables de l'intérieur de la Russie en 1828.*

POUR PÉTERSBOURG PAR LE CANAL LADOGA.	NOMBRE de BARQUES.	VALEUR DES CHARGEMENTS en francs.
Des systèmes.		
1º De Vichni-Volotchok.	8,841	103,534,803
2º De Tikhvine. . . .	1,815	15,500,932
3º De Marie.	2,280	12,872,801
Par le lac Ladoga et les échelles de la Neva.	408	3,837,670
DE PÉTERSBOURG DANS L'INTÉRIEUR DE L'EMPIRE.		
Par les systèmes.		
1º De Vichni-Volotchok.	280	1,160,879
2º De Tikhvine. . . .	857	18,179,465
3º De Marie.	107	784,132
Totaux.	14,588	155,870,682

Commerce du port de Pétersbourg en 1830 et 1831.

IMPORTATIONS.	VALEUR des MARCHANDISES en roubl. assign.	TOTAL DE LA VALEUR des importations et exportations en 1831.	TOTAL DE LA VALEUR des importations et exportations en 1830.	EXCÉDANTS de 1831 sur 1830.
Or et argent.	16,520,453.49			
Coton filé.	48,468,921.36			
Idem écru.	1,413,991.50			
Sucre brut.	27,632,428.50			
Soieries.	3,640,189.12	150,303,541.05	131,943,176.82	18,360,364.23
Lainages.	6,261,323.87			
Cotonnades.	3,609,612.75			
Toiles.	353,250 »			
Vins.	6,335,369.80			
Divers autres objets. . . .	36,068,000.66			
EXPORTATIONS.				
Chanvre.	12,849,228.24			
Lin.	1,579,780.98			
Potasse.	3,681,789.45			
Suifs.	34,953,787.76			
Cuirs crus.	3,113,480.81	115,958,678.32	111,255,171.44	4,703,506.88
Grains.	16,147,890.31			
Toiles.	7,399,974.80			
Fer.	5,570,940.70			
Divers autres objets. . . .	30,661,805.19			

TABLEAU *de la quantité de métaux et de substances minérales exploités en Russie dans les mines de la couronne pendant les années* 1830, 1831, 1832, 1833, 1834.

	EN POIDS RUSSES.	EN POIDS FRANÇAIS.				EN POIDS RUSSES.	EN POIDS FRANÇAIS.	
ANNÉE 1830.	pouds.	kilogramm.	hect.		ANNÉE 1833.	pouds.	kilogramm.	hect.
Or.	382	6,353	34		Or.	409	6,859	03
Platine.	106	1,735	22		Platine.	117	1,915	39
Argent aurifère.	1,282	20,986	34		Argent aurifère.	1,256	8,000	72
Cuivre.	235,995	3,863,238	15		Cuivre (¹).	207,054	3,389,473	98
Fonte de fer.	11,169,328	178,284,189	36		Fonte de fer (¹).	9,727,454	159,237,221	98
Plomb.	42,390	693,024	30		Plomb.	43,871	718,239	27
Houille.	486,799	7,968,699	63		Houille.	503,052	8,234,961	24
ANNÉE 1831.					ANNÉE 1834.			
Or.	402	5,580	74		Or.	405	6,629	85
Platine.	108	1,767	94		Platine.	103	1,679	11
Argent aurifère.	1,318	21,575	64		Argent aurifère.	1,262	20,928	97
Cuivre.	238,675	3,906,909	75		Cuivre.	»	(²) »	»
Fonte de fer.	11,005,656	170,162,583	72		Fonte de fer.	»	»	»
Plomb.	48,470	793,453	90		Plomb.	»	»	»
Houille.	197,523	9,781,451	51		Houille.	»	»	»
ANNÉE 1832.								
Or.	422	6,901	14					
Platine.	116	1,898	92					
Argent aurifère.	1,311	21,461	07					
Cuivre.	221,294	3,622,582	78					
Fonte de fer.	9,932,100	162,588,477	00					
Plomb.	42,077	688,809	49					
Houille.	403,336	6,602,610	32					

(¹) La quantité moins grande de cuivre et de fonte obtenue en 1832 et 1833 que dans les années précédentes s'explique par l'emploi d'une partie des ouvriers à d'autres travaux. — (²) Le compte du produit des usines en cuivre, en fer, en plomb et en houille ne s'arrêtant chaque année qu'à la fin de mai, celui de 1834 n'a pu nous être adressé par l'administration des mines de Russie, à laquelle nous devons les détails ci-dessus.

EXPLOITATION *des métaux précieux en* 1831 *et* 1832.

		1er SEMESTRE 1831.	2e SEMESTRE 1831.	TOTAL.	1er SEMESTRE 1832.
	MINES DE LA COURONNE.		P. l. z. (¹)		
	Iekaterinebourg.	»	18.22.67	»	»
	Zlatooust.	»	28.15.13	»	»
	Bohoslof.	»	20. 7.54	»	»
	Garoblahodat.	»	3.37.74	»	»
OR.	Total	95 » »	72. 3.16	167. 3.16	»
	MINES APPARTENANT AUX PARTICULIERS.	120.11.82 1/4	92.24.93 3/4	212.36.80	»
	Total général de l'or exploité.	215.11.82 1/4	164.28.13 3/4	380 pouds(²) 6221 k. 360 g.	195 pouds.
	Total en poids français.	» » »	» » »		

(¹) Le poud se divise en livres et en zolotniks. Le poud = 40 livres ; la livre = 96 zolotniks ; le zolotnik se divise en 96 p. — (²) Nous calculons dans ces tableaux le poud à 16 k. 372.

		1er SEMESTRE 1831.	2e SEMESTRE 1831.	TOTAL.	1er SEMESTRE 1832.
PLATINE.	MINES DE LA COURONNE. Zlatooust. Bohoslof. Garoblahodat.	» » »	» 3. 7 » 3.41 12/96 » 1.29	» » »	» » »
	Total.	» 10 »	» 7.77 12/96	» 17.77 12/96	»
	MINES APPARTENANT AUX PARTICULIERS.	54. 2.79 90/96	55.19.34 90/96	109 20.13 84/96	»
	Total général du platine exploité. Total en poids français.	54.12.79 90/96 »	55.27.16 6/96 »	110 pouds. 1800 k. 920 g.	» »
ARGENT.	MINES DE LA COURONNE. Kolivan. Nertchinsk. } Produit annuel. Total en poids français.	» »	» »	1350 pouds. 22,102 k. 200 g.	» (¹)

Tableau *approximatif des fabriques établies en Russie.*

DÉSIGNATION des PRODUITS.	LIEUX des PRINCIPALES MANUFACTURES.	TOTAL DES ÉTABLISSEMENTS dans tout l'empire.	TOTAL GÉNÉRAL.
Du règne animal.			
Draps.	Moscou, environs de Kief, Sarepta, Glouchkof.	340	
Soie.	Moscou, Koupavna.	150	
Cachemires.	Pennsa.	10	
Étoffe nationale.	Akhtyrka.		
Tapis.	Moscou, Kamenskoï, Smolensk, Koursk, Mikhaïlovka, Issa, Pétersbourg.	70	2,410
Tanneries et fabriques de maroquins.	Kazan, Arsamas, Mourome, Astrakhan, Katunka, Iaroslavl, Moscou, Ouglitch, Kolomna, Viatka, Toula, Vladimir, Nijni-Novgorod, Pskof, Minsk, Vologda, Torjok.	1,400	
Chapeaux.	Moscou, Pétersbourg.	40	
Savon, suif et chandelle.	Voroneje, Saratof, Novoï-Tcherkask, Kazan (*savon*).	400	
Du règne végétal.			
Toiles à voiles et linge de table.	Iaroslavl, Rostof, Viazniki, Kostroma, Vitebsk, Moscou, Arkhangel, Vladimir, Kalouga, Riaisan, Novgorod, Pétersbourg.	100	
		100	

(¹) En évaluant le gramme d'or à 3 fr. 44 c., le gramme de platine à 75 c., et le gramme d'argent à 22 c., on verra qu'en 1831 les exploitations des mines d'or ont produit 21,401,478 fr. 40 c., celles de platine 1,373,190 fr., et celles d'argent 4,862,484 fr., c'est-à-dire la somme totale de 27,637,152 fr. 40 c., dont 14,277,786 fr. 50 c. à la couronne, et 13,359,365 fr. 90 c. aux particuliers. Cependant, comme la couronne prélève un droit d'un dixième sur le produit des mines des particuliers, le revenu total des mines de métaux précieux seuls a été pour le gouvernement, en 1831, de 15,613,723 fr. 09 c.

DÉSIGNATION des PRODUITS.	LIEUX des PRINCIPALES MANUFACTURES.	TOTAL DES ÉTABLISSEMENTS dans tout l'empire.	TOTAL GÉNÉRAL.
	Report.	100	
Câbles et cordages..	Pétersbourg, Arkhangel, Orel, Odessa.	90	
Coton filé et tissé, toiles peintes...	Moscou, Ivanovo, Chouïa, Pétersbourg, Kostroma.	400	
Papeteries.....	Moscou, Pétersbourg, Kalouga, Riga, Iaroslavl (*plusieurs lieux de la Finlande*).	75	
Tabac.....	Pétersbourg, Moscou, Riga (*plusieurs villes de la Krimée*).	50	
Raffineries de sucre..	Pétersbourg, Moscou, Riga.	55	7,270
Distill. d'eau-de-vie.	(Presque partout).	6,200	
Vinaigre et divers acides.	Moscou (*un grand nombre d'autres villes*).	50	
Teinturerie....	Moscou, environs de Kief.	60	
Potasse et soude..	Kazan.	80	
Divers autres produits.		100	
Du règne minéral.			
Fonderies de fer et forges.....	Verknisetski, Kaminski, Nijni-Isetzki, Binlimbaïefski, Otchersk, Konchvinski, Tourinski, Screbrenski, Nijore-tourinski, Verchnebarattchinski, Zlato-ousstosski, Satkinski, Koussinski, Artinski, Goroblagodatski, Kamsko-Vodkinski, Nijni-Taguilsk, Vyisk, Verchnissaldynsk, Nijnessaldynsk, Verchnelaysk, Nijnelaysk, Tchernoïstotchinsk, Vissimochaïtansk, Vissimooutkinsk, Tissofsk, Souksounsk, Achabsk, Molebsk, Kanbarsk, Outkinsk, Simsk, Pétersbourg (fonderie de la couronne), Alexandrovsk (*idem*).	116	
Fonderies de cuivre.	Dombransk, Bohoslovski, Petropavloski, Tourinski, Jougofski, Moto-Vilihynski, Nijni-Taguilsk, Ijorsk, Bymofsk, Souksounski, Alapaïefski, Molebsk, Chakvinsk.	12	
Fabriques de faux de fer-blanc, et d'autres objets en acier...	Artinski, Nijni-Taguilsk, Pétersbourg.	3	
Manufact. d'armes..	Toula, Briensk, Zlatooust, Sestrebek, Igefski.	5	
Fonderies de canons.	Pétersbourg, Moscou, Lipetzk, Pétrozavodsk, Kherson.	11	
Orfévrerie, bijouterie.	Moscou, Pétersbourg, Oustioug-Veliki.	34	519
Fabriques de boutons.	Pétersbourg, Moscou.	50	
Verreries.....	Ismaelovski (près Moscou), Doukaninski (*idem*), Volna, Pétersbourg, Iambourg.	150	
Vitriol et autres productions chimiques.	Moscou, etc.	85	
Porcelaine et faïence.	Pétersbourg, Alexandrovsk, Vitebsk, Gatchina, Kief.	30	
Manufact. de glaces.	Pétersbourg, et dans le gouvernement d'Orel.	2	
Poudre à canon...		18	
Hôtels des monnaies.	Pétersbourg (or et argent), Iekaterinebourg (cuivre), Tiflis (argent et cuivre).	3	
	Diverses espèces de fabrications.		301
	Total des fabriques.		10,500

TABLEAU des principaux ports et chantiers, et des principales places de commerce et de guerre de l'empire.

PORTS MILITAIRES
- Sur la mer Baltique : — Kronstadt, Revel, Baltisch-Port ou Port-Baltique.
- Sur la mer Blanche : — Arkhangel.
- Sur la mer Noire : — Odessa, Sevastopol, Kherson, Nikolaïef, Féodosie ou Caffa, Bala-Klava, Kozlof ou Eupatoria, Kertch.
- Sur la mer du Kamtchatka : — Pétropavlosk.
- Sur la mer d'Okhotsk : — Okhotsk.
- Sur la mer Caspienne : — Astrakhan, Bakou.

PORTS MARCHANDS
- Sur la mer Baltique : — Pétersbourg, Riga, Kronstadt, Revel, Libau, Abo.
- Sur la mer Blanche : — Arkhangel, Onéga.
- Sur la mer Noire : — Kherson, Otchakof, Odessa, Kertch, Taganrog.
- Sur la mer Caspienne : — Astrakhan.
- Sur la mer du Kamtchatka : — Pétropavlosk.

CHANTIERS
- Sur la mer Blanche : — Arkhangel.
- Sur la mer Baltique : — Kronstadt, Pétersbourg.
- Sur la mer Noire : — Kherson.
- Sur le Don : — Voronèje, Taganrog.
- Sur le Boug : — Nikolaïef.
- Sur la mer d'Okhotsk : — Okhotsk.

ARSENAUX. Pétersbourg, Moscou, Novgorod, Riga, Kief, Briensk, Tcherkask, Kolpina (arsenal de la marine).

PLACES DE GUERRE ET FORTS. Narva, Riga, Dunabourg, Sveaborg, Smolensk. 24 forts (kreposti) sur la mer Baltique, 20 sur les frontières de la Pologne et de la Turquie, 15 en Sibérie, 10 sur le Volga.

PLACES DE COMMERCE.
- Pour le commerce par terre avec la Suède : — Serdopol, Nychlott, Wilmanstrand.
- Id. avec la Prusse : — Polangen, Kovno.
- Id. avec l'Autriche : — Kief, Kamenetz.
- Id. avec l'Asie et la Chine : — Moscou, Kiakhta, Irkoutsk.
- Id. avec la Perse : — Tiflis.
- Id. avec la Boukharie : — Orenbourg.
- Id. avec l'Europe et l'Amérique : — Pétersbourg.
- Villes où se tiennent les foires : — Nijni-Novgorod, Iekaterinebourg, Irbit, Kief, Riga, Rostof, Roïnny, Koursk, Parsk, Liebedian, Berditchef, Ouroupinskaïa, Orel, Voronèje, Kharkof, Poltava.

TABLEAU des ordres de chevalerie russes.

ORDRES.	ANNÉES de L'INSTITUTION.	FONDATEURS.
Saint-André.	1698	Pierre Ier.
Sainte-Catherine (pour les femmes, 2 classes)	1714	
St-Alexandre Newsky.	1725	
Sainte-Anne (4 classes)	1735	Charles-Frédéric, duc de Sleswig-Holstein.
Saint-George (militaire, 4 classes).	1769	Catherine II.
St-Vladimir (4 classes).	1782	

N. B. L'écusson de l'empire est décoré d'une aigle noire à deux têtes surmontées de trois couronnes, et tenant dans ses serres le sceptre et le globe, fond d'or. Sur la poitrine de l'aigle est l'effigie de saint George sur un cheval blanc, perçant d'une lance un serpent : les armes des différents gouvernements entourent l'aigle.

TABLEAU des établissements scolastiques, tels que les universités, les écoles scientifiques, les gymnases, les écoles primaires et paroissiales du ressort du ministère de l'instruction publique, par district universitaire, en 1832.

DISTRICTS UNIVERSITAIRES.	GOUVERNEMENTS.	Établissements.	Professeurs.	ÉLÈVES. Garçons.	Filles.	Total.
VILNA (*).	Vilna.	154	332	8,468	243	8,711
	Grodno.	33	103	1,627	123	1,750
	Bialystok.	25	42	1,514	13	1,527
	Minnsk.	39	127	2,408	33	2,441
	Volhynie.	64	195	3,521	116	3,637
	Podolie.	53	102	2,544	55	2,599
	Total.	368	901	20,082	583	20,665
MOSCOU.	Moscou.	54	462	4,610	433	5,043
	Tver.	14	45	973	97	1,070
	Novgorod.	14	19	1,010	141	1,151
	Iaroslavl.	11	52	1,017	14	1,031
	Kostroma.	22	28	462	3	465
	Vladimir.	102	120	1,624	110	1,734
	Riaisan.	16	40	1,524	48	1,572
	Toula.	12	48	862	48	910
	Orel.	13	62	1,336	»	1,336
	Voroneje.	13	37	998	»	998
	Tambof.	6	20	658	»	658
	Total.	267	933	15,074	894	15,968
DORPAT.	Livonie.	104	329	5,130	1,685	6,815
	Courlande.	66	122	1,507	516	2,023
	Esthonie.	58	180	1,330	740	2,070
	Total.	238	631	7,967	2,941	10,908
KHARKOF.	Kharkof.	33	237	3,084	110	3,194
	Tchernigof.	20	88	2,238	136	2,374
	Poltava.	19	68	1,492	110	1,602
	Kief.	23	74	2,154	122	2,276
	Koursk.	15	58	1,712	42	1,754
	Astrakhan.	4	17	393	»	393
	Caucase (province).	6	9	326	»	326
	Géorgie.	1	11	378	»	378
	Kherson.	9	27	172	»	172
	Iekaterinoslaf.	37	93	1,673	101	1,774
	Tauride.	8	27	493	45	538
	Cosaques du Don.	12	33	1,249	»	1,249
	Cosaques de la mer Noire.	9	16	294	»	294
	Odessa (ville).	4	39	364	526	890
	Total.	200	797	16,022	1,192	17,214
KAZAN.	Kazan.	24	122	1,449	61	1,510
	Nijni-Novgorod.	17	44	665	»	665
	Simbirsk.	7	28	499	8	507
	Saratof.	6	16	374	»	374
	Pennza.	8	32	393	10	403
	Orenbourg.	5	12	378	»	378
	Viatka.	15	33	476	»	476
	Perm.	18	44	1,205	»	1,205
	Tobolsk.	13	29	952	»	952
	Tomsk.	2	5	133	»	133
	Ienisseisk.	2	5	108	»	108
	Irkoutsk.	25	44	1,206	»	1,206
	Total.	142	414	7,838	79	7,917

(*) Le nombre des élèves est resté dans le district universitaire de Vilna le même qu'en 1824, par suite des troubles qui, pendant l'insurrection de Pologne, ont fait fermer les écoles.

TABLEAUX.

DISTRICTS UNIVERSITAIRES.	GOUVERNEMENTS.	Établissements.	Professeurs.	ÉLÈVES.		
				Garçons.	Filles.	Total.
Pétersbourg.	Pétersbourg.	86	591	4,982	2,005	6,987
	Arkhangel.	9	18	440	24	464
	Olonetz.	10	18	460	5	465
	Vologda.	12	37	668	25	693
	Vitebsk.	19	85	1,480	30	1,510
	Mohilef.	17	43	1,027	15	1,042
	Smolensk.	12	30	972	42	1,014
	Kalouga.	12	27	698	10	708
	Pskof.	18	37	681	104	785
	Académie des arts à Pétersbourg.	1	46	232	»	232
	Total.	196	932	11,640	2,260	13,900
Helsingfors.	Finlande.	265	?	?	?	11,000
RÉCAPITULATION.						
	Vilna.	368	901	20,082	583	20,665
	Moscou.	267	933	15,074	894	15,968
	Dorpat.	238	631	7,967	2,941	10,908
	Kharkof.	200	797	16,022	1,192	17,214
	Kazan.	142	414	7,838	79	7,917
	Pétersbourg.	196	932	11,640	2,260	13,900
	Helsingfors.	265	?	?	?	11,000
	Total.	1,676	4,608	78,623	7,949	97,572

Nombre de professeurs et d'élèves des universités en 1830.

		Professeurs.	Élèves.
Vilna.	(fondée en 1578).	42	976
Moscou.	(idem 1755).	59	820
Dorpat.	(idem 1632).	39	365
Kharkof.	(idem 1804).	43	337
Kazan.	(idem idem).	34	118
Pétersbourg.	(idem 1819).	38	51
Helsingfors.	(idem 1640).	41	338
	Total.	296	3,005

Tableau des établissements scolastiques et scientifiques hors du ressort du ministère de l'instruction publique en 1832.

ÉTABLISSEMENTS ECCLÉSIASTIQUES.	NOMBRE	
	D'ÉCOLES et de séminaires.	D'ÉLÈVES.
Académie ecclésiastique de Kief. . . . (fondée en 1588).		
Idem . . . de Moscou. . . . (idem 1705).		
Idem . . . de Pétersbourg. . . (idem 1802).	1,480	53,000
Idem . . . de Kazan. . . . (idem depuis 1803).		
Collège ecclésiastique de Kharkof. . . . (fondé en 1803).		
Idem . . . de Polotsk, Brzest-Litovski, etc. . . .	1	20
Séminaire supérieur de Vilna. . . . (fondé en 1803).	13	255
Établissements ecclésiastiques des grecs-unis. . .	4	105
Total.	1,498	53,380

Couvents d'hommes.	Couvents de femmes	Total.	Nombre d'individus.
353.	98.	451.	4,337.

Établissements spéciaux en 1832.

1° Corps des pages, à Pétersbourg et à Moscou.
2° École supérieure du génie à Pétersbourg.
3° Idem. d'artillerie à idem.
4° Corps des cadets des troupes de terre à . . . . Moscou.
5° et 6° Corps des cadets des troupes de terre (le 1er et le 2e corps), à . . . . . . Pétersbourg.
7° Idem, à . . . . Kharkof.
8° Idem, à . . . . Tambof.
9° Idem, . à . . . Frederikshamm en Finlande.
10° École militaire des gentilshommes à . . . . . . Toula.
11° Idem de Néplulef pour les troupes irrégulières, à . . . Orenbourg.
12° Maison impériale des orphelins militaires, à . . . . Pétersbourg.
13° École des pupilles militaires, à Moscou.
14° Id. des cadets de la marine, à Pétersbourg.
15° Id. des sous-officiers de la garde, à . . . . idem.
16° Id. des porte-drapeaux, à . . idem (¹).
17° Id. d'architecture navale, à. idem.
18° Id. des pilotes, à . . . . . Kronstadt.
19° Id. id. à . . . . Arkhangel.
20° Id. id. à . . . . Nikolaïef.
21° Id. de navigation, à . . . . Kholmogorie.
22° Id. id. à . . . Irkoutsk.
23° Id. id. à . . . Riga.
24° Institut du corps des ingénieurs des ponts et chaussées, à Pétersbourg.
25° École d'ingénieurs civils, à idem.
26° Id. d'architecture militaire, à idem.
27° Id. des conducteurs de construction, à . . . . . . idem.
28° Id. des cantonniers, à . . . idem.
29° Id. d'auditeurs attachés aux bataillons des cantonistes militaires, à . . . . . idem.
30° Corps des cadets des mines, à idem.
31° Idem. à Iekaterinebourg.
32° École de la marine marchande, à . . . . Pétersbourg.
33° Id. forestière, à . . . . . idem.
34° Id. id. à . . . . Kalouga.
35° Id. de commerce, à . . . . Pétersbourg.
36° Id. id. à . . . . Moscou.
37° Académie pratique du commerce, à . . . . idem.
38° Gymnase du commerce, à . . Odessa.
39° Idem, à . . Taganrog.
40° Institut technologique, à . . . Pétersbourg.
41° École impériale d'agriculture, à . . . . idem.
42° Id. d'agric. et des mines (fondée par la C^{sse} Strogonof), à Pétersbourg.
43° Id. de vinification, à . . . Kizliar.
44° Id. id. (en Krimée), à Symphéropol
45° Id. vétérinaire, à . . . . . Pétersbourg.
46° Id. id. à . . . . Moscou.
47° Id. agronomique des apanages de la couronne, à . . Krasnoï-Selo.
48° Id. id. à . . Loubny.
49° Id. particulière de métiers, à Moscou.
50° Académie militaire, à . . . Pétersbourg.
51° École pharmaceutique, à . . idem.
52° Institut oriental, à . . . . idem.
53° École arménienne, à . . . . Moscou.
54° Id. des Musulmans, à . . . Orenbourg.
55° Institut central pédagogique, à Pétersbourg.
56° École des beaux-arts (à l'académie des beaux-arts), à idem.
57° Id. principale protestante, à idem.
58° Maison des enfants trouvés, à idem.
59° Id. id. à Moscou.
60° Haute école, à . . . . . . Pétersbourg.
61° Lycée impérial, à . . . . . Tsarskoïé-Selo.
62° Pension noble (attachée à l'université), à . . . . . . Pétersbourg.
63° Institut pédagogique, à . . . Vilna.
64° Id. médical, à . . . . . Moscou.
65°, 66° et 67° Pensionnats des gentilshommes (dans le district universitaire de Moscou).
68° Institut scientifique de Demidof, à . . . . Iaroslavl.
69° Id. technologique, à . . . idem.
70° Lycée Richelieu, à . . . . Odessa.
71° Gymnase pour les sciences élevées, fondé par le prince Bezborodko, à . . . . . . Nijni-Novgorod.
72° Lycée de Volhynie, à . . . Kremenetz.
73° École agricole, dans le district universitaire de Moscou.
74° Institut des demoiselles du couvent de Smolnoï, à . . Pétersbourg.
75° Id. de Sainte-Catherine, à . idem.
76° Id. id. à . . Moscou.
77° Id. de Marie (pour les demoiselles bourgeoises), à . . Pétersbourg.
78° Id. des sages-femmes, à . . idem.
79° Id. patriotique des dames, à idem.
80° École des orphelines de militaires, à . . . . idem.
81° Institut des demoiselles nobles, à . . . . Kharkof.
82° École des filles de soldats de la garde, à . . . . . . Pétersbourg.
83° Institut de Saint-Alexandre, à Moscou.
84° École de demoiselles (filles de militaires), à . . . . . Orenbourg

(¹) Outre ces établissements, on organise 14 corps de cadets dans tout l'empire.

TABLEAUX.

Tableau des *principales bibliothèques publiques de la Russie.*

			NOMBRE	
			de VOLUMES.	de MANUSCRITS.
Pétersbourg.	1° Bibliothèque impériale.		300,000	12,000
	2° Idem de l'Académie des sciences.		110,000	»
	3° Idem du couvent d'Alexandre Nevsky.		30,000	»
	4° Idem du grand-duc Constantin.		30,000	»
	5° Idem de l'amirauté.		40,000	»
	6° et 7° Idem du 1er et 2e corps des Cadets.		20,000	»
	8° Idem des Cadets de la marine.		12,000	»
	9° Idem de l'Académie des arts.		20,000	»
	10° Idem de l'Académie médico-chirurgicale.		18,000	»
	11° Idem de la Société libre pour les sciences économiques.		16,000	»
	12° Idem impériale de l'Ermitage.		40,000	»
	1° Idem impériale de l'Université.		33,000	»
	2° Idem du Synode dirigeant.		7,000(¹)	»
Moscou.	*Bibliothèques particulières, mais ouvertes au public*(²).			
	1° Idem du prince Toussoupof.		25,000	»
	2° Idem du prince Gallitzine.		10,000?	»
	3° Idem du comte Tolstoï.		10,000	1,100
Riga.	Idem de la ville.		15,000	»
	Idem du Lycée.		6,000?	»
Dorpat.	Idem de l'Université.		50,000	»
Mittau.	Idem du Gymnase académique.		14,000	»
	Idem de la loge des Francs-Maçons.		15,000	»
Vilna.	Idem de l'Université.		36,000	»
Helsingfors.	Idem de l'Université.		28,000	»
	Idem du couvent de Petchersky.		10,000	»
Kief.	Idem de l'Académie.		10,000	»
	Idem de l'église Saint-Nicolas.		5,000	»
Kharkof.	Idem de l'Université.		21,000	»
Kazan.	Idem de l'Université.		16,000	3,000?
	Idem du Gymnase.		5,000	
Astrakhan.	Idem du Séminaire grec.		7,000	»
Irkoutsk.	Idem du Gymnase.		5,000	»

(¹) Elle fut détruite dans l'incendie de 1812. — (²) Celles du comte Boutourline et de M. Vlassof ont été vendues.

Tableau des *Sociétés savantes, littéraires et philanthropiques de la Russie.*

1° Académie impériale des sciences, à Pétersbourg.
2° Id. id. des beaux-arts. id.
3° Id. id. russe. id.
4° Société impériale philanthropique id.
5° Id. des arts économiques. id.
6° Id. des amis des sciences, des arts et de la littérature. id.
7° Id. des amis de la langue russe. id.
8° Id. impériale minéralogique. id.
9° Id. des amis de la littérature russe. id.
10° Id. pharmaceutique. id.
11° Id. économique. id.
12° Id. pour l'introduction du mode d'enseignement mutuel. id.
13° Id. de médecine. id.
14° Id. d'économie rurale. id.
15° Id. militaire. id.
16° Id. médico-chirurgicale. id.
17° Id. pour l'encouragement des artistes. id.
18° Id. pour l'encouragement de l'économie forestière. id.
19° Association patriotique des dames. id.
20° Comité scientifique des mines. id.
21° Société des amis des sciences commerciales. à Moscou.
22° Id. impériale d'agriculture. id.
23° Id. des amis de la littérature. id.
24° Id. de l'histoire et des antiquités de la Russie. id.
25° Id. impériale des Naturalistes. id.
26° Académie des beaux-arts. id.
27° Id. philanthropique. id.
28° Id. physico-médicale. id.
29° Académie des mathématiciens. id.
30° Société médicale. à Vilna.

31° Comité pour les mémoires scientifiques du district universitaire de Vilna. . . . . . à Vilna.
32° Académie impériale de Vilna. . id.
33° Société courlandaise de littérature et des arts. . . . . à Mittau.
34° Id. littéraire. . . . . . . à Riga.
35° Id. lettone. . . . . id.
36° Id. libre d'économie rurale. . . id.
37° Id. livonienne d'utilité publique et d'économie. . . . . . id.
38° Id. esthonienne. . . . . . . à Arensberg.
39° Id. scientifique. . . . . . . à Kharkof.
40° Id. des amis de la littérature russe. . . . . à Kazan.
41° Id. des amateurs des sciences. . id.
42° Id. physiographique, à Abo en Finlande.
43° Id. littéraire, à Kalouga.
44° Id. id. à Jitomir.
45° Id. des amateurs de la langue russe.
46° Id. savante, à Kréménetz.
47° Id. de lecture des Cosaques, à Novo-Tcherkask.

TABLEAU approximatif de la population libre de l'empire russe, sans la Pologne, évaluée en 1829 sur les bases du ministère.

Entièrement libre.		Population soumise au cens.	
Sibérie : Population indigène avec les descendants de ceux qui y ont été envoyés depuis 1696.	2,000,000	Censitaires des domaines de l'État que l'on peut regarder comme entièrement libres.	13,054,000
— Kirghiz et autres peuples nomades, environ.	400,000		23,237,000
Province du Caucase : Population augmentée de toutes les nouvelles conquêtes.	2,083,000	Censitaires de la famille impériale. . . . . 1,180,000 Censitaires des particuliers. 14,000,000	15,180,000
— Dans les provinces baltiques (excepté le gouvernement de St-Pétersbourg).	2,700,000	Population non soumise à l'impôt, etc.	
— Bourgeois, odnovortses, paysans libérés, etc., environ.	3,000,000	Clergé, noblesse, soldats en retraite, etc.	1,283,000
	10,183,000	Total. . .	39,700,000

Note relative à l'armée. Il faut distinguer la *garde impériale*, du *corps de la garde*. La *garde impériale* est composée de troupes qui jouissent de plusieurs priviléges, tandis que le *corps de la garde* est formé de cette troupe privilégiée et d'une partie de la ligne, dont l'effectif est variable.

LIVRE CENT UNIÈME.

Suite de la Description de l'Europe. — Description du royaume de Pologne.

« L'Europe avait pu effacer le nom de la Pologne sur les cartes éphémères de la statistique, mais ce nom survivait toujours dans la véritable géographie, fondée sur les divisions naturelles et nationales. Après bien des traités conclus, rompus et rétablis, les arrangements du congrès de Vienne semblent enfin avoir fixé, du moins pour quelques générations, un résultat. Les grandes provinces de l'Oukraine et de la Lithuanie sont incorporées à l'empire de Russie. Les pays sur la Vistule, la véritable Pologne, nous offrent au midi le *royaume de Galicie* ou la *Pologne autrichienne*, qui embrasse tout le haut pays du ci-devant empire polonais, et qui, bien que soumis au sceptre autrichien, jouit d'une représentation par ordre d'états, et d'une administration en grande partie nationale; au milieu, le nouveau *royaume de Pologne*, composé des parties de la ci-devant Grande et Petite-Pologne, et qui, uni à l'empire de Russie sous un seul et même souverain, devait posséder aux termes des actes du congrès de Vienne une constitution représentative, une législation et une organisation administrative indépendantes; vers l'ouest, la *république de Krakovie* sous la protection de l'Autriche, de la Prusse et de la Russie; enfin vers le nord-ouest le *grand-duché de Posen*, uni à la Prusse, mais ayant ses états provinciaux spéciaux.

» Le nom de la Pologne (*Polska*) dérive d'un mot qui signifie *champ*, *plaine* (*polé*, *rownina*, plaine). Comme tant d'autres, la nation polonaise a pris dans la nature du pays qu'elle habitait le motif de la dénomination particulière par laquelle elle se distingue des autres branches de la grande race slavonne. On saurait d'autant moins révoquer en doute cette étymologie, que les noms des autres tribus slavonnes en présentent des exemples; ainsi le nom de Croates, ou probablement Chrobates, signifie montagnards; celui de Poméraniens, ou *Pomorzanie*, indique des peuples voisins de la mer, et nous pourrions en citer bien d'autres (¹).

» En effet, la plus grande partie de la ci-devant Pologne s'étend comme une plaine immense des bords de la Baltique aux rivages du Pont-Euxin, ou du moins jusqu'aux petites chaînes de collines qui au sud de la Volhynie traversent le bassin du Dnieper, et qui au sud de Lemberg s'unissent aux premières terrasses des monts Karpathes. Ces terrasses, quoique bien abaissées, se reproduisent encore vers Zamosc dans la région entre le Bog (Bug) et le San, et vers Kielce et Konskié dans la région entre la Vistule et la Pilica. Au nord de cette limite, on ne trouve dans toute cette vaste contrée que des collines et des mondrains.

» La Lithuanie, la Courlande, les Russies Blanche et Noire, la Polésie et la Podlaquie, presque toute la Grande-Pologne, la Pomerellie ou petite Poméranie et même toute la Prusse sont couvertes d'un sable profond qui occupe les plaines et les hauteurs voisines des eaux courantes. Ce sable est blanchâtre dans l'intérieur, noir et rougeâtre sur les bords de la mer (¹). Mais cette bande sablonneuse est comme parsemée de petits plateaux de terre glaiseuse ou marécageuse. Un plateau de glaise se montre en Samogitie (²); un autre, plus montagneux et entrecoupé de lacs, forme la petite Lithuanie ou le coin sud-est de la Prusse ducale. Le terrain de l'intérieur de la Courlande est fort, gras et argileux (³). La même nature de terrain, la même succession de plaines, de collines, de tourbières et de lacs sans nombre, la même variation du sable à l'argile, règnent aussi en Poméranie, en Brandebourg, en Basse-Saxe, et dans une partie du Danemark (⁴). Ces plaines sarmatiques et germano-cimbriques présentent un immense terrain de transport. De là ces blocs plus ou moins grands de granit rouge et gris, ces poudingues quartzeux, ces cristaux jouant les pierres fines, qu'on trouve semés sur le sol, et qui sont accompagnés d'ambre jaune, plus ou moins abondant, de pétrifications, surtout agatisées, de madrépores convertis en silex (⁵). Dans un grand nombre de localités le sol est recouvert d'un terrain d'alluvion et de transport qui renferme des débris fossiles, soit d'animaux étrangers au sol polonais ou d'animaux qui ne vivent plus sur le globe. C'est de ce terrain qu'ont été retirés ces ossements de baleines que l'on voit encore suspendus sur les tours de quelques vieux châteaux; près d'Olyka, de Lachwa et de Nieswicz, on trouve des mâchoires de bison d'une grandeur énorme; sur les bords de la

---

(¹) *Michow.*, Chron. reg. Pol. c. xi. *Dlugossi*, lib. I, pag. 22 et 45. *Kromer*, Polonia, p. 34; édit. Elzev. 2°.

(« Nous tirons la *Description de la Pologne* principalement de notre propre ouvrage intitulé *Tableau de la Pologne*, et publié en 1807. Il est aujourd'hui épuisé et devenu rare. Cité par M. Hassel, à la tête des sources que ce célèbre géographe a consultées (ou voulu consulter), il semble néanmoins n'avoir pas été analysé du tout dans le texte de la Géographie de Weimar; sans doute on aura cru en trouver la substance dans Wybicki et autres géographes polonais modernes; mais ces auteurs négligent la géographie physique. C'est par ces raisons que nous reproduisons toutes nos indications des *anciens* auteurs polonais, ainsi que nos renseignements personnels dus à des savants du pays. A peine les *modernes* nous ont-ils appris deux ou trois faits. »)

L'ouvrage dont parle ici Malte-Brun a été refondu et augmenté par M. Léonard Chodzko, et publié avec de nombreux changements en 1830. C'est le principal écrit que nous prenons pour guide. J. H.

(¹) *Guettard*, membre de l'Acad. des Sciences, année 1762, p. 237. — (²) *Alex. Guagnini*, p 45. t. I, des *Script. rer. Polon.* de *Pistorius.* — (³) *Busching*, Géog., t. I, part. II, p. 283. Il l'a vu. — (⁴) *D. Seetzen*, cité dans le Magasin minéralogique allemand, de M. *Hof*, I, cahier IV, p. 404. — (⁵) Les plaines dont on donne ici les caractères géognostiques présentent la succession de plusieurs dépôts bien distincts; le plus supérieur est le terrain de transport composé de cailloux roulés et de blocs de granit; au-dessous une couche de sable; plus bas des dépôts d'argile dont les supérieurs représentent l'argile de Londres avec ses coquilles marines, et les inférieurs l'argile plastique d'Auteuil, près Paris, accompagnée de ses lignites ou bois fossiles, et de son succin ou ambre jaune qui paraît être la gomme d'un arbre de l'ancien monde; au-dessous se trouve la craie avec ses silex, et plus bas les formations sur lesquelles elle repose ordinairement. J. H.

Vistule, près de Varsovie et jusque dans le faubourg de Praga, on a découvert des ossements de mastodontes, de mammouths, d'éléphants et de rhinocéros.

» On reconnaît aussi une identité complète entre la manière dont il se forme des enfoncements circulaires près de Birze, en Lithuanie, et l'éboulement qui donna naissance au lac d'Arend dans le Brandebourg ([1]). Circonstance qui, jointe à la forme particulière de tous ces lacs, indique une origine semblable pour tous. Les îles flottantes sont ici un phénomène assez commun; les Polonais les appellent *pliques de lacs*, et ce sont en effet des tissus de racines et d'herbes, semblables à la plique des cheveux ([2]). Quelques unes de ces îles paraissent et disparaissent périodiquement avec une certaine régularité.

» Parmi les lacs de la Haute-Pologne il en existe qui passent pour être d'une profondeur incommensurable : tels sont ceux de *Dusviaty* au nord de la Lithuanie, de *Hryczyn* au sud de cette province, de *Smolna* dans la Poznanie, de *Tukum* près de Dantzig, et enfin celui de *Goplo*, célèbre dans les fastes de la Pologne. Tous ces lacs ne s'élèvent que de 15 à 20 pieds au-dessus des eaux de la Baltique, tandis qu'il est probable qu'ils ont jusqu'à plusieurs centaines de pieds de profondeur.

» Ces grandes plaines aquatiques, à l'est et au sud de la même mer Baltique, atteignent et dépassent même les points qui marquent le partage des eaux entre les diverses mers. Ce partage, loin de présenter une crête, comme Buache l'avait rêvé, n'offre au contraire dans sa plus grande étendue que des marais et des étangs. Tel est l'état de la Polésie ou de la Russie-Noire et d'une grande partie de la Russie-Blanche, ou des woïwodies de Novogrodeck, de Minnsk et de Poloçk. Une tradition populaire veut que ces contrées marécageuses aient anciennement formé une petite méditerranée à l'est de la Pologne, au sud de la Lithuanie et au nord de la Volhynie; on ajoute même qu'un ancien roi de Kiovie en fit écouler les eaux. Mais il n'existe point de montagnes ([3]) qui aient pu servir de digue à une semblable mer. Il suffit de dire que les grands fleuves de la Pologne, quoiqu'ils s'écoulent vers deux mers différentes, communiquent dans les grandes pluies par quelques unes de leurs rivières tributaires, et confondent ensemble leurs eaux. Aussi quelques coups de pelle suffisent-ils pour former des canaux entre toutes les petites rivières, depuis Wlodawa en Pologne jusqu'au delà de Sloutzk en Russie. Mais comme des terres un peu fermes manquent pour arrêter les sables, ces communications disparaissent presque aussitôt qu'elles sont formées. C'est surtout le *Pripecz*, affluent du Dnieper, qui communique avec le Bog et le Niemen, au printemps et à l'automne, par les inondations qui font alors un lac de toute la Polésie.

» Les inégalités du sol, qui séparent les terrains crayeux de la Volhynie des riches plaines de la Podolie, deviennent vers Lemberg une chaîne de montagnes, ou plutôt un plateau très élevé. Le *Boug*, ainsi que nous l'avons déjà décrit, prend sa source au midi de ce plateau; le *Dniester* prend naissance sur le plateau même au pied des monts Karpathes. Ces rivières, qui l'une et l'autre s'écoulent vers le Pont-Euxin, sont profondément encaissées et bordées de rochers calcaires tendres qui recèlent du gypse, et servent de support à une couche épaisse de terre noire et grasse ([1]).

» Sur les revers septentrionaux de cette même crête naît le *Bog* (*Bug*), affluent de la Vistule qu'il ne faut pas confondre avec le Boug, affluent du Dnieper. Il roule des eaux noirâtres ([2]), et perd son nom en se mêlant avec la *Narew*, qui vient des plaines de la Podlaquie, et dont les eaux sont, dit-on, mortelles pour les serpents. Les cartes maintiennent le nom de Bog après sa réunion à la Narew, à Sierock; mais cette dernière rivière a la plus grande masse d'eau. La *Vistule*, descendue des montagnes karpathiennes, entraîne une cinquantaine de rivières telles que le San, la Piliça, la Narew, etc. Une de celles-ci, le San, prend naissance, à ce qu'on assure, près des racines d'un énorme chêne qui ombrage également les sources du Dniester et de la Theisse; mais cette tradition ne peut s'appliquer qu'à la rivière de Stry, qui peut-être était regardée alors comme la prin-

---

([1]) *Merian*, Topograph. Brandeb. p. 21. — ([2]) *Rzaczynski*, Hist. Nat., p. 161. — ([3]) Notes communiquées. Comp. *Rzaczynski*.

([1]) Notes de *Zlewiski*, chez Guettard, p. 298, 306. — ([2]) *Dlugossi*, lib. I, p. 18. *Kromer*, p. 61.

cipale source du Dniester (¹). La *Vartha*, roulant, comme la Vistule, dans un lit large et mal encaissé, ravage souvent les champs voisins, et après avoir pris l'aspect d'un grand fleuve, finit cependant par porter à l'Oder le tribut de ses eaux.

» Les fleuves polonais, dans leurs débordements, déposent quelquefois un limon fertile qui engraisse les prairies inondées. Nous ne faisons mention du *Niemen*, qui limite le royaume actuel de Pologne, que pour observer que seul parmi les fleuves polonais, ce cours d'eau, que les anciens nommaient *Chronus* et que les Prussiens appellent *Memel*, roule paisiblement dans son lit cylindrique; ses eaux tranquilles ne minent point leurs bords et n'entraînent point les forêts déracinées (²).

» Pour se former une idée du climat de la Pologne proprement dite, il faut nécessairement se rappeler qu'elle est placée entre deux régions d'un froid considérable : à l'est et au nord, le plateau central de la Russie; au sud, les monts Karpathes, où, à cause de l'élévation du sol, il règne un hiver perpétuel, ou du moins fort long. L'influence de ce dernier climat de montagnes se fait sentir dans les contrées qui en sont les plus rapprochées; ainsi, l'on a eu à Lemberg et à Krakovie des froids de 20 et 22 degrés de Réaumur. En 1654, une gelée subite brûla tous les blés aux environs de Krakovie, le jour même de la Pentecôte. La grêle ravage fréquemment les contrées situées aux pieds des Karpathes (³).

» Si maintenant nous considérons le reste de la Pologne en masse, c'est le vent d'est qui y apporte les plus fortes gelées; il souffle de dessus le plateau de la Russie et les monts Ouraliens. Le vent du nord est moins froid et plus humide (⁴). A Varsovie, du moins, les vents occidentaux apportent un air pluvieux, épais et malsain; ils y soufflent les trois quarts de l'année. Comme les vents du midi passent par dessus les Karpathes, ils ne peuvent que doubler l'effet du froid.

» L'hiver polonais est donc effectivement aussi rigoureux que celui de la Suède centrale, malgré une différence de 10 degrés de latitude. La comparaison des observations thermométriques met ce fait hors de doute (¹). Quant à la chaleur, la plus forte allait à 28 degrés de Réaumur dans une série de quatorze années (²).

» La végétation indique peut-être mieux que le thermomètre la température. A Varsovie, le noisetier et le *daphne-mezereum* poussent des fleurs vers l'équinoxe du printemps, c'est-à-dire cinq semaines plus tard qu'à Paris. L'auteur que nous suivons ici (³) indique encore les peupliers blancs comme fleurissant au mois de mars.

« C'est dans le mois suivant que s'épanouis-
» sent les fleurs du genévrier, du saule, de
» l'aune, du bouleau, du frêne commun; dans
» le mois de mai fleurissent le hêtre, le sureau
» à grappes, le poirier sauvage et le *berberis*.
» Le mois de juin offre la fleuraison du noyer,
» du sureau commun, de la ronce commune,
» de l'asperge et du chanvre; le *datura stra-*
» *monia* fleurit au mois de juillet. »

» Au surplus, le climat de la Pologne est très capricieux. On a vu en l'an 974, selon Dlugosz, toutes les rivières rester prises depuis la fin d'octobre jusqu'à l'équinoxe du printemps. On vit une autre fois la Baltique gelée, de sorte qu'on allait de Dantzig à Lubeck sur la glace (⁴). Quelquefois les mois d'hiver présentent le phénomène d'une seconde végétation, provoquée par la douceur de la température. En 1568 on vit à Dantzig tous les rosiers fleurir de nouveau vers la fin d'octobre; la même chose eut lieu en 1588, au mois de décembre; en 1659, la douceur de l'hiver fit sortir les abeilles par essaims. Nous devons comparer avec ces données celles que fournit la Lithuanie, quoique politiquement étrangère à la Pologne. L'historien de la Li-

---

(¹) *Dlugossi* p. 17. — (²) *Dlugossi*, p. 21. — (³) *Rzaczynski*, p. 382, 708, etc. — (⁴) *Conrad*, Diss. de effect. frigor Dantzig, 1670. *Erndtel*, Warsavia physice illustrata, p. 37.

(¹) Voyage de deux Français, t. V, p. 40. — (²) Les plus grands froids à Varsovie ont varié, pendant quatorze ans, depuis ÷ 8 jusqu'à ÷ 25, échelle de Réaumur; nous avons trouvé le terme moyen de 17 6/7. Pendant dix-sept ans, le maximum de froid à Upsal avait été de ÷ 11 ou 12 à ÷ 23, et le terme moyen était de ÷ 18 2/5 de Réaumur. Mais remarquez que dans la série suédoise il n'y a aucune année extraordinaire comme dans la série polonaise; car, à l'exception de l'année 1791, qui a donné ÷ 8 1/2, toutes les autres donnent au moins ÷ 12. —(³) *Erndtel*, Viridarium Warsaviense, ad. calc. Warsav. phys. — (⁴) *Rzaczynski*, Tract. VI, sect. 1, art. VI.

thuanie (¹) donne des détails curieux sur les hivers de 1414 et de 1492; on vit sous le cinquante-cinquième degré de latitude les champs se couvrir de fleurs au mois de janvier; les choux poussaient en tête, les blés levaient et formaient des épis; les oiseaux faisaient retentir partout leur gazouillement et construisaient des nids. Le mois de mars amena tout-à-coup les froids les plus rigoureux. En une seule nuit toutes les richesses de cet été précoce furent anéanties; et dans le cours de l'année, la nature épuisée ne put donner que de chétives productions.

» Les globes de feu, les parélies, les étoiles tombantes, l'aurore boréale et d'autres phénomènes phosphoriques ou électriques paraissent être fréquents en Pologne. Parmi les phénomènes cités par les auteurs polonais, il suffit de rappeler ce globe de feu qui parut se détacher du corps même de la lune (²). Autant qu'on peut le deviner, d'après un récit confus, le roi Vladislas Jagellon paraît avoir été enveloppé une fois en rase campagne, lui et toute sa suite, dans un nuage électrique, comme l'a été de nos jours M. de Saussure (³).

» L'atmosphère de la Pologne réunit en général l'humidité et le froid à un assez fort mélange d'exhalaisons impures qui s'élèvent du fond des sombres forêts et de la surface des marais. Aussi, quoique les indigènes ne trouvent pas l'air malsain, il a toujours eu une influence très funeste sur les étrangers (⁴). L'insalubrité naturelle d'un air humide et froid est fort diminuée par la violence des vents qui parcourent sans obstacle ces plaines immenses, en ravageant très souvent les plus grandes forêts, et qui sur les bords de la Baltique ont assez de force pour soulever de grandes quantités de sable, en former des collines et souvent en couvrir des fermes entières (⁵).

» Les pluies tombent tantôt avec une abondance, tantôt avec une violence extrêmes (⁶), accompagnées de tonnerres et d'éclairs, qui présentent souvent un spectacle aussi terrible que magnifique. Un de ces orages mémorables eut lieu le 30 juin 1812 après le passage du Niemen par Napoléon sur une immense étendue de pays.

» Les qualités de l'air et du sol influent sans doute puissamment sur ces phénomènes de corruption que les Polonais ont plusieurs fois remarqués dans les eaux de leur pays, soit courantes soit stagnantes. Tantôt les eaux du Dniester ou de la Vistule ont pris une couleur rougeâtre, tantôt des lacs se sont couverts d'une matière verdâtre. Il y a aussi dans les monts Karpathes des sources auxquelles on attribue la naissance des goîtres chez ceux qui en boivent.

» Les minéraux se trouvent en très petite quantité dans cette grande plaine sablonneuse qui occupe le nord et le milieu de la Pologne. Comme dans toute la partie septentrionale de notre globe, la terre y est pour ainsi dire encroûtée d'un dépôt ferrugineux. Tous les marais, toutes les prairies contiennent du fer limoneux en plus ou moins grande abondance. En plusieurs endroits, ainsi que nous l'avons dit plus haut, les pétrifications marines fourmillent, et cette substance, nommée *succin* par les savants, et *ambre jaune* par le vulgaire, et qui ne paraît être qu'une gomme végétale fossile, s'y trouve souvent en gros morceaux sur plusieurs points de l'intérieur du pays, et aux pieds des Karpathes. Dans les mains d'un peuple industrieux les blocs de granit et d'autres roches qui couvrent les plaines serviraient à construire des édifices et des monuments durables. A l'exception des nitrières, près d'Inowraclaw, ces plaines ne semblent contenir aucune substance saline, tandis que tout le long des monts Karpathes il s'étend une immense couche de sel fossile, qui suffirait pour fournir le monde entier, comme nous l'avons fait voir en décrivant Bochnia et Wieliczka qui appartiennent au royaume de Galicie. Une seule région du royaume actuel de Pologne offre des dépôts considérables de minéraux; c'est celle qui sépare la Vistule de la Pilica. On doit à l'infortuné roi Stanislas Leczinski l'exploration de ces collines, qu'il confia à M. Carosi.

» Les environs de Krakovie possèdent diverses espèces de marbres et des mines assez considérables de charbon de terre; au nord-ouest de cette cité se présente d'abord Olkusz,

---

(¹) *Kołałovicz*, Hist. lithuan., t. XI, p. 6. — (²) *Tylkowski*, Physica curiosa, p. 9. — (³) *Reinzer*, Météorolog., cité par *Rzaczynski*. — (⁴) *Starovolski*, Polonia, p. 98. — (⁵) *Rzaczynski*, p. 420.

— (⁶) *Długossi*, Lib. IV, p. 411; VI, p. 627; XIII, p. 71, etc.

ville aujourd'hui misérable, autrefois florissante par ses mines. Les couches se suivent dans l'ordre que voici : de la marne, de la brèche, de l'ardoise, du plomb argentifère avec un peu de fer et de calamine; ensuite la pierre calcaire. Les actes publics prouvent qu'en 1658 la dîme royale de ces mines s'éleva à 1,225 marcs 4 onces d'argent, et à 1,358 quintaux de plomb ; ce qui suppose naturellement un produit total plus de dix fois plus grand, puisque la dîme n'était pas levée avec une extrême rigueur. En n'adoptant que les évaluations les plus modérées, le produit brut de la mine valait 476,773 florins polonais d'alors, ou 1,907,100 florins d'aujourd'hui. On a plusieurs fois délibéré sur les moyens de reprendre une exploitation aussi avantageuse [1]. A Ligots, on exploite une mine de calamine. Les marbres des environs de Czerna sont pénétrés de plomb. On y trouve un mélange assez curieux; c'est du plomb blanc spathique, combiné et pour ainsi dire fondu avec du sable [2]. Ce minerai donne cinquante-quatre pour cent de plomb. Les mines les plus communes de cette contrée sont celles de fer. A Drzewica, on tirait jusqu'à soixante-dix quintaux de fer brut par semaine, d'un minerai qui se trouve dans du grès sablonneux [3]. En d'autres endroits la mine de fer limoneuse abonde comme aux environs de Konskie. Au village de Suchedniow, à Jedrov, à Samsonow, il y a des hauts-fourneaux et des forges. Le fer de Brin près Vochoc, serait excellent si, par suite d'une mauvaise préparation, on n'y laissait une portion de cuivre. On croit avoir trouvé à Miedziana Gora un morceau de fer natif [4]. Il est plus sûr qu'on a rencontré dans ce même endroit de la pyrite de fer, du cuivre azuré, de la malachite, du sulfure de fer et du plomb argentifère. Cette dernière substance paraît abonder ici. C'est évidemment du plomb argentifère que les anciens auteurs ont voulu parler lorsqu'ils disent « que les évêques de Krakovie, parmi » leurs autres possessions, aimaient surtout » la ville de Slawkow, à cause des célèbres » mines d'argent qui s'y trouvaient [5]. » On nomme encore Chranow et Novagora des endroits où il paraît qu'on en exploitait.

» Les métaux ne forment pas la seule richesse de cette intéressante contrée. On trouve des pierres meulières très bonnes à Mniow. A Chencyn, un filon perpendiculaire de cuivre pyriteux traverse une colline composée de marbre. De ce filon de cuivre on a tiré de la lazulithe, selon un naturaliste polonais [1], et le palatin Ridzinski a même offert au pape Innocent IX une table de cette matière précieuse [2]. A Miedzianka, il y a du cuivre carbonaté vert, disséminé par petits nids dans du calcaire [3]. Près d'Ostrowiec et de Gorna-Vola, les champs sont couverts d'une efflorescence de sulfate de fer et d'alun. En général, toute cette contrée paraît ne contenir que des roches composées de petits fragments bizarrement mélangés, et renfermant différents minerais disséminés par petites portions. C'est ce que les géologues appellent des terrains d'*alluvion* et de *transport*. »

On peut évaluer comme ci après le produit annuel des diverses branches de la richesse minérale.

Sel gemme.	100,000	quintaux.
Soufre	2,000	»
Houille.	700,000	»
Plomb	200,000	»
Fer et fonte.	100,000	»
Fer en barres.	70,000	»
Cuivre en fonte et en tôle.	4,000	»
Zinc fondu ou en plaques.	40,000	»

Ces différents produits occupent annuellement plus de 7,000 ouvriers et donnent une valeur brute de 5,400,000 florins (3,234,600 fr.).

Le royaume actuel de la Pologne ne participe pas sans restriction à l'immense fertilité de l'Oukraine, et peut-être n'atteint-il pas celle que la Lithuanie doit à un sol plus mélangé d'argile. Le Polonais voit néanmoins toutes sortes de blés et de grains, depuis le froment jusqu'au millet et au blé sarrasin, prospérer dans ses plaines sablonneuses, entremêlés d'un terreau léger. Le sol devient plus fertile lorsqu'on remonte la Vistule au sud de la Piliça vers Sandomir et Krakovie; mais les moyens d'exportation deviennent aussi plus dispendieux. Les terres des particuliers, étant d'une dimension trop grande pour être cul-

---

[1] *Carosi*, t. II, p. 186. — [2] *Idem*, ibid., p. 86. —[3] *Idem*, ibid., p. 25 et 33. — [4] *Idem*, ibid., t. I, p. 22. — [5] *Starovolski*, Polon., p. 20. *Kromer*, Polon., Elzev., p. 52.

[1] *Rzaczynski*, auctar. Hist. naturelle, Pol., p. 65. — [2] Ne serait-ce pas plutôt de l'azurite ou cuivre carbonaté bleu ? J. H.
[3] *Carosi*. t. I. p. 75, 79 et suiv.

élevés avec soin, sont souvent dépourvues du nombre nécessaire de cultivateurs; car le paysan libre de sa personne trouve plus d'avantage à se fixer sur les terres de la couronne, où plus d'un tiers de la population est concentré aujourd'hui. Les juifs étant exclus du droit d'acheter des biens-fonds, et tous les capitaux étant néanmoins concentrés dans leurs mains, le prix des terres est très bas; mais les propriétaires ne trouvent qu'à un intérêt usuraire les emprunts nécessaires à l'exploitation en grand (¹). Depuis les temps les plus anciens jusqu'à l'extinction de la race des Jagellons, l'agriculture se maintint en Pologne dans l'état le plus florissant : aussi la considérait-on comme le grenier de l'Europe, et sa fertilité était-elle comparée à celle de l'Égypte (²). En approchant des montagnes on voit d'immenses vergers occuper presque tout le sol; les pommiers, les poiriers, les pruniers, les noisetiers, les pêchers y réussissent. On y a cultivé la vigne, mais avec moins de succès. On s'occupe de nouveau de cette culture. Dans les montagnes proprement dites on ne récolte que de l'avoine et un peu d'orge.

D'immenses forêts couvrent une portion de la Masovie. Parmi les autres provinces, il y en a peu qui en manquent. Les pins de toutes les variétés occupent les plaines sablonneuses; le sapin et le hêtre aiment les montagnes; le chêne vient partout où il trouve un sol fort (³). Les mélèzes, les tilleuls, l'orme et le frêne, mêlant ensemble leur ombre hospitalière, donnent à plusieurs forêts de Pologne un aspect agréablement varié; le mélèze réussit particulièrement aux environs de Rawa, de Sandomir, comme aussi sur les monts Biecziad en Galicie (⁴). La plus belle forêt de bouleaux est près de Varka en Masovie, et les plus grands tilleuls ombragent Prenn sur le Niemen (⁵). Cependant quoique les forêts de la Pologne comptent au-delà de cent espèces d'arbres, elles en possèdent peu qui soient propres à la construction. Dans l'état actuel et dans les contrées situées entre les 52ᵉ et 57ᵉ degrés de latitude, les plus utiles sont le pin,

le sapin, le chêne, l'orme, le charme, le frêne, l'érable, l'aune, le bouleau et le peuplier; et dans les contrées situées entre les 47ᵉ et 52ᵉ degrés de latitude, le sapin noir, le mélèze ainsi que le hêtre. Le mélèze a presque disparu dans les provinces du nord, mais il se trouve en abondance dans celles du midi.

» Les abeilles fourmillent tellement, que dans plusieurs forêts non seulement les troncs des vieux arbres en sont remplis, mais le sol même est couvert de leurs ruches. Elles choisissent de préférence le sapin, le *pinus picea*, le tilleul et le chêne (¹). On nous parle aussi de cuves immenses où les anciens Polonais conservaient l'hydromel, leur boisson chérie, et qui étaient d'une telle dimension que l'on vit des hommes s'y noyer. Les anciens historiens skandinaves rapportent des traits précisément semblables sur l'abondance de l'hydromel chez les Danois. Quelques écrivains grecs attestent enfin que plusieurs contrées au nord du Danube étaient inhabitables, à cause des innombrables essaims d'abeilles qui en chassaient les hommes (²).

» Un autre insecte (*cocus ilicis*) en déposant ses œufs sur les feuilles d'un chêne fait naître un globule qui, cueilli avant l'entier développement de la rose, donne une belle couleur rouge ou cramoisi, nommée *kermès* (czerviec). On en fait la récolte au mois de mai.

» La Pologne ne manque pas de poissons; toutes les rivières et les lacs en sont peuplés; et l'on assure que dans celle du Pripet ou Pripecz ils semblent se trouver quelquefois à l'étroit : mais dans la haute Pologne on a, comme dans la Galicie, creusé de très grands étangs ou viviers (³). Dans les lacs on pêche des brochets, des perches, des brèmes, des tanches, des anguilles; dans les viviers, on élève surtout des carpes; les rivières fournissent des truites, des barbeaux, des lamproies, des saumons, des esturgeons et beaucoup d'autres espèces dont nous ne saurions rendre les noms polonais (⁴).

» Les oiseaux les plus communs sont l'aigle, le faucon, le vautour, la grue, la perdrix, la caille, l'étourneau, etc.; les grives

---

(¹) *Jacob*, Rapport sur la culture du blé. — (²) *Surowiecki* : De la décadence de l'industrie et des villes en Pologne, p. 154. — (³) *Martin Kromer*, dans la collection de *Pistorius*, p. 80. — (⁴) *Rzaczynski*, p. 196, 205, etc. etc. — (⁵) *Hassel*, Géographie de Weimar, XI, p. 198.

(¹) *Kromer*, Polonia, Elzev., p. 50. *Michow*, Sarmat., lib. I, c. II. — (²) *Hérod.*, lib. V, c. x. *Ælian*, lib. XVII, c. xxxv. — (³) *Rzaczynski*, p. 162. *Starovolski*, p. 36. — (⁴) *Kromer*, Polon. Elzev., p. 66 et 67.

sont plus rares. On voit arriver et disparaître avec la neige un petit oiseau nommé en polonais *sniégula* ou ortolan de neige (*passerina nivalis*): on le recherche comme un mets délicieux; il se montre surtout aux environs de Lowicz (¹). Il y a aussi des cailles à pattes vertes qui causent, dit-on, des spasmes à ceux qui en mangent.

» Parmi les quadrupèdes, la Pologne peut encore vanter ses bœufs, quoique inférieurs à ceux de la Podolie et de l'Oukraine. Les chevaux polonais sont bien faits, de moyenne taille, vigoureux, sûrs de pied et légers à la course. Long-temps les brebis, qui sont très nombreuses, ne portèrent qu'une laine grossière; mais depuis plusieurs années l'amélioration de la race ovine a été poussée à un haut point de perfection, et l'on fabrique de très beaux draps avec la laine indigène.

» Les animaux sauvages trouvent encore un vaste asile dans les forêts de la Pologne, et surtout de la Lithuanie. Les cerfs et les daims sont devenus rares; les sangliers sont communs, ainsi que les renards, les loups cerviers, les écureuils, les lièvres, les lapins et les castors, qui construisent leurs cases isolément. L'animal le plus destructeur de la Pologne, c'est le loup, et après lui le glouton. Il y a aussi dans ce pays de grands rats des champs, appelés en polonais *susly*, et par les naturalistes *spermophile sousliks*. Les environs de Niessicz en sont tellement peuplés, qu'ils détruisent les blés. Un prince Radziwil en avait apporté chez lui par curiosité; mais aujourd'hui les habitants font tous leurs efforts pour les détruire, sans pouvoir toutefois y parvenir.

» Quelques Polonais, mais surtout des Lithuaniens, font métier de donner à l'ours une sorte d'éducation; ils le mènent prisonnier de ville en ville, et à force de mauvais traitements, obligent cet animal moins stupide, et surtout moins féroce qu'on ne le pense communément, à faire des sauts et des simagrées propres à amuser la populace. On assure, mais cela nous paraît douteux, que l'ours, pris jeune, et élevé en domesticité, se montre très docile, et qu'on lui apprend même à servir à table, ou du moins à apporter les objets qu'on lui désigne, comme le font nos caniches; mais avec l'âge son humeur sauvage se développe,

(¹) *Kromer*, Polon., Elzev., p. 74.

et l'on ne garde pas long-temps cette singulière sorte de page.

» En décrivant la Pologne, les auteurs ont beaucoup disputé sur l'existence d'un animal sauvage du même genre que le taureau, et nommé tantôt *urus*, tantôt *bison*; les uns ont regardé ces noms comme synonymes, les autres en ont fait deux espèces diverses; ensuite il s'est élevé des discussions pour savoir si l'une ou l'autre espèce était identique avec celle de nos bœufs (¹). Les faits attestés par les auteurs polonais et par les voyageurs se réduisent à très peu de chose de certain; voici ce que l'on sait de plus positif sur ce point. »

On a signalé dans la forêt de Vyskitca, en Masovie, et dans celle de Bialoviez en Lithuanie, une race de taureaux et de vaches sauvages, de la même forme et à peu près de la même taille que les bœufs domestiques. Elle se distingue par un poil court, mais mou, par une crinière et une barbe assez prononcée et plus grande ou plus petite selon l'âge. Ce n'est cependant qu'en hiver que la nature la revêt de cette fourrure, qu'elle perd en été. La couleur du pelage de cet animal est le châtain clair; sa crinière exhale, en hiver surtout, une odeur qui se rapproche de celle du musc; sa tête est énorme relativement au reste de son corps, et son front est voûté. Ses cornes sont noires, et une fois cassées elles ne renaissent plus. Ses yeux sont perçants, et leur blanc se remplit de sang lorsque l'animal est en fureur. Sa peau est deux fois plus forte que celle du bœuf ordinaire. Il a deux côtes de plus que celui-ci. Les parties naturelles sont fort peu distinctes chez les deux sexes (²).

Il existe dans la Prusse orientale, en Lithuanie, en Podolie et dans les monts Karpathes, un animal extrêmement sauvage et redoutable; ayant une taille au-dessus de celle de nos taureaux les plus forts; portant sur le dos, ou, selon d'autres, autour du cou, une espèce de crinière longue d'un pied, et sur le reste du corps deux sortes de poils, les uns longs et rudes comme du crin, les autres courts, doux et laineux; ayant le front bombé, la tête pe-

(¹) *Pallas*, Mémoires sur l'*urus*, dans les *Novi Comment. Petropol. Cuvier*, Dictionnaire des Sciences naturelles, au mot *Bœuf*, etc. — (²) Voyez (tom. I, pag. 71) dans le *Tableau de la Pologne* revu par M. *Léonard Chodzko*, les renseignements que donne cet auteur d'après ce qu'a publié M. *Brinken*, chef forestier du royaume de Pologne.

tite en proportion du corps, et pourtant armée de cornes longues de deux coudées, et formant une sorte de demi-lune dans laquelle trois hommes très forts peuvent s'asseoir commodément. Cet animal renverse d'un seul coup les arbres d'une certaine taille. Il porte en polonais le nom de *tur*, nom gothique qui signifie taureau, mais qui dans le polonais actuel répond au mot *urus* employé par César, et au mot *aurochs* des Germains. En effet, *ur-ochs* ou *aur-ochs* signifiait chez les Allemands du temps du général romain *bœuf primitif*; car *ur*, *aur*, *aar*, désignent dans les langues gothiques l'origine, le commencement, l'antiquité la plus reculée (¹). On a confondu l'aurochs avec l'animal dont nous venons de parler, et sur l'existence duquel nous allons chercher à répandre quelque lumière.

Le bœuf si peu connu, dont l'existence est signalée dans les forêts de la Lithuanie et de la Masovie, était appelé *wysent* par les anciens Germains; les Moldaves le nommaient *zimbr*, les Polonais *zubr*, que l'on prononce *joubre*, les Grecs et les Romains *bison*. Dans l'Edda le bison est appelé *wissen*, probablement du mot *bisse*, ou *wisse*, qui dénote encore à présent les accès de fureur auxquels les taureaux domestiques sont sujets (²). C'est donc au *bison* que se rapporte le bœuf polonais. Il passe l'été et une partie de l'automne dans les lieux humides et ombragés ; pendant les autres saisons, il cherche des lieux plus découverts. Il se frotte volontiers aux arbres et s'enduit par là d'une croûte résineuse. On voit ces bisons se promener par troupes de trente ou quarante ; mais les vieux s'isolent davantage et ne marchent ordinairement qu'au nombre de trois ou quatre. Leur cri de ralliement est semblable à celui des porcs.

« Le bison se nourrit de feuilles, d'écorces
» d'arbres et de plusieurs autres herbes. Il
» mange volontiers les boutons du tilleul et
» ceux de l'aune, sans toucher à l'écorce. On
» croit généralement que les bisons trouvent
» dans la forêt de Bialowiez des plantes qu'on
» chercherait difficilement ailleurs, et que
» c'est par cette raison qu'ils s'y tiennent;
» cependant ces plantes sont très dangereuses
» pour le bétail apprivoisé. Ce sont le *spirea*
» *ulmaria, ranunculus acris, cnicus oleraceus*,
» et *anthoxanthum odoratum*, très commun
» en Pologne et en Lithuanie.

» Ils sont plus maigres au printemps et s'ac-
» couplent au mois de septembre. Dans ce
» temps, ils se livrent des combats qui sont
» souvent meurtriers. La femelle porte pen-
» dant neuf mois. Elle se cache dans des touf-
» fes pour se délivrer, et nourrit de son lait le
» nouveau-né jusqu'à l'automne. Le jeune
» bison croît jusqu'à l'âge de six à sept ans ;
» les femelles n'atteignent guère que la trente
» ou quarantième année, tandis que les mâles
» vont très souvent jusqu'à cinquante. En
» vieillissant, leurs dents usées ne leur per-
» mettent plus de mâcher ; ils maigrissent
» alors, et puis ils meurent.

» Dans l'âge de la force, ils terrassent les
» ours et autres animaux voraces ; ils sentent
» l'homme et les animaux à quatre-vingts et
» à cent pas de distance. Pris jeunes, ils s'ap-
» privoisent ; toutefois il est assez prudent de
» ne pas s'y fier trop. Le bison déteste la cou-
» leur rouge ; en la voyant il se met en colère.
» Sa viande est bonne à manger. »

Jetons maintenant un coup d'œil sur le peuple de la Pologne. En général, les véritables Polonais sont grands, forts, et ont beaucoup d'embonpoint : leur physionomie est ouverte et douce ; leur taille est bien proportionnée ; ils ont seulement le cou plus gros que ne l'ont ordinairement les autres nations européennes. Les cheveux blonds ou châtains ne sont pas très rares, et prouvent, ainsi que la langue, le fréquent mélange des races gothique et slave. Les hommes de tous les états portent des moustaches. La beauté des femmes les a rendues célèbres dans le Nord ; elles surpassent du moins celles de Russie pour la noblesse des formes, et celles d'Allemagne pour le teint. Elles ont la taille svelte, le pied petit et joli, et de beaux cheveux ; leurs manières sont plus agréables et plus animées que celles des dames de Russie.

Outre la force et la vigueur naturelles aux Polonais, l'éducation et la manière de vivre du peuple ont dû encore nécessairement l'endurcir : cependant cette nation est proportionnellement exposée à bien plus de maladies que

---

(¹) *Ochs* signifie *bœuf* en allemand. — (²) Voyez dans les *Scriptores rerum Polonicarum*, de Pistorius, les passages suivants : *Erasmus Stella*, lib. I, *in fine*; *Martin Kromer*, t. I, p. 84. *Herberstein*, t. I, p. 159. Voyez aussi *Vigenère*, fol. XXIII. Les voyageurs plus modernes, tels que *Coxe*, par exemple, n'ont vu que des « *urus dégénérés*. »

ses voisins. Elles sont occasionnées, soit par la qualité de l'air, que de vastes et nombreux marais rendent malsain, soit par la disette d'eau bonne à boire, ou la manière de vivre malpropre de la plus grande partie des habitants. C'est un fait très étonnant de voir la Pologne attaquée de plusieurs maladies vives et malignes qu'on ne connaît point en Russie, quoique la majeure partie de cet empire soit située plus au nord : on remarque encore que les maladies communes aux deux peuples sont plus contagieuses et plus dangereuses en Pologne.

Les maladies épidémiques sont peu fréquentes : celle qui fait le plus de ravages est la petite vérole ; ce qu'on doit attribuer au mauvais traitement et au mauvais régime, ainsi qu'à la négligence générale du peuple. Les paysans polonais se préservent aussi peu de la contagion de la petite vérole la plus dangereuse, que les Turcs de la peste ; ceux qui sont en bonne santé, les malades et les bestiaux, vivent tous ensemble dans un espace fort étroit : les vapeurs fétides qu'ils exhalent, la chaleur excessive des chambres augmentent la malignité du mal. On peut porter la mortalité à six ou sept sur dix, et souvent même ceux qui ne périssent pas sont défigurés de la manière la plus affreuse. Aussi n'y a-t-il aucun pays en Europe où le nombre des aveugles soit aussi grand qu'en Pologne.

Les accouchements laborieux sont excessivement rares ; sur huit cents ou mille, à peine s'en trouve-t-il un seul où l'art de l'accoucheur soit nécessaire.

La proportion des maladies vénériennes est de six sur dix dans les villes considérables. « Sur cent recrues qui furent visitées, dit le » D. Lafontaine, quatre-vingts en étaient at- » taquées (1). » Il y a peu de pays en Europe où l'on voie autant d'hommes sans nez qu'en Pologne.

Toutes les maladies de la Pologne dont nous avons parlé jusqu'à présent sont connues dans les autres contrées de l'Europe ; mais la plique est un mal particulier à ce pays, et la singularité de cette maladie exige que nous en fassions une mention plus détaillée.

La plique est une maladie endémique en Pologne et dans quelques pays qui l'avoisinent. La matière peccante, en se développant, passe dans les cheveux, et les colle d'une manière si singulière qu'il est impossible de les démêler ou de les peigner : cependant souvent le mal ne s'amasse pas seulement dans les cheveux, quelquefois il se fixe encore dans les ongles des mains ou des pieds. Cette maladie dangereuse et dégoûtante n'épargne ni âge ni sexe ; elle attaque les habitants de toutes les classes, et même les étrangers nouvellement arrivés en Pologne : quelquefois les enfants l'apportent en naissant ; les dernières classes du peuple y sont les plus sujettes, ainsi que les paysans, les mendiants et les juifs. Plusieurs personnes n'en sont jamais attaquées ; d'autres le sont à différentes reprises, quelquefois même à des époques périodiques. Toutes les couleurs de cheveux y sont sujettes, surtout les brun-clair : plus les cheveux sont souples, plus il est aisé que la matière y passe. La plique est contagieuse et se communique, soit par les nourrices, soit par le commerce des deux sexes, soit enfin par les habillements. Les animaux y sont aussi exposés, surtout ceux qui ont de longs poils.

La plique est occasionnée par une matière inconnue jusqu'à présent ; il est aussi difficile de déterminer la nature de cette matière, que celle du scorbut, de la maladie vénérienne. L'expérience nous apprend seulement que c'est une matière particulière, visqueuse et âcre, qui a son siége dans la lymphe, et se dépose dans les cheveux ou les ongles. Il est d'autant plus difficile d'assigner l'origine de cette matière, que ni l'air, ni l'eau, ni les aliments, ne paraissent contribuer à son développement : la propreté et le soin de peigner les cheveux n'en préservent pas.

Une expérience assez récente de M. Schultes a prouvé que la substance d'une plique contient de l'acide urique. Ce fait conduira peut-être à une solution de l'énigme.

Il resterait toujours à expliquer le caractère endémique de cette peste polonaise. Pourquoi la plique est-elle presque exclusivement le fléau des Polonais, lorsque leur genre de nourriture semble favorable à la santé ? Peu ou point de viande, beaucoup de légumes, une soupe aux pommes de terre, voilà leurs mets ordinaires. Il est vrai qu'ils boivent plus d'eau-de-vie qu'aucune autre nation, à l'ex-

(1) Dissertations médicales sur la Pologne.

ception peut-être de certains peuples de la Russie.

La matière de la plique passe dans les cheveux lorsqu'elle est séparée du sang : c'est alors le moment de la crise. Le malade souffre beaucoup avant cette époque ; quelquefois aussi la plique se forme sans qu'il éprouve la moindre incommodité. Si le médecin ne réussit pas à faire passer la matière dans les cheveux ou dans les ongles, ou si la nature n'opère pas pour parvenir à ce but, le malade est dans le plus grand danger ; car si cette matière se rejette sur les parties nobles, le cerveau, les poumons ou l'estomac, elle engendre des maladies mortelles ; si elle se jette sur les yeux, elle occasionne des cataractes ; enfin si elle devient corrosive, au point d'attaquer la moelle des os, la maladie est incurable, et le malade périt dans des douleurs affreuses. Aussitôt que la crise arrive, et que la matière se porte dans les cheveux et les ongles, tous les accidents cessent, et le malade guérit insensiblement ; si les accidents reviennent, c'est un signe certain qu'une partie de la matière est encore restée dans le sang. Souvent, quand elle est trop épaisse pour que les cheveux puissent la contenir, ils se fendent, et la matière se répand sur toute la tête ; alors le malade est tourmenté par la vermine d'une manière incroyable. Quelques anciens écrivains ont dit que les cheveux s'exténuent à un tel point, que le sang en découle : cette assertion n'a aucun fondement. Quand la plique est entièrement formée, la nature chasse le mal, et il croît de nouveaux cheveux qui séparent la plique de la tête. Il est rare que ce mal se passe en quelques jours, ou même en plusieurs semaines ; il faut ordinairement un mois et jusqu'à quatre, quelquefois un an.

On ne peut fixer avec certitude, ni l'époque, ni le pays où cette maladie a pris naissance. Quelques auteurs polonais prétendent qu'elle ne s'est montrée qu'en 1387, après une incursion des Tatars ; mais ils joignent à cette tradition, peut-être exacte, des fables ridicules. Si cette opinion était fondée, il faudrait examiner pourquoi la plique n'a point été portée en Russie par les Tatars, qui pendant quelques siècles sont restés maîtres de la plus grande partie de cet empire. Les Russes même qui vivent sur la frontière de la Pologne y sont rarement sujets, bien qu'ils suivent le même genre de vie, jouissent de la même température et usent des mêmes aliments. Peut-être l'usage des bains de vapeur, général parmi les Russes, contribue-t-il à les préserver de cette maladie, qui sans être exclusivement propre au climat de la Sarmatie, ni à la race slavonne, paraît pourtant n'exercer chez aucun autre peuple, et dans aucun autre climat, un empire aussi général et aussi funeste.

Après avoir esquissé le tableau physique de la Pologne, consacrons quelques mots à son histoire.

Depuis les temps les plus reculés jusqu'aux neuvième et dixième siècles l'histoire des peuples slaves est remplie d'obscurité et de traditions incertaines ; on sait seulement qu'ils occupaient vers le commencement de l'ère chrétienne les contrées qui se terminent au nord à la mer Baltique et au sud à la mer Caspienne, et que plusieurs fois conquis par les Goths, les Huns, les Avares, les Gépides et d'autres nations, ils se divisèrent en plusieurs branches qui portèrent les noms de leurs envahisseurs. Au nord et à l'est c'étaient les *Warièges* ou *Varègues*, originaires de la Suède et connus ensuite sous la dénomination de *Russiens*. A l'ouest c'étaient les *Venidi* ou *Vinides* qui s'étendaient entre l'Elbe et l'Oder jusque vers la Baltique ; les *Serbli*, *Sorabes* ou *Serbes*, sur la Saale, et près des sources de l'Elbe les *Tcheckes* ou *Bohêmes*. Au sud les *Chrobates*, *Horovates* ou *Croates*, occupaient depuis les Karpathes jusqu'à la mer Adriatique un pays qui porta le nom de Chrobatie blanche ou de grande Chrobatie, et dont la partie orientale fut envahie par les *Magiares* ou *Hongrois*; tandis que les *Bulgares* ou *Boulgares*, sortis des environs de Kazan, s'emparèrent d'une autre partie de cette contrée. Au milieu de toutes ces nations dont la plupart adoptèrent la langue slave s'étendaient, sur les deux rives de la Vistule, les Léchites qui se divisaient en plusieurs peuples : les *Po-morski* ou *Poméraniens*, les *Lutzizes* ou *Leszeks*, les *Kuiaviens*, les *Krakoviens*, les *Masoviens*, etc., et au centre les *Polonais*.

Vers la fin du neuvième siècle les Léchites, pressés d'un côté par les conquêtes des Russiens et de l'autre par celles des Bohêmes, se réunirent en un corps de nation afin de résister au danger qui les menaçait. Ce fut alors que l'on vit Ziemovit parvenir au trône, et agrandir par ses conquêtes le territoire des Polonais; Mieczislas les porter au-delà de l'Oder et embrasser le christianisme en 965; mais c'est le fils de celui-ci, Boleslas-le-Grand, que l'on peut regarder comme le véritable fondateur de la monarchie polonaise : il fait la conquête de la Silésie, de la Chrobatie, du pays des Krakoviens, de la Moravie, de la Poméranie, de la Bohême et de la Lusace. Sa gloire et sa puissance retentissent jusqu'en Allemagne; l'empereur Othon III recherche son alliance, et le proclame protecteur de tous les Slaves ; il transporte de Gnesne à Krakovie le siége du gouvernement; il attire les étrangers dans ses États, et répand sur la nation polonaise les bienfaits de la civilisation. Plus tard Boleslas II fit la conquête de la Russie : mais en 1081 cette conquête échappa à la Pologne, et à la mort de Boleslas III, en 1139, celle-ci fut partagée entre quatre de ses fils, subdivisée en un grand nombre de palatinats, et le gouvernement aristocratique remplaça le pouvoir monarchique.

Ici commence une période désastreuse pour la Pologne, période qui se prolonge jusqu'en 1333, et pendant laquelle elle est deux fois envahie par les Mongols et se voit enlever la Poméranie, Dantzig et son territoire, la Silésie, la Kuïavie et la terre de Dobrzyn. Cependant Venceslas, roi de Bohême, est appelé au trône de Pologne, et Vladislas-Lokietek, qui lui succède, jette les fondements de la splendeur dont ce royaume jouit pendant plus de deux cent cinquante ans.

Cette troisième et mémorable époque pour la Pologne commence au règne du fils de Vladislas, Kasimir surnommé le Grand, à juste titre : il fut le législateur de ses peuples; il étendit sa domination jusque sur la république de Pskof et de Novgorod; il soumit les Tatars de Perekop et vint camper trois fois sous les murs de Moscou; ses conquêtes sur les Moscovites s'étendirent jusqu'à Mojaïsk. Ce prince mourut sans enfants, et pour assurer la couronne à son neveu Louis d'Anjou, roi de Hongrie, il réunit en 1339 à Krakovie une assemblée dans laquelle le nouveau souverain fut élu; c'est à cette époque que le trône de Pologne commença à être électif. Louis en mourant laissa la couronne à sa fille Hedvige. « Cette princesse fut couronnée en » 1384, et bientôt les armes à la main, elle » chassa les Hongrois de la Galicie. Jeune et » belle, Hedvige, toute au bonheur de la Po- » logne, étouffa son amour pour Guillaume, » prince d'Autriche, et donna sa main à Ja- » gellon, grand-duc de Lithuanie, qui reçut » le baptême sous le nom de Vladislas II et » réunit le grand-duché à la *couronne de Po- » logne*. » Telle est l'origine de l'union des Polonais et des Lithuaniens. Jagellon gouverna le royaume avec autant de sagesse qu'il montra de courage en repoussant les agressions étrangères; il eut le talent de consommer dans ses États l'union de l'Eglise grecque avec l'Eglise romaine. Vladislas III, son fils, ne lui succéda que par élection : mort à vingt-un ans, en combattant contre les Turcs à Varna, l'histoire lui donna le surnom de Varnerien. Parmi ses successeurs, Jean-Albert, Alexandre, Sigismond, et Sigismond-Auguste, ne gouvernèrent pas sans gloire; mais avec ce dernier s'éteignit la race des Jagellons. En 1573 Henri de Valois, duc d'Anjou, fut élu roi de Pologne; cependant à peine avait-il prêté le serment exigé, qu'apprenant la mort de son frère Charles IX, il quitta précipitamment le pays qu'il avait été appelé à gouverner. L'unanimité des votes se porta ensuite sur le duc de Transylvanie, Etienne Batory, qui épousa Anne, sœur de Sigismond-Auguste, et qui fit preuve de grandes capacités politiques et militaires.

Avec Étienne Batory finirent pour la Pologne les jours de puissance et de prospérité. La couronne fut offerte en 1587 à Sigismond Vasa, prince royal de Suède; issu par sa mère du sang des Jagellons, dont le souvenir était toujours cher à la nation polonaise, il régna sous le nom de Sigismond III. Les jésuites préparaient par leur intolérance et leurs intrigues la ruine de l'État. « C'est par leur » coopération que Sigismond perdit la cou- » ronne de Suède, qu'on arracha à son fils la » couronne de Moscovie, qu'on amena la mal- » heureuse guerre avec Gustave-Adolphe dans » la Livonie et dans la Prusse polonaise.

» Le règne de Vladislas IV fut plus brillant » sous beaucoup de rapports ; mais cet éclat » n'empêcha point que sous le règne suivant, » celui de Jean Kasimir, tous les symptômes » d'une prochaine décadence n'arrachassent

» en 1666 a la prévision de ce prince des prédictions sinistres, prédictions qui à la fin du dix-huitième siècle devaient se réaliser.

» Jean III Sobieski, aussi grand capitaine » que mauvais politique, releva au-dehors la » gloire des armes polonaises, mais ne fit rien » pour le bien de l'intérieur (¹). » Appelé en 1683 au secours de Vienne assiégée par les Turcs, la victoire mémorable qu'il remporta sous les murs de cette capitale délivra l'empire, sauva la chrétienté, fit restituer à la maison d'Autriche la Hongrie, dont les Turcs possédaient la plus grande partie, et ne profita point à la Pologne.

Grâce à la haine que portait la femme de Sobieski, Marie Kasimire de la Grange d'Arquien, à son fils aîné le prince Jacques, celui-ci ne fut point placé sur le trône de Pologne. L'électeur de Saxe, Auguste II, lui fut préféré en 1697. Trop confiant dans ses forces et dans l'appui de la maison d'Autriche, jugeant mal la jeunesse de Charles XII, Auguste se ligua avec le Danemark et le tsar Pierre 1ᵉʳ contre la Suède, à laquelle il voulait arracher la Livonie; mais Charles, après avoir battu les Russes et les Danois, attaqua les Saxons, qui ne formaient encore que la seule armée d'Auguste, les battit, marcha contre Varsovie, s'empara de Krakovie, et convoqua une nouvelle assemblée qui nomma roi, en 1704, le palatin de Poznanie, Stanislas Leszczynski. Cependant sa défaite à Poltava, en 1709, renversa tous ses projets. Stanislas se réfugia en France, et Auguste II remonta sur le trône; mais il y remonta sous la tutelle de la Russie, qui devait devenir si funeste à la Pologne. A la mort d'Auguste II, ce fut la Russie qui s'opposa à la reconnaissance comme roi de Pologne du vertueux Stanislas Leszczynski, que tous les suffrages rappelaient à ce titre dans sa patrie; renfermé dans les murs de Dantzig, il y fut assiégé et ne s'échappa qu'à la faveur d'un déguisement. Son seul titre d'exclusion aux yeux des ennemis de la Pologne, c'était son alliance avec Louis XV; on craignait l'influence de la France dans les sinistres projets que l'on méditait en silence. Son compétiteur, l'électeur de Saxe Auguste III, fils d'Auguste II, soutenu par l'étranger, fut proclamé en 1733. A la mort de ce prince, la faction vendue aux

(¹) Tableau de la Pologne etc.

cours de Pétersbourg et de Berlin éleva au trône, en 1764, Stanislas-Auguste IV Poniatowski, grand-panetier de Lithuanie, l'ancien amant de Catherine.

Les commencements du règne de Stanislas furent signalés par quelques améliorations : mais les cabinets étrangers étaient d'accord pour paralyser tout ce qui pouvait réveiller l'esprit national, et pour affaiblir les Polonais en fomentant les troubles et les dissensions. L'animosité qui existait depuis long-temps entre les catholiques et les protestants en offrit l'occasion. Le ministère russe favorisait en secret ces derniers; l'exaspération était à son comble. Ce fut à cette occasion qu'en 1768 le parti national, à la tête duquel se trouvaient les membres les plus influents du clergé catholique, proclama l'acte célèbre de la confédération de *Bar*, appelée ainsi du nom d'une petite ville de la Podolie. « Alors une lutte » mémorable pour le maintien de la religion » et de l'indépendance nationale, contre l'envahissement et le despotisme des cabinets » étrangers, s'engagea sur tous les points de » la république de Pologne. C'est cette lutte » terrible, soutenue pendant cinq ans avec » un dévouement digne d'un meilleur sort, » que des plumes vénales ont signalée à l'Europe comme une guerre du fanatisme contre les lumières du dix-huitième siècle! » Les dissidents étaient soutenus par la Russie; celle-ci fit entrer des troupes en Pologne, et l'on vit se former de toutes parts des confédérations dans le but de s'opposer aux actes de la diète passés en faveur des protestants. A la faveur de l'anarchie, la Prusse, l'Autriche et la Russie effectuèrent leur injuste partage de 1772.

A cette époque, le territoire polonais comprenait la Courlande, la Semigalle, toute la Lithuanie, le gouvernement actuel de Kief, moins cette ville, la Podolie, la Galicie, et la plus grande partie des pays qui forment aujourd'hui la Prusse orientale, moins l'enclave appelée duché de Prusse. Sa superficie était de 38,000 lieues géographiques carrées. La Prusse s'appropria une partie de la Grande-Pologne jusqu'à Notec, et la Prusse royale moins Dantzig et Thorn; l'Autriche eut en partage la Russie-Rouge et une partie de la Podolie, c'est-à-dire la Galicie ancienne et la Lodomérie; enfin la Russie s'empara de toute la région comprise entre la Dvina, le Dnieper et le Droutz. Les trois puissances copartageantes garantirent solennellement à la Pologne le territoire qui lui restait; mais en même temps elles usèrent de leur influence pour faire donner à ce royaume une constitution qui, en affaiblissant le pouvoir exécutif, préparait de nouvelles dissensions.

Cependant les lumières, l'instruction et le patriotisme faisaient de rapides progrès; l'Angleterre et la Prusse semblaient prendre quelque ombrage de l'accroissement rapide de la Russie. En 1790, pendant les travaux de la diète constituante, qui durèrent depuis 1788 jusqu'en 1791, le gouvernement prussien proposa lui-même à la Pologne une alliance offensive et défensive contre les agressions de la Russie; ce traité fut accepté avec empressement par la diète. Le 3 mai 1791, celle-ci rédigea une constitution qui réformait les anciens abus, qui offrait une nouvelle existence aux bourgeois et aux paysans, qui organisait avec sagesse les pouvoirs législatif, judiciaire et exécutif, et qui constituait l'hérédité dans la personne de Frédéric-Auguste, électeur de Saxe, fils du dernier roi de Pologne. Frédéric-Guillaume de Prusse félicita lui-même Stanislas-Auguste de cette heureuse révolution qui donnait à la Pologne une organisation sage et régulière; il promettait enfin d'entretenir et d'affermir les liens qui l'unissaient à la nation polonaise. Tout semblait présager à la Pologne de longs jours de bonheur et de prospérité; mais l'ambition du cabinet russe s'offensait sans doute de ce que sans son consentement la nation polonaise travaillait à son bien-être. Quelques Polonais ambitieux, gagnés par les intrigues de l'étranger, se mirent à la tête d'un complot ourdi au fond de l'Oukraine, et, précédés par une armée russe, ils se présentèrent sans déclaration de guerre sur le territoire de la Pologne. Le roi, la diète et la nation parurent animés d'un même esprit; les mesures les plus énergiques furent adoptées pour repousser cette agression; une autorité illimitée fut accordée au prince pour défendre la patrie. Le gouvernement réclama l'assistance de la Prusse, garantie par le traité de 1790; mais celle-ci se disposait au contraire à s'emparer de la portion qui lui était une seconde fois réservée. En vain l'immortel Kosciuszko se couvrit-il de gloire dans deux batailles; il fallut céder au nombre. Stanislas lui-même eut la lâcheté d'accéder aux prétentions des conjurés et des ennemis, et d'ordonner à l'armée de battre en retraite.

Par une convention forcée, déguisée sous le nom de traité, on vit en 1793 la *Prusse* entrer en possession du reste de la *Grande-Pologne*, l'Autriche s'emparer de la *Petite-Pologne* qu'elle surnomma la *Nouvelle-Galicie*, et la Russie porter ses frontières jusqu'au centre de la Lithuanie et de la Volhynie. Les puissances spoliatrices garantirent une seconde fois l'intégrité du territoire qu'elles laissaient à la Pologne: c'était annoncer, comme l'a dit un historien, un troisième et dernier partage.

Les motifs allégués par l'étranger pour justifier des spoliations contraires aux droits des gens et des nations reposaient sur une accusation perfide: les patriotes polonais étaient, suivant les manifestes, imbus des principes démagogiques professés par les jacobins de France, et que les rois, disait-on, avaient la mission, l'obligation même, d'étouffer partout.

La révolution de 1791 s'était faite au contraire en Pologne toute en faveur de la royauté. Aussi l'accusation portée contre le patriotisme polonais excita-t-elle l'indignation et la soif de la vengeance dans tous les cœurs généreux. Une insurrection générale éclate dans la capitale; Kosciuszko marche sur Krakovie et remporte de brillants avantages sur les Russes; la Lithuanie se soulève; la Samogitie suit cet exemple; les troupes polonaises stationnées en Volhynie et en Podolie se réunissent à celles de Kosciuszko; mais tandis que celui-ci poursuit les Russes, il est attaqué sans déclaration de guerre par les troupes prussiennes. Forcé de se retirer dans les murs de Varsovie, il en fait lever le siège aux armées coalisées. Cependant à mesure que les Polonais s'affaiblissaient par leur courageuse résistance, le nombre de leurs ennemis augmentait sans cesse: l'Autriche faisait marcher son contingent; Souvarof accourait du fond de l'Oukraine pour soutenir avec de vieilles bandes les troupes moscovites; et la bataille de Maciowice, dans la journée du 10 octobre 1794, fut la dernière de la Pologne: Kosciuszko y tomba entre les mains de l'ennemi. Les Polonais défendirent encore leur capitale, mais le faubourg de Praga fut emporté d'assaut par

Souvarof; le 9 novembre Varsovie fut forcée de capituler; le 18, l'armée polonaise fut dissoute, et bientôt s'effectua le dernier partage par lequel les rives de la Pilica, de la Vistule, du Boug et du Niemen marquèrent les frontières de la Russie, de la Prusse et de l'Autriche, ce qui raya la Pologne du nombre des Etats indépendants.

« Le roi Stanislas-Auguste, spectateur toujours larmoyant du triple partage de la Pologne et de son anéantissement, reçut l'ordre de quitter, au commencement de 1795, la ville de Varsovie pour aller à Grodno traîner sa déplorable existence; il y signa l'acte de son abdication le 25 novembre, jour anniversaire de son couronnement, et après le décès de Catherine II, arrivé en novembre 1796, il vint à Pétersbourg le 12 février 1798. »

La Pologne n'était représentée que par les intrépides légions de réfugiés qui servaient dans l'armée française, lorsque la victoire remportée par celle-ci à Friedland, le 14 juin 1807, eut pour résultat le traité de Tilsit qui replaça au rang des nations plus de 2 millions de Polonais. Par suite de ce traité, la Prusse renonça à perpétuité à la possession des provinces polonaises qu'elle avait reçues en partage postérieurement au 1er janvier 1772 : « à l'exception toutefois de la Varmie et des pays situés à l'ouest de la Vieille-Prusse, à l'est de la Poméranie et de la Nouvelle-Marche, au nord du cercle de Culm, comprenant la ligne qui allait de la Vistule à Schneidemuhle par Woldau, en suivant les limites du cercle de Bromberg et de la chaussée de Schneidemuhle à Driesen, lesquelles avec la ville et la citadelle de Graudenz devaient continuer d'être possédées en toute propriété par la Prusse. » La portion de la Pologne qui recouvrait sa nationalité fut concédée sous le titre de duché de Varsovie à Frédéric-Auguste, roi de Saxe, le même que la constitution du 3 mai 1791 appelait au trône de Pologne. Le duché de Varsovie fut encore agrandi en 1809 par la reprise sur les Autrichiens de la Nouvelle-Galicie, ci-devant Petite-Pologne, ainsi que d'un petit arrondissement sur la rive droite de la Vistule, avec la moitié du produit des salines de Wieliczka; ce qui y ajouta une population de 1,800,000 âmes.

Les désastres de la campagne de 1812 et l'entrée à Paris des puissances alliées en 1814 avaient détruit toutes les espérances que les Polonais concevaient relativement à leur émancipation future, lorsque les promesses formelles de l'empereur Alexandre et les garanties qu'offrait la noblesse de son caractère permirent d'espérer que le congrès de Vienne, déterminé par un motif aussi puissant, ferait entrer dans la balance politique de l'Europe le poids d'un nouveau royaume de Pologne. On conçoit combien cette affaire était délicate : il ne fallait pas moins que le débarquement de Napoléon en France, le départ des Bourbons et la perspective d'une nouvelle guerre générale pour hâter la décision de la diplomatie. Le 20 juin 1815 le nouveau royaume de *Pologne* fut proclamé à Varsovie. C'était, dit un historien, le grand-duché de Varsovie, mutilé, moins la république de Krakovie, les salines de Wieliczka, que l'Autriche obtint, et le grand-duché de Posen envahi de nouveau par la Prusse.

Les espérances que les Polonais avaient conçues de recouvrer leur nationalité n'étaient point satisfaites par ce fantôme de royaume qui n'était en réalité qu'une province russe. Les abus qui naissent de la corruption à laquelle est en proie l'administration russe, surtout dans la classe des agents inférieurs, parurent insupportables à un peuple conquis; en vain Alexandre fut-il instruit des motifs sur lesquels se fondaient ces plaintes : l'action immédiate du grand-duc Constantin, en qualité de vice-roi et de frère de l'empereur, le pouvoir discrétionnaire qui lui était confié, son despotisme, la rudesse, la brutalité même de son caractère, paralysaient les généreuses intentions d'Alexandre et accroissaient chaque jour le nombre des mécontents. Avec le mécontentement augmentèrent les mesures répressives et tyranniques: la liberté de la presse cessa d'être garantie par la loi; de nouveaux impôts pesèrent sur la nation; la liberté individuelle qui avait été solennellement garantie fut violée; on enleva aux chambres la publicité de leurs délibérations; dans les actes officiels et dans les votes la langue polonaise fut supprimée; il semblait qu'on voulût pousser à quelque acte de désespoir une nation généreuse. Ce fut sous ces auspices que le gouvernement convoqua la diète de 1825 : on chercha, il est vrai, à calmer les esprits en renouvelant la promesse de réunir au royaume les anciennes provinces polonaises, mais cette promesse resta sans effet, et les pétitions en faveur des libertés publiques furent de nouveau repoussées. La mort d'Alexandre, l'avénement de Nicolas au trône, et le serment que fit ce prince de maintenir la constitution, firent espérer que les stipulations du congrès de Vienne allaient enfin recevoir leur exécution : mais cette espérance fut encore une fois déçue, et de nouvelles rigueurs devinrent même nécessaires pour contenir les esprits inquiets.

Ce fut dans ces circonstances qu'éclata à Paris la révolution de juillet 1830. Soit que les Polonais aient vu dans ce mémorable événement ce que peut faire un peuple irrité pour secouer le joug imposé par l'étranger ; soit que le bruit accrédité d'une guerre prochaine suscitée par la Russie contre la liberté des peuples et dans laquelle l'armée polonaise devait former l'avant-garde de cette nouvelle croisade ait soulevé d'indignation les cœurs de tant de Polonais trop confiants dans l'idée que la France devait être leur soutien naturel, la nuit du 29 novembre 1830 fut, dans les murs de Varsovie, éclairée par les feux de la liberté. Une étincelle électrique embrasa tout-à-coup l'armée, la capitale, la Pologne entière ; et l'on vit celui dont la nation avait tant à se plaindre, le grand-duc Constantin, entouré de troupes russes, déclarer au milieu de l'effervescence populaire qu'il se confiait à la générosité polonaise, et cette générosité attester la noblesse et l'héroïsme de cette nouvelle révolution.

Nous ne décrirons pas la lutte glorieuse qu'a soutenue pendant plus de dix mois une nation de 4 millions d'individus, forte des seules ressources de son désespoir, contre une puissance dix fois plus redoutable par sa population, ses armées aguerries et son matériel de guerre ; ayant de plus à supporter le tort que faisait éprouver à sa propre cause la protection accordée par deux puissances voisines qui tantôt approvisionnaient l'armée russe, tantôt offraient un refuge à ses légions, tandis qu'elles constituaient prisonniers les soldats polonais forcés de chercher un refuge sur un territoire neutre. Nous ne redirons pas les beaux faits d'armes qui ont illustré tant de combats sanglants et immortalisé dans les fastes de la Pologne la terrible bataille de Grochow : ces faits, ainsi que la prise de Varsovie le 8 septembre 1831, retentiront long-temps encore en Europe.

Cinq mois après ce dernier événement l'édifice élevé par le congrès de Vienne comme une garantie contre l'influence de la Russie a été renversé par un oukase impérial : le royaume de Pologne, fondé en 1815 par la politique européenne, fait aujourd'hui partie intégrante du territoire russe (¹). Mais si les

(¹) Par son manifeste, en date du 14 février 1832, l'empereur Nicolas a déterminé par un statut organique le mode d'organisation du royaume de Pologne ; en voici les principales dispositions :

Le royaume de Pologne forme à jamais une partie intégrante de l'empire de Russie. Il aura une administration distincte, ainsi que des codes particuliers. Les droits et les institutions municipales dont jouissent les villes et les communes sont maintenus dans toute leur force.

La liberté individuelle et la liberté des cultes sont garanties.

Les fonds appartenant au clergé catholique romain et à celui du rite grec-uni sont déclarés propriété inaliénable et commune à toute la hiérarchie ecclésiastique de chacun des cultes.

La liberté de la presse ne subira d'autres restrictions que celles qui sont indispensables pour assurer à la religion le respect qui lui est dû, maintenir l'inviolabilité du pouvoir souverain, conserver les bonnes mœurs et garantir de toute atteinte l'honneur des individus.

L'administration du royaume étant distincte de celles des autres parties de l'empire, ses finances seront aussi administrées séparément.

La dette publique restera sous la garantie du gouvernement à la charge du royaume.

L'armée sera une dans tout l'empire, sans distinction de troupes russes et polonaises.

L'administration générale du royaume de Pologne est confiée à un conseil agissant au nom de l'empereur, et présidée par un gouverneur général (namiesnik) du royaume.

Un conseil d'État est chargé d'arrêter les projets de lois concernant l'administration générale du pays, et d'examiner le budget des recettes et des dépenses.

Toutes les affaires administratives et judiciaires du royaume seront traitées en langue polonaise.

La division du royaume en palatinats, arrondissements, districts et communes, est maintenue dans leurs circonscriptions actuelles, sauf les modifications que le bien du service pourra exiger par la suite.

Il y a comme par le passé, dans chaque palatinat, des assemblées de la noblesse, des assemblées communales, et des conseils de palatinat.

Il y aura aussi des états provinciaux chargés de délibérer sur les affaires d'intérêt général du royaume.

La justice est rendue par des tribunaux de première instance et d'appel, et par une cour suprême qui siége à Varsovie.

calculs et quelquefois les caprices de la politique peuvent modifier l'étendue des empires, il n'en est pas moins évident pour tout esprit juste que la nation polonaise sera long-temps encore avant de se confondre, aux yeux du géographe et de l'ethnographe, avec la nation russe.

Nous allons commencer notre tournée topographique par la capitale du royaume de Pologne. *Varsovie*, en polonais *Warszawa*, est une ville qui, malgré ses désastres récents, renferme encore environ 130,000 habitants, parmi lesquels on compte plus de 27,000 juifs. Elle est assez ancienne, puisque son origine paraît remonter vers la fin du douzième siècle, et qu'un diplôme de Conrad Ier, duc de Masovie, est daté de Varsovie en 1224. Mais à cette époque la résidence ducale était partagée entre Czersk et Plock : elle n'a pris un rang éminent qu'après la réunion de la Pologne et de la Lithuanie ; sa position en fit alors le rendez-vous naturel de deux nations également fières, et dont aucune ne voulut céder à l'autre la gloire de donner une capitale à la commune patrie. Ce fut le roi Sigismond III qui le premier établit ici sa résidence, et ses successeurs ont continué à y demeurer. Pour favoriser les Lithuaniens, on y transféra la diète en 1569. L'an 1655, la ville fut occupée par les Suédois, qui y entassèrent le riche butin qu'ils avaient fait en Pologne. Les Polonais la reprirent en 1656. Alors Varsovie ne comprenait que la partie appelée encore aujourd'hui *Staremiasto* (la vieille ville). Les autres quartiers se nomment *Novolipie, Nowemiasto* (la nouvelle ville), *Nowy-swiat* (le nouveau monde), *Leszno, Grzybow, Marszalkowskie* (le quartier des maréchaux), *Solec, Marieville*, et *Krakowskie-Przedmiecie* (faubourg de Krakovie). L'étendue de Varsovie, y compris ses remparts, est de 6,591 toises en suivant la rive gauche de la Vistule, tandis que le faubourg de Praga sur la rive opposée forme un autre demi-cercle de 1,853 toises. Ce faubourg, qui communique avec la ville par un pont de bateaux long de 263 toises, peut être regardé comme une ville : en 1782 sa population était de 6,690 habitants ; mais en 1795, après la visite du barbare Souvarof, il n'en restait que 3,082. La Vistule roulait des cadavres jusque dans la Prusse. Varsovie même, disgraciée par les puissances copartageantes, était destinée à devenir une ville de province. Cette capitale, qui eu 1782 avait 89,450 habitants, n'en comptait en 1797 que 66,572. Un écrivain prussien porte, pour l'an 1804, sa population à 74,900 (¹) individus, probablement avec la garnison. Au milieu de ces tristes vicissitudes, Varsovie avait perdu plusieurs de ses ornements ; les collections de tableaux qu'avait commencées le dernier roi sont en Russie ; sa bibliothèque, de plus de 45,000 volumes, a été achetée par l'empereur Alexandre Ier et donnée au gymnase de Volhynie. La fameuse bibliothèque des frères Zaluski, qui était de 200,000 volumes, sans compter les doubles, et qui appartenait à la république, a été transportée à Pétersbourg, mais d'une manière horrible ; des Cosaques furent chargés de l'emballer ; ils jetèrent beaucoup de volumes par les croisées, ils en brûlèrent d'autres ; le reste fut entassé pêle-mêle dans de mauvaises caisses et emmené sur des traîneaux. Lorsqu'une caisse venait à s'entr'ouvrir de manière qu'un volume en sortait, les Cosaques l'y repoussaient avec la pointe de leurs sabres (²). Mais sous le règne d'Alexandre Ier, un grand nombre de bienfaits ont consolé cette capitale. Un *namiesnik* ou vice-roi, et l'archevêque-primat, y ont eu leur résidence fixe. Une nouvelle université fut organisée, bien dotée, et enrichie d'une nombreuse bibliothèque provenant en grande partie des livres recueillis dans les bibliothèques des couvents supprimés (³).

La capitale de la Pologne, y compris Praga, est divisée en huit arrondissements ou cercles, on y compte 1,400 maisons en pierre et 1,730 en bois, 112 palais, 60 grands hôtels du gouvernement, 5,800 fabriques et manufactures, et 214 rues. Les plus belles sont celles de Krakowskié-Przedmiescie, celle de Nowy-Swiat, la Senatorska ou la Sénatoriale, la Miadowa ou la rue du Miel, qui, pendant l'existence du grand-duché, porta le nom de rue Napoléon ; la Dluga ou la rue Longue, la Podwale ou la rue Basse-du-Rempart, la Krolewska ou la rue Royale, la Marszalkowska ou la rue

---

(¹) Muller, Géographie, t. II, p. 373. — (²) *Tableau de la Pologne*, p. 128. Notes communiquées par des Polonais. — (³) L'université, sa bibliothèque et ses collections scientifiques n'existent plus ; la première vient d'être supprimée par un oukase, et les autres transportées à Pétersbourg.

VARSOVIE.
(Colonne Sigismond)

Maréchale, l'Elektorska ou la rue Électorale, et celle appelée Leszno. Ces rues sont parfaitement entretenues et éclairées. Les plus belles places sont celles de Saxe, de la Vieille-Ville, du Champ-de-Mars, de Marieville (¹), de la Bourse, de Tlumackie, la place de Krasinski et celle de Sigismond, au milieu de laquelle s'élève une colonne en marbre, surmontée de la statue en bronze du roi Sigismond III, monument que lui fit ériger Vladislas IV en 1643 et 1644. La statue de Copernic décore cette place : un autre monument, c'est-à-dire une statue équestre du prince Poniatowski, doit bientôt orner la rue de Krakovie.

Le *Zamek Krolewski*, ou château royal que le roi Sigismond III fit bâtir, est dans le faubourg de Krakovie, dans un lieu élevé : c'est un vaste édifice dont l'intérieur fut décoré avec une magnificence royale sous le règne de Stanislas-Auguste, comme il l'est aujourd'hui à l'extérieur, quoique toutes les parties n'en soient point complétement terminées. Dans le faubourg de Nowy-Swiat nous verrons le château *Lazienski*, maison de plaisance de Stanislas-Auguste, construction admirable par son élégance. C'est là que se trouve la statue équestre représentant Jean Sobieski foulant aux pieds les musulmans. On y voit aussi une arène pouvant contenir 1,500 personnes. Un beau jardin, de grandes pièces d'eau, des points de vue charmants rendent ce séjour enchanteur. En quittant Lazienski on entre dans le *Belvédère*, nouveau château, près duquel furent jetés en 1792 les fondements d'un temple à la Providence, destiné à perpétuer le souvenir de la constitution promulguée en 1791. Dans l'intérieur de la vieille-ville on admire le palais du lieutenant du roi situé sur l'emplacement de celui des Radziwil. Le palais du gouvernement, dit de Krasinski, est un des plus imposants de ceux qui décorent Varsovie. C'est dans son enceinte que la haute-cour nationale, composée des sénateurs palatins et castellans, statua en 1828 sur l'accusation portée contre les membres de la Société patriotique polonaise; accusation qui fut écartée à l'unanimité moins une voix et confirmée par un décret royal. Le palais de Saxe est un édifice du premier ordre; son magnifique jardin sert de promenade publique. L'hôtel-de-ville est remarquable par son étendue. On doit citer encore parmi les édifices importants les hôtels du ministère de l'intérieur et des finances, celui de la monnaie, l'observatoire astronomique et le château de la société royale des amis des sciences, bâti sur l'emplacement d'une chapelle qui fut détruite en 1820, et dans laquelle reposaient les cendres des tsars de Moscovie, emprisonnés en 1611 par Zolkiowski. Cette chapelle était un monument honteux aux yeux des Russes : Catherine II exigea de Stanislas-Auguste que la table de marbre portant une inscription qui rappelait d'anciens désastres serait brisée; mais depuis on trouva un prétexte pour raser cette chapelle surnommée *moscovite*, et qui appartenait aux Dominicains observants. Un de ces religieux s'étant brûlé la cervelle dans une des cellules du couvent, on répandit le bruit qu'il s'était tué sur l'autel même de l'église, profanation qui exigeait que le temple fût entièrement détruit.

Plusieurs palais appartenant à des particuliers tels que ceux d'Ostrowski, de Pac, de Potocki, d'Oginski, de Chodkiewicz, de Zamoïski, de Bielinski et de Czartoryski, rivalisent de beauté.

Plusieurs églises sont des monuments non moins remarquables que les palais que nous venons de citer. La plus digne d'attention est la cathédrale, dédiée à saint Jean : elle fut fondée en 1250 par le duc de Masovie. La nef est ornée des étendards enlevés aux Turcs par Sobieski; plusieurs mausolées élevés à la mémoire de citoyens distingués contribuent à la beauté de son intérieur. C'est sous ses voûtes imposantes que l'assemblée de la diète prêta le serment à la constitution du 3 mai 1791. L'église de Saint-Alexandre remplace l'arc de triomphe qu'on devait ériger en mémoire de la première entrée de l'empereur Alexandre à Varsovie. « En suivant la rue du Nouveau-
» Monde, la façade de l'église de Sainte-Croix
» frappe les yeux de l'observateur, et sans
» contredit, c'est une des plus belles de Var-
» sovie. Elle fut fondée en 1682 par Jacques
» Sobieski et terminée en 1696 par Bartholomé
» Tarlo. Joseph Belloti en fut l'architecte. Di-
» visée en haute et basse église, elle est ornée
» de peintures exécutées par les artistes polo-
» nais Martin Sokolowski, Krzeczkowski,

(¹) On a ouvert le 26 mars 1833, sur cette place, le magnifique théâtre nouvellement construit, renfermant de très belles salles pour les redoutes et bals publics.

» Eleisither et Albertrandy, père du savant
» Jean Albertrandy. C'est dans cette église
» qu'on solennisa le premier et dernier anni-
» versaire de la constitution du 3 mai, dans
» la journée du 3 mai 1792. C'est là encore
» qu'eurent lieu en 1814 les célèbres funé-
» railles du prince Joseph Poniatowski, avant
» que son corps eût été déposé à Krakovie (1). »
L'église des Dominicains est remarquable par
son étendue; celle des Piaristes est l'une des
plus belles de la capitale.

Parmi les constructions importantes nous
devons citer l'arsenal, qui occupe l'emplacement de l'ancien hôpital. Les casernes sont
bien bâties et d'une grande étendue.

Par ses établissements scientifiques, littéraires et philanthropiques, Varsovie mérite d'ê-
tre la capitale d'une nation célèbre par ses
lumières et son patriotisme. Les bibliothèques
et les imprimeries y sont nombreuses; un
grand nombre de journaux consacrés à la politique, à la littérature et aux sciences s'y pu-
blient; l'université, qui ne date que de 1818,
possède une riche bibliothèque, de belles collections en histoire naturelle, un superbe jardin botanique, un laboratoire, un beau cabinet
de physique, une galerie d'anatomie, un cabinet de médailles et d'antiquités. On cite
encore le lycée ou l'école palatinale, le gymnase des Piaristes, le collége des nobles, l'é-
cole centrale des hautes études ecclésiastiques,
l'école d'artillerie et du génie, l'école des arts,
l'école forestière et le conservatoire de musique. La société royale des amis des sciences,
qui possède aussi une riche bibliothèque et
des collections précieuses, n'est pas le seul
corps savant de la capitale (2); les autres sont
la société d'agriculture, celle de physique et
celle de médecine. Les principaux établissements philanthropiques sont l'hôpital des enfants trouvés, établi sous le règne de Stanislas-
Auguste par l'abbé Baudouin, né Français;
l'institut des sages-femmes, celui des sourds-
muets fondé en 1819; celui de bienfaisance
que présida long-temps l'illustre Niemcewicz,
et celui des soupes économiques fondé par le
généreux Ostrowski, célèbre à tant de titres, et
qui à ceux de la gloire militaire et littéraire
ajouta ceux d'une philanthropie éclairée, en
consacrant son immense fortune au soulagement de l'humanité.

Avant la dernière insurrection Varsovie
était une ville de plaisirs; les réunions littéraires, les bals et les concerts y charmaient
les loisirs de la classe opulente; deux théâtres
nationaux et un théâtre français réunissaient
les habitants de toutes les classes. Dans la
belle saison, les magnifiques avenues qui s'é-
tendent du côté des barrières sont le rendez-
vous des promeneurs : celles d'*Uiazdow* sont
comparables au Prater de Vienne; la belle
route qui conduit au château de Bielany est
le Longchamps de Varsovie; les bains publics
et les beaux jardins du château de Lazienki
attirent aussi la foule des désœuvrés. L'île de
Kepa-Saska, remplie de jardins, embellit la
ville dont elle est une dépendance.

Il se fait à Varsovie un commerce considérable en productions de la Pologne. Il y a quelques fabriques de draps, de toiles, de savon
noir, de tapis, de bas et de chapeaux. La
grande fabrique de tapis de Turquie, établie
à une demi-lieue de la ville, est dans un état
florissant. Mais les objets que l'on fait le mieux
à Varsovie, ce sont les voitures et les harnais.

Les environs de la ville sont remarquables
par divers châteaux ou par plusieurs lieux
riches en souvenirs historiques. Ce sont *Mo-
kotow*, *Krolkiarnia* (la garenne), *Czerniakow*
et le célèbre château de *Willanow*, magnifique édifice, construit d'après l'ordre de Jean
Sobieski par les Turcs prisonniers de guerre.
Ce prince y termina ses jours en 1696. « Des
» peupliers centenaires ombragent les allées
» de cette résidence. A côté des souvenirs an-
» tiques chers aux Polonais, et qui s'y trou-
» vent réunis par les soins de son propriétaire,
» on aperçoit, avec un recueillement religieux,
» un monument élevé à la gloire des héros
» morts sur le champ d'honneur à la bataille
» de Raszyne en 1809, ainsi que les deux tom-
» beaux des deux illustres frères Ignace et
» Stanislas Potocki. La bibliothèque, les ma-
» nuscrits, la galerie de tableaux de toutes
» les écoles, y forme un musée précieux (1). »

Les autres villes de la *Masovie* sont peu
importantes. A 8 lieues au sud de Varsovie,
Czersk, long-temps la résidence des ducs sou-

(1) *Tableau de la Pologne*, par *Malte-Brun*, revu
par *Léonard Chodzko*. — (2) Cette société fut supprimée (fin 1832). Son palais, sa bibliothèque et ses
collections ont été confisqués.

(1) *Tableau de la Pologne*, etc.

verains de Masovie, est réduite à moins de 400 habitants. Elle a un château bâti sur un rocher; ses environs étaient jadis plantés de vignes. *Brzesc*, chef-lieu de l'obwodie de *Kuiavie*, ne renferme pas plus de 1,700 individus, quoiqu'elle conserve ses vieilles fortifications. *Stanislawow*, bâti par Stanislas, dernier duc de Masovie, est totalement déchue de son ancienne splendeur. Les meilleures villes, et les seules où il y ait un peu d'industrie, sont *Lowicz*, avec 3,380 habitants, capitale d'une ancienne principauté, et *Kuttno*, avec 2,600, dont 1,400 juifs. *Warka*, sur la Piliça, renferme sept églises : dans celle des Dominicains on voit les tombeaux de plusieurs ducs de Masovie. En 1656 le célèbre guerrier Étienne Czarniecki y défit les Suédois. *Rawa* possède quatre églises, une fabrique de draps, une brasserie et une distillerie : c'était autrefois une forteresse; on y remarque un ancien château. *Sochaczew* fait commerce de mercerie. *Gostynine*, sur la rive droite de la Skrwa, avait autrefois une forteresse dans laquelle le tsar Démétrius Szuyski fut enfermé jusqu'à sa mort. Près Sochaczew, les voyageurs visitent le château de *Nieborow*, appartenant à la maison Radziwil, où une bibliothèque de 20,000 volumes et la charmante retraite nommée *Arcadie* attestent le goût délicat des propriétaires.

La woiwodie de *Plock* répondant exactement à l'ancien département prussien du même nom, nous savons, par les tableaux de statistique dus à l'administration prussienne, plusieurs détails, entre autres que les terres cultivées formaient 127,984 *hufen* (2,122,000 hectares), et les forêts, landes, marais et lacs, 102,386 (1,697,560 hectares). Le seigle et l'orge ne donnaient que trois fois les semailles. Dans la partie occidentale les forêts de chênes sont très belles. Son sol, entrecoupé de bois et de marais, est uni et forme une superficie d'environ 805 lieues carrées ; il est arrosé par un grand nombre de cours d'eau, dont nous ne citerons que les plus importants : la Narew baigne sa partie orientale, et la Wkra le centre; la Vistule et le Bog (Bug) tracent sa limite méridionale, la Skrwa celle du nord-est, et la Drewenz celle du nord-ouest.

La ville de *Plock*, sur une colline et peuplée de 9 à 10,000 âmes, est agréablement située au milieu de vergers ; la Vistule coule au pied de ses murs : ce large fleuve est animé tantôt par des bateaux marchands qui portent vers Dantzig les moissons de la Pologne, tantôt par les nacelles des pêcheurs qui y poursuivent le saumon, la truite et d'autres poissons délicieux. Il y a maintenant un théâtre polonais, un jardin public et un journal officiel. Outre des écoles palatinales, cette cité possède une société littéraire d'une ancienne fondation, mais renouvelée en 1820. Grâce à sa position, Plock doit devenir une des premières villes de commerce du royaume. Depuis 1818 les habitants se sont occupés à relever les monuments érigés à la mémoire des rois Vladislas-Herman et Boleslas-Bouche-de-travers, qui y firent leur résidence. L'église cathédrale de Saint-Sigismond date de l'an 968 : elle mérite d'être visitée. Les tribunaux siègent dans le palais épiscopal. Plock est entourée de murailles et se divise en nouvelle et vieille ville : de ses 25 places la plus belle est dans cette dernière.

Nous remarquerons, le long de la rivière de Narew et de celle du Bog, *Modlyne*, la principale forteresse de la Pologne après celle de Zamosc; elle a été construite depuis 1807. *Ostrolenka*, auprès d'une immense lande, couverte de quelques bois sauvages, et nommée le désert d'*Ostrolenka*, est célèbre par la bataille livrée le 30 mars 1831 entre les Polonais et les Russes. *Pultusk* ou *Poultowsk*, bien qu'étant la plus grande de ces villes, n'a pourtant pas 4,000 habitants; mais elle est agréablement située au milieu de vergers et de jardins; la Narew l'entoure presque, et le château, placé sur un rocher, jouit d'une vue très étendue.

Dans l'obwodie de *Mlava*, la rivière d'*Orzik* cache son cours sous terre pendant l'espace d'une demi-lieue. Les deux *Dobrzyne*, l'une sur la rive droite de la Vistule, l'autre sur la rive gauche de la Drewenz, n'offrent rien de remarquable. Cette dernière paraît avoir été au dixième et au onzième siècle une ville très commerçante, si l'on en juge par la découverte qui y fut faite dans ces derniers temps d'un grand nombre de monnaies d'Allemagne, de Bohême et d'Angleterre, appartenant à ces deux siècles.

La woïwodie d'*Augustow* comprend en partie le petit reste de la Lithuanie, encore réuni au royaume, comme il l'avait été au grand-duché de Varsovie, d'après les vues militaires et administratives qui avaient présidé aux divers partages. Elle est bornée au nord et à l'est par les possessions russes, au sud-ouest par la woïwodie de Plock, et à l'ouest par le territoire prussien. Elle renferme de vastes forêts, un grand nombre de marais et les plus grands lacs du royaume : tels que le Duzia, le Metelle, l'Obelia, le Paserey et le Wigry. La seule rivière un peu importante qui la traverse est la Narew. Toute cette espèce de langue de terre que borde le territoire de Prusse du côté de l'ouest et le cours du Niemen à l'est et au nord, offre des champs et des vallées fertiles, et même le long du fleuve des aspects très agréables. *Suwalki*, avec 3 à 4,000 habitants, est aujourd'hui chef-lieu de la woïwodie. C'est une ville bâtie avec assez de régularité. *Lomza*, *Nowemiasto* et *Kalwary* sont les principales cités qui viennent ensuite. La seconde, appelée en allemand *Neustadt*, renferme de vieilles maisons en mauvais état, des brasseries, des distilleries de grains, et ouvre chaque année plusieurs foires très fréquentées. La seconde compte 1,600 juifs parmi ses 2,700 habitants : elle est bien bâtie, mais ses rues ne sont pas pavées. *Augustow*, qui donne son nom à la woïwodie, se compose de maisons en bois, propres et régulières. Située entre le lac Neczka et celui de Seyno, elle doit son nom à Sigismond-Auguste qui la fonda en 1560. Ses marchés de bœufs et de chevaux sont très fréquentés. Le monastère de *Seyny* est un pèlerinage que visitent annuellement plus de 10,000 individus. Un autre monastère, celui de *Wigry*, élève du milieu d'un lac du même nom ses bâtiments imposants entourés d'une muraille colossale.

La fertile mais sauvage woïwodie de *Siedlec* ou de *Podlaquie* renferme dans les obwodies ou arrondissements de Biala et de Radzyn une masse de lacs, de marais et de forêts humides qui séparent le cours du Bog de celui du Wieprz. On y récolte beaucoup de blé ; la nourriture des bestiaux et l'éducation des abeilles forment deux branches importantes de l'industrie agricole. L'ancien palatinat de Podlaquie ou Podlasie s'étendait de l'est à l'ouest depuis la Masovie jusqu'à la Lithuanie, borné au nord par la Prusse ducale et au midi par le palatinat de Lublin. C'était la patrie des Iadzwingues, descendants des Sarmates, et connus aussi sous le nom de Iazyges ou Jazygues. Les anciens historiens polonais les nomment *Polexianiens* ou *Polésianiens*, c'est-à-dire habitants des forêts. Ces peuples avaient toujours été distincts des Samogitiens et même des Masoviens lorsque Boleslas-le-Grand réunit la Podlaquie à ses États. Plus tard ce pays passa alternativement sous la domination des ducs russiens, des Lithuaniens, des Masoviens, des Polonais et des chevaliers teutoniques.

En parcourant les villes de la Podlaquie, nous verrons d'abord *Lukow* bordée d'un côté par un marais et de l'autre par un rempart. C'est près de ses murs que les Polonais remportèrent le 14 février 1831 un premier avantage sur l'armée russe. A *Biala* on voit un beau château ; *Radzyne* est un lieu où se tiennent des foires renommées. Drohiczyn, dans le gouvernement russe de Bialystok, était autrefois la capitale du palatinat de Podlaquie : aujourd'hui c'est *Siedlec* qui est le chef-lieu de cette woïwodie. C'est une ville bâtie avec régularité, qui renferme un château et un gymnase : dans la guerre de 1831 les Polonais et les Russes l'ont successivement occupée à diverses reprises, et les derniers y ont eu long-temps leur quartier-général. Elle est vantée pour son pain et son eau-de-vie : dans le fait le premier égale ce qu'il y a de bon ailleurs, et la seconde est la moins détestable de la Pologne.

Passons la Vistule : les montagnes disparaissent dans la woïwodie de *Lublin* qu'arrose le *Wieprz*, et que le Bog sépare de la Russie. C'est une province riche en blé, en bois et en bétail. Sans croire avec Chwalkowski que « le » seigle de Lublin se change en froment, » nous dirons, avec le naturaliste polonais, qu'il est remarquable par sa pellicule mince et par la quantité de farine qu'il contient. Ce pays a 43 lieues de longueur sur 30 dans sa plus grande largeur. Il appartient au bassin de la Vistule qui le borne à l'orient. Il renferme des forêts considérables et beaucoup de pâturages : on y remarque plusieurs petits lacs formés par les rivières.

La ville de *Lubline*, la seconde du royaume, puisqu'elle compte environ 13,000 habitants, présente divers objets remarquables. Nous devons d'abord dire que, construite en partie sur une hauteur, et en partie sur le bord de la Byztrzyca, elle est dans une position charmante. L'acte d'union de la Lithuanie avec la couronne de Pologne y fut signé en 1659 : pour perpétuer le souvenir de cet événement on y a achevé dans ces dernières années un monument en fer. L'ancien palais de Radziwil, dans lequel le roi Sigismond-Auguste reçut l'hommage de son vassal le duc de Prusse, est aujourd'hui un hôpital militaire. Son hôtel-de-ville est construit dans un beau style ; on y remarque encore les restes du château de Kasimir-le-Grand, le palais de Sobieski, quelques belles églises, au nombre desquelles est celle des ci-devant jésuites, enfin un palais épiscopal, un séminaire et la plus grande synagogue du royaume. Elle renferme aussi un théâtre et plusieurs établissements de bienfaisance, des écoles, un gymnase de Piaristes, et des sociétés littéraires et savantes. Ses foires annuelles, qui durent chacune un mois, réunissent des négociants allemands, russes, arméniens, grecs et turcs. Les juifs qui l'habitent ne peuvent résider que dans la ville basse.

Zamosc, la principale forteresse de la Pologne, est bâtie à l'italienne avec des arcades autour des maisons; mais les envahissements des fortifications ont diminué le nombre des habitations et celui des habitants. Sur les bords de la Vistule s'élève la jolie ville de *Pulawy*, dont les maisons sont entourées de jardins, et dont l'église est d'une belle construction. Ce qui doit attirer surtout notre attention dans cette cité, c'est la magnifique résidence des Czartoryski, que la poésie et les beaux-arts ont à l'envi immortalisée. La noble architecture du château, le temple de la Sibylle, imité d'un édifice antique, l'île hollandaise avec ses laiteries, la bibliothèque de 60,000 volumes, le souvenir des beaux vers de Delille, reposent ici notre pensée fatiguée de détails vulgaires. A *Konskowola*, à une lieue de Pulawy, les monuments funéraires du général Orlowski et du poëte Kniaznyn satisferaient le goût le plus difficile. On cite encore dans cette province le magnifique château de *Klemenzow*, appartenant aux Zamoïski. Il est vrai que les palais isolés au milieu de hameaux misérables ne présentent pas l'image d'un bonheur général; mais rendons néanmoins un juste hommage aux sentiments et aux intentions de ceux qui font un si noble emploi de leurs richesses. *Krasnistow*, au bord d'un petit lac sur la rive gauche du Wieprz, est entourée d'une muraille, et renferme un château dans lequel l'archiduc Maximilien d'Autriche fut détenu après avoir été battu par Zamoïski.

Le commerce des vins de Hongrie et la fabrication des diverses espèces d'hydromel enrichissent *Rubieszow* et *Tomassew*, villes frontières. *Tarnogrod*, près des limites de la Galicie, compte 4,000 habitants.

L'ancien palatinat, aujourd'hui woïwodie de *Sandomir*, offre des plaines généralement sablonneuses, couvertes de vastes forêts, de marais et d'étangs dans toute sa partie septentrionale et occidentale; au sud le sol est d'une grande fertilité : c'est aussi dans la région méridionale que le pays se montre riche en metaux : on y travaille le fer, le cuivre, le plomb et le zinc. La première ville que nous visiterons est *Opoczno* ou *Opotschno* dont les foires ne sont pas sans importance; *Konskie* et *Radoszyce* sont peu considérables; *Opatow*, entièrement bâtie en bois, est le centre d'un grand commerce en vins de Hongrie : la manufacture de draps de Fiedler lui donne encore de l'importance. *Sandomir* ou *Sandomierz*, sur la rive gauche de la Vistule qui la sépare de la Galicie, était en 1807 chef-lieu du département de Radom dans le grand-duché de Varsovie ; cette ville est aujourd'hui le siège d'un évêché : ce n'est qu'une réunion de misérables maisons en bois. Kasimir-le-Grand l'entoura de murailles ; les Autrichiens la fortifièrent en 1809 : ce qui ne l'empêcha pas d'être prise d'assaut par les Polonais. Elle est environnée d'un mur et d'un fossé. A 11 lieues à l'ouest de Sandomir, *Rakow* a mérité le surnom d'*Athènes sarmate*. « Fondée en 1569 par le castellan Sieninski, » cette ville fut le refuge des savants, et par- » ticulièrement celui de la secte des ariens ou » *sociniens*: son imprimerie, une des plus ac- » tives, y donna le jour à plusieurs ouvrages » (entre autres au célèbre manuel socinien, » appelé *Catéchisme rakovien*). L'état floris- » sant de ces contrées dura jusqu'au règne » déplorable des jésuites, qui étouffèrent en » Pologne tous les germes de l'éducation po- » pulaire. » Les citoyens les plus distingués de cette ville devinrent le but de persécutions révoltantes ; les sociniens bannis en 1643 malgré les lois et les traités, se réfugièrent en

Transylvanie, et Rakow, jadis florissante, tomba en ruines. Aujourd'hui elle ne renferme que 700 habitants. *Radom*, sur la Radomka, petite rivière de 10 lieues de cours, est le chef-lieu de la woïwodie; elle possède un collége de Piaristes et un gymnase.

Dans la woïwodie de *Kalisch* ou *Kalisz*, la ville du même nom présente en général des édifices solides, des rues bien pavées, des avenues plantées d'arbres, ce qui, avec son école militaire, son théâtre, ses dix églises, son beau jardin public, son palais, ses fabriques de draps et de toiles, ses tanneries et ses foires renommées, en fait une des villes les plus importantes du royaume. La Prosna, qui en baigne les murs, parcourt une vallée riche en vues pittoresques.

La contrée entre la Prosna et la Wartha renferme plusieurs petites villes de fabriques, parmi lesquelles *Peisern* ou *Pyzdry* a un peu plus de 2,000 habitants, en y comprenant 600 juifs. *Petrikau* ou *Piotrkow*, siége d'une cour d'appel du royaume, se rendit célèbre par les diètes qui s'y tinrent sous les Jagellons et par les grands tribunaux qui distribuaient la justice à toute la Grande-Pologne. Ses murailles furent construites par ordre de Kasimir-le-Grand. On voit encore près de son enceinte un vieux château où résidèrent les rois de Pologne. Elle renferme sept églises, trois couvents, un collége de Piaristes et un gymnase. Il s'y tient six foires chaque année. *Sieradz*, dans un pays agréable, mais marécageux, s'élève au bord de la Wartha; elle est entourée de fossés et de murs en ruines; mais elle est intéressante par ses fabriques de draps, de toiles, de chapeaux, de bas, de gants, et ses tanneries. A *Wolborz*, on visite le château où résidait l'évêque de Kuiavie. *Czenstochowa* se divise en deux villes : l'ancienne, qui fut brûlée en 1771, renferme environ 280 maisons et s'élève sur la rive gauche de la Wartha : la nouvelle est séparée de la précédente par le mont Jasno-Gora ou Klarenberg, au sommet duquel s'élève un couvent fortifié, fameux par les siéges qu'il a soutenus et par son image miraculeuse de la sainte Vierge, qui attire un grand nombre de pèlerins. Les remparts qui défendaient la ville ont été détruits par les Russes en 1813.

En entrant dans la woïwodie de *Krakovie*, limitrophe de la république de ce nom, on voit le sol devenir montueux. Vers le nord-ouest les terrains sont bas et marécageux. On y trouve cependant de belles prairies et plusieurs forêts. Le plateau qui remplit la contrée entre la Piliça et la Vistule est composé de grès sablonneux et de roches calcaires ; nous en avons décrit les mines. Les vallées tournées vers la Vistule, surtout celles qu'arrose la Nida, offrent une contrée aussi fertile que pittoresque. Les environs de Pinczow et de Busko, consacrés à la culture de l'anis, sont un des pays les plus riants [1]. Mais sur la route de Konskie à Malogosz, et même jusqu'à Olkusz, le voyageur n'aperçoit que des images de stérilité et de misère. Ce plateau, par une suite de hauteurs entrecoupées de vallées, offre au premier abord l'aspect de montagnes assez escarpées ; mais quand on monte jusqu'au sommet de la montagne de la *Sainte-Croix*, nommée aussi *Lysa-Gora* en polonais, on s'aperçoit que c'est plutôt une longue élévation aplatie par le haut [2]. La montagne de la Sainte-Croix, qui, semblable à un promontoire, termine le plateau de la Petite-Pologne au nord-ouest de la ville de Sandomir, est principalement composée de grès quartzeux, d'un grain serré et dur. Visible à plus de quinze lieues, elle domine toute la Haute-Pologne. Sa hauteur est estimée à environ 2,000 pieds. Sur son sommet s'élèvent majestueusement l'église de Sainte-Croix qui lui donne son nom, et un couvent de bénédictins, d'où la vue s'étend de tous côtés sur les sites les plus romantiques. Ces deux édifices sont dus à la munificence de Boleslas-le-Grand. De nombreuses fontaines jaillissent des arides rochers, où le monastère fameux par des miracles rassemble fréquemment la pieuse multitude de contrées même très éloignées. Une ceinture de nuages enveloppe souvent le milieu de cette hauteur isolée ; on la regarde comme la source des pluies subites et abondantes qui ravagent les pays adjacents [3].

Miechow, bâtie au sommet d'une colline sur le plan, dit-on, de Jérusalem, par le Polonais Gripsius Jaxa qui avait fait un pèlerinage à cette ville, compte parmi ses 1,500 habitants un grand nombre de juifs. *Olkusz*, chétive

---

[1] *Rzaczynski*, p. 86. *Starovolski*, p. 28. — [2] *Cerosi*, t. I, p. 227, etc. — [3] *Rzaczynski*, Trat. III, c. II, art. 7. *Sarnicki*. Chorographia, in voce. *Mons Crucis*, etc.

cité dont les environs renferment des mines de plomb argentifère et de cuivre, jadis fort riches et sur le point d'être remises en exploitation; *Stobnica*, qui n'a pas 1,400 habitants; *Slawkow*, sur le penchant d'une montagne où l'on exploite des mines de zinc et de plomb; *Drombowa*, avec ses riches mines de charbon de terre : telles sont après Kielce les principales villes que nous avons à mentionner. *Kielce*, chef-lieu de la woïwodie avec 4,400 habitants, un évêché, et une académie des mines, est la plus remarquable de la province. Elle fut fondée en 1173. Sa construction est régulière ; outre un palais épiscopal, elle possède 4 églises, un séminaire, un couvent de femmes, un lycée ou école palatinale avec une bibliothèque et plusieurs collections, deux écoles, un palais de justice et un théâtre. L'importance de ses mines de fer, de cuivre et d'argent, y ont fait placer la direction générale des mines du royaume. C'est l'entrepôt d'un commerce considérable de blé et d'ustensiles en fer.

Nous terminerons cette description de la Pologne par quelques citations qui donneront une idée du caractère polonais et de l'état des juifs de ce royaume.

« Sous le règne de Stanislas-Auguste, règne si déplorable sous le rapport politique, l'esprit et les mœurs des Polonais commencèrent à reprendre un nouveau caractère. La lutte mémorable entre les colonies anglaises de l'Amérique septentrionale et la métropole avait appris aux peuples à réclamer leurs droits contre la force et l'oppression. Sur notre continent, il était réservé à deux seules nations, la France et la Pologne, d'appliquer à leur propre existence les droits du Nouveau-Monde; et tandis que la première se préparait lentement au développement du drame le plus imposant qui ait jamais frappé les yeux, la seconde la devançait pour ainsi dire dans la pratique de tous les principes ; car ce que les autres peuples réclamaient, la Pologne le possédait déjà, et il ne s'agissait plus que de l'étendre sur toute la population.

» D'abord, et aussitôt après la suppression universelle des jésuites, en 1773, de cette plaie si long-temps incurable en Pologne, une nouvelle existence s'ouvrit pour ces contrées. L'institution d'une commission d'éducation publique, inconnue aux autres peuples et qui leur servit de modèle, amena les changements les plus salutaires. Plusieurs familles riches et puissantes contribuèrent beaucoup, par des subventions volontaires, à l'embellissement du pays, qui vit s'élever sur différents points des édifices magnifiques et élégants ; les talents furent encouragés : les artistes des pays étrangers vinrent contribuer de toutes parts à jeter un charme nouveau sur une société voluptueuse et brillante, et aucun ne s'en retournait sans avoir été généreusement récompensé.

» L'introduction d'un grand nombre de livres utiles multiplia le nombre des lecteurs. Elle ouvrit les yeux de la multitude, et la raison prit la place des préjugés et des superstitions. Ceux-là mêmes qui avaient puisé leurs connaissances dans l'enceinte secrète des colléges jésuitiques, les consacrèrent au bien de la patrie. C'est au milieu de ces efforts généraux que la Pologne produisit une longue suite d'hommes célèbres dans toutes les branches des sciences, des lettres et des arts. C'est alors que d'une foule de brochures et d'autres petites productions jaillit cet esprit d'observation, cette soif de connaître qui devait embraser des âmes ardentes et incapables de repos au milieu du calme qui régnait alors en Pologne.

» Dans les assemblées des diètes on entendit prononcer des discours pleins de cette éloquence claire, mâle et empreinte de grandes beautés, exclusivement dans le pur idiome polonais. Ce perfectionnement passait aussi chez les auditeurs dignes d'apprécier le vrai talent, et un public plus éclairé formait des orateurs plus habiles.

» Des écoles s'ouvraient sur plusieurs points de la république. La congrégation des Piaristes encourageait, par une noble émulation, l'accroissement et les progrès des écoles séculières. On avait établi une société élémentaire à l'effet de composer des ouvrages classiques pour l'instruction de la jeunesse, et dans son sein les savants contractèrent, chacun dans leur sphère respective, l'obligation d'écrire des traités.

» Les universités de Jagellon et de Bathori reprirent une nouvelle vigueur, les sciences exactes ne furent plus séparées des connaissances capables de former de vrais et de vertueux citoyens ; c'était le roi Stanislas-Auguste lui-même qui présidait à ce grand œuvre et en surveillait l'accomplissement (¹). »

Voici, d'après M. Krasinski, un tableau exact des juifs polonais :

« Toujours unis entre eux, régis par les anciens de leur culte et par des chefs que la loi ne reconnaît pas, les juifs, dans leur état actuel, font de la moindre contestation entre un juif et un chrétien une affaire nationale à laquelle la communauté entière prend part.

» Leur gouvernement est établi sur des bases fixes ; chaque ville a ses juges ; chaque district, un rabbin ; chaque province, un *morenum* (savant entre les rabbins) ; chaque partie de la Pologne, soumise à un souverain particulier, a son *rabbi-morain* (seigneur des savants).

» Tous les juifs de l'ancienne Pologne sont soumis à un seul chef qui dépend du chef général, résidant en Asie, lequel porte le titre de *prince de l'esclavage*, mais à qui la politique ou la loi ordonne d'errer continuellement de lieu en lieu.

» Tous ces juges ou chefs, au moindre besoin d'argent, ordonnent un jeûne général, et chaque famille, si elle ne veut encourir un anathème, doit apporter à la caisse générale le prix de sa consommation journalière ; de là il arrivait que les juifs de la Lithuanie, par exemple, venaient, dans les cas urgents, au secours de ceux de Posen, de ceux de Varsovie, de Léopol, et ainsi réciproquement.

» Ils ont trois anathèmes épouvantables : *niddony*, *gherem* et *schamatha* ; leur serment est aussi un genre d'anathème contre les parjures : l'effet de ce serment est nul lorsqu'il s'agit des chrétiens.

» Enfants encore quand ils se marient, ils sont pères de famille fort jeunes, et voient en très peu de temps de nouvelles générations. Ils font presque toujours banqueroute dès que leurs enfants sont établis, pour leur remettre clandestinement l'argent qu'ils détournent frauduleusement à leur profit ; comme ils n'ont point d'immeubles, ils ne présentent aucune garantie à leurs créanciers, et ruinent de cette manière beaucoup de familles moins aisées ; comme ils ne reconnaissent d'autres lois que les leurs, ils éludent celles du gouvernement ou les font taire.

» On a fait beaucoup de calculs pour connaître leur population ; mais à cet égard on n'a rien pu obtenir d'exact : leur religion et leur intérêt s'y opposent également ; la plupart ne possédant aucune propriété foncière, ils ont pu facilement se soustraire aux yeux de l'administration et de la police, et il est très présumable que la moitié de leur population est à peine portée sur les rôles actuels de la Pologne, surtout sur ceux d'aujourd'hui (1836).

» L'habillement des juifs polonais consiste dans une robe noire ou d'une couleur qui en approche, agrafée depuis le cou jusqu'à la ceinture, et dans un large manteau semblable à un froc ; ils ont les cheveux courts ou même rasés sur le sommet de la tête, qu'ils couvrent d'une calotte ; mais de côté ils les laissent croître en longues touffes (*peysy*) ; ils portent la barbe longue, et des chapeaux à larges ailes ou des bonnets à poil, même en été. Ils sont toujours en pantoufles. Ce costume est uniforme dans toute l'étendue de la Pologne ; cependant quelques uns commencent à s'habiller à l'allemande. La misère dans laquelle vivent la plupart des juifs répand sur leur visage une teinte pâle et livide qui, jointe à l'extrême malpropreté de leur extérieur, rend leur aspect dégoûtant (¹). »

L'instruction publique et l'industrie sont, proportionnellement aux ressources du pays, plus avancées dans le royaume de Pologne que dans les provinces russes. En 1830 on y a organisé une école polytechnique ; une école normale y formait des professeurs que l'on envoyait, aux frais de l'Etat, dans les pays étrangers pour y terminer le cours de leurs études ; deux autres écoles normales établies à Lowicz et à Pulawy formaient des instituteurs primaires ; dans la capitale, des institutrices recevaient l'instruction nécessaire à leur état, sous l'autorité d'un comité nommé à cet effet. En y comprenant l'université, qui comptait environ 600 étudiants, le corps des cadets, qui comptait plus de 200 élèves, ainsi que les écoles d'infanterie, de cavalerie et d'artillerie, qui en avaient plus de 800, le nombre des étudiants des deux sexes de tout âge et de toutes les écoles s'élevait dans cette ville à 3,700, et dans tout le royaume à plus de 35,000 : ce qui donne un écolier sur 130 habitants ; tandis que nous avons vu qu'en

(¹) *Tableau de la Pologne*, etc.

(¹) *Tableau de la Pologne*, etc. ; nouv. édit. entièrement refondue par *Léonard Chodzko*. — Paris, 1830.

Russie le nombre des écoliers est de un sur 280 habitants.

Le royaume de Pologne, qui en 1815 comptait à peine une centaine de métiers à tisser des draps communs, en occupait en 1830 plus de 6,000. On y tisse annuellement plus de 7 millions d'aunes de draps de toutes couleurs et de toutes qualités. Outre ces étoffes, on y fabrique encore d'autres tissus de laine et des tapis. En général, ces diverses branches de fabrication sont assez importantes pour fournir à la Pologne des moyens d'échange contre les matières premières ou fabriquées qu'elle tire de la Russie.

« Tel est le royaume actuel de Pologne. Une surface d'environ 6,370 lieues carrées avec 4.582.000 habitants, voilà ce qui reste des conquêtes de Boleslas dans la Russie Rouge et la Moravie, des réunions de la Volhynie et de la Kiovie sous les Jagellons, des envahissements momentanés de Moscou, de Smolensk, de la Moldavie, de la Livonie, de la Prusse. C'est ainsi que l'ambition des souverains envahit des provinces que leurs fils ou petits-fils doivent perdre derechef! C'est ainsi que les peuples, tour à tour conquis et conquérants, élèvent des empires dont la chute doit les écraser eux-mêmes! En vain les Polonais avaient-ils encore en 1772 conservé de leurs possessions un espace de 38,000 lieues carrées, et plus de 14,000,000 d'habitants. La Pologne a disparu, et San-Marino subsiste! tant le destin se plaît à confondre l'orgueil des mortels! »

TABLEAUX STATISTIQUES

DU

ROYAUME DE POLOGNE.

| SUPERFICIE DU ROYAUME en lieues carrées, 6,372. | POPULATION ABSOLUE en 1829 (¹), 4,582,942. / en 1837, 4,188,222 (²). | POPULATION par lieues carrées en 1837 657. |

POPULATION *par classes d'habitants en* 1829.

| NOBLESSE, 603,942. | POPULATION DES VILLES, 870,000. | POPULATION DES CAMPAGNES, 3,108,000. |

DIVISIONS *administratives, nombre de villes et de villages.*

PALATINATS OU WOIWODIES.	NOMBRE DE		NOMBRE DE		SUPERFICIE en lieues.	POPULATION en 1833.
	Obodies.	Districts.	Villes.	Villages.		
KRAKOVIE..........	4	10	50	1,755	595	424,838
SANDOMIR..........	4	9	64	2,084	784	388,901
KALISCH...........	5	11	62	2,548	890	598,673
LUBLINE...........	4	10	59	1,576	870	489,732
PLOÇK.............	6	6	43	3,918	805	470,240
MASOVIE...........	7	15	82	4,125	900	768,518
PODLAQUIE.........	4	9	45	1,678	633	353,004
AUGUSTOW..........	5	7	46	3,273	895	509,464
VARSOVIE (ville)...						131,665
Totaux.	39	77	451	21,997	6,372	4,032,335

TABLEAU *des établissements religieux catholiques en* 1828.

DIOCÈSES.	CULTE.	DOYENNÉS.	PAROISSES	MAISONS RELIGIEUSES			NOMBRE DE		
				d'Hommes.	de Femmes.	TOTAL.	Prêtres.	Religieux.	Religieuses.
VARSOVIE...	Latin.	20	276	32	9	41	»	»	»
KRAKOVIE...	Id...	18	231	7	1	8	»	»	»
KALISCH....	Id...	23	339	36	3	39	»	»	»
PLOÇK......	Id...	17	231	18	5	23	»	»	»
LUBLINE....	Id...	12	127	20	4	24	»	»	»
SANDOMIR...	Id...	17	194	13	3	16	»	»	»
AUGUSTOW...	Id...	12	121	7	1	8	»	»	»
PODLAQUIE..	Id...	11	113	17	1	18	»	»	»
CULM.......	Grec..	21	287	5	2	7	»	»	»
TOTAUX..		151	1,919	155	29	184	3,378	1,788	354

(¹) Journal russe du ministère de l'intérieur, du 28 mai 1838 — (²) Cette population est divisée de la manière suivante
Individus du sexe masculin. 2,077,311
Idem du sexe féminin. 2,110,911
Total. 4,188,222

TABLEAUX.

Tableau *des établissements religieux de différents cultes, autres que le culte catholique, en 1828.*

Églises grecques-russes.	Nombre de grecs-russes.	Temples de la confession d'Augsbourg.	Nombre de protestants	Temples réformés.	Nombre de réformés.	Temples de la secte des philipo- noviens.	Sectaires.	Synagogues.	Israélites.	Mosquées	Mahométans.
(1) 6	342	(2) 28	200,000	(3) 9	100,000	(4) 2	2,500	(5) 274	385,000	(6) 2	.

Tableau *des établissements d'instruction publique en 1828.*

PALATINATS ou WOIWODIES.	ÉTABLIS- SEMENTS.	MAÎTRES.	ÉLÈVES.	INSTITU- TRICES.	ÉLÈVES.	ÉCOLES élémentaires	ÉLEVES.	TOTAL. ÉCOLES.	TOTAL. ÉLÈVES.
Krakovie. . .	3	32	697	5	119	113	3,527	121	4,343
Sandomir. . .	3	29	700	2	126	50	2,332	55	3,158
Kalisch. . .	4	40	1,103	10	190	183	3,410	197	4,703
Lubline. . .	5	53	1,065	7	135	55	1,482	67	2,682
Plock. . .	4	42	1,145	6	179	66	1,800	76	3,124
Masovie. . .	16	214	3,352	33	802	192	7,540	241	11,694
Podlaquie. . .	4	42	738	5	94	42	1,251	51	2,083
Augustow. . .	4	81	729	2	46	62	1,961	68	2,736
Totaux. . .	43	533	9,529	70	1,691	763	23,303	876	34,523
A Varsovie, avec l'université. .	10	172	2,740	28	707	84	3,086	122	6,533

Population *du royaume de Pologne, par religion, en 1835.*

Catholiques.	3,211,457
Israélites.	410,062
Grecs unis à l'église latine.	216.983
Luthériens	212,698
Vieux croyants moscovites.	3,567
Calvinistes	2,201
Grecs-Russes.	937
Mennonites.	912
Mahométans (Tatars).	343
Bouddistes (Tsiganes	258
Frères Moraves.	199
Total.	4,059,617

(1) A Varsovie, Opatow, Kalisch, Petrikau, Lubline, Drohiczin. — (2) Dans les différentes portions du royaume. — (3) *Idem.* — (4) Dans le palatinat d'Augustow. — (5) Dans les différentes parties du royaume. — (6) L'une est dans le palatinat de Podlaquie, l'autre dans celui d'Augustow.

TABLEAU de la population des principales villes du royaume en 1835.

PALATINATS ou WOÏWODIES.	VILLES.	POPULATION.	PALATINATS ou WOÏWODIES.	VILLES.	POPULATION.
MASOVIE.	VARSOVIE	129,705	SANDOMIR.	Sandomir.	3,003
	Dombrowice.	2,000		Opatow.	2,758
	Stanislawow.	800		Solec.	1,200
	Rawa.	3,919		Staszow.	2,262
	Lenczyc.	4,768			
	Gostynine.	1,955	LUBLINE.	Lubline.	13,266
	Sochaczew.	3,130		Lubartow.	2,000
	Brzezyne.	1,500		Kazimierz.	1,846
	Kowal.	2,058		Zamosc.	4,124
	Brzesc.	1,700		Tarnogrod.	4,204
	Radziew.	1,800		Rubieszow.	4,538
	Lowicz.	3,380		Krasnystaw.	3,059
				Chelm.	2,624
KALISCH.	KALISCH.	10,251	PODLAQUIE.	SIEDLEC.	5,090
	Konine.	3,341		Wengrow.	4,000
	Peisern.	2,200		Biala.	3,418
	Sieradz.	1,550		Losyce.	1,504
	Szadek.	1,361		Radzyne.	1,868
	Czenstochowa.	6,562		Lukow.	2,850
	Petrikau.	5,103			
	Wielun.	3,170	PLOCK.	PLOCK.	9,450
KRAKOVIE.	KIELCE.	4,400		Lipnow.	3,094
	Olkusz.	700		Mlawa.	2,611
	Piliça.	3,156		Pultusk.	3,920
	Lelow.	1,108		Ostrolenka.	1,850
	Stobnica.	1,378		Przasnic.	3,590
	Miechow.	1,500			
	Pinczow.	4,081	AUGUSTOW.	SUWALKI.	3,946
SANDOMIR.	RADOM.	5,538		Augustow.	5,357
	Kozienice.	1,958		Lomza.	2,970
	Opoczno.	3,368		Seyny.	3,876
	Konskié.	3,446		Kalwary.	6,601
	Szydlowiec.	2,741		Marianpol.	2,582

REVENUS EN FRANCS.	DETTE EN FRANCS.	NOMBRE DE SOLDATS.
35,000,000	140,000,000	36,840

REVENU ANNUEL DU CLERGÉ		
SUR LE TRÉSOR.	SUR LES DOMAINES appartenant jadis aux congrégations.	TOTAL.
1,920,000 fr.	1,068,333 fr.	2,988,333 fr.

*) Les majuscules indiquent les chefs-lieux de Woïwodies, et les italiques ceux d'Obvodies.

LIVRE CENT DEUXIÈME.

Suite de la Description de l'Europe. — Description de la république de Krakovie.

Nous décrivons à la suite du royaume de Pologne la *république de Krakovie*, dont l'administration s'étend sur un territoire de 64 lieues carrées. L'existence de ce petit Etat diate du congrès de 1815. Il dut alors sa liberté aux dissidences qui s'élevèrent sur sa possession entre la Russie, l'Autriche et la Prusse. Les trois puissances, ne pouvant s'entendre à ce sujet, se déterminèrent à en faire un Etat libre sous leur protection immédiate, en assurant la neutralité et l'inviolabilité continuelles de son territoire, excepté dans le cas cependant où il donnerait asile à des transfuges ou à des criminels des trois monarchies protectrices. Dès lors il se constitua en *république*.

L'esprit aristocratique qui a toujours dominé chez les Slaves de la Pologne, et qui se manifeste plus ou moins à toutes les époques de leurs révolutions, s'est encore montré cette fois dans la constitution de la république de Krakovie, mais avec les modifications que cet esprit doit naturellement subir dans un Etat si peu important par son étendue et sa population. La puissance législative réside dans un corps composé de députés élus par chaque communauté, de 3 membres du sénat, dont l'un d'eux préside l'assemblée, de 3 chanoines du chapitre de la cathédrale, de 3 docteurs de l'université, et de 6 juges des tribunaux. Ce corps tient tous les ans une session qui dure à peine un mois; il fait les lois, vote le budget, inspecte l'administration, nomme les deux tiers des sénateurs, ainsi que les juges, et destitue les prévaricateurs. Bien qu'il s'immisce ainsi dans l'administration, le pouvoir exécutif est confié à un sénat composé de 12 membres et d'un président. Ce dernier, ainsi que 8 sénateurs, sont nommés par le corps législatif; le chapitre en élit 2, et les 2 autres sont à la nomination de l'université. Parmi ces sénateurs, 8 sont à vie et 4 sont élus chaque année. Le président ne l'est que tous les trois ans. Le sénat discute les lois avant leur présentation à l'assemblée nationale; il nomme aux emplois civils et ecclésiatiques qui ne dépendent pas de la chambre des députés. La justice est rendue par des tribunaux de première instance et une cour d'appel. Pour être sénateur, il faut être âgé de 35 ans, avoir fait ses études dans une des universités de Pologne, avoir exercé un emploi public, et payer 150 florins (180 francs) de contribution. Le député doit remplir les mêmes conditions; mais il est éligible à 25 ans. Les électeurs sont: les membres du chapitre et de l'université, et tous les propriétaires, marchands, artisans ou savants qui paient 50 florins 60 francs) d'impositions. Tous les fonctionnaires publics sont responsables de leurs actes; un tribunal suprême juge les représentants, ainsi que les autres membres de la magistrature.

La république a une milice qui veille à la sûreté de la capitale, et un corps de gendarmerie qui fait le même service sur son territoire. Ses revenus suffisent pour faire face à ses dépenses, d'autant plus facilement qu'elle n'a point de dette, parce qu'elle a été affranchie de toutes celles qui appartenaient au royaume de Pologne.

Le territoire de la république est borné au nord et à l'est par la woïwodie de Krakovie, la plus méridionale du royaume de Pologne; au sud par la Vistule, qui le sépare de la Galicie, et à l'ouest par la Brinica, qui le sépare de la Silésie. Sa longueur de l'est à l'ouest est d'environ 15 lieues géographiques, et sa largeur du nord au sud de 15. Toute son étendue n'est qu'une plaine inclinée vers le sud, hérissée de collines et fertilisée par de nombreux cours d'eau tributaires de la Vistule.

En parlant du sol de la Pologne, nous avons dit tout ce qu'il y a d'intéressant sur le sol et le climat du territoire de Krakovie; nous ajouterons seulement qu'il y fait un peu plus froid que dans le reste de la Pologne; que les terres y sont assez bien cultivées, mais que souvent les récoltes en grains ne suffisent pas à la consommation des habitants; que les plantes potagères jouissent d'une certaine renommée parmi les Polonais ; que les fruits ne réussissent que dans les terrains bas qui entourent Krakovie ; que la culture du lin est une des principales branches de l'industrie agricole ; que l'on y élève un grand nombre de bestiaux, de volailles et d'abeilles ; que les forêts suffisent aux besoins des habitants, et que les rivières y sont très poissonneuses.

L'industrie manufacturière n'a fait aucun progrès dans cette république ; on y remarque seulement deux ou trois fabriques, dont la plus importante est la fonderie de fer établie à Krakovie. Cependant le peuple est naturellement industrieux ; les habitants des campagnes tissent eux-mêmes la toile et le drap dont ils se servent ; mais toutes les autres branches de fabrication y arrivent de l'étranger.

Sous l'administration républicaine le sort des paysans s'est amélioré. Les cabanes, quoique toujours formées de branches d'arbres et d'argile, sont mieux blanchies en dehors et moins sales en dedans ; de riants vergers les environnent ; les chemins sont plantés en saules ; des haies vives séparent les champs, où l'on voit mûrir de beaux blés. Les arbres fruitiers que l'on cultive principalement sont le pommier, le prunier, le cerisier, le noisetier, le châtaignier, et même le pêcher et l'amandier [1]. Tel est l'aspect du pays, principalement aux environs de Krakovie.

Cette ville, que les Polonais nomment *Krakow*, est l'ancienne capitale de la Pologne, le lieu où les rois recevaient la couronne et la sépulture ; c'était en quelque sorte la ville sacrée chez la nation polonaise. *Krakovie*, selon les vieilles chroniques, doit son nom à Krakus, duc de la Chrobatie-Blanche, qui la fonda vers l'an 700 de l'ère chrétienne. Ce fut Boleslas-le-Grand qui en fit la capitale de son empire, dont le siége était auparavant à Gnesne. Située dans une vallée délicieuse au bord de la Vistule, elle embrasse le Wawel, montagne historique sur laquelle Krakus bâtit un château qui fut reconstruit par les rois Piast, Sigismond Ier et Auguste II, fortifié par Dumouriez en 1768, restauré sous la domination autrichienne, et transformé ensuite en caserne. Une partie de cet édifice a été mise à la disposition de la société de bienfaisance, et l'antique séjour des rois est devenu ainsi l'asile de l'humanité souffrante. « Mais en vain cherche-t-on la salle d'audience » où Jagellon étonnait l'Europe par le faste de » sa cour ; cette chambre des sénateurs, dont » le plafond, sculpté par les ordres de Sigis-- » mond-Auguste, retraçait l'image des nobles » interprètes de la patrie [1]. » C'était sous les voûtes de ce palais qu'étaient gardés le trésor et les joyaux de la couronne. Un journal français [2] a rapporté d'après un bruit populaire, qui n'est peut-être pas dénué de fondement, la manière dont la plupart de ces objets précieux furent soustraits à la cupidité des étrangers lorsque les Prussiens s'emparèrent de Krakovie en 1794. « A l'époque du » dernier partage, dit-on, deux moines, ac- » compagnés de six serruriers, qui, après » s'être confessés, ont juré sur l'Evangile de » ne jamais révéler le secret dont ils allaient » devenir dépositaires, se sont rendus au tré- » sor national de Krakovie, ont enlevé tous » les insignes de l'autorité des chefs de la » république, sans toucher toutefois aux au- » tres objets précieux que l'on a trouvés, il y » a quelque temps, parmi les ajustements de » la reine de Prusse. Ces trésors, par la main » des deux moines, ont été transportés en Li- » thuanie, confiés à la foi d'un gentilhomme , » frère de l'un d'eux, et on a juré de ne les faire » reparaître que lorsque la Pologne aura re- » couvré son ancienne splendeur. Le dépôt se » compose de cinq diadèmes, quatre sceptres, » trois pommes, deux chaînes d'or, et de ce » sabre du grand Boleslas, que, pendant sept » siècles, on attacha à la ceinture des rois de » Pologne dans la cérémonie de leur sacre. » Parmi ces couronnes, on distingue surtout » celle aux fleurs de lis, qui fut nommée *cou-- ronne des Français*, parce que trois per- » sonnes de la famille royale de France l'ont » jadis portée, savoir : Louis, roi de Hongrie, » fils de Charles-Robert, neveu de saint Louis ; » sa vertueuse fille Hedwige d'Anjou, épouse » de Jagellon, et enfin Henri III, frère de » Charles IX. » Le mont Wawel est traversé par des galeries souterraines où, selon une tradition fabuleuse, vivait un immense dragon qui dévorait les hommes et les animaux, et qui par la terreur qu'il inspirait allait forcer

---

[1] *Starovolski*, Polonia, p. 18.

[1] *Aug. de Lagarde*. Les obsèques de Kosciuszko, poëme ; notes, p. 47. — [2] *Le Constitutionnel* du 18 mai 1829.

les habitants à abandonner la ville, lorsque Krakus imagina de remplir de matières combustibles la peau d'un veau, et de présenter ce simulacre au monstre, qui se jeta dessus pour le dévorer et en fut à l'instant consumé. Suivant les chroniques, ce trait de courage et de présence d'esprit valut la couronne à Krakus. Le tombeau de ce prince est près de la ville, sur une colline appelée *Mogila-Krakusa*. Non loin de là le patriotisme polonais a élevé, dans ces dernières années, sur la montagne de *Bronislawa*, un tertre surmonté d'un monument à la mémoire de l'immortel Kosciuszko.

C'est à côté du château royal que s'élève la plus belle des cathédrales de la Pologne, et la plus intéressante par les souvenirs qu'elle retrace. Elle a été brûlée et *rebâtie* plusieurs fois. Son enceinte voyait couronner les rois, ses caveaux recevaient leurs dépouilles mortelles ; les monuments funèbres des princes et des grands hommes ornent ses seize chapelles latérales ; et l'on peut suivre en parcourant ces chapelles presque toute l'histoire de la Pologne depuis Boleslas-le-Frisé jusqu'à Kosciuszko et Poniatowski. Les tombeaux de ces deux hommes célèbres et celui de Sobieski sont dans un souterrain à l'entrée de la chapelle où Vladislas-Jagellon fut inhumé. La reconnaissance nationale demandait que les cendres de Dombrowski fussent déposées aussi dans ce temple : mais la force s'y opposa. Les autels, presque tous d'un beau travail, sont ornés de tableaux peints, pour la plupart, par des artistes polonais : ceux de Thadée Konicz sont surtout remarquables. Le maître-autel est enrichi d'un tableau représentant le Christ sur la croix, par Thomas Dolabella, peintre de la cour de Sigismond III. A côté de l'orgue, on remarque la chapelle où repose l'évêque Gaëtan Soltyk, célèbre par son patriotisme et ses malheurs et que les Russes emmenèrent prisonnier en 1767. À côté de plusieurs mausolées d'une grande beauté, on distingue le monument en marbre blanc élevé à la mémoire de Michel Skotnicki, dû au ciseau du sculpteur Scotti de Florence. Au milieu de l'église est le tombeau de saint Stanislas : le sarcophage, placé sous un baldaquin, est en argent massif ; tout le reste est en bronze et en marbre. Près de ces reliques vénérées deux lampes brûlent jour et nuit, tandis que des prêtres y disent continuellement la messe. C'est ainsi que la piété cherche à éterniser le nom glorieux d'un véritable saint, qui osa rappeler aux devoirs de la royauté un monarque victorieux, enivré de sa fortune et corrompu par les débauches qu'imitait tout son peuple. Saint Stanislas Szczepanowski sera toujours un des grands hommes de la Pologne, même en n'admettant pas qu'il ait ressuscité un mort. Malgré ce miracle, Boleslas-le-Hardi résolut de tuer l'évêque dans son église même, appelée alors *Skalka*, aujourd'hui l'église de Saint-Stanislas ; trois fois il en donna l'ordre à ses satellites ; trois fois ils reculèrent, n'osant ni toucher un personnage aussi vénérable, ni profaner un lieu saint ; à la fin, le roi lui-même fit l'office de bourreau, et, par un coup du pommeau de son épée, il étendit saint Stanislas mort aux pieds de l'autel [1].

Le chapitre, les archives et la bibliothèque de cette basilique sont encore riches en objets précieux, malgré le pillage qu'y firent les Prussiens et les Autrichiens en 1794 et en 1809. Les curieux s'arrêtent devant l'immense cloche appelée *Sigismond*, fondue en 1520 et regardée comme la plus grande de toute la Pologne.

Des 70 églises que l'on comptait autrefois à Krakovie, 38 sont encore consacrées au culte, en y comprenant la cathédrale. Nous allons citer celles qui méritent de fixer l'attention. Celle de Sainte-Marie décore la grande place ; elle a été bâtie en 1226 par l'évêque Odrowonz ; le style en est gothique, l'architecture en est svelte et élégante. C'est la plus belle après la basilique ; elle est surmontée d'une tour de 180 pieds de hauteur. A côté de plusieurs mausolées, on y remarque les tableaux d'Orlowski, peintre krakovien, et la Descente de croix de Dolabella, que l'on attribue aussi au célèbre Czechowicz. C'est dans cette église que, le 24 mars 1794, Kosciuszko, entouré d'une foule immense, fit relire et jurer la constitution du 3 mai 1791. L'église de la Sainte-Trinité, ou des Dominicains, occupe l'emplacement d'un ancien temple païen ; elle renferme plusieurs mausolées remarquables. Celle des Franciscains se fait remarquer par les peintures de sa voûte, dues

---

[1] *Zollner*, tom. I, p. 326. — *Dlugossi*, lib. III, p. 291 et 599.

au pinceau d'André Radwanski, et par la boiserie du chœur, ornée d'incrustations en nacre et en perles. L'église de Saint-Stanislas, que nous avons nommée plus haut, est la plus ancienne de Krakovie. Enfin celle de la Transfiguration, ou des Piaristes, entretenue par cette estimable congrégation, est une des plus belles de la ville.

Le palais de l'évêché est une des plus intéressantes constructions modernes de Krakovie, surtout depuis qu'il a été restauré par son dernier évêque Jean-Paul Woronicz. « Ce » prélat distingué, et remarquable comme » littérateur et comme poëte, confia, en 1816, » à l'architecte Étienne Humbert et au peintre Michel Stachowicz, l'exécution du plan » qu'il avait tracé lui-même pour l'embellissement de cet antique édifice. On y retrouve, » soit en tableaux, soit en fresques, les événements les plus mémorables de l'histoire » de Pologne, depuis les temps les plus reculés jusqu'à nos jours (¹). »

Non loin de l'église de Sainte-Marie, nous remarquons, sur la grande place, l'hôtel-de-ville et l'immense édifice appelé *Sukiennicé*, que fit construire Kasimir-le-Grand. Ces palais, ces églises que nous venons d'examiner, placeraient Krakovie au rang des belles villes du Nord si ses rues étaient larges, régulières et bien pavées.

Si nous passons des édifices aux établissements publics, nous devons placer en première ligne celui qui est consacré à l'instruction de la jeunesse. « L'université de Krakovie, » dit un écrivain polonais (²), est la plus ancienne de toutes les écoles de ce genre sur » le continent du Nord; elle fut fondée par » Kasimir-le-Grand en 1347, tandis que celle » de Prague, en Bohême, ne le fut qu'en » 1360 ou 1386, celle de Vienne, en Autriche, en 1365, et celle de Leipzig en 1404. » Elle fut organisée d'après le mode français, » et le pape Urbain V, en 1364, l'égala à » toutes les autres universités de l'Europe, » excepté la seule faculté de théologie. » Pendant long-temps elle a subi les modifications et les perfectionnements que le progrès des études a fait faire en Europe aux différents établissements de ce genre. Elle a fourni à la Pologne un grand nombre d'hommes distingués; mais elle a dégénéré depuis que ce pays a perdu sa nationalité. Concentrée aujourd'hui dans les limites d'un petit État et d'une organisation qui s'est probablement soumise à la politique ombrageuse des étrangers, elle ne fait rien pour l'avancement des sciences et pour le progrès de l'esprit humain. Au surplus, elle possède une riche bibliothèque, un observatoire et un beau jardin botanique. Le célèbre Stachowicz a représenté dans l'ancienne salle, dite de Jagellon, l'histoire traditionnelle de cette université. Krakovie renferme aussi un séminaire, un gymnase, une école normale, plusieurs bibliothèques et une société savante.

Les établissements de bienfaisance de cette ville n'offrent rien de remarquable; les hôpitaux, au nombre de six, en y comprenant un hospice d'orphelins, sont tenus avec négligence, et les rues sont remplies de mendiants presque tous sortis des trois États voisins.

En faisant le tour de Krakovie, on voit sa vieille muraille environnée de fossés à moitié comblés, et ses nombreux faubourgs, qui sont *Stradom*, *Kazimierz*, peuplé particulièrement de juifs, *Podgorze*, *Rybaki*, *Smolensko*, *Zwierziniec*, *Piasek*, *Klepars*, remarquable par les foires qui s'y tiennent, et *Wesola*, où se trouvent le jardin botanique et l'observatoire.

Sous le règne de Sigismond Ier, au commencement du seizième siècle, elle renfermait 80,000 habitants; en 1787, après un grand nombre de vicissitudes, elle n'en comptait plus que 9,449, sans y comprendre les faubourgs; en 1818 elle en avait 24,756, et en 1825 plus de 26,000, y compris environ 5,000 juifs. En 1832 sa population devait dépasser le nombre de 28,000; mais en 1839 elle n'était que de 24,810 habitants, dont 19,310 chrétiens et 5,500 juifs.

L'industrie de Krakovie est très restreinte; on n'y fabrique que de la toile et du drap; il y a aussi quelques forges. Et quoiqu'elle soit l'entrepôt des vins de la Hongrie et des autres marchandises de cette contrée, d'une partie de la Galicie et de la Pologne, quoiqu'elle soit au bord de la Vistule, son commerce est peu considérable et sa navigation sans activité.

La juridiction de l'évêché de Krakovie s'étend sur tout le palatinat de ce nom dans le royaume de Pologne.

(¹) Tableau de la Pologne ancienne et moderne, tom. I, p. 152. — (²) M. *Michel Podczaszynski*.

La république de Krakovie comprend 4 villes, 77 villages et 84 hameaux partagés entre 17 communautés. Les environs de la capitale sont aussi agréables par leur position qu'importants par leurs souvenirs ; nous citerons les plus remarquables. *Lobzow*, résidence d'été des rois de Pologne, fut élevé par Kasimir-le-Grand ; dans le jardin, on voit un tertre sous lequel repose, dit-on, la maîtresse de ce prince, la célèbre Esther, juive d'Opoczno. A *Bielany*, se trouve, sur une montagne escarpée appelée *Mons argenteus* et couverte d'une forêt de chênes, une église desservie par les camaldules, qui s'y établirent en 1609. *Lanckorona* est dominée par un château que fit bâtir Kasimir-le-Grand, et d'où les confédérés de Bar repoussèrent les Russes en 1768. *Promnik*, ou *Prondnick*, est célèbre par la victoire remportée par les Polonais sur l'archiduc Maximilien, et par la réception que la noblesse fit au roi électif Henri de Valois. *Krzanow*, à 9 lieues à l'ouest de Krakovie, est une ville de 1,500 habitants. *Iavorzno*, un peu plus loin, est un village situé au milieu de houillères exploitées.

« Le territoire de la république renferme deux endroits principalement dignes d'être visités. A *Mogila*, à 2 lieues au-dessous de Krakovie, il y a une riche abbaye de l'ordre de Citeaux, et l'on montre le tombeau de la reine *Venda*. Cette princesse belliqueuse, devenue souveraine de la Pologne, refusa les hommages de tous les princes voisins. Plus amoureux ou plus ambitieux que ses rivaux, Ritiguer, souverain allemand, vient à la tête d'une armée proposer à l'amazone couronnée la guerre ou le mariage. La fille de Krakus marche avec intrépidité à la rencontre de cet ennemi d'une nouvelle espèce. Les armées sont en présence. Les peuples de Ritiguer refusent de combattre pour des intérêts qui leur sont étrangers. Navré de douleur, de honte et de désespoir, ce prince se tue de sa propre main. Venda retourne en triomphe à Krakovie ; mais, soit que des regrets tardifs aient tourmenté son âme, soit que d'autres circonstances, omises par l'histoire, lui aient ravi l'espoir d'être heureuse, elle résolut de mourir. Après avoir immolé de nombreuses victimes, elle se dévoue elle-même au dieu de la Vistule, se jette dans les flots de cette rivière, et termine ainsi des jours qu'elle aurait pu prolonger au sein du bonheur et de la gloire. Ce trait est, de tous ceux qu'offrent les fastes de la Pologne, le plus propre à exercer le talent d'un poëte (¹).

» Un autre endroit, voisin de Krakovie, ne rappelle point des idées aussi tragiques. Le bourg de *Krzeszowicé*, qu'enrichit une source thermale sulfureuse, est le séjour des plaisirs. Une princesse Lubomirska, née Czartoriska, y a fait construire un vauxhall et divers autres bâtiments pour la commodité de ceux qui viennent y faire usage des bains. La population de ce lieu si fréquenté est de plus de 3,000 âmes ; on y travaille beaucoup de fer, de zinc et de marbre. Les environs offrent les plus grandes beautés pittoresques : en bas, c'est la Rudawa qui coule parmi des prés et des vergers ; en haut, ce sont des rochers de grès sablonneux qui, s'étant éboulés de mille manières, présentent l'image fidèle de châteaux gothiques. Des sapins blancs s'élancent à côté de ces ruines ; à leur pied, le saule se penche sur les flots du torrent. Mais les pluies, les inondations, les frimas, ne respectent pas assez ces asiles charmants, que la volonté d'une Grâce a créés au milieu des monts sarmatiques.

» Maintenant que nous avons décrit les principales parties de la ci-devant Pologne sous leurs noms actuels, nous croyons devoir placer ici ce qu'il nous reste à dire sur la langue et les antiquités de la nation polonaise.

» Sœur de la russe, de la bohême et de la wende, ainsi que des idiômes slavons de l'Illyrie, la langue polonaise se rattache plus intimement à la Bohême, dont elle conserve les consonnes accumulées et les sons sifflants ; mais, en dépit de cet extérieur effrayant pour les yeux de tout étranger, elle s'adoucit tellement par la prononciation dans la bouche des gens de la bonne société, qu'une conversation polonaise, surtout entre des dames ressemble au gazouillement des oiseaux. Un quantité incalculable d'*e* muets, interposés entre les consonnes, amollit même des mots comme *grzmot* ou *brzesc* ; cependant nous doutons que pour la musique elle égale la majesté sonore du russe. Riche en formes gram-

(¹) *Dlugossi*, tom. I, p. 55, édit. Gleditsch. Ibid. *Kadlubkon*, t. II, p. 609. *Sarnicki*, p. 1051. *Florus Polonicus*, etc.

maticales, en inversions et en figures, la langue polonaise se prête à tous les genres de style. Long-temps négligée, ou plutôt opprimée par le latin, elle a produit dans ces derniers temps des historiens mâles et nobles, des orateurs ardents et fiers, des poëtes comiques et satiriques pleins d'esprit et de verve. Les dialectes polonais ne sont pas encore distingués avec tout le soin convenable. On nous dit que le *mazurake* est grossier et mêlé de mots lithuaniens; mais peut-être ces mots viennent-ils de l'ancien polonais. On ajoute que l'idiôme des Gorales est très dur; mais se rapproche-t-il, pour les mots, du bohême ou du croate? Les dialectes des Cassubes, en Poméranie, et celui de la haute Silésie, sont signalés comme des branches du polonais; mais nous savons peu de chose sur la transition du polonais au russe dans les parties orientales de la Galicie.

» La nation polonaise en masse descend des anciens *Lèches*, ou *Liaiches*, identiques avec les *Lygiens* de Tacite et les *Licicaviens* du moyen âge. Mais il est probable que les Goths, et spécialement les West-Goths ou Visi-Goths, répandirent de bonne heure leurs colonies guerrières et aventureuses le long des bords de la Vistule, et qu'ils formèrent en beaucoup d'endroits la caste dominante. Non seulement le teint plus clair et les traits plus réguliers de la noblesse polonaise semblent l'indiquer, mais le nom général que portent les nobles, et qui diffère de tous les termes usités dans les autres langues slavonnes (¹), en fournit presque la preuve. Les *szlacheics*, ou gentilshommes, étaient, du moins en partie, des conquérants étrangers, mais identifiés dans le cours des siècles avec la noblesse indigène, les *zémianin*, ou possesseurs de terres. Des révolutions continuelles durent déchirer longtemps un peuple ainsi composé; il a dû exister bien des héros comme *Krakus*, ou *Krake*, parmi les essaims de Goths, avant que les paysans ou cultivateurs indigènes ne choisissent pour roi un *Piaste*. Toute cette histoire, pour être sans date, n'en est pas sans vérité; au contraire, elle n'en est que plus vraie, car le soin de fixer des dates appartient aux siècles déjà empreints de la civilisation. Mais dans le chaos des révolutions que présente la Pologne ancienne, nous voyons peu de ces monuments du culte national qui marquent le caractère des peuples. Gnesne, Krakovie et Vilna sont nommées comme villes sacrées, mais sans aucun caractère distinctif. Peroun même, le grand dieu slavon, semble peu prééminent dans la mythologie polonaise; et l'adoration du *Biel-Bog* et du *Czerno-Bog* n'est prouvée qu'à l'égard des Sorabes et des Silésiens. L'historien Dlugosz nomme *Iess* comme dieu du tonnerre, ce qui rappelle certainement des noms celtes et étrusques. La déesse de la vie et de la jeunesse *Dziewanna*, le dieu de la guerre *Liada*, l'aimable couple de *Lelo* et *Polelo*, et beaucoup d'autres divinités polonaises, portent cependant des noms slavons. *Nia*, le dieu de l'abîme et de la mort, qui était adoré à Niamts, en Silésie, et probablement aussi à Nyamtz, en Moldavie, paraît également se rattacher au système slavon oriental. Il y a moins de traces du culte des Wendes, ou Slavons de la Baltique; leurs riches temples, leurs nombreuses idoles, leurs doctrines élevées, paraissent inconnues dans l'intérieur du continent. Mais lorsque l'histoire, avec un soin capricieux, nous conserve, au lieu des noms de grandes divinités, ceux de tous les *Zemopaci*, ou esprits de la terre, depuis le dieu des cerises et des noisettes jusqu'à celui qui allumait et éteignait le feu, ne dédaignons pas trop cette singulière nomenclature. Nous croyons y reconnaître plusieurs noms de l'ancien lithuanien, ou peut-être d'une langue slavonne antérieure au polonais. Cet essaim de dieux qui peuplent les maisons depuis la cave jusqu'au dortoir, nous paraît la plus antique superstition du nord et de l'est de l'Europe. Faut-il donc admettre en Pologne plusieurs cultes anciens? Nous n'avons pu encore réunir assez d'indices pour arriver à une conclusion satisfaisante à cet égard; et même les plus hardis faiseurs de systèmes semblent, ici du moins, prendre le sage parti de suspendre leur jugement.

» Nous ne terminerons pas cet aperçu sans établir définitivement une vérité encore méconnue avec obstination par quelques écrivains historiques. Les Sarmates n'étaient point les ancêtres des Polonais; c'était une tribu cou-

---

(¹) *Szlacheic*, prononcez *schlagh-tchitch*, gentilhomme. C'est le *shlatic* et *schlatic* des écrivains allemands du dixième siècle. C'est le mot *ge-schlechter*, hommes de famille, de Nuremberg. Linde, Dictionn. polonais, *in voce*.

quérante qui, pendant deux ou trois siècles, envahit et posséda la Scythie, ou la Russie méridionale, avec une partie de l'Oukraine, de la Galicie et de la Moldavie, sans en chasser les peuples indigènes, mais en donnant, comme les Turcs, son nom aux pays conquis et tributaires. Développons cette thèse. Les premiers Sarmates, ceux que l'histoire connaît, sont ceux qu'Hérodote indique « comme descendants d'un mélange de jeunes Scythes » avec des femmes belliqueuses connues sous » le nom d'Amazones (¹). » Qu'il y ait ou non quelque chose de fabuleux dans cette origine, elle prouve que le père de l'histoire regardait les Sarmates comme une colonie des Scythes, demeurant à l'est du Tanaïs, probablement entre le Caucase et le Bas-Volga, parlant un dialecte scythique corrompu par la langue de leurs mères, et conservant plusieurs usages singuliers, entre autres celui de se faire accompagner dans les combats par les femmes, armées d'une hache à deux tranchants. Un contemporain d'Hérodote, le docte Hippocrate, distingue les Sarmates comme une nation scythique différente des autres Scythes en ce que les femmes y combattent avec l'arc et le javelot; mais, à cette exception près, le portrait qu'il nous trace des Scythes s'applique aussi aux Sarmates. Il nous les peint comme « une nation basanée, trapue, char» gée de graisse, d'une complexion lâche et » humide, peu féconde, tandis que leurs es» claves, plus maigres, étaient d'une fécon» dité extrême (²). » Les Grecs paraissent encore avoir remarqué leurs yeux petits et vifs comme ceux des lézards, puisqu'ils ont fondé là-dessus leur prétendue étymologie du nom des Sarmates, qu'ils transformaient en *Sauromates*; mais les auteurs romains, plus familiers avec ce peuple, abandonnent cette orthographe pour celle des Sarmates (³). Comme plusieurs branches de Sarmates (*Sarmatæ*), telles que les *Thisomatæ*, *Iaxomatæ* et autres, reproduisent les mêmes syllabes terminales, il est presque certain que ces syllabes doivent avoir eu une signification commune, et celle de *Madaï*, de *Mèdes*, d'*hommes*, se présente si naturellement dans les langues anciennes de la Médie et de la Perse, qu'on ne peut guère hésiter de l'admettre. Cette étymologie s'accorde avec le témoignage unanime des anciens, qui désignent à la fois les Scythes et les Sarmates comme un peuple médique. Nous avons vu plus haut (¹) que les mots restants de la langue scythique appartiennent très probablement à la langue zend ou à quelque idiome semblable, mais que les nations assujetties à l'empire des Scythes, ou, si l'on aime mieux, les nations exposées au pillage des Scythes, et qui s'en rachetaient par des tributs, étaient des Slaves et des Finnois, quoique ne portant pas encore ces noms dans l'histoire.

» Maintenant une grande révolution éclate. Mithridate, cet Annibal asiatique, conçoit le noble projet de pénétrer en Italie par le nordest, projet qui, exécuté plus tard par les peuples cimbres et gothiques, changea la face du monde (²). Il excite les Sarmates à passer le Tanaïs et à renverser la puissance des Scythes; ce mouvement commença vers l'an 81 avant Jésus-Christ, mais se prolongea naturellement pendant plus d'un siècle. Les Sarmates parcoururent, ravagèrent et soumirent en partie tous les pays situés sur une ligne tirée du Tanaïs aux montagnes de Transylvanie, et sur une autre ligne tirée également du Tanaïs vers l'embouchure de la Vistule. C'est cette progression des Sarmates que peint Pline, lorsqu'il dit « que le nom des Scythes » disparaît actuellement et fait place à ceux » des Germains et des Sarmates. » Comment les compilateurs d'histoire et de géographie ont-ils pu croire que les Sarmates, « nation peu féconde, race basanée, » aient pu remplir eux-mêmes tout le vaste espace que couvre le nom de *Sarmatia* dans nos cartes de géographie? C'est comme si on voulait prendre les noms de Russie, de Turquie, de l'ancienne Pologne, pour des circonscriptions de peuples, tandis qu'ils ne désignent que des circonscriptions de dominations. Le Grec est-il Turc? le Magyar est-il Autrichien? le Finnois est-il Russe? le Basque est-il Français? les Italiens étaient-ils Goths sous Théodoric? Non; et de même les peuples slavons entre l'Oder et la Vistule, tels que les *Lygii* dans leurs plaines, les *Mugilones* sur leurs collines, les *Nahar-*

(¹) *Hérod.*, IV, c. CX-CXVII. — (²) *Hippocrate*, de Aeribus, etc. — (³) *Denys* le Périégète écrit déjà *Sarmatæ*.

(¹) Page 469 de ce volume. — (²) *Bayer*, Conversiones rerum scythicarum, dans les Mémoires de Pétersbourg. Diodor., l. II, c. XLIII, p. 156.

vales dans leurs marais, d'autres peuples slavons sur les Karpathes, tels que les *Carpi*, les *Biessi*, les peuples *vénèdes* ou *wendes* dans la Prusse et la Lithuanie, les peuples finnois de Tacite et de Ptolémée dans la Polésie et la Russie-Noire, les autres peuples finnois de la Russie centrale, conservèrent tous leur existence populaire, leur langue, leurs mœurs, quoique devenus momentanément les sujets des Sarmates.

» L'empire des Sarmates eut-il jamais un centre, un principe d'unité? Ne fut-il qu'un assemblage de *khanats* indépendants ou faiblement liés? Quelles provinces devinrent le siége particulier des colonies sarmates? Comment et quand ces hordes se fondirent-elles dans l'immense et toujours croissante race des Slavons, race blanche, féconde et indigène de l'Europe? Quelle fut, dans cette nouvelle révolution, la part des Goths? Que sont devenues les émigrations des Sarmates accueillies par les Romains après la destruction de leur puissance? Toutes ces questions peuvent être discutées avec plus ou moins de fruit; mais il faut avant tout reconnaître le principe que les Sarmates étaient une horde conquérante distincte des nations indigènes.

» C'est comme telle que l'histoire les désigne lors de leur invasion dans la Pannonie, vers l'an 375. « Les Sarmates, vaincus par le » général romain Théodose, furent contraints » d'aller demander grâce à l'empereur Valen- » tinien. Leurs envoyés donc lui ayant été » présentés, ce prince, après avoir entendu » leur discours, dans lequel ils imploraient sa » clémence, leur demanda avec une sorte de » colère pourquoi ils n'avaient pas choisi parmi » eux des gens d'une taille avantageuse. Les » envoyés répondirent qu'ils formaient l'élite » de la nation. » — « O trop malheureux em- » pire romain, s'écria Valentinien, si de pa- » reils avortons osent l'attaquer! » — En » même temps il frappa des mains, poussa un » cri, et tomba mort de colère ([1]). »

Voilà bien les Sarmates *trapus, mous, basanés* de notre vieil Hippocrate. Au contraire, les Slavons, au témoignage de Procope, étaient grands, beaux et robustes. Ils le sont encore. Une vanité très mal entendue maintient seule la phraséologie banale d'après laquelle les Polonais se disent *les descendants des illustres Sarmates.*

([1]) *Stritter*, Memoriæ, II, p. 29.

TABLEAU *de la superficie, de la population et des revenus de la république de Krakovie en* 1839.

SUPERFICIE en lieues géographiques carrées.	POPULATION ABSOLUE			POPULATION par lieue carrée en 1839.	REVENUS EN FRANCS.	FORCE ARMÉE.	
	recensée en 1819.	évaluée en 1832.	évaluée en 1839.			MILICE BOURGEOISE.	GENDARMERIE.
64	95,822.	140,000.	135,000.	2,109.	800,000.	300.	80.

TABLEAU de la position géographique des principales villes de la Pologne autrichienne, de la Hongrie et de ses dépendances ; de la Russie, et de la Pologne.

VILLES.	LATITUDES.	LONGITUDES.	VILLES.	LATITUDES.	LONGITUDES.
ROYAUME DE GALICIE.			**RUSSIE** (suite).		
	deg. min. sec.	deg. min. sec.		deg. min. sec.	deg. min. sec.
Zolkiew.	50 4 0 N.	21 40 0 E.	Ouleaborg.	65 0 55 N.	»
Tarnow.	49 59 50 N.	18 40 0 E.	Helsingfors	60 10 0 N.	22 40 0 E.
Lemberg.	49 51 42 N.	21 42 30 E.	Riga.	56 57 01 N.	21 47 30 E.
Przemysl.	49 47 20 N.	20 29 20 E.	Moscou.	55 45 45 N.	35 12 45 E.
Czernowitz.	48 35 40 N.	23 39 0 E.	Smolensk.	54 46 0 N.	30 3 0 E.
Jaslo.	49 44 15 N.	19 5 15 E.	Mittau.	56 39 6 N.	21 23 15 F.
ROYAUME DE HONGRIE			Pskof.	57 40 0 N.	26 9 0 E.
Raab.	47 45 0 N.	15 40 0 E.	Tver.	57 51 0 N.	34 55 0 E.
Komorn.	47 45 34 N.	15 47 35 E.	Novgorod.	58 23 0 N.	29 30 0 E.
Tolna	46 25 30 N.	»	Arkhangel	64 31 40 N.	38 7 30 E.
			Vologda	59 13 30 N.	37 51 0 E.
CERCLE DU DANUBE.			Jaroslavl.	57 37 30 N.	37 50 0 E.
Pesth.	47 31 40 N.	16 44 0 E.	Kostroma.	57 47 40 N.	38 52 36 E.
Gran.	48 40 0 N.	16 30 0 E.	Vladimir.	56 2 15 N.	38 1 30 E.
Presbourg.	48 8 50 N.	14 46 0 E.	Nijegorod.	56 19 45 N.	42 8 15 E.
Niograd.	47 54 0 N.	16 42 55 E.	Tambof.	52 43 45 N.	39 25 0 E.
			Riaisan	54 42 0 N.	36 30 0 E.
CERCLE EN-DEÇA DE LA THEISS.			Toula	54 11 0 N.	34 35 0 E.
Gomor.	48 27 0 N.	18 0 28 E.	Kalouga	54 30 0 N.	33 45 0 E.
Torna.	48 35 28 N.	18 33 3 E.	Orel.	52 32 40 N.	33 37 0 E.
Zemplin.	48 25 0 N.	19 28 50 E.	Koursk.	51 43 30 N.	34 7 30 E.
Unghvar.	48 36 50 N.	19 59 0 E.	Voroneje.	51 40 30 N.	37 1 15 E.
			Kief.	50 27 0 N.	28 7 30 E.
CERCLE AU-DELA DE LA THEISS.			Tchernigof	51 24 0 N.	29 13 0 E.
			Poltava	49 37 0 N.	31 51 0 E.
Szathmar.	47 47 48 N.	»	Kharkof	49 59 43 N.	34 6 17 E.
Bekeseh.	46 46 16 N.	18 47 27 E.	Jekaterinoslaf.	48 27 20 N.	32 41 30 E.
Sathmar.	47 47 47 N.	20 33 2 E.	Kherson.	46 37 46 N.	30 18 18 E.
Temesch.	45 42 27 N.	18 54 2 E.	Symféropol	45 12 0 N.	31 47 0 E.
ROYAUME DE CROATIE.			Akherman.	46 12 0 N.	22 10 0 E.
Warasdin.	46 18 20 N.	14 5 51 E.	Vilna.	54 41 2 N.	22 57 45 E.
Agram.	45 49 2 N.	13 44 26 E.	Grodno	53 40 30 N.	21 29 30 E.
			Bialistok	53 7 33 N.	20 58 30 E.
GÉNÉRALATS.			Vitebsk.	55 11 0 N.	28 0 0 E.
Warasdin.	46 18 18 N.	14 5 51 E.	Mohilef	53 54 0 N.	28 4 30 E.
Peterwardein.	45 15 10 N.	17 34 15 E.	Minsk.	54 0 0 N.	25 32 0 E.
Temeswar.	45 42 27 N.	18 54 2 E.	Loutsk.	50 50 0 N.	23 50 0 E.
			Kamenietz.	48 40 50 N.	24 41 15 E.
TRANSYLVANIE.			Kazan.	55 47 41 N.	47 0 45 E.
Bistritz.	47 5 46 N.	22 12 3 E.	Viatka.	58 24 0 N.	48 22 0 E.
Klausenbourg.	46 44 0 N.	41 14 28 E.	Perm	58 1 0 N.	54 6 0 E.
Fogaraseh.	45 48 57 N.	22 39 14 E.	Simbirsk.	54 24 0 N.	46 2 0 E.
Hermanstadt.	45 47 4 N.	21 48 58 E.	Penza	53 30 0 N.	43 18 0 E.
			Astrakhan.	46 21 12 N.	45 42 30 E.
ROYAUME DE DALMATIE.			Saratof.	51 31 28 N.	43 40 0 E.
Zara.	44 7 14 N.	12 48 9 E.	Orenbourg.	51 46 5 N.	52 44 30 E.
Spalatro.	43 39 54 N.	15 1 54 E.	**ROYAUME DE POLOGNE.**		
Raguse.	42 39 0 N.	15 46 0 E.	Varsovie	52 14 28 N.	18 42 32 E.
Cattaro.	42 23 35 N.	16 12 50 E.	Czenslochowa.	50 48 0 N.	16 50 0 E.
Spalatro.	43 39 54 N.	14 1 54 E.	Sandomir.	50 41 60 N.	19 21 13 E.
RUSSIE.			Zamosk.	50 42 50 N.	20 55 10 E.
Saint-Pétersbourg.	59 56 23 N.	27 58 30 E.	Siedlec.	59 0 51 N.	19 58 40 E.
Vibourg.	60 42 42 N.	26 25 50 E.	Augustow.	53 25 0 N.	21 37 0 E.
Kouopio	62 54 0 N.	25 10 0 E.	**RÉPUBLIQUE DE KRAKOVIE.**		
Abo	60 26 58 N.	19 57 0 E.	Krakovie.	50 3 38 N.	18 36 54 E.

FIN DU TROISIÈME VOLUME.

TABLE DES MATIÈRES

CONTENUES DANS CE TROISIÈME VOLUME.

	Pages.
LIVRE SOIXANTE-SEPTIÈME. — Suite de la Description de l'Europe. — Description de l'Allemagne. — Troisième section. — Description du grand-duché d'Oldenbourg et de la seigneurie de Kniphausen.	1
Grand-duché de Holstein-Oldenbourg. — Ses dimensions. — Ses limites. — Sa population. — Anciens habitants.	ib.
Exposé historique sur la maison d'Oldenbourg. — Rivières.	2
Constitution géognostique. — Richesse agricole.	3
Climat. — Langue. — Gouvernement.	4
Oldenbourg. — Delmenhorst, Wildeshausen, Vechta, Vorel, Friesoite, Jever.	5
Eutin, Birkenfeld, Oberstein.	6
Armée, revenus, dette publique du grand-duché. — Seigneurie de Kniphausen. — *Tableau statistique* du grand-duché de Holstein-Oldenbourg et de la seigneurie de Kniphausen.	7
LIVRE SOIXANTE-HUITIÈME. — Suite de la Description de l'Europe. — Description de l'Allemagne. — Quatrième section. — Description du royaume de Hanovre.	8
Anciens peuples. — Étymologie de certains mots.	ib.
Caractère du Hanovrien. — Exposé historique sur la maison de Hanovre.	9
Position, limites du royaume. — Aspect physique, cours d'eau. — Constitution géognostique.	10
Harz.	11
Lacs. — Climat. — Richesses naturelles. — Forêts.	13
Produits métalliques. — Division de la propriété foncière. — Agriculture.	14
Fruits. — Fabriques. — Routes. — Divisions administratives.	15
Nombre d'habitants par cultes. — Administration du royaume.	16
Armée. — Places de guerre. — Hanovre.	17
Gronau, Alfeld, Einbeck, Dassel, Uslar, Hardegsen, Gottingue.	19
Münden, Duderstadt, Osterode, Herzberg, Saint-Andreasberg, Elbingerode, Klausthal, Goslar, Hildesheim.	20
Berg, Peina, Burgdorf, Zell, Lunebourg.	21
Harbourg, Emden. — Iles du Hanovre.	22
Norden, Aurich, Meppen, Osnabrück. — Revenus, dette publique.	23
Ile d'Helgoland. — *Tableau* de la population, de la superficie et des divisions administratives du royaume de Hanovre.	24
LIVRE SOIXANTE-NEUVIÈME. — Suite de la Description de l'Europe. — Description de l'Allemagne. — Cinquième section. — Description des deux grands-duchés de Mecklenbourg-Schwerin et de Mecklenbourg-Strelitz.	25
Positions, limites. — Anciens peuples. — Exposé historique sur la maison de Mecklenbourg.	ib.
Aspect physique. — Lacs. — Montagnes. — Golfes — Constitution géognostique. — Pentes des terrains.	26
Climat. — Richesse agricole — Divisions administratives. — Organisation.	27
Population.	28
Religions. — Stargard, Friedland, Neu-Brandenbourg, Alt-Strelitz, Neu-Strelitz, Schönberg, Ratzebourg, Wismar, Rostock.	29
Dobberan, Warnemünde, Butzow, Schwerin, Ludwigsbourg, Mecklembourg, Parchim, Grabow, Plau, Robel, Boizenbourg.	30
Waren, Malchin, Neukalden, Teterow, Gustrow — *Tableau* des divisions administratives, de la superficie, de la population et des finances des deux grands-duchés de Mecklenbourg-Strelitz et Mecklenbourg-Schwerin.	31
LIVRE SOIXANTE-DIXIÈME. — Suite de la Description de l'Europe. — Description de l'Allemagne. — Sixième section. — États prussiens. — Première division. — Provinces polonaises : Prusse orientale; Prusse occidentale; grand-duché de Posen. — Coup d'œil historique sur les anciens Pruczi et sur l'ordre Teutonique.	32
Anciens peuples des contrées que baignent la Vistule et le Niemen.	ib.
Introduction du christianisme chez les *Pruczi* ou Prussiens. — Chevaliers de l'ordre Teutonique.	34
Albert de Brandebourg. — Origine du royaume de Prusse. — Agrandissement de la Prusse.	36
Description physique de la Prusse. — Fleuves.	37
Frische-Haff et Curische-Haff.	38
Succin ou ambre jaune.	39
Richesse agricole. — Forêts. — Urus. — Chevaux. — Königsberg.	40
Pillau, Wehlau, Insterbourg, Gumbinnen, Tilsit, Memel.	41
Braunsberg, Rastenbourg, Bartenstein, Heilsberg, Landsberg, etc. — Dantzig.	42
Marienbourg, Elbing.	43
Tolkemit, Marienwerder, Grandentz, Culm, Thorn. — Mœurs des habitants de la Prusse royale et de la Prusse orientale.	44
Posen.	46
Rogasen, Bomst, Unruhstadt, Fraustadt, Lissa, Rawitsch, Bojanowo, Punitz, Görchen, Krotoschin, Zeduny, Ostrow, Kempen.	47
Schrimm, Gnesen.	

TABLE DES MATIÈRES.

	Pages.
LIVRE SOIXANTE-ONZIÈME. — Suite de la Description de l'Europe. — Description de l'Allemagne. — Sixième section. — États prussiens. — Deuxième division. — Provinces sur l'Oder et sur l'Elbe.	48
Silésie. — Anciens peuples.	ib.
Exposé historique sur la Silésie.	49
Description physique. — Description géognostique.	50
Richesse minérale.	52
Richesse agricole.	53
Forêts. — Bestiaux. — Industrie.	54
Habitants de la Silésie. — Religions.	55
Noblesse. — Breslau.	56
Namslau, Oels, Trebnitz, etc., Wohlau, Oppeln, Gleiwitz, Pless, Ratibor, Leobschutz, Ober-Glogau, Neisse.	57
Brieg, Strehlen, Ohlau, Schweidnitz, Glatz, Liegnitz.	58
Glogau, Grüneberg, Sagan, Bunzlau, Queckbrunnen, Löwemberg, Hirschberg, Schmiedeberg, Lauban, Gorlitz.	59
Anciens habitants du Brandebourg. — Détails historiques sur la maison de Brandebourg.	60
Description physique de cette province. — Richesse agricole.	63
Industrie. — Richesse minérale.	64
Constitution géognostique. — Cours d'eau. — Climat. — Caractère des habitants.	65
Langage. — Züllichau, Kalzig, Krossen, Francfort-sur-l'Oder.	66
Furstenberg, Beeskow, Lubben, Kottbus, Spremberg, Dobrilugk, Guben, Gassen, Luckau, Golssen, Jüterbock, Baruth, Belzig, Luckenwalde, Beitz, Potsdam.	67
Berlin.	69
Spandau, Brandebourg.	70
Rathenow, Havelberg, Perleberg, Rheinsberg, Wittstock.	71
Neu-Ruppin, Lindow, Fehrbellin, Oranienbourg, Bernau, Küstrin, Landsberg, Angermünde, Schwedt, Boitzenbourg, Prenzlow.	73
Poméranie. — Anciens peuples. — Coup d'œil historique sur la Poméranie.	76
Description physique.	77
Ile de Rügen.	78
Autres îles.	80
Barth, Greifswalde, Wolgast, Demmin, Anklam, Pasewalk, Stettin.	81
Stargard, Treptow, Colberg, Cöslin.	82
Neu-Stettin, Polzen, Stolpe, Rügenwalde, Lauenbourg, Rummelsburg, Belgard, Tempelburg. — Province de Saxe. — Anciens peuples.	83
Constitution géognostique.	84
Montagnes. — Climat. — Produits agricoles. — Religions. — Wittemberg.	85
Bitterfeld, Torgau, Elsning, Naumbourg.	86
Weissenfels, Gros-Görschen, Lützen, Rossbach, Mersebourg, Environs de Mersebourg, Halle.	87
Wettin, Rothenbourg, Eisleben.	88
Hettstädt, Zeitz, Sangerhausen, Stollberg, Querfurt, Erfurt.	89
Environs d'Erfurt. — Nordhausen, Ellrich, Heiligenstadt.	90
Mühlhausen, Langensalza. — Régence de Magdebourg. — Quedlinbourg, Halberstadt.	91
Calbe, Barby, Aschersleben, Magdebourg.	92
Schœnebeck, Burg, Taugermunde, Stendal, Salzwedel.	93
LIVRE SOIXANTE-DOUZIÈME. — Suite de la Description de l'Europe. — Description de l'Allemagne. — Sixième section. — États prussiens. — Troisième division. — Provinces occidentales. — Coup d'œil statistique et politique sur l'ensemble des possessions de la Prusse.	94
Grand-duché du Bas-Rhin. — Étendue. — Limites. — Population. — Province de Westphalie. — Anciens peuples. — Montagnes. — Constitution géognostique.	ib.
Fertilité du sol. — Principales rivières. — Minden. — Enger, Herford.	95
Bielefeld, Paderborn, Lügde, Münster.	96
Borken, Warendorf, Kösffeld, Steinfurt, Lengerich, Arnsberg, Soest, Hamm, Unna, Dortmund.	98
Hagen, Schwelm, Altena, Iserlohn, Limbourg, Olpe, Siegen.	99
Province de Juliers-Clèves et Berg. — Anciens peuples.	100
Constitution géognostique. — Sol. — Rivières. — Industrie. — Climat. — Clèves.	101
Emmerich, Xanten, Wesel, Geldern, Mörs.	102
Kempen, Duisbourg, Crevelt, Neuss, Düsseldorf.	103
Elberfeld, Cologne.	104
Woringen, Mühlheim-sur-le-Rhin, Deutz, Zulpich, Bonn.	106
Brühl, Siegbourg. — Province du Bas-Rhin. — Anciens peuples.	107
Constitution géognostique.	108
Richesses minérales. — Montagnes.	109
Rivières et cours d'eau. — Sol. — Richesses agricoles. — Industrie. — Climat. — Juliers, Aix-la-Chapelle.	110
Burtscheid, Düren.	111
Eupen, Malmédy, Unke, Remagen, Neuwied, Ehrenbreitstein, Coblentz.	112
Andernach, Boppart, Bacharach, Kreutznach, Stromberg.	113
Trèves.	114
Igel.	115
Sarrebourg, Sarrelouis, Sarrebrück.	116
Solsbach, Wetzlar, Braunfels. — Enclaves — Wandersleben, Mühlberg, Rahniz, Gössitz, Ziegenrück, Suhl, Benshausen, Schwarza, Heinrichs, Schleusingen.	117
Gefell, Benneckenstein. — Coup d'œil général sur la Prusse. — Statistique.	118
Gouvernement.	120
Finances. — État militaire.	121
Provinces prussiennes dépendant de la confédération germanique. — Titres du roi. — Armes. — Ordres. — Revenus de la couronne. — Cour.	122
Esprit d'association. — Ressources commerciales. — Industrie.	123
Progrès de l'agriculture. — Division des propriétés. — Améliorations. — Vignobles.	124
Situation politique.	128
Tableaux statistiques des États de la monarchie prussienne.	129
LIVRE SOIXANTE-TREIZIÈME. — Suite de la Description de l'Europe. — Description de l'Allemagne. — Septième section. — Allemagne centrale. — Première division. — Duchés de Brunswick, d'Anhalt-Dessau, d'Anhalt-Bernbourg, d'Anhalt-Köthen et de Nassau; Principautés de Lippe-Detmold et de Schauenbourg-Lippe, de Waldeck, de Schwarzbourg-Rudolstadt et de Schwarzbourg-Sondershausen, de Reuss-Greitz, de Reuss-Schleitz et de Reuss-Lobenstein Ebersdorf; Hesse électorale; Landgraviat de Hesse-Hombourg; Grand duché de Hesse-Darmstadt; République de Francfort-sur-le-Mein.	135
Anciens peuples.	ib.
Duché de Brunswick. — Limites.	136

TABLE DES MATIÈRES.

Etendue. — Population — Constitution géognostique. — Produits agricoles. — Etablissements industriels. — Villes principales. — Brunswick. 137
Wolfenbüttel, Helmstedt, Vorsfelde, Wechel, Scheppenstedt, Schöningen, Seesen, Neustadt, Lutteram-Barenberg, Gandersheim, Holzminden. 138
Bevern, Eschershausen, Blankenbourg, Hasselfeld, Kalvörde, Bodenbourg, Olsbourg, Thedinghausen. — Total des villes, bourgs, etc., du duché de Brunswick. — Ressources financières. — Etat militaire. — Rang dans la Confédération germanique. — Précis historique sur la maison de Brunswick.
Révolution en 1830. — Duchés d'Anhalt-Dessau, d'Anhalt-Bernbourg et d'Anhalt-Köthen. — Précis historique sur les maisons souveraines. — Limites. — Etendue. — Population. — Nombre des villes, bourgs, etc. — Rang dans la Confédération germanique. 140
Administration de la justice. — Constitution géognostique. — Duché d'Anhalt-Dessau. — Limites. — Etendue. — Nature du sol. — Agriculture. — Industrie. — Exportations. — Principales villes. — Dessau, Wörlitz, Zerbst, Oranienbaum, Iesnitz. 141
Sandersleben. — Population générale du duché. — Etat financier. — Etat militaire. — Duché d'Anhalt-Bernbourg. — Etendue. — Nombre des villes et villages. — Population. — Division territoriale. — Nature du sol. — Température. — Mines. — Produits agricoles. — Industrie. — Bernbourg. — Ballenstedt, Gernrode, Hoymb, Harzgerode. — Usines et exploitations métalliques du duché. — Etat militaire. — Ressources financières. — Duché d'Anhalt-Köthen. — Etendue. — Nombre des villes, bourgs, etc. — Division territoriale. — Population. — Nature du terrain et du sol. — Produits agricoles. — Industrie. — Revenus. — Etat militaire. — Köthen. 142
Nienbourg, Roslau. — Ressources financières du duché. — Duché de Nassau. — Limites. — Etendue. — Montagnes. — Rivières. — Constitution géognostique. — Nature du sol. — Produits agricoles. — Précis statistique sur le territoire. 143
Bestiaux. Abeilles. — Industrie. — Commerce. — Nature du climat. — Précis historique sur la maison de Nassau. — Villes. — Braubach, Holzapfel, Diez, Oranienstein, Dillenbourg, Weilbourg, Hadamar, Limbourg, Nassau, Herborn. — Langenschwalbach, Runkel, Höchst, Wiesbaden. 144
Gouvernement du duché. — Industrie. — Ressources financières. — Rang dans la Confédération germanique. — Etat militaire. — Principauté de Lippe-Detmold. — Limites. — Etendue. — Population. — Constitution géognostique. — Nature du sol. — Productions agricoles. — Nature du climat. — Industrie. 145
Exportations. — Langage. — Religion. — Etat sanitaire. — Instruction. — Gouvernement. — Ressources financières. — Rang dans la Confédération germanique. — Etat militaire. — Detmold. — Lemgo, Uffeln, Horn. 146
Lippstadt. — Principauté de Schauenbourg-Lippe. — Limites. — Population. — Ressources financières. — Etat militaire. — Nature du terrain. — Productions du sol. — Gouvernement. — Nombre des villes et villages. — Bückebourg, Stadthagen. — Précis historique sur la maison régnante. 147
Principauté de Waldeck. — Constitution géognostique. — Etendue. — Limites. — Population. — Origine de la maison régnante. — Comté de Waldeck. — Constitution géognostique. — Nature du climat. — Exploitations. — Produits agricoles. — Industrie. — Comté de Pyrmont. — Montagnes. — Etendue. — Population. — Nature du terrain. — Constitu-

tion géognostique. — Exportations. — Rivières de la principauté. — Ressources financières. — Etat militaire. — Gouvernement. — Corbach, Sachsenberg, Arolsen. 148
Nieder-Wildungen, Friedenstthal, Pyrmont. — Pays de Schwarzbourg. — Constitution géognostique. — Limites. — Etendue. — Division du pouvoir entre les deux branches régnantes. — Constitution géognostique. — Mines. — Richesse industrielle. — Produits agricoles. — Bestiaux. — Principauté de Schwarzbourg-Rudolstadt. — Etendue — Etat militaire. — Ressources financières. — Population. — Gouvernement. — Rudolstadt. 149
Frankenhausen, Stadt-Ilm, Leutenberg, Schwarzbourg. — Principauté de Schwarzbourg-Sondershausen. — Etendue. — Etat militaire. — Ressources financières. — Population. — Gouvernement. — Villes. — Sondershausen, Greussen, Arnstadt. — Précis historique sur la maison de Reuss. 150
Principauté de Reuss. — Limites. — Etendue. — Constitution géognostique. — Nature du terrain. — Rivières. — Principauté de Reuss Greitz. — Etendue. — Population. — Ressources financières. — Contingent à la Confédération germanique. — Nature du sol. — Industrie. — Villes. — Greitz, Zeulenroda. — Branche cadette de Reuss. — Principauté de Reuss-Schleitz. — Etendue. — Population. — Ressources financières. — Contingent à la Confédération germanique. — Villes. — Schleitz, Tanna. — Autres possessions du prince régnant. 151
Principauté de Reuss-Lobenstein-Ebersdorf. — Etendue. — Population. — Richesses minérales. — Industrie. — Villes. — Lobenstein, Ebersdorf, Gera. — Ressources financières des deux principautés de Reuss-Schleitz et de Reuss-Lobenstein-Ebersdorf. — Contingent à la Confédération germanique. — Branche de Reuss-Köstritz. — Etats hessois. — Anciens peuples. — Précis historique sur le pays et les princes de Hesse. Précis historique sur la branche de Hesse-Cassel. 152
Précis historique sur la branche de Hesse-Darmstadt. — Précis historique sur la branche de Hesse-Hombourg. — Hesse-Electorale. — Population. — Etendue. — Rang dans la Confédération germanique. — Limites. — Cours d'eau et étangs. — Sources minérales. — Constitution géognostique. 153
Richesses minérales. — Nature du climat. — Agriculture. — Industrie. — Commerce. 155
Gouvernement — Religions. 156
Ressources financières. — Etat militaire. — Villes. — Rinteln, Hofgeismar, Eschwege, Allendorf, Rothenbourg, Homberg, Gelnhausen, Cassel. 157
Marbourg, Smalcalde, Fulde. 158
Hanau, Wilhelmsbad, Salmünster, Schlüchtern. — Landgraviat de Hesse-Hombourg. — Population. — Etendue. — Ressources financières. — Force militaire. — Constitution géognostique. — Limites. — Nature du sol. — Mines, forges et houillères. — Villes. — Hombourg-vor-der-Höhe. 159
Meissenheim. — Grand-duché de Hesse-Darmstadt. — Etendue. — Population. — Limites. — Autres possessions. — Constitution géognostique. — Richesses minérales. — Cours d'eau. — Vignobles. 160
Industrie. — Religion. — Gouvernement. — Ressources financières. — Force militaire. — Instruction publique. 161
Provinces — Villes. — Giessen, Lauterbach, Alsfeld, Schlitz, Schotten, Gernsheim, Grüningen, Darmstadt. — Offenbach, Heppenheim, Bingen. 162
Worms, Mayence. 163
République de Francfort. — Division géographique. — Limites. — Etendue. — Nombre de villes, bourgs et villages. — Population. — Cultes. — Francfort. 164

TABLE DES MATIÈRES.

	Pages.
*Constitution. Ressources financières. — Force militaire. — Industrie.	165
Tableaux statistiques des Etats de l'Allemagne centrale. — I. Duché de Brunswick. — II. Duché d'Anhalt-Dessau. — III. Duché d'Anhalt-Bernbourg. — IV. Duché d'Anhalt-Köthen.	168
V. Duché de Nassau. — VI. Principauté de Lippe-Detmold. — VII. Principauté de Schauenbourg-Lippe. VIII. Principauté de Waldeck.	169
IX. Principauté de Schwarzbourg-Rudolstadt. — X. Principauté de Schwarzbourg-Sondershausen. — XI. Principauté de Reuss-Greitz. — XII. Principauté de Reuss-Schleitz. — XIII. Principauté de Reuss-Lobenstein-Ebersdorf.	170
XIV. Hesse-Electorale. — XV. Landgraviat de Hesse-Hombourg.	171
XVI. Grand-duché de Hesse-Darmstadt. — XVII. République de Francfort.	172
	173

LIVRE SOIXANTE-QUATORZIÈME. — Suite de la Description de l'Europe. — Description de l'Allemagne. — Septième section. — Allemagne centrale. — Deuxième division. — Royaume et duchés de Saxe. 174

Précis historique sur la maison de Saxe.	ib.
Royaume de Saxe. — Etendue. — Population. — Limites. — Constitution géognostique.	175
Cours d'eau. — Nature du climat. — Nature du sol. — Richesses agricoles. — Richesses minérales.	176
Industrie.	177
Gouvernement. — Ressources financières. — Force militaire. — Langage. — Religion.	178
Population. — Nombre de villages, bourgs et villes. — Dresde.	179
Leipsick.	180
Chemnitz, Dippoldiswalde, Planen, Freyberg.	182
Tharand, Glaucha, Swickau, Schneeberg, Königsstein, Schandau, Zittau, Herrnhut, Bautzen	183
Saxe ducale. — Grand-duché de Saxe-Weimar. — Divisions. — Limites. — Etendue. — Enclaves. — Population. — Constitution géognostique. — Rivières. — Nature du sol. — Richesses minérales.	184
Produits agricoles. — Animaux domestiques. — Weimar, Tieffurth, Osmanstedt, Berka, Apolda, Neustadt-sur-Orla, Iena, Eisenach.	185
Allstedt, Buhl. — Industrie. — Ressources financières. — Force militaire. — Gouvernement. — Cultes.	186
Instruction publique. — Duché de Saxe-Meiningen. — Ressources financières. — Force militaire. — Limites. — Etendue. — Enclaves. — Constitution géognostique. — Richesses minérales. — Gouvernement. — Instruction publique. — Villes principales. — Industrie. — Meiningen.	187
Aranichfeld, Sonnenberg, Hildbourghausen, Roda, Kahla, Saalfeld, Pöseneck. — Duché de Saxe-Altenbourg. — Ressources financières. — Population. — Division du territoire. — Limites. — Etendue. — Constitution géognostique. — Richesses minérales.	188
Produits agricoles. — Bestiaux. — Gouvernement. — Altenbourg, Ronnebourg, Eisenberg. — Duché de Saxe-Cobourg-Gotha. — Division du territoire. — Limites. — Etendue. — Population. — Constitution géognostique. — Nature du sol. — Richesses minérales. — Produits agricoles. — Bestiaux. — Gouvernement. — Rang dans la Confédération germanique. — Force militaire. — Ressources financières. — Gotha.	189
Cobourg, Friedrichsrode, Ohrdruff, Zeller, Tonna, Rodach, Neustadt, Saint-Wendel, Baumholder.	190
Tableau statistique des Etats saxons. — I. Royaume de Saxe. — Grand-duché de Saxe-Weimar. — III. Duché de Saxe-Meiningen-Hildbourghausen.	191
IV Duché de Saxe-Altenbourg. — V. Duché de Saxe-Cobourg-Gotha.	192

LIVRE SOIXANTE-QUINZIÈME. — Suite de la Description de l'Europe. — Description de l'Allemagne. — Huitième section. — Description du royaume de Wurtemberg. 193

Révolutions dans les divisions territoriales. — Royaume de Wurtemberg. — Limites. — Etendue.	ib.
Montagnes. — Rivières. — Lacs. — Constitution géognostique. — Richesses minérales. — Anciens peuples.	193
Précis historique. — Nature du climat. — Produits agricoles. — Animaux domestiques, etc. — Industrie.	194
Commerce. — Ressources financières. — Emigrations. — Etat militaire.	195
Gouvernement.	196
Système municipal. — Système hypothécaire. — Liberté de la presse. — Instruction publique. — Ordres militaire et civil.	197
Division du territoire. — Nombre de villes, bourgs, etc. — Stuttgard. — Esslingen. — Ludwigsbourg.	198
Heilbronn, Hall, Ellwangen, Gmünd, Gesslingen, Gœppingen, Ueberkingen, Hohenstaufen, Beutlingen, Tübingen, Ulm.	199
Biberach, Rothenbourg, Freudenstadt, Mergentheim, Kirchheim, Calw, Urach, Friedrichsbafen. — Antiquités du Wurtemberg. — Caractère national. — Mœurs.	200
Tableau statistique du royaume de Wurtemberg.	201

LIVRE SOIXANTE-SEIZIÈME. — Suite de la Description de l'Europe. — Description de l'Allemagne. — Neuvième section. — Description du grand-duché de Bade. 203

Grand-duché de Bade. — Limites. — Anciens peuples. — Etendue. — Montagnes. — Constitution géognostique. — Lac et étangs. — Température. — Nature du sol. — Produits agricoles.	ib.
Gibier. — Poissons. — Richesses minérales. — Vins. — Industrie. — Commerce. — Précis historique sur la maison régnante.	204
Détails statistiques sur la population. — Culte. — Gouvernement.	205
Législation. — Instruction publique. — Sollicitude du gouvernement en faveur de l'instruction primaire.	206
Ressources financières. — Etat militaire. — Division du territoire. — Langage. — Wertheim.	207
Manheim, Heidelberg.	208
Weinheim, Schwetzingen, Philippsbourg, Bruchsal, Durlach, Carlsruhe.	209
Pforzheim, Ettlingen, Rastadt, Bade, Salzbach, Offenbourg, Lahr, Fribourg, Brisach.	210
Badenweiler, Willingen, Constance. — Coup d'œil sur l'administration.	211
Réflexions sur le système commercial. — Tableau statistique du grand-duché de Bade.	212

LIVRE SOIXANTE-DIX-SEPTIÈME. — Suite de la description de l'Europe. — Description de l'Allemagne. — Dixième section. — Description des principautés de Hohenzollern-Sigmaringen, de Hohenzollern-Hechingen et de Lichtenstein. 213

Précis historique sur la maison de Hohenzollern. — Pays de Hohenzollern. —Limites.— Etendue.—Cours

TABLE DES MATIÈRES.

d'eau. — Constitution géognostique. — Richesses minérales. — Principauté de Hohenzollern-Sigmaringen. — Etendue. — Nature du sol. — Climat. — Agriculture. — Industrie. — Population. — Culte. — Ressources financières. — Contingent à l'armée fédérale. — Division politique. — Gouvernement. 213
Villes et bourgs principaux. — Sigmaringen, Hettingen, Gammertingen, Trochtelfingen, Glatt, Haigerloch. — Principauté de Hohenzollern-Hechingen. — Limites. — Etendue. — Montagnes. — Agriculture. — Population. — Ressources financières. — Contingent à l'armée fédérale. — Hechingen. — Principauté de Lichtenstein. — Étendue. — Population. — Contingent à l'armée fédérale. — Ressources financières. — Revenus du prince. — Précis historique sur la maison régnante. 214
Division géographique. — Climat. — Nature du sol. — Division politique. — Lichtenstein. — Administration. — Tableaux statistiques des principautés de Hohenzollern-Sigmaringen, de Hohenzollern-Hechingen et de Lichtenstein 215

LIVRE SOIXANTE-DIX-HUITIÈME. — Suite de la Description de l'Europe. — Description de l'Allemagne — Onzième section. — Description du royaume de Bavière. — Première division. — Vieille Bavière. 216

Royaume de Bavière. — Limites. — Étendue. — Vieille Bavière. — Limites. — Géographie physique. — Rivières. — Montagnes. — Géographie physique et constitution géognostique de la Bavière. *ib.*
Formations géologiques. 217
Lacs. — Sources minérales. — Nature du climat. — Anciens peuples. 218
Précis historique sur la Bavière. 219
Nature du sol. — Etat de l'agriculture. 221
Bestiaux. — Chevaux. — Bêtes à cornes. — Abeilles. — Horticulture. — Vignobles. 222
Forêts. — Causes qui s'opposent aux améliorations. — Marche à suivre dans l'intérêt de l'agriculture. — Richesses minérales. 223
Industrie. — Commerce. — Rivières. — Routes. — Navigation intérieure. 224
Population. — Religion. — Caractère et mœurs des habitants. — Instruction publique. — Constitution bavaroise. 225
Ordre de chevalerie. — Etat militaire. — Ressources financières. 226
Division politique. — Haute Bavière. — Villes principales. — Munich. 227
Landshut, Freising, Pfaffenhofen, Landsberg, Tegernsee. 230
Basse-Bavière. — Passau. — Straubing. — Bodenmaïs. — Palatinat supérieur. — Villes principales. — Ratishonne. 231
Amberg. 232
Ingolstadt, Abensberg, Eichstädt, Leuchtenberg. — Cercle de la Haute-Franconie. — Bayreuth. — Bamberg. 233
Hof, Kulmbach, Gailenreuth. 234
Cercle de la Franconie-Moyenne. — Anspach, Erlangen, Nüremberg. 235
Fürth, Schwabach, Bayerdorf, Rothenbourg, Dinkelsbühl, Nordlingen. — Cercle de la Basse-Franconie et d'Aschaffenbourg. — Würzbourg. 236
Vignobles des environs de Würzbourg. — Karlstadt, Schweinfurth, Hammelbourg, Kitzingen, Kissingen, Aschaffenbourg. — Cercle de Souabe et Neubourg. — Augsbourg. 237
Neubourg, Memmingen, Kempten. 238
Lindau. 239

LIVRE SOIXANTE-DIX-NEUVIÈME. — Suite de la Description de l'Europe. — Description de l'Allemagne. — Onzième section. — Royaume de Bavière. — Seconde division. — Bavière Rhénane. — Cercle du Palatinat. 239
Montagnes. *ib.*
Agriculture. — Rivières. — Climat. — Constitution géognostique. — Industrie. 240
Anciens peuples. — Spire. 241
Frankenthal, Grünstadt, Kaiserslautern, Pirmasens, Deux-Ponts, Landau. 242
Germersheim. 243
Tableaux statistiques du royaume de Bavière. 244

LIVRE QUATRE-VINGTIÈME. — Suite de la Description de l'Europe. — Description de l'Allemagne. — Douzième section. — Empire d'Autriche. — Première division. — Royaume de Bohême. 249
Superficie. — Limites. — Montagnes. — Terrains. — Roches. *ib.*
Volcans. — Sources minérales. 251
Productions minérales. — Rivières. 252
Lacs. — Température. — Anciens peuples. 253
Précis historique sur la Bohême. 254
Gouvernement. — Villes royales. — Villes protégées. — Population juive. 256
Population. 257
Nations principales. — Langue. — Naissances et décès. 258
Caractère, usages des habitants. — Costumes. 259
Agriculture. — Bestiaux. — Vignes. — Arbres fruitiers. — Forêts. — Chasse. — Pêche. 260
Industrie. — Commerce. 261
Navigation. — Routes. 262
Prague. 263
Reichenberg, Josephstadt, Kuttenberg, Joachimsthal, Iung-Bunzlau, Reichstadt, Leitmeritz, Thérésienstadt, Kamnitz, Warnsdorf, Töplitz, Saatz, Zatecz, Karlsbad. 264
Eger, Pilsen, Pisek, Budweis, Tabor, Königsgrätz. — Instruction. — Etablissements de bienfaisance. — Revenus. — Armée. 265

LIVRE QUATRE-VINGT-UNIÈME. — Suite de la Description de l'Europe. — Description de l'Allemagne. — Douzième section. — Empire d'Autriche. — Deuxième division. — Moravie et Silésie autrichienne. 266
Moravie. — Etendue. — Division. — Limites. — Constitution géognostique. — Montagnes. *ib.*
Anciens peuples. 267
Langue. 268
Nation allemande. — Religions. — Climat. — Productions. 269
Richesses minérales. — Industrie. — Gouvernement. — Brünn. 270
Austerlitz, Buchlowitz, Luhatschowitz, Poleschowitz, Hradisch, Strany, Nikolsbourg, Eisgrub, Iglau. 271
Trebitsch, Kromau, Ingrowitz, Olmütz, Kremsier, Prerau, Weisskirschen, Töplitz. 272
Iagerndorf, Troppau, Teschen, Bielitz. 273

LIVRE QUATRE-VINGT-DEUXIÈME. — Suite de la Description de l'Europe. — Description de l'Allemagne. — Douzième section. — Empire d'Autriche. — Troisième division. — Description de l'archiduché d'Autriche. *ib.*
Limites. — Superficie. — Montagnes. Constitution géognostique.

TABLE DES MATIÈRES.

	Pages.
Température des Alpes. — Plantes. — Lacs. — Rivières. — Anciens peuples.	275
Langage. — Mortalité. — Caractère des habitants.	276
Bestiaux. — Industrie. — Commerce. — Religion.	277
Gouvernement. — Instruction.	278
Vienne.	279
Histoire de Vienne	287
Schönbrunn.	288
Lachsenbourg, Maria-Hitzing, Pensing, Meidling, Kloster-Neubourg, Baden, Weilbourg.	289
Neustadt. — Mont Schneeberg. — Bruck, Haimbourg, Krems, Stein, Mautern, Dürrenstein	290
Tuln, Mœlk, Saint-Pölten, Awischofen, Aloosdorf, Mistelbach, Aleiben, Maria-Taferl, Wagram, Linz, Steyer,	291
Le Bourg, Ens, Garsten, Krems-Münster, Halstadt, Saalfalden.	292
Saint-Wolfgang, Salzbourg. — Habitants de la haute Autriche.	293

LIVRE QUATRE-VINGT-TROISIÈME. — Suite de la Description de l'Europe. — Description de l'Allemagne. — Douzième section. — Empire d'Autriche. — Quatrième division. — Description du comté de Tyrol. ... 294

Origine de son nom. — Limites. — Anciens peuples.	ib.
Montagnes. — Bassins. — Constitution géognostique.	295
Richesse végétale. — Gibier. — Bestiaux. — Sources minérales. — Métaux. — Agriculture. — Industrie. Commerce.	297
Caractère du Tyrolien.	298
Gouvernement. — Bregenz, Feldkirch, Achenrein; Imst, Inspruck.	298
Val de Stubei.	299
Hall, Schwatz, Zierl, Sterzing, Brunecken, Brixen, Botzen.	300
Trente, Roveredo.	301
Riva, Brentonico.	302

LIVRE QUATRE-VINGT-QUATRIÈME. — Suite de la Description de l'Europe. — Description de l'Allemagne. — Douzième section. — Empire d'Autriche. — Cinquième division. — Description de la Styrie. ... 302

Coup d'œil historique sur la Styrie.	ib.
Peuples qui l'habitent. — Limites. — Étendue. — Cours d'eau. — Montagnes.	303
Mines. — Sources minérales — Rivières. — Plantes. — Climat.	304
Productions. — Forêts. — Pâturages. — Cercles. — Gouvernement. — Recrutement. — Aussée, Eisenartz, Maria-Zell, Bruck.	305
Léoben, Indenbourg, Rohitsch, Grätz.	306
Radkersbourg, Leibnitz, Marbourg, Pettau, Luttemberg, Cilly, Töplitz ou Neuhaus, Ran, le Voitzberg.	307

LIVRE QUATRE-VINGT-CINQUIÈME. — Suite de la Description de l'Europe. — Description de l'Allemagne. — Douzième section. — Empire d'Autriche. — Sixième division. — Description du royaume d'Illyrie. — Coup d'œil général sur l'ensemble de la Monarchie autrichienne. ... 308

Ancienneté du royaume d'Illyrie. — Division.	ib.
Limites. — Constitution géognostique. — Montagnes. — Cavernes. — Lacs.	509
Richesses minérales. — Fertilité du sol. — Climat. — Forêts. — Industrie.	510
Population. — Langage. — Ferlach, Saint-Veit, Klagenfurt, Villach, Bleiberg, Krainbourg, Laybach, Gurkfeld.	511
Neustadt, Töplitz, Möttling, les Uskoken, Gottschée, Idria, Gorice, Monte-Santo, Anfora, Aquilée.	512
Trieste, Capo-d'Istria, Pirano, Parenzo.	513
Rovigno, Pola, Cherso, Veglia, Osero, Unia, Sansego, Santo-Pietro-di-Nembo.	514
Coup d'œil sur la monarchie autrichienne.	515
Tableaux statistiques des provinces allemandes de la monarchie autrichienne.	517

LIVRE QUATRE-VINGT-SIXIÈME. — Suite de la Description de l'Europe. — Description de l'Allemagne. — Coup d'œil général sur cette contrée. ... 323

Comparaison de l'organisation ancienne de l'Allemagne avec la nouvelle. — Amélioration politique, sociale et industrielle. — Allemagne du nord, Allemagne du midi.	ib.
Sciences. — Instruction supérieure et primaire. — Littérature et arts répandus en Allemagne. — Population. — Améliorations à obtenir.	524
Organisation de la Confédération germanique. — Nombre de voix de chacun des États de la diète. — Solidarité des États allemands. — Contingent à l'armée fédérale.	325
Places fortes de la Confédération. — États médiatisés.	326
Tableau de ces États.	327
Tableau de la position géographique des principales villes du Danemark et des États de la Confédération germanique.	328

AVERTISSEMENT DU CONTINUATEUR. ... 331

LIVRE QUATRE-VINGT-SEPTIÈME. — Suite de la Description de l'Europe. — Description du royaume de Galicie ou de la Pologne autrichienne. ... 332

Anciens peuples de la haute Pologne ou de la Russie-Rouge	ib.
Description physique et géognostique de la Galicie.	333
Climat. — Richesse agricole.	334
Animaux domestiques. — Forêts. — Étangs. — Richesse minérale.	335
Sources salées et mines de sel.	336
Description de Lemberg.	339
Rzeczow, Lancut ou Lan smit, Tarnow.	340
Bochnia, Wieliczka, Andrichow, Podgorze, Kenly, Bielo, Wadewice, Landskrona, Neu-Sandec, Alt-Sandec, Gorlitz, Krosno, Jaslo, Sanok, Dobromyl. — Mazurakes. — Gorales ou montagnards.	541
Przemysl, Jaroslaw.	542
Belz, Zolkiew, Brody, Zloczow, Tarnopol, Brzezany, Sambor, Stry, Halicz, Stanislawow.	543
Rousniaques. — Habitants de la Pokutie; Houcoules. — Civilisation de la Galicie.	544
Bukowine. — Suczawa.	545
Moldoveny, Lippowany. — Origine du nom de Bukowine. — Commerce. — Administration de la Galicie.	546
Tableau de la division territoriale et de la population du royaume de la Galicie et de Lodomérie.	548

LIVRE QUATRE-VINGT-HUITIÈME. — Suite de la Description de l'Europe. — Description physique générale de la Hongrie et de ses annexes. ... 349

Monts Karpathiens.	ib.
Plaines.	552

TABLE DES MATIERES.

	Pages
Lacs.	333
Cours d'eau.	334
Climat.	336
Constitution géognostique de la Hongrie.	337
Richesse minérale.	359
Sources minérales.	361
Végétation. — Vignobles.	362
Forêts. — Zones végétales.	363
Règne animal.	364

LIVRE QUATRE-VINGT-NEUVIÈME.— Suite de la Description de l'Europe. — Description topographique et ethnographique de la Hongrie et de ses annexes. 365

Description d'Ofen ou de Bude.	ib.
Description de Pesth.	366
Vacz ou Vaitzen, Gödöllo.	367
Vissegrad, Gran. — Description de Presbourg. — Ile de Schütt.	368
Komorn, Tyrnau, Modern, Landsitz, Léopoldstadt, Kremnitz. — Edole des mines de Schemnitz.	369
Neusohl, Altsohl, Königsberg.	370
Neutra, Rima-Szombath, etc. — Grotte de Szilicza.— Rochers de Szulyo.	371
Lacs Vert, Noir et Blanc; lac Palitsch. — Neudorf, Bela.	572
Kesmark, Eperiès, Salzbourg, Kaschau, Leutschau, Schmalnitz, Rosenau, Dobschau, Miskolcz, Erlau, Tokay.	573
Sarospatak, Munkacs, Neustadt, Felsö-Banya, Szathmar. — Slovaques.	574
Rousniaques. — Szotaques.	376
Debreczin, Gross-Wardein, Nemet-Gyula, etc., les deux Arad, Menes, Ketskemet.	377
Kalocza, Thérésienstadt, Szegedin, Sombor, Neusatz. — Tchaïkistes. — Petite Kumanie. — Grande Kumanie.	378
Kumans. — Iazygie. — Haydouques.	379
Cercle Trans-Danubien. — Tata, Saint-Martin, Raab, Œdenbourg. — Marais de Hansag. — Eisenstadt.	580
Güns. — Stein-am-Anger. — Forêt de Bakony. — Keszthely, Kanisa, Szigetvar, Fünf-Kirchen, Mohacs, etc. — Vandales.	581
Bannat de Temesvar. — Temesvar, Werschitz, Lippa, etc. — District du Régiment-Valaque-Illyrien. — Mehadia, Moldova.	582
District régimentaire du Bannat allemand. — Valaques de Hongrie.	583
Esclavonie. — Cours d'eau. — Montagnes. — Climat.	584
Agriculture.—Esclavonie civile.—Esgek, Posseega, etc.	585
Esclavonie militaire. — Peterwardein, Karlowitz, Ratscha, Brod, Gradiska, etc.—Croatie, montagnes, rivières.	586
Vents de bora, produits du sol. — Agram. — Varasdin.	587
Kreutz, Petrinia, Goszpich, Ottochacz, etc.—Croates.	588
Littoral hongrois. — Fiume, Zengg, Porto-Ré, Kartopago. — Canton de Turopolia.	389
Royaume de Dalmatie. — Rivières. — Villes de Zara, Zara-Vecchia. Scardona, Spalatro. — Antiquités.	390
Almissa, Macarsca, etc. — Ancienne république de Raguse. — Territoire, productions.	391
Raguse, vergers du district de Canali, Sniecznicza, etc. — Bouches de Cattaro. — Cercle de Cattaro.	392
Ville de ce nom. — Perasto, Risano, etc. — Bocches. — Ile de Meleda.	393
Lagosta, Corzola, Giupina, Letina, Lissa, Isola-Grossa, Scardona, etc.	594
Industrie de la Dalmatie, peuple dalmate. — Grand-duché de Transylvanie.	395
Pays des Saxons. — Hermanstadt. — Passage de la porte de la Tour-Rouge. — Reps, Heltau, etc.	396
Fogaras, Kronstadt, etc. — Nation allemande.	397

	Pages
Pays des Sicules ou Siciliens. — Szent-Miklos, etc.	398
Sur les Szeklers. — Pays des Hongrois. — Klausenbourg, Koloswar, Zalatna, Strasbourg, etc.	399
Gross-Schlatten, Veröspatak. — Origine du nom de Karpathes.	400

LIVRE QUATRE-VINGT-DIXIÈME. — Suite de la Description de l'Europe. — Fin de la Description de la Hongrie et de ses annexes. — De la nation hongroise. — Recherches sur l'origine des Hongrois. — Coup d'œil général sur le royaume de Hongrie et sur les Etats qui en dépendent. 401

Sur les Hongrois en général. — Noblesse hongroise.	ib.
Paysans hongrois.	402
Langue magyare.	403
Organisation politique, classes d'habitants.	404
Industrie en Hongrie.	409
Commerce.	410
Organisation des limites militaires. — Origine de la nation hongroise.	411
Tableaux statistiques de la Hongrie et de ses annexes. — Royaume de Hongrie.	415
Royaume d'Esclavonie.	419
Royaume de Croatie.	420
Gouvernement des limites militaires.	421
Transylvanie.	422
Royaume de Dalmatie.	424
Division de la population de la Hongrie et de ses annexes par races et par religions. — Superficie de la Hongrie, etc., en terres cultivées, en prairies, en forêts et en étangs.	425

LIVRE QUATRE-VINGT-ONZIÈME. — Suite de la Description de l'Europe. — Description de la Russie européenne.—Généralités physiques. 426

Etendue de la Russie d'Europe.—Golfes.	ib.
Presqu'îles et caps. — Iles. — Nouvelle-Zemlie ou Nouvelle-Terre. — Kalgouef. — Solovetzkoï. — Archipels d'Abo et d'Aland.	427
Dago. — OEsel. — Sol de la Russie. — Collines et montagnes. — Constitution géologique.	428
Richesse minérale. — Richesse agricole. — Céréales.	429
Vignes. — Légumes. — Fruits. — Forêts.	430
Règne animal. — Animaux sauvages. — Oiseaux.	431
Poissons. — Insectes. — Versants. — Canaux.	432

LIVRE QUATRE-VINGT-DOUZIÈME. — Suite de la Description de l'Europe. — Description de la Russie d'Europe. — Première section.— Russie méridionale. 433

Dniester. — Gouvernement de Bessarabie.	ib.
Khotine. — Kichenau. — Orhey. — Description physique de la Bessarabie. — Bender.	434
Varnitza, Akkermane, Kilia, Ismaïl. — Coup d'œil historique sur la Bessarabie.	435
Dnieper.	436
Gouvernement de Kherson et d'Iekaterinoslaf. — Pavlograd, Backhmout.	437
Nikopol, Marioupol, Kherson, Otchakof, Odessa.	438
Iensavetgrad, Nikolaïef. — Description physique du pays entre le Dniester et le Dnieper.	439
Taganrog, Narhitchevane, Rostof.	440
Azof. — Doukhoborzes. — Tatars Nogaïs, Kurgan's, Krimée. — Mer Putride. — Montagnes.	441
Cours d'eau, cavernes, vallées, vignobles de la Tauride.	442
Pérékop, Symféropol.	443
Bagth-cheh-Saraï.	444

TABLE DES MATIÈRES.

	Pages.
Tchoufout-Kali, Kazlof, Eupatorie. — Sevastopol.	445
Balaklava.	446
Ioursouf, Kaffa, Kertch.	447
Ienikalé. — Tatars de la Krimée. — Cosaques.	448
Cosaques Zaporogues.	450
Cosaques de la mer Noire. — Limites de leur pays. —Iekaterinodar.—Kouban. — Péninsule de Taman.	
Cosaques du Don.	451
Pays des Cosaques du Don. — Novo-Tcherkask. — Organisation civile et militaire des Cosaques du Don.	452
Villages des Cosaques. — Staroï-Tcherkask, Tzymlianskaïa, Ouroupinskaïa, Louganskaïa, le Donetz, le Medveditza.	453
Le Manytch, la mer d'Azof. — Kalmouks. — Province du Caucase.	454
Stravropol, Gheorghievsk, Mozdok, Kisliar, Konstantinogorsk, Alexandersbad. — Plaines au bord du Manytch et de la Kouma.	455
Cosaques et Tatars. — Nogaïs. — Circassiens ou Tcherkesses, Temirgoï, Beslenié, Mouchoks, Schagacki, Kistes-Tchetchentzi. — Caractères physiques des peuples de la Kabardie et de leur sol.	456
Mœurs des Circassiens.	457
Petite Abasie. — Abasekhs, Kisilbekhs, Temirgoïs et autres peuples.	458
Suanètes ou Souanes, Ossètes.	459
Kistie ou Kistétie. — Ingouches. — Caractères physiques des Ingouches. — Karaboulaks. — Tetentzes. — Tousches.	460
Andreeva, Khoundsakh et autres villes de la province du Caucase.— Daghestan. — Lesghistan. — Peuples. — Awares.	461
Tribus de Dido et d'Unso. — Kaboutches. — Andys. — Akouches, Kouvesches, Zoudacars, — Kasi-Koumouks.	462
Truchmènes. — Tarkou, Karaboudak, Bachli, Koubetchi, Aloucha, Koura, Kouba, Chabran, Tabasseran, Akhouti, Derbent.	463
Ancien royaume ou khanat d'Astrakan. — Le Volga. — Navigation de ce fleuve.	464
Description physique du pays d'Astrakhan.	465
Ville d'Astrakhan. — Krasnoïar, Sélitrenoï-Gorodok, Tchernoïar. — Cosaques Ouraliens.	466
Ouralsk, Gourief. — Coup d'œil historique sur les Cosaques Ouraliens.	467

LIVRE QUATRE-VINGT-TREIZIÈME. — Suite de la Description de l'Europe. — Deuxième section. — Description de la Russie d'Europe orientale. — Coup d'œil sur les peuples finnohunniques ou ouraliens. 468

Coup d'œil historique sur les Finnois. — Les Scythes étaient-ils Finnois?	ib.
Les Huns étaient-ils Finnois?—Position géographique actuelle des peuples finno-hunniques.	469
Permiens.	470
Siriaines. — Vogouls, Ostiaks, Finnois Baltiques. — Finnois du Volga.	471
Gouvernement d'Orenbourg. — Description physique de ce gouvernement.	472
Orenbourg.	473
Oufa, Menzelinsk, Troïtsk, Tchéliabinsk, Kargala. — Bachkirs.	474
Metchériatks. — Teptiaires. — Tatars d'Oufa.	475
Gouvernement de Saratof, ville de Saratof, Kamychine, Tsaritsine, Sarepta, Balachef. — Gouvernement de Simbirsk, ville de Simbirsk, Syzrane, Sineguilef, Stavropol.	476
Samara, Karsoun, etc. — Gouvernement de Kazan. — Ville de Kazan.	477
Spask, Teliouchi, Sviajsk, Tcheboksar, Kouzmodemiansk, Laïchef Briaikhlmova. — Tchouvaches. —	

	pag.
Tchérémisses.	478
Mordouins.	479
Tatars ou Turcs de Kazan. — Région ouralienne centrale. — Gouvernement de Viatka. — Viatka, Sarapoul, Slobodskoï, Malmyge.	480
Votiaks. — Gouvernement de Permie ou de Perm.	481
Perm, Koungour, Solikamsk, Krasno-Oufimsk.	482
Tcherdyne.—Permiaiques, Siriaines.—Forêts de Permie.	483

LIVRE QUATRE-VINGT-QUATORZIÈME. — Suite de la Description de l'Europe. — Description de la Russie d'Europe. — Troisième section. — Russie boréale, ou pays autour de la mer Blanche. 484

Région ouralienne maritime. — Région de la Laponie. — Pays à l'est de la mer Blanche. — Kamenoï-Poyas. — Petchora, Mezen, Dvina.	ib.
Onéga, Vaga, Vig, Sig. — Climat, forêts, pâturages, produits du sol, gibier.	485
Arbustes. — Villes: Vologda, Veliki-Oustioug, Totma, Nikolsk, Iarensk, Olischef, Oustsisolsk, Arkhangel.	486
Onéga, Kholmogory, Mezen.	487
Samoyèdes.	488
Nouvelle-Zemlie, Waïgatch. — Kemi oriental. — Ile Solovetzkoï.	489
Cercle de Kola ou Laponie russe.	490
Fleuves de la Laponie. — Ville de Tornéo ou Tornéa. —Climat de la Laponie.	491
Végétation de la Laponie.	492
Animaux de la Laponie.	493
Caractères et mœurs des Lapons.	495
Idiome des Lapons.	497
Croyances des Lapons.	498
Gouvernement d'Olonetz.	500
Petrozavodsk, Olonetz, Ladeïnoe-Polé, Kargopol, Povenetz.	501

LIVRE QUATRE-VINGT-QUINZIÈME. — Suite de la Description de l'Europe. — Description de la Russie d'Europe. — Quatrième section. — Provinces autour de la mer Baltique. 501

Finlande. — Sa description physique. — Lacs, côtes.	502
Climat. — Produits du sol.	503
Préfecture de Vybourg: villes de Vybourg, Serdopol, Vilmanstrand, etc.	505
Gouvernement de Kouopio: ville de Kouopio. — Juridiction de Heinola. — Gouvernement de Tavastéhous.	506
Tavastéhous, Gangout, Helsingfors, Sveaborg.	507
Gouvernement d'Abo. — Ville d'Abo. — Archipel d'Abo.	508
Préfecture de Vasa. — Préfecture d'Ouléaborg. — Ouléaborg, Brahestad.	509
Peuples de la Finlande.	510
Anciennes croyances.	511
Langue finnoise. — Caractère des Finlandais. — Administration. — Civilisation.	512
Paysans finlandais.	513

LIVRE QUATRE-VINGT-SEIZIÈME. — Suite de la Description de l'Europe. — Description de la Russie d'Europe. — Quatrième section. — Provinces baltiques. 513

Golfe de Finlande. — Baie de Kronstadt.	ib
Lac Ladoga. — Ingrie. — Gouvernement de Pétersbourg. — Climat de Pétersbourg.	514
Description de cette ville.	515
Débordements de la Néva. — Commerce de Pétersbourg. — Industrie, établissements scientifiques, théâtres, plaisirs. — Environs de Pétersbourg. — Tsarkoïe-Celo. — Péterhof, Pavlofsk, Strélna, etc	520

TABLE DES MATIÈRES.

Kronstadt. — Narva. — Coup d'œil historique sur l'Esthonie, la Livonie et la Courlande. 521
Description physique de ces provinces. 522
Revel, Baltische-Port, Habsal, etc. — Gouvernement de Livonie. 523
Riga, Venden, Volmar, Valk, Verro, Dorpat, Fellin. 526
Pernau, Arensbourg. — Courlande. — Description physique de cette province. — Produit du sol. — Population. 527
Mittau, Bauske, Iakobstadt, Vindau, Goldingen, Libau, etc. — Archipel esthonien. 528
Mœurs des habitants de l'Esthonie, de la Livonie et de la Courlande. 529
Caractères physiques des habitants. 533

LIVRE QUATRE-VINGT-DIX-SEPTIÈME. — Suite de la Description de l'Europe. — Description de la Russie d'Europe. — Cinquième section. — Provinces centrales : Grande-Russie ou Moscovie. 534

Caractères physiques de cette région. ib.
Produit du sol. 536
Règne animal. 537
Gouvernement de Novgorod. — Ville de Novgorod. 538
Staraïa roussa, Krestzi. — Valdaï, Tcherepovetz, Kirilof, Tikhvine. — Gouvernement de Vitebsk 539
Gouvernement de Pskof. — Ville de Pskof, Petchory, Isborsk. 540
Porkhof, etc. — Novorjef, Ostrof, etc. Toropetz. — Gouvernement de Smolensk. — Smolensk, Dorogobouje, Viazma. — Borodino, Poretchié, etc. 541
Gouvernement de Tver — Ville de Tver. — Torjok, Ostachkof, etc. — Gouvernement de Moscou. 542
Description de Moscou. 543
Autres villes du gouvernement de Moscou. 549
Gouvernement de Vladimir. — Vladimir. — Pereslavl. — Zaleskoï. — Mourome. 530
Gouvernement d'Iaroslavl. — Ville de ce nom. — Rostof, Ouglich, etc. 531
Gouvernement de Kostroma. — Mychkine ou Mouichekine, Mologa, Kostroma, etc. — Gouvernement de Nijni-Novgorod. — Ville de ce nom. 532
Arzamas, Potchinki, Balakhna, Pavlova, etc. — Gouvernement de Pennza. Insara, Penuza, etc. 553
Gouvernement de Tambof. — Tambof, Kaslof, etc. Temnikof, Spask, etc. — Gouvernement de Riazan. 534
Kassimof, Riaizan. — Iegoriefsk, Žaraïsk, Mikhaïlof, etc. — Gouvernement de Toula. 535
Ville de Toula, Bielef, etc. 556
Gouvernement de Kalouga. — Kozelsk, Borovsk, etc. — Gouvernement d'Orel. — Orel, Ielétz, etc. 557
Gouvernement de Koursk. — Ville de Koursk. Mikhaïlovka, Poutivl, etc. — Gouvernement de Voroneje. 558
Voroneje, Ostrogojsk, Korotoïak, Bobrof, etc. 559

LIVRE QUATRE-VINGT-DIX-HUITIÈME. — Suite de la Description de l'Europe. — Sixième section. — Provinces de la Petite-Russie. — Mœurs de la nation russe. 559

Description physique de cette région. 560
Gouvernement de Kief. — Ouman. Tcherkassy. 561
Kief. 562
Slobodes d'Oukraine ou gouvernement de Kharkof. — Villes d'Akhtyrka, de Soumy, etc. — Gouvernement de Poltava. — Ville de ce nom. 563
Pereïaslavl, Krementchoug, etc. — Gouvernement de Tchernigof. — Ville de ce nom. — Nejine, Gloukhof, etc. — Podolie. — Kamenetz-Podolskoï, etc. 564
Vinnica, Proskourof, etc. — Volhynie. — Berditchef, Dubno, Jitomir, etc. 565
Tableau moral et civil de la nation russe. 566

LIVRE QUATRE-VINGT-DIX-NEUVIÈME. — Suite de la Description de l'Europe. — Description de la Russie d'Europe. — Septième section. — Provinces lithuaniennes 577

Origine du grand-duché de Lithuanie, ib.
Samogitie. — Samogitiens. — Villes. 579
Mœurs des Samogitiens. 580
Description physique de la Lithuanie. 581
Noblesse ci-devant polonaise. — Paysans lithuaniens. — Langue lithuanienne. 582
Description de Vilna. — Kovno, Troki, etc. 584
Russie-Blanche. — Agriculture. 585
Peuple. — Mohilef, Mstislavl, etc. 586
Minsk, Borissof, etc. — Gouvernements de Grodno, Slonim ; Grodno. — Polésie. — Brest-Litevski. 587
Pinsk. — Province de Bialystok. 588

LIVRE CENTIÈME. — Suite de la Description de l'Europe. — Suite et fin de la Description de la Russie. — Coup d'œil sur l'origine, l'agrandissement et les forces de l'empire de Russie. — Détermination des différentes classes d'habitants. — Forme du gouvernement. 588

Agrandissement de la Russie, 589
Accroissement de population. — Superficie eu terres labourables. — Marche de la civilisation chez les Russes. 594
Instruction publique ; presse. 595
Nombre d'universités, d'écoliers et d'écoles. 596
Richesse agricole ; couche d'humus végétal. 597
Exploitation des mines. 598
Chasse, pêche, forêts, culture du chanvre. — Fabriques de tous genres. 599
Encouragements donnés à l'industrie. — Routes, moyens de transport. 601
Budget. — Branches du revenu public. 602
Dépenses ; armée ; colonies militaires. 603
Marine. — État-major. — Recrutement. — Diverses classes d'habitants. 605
Régime municipal de la Russie. 607
Administration et police dans les gouvernements. — Souverain et grands corps de l'État. 608
Tableau statistique présentant la population, la fertilité, l'industrie et le capital commercial de chaque gouvernement de la Russie européenne, ainsi que la population des villes et leur distance aux deux capitales de l'empire et au chef-lieu. 610
Tableau des diocèses de la Russie. — Armée de terre. — Armée de mer. 626
Population de l'empire de Russie, sans la Pologne, à la fin de 1832, d'après les renseignements officiels publiés en 1829 par le ministre de l'intérieur. 627
Population et superficie de l'empire de Russie. — Mouvements de la population. 628
Mortalité parmi les individus de 63 à 140 ans. — Tableau comparatif des accidents arrivés dans l'étendue de l'empire de Russie, pendant les années 1825, 1826, 1827 et 1828. 629
Tableau approximatif de la population de l'empire de Russie classée par nations. — Id. classée par religions. 630
Tableau du commerce extérieur de la Russie en 1826, 1827 et 1829 631
Tableau de la fertilité en fruits de certaines parties de la Russie d'Europe. — État approximatif des revenus, des dépenses et de la dette publique de la Russie en 1832. 632
Population de Pétersbourg en 1831 et 1836. — Population de l'empire de Russie, sans la Pologne, au commencement de 1837, d'après les renseignements officiels publiés en 1838 par le ministre de l'intérieur. 633

TABLE DES MATIÈRES.

	Pages.
Consommation de Pétersbourg en 1831. — Nombre d'édifices existants à Pétersbourg en 1831. — *Tableau* de la quantité de barques et valeur des chargements expédiés par les différentes voies navigables de l'intérieur de la Russie en 1828. — Commerce du port de Pétersbourg en 1830 et 1831.	635
Tableau de la quantité de métaux et de substances minérales exploités en Russie dans les mines de la couronne pendant les années 1830, 1831, 1832, 1833, 1834. — *Exploitation* des métaux précieux en 1831 et 1832.	636
Tableau approximatif des fabriques établies en Russie.	637
Tableau des principaux ports et chantiers et des principales places de commerce et de guerre de l'empire — *Tableau* des ordres de chevalerie russes.	639
Tableau des établissements scolastiques, etc., du ressort du ministère de l'instruction publique.	640
Tableau des établissements scolastiques et scientifiques, hors du ressort du ministère de l'instruction publique.	641
Tableau des principales bibliothèques publiques de la Russie. — *Tableau* des sociétés savantes, littéraires et philanthropiques de la Russie.	643
Tableau approximatif de la population libre de l'empire russe, sans la Pologne, évaluée en 1829 sur les bases du ministère. Note relative à l'armée.	644

LIVRE CENT UNIÈME. — Suite de la Description de l'Europe. — Description du royaume de Pologne. 644

Origine du nom de Pologne.	ib.
Description physique de la Pologne. — Lacs. — Cours d'eau.	646
Climat.	647
Richesse minérale.	648
Richesse agricole. — Forêts. — Règne animal.	650
Peuple polonais.	652
Maladie polonaise.	653

	Pages.
Histoire de la Pologne.	654
Description de Varsovie.	660
Environs de cette capitale. — Autres villes de la Masovie.	662
Woïwodie de Plock.—Plock, Modlyn, Ostrolenka, etc. — Woïwodie d'Augustow.	66.
Suwalki, Lomza et autres villes — Woïwodie de Siedlec ou de Podlaquie. — Lukow, Biala, etc. — Woïwodie de Lubline.—Ville de Lubline.	664
Woïwodie de Sandomir.	665
Opoczno, Konskie. — Woïwodie de Kalisch. — Peisern, Petrikau, etc. — Woïwodie de Krakovie. — Miechow, Olkusz, Stobnica, etc.	666
Caractère polonais.	667
Juifs de Pologne.	668
Tableaux statistiques du royaume de Pologne.—Population. — Divisions administratives. — Établissements religieux catholiques. — *Tableau* des établissements religieux non catholiques. — *Tableau* des établissements d'instruction publique. — Population par religion.	671
Tableau de la population des principales villes du royaume. — Revenus, dette, nombre de soldats, etc.	672

LIVRE CENT DEUXIÈME. — Suite de la Description de l'Europe. — Description de la république de Krakovie. — De la langue et des antiquités polonaises. 673

Organisation politique de cet État.	ib.
Industrie manufacturière. — État des paysans. — Description de Krakovie.	674
Environs de Krakovie. — Langue polonaise.	677
Anciens Polonais.	678
Sur les Sarmates.	679
Tableau de la superficie, de la population et des revenus de la république.	680
Tableau de la position géographique des principales villes de la Pologne autrichienne, de la Hongrie et de ses dépendances; de la Russie et de la Pologne.	681

FIN DE LA TABLE DU TOME TROISIÈME.

www.ingramcontent.com/pod-product-compliance
Lightning Source LLC
Chambersburg PA
CBHW061959300426
44117CB00010B/1396